U0956247

中国年鉴精品工程
High Quality Project of China's Yearbook

北京西城年鉴

BEIJING XICHENG YEARBOOK

北京市西城区地方志编纂委员会办公室　编

2022

方志出版社
Publishing House of Local Records

图书在版编目（CIP）数据

北京西城年鉴. 2022 / 北京市西城区地方志编纂委员会办公室编. —北京 : 方志出版社, 2022.12
ISBN 978-7-5144-5529-8

Ⅰ. ①北… Ⅱ. ①北… Ⅲ. ①西城区－2022－年鉴 Ⅳ. ①Z521.3

中国版本图书馆 CIP 数据核字(2022)第 252675 号

责任编辑：顾洁
责任校对：刘玉霞
责任印制：梅中英
出 版 者：方志出版社
地　　址：北京市朝阳区潘家园东里 9 号（国家方志馆 4 层）
邮　　编：100021
网　　址：http://www.zgfzcb.cn
发　　行：方志出版社图书营销中心（010-67110500）
印　　刷：北京中科印刷有限公司
开　　本：889 毫米 ×1194 毫米　1/16
印　　张：30.5 印张　插页：1.25 印张　地图：1 幅
字　　数：1143 千字
版　　次：2022 年 12 月第 1 版
印　　次：2022 年 12 月第 1 次印刷
定　　价：320.00 元

· 版权所有　侵权必究 ·
（如有印装质量问题，请与我社图书营销中心联系）

编 辑 说 明

一、《北京西城年鉴（2022）》是年度资料性文献，在中共北京市西城区委和西城区人民政府的领导下，由区地方志编纂委员会办公室主持编纂。本年鉴以马克思列宁主义、毛泽东思想、邓小平理论、“三个代表”重要思想、科学发展观、习近平新时代中国特色社会主义思想为指导，坚持辩证唯物主义和历史唯物主义的立场、观点和方法，遵循实事求是的原则，科学、客观地反映实际情况。

二、本年鉴系统记述2021年1月1日至12月31日期间西城区自然、政治、经济、文化、社会、生态建设等方面的基本情况，以及与西城区发展密切相关的内容。

三、本年鉴主要采用文章和条目两种体裁，以条目体为主，使用规范的现代语体文，直陈其事。

四、本年鉴采用分类编纂法，设有特载、专文、大事记、区情概览、中国共产党西城区委员会、西城区人民代表大会、西城区人民政府、中国人民政治协商会议北京市西城区委员会、中共北京市西城区纪律检查委员会 西城区监察委员会、民主党派、人民团体、法治、军事、功能街区建设、经济管理、工业 信息化、商贸服务业、金融业、旅游业、建筑业 房地产业、交通 邮电、城市规划与建设、城市管理、生态建设、应急管理、科技、教育、文化、卫生健康、体育、社会生活、街道、人物 荣誉、统计资料、附录类目35个，分目263个，条目2017个，卷首图片54张，文中插图177张，表格61张。与上年年鉴相比，增设生态建设、应急管理类目。

五、文中除“民主党派”部分外，未标明党派的“市委”均指“中共北京市委”，“区委”均指“中共北京市西城区委”，“党员”均指“中共党员”，“党建”工作均指“中国共产党建设”工作，“建党”均指“中国共产党成立”。

六、数字用法、标点符号用法分别采用国家标准《出版物上数字用法》（GB/T 15835—2011）、《标点符号用法》（GB/T 15834—2011），计量单位采用国家技术监督局1993年12月发布的《量和单位》系列国家标准。

七、本年鉴资料、图片均由各撰稿单位确定专人撰写或提供，并经主要负责人审核，部分资料由编辑部搜集，主要数据和统计资料由西城区统计局提供，业务数据由各相关部门提供。由于统计口径等原因，业务部门的数据与统计资料不一致的，以统计资料为准。

序

国务院办公厅2015年8月印发的《全国地方志事业发展规划纲要（2015—2020年）》（以下简称《规划纲要》）要求，到2020年要做到地方综合年鉴一年一鉴，公开出版，实现省、市、县三级综合年鉴全覆盖。《规划纲要》还要求，坚持存真求实，正确处理质量与进度的关系，将精品意识贯穿于年鉴编纂出版工作全过程。2015年12月，中国地方志指导小组办公室启动中国年鉴精品工程，将其与先期实施的中国志书精品工程视为姊妹工程，一道作为加强地方志质量建设的重要抓手。

实施中国年鉴精品工程有助于推动中华优秀传统文化传承发展。近年来，在党中央、国务院的高度重视和关心支持下，全国地方志事业发展迎来最好的发展时期。年鉴编纂发端于欧洲，鸦片战争后被引入我国，在我国走过了100多年的发展历史。在长期的编纂中，年鉴在内容和形式上不断发展，逐渐演变成为适合反映中国国情、具有鲜明中国特色的一种文化载体，并在改革开放后出现了快速发展的局面。2006年5月，国务院《地方志工作条例》颁布施行，明确将地方综合年鉴纳入地方志工作范畴，年鉴工作走上了有法可依的轨道。《规划纲要》出台，为从依法编鉴转变到依法治鉴指明了方向。2016年12月，中国地方志指导小组印发《全国年鉴事业发展规划（2016—2020年）》，更进一步明确了到2020年全国年鉴事业的任务书、时间表、路线图。经过多年的发展，年鉴工作已经成为地方志工作的重要组成部分，成为中华民族优秀文化传统的有机组成部分，其存史、育人、资政作用日益彰显。实施中国年鉴精品工程，是年鉴工作者紧扣时代脉搏、坚持创新发展的一项重要举措，对于坚定文化自信，传承弘扬好中华优秀传统文化意义重大。

实施中国年鉴精品工程有助于为全面建成小康社会提供更多智力支持和历史借鉴。党的十八大作出全面建成小康社会的战略部署。党的十八届五中全会提出到2020年如期实现全面建成小康社会的目标要求。完成《规划纲要》确定的目标任务是年鉴工作者的神圣使命，更是年鉴工作者以自身力量为全面建成小康社会献上的厚礼。一方面，可以更好地利用年鉴这种年度资料性文献，及时记录各地区在全面建成小康社会伟大征程中每年取得的新成绩和新经验、出现的新情况和新问题、涌现的优秀人物和典型事迹等；另一方面，可以更好地积累地情、国情资料，为推动经济社会发展和深化改革提供智力支持，为推进国家治理体系和治理能力现代化提供历史借鉴。

实施中国年鉴精品工程有助于全面推进地方志事业转型升级。地方志不是单纯修志编鉴工作，而是全体方志人“修志问道，以启未来”的一项事业，这项事业包含着巨大的时代担当与使命追求。地方志工作要在“五大建设”总体布局和“四个全面”战略布局中发挥与其自身价值、功能相匹配的作用，就要因时而谋、乘势而上、顺势而为，全面推进地方志事业转型升级。转型升级，当下最重要的目标就是完成“两全”目标，包括“年鉴全覆盖”目标；长远的目标就是基本形成地方志编修体系、理论研究和学科建设体系、质量保障体系、资源开发利用体系、工作保障体系“五位一体”的地方志事业发展综合体系，包括“五位一体”的年鉴事业发展综合体系。中国年鉴精品工程是一项探索工程，也是一项创新工程，是推进地方志事业转型升级的重要内容。通过实施中国年鉴精品工程，不仅有助于确保年鉴质量，不断编纂出版具有鲜明时代特征、年度特点和地域特色的精品年鉴，也有助于推动年鉴工作适应经济社会发展形势和时代需要，不断改革创新，与时俱进。

多年来，在中国地方志指导小组办公室的指导和全国各级地方志工作机构的共同努力下，年鉴种类数量快速增长，年鉴成果粲然可观，为实施中国年鉴精品工程奠定了坚实的基础。实施中国年鉴精品工程，就是要在全国地方志系统起到示范作用，进一步培育精品意识，打造精品年鉴，以点带面，在提高年鉴质量方面探索出一条切实可行之路，使这项探索工程和创新工程能够积累经验，发挥引领作用。

“万山磅礴，必有主峰；龙衮九章，但挈一领。”实施中国年鉴精品工程，是筑牢地方志事业特别是年鉴事业发展根基之举，其意义与价值不言而喻。但编修出年鉴精品佳作，绝非朝夕之功，需要付出长期艰辛的努力。希望通过实施中国年鉴精品工程，能够进一步推进年鉴质量建设，使年鉴真正成为传承中华民族优秀传统文化的重要载体，成为展示中国国情、地情的重要窗口，成为“为当代提供资政辅治之参考、为后世留下堪存堪鉴之记述”的资源宝库，在全面建成小康社会过程中作出更大贡献。

是为序。

中国社会科学院原副院长
中国地方志指导小组原常务副组长　李培林

数说西城

辖区面积	50.7 平方千米
年末户籍人口	150.2 万人
年末常住人口	110.4 万人

地区生产总值	5408.1 亿元
驻区金融机构资产规模	129.2 万亿元
第二产业增加值	274.7 亿元
第三产业增加值	5133.4 亿元
规模以上工业企业总产值	592.5 亿元
一般公共预算收入	428.1 亿元
一般公共预算支出	414.4 亿元
社会消费品零售总额	1089.4 亿元

居民人均可支配收入	96949 元
居民人均消费性支出	57396 元

专利授权量	13448 项

医疗卫生机构数

700 个

每千人拥有医院床位数

15.9 张

幼儿园数	88 所
小学学校数	58 所
中学学校数	42 所
职业高中数	4 所

商品房销售面积

1.5 万平方米

体育场地数	1643 个
全民健身工程面积	223 万平方米

2011 年至 2021 年西城区地区生产总值（亿元）

第二产业

增加值占比

5.1%

第三产业

增加值占比

94.9%

2011 年至 2021 年西城区金融业增加值（亿元）

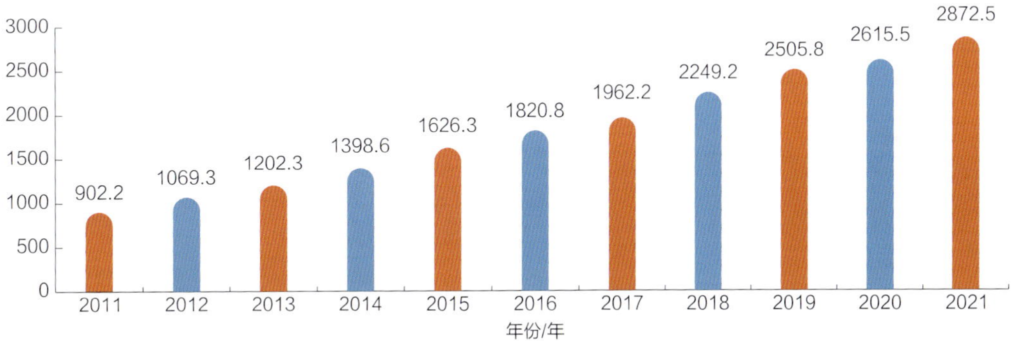

2021 年西城区公共财政预算重点支出（万元）

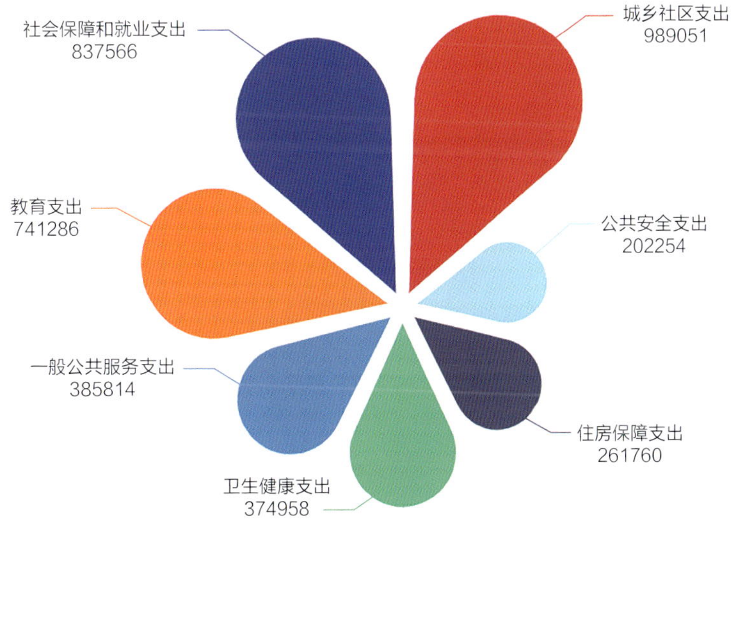

2021 年，

全年完成公共财政

预算收入

428.1 亿元

比上年增长

3.4%

庆祝中国共产党成立100周年
The 100th Anniversary of the Founding of
The Communist Party of China

建党百年庆祝活动

JIANDANG BAINIAN QINGZHU HUODONG

图片说明

①4月29日开始，国家大剧院举办庆祝建党百年系列演出及活动
（区融媒体中心　供图）

②5月13日，“说唱党史庆百年、鼓韵荟萃谱新篇”鼓曲专场演出在天桥剧场举办　（区第二文化馆　供图）

③5月14日，“人民军队忠于党——武警北京总队执勤第三支队庆祝建党100周年主题合唱比赛”举行
（武警北京总队执勤第三支队　供图）

图片说明

①5月，《中国共产党北京市西城区历史（1921—2012）》出版 ［区委党史办（区志办） 供图］

②6月11日，西城区举办“初心之旅”红色地图发布仪式暨“骑寻红色地标”新时代文明实践活动 （闻昭 摄）

③6月底，西城区组织机关干部参观党史展 （区融媒体中心 供图）

④5月，什刹海街道举办“红船驻我心，启航新征程”红色文化创新体验公益活动 （刘鹜 摄）

⑤7月1日，西城区组织54名少先队员参与庆祝中国共产党成立100周年大会“千人献词团”，其中1名（左一）担任领诵员 （新华社 供图）

⑥7月1日，西城区各界干部群众通过多种方式收听收看庆祝中国共产党成立100周年大会。图为什刹海街道兴华社区组织收看大会实况 （刘鹜 摄）

⑦7月9日，西城区庆祝中国共产党成立100周年阅读活动暨“百年光影”红色电影展映季首映式在红楼公共藏书楼举办 （区文化和旅游局 供图）

金融科技

JINRONG KEJI

①

②

③

④

图片说明

① 3月18日，北京金融法院在西城区挂牌　（金融街服务局　供图）

② 7月15日，北京金融街合作发展理事会资产管理专业委员会成立　（金融街服务局　供图）

③ 7月22日，金融科技法治研究中心在北京金融法院成立　（金融街服务局　供图）

④ 7月29日，2021年金融科技示范应用场景项目征集会暨全球金融科技应用场景大赛在西城区启动　（西城园管委会　供图）

图片说明

① 8 月 31 日，首创 · 新大都金融科技产业园区开园 （北展指挥部　供图）
② 9 月 6 日，金融街服务局举办第三届西城区企业上市主题交流活动 （金融街服务局　供图）
③ 10 月 21 日，《西城区“十四五”时期国家级金融科技示范区发展规划》发布 （西城园管委会　供图）
④ 11 月 15 日，北京证券交易所正式开市 （北京证券交易所　供图）
⑤ 10 月 22 日，2021 金融街论坛年会举办“金融街 · 论见十年专场活动” （于志强　摄）

城市更新

CHENGSHI GENGXIN

图片说明

①1月14日，鼓楼西大街完成历史街区保护更新并正式开街。图为鼓楼西大街新街景
（区融媒体中心　供图）

②4月，陶然亭街道拆除一处240平方米违法建设　（姜真　摄）

③6月10日，历经两年修缮的白塔寺重新对公众开放　（天恒集团　供图）

④8月，如意里小区建成微型花园
（新街口街道　供图）

⑤8月，腾退院、共生院等老城有机更新项目相继完成。图为改造更新后的平房院　（于志强　摄）

图片说明

① 10月，西单体育游园建成并对外开放（于志强 摄）

② 11月26日，西城区南护城河滨水健走步道建成投入使用（于志强 摄）

③ 11月19日，西安门大街改造提升工程完成（姜真 摄）

④ 11月，鹞儿胡同入选北京“最美街巷”（区城市管理委 供图）

⑤ 11月，魏染胡同入选北京“最美街巷”（区城市管理委 供图）

⑥ 12月30日，半步桥街建成通车（区住房城市建设委 供图）

助力冬奥

ZHULI DONG'AO

图片说明

①4月，西城区对涉冬奥点位周边门店实施无障碍改造，安装立式呼叫门铃、共享移动坡道（于志强　摄）

②5月19日，西城区启动“迎冬奥，食品安全夏季会战”（区市场监管局　供图）

③10月，西单路口西南角设置“喜迎冬奥”花坛（于志强　摄）

④12月，市公安局西城分局出入境管理大队对涉外旅店业开展检查培训（市公安局西城分局　供图）

图片说明

①3 月 29 日，育民小学举办“冰雪校园，助力冬奥”主题体育月暨冰雪嘉年华活动启动仪式　（姜真　摄）

②5 月 26 日至 28 日，天桥街道在白纸坊冰雪体验中心举办第二届“天桥杯”冰蹴球友谊赛　（于志强　摄）

③12 月 16 日，市公安局西城分局陶然亭派出所举办“冰锋 · 2022 倒计时 50 天暨陶然小哥助力冬奥安保”启动仪式　（市公安局西城分局　供图）

新冠肺炎疫情防控

XINGUAN FEIYAN YIQING FANGKONG

图片说明

①1月22日至23日，西城区完成全区113万余人新冠病毒核酸检测（于志强 摄）

②2月，西城区向辖区内完成新冠病毒疫苗应接种尽接种的餐饮企业发放“应接尽接”标识（姜真 摄）

③4月8日，西城区在西单启用移动新冠病毒疫苗接种车（区融媒体中心 供图）

④8月，西城区监督商户落实疫情防控“五户联保”自律小组工作（姜真 摄）

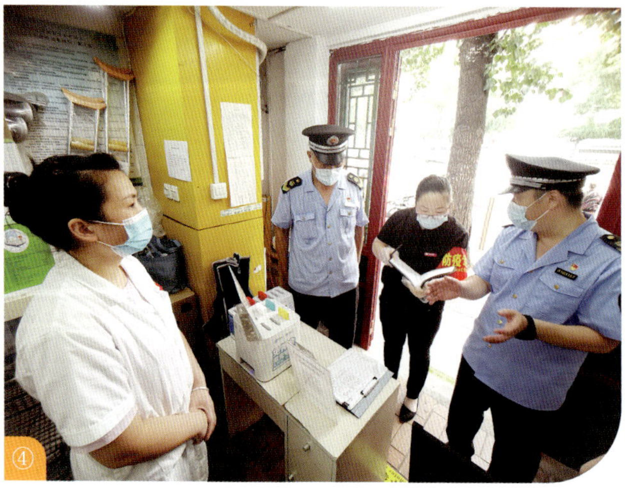

①

②

③

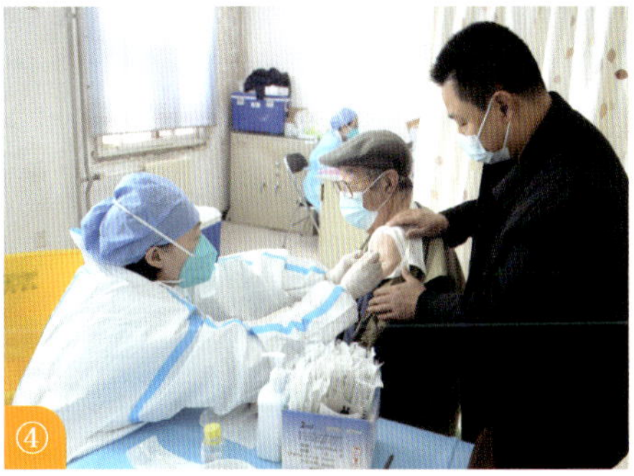
④

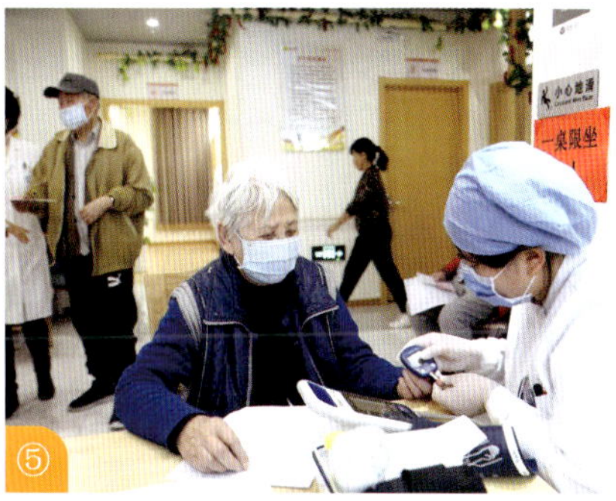
⑤

图片说明

① 8月，全区演出场所落实常态化疫情防控措施 （区文化和旅游局 供图）

② 10月29日，区市场监管局检查冷链行业疫情防控制度落实情况 （区市场监管局 供图）

③ 11月8日，西城区3至11岁人群新冠病毒疫苗接种工作全面启动 （于志强 摄）

④ 12月1日，在北营中街疫苗接种点，97岁老院士裴荣富接种新冠病毒疫苗第三剂加强针 （展览路街道 供图）

⑤ 2021年，全区家庭医生团队全部下沉社区，对各类社会单位和人群开展疫情防控指导 （刘骜 摄）

社会民生

SHEHUI MINSHENG

①

②

③

④

图片说明

①4 月 14 日，市公安局西城分局举办“展形象、听民意、促提升、保平安”主题警营开放日活动。图为新街口派出所民警向群众讲解日常工作 （市公安局西城分局 供图）

②2021 年，西城区聚焦物业管理、垃圾分类两件“关键小事”，把民生服务送到群众家门口。图为 4 月 25 日区房管局工作人员与居民面对面沟通解决居民物业诉求

（区房管局 供图）

③2021 年，西城区巩固拓展脱贫攻坚成果同乡村振兴有效衔接。图为民建西城区委和赤水市政府在北京金源世纪购物中心举办贵州省赤水市农特旅游产品大集

（民建西城区委 供图）

④2021 年，西城区深化“吹哨报到”“接诉即办”改革。图为牛街街道“未诉先办”，为菜园北里社区安装新路灯

（牛街街道 供图）

图片说明

① 2021 年，西城区拓展家庭养老照护床位，推进应急救援“一键呼”全覆盖。图为 9 月 8 日什刹海街道举办社区家庭养老课堂（什刹海街道　供图）

② 11 月 5 日，人大代表换届选举投票日。图为金融街金四选区投票站工作场景（金融街街道　供图）

③ 2021 年，西城区受理市民热线诉求 41 万余件，解决率、满意率均在 90% 以上。图为 12 月 9 日，城市管理指挥中心工作人员编写《市民热线日报》（区城管指挥中心　供图）

④ 2021 年，西城区完成 20 座二类公厕修缮。图为改造完成加装暖气的公厕（姜真　摄）

《北京西城年鉴（2022）》编辑部

顾　　问　孙　硕

主　　编　刘东伟

常务副主编　朱国栋　唐行安

副 主 编　孟红伟　师　帅　张　瑾

执行主编　郝慧芳

责任编辑　师　帅　华大友　郝慧芳　陈　艳　叶　婷
齐　田　孙凤霞　张振安　晏　畅　张　立
徐　翊

目 录

特 载

专 文

大事记

区情概览

中国共产党西城区委员会

西城区人民代表大会

西城区人民政府

中国人民政治协商会议北京市西城区委员会

中共北京市西城区纪律检查委员会 西城区监察委员会

民主党派

人民团体

法 治

军　事

功能街区建设

经济管理

工业　信息化

商贸服务业

金融业

交通　邮电

城市规划与建设

城市管理

生态建设

应急管理

科　技

教 育

文　化

卫生健康

体　育

社会生活

街 道

人物　荣誉

统计资料

附 录

索 引

CONTENTS

BEIJING XICHENG DISTRICT COMMITTEE OF THE CHINESE PEOPLE'S POLITICAL CONSULTATIVE CONFERENCE

BEIJING XICHENG DISTRICT COMMISSION FOR DISCIPLINE INSPECTION OF THE COMMUNIST PARTY OF CHINA & XICHENG COMMISSION OF SUPERVISION

DEMOCRATIC PARTIES

MASS ORGANIZATIONS

RULE OF LAW

MILITARY AFFAIRS

CONSTRUCTION OF FUNCTIONAL DISTRICTS

ECONOMY MANAGEMENT

INDUSTRY & INFORMATIONALIZATION

COMMERCE AND TRADE MANAGEMENT

FINANCE

TOURISM

CONSTRUCTION INDUSTRY & REAL ESTATE INDUSTRY

TRANSPORTATION & POSTAL SERVICE AND TELECOMMUNICATION

URBAN PLANNING AND CONSTRUCTION

CITY MANAGEMENT

ECOLOGICAL CONSTRUCTION

EMERGENCY MANAGEMENT

SCIENCE AND TECHNOLOGY

EDUCATION

CULTURE

HEALTH CARE

SPORTS

SOCIAL LIFE

SUB-DISTRICTS

FIGURES & HONORS

在习近平新时代中国特色社会主义思想指引下 在北京率先基本实现社会主义现代化进程中走在前列

——在中国共产党北京市西城区第十三次代表大会上的报告

中共北京市西城区委书记　孙军民

（2021年12月6日）

中国共产党北京市西城区第十三次代表大会，是在西城区开启社会主义现代化新征程，以优异成绩迎接党的二十大之际，召开的一次十分重要的会议。大会的主题是：高举习近平新时代中国特色社会主义思想伟大旗帜，深入贯彻习近平总书记对北京重要讲话精神，全面落实党中央决策部署和市委工作要求，以首都发展为统领，全面推动高质量发展，在北京率先基本实现社会主义现代化进程中走在前列！

一、砥砺奋进推动习近平新时代中国特色社会主义思想形成生动实践

过去的五年是极不平凡的五年。

这五年，是坚持以习近平新时代中国特色社会主义思想武装头脑、引航定向的五年。在市委坚强领导下，我们在“两学一做”学习教育、“不忘初心、牢记使命”主题教育、党史学习教育中深刻感悟思想伟力，在履行重大活动服务保障任务和抗击新冠肺炎疫情斗争中筑牢绝对忠诚，在维护核心区绝对安全稳定和防范意识形态风险中淬炼政治能力，在扎实推动北京城市新总规和核心区控规落地实施中锤炼责任担当，在“接诉即办”为民实践中深入领悟“让人民生活幸福是‘国之大者’”，在以更高水平推动高质量发展的创新突破中切实把握新发展理念内涵要求，在自觉围绕党和国家大局、服务保障首都功能、推进区域发展治理中认识把握核心区工作的全部要义，在引领全区党员干部群众深入践行“红墙意识”的实际行动中凝心聚力，不断增强“四个意识”、坚定“四个自信”、做到“两个维护”，始终沿着习近平总书记指引的方向前进。

这五年，是坚持以习近平总书记对北京重要讲话精神为根本遵循，深入实践回答好“建设一个什么样的首都，怎样建设首都”这一重大时代课题的五年。我们深刻把握“都”与“城”、“舍”与“得”的关系，深入推进发展转型和管理转型，全面提升发展品质，更好地保障首都职能履行、更好地服务市民生活宜居、更好地展现城市文化风采。紧紧抓住疏解非首都功能这个“牛鼻子”，在全市率先开展“动批”疏解，实现凤凰涅槃、华丽转身，以此带动疏解整治促提升全面深入展开，“开墙打洞”整治、背街小巷提升、架空线入地等治理攻坚纵深推进，累计拆除违法建设89.5万平方米。扎实推动北京城市新总规和核心区控规落地实施，率先制定落实核心区控规三年行动计划，实施街区保护更新，杨梅竹斜街、鼓西大街、平安大街、西安门大街等项目精彩亮相。实行建设总量分区域差别化调控，打好功能疏解、业态提升组合拳，有效推动了“双控”“四降”，实现常住人口调控目标。坚持留白增绿，建成全市首个城

市森林广阳谷，新增城市绿地面积26.8万平方米，东方人居画卷在我们的“绣花”功夫下铺陈展开。

这五年，是深入贯彻总体国家安全观，有效防范抵御各类风险，确保核心区安全稳定的五年。我们坚持把维护核心区绝对安全作为重大政治责任，率先制定实施“长安计划”，深入推进政治中心区一体化防控，严密防范打击渗透破坏活动，严格落实反恐防暴各项措施，有效处置群体性聚集风险，坚决为党中央站好岗、放好哨。落实意识形态工作责任制，发扬斗争精神，守牢各类阵地，掌握工作主动权。扫黑除恶专项斗争、政法队伍教育整顿深入展开，市域社会治理现代化试点加快推进，立体化社会治安防控体系更加健全，“西城大妈”等群防群治力量作用充分发挥，各类违法犯罪案件数量明显下降，良好社会治安秩序持续巩固。全面深化完善“平安西城”建设机制，“秒级响应”“风险隐患、实名管控、职责清单”叠图管理等防控机制更加成熟，非居民液化气罐、电动自行车违规充电等城市安全风险隐患逐项排查治理，群众安全感更有保障。

这五年，是共担重任、共克时艰，坚决扛起核心区职责使命的五年。我们在服务保障一线最生动地感悟了新中国成立70周年、建党百年的辉煌成就，以“最高标准、最严要求、最好状态”圆满完成了党的十九大、“一带一路”国际合作高峰论坛、全国两会等重大活动服务保障任务。面对突如其来的新冠肺炎疫情，我们勠力同心，坚决打赢疫情防控的人民战争、总体战、阻击战，公共卫生应急管理体系更加健全、突发公共卫生事件应急处置能力显著提升、基层医疗卫生机构作用更好发挥，广大党员干部、医务工作者、社区工作者挺在最前沿、冲在第一线，用实际行动诠释了对党和人民的赤诚，广大驻区单位和部队鼎力支持、全力配合、携手同行、并肩作战，广大居民群众识大体、顾大局，共同构筑起了疫情防控的钢铁长城，彰显了西城速度、西城力量、西城担当。尤为可贵的是，我们的干部队伍在重大活动服务保障任务的政治检验中、在疫情防控的严峻考验中，锤炼了连续作战的作风、焕发了更加昂扬的斗志，同志们冲锋在前、攻坚克难、建功立业，扑下身子抓落实，在服务群众中走好新时代党的群众路线，在经风雨、见世面中壮筋骨、长才干，能力素质实现了新进步、群众工作水平有了新提升、工作作风发生了新转变。

这五年，是聚焦打赢打好“三大攻坚战”、突出抓好“三件大事”，圆满实现率先全面建成小康社会目标的五年。我们坚持以此抓纲带目，与稳增长、促改革、调结构、惠民生、防风险、保稳定有机结合，着力构建常态长效监测预警、监管防范机制，推动金融等重点领域风险标本兼治。从“一微克”行动到“小微工地扬尘管理”，大气污染治理扎实推进，细颗粒物年均浓度比2016年底下降55.1%，空气质量显著改善。圆满完成扶贫攻坚任务，结对协作不断深化，为脱贫攻坚战全面胜利作出了西城贡献。在更深层次上全面融入京津冀协同发展，着力推动教育、医疗、养老等布局优化、结构调整，实现了各项社会事业全面发展、全面提质、全面进步。

这五年，是率先探索减量背景下发展新路径，区域经济实现高质量发展的五年。我们创新构建金融街“四位一体”服务体系，金融街论坛成功升格为国家级、国际性专业论坛，北京金融法院、北京证券交易所等一批重要机构落地，金融机构资产规模达128万亿元，占全国金融资产规模的三分之一，服务国家金融管理中心功能充分发挥。积极培育经济发展新动能，抢占首个国家级金融科技示范区建设先机，新引进金融科技企业和专业服务机构147家，注册资本超千亿元。紧抓“两区”建设机遇，80个项目实现落地，突破性标志性项目占比、平均项目金额位居全市首位。积极对冲疫情影响，顶住经济下行压力，扎实做好“六稳”工作、全面落实“六保”任务，率先出台稳经济增活力促发展系列措施，实施城市新装备新技术应用赋能计划，推出西城提振消费行动，创新打造“西城消费”平台，通过一系列有力举措保持了经济平稳健康运行，为全市作出了突出贡献。上市企业增至50家。地区生产总值突破5000亿元大关，居民人均可支配收入保持全市领先，在率先减量提质中保持高水平发展。

这五年，是守正创新，以社会主义核心价值观引领文化建设，大力推动文化繁荣发展的五年。我们用好西城红色资源，传承红色基因，建成“红墙意识”党性教育基地，打造“初心之旅”红色文化探访线，实现北京李大钊故居、京报馆等一批中国共产党早期北京革命活动旧址修缮完成并对外开放。深入开展群众性精神文明创建活动，扎实推进新时代文明实践阵地建设，推动媒体融合发展，多层次多形态传播格局初步形成，连续六届获评全国文明城区称号。积极落实全国文化中心建设任务，扎实推动老城整体保护与复兴，完成直管公房类文物腾退项目33个。全力以赴抓好中轴线申遗任务落实，北海医院、东天意市场降层等重点项目圆满完成，“银锭观山”景观再现。在全市首创文物建筑活化利用“揭榜挂帅”新模式，“书香西城”建设成效明显，特色阅读空间运营模式被评为第四批国家公共文化服务体系示范项目。率先设立区级文化艺术创作扶持专项资金，京剧发祥地、白塔夜话、天桥音乐剧演出季、老舍戏剧节等活动影响力不断提升，文化品牌逐渐彰显。13个文化产业园区成为市级园区，文化产业高质量发展动能进一步增强。

这五年，是把以人民为中心的发展思想根植于心、实践于行，推动群众生活显著改善的五年。我们深刻认识“江山就是人民，人民就是江山”，坚持民生优先，实施更加积极的就业政策，推出便利生活与服务提升、困难家庭扶助、群众身边体育健身设施建设、家庭医生扩覆盖上水平等系列民生行动计划，深入开展“红墙先锋在社区 我为群众办实事”实践活动，扎实办好党建引领物业管理、垃圾分类两件“关键小事”，把服务送到群众家门口、把诉求办到群众心坎上。出台多校划片政策，加大学位保障力度，新增学前和义务教育学位近6万个，积极推动“双减”政策落地，“教育高原”优势进一步巩固。社区居家养老服务体系初步建成。解决4600余套房屋办证难题，实现光源里、菜园街、百万庄三大棚改项目全面开工，创新推出平房区申请式退租和申请式改善，62栋简易楼实现腾退，老楼加装电梯120余部，完成620万平方米老旧小区综合整治任务，推出“租赁置换”等改造新模式，居民居住条件有效改善。深入推进厕所革命，实现冬天不冷、夏天不热、全年无味。完成每2万居民配置一个百姓生活服务中心目标，基本便民商业服务功能社区覆盖率达100%，群众有了更多幸福感、获得感。

这五年，是全面深化改革、全面依法治区，推动治理能力水平大幅提升的五年。我们坚持以改革明方向、拓空间、增动力，率先实施街道大部制改革，圆满完成区级机构改革，做实“赋权下沉增效”。扎实推动“吹哨报到”“接诉即办”改革，基层治理基础更加稳固，一批历史遗留问题得到有效解决。国资国企在深化改革中实现再创业、新发展。坚持以精治补短板、提品质、增效能，推行城市部件应急维护更新机制，扎实推动“城市大脑”建设，街巷长制、河湖长制、林长制全面建立。坚持以法治固根本、稳预期、利长远，法治政府建设持续深化，司法体制改革纵深推进，“七五”普法任务圆满完成，获评首批全国法治政府建设示范区。坚持以共治聚民心、强优势、促和谐，全面建成三级党建工作协调委员会，“社区议事厅”、民生工作民意立项、向公众报告工作等机制不断深化，打造“西城家园”线上治理平台，“西城是我家、建设靠大家”的共识广泛凝聚。荣获全国双拥模范城（区）“十连冠”。

这五年，是充分发挥党总揽全局、协调各方领导核心作用，全面从严治党不断向纵深推进的五年。我们坚持和加强党的全面领导，以政治建设为统领，推动“四个轮子一起转”，支持和保证人大及其常委会依法充分行使职权，支持政府依法行政，充分发挥政协作为协商民主重要渠道和专门协商机构作用，支持法院、检察院依法履职。积极加强多党合作与民主协商，发挥统一战线法宝作用，各群团组织自觉把职责放到全区大局中谋划推进，凝聚形成了推动区域发展的磅礴力量。坚持抓好市委巡视整改“后半篇文章”，实现区委巡察全覆盖，推动常态长效机制建立。树立正确选人用人导向，旗帜鲜明鼓励干部担当作为，干部成长“选育管用”全链条机制进一步健全，区管企业领导干部管理全面加强。实施“组织力提升”行动、社区党组织书记“赋能计划”，圆满完成社区“两委”换届，扎实推动基层党组织建设全面进步、全面过硬。锲而不舍纠治“四风”，深入开展“减会、压文、少说、多走、深谈、严管”“进千门走万户”系列行动，持续推进社区减负。深化纪检监察体制改革，统筹协调纪律监督、监察监督、派驻监督、巡察监督，精准运用监督执纪“四种形态”，扎实推进政治生态分析研判，坚决肃清吕锡文、刘跃平、苏东、任志强等人恶劣影响，坚持重遏制、强高压、长震慑，无禁区、全覆盖、零容忍，严肃查处一批违纪违法案件，强化警示教育，一体推进不敢腐、不能腐、不想腐，风清气正的政治生态持续巩固。

五年的奋斗历程令人难忘，五年的丰硕成果来之不易。这些成绩的取得是以习近平同志为核心的党中央把关定向、掌舵领航的结果，是市委坚强领导的结果，是历届区委接续奋斗的结果，是全区广大党员干部群众众志成城、负重前行、昂扬奋斗、拼搏进取的结果。这五年，全区上下干得很努力、很坚定、很出色，每个西城人都了不起！在此，我代表区委，向为西城发展倾注心血、作出贡献的全区广大党员干部群众，向各民主党派、工商联、无党派人士、各人民团体、驻区单位、部队、武警官兵、离退休老同志和所有关心西城发展的同志们、朋友们，表示衷心感谢和崇高敬意！

回顾过去五年，我们深刻体会到，履行好职责使命，不负党和人民重托，我们必须坚持“看北京首先要从政治上看”，增强“四个意识”、坚定“四个自信”、做到“两个维护”，牢记“国之大者”，不断提高政治判断力、政治领悟力、政治执行力，始终沿着习近平总书记指引的方向奋勇前进。我们必须坚持聚焦“四个中心”功能建设、提高“四个服务”水平，更好服务党和国家工作大局，把“四个中心”“四个服务”的能量释放出来，形成高质量发展的推动力。我们必须坚持“两个突出”重要要求，把全力服务保障首都功能作为工作的全部要义，牢牢站稳人民立场，切实把首都功能核心区建设好、发展好、治理好。我们必须坚持全面深化改革和依法治理，充分发挥好改革的突破和先导作用，始终把法治作为科学治理的基本方式，为区域发展治理提供持续动力和保障。我们必须坚持全面从严治党，切实担负起管党治党政治责任，做到态度不变、决心不减、尺度不松，始终把“严”的主基调长期坚持下去。

回顾过去五年，我们清醒认识到，与党中央和市委要求相比、与高水平服务保障首都功能的标准相比、与人民群众对更加美好生活的新期待相比，我们的工作中还有问题和不足。统筹发展和安全还需进一步适应新的形势要求；经济发展新动能还需进一步培育壮大；老城整体保护与复兴的系统谋划还不够；城市精细化治理水平还需进一步提升；公共服务供给、民生保障领域仍有短板弱项；全面从严治党还存在薄弱环节。对此，我们要高度重视，采取有力措施切实加以解决。

二、在北京率先基本实现社会主义现代化进程中走在前列

作为首都功能核心区，西城的发展与党和国家事业

全局、首都发展大局更加紧密地联系在一起。我国正昂首阔步走向世界舞台中央，实现中华民族伟大复兴进入了不可逆转的历史进程。北京这座伟大城市，开启了率先基本实现社会主义现代化的新征程，正向着“建设伟大社会主义祖国的首都、迈向中华民族伟大复兴的大国首都、国际一流的和谐宜居之都”的宏伟目标奋力前进。在实现全面小康的基础上，西城区跨入了在更高水平上全面推动高质量发展的新阶段。与此同时，世界百年未有之大变局加速演变，新一轮科技革命和产业变革深入发展，新冠肺炎疫情影响下多重风险叠加，不稳定性不确定性增加，给我们带来诸多风险和挑战。实现北京城市新总规和核心区控规确定的蓝图，满足人民群众对美好生活和共同富裕的新期待，对我们的各项工作提出了更高标准和要求。更要看到，“两区”“三平台”建设、“五子”联动、国家金融管理中心功能定位、国家级金融科技示范区建设、北京证券交易所落地，给我们带来重大机遇。立足新发展阶段、贯彻新发展理念、融入新发展格局，把握形势、应对挑战、抓住机遇，我们要因势而谋、应势而动、顺势而为。

今后五年的总体工作要求是：坚持以习近平新时代中国特色社会主义思想为指导，全面贯彻党的十九大和十九届二中、三中、四中、五中、六中全会精神，认真学习贯彻即将召开的党的二十大精神，深入贯彻习近平总书记对北京重要讲话精神，坚持稳中求进工作总基调，牢牢把握立足新发展阶段、贯彻新发展理念、构建新发展格局要求，统筹推进“五位一体”总体布局，协调推进“四个全面”战略布局，坚持以人民为中心的发展思想，深入落实人文北京、科技北京、绿色北京战略，坚持以首都发展为统领，紧扣首都功能核心区战略定位，始终把服务保障首都功能作为工作的全部要义，大力加强“四个中心”功能建设，提高“四个服务”水平，统筹发展和安全、促进共同富裕、提升治理能力，当好红墙卫士、守好百姓日子，奋力开创高质量发展新局面，在北京率先基本实现社会主义现代化进程中走在前列。

今后五年，是开启第二个百年奋斗目标新征程，承上启下、继往开来的五年，是传承党的百年优秀传统和贯彻党的二十大精神的五年，是实现“十四五”规划目标任务、推动北京城市新总规和核心区控规一张蓝图绘到底的五年，是立足新发展阶段、贯彻新发展理念、服务和融入新发展格局，在更高水平上实现高质量发展的五年，是补短板、强弱项、增动能，在率先基本实现社会主义现代化进程中具有奠基意义的五年。

今后五年的奋斗目标是：

中央政务保障更加有力。安全稳定维护整体能力显著提升，常态化服务保障机制更加完善。非首都功能疏解有序推进，城市功能布局进一步优化，“双控”“四降”取得显著成效，首都功能更加凸显，政务环境更加优良。

历史文化名城魅力更加彰显。社会主义核心价值观深入践行，城市文明程度、市民科学素养明显提高。中轴线申遗保护西城任务扎实推进，老城风貌特色进一步展现，历史文化资源得到更好保护利用。

人民生活更加幸福美好。就业更加充分，居民收入增长与经济增长保持同步，教育、医疗、养老等公共服务体系更加优质均衡，生态环境持续改善，人的全面发展和全体人民共同富裕取得更为明显的实质性进展。

创新发展优势更加突出。科技创新驱动力显著增强，服务业扩大开放水平持续提高，金融街、“金科新区”带动作用不断凸显，传统商业街区实现转型升级，数字经济取得重大进展，营商环境更加优化，高质量发展优势持续夯实。

区域治理效能更加显著。城市精细化治理水平不断提升，数字赋能取得创新突破，城市韧性大幅提高。精治共治法治水平明显提升，党建引领基层治理创新不断深化，发展治理合力更加凝聚。

党的建设更加坚强有力。全面从严治党纵深推进，管党治党水平显著提升，坚持自我净化、自我完善、自我革新、自我提高，党内政治生活更加严格规范，党组织战斗堡垒作用和党员先锋模范作用不断增强，保持风清气正的政治生态。

在工作中，我们要坚持并把握好以下原则：

必须始终旗帜鲜明讲政治。筑牢政治忠诚，坚持和捍卫“两个确立”，增强“四个意识”、坚定“四个自信”、做到“两个维护”，牢记“国之大者”，确保全区各项事业始终沿着正确方向前进。

必须始终坚持以首都发展为统领、把全力服务保障首都功能作为核心区工作全部要义。把维护首都功能核心区绝对安全作为重大政治责任，加强“四个中心”功能建设，提升“四个服务”水平。全面贯彻新发展理念，把高质量发展贯穿到工作各方面，更好服务党和国家工作大局。

必须始终坚持以人民为中心。站稳人民立场，尊重人民主体地位，坚持依靠人民、服务人民，坚持执政为民、发展为民，践行“人民城市”理念，激发人民创造活力。

必须始终树牢系统观念。坚持固根基、扬优势、补短板、强弱项，坚持问题导向、目标导向、结果导向相统一，统筹好发展和安全两件大事，推动各项工作有效衔接、紧密协同、相互促进，实现区域发展治理水平全面提升。

必须始终坚持和加强党的全面领导。自觉把党的领导落实到各领域各环节，聚精会神抓好党的建设，广泛凝聚各方力量，为各项事业发展提供坚强保证。

同志们，踏上实现第二个百年奋斗目标新的赶考之路，我们要深刻领悟党的百年奋斗的历史意义，深刻汲取“十个坚持”的宝贵历史经验，牢记我们党是什么、要干什么这个根本问题，以咬定青山不放松的执着奋力实现既定目标。只要我们坚定信心、加压奋进，就一定能创造出不负时代、不负人民、不负职守、不负人生的业绩！

今后五年，要全力推进七个方面重点工作：

（一）坚持首都功能核心区战略定位，全力服务保障首都功能

作为首都功能核心区，我们要坚决为党中央站好岗、放好哨，营造更加优良的政务环境。

持续巩固核心区安全稳定局面。牢固树立总体国家安全观，迭代实施“长安计划”，深化政治中心区一体化防控，健全完善政治安全风险研判、防控协同、防范化解机制，全面守牢守好意识形态阵地。建设更高水平“平安西城”，推进扫黑除恶常态化，完善社会治安防控体系和公共安全保障体系，提高市域社会治理现代化水平，践行新时代“枫桥经验”，预防化解各类社会矛盾风险。强化城市运行安全，深入开展地下管线等各类城市安全隐患排查整治，加强应急管理体系和能力建设，健全食品药品安全监管机制，不断提升公共安全保障水平。精细精准实施常态化疫情防控，做细做实各类应急预案，筑牢首都功能核心区安全屏障。

不断提升重大活动服务保障能力。强化国事活动、文化交流和国际交往等服务保障，全力以赴做好北京2022年冬奥会和冬残奥会、党的二十大等重大活动服务保障工作。深化固化重大活动服务保障组织设计、制度安排、工作流程、资源支撑、社会动员等经验做法，构建更加完善的区、街、社区统一指挥、三级联动、协同高效的组织指挥体系。因循不同层级、不同类型重大活动主要特点，分级分类细化标准流程，健全信息公开、群防群治、志愿服务、生活保障等机制规范，全面提升服务保障工作制度化、精细化、标准化水平。

突出做好中央政务功能保障。加强规划引导，服务保障中央政务功能布局优化，实现城市功能与政务功能有机融合。持续推进重点区域综合整治，提高交通基础设施、环境建设水平。严格建筑高度管控，保障中央政务安全。全力服务配合央产老旧小区改造，完善工作生活设施配套。深化服务中央专办机制，加强常态化走访对接，主动精准提供全流程、全要素、高品质服务。

（二）坚持规划建设管理一体化，全面建设高品质城市

落实好核心区控规是我们应尽的历史责任。我们要践行“人民城市”理念，高标准推动核心区控规落地实施，精心塑造高品质之城，让建筑讲故事、街区可漫步、城市有温度。

强化规划引领。牢牢把握“两个突出”“六个注重”要求，对标对表空间结构和时序安排，以首善标准精心细致抓好核心区控规目标任务落地。完善组织实施、宣传培训、社会动员机制，深化老城风貌管控，创新政策引导，有力有效推动核心区控规落实。坚决维护规划的严肃性和权威性，锁定核心区控规明确的功能定位、目标任务，保证红线、底线约束指标不突破。加强对规划实施过程的监督检查，强化“城市体检”，确保一张蓝图干到底。

有序疏解非首都功能。牢牢牵住疏解非首都功能“牛鼻子”，深化拓展疏解整治促提升专项行动，强化政策引导，切实把“四个密度”降下来，让核心区静下来。坚持以提促疏、以提促治，加强腾退空间集约高效利用，推动低效楼宇改造升级，注重公共服务配套完善，提升宜居宜业品质。积极优化区域创新链、产业链、供应链布局，持续加强与兄弟区协同合作，实现优势叠加、资源互惠。

提升城市建设品质。以街区保护更新为抓手，坚持整体推进、突出重点，围绕“两轴一城一环”空间结构，优化长安街纵深一公里功能布局，推动什刹海、大栅栏、白塔寺等街区风貌恢复，形成连线成片规模效应。积极探索建立引入社会资本、多元投入的市场化机制。发挥好责任规划师、设计师、工匠师作用，推动城市更新向功能配套完善、特色风貌保护、业态优化发展等多维度拓展。强化新型基础设施升级赋能，大力推进数字孪生城市、“海绵城市”和韧性城市建设，高标准构建“城市大脑”，加强全时全域动态感知与智能分析，让城市更智慧、更安全。大力实施“道路林荫计划”，见缝插绿织补绿色空间，构建城市绿色生态网架。

提高精细化治理水平。坚持用“绣花”功夫精心精细管理好城市，完善街巷长、河湖长、林长制等长效机制，形成管理闭环。深入打好污染防治攻坚战，全面推进大气污染物协同控制、协同减排，统筹实施水污染防治和水生态修复。把碳达峰、碳中和纳入经济社会发展全局，积极推进绿色低碳循环发展，深入实施垃圾分类，加强源头减量和资源化利用，引导全社会践行绿色生产生活方式。大力营造良好出行环境，实施慢行系统改造，拓展健步悦骑空间，深化停车综合治理。健全城市应急管理和综合保障机制，全方位考虑城市可能遇到的各类灾害事故，不断提升防灾减灾和应急处置能力。

（三）持续推动文化强区建设，不断提升区域文化软实力和影响力

文化是引领、滋养发展的精神力量。我们要坚持社会主义先进文化前进方向，坚持守正创新，在北京全国文化中心功能建设中走在前列。

高起点建设人民精神生活共同富裕的美好家园。坚持以习近平新时代中国特色社会主义思想武装头脑，深入宣传阐释党的理论创新成果。弘扬践行社会主义核心价值观，构建完善道德模范选树和荣誉管理机制，推出一批“立得住、叫得响、传得开”的先进人物，用典型示范培育引领城市文明风尚。深化拓展新时代文明实践中心建设，常态长效推进文明城区创建，争创全国文明

典范城市。建好用好爱国主义教育基地，保护传承利用好红色资源。落实加强国际传播能力建设要求，生动讲述“西城故事”，更好展示西城形象。

高品质建设老城整体保护与复兴和中华优秀传统文化弘扬典范区。坚决贯彻“老城不能再拆”，扎实推进中轴线申遗保护三年行动计划，统筹开展文物腾退、保护修缮、风貌整治和活化利用，实现国立蒙藏学校旧址、贤良祠等一批重点文物开放，让更多文物保护成果惠及人民群众。围绕文化探访路、文化精华区，推动博物馆之城建设，建成非遗展示中心，塑造代表性项目传承保护样板。坚持在保护中发展、在发展中保护，积极利用现代科技手段，丰富拓展保护内容，传承发展历史文脉，精心保护好历史文化名城“金名片”。

高标准建设公共文化服务体系示范区。着眼公共文化服务标准化、均等化、社会化和数字化，全面提升公共文化设施网络建设水平，构建“10分钟公共文化服务圈”。深化“书香西城”建设，推动全民阅读蔚然成风。实施文化资源聚合、文化名家领航、原创精品培育、精品演艺集萃“四大精品”工程，持续推进“大都工匠”评选、“我在中轴修文物”等品牌活动，不断引入具有全国影响力的创新文化品牌落户西城，让文化艺术走进群众生活、浸润城市品质。

高水平建设特色文化产业发展引领区。实施“文化+”融合发展战略，制定促进文化产业发展新政策，打造一批以“华为河图”数字场景应用为代表的智慧引领项目，推动文化产业数字化转型升级。依托新华1949、天宁1号等项目，大力发展“文化+”企业，打造智慧化、开放型、引领高质量发展的示范园区。支持北京“设计之都”、中国北京出版创意产业园区建设，以设计拉动产业，以创意激发动能。实施文化金融服务创新工程，助力文化创新企业上市。落实国家文化和旅游消费试点城市建设任务，推进“文化商圈”、文创市集线上产业化平台建设，打造文化消费新地标。

（四）紧密立足国家金融管理中心功能定位，着力构建高质量发展新优势

推动高质量发展是新阶段实现经济持续健康发展的必然要求。我们要紧紧抓住“两区”建设等重大机遇，聚焦“4+N”产业开放发展方向，加快形成以创新为引领、以开放促发展的新模式，不断增强经济发展核心竞争力。

大力提升国家金融管理中心服务功能。持续发挥金融业支柱作用，打造金融业开放主阵地和新坐标。充分发挥金融街“四位一体”服务体系优势，提升国家金融管理中心服务能级，高水平办好金融街论坛。实施重点金融机构集聚、高质量上市挂牌、金融领军人才培养“三个一百工程”。着力强化资产管理优势，构筑财富管理产业聚集高地。

建设国际一流的金融科技示范区。加速金融科技创新要素集聚，支持区块链、大数据、量子技术等底层通用技术创新，巩固深化以金融科技为核心，以数字产业、研发设计、文化科技为特色的高质量发展产业布局。探索进出有序的沙箱监管常态化机制，营造高黏度良好的金融科技发展生态。发挥“十条”系列政策统筹叠加效应，推动形成金融与科技双轮驱动新态势。

积极培育发展新动能。坚持把推动科技自立自强、服务国家战略作为高质量发展的重要要求，充分挖掘辖区科技资源优势，注重引进培育科创企业、提升自主创新能力、优化创新生态，强化科技赋能、培育应用场景、促进成果转化落地，助力国际科技创新中心建设。加强对北京证券交易所的综合服务保障，支持打造面向全国服务中小企业的主阵地，强化服务创新型中小企业特色优势。紧密对接驻区大型龙头企业，吸引高度关联领域高端资源集聚，引进一批国际知名的专业服务机构，培育高端化专业化服务生态。紧抓北京全球数字经济标杆城市建设机遇，率先布局一批数字赋能示范区和数字应用场景试点，培育一批新兴领域的行业领军企业、专精特新“小巨人”企业，大力发展第三方大数据服务产业，力争形成经济高质量发展的新增长点。支持民营经济发展。

全面提升消费能级。高质量推进国际消费中心城市示范区建设，发挥西单—金融街、大栅栏—北京坊“双核”作用，构建区域消费新布局。全力推动特色商业街区转型提质，着力发展老字号、自主消费品牌，增强国际消费要素聚集，强化文商旅体健融通发展。加快培育新型消费，积极发展首店经济，完善“西城消费”平台功能，强化“线上线下”联动发展，推出沉浸式商业消费新模式。创新生活性服务业态和商业模式，提升生活性服务业品质，释放消费新活力。

深入推进国资国企转型升级。深化国资监管体制改革、市场化经营机制改革，加强分类监管，推动国有企业并购重组、做优做强。围绕城市更新、金融服务、现代服务业和新兴产业等板块，加快推动国有资产的存量优化和增量布局，创新商业运作模式，提升国有经济核心竞争力和可持续发展能力。加大企业上市培育力度，推动国资国企产融结合，提高资本运行效率和市场价值。旗帜鲜明坚持党对国企工作的领导，把党的领导融入公司治理各环节，深入落实《关于在深化区管国有企业改革中坚持党的领导加强党的建设的实施意见》，全面完成企业公司制改革，进一步提高公司治理水平。发挥国资国企主力军作用，切实履行好企业社会责任。

持续优化市场化法治化国际化营商环境。全面推行告知承诺制，实现政务服务“免证办理”“秒批即办”“立等可取”。健全以信用为基础的监管体系，完善“双随机、一公开”监管和非现场监管，对新业态、新模式实施包容审慎监管，不断提升监管精准化、智能化水平。深化定期走访企业机制，持续优化升级“服务包”，构建亲清政商关系，增强服务效能。

（五）全面提升民生福祉，打牢共同富裕、幸福西城的基石

共同富裕是社会主义现代化的重要特征，是人民群众最关心、最关切的事。我们要牢记“让人民生活幸福是‘国之大者’”，更加有力地改善民生、增进民富、保障民安。

全面提升社会保障水平。突出就业优先，完善促进就业政策体系，努力实现更充分更高质量就业。坚持体现效率、促进公平，调节分配政策，优化二次分配，着力提高低收入群体收入，不断扩大中等收入群体，大力发展慈善等社会公益事业，促进实现共同富裕。在更高水平上打造多层次社会保障体系，推进落实民生卡“多卡合一”改革任务，健全分层分类社会救助机制，为百姓幸福生活“兜住底”。坚持把对口帮扶作为应尽之责，巩固拓展脱贫攻坚成果同乡村振兴有效衔接，助力结对地区共同发展、共同富裕。

大力推进教育现代化。坚持把立德树人作为根本任务，完善德智体美劳全面培养的教育体系。加强党对教育工作的全面领导，建立中小学校党组织领导的校长负责制。着力巩固“教育高原”、打造“教育高峰”、办有温度的教育，严格落实“双减”要求，推进“双新”国家级示范区建设，优化教育生态。深化教育综合改革，促进优质教育资源均衡发展，推行优秀教师、校长交流轮岗，扩大公办幼儿园规模，增加普惠园学位供给，合理保障入园入学需求。加强师德师风建设，培育高素质专业化教育人才队伍。推动成人教育、社区教育、家庭教育发展，创建融通便捷的终身学习体系。

深入推进健康西城建设。用好“双奥”城市资源，广泛开展群众性体育活动，持续推广普及冰雪运动，推动竞技体育高水平发展，让更多群众感受运动魅力、享受运动快乐。推进体教、体医融合，广泛开展新时代爱国卫生运动，大力加强公共卫生应急管理体系建设，补短板、强机制，织牢公共卫生防护网、社区卫生服务网，全面提升公共卫生突发事件应急处置能力。深化医联体、健联体建设，推动家庭医生服务人群扩大覆盖，积极发展智慧医疗，探索“云诊疗”服务模式，强化全人群健康教育和健康促进工作，构建高品质健康服务体系。

抓好养老服务民心工程。通过“增量、增能、增效”，把高质量养老服务精准送到老年人“周边、身边、床边”。加密建设、均衡布局就近养老服务设施，打造“嵌入式”供给网络和智慧化信息平台，以失能、失智、高龄、独居、特殊困难老年人为重点，大幅度提升家庭养老照护床位数量，加大居家环境适老化改造、养老助餐服务体系建设力度，推进应急救援“一键呼”全覆盖，让老年人安心、家里人放心。深化养老机构运行机制改革，推动“养老+”“+养老”融合发展。着力构建老年友好型社会，大力弘扬孝亲敬老传统美德，让老年人共享改革发展成果、安享幸福晚年。积极应对人口老龄化，落实好优化生育政策，促进人口长期均衡发展。

着力改善提升居住品质。坚持尽力而为、量力而行，完善多主体供给、多渠道保障、租购并举的住房保障体系，健全低收入家庭住房保障机制。继续抓好直管公房申请式退租、简易楼筒子楼等危旧住宅改造更新工作，确保2000年底前建成的老旧小区改造任务完成。推动物管会向业委会转变，更好发挥业委会作用，加强物业服务监管，培育居民购买服务意识，切实解决“失管”小区难题，确保“有人管”“管得好”。

（六）坚持全面深化改革，充分激发改革创新活力

我们要牢牢抓住制度建设这条主线，提高改革的针对性、操作性、实效性，为区域发展提供持续动力。

以改革破解发展治理难题。精准对接发展所需、治理所要、民心所向，围绕预算绩效管理、老旧小区改造、国资国企、政务服务等领域，勇于改革创新、攻坚克难，解决一批历史遗留问题，破解一批重点难点问题，推出一批制度机制创新举措，实现牵一发而动全身、落一子而活全盘的整体效果。坚持把落实党中央要求、满足实践需要、符合基层期盼统一起来，深入推进“微改革”“微创新”，聚焦“小切口”，撬动“微治理”，围绕基层治理的痛点难点盲点，大胆探索、谋划实施一批落点准、见实效的改革举措，让改革发展成果更多更公平惠及群众。

着力推动重大改革任务落地。深入落实党中央、市委改革决策部署，坚持向改革要动力、激活力，及时研究出台配套政策措施，创新路径机制，明确任务书、时间表、路线图，确保改革顶层设计在西城精准落地、有效突破。紧密结合区域发展治理实际，聚焦北京城市新总规和核心区控规落地、老城整体保护与复兴等重大任务，探索先行先试，推动改革成效不断深化。

优化完善改革推进机制。增强改革系统性、整体性、协同性，促进各项改革措施在政策取向上相互配合、在实施过程中相互促进、在实际成效上相得益彰。聚焦重点、紧盯实效，压紧责任链条，不断完善抓改革落实的工作机制，健全科学领导决策、有效管理执行的体制机制，加强协同督察和效果评估，以督促改、以督促进，确保改革举措落地见效。

（七）推动治理体系和治理能力现代化水平不断提升，打造高效能治理典范

高效能治理是治理体系和治理能力现代化的应有之义。我们要坚持党建引领，突出大抓基层的鲜明导向，强化精治共治法治，把制度优势更好转化为治理效能。

深化基层治理体制机制创新。进一步巩固拓展街道管理体制改革成效，突出街道在城市治理中的基础地位，优化整合基层一线力量，增强街道统筹实施治理的能力。深入落实首都社区治理20条，充分发挥三级党建工作协调委员会和“双报到”工作机制作用，持续开展“红墙先锋在社区 我为群众办实事”实践活动，最

大程度团结凝聚调动社会各方面资源力量。高标准落实《北京市接诉即办工作条例》，坚持条块联动、协同共治，强化见诉即办、主动治理、未诉先办，加强数据治理、源头治理、依法治理，深入开展“领哨行动”“暖心行动”，打通服务群众“最后一公里”“最后一厘米”。

深化社会多元协商共治。围绕构建完善党委领导、政府负责、民主协商、社会协同、公众参与、法治保障、科技支撑的社会治理体系，推动共建共治共享。强化多元协商共治意识，鼓励多元主体参与，完善多元协商机制建设，办好用好“小院议事厅”，深化民生工作民意立项，推动“居民的事居民议，居民的事居民定”。大力培育社会组织和社会力量，全面提升专业化服务水平。强化“西城家园”线上治理平台建设，完善数字化治理模式。深入推进基层民主协商标准化建设，着力形成“民主参与全程化、协商机制联动化、协商事项系统化、基层治理效能化”的社会治理模式。

深化法治西城建设。自觉践行法治精神，完善党领导法治建设体制机制，全面推进法治政府建设，不断提高依法行政水平。坚持依法理财，深化财政预算绩效管理考核评价，优化区街财政体制，促进公共财政资金合理配置、效能提升。完善监察权、审判权、检察权运行和监督机制，推进执法司法制约监督体系改革和建设，全面提升司法能力、司法效能和司法公信。加快法治社会建设，以“八五”普法为抓手，强化法治宣传教育，完善公共法律服务体系，形成全社会尊重法治、信仰法治、坚守法治的良好风气，努力打造法治中国首善之区示范区。

三、坚持和加强党的全面领导，为全区各项事业发展提供坚强保证

新的征程上，我们必须坚持和加强党的全面领导，深入贯彻落实新时代党的建设总要求，从党的百年奋斗历程中汲取智慧和力量，不断把党的建设新的伟大工程推向前进，为党和人民争取更大光荣。

充分发挥党总揽全局、协调各方的领导核心作用。坚持全过程人民民主，支持人大及其常委会依法行使职权、开展工作，增强人大监督刚性，指导和督促“一府一委两院”自觉接受人大监督。充分发挥政协作为协商民主重要渠道和专门协商机构作用，支持政协加强和改进民主监督，促进协商议政成果转化落实。巩固和发展最广泛的爱国统一战线，密切同各民主党派、工商联和无党派人士合作共事，支持其更好履行职能，做好党外知识分子、党外代表人士、新的社会阶层人士、民族宗教人士以及港澳台、海外等统战各领域工作。更好发挥工会、共青团、妇联等群团组织桥梁纽带作用，把各自联系的群众紧紧凝聚在党的周围。扎实抓好外事、侨务、党史、档案、老干部、关心下一代、关爱残疾人、科普等工作。坚持党管武装，加强国防后备力量建设，做好退役军人工作，密切军政军民团结，凝聚起开启新征程的强大合力。

始终坚持以党的政治建设为统领。坚持旗帜鲜明讲政治，教育引导全区广大党员干部群众在坚持和捍卫“两个确立”，增强“四个意识”、坚定“四个自信”、做到“两个维护”，牢记“国之大者”上立标杆、作示范，在提高政治判断力、政治领悟力、政治执行力上下功夫、见实效，在践行“红墙意识”上走在前、作表率。严明政治纪律和政治规矩，严格落实党内法规制度，切实做到“三个一”“四个决不允许”，党中央提倡的坚决响应、党中央决定的坚决照办、党中央禁止的坚决不做。坚持把贯彻落实党中央重大决策部署和习近平总书记重要指示批示精神作为首要政治任务，持续完善“回头看”机制，确保各项任务不折不扣落地落实。教育引导广大党员干部不断加强党性锻炼、强化宗旨意识、坚定理想信念，永葆共产党人政治本色。

进一步提升思想理论武装水平。突出思想建党、理论强党，自觉用党的创新理论武装头脑、凝心铸魂，做到学习跟进、认识跟进、行动跟进。坚持以上率下，推动学习贯彻习近平新时代中国特色社会主义思想不断走深走实，从中汲取真理力量、思想力量、实践力量，让党的创新理论成为推动首都功能核心区高质量发展的强大思想武器。落实好“不忘初心、牢记使命”制度，深入开展“四史”学习教育。严格落实意识形态工作责任制，坚持正面宣传，不断巩固壮大主流舆论矩阵，加强互联网内容管理，提高用网治网水平。强化宣传栏、公共空间艺术品管理，加大对演出、出版等领域审查监管力度，深入推进“扫黄打非”工作，牢牢掌握意识形态工作的领导权、管理权、话语权。

全面建强党的基层组织。严格执行《中国共产党组织工作条例》，牢固树立抓基层、强基础、固基本的鲜明导向，把基层党组织打造成坚强战斗堡垒。高质量推进“两个覆盖”，全面加强机关、街道、社区、国企、学校、医院、“两新”组织等各领域党建，大力推进新业态和新就业群体党建工作，不断提升基层党组织政治功能和组织力。深入落实《中国共产党支部工作条例（试行）》要求，持续提高党支部标准化、规范化建设水平。抓好社区“带头人”队伍建设，深入实施社区党组织书记“赋能计划”，切实提升社区党组织整体功能。

大力提升干部人才队伍建设质量。坚持新时代选人用人导向，统筹用好各层次、各年龄段干部，推动干部队伍梯次合理、充满活力。深入实施优秀年轻干部队伍建设五年发展规划，把政治上靠得住、工作上有本事、作风上过得硬、人民群众信得过的优秀年轻干部选出来、用起来。增强干部教育培训工作的针对性和实效性，强化干部实践锻炼，努力建设一支“政治强、懂专业、善治理、敢担当、作风正”的高素质专业化干部队伍。坚持严管和厚爱结合、激励和约束并重，加强日常监督管理，健全绩效考核评价机制和尽职免责机制，不

断激励广大党员干部勇于担当、敢为先锋。坚持党管人才，全方位做好人才培养、引进、使用工作，着力打造高水平人才高地，开创新时代人才工作新局面。

持续营造良好政治生态。坚定不移把“严”的主基调长期坚持下去，坚决扛起全面从严治党主体责任，做实全面从严治党责任清单，层层传导压力，层层压实责任。规范党内政治生活，发展积极健康的党内政治文化。强化政治生态分析研判，深化政治巡察。严格落实《中共中央关于加强对“一把手”和领导班子监督的意见》，把“关键少数”管住用好。精准用好“四种形态”，推动各项监督统筹衔接、贯通协同。持之以恒加强作风建设，时刻防范“四风”隐形变异新动向，坚决整治形式主义、官僚主义，切实为基层松绑减负。始终保持惩治腐败高压态势，严查重点领域、关键环节和群众身边腐败问题，深化以案为鉴、以案促改，一体推进不敢腐、不能腐、不想腐，巩固反腐败斗争压倒性胜利。牢固树立“过紧日子”思想，精打细算办一切事情，以良好的党风促政风带民风，持续营造清正廉洁、勤勉务实的新风正气。

同志们！一切伟大成就都是接力探索、接续奋斗的结果，一切伟大事业都需要在承前启后、继往开来中推进。站在新的历史起点，走在向实现第二个百年奋斗目标奋力疾驰的大路上，我们意气风发、无比坚定和自信。让我们更加紧密地团结在以习近平同志为核心的党中央周围，在市委坚强领导下，大力弘扬伟大建党精神，不忘初心、牢记使命，开拓创新、锐意进取，埋头苦干、勇毅前行，为谱写北京率先基本实现社会主义现代化的西城篇章而努力奋斗！

政府工作报告

——2021 年 12 月 13 日在北京市西城区第十七届人民代表大会第一次会议上

北京市西城区人民政府区长　孙　硕

各位代表：

现在，我代表西城区人民政府向大会报告工作，请予审议，并请区政协委员提出意见。

一、五年来的工作

过去的五年，是西城区发展历史上极不平凡的五年。在市委、市政府和区委的坚强领导下，在区人大及其常委会的监督支持下，我们坚持以习近平新时代中国特色社会主义思想为指导，全面贯彻落实党的十九大和十九届历次全会精神，认真贯彻落实习近平总书记对北京重要讲话精神，深入落实区第十二次党代会精神，紧扣首都城市战略定位，大力推进“四个中心”功能建设、提高“四个服务”水平，着力办好“三件大事”，坚决打好“三大攻坚战”，扎实做好“六稳”工作，全面落实“六保”任务，统筹抓好新冠肺炎疫情防控和经济社会发展，实现“十三五”顺利收官、“十四五”良好开局，圆满实现率先全面建成小康社会目标。2021 年，地区生产总值预计达到 5300 亿元，是 2016 年的 1.37 倍；三级税收预计达到 4503.2 亿元；克服“营改增”政策等减收因素影响，区级一般公共预算收入保持稳定增长，预计达到 424.2 亿元；居民人均可支配收入预计达到 9.6 万元，年均增长 6.1% 左右。

主要做了以下工作。

（一）牢牢把握首都城市战略定位，服务保障首都功能取得新成效

紧紧抓住疏解北京非首都功能这个“牛鼻子”，深入推动北京城市新总规和核心区控规落地，全市批发市场疏解的“硬骨头”——“动批”转型为国家级金融科技示范区的核心区，成为“腾笼换鸟”的典型案例。共疏解腾退 178.3 万平方米，拆除违法建设 89.5 万平方米，完成 40 家宾馆、旅馆“关转提”，常住人口由 127.3 万人下降至 110.6 万人，“双控”“四降”取得扎实成效。主动融入京津冀协同发展大局，积极支持北京城市副中心和雄安新区建设。纵深推进街区保护更新、背街小巷整治，杨梅竹斜街、鼓楼西大街、平安大街、西安门大街实现精彩亮相，西海南沿等 8 条胡同被评为“北京最美街巷”。地安门外大街品质提升等项目有序推进。在菜市口西片等 5 个片区创新实施直管公房申请式退租模式，探索出城市存量更新的新路径。细颗粒物（$PM_{2.5}$）年均浓度由 78 微克 / 立方米预计降至 35 微克 / 立方米，建成全市首个城市森林广阳谷，新建慢行林荫路 61 条，新增城市绿地 26.8 万平方米，“优美河湖”数量居全市首位，群众绿色获得感显著增强。

全力维护核心区安全稳定，制定实施“长安计划”，

完善重大活动常态化服务保障机制，圆满完成新中国成立70周年、中国共产党成立100周年庆祝活动，以及党的十九大、“一带一路”国际合作高峰论坛、全国两会等服务保障任务。压实安全生产责任，食品、药品、特种设备等质量安全状况稳中向好，非居民液化石油气罐这一重大安全隐患得到有效根治，消防救援基本实现“秒级响应”。深入推进扫黑除恶专项斗争，充分发挥“西城大妈”等群防群治力量作用，信访矛盾纠纷排查化解不断深入，“平安西城”高水平推进，群众安全感达99%以上。面对突如其来的新冠肺炎疫情，全区上下团结一心、并肩作战、严防死守，强化公共卫生应急体系建设，从严从实抓好常态化疫情防控工作，高效精准处置散发疫情，共同筑起守护群众生命健康的铜墙铁壁。

（二）高水平服务国家金融管理中心建设，探索出减量发展背景下高质量发展新路子

依托首都金融资源独特优势，创新构建“四位一体”服务体系。习近平总书记宣布设立的北京证券交易所落地金融街。金融街论坛升格为国家级、国际性专业论坛，影响力全面提升。北京金融法院、大和证券、银河资管等296家重要机构落户，金融街要素集聚功能持续增强。推进首个国家级金融科技示范区建设，“产学研用资”金融科技产业生态基本建成。率先启动金融科技“监管沙箱”试点，入箱项目占全市64%。举办首届全球金融科技峰会，打造形成“一会一赛三论坛”品牌。国家金融标准化研究院等147家重点金融科技企业和专业服务机构落户，注册资本金超千亿元。培育引入“专精特新”企业51家。

紧抓北京“两区”建设重大机遇，13个标志性项目落地，数量占比和平均投资金额均居全市首位。新设外商投资企业188家，吸引合同外资总额152.3亿美元，外贸进出口总额2.6万亿元，保持全市前列。减量提质成效显著，市场主体由9.1万户下降至7万户，西单“更新场”重装亮相，建成北京坊“华为河图”智慧商圈，创新打造“西城消费”平台，社会消费品零售总额实现恢复性增长。深入实施“老字号、新商业”品牌发展战略。天桥演艺区等13家园区入选市级文化产业园区。国资国企产业布局不断优化，三级国有资产授权经营体系基本建立，房地产业资产结构占比较2016年下降了13.3个百分点。中国电信、莱百股份等14家企业登陆A股市场，辖区内上市企业增至50家，贡献了A股市场超过1/5的净利润。坚持减负、援企、帮困并举，一系列减税降费政策和中小企业纾困措施精准落地。

（三）始终坚持以文化育文明，擦亮历史文化名城“金名片”

以社会主义核心价值观引领全国文化中心建设，精心组织主题宣传和群众性精神文明创建活动。建成103家区级新时代文明实践基地。全国道德模范贾立群、“时代楷模”李桓英等一批先进典型的示范引领作用充分彰显。志愿者人数超过26万人。北京李大钊故居、京报馆旧址等一批中国共产党早期北京革命活动旧址修缮完成并对外开放，成为传承红色基因的实景课堂。发挥民族宗教工作大区重要窗口作用，为全区各项事业发展凝聚了人心、汇聚了力量。

严格落实老城不能再拆的要求，认真执行区人大《关于扎实推进街区整理不断提升核心区品质的决议》《关于加强历史文化名城保护提升城市发展品质的决议》。以中轴线申遗保护带动老城整体保护与复兴，完成北海医院、东天意市场降层，历代帝王庙重新开放。完成33个直管公房类文物腾退项目。创新推动文物建筑活化利用，为全国文物保护工作贡献西城方案。

推进公共文化服务体系示范区建设，实现公共文化服务设施全覆盖。“书香西城”建设成效显著，36家书店获评北京市最美书店和特色书店，特色阅读空间运营模式被评为第四批国家公共文化服务体系示范项目，老城书卷气息更加浓厚。不断繁荣文艺创作，设立区级文化艺术创作扶持专项资金，推出《北京法源寺》《幸福里的故事》等一批文艺精品力作，“京剧发祥地”、什刹海文化旅游节等品牌深入人心。

（四）扎实推动惠民举措落地见效，民生福祉不断增进

坚持民生优先，将更多财政支出投入民生领域。办成重要民生实事847件。7万余名城镇登记失业人员再就业，连续七年获评北京市充分就业区。承接全国困难家庭救助帮扶综合评估试点。建成养老服务机构95家、养老床位7120张。建立3个异地康养示范基地。保基本、促普惠、强精准的居家和社区养老服务供给体系不断深化。无障碍设施建设全市领先。率先建立“第三空间”商业服务新模式，基本便民商业服务功能实现社区全覆盖，生活“便利性”全市第一。

义务教育重点领域综合改革取得关键突破，学区制建设深入推进，教育集团覆盖82.8%的中小学，教育优质均衡发展水平居全市首位。举全区之力挖潜增加学前和义务教育学位近6万个，推动义务教育阶段“双减”政策落地，促进学生全面健康成长。获批普通高中新课程新教材实施国家级示范区。推进国家全民运动健身模范区创建，全民健身示范街道实现全覆盖。广泛开展冬奥宣传教育。我区运动健儿在东京奥运会上荣获2枚金牌，竞技体育贡献率在全市名列前茅。以紧密型医联体、健联体等试点建设为抓手，持续深化医疗卫生体制改革，强化分级诊疗，探索“先诊疗、后付费”信用就医，家庭医生重点人群签约基本实现全覆盖。全部医保定点医疗机构均实现跨省异地就医直接结算和医保脱卡结算，群众就医更加便捷。

全力建设百万庄北里、菜园街和光源里三大棚改项

目。腾退清空简易楼62栋。翻建平房9089间近13万平方米，修缮平房24608间33万余平方米。完成620万平方米的老旧小区综合整治任务。老旧居民楼加装电梯120余部。率先探索老旧小区改造“租赁置换”市场化运作模式。在4个央产老旧小区开展试点改造。发放保障性住房租金补贴5.9亿元，建成保障性住房9805套。

（五）持续深化体制机制改革，基层治理创新迈出坚实步伐

贯彻实施《北京市街道办事处条例》，强化赋权、下沉、增效，深入推进街道管理体制改革，推动432项行政执法职权下放。深化党建引领“吹哨报到”“接诉即办”改革，深入落实《北京市接诉即办工作条例》，推动主动治理、未诉先办。建立区级“攻坚克难30题+”机制，在历史遗留的房产证办理等难题上创新突破。受理市民热线诉求41万余件，解决率、满意率均在90%以上，一批群众“急难愁盼”问题得到解决。开展基层民主协商标准化试点，建设“西城家园”平台，线上线下治理协同推进。深入落实《北京市生活垃圾管理条例》《北京市物业管理条例》，统筹抓好两件“关键小事”，探索建立央产老旧小区物业管理机制，全区物业服务基本实现全覆盖，垃圾分类综合成绩保持全市领先。

五年来，我们旗帜鲜明讲政治，不断增强“四个意识”、坚定“四个自信”、做到“两个维护”，胸怀“国之大者”，大力践行“红墙意识”，提高政治判断力、政治领悟力、政治执行力，推动政府自身建设迈上新台阶。坚决贯彻全面从严治党各项要求，扎实开展“两学一做”学习教育、“不忘初心、牢记使命”主题教育和党史学习教育。坚决落实区人大决议，办理人大代表议案6件、建议451件和政协提案998件。不断提升行政效能，区级机构改革顺利完成，“放管服”改革不断深化。首创向公众报告工作等一系列政民互动新制度，出台为基层减负的“转作风、强创新、提效能”若干措施，推行破解内部机制运转不畅的“该不该、能不能、怎么办”改革创新，在更高水平上打造法治政府、创新政府、廉洁政府和服务型政府。推动外事外联、妇女儿童、档案史志、公益慈善等工作取得新进步。

各位代表：

五年深刻转型，五年笃定前行。我们砥砺奋进推动习近平新时代中国特色社会主义思想在西城形成生动实践。我们坚决扛起核心区职责使命，经受住了一系列重大考验，克服了诸多前所未有的困难，干成了许多关乎全局的大事，解决了许多制约发展的难事，办好了许多群众关切的实事。令人骄傲自豪的是，我们坚决当好红墙卫士，在服务保障一线最生动地感悟了新中国成立70周年、建党百年的辉煌成就，收获了奋进前行的精神力量。令人感动难忘的是，面对新冠肺炎疫情“大考”，全区上下众志成城、共担重任、共克时艰，弘扬伟大抗疫精神，彰显了西城速度、西城力量、西城担当。令人鼓舞振奋的是，在城市治理深刻转型、社会结构发展变化中，在减量发展背景下，我们以创新求突破，探索、求解、构建新思路、新模式、新机制、新路径，实现了经济社会高质量发展，为核心区开启全面建设社会主义现代化新征程奠定了坚实基础。五年来，西城区先后荣获国务院“真抓实干”、财政管理和质量创新督查激励，获评首批全国法治政府建设示范区、全国科普示范区、国家健康促进区，连续六届获得“全国文明城区”荣誉称号，荣获全国双拥模范城（县）“十连冠”。

这些成绩的取得，是习近平新时代中国特色社会主义思想科学指引的结果，是社会各界关心支持的结果，是全区人民团结奋斗的结果。在这里，我代表西城区人民政府，向各位人大代表、政协委员，向各民主党派、工商联、无党派人士、各人民团体和社会各界，向中央、市属单位和驻区部队、武警官兵，向所有关心、支持西城发展的同志们、朋友们，表示衷心的感谢和崇高的敬意！

我们也清醒地认识到工作中存在的问题和不足：与首都功能核心区职责要求相比，与人民群众对美好生活的新期待相比，我们的服务保障能力需要进一步提升；区域发展不平衡的问题还要加快解决，产业结构仍需优化，经济发展新动能还需培育壮大；区域文化资源的挖掘利用不够充分；城市管理要更精细，城市品质仍需提升；教育、养老等民生保障还有短板，破解老旧小区改造等遗留难题需要持续发力；生态环境建设还要久久为功。对于这些问题，我们一定会高度重视，尽心竭力切实加以解决。

二、未来五年政府工作的总体把握

今后五年，是西城区开启全面建设社会主义现代化新征程的开局起步期，是坚定不移贯彻落实核心区控规的关键攻坚期，是融入和服务新发展格局的优势重塑期。区第十三次党代会提出了“在北京率先基本实现社会主义现代化进程中走在前列”的奋斗目标，我们要抢抓机遇、迎接挑战、勇毅前行，奋力推动西城区高质量发展行稳致远。

今后五年，政府工作的总体要求是：坚持以习近平新时代中国特色社会主义思想为指导，全面贯彻落实党的十九大和十九届历次全会精神，认真学习贯彻即将召开的党的二十大精神，弘扬伟大建党精神，深入贯彻习近平总书记对北京重要讲话精神，坚持以人民为中心的发展思想，坚持稳中求进工作总基调，立足新发展阶段、贯彻新发展理念、构建新发展格局，统筹推进“五位一体”总体布局，协调推进“四个全面”战略布局，坚持以首都发展为统领，深入落实人文北京、科技北

京、绿色北京战略，坚持首都功能核心区战略定位，弘扬践行“红墙意识”，把全力服务保障首都功能作为工作的全部要义，大力加强“四个中心”功能建设，不断提高“四个服务”水平，统筹发展和安全，在全面深化改革开放中提升治理能力，在推动高质量发展中促进共同富裕，让人民群众的获得感成色更足、幸福感更可持续、安全感更有保障，在北京率先基本实现社会主义现代化进程中干在实处、走在前列。

未来五年，政府工作主要聚焦以下目标任务。

中央政务保障更加有力。全面贯彻落实总体国家安全观，迭代实施“长安计划”，在更高水平上建设“平安西城”，坚决为党中央站好岗、放好哨，守护好人民群众平安家园。全力推进国际交往中心核心承载区建设。北京非首都功能疏解纵深推进，“双控”“四降”取得显著成效。优化长安街纵深一公里功能布局，强化建筑高度管控和特色风貌塑造。加快长安街沿线等重点区域品质提升，“两轴一城一环”空间结构有力呈现。实施城市更新行动，推动城市功能和政务功能有机融合。加快公共卫生应急体系和韧性城市建设，推动公共基础设施智能化改造。实施碳中和行动，建设“天蓝、水碧、土净”绿色宜居的核心区。

历史文化名城魅力更加彰显。聚焦全国文化中心建设，高起点建设人民精神生活共同富裕的美好家园，社会主义核心价值观更加深入人心，城市文明程度、市民科学素养明显提高。高品质建设老城整体保护复兴和中华优秀传统文化弘扬典范区，中轴线申遗保护取得实质性成果，老城特色风貌充分展现。高标准建设公共文化服务体系示范区，实现街道、社区公共文化设施全面达标。深入实施文化“四大精品”工程，不断提升区域文化品牌影响力。高水平建设特色文化产业发展引领区，实施“文化+”融合发展战略，推动文化产业蓬勃发展。

高质量发展优势更加突出。聚焦“五子”联动，全面落地“两区”建设政策，着力推进“4+N”服务业扩大开放，在金融双向开放合作等领域取得新突破。服务国家金融管理中心建设，依托北京证券交易所和北京金融法院等属地资源禀赋优势，不断优化金融产业生态，推动金融高端要素集聚。金融街论坛影响力持续提升，金融业增加值年均增速达8%，上市挂牌企业突破100家。加速“金科新区”建设，推动形成金融与科技双轮驱动新态势。紧抓北京全球数字经济标杆城市建设机遇，完善产业培育发展体系，吸引更多“专精特新”企业落户，形成一批有竞争力的新兴产业集群。加快国际消费中心城市示范区建设，全力构建“双核两带、七区五街、一网托底”的消费场景新格局。加快推进国有资产存量优化和增量布局，支持国有企业做强做优做大。促进非公企业健康发展。创新人才发展工作机制，加快引进一批金融、科技、教育、医疗等领域具有国际视野的高端人才。抓好《中长期青年发展规划（2016—2025年）》国家试点实施。打造一流的国际化营商环境。

人民生活更加幸福美好。聚焦“七有”“五性”，推动共同富裕的美好生活取得实质性进展。登记失业率控制在3.5%以内，居民人均可支配收入增长与经济增长基本同步，多层次社会保障体系更加完善。加快推动教育现代化，全面推进义务教育阶段“双减”工作和“双新”示范区建设，持续巩固“教育高原”，打造“教育高峰”，办好特殊教育，让学生、教师、家长都切身感受到教育的温度。构建高品质健康服务体系，突出“体教”“体医”融合发展，青少年近视率和肥胖率逐年降低，群众经常性参加体育锻炼比例达到全市前列。积极发展智慧医疗，持续深化紧密型医联体、健联体建设。大力发展中医药事业。着力提升优生优育服务水平。不断完善居家和社区机构相协调、医养康养相结合的养老服务体系，织密就近精准养老服务设施网络，拓展家庭养老照护床位，推动养老助餐、巡视探访、养老顾问等基本养老服务更好发展。加强多元住房保障，积极引入社会资本参与老旧小区改造，基本完成2000年前建成的老旧小区改造任务，租赁性保障住房建设取得新进展。三大棚改项目全面完成，居民全部迁入新居。深入落实京津冀协同发展战略，深化对口支援协作，在助力乡村振兴上做出西城新贡献。

区域治理效能更加显著。坚持党建引领，聚焦治理现代化，打造高效能治理典范。以数字政府建设为引领，强化政务服务，提升行政效能。深化法治西城建设，让法治成为社会共识和基本准则。巩固拓展街道管理体制改革成效，持续推动服务重心下移、资源下沉，提升街道统筹实施基层治理能力，增强社区服务功能。强化数字赋能，高标准建设“城市大脑”，做精做细城市治理“末梢”。拓展“西城家园”平台应用，强化见诉即办、主动治理、未诉先办。深化多元协商共治，健全群众诉求表达、利益协调、权益保障机制，引进和培育发展各类社会治理主体，精治共治法治水平明显提升。

三、2022年重点工作安排

2022年是迈向第二个百年奋斗目标新征程的开局之年，我们将迎来北京冬奥会、冬残奥会和党的二十大，做好明年各项工作至关重要。

当前，经济发展面临需求收缩、供给冲击、预期转弱三重压力。世纪疫情冲击下，百年变局加速演进，外部环境更趋复杂严峻和不确定，给我们带来诸多风险和挑战。我们既要正视困难，又要坚定信心，坚持稳字当头、稳中求进，进一步提振精神，鼓舞士气，为圆满完成“十四五”确定的目标任务奠定坚实基础。

综合考虑各方面因素，2022年全区经济社会发展的主要预期目标是：地区生产总值增长6%；区级一般公共预算收入增长4%；居民人均可支配收入增长与经济增长基本同步；登记失业率控制在3.5%以内；细颗粒物（$PM_{2.5}$）年均浓度、万元地区生产总值能耗降幅、生产生活用水总量达到市级要求。

为实现上述目标，重点做好以下七个方面工作。

（一）全力做好重大活动服务保障，扎实筑牢城市安全基础

全面提升城市综合保障能力。深入实施“长安计划”3.0版，强化政治中心区一体化防控，高标准完成北京2022年冬奥会、冬残奥会和党的二十大等重大活动服务保障任务。扎实开展安全生产专项整治三年行动。试点探索119、120联合出动模式。强化食品药品全过程监管。推进韧性城市建设，实施区属道路地下病害探测治理三年行动计划，及时消除城市风险隐患，切实提升防灾减灾和突发事件应急处置能力。

高水平建设“平安西城”。推进市域社会治理现代化试点，践行新时代“枫桥经验”，深化“西城大妈”品牌塑造。加强国防教育和国家安全教育。深入开展基层平安创建，加强群体性事件预警预防和化解处置。依法严厉打击违法犯罪，推动扫黑除恶常态化，确保区域和谐稳定。

科学精准抓好常态化疫情防控。严格落实“四方责任”，抓细抓实各项防控措施。抓好常态化核酸筛查，提高监测检测、流调溯源、隔离管控能力，完善应急响应预案和处置体系，有序推进新冠病毒疫苗接种。开展爱国卫生运动，引导广大群众养成良好卫生习惯。

（二）聚力“两区”建设，构筑高质量发展新优势

打造金融业发展新高地。全方位服务北京证券交易所发展，推动相关产业链、生态链聚集升级。高水平承办2022金融街论坛年会及系列活动，办好金融街建设30周年系列活动。加快推动“两区”建设项目落地，持续深化金融开放合作，吸引国际金融机构、金融组织和外资金融项目落地。鼓励支持资产管理、绿色金融、普惠金融发展。深化与伦敦金融城、阿布扎比等国际金融中心合作。

激发金融科技发展新活力。加快“金科新区”建设，制定“金科十条”2.0版，完善金融科技机构评价体系，着力引进具有行业影响力的金融科技企业，打造金融科技产业发展良好生态。精心办好第二届全球金融科技峰会。服务北京金融科技创新监管工具发展，配合中国人民银行组建国家金融科技风险监控中心。拓展产业发展空间，实现“金科新区”核心区全面亮相。

培育数字经济发展新亮点。制定建设全球数字经济标杆城市示范区实施方案和三年行动计划，加快推进数字经济若干措施政策落地，着力培育一批数字经济优势企业。加大政策引导和扶持力度，支持创新型中小企业发展。促进数字技术在金融、文化、商务、医疗等领域应用，推动实体经济与数字经济深度融合。支持举办网安高峰论坛，积极参与2022年北京全球数字经济大会。

推进国际消费中心城市示范区建设。以西单—金融街为主体，打造国际化高端时尚魅力圈，实施西单商圈改造提升工程。以大栅栏和北京坊为主体，打造体现传统与现代融合的中国式生活体验圈。推进地外大街业态调整，实现地百商场亮相经营。提升社区商业品质。拓展“西城消费”平台功能。实施振兴发展计划，促进老字号发展。持续提升“两展一节”品牌影响力。

深化国资国企改革。优化国有资本配置，通过重组整合等手段，拓展区属企业同质化的解决路径。深化国有资本投资公司试点，强化产业聚集、投资引领功能。加快企业上市，持续提高区属国有资本证券化程度。切实加强国资监管制度建设，完善国资监管治理体系。

持续优化营商环境。发挥“大走访”“服务包”机制作用，开展产业政策评估，提升精准为企服务质量。助力中小微企业和困难行业持续恢复。持续加强税源建设，抓好惠企政策兑现。加大专业服务机构引进力度，不断提升国际化高端商务服务水平。启动新一代智慧大厅信息化建设，推动更多政务服务事项全程网办。

（三）推动核心区控规落细落实，促进城市品质全面提升

统筹实施核心区控规三年行动计划。加强长安街纵深一公里、中轴线沿线城市设计，发挥责任规划师作用，深化老城风貌管控。坚持重点先行，统筹推进街区保护更新、背街小巷治理提升。加强政策系统集成，实施清单管理，完善组织实施机制，有效推动任务落地。

确保“疏整促”任务全面完成。拆除违建10万平方米，加强腾退空间集约高效利用，完成常住人口减量调控目标。深入推进住宿业转型升级，强化旅游景区服务质量行业监管。持续开展大栅栏、北京坊商圈等周边交通秩序综合治理。实施停车治理三年行动计划，开展“僵尸车”清理专项行动，推进道路停车改革，加大错时有偿共享停车。深化与门头沟区等地结对协作，实现优势资源共享。

深入推进城市更新。继续启动一批申请式退租项目，完成14个老旧小区综合整治，启动20栋简易楼腾退，推进新兴盛危改项目，持续做好老旧居民楼加装电梯工作。加快解决大吉、大栅栏C3、H等历史遗留项目，推进车公庄3号地项目建设。有序开展重点地区连线成片整治。

加快建设智慧城市。围绕城市影像、城市脉搏构建新型智慧城市感知体系，推进数字原生基础设施建。强化全区信息系统统筹集约建设，提升“城市大脑”决策支撑能力，以“业务、数据、技术”深度融合驱动“市、区、街、居”四级联动，开放城市交通、居民停车等应用场景，构建“指尖西城”服务体系。

系统提升生态环境质量。深化“一微克”行动，加强道路和城市部件深度保洁，持续改善空气质量。坚持管治并重，全面落实河湖长、林长制，推进慢行林荫路建设，抓好水土环境整治改善，新增城市绿地5000平

方米、屋顶绿化5000平方米、垂直绿化1000延长米。推进全龄友好型公园建设。做好碳中和工作，开展低碳学校、低碳社区、低碳园区等创建活动，推进公共建筑节能绿色改造，提升能源使用效率。

（四）服务全国文化中心建设，不断增强区域文化软实力和影响力

高起点提升城市文明程度。坚持以社会主义核心价值观引领文化建设，聚焦北京2022年冬奥会、冬残奥会和党的二十大等重大主题，广泛开展群众性主题宣传教育活动。推动全民科学素质建设。落实文明城区创建三年行动计划，抓好新一届全国文明城区创建，争创全国文明典范城市。贯彻落实《北京市文明行为促进条例》，深入开展公共文明引导行动。

扎实推进老城整体保护与复兴。全力推进中轴线申遗各项重大任务。完成谦祥益文物修缮、万宁桥和地安门内外大街环境综合整治，推进先农坛内坛腾退、正阳门箭楼南望景观视廊整治等工作。全力推进杨椒山祠等14项文物修缮工程，力争完成福德庵、云南新馆等修缮工程。精心抓好观音寺片区老城保护更新项目，打造第二条"杨梅竹斜街"。推进首批文物建筑活化利用项目落地，实现第二批文物建筑活化利用项目落地签约。挖掘非遗产业资源，举办好非遗系列主题活动，传承发展历史文脉，让历史文化名城这张"金名片"更亮丽。

大力推动文化事业和文化产业发展。加强公共文化服务体系示范区建设，加快实施区文化馆、图书馆、档案馆新馆等项目，进一步完善基本公共文化设施网络。支持博物馆社会化运行发展。深入推进"书香西城"建设，打造一批街区"悦读湾"，吸引更多品牌书店入驻西城。举办"白塔夜话""会馆有戏"等品牌活动。大力培育文艺原创精品。加强央地、市地文化资源及平台合作。深入实施文化产业提升发展三年行动计划，支持老旧厂房用于文化产业，加快北京出版产业园、天宁1号二期项目等建设，支持"文博图"场所数字化、智能化建设。

（五）坚持以人民为中心的发展思想，在更高水平上保障和改善民生

推动社会服务保障精准高效。实施新一轮促进就业政策，重点促进高校毕业生、低保失业人员等群体稳定就业。着力提升低收入群体收入。大力推进全民参保计划，多措并举强化社保基金监管。加强关爱扶助，切实保障妇女、儿童、残疾人、困难群体和其他特殊群体权益。继续加大保障性住房项目建设和公共租赁住房房源筹集力度，大兴旧宫保障性住房项目实现居民入住。引导符合市场租房补贴标准的家庭，以补贴方式解决住房困难。新建和规范提升基本便民商业网点20个。

办好优质均衡、有温度的西城教育。以立德树人为根本，坚持"五育"并举，巩固"教育高原"，打造"教育高峰"。扎实推进党组织领导的校长负责制。开展干部教师轮岗交流。深入实施义务教育阶段"双减"工作，加强校外培训机构治理，丰富课后服务供给。实施"跳动校园"项目，加强课后体育锻炼，开展心理健康教育疏导，强化"家校社"联动，逐步减少"小胖墩""小眼镜""小豆芽""小焦虑"。精准扩增教育学位。全力做好国家级"双新"示范区建设工作，加大各级各类人才培养力度。深入推进贯通培养，努力构建大中小幼一体化育人机制，探索高品质西城教育新模式。探索校车服务试点。深化学习型城区建设，推动构建服务全民终身学习的教育体系。

建设高品质"健康西城"。开展区属体育场馆升级改造，推进智慧体育服务管理平台建设，实现月坛体育馆投入使用。新建5公里健走步道，每个街道新增体育场地设施不少于1片。深化国家全民运动健身模范区创建，办好"一节两品"等群众体育赛事活动，用好"双奥"城市资源，持续推广普及冰雪运动。深化健联体试点，加强区疾病预防控制中心基础设施和急救站点建设，持续推进分级诊疗制度，深化"名中医身边工程"，提供优质中医药就诊服务，稳步提高家庭医生签约服务可及性。推进智慧医疗，探索"云诊疗"服务模式。

抓好养老民心工程。深化养老服务综合改革，坚持"开门办养老"，以小投入撬动大资源，以老年人满意度评价为导向，以社会化、市场化为方向，优先保障基本养老服务对象，推动完善养老服务体系，在助餐、就医、一键呼叫、居家适老化改造等重点事项上为更多老年人提供高质量养老服务。

（六）深化主动治理、"未诉先办"，不断提高基层治理效能

推动"接诉即办"向"未诉先办"转变。深入落实《北京市接诉即办工作条例》，坚持党建引领，强化条块协同、系统治理，优化提升"西城家园"应用水平，推行"见诉即办""与群众一起办"。深化专项治理，持续开展"领哨行动""暖心行动"，有序推进重点难点逐项攻坚。提前研判解决防汛、供暖、入学入园等周期性诉求。

提升社区治理水平。持续推进资源、服务、管理下沉，优化整合一线力量，加强协管员规范管理。拓展社区服务空间功能，因地制宜开展集成式服务项目。关心关爱社区工作者，加强社区工作者队伍建设，提升参与社区治理和服务的能力水平。

深化共建共治共享。充分发挥三级党建工作协调委员会作用，凝聚各方面资源力量。推进基层民主协商标准化建设全覆盖，高质量打造社区议事厅示范点。提升业委会、物管会履职能力，倡导垃圾分类文明新风尚。

在老旧小区改造、物业管理、停车治理、生活服务配套等方面深化民生工作民意立项机制，打造主动治理与线上线下相结合的"微治理"模式。以铸牢中华民族

共同体意识、推进我国宗教中国化方向为主线，促进宗教和顺、社会和谐、民族和睦，携手共建美好家园。深化双拥共建，完善退役军人服务保障，推进军民融合深度发展。

（七）不断加强政府自身建设，全面提升服务能力和水平

在旗帜鲜明讲政治上有新担当。坚持和捍卫“两个确立”，坚决铸牢“两个维护”的政治自觉、思想自觉、行动自觉。充分发挥政府党组领导核心作用，把党的领导贯穿于政府工作的各方面、全过程。从严抓好市委巡视反馈问题整改，巩固拓展党史学习教育成果。

在严格依法行政上有新进展。持续深化法治政府示范区建设，推动构建职责明确、依法行政的政府治理体系。自觉主动接受各方面监督，认真办理人大议案建议和政协提案。深化政务公开，打造透明政府。坚持“过紧日子”，深化预算管理制度改革，优化区街财政体制，提高公共财政资金配置效率和使用效益。

在政府效能提升上有新突破。纵深推进“该不该、能不能、怎么办”改革，以勇担当、可持续的理念，构建政府系统内部“接诉即办”新模式，打通政府系统内部运行堵点，进而解决服务群众的痛点和难点。加快数字化赋能增效，探索AI+政务示范应用，加强视频图像系统“一盘棋”建设。充分运用大数据、区块链、云计算等技术，积极创新政务服务模式，给企业和居民办事创造更大便利。

在深化作风转变上有新成效。坚决扛起全面从严治党主体责任，压实“一岗双责”，严防廉政风险。深入落实中央八项规定及其实施细则精神，持之以恒纠治“四风”。切实为基层减负，大力精简文件会议。强化改革攻坚，着力解决历史遗留问题。打造忠诚干净担当的高素质专业化干部队伍，为改革者负责、为担当者担当，不断激发干事创业的精气神。

各位代表！

时代是出卷人，我们是答卷人，人民是阅卷人。在实现第二个百年奋斗目标新的赶考路上，时代的使命召唤着我们，人民的期待鼓舞着我们。历史的车轮永不停歇，奋斗者的脚步永远向前。同时间赛跑，与历史并进，我们一定要继续考出好成绩，在新时代新征程上展现新气象新作为，在实现中华民族伟大复兴的进程中跑好属于我们这代人的这一棒！

上下同欲者胜，风雨同舟者兴。让我们更加紧密地团结在以习近平同志为核心的党中央周围，全面贯彻习近平新时代中国特色社会主义思想，在市委、市政府和区委的坚强领导下，以咬定青山不放松的韧劲接续奋斗，以风雨无阻向前进的豪情乘势而上，在北京率先基本实现社会主义现代化新征程上，奋力谱写无愧于党、无愧于人民、无愧于时代的西城篇章！

名词解释

1. 三件大事：北京市提出，组织实施新一版北京城市总体规划、以疏解北京非首都功能为“牛鼻子”推动京津冀协同发展和全力筹办好北京2022年冬奥会、冬残奥会。

2. 三大攻坚战：党的十九大报告中提出，防范化解重大风险攻坚战、精准脱贫攻坚战和污染防治攻坚战。

3. 关转提：2021年西城区提出，以三年为整治周期，对全区住宿业全面实施“关停一批、转型一批、提升一批”，实现规模总量有序下降、产业结构显著优化、综合品质明显提升的任务目标。

4.“双控”“四降”：北京城市新总规和核心区控规中提出的控制人口规模、建筑规模，降低人口密度、旅游密度、建筑密度及商业密度的要求。

5.“四位一体”服务体系：西城区首创的由北京金融街合作发展理事会、北京金融街服务局、北京金融街服务中心有限公司和金融街论坛组成的金融街服务支持体系。

6. 监管沙箱：2019年中国人民银行率先在北京启动试点的金融科技创新监管机制。通过这一机制创造一个可以控制的安全空间，减少规则障碍，符合要求的金融企业可以在其中测试创新的金融产品、服务、商业模式和营销方式，实现金融创新和有效管控风险的双赢局面。

7. 一会一赛三论坛：“一会”是全球金融科技峰会；“一赛”是中关村“番钛客”金融科技国际创新大赛；“三论坛”是成方金融科技论坛、金融街论坛和中关村论坛之金融科技分论坛。

8.“两区”建设：中央支持北京开放发展的重大政策，包括建设国家服务业扩大开放综合示范区和中国（北京）自由贸易试验区。

9.“华为河图”智慧商圈：2020年，西城区与华为技术有限公司在北京坊打造的全新商业场景。上线室内室外融合定位与3D实景步行导航这一创新功能，创造全新的视觉与交互体验。用户可以自主发起3D步行导引，沿途各种实时信息和精彩纷呈的虚拟数字内容叠加显示在当前所处的真实环境中。

10. 西城消费：由西城区商业联合会注册、区商务局指导和支持，组织全区商贸企业创新营销及品牌宣发的特色促消费平台。该平台有微信公众号、视频号、直播间及各种主题专栏等项目，组织开展优惠福利、夜间经济等多种形式的促消费活动，助力企业营销及品牌推广。

11. 第三空间：西城区为居民营造在家庭（第一空间）、工作单位（第二空间）之外的街区生活服务与公共交流空间。在基本生活性服务业基础上，融合养老、托幼、阅读、健身、社区议事等各类型服务业态，打造复合高效的服务空间。

12. 双减：2021年，国家部署开展的进一步减轻义务教育阶段学生作业负担和校外培训负担工作。

13. 租赁置换：西城区推出的城市更新视角下市场化主体参与老旧小区改造与租赁住房业务的创新模式。针对老旧小区中硬件条件、居住人群与地段错配等典型问题，以物业服务为切入点，通过租金置换、改善置换、养老置换等多样可选的置换方式，获取房屋长期运营权，实施整体更新改造、长效运营等主要措施，达到老旧小区硬件更新、服务提升，助力区域人口结构优化、职住平衡。

14. 攻坚克难30题+：西城区根据市民热线反映的诉求量大、解决率低、季节性凸显的问题，结合区域重点工作制定的工作清单，聚焦民生诉求重点推进解决。

15. 基层民主协商标准化：2019年，西城区社工委民政局向国家标准化委员会申请了“基层民主协商标准化试点”项目，并于2020年获批，为期2年。主要目的是用标准化的手段，确保西城基层民主协商和各项民意立项机制的可操作、可量化、可监督性，有效解决协商参与不够广泛、议事协商程序规则不完善等问题。

16. 西城家园：西城区突出以居民为中心的服务理念，打造的集宣传、服务、组织动员功能为一体的全新社会治理线上平台。居民既可实时浏览社区动态，也可享受各种便利服务，同时依托平台实现信息的精准推送和群众的有效互动。

17. 两件“关键小事”：垃圾分类和物业管理这两项对居民和城市发展都很关键的工作。

18. 该不该、能不能、怎么办：2021年西城区政府推出的改革思路和创新举措，着眼西城改革发展中常年存在并困扰广大党员干部的堵点、痛点、盲点、难点问题，建立机关内部“接诉即办”机制，精准回应基层呼声，破解“政策不衔接”“机制不顺畅”“该办不能办”掣肘难题，带动解决一批群众办事难题。

19. 两轴一城一环：核心区控规中提出的城市空间结构，“两轴”是长安街和中轴线，“一城”是北京老城，“一环”是沿二环路的文化景观环线。

20. 文化“四大精品”工程：西城区在“十四五”规划纲要中提出的文化资源聚合工程、文化名家领航工程、原创精品培育工程和精品演艺集萃工程。

21.“五子”联动：北京市立足新发展阶段、贯彻新发展理念、融入新发展格局的重大举措。“五子”即建设国际科技创新中心、抓好“两区”建设、发展数字经济、以供给侧结构性改革引领和创造新需求、深入推动以疏解北京非首都功能为“牛鼻子”的京津冀协同发展。

22. 4+N：西城区深入研究区域资源优势，前瞻性谋划未来经济增长所提出的产业布局。“4”是打造金融业开放合作新高地、增强金融科技发展新优势、强化金融街资产管理中心功能、大力促进数字经济新发展；“N”是在生活服务业、专业服务业、商贸、文化等多个现代服务业领域寻求新突破。

23. 双核两带、七区五街、一网托底：《西城区建设国际消费中心城市示范区实施方案》提出的消费场景新格局。“双核”是起引领示范作用的两个重点商圈，包括西单商圈、大栅栏商圈。“两带”是体现区域特色商业脉络和特色城市文化脉络的街区，包括沿什刹海、地安门、天桥、先农坛一线的“文带”和沿积水潭至灵境胡同的“商带”。“七区”是体现特色商业和特色文化的消费新场景集聚区，包括马连道都市茶文化休闲生活街区、什刹海休闲风景区、北展都市假日空间、天桥首都演艺活力区、“老场景＋新消费”地外大街时尚后市、天宁1号等文化科技金融综合示范区、“复兴商业城－长安商场”精品生活服务性街区。“五街”是彰显区域特色商业、特色文化具有一定知名度，具有深度体验感的特色小街，包括护国寺小吃街、琉璃厂街、烟袋斜街、杨梅竹斜街和金树街餐饮酒吧街。“一网托底”是在每个街道实施个性化的社区商业生活服务业建设导则，实现“小而精”的个性化服务配套全覆盖。

24.“双新”示范区：普通高中新课程新教材实施国家级示范区建设。2020年，西城区获批普通高中新课程新教材实施国家级示范区，北京八中、北师大附中、北师大实验中学3所中学获批国家级示范校。

25. 两展一节：商务部批准创办的北京国际茶业展、北京马连道国际茶文化展和主宾城市茶叶文化节。

26. 悦读湾：西城区辖区内倡导的由政府主导、社会力量参与，专门为社区居民提供优质暖心阅读服务的公益性阅读场所。

27. 跳动校园：西城区着眼提升学生体质健康水平，开展的以“跳动校园、健康第一”为主题的中小学生跳绳系列活动。

28. 一节两品：“一节”是西城区开展的全民健身体育节，“两品”是北京西城国际金融体育康乐节、北京西城民族民俗体育文化节两个品牌活动。

29. AI+政务示范应用：西城区依托区政务办公一体化平台建设基础，研究通过AI算法赋能行政效能“新场景、新应用、新服务”，实现全区政务协同与内部办公的业务管理结合。

（责任编辑　郝慧芳）

专文

西城区党史学习教育综述

2021年，西城区委贯彻习近平总书记在党史学习教育动员大会上的重要讲话精神和中央、市委部署，在市委第二指导组的指导下，西城区紧密结合工作实际，围绕学史明理、学史增信、学史崇德、学史力行要求开展党史学习教育，全区广大党员、干部受到一次全面深刻的政治教育、思想淬炼、精神洗礼，达到学党史、悟思想、办实事、开新局的目的。

一、认真落实党中央和市委决策部署，增强开展党史学习教育的思想自觉、政治自觉和行动自觉

（一）加强组织领导，精心谋划部署。区委常委会第一时间召开会议学习贯彻中央、市委党史学习教育动员会精神，研究制订《关于在全区开展党史学习教育的实施方案》，梳理工作任务33项，明确落实牵头单位和完成时限。组建领导机构和工作机构，建立健全领导小组及办公室，抽调党性强、作风正、业务精、经验丰富的党员干部参与党史学习教育工作，组建11个区委巡回指导组，各街道工委，教育、卫生、国资3个系统组建184个下一级巡回指导组，各单位明确主题教育主管领导及联络人员，启动上下联动机制。3月9日组织召开党史学习教育动员大会，全面系统动员部署全区党史学习教育。区委主要领导先后主持召开理论研讨会、学习教育座谈会，带队深入部门、企业、街道、社区等开展党史学习教育专题调研。各级组织层层压实责任，上下联动，细化工作举措，确保学习教育顺利开展。

（二）强化理论武装，夯实思想根基。区委理论学习中心组率先垂范，先后组织集体学习14次，并专门安排时间进行专题学习，读原著学原文悟原理。跟进学习习近平总书记在福建、广西、青海和西藏等地考察期间的重要讲话。区委理论学习中心组集体参加中央宣讲团、市委宣讲团宣讲报告会、市委书记蔡奇党史学习教育专题党课，到中国共产党历史展览馆、李大钊故居开展集体学习，重温入党誓词。全区基层党组织广泛开展以“忆百年征程、树红墙先锋、启时代新章”为主题的4个系列13项活动。处级领导班子累计开展集中学习1200余次，集中交流研讨900余次。处级以上领导班子组织开展革命传统教育、党史学习培训教育、实地参观教育等专题教育2000余次。

（三）深入学习贯彻“七一”重要讲话精神，感悟、传承和弘扬伟大建党精神。区委党史学习教育领导小组印发通知，认真组织学习贯彻“七一”重要讲话精神，区委第十二届委员会第十六次全会深入学习贯彻，邀请专家举办学习习近平总书记重要讲话精神专家学者座谈会。全区各级党组织、广大党员干部把深入开展学习贯彻习近平总书记在中央政治局第三十一次集体学习时重要讲话精神、在参观“‘不忘初心、牢记使命’中国共产党历史展览”的重要讲话精神与“七一”重要讲话结合起来，并充分运用网络新媒体、学习强国等平台，通过微党课、微视频等形式分享学习成果，助推学习教育走深走实。

（四）深入领悟十九届六中全会精神要义，学习贯彻落实全会精神，引领全区党员干部在做好时代答卷中迈向新征程。11月12日，区委常委会召开扩大会议，传达学习贯彻党的十九届六中全会精神。11月19日，区委理论学习中心组围绕深入学习贯彻党的十九届六中全会精神，结合工作实际，开展交流研讨。各级理论学习中心组及各级组织以“领学、带学、促学”举措开展学习，西城区委十三届一次全会上通过《关于加强区委班子政治建设的决定》，结合作为首都功能核心区的战

略定位和工作实际，提出要做到“五带头、五表率”：要带头做到“两个维护”，在对党绝对忠诚上作表率；带头提高政治能力，在服务保障政治中心上作表率；带头站稳人民立场，在勤政为民上作表率；带头坚持首善标准，在担当作为上作表率；带头全面从严治党，在净化政治生态上作表率；进一步用全会精神强化责任使命，走好新时代赶考之路。

（五）各级组织安排讲党史专题党课和组织召开党史学习教育专题组织生活会。制发通知和工作指引，对专题党课和专题组织生活会的主题、重点环节等内容进行部署明确。开展党务工作者“云培训”，加强专题党课和专题组织生活会中具体问题的指导培训。区委主要领导为全区党员干部讲授党史学习教育专题党课，全区党员领导干部、基层党组织书记开展专题党课。全区各基层党支部均按照相关要求完成专题组织生活会，4182个党支部召开专题组织生活会，85361名党员参加所属党支部专题组织生活会。

（六）注重在重大活动中淬炼品质，作为党史学习教育的生动实践。区委注重把党史学习教育融入到北京“两件大事”的服务保障中，西城区承担广场集结疏散指挥部和组织机关党员干部到国家体育场观演任务，在落实重点工作任务过程中，坚持主动靠前一步，完成全体1800余人到广场参加中国共产党建党100周年庆祝大会集结、疏散和参会任务，同步做好《伟大征程》观演工作，坚守岗位、认真履职，展现出全区党员干部敬业奉献、担当作为的精神风貌。

二、充分挖掘红色文化资源，开展一系列主题鲜明、形式多样的活动，扎实推进党史学习教育工作取得实效

（一）抓好早期革命旧址的保护传承利用工作。围绕庆祝建党100周年，做好中国共产党早期北京革命活动旧址保护传承利用工作。根据市委工作要求，提升李大钊故居、京报馆旧址（邵飘萍旧居）、陶然亭慈悲庵、北京女子高等师范学堂等展陈工作。接待中央单位党委班子成员900余人次调研参观，接待社会各界群众15万余人次，革命旧址成为党员干部理想信念教育的重要场所和青少年革命传统教育的重要课堂。

（二）开展多种形式的党史学习教育体验活动。西城区充分挖掘辖区红色资源，依托李大钊故居等29处旧址资源，组织多场专题展览、主题讲座、沉浸式演出等教育活动。广泛开展“永远跟党走”群众性党史学习教育活动7大类50项，举办“铁肩担道义　妙手著文章”系列红色专题巡展、庆祝建党百年全国书法作品展、摄影作品展等主题展览活动，在24个单位巡展，线下线上受众20万余人次。举办红色演出活动49场次、受众83.1万余人次。举办红色主题文化活动264场次、受众11.07万余人次。举办品牌文化活动338场次、受众84.7万余人次。编撰“红色西城话百年”丛书，为全区深入开展党史学习教育和“四史”专题教提供丰富素材。结合“书香西城”及特色阅读空间资源，开展红色阅读朗读活100场次、受众1200万余人次。

（三）贴近基层群众，开展分众化宣讲，实现教育全覆盖。组建红墙卫士宣讲团、军休干部宣讲团、劳动模范宣讲团等10支特色宣讲团，组建“两优一先”宣讲团，充分利用西城区红色资源，讲好党史故事，唱响共产党好、社会主义好、改革开放好、伟大祖国好的时代主旋律，营造“党的盛典、人民的节日”浓厚社会氛围。采取进机关、进社区、进企业、进学校等“十进”的方式，深入到社区、学校和新时代文明实践基地等单位，推动宣讲工作覆盖到全区。全区组织各类宣讲480余场，线下受众5.5万余人次，线上收听收看1500万余人次。

（四）针对青少年特点，深入开展党史学习教育。创新方式方法，在青少年中开展以“学起来”“唱起来”“讲起来”“做起来”为主要方式的系列教育活动，传承红色基因，争做时代新人。召开主题团队日、国旗下演讲、“唱支歌儿给党听”歌咏比赛征集、“对话先烈·见字如面”西城区中小学书信活动。组建15名少先队辅导团和红领巾宣讲团，进行巡回宣讲，引导全区青少年学先锋、做先锋，将“请党放心，强国有我”的青春宣言根植内心。

三、聚焦人民群众“急难愁盼”问题，不断推进党史学习教育成果转化为民服务的实际行动

（一）坚持以人民为中心的发展思想，统筹推动“我为群众办实事”实践活动。西城区委带领全区各级党员干部积极响应党中央、市委号召，充分发挥好基层党组织战斗堡垒作用和党员先锋模范作用，围绕解决群众“急难愁盼”问题，创新开展“红墙先锋在社区，我为群众办实事”系列生动实践，提前兑现718项“我为群众办实事”承诺，解决195项居民关切的老旧小区综合改造和环境整治提升问题，实施110项扩大居民生活性便利空间等惠民工程。围绕“关键小事”等重点工作开展182项主题活动，优化89项办事流程，有效地解决群众身边的“急难愁盼”问题。充分发挥11个党史学习教育区委巡回指导组作用，把项目化推进和重点跟踪督导结合起来抓，确保核心区“我为群众办实事”实践活动取得实质效果。结对共建单位梳理出718项“我为群众办实事”项目，实现百姓生活服务中心全覆盖，增加1.3万个义务教育学位和2000个学前学位，深化健康联合体试点，办好养老服务驿站和老年食堂，深化家庭医生签约服务模式，全区签约总人数44万余人，重点人群签约率超过95%。

（二）坚持将“当下改”与“长久立”相结合，将办实事纳入规范化、制度化、经常化轨道。坚持与深化“吹哨报到”“接诉即办”改革、“进千门走万户”行动相结合，认真落实“接诉即办”条例这部“为民服务

法”，用好12345民生大数据，以“小切口”撬动“大变化”。围绕市级“接诉即办”12类、27个高频问题，区级层面形成“27+X”个性问题清单，区委书记每周调度“接诉即办”工作，副书记深改委双周调度，开展“领哨行动”和“暖心行动”，做实区、街、社区三级党建协调委员会，推动104家中央机关、149家市属机关、38家驻区部队和163家国企金融机构积极发挥作用。组织7.1万余名志愿者参与于垃圾分类成为常态，垃圾分类桶前值守工作走在全市前列。高标准落实好首都社区治理20条，建立7000余个议事平台，成功申请国家级基层民主协商标准化示范点，打造线上线下融合治理的“西城家园”平台。

（三）坚持以常态化结对共建持续提升基层治理效能。组织全区498个区级机关在职党支部、教育单位党组织、医疗机构党组织、区属一级企业党组织与263个社区党组织全面结对共建，通过“组织共建、资源共享、活动共联、难题共解”的方式，广泛开展“计划内项目与计划外项目同时办”“现场发现现场办”“随时发现随时办”等更为灵活、更加及时地为民办实事活动。全区各机关企事业单位和社区，以党支部为单位共同开展“我为群众办实事”主题党日活动2279次，在基层治理一线建立党员先锋岗、责任区803个，形成“党旗在基层一线高高飘扬”生动局面。

四、强化严督实导责任，确保党史学习教育高质量高标准落地落细落实

（一）加强督促指导，从严从细注重实效。党史学习教育领导小组牵头抓总、统筹调度，区委专题研究党史学习教育，召开领导小组会议3次，5次教育推进会，听取情况汇报，专题研究学习、调研、检视、整改、组织生活会等各项工作。坚持工作指导、严督实导同步推进，确保各项工作衔接紧凑、有条不紊、循序渐进、提质增效。各巡回指导组按照精准、高效、务实的工作要求认真履职、加强督导，分别制订工作方案及周工作计划，切实履行掌握情况、把关指导、提醒纠偏，通过巡回列席指导、调研访谈、巡听旁听等方式，听取汇报156次；调研座谈会136次，访谈党员干部868人，访谈群众201人；列席所指导单位主要负责人专题党课82场次；参与各指导单位党组理论中心组学习、读书班等学习“七一”讲话164场次，确保党史学习教育取得扎实成效。

（二）注重宣传策划，发挥宣传平台作用。紧扣党史学习教育活动主题主线，《北京西城报》、北京西城微信公众号加强统筹策划，分别在要闻版、理论版、人物版等开设“学党史、悟思想、办实事、开新局”“红墙先锋在社区、我为群众办实事”“红墙先锋”“红色故事”等多个栏目，深入做好宣传中国共产党的百年光辉历程和伟大业绩等相关报道工作。相关内容在今日头条、新华社、企鹅号等平台同步更新推送，各平台发布434条，阅读量283万人次。微信公众号及各平台总阅读量299.5万人次。视频平台分别在抖音、央视频、微视等短视频平台同步发布党史学习教育相关内容155条，播放量550万次，为全区党史学习教育开展营造出浓厚的舆论氛围。截至党史学习教育结束，区党史学习教育领导小组编发简报125期，中央党史学习教育简报专门刊登西城区教育简报3篇；市党史学习教育简报专门刊登西城区教育简报4篇、刊发西城区教育信息55条。

区委认真贯彻落实中央精神和市委部署要求，牢牢把握“学史明理、学史增信、学史崇德、学史力行”和“学党史、悟思想、办实事、开新局”的目标要求，全面统筹抓好落实，促进全区党史学习教育取得明显成效，达到预期目的。各级党员群众代表对全区党史学习教育开展效果的评价为“好”和“较好”达100%，其中评价为“好”的达99.8%。（蒋苏菲）

北京证券交易所设立

2021年9月2日，国家主席习近平在中国国际服务贸易交易会全球服务贸易峰会致辞中宣布，将继续支持中小企业创新发展，深化新三板改革，设立北京证券交易所（简称北交所），打造服务创新型中小企业主阵地。这是对资本市场更好服务构建新发展格局、推动高质量发展作出的新的重大战略部署，是实施国家创新驱动发展战略、持续培育发展新动能的重要举措，也是深化金融供给侧结构性改革、完善多层次资本市场体系的重要内容，对于更好发挥资本市场功能作用、促进科技与资本融合、支持中小企业创新发展具有重要意义。

一、设立北交所，支持新经济发展的特色路径进一步深化

9月3日，北交所完成注册登记，在中国证监会的领导和北京市及社会各界的支持下，完成基础制度发布、技术系统改造、新闻宣传引导、市场运行保障等方面的工作。11月15日成功开市交易，与新三板一体管理、一体发展。

市场定位上，北交所主要服务创新型中小企业，突出“更早、更小、更新”，与主板主要服务大型成熟企业、科创板服务“硬科技”、创业板服务“三创四新”形成错位发展格局。

市场结构上，北交所坚持与新三板创新层和基础层统筹协调与制度联动，上市公司由新三板创新层公司产生，维持新三板基础层、创新层与北交所层层递进，坚持与沪深交易所和区域性股权市场互联互通，通过实施转板以及与区域市场对接机制，形成全链条服务创新型中小企业的市场体系。

制度安排上，北交所在遵循交易所建设一般规律、契合创新型中小企业成长特点的基础上，构建“错位、包容、灵活、普惠”的制度体系。一是上市条件精准包容。设置多套并行标准，符合不同阶段和不同类型创新型中小企业特征；二是融资制度灵活多样。形成普通股、优先股、可转债等较为丰富的权益融资工具，实行向不特定合格投资者公开发行、向特定对象发行等融资方式，引入授权发行、储架发行和自办发行，降低企业融资成本。三是交易机制高效多元。设置竞价交易、大宗交易、协议转让等交易方式，研究推出混合交易、融资融券交易，提高价格发现效率。四是公司监管宽严适度。接轨现行上市公司监管安排，保持符合中小企业特点的弹性监管要求，董事会不强制要求设立专门委员会，对现金分红比例不作硬性规定。五是成长路径循序渐进。北交所坚持与新三板创新层、基础层一体发展与制度联动，坚持与区域股权市场、沪深交易所错位发展与互联互通。

二、完善市场功能，打造服务创新型中小企业新生态

北交所开市以来，市场运行稳中向好，市场功能进一步恢复，市场韧性进一步增强，市场信心进一步提振，市场生态发生根本性变化，市场建设发展迈上新台阶，改革成效不断显现。

一是法律地位提升，市场定位明晰。精选层由交易场所一个市场层次转变为证券交易所，精选层挂牌公司由非上市公众公司转变为上市公司。法律地位的提升，解决了前期困扰市场发展的一些重大关键性问题和制度性障碍。北交所与新三板坚持服务创新型中小企业，市场定位突出“更早、更小、更新”，与主板、科创板、创业板形成错位发展格局、增强服务合力。截至年底，北交所上市公司82家，战略新兴产业、先进制造业、现代服务业等占比87%，经营业绩突出、创新能力较强；新三板挂牌公司6932家，符合北交所上市财务条件的挂牌公司超过千家。全市场累计783家公司获评专精特新“小巨人”，59家成长为“单项冠军”，2017年以来65家公司获得国家科学技术奖，市场服务创新型中小企业的聚集效应初步形成，服务创新驱动发展、经济转型升级等国家战略的功能更加凸显。

二是制度功能完善，政策支持加大。以注册制为统领，北交所构建和完善了涵盖发行上市、融资并购、公司监管、证券交易、会员管理及投资者适当性管理等6大条线的制度规则，紧密契合创新型中小企业特点需求。在普通股、优先股、可转债等权益工具基础上，引入授权发行、储架发行和自办发行，降低融资成本。优化交易机制，更好促进企业价值发现。构建宽严适度的公司监管体系，在接轨上市公司要求基础上，对董事会专门委员会、强制分红、股权激励等设置弹性要求。与此同时，地方政府支持力度更大，前期我国出台的支持绿色经济发展、推动区域高质量发展等多项政策均适用于北交所。

三是市场结构优化，企业向上动能得到激发。北交所与新三板坚持层次递进、协调联动，坚持与沪深交易所、区域性股权市场互联互通，发挥在多层次资本市场的互联中枢作用。改革宣布以来，北交所“龙头撬动”作用开始发挥，创新层对优质企业吸引力提升，企业挂牌上市意愿积极。

四是市场运行稳中向好，市场生态发生积极变化。截至年底，北交所日均成交额较8月精选层增长3.04倍，日均换手率1.79%，整体年化换手率为434.26%，符合中小市值股票流动性特征；全年北交所全市场股票平均涨幅98.90%，市场财富效应初步显现；投资者数量超475万，是北交所设立消息宣布前的约2.8倍；存量公募基金入市交易，8只新设主题基金全部超募，社保基金、QFII（合格境外机构投资者）已进场，机构投资者加速布局。创新层和基础层获得有效带动。全年成交额比上年增长19.76%，10只指数全部上涨，估值定价能力得到改善；宣布设立北交所以来，拟定向发行次数和募集资金环比增长1.96倍和1.14倍，2021年全年拟定向发行募集金额比上年增长超54%。

五是各方信心有效提振，市场热度不断提高。调查问卷显示，96%的公司对新三板未来发展充满信心。各级政府部门、中介机构、银行等主体积极与北交所对接，表示将加大业务投入与合作。市场各方普遍看好新三板、北交所未来改革发展。

三、境内外媒体共话北交所开市，各方反响热烈

北交所宣布设立后，资本市场对此表示热切关注，境内外主要媒体广泛报道。

（一）报道北交所设立的重要意义及建设思路

宣布设立北交所初期，主流媒体围绕北交所设立的重要意义、市场建设总体思路等方面开展报道解读。《人民日报》评论认为，北交所与沪深交易所、区域性股权市场错位发展和互联互通的格局，将进一步完善中国资本市场的多层次市场结构，使中国资本市场更有活力和韧性。新华社刊文指出，设立北交所，中国资本市场改革发展又迈出关键一步。不仅为深化新三板改革

指明了方向，标志着聚焦服务中小企业创新发展的新三板站上改革的新起点，更是对资本市场更好服务构建新发展格局、推动高质量发展的新的重大战略部署。《经济日报》刊文表示，北交所设立后，对创新层、基础层形成示范引领和反哺功能，激发整体市场活力，为不同成长阶段、不同类型的中小企业提供更加包容、精准的服务，推动形成创新创业热情高涨、合格投资者踊跃参与、挂牌企业积极向上的良好市场生态。

境外媒体高度关注北交所设立，彭博社、路透社、华尔街日报等主要媒体予以报道。彭博社称，宣布将设立北交所并承诺提高开放水平，释放了支持资本市场发展的信号。路透社表示，设立北交所可以资助创新型企业，有利于中国实现经济复苏，同时也减少了企业对银行贷款的依赖。《华尔街日报》指出，设立北交所意在引导投资进入创新领域。

在社交媒体平台，网民高度关注，观点总体理性、态度乐观。"北京证券交易所怎么建？证监会这样说"话题位列新浪热搜、百度热搜等搜索平台首位，微博话题"设立北交所"阅读总量达 2.8 亿次、讨论总量达 2.5 万次。多数网民认为设立北交所将带来诸多利好，有利于激活市场、加速资本市场发展，利好中小企业、帮助中小企业融资，促进中国证券市场的多层次发展。

（二）宣传解读北交所主要制度安排

宣布设立北交所后，中国证监会、北交所及时召开新闻发布会，就北交所有关基础制度向全社会公开征求意见，并就北交所设立意义、主要制度安排等多个热点问题答记者问。人民日报社、中央电视台、经济日报社、中国日报社、中国证券报社、上海证券报社、证券时报社、证券日报社、金融时报社、第一财经、北京日报社等媒体积极报道解读。9 月 3 日，央视新闻联播播报中国证监会新闻发布会内容，《经济日报》刊发权威解读文章。媒体声音主要聚焦于制度安排、市场定位等方面。《人民日报》报道，北交所试点发行注册制，定价导向市场化，基础制度"蓝图"渐显。央广网评论认为，分层资本市场更贴近于成熟资本市场的体制机制，此举有利于进一步扩大金融业在国际舞台的影响力。《经济日报》报道，北交所的服务定位、市场运行、投资者结构等都有显著的中小企业特色，与沪深交易所差异明显，北交所的正式设立，法律地位得到提升，必将带来服务中小企业能级的提升。《北京商报》指出，北交所有关制度安排体现中小企业股票交易特点，确保了市场交易的稳定性和连续性。

（三）正面评价北交所开市及市场运行形势

开市首日，境内外媒体高度关注，围绕北交所开市积极意义、开市仪式领导致辞等方面展开报道，并肯定北交所开市重要意义及其对创新型中小企业和我国经济高质量发展的重要作用。

《人民日报》认为北交所特色明显。报道指出，北交所主要服务创新型中小企业，突出"更早、更小、更新"，拟转为上市公司的精选层企业平均市值、平均营业收入、首次平均募集金额等指标明显低于沪深上市公司，创新型中小企业特色鲜明。81 家首批上市公司集体亮相，体现了鲜明的创新型中小企业特征。新华社等积极解读开市正面意义。报道指出北交所起航标志着资本市场服务中小企业创新发展的能力迈上新台阶，未来在直接融资、资源配置、创新资本形成、激发企业家精神和人才创新活力等方面将更加给力；对进一步健全多层次资本市场体系，更好支持实体经济和中小企业高质量发展意义重大。《经济日报》发文表示寄望北交所健康稳定发展，后市预期乐观。报道指出，顺利开市只是第一步，北交所探索之路刚刚起步。在市场建设中，亟待各方提高适应性和包容性，为北交所行稳致远营造良好市场环境。《上海证券报》就中国证监会主席易会满在开市仪式上的致辞报道并指出，设立北交所，是党中央、国务院立足构建新发展格局、推动高质量发展作出的重大决策部署，对于进一步健全多层次资本市场，加快完善中小企业金融支持体系，推动创新驱动发展和经济转型升级，都具有十分重要的意义。《中国证券报》就北交所董事长徐明在开市仪式上的致辞报道并指出，北交所将紧紧围绕打造服务创新型中小企业主阵地这个宏伟目标，积极探索建立适应中小企业创新发展的政策体系、制度体系、服务体系。

境外主要媒体认为北交所可丰富中小企业融资方式，加速企业创新发展。彭博社指出，设立北交所的目的是为中国公司拓宽融资渠道，进一步推动中国的技术。埃菲社指出，设立北交所，对于进一步健全多层次资本市场，加快完善中小企业"金融支持体系"，推动创新驱动发展和经济转型升级，都具有十分重要的意义。日本《产经新闻》指出，北交所创立的主要目的是帮助创新型中小企业融资，其出现有望丰富中国企业的融资手段。德国之声电台指出，北交所呼应中国强调的"支持中小企业创新发展"的方向。

12 月 15 日，北交所开市满月，市场运行平稳，各类媒体等就北交所市场运行情况、改革积极效应进行报道。《人民日报》报道，北交所开市首月市场运行总体平稳，改革积极效应显著。市场成交较改革前显著增加，上市新股集体上涨，市场参与热情提升，专业机构积极入场，投资者入市意愿增强。创新层、基础层受到带动，交投活跃度有效改善。《上海证券报》报道，北交所开市运行给新三板基础层、创新层带来活力，形成了"反哺"效应，企业赴北交所上市的意愿也逐步增强。市场人士认为，开市首月，挂牌公司上市的筹备进程明显加快，为北交所储备了充足的后备力量。《北京日报》报道，北交所呈现出一定的投资轮动效应。整体而言，北交所将持续为投资者分享创新型中小企业发展红利创造机遇。

（王汉林）

医保基金大数据监管的“西城模式”

北京市西城区医疗保障局（简称区医保局）组建成立于2019年3月。医疗保障管理机构的设立是中央深化体制改革、建立健全全国统一的医疗保障经办管理体系的重大决定。2020年5月1日国家首部《医疗保障基金使用监督管理条例》颁布实施，为医保基金使用监管、维护医保基金安全提供了法律保障。

西城区是首都功能核心区，医疗资源丰厚，服务群体广泛，基金规模庞大，学科建设齐全，行业影响深远。2021年，辖区内医保定点医疗机构171家、零售药店59家，其中三级甲等医院15家，拥有国家级病学研究中心12个；参保单位3.2万家，参保人数214万人，代管驻区418家中央机关事业单位11.5万人公费医疗工作；年均医保基金支出180亿元，就诊人次2000余万例，诊疗数据4000余万条。因此，确保医疗保障基金使用安全，不仅是关系民生福祉的要事，也是一项事关社会安全稳定的政治任务。

医疗保障基金大额支出和海量的业务信息，为基金监督管理工作带来巨大风险和挑战。传统的人工方法以抽单式检查为主，犹如“大海捞针”。区医保局针对基金监管工作难点、痛点，通过制度重塑、科技赋能、专业叠加，在全市率先自主研发使用“医保大数据智能分析系统”，打造“信息+医保+审计”的医保基金监管“西城模式”，实现医保基金全方位、全流程、全环节智能监控。

一、制度重塑凸显专业优势

区医保局整合工作队伍，在机构建制内优化、盘活人力资源，组建以履行监督检查职责的科室为基础的“大部”工作团队。实行扁平化管理，由一名党组成员任“大部”负责人。集体研究中长期规划，审定年度计划，安排预算资金，选优配强信息、审计、法律等专业力量，根据监督思路提供技术支持。“大部”立足外部检查、内部监督职能，组织对定点医药机构、参保单位、参保人等方面管理使用医保基金情况的监督；深化基金监督法规政策宣传；加强制度机制建设及经验方法总结；开展内部控制稽核。

实行专业委员会制度。不按级别、不设待遇、不论资排辈，将政治素质过硬、业务技能娴熟、工作业绩突出的人员聘为委员，作为“智囊”参与基金监督、行业检查等重点业务工作研究。统一执法方案、检查程序、文书文本、问题定性、处理标准，规范行政检查执法行为。激发团队成员主观能动性，发挥专业优势，通过民主决策促进科学治理。

二、数据分析匡选检查范围

采集全口径数据，涉及医保结算、行医诊疗、财务会计、考勤管理等八类，做到“大数据”，而非“数据大”。将各维度数据进行标准化加工，展现业务发生全过程，形成一套标准体系的多元业务数据库，为数据分析奠定基础。以法律法规、行业标准、成熟案例作为基础，从医保检查和审计监督两个视角形成方案，通过计算机语言设计数据分析模型。这些模型从业务层面看，分为门诊诊疗与结算、住院诊疗与结算、手术治疗服务、药品耗材管理和财务预算控制等五类；从目的角度看，分为落实问题、疑点线索和趋势分析等三类。将整理规范的数据通过模型进行分析，过滤正常数据，生成异常数据。派出检查小组根据异常数据清单和检查工作流程，结合院方原始资料凭证，对医疗机构进行现场核实。对确认为问题的履行取证程序，非问题的留存支撑材料。数据分析先行，在现场减少“审”的时间，提高“核”的空间，增强了工作的总体性、规范性、准确性和效率性。

三、职业判断锁定专业问题

选派医保管理专业力量，同时邀请权威医疗机构专家，从内科、外科、手术、护理、中医、药学、器械等方面，组成检查组，结合数据分析和审计检查提供的异常信息，发挥专业优势，确定问题。聚焦假病人、假病情、假票据的“三假”现象，重点检查诱导参保人员就医，虚构医疗服务，伪造医疗文书票据，盗刷社保卡等行为。根据各级各类机构工作职责和业务特点，在体现总体要求的基础上，分门别类确定检查重点内容，把握完整性，体现差异化。对二三级定点医疗机构，重点检查挂床住院，分解收费，超标准收费，重复收费，套用项目收费，无指征化验或住院等违反协议规定的行为；对一级及医养结合医疗机构，重点检查串换药品、耗材、诊疗项目等违反协议规定的行为。重点核查履行实名制就医情况，医生工作站使用情况，治疗记录登记情况，中药饮片进销存情况；对医保经办机构，依据经办管理服务相关制度，重点检查是否存在内审制度不健全、基金稽核不全面、履约检查不到位、违规办理医保待遇、违规支付医保费用、虚假参保、虚假缴费、违规拖欠定点医药机构费用的问题，以及内部人员“监守自盗”“内外勾结”行为。

四、专项审计实现立体监督

医保业务核查是“条”，专项审计检查是“面”。配强跨行业管理力量，借鉴政府审计成熟的监督理念、执法程序和组织方式，设计远景规划，制订年度计划，形成实施方案，丰富检查内容，创新工作方法，规范执法行为。聘用专业审计中介机构参与基金监督。事前，评估内控水平，结合制度建立与执行情况查找监管薄弱环节；了解财务状况，结合会计信息掌握资产负债和资金管理的风险点。事中，做好业务衔接，在设备管理、耗材使用、药品盘点、收入确认、成本核算、基金结算、财务报告等方面，将会计数据与医保、诊疗等业务数据对比分析，二者不一，必有一错。扩大检查广度，提高检查深度，与医保业务监督构成横向到边、纵向到底的立体工作格局。事后，配合完成问题取证、定性、整改工作，出具结论报告，发表审计意见，形成专业评价，为医保部门管理决策提供依据。

五、协同执法提高工作实效

建立“3+3+N”部门协同工作机制，第一个“3”即以医保、医疗、医药为核心的“三医”联动改革部门；第二个“3”即以财政、社保、民政为支撑的密切关联部门；“N”即所有与医疗保障、卫生健康事业相关的职能部门，形成组织架构。积极探索有序高效的资源共享、风险共担协同工作机制，激发社会治理新动能。坚持密切协作，围绕工作重点、改革难点、社会热点、治理堵点，多元共治，平等协商，凝聚合力，共同解决跨部门、跨领域执法监督的“卡脖子”问题。开展联合执法，统筹协调基金监管重大行动组织、重大案件查处工作。加强检查结论分析利用，使其转化为被检单位加强内部控制的措施；转化为各级各类主管部门评价工作、考核干部的依据；转化为医保系统深化基金监督工作的经验；转化为基层单位提高治理能力和水平的抓手；转化为社会和人民考量各级政府执政素养的标准。

2021年，区医保局新工作模式运行，实现对辖区230余家医保定点医药机构检查年度全覆盖。全年共采集各类数据11T，建立一套内涵61张标准表的规划数据库，设计数据分析模型584个，形成基金监督通用方法67个、特色方法42个，生成异常数据600万余条。查处95%以上的医疗机构存在的11大类问题，主要表现在，医保政策执行不到位、超标准收费、重复收费、超药品适应症用药、医疗器械超范围使用、医用耗材购销存管理不规范等，追回违规基金1136.85万元。7月，区医保局受国家医保局委派，代表北京市对某省医保基金使用情况进行检查，通过新工作模式只用一周时间查出违规资金1300余万元，同时揭示一起严重的欺诈骗保行为。医保基金监管“西城模式”的经验做法作为西城区“微改革”经验被北京市委深改委、中央深改委信息刊物采用，市政府主管市长作出批示给予肯定。市医保局党组专题听取工作汇报，并在全市系统借鉴运用。

医保基金大数据监管的“西城模式”经过实践检验，经验价值体现于三个方面。一是面对医保基金数额规模大、使用范围广、管理链条长的实际，创新工作机制，集中医保、社保、卫生、医疗、审计、财务、法律、计算机等多个专业力量，坚持问题导向，研究行业政策，分析风险隐患，实现医保基金全方位、全流程、全环节智能监控。二是运用大数据分析技术，实现从人为主观判断向标准客观分析转变，重点关注异常数据在本地区、同行业差异的逻辑性是否合理，避免过分纠缠具体专业学术问题。促使检查结论更具说服力和公允性。三是批量采集处理数据，实现检查内容的“由点及线而面”。将有限的人员力量从大量、重复、繁杂的翻阅资料中抽身，直接投入线索核查。从“个别抽查”变为“全面体检”。每个环节由不同人员参与，结论相互印证，形成内部制衡。提高工作效率的同时，避免人为自由裁量，降低廉政风险。（张博威）

（责任编辑　郝慧芳）

大事记

1月

1日 西城区全面启用国家医保电子凭证结算。年内，辖区近百万参保人激活电子医保凭证。

是日 西城区启动新冠病毒疫苗九类重点人群接种工作。

4日 全国人大常委会副委员长、九三学社中央主席武维华到九三学社北京市西城金融支社调研并召开座谈会。

10日 西城区举办庆祝首个中国人民警察节“红墙下的忠诚故事”宣讲活动。

11日 国务院联防联控机制第一督查组到沃尔玛宣武门店开展疫情防控专项督查。

11日至13日 政协北京市西城区第十四届委员会第五次会议召开。会议选举产生政协西城区第十四届委员会副主席、秘书长、常务委员各1人。

12日至14日 北京市西城区第十六届人民代表大会第八次会议召开。

14日 鼓楼西大街完成历史街区保护更新项目“鼓楼西大街整理与复兴计划”并正式开街亮相。

21日 北京市注册规模最大的商业保理公司国能（北京）商业保理有限公司在西城区注册设立。

2月

6日 西城区召开政府绩效年度考评现场述职会。

7日 西城区与国网北京市电力公司签署“十四五”电力规划建设战略合作协议。

8日 西城区与北京师范大学签署《合作建设西城区德胜中学协议书》。

11日 市委书记蔡奇，市委副书记、市长陈吉宁到月坛街道、展览路街道检查疫情防控和城市运行工作，看望慰问一线干部职工。

是日 应急管理部党委书记黄明到西城区消防救援支队府右街特勤站、应急管理局应急指挥中心检查应急值班值守工作，看望慰问干部职工和消防指战员。

17日 西城区15个街道全面启动大规模人群新冠病毒疫苗接种工作。

19日 中国共产党北京市西城区第十二届纪律检查委员会第六次全体会议召开。

22日 蔡奇到西城区调研金融业高质量发展并主持召开金融工作座谈会。

25日 在全国脱贫攻坚总结表彰大会上，区外联办扶贫协作科获“全国脱贫攻坚先进集体”称号。

27日 西城区召开2021年政府全体会议暨重点工作任务交办会。

3月

2日 国家发展改革委会同财政部、商务部、人力资源和社会保障部、国家市场监管总局等四部门组成联合调研组，赴北京坊调研北京市生活性服务业有关情况。

是日 金融街地区成立全区首支“消防夜巡队”。

3日 蔡奇到西城区调研基层党建工作，并在什刹海街道主持召开市委党的建设工作领导小组全体会议。

9日 西城区召开党史学习教育动员大会。

12日至9月15日 由西城区人民政府与国家话剧院联合主办的第六届中国原创话剧邀请展演举办。

15日 西城区启动“2021西城百姓戏剧展演”，活动持续至12月31日结束。

18日 北京金融法院在西城区红莲南路挂牌成立。最高人民法院院长周强，中国人民银行行长易纲，中国证监会主席易会满，最高人民法院常务副院长贺荣，中国人民银行副行长、国家外汇管理局局长潘功胜参加挂牌仪式并调研。

24日　北京市首个扬尘治理“绿牌”工地在西城区百万庄北里居民住房改善项目工地挂牌。

26日　西城区召开2021年军政座谈会暨全国双拥模范城创建总结部署会。

4月

1日　中央企业电子商务联盟2021年度工作会在西城区召开，央企电商联盟大数据交易中心正式上线。

10日　西城区在西单文化广场城市森林二期举办以“全民植绿四十载、美丽中国谱新篇”为主题的第37个首都全民义务植树日活动。

14日　西城区首批6个文物建筑活化利用项目（歙县会馆、晋江会馆、梨园公会、西单饭店旧址、聚顺和栈南货老店、新市区泰安里）落地。

16日　“跳动校园”2021年西城区中小学跳绳系列活动在北京市第十四中学启动。跳绳运动列入中小学体育课程，破解场地小、学生多的运动难题，形成具有西城特色的学校体育项目。

17日　蔡奇、陈吉宁以“四不两直”（不发通知、不打招呼、不听汇报、不用陪同接待，直奔基层、直插现场）方式到西城区调研检查生活垃圾分类工作，并在天桥街道主持召开会议进行部署推进。

18日至22日　西城区组队赴深圳、广州考察营商政务环境，并对接金融科技机构。

19日　西城区人民政府与华为技术有限公司签署战略合作协议，推动华为河图数字孪生产业项目落地。

20日　西城区召开2021年“稳就业、促和谐”工作会。

21日　全国政法队伍教育整顿中央督导组第一下沉组到西城区督导。

26日　市委宣传部、西城区人民政府、中国版权保护中心、北京银行股份有限公司四方签署支持建设“北京版权资产管理与金融服务平台”战略合作协议，北京版权资产管理与金融服务中心成立。天桥盛世集团、中华版权代理总公司与北京银行北京分行签署合作协议。

27日　区四套班子领导分别带队深入社区参加爱国卫生活动。

是日　位于西单的原77街购物中心完成改造提升，更名为西单更新场。

29日　中共中央政治局委员、国务院副总理孙春兰到北京展览馆疫苗接种点调研疫苗接种工作。

5月

7日　蔡奇、陈吉宁围绕减轻义务教育阶段学生作业负担和校外培训负担到西城区调研，并分别与中小学校长、校外培训机构代表座谈。

8日　北京市西城区全民科学素质领导小组印发《关于推动西城区科普工作高质量发展的意见》。

是日　北京首都开发控股（集团）有限公司与北京天恒置业集团有限公司合资成立北京首开天恒城市更新建设管理有限公司。

20日　西城区政务服务大厅开设“两区”建设服务窗口。

22日至28日　2021年西城科技活动周在北京科学中心举办，主题为“百年回望：中国共产党领导科技发展”。

27日　西城区与中央音乐学院签署战略合作框架协议。

27日至28日　西城区20所样本学校完成2021年对数学、体育、心理健康教育学科的国家义务教育质量监测任务。

28日　西城区与门头沟区签订《结对协作共同推动生态涵养区生态保护和绿色发展补充协议（2021—2022年）》。

31日　陈吉宁到西城区大栅栏街道开展接访活动。

5月　第一部比较系统全面反映西城区地方党史的基本著作《中国共产党北京市西城区历史（1921—2012）》出版。

6月

1日　团中央书记处第一书记贺军科和团中央书记处书记、全国少工委主任吴刚到北京市西城区育民小学三（8）中队参加“红领巾心向党，我为队旗添光彩”主题中队会，并赠送《习近平讲故事（少年版）》《中国共产党一路走来》等书籍。

2日　西城区与中央戏剧学院签署战略合作框架协议。

5日　区属各机关企事业单位党组织4000余名在职党员参加“红墙先锋在社区、我为群众办实事”周末主题清洁日活动。

10日，全国妇联党组书记、副主席、书记处第一书记黄晓薇到西城区新街口街道、西城区少年宫调研“四史”教育进家庭工作，与妇女群众和家庭代表交流。市妇联党组书记、主席张雅君，区委副书记张立新等陪同调研。

是日　历经两年修缮的白塔寺重新对公众开放。

16日　西城区召开“两优一先”表彰大会，表彰优秀共产党员、优秀党务工作者、先进基层党组织，向党龄达到50周年的老党员代表颁发“光荣在党50年”纪念章。

17日　西城区仲裁院在大栅栏、展览路、广安门内、广安门外4个街道试点设立仲裁派出庭。

23日　西城区召开落实《北京

市生活垃圾管理条例》一周年总结大会。

28日　中国通用技术（集团）控股有限责任公司全资设立的资本运营平台——通用技术集团资本有限公司在西城区登记注册设立。

30日　北京李大钊故居、京报馆中国共产党早期北京革命活动旧址修缮完成并对外开放。

7月

9日　原北京市西城区第一文化馆和原北京市西城区第二文化馆撤销，组建北京市西城区文化馆。

10日　蔡奇、陈吉宁围绕“接诉即办”“每月一题”到西城区调研检查。

15日　北京金融街合作发展理事会资产管理专业委员会成立。资产管理专业委员会是为资产管理行业发展提供咨询与建议的协调议事平台。

是日　“以茶会友、茗香世界”茶文化交流分享会举办。活动由市人民对外友协、西城区人民政府、东京青年会议所茶道同好会、斯里兰卡中国社会文化合作协会、毛里求斯福尔肯公民联盟、爱尔兰中国科学技术交流协会联合主办。

20日　蔡奇以“四不两直”方式到西城区调研检查老城保护和街区更新工作。

22日　中国社会科学院法学研究所、中国社会科学院国际法研究所、北京金融法院、北京金融街服务局、中关村科技园区西城园管理委员会5家单位合作设立金融科技法治研究中心，并在北京金融法院举行共建协议签署暨揭牌仪式。

是日　西城区首个多元调解中心在广安门内街道挂牌启用。

22日至10月31日　由区文化和旅游局、区旅游行业协会联合主办的第二十届什刹海文化旅游节举行。

23日　北京首家新设外资控股券商大和证券（中国）有限责任公司新时代新金融主题论坛暨大和证券（中国）展业庆典在北京新动力金融科技中心举行。

25日　“数乐无限——2021北京数字经济体验周启动仪式”在北京坊举办，体验活动时间为7月26日至8月1日。

28日　重庆市江北区政府考察团到西城区考察交流。

29日　2021（第十一届）北京西单时尚节在西单更新场开幕，活动持续至9月29日。

是日　2021年金融科技示范应用场景项目征集会暨全球金融科技应用场景大赛在西城区启动。

30日　中国共产党北京市西城区第十二届委员会第十六次全体会议召开。

8月

5日　西城区召开贯彻落实《北京市物业管理条例》一周年总结大会。

11日　西城区与北京协和医院签署战略合作框架协议。

19日　西城区召开“双减”工作部署会，贯彻落实中央及北京市“双减”工作文件和会议精神，部署西城区“双减”工作。

17日　蔡奇以“四不两直”方式到前门大栅栏地区调研检查新冠肺炎疫情防控和商圈改造提升情况。

25日　陈吉宁到西城区调研“金科新区”建设。

31日　首创·新大都金融科技产业园区开园。

9月

1日　西城区被中国科协命名为2021—2025年度第一批全国科普示范县（市、区），示范期5年。

2日至7日　西城区组织269家企业参加2021年中国国际服务贸易交易会（简称服贸会）。同时在首钢园区搭建金融服务、文旅服务特色主题展区，举办“2021服贸会走进西城推介会”。

3日　全国首家公司制证券交易所——北京证券交易所有限责任公司正式完成注册登记，落地金融街。

5日　“一带一路”法律商事创新服务平台落地金融街，成为经北京市推进“一带一路”建设工作领导小组批准设立的首家以“一带一路”命名的国际合作平台。

6日　由北京市西城区人民政府、中国证券监督管理委员会北京监管局、北京市地方金融监督管理局和中证金融研究院联合主办的第三届西城区企业上市主题交流活动，在“金科新区”新动力金融科技中心举办。

6日至8日　区委书记孙军民率西城区党政代表团赴青海省玉树州囊谦县对接结对帮扶工作。

9日　西城区在北京市第一六一中学召开教师节交流座谈会。

是日　西城区属国有企业北京菜市口百货股份有限公司在上海证券交易所主板挂牌交易。

15日　以“百年再出发，迈向高水平科技自立自强——数字科技@你”为主题的西城区“全国科普日”主场活动，在普天德胜孵化基地举行。

20日　西城区发布第二批文物建筑活化利用计划。

23日　西城区与北京出版集团签署战略合作协议。

26日　2021北京国际设计周西城区分会场开幕式在北京设计之都大厦举办，活动持续至10月7日。

29日　西城区举办2021年西城区政府向公众报告工作活动。

30日　西城区在陶然亭公园高君宇烈士墓前举行向烈士敬献花篮

仪式。

10月

8日　西城区政务服务西直门大厅升级改造，西城区政务服务中心搬迁至庄胜大厅对外开展服务。

12日　西城区发布《北京市西城区支持中关村科技园区西城园自主创新若干规定》。

12日至13日　孙军民率代表团赴内蒙古自治区喀喇沁旗考察调研。

15日至16日　区委副书记、区长孙硕率代表团赴内蒙古自治区鄂伦春自治旗考察调研。

20日至22日　2021（第十届）金融街论坛年会在北京金融街举行，主题为“经济韧性与金融作为”。

21日《西城区“十四五”时期国家级金融科技示范区发展规划》发布。

是日　西城区第十四届“西城杯”小学课堂教学评优活动结束，活动历时1年，选评涉及13个学科，120人获一等奖、183人获二等奖。

22日　首届西城区老字号餐饮文化节开幕，活动持续到年底。

是日　北海入选北京市第一批7处水利遗产名录。

27日　西城区发布《西城区建设国际消费中心城市示范区实施方案》。

11月

5日　中共中央总书记、国家主席、中央军委主席习近平在西城区中南海选区怀仁堂投票站参加西城区人大代表的选举投票。西城区有781185名选民参与投票，投票率98.17%。

是日　习近平在人民大会堂会见全国应急管理系统先进模范和消防忠诚卫士表彰大会代表并合影留念。西城区应急管理综合执法队获全国应急管理系统先进集体称号，焦云龙等5人作为先进集体代表参加会见。

5日至6日　西城区分别参加由市投资促进服务中心在第四届上海进博会上举办的两场主题推介会。进博会期间，区内2家企业签约共计1000万美元。

9日　西城区召开领导干部警示教育大会。

12日　西城区首家社区政务服务示范站在广安门外街道名苑社区揭牌成立。

15日　北京证券交易所揭牌暨开市仪式举行。蔡奇、易会满出席仪式，共同为北京证券交易所揭牌并鸣钟开市。首批上市公司81家。

19日　西城区8个项目入围北京证监局、北京市地方金融监督管理局公布的北京市首批拟纳入资本市场金融科技创新试点名单。

是日　西城区召开军休事业单位改革过渡工作动员大会，组建西城区军休安置事务中心。

是日　西安门大街环境整治业态提升工程完工。

24日至12月23日　西城区人民政府与中国茶叶流通协会首次以茶业线上展览的方式，共同主办2021“北京国际茶叶展、马连道国际茶文化展、线上惠民消费节”。

26日至12月3日　西城区举办以“高质量发展，高品质育人——建设西城区高质量育人体系”为主题的教育科研月活动。

12月

1日《落实〈北京市西城区加快推进数字经济发展若干措施〉的实施细则（试行）》发布。

6日至8日　中国共产党北京市西城区第十三次代表大会召开。大会选举产生中共北京市西城区第十三届委员会委员46人，候补委员9人，中共北京市西城区第十三届纪律检查委员会委员29人。

10日　菜园街棚户区改造项目完成征收工作，实现全面净地。

12日至16日　政协北京市西城区第十五届委员会召开。

13日至17日　北京市西城区第十七届人民代表大会召开。会议依法选举产生西城区第十七届人民代表大会常务委员会主任1人、常务委员会副主任7人、委员37人，西城区人民政府区长1人、副区长8人，西城区监察委员会主任、西城区人民法院院长、西城区人民检察院检察长各1人。

16日　中国人民银行公示2020年度金融科技发展奖获奖项目。在上榜的163个获奖项目中，有50个项目涉及驻北京西城区的金融机构。

23日　北京历代帝王庙博物馆经过近两年的修缮，恢复对社会开放。

25日　西城区历史文化名城保护委员会2021年会召开。

30日　西城区召开十三届区委全面深化改革委员会第一次会议。

是日　半步桥街建成通车。

31日　茶马北街西段改造工程完成并投入使用。

（**责任编辑**　陈艳　齐田）

区情概览

建置区划

【概况】西城区是北京市中心城区之一，位于市中心的西部，东以鼓楼外大街、人定湖北巷、旧鼓楼大街、地安门外大街、地安门内大街、景山东街、南长街、北长街、天安门广场西侧为界，与东城区相连；北以南长河、西直门北大街、德胜门西大街、新街口外大街、北三环中路、裕民路为界，与海淀区、朝阳区毗邻；西以三里河路、莲花池东路、马连道北路为界，与海淀区、丰台区接壤；南以永定门西滨河路、右安门东城根、右安门西城根为界，与丰台区相连。地理坐标东经116° 19′ 至 116° 23′，北纬 39° 52′ 至 39° 58′。全区东西宽 7.1 千米，南北长 11.2 千米，总面积 50.7 平方千米。2021 年底，西城区有 263 个社区居委会，有常住人口 110.4 万人、户籍人口 150.2 万人。根据《北京城市总体规划（2016 年—2035 年）》，西城区属于首都功能核心区，功能定位是：全国政治中心、文化中心和国际交往中心的核心承载区，是历史文化名城保护的重点地区，是展示国家首都形象的重要窗口地区。（郝慧芳）

【历史沿革】西城区是战国燕都蓟城所在地，辽、金、元、明、清历代均为京都一部分。1949 年，治安区改行政区。1950 年 5 月，内城并为 5 个区，外城并为 4 个区，辖区属第二、第四、第八 3 个区的全部和第五、第六、第九 3 个区的西半部。1952 年 7 月，撤销第五区，西部分别划归第二区和第四区；9 月，第二区更名为西单区，第四区更名为西四区，第八区更名为宣武区，第六区更名为前门区，撤销第九区，西部划归宣武区。1958 年 5 月 16 日，撤销西单区、西四区，合并成立西城区，辖二龙路、厂桥、月坛、丰盛、西长安街、展览路、福绥境、新街口、德胜门外 9 个街道；6 月，撤销前门区，前门大街以西部分并入宣武区，宣武区辖白纸坊、牛街、广安门外、广安门内、椿树、天桥、陶然亭、大栅栏 8 个街道。1960 年 10 月，丰台区马连道街道办事处辖区划归宣武区。1980 年 6 月，西城区增设阜外街道。1987 年 9 月北京市将朝阳区裕中东里、裕中西里及部分毗邻地区划归西城区。2002 年 9 月，将丰台区菜户营桥东北角处的三角绿地划归宣武区。2004 年 9 月，西城区街道调整为西长安街、什刹海、新街口、金融街、月坛、展览路、德胜 7 个街道。（郝慧芳 齐田）

【行政区划】2010 年 6 月，经国务院批准，撤销宣武区、西城区，设立新的北京市西城区。辖德胜、什刹海、西长安街、大栅栏、天桥、新街口、金融街、椿树、陶然亭、展览路、月坛、广内、牛街、白纸坊、广外 15 个街道。（郝慧芳）

自然地理

【地形地貌】西城区处于平原区中的“北京缓倾斜冲积平原区”内，地貌单元由古永定河、清水河、温榆河联合冲积而成，全区处于该地貌单元的中部。地面高程 30 米至 50 米之间，由西北向东南缓倾，平均坡度为 1.2‰至 1.3‰。景山为原北京城区的制高点。（郝慧芳）

【河湖水系】西城区有 9 条河流和 12 处湖泊，涵盖区域内所有河湖水系。9 条河流分别为通惠河西城段（含永定河引水渠下段和南护城河西城段）、北护城河西城段、南长河西城段、转河西城段、筒子河西城段、前三门护城河西城段（暗沟）、西护城河（暗沟）、凉水河西城段、水衙沟西城段（暗沟）；12 处湖泊分别为西海、后海、前海、北海、中海、南海、动物园湖、展览馆后湖、人定湖、大观园湖、陶然亭湖、青年湖（已干涸）。9 条河流分属城市河湖、凉水河两大流域，其中城市河湖流域包括通惠河西城段、北护城河西城段、南长河西城段、筒子河西城段、转河西城段、前三门护城河西城段（暗沟）、西护城河（暗沟）；凉水河流域包括凉水河西城段（莲花河）、水衙沟西城段（暗沟）。（褚梦雪）

【气候】西城区气候属于典型的大陆性暖温带季风气候，四季分明，春季干旱多雨，夏季炎热多雨，秋季凉爽湿润，冬季寒冷干燥。2021年，西城区年平均气温14.3℃，最高气温37.8℃，最低气温–18.4℃，年累积降水量897毫米。（郝慧芳）

历史人文

【文物遗存】 西城区有文物保护单位192处，其中国家级文物保护单位44处、市级文物保护单位67处、区级文物保护单位81处。北海公园是中国现存历史最悠久的帝王宫苑。始建于唐代的法源寺是北京城内最古老的寺庙之一。始建于辽代的天宁寺塔，是中国现存密檐式砖塔中的典型，也是北京现存最古老的建筑之一。北京市规模最大的清真寺牛街礼拜寺建于辽代，是中国古代建筑形式与阿拉伯建筑风格相融合的典型，成为展示伊斯兰教文化和进行宗教活动的重要场所。始建于明代的历代帝王庙是全国现存唯一一处保存完整的祭祀历代帝王的皇家坛庙。先农坛是明、清两代皇帝祭祀先农神和行耕籍礼的处所，是展示中国古代皇家坛庙文化的重要遗迹。（郝慧芳　齐田）

【革命斗争活动地】 北京西城是马克思主义在中国的重要传播地之一，是中国共产党的重要孕育地之一，是许多重大革命事件的发源地。俄国十月社会主义革命胜利后，中国先进的知识分子开始探索挽救民族危亡的途径，他们在西城地区广泛传播和实践马克思主义，为中国共产党早期组织的建立进行了积极的准备活动。1921年7月中共一大召开后，西城支部作为北京建立的第一批党组织，团结带领人民开展了反帝国主义、反封建军阀的革命斗争。李大钊、毛泽东、周恩来、高君宇、缪伯英等革命先驱，在西城留下了革命斗争的足迹。1937年“七七”事变，许多地下党员和进步学生从西城奔赴抗日战场。解放战争期间，西城地区是中国共产党开展公开斗争和地下工作的重点地区。在中国共产党的领导下，西城爱国民主力量不断发展壮大，与全国进步力量一起与蒋介石国民党统治集团进行了尖锐复杂的斗争，为迎接北平解放作了大量的准备工作，打下了坚实的群众基础和组织基础。（郝慧芳　齐田）

【宣南文化】 明、清时期宣武地区孕育形成的“宣南文化”是北京文化的重要组成部分。明、清两代，宣南成为北京会馆最为集中的地方，各地举子进京参加会试，使会馆成为北京吸纳和融合各地文化的特殊场所。湖广、湖南、中山、绍兴等著名会馆遗址至今尚存。清代“四大徽班”进京后落脚于宣南，继而众多科班和班社在此扎根，诸多梨园界名人在此生活并进行艺术实践，使京剧最终在这里形成，宣武地区因此享有“梨园之乡”的美誉。天桥早在元、明、清时即已形成文化与商业相对应的特点。民国初期，以戏台、茶园、游乐场为代表的京城平民文化在此发展到鼎盛时期。天桥内的表演、小吃、店铺、茶园、客栈、饭店等突显老北京文化特色。明、清时期形成的琉璃厂文化街，以经营古书字画、文房四宝、珠宝玉器、金石篆刻而闻名于海内外。历史悠久的大栅栏商业街是反映北京商业发展史和展现老北京风情的商业文化街区。（郝慧芳　齐田）

【商业文化】 蓟城历史上为北方重镇，贸易活动活跃，市面上主要商品有食盐、鱼、枣、栗、马匹、蓟草、粮食、狐裘、布帛、铁器等。唐代，幽州城城北设市，有固定商业区和手工业区，时称“幽州市”，主要行业有白米行、大绢行、布行、屠行、炭行、生铁行、靴行等30余种。辽代，南京城北市场“陆海百货，聚于其中”。金代，中都城内除城北老市场外，又新辟城东市场，主要交易日用百货，大悲阁（今长椿街南口路东）周围设有穷汉市、胭粉市、蒸饼市、柴市等；城内开设崇楼、状元楼、应天楼、大安楼等10余家酒楼。元大都城以积水潭水系为中心，“前朝后市”（后市即现钟鼓楼地区，当时称斜广市）。加之引昌平白浮泉水入城，汇流积水潭，大批漕粮、五岭南北的“广货”、川黔地区的“川货”、沿海港口的“洋货”，源源不断由大运河运进京城。随着漕运的昌盛繁荣，斜广市贸易日益发达。明清时期，境内都城隍庙会热闹非凡，每年五月十五日到七月十五日的什刹海“荷花市场”摊棚林立，百戏杂陈；前门外修建“廊房”，招商居货，西鹤年堂药店、六必居酱菜园、便宜坊烤鸭店等相继开业，猪市、煤市、米市、菜市、骡马市、粮食市、珠宝市等先后开市；同仁堂药店、瑞蚨祥绸布店、步瀛斋鞋店等相继在大栅栏街开业，京师劝工陈列所在廊房头条落成，以大栅栏街为中心的商业区开始形成。民国时期，由于北洋政府和国民政府一些机构建在西城，为适应遗老遗少、政客新贵的需要，1932年在西单北大街陆续建成福德、惠德、福寿、厚德等6家临时商场，后发展为现在的西单商场。同春园等12个带春字的饭馆相继开业，被誉为“长安街上十二春”，西单逐渐成为繁华商业街；西河沿鱼肉菜市场、广安菜市场等建立，先农坛、天桥四面钟、教子胡同等处形成粮食交易市场。新中国成立前，由于军阀混战，日本侵略者劫掠，商业萧条。党的十一届三中全会以后，经拨乱反正，全区商业进入新的发展时期，大力发展集体和个体商业服务业，发挥市场调节作用，增强企业活力，打破行业和条块分割，恢复“老字号”，引进全国名、特、优、新产品，商业服务业逐步呈现繁荣兴旺的景象。（郝慧芳）

区位优势

【政务资源聚集】 西城区是党中央、全国人大常委会、国务院、全国政协等党和国家首脑机关的办公所在地，是国家最高层次对外交往活动的主要发生地，是首都“四个服务”（为中央党、政、军领导机关的工作服务，为国家的国际交往服务，为科技和教育发展服务，为改善人民群众生活服务）体现最直接、最集中的地区。2021年，辖区内三级以上中央单位525家，其中副部级以上单位92家。 （郝慧芳）

【金融业优势突出】 西城区是国家级金融科技示范区，聚集重点金融科技企业、专业服务机构等151家，注册资本金超千亿元。北京金融街是国家金融管理中心，“一行两会”（中国人民银行、指中国证券监督管理委员会、中国银行保险监督管理委员会）、大型金融企业总部、重要金融基础设施、北京证券交易所、北京金融法院等设立在金融街。金融街论坛为国家级论坛和国际性专业论坛。2021年，金融业资产、收入、利润均实现同比增长。驻区金融机构资产规模达129.2万亿元，比上年增长4.8%，占全国金融资产规模三分之一；实现收入14082.6亿元，比上年增长16.9%；实现利润总额6664.7亿元，比上年增长24.6%。西城区金融业收入、利润占西城区第三产业的比重分别为60.7%和66.1%，占全市金融业的比重分别为42.3%和36.3%。 （郝慧芳）

【文化旅游资源丰富】 西城区是北京建城建都的肇始之地、古都北京的发祥地，历史上曾是古蓟城、唐幽州、辽南京、金中都的所在地。西城区是北京历史文化名城的重要承载区，是能够反映北京都城历史变迁的代表性地区，也是能够体现北京建城建都历史变迁全过程的核心地域。西城区内有皇家山水文化、坛庙文化、清代王府文化、士人文化、金融文化、戏曲文化等多种文化类型，特点特色鲜明。2021年，辖区有什刹海、大栅栏等18片历史文化保护区，占全市的45%。有北海、景山、历代帝王庙等各级文物保护单位192处，其中国家级重点文物保护单位44处；有昆曲、北京评书等国家级非物质文化遗产项目36项，北京仿古瓷、北京鬃人等市级非物质文化遗产项目67项，天桥拉洋片、泥塑等区级非物质文化遗产项目208项。辖区内聚集有大量国内顶级文化旅游资源，有国家大剧院、北京天桥艺术中心、首都电影院等文艺活动场所；有国家京剧院、国家话剧院、中央芭蕾舞团、中国广播艺术团等国家级文艺表演团体；有中国地质博物馆、首都博物馆、北京天文馆、北京海洋馆、宣南文化博物馆等人文资源；有北海公园、北京动物园、恭王府、法源寺等著名旅游景点。 （郝慧芳）

【公共服务资源优质】 西城区教育、医疗卫生、体育等各类优质资源数量众多。2021年，辖区有北京四中、北京八中、实验二小、北京小学、北海幼儿园等大批优质教育资源，分布在11个学区，带动19个教育集团，在教育综合改革中创新实践，扩大优质教育资源学位供给，促进西城教育质量保持高水平优质均衡发展。辖区有各级各类医疗卫生机构679家，其中三级医院18家、三甲医院14家。构建网格化疫情防控机制，完善基层公共卫生服务体系，社区居民健康水平逐年提升，人均预期寿命达84.26岁。辖区内体育健身设施分布均匀，建成环二环健身步道，便民健身设施实现社区全覆盖。全区有百姓生活服务中心47家，8类基本便民生活性服务网点4110家，基本便民商业服务功能社区覆盖率、便利性指数达100%。 （郝慧芳）

2021年经济社会发展

【经济建设】 2021年，西城区经济运行呈现稳健向好态势。全区地区生产总值5408.1亿元，比上年增长8.1%；实现社会消费品零售总额1089.4亿元，比上年增长9.7%；固定资产投资（不含农户）比上年下降4.5%；实现税收收入4514.5亿元，占全市比重30%以上；实现区级一般公共预算收入428.1亿元，比上年增长3.4%；地方级一般公共预算收入完成953.6亿元，比上年增长3.1%。

落实“两区”［建设国家服务业扩大开放综合示范区和中国（北京）自由贸易试验区］建设任务。纳入市级招商项目库142个，落地80个，项目平均金额达10.95亿元。13个突破性、标志性项目落地，数量占比和平均投资金额均居全市首位。利用服贸会平台，成交45个项目、总额达2.08亿美元。举办2021服贸会走进西城推介会，与联合国工业发展组织、外交部领事保护中心等机构共同举办推介活动，百余家知名企业参加，扩大招商新路径。全年进出口总额实现4935.9亿元，增长20%。

国家金融管理中心功能持续强化。服务保障北京证券交易所落地金融街，打造服务创新型中小企业主阵地。举办2021金融街论坛年会，国务院副总理刘鹤发表书面致辞，市委书记蔡奇出席开幕式并致辞，论坛年会在国际化、高端化、专业化和多样化方面实现提升。新引进中康养健康产业投资有限公司、诚通国合资产管理有限公司等重点金融机构60家，注册资本金322亿元，机构引进数量创近年新高。新增中国电信、中国移动、莱百股份等6家上市公司，辖区内上市公司增至50家，贡献了A股市场超过1/5的净利润。北京金融法院落地西城，护航国家金融发展战略实施。

“金科新区”建设加速推进。引入国家金融标准化研究院、国家金融科技认证中心等重点金融科技企业和专业服务机构，累计引进各类机构149家，注册资本金超千亿元。发布“科创十条”政策，对高新技术企业发展实施全周期政策支持，对科技孵化机构及有重大影响力的创新企业最高奖励1000万元。举办首届全球金融科技峰会，打造包括展览、大赛、主题论坛、成果发布、专场活动等15项内容的国际性金融科技交流平台。创新服务金融监管，入选“监管沙箱”试点项目占全市64%。金科广场对外开放，首创·新大都金融科技产业园正式运营，新动力金融科技中心投入使用。

推进数字经济标杆城市建设。出台《北京市西城区加快推进数字经济发展若干措施》。与华为公司签署战略合作协议，依托“华为河图”智慧商圈，共同推进数字孪生城市建设和产业数字化转型发展。引进必要科技、快来直播等数字经济企业，服务央企电商联盟大数据交易中心上线。与国投创合基金共同搭建全国网络信息安全创业投资服务联盟平台，推进网络安全行业生态建设。

制发《西城区政府投资管理办法》，加强成本绩效管控，规范政府投资管理。5项市重点工程有序推进，月坛体育场二期改造工程主体结构提前实现封顶。20个计划集中开工的重点项目全部实现开工。围绕城市更新、基础设施、公共服务等领域梳理“十四五”期间重点投资储备项目187个、储备总投资超过770亿元。

推进国际消费中心城市建设，制订《西城区建设国际消费中心城市示范区实施方案》。研究制订西单商圈提质升级方案，推进大栅栏商圈、地外商圈业态调整取得突破。发挥“西城消费”平台数字赋能作用，持续开展系列促消费活动，通过25个系列56轮次800余场主题活动，撬动区域消费22.85亿元。西单更新场获“北京城市更新最佳实践”奖项。曼联梦剧场体验式消费等一批首店落户西城。全年社会消费品零售总额实现1089.4亿元，比上年增长9.7%。

全面深化国资国企改革。发布《西城区国企改革三年行动实施方案》，推进全民所有制企业公司制改革，对区国有资产经营公司、北京市金工投资管理公司进行合并重组。布局金融科技、绿色地产等新兴产业，深度融入数字经济。探索“文旅＋金融”“物业＋养老”等运营新模式，非地产业利润贡献率持续上升。制订《西城区国有企业违规经营投资责任追究暂行办法》，加强国有资本监管。区属企业经营发展持续向好，实现所有者权益1550亿元、增长5%。

推动营商环境优化。出台《西城区进一步优化营商环境更好服务市场主体实施方案》，配套提出8个方面165项任务。推出“政务服务体验员”制度，45个部门一把手跑流程、坐窗口，体验和发现办事过程中的堵点和痛点问题，逐项整改销账。24个政务服务大厅全面落实延时服务，设立“悉心听”窗口，推出“小鹏易办事”服务团队和“小颖话营商”宣传品牌，企业群众办事体验更优、获得感更强。“移动端微信办照”获“2021中国信息化数字政务创新奖”。“智慧西城时空信息云平台”受到国家表彰。首次获得国务院“真抓实干”质量创新督查激励。

优化招商体制机制，成立区级投资促进中心。对标长三角、粤港澳大湾区，开展2021年产业政策评估。落实减税降费政策，累计兑现产业政策资金18.9亿元，持续释放政策红利。搭建线上融资信息平台，制发《西城区中小微企业首次贷款贴息资金申报实施方案》。进一步加大对驻区企业服务力度，走访中石油集团、华电集团等各类企业8315户次，“服务包”企业由198家增至378家。

持续推进街区保护更新。完成钟鼓楼西北侧项目申请式退租。大栅栏观音寺片区、砖塔胡同城市保护更新项目稳步推进。光源里和菜园街棚改项目按计划推进。全市首例平房院落“银企合作促整院”模式正式落地。东斜街46号院完成复建。完成平民通讯社、京师女子师范学堂等保护提升项目，西安门大街环境整治提升项目和白塔寺宫门口东西岔胡同保护更新项目。574条背街小巷通过市级验收，天桥街道鹞儿胡同、椿树街道魏染胡同被评为“北京最美街巷”。燕京小八景之一“银锭观山”景观视廊恢复，再现老北京历史记忆。开展城市管理精细化智慧化综合巡查，推动解决问题6.6万余个。完成右内西街甲10号院供水系统改造。五路通小街、燕京北街2条次支路建成通车，37条慢行林荫路完成改造。建设康乐里小区等5处停车设施，新增有偿错时共享车位、路侧电子收费车位各1000余个。依托“城市大脑”重点区域共享单车停放实现后台巡查和远程调度。

开展疏解整治促提升专项行动。专项行动涉及人口变化4.6万人次，完成全年任务的127.7%。拆除违法建设10万余平方米，“开墙打洞”、占道经营、群租房治理保持动态清零。拆除违规户外广告牌匾标识141块。桥下空间治理任务全部完成。启动住宿业整治提升行动，完成40家宾馆、旅馆“关转提”。加速推进20栋低效楼宇改造提升，累计改造21.2万平方米。（郝慧芳）

【政治建设】2021年，西城区坚持把贯彻落实党中央重大决策部署和习近平总书记重要指示批示精神作为首要政治任务，教育引导全区广大党员干部群众坚持和捍卫“两个确立”，增强“四个意识”、坚定“四个自信”、做到“两个维护”，推进年度目标任务完成。扎实开展党史学习教育，引领干部群众和社会各界从党的百年奋斗历程中汲取智慧和力量。开展“红墙先锋在社区，我为群众办实事”实践活动，机关、企事业单位与263个社区结对共建，完成145件街道级为群众办实事项目，干部群众工作能力得到提高，群众获得感进一步增强。落实意识形态责任制，加强网络综合治理体系建设，妥善处置疫情防控等方面舆情。

把坚持和加强党的全面领导贯穿全区换届工作始终，完成区委、区人大常委会、区政府、区政协换届任务，领导各民主党派、人民团体、社区“两委”完成换届工作。

召开中国共产党北京市西城区第十三次代表大会，总结过去五年西城区各项事业取得的成绩，分析把握新形势新任务新要求，明确未来五年全区发展目标和重点任务。制发《关于加强区委班子政治建设的决定》提出要做到“五带头、五表率”：带头做到“两个维护”，在对党绝对忠诚上作表率；带头提高政治能力，在服务保障政治中心上作表率；带头站稳人民立场，在勤政为民上作表率；要带头坚持首善标准，在担当作为上作表率；带头全面从严治党，在净化政治生态上作表率。

坚持全过程人民民主，支持人大及其常委会依法行使职权、开展工作，增强人大监督刚性，指导和督促“一府一委两院”自觉接受人大监督。充分发挥政协作为协商民主重要渠道和专门协商机构作用，支持政协加强和改进民主监督，促进协商议政成果转化落实。巩固和发展最广泛的爱国统一战线，密切同各民主党派、工商联和无党派人士合作共事，支持其更好履行职能。做好党外知识分子、党外代表人士、新的社会阶层人士、民族宗教人士以及港澳台、海外等统战各领域工作。发挥好工会、共青团、妇联等群团组织桥梁纽带作用，把各自联系的群众紧紧凝聚在党的周围。

积极开展政治生态分析研判，完善党（工）委、党组书记抓基层党建工作述职评议考核等工作制度，管党治党责任进一步压实。深化拓展为基层减负工作，制定实施18条措施。常态化开展领导干部集体谈心谈话，党内政治生活质量不断提高。鲜明树立选人用人导向，注重在重大斗争实践一线考察识别干部，领导班子结构不断优化、整体功能不断增强。严守政治纪律和政治规矩，建立党（工）委、党组书记点评会前警示教育常态机制，深化警示教育，政治生态持续向好。

深化党建引领基层治理改革，完善“接诉即办”工作机制，坚持每周区领导集体调度会制度，街道主要领导开展疑难案件亲自办、见面办，各部门由“吹哨报到”转向“主动领哨”。承担国家级基层民主协商标准化试点，搭建7373个四级协商议事厅，建成16个社区级示范厅和26个楼门院治理示范点。建立区级“攻坚克难30题+”机制，推动“接诉即办”向“主动治理、未诉先办”转化。强化政治中心区一体化防控，在开展常态化疫情防控，保障庆祝建党100周年重大活动和冬奥会、冬残奥会服务保障等任务中，坚定为党中央站好岗、放好哨的思想行动自觉。

落实全面从严治党主体责任。严格落实中央八项规定及其实施细则精神，持续反“四风”。“四不两直”调研检查成为工作常态。强化审计监督和行政问责，加大反腐倡廉力度，开展警示教育，党风政风持续向好。制定进一步推动“转作风、强创新、提效能”的若干措施，从制度、机制、作风等多方面，全面提升干部的政治素质，增强攻坚克难的斗争本领，强化廉洁高效的务实作风。（郝慧芳）

【文化建设】2021年，西城区落实中轴线申遗保护三年行动计划，推进钟鼓楼、万宁桥周边环境综合整治，完成地安门大街品质提升工程。推进文物建筑腾退修缮，梅兰芳祖居文物腾退清零，京报馆、五道庙等5处文物旧址修缮完成。首批6个文物建筑活化利用项目签约。积极讲好文物故事，打造“白塔夜话”“我在中轴修文物”等老城保护品牌。公布第六批区级非遗代表性项目16个，4个项目入选第五批国家级非遗代表性项目名录。与中央音乐学院等单位签署战略合作协议。“书香西城”建设新增实体书店5家，万人拥有实体书店数量达1.4家，居全市前列。特色阅读空间运营模式获评第四批国家公共文化服务体系示范项目。举办2021年百姓戏剧展演、第二十届什刹海文化旅游节等传统品牌活动。开展各级各类、线上线下公共文化活动4658场次，约4408万人次参与。天宁1号产业园区历史建筑群重新进行整体规划设计，智慧园区平台一期项目完工。扶持实体书店、阅读空间发展。推动旅游和文创企业参加“北京礼物”评选认定，15家企业成为认证单位、3家企业获得专柜资质。引入新华网等15家文化企业。西城区入选第二批国家文化和旅游消费试点城市，天桥演艺区入选第一批国家级夜间文化和旅游消费集聚区名单。（郝慧芳）

【社会建设】2021年，西城区以“平安西城”建设为抓手，扎实推进社会综合治理。落实安全生产专项整治三年行动计划，开展液化石油气专项整治行动，880家非居民液化石油气罐用户实现动态清零。新建1.26万个电动自行车充电点位。西四大街、白纸坊大观园等6座小型消防站建成并投入使用。新增1条阳光餐饮示范街和200家品质提升餐饮单位，确保群众“舌尖上的安全”。践行新时代“枫桥经验”，推进市域社会治理现代化试点。发挥“西城大妈”等群防群治力量作用，开展各类社会矛盾纠纷排查化解。依托“西城家园”打造线上社会治理平台，81.25万居民实名入驻，8.5万名党员在线亮身份，畅通服务群众“最后一米”。“长安计划”高标准落实，全区刑事类、治安类、秩序类警情分别下降34%、43.1%和32.4%。

出台数字经济发展若干措施及实施细则，打造全球数字经济标杆城市示范区。承办首届全球数字经济大会体验周活动，发挥科技项目申报、高新技术企业认定辅导、科技人才培养、技术市场服务等创新平台作用，提升企业创新能力。区财政科技专项支持的安博通公司入选国家级专精特新小巨人，奇安信公司入选北京市第一批隐形冠军企业；支持的“冬奥会国家速滑馆国产封闭索首用关键技术研究”项目，打破国外垄断，解决“卡脖子”技术难题。推动新基建，5G网络信号实现全覆盖。实施信息化“筑基”工程，确立大数据体系架构，持续推进数据共享开放。西城区区块链应用被中国计算机用户协会政务信息分会和中国电子政务年鉴编辑部评为年度电子政务典型案例。

义务教育阶段“双减”（减轻义务教育阶段学生作业负担和校外培训负担工作）工作取得成效，校外培训机构压减78%，学校课后服务实现全覆盖。整合区属少年宫、科技馆等校外资源，“点餐到校”丰富课后服务内容，被教育部列为落实义务教育阶段“双减”政策的十大经验之一，向全国推广。严格执行“多校划片”入学政策，形成破解“学区房”困境的“西城模式”。教育教学质量继续保持全市领先，“双新”（普通高中新课程新教材实施）示范区建设获教育部督导检查好评，优秀拔尖学生培养质量创近年新高。扩大优质教育资源学位供给，新增德胜中学等6个校址，北京市第四幼儿园白纸坊分部等4所幼儿园开园，新增学前教育学位2000个、义务教育学位1.3万个。

推进“健康西城”建设。探索医改、公共卫生体系建设和“健康西城”建设贯通路径，以紧密型医联体为基础，开展月坛、金融街健康联合体建设。丰富家庭医生服务包，完成363支家庭医生队伍组建。北京市肛肠医院试点开展“先诊疗、后付费”信用就医，完成信用就医云缴费平台建设，全部医保定点医疗机构实现跨省异地就医直接结算和医保脱卡结算，提高患者就医便利性。11个中医药项目通过区级科技新星立项评审，“丰盛骨伤”入选第五批北京市非物质文化遗产代表性项目名录。

推动群众体育、竞技体育、体育产业、体育设施建设，满足人民群众不断增长的健身需求。完成5公里健走步道铺设，每个街道新增至少1处体育健身设施。培训滑雪、滑冰、冰壶等项目社会体育指导员200余人，开展线上数字冬奥体验活动，营造浓厚冬奥氛围。

就业和社会保障指标在全市保持领先。连续七年获评“北京市充分就业区”，登记失业率处于全市最优水平，居民人均可支配收入达96949元。持续开展困难家庭关爱扶助行动，发放低保金2.34亿元、各类救助金3264万元，为1.13万户公共租赁住房备案家庭解决住房困难。新增展览路颐寿轩和西长安街西绒线2个养老照料中心，新建7个社区养老服务驿站。新增养老床位2044张、老年餐桌60个。

全面推广“西城家园”APP，街道和社区实现全覆盖。出台《西城区基层民主协商标准体系》，完成15个社区议事厅示范点和30个楼门院示范点建设，128个社区服务站实现转型升级。制订《西城区2021年贯彻实施〈北京市物业管理条例〉工作方案》，完成商品房和售后公有住房专项维修资金续筹补建试点，建立党建协调委员会央产小区物业联席会工作机制。全区业委会（物管会）组建率95.4%，物业服务基本实现全覆盖，133个“三无”（无物业、无安保、无围墙）小区全部清零。推进社区服务站转型升级，便民利民事项纳入“全科社工”综窗服务，实现“四务合一”一站式办理。（郝慧芳）

【生态环境建设】2021年，西城区强化生态环境监督执法，深入打好污染防治攻坚战，基本实现年度生态环境质量持续改善目标，完成三大污染防治（大气污染防治、水污染防治、土壤污染防治）攻坚战各项任务。空气质量优良天数282天，比上年增加14天。重污染天数比上年减少5天，裸地扬尘管控率月排名保持全市前列。全区细颗粒物（$PM_{2.5}$）平均浓度34微克/立方米，比上年下降15.0%。基本实现污水处理设施全覆盖。人均有效巡河里程、巡河任务完成率和问题处理率全市保持领先。率先启动碳中和研究，在育才学校、新华1949探索零碳学校、零碳园区建设。紧紧围绕“节能降碳、绿色发展”主题，开展节能宣传周活动。完成平安大街景观提升项目等绿地建设1.28万平方米，超额完成全年任务。非历史文化街区的公园绿地500米服务半径覆盖率提高至98.05%。提升垃圾减量化、资源化水平，建成265座生活垃圾分类驿站、443处大件和装修垃圾投放点，实现垃圾分类全流程精细化管理系统全覆盖。创建55个生活垃圾分类示范小区，家庭厨余垃圾分出率始终保持在18%以上，居民自主投放率始终大于95%，考核成绩在城六区排名第一。（郝慧芳）

（责任编辑 郝慧芳）

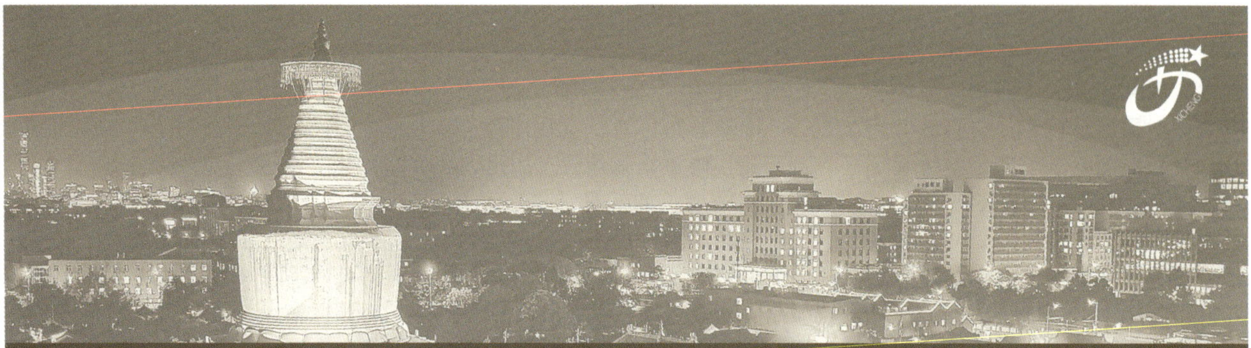

中国共产党西城区委员会

综　述

2021年，中共北京市西城区委员会在市委坚强领导下，坚持以习近平新时代中国特色社会主义思想为指导，贯彻党的十九大和十九届历次全会及中央经济工作会议精神，聚焦“一个开局”“两件大事”“三项任务”（一个开局：推动“十四五”开好局，两件大事：建党100周年和冬奥会、冬残奥会服务保障，三项任务：常态化疫情防控、巡视问题整改及区、街道、社区三级换届），推进年度目标任务完成。全年地区生产总值实现5408.1亿元，比上年增长8.1%，居民人均可支配收入达96949元，比上年增长7.4%。

区委常委会坚持“两个确立”，增强“四个意识”，坚定“四个自信”，做到“两个维护”，牢记“国之大者”，践行“红墙意识”，第一时间传达学习习近平总书记在庆祝中国共产党成立100周年大会上的重要讲话精神和党的十九届六中全会精神，开展专题交流研讨。区委理论学习中心组围绕服务和融入新发展格局、首都功能核心区控规、“接诉即办”等主题，开展学习研讨44次。推动区委常委会会前学习常态化，学习习近平总书记最新重要讲话和重要指示批示精神，开展会前学习120余次。

抓好党史学习教育，区委理论学习中心组集中时间，开展党史学习教育专题学习。把握“学史明理、学史增信、学史崇德、学史力行”目标要求，把“四史”学习有机结合，开展讲党史、重温入党誓词等系列活动。立足红色资源优势，打造实景课堂。推进“红墙先锋在社区、我为群众办实事”实践活动，498个机关企事业单位党组织与263个社区结对共建，完成4类718项实事项目。拓展党史学习教育，制订宣讲工作方案，各级领导干部带头开展宣讲，引领干部群众和社会各界从党的百年奋斗历程中汲取智慧和力量。

完成全区换届工作。把坚持和加强党的全面领导贯穿换届工作始终，对区委委员、区纪委委员、区“两代表一委员”（党代表、人大代表、政协委员）、人大常委、政协常委、纪委常委等人选资格审核，严把政治关、品行关、能力关、作风关、廉洁关，选出好干部、引领好风气。完成区委、区人大常委会、区政府、区政协换届任务，领导各民主党派、人民团体、社区“两委”完成换届工作。召开区第十三次党代会，分析把握新形势新任务新要求，明确未来5年全区发展目标和重点任务，实现绘出好蓝图、选出好班子、形成好气象的换届目标。

制发《关于加强区委班子政治建设的决定》。落实地方党委工作条例，健全完善区委决策机制、规划制订和落实机制。做好“中央法规文件在基层”观测点，落实党内法规执行责任制，压实各党（工）委、党组责任，每半年向中办法规局专项报告。开展党内法规制度学习宣传，将党内法规列入各级党组织、培训班学习内容，落实情况纳入全面从严治党主体责任年度考核指标体系。落实重大事项请示报告制度，实施清单化管理，做到常态工作定期主动报告、重点领域事项专项报告、突发事件及时报告，向市委请示报告59次。完善区级领导班子沟通协调机制，每月梳理全区重点工作进展情况，统筹做好下月重点工作预安排，提升区级班子协调联动效能。落实区领导联系街道联系社区制度、带头办件督促办件制度。落实意识形态工作责任制，每半年专题研究意识形态工作。区委常委会每季度专题听取意识形态领域情况通报，全年专题研究意识形态工作2次，研究涉及意识形态议题32个。加强网络综合治理体系建设，健全网络意识形态工作机制，完善工作责任制实施细则。

全面落实全国文化中心建设任务。推进文明行为促进条例落实和新一轮文明城区创建，策划各类主题宣传、群众性创建活动。紧抓中轴线申遗保护年度任务和重点项目实施，统筹做好文物保护、腾退开放和综合利用。推进“书香西城”建设，实施图书馆智慧化改造，新增阅读空间5家。加快文化产业优化升级，推进“天宁1号”二期建设，吸引新华网等企业落户。

紧抓国家金融管理中心和“两区”建设契机，经济发展质效取得新突破。深化金融街“四位一体”服务体系，北京金融街合作发展理事会资产管理专业委员会成立，北京金融法院、北京证券交易所等一批重要机构落地。完成2021金融街论坛年会服务保障，论坛点击量超过14亿次，论坛长效机制持续深化。国家级金科新区建设取得重大进展，金科新区核心区全面亮相，发布实施“科创十条”，引入工银科技、北京国家金融标准化研究院有限责任公司等金融科技企业和机构。

推动惠民举措落地见效。提升就业质量，连续七年获“北京市充分就业区”。增加学位供给，新增学前教育学位2000个、义务教育学位1.3万个。科学实施“多校划片”，推动破解“学区房”难题，推动“双减”政策落实。探索建立全周期、全人群健康服务体系，推进“健联体”全面试点。加强居家养老服务体系建设，医养结合、养老服务机构和老年餐桌实现全覆盖。优化生活性服务网点布局，制发《社区商业生活服务业建设导则》，新建提升生活性服务业网点24个。

加强党建引领基层治理创新。深化赋权下沉增效，完善职责清单和运行机制，发挥街道城市治理的基础性作用。落实首都社区治理20条，推动社区服务站转型升级。紧抓“接诉即办”不放松，推出“攻坚克难30题+”，建立“每周调度”机制，加强问题研究、专项调度和督办落实，万人诉求量实现大幅下降，12345热线考核成绩全年综合排名16区第一。抓好两件“关键小事”，建立党建协调委员会物业管理机制，全区业委会（物管会）组建率95.4%，物业服务覆盖率95.9%，业委会（物管会）和物业服务企业党的组织覆盖率100%。推动科技赋能治理，打造线上线下融合治理的“西城家园”平台，用户82.08万人。

完善管党治党责任链条。全区分级分类制订个性化年度全面从严治党主体责任清单和重点任务清单，对照市级全面从严治党（党建）工作制度文件汇编和负面清单，制发西城区制度文件汇编。推进党务公开，制订区委党务公开目录并督促全区各单位参考落实。推动市委巡视反馈意见整改落实，剖析根源，提出整改思路和措施。将巡视整改任务落实情况纳入督查重点范围，阶段性量化督办，确保整改落实。完成十二届区委巡察全覆盖任务，对17家单位和区属国有企业、3个街道工委及所辖社区党组织开展十八、十九轮巡察“回头看”。建立巡察成果运用机制，巡察整改经验做法被《人民日报》刊登报道。完善线索管理流程，制定问题线索管理办法及配套文件，提高线索转换立案效率，全区纪检监察组织接受信访举报567件，处置问题线索1047件，立案113件（含指定管辖），结案92件；给予党纪政务处分57人，移送检察机关审查起诉18人。运用“四种形态”处理577人次，“四种形态”趋势性递减的结构性特征明显。每月梳理全区纪检监察情况，区委书记在党（工）委、党组书记工作点评会重点通报。围绕“接诉即办”“吹哨报到”等民生领域开展专项监督，建立“接诉即办”专项监督月调度工作机制，查办群众诉求中不作为、慢作为、乱作为等形式主义、官僚主义问题，核查工单4385件，督促问题整改499件。

持续加强作风建设。区领导带头深入街道社区，开展重大活动现场指挥、新冠肺炎疫情防控、突发事件及舆情处置、社区大扫除等工作。落实中央八项规定及实施细则精神，开展办公用房超标问题专项整治，对571间超标办公用房落实整改。严肃整治党务外包，对发现问题严肃追责问责。全区查处违反中央八项规定精神问题8起。破除形式主义、官僚主义，治理群众身边不正之风，集中督办核查弄虚作假、漠视群众利益问题，制定为基层减负18项措施并严格执行，全区性会议，区委、区政府发文总量，督查检查考核总量持续下降。

（陆　羽）

重要会议

【区委常委会会议】2021年，区委召开区委常委会会议52次，完成议题278个。党的建设方面议题125个，占44.96%；经济社会发展战略、重大改革方面议题63个，占22.66%；组织工作及人事任免方面议题31个，占11.15%；宣传思想文化工作方面议题12个，占4.32%；纪律检查工作方面议题19个，占6.83%；统一战线工作方面议题5个，占1.79%；政法工作方面议题11个，占3.96%；群众及人民团体方面议题9个，占3.24%；议军及双拥工作方面议题2个，占0.72%；学习传达类议题12个，占4.32%。（徐永吉）

【第十二届委员会第十六次全体会议】7月30日，中国共产党北京市西城区第十二届委员会第十六次全体会议召开。区委常委会主持会议。孙军民代表区委常委会作报告并讲话。会议传达贯彻市委十二届十七次全会精神，总结上半年工作，部署下半年工作；按照北京市关于区级领导班子换届工作的部署，会议审议通过《关于召开中国共产党北京市西城区第十三次代表大会的决议》《中国共产党北京市西城区第十二届委员会第十六次全体会议决议》。十二届区委委员参加会议。（徐永吉）

【第十二届委员会第十七次全体会议】11月12日，中国共产党北京市西城区第十二届委员会第十七次全体会议召开。孙硕主持会议。十二届区委委员参加会议。区委副书记张立新作关于中国共产党北京市西城区第十三次代表大会筹备工作情况报告；区委常委、区委组织部部长、区委统战部部长程昌宏作全区党费收缴、使用和管理情况汇报。会议审议通过中国共产党北京市西城区第十三次代表大会日程、中国共产党北京市西城区第十三次代表大会秘书处机构及职责、中国共产党北京市西城区第十三次代表大会主席团成员、秘书长等建议人选名单、《中国共产党北京市西城区第十三次代表大会选举办法（草案）》、《中国共产党北京市西城区第十三次代表大会的区委工作报告（审议稿）》、《中国共产党北京市西城区第十三次代表大会的区纪委工作报告（审议稿）》、《中国共产党北京市西城区第十二届委员会第十七次全体会议决议》。十二届区委委员参加会议。（徐永吉）

【中国共产党北京市西城区第十三次代表大会】12月6日，中国共产党北京市西城区第十三次代表大会开幕。大会的主题是：高举习近平新时代中国特色社会主义思想伟大旗帜，深入贯彻习近平总书记对北京重要讲话精神，全面落实党中央决策部署和市委工作要求，以首都发展为统领，全面推动高质量发展，在北京率先基本实现社会主义现代化进程中走在前列。孙军民代表中国共产党北京市西城区第十二届委员会向大会作题为《在习近平新时代中国特色社会主义思想指引下，在北京率先基本实现社会主义现代化进程中走在前列》的报告。12月8日，中国共产党北京市西城区第十三次代表大会，在完成各项任务后闭幕。出席大会的代表应到400人、实到394人，符合规定人数。大会选举产生中共北京市西城区第十三届委员会委员46人、候补委员9人，中共北京市西城区第十三届纪律检查委员会委员29人。会议通过《关于中国共产党北京市西城区第十二届委员会报告的决议》和《关于中共北京市西城区纪律检查委员会工作报告的决议》。（徐永吉）

【第十三届委员会第一次全体会议】12月8日，中国共产党北京市西城区第十三届委员会第一次全体会议召开。孙军民主持会议。会议审议通过《关于加强区委班子政治建设的决定》《中国共产党北京市西城区第十二届委员会第十七次全体会议决议》；选举产生中国共产党北京市西城区第十三届委员会书记、副书记、常委。十三届区委委员、区委候补委员参加会议。（徐永吉）

重要活动

【重大活动组织和服务保障】2021年，西城区落实建党百年庆祝活动服务保障“精精益求精、万万无一失”要求，全面做好市政、交通、场地、人员组织等保障与社会面管控。加强对会场、驻地、交通枢纽、主要商业区等重点区域的执法检查，严格管控核心区环境秩序，保持重要节点和重点区域绝对安全。完成广场合唱、献词、文艺演出观众组织、志愿服务、环境秩序管控等任务。深化政治中心区一体化防控，形成风险隐患地图、实名管控地图、职责清单图，健全政治安全风险研判、防控协同、防范化解机制。搭建全区指挥系统，做好北京冬奥会、冬残奥会赛事相关工作，完成安全保卫、交通运行保障、人力资源及志愿者组织、医疗防疫、环境保障等综合服务保障任务。（于　淼）

【周末主题清洁日活动】6月5日，区委组织“红墙先锋在社区、我为群众办实事”周末主题清洁日活动。全区各机关企事业单位党组织在职党员干部走进社区，清洁整理环境，排查安全隐患。孙军民到西交民巷27号院参加社区周末大扫除，并检查垃圾分类、社区安全情况。当日，共有392个在职机关企事业单位党组织与结对社区对接报到。4398名党员、4689名志愿者排查多个小区、院落存在的安全隐患，清理楼道、屋顶、院落等2112处，清理可燃物、大件垃圾128.62吨。（于　淼）

【烈士纪念日活动】9月30日，西城区在陶然亭公园高君宇烈士墓前举行向烈士敬献花篮仪式。孙军民带领新一届区委常委会成员与全区各界干部群众代表一起，向烈士墓碑敬献花篮，缅怀革命先烈，致敬人民英雄。（于　淼）

区委综合事务

【概况】2021年，中共北京市西城区委办公室（简称区委办公室）以“同心、同向、同力、同步”的工作理念，不断完善“大办公室”工作体系，以“上级指示清楚、部门交流广泛、基层联系密切、内部沟通顺畅”的协调网络，凝聚推动全区落实中央、市委精神的合力，发挥党委中枢部门职能，切实当好参谋助手。加强全区会议活动统筹协调力度，坚持每周召开四办主任会，提前制订周日程、月预安排，为区四套班子领导决策提供服务。服务

12月6日至8日，中国共产党北京市西城区第十三次代表大会召开　（区委办公室　供图）

保障区委主要领导到基层调研检查133次，涉及全区351个点位，其中“四不两直”比例达50.4%。调研多采用共享单车骑行方式，重点围绕重大活动服务保障、党史学习教育、核心区控规落地、常态化新冠肺炎疫情防控、“接诉即办”为民办实事、区级换届选举等情况开展。（周　琦）

【会议服务与管理】2021年，区委办公室承办区委全会2次，区委常委会会议52次，区委书记专题会议43次，书记议事协调会议24次，区委常委会（扩大）会议11次，党（工）委、党组书记月度工作点评会11次，区新冠肺炎疫情防控工作领导小组会议79次，领导小组专题会议28次，全区性会议31次；区委书记月度工作点评会10次。修改完善《2021年区委常委会工作手册》。（徐永吉）

【信息工作】2021年，区委办公室推进信息工作改革创新，“两办”（区委办、区政府办）信息科融合，整合基层单位信息报送渠道，发挥OA政务平台模块作用，“两办”信息科共同操作、标注提醒、统一查询及业务指导。编辑调研与参阅，提高信息服务的参谋性和前瞻性，提升信息服务参谋水平。加强科室协作，及时了解领导重要批示指示精神，持续跟踪市区主要领导调研指示精神、月度点评会指示精神、市区重要会议部署等，统筹开展信息采编；加强信息选题分析，推进信息报送精细化管理，上报的信息被市委采用率70%。整合拓展信息资源渠道，实地追踪调研走访，通过点题、约报等方式，开展专题类信息策划。加强信息队伍建设指导，实时开展点题、约报，为基层单位提供优秀信息学习借鉴平台，帮助信息员交流学习。优化信息刊物内容导向，加大对市区重点工作的反映力度，聚焦西城区党的建设、新冠肺炎疫情防控、垃圾分类、物业管理条例落实、“接诉即办”等内容主题。编发普刊245期，特刊107期，调研与参阅31期，专报47期，区委主要领导批示110次，区级领导批示192次。（于　森）

【文书服务】2021年，区委办公室推广全区电子政务内网协同办公平台应用，推进“无纸化”办公。编发区领导批示摘编27期。做好公文办理工作，做到案无积卷、事不过夜。处理各类文件3706件，转办给区委主要领导来信302件。（恩媛媛）

【文件制发】2021年，区委办公室增强发文计划性，完善文件审核机制，严控发文数量，提高文件质量。审核制发京西发17件、京西办发18件，京西字3件、京西办字16件，西办通报7期、情况通报1期。（刘　彪）

【保密管理】2021年，区委办公室做好中国共产党成立100周年庆祝活动和冬奥会、冬残奥会等重大会议活动保密服务保障，制发保密检查、宣传教育等方案，开展4场保密教育培训会，1370人参加；对62家单位和各指挥部完成3轮以上保密检查，消除泄密风险隐患，确保重大会议活动党和国家秘密安全；加强保密监督指导，坚持日常检查与专项检查相结合，做好全国两会、中高考期间保密服务保障，全程跟进监督指导中国共产党北京市西城区第十三次代表大会保密工作。加强新冠肺炎疫情防控保密检查，对区教委、区卫生健康委及二级医院邮箱清理排查，对5家保密资质（格）单位开展“双随机”检查。加强涉密人员管理，组织各单位按照新规重新核定、报备涉密岗位和涉密人员。强化保密科技支撑，在全市率先建成国产化保密工作一体化平台，完成国家保密局涉密网络监管平台试点项目，全面提升自监管能力水平。深化保密宣传教育，举办区委理论学习中心组（扩大）保密专题培训会，邀请国家保密局领导辅导讲座；发挥“五位一体”宣传教育机制作用，全年举办各类培训班37场、5200余人参加；组织机要保密干部观看西城区原创红色谍战题材话剧《什刹海畔的电波》；组织130人到中央和国家机关保密教育实训平台培训；结合10月保密宣传月、“12·4”宪法宣传周，宣传贯彻新颁布实施的《北京市保守国家秘密条例》，制作8块宣传展板，配发宣传材料1834册；在全区组织开展全国保密系统庆祝建党百年保密宣传教育作品征集评选活动，征集短视频2个，报告文学3部，书画作品250余幅，区保密局创作保密工作者之歌《挚爱无言》和对口快板书《保密常识听我言》，《挚爱无言》获歌曲类优秀奖。（杨　京）

【督查与建议提案办理】2021年，区委督查工作围绕市委、区委重要决策部署，加大督办力度，创新督办机制，分阶段对全区重点任务和专项工作督查，推动各项工作落到实处。全年完成市委、区委督查事项757项；围绕区落实中央八项规定精神、居民用户使用瓶装液化气安全专项整治向市委督查室、区委报送专项办理报告90件；围绕“接诉即办”专班调度会议定事项落实情况、空气子站责任人制度落实情况编辑各类督查刊物46期。围绕基层反映的问题，制订并执行18条减负措施。严控督查检查考核总量和频次，实行年度计划和审批报备制度，全年相关责任部门开展区级督查检查考核16项。办理政协提案28件，其中党派团体提案19件、委员提案9件。截至9月底，提案办理工作全部完成，办结率为100%。（南佳　徐士喆）

【党内法规执行】2021年，区委办公室严格党内法规执行责任制，健全完善执规责任体系，指导各级党组织制订执规责任制清单，压实主体责任。严格落实重大事项请示报告制度，动态调整更新请示报告清单，常态工作定期主动报告、重点领域事项专项报告、突发事件及时报告，确保向市委重点事项请示报告不落项，全年完成相关文件60件。开发内网协同办公平台备案审查模块，完成党（工）委、党组规范性文件备案，坚决维护党内法规和党的政策的统一性、权威性，完成各党（工）委、党组规范性文件备案37件。区委办公室被中办法规局选为全国首批“中央法规文件在基层”观测点，按照中办法规局要求，完成第一次材料报送。（刘　彪）

组织工作

【概况】2021年，中共北京市西城区委组织部（简称区委组织部）落实全国、全市组织工作会议及区委全会精神，围绕庆祝建党百年主线，着眼全区发展大局和重点工作，牵头做好社区新冠肺炎疫情防控，完成区级换届工作。加强领导班子、干部队伍和人才队伍建设，抓好基层组织和党员队伍建设，强化组织部门自身建设，为推动全区做好新冠肺炎疫情防控和经济社会发展提供坚强组织保证。（姜　慧）

【建党百年庆祝活动】2021年，区委组织部围绕“忆百年征程、树红墙先锋、启时代新章”主题，组织基层党组织开展建党百年系列活动，组织100余名新党员代表参加中央、市级、区级入党宣誓活动，向1.3万余名老党员颁授“光荣在党50年”纪念章，对全区100名优秀共产党员、100名优秀党务工作者和99个先进基层党组织表彰。开展党史学习教育专题党课和专题组织生活会，指导567名党员领导干部、3412名基层党组织书记讲授专题党课，4182个党支部召开专题组织生活会，85361名党员参加所属党支部专题组织生活会。在基层党组织开展“红墙先锋在社区、我为群众办实事”实践活动，17万余人次机关党员干部常态化下沉社区，参与新冠肺炎疫情防控、新冠病毒疫苗接种、垃圾分类等志愿服务。（姜　慧）

【换届选举管理】2021年，区委组织部制订区领导班子换届工作实施方案、换届考察保障工作方案、严肃换届纪律加强换届风气监督工作方案等，明确各部门职责。梳理换届文件规定标准条件，提前对所有“两代表一委员”拟推荐人选情况分析研究，就人选交叉情况和年龄、学历等结构情况分析研判。牵头负责代表委员联合考察审查，协调17家单位对1998名“两代表一委员”人选资格联审，把好换届代表委员人选“入口关”。协调成立换届选举大会临时党组织，细化选举流程，做好换届人事安排方案说明，实现市委批复的换届人事安排方案。（姜　慧）

【干部工作制度建设】2021年，区委组织部修订《西城区处级领导干部选拔任用工作流程》和《西城区处级干部选拔任用工作流程实施细则》。对全区领导班子和干部队伍情况分析研判，编制《西城区优秀年轻干部队伍建设五年发展规划（2021—2025年）》，从能力素质、储备数量和队伍结构方面提出目标，实施“青苗计划”，坚持内育外引、全面培养、从严管理、择优选用完善优秀年轻干部“选育管用”全链条、全周期工作机制。（姜　慧）

【处级干部队伍建设】2021年，区委组织部提任处级正职领导干部26名，处级副职领导干部73名，交流调整、任免干部233名。注重实践实干实效，注重敢不敢担当、愿不愿做事、能不能干事作为干部晋升职级标准，晋升二级巡视员45名、二级高级法官1名、一级调研员57名、二级调研员148名、三级调研员144名、四级调研员239名、二级高级警长1名。选派7名干部赴内蒙古参与东西部协作挂职，抽调102名优秀干部到各类工作专班锻炼，增强干部培育的针对性和实效性。（姜　慧）

【干部管理监督】2021年，区委组织部贯彻全国、全市干部监督工作会议精神，坚持把政治监督贯穿干部选拔使用全过程，督促领导干部特别是“一把手”知敬畏、守纪律、有底线。加大选人用人监督力度，遏制选人用人不正之风和腐败现象，对全区27家单位开展选人用人专项检查，发现选人用人问题60余条，收到信访举报105件，做到严查严办，保持年度“一报告两评议”制度。执行领导干部个人有关事项报告“两项法规”，查核领导干部个人有关事项报告495人次，因不如实报告受到诫勉处理7人次。坚持从严从实抓好新形势下领导干部因私出国（境）审批，全区登记备案人员1900余人次，集中保管因私证件780余本，实现应备尽备、应交尽交。（姜　慧）

【干部思想理论教育】2021年，区委组织部以庆祝中国共产党成立100周年为契机，采取集中培训方式，组织党员干部学习贯彻习近平新时代中国特色社会主义思想和党的十九届五中全会精神，组织春季干部进修班、党史学习专题培训班、浦东干部学院城市基层治理专题培训班、领导干部执政能力提升北京大学专题培训班、“两区”建设专题培训班等37期，培训处级领导干部8047人次、科级干部360余人次；协调73名局处级领导干部分别参加中央组织部调训班、北京市领导干部学习贯彻党的十九届五中全会精神专题研讨班、北京市区县局级领导干部专题培训班，学习习近平新时代中国特色社会主义思想。（姜　慧）

【党建引领基层治理】2021年，区委组织部落实首都社区治理20条相关举措，制订《关于进一步加强和改进社区治理工作的实施方案》，围绕党建引领基层治理细化7大类48

项重点任务清单，提升党建引领基层治理科学性和精准度。完善街道工委对地区治理工作的领导体制机制，深化党建引领“吹哨报到”“接诉即办”改革，强化区街联动，增强党建引领基层治理整体合力。优化三级党建协调委员会功能，组织驻区104家中央机关、149家市属机关、38家驻区部队和163家国企金融机构，参与区域志愿服务和基层治理，提升基层治理共建共治共享成效。聚焦央产老旧小区物业管理难问题，创新提出党建协调委员会下央产小区物业联席会工作机制，推进3个试点项目，历史遗留治理难题得到解决。（姜　慧）

【城市基层党建】2021年，区委组织部聚焦城市基层党建示范区建设，健全“纵向同力、横向同心”党建格局。推动各系统各领域党建工作，指导教育工委深化中小学校党组织领导的校长负责制试点，发挥“支部建在连上”优势，完善党组织发挥作用体制。推动公立医院党委领导下的院长负责制，完善医院党组织会议、院长办公会议事规则、清单和决策程序。完善国有企业加强党建工作制度机制，会同区国资委党委完善西城区《关于在深化区管国有企业改革中坚持党的领导加强党的建设的实施意见》，开展贯彻全国国有企业党的建设工作会议精神落实情况“回头看”，落实区属国有企业党委在公司治理的领导作用。强化“两新”组织“两个覆盖”和党建品牌培育，5家非公党组织获评全市“党建强发展强”党建品牌项目，德恒律师事务所党委获全国先进基层党组织称号。（姜　慧）

【新业态新就业群体党建】2021年，区委组织部建立由区委组织部牵头，各街道和相关职能部门等35家成员单位参加的试点工作领导小组，形成区委统筹指导，职能部门履行行业党建责任，街道落实属地责任的体系。注重以分拣中心、快递点为阵地，建立4个党支部，向74个快递、外卖站点选派62名党建指导员，吸纳周边网点党员，实现党组织和党的工作全覆盖。推动相关职能部门资源下沉，对接新就业群体需求打造“暖心驿站”“小哥驿站”。在新街口、陶然亭、月坛3个街道建立示范阵地，开放全区26个党群服务中心、15个党群服务站提供服务。着眼核心区定位，打造践行“红墙意识”的“西城小哥”品牌队伍，组建“西有青骑”等多支品牌志愿服务队。会同中国职工之家打造“小哥驿站”，通过党建引领，巩固拓展服务阵地，构建新就业群体参与西城基层治理的格局。（姜　慧）

【区域人才发展促进】2021年，区委组织部会同区有关人才主管单位制订《西城区关于“两区”“三平台”干部人才支撑三年行动计划实施方案》，推动“两区”“三平台”人才队伍建设。对标国际人才社区建设品质，起草西城区国际人才社区环境建设实施意见。落实区领导联系服务专家常态机制，利用重大节日组织对专家人才走访慰问。探索开设外国人来华工作许可服务窗口，对符合条件“高精尖缺”外籍人才提供“绿色通道”服务。加大典型人才宣传力度，选派高层次人才参与北京“为你喝彩”人才宣传栏目录播，宣传西城人才故事、人才政策和人才发展环境，选派2名教育领域优秀人才赴门头沟区和昌平区挂职交流。（姜　慧）

【人才遴选和资助】2021年，区委组织部开展第四届西城“百名英才”遴选活动，按照“逐级申报、层层把关”原则，采取“2+2+2”遴选流程（两次审核、两次评审、两次公示），遴选百余名金融、科技、教育等优秀人才，激发人才创新创造活力，为区域发展提供人才支撑。开展年度优秀人才培养资助，经过个人申报、单位推荐、专家评审、现场答辩、集体研究等环节，资助教育、卫生、金融科技等领域62个项目，资助金额490余万元。做好人才项目奖励申报，支持优秀人才参与国家、市级人才项目、奖励评选，推荐国家和市级百千万工程、青年北京学者、全国杰出专业技术人才、首都杰出人才20余人。（姜　慧）

【公务员队伍建设】2021年，区委组织部聚焦公务员“选育管用”全链条管理，完成2021年度186名公务员招录，做好2022年度公务员招录计划，增加对综合经济、科技创新、城市规划、信息技术等专业招录力度。按照市委组织部要求，完成行政执法类公务员职位设置方案审批备案，将行政执法机构且主要使用行政执法专项编的8家单位，整建制列入行政执法类公务员管理。完善科级干部选拔任用机制，形成制度完备、程序规范、操作便捷、科学有效的科级干部选拔制度体系。完善全区科级职务、职级职数管理台账，形成日常更新、定期核查机制，实现对全区各单位职务、职级职数配备使用情况实时掌控。全年审核职务、职级晋升175批次，完成职务晋升备案159人，职级晋升备案427人。（姜　慧）

【公务员能力素质提升】2021年，区委组织部联合区委党校、清华大学和中国人民大学，开设科级任职班、科级高研班和青年公务员阶梯式培训班，实现培训与需求对接。结合新冠肺炎疫情防控新形势，拓展网络培训平台，联合区委党校和中国人民大学，邀请知名专家学者网络授课，创新多元化授课形式。开办培训班5班次，调训360余人次。制订《西城区公务员平时考核工作实施方案（试行）》，依据政府绩效管理年终考评情况、平安北京和处级领导班子考核等情况，对全区49家单位的公务员队伍建设评分评语，综合新冠肺炎疫情防控和“接诉即办”等情况，科学合理划分绩效奖励等次，激励公务员积极性。（姜　慧）

宣传工作

【概况】2021年，中共北京市西城区委宣传部（简称区委宣传部）贯彻落实党中央决策部署和市委、区委工作要求，围绕中心、服务大局，围绕迎接、宣传中国共产党成立100周年主线，加强思想理论和意识形态工作，不断提高舆论引导能力、文化创新能力、国际传播能力，着力形成良好的理论氛围、舆论氛围、文化氛围、社会氛围，为继续在首都全国文化中心建设、国际一流和谐宜居之都建设进程中走在前列，提供强大的思想保证、精神力量、道德滋养和文化条件。

（蒋苏菲）

【意识形态工作】2021年，区委宣传部严格执行《北京市党委（党组）意识形态工作责任制实施细则》，将意识形态工作纳入重要议事日程。严格落实意识形态工作责任制，区委常委会每个季度专题听取意识形态领域情况通报。全年专题研究意识形态工作2次，研究涉及意识形态的议题32个。加强督导检查，将意识形态专项检查纳入全面从严治党工作考核，对全区各党委（党组）开展日常督查，对区委第17轮、18轮、19轮巡察的27个党组织开展意识形态工作责任制落实情况的专项监督检查。严格落实意识形态情况通报制度及风险防控制度。加强意识形态阵地建设管理，把准政治方向守住思想防线。把好各类讲座、论坛、报告会的审批关，坚决防止错误思潮和言论占据主流阵地。加强对"扫黄打非"工作领导，开展"新风""正道""净网"专项行动及"绿书签行动"系列宣传活动，严厉打击涉政涉宗教有害信息和出版物，开展节庆期间文化市场集中清理整治活动。加强城市公共空间艺术品管理，抓好实体书店、文化创意产业园区等新型文化空间建设管理。

（蒋苏菲）

【理论宣传教育】2021年，区委宣传部组建党史学习教育、党的十九届六中全会精神区委宣讲团以及10支特色宣讲团，开展集中宣讲及"十团百场"主题宣讲，组织各类宣讲400余场，线下受众3.5万余人次，线上收听收看1020万余人次。召开"回顾百年党史、践行红墙意识"理论研讨会、"学讲话、明史鉴、开未来"——西城区学习贯彻习近平总书记在庆祝中国共产党成立100周年大会上重要讲话精神专家学者座谈会。全区各级党组织、社区等配发必读书目《论中国共产党历史》《毛泽东邓小平江泽民胡锦涛关于中国共产党历史论述摘编》《习近平新时代中国特色社会主义思想学习问答》《中国共产党简史》1.1万余套。

（蒋苏菲）

【革命活动旧址保护传承利用】2021年，区委宣传部按照市委部署要求，做好北京李大钊故居、京报馆旧址（邵飘萍故居）、北京女子高等师范学校旧址等北大红楼与中国共产党早期北京革命活动旧址保护传承利用工作，完成展陈提升、旧址周边环境整治开放等工作。

（蒋苏菲）

【"初心之旅"红色地图编制】2021年，区委宣传部联合区委党史办（区志办）深入挖掘具有代表性的红色史迹、革命遗迹，精选北京李大钊故居、京报馆旧址（邵飘萍故居）等29处红色点位，编制《西城区"初心之旅"红色地图》，地图包括纸质版地图和线上小程序，线上小程序融合VR实景展馆、党史故事、线上答题等多种方式。6月，举行地图发布仪式，推出播火之路、爱国觉醒、报业先锋、红色学校、故居寻踪5条探访体验线路，开展"骑寻红色地标"等系列活动，向全区近4000个基层党组织发放地图，党员干部线下探访体验、线上打卡学习，推动党史学习走深走实。

（蒋苏菲　阮珍珍）

【爱国主义教育基地考评命名】2021年，区委宣传部做好28家市级及以上爱国主义教育基地考评工作，陶然亭公园（高君宇烈士墓、慈悲庵）、京报馆旧址为优秀等次、北京市鲁迅中学为良好等次。区内中国钱币博物馆被命名为全国爱国主义教育示范基地，京报馆旧址、北京师范大学附属中学（钱学森纪念馆、赵世炎烈士像）、北京郭守敬纪念馆、西城区红墙意识党性教育基地、北京市林则徐禁毒教育基地、沈家本故居6家基地被命名为北京市爱国主义教育基地。

（蒋苏菲）

【新闻发布会组织】2021年，区委宣传部策划举办西城区"科创十条"政策发布会、2021金融街论坛年会新闻发布会等40余场新闻发布和媒体采访活动。1月12日至13日，组织3场两会新闻发布会，协调区发展改革委、区教委等15家单位

1月13日，北京市西城区第十六届人民代表大会第八次会议新闻发布会召开　（区委宣传部　供图）

“一把手”或新闻发言人出席并进行发布，围绕区域高质量发展、历史文化名城保护、保障和改善民生等方面的热点、难点问题，权威解读政策，积极回应关切。12月，组织2场两会新闻发布会，协调区住房城市建设委、区商务局等11家单位“一把手”或新闻发言人现场发布；组织1场媒体见面会，新一届区政府班子亮相。市两会期间，协调做好孙军民、孙硕接受《北京日报》《新京报》等多家媒体的专访。（蒋苏菲）

【重大主题宣传报道】2021年，区委宣传部围绕建党百年等重大主题，区属媒体平台开设“学党史、悟思想、办实事、开新局”“红墙先锋在社区、我为群众办实事”等专栏，集中展现建党百年以来西城区各方面取得的历史性成就。4月，组织“奋斗百年路、启航新征程”集中采访活动，邀请主流媒体记者走进广内街道核桃园社区服务站、大栅栏观音寺、金科新区、鼓楼西大街、西海湿地公园等点位采访。“七一”前后，围绕西城区推出的5条“红色体验线路”29处红色点位做好宣传报道，引起社会热烈反响。11月，集中全方位宣传党的十九届六中全会精神，充分展示西城区各级党组织利用多种形式学习宣传贯彻党的十九届六中全会精神的情况。2021年，西城区7次登上中央电视台《新闻联播》栏目，《人民日报》刊发报道24篇，其他各级各类媒体刊发原创报道2000余篇条，区属媒体制作短视频、微动画等新媒体产品260余个，多次登上“学习强国”。（蒋苏菲）

【专项工作宣传报道】2021年，区委宣传部围绕市区中心工作、重点工作，持续做好“两区”建设、人大换届选举、新冠肺炎疫情防控和新冠病毒疫苗接种、“疏整促”、平安建设等专项工作的宣传报道。依托“服贸会”契机，多角度报道西城区“两区”建设成果。做好金融街论坛年会宣传报道，接待40余家境内外媒体近200名注册记者，中央电视台《新闻联播》连续三天刊播论坛年会报道，英国卫报、美国CNN等96家境外媒体同步报道，相关报道全网传播达10万余条，点击量达14.4亿人次。组织策划“疫苗接种突破100万剂次”等集中采访，新华社视频作品《别紧张！跟着新华社记者打疫苗去！》浏览量达160万次，网友评论过千条。配合《向前一步》栏目，深入挖掘西城区“疏整促”工作中的痛点、难点、堵点问题，强化公共政策解读和公众意见交流，协调什刹海街道、白纸坊街道等拍摄《中轴旁的安居梦》《看见“第五立面”》《噪音阻断的“归家路”》《安稳的抉择》节目4期。（蒋苏菲）

【新冠肺炎疫情防控宣传】2021年，区委宣传部充分利用标语横幅、户外大屏、电子显示屏、宣传栏橱窗等多种形式，营造宣传氛围。在全区15个街道和区属医疗机构，以社区小区为重点，布置标语横幅2000余条，户外大屏、电子显示屏、宣传栏和橱窗等1000余个。在君太百货、西单大悦城、北京北站等户外大屏播放向“最美逆行者”致敬、新冠肺炎疫情防控公益普法系列宣传片、共同战“疫”宣传画面和《社区“战役”——“红墙先锋在行动”》等微视频。围绕“共抗疫情、决胜小康”主题，全区组建百姓宣讲团20余支，通过鲜活故事，诠释广大党员干部和基层群众在新冠肺炎疫情防控期间、在决胜全面小康决战脱贫攻坚中勇挑重担、无私奉献精神。其中区级百姓宣讲团宣讲10余场，推出《守护》等微视频，在光明网抖音账号等6个平台直播百姓宣讲活动，观看量160余万次。（蒋苏菲）

【全国文化中心建设工作】2021年，区委宣传部组织编制《西城区“十四五”时期加强全国文化中心建设规划》，完成“全国文化中心建设的西城路径”“西城区文化人才激励机制的研究”两项年度重点课题研究工作。召开区推进全国文化中心建设领导小组会议，确定34项年度重点项目。落实中轴线申遗保护三年行动计划，完成地安门大街品质提升工程外立面修缮，按进度推进钟鼓楼周边环境综合整治、万宁桥周边环境综合整治、正阳门箭楼南望永定门景观视廊整治等项目。依法公布余大亨银号和福州新馆为第五批区级文物保护单位，梅兰芳祖居文物腾退清零。完成京报馆（邵飘萍故居）、五道庙、庆云寺、恭俭胡同三官庙、三清观5处文物修缮。首批6个文物建筑活化利用项目已签约，发布包括杨椒山祠、绍兴会馆等10处文物建筑在内的第二批文物建筑活化利用计划。（蒋苏菲）

【京剧发祥地文化品牌打造】2021年，区委宣传部依托区内外京剧院团、院校、演出机构的资源优势，合作举办系列演出活动。开展西城区京剧票房大赛活动、第十九届“椿树杯”京剧票友大赛活动，打造群众京剧活动品牌。发挥属地资源优势，举办“经典·大师——新时代京剧传承与发展学术研讨会”“会馆问道”京剧文化论坛、“国粹之旅”西城区京剧发祥地主题活动，改编和恢复演出京剧传统戏《火并王伦》，发布推出“北京西城京剧文化研究”课题成果、原创评书《梨园演义》和西城区京剧文化地图三项“京剧发祥地”品牌建设成果。（蒋苏菲）

【文化领域改革创新】2021年，区委宣传部完成8项文化领域改革年度重点任务。加强区域红色资源整合，编制西城区红色地图，打造红色文化探访线路。建立健全艺术精品创作及转化机制。出台网络综合治理实施细则，制订舆情处置工作实施办法。全面推进区融媒体中心建设，推动建设区域媒体联盟，加快完善全媒体传播体系。推动区属国有文化院团转企改制，制订实施天桥盛世集团所属经营类事业单位改制方案。研究制订《推动文化产业提升发展若干政策措施》，完善文化产业发展政策。推进公共文化服务体系示范区建设。深化文化馆、图书馆总分馆制改革。（蒋苏菲）

统一战线工作

【概况】2021年，西城区加强党对统战工作的领导，区委统战部切实履行了解情况、掌握政策、协调关系、安排人事、增进共识、加强团结职责。完成各民主党派及各统战团体换届工作，选优配强领导班子，夯实履职参政工作基础。中共北京市西城区委统一战线工作部（简称区委统战部）对外加挂北京市西城区人民政府侨务办公室（简称区政府侨办）牌子，中共北京市西城区委台湾工作办公室（区政府台湾事务办公室）与区委统战部合署办公。西城区社会主义学院为区委统战部所属参照公务员管理事业单位。区委、区政府领导班子组织统战理论政策专题学习3次，区委常委会研究审议统战工作6次，推动统一战线创新发展，围绕中心服务大局作用增强。区委统战部获北京市扶贫协作先进集体。（郭　靖）

【政党协商】2021年，区委统战部围绕区委常委会工作报告、全区经济社会发展重大问题、重要人事安排等议题开展政党协商6次，党外代表人士建言献策，服务区委、区政府科学决策。全年各领域撰写调研报告57篇，建言类信息1400余篇。（郭　靖）

【教育实践活动】2021年，区委统战部开展党史学习教育暨庆祝建党百年教育实践活动，统一战线各领域开展教育培训26次，参训人员2万人次，开展实践活动400余场，参与人员2.5万余人次。区委统战部发挥牵头作用，完成中国共产党成立100周年庆祝活动西城区广场参加人员信息采集、座次安排、人员组织、集结疏散和区内8个集结点的服务保障任务。（郭　靖）

【党外知识分子统战工作】2021年，区委统战部组织召开北京西城党外知识分子联谊会（简称区知联会）第三届理事会第一次会议暨西城知联会换届工作会议，顺利完成换届工作。成立教育、卫生、国资、中关村科技园西城园4家区知联会分会，进一步完善组织架构。全年走访慰问无党派代表人士、西城知联会理事56人。全面落实市委关于党外知识分子思想政治工作及无党派人士思想政治工作要求，在党外知识分子中开展“庆祝中国共产党成立100周年”“弘扬爱国奋斗精神，建功立业新时代”等活动。（郭　靖）

【党外代表人士队伍建设】2021年，区委统战部推进全区党外代表人士队伍建设“2325”工程（截至2022年底，党外代表人士规模达2000人，按1∶1.5比例发现储备青年干部约3000人，推荐有较大影响力的代表人士约200人，其中在国内外有较大影响力的50人），落实全区统战干部培养工作计划，举办区党外科级干部培训班，全区27个单位30名党外科级干部参加培训。选配各民主党派区委及各统战团体领导班子，将各行各业代表性强、参政议政能力强、热心服务西城发展的“干净人”推荐为人大代表、政协委员，夯实履职参政基础。（郭　靖）

【新的社会阶层人士统战工作】2021年，区委统战部加强6个新的社会阶层人士联谊会组织、5个新的社会阶层人士统战工作实践创新基地建设，建立网络人士统战工作专项协调机制和网络代表人士队伍。坚持“党建引领统战、统战服务党建”，建立19个街道级党群服务中心统战工作站，76个楼宇统战工作站，覆盖全区172座非公楼宇。发挥“聚力·金融街”实践创新基地金融优势，动员金融街地区新阶层人士30余人参加“2021金融街论坛年会”，围绕“经济韧性与金融作为”主题建言献策。（郭　靖）

【港澳台统战工作】2021年，区委统战部完善港澳统战工作联席会议机制。扩大西城区与香港、澳门的交流交往。召开西城区对台工作领导小组会议，建立区对台青年工作协调机制。创新工作形式，以两岸视频连线形式举办广内空竹文化节，承办京台基础教育校长峰会分会场；做好台胞台属台商的服务联络工作，组织辖区台胞接种新冠病毒疫苗170人；举办港澳台女同胞欢庆“三八”妇女节联谊活动、第三届海峡两岸社团联谊会“茶之缘”两岸茶人交流会和两岸婚姻家庭参加市台办联谊活动；做好台湾青少年工作，设立北京市西城区金融街台湾青年驿站。（郭　靖）

【侨务工作】2021年，区委统战部（区政府侨办），建立涉侨重大活动、重要事项统筹协作机制。完成困难归侨侨眷统计调查，发放补助款26.53万元。办理55件行政确认，接待侨务政策咨询近300人次。制订侨法宣传月方案，发放《西城区涉侨法规政策宣传手册》3800份，在各街道社区宣传栏内张贴侨法宣传月活动海报360张。开展海外高层次人才为国服务团参访西城，“遥寄相思情”归侨侨眷、海外侨胞及归国留学人员中秋网上送祝福等交流活动，打造“亲情中华”华裔青少年夏令营、首都新侨乡文化节等品牌。（郭　靖）

【基层统战工作】2021年，区委统战部落实《中国共产党统一战线工作条例》，制订中共北京市委《关于贯彻落实〈中国共产党统一战线工作条例〉的若干措施》重点任务分工方案，梳理区委统战工作领导小组职责，规范各领域专项工作联席会议、街道工委统战工作领导小组运行机制，明确民族宗教工作领导小组、民营经济统战工作联席会作为区委统战工作领导小组下设机构开展工作。推动“四个纳入”（把统一战线理论方针政策纳入党委理论学习中心组学习，纳入党校〈行政学院〉、干部学院、社会主义学院教育内容，把统一战线工作纳入宣传工作计划，把统一战线知识纳入国民教育内容）“三个带头”（党委〈党组〉班子成员带头学习、宣传和贯彻落实统一战线理论方针政策和法律法规，带头参加统一战线重要活动，带头广交深交党外朋友），完善全区各级党组织落实全面从严治党（党建）绩效考核指标，加强日常督促检查，推动各级党组织履行统战工作主体责任。（郭 靖）

【社院培训】2021年，区委统战部通过社院网上学习平台，扩大党外培训覆盖面，利用统战优势资源，举办西城统战大讲堂，学习习近平新时代中国特色社会主义思想、习近平总书记关于加强和改进统一战线工作的重要思想、习近平总书记在庆祝中国共产党成立100周年大会上重要讲话精神、《中国共产党统一战线工作条例》和市委、区委关于统一战线的决策部署为重点内容，培训班10期，专题报告会6场，网上大讲堂10次，参与培训人员2万人次。优化历代帝王庙、金融街等6个区级共识教育实践教学基地课程，成功申报历代帝王庙、陶然亭公园为市级实践教学基地。（郭 靖）

【区委常委会研究统战工作】2月26日，区委常委会第183次会议，传达学习全国、北京市统战部长会议精神，研究审议2021年统一战线工作要点和政党协商计划。5月10日，区委常委会第196次会议，听取并原则同意关于西城区民主党派换届工作情况的汇报。7月31日，区委常委会第209次会议，听取并原则同意关于西城区政协第十五届委员会换届工作意见及工作方案起草情况汇报。10月20日，区委常委会第223次会议，听取并原则同意关于区十五届政协委员考察建议人选有关情况汇报。11月19日，区委常委会第228次会议，听取并原则同意关于区十五届政协委员第一次会议相关建议人选有关情况汇报。12月2日，区委常委会第230次会议，听取并原则同意关于工商联第十一次代表大会筹备有关情况汇报。（郭 靖）

【党外人士座谈会】7月14日，西城区召开庆祝中国共产党成立100周年党外人士座谈会，区委副书记、区长孙硕，区人大常委会主任杜灵欣，区委常委、区委统战部部长程昌宏，区政协副主席王志忠，区委统战部常务副部长刘琪出席。会议由程昌宏主持。各民主党派区委、区工商联负责人和无党派人士代表等10位代表人士作交流发言，畅谈学习习近平总书记在庆祝中国共产党成立100周年大会上重要讲话体会。孙硕代表区四套班子，向区各民主党派、工商联和无党派人士表示感谢和敬意，就落实习近平总书记在庆祝中国共产党成立100周年大会上重要讲话精神提出3点希望：要持续强化思想政治引领，坚定不移地坚持中国共产党的领导；要主动服务中心大局，汇聚起奋进新征程的磅礴力量；要不断加强自身建设，提升履职能力和水平。（郭 靖）

对台工作

【概况】2021年，区台办以巩固深化两岸关系和平发展为主要任务，通过线上线下方式，组织第十二届中国广内杯京台空竹邀请赛、承办京台基础教育校长峰会奋斗小学分会场活动、“茶之缘”第三届海峡两岸社团联谊交流会等活动。贯彻落实北京市“惠台55条”措施，深化京台基层交流，协调区相关职能部门，为台资企业抗击新冠肺炎疫情提供支持。做好对台宣传，为台商创造公平公正的经营环境。妥善处理涉台突发事件，确保辖区涉台发展环境稳定。区台办获全国对台工作系统先进集体荣誉，被国台办评为《两岸关系》《台湾工作通讯》刊物宣传工作先进单位。（刘 杰）

【台胞台属服务】2021年，区台办接待台胞台属相关政策咨询、来访及电话咨询反馈400余件。全年办理台胞子女在西城区入学身份认定手续9件。组织西城区重点台胞台属20余人前往中国共产党历史展览馆，参观“不忘初心、牢记使命”中国共产党历史展览。台胞台属参观《告台湾同胞书》发表、台湾老兵返乡探亲、全国人大通过《反分裂国家法》等历史资料，共同追忆两岸关系和平发展历史。采取线上慰问和邮寄慰问品等形式，为在京台胞台商送上疫情防控暖心提醒和佳节的关怀祝福。指导牛街街道通过“情满中秋”“爱在新春”等慰问项目，为辖区台属送去关怀和问候，指导展览路街道向台属台胞宣传街道、社区、楼宇相关文化活动，开展针对性服务。（刘 杰）

【台企台商服务】2021年，区台办走访台企台商，了解北京“惠台55条”措施及实施细则落实情况。协调解决北京君太太平洋百货有限公司、育青食品有限公司、富邦华一银行北京分行、爱传家文化发展（北京）有限公司等台资企业经营困难等问题10余件，6月15日，区台办联合区政协共同组织区政协港澳台侨委员会委员一行50余人视察台资企业——北京紫玉山庄。市政协委员、紫玉山庄执行董事江蓝介绍紫玉山庄企业发展情况，区台办主任、区政协港澳台侨专委会主任赵玲介绍港澳台工作情况。区政协委员参观紫玉山庄环境建设及台企在京发展经营现状。（刘 杰）

【文化交流活动组织】3月5日，区台办组织在区工作、生活、学习的香港、台湾地区女同胞、区政协港澳台侨委员会女委员代表30余人参加女同胞“庆三八妇女节”联谊活动。区台办介绍西城区经济社会发展情况，呼吁两岸女同胞继续携手关爱女性健康，为建设更加美好的新西城贡献女性力量。台商代表、爱传家文化发展有限公司董事长李翰莹作“用爱与生机面对不确定性”主题讲座。2021年，区台办、区教委、区少年宫共同举办“历史、传承”中小学台生国学培训班，以两岸同春为主题，邀请区少年宫书法教师、北京市特级教师肖毅线上讲授春联的由来、“福”字的文化内涵和字形字义演变，教授学生完成书法作业。20余名台生领取教材，参与线上课堂活动，完成书法作品，包括大陆学生在内的1308个家庭参与线上课程活动。（刘　杰）

【“茶之缘”两岸茶人交流会】5月26日，区台办参与组织中华茶人联谊会、北京市茶业协会、北京海峡两岸民间交流促进会、台湾中华茶文化学会、台湾地区茶输出业同业公会等联合主办的第三届海峡两岸社团联谊会——“茶之缘”两岸茶人交流会，在老舍茶馆举办。活动以文化为抓手，以“茶之缘”为主题，采取“茶艺表演、茶业沙龙、茶乐欣赏、茶人茶事”等形式，发挥区域资源优势，以茶会友、品茗论道，促进京台两地产业融合、经贸平台建设及文化交流。中央音乐学院台籍学生演奏古筝《晓雾》、琵琶《虚籁》。来自海峡两岸12家社团、茶企茶商、两岸婚姻家庭、在京台生、台青等嘉宾80余人参加活动。（刘杰　王捷）

【参访交流活动组织】7月10日至11日，区台办组织辖区两岸婚姻家庭参与“偕行城西、徒步古道”2021两岸婚姻家庭联谊活动，参观宋庆龄故居、历代帝王庙、湖广会馆、门头沟区炭厂村、京西古道博物馆等地；就本市惠台政策及台胞子女就学、就业、接种新冠病毒疫苗等问题答疑。9月11日至12日，组织台胞参加由市台办举办的中秋联谊活动，参观北京韩美林艺术馆、运河森林公园等地，台胞及其亲属亲身感受副中心建设及首都经济、社会文化、生态建设、艺术等领域发展情况。9月17日，区台办组织台湾青年参加市台办、市政协举办的“走进人民政协、认识协商民主”暨中秋联谊活动。台湾青年游览大运河并了解运河文化和北京市副中心总体发展规划，到市政协机关参观北京市政协发展历程展、了解大陆政治协商制度，座谈交流对人民政协和民主协商制度的认识体会。（刘　杰）

【承办京台基础教育交流活动】12月3日，区台办、区委教育工委、奋斗小学联合台北市南港小学，共同承办京台小学视频连线活动暨2021·京台基础教育校长峰会分会场。活动以“做适合每个学生发展的教育”主题，采取视频连线形式，围绕“中华传统文化”“线上教学”“智慧校园”等话题交流。奋斗小学介绍数学、音乐、美术等学科课程研究成果，南港小学分享学科教研经验和教育智慧，交流教育成果。（刘　杰）

决策服务与调查研究

【概况】2021年，中共北京市西城区委北京市西城区人民政府研究室（简称区委区政府研究室）把握首都核心区职能定位要求，围绕全区工作大局，践行“红墙意识”，参与全区新冠肺炎疫情防控工作，当好区委、区政府的参谋助手，推动决策服务和调查研究水平不断提升。全年编发《西城调研与决策》12期，编发工作动态24期、参考建议29条。（戎庚申）

【调查研究】2021年，区委区政府研究室发挥全区调研工作联席会办公室作用，加强全区调研工作统筹。表彰2020年度优秀调研课题，确定年度优秀调研成果52篇；编纂完成《北京市西城区2020年度重点课题汇编》《北京市西城区2020年度优秀调研成果选编》；制订《西城区2021年调查研究工作要点》，推出“揭榜挂帅”活动，围绕新发展理念、“十四五”规划开局、核心区控规落地、基层治理现代化、“七有”“五性”（“七有”：幼有所育、学有所教、劳有所得、病有所医、老有所养、住有所居、弱有所扶，“五性”：便利性、宜居性、多样性、公正性、安全性）民生福祉、常态化新冠肺炎疫情防控、全面从严治党等方向确定28类选题参考，巩固共建共治、群策群力调研格局，编发《西城调研与决策》12期。（戎庚申）

【决策服务】2021年，区委区政府研究室立足决策咨询职责，聚焦“十四五”规划开局、首都核心区控规落地、经济高质量发展等全区重大战略部署，完成“以首都发展为统领，高标准服务保障首都功能的

7月10日，区台办组织京台两岸家庭参观宋庆龄故居　（区台办　供图）

深化研究”“减量背景下核心区城市更新实施路径探索研究”“西城区数字经济发展的着力点研究”“构建新发展格局背景下西城区提升消费能级的对策研究”重点课题和市委关注课题研究。围绕新冠肺炎疫情防控、电动车管理等重大问题出刊《决策小建议》4期，以新发展理念，党史学习教育、中国共产党成立100周年、学习贯彻党的六中全会精神为主题的《西研荐文》出刊4期，履行全区新冠肺炎疫情防控领导小组动态分析指导组职责，编发工作动态24期、参考建议29条。

（戎庚申）

【文稿起草】2021年，区委、区政府研究室聚焦“计划、机制、质量”，深化文稿规律研究，对重要思想、重大任务、重点工作总结，把握国情、市情、区情上下功夫。加强对全区发展方向、实施路径及重点工作研究分析，强化对全区各项工作进展动态把握。完成市委巡视相关材料、十二届党代会以来历次全会报告、十三届党代会报告、政府工作报告等重要文稿起草。强化文稿精细管理，建立重要文稿综合起草机制，形成文稿起草、调研课题、决策小建议同步推进的总体布局。

（戎庚申）

全面深化改革

【概况】2021年，中共北京市西城区委全面深化改革工作领导小组办公室（简称区改革办）发挥中共北京市西城区委全面深化改革委员会（简称区委深改委）议事协调作用，加强对改革研究谋划和统筹调度。组织召开4次区委深改委会议，审议通过26项议题。组织召开“改革双周会”14次。部署10个领域60项改革任务，将改革成果细化，形成制度性文件和实施举措。制订《“十四五”时期西城区重点改革任务清单》，明确8个方面34项重点改革任务。围绕全区发展大局和中心任务，制订《持续推进2021年重点改革任务落地实施的工作方案》，将责任压实到各专项小组牵头部门。

（王　冉）

【改革督察】2021年，区改革办制订改革督察计划，组织7项改革任务督察。发挥区委深改督察示范引领作用，落实各级督察主体责任，由区委领导带队的4个区委深改督察组对“接诉即办”、街区保护更新等改革任务督察。

（王　冉）

【资政信息服务】2021年，区改革办抓好典型示范和总结推广。对率先突破、成效显著的“微改革、微创新”，及时上报信息。其中北京西城科技赋能医保基金监管方式改革信息在中央《改革情况交流》刊发。建立“揭榜挂帅”机制助推文物活化利用、推进社区服务站转型两项“微改革”入选全市典型案例，得到中央、市属媒体关注和报道。围绕全区新冠肺炎疫情防控、新冠病毒疫苗“应接尽接”、开展核酸检测等重点难点和风险漏洞提出意见建议，编写《工作动态》24期，其中《关于西城区关心关爱留京人员的建议》《关于疫情期间做好社会舆论引导的建议》等4期得到区委主要领导批示。区改革办编辑《西城改革》9期，《全面深化改革研究动态》50期，《特大城市治理动态摘报》37期，《城市更新专刊》10期，《改革双周会专刊》16期，《专报》25期，《一线话改革》2期，《领导智库文选》24期，其中《西城改革需要关注的12个问题》《“主动治理、未诉先办”的四类“解法”》《城市更新重在解决城市“下三路”问题》等10篇得到区委、区政府主要领导批示。

（王　冉）

【重点改革推进】2021年，西城区探索城市更新分类实施机制，制订落实核心区控规工作手册1.0版。建立城市更新专题研讨机制，定期提供决策咨询。以地外大街复兴为试点，建立贯穿规划设计、施工建设、运营维护的城市风貌管控机制。建立“每月一讲”规划宣传培训机制，定期举办“核心区控规及老城保护”专题培训，提升全区干部规划意识和能力。平安大街（西段）改造、西安门大街（西段）整治提升、宫门口东西岔胡同更新等一批项目亮相。建立金融街论坛“一主N分多沙龙”长效机制，承办2021金融街论坛年会活动。完善国家金融管理中心和“金科新区”平台建设和服务保障机制，建立“专班机制＋政策集成＋服务管家”投资促进体系，出台“科创十条”等政策，推动“两区”建设政策和项目落地，北京证券交易所、北京金融法院、国家金融标准化研究院、金融网关公司等13个项目落地西城区。举办首届全球金融科技峰会，打造国际性金融科技交流平台。推进奇安信数字化管理平台、中国电信5G产业互联网建设，北京坊举办2021北京数字经济体验周启动仪式。全球首发西城区“5G+华为河图”智慧商圈，赋能西单大悦城、北京坊，促进新型融合消费方式发展。探索社会资本、市场力量引入机制。以真武庙五里央产建筑为试点，探索全市首个社会资本投入为主、政府和产权单位适当支持的“租赁置换”老旧小区改造模式。建立文物活化利用“揭榜挂帅”机制，面向社会发布文物建筑活化利用计划，歙县会馆等6个项目签约。地外大街项目成立合资运营公司推进。吸引社会资源投入特色阅读空间社会化运营模式获第4批国家公共文化服务体系示范项目。构建“主动治理、未诉先办”机制。制订攻坚克难30题＋任务清单，健全提级响应、考评督办、宣传引导、动态调整等机制，提升决策水平和治理能力。建立重点区域、重要点位专题治理机制，实施区领导“专项包街道”机制，动态确定10个治理类社区，一个社区一个区领导一个工作方案重点推进。建立党建协调委员会牵头的物业联席会机制，推动老旧小区改造、物业管理规范等实际问题解决。建好“西城家园”，打造网络平

台，深化数据应用，做深12345数据分析，用好“数据富矿”，精准靶向治理。（王 冉）

机构编制工作

【概况】 2021年，中共北京市西城区机构编制委员会办公室（简称区委编办）重点做好事业单位改革、机构编制日常管理，理顺核心区体制机制，优化机构编制资源配置。全区有区委机关12个、人大常委会机关1个、政府机构33个、政协机关1个、街道15个、群团机关10个、民主党派机关8个、事业单位406个。（张戈 乔泽蕾）

【街道机构调整】 1月19日，区委编办根据市委编办通知精神，经区委编委会研究决定，为德胜、西长安街、大栅栏、金融街、椿树、陶然亭、广内、牛街、白纸坊、广外等10个街道司法所核增政法专项编制。8月12日，为什刹海、西长安街、大栅栏、新街口、金融街、月坛、白纸坊7个街道综合行政执法队核增行政执法专项编制。

（梁国瑞 李丰旭）

【党政机关机构调整】 2月26日，区委编办根据市委编办《关于同意西城区文化和旅游局加挂西城区文物局牌子的批复》精神，在区文化和旅游局加挂北京市西城区文物局牌子；将区城管执法局由区政府直属的正处级行政执法机构调整为区城市管理委管理的副处级行政执法机构；组建区应急管理综合执法队，为区应急局管理的正科级行政执法机构，承担法律法规赋予的有关危险化学品、烟花爆竹、工贸等行业领域安全生产监管，地质灾害、水旱灾害有关应急抢险和灾害救助、防震减灾，以及地震管理等方面的行政处罚、行政强制等职能；7月7日，根据市委编办《关于西城区规范开发区管理机构促进开发区创新发展实施方案的批复》精神，明确西城园工委、西城园管委会机构规格为正处级；8月12日，将区纪委区监委驻区城管执法局纪检监察组更名为区纪委区监委驻区商务局纪检监察组，驻在单位为区商务局；将区服务联络和扶贫协作办公室更名为区对外联络服务办公室，加挂区支援合作办公室牌子，为区政府工作部门；11月26日，根据市委编办《关于同意西城区人民政府外事办公室加挂西城区人民政府港澳事务办公室牌子的批复》，经区委编委会研究决定，区政府外办加挂区人民政府港澳事务办公室牌子。

（立昀 术轶楠 崔珊 宋健）

【事业单位机构调整】 2月4日，区委编办经区委编委会研究决定，撤销北京市西城区房屋土地经营管理中心，北京市西城区环境卫生服务中心及所属北京市西城区环境卫生服务中心一队、北京市西城区环境卫生服务中心二队、北京市西城区环境卫生服务中心三队、北京市西城区环境卫生服务中心四队、北京市西城区环境卫生服务中心五队、北京市西城区环境卫生服务中心六队、北京市西城区环卫退休人员管理服务中心，北京市西城区园林市政管理中心及所属北京市西城区德外绿化队、北京市西城区月坛绿化队、北京市西城区苗木园艺队、北京市西城区和平门绿化队、北京市西城区广外绿化队、北京市西城区滨河公园管理处、北京市西城区市政工程管理处、北京奇石馆18个事业单位建制；2月27日，部署深化西城区事业单位改革试点工作，印发《北京市西城区深化事业单位改革试点实施方案》。根据中央和北京市有关深化事业单位改革试点工作部署，精简机构，配置编制资源，规范核定领导职数；3月22日，根据《北京市西城区深化事业单位改革试点实施方案》，经市委编委批准，将北京市西城区发展服务中心（北京市西城区文化创意产业促进中心）更名为北京市西城区文化创意产业促进中心；4月1日，组建北京市西城区文物保护管理中心，为区政府直属正处级财政补助公益一类事业单位，归口区文化和旅游局管理，主要承担协调推动文物建筑的腾退保护和发展，文物古迹保护、研究和利用，非物质文化遗产保护和管理工作；4月10日，组建北京市西城区军队离休退休干部安置事务中心，为区政府直属正处级财政补助公益一类事业单位，归口区退役军人局管理，主要承担西城区军队离休退休干部服务管理的组织实施工作；将区退役军人局所属北京市西城区军队离退休干部第一至第十三休养所划归区军队离休退休干部安置事务中心，调整为其分支机构，按正科级机构管理；将北京市西城区全响应服务中心更名为北京市西城区城市管理指挥中心，由区政府行政机构调整为区政府直属正处级财政补助公益一类事业单位；5月11日，撤销天桥盛世集团所属北京风雷京剧团、北京杂技团、北京市宣武区中华电影娱乐宫、北京市广安门电影院、北京大观楼影城、北京市宣武区厂甸市场管理处6家事业单位建制。

（梁国瑞 李丰旭 立昀 术轶楠）

区直机关党建

【概况】 2021年，中共北京市西城区直属机关工作委员会（简称区直机关工委）紧扣“学史明理、学史增信、学史崇德、学史力行”目标要求，把党史学习教育作为贯穿全年工作主线，推动“红墙先锋在社区、我为群众办实事”实践活动。区直机关系统有直属党组织64个，其中机关党委32个、党总支部11个、党支部21个；所属基层党支部683个；党员12275人，其中机关事业单位在职党员5901人、离退休党员3484人、非公及其他职业党员2890人。（李博洋）

【党支部规范化建设】 2021年，区直机关工委深入贯彻落实《中国共产党党和国家机关基层组织工作条例》《中国共产党支部工作条例（试行)》，推动18个机关党支部按照“党支部书记应当由单位主要党员负责人担任”的规定完成调整。3月19日，区直机关工委召开区直机关直属党组织书记抓基层党建工作述职评议考核工作会议，区委部门、政府部门、群团单位17位党组织书记围绕基层党建工作现场述职。3月25日，召开党建工作部署会，印发《西城区直机关2021年党建工作要点》《工委领导班子成员2021年基层联系点工作办法》。“七一”前，组织机关“优秀党支部工作法”评选推广，总结提炼党支部工作法101个，其中10个方法获“优秀党支部工作法”，通过专题宣传片推广。工委班子坚持以问题导向开展区直机关党建调研，由工委书记带队，班子成员分头到64个直属党组织2次全面调研和5次专题调研，了解工作情况，重点收集难点问题和意见建议。坚持用好党费交纳、主题党日情况月报制度，党组织换届、党员发展、双重组织生活季度督促机制，提升党务工作质量。

（李博洋）

【机关群团组织活动】2021年，区直机关工会落实关爱劳模政策，开展劳模休养体检、慰问、帮扶。夯实工会组织基础，做好职工服务，加强机关文化建设，2月9日，举办“凝心聚力创佳绩、喜迎建党100年”区直机关线上春节联欢会。6月至7月，区直机关工会分别举办高考志愿填报和中招志愿填报辅导讲座，系统590余名机关党员干部职工参加。7月16日，区直机关团工委举办“青春心向党、牵手新时代”青年交友联谊活动，来自区直机关系统各单位、企业、医院、街道及驻区单位60名青年参加。10月9日，区直机关工委、区直机关工会联合区体育局举办“和谐杯”乒乓球比赛，39支代表队125名队员参加。（李博洋）

【机关党员干部下沉社区】2021年，区直机关工委持续压紧压实“四方责任”，在重要节日和关键节点上，全面摸排系统全体人员流向情况。在西城机关党建公众号上开设“党旗飘扬‘疫’线担当”专栏，记录讲述机关党员干部防疫一线生动故事。区直机关系统64家直属党组织充分发挥党组织战斗堡垒和党员先锋模范作用，1万余人次下沉社区参加政策宣传、入户摸排、小区路口值守和联防联控等社区新冠肺炎疫情防控工作，为群众守好安全“第一道防线”。机关系统各单位发挥职能特点，紧盯新冠肺炎疫情防控前线急需，做好重点部位管控、城市运行保障、市场秩序管理、信息科技支撑等工作。（李博洋）

【“我为群众办实事”实践活动】3月，区直机关工委在机关系统推动“红墙先锋在社区、我为群众办实事”实践活动，组织机关党员干部投身垃圾分类桶前值守、爱国卫生清洁日等，参与推动社区治理。4月7日，在“西城机关党建”微信公众号开设“红墙先锋在社区、我为群众办实事”实践活动专栏宣传。2021年，系统300个基层党支部对接250个社区党委，聚焦“七有”“五性”和垃圾分类等“关键小事”，落实为民办实事290项，通过“干部在岗、群众过节”、社区统一行动日等活动，推动机关党员干部到群众身边做好事解难事，参加活动党员万余人次。（李博洋）

【机关党的思想建设】3月30日，区直机关工委举办区直机关党员发展对象培训班，通过集中授课、个人自学、集中研讨方式，学习习近平新时代中国特色社会主义思想，学习党的基本理论知识和党史党规，明确党员的权利和义务，端正入党动机，坚定为共产主义事业奋斗信念，140余名学员参加培训。6月22日，在李大钊故居纪念馆举行区直机关系统新党员代表入党宣誓活动，系统33名新党员参加。6月23日，举办“传承百年红色基因、助力慈善为民办实事——共产党员献爱心”捐款活动。“七一”前，组织系统各级党组织举办“光荣在党50年”纪念章颁发仪式。7月23日，召开区直机关学习贯彻习近平总书记在庆祝中国共产党成立100周年大会重要讲话精神工作会暨基层党建业务培训班。各基层党支部书记、委员1200余人通过现场教学、线上云课堂方式参加会议。12月30日，召开新任直属机关党组织书记集体谈话座谈会。（李博洋）

【党性教育系列活动】4月23日，区直机关工委以“重温红色经典、共抒爱党情怀”为主题举办第八届区直机关读书分享活动，开展线上“学党史、颂百年”诵读活动，录制视频137个。4月27日，举办舆情应对与宣传报道培训。区直机关系统各党组织书记、宣传委员、宣传报道员、舆情信息员等170余人参加。6月17日，开展“永远跟党走”歌曲传唱活动，激励广大党员干部以“唱起来”方式抒发爱国情怀。6月18日，举办“永远跟党走”百年百题党史知识竞答活动，近万名党员参与。7月1日，组织系统各级党组织和全体党员干部收听收看习近平总书记在庆祝中国共产党成立100周年大会上重要讲话。7月12日，开展“永远跟党走”对党说句心里话系列人物访谈。

（李博洋）

老干部工作

【概况】2021年，中共北京市西城区委老干部局（简称区委老干部局）落实全国离退休干部“双先”表彰大会、全国老干部局长会议、全市老干部工作会议要求，完善离退休干部制度机制，强化离退休干部“三项建设”。落实政治待遇、生活待遇，提升老干部管理服务水平。开展主题实践活动、示范性学习阵地建设，加强对老干部党校、老干部活动中心和老干部大学建设的指导。管理服务离休干部749人（含易地安置），处级及以上退休干部2122人，离退休干部

党支部164个。（孙高升）

【离退休干部管理服务】2021年，区委老干部局为89名离休干部办理提高医疗待遇工作，为749名离休干部每人增发一个月生活补贴，提高离休干部生活补贴标准。为14名离休干部发放自雇费补贴。完善困难帮扶机制，为68名离退休干部发放帮扶金额55.77万元。为745名离休干部发放养老服务津贴84.19万元。与区卫生健康委合作，协助200余名离休干部完成家庭医生签约工作。制订《西城区离休干部“一对一”精准服务工作的意见》，召开全区工作部署会，完成老干部工作部门督查调研。建立“三访”制度，通过节日拜访、生病探访、困难走访等形式慰问240余人。（孙高升）

【党建引领老干部工作】2021年，区委老干部局制订《西城区全面推进党建引领老干部工作向基层延伸工作实施方案》，组织“我在红墙边”老党员先锋队志愿服务月活动，鼓励老干部参与“我为群众办实事”志愿服务活动。全年老干部参与党和国家重大活动、重要会议安保维稳25055人次；参与公民道德建设12083人次；助力北京冬奥会、冬残奥会宣传640人次。发挥思政会思想政治引领作用，编印《党旗飘扬耀西城》纪念文集，引导老干部践行“红墙意识”。召开西城区与市国资系统共建老党员先锋队授旗仪式和党建引领老干部工作向基层延伸座谈会，引导国有企业退休干部将党组织关系转入居住地社区。（孙高升）

【老干部教育培训】2021年，区委老干部局发挥老干部党校、老干部（老年）大学、老党员之家教育主阵地作用，打造覆盖区、街道、社区三级老年教育服务体系，完善“互联网＋老干部教育”服务模式。老干部党校线上线下培训8次，微信公众号推动党校云课堂9期。西城区老干部大学开设9门10个班次在线课程，在线学习3612人次；开展20个网上直播课教学班，1017名学员在线学习。老干部大学分校面向街道、社区23家教学单位完成30门特色课程建设900课时。（孙高升）

【老干部工作会】3月23日，区委老干部局以视频会议形式召开老干部工作领导小组会。区委副书记、区委老干部工作领导小组组长张立新主持会议并讲话，区委老干部工作领导小组成员参加会议。区委组织部副部长、老干部局局长焦扬传达全国老干部局长会议和北京市老干部工作会议精神，汇报2020年老干部工作。会议审议通过2021年工作计划，成员单位审议通过《西城区全面推进党建引领老干部工作向基层延伸工作实施方案》《西城区离退休干部党史学习教育工作方案》和《西城区关心下一代工作委员会庆祝中国共产党成立100周年系列活动方案》。同日，老干部工作会以视频会议形式召开。焦扬作老干部工作报告。会议学习全国老干部局长会议和北京市老干部工作会议精神，总结上年度工作，部署全年工作任务，通报第五届“五星”老干部评选活动情况和获奖老干部名单。（孙高升）

【关心下一代工作】11月25日，区关心下一代工作委员会领导班子召开会议，贯彻党的十九届六中全会精神，传达市关心下一代工作座谈会精神，总结2021年关心下一代工作。加强关工委队伍建设，15个街道建立关心下一代工作委员会，成立社区关心下一代工作小组121个，建立482名干部的“五老”人才库，参加关心下一代活动3450人次。（孙高升）

网络安全和信息化管理

【概况】2021年，西城区制发《西城区“十四五”时期网信发展规划》，坚持和加强党对网信工作的全面领导，围绕维护核心区政治安全、网络意识形态安全和网络舆论安全中心任务，找准工作路径，把好导向、管好阵地。中共北京市西城区网络安全和信息化委员会办公室（简称区委网信办）对外加挂北京市西城区互联网信息化办公室（简称区网信办）牌子。西城区网信服务中心为区委网信办下属事业单位。区委网信办获中宣部年度舆情信息工作“优秀单位”。（黄巧）

【网络意识形态工作】2021年，区委网信办严格执行《北京市西城区党委（党组）网络意识形态工作责任制实施细则》，按季度组织全区87家单位开展网络意识形态工作责任制落实情况自查。将网络意识形态工作纳入市域治理和“平安西城”建设考核指标，确保网络意识形态工作责任落实。编撰《涉意识形态风险舆情信息案例汇编》，对全区各单位开展书面培训，提升舆情识别与处置能力。加强网络意识形态阵地管理，履行行业部门管理职责，开展西城区互联网行业企业网站类平台类内容安全治理专项行动，全面梳理完善辖区互联网企业311个平台网站信息，及时发现并通报内容安全问题，持续提升区属互联网企业平台安全防护水平。（黄巧）

【网络舆情风险管理】2021年，区委网信办切实增强网络舆情服务保障能力。建立每日舆情会商机制，通报重点舆情，排查舆情风险，研判舆情趋势。做好有害信息管控工作，依法处理不实信息、煽动性言论，围绕重大活动、重点工作，提前谋划部署，协同市委网信办等部门及时调控处置网络舆情突发事件，规范网络传播秩序。（黄巧）

【网络诉求处置】2021年，区委网信办做好网络舆情“接诉即办”工作，全年收集有效网络舆情信息1903件，刊发《今日舆情》410期，区领导批示190余次。完善“网络诉求办理”闭环工作机制，推动涉事部门和属地街道及时核查回应，落实网民诉求“网来网回”，积极回应刊物中的媒体曝光、网民诉求，回复1903件，回复率100%。及时回应市委网信办《网络诉求舆情》中涉西城区事件的督促办理及回复工作，办结率、回复率100%。（黄 巧）

【网络安全管理】2021年，区委网信办统筹推进网络安全体系建设，落实网络安全工作责任制，筑牢网络安全防线。建立网络安全事件预警、应急响应和协同处置机制，持续推进网信、科信、公安网络安全态势感知体系建设。开展网络安全攻防实战演练，对全区15家单位门户网站及信息化系统进行攻击测试，发现存在高危网络安全漏洞的系统12个，全部整改完成。统筹推进关键信息基础设施安全保护工作，加快政务应用升级改造，切实提升IPv6覆盖率。在新冠肺炎疫情防控、全国两会、庆祝中国共产党成立100周年系列活动等重要时间节点，发布网络安全预警，协调处置数起网络攻击事件，确保全区网站、系统及各相关关键信息基础设施安全稳定。（黄 巧）

【政务网络安全执法】2021年，西城区根据市经济和信息化局、区司法局有关执法要求，结合全区政务网络日常安全检查，通过查阅各单位报送自查材料，有针对性地进行网络安全执法。针对区政务外网突出安全事件，区科技和信息化局、区委网信办、市公安局西城分局会同区教委、区卫生健康委对属地医疗机构、教育机构进行现场检查，对各单位自建的198个业务系统完成漏洞扫描，并对问题及时通报处置。对市政务信息安全应急处置中心通报的安全预警，及时协调办理和情况反馈，完成问题整改82次。（崔 珂）

【网络安全宣传】2021年，西城区开展“4·29”首都网络安全日、国家网络安全宣传周“十进”主题活动日宣传活动，录制“首都网络安全日访谈节目”、反诈系列宣传短片等，在“西城家园”APP开设“全民防诈”专栏，定期推送网络诈骗案例及反诈知识，推送内容38篇，覆盖人数超300万人次，提高居民网络安全意识和防护技能。（黄 巧）

【网络文化引领】2021年，西城区推进网上宣传理念、内容、形式、方法、手段等创新，多层次多角度开展网络文化建设，制订《西城区文明上网规范（试行）》，围绕文明上网、安全上网、文明行为规范等内容，制作专属网络文明动漫形象“西狮”微信表情包和“文明狮范”系列微动漫，以网言网语和群众喜闻乐见的方式向广大网民弘扬文明用网、安全上网的新风尚。微动漫视频播放量阅读量超200万次、转评赞量累计2600余次。加强知名网络人士联系，扩充西城大V联盟，组织参加“追寻先烈足迹”相关路线进行正能量行程报道。强化网络宣传，围绕中国共产党成立100周年，引领“百年风华启航新征程”微博话题，阅读量超2000万次。通过@北京西城官方微博，发布中央、市属媒体及西城区疫情防控政策、工作动态等1800余篇，阅读量超2900万次。（黄 巧）

【互联网行业党建】9月17日，西城区互联网行业党委成立大会召开。区互联网行业党委强化对互联网行业的政治引领，加强“两个覆盖”主要目标，打造“党委+4平台”（4平台即企业信息平台、行业交流平台、活动平台和宣传平台）工作机制。摸排小微互联网企业党建工作现状，联合西城园管委会和各街道工委，对百人以上企业实行“手把手”式工作指导。扎实推进互联网行业企业党史学习教育走深走实，组织互联网行业党员参加市委宣讲团党史宣讲，组织互联网企业代表参加党的十九届五中全会、“十四五”规划等专题培训。通过走访调研，为行业党建“把好脉、开好方”，全年走访互联网企业95家108次，为310家企业建立“一企一档”联系档案，为企业协调解答党建、行业政策等相关难题160余个。（黄 巧）

【网络安全防护体系建设项目】11月10日，西城区网络安全防护体系项目建设通过终验。项目启动于上年12月，由区科技和信息化局牵头实施，统筹区委网信办、市公安局西城分局等有关网络安全主管单位需求，7月30日组织初验。建立监管手段、修订规章制度、提供监测检查、开展安全运维、软件授权服务5个方面服务和建设内容均按合同约定如期完成。项目以防范网络袭击和黑客破坏为重点，包括强化态势感知和监测预警，实施安全技术支持及应急保障，开展区政务机房常态化安全设备现场值守运维，建立全区网信动态监管，为全区政务外网安全可靠运行和常态化管理提供服务保障。（崔 珂）

党校工作

【概况】2021年，中共北京市西城区委党校（西城区行政学院）（简称区委党校）开展党史学习教育，抓好常态化新冠肺炎疫情防控，强化党的理论教育和党性教育，提升科研咨政水平，加强人才队伍建设。举办各类培训班49期，培训学员9889人。（郭宗业）

【党的十九届五中全会精神专题研讨】2021年，区委党校举办处级干部“学习贯彻党的十九届五中全会精神”专题研讨班4期，培训943人。区委组织部和区委党校紧扣全会主题，开展“党的十九届五中全会精神解读之社会建设——实现以人民为中心的社会发展”“现代化新征程与双循环新发展格局——暨十九届五中全会精神解读”“学习五中全会精神，加强和创新社会治理”等专题辅导。（郭宗业）

【党史专题培训】 2021年，区委党校举办西城区处级干部学习中共党史专题班1期，培训处级干部460人。培训包括习近平关于党的历史重要论述、党的十八大以来历史性成就和历史性变革等专题授课，以集中观看中央党校（国家行政学院）“网上党校”线上直播形式进行。

（郭宗业）

【处级干部培训】 2021年，区委党校举办处级干部进修班3期，区属各委、办、局、街道处级领导干部201人参加培训。开设课堂讲座、知识竞赛等培训，组织红色地图巡览及分享交流、“接诉即办”案例分享交流、“不忘初心、牢记使命”中国共产党历史展览等现场教学。按照新冠肺炎疫情防控部署，10月25日开始采取线上形式教学，组建网络课堂，丰富“云端”学习形式与内容。区委组织部和区委党校共同举办处级干部学习贯彻“新发展理念”专题自选班1期，处级领导干部325人参加培训。采取专题授课形式，安排京津冀协同发展与非首都功能疏解、西城区“十四五”规划等课程。

（郭宗业）

【优秀年轻干部培训】 2021年，区委党校举办优秀年轻干部培训班1期，培训3个月，培训学员23人。培训期间组织“习语精读——年轻干部”谈话式教学、调研成果展示交流会和“接诉即办”案例分享等课程。新冠肺炎疫情防控期间，通过线上线下同步开展教学，组织线上组织生活会、党性分析等培训，以知识竞赛形式结业测试。

（郭宗业）

【科级公务员任职培训】 2021年，区委党校举办科级公务员任职培训班4期，学员201人。培训党的理论教育和党史党性教育、公共管理和科级干部素质与能力、国情市情区情教育3个单元。采取课堂授课等形式，安排习近平新时代中国特色社会主义思想、习近平总书记在庆祝中国共产党成立100周年大会上的重要讲话精神解读、如何当好科级干部等课程。组织学员赴香山革命纪念馆、陶然亭公园、大栅栏琉璃厂历史文化街区等现场教学。

（郭宗业）

【“两区”建设专题培训】 2021年，区委组织部、区商务局和区委党校联合举办西城区“两区”建设专题培训班2期。西城区建设国家服务业扩大开放综合示范区工作领导小组30余家成员单位、15个街道办事处、12家区属企业处级领导和业务骨干参加培训。围绕“如何把握‘两区’建设机遇，推动西城经济转型升级”讲解北京市关于服务业扩大开放综合示范区建设主要内容和西城区关于“两区”建设的整体思路、方案及进展情况。

（郭宗业　张吉先　史瑞清）

【科研咨政和智库建设】 2021年，区委党校开展科研咨政工作。编发《西城论坛》4期，出版学术专著1本，发表理论文章43篇，其中全国中文核心期刊1篇，国家级刊物1篇，其他省级刊物5篇。立项各类科研课题11项，其中市委党校系统重点课题2项、智库项目课题1项、北京市思想政治研究会基层课题1项。结项课题11项，其中市级课题3项、区级课题1项。首次获市委党校系统智库项目，报决策咨询1项。向区委、区政府上报决策咨询2份，均获区委主要领导批示。获市委党校科研咨询奖2项，成果二等奖3项，学术征文奖6项。获北京市思想政治工作研究会立项课题结题评选“优”等级1项，重点调研课题“良”等级2项。获区委区政府研究室调研优秀奖2项。

（郭宗业）

【党史学习教育服务】 2021年，区委党校在主体班党史学习教育中探索“党史评书”“电影党课”“红色地图巡览”等10条教学新途径。研发“四史”系列课程20余堂，开发多个红色现场教学课程，历代帝王庙现场教学点、陶然亭公园高君宇墓慈悲庵现场教学点被评为北京市共识教育基地。选调骨干教师参加区委党史学习教育专家宣讲团，在全区开展宣讲130余场，受众万余人。利用党校微信公众号新媒体优势，开设党史学习教育专栏，推送党史故事、党史公开课、党史理论文章300余篇。

（郭宗业）

【红墙意识理论研讨】 2021年，区委党校承办西城区回顾百年党史、践行“红墙意识”理论研讨会，旨在总结党成立百年来取得的伟大成就和成功经验，总结全区践行“红墙意识”，推进政治、经济、文化、社会建设等方面成就和基本经验。研讨会面向全国征集稿件，精选20

2021年，区委党校编发4期《西城论坛》　　（区委党校　供图）

篇优秀论文编印成集。孙军民出席会议并讲话，5名专家到会发言。

（郭宗业）

党史工作

【概况】 2021年，中共北京市西城区委党史工作办公室（北京市西城区地方志编纂委员会办公室）[简称区委党史办（区志办）] 围绕庆祝中国共产党成立100周年和党史学习教育，贯彻落实《北京市党史和地方志工作规划（2021—2025年）》，深化细化党史研究工作，创新开展史志宣传教育，扎实推进基础资料征编。出版党史基本著作《中国共产党北京市西城区历史（1921—2012）》和“红色西城话百年”丛书，打造西城史志宣传活动品牌，为全区党史学习教育提供支持保障。

（袁晶哲）

【党史专题研究】 2021年，区委党史办（区志办）围绕建党百年和建设红色文化弘扬传承高地，深化建党时期和新时代西城党史研究，撰写党史专题文章《学党史、爱西城，传承红色基因》《用活党史“教科书”，讲好党史“必修课”》《扎实推进新时代基层党史宣传教育工作》《觉醒年代的青年与北京西城》《北京革命运动中的女高师》《党内主题教育活动在西城的实践经验》《新民主主义革命时期中共西城地区组织的建立与发展》，6篇3万余字，在《前线》《北京党史》《北京西城报》等报刊发表。

（袁晶哲）

【党史基础资料征编】 2021年，区委党史办（区志办）编写出版《光辉历程——西城区党史百年大事记》，约6.5万字。整理编写《中国共产党北京市宣武区历史大事记（1919—2000）》，约45万字。根据市委党史研究室、市地方志办要求，完成《中国共产党北京历史大事记（2020）》《中国共产党北京执政纪事（2017—2019）》《中国共产党北京执政纪事（2020）》资料征集上报。收集整理西城区各方面工作的文字和图片资料，建设党史资料库和数据库。

（袁晶哲）

【党史学习教育宣教组工作】 2021年，区委党史办（区志办）承担区委党史学习教育宣传教育组工作，完成组织协调、推动落实、文稿编写等各项任务。配合建党百年庆祝活动，组建审核团队，为区委宣传部、区纪委、区文化和旅游局、区委党校、区档案馆等16家单位审核红色地图、展览展陈、党课讲稿、画册视频、文艺作品等10余种100余件次，30余万字、图片500余张。协助区委宣传部编制《北京西城“初心之旅”红色地图》。编写党史知识竞赛题，助力区直机关工委举办“永远跟党走”百题党史知识竞答活动。配合北京广播电视台录制“东升平浴池里的潜伏暗战”“刘公馆——没有硝烟的战场”等节目，提供史料、故事讲解、接受采访等。

（阮珍珍）

【党史日课推广】 2021年，区委党史办（区志办）与区直机关工委、区教工委等单位协调加印《光辉岁月》党史日课学习读本，印制1.6万册，向全区机关、学校、街道、企业等单位发放。制作《光辉岁月》电子日历和延伸阅读，在元旦上线，以一日一课形式，在“北京西城”“西城组工”“廉洁西城”等近10个微信公众号及西城史志网推送，点击量10余万次。

（阮珍珍）

【史志文化宣讲】 2021年，区委党史办（区志办）组建“史志青年宣讲团”，开展史志青年讲党课活动。宣讲以西城区红色遗迹遗址为点，以李大钊等革命先驱党史故事为线，以独特古都文化、红色文化、京味文化、创新文化融合为面，从“中国共产党早期北京革命活动在西城”“觉醒年代的青年与北京西城”“西城会馆里的红故事”等角度，深入街道社区、机关企业、医院园区等单位宣讲30余场。

（阮珍珍）

【党史专题巡展】 2021年，区委党史办（区志办）组织开展“铁肩担道义、妙手著文章——庆祝中国共产党成立100周年”“她们从这里出发——北京革命运动中的女高师”专题巡展，与区退役军人事务局、区政务服务管理局举办“追寻红色足迹、回首百年历程——庆祝中国共产党成立100周年特展”“庆祝中国共产党成立100周年展览”，在街道社区、地区单位、驻区部队、企业园区等25家单位展出，在媒体平台直播，线上线下受众2万余人次。

（阮珍珍）

【史志文艺宣传小分队】 2021年，区委党史办（区志办）发挥“西城史志文艺宣传小分队”优势，创作《“铁肩辣手”邵飘萍》《初心之旅》《中轴线上第一桥》等史志文艺节目，组织小分队开展“七进”（进机关、进军营、进企业、进学校、进街道、进社区、进“两新”组织）活动，用快板、竹骨数来宝、评书、相声等形式，宣传革命英烈事迹，弘扬优秀传统文化，线上线下活动30余场次。“红领巾讲红故事，好少年学好传统”活动获“首都未成年人思想道德建设”创新案例奖。

（阮珍珍）

【党史文化视频制播】 2021年，区委党史办（区志办）转化《初心故事》编研成果，联合区委宣传部、区融媒体录制播放《革命先驱的“北漂”生涯》《诞生中共第一位女党员的百年学府》等6个西城区“足迹”系列短视频，展示李大钊、缪伯英、邵飘萍等革命先驱事迹。其中《深藏在“京报馆”中103号文件的秘密》获全国县级融媒体中心优秀作品一等奖和“知史爱党、知史爱国”全国党史故事短视频一等奖。

（阮珍珍）

【史志宣传平台拓展】 2021年，区委党史办（区志办）加强与传统媒体和新媒体联系，在前线官网及客户端、西城史志网，“北京西城”“史志北京”等微信平台，《北京西城报》《北京纪事》等媒体发表《用活党史“教科书”，讲好党史“必修课”》《宣武门下斜街与李大钊》等20篇文章，报送信息40条。参加西城区回顾百年党史、践行“红墙意识”理论研讨会解读西城区红色基因和红色文化。人民网、北京时间、新华网、千龙网、搜狐网、《北京日报》、《北京西城报》等媒体报道史志活动70余次。（阮珍珍）

【《中国共产党北京市西城区历史》出版】 5月，区委党史办（区志办）组织编纂的《中国共产党北京市西城区历史（1921—2012）》由中共党史出版社出版。全书编纂历时5年，共计48万字，图片98张。上限从1921年中国共产党成立起，下限到2012年党的十八大召开，涵盖新民主主义革命时期、社会主义革命和建设时期、改革开放和社会主义现代化建设新时期，记述中国共产党领导西城人民在革命、建设、改革开放等方面所取得的伟大成就和历史经验。该书是第一部比较系统全面反映西城区地方党史的基本著作，作为开展党史学习教育和“四史”教育重点学习书目向全区发放。（袁晶哲）

【《红色西城话百年》出版】 6月，区委党史办（区志办）完成“红色西城话百年”丛书编撰，由中央文献出版社出版。丛书包括《初心故事》《红色密码》《砥砺前行》《光辉历程》《文艺集锦》5册，共27万字、359幅图片、20幅插图和1张地图，追忆革命先驱光辉事迹，追寻从“初心起点”溯源地到“牢记使命”实践地的红色印记，回顾全区党员干部革命建设改革创新的奋斗历程，浓缩中国共产党带领西城区人民在不同时期担负的历史使命，向全区基层党组织、党校主体班等发放1000余册。该丛书在中国国际服贸会西城展区亮相，提升“赓续血脉、红色传承”红色文化底蕴。（阮珍珍）

6月25日，区委党史办（区志办）在天宁1号礼堂举办史志青年讲党课活动

［区委党史办（区志办） 供图］

【史志宣传月】 6月，区委党史办（区志办）开展“共享伟大荣光、共筑复兴伟业——庆祝中国共产党百年华诞”主题的史志宣传月活动。通过“九个一”活动（出版一部党史著作，推广一本党史日课学习读本，举办一组主题巡展，组织一系列史志宣讲，参与一系列文艺巡演，录制一组短视频节目，打造一条红色文化体验线路，推送一系列史志宣传文章，举办一场党史知识竞答），组织和参与史志主题活动20余次，举办专题展览5场、史志宣讲15场，史志文艺巡演5场，直接受众1万余人次。向基层党组织赠送史志书籍200余册，媒体报道20余次。（阮珍珍）

（责任编辑　师帅　晏畅　华大友）

西城区人民代表大会

综　述

2021年，北京市西城区人民代表大会常务委员会（简称区人大常委会）深入学习贯彻习近平新时代中国特色社会主义思想，深入学习贯彻党的十九大和十九届历次全会精神及中央人大工作会议精神，深入贯彻落实习近平总书记对北京重要讲话精神，增强“四个意识”，坚定“四个自信”，做到“两个维护”，坚持党的领导、人民当家做主、依法治国有机统一，全面贯彻党中央决策部署和市委、区委要求，主动担当作为，依法履行各项职责，完成换届选举年各项工作。全年召开常委会会议8次、主任会议23次，常委会审议议题72项，作出决议决定9项，形成审议意见书16份，任免国家机关工作人员98人次，任命人民陪审员600人次，接受4名区级国家机关领导人员辞去职务。15个代表之家、226个代表联络站建设实现行政区域全覆盖，保障人大代表贴近群众依法履职、开展活动。

区人大常委会发挥人大制度优势，持续强化经济工作监督，深化拓展财经领域审查监督，推动区域高质量发展。2021年，组织委员和代表听取区发展改革委、区财政局关于重大投资和重点支出项目的汇报、区卫生健康委2022年预算的汇报，并提出意见建议；监督区政府落实首都功能核心区控制性详细规划情况，围绕严控人口规模、优化人口分布，建设用地规模管控、历史文化名城保护、系统开展城市设计、创新街区更新模式等重要工作展开针对性监督；围绕全区“八五”普法规划实施、法治政府建设情况进行监督，修订《西城区人大常委会规范性文件备案审查办法（修订案）》《西城区人大常委会法律顾问工作规则》，促进公正司法、司法为民，提升行政公信力。

区人大常委会高度重视人民群众生命安全和社会安全稳定保障。2021年，组建安全生产执法检查组，组织调度相关部门，对重点行业、重点地区、重要场所进行安全生产执法检查，组织委员和代表实地视察调研。6月，区十六届人大常委会听取和审议执法检查报告，开列《西城区落实安全生产法律法规存在问题清单》，明确整改时限，交由区政府落实。

区人大常委会深入贯彻全过程人民民主重大理念，不断探索创新实践。紧扣“七有”“五性”民生需求，坚持问题导向，不断增强监督刚性，推动在发展中保障和改善民生。围绕人民群众关心关切的停车难问题、养老服务驿站建设情况、残疾人创业现状等热点问题，组织法制委委员和代表视察调研，回应社会关切，推进法律法规落实。2021年，区人大常委会组织代表委员对北京市第一六一中学南校区改扩建工程、西城区受壁街（西二环路—赵登禹路）市政道路及地下停车场建设工程、北京中古友谊小学、护国寺中医院改造等项目进行视察调研，推进重大民生项目落实。

区人大常委会全面加强自身建设。2021年，区人大常委会组织区人大代表通过集中学习、履职培训、研讨交流、主题党日活动等多种形式，深入学习党史、新中国史、改革开放史和社会主义发展史，做到学史明理、学史增信、学史崇德、学史力行。在新冠肺炎疫情防控工作中，人大常委会党组成员持续深入一线，推动落实“四方责任”，协调解决企业实际问题，组织机关党员干部第一时间下沉街道社区，号召市、区人大代表捐款捐物、献计献策，投身医疗救治、值守防控一线。（李　锟）

重要会议

【十六届人大八次会议】 1月12日至14日，北京市西城区第十六届人民代表大会第八次会议在中国职工之家举行。324名代表出席会议。会议听取和审议区长孙硕所作的西城区人民政府工作报告；审议西城区国民经济和社会发展第十四个五年规划和2035年远景目标纲要草案的书面报告，审查和批准西城区国民经济和社会发展第十四个五年规划和2035年远景目标纲要；审议西城区2020年国民经济和社会发展计划执行情况与2021年国民经济和社会发展计划草案的书面报告，审查和批准西城区2020年国民经济和社会发展计划执行情况的报告与2021年国民经济和社会发展计划；审议西城区2020年预算执行情况和2021年预算草案的书面报告，审查和批准西城区2020年预算执行情况的报告和2021年预算；听取和审议区人大常委会主任杜灵欣所作的西城区人民代表大会常务委员会工作报告；听取和审议区法院院长刘双玉所作的西城区人民法院工作报告；听取和审议区检察院检察长李卫国所作的西城区人民检察院工作报告；表决通过上述工作报告的决议；会议依法选举袁海鹏为北京市西城区监察委员会主任，选举孙广俊为北京市西城区第十六届人民代表大会常务委员会委员，进行宪法宣誓；会议确定议案1件、代表建议54件。（李　锟）

【十七届人大一次会议】12月13日至17日，北京市西城区第十七届人民代表大会第一次会议在中国职工之家举行。414名代表出席会议。会议听取和审议孙硕所作的西城区人民政府工作报告；审议西城区2021年国民经济和社会发展计划执行情况与2022年国民经济和社会发展计划草案的书面报告；审查和批准西城区2021年国民经济和社会发展计划执行情况的报告与2022年国民经济和社会发展计划；审议西城区2021年预算执行情况和2022年预算草案的书面报告；审查和批准西城区2021年预算执行情况的报告和2022年预算；听取和审议杜灵欣所作的西城区人民代表大会常务委员会工作报告；听取和审议区法院代理院长陈立如所作的西城区人民法院工作报告；听取和审议区检察院代理检察长祁治国所作的西城区人民检察院工作报告；会议依法选举张立新为区第十七届人民代表大会常务委员会主任，魏建明、陈振海、许晓红、李华、王效农、赵蓬欣、钟祖荣为区第十七届人民代表大会常务委员会副主任，王玉甫等37名为区第十七届人民代表大会常务委员会委员；选举孙硕为区长，朱国栋、聂杰英、罗明、陈朝晖、宋玫、王中峰、陈大鹏、桑硼飞为副区长；选举牟少华为区监察委员会主任；选举陈立如为区人民法院院长；选举祁治国为区人民检察院检察长。根据地方组织法的有关规定，本次会议选举的区人民检察院检察长，须报经北京市人民检察院检察长提请北京市人民代表大会常务委员会批准；会议表决通过区第十七届人民代表大会法制、财政经济、教科文卫、城建环保、社会建设等5个专门委员会主任委员、副主任委员、委员名单；表决通过关于西城区人民政府工作报告的决议、关于西城区2021年国民经济和社会发展计划执行情况与2022年国民经济和社会发展计划的决议、关于西城区2021年预算执行情况和2022年预算的决议、关于西城区人民代表大会常务委员会工作报告的决议、关于西城区人民法院工作报告的决议、关于西城区人民检察院工作报告的决议；会上，新当选的区第十七届人民代表大会常务委员会主任、副主任和委员，区长、副区长，区监察委员会主任，区人民法院院长，区第十七届人民代表大会5个专门委员会主任委员、副主任委员、委员，分别进行宪法宣誓。会议确定议案1件、代表建议38件。（李　锟）

【十六届人大常委会会议】2021年，区十六届人大常委会召开会议8次，审议议题72项，作出决议决定9项，形成审议意见书16份。区人大常委会坚持会前学习，法规学习包括《中华人民共和国安全生产法》《中华人民共和国文物保护法》《中华人民共和国全国人民代表大会和地方各级人民代表大会选举法》《中华人民共和国全国人民代表大会和地方各级人民代表大会代表法》《预算法实施条例》等，政治理论学习突出抓好贯彻学习习近平总书记在省部级主要领导干部学习贯彻党的十九届五中全会精神专题研讨班开班式上的重要讲话、在党史学习教育动员大会的重要讲话、在全国脱贫攻坚总结表彰大会的重要讲话、在庆祝中国共产党成立100周年大会上的重要讲话及在各地考察时的重要讲话精神，及时学习贯彻中央人大工作会议精神、市委、区委有关会议精神。（李　锟）

12月13日至17日，北京市西城区第十七届人民代表大会第一次会议召开　（区人大常委会　供图）

2021年北京市西城区十六届人大常委会会议一览表

表1

时间	次别	主要内容
3月11日	第43次	听取和审议区政府关于西城区2020年环境状况和环境保护目标完成情况的报告，会议决定，由区人大常委会城建环保办公室牵头起草审议意见书，经主任会议研究通过后，交区政府研究处理。审议通过西城区人大常委会2021年工作要点和会议议题预安排，决定印发实施，并向社会公布；听取关于区十六届人大八次会议代表议案、建议情况分析的报告；传达学习北京市十五届人大四次会议精神；审查区政府落实区人大常委会关于《北京市物业管理条例》执法检查情况审议意见的书面报告，区政府落实区人大常委会关于扶贫工作情况报告审议意见的书面报告，区政府落实区人大常委会关于《北京市生活垃圾管理条例》执法检查情况审议意见的书面报告，区政府落实区人大关于加强历史文化名城保护、提升城市发展品质的决议情况审议意见的书面报告，区政府落实区人大关于扎实推进街区整理、不断提升核心区品质的决议情况审议意见的书面报告，区政府落实区人大常委会关于西城区2019年环境状况和环境目标保护完成情况审议意见的书面报告；审议并表决通过区人大常委会关于接受喻华锋辞去北京市西城区人民政府副区长职务请求的决定；审议并表决通过区政府、区监委、区法院提请的人事任免事项
4月29日	第44次	会议听取和审议区政府关于金融街发展工作情况的报告，会议决定，由区人大常委会财政经济办公室根据会议的审议意见，整理起草审议意见书，经主任会议研究后，交区政府研究处理；听取和审议区政府关于全面实施预算绩效管理工作情况的报告，会议决定，由区人大常委会预算审查办公室根据会议的审议意见，整理起草审议意见书，经主任会议研究后，交区政府研究处理；听取和审议区政府关于法治政府建设情况的报告，会议决定，由区人大常委会法制办公室根据会议的审议意见，整理起草审议意见书，经主任会议研究后，交区政府研究处理；听取区人大常委会法制办公室关于备案审查工作情况的报告；审议并表决通过区人大常委会关于接受刘双玉辞去北京市西城区人民法院院长、审判委员会委员、审判员职务请求的决定；审议并表决通过关于任命王波为北京市西城区副区长，陈立如为北京市西城区人民法院副院长、代理院长、审判委员会委员、审判员，以及区人大常委会主任会议、区政府提请的其他任免事项
6月24日	第45次	听取和审议区政府关于区属国有企业运行和结构调整情况的报告；听取和审议区政府关于老旧小区综合整治情况的报告；听取和审议区政府关于西城区2021年新增政府一般债务及预算调整的报告；听取和审议区检察院关于适用认罪认罚从宽制度工作情况的报告，会议决定，由区人大常委会法制办公室整理起草审议意见书，经主任会议研究后，交区检察院研究处理；听取和审议区人大常委会执法检查组关于贯彻落实《中华人民共和国安全生产法》和《北京市安全生产条例》执法检查情况的报告，会议决定，由区人大常委会社会建设办公室起草审议意见书，经主任会议研究后，与执法检查的相关资料，一并交区政府研究处理；审议通过《北京市西城区人大常委会任免国家机关工作人员办法》修订案；审议通过《北京市西城区人大常委会规范性文件审查办法》修订案；审议并表决通过延长鲁征挂职区政府副区长任期至2022年4月的议案，以及区人大常委会主任会议、区政府、区监委、区法院提请的其他任免事项
8月5日	第46次	听取和审议区监委关于开展反腐败国际追逃追赃工作情况的报告，会议决定，由区人大常委会法制办公室根据会议的审议意见，整理起草审议意见书，经主任会议研究后，交区监委研究处理；听取和审议区政府办理区人大关于进一步做好文物腾退空间利用工作的议案情况的报告，会议决定，由区人大常委会教科文卫体办公室根据会议的审议意见，整理起草审议意见书，经主任会议研究后，交区政府研究处理；听取和审议区政府关于西城区2020年决算的报告、关于西城区2020年财政预算执行和其他财政收支情况的审计工作报告、关于西城区2021年上半年国民经济和社会发展计划执行情况的报告、关于西城区2021年上半年预算执行情况的报告，会议决定，由区人大常委会预算审查办公室牵头起草审议意见书，经主任会议研究通过后，交区政府研究处理；表决通过北京市西城区人民代表大会常务委员会关于批准西城区2020年决算及其报告的决议和关于批准西城区2020年预算执行和其他财政收支情况审计工作报告的决议；审议通过关于区人民代表大会换届选举工作的决定和区选举委员会组成人员名单；审查区政府落实区人大常委会关于西城区2020年环境状况和环境保护目标完成情况报告审议意见的书面报告；审议并表决通过区人大常委会主任会议、区检察院提请的人事任免事项

续表 1

时间	次别	主要内容
8月26日	第47次	听取和审议区政府关于西城区2020年度国有资产管理情况的综合报告、关于2020年度区属金融企业国有资产管理情况的专项报告；会议决定，由区人大常委会预算审查办公室根据会议的审议意见，整理起草审议意见书，经主任会议研究后，交区政府研究处理；听取和审议区政府关于“两区”“三平台”工作推进情况的报告；会议决定，由区人大常委会财政经济办公室根据会议的审议意见，整理起草审议意见书，经主任会议研究后，交区政府研究处理；审议通过关于驻西城区人民解放军和人民武装警察部队应选西城区十七届人民代表大会代表名额的决定；审查区政府落实区人大常委会关于金融街发展工作情况报告审议意见的书面报告，区政府落实区人大常委会关于全面实施预算绩效管理情况报告审议意见的书面报告以及区政府落实区人大常委会关于法治政府建设情况报告审议意见的书面报告；审议并表决通过区检察院提请的人事事项
9月29日	第48次	会议审议并表决通过关于接受李异辞去北京市西城区人民政府副区长职务请求的决定；会议审议并表决通过关于接受李卫国辞去北京市西城区人民检察院检察长职务请求的决定，并报经北京市人民检察院检察长提请北京市人民代表大会常务委员会批准；会议决定免去周金桩北京市西城区人民政府副区长职务（挂职结束）；会议决定，任命陈朝晖、宋玫、王中峰为北京市西城区人民政府副区长；会议决定，任命祁治国为北京市西城区人民检察院副检察长、检察委员会委员、检察员，决定其为北京市西城区人民检察院代理检察长，并报北京市人民检察院和北京市人民代表大会常务委员会备案；会议审议并表决通过区人民政府、区监委、区人民法院提请的其他任免议案；新任职人员进行宪法宣誓
10月28日	第49次	听取和审议区政府关于西城区公共卫生应急管理体系建设进展情况的报告；会议决定，由区人大常委会教科文卫体办公室根据会议的审议意见，整理起草审议意见书，经主任会议研究后，交区政府研究处理；听取和审议区政府关于西城区第七次人口普查工作情况的报告；会议决定，由区人大常委会财政经济办公室根据会议的审议意见，整理起草审议意见书，经主任会议研究后，交区政府研究处理；听取和审议区政府关于西城区2021年1—9月国民经济和社会发展计划执行情况的报告、关于西城区2021年1—9月预算执行和预算调整情况的报告、关于西城区2020年度预算执行和其他财政收支审计查出问题整改情况的报告；表决通过关于批准西城区2021年预算调整方案的决议；听取和审议区政府关于区十六届人大八次会议代表议案、建议办理情况的报告；听取和审议区政府关于西城区“七五”普法规划实施工作及“八五”普法规划情况的报告；表决通过关于开展第八个五年法治宣传教育的决议；审议并表决通过关于举行区十七届人大一次会议的决定；审议并表决通过关于调整西城区选举委员会个别成员的决定；审查区政府落实区人大常委会关于区属国有企业运行和结构调整情况报告审议意见的书面报告，区政府落实区人大常委会关于老旧小区综合整治工作情况报告审议意见的书面报告，区政府落实区人大常委会关于贯彻落实《中华人民共和国安全生产法》和《北京市安全生产条例》执法检查情况审议意见的书面报告以及区检察院落实区人大常委会关于认罪认罚从宽制度工作情况报告审议意见的书面报告；审议并表决通过区人大常委会主任会议、区政府提请的人事任免事项
11月25日	第50次	初步审议区政府、区法院、区检察院工作报告，讨论区人大常委会工作报告，决定将这四个报告作适当修改后交各街道代表联组讨论；听取和审议区人大常委会关于区十六届人大八次会议代表议案、建议办理情况的报告；听取和审议区选举委员会关于选举西城区第十七届人民代表大会代表工作的报告；听取和审议区人大常委会代表资格审查委员会关于代表资格审查情况的报告，依法确认440名区十七届人民代表大会代表的代表资格有效；审议通过关于举行区十七届人大一次会议的有关事项；审查区监委落实区人大常委会关于西城区监委开展反腐败追逃追赃工作情况报告审议意见的书面报告，区政府落实区人大关于进一步做好文物腾退空间利用工作的议案办理情况报告审议意见的书面报告，区政府落实区人大常委会关于西城区2020年决算报告审议意见的书面报告；审查区政府落实区人大常委会关于西城区2020年预算执行情况和其他财政收支情况审计工作报告审议意见的书面报告，区政府落实区人大常委会关于2020年度国有资产管理情况报告和西城区2020年度区属金融企业国有资产管理情况报告审议意见的书面报告，区政府落实区人大常委会关于“两区”“三平台”工作推进情况报告审议意见的书面报告；审议并表决通过区政府提请的任免职事项

（李 锟）

【十七届人大常委会会议】12月21日，区十七届人大常委会第一次会议召开。会议审议《关于提请补选北京市第十五届人民代表大会代表的议案》，经无记名投票后决定，补选莫高义、张立新为西城区出席北京市第十五届人民代表大会代表。（李　锟）

【十六届人大常委会主任会议】2021年，区十六届人大常委会召开主任会议23次。会议研究区人大常委会2021年工作要点（草案）和2021年区人大常委会会议、主任会议预安排（征求意见稿）；研究确定关于检查《中华人民共和国安全生产法》和《北京市安全生产条例》贯彻实施情况的工作方案；研究《北京市西城区人大常委会规范性文件备案审查办法》修订稿；研究《西城区人大常委会法律顾问工作规则》，决定会后印发实施；研究北京市西城区人民代表大会常务委员会关于西城区人民代表大会换届选举的决定（草案）；研究北京市西城区人民代表大会代表换届选举工作方案（草案），北京市西城区选举委员会办公室主任、副主任、成员名单草案，西城区选举委员会各分会组成人员名单草案，区选举委员会、选举办公室、选举委员会分会、选区工作组职责草案；研究北京市西城区人民代表大会常务委员会关于开展第八个五年法治宣传教育的决议（草案）；研究区十七届人大一次会议有关事项等。（李　锟）

2021年北京市西城区十六届人大常委会主任会议一览表

表2

时间	次别	主要内容
2月22日	第82次	研究人事事项，决定提请区十六届人大常委会第四十三次会议审议；研究区人大常委会2021年工作要点（草案）和2021年区人大常委会会议、主任会议预安排（征求意见稿），决定适当修改后提请区十六届人大常委会第四十三次会议审议；研究区十六届人大八次会议代表议案、建议情况分析的报告，决定提请区十六届人大常委会第四十三次会议审议；研究区十六届人大八次会议期间各代表团对政府工作意见建议的汇总情况，决定适当修改后交区政府研究处理；听取区十六届人大常委会第四十三次会议有关议题准备情况的汇报，决定于2021年3月11日召开西城区十六届人大常委会第四十三次会议
3月8日	第83次	研究人事任免事项，决定提请区十六届人大常委会第四十六次会议审议
4月15日	第84次	听取北京市西城区人民政府关于物业管理工作情况的报告；听取区政府关于服务人民保障冬奥全面提升无障碍环境建设水平的报告；研究确定关于检查《中华人民共和国安全生产法》和《北京市安全生产条例》贯彻实施情况的工作方案；研究确定区人大常委会关于2020年环境状况和环境保护目标完成情况的报告的审议意见，决定会后交区政府研究处理；研究《北京市西城区人大常委会规范性文件备案审查办法》修订稿和《西城区人大常委会法律顾问工作规则》，决定会后印发实施；听取区十六届人大常委会第四十四次会议有关议题准备情况的汇报，决定于2021年4月29日召开西城区十六届人大常委会第四十四次会议
4月28日	第85次	研究人事任免事项，决定提请区十六届人大常委会第四十六次会议审议
5月14日	第86次	听取区政府关于西城区学校体育卫生工作情况的报告；听取区法院关于司法体制综合配套改革情况的报告；研究确定区人大常委会关于金融街发展工作情况报告的审议意见，关于西城区全面实施预算绩效管理情况报告的审议意见，关于区政府推进法治政府建设情况的审议意见，决定适当修改后交区政府研究处理
6月10日	第87次	研究人事事项，决定提请区十六届人大常委会第四十五次会议审议；听取区政府关于中轴线申遗保护项目推进情况的报告；听取区政府关于首都功能核心区控制性详细规划实施情况的报告；听取区政府关于西城区2021年新增政府一般债务及预算调整的报告；听取区人大常委会关于批准西城区2021年新增政府一般债务及预算调整方案的决议（草案），决定适当修改后提请区十六届人大常委会第四十五次会议审议；研究北京市西城区人大常委会任免国家机关工作人员办法（修订草案），决定提请区十六届人大常委会第四十五次会议审议；研究确定北京市西城区人大常委会关于加强代表履职的若干规定（试行），决定会后印发实施；听取区十六届人大常委会第四十五次会议有关议题准备情况的汇报，决定于2021年6月24日召开西城区十六届人大常委会第四十五次会议
6月23日	第88次	研究人事任免事项，决定提请区十六届人大常委会第四十六次会议审议

续表 2

时间	次别	主要内容
7 月 13 日	第 89 次	研究确定西城区人大常委会关于区属国有企业运行和结构调整情况报告的审议意见、关于老旧小区综合整治情况报告的审议意见、关于西城区贯彻实施安全生产法律法规执法检查情况报告的审议意见，决定会后交区政府研究处理；研究确定了关于区检察院适用认罪认罚从宽制度情况报告的审议意见，决定会后交区检察院研究处理
7 月 29 日	第 90 次	研究人事事项，决定提请区十六届人大常委会第四十六次会议审议；研究北京市西城区人民代表大会常务委员会关于西城区人民代表大会换届选举的决定（草案），决定提请区十六届人大常委会第四十六次会议审议；研究北京市西城区选举委员会组成人员名单（草案），决定提请区十六届人大常委会第四十六次会议审议；传达西城区换届选举工作领导小组办公室关于印发《西城区严肃换届纪律加强换届风气监督工作方案》的通知；听取区十六届人大常委会第四十六次会议有关议题准备情况的汇报，决定于 2021 年 8 月 5 日召开西城区十六届人大常委会第四十六次会议
8 月 3 日	第 91 次	研究人事事项，决定提请区十六届人大常委会第四十六次会议审议
8 月 10 日	第 92 次	研究北京市西城区人民代表大会代表换届选举工作方案草案，北京市西城区选举委员会办公室主任、副主任、成员名单草案，西城区选举委员会各分会组成人员名单草案，区选举委员会、选举办公室、选举委员会分会、选区工作组职责草案，决定提请北京市西城区选举委员会第一次会议审议；研究关于选举西城区第十七届人大代表选民登记工作的意见、关于做好区人大代表换届选举选民资格审查工作的安排意见，决定提请北京市西城区选举委员会办公室第一次会议审议；研究确定区人大常委会关于区监察委员会开展反腐败国际追逃追赃工作情况报告的审议意见，决定适当修改后交区监察委员会研究处理；研究确定区人大常委会关于进一步做好文物腾退空间利用工作的议案情况报告的审议意见，决定适当修改后交区政府研究处理；研究确定区人大常委会关于西城区 2020 年决算及其报告的审议意见，决定适当修改后交区政府研究处理；研究确定区人大常委会关于西城区 2020 年度审计工作报告的审议意见，决定适当修改后交区政府研究处理；听取区十六届人大常委会第四十七次会议有关议题准备情况的汇报，决定于 2021 年 8 月 26 日召开西城区十六届人大常委会第四十七次会议
8 月 24 日	第 93 次	研究人事事项，决定提请区十六届人大常委会第四十七次会议审议；研究北京市西城区选举委员会关于选区划分和代表名额分配的决定（草案），决定提请北京市西城区选举委员会第二次会议审议；研究西城区人大换届选举宣传工作方案(草案),决定提请北京市西城区选举委员会第二次会议审议；研究北京市西城区选举委员会关于区人大代表换届选举投票选举日的决定（草案），决定提请北京市西城区选举委员会第二次会议审议；研究西城区人大换届选举期间疫情防控工作预案（草案），决定提请北京市西城区选举委员会第二次会议审议
8 月 26 日	第 94 次	研究关于驻西城区人民解放军和人民武装警察部队应选西城区十七届人民代表大会代表名额的决定（草案），决定提请区十六届人大常委会第四十七次会议审议
9 月 9 日	第 95 次	研究确定区人大常委会关于西城区 2020 年度国有资产管理情况的综合报告和 2020 年度西城区区属金融企业国有资产管理情况的专项报告的审议意见，决定适当修改后交区政府研究处理；研究确定区人大常委会关于“两区”“三平台”工作推进情况的报告的审议意见，决定适当修改后交区政府研究处理
9 月 23 日	第 96 次	听取关于选举西城区第十七届人大代表选民登记阶段工作进展情况的报告，决定适当修改后提请区选举委员会第三次会议审议；研究关于选举西城区第十七届人大代表提名推荐、讨论协商、确定代表候选人阶段的工作安排，决定提请区选举委员会第三次会议审议；研究关于提名推荐北京市西城区第十七届人民代表大会代表候选人的时间安排，决定提请区选举委员会第三次会议审议
9 月 28 日	第 97 次	研究人事事项，决定提请区十六届人大常委会第四十八次会议审议
10 月 14 日	第 98 次	研究北京市西城区人民代表大会常务委员会关于开展第八个五年法治宣传教育的决议草案，决定适当修改后提请区十六届人大常委会第四十九次会议审议；研究关于召开北京市西城区第十七届人民代表大会第一次会议的决定草案，决定提请区十六届人大常委会第四十九次会议审议；听取区十六届人大常委会第四十九次会议有关议题准备情况的汇报，决定于 2021 年 10 月 28 日召开西城区十六届人大常委会第四十九次会议
10 月 27 日	第 99 次	研究人事事项，决定提请区十六届人大常委会第四十九次会议审议

续表 2

时间	次别	主要内容
11 月 8 日	第 100 次	听取西城区第十七届人民代表大会代表选举结果的情况报告，决定报区选举委员会第六次会议审议
11 月 11 日	第 101 次	听取区政府关于区十六届人大八次会议代表审议意见和建议研究处理情况的报告；研究确定区人大常委会关于区政府公共卫生应急管理体系建设进展情况报告的审议意见，决定适当修改后交区政府研究处理；研究确定区人大常委会关于西城区第七次全国人口普查工作情况报告的审议意见，决定适当修改后交区政府研究处理；听取区人大各专门委员会开展 2022 年部门预算编制专项审查情况的汇报；研究区十七届人大一次会议有关事项，研究区人大常委会工作报告稿；听取区十六届人大常委会第五十次会议有关议题准备情况的汇报，决定于 2021 年 11 月 25 日召开西城区十六届人大常委会第五十次会议
11 月 23 日	第 102 次	研究区十七届人大一次会议有关事项，决定提请区十六届人大常委会第五十次会议审议
11 月 25 日	第 103 次	研究人事事项，决定提请区十六届人大常委会第五十次会议审议
12 月 2 日	第 104 次	会议听取十七届人大一次会前活动情况汇报

（李　锟）

【十七届人大常委会主任会议】 12 月 20 日，区十七届人大常委会第一次主任会议召开。会议研究《关于提请补选北京市第十五届人民代表大会代表的议案》。（李　锟）

人大监督

【北京新总规和核心区控规实施监督】 2021 年，区人大常委会听取和审议区政府关于上年度环境状况和环境保护目标完成情况、老旧小区综合整治情况、做好文物腾退空间利用工作议案办理情况的报告。相关专委会对核心区控规实施情况、中轴线申遗工作情况等开展视察调研，主任会议听取相关工作情况报告，推动北京城市新总规和核心区控规在西城区的实施。（李　锟）

【区域高质量发展监督】 2021 年，区人大常委会坚持把金融业发展作为经济工作监督的重中之重，常委会听取和审议区政府关于金融街发展工作情况、“两区”“三平台”工作推进情况的报告。持续强化财经审查监督，常委会依法批准西城区 2020 年决算，听取和审议区政府全面实施预算绩效管理情况报告、审计工作报告及审计查出问题整改情况报告、2021 年上半年和 1—9 月计划预算执行及调整情况报告。履行国有资产监督职能，常委会听取和审议区政府关于西城区 2020 年度国有资产管理情况的综合报告和区属金融企业国有资产管理情况的专项报告、区属国有企业运行和结构调整情况的报告。（李　锟）

【公共卫生应急管理体系建设监督】 2021 年，区人大常委会紧扣“七有”要求“五性”需求，坚持民有所呼，我有所应，常委会听取和审议区政府关于公共卫生应急管理体系建设情况的报告，监督物业管理工作情况、无障碍设施环境建设情况和学校体育卫生工作情况等，推动解决群众关注的热点难点问题。（李　锟）

【区域法治建设监督】 2021 年，区人大常委会聚焦法治政府、法治社会建设，常委会听取审议区政府关于法治政府建设情况的报告、区“七五”普法实施工作和“八五”普法规划情况的报告，作出关于开展第八个五年法治宣传教育的决议。贯彻实施国家监察法，常委会听取和审议区监委关于开展反腐败国际追逃追赃工作情况的报告。促进公正司法，常委会对区检察院适用认罪认罚从宽制度工作情况、区法院司法改革配套举措工作情况开展监督。强化对法律法规实施情况的监督，开展安全生产法律法规执法检查，首次对执法检查中发现的问题开列清单，增强执法检查的刚性约束。常委会首次听取区人大常委会法制办公室关于备案审查工作情况的报告，修订《北京市西城区人大常委会规范性文件备案审查办法》，实现“一府一委两院”全纳入。（李　锟）

议案建议

【概况】 2021 年，区十六届人大八次会议期间，代表提出 1 件议案，经议案审查委员会审查，大会主席团批准，什刹海代表团王勇强等 11 名代表提出“关于进一步做好文物腾退空间利用工作”议案，交区政府办理，由区人大常委会审议。收到代表建议 54 件，交区政府办理。按照办理代表建议要求的 5 种类型归纳，属于财政经济方面的 7 件，占 13.0%；属于城建环保方面的 22 件，占 40.7%；属于交通管理方面的 9 件，占 16.6%；属于教科文卫体方面的 11 件，占 20.4%；属于法制社会建设方面的 5 件，占 9.3%。区政府承办人大议案 1 件、代表建议 64 件（含会下建议 10 件）。1 件议案的办理情况，通过区人大常委会审议；64件代表建议全部按期办复，其中已经或部分解决、采纳的43件，占67.19%；列入计划采纳解决的11件，占17.19%；作为工作参考10件，占15.62%。议案建议办理过程中，根据新冠肺炎疫情防控形势，承办单位落实“四访”制度（办前联系、办中沟通、办后检查、办复回访），邀请代表参与办理落实建议过程。代表对建议办理单位的办理态度满意率为100%。（李　锟）

【区十六届人大八次会议重点建议摘要】《关于推进养老服务创新发展的建议》提出，建立健全老年医疗保障体系，优化医疗保障范围，满足老年人的基本医疗需求，扩大公费医疗报销范围，适当降低个人负担比例；创新模式、优化流程，给老年人看病“减负”，畅通异地就医报销渠道，减少报销手续，提高报销效率；便利老年人看病就医，坚持融合传统服务和创新服务方式，保留人工服务，落实老年人绿色通道，有效解决老年人网络挂号难问题；推进社区养老建设，依托医疗机构，完善社区养老服务中心，打造“互联网+智慧养老服务”平台，推广智慧健康养老模式；提倡“日托养老”模式，规范养老护老机构，发展专业化的社会工作队伍；为老年人发展自己的兴趣爱好搭建平台。

《关于在广安门南街56号设立西城区国家级文化产业园区的建议》提出，将广安门南街56号（属原中国歌舞团的办公用房，总建筑面积约1万平方米），建设成为国家级文化产业园区，纳入西城区文化产业规划发展目录；要提供相匹配的政策支持和资金支持；要创新合作模式加强与文化和旅游部直属央企合作，通过与中国东方演艺集团合作，聚合国内文化和旅游资源，聚合国内优秀演艺、人才等资源，逐步将西城打造成为中国顶级演艺内容生产基地。

《关于将西城区街道公共图书馆升级为书院的建议》提出，将西城区已有的街道现代公共图书馆升级为书院，丰富文化活动内容，赋予传统书院新的功能；在开展好图书馆传统公共文化服务的基础上，开展经典诵读、国学普及、道德实践、书画展示、美育活动等方面的活动；鼓励和支持社会力量参与书院设施建设和管理，加大政府向社会购买公共文化服务力度；加强与高校、其他书院、文化学会等专业人才团体合作，达到资源共享，形成联合体，成立书院联盟，逐渐形成全区独有的书院特色与优势，形成全市甚至国内知名的书院文化品牌。

《关于改进公厕管理的建议》提出，针对部分区域厕所清洁处理不及时、使用不便等问题，建议公厕每个坑位配备一个纸篓、调整清洁时间、适时清理清洁。（李　锟）

【代表建议督办】2021年，区人大常委会根据区人大常委会代表建议办理办法抓好执行和落实，加大督办力度，开展检查视察活动。组织代表建议办理监督小组采取线上和线下方式建议督办。9月，区人大常委会有关领导组织代表建议办理监督员《关于解决金融街丰汇国际路边乱停车问题的建议》研究督办，听取西城交通支队办理情况。完善区人大常委会各专门委员会督办机制。将代表建议分类分送各专门委员会，结合监督工作督办，促进建议的落实。继续坚持常委会主任、副主任牵头重点督办，各专门委员会分类督办，代表联络部门整体协调督办机制。根据督办计划，常委会主要领导带头督办议案；分管领导对各领域督办建议现场视察，听取群众意见和承办单位办理情况，分析办理难点，推进代表建议落实。区人大常委会主任杜灵欣围绕议案办理，多次深入街道、社区开展调研，主持召开议案办理工作督办会，听取区政府情况汇报，提出意见和建议。常委会主要领导围绕《关于推进养老服务创新发展的建议》《关于改进公厕管理的建议》《关于在广安门南街56号设立西城区国家级文化产业园区的建议》《关于将西城区街道公共图书馆升级为书院的建议》，通过座谈方式重点督办，促使建议落实。代表建议及办理报告通过区人大常委会网站公开，扩大建议办理影响和社会效果。（李　锟）

代表工作

【人大代表构成】2021年，北京市西城区第十七届人民代表大会代表共440名，其中：女性165名，占37.5%；少数民族44名，占10%；文化程度研究生以上244名，占55.5%，大学本科184名，占41.8%，大专及高职10名，占2.3%，中专职高及高中1名，占0.2%，初中及以下1名，占0.2%；连任代表139名，占31.6%。（李　锟）

【代表联系选民月活动】2021年，区人大常委会开展代表联系选民月活动，以代表“家”“站”为平台，通过小规模座谈、调研、走访等形式，听取选民群众意见建议。有22名市人大代表和348名区人大代表参加活动，接待选民群众2604名，征集意见建议272件；其中231件由街道协调解决，30件送区政府有关部门协调处理或作为工作参考，7件作为代表建议交区政府工作部门办理，4件由市人大代表向市人大常委会反映，推动解决一批人民群众关注的热点难点问题。6月，组织代表开展《北京市接诉即办条例（草案）》意见征求，梳理意见建议340条。（李　锟）

【人大代表活动服务管理】2021年，区人大常委会实施代表自主选择列席常委会会议、参加执法检查和视察调研工作机制，给予代表充分参与常委会、专委会工作权利。依托各街道人大工作机构，采取多种方式组织代表调研收集民情民意，组织代表向原选区选民报告履职情况。（李　锟）

专门委员会

【概况】2021年，区人大常委会下

属法制、财政经济、教科文卫、城建环保、社会建设5个专门委员会。根据工作职能，将建议督办与议题调研、代表视察、执法检查相结合，提高建议督办针对性和专业性。（李　锟）

【法制委员会】2021年，区人大法制委员会聚焦法治政府建设，运用法治思想和法治方式，对法律法规贯彻实施情况开展执法检查、视察调研。协助常委会审议区政府贯彻落实法律法规专项报告，提出意见建议，推动相关法律法规贯彻实施。根据市人大常委会部署要求，联动开展《北京市医院安全秩序管理规定》执法检查。协助常委会审议区监委开展反腐败国际追逃追赃情况报告。围绕司法公平正义，对检察院、法院落实法律法规和重点工作推进情况监督，形成调研报告，起草审议意见。监督检察院适用认罪认罚从宽制度落实情况。（李　锟）

【财政经济委员会】2021年，区人大财政经济委员会按照监督法等法律法规及西城区计划审查监督办法要求，协助常委会做好西城区2021年上半年国民经济、社会发展计划执行情况报告，1月至9月计划执行情况和调整计划的情况报告，下一年度国民经济、社会发展计划草案及报告主要内容审议等工作。听取和审议政府投资计划执行情况和草案报告，强化对政府投资审查和监督，推动政府投资计划与年度预算统筹衔接。组织部分委员代表，视察光大云缴费和北京金融资产交易所，听取关于金融街发展情况汇报。常委会第四十四次会议听取和审议区政府关于金融街发展情况报告及财政经济委员会关于金融街发展工作调研情况汇报，提出扩大金融业规模优化产业结构、提升金融街国际化水平、强化金融街服务功能、加大金融街品牌和相关政策宣传力度的审议意见，交由区政府研究处理。组织委员代表调研环雅丽都公司、德源兴业公司和蓟城山水公司3个事业单位转制企业及北京金融街资本运营中心和北京长城人寿保险公司，视察北京华方养老投资有限公司和天恒金融科技创新中心，了解企业运行和发展情况，听取关于区属国有企业运行和结构调整情况报告。常委会第四十五次会议听取和审议区政府关于区属国有企业运行和结构调整情况的报告及财政经济委员会调研情况汇报，提出加大国有企业改革和结构调整力度、把控好企业改革转型方向、提升国有企业的品质审议意见，交由区政府研究处理。（李　锟）

【教科文卫委员会】2021年，区人大教科文卫委员会配合主任会议视察调研学校体育卫生情况。配合常委会听取和审议区政府办理区人大关于加大文物腾退项目力度，促进文物腾退项目完成的议案办理情况报告和关于进一步做好文物腾退空间利用工作的议案办理情况报告。配合主任会议视察调研中轴线保护工作、腾退文物科学合理利用工作。配合常委会会议听取和审议区政府关于公共卫生应急管理体系建设进展情况报告。对西城区卫生健康委员会下年度预算初步审查，将审查情况和意见建议报告主任会议。（李　锟）

【城建环保委员会】2021年，区人大城建环保委员会听取和审议西城区关于上年度环境状况和环境保护目标完成情况报告。做好上年度北京市生态文明建设委员会对西城区人大常委会履行生态环境保护和污染防治监督职能情况考核申报，考核成绩均为满分。持续推动街区整理决议落实，对区政府落实首都功能核心区控制性详细规划情况开展监督。配合市人大常委会对西城区落实《北京城市总体规划（2016年—2035年）》情况调研视察，严控西城区人口规模、优化人口分布、建设用地规模，加强历史文化名城保护，治理大城市病和生态空间，系统开展城市设计、创新街区更新模式，加强生态环境修复、优化公共服务设施，推动北京城市新总规和核心区控规在西城区实施，促进城市品质提升，保障中央政务环境优良和人居环境和谐宜居。加强对法律法规实施情况的监督，实施对《北京市生活垃圾管理条例》《北京市物业管理条例》贯彻实施情况执法检查。组织开展三级人大代表“三边检查”（身边、路边、周边），对市人大代表反馈问题跟踪监督，督促区政府相关部门整改，收集情况向市人大汇报。（李　锟）

【社会建设委员会】2021年，区人大社会建设委员会推动《北京市进一步促进无障碍环境建设2019—2021年行动方案》落实，助力冬奥会、冬残奥会无障碍环境建设，组织区人大代表到金融街街道调研视察金融街中心广场坡道、绿地、过街音响提示、缘石坡道、盲道等设施建设、管理和使用情况，听取区残联负责人关于西城区无障碍环境建设情况汇报。人大代表就加大宣传力度，提升服务水平，加强后期便利化服务，加强手语等专业服务的培训，提高窗口服务人员服务技能，加强无障碍设施建设管理等方面提出建议。5月18日、20日、25日，由区人大社会建设委员会牵头，区人大常委会执法检查组对区政府关于贯彻落实《中华人民共和国安全生产法》和《北京市安全生产条例》开展执法检查，执法检查组成员从严格落实法律法规，消除安全隐患，加强公共充电设施建设及维护管理，模拟真实环境加强消防演练等方面提出意见建议。常委会依据执法检查报告开列《西城区落实安全生产法律法规存在问题清单》，并明确整改时限，交由区政府研究处理。对区残联下年度预算草案编制情况报告初审，并将审查情况和意见建议报告主任会议。（李　锟）

换届选举

【概况】2021年，区人大常委会在市委、区委领导和市人大常委会指导下，落实党中央对人大换届选举工作要求和市委区委部署，坚持把党的领导贯穿换届选举全过程。成立以区委书记为组长的区人大换届选举工作领导小组，加强统一领导。依法成立区选举委员会，下设选举办公室。在西城区15个街道、驻区部队成立16个选举分会，构建组织机构体系。坚持充分发扬民主，坚持严格依法办事，加强统筹、精心筹备、周密组织，全面落实新冠肺炎疫情防控措施。经过换届选举准备、选民登记、推荐确定代表候选人、投票选举4个阶段，完成换届选举工作。（李　锟）

【严格依法选举】2021年，区选举委员会坚持领导干部带头学习研究宪法、地方组织法、选举法、市选举实施细则等法律法规，带队深入全区15个街道调研走访具体指导。坚持先培训后上岗，将依法选举培训贯穿换届选举全过程，做到法言法语、依法办事。区选举委员会对换届选举做到依法有据、依法有序、依法选举，对各分会张榜公布选民名单、初步代表候选人名单、正式代表候选人名单和集中投票选举准备等重要节点，多次检查督导，确保法律规定的程序、内容、时限等得到严格落实。（李　锟）

【换届选举宣传】2021年，区选举委员会建立组织机构，制订方案，组成区选举办宣传组。制订《西城区人大换届选举宣传工作方案》，建立宣传工作蓝信群，及时沟通信息。编发《西城区人大换届选举宣传工作手册》，涵盖人大换届选举工作问答、换届选举宣传口号、区选举办宣传组及各选举分会人员联系表等内容。利用“北京西城”“西城人大”微信公众号及各街道微信公众号等新媒体平台，对西城区人大换届选举工作动员部署会、区选举委员会工作会会议情况及推进情况宣传报道。印制并发布《致选民的一封信》。《北京西城报》在头版位置刊发《区人大换届选举工作动员部署会召开》。9月6日至10日，开展西城区人大换届选举宣传周活动。结合新冠肺炎疫情防控要求，各选举机构严格采取“多点位少聚集”“线上线下结合”方式，深入选民开展宣传发动。北京电视台“北京新闻”、《新京报》、《北京青年报》《北京社区报》、千龙网等媒体对西城区人大换届选举宣传周活动报道。配合市选举工作办公室做好中央和市属媒体接待，中央电视台、北京电视台报道了习近平总书记等党和国家领导人参加西城区组织的投票选举情况。（李　锟）

9月7日，白纸坊地区居民到选区工作站了解选民登记流程（区融媒体中心　供图）

【换届选举投票】11月5日，全区78万余名选民分别在206个选区568个投票站和475个流动票箱参加投票，依法选举产生440名区第十七届人民代表大会代表，选民参选率98.26%。（李　锟）

（**责任编辑**　师帅　晏畅　华大友）

西城区人民政府

综　述

2021年，西城区人民政府统筹推进新冠肺炎疫情防控和经济社会发展，落实“六稳”“六保”，完成区十六届人大八次会议确定目标任务。聚力改革发展，推动实现“十四五”良好开局。

聚力创新实践促发展品质提升。发布“科创十条”政策（《北京市西城区支持中关村科技园区西城园自主创新若干规定》），出台《北京市西城区加快推进数字经济发展若干措施》，举办2021金融街论坛年会，举办首届全球金融科技峰会。利用服贸会平台，促成45个项目，总额2.08亿美元。制订实施《西单商圈品质提升总体方案》，推进大栅栏商圈、地外商圈业态调整。制订实施《西城区进一步优化营商环境更好服务市场主体实施方案》，24个政务服务大厅全面落实延时服务。落实减税降费政策，兑现产业政策资金18.9亿元。

聚力重点项目促城市更新发展。围绕降低核心区“四个密度”（人口、建筑、商业、旅游），持续推进疏解整治促提升。880家非居民液化石油气罐用户实现动态清零。新建电动自行车充电点位1.26万个。拆除违法建设10万余平方米。光源里和菜园街棚改项目持续推进。钟鼓楼西北侧项目申请式退租完成，全市首例平房院落“银企合作促整院”模式正式落地。天桥街道鹞儿胡同、椿树街道魏染胡同被评为2021年“北京最美街巷”。

聚力文保利用促文化中心建设。落实中轴线申遗保护三年行动计划，完成地安门大街品质提升工程等项目。创新推进文物建筑保护利用，完成京报馆、五道庙、庆云寺、恭俭胡同三官庙、三清观5处文物修缮，首批6个文物建筑活化利用项目落地。打造“白塔夜话”“我在中轴修文物”老城保护品牌，推动古都风貌保护和文化传承。

聚力社会治理促民生福祉提高。社会事业发展和公共服务水平在全市保持领先，就业保持稳定，连续七年获评“北京市充分就业区”。新增学前教育学位2000个、义务教育学位1.3万个。新建2个养老照料中心、7个社区养老服务驿站、24个生活性服务业网点。完成363支家庭医生队伍组建，社区卫生健康服务体系更趋完善。垃圾分类实现全流程精细化管理。物业服务基本实现全覆盖，133个“三无”小区（无物业、无安保、无围墙）全部清零。

区政府向社会承诺的22件实事全部完成。承办市、区级人大代表建议和政协委员提案241件，均按期办结。（张立　张晖）

重要会议

【区政府常务会议】2021年，区政府召开政府常务会议35次、政府专题会议35次，讨论议题270个。重要议题有：听取关于《西城区“十四五”规划和二〇三五年远景目标纲要》编制情况、《西城区“十四五”规划纲要主要指标和重点任务分工方案》有关情况；听取关于区政府2020年重大决策任务落实情况及2021年任务分解情况；听取西城区2020年市绩效考评情况及2021年市区绩效工作安排；听取区政府职能部门2020年工作完成情况和2021年工作思路；听取西城区2021年政府投资计划执行及2022年政府投资计划安排情况；听取京津冀协同发展及“疏解整治促提升”专项行动任务分工情况；听取“接诉即办”及为群众办实事有关情况；听取西城区社区“两委”换届有关情况；听取西城区2021年人大代表议案、建议及政协委员提案承办情况；听取西城区2021年预算执行情况和2022年预算草案情况；听取人事任免有关情况汇报。（潘　江）

【区政府全体会议暨重点工作任务交办会】2月27日，区政府全体会议暨重点工作任务交办会召开。会议通报区两会及2020年度区政府党组民主生活会、西城区2020年度政府绩效管理年终考评、全区新冠病毒疫苗接种等情况。区委副书记、区长孙硕与副区长签订责任书，与4家责任单位代表签订任务书。区领导向各责任单位颁发重点工作任务书。区卫生健康委、区税务局、金融街街道办事处分别表态发言。

（潘　江）

2021年西城区人民政府常务会议一览表

表3

次别	时间	主要议题
第140次	1月6日	听取关于《西城区“十四五”规划和二〇三五年远景目标纲要》编制情况汇报、西城区2020年市民服务热线工作有关情况汇报
第141次	1月20日	听取关于西城区2020年安全生产工作情况及2021年工作思路、西城区2020年消防安全工作情况及2021年工作思路、《西城区家庭医生签约服务和社区公共卫生服务扩覆盖上水平三年行动计划（2020—2022年）》有关情况、人事任免有关情况汇报
第142次	2月3日	听取关于西城区2020年“污染防治攻坚战”完成情况及2021年工作思路、西城区2021年1月“接诉即办”工作、核定公布第五批西城区文物保护单位有关情况、人事任免有关情况汇报
第143次	2月23日	听取关于区政府重大决策任务2020年落实情况及2021年分解情况、西城区2021年为群众拟办重要实事有关情况、《北京市西城区深入打好污染防治攻坚战2021年行动计划》有关情况汇报
第144次	3月3日	听取关于西城区2020年环境状况和环境保护目标完成情况、《西城区完善应急管理体系提升应急能力三年行动计划》起草情况、区政府重要会议议题计划2020年执行情况及2021年编制情况、西城区2021年人大代表议案、建议及政协委员提案承办情况、西城区2月“接诉即办”工作有关情况、人事任免有关情况汇报
第145次	3月10日	听取关于西城区“疏解整治促提升”专项行动2020年完成情况和2021年工作计划、西城区首批文物建筑活化利用计划项目有关情况汇报。
第146次	3月24日	听取关于《西城区落实北京市委市政府安全生产第十督察组反馈意见整改情况报告》有关情况、2020年西城区依法行政专项工作数据监测情况汇报
第147次	3月31日	听取关于《西城区贯彻落实北京市落实国家统计局统计督察反馈意见的整改方案》有关情况、人事任免有关情况汇报
第148次	4月7日	听取关于西城区3月“接诉即办”工作有关情况、制定《西城区深化“接诉即办”改革实施办法》有关情况、西城区2021年第一季度消防安全工作有关情况、人事任免有关情况汇报
第149次	4月14日	听取关于西城区全面实施预算绩效管理情况、西城区2021年第一季度安全生产工作和第二季度重点工作有关情况、西城区进一步优化营商环境更好服务市场主体实施方案、西城区污染防治攻坚战2021年第一季度工作进展情况、南北长街社区文化驿站房屋征收项目社会稳定风险评估报告及征收补偿方案有关情况汇报
第150次	4月26日	听取关于人事任免情况汇报
第151次	4月28日	听取关于西城区2021年第一季度经济社会发展形势分析有关情况、西城区2021年第一季度“疏解整治促提升”专项行动工作有关情况、西城区2021年第一季度城市管理工作有关情况、金融街发展工作情况、国资公司与金工公司重组及整体公司制改制工作情况、《西城区全面建立林长制实施方案》有关情况汇报
第152次	5月12日	听取关于西城区2020年市绩效考评情况及2021年市区绩效工作安排、京津冀协同发展及“疏解整治促提升”专项行动工作任务分工情况、西城区第六批区级非物质文化遗产代表性项目名录、西城区4月“接诉即办”工作有关情况、西城区2021年汛前准备工作有关情况汇报
第153次	5月19日	听取西城区社区“两委”换届工作有关情况、西城区垃圾分类工作有关情况、人事任免有关汇报
第154次	5月26日	听取关于编制《西城区党政机关办公用房管理实施细则（试行）》有关情况、编制《西城区国有企业违规经营投资责任追究暂行办法》有关情况、西城区贯彻落实北京市统计督察整改工作有关情况、人事任免有关情况汇报
第155次	6月2日	听取关于西城区健康联合体建设实施方案、编制《西城区国有企业违规经营投资责任追究暂行办法》相关工作、西城区5月“接诉即办”工作有关情况汇报

续表 3

次别	时间	主要议题
第 156 次	6 月 16 日	听取关于《西城区贯彻实施安全生产法律法规情况的自查报告》起草情况、西城区 2021 年新增政府一般债务及预算调整、西城区第七次全国人口普查工作情况、人事任免有关情况汇报
第 157 次	6 月 23 日	听取人事任免有关情况、西城区国有企业运行和结构调整情况、西城区 2022 年部门预算编制工作有关情况汇报
第 158 次	7 月 7 日	听取关于《“健康西城 2030”规划纲要》阶段性评估报告（2019—2020）有关情况、西城区 2021 年上半年市民服务热线工作有关情况汇报
第 159 次	7 月 14 日	听取西城区污染防治攻坚战 2021 年上半年工作进展情况、西城区 2021 年上半年信访工作情况和下半年工作思路、《西城区人民政府组织实施房屋征收拆迁强制执行工作规程》有关情况汇报
第 160 次	7 月 21 日	听取关于西城区 2021 年上半年安全生产工作情况和下半年工作思路、西城区 2021 年上半年消防安全工作情况和下半年工作思路汇报
第 161 次	7 月 28 日	听取关于西城区 2020 年决算和 2021 年上半年预算执行情况、西城区 2020 年度财政预算执行和其他财政收支审计有关情况、西城区 2021 年上半年国民经济和社会发展计划执行情况、人事任免有关情况汇报
第 162 次	8 月 4 日	听取关于西城区 2021 年食品药品安全工作情况和《西城区创建国家食品安全示范城市工作方案》有关情况、《关于进一步做好文物腾退空间利用工作议案办理情况报告》有关情况、西城区城市管理巡查问题情况及汇报西城区 2021 年上半年城市管理工作有关情况、西城区 2021 年上半年“疏解整治促提升”民情调查情况、西城区 2021 年上半年“疏解整治促提升”专项行动工作、西城区 2021 年上半年经济社会发展形势分析有关情况汇报
第 163 次	8 月 11 日	听取关于西城区 2020 年度国有资产管理有关情况、“接诉即办”8 月考核期工作有关情况汇报
第 164 次	9 月 1 日	听取关于《西城区关于法治政府建设督查自查情况的报告》和《西城区关于做好中央法治政府建设督察迎检工作的方案》有关情况汇报
第 165 次	9 月 15 日	听取关于《西城区“七五”普法规划实施报告》和《关于在全区开展法治宣传教育第八个五年规划（2021—2025 年）》有关情况、《北京市西城区支持中关村科技园区西城园自主创新若干规定》有关情况、《西城区国企改革三年行动实施方案（2020—2022 年）》有关情况、“接诉即办”9 月考核期工作有关情况、人事任免有关情况汇报
第 166 次	9 月 28 日	听取关于人事任免情况汇报
第 167 次	10 月 13 日	听取关于西城区十六届人大八次会议代表议案和建议办理工作有关情况、《西城区建设国际消费中心城市示范区实施方案》有关情况、《西城区党政机关公务用车管理办法》有关情况、西城区 2021 年政府投资计划调整有关情况、人事任免有关情况汇报
第 168 次	10 月 26 日	听取关于《〈西城区贯彻实施安全生产法律法规执法检查情况报告的审议意见〉落实情况的书面报告》有关情况、西城区公共卫生应急管理体系建设进展情况、大气污染防治工作情况通报和 2021 年污染防治攻坚战前三季度工作进展情况、西城区 9 月份城市精细化管理工作情况通报和关于西城区 2021 年第三季度城市管理工作情况汇报、西城区 2021 年 1—9 月国民经济和社会发展计划执行和调整有关情况、西城区 2021 年 1—9 月预算执行和预算调整有关情况、西城区 2020 年财政预算执行和其他财政收支审计查处问题整改情况、人事任免有关情况汇报
第 169 次	11 月 3 日	听取关于西城区 2021 年前三季度“疏解整治促提升”专项行动工作情况、西城区 2021 年前三季度经济社会发展形势分析有关情况、《西城区做好当前和今后一个时期就业工作的若干措施》有关情况汇报
第 170 次	11 月 10 日	听取关于西城区 2021—2022 年供暖和扫雪铲冰工作有关情况、西城区 2021 年第三季度消防安全工作情况及第四季度重点工作有关情况、西城区 2021 年第三季度安全生产工作和第四季度重点工作有关情况、《西城区“十四五”规划纲要主要指标和重点任务分工方案》有关情况、“接诉即办”11 月考核期工作推进情况汇报
第 171 次	11 月 17 日	听取关于《政府工作报告》有关情况、人事任免有关情况汇报

续表 3

次别	时间	主要议题
第 172 次	11 月 24 日	听取关于西城区 2021 年国民经济和社会发展计划执行情况与 2022 年国民经济和社会发展计划草案有关情况、西城区 2021 年预算执行情况和 2022 年预算草案有关情况、西城区 2021 年政府投资计划执行及 2022 年政府投资计划安排有关情况、西城区 2021 年支援合作工作有关情况、《北京市西城区统计巡查工作办法》有关情况、西城区 2021 年环境状况和环境保护目标完成情况、人事任免有关情况汇报
第 173 次	12 月 1 日	听取关于《西城区人民政府投资管理办法》有关情况、2021 年西城区民族宗教工作情况和 2022 年工作思路、砖塔胡同电力架空线入地改造及城市防灾应急指挥站工程房屋征收项目发布征收决定有关情况、人事任免有关情况汇报
新一届政府第 1 次	12 月 30 日	听取西城区 2021 年市场监管暨食品药品安全工作情况、《西城区疏解腾退空间资源再利用指导意见》修订情况、向区军休安置中心出借财政资金有关情况、人事任免有关情况汇报

（张颖　张立）

重要活动

【22 件实事完成】 2021 年，西城区完成 22 件实事。①完成大六部口，禄长街头条 19 号院，大乘巷，西直门南大街 26 号楼，裕中东里小区，新风南里 1、2、3 号楼 6 个老旧小区综合整治任务。②完成平房翻建 921 间、平房修缮 4871 间、楼房综合维修 93 栋、雨污水管线改造 178 个院落。③加装电梯 16 部。④发放“煤改电”电费补贴约 3535 万元，惠及居民 1.3 万余户。⑤完成 214 处居民小区消防车道施划工作。⑥完成食品安全监督抽检 4871 批次。⑦完成 200 家品质餐厅评选验收。⑧完成绿化建设 12858 平方米、屋顶绿化 5095 平方米、垂直绿化 1167 延长米；完成首都绿化美化花园式社区、花园式单位创建各 1 个。⑨完成 50 条背街小巷整治提升工作，全部通过精品街巷验收。⑩完成 20 座二类公厕修缮。⑪完成五路通小街、燕京北街 2 条道路通车。⑫完成 5 条道路疏堵工程和 18 千米道路慢行系统建设。⑬完成 30 条道路大中修、16 千米慢行系统建设工程。⑭完成 13753 名困难人员就业任务。⑮完成 500 张家庭养老照护床位建设任务。⑯完成“西城区中小学家长学校”网上课堂推送工作，推送课程 39 节。⑰完成 122 名基层医务人员培训工作。⑱完成 30 家老年友善医疗机构创建工作。⑲完成新增 100 支家医服务团队建设。⑳完成新建生活性服务业网点 24 个。㉑完成 169 家定点医疗机构异地门诊直接结算。㉒完成 6 处停车设施建设任务，新增停车位 418 个。（李　夏）

【与国网北京市电力公司签署战略协议】 2 月 7 日，西城区与国网北京市电力公司签署“十四五”电力规划建设战略协议。双方在“十四五”时期建立西城区电力建设资金，专项用于开展西城区高可靠性配电网建设、用电环境改善、优化营商环境等项目，保障地区电网安全运行，推动实现“政务环境优良、文化魅力彰显和人居环境一流”发展目标。合作内容包括有序推进架空线入地及整治工作，推进高低压电力设施小型化、隐形化、景观化“三化”改造，推进老旧居民小区配网改造、全智慧街区建设，推进 5G 基站、城市轨道交通、能源大数据中心、人工智能、工业互联网、新能源汽车充电桩等新型基础设施建设。（潘　江）

【与华为签署战略合作协议】 4 月 19 日，区政府与华为技术有限公司签署战略合作协议。协议主要内容为“四个合作”：即政府与企业合作，打造华为河图技术创新推广基地，构筑“数字孪生城市”基础设施及服务能力，推动西城区产业数字化赋能示范区和数字应用场景引领示范区建设；企业与企业合作，华为与区属华远集团合资成立新公司，负责北京河图系列项目落地实施和数字孪生空间运营；基金合作，区政府、华为公司及社会资本共同推进建立数字空间产业专项基金，保障重点项目建设；项目合

2 月 7 日，西城区人民政府与国网北京市电力公司签署西城区“十四五”电力规划建设战略协议（于志强　摄）

作，推动率先实现西城区数字孪生空间全覆盖，实施“多场景首个数字示范应用”落地发布，在商圈、文旅、重大项目及行业应用等领域打造标杆项目。依托华为河图平台产业，加速“两区”建设数字经济创新发展。（潘江 马岩）

【与门头沟区签订协议】5月28日，西城区与门头沟区签订《结对协作共同推动生态涵养区生态保护和绿色发展补充协议（2021—2022年）》。协议主要内容为发挥乡村振兴绿色产业发展专项资金定向扶持作用，共同构筑协同互补“高精尖”产业空间，深化生态文明建设领域共建与合作，深化公共服务领域交流与协作，支持创建全国文明城区和创建国家森林城市，加强文化体育领域交流与合作，加强党建、人才交流与合作等。（潘江）

【与北京出版集团签署战略合作协议】9月23日，西城区与北京出版集团签署战略合作协议。协议主要内容有，在“优势互补、资源共享，政企共建、共同发展”原则下，共同打造立足西城、辐射全国、面向世界的文化新地标，促进古都文化、红色文化、京味文化繁荣发展。

（潘江）

【区政府向公众报告工作】9月29日，西城区人民政府举办2021年区政府向公众报告工作活动。孙硕以“奋进新征程、共谋新发展”为主题，回顾展示“十三五”时期西城区取得重要工作成绩，从维护核心区安全稳定、提升城市发展品质、激发经济高质量发展新活力、优化服务群众体制机制、推动区域发展成果更好惠及人民群众5方面，向线上线下650余名代表报告西城区全年各项重点工作开展情况与未来发展方向。区委常委、常务副区长朱国栋，副区长缪剑虹、聂杰英等一起与代表们互动交流。活动在区政府设立主会场，15个街道设立分会场。区内居民代表、媒体代表、专家学者代表、驻区部队代表、统战人士代表、驻区单位代表和企业代表参加活动。活动特别邀请与“接诉即办”相关居民代表参加，现场提出对政府工作意见、建议和设想。主会场活动结束后，15个街道分会场继续召开“接诉即办”恳谈会，街道主要领导向居民代表通报2021年“接诉即办”工作情况，针对群众急难愁盼问题，与居民代表共商共议解决办法。（潘江）

5月28日，西城区与门头沟区签订《结对协作共同推动生态涵养区生态保护和绿色发展补充协议（2021—2022年）》（闻昭 摄）

政务服务

【概况】2021年，西城区政务服务管理局（简称区政务服务局）以“接诉即办”、优化营商环境、大厅搬迁改造、数字政务建设等重点任务为抓手，落实北京市政务服务领先行动计划，推进优化营商环境政策4.0落地。推动线上“悉心听”、“一把手走流程”、政务咨询电话、大厅无障碍建设等工作。完成新址搬迁。（赵娜）

【政务服务改革】2021年，区政务服务局围绕利企便民，完善政务服务体系建设，推动综合窗口2.0改革，推进委托受理和授权审批在区政务服务中心落地，区级事项委托受理率81.74%，授权审批率88.63%。推进涉企事项集中进驻，统筹各部门深挖事项，涉企事项进驻率98.11%。推进社区政务服务规范化建设，指导街道打造社区政务服务示范站点，统一事项清单、统一窗口设置、统一综合窗口受理模式、统一工作规范、统一标识桌牌、统一全能社工值守。15个社区政务服务示范点建设全部完成。健全“好差评”制度体系。落实延时服务。推出线上“悉心听”栏目，形成线上线下互补共进。组织全区大厅开展优化营商环境专项整治。落实《北京市政务服务事项标准化管理办法》，推进政务标准化。统筹全区40余个部门和15个街道对2900余个事项相关内容修改完善。专项审核6轮5000余件次，确保事项内容在首都之窗及时更新，保持线上线下一致。全区各政务服务大厅开展文明城区创建，落实大厅文明服务、志愿者服务站建设、无障碍设施服务、便民服务、母婴室、消防设施等要求，营造文明创建氛围。（赵娜）

【政府政务公开】2021年，区政务服务局制订《西城区2021年政务公开工作要点》，全年主动公开信息2.8万余条，重点领域信息公开1552条。推进政务公开标准化规范化，实行政务公开“全清单”管理，全区46家单位动态更新4828条主动公开目录。深化政府常务会议开放，政府会议信息公开29件，微博直播7次区政府常务会18项议题。组织政府部门集中开展系列政务开放日，连续五年举办向公众报告活动。编写《2021年西城区政府重大决策目录》在区政府网站公开。区图书馆、档案馆及各街道政务服务大厅建立“政务公开专区”，提供政府信息公开查询和办事咨询服务。在全市2020年度政务公开工作评估中排名第二，在《法治蓝皮书》政府透明度指数中位居全国区县第二。（赵 娜）

【政府信息公开】 2021年，全区受理依申请961件，区政务服务局代区政府受理信息公开申请444件。主要围绕房屋征收拆迁、疏解腾退、政府请示批复等。完善政府信息公开指南，确保全区依申请公开受理渠道畅通。编制公开2021年区政府及各部门信息公开指南。做好多元分层培训，走访区住房城市建设委等部门，交流沟通信息公开业务，开展点对点业务需求调研服务。组织全体干部开展法制培训、研讨会等20次，提升全区依申请公开水平，为群众提供满意服务。（赵 娜）

【行政审批制度改革】 2021年，区政务服务局深化“放管服”改革，打造良好营商环境，推进审批改革各项任务落地。精简行政审批事项，制订《西城区政务服务事项告知承诺审批工作方案》，告知承诺事项82个，办理2.6万余件。落实“证照分离”改革事项68个，办理3143件。清理隐性壁垒，开展首次审改专项检查，对24家政务服务大厅进行“全面体检”。落实《北京市关于取消、下放行政许可事项通知》要求，梳理和确认行政许可事项。梳理取消证明和保留证明目录，编制《2016年—2021年取消市政府部门要求街道（社区）开具证明事项清单》80项。做好国务院营商环境调研组检查、世界银行营商环境评价和国家营商环境考评迎检工作。开展优化营商环境“千人千题”考试。围绕高频事项和群众在办事过程中最关注、最实际需求，梳理办事过程中痛点、难点和堵点问题，统筹6部门拍摄优化营商环境4.0政策视频解读7讲，在西城区人民政府网站、西城e办事微信公众号、各大厅等线上线下平台滚动播放和宣传。依托政府网站、微信公众号等开设专题专栏，推送微信287条，拍摄视频解读16讲。深化“政务服务体验员”制度，推进全区开展“一把手走流程”活动，47个部门一把手以办事群众身份进行办事体验。（赵 娜）

【政务服务大厅业务办理】 2021年，区政务服务局加强政务服务大厅窗口人员业务培训与考核，提升窗口工作人员业务办理和服务水平。提供“红马甲”管家服务、帮办代办、双向寄递、免费文印等服务，完善“悉心听”窗口运行机制。“一号统领”政务服务业务咨询电话，探索未诉先办。结合新政出台及业务高峰时段，设置机动坐席接听，安排业务知识强、服务能力佳员工接听专席电话，确保咨询解答及时性与准确性。“66007070”咨询热线获“年度十佳市政及公共事业热线奖”。推动“两区”建设，开设涉外服务窗口，提供外资企业设立、税务及出入境业务等涉外服务。打造大厅政务文化，与区文化和旅游局、区图书馆合作，打造公共阅读空间、母婴室等温馨服务场所，提升大厅服务软环境。全年大厅综合窗口受理业务8.8万件，“66007070”业务咨询电话解答业务62万余件，收到表扬信340封、公众来电表扬273件、锦旗26面。（赵 娜）

【政务服务信息化建设】 2021年，区政务服务局强化创新驱动，加快推进数字服务建设。制订《西城区数字政务建设行动方案》，筹建区级专班推进区数字政务建设。推进电子印章“应刻尽刻”。应用电子证照办理小客车指标配置、企业登记档案查询等331个事项990件。推进电子档案应用，实现区级事项配置100%。推动“一网通办”改革，开展一体化政务服务平台2.0行动，构建网上政务服务大厅统一入口在线服务平台，区级网办率86.43%。实现区民政局、区水务局46个事项不再“二次录入”。推进微信端就近办、智能“秒批”服务，完善“西城微信办照”“一网通办”平台功能，实现更多事项移动办、掌上办、高效办。“一网通办”办理事项526件，办结率100%。“西城区企业办照全程电子化微信端业务系统”平台，获“2021中国信息化数字政务创新奖”。（赵 娜）

【政府网站建设】 2021年，区政务服务局推进政府网站集约化建设，网站功能不断丰富。设置“优化营商环境”“疫情防控”等专栏，及时发布企业、群众关注信息同步解读，发布政策解读28件。重要政策提前向社会公布，听取公众意见。开设“政策性文件意见征集”栏目，完成政策性文件意见征集9件。创新金融服务，推出“北京金融街”专栏，助力招商引资。开展对外公开“僵尸”电话清理，建立专项或临时公开电话台账，在咨询联系电话栏目集中公开，政务咨询服务效能提升。探索政府网站与政务新媒体融合发展，开展政务新媒体清理整合规范，账号精简至58个，合格率100%。在清华大学发布《2020年中国政府网站绩效评估报告》中，西城区在全国“区县政府门户网站”中排名第三。在北京市政府网站与政务新媒体考核中，全年4个季度连续第一。（赵 娜）

【区政务服务大厅新址启用】 10月8日，西城区政务服务大厅庄胜新址正式启用，各项服务平稳有序，实现大厅搬迁与对外服务“两不误”。大厅实行“前台综合受理、后台分类审批、综合窗口出件”办理模式，设窗口110个，部门26家，工作人员354人，办理事项全部一窗受理，软硬件设备不断升级。一层为个人服务厅，设综合窗口12个，另设办不成事反映窗口、信息公开区、网络服务区以及24小时自助服务区；二层为企业服务厅，设综合窗口49个；三层为纳税服务厅，设综合窗口49个；五层为北京市公共资源交易西城分平台。加强与辖区派出所联动，加大打击大厅内外及周边黑中介揽客行为，厅内加强办事引导，避免黑中介损害办事人利益。日均接待1100人次。（赵　娜）

人力资源管理

【概况】2021年，北京市西城区人力资源和社会保障局（简称区人力社保局）坚持服务为先、保障到位理念，加快推进技能人才数据库建设，依法规范人力资源服务活动，促进人力资源合理流动、有效配置。落实高校毕业生就业政策以及技能人才培养和激励政策，做好积分落户、人才引进工作。以促进就业为导向，开展职业技能提升行动。严格执行新冠肺炎疫情防控要求，对监管的37家培训机构开展动态全覆盖管理，前两针新冠病毒疫苗接种率94.33%，加强针接种率100%。承办“接诉即办”工单9526件，区级回访满意率91.64%，解决率75.52%。（刘思琪）

【人力资源市场服务管理】2021年，区人力社保局组织法规培训，加强线上指导，推行承诺制，为64家经营性机构办理行政许可、备案、报告、延期等业务，组织121家人力资源机构年度报告。指导人力资源机构开展线下招聘会88场。落实人力资源服务业鼓励政策，推荐北京锐仕方达人力资源集团有限公司咨询分公司等3家猎头机构参加区“百名英才”遴选活动，帮助6家机构落实专业服务业支持政策奖励资金85万元。指导机构落实新冠肺炎疫情防控要求，发布防控指引、应急处置视频等300余项，组织专场新冠病毒疫苗接种，形成行业安全屏障。开展6次安全生产整治专项行动，实地检查机构237次，招聘会现场安全检查实现全覆盖，未发生重大安全问题。（闫娟娟）

【职业技能提升行动】2021年，西城区实施“互联网+职业培训”、岗位适应性、新型学徒制、以工代训、以训兴业等培训，组建4个政策指导微信群，推送政策服务包，对重点企业“一对一”指导。5000余家企业、20余万名职工参与技能提升行动，拨付培训补贴超过2亿元，培训量和补贴拨付额在全市位居前列。（贯子辰）

【民办职业技能培训行政许可】2021年，西城区办理民办职业技能培训机构行政许可事项8项，变更4项。结合区域功能定位和产业发展特点，通过进千门走万户活动，寻访辖区高精尖产业培训资源，指导3家企业设立营利性培训机构，开设地理信息应用操作、消防安全管理、燃气设备维修等职业培训项目，优化培训项目结构，提升培训资源整体水平，拓宽校企合作渠道，提升在职职工职业素质，帮助失业人员实现转换再就业。（贯子辰）

【高技能人才培养】2021年，西城区组织23家企业、61名高技能人才参与西城区第四届“百名英才”遴选，评选9名城市服务人才。举办排水集团和同仁堂集团技师研修班。与区统计局对接，摸清辖区技能人才底数，辖区有技能人才9.61万人，其中高技能人才4.29万人，占技能人才总量44.68%。强化技能人才数据库建设，初期掌握城市运行保障、生活服务等行业20家企业、32202名技能人才基础信息，其中高技能人才17695人，占技能人才总量54.95%。（贯子辰）

【人事档案管理】2021年，按照北京市政策要求，实体档案不再转递街道，采取区集中保管。区人力资源公共服务中心接收个人存档人事档案23968份；转出个人档案22254份；存有个人档案229989份，存有委托存档单位9775户。（冯雪　李迎春）

【人才引进服务】2021年，西城区制订人才引进计划，引进高层次人才119人，其中金融机构45人、科技企业46人；引进非北京生源应届毕业生316人。全年办理北京市工作居住证7359人次。342人获积分落户资格。（李曜　周婕　路丹）

【留学人员回京报到】2021年，区人力社保局适应新冠肺炎疫情防控要求，对留学人员回京报到业务执行“不见面”办理，邮箱受理留学人员回京报到人数196人，现场受理1人，线上办理量占比达99.4%。（丁　涵）

【事业单位人事制度改革】2021年，西城区深化事业单位人事制度改革，完成126家原纳入工资规范管理事业单位人事制度改革，实现全区事业单位人事管理模式统一。支持教育、卫生医疗体制改革，完成各行业事业单位编制、职能变更后岗位设置方案审核，完成各单位岗位聘任结果备案。深化中小学教师职称改革，37人获评正高级教师职称，628人获评高级教师职称，580人获评一级教师职称，直接认定初级教师职称915人。开展领军人才正高级工程师职称评审直通车区域推荐，5人获评正高级工程师职称。（王　乔）

外事与港澳事务

【概况】2021年，西城区人民政府外事办公室（简称区政府外办）加强党对外事工作集中统一领导，落实区委外事工作委员会办公室职责，推进外事工作领导体制改革，发挥区委外事工作委员会组织领导作用，谋划建立国际交往中心功能建设领导机制，加强对国际交往中心功能建设集中统一领导。从“办外事”向“谋外事统外事”转变。落实港澳工作要求，加挂区政府港澳

办牌子。 （刘姝婕）

【国际交往中心功能建设】 2021年，区政府外办推进西城区“十四五”时期国际交往中心功能建设规划编制工作，服务国家外交和区域高质量发展，明确未来五年工作重点和方向。牵头完成国际交往中心功能建设市政府绩效考核任务。协同北京金融街服务局提升2021金融街论坛年会国际化水平。培育天桥艺术中心、新动力金融科技中心和海清苑等3家特色外交外事场所，打造西城特色“国际会客厅”。在北京推进国际交往中心功能建设新闻发布会上，集中发布西城区工作成果。组织区内单位录制短视频，多领域、多视角宣介西城区工作成效，推荐22个短视频参加“北京·国际范儿”短视频大赛，参赛作品获优秀奖，区政府外办获优秀组织奖。发挥“前哨站”“信息港”作用，与专业智库合作，开展海外调研，编制《国际信息参阅》28期，为国际交往中心功能建设决策提供参考。 （刘姝婕）

【区域开放发展服务】 2021年，区政府外办助力“两区”建设，协调外交部调研“金科新区”国际化发展需求，争取外交政策支持。做好服贸会期间“走进西城”推介会外事服务保障工作。搭建区内单位与白俄罗斯友城企业交流平台。协助开展金融街与伦敦金融城线上对话交流活动，与法国兴业银行开展金融领域交流座谈。拓展“云外事”内容与形式，举办西城区与东京都中野区结好35周年线上庆祝活动，首次“云”上签署友好合作备忘录。7月15日，同北京市人民对外友好协会共同主办“以茶会友、茗香世界”线上交流活动，来自中国、日本、斯里兰卡、毛里求斯、爱尔兰5个国家友好组织、百余名茶企及茶文化爱好者参与，是西城区线上“多边”交流首次尝试，助力区内企业外向型发展，为驻区茶企在新冠肺炎疫情时期开拓海外市场开辟国际资源渠道。 （刘姝婕）

【国际语言环境建设】 2021年，区政府外办落实《北京市公共场所外语标识管理规定》，宣传《公共服务领域英文译写规范》系列国家标准。制订《西城区“迎冬奥、促提升”国际语言环境建设工作方案》，为服务北京冬奥会冬残奥会提供保障。牵头规范区域道路名牌和交通指示牌，完成470余条道路7300余块拼写译写不规范道路名牌整改。梳理形成金融街核心区第二期外语标识核查成果报告。指导开展行业主管部门窗口一线人员外语培训。组织全区各单位开展公共服务空间外语标识自查自纠工作。专项检查24家体育馆、公园、酒店和医院等重点涉外涉冬奥场所的7000余条外语标识，加大对公共服务空间外语标识核查整改力度，为北京冬奥会冬残奥会营造良好国际语言环境。 （刘姝婕）

【因公出入境管理】 2021年，区政府外办梳理总结全流程监管、教科研人员区别管理和因公证照管理等工作情况，夯实工作基础。与市政府外办、区委组织部、区财政局共同进行区团组自行审批流程桌面推演。打造包含邀请外国人来华、APEC商务旅行卡等多项外事业务线上智慧型服务管理平台，让“数据多跑路，群众少跑腿”，提高办事效率、提升服务水平。开展APEC商务旅行卡宣传，配合市政府外办开展送服务进企业活动。（刘姝婕）

【涉外服务管理】 2021年，区政府外办做好涉外新冠肺炎疫情防控，开展外籍人士新冠病毒疫苗接种工作。牵头做好在区外籍人士管理服务工作。开展预防性领事保护宣传活动，建立与常态化新冠肺炎疫情防控要求相适应领保工作机制。开展领保“进学校、进社区、进企业”活动。参加2021年“祖国在你身后”领事保护情景剧大赛，报送6支队伍6个作品，其中2个剧目晋级决赛并分获二等奖和三等奖，区政府外办获唯一特殊贡献奖。关注关爱驻外人员和机构，及时发布安全提醒，推广使用“境外服务宝”小程序，最大程度维护西城区海外机构和人员生命财产安全及合法权益。 （刘姝婕）

【港澳工作】 2021年，区政府港澳办加强金融务实合作，助力京港携手发展。借助国家级论坛2021金融街论坛年会平台，首次尝试设置香港异地分会场，实现北京主会场与香港分会场连线互动。京港两地围绕“市场驱动人民币国际化”开展连线交流。服务保障来访团组澳门民众建澳联盟代表团参观金融街中心、英蓝大厦等，开展对澳交流，宣传推介北京金融街，挖掘澳门在京合作意向。举办中国传统文化专题讲座，邀请部分香港学生参加春联、福字创作学习与体验视频讲座，增进其对中华文化的认同感。 （刘姝婕）

服务联络

【概况】 2021年，西城区对外服务联络办公室（简称区外联办）落实中央关于首都工作“四个服务”和支援合作工作有关要求，通过走访和召开座谈会、片区会等多种方式，对接中央和国家机关需求，落实服务保障，促进央地协同发展。推动服务事项进大厅试点工作，构建体制机制健全、服务流程规范、服务保障有力、央地互动服务工作新模式。处置部委新冠肺炎疫情突发状况，组织多轮次大规模核酸筛查，为部委机关46641人接种新冠病毒疫苗，实现加强接种率超98%。开展国内友好交往10余批次。 （韩 颖）

【中央和国家机关联络服务】 2021年，区外联办多渠道加强与驻区部委机关沟通，走访中共中央办公厅、国务院办公厅、全国人大常委会、全国政协、中纪委等13家重点单位，组织服务中央和国家机关座谈会、片区会5次，汇报工作、宣传区情、听取意见建议，争取中央单位关注、参与和支持西城区重点工作，促进市区重大项目落实。发挥“接诉即办”快速反应机制和“3+N”协同落实机制（区外联办、属地街道与事项来源单位+需求事项所属领域或类型涉及的区属主责部门）作用，主动对接中央单位需求，落实需求事项298项，涉及环境、交通、治安、民生、项目建设等多领域。区领导统筹调度推动全国政协太平桥大街4号院项目工程验收、退役军人事务部办公区装修改造，以及中纪委、中组部、生态环境部、应急管理部等部委重点工程项目建设实施。妥善解决全国政协礼堂西侧路网约车无序停放、国务院第二招待所周边移伐树木等事项，保障重要会议安全。推动央产小区腾退疏解、治理改造等措施落地见效。协调首都规划委员会办公室、国务院国资委和财政部，助推央企产权老旧小区改造和电梯加装政策出台。启动百万庄等4个央产老旧小区试点改造和力学胡同周边城市保护更新项目。（张　璇）

【央地协同发展】 2021年，区外联办发挥党建议事协调委员会作用，建立“一条热线两件小事”通报机制，定期向中央单位通报央产小区“接诉即办”诉求和关键“两件小事”情况，发挥驻区中央单位和属地双向需求“两个清单”作用，在做好服务同时争取中央单位助力区域均衡发展。全年中央单位支持西城区事项50余项，涉及新冠肺炎疫情防控、物业管理、垃圾分类、老城保护复兴等方面。针对西城区学位缺口较大情况，全国政协、中纪委、中组部、水利部、全国总工会、中直管理局等部委挖掘闲置空间资源支持西城教育，增加教育学位2100余个。中共中央办公厅主动履责，对宿舍区老旧楼房进行综合改造。工信部支持白纸坊街道半步桥6号院小区更换物业。国务院国资委协助广外街道解决马中里三区四号楼电梯停运问题。国家药监局、全国总工会，以及军委机关、武警部队总部、北京卫戍区等中央单位和驻京部队主动提供场地，保障核酸检测、防控隔离和新冠病毒疫苗接种工作。（张　璇）

【服务事项进政务大厅试点】 2021年，区外联办开展服务中央单位和驻京部队事项进大厅试点工作，推动责任事项清单化、服务流程标准化、工作手段数字化。构建“四专”（专窗、专员、专线、专项）服务模式，形成“40+N”（已明确有的区级事项清单+未来工作中发生发现的）区级服务事项清单和街道特色服务事项清单，打造“专窗接件、后台处理、协同联动、快速处置”基本模式，建立机制健全、标准统一、高效协同服务中央单位工作模式，提升服务水平和服务成效。全区为中央单位办理新冠肺炎疫情防控、市政配套、生活改善等专项服务741项，办理合同备案、办税服务、央产房调整等行政审批类服务1400余次。在北京市召开的服务事项进大厅试点工作总结会上，西城区及新街口街道作典型发言。（张　璇）

【国内友好交往】 2021年，区领导赴上海市、广东省广州市、浙江省绍兴市等地学习考察。接待武汉市江汉区、广州市越秀区、重庆市江北区等地党政代表团考察学习活动7次。区外联办做好驻京机构服务保障工作，加强走访、考察参观和座谈，增进互动交流。（张　璇）

支援合作

【概况】 2021年，西城区继续加大对内蒙古自治区喀喇沁旗、鄂伦春自治旗和青海省玉树藏族自治州囊谦县三地资金和项目帮扶力度，拨付财政资金5738.5万元，实施项目25项，产业帮扶项目占比54.1%，受益农户7万余人。选派党政人才7人、专业人才66人（医生38人、教师28人），通过教学培训、以干代训等方式助力当地社会管理水平提升和医疗卫生事业发展。邀请相关专家开展乡村振兴系列培训，参训人员2700人次。举办农村劳动力技能培训班和致富带头人培训班，培训农村劳动力358人、致富带头人106人，帮助当地劳动力来京就业281人，就近就地实现就业1159人，提升就业能力，实现稳定增收。在各街道设置帮扶地区产品专柜15个，开展“生活性服务业进社区”品牌活动。组织中央单位、央企、金融机构参与呼伦贝尔产品推介会，扩大帮扶地区农产品进京销售渠道，全年实现支援合作地区农副产品销售1000余万元。完善结对帮扶关系，15个街道结对20个乡镇，14个社区结对16个村，捐款捐物、消费帮扶183万元。12家社会组织结对7个村，捐赠物资285万元。14所学校与协作地区学校结对，20所医院结对36所医疗机构，助力当地教育医疗机构建设。召开驻区重点企业帮扶工作对接会，推进万企兴万村工作，实现18家企业结对26个村，捐款25.9万元、冬衣80箱，消费帮扶19万元。区外联办印发西城区《2021年支援合作工作要点》《支援合作工作任务清单》，涉及33个部门、8个大项23个小项。河北省张北县、阜平县纳入京津冀协同发展，完成133个项目交接。在2月25日召开的全国脱贫攻坚总结表彰大会上，区外联办扶贫协作科获“全国脱贫攻坚先进集体”称号。在3月15日召开的北京市扶贫协作总结表彰大会上，西城区12人获“北京市脱贫攻坚先进个人”称号、7个集体获“北京市脱贫攻坚先进集体”称号。（叶　丹）

【对口协作交流互访】 9月6日至8日，区委书记孙军民带队赴青海省囊谦县考察调研，代表团考察香达镇卫生院援建项目、平安囊谦援建项目、民族团结教育展馆援建项目。10月12日至13日，孙军民带队赴内蒙古自治区喀喇沁旗考察调研，代表团考察锦山镇现代化农业产业园项目、马鞍山红色教育基地。10月15日至16日，区委副书记、区长孙硕带队赴内蒙古自治区鄂伦春自治旗考察调研，代表团考察京蒙协作乡村振兴产业园、食用菌深加工项目，慰问当地困难户并座谈交流。12月28日至29日，孙硕带队赴内蒙古自治区鄂伦春自治旗考察调研，对接京蒙协作工作；两地组织召开北京市西城区·鄂伦春自治旗东西部协作联席会议；西城区向鄂伦春自治旗成立70周年捐赠资金70万元。12月29日至31日，内蒙古自治区鄂伦春自治旗旗委副书记、旗长何雪光率代表团到西城区考察调研，考察中核汇能公司清洁能源项目、共享单车管理项目并座谈交流。（叶　丹）

12月28日，北京市西城区·鄂伦春自治旗东西部协作联席会议召开　（区外联办　供图）

【民主党派人士结对帮扶】 2021年，区委统战部发挥大团结大联合优势作用，统筹统战资源，对乡村振兴总体部署，开展考察对接、产业帮扶、医疗义诊、捐资助学等系列帮扶活动，形成统一战线多元一体“组团式”长效帮扶模式。民革西城区委和部分支部向贵州省黔西南州晴隆县、兴仁市4所小学捐赠课桌椅1000套；发动党员企业与内蒙古自治区呼伦贝尔市鄂伦春自治旗乌鲁布铁镇新兴村签订对口帮扶协议，捐赠一次性医用口罩3000个、免洗洗手液144瓶。民盟西城区委科技助力内蒙古自治区呼伦贝尔市鄂伦春自治旗乌鲁布铁镇兴盛村，普及农村科学种植知识。民建西城区委在北京金源世纪购物中心举办“贵州省赤水市产品大集”，9天销售额32万元，获意向客户近千人；向河北省丰宁县土城镇四间房村爱心超市、塔沟小学分别捐赠价值约2.5万元物品及图书近2500册；为内蒙古自治区鄂伦春自治旗向阳村34户家庭捐赠价值约1万元物资；医务界多名会员前往贵州省黔西市人民医院、册亨县人民医院参加义诊，组织教学培训。民进西城区委前往贵州省毕节市赫章县开展中学“跨学科学习”讨论、小学校长培训、专业课程送课到校、远程评课等教育帮扶，培训500余人；联合会员企业帮扶内蒙古自治区呼伦贝尔市鄂伦春旗乌鲁布铁镇新丰村，捐赠米、面、油等生活物资和口罩、额温枪等医疗物资，价值6000余元；向贵州省安龙县捐赠价值10万元药品和价值6万元幼儿编程智能教室，培训医务人员200余人，义诊服务100余人；开展“同心彩虹——教育改变家乡”系列网上评课活动，培训贵州省兴义市和安龙县教师1700余人；联合区律师协会，在内蒙古自治区喀喇沁旗开展“大手拉小手”捐资助学活动，筹集助学金3万余元。农工党西城区委组织医学专家到衡水市第六人民医院举办大型义诊活动；台盟西城区委与农工党西城区委共同完成京蒙对口帮扶，动员协调1家党派成员企业与内蒙古自治区呼伦贝尔市鄂伦春自治旗乌鲁布铁镇新发村签订帮扶协议；举办“未雨绸缪、心血管风险早预防”线上健康知识讲座。九三学社西城区委联合区知联会组织20余名副高级以上主任医师赴内蒙古自治区赤峰市喀喇沁旗医院开展义诊和医生培训活动，受益人群300余人；通过视频直播形式，组织医学专家远程为内蒙古自治区呼伦贝尔市鄂伦春旗乌鲁布铁镇春林村村民开展医疗科普和答疑，600余人次在线参与。致公党西城区委与内蒙古自治区呼伦贝尔市鄂伦春旗乌鲁布铁镇春林村开展对口帮扶活动，邀请北京市隆平律师事务所举办在线法律知识讲座，为对口支援镇、村民在线答疑。

（郭靖　胡楠　穆瑞华　宋小华　魏威　李鹏　宋淙淙　丁冬　梁训新）

【人民团体对口支援】 2021年，区科协组织对口帮扶和科普辐射助力乡村振兴，向内蒙古自治区呼伦贝尔市鄂伦春自治旗捐赠《马铃薯高效栽培技术》《食用菌栽培手册》《给孩子的科技史》农业养殖和青少年科普图书1340册；组织科技互助交流，在怀柔区郑重庄、门头沟区田庄村开展义诊、健康讲座、知识竞答和参观体验。区妇联向市妇女儿童发展基金会申请10万元，资助青海省囊谦县50户贫困大学生家庭每户2000元。区工商联引导民营企业参加“万企兴万村”行动和公益光彩事业；组织北京兰格电子商务有限公司等企业与内蒙古自治区鄂伦春旗宜里镇乃木河村、东升村、都柿沟村签订帮扶协议，慰问当地贫困户80户，发放慰问金4万元；唐杰公司为河北省阜平县史家寨村捐建环保公厕；政城物业公司为河北省张家口市张北县代家村53名老人送去生活物资。团区委启动2021年“红墙助学”成长帮扶计划，募集助学金118210元，资助118名对口支援地区品学兼优需要帮助的青少年；向对口支援地区学生发放450份价值87390元的“红墙助学”爱心礼包；结对帮扶8位贫困生，每人发放2000元至3000元资助款。联合内蒙古自治区喀喇沁旗团委开展青少年摄影大赛，向当地参赛青少年发放价值26702元的暖冬基金和学习用品；开展“领头雁”专业能力提升培训班，提供16.52万元资金支持；组织喀喇沁旗基层团干部、青年致富带头人、返乡创业青年、青年种养大户共35名优秀青年，赴中央团校（中国青年政治学院）参加培训。区青联整合委员资源，在内蒙古喀喇沁旗和青海囊谦建设12家“青联希望小屋”，动员委员捐助13.38万元资金、24台电脑。开展“希望之星1+1一家亲——我在北京有个家青少年助学帮扶项目”，动员委员为青海囊谦30名少数民族小学生提供18万元助学金。启动“青联组织服务千村计划”，50余名委员组建5个服务团，与内蒙古自治区喀喇沁旗、青海省囊谦县的5个村结对子，共计开展普法宣传、健康知识讲座、美丽乡村建设等线上专题活动18次。动员委员捐助55万元，在喀喇沁旗援建1家青少年全媒体实践基地“西城·喀喇沁青年爱里”和1间音乐教室。

（樊士广　邱兴玉　屈佳雯　杨超）

【企业定点支援】 2021年，北京广安控股集团有限公司本着由“输血”向“造血”机制转变，激发内生动力，推进产业扶贫模式，将投资建设20座精品农业种植大棚及附属设施无偿捐赠给河北省张家口市张北县公会镇东号村和盘城房村，完成扶贫项目相关收尾工作。成立天桥盛世集团支援合作工作领导小组，与定点受援地内蒙古自治区鄂伦春旗诺敏镇胜利村、诺敏镇东新发村签署《帮扶框架协议书》，捐赠4万元作为民族房房屋修缮专项资金，购买300公斤当地农户自产木耳，惠及农户12家，每家收入3000元。北京华方投资有限公司向内蒙古自治区喀喇沁旗乃林镇兴隆庄村爱心超市捐赠生活必需品，向内蒙古自治区喀喇沁旗河北街道桥头湾子村捐赠文体活动用品。北京汉光百货有限责任公司向顺义防疫志愿者捐赠200件羽绒服，支援新冠肺炎疫情防控工作。汉光公益基金拨款10万元建设5个青联希望小屋；向自忠小学捐赠图书230套；向西长安街街道办事处捐赠AED（自动除颤器）2台；向内蒙古自治区赤峰市喀喇沁旗锦山镇人民政府捐赠10台电脑。中国电信股份有限公司北京分公司贯彻落实集团公司乡村振兴工作部署，结对帮扶新疆维吾尔自治区喀什地区疏附县。

（于赛赛　王晓曼　张冉　崔博宇　窦鲁鑫）

【教育对口支援】 2021年，区教育系统21所中学、职高、小学、幼儿园分别接待来自内蒙古自治区兴安盟乌兰浩特市、呼和浩特市和赤峰市喀喇沁旗，河北省廊坊市等合作地区干部教师80余人跟岗研修。派出教师13人次重点支持河北省、内蒙古自治区以及新疆等地职业教育帮扶工作。承担“组团式”教育对口援藏工作，派出干部教师4人对口支援拉萨市北京中学。9月1日，红旗大学选派2名教师赴内蒙古自治区鄂伦春自治旗诺敏中学、喀喇沁旗锦山蒙古族中学支教，为期7个月。

（杨海蓉　罗克东　李同焕）

【卫生健康对口支援】 2021年，区卫生健康委健康帮扶项目派出卫生技术人员38人，对口帮扶内蒙古自治区喀喇沁旗和鄂伦春自治旗。生态涵养区支援协作项目中，派驻卫生技术人员2027人次。支援门头沟区，接门诊、急诊患者5884人次，住院患者835人次，培训门头沟区医务人员754人次。门头沟区通过简易转诊至西城区患者8人次，开展远程会诊3次。（马　蕊）

【银行业专业支援】 2021年，国家开发银行北京市分行支持乡村振兴，发放乡村振兴贷款119亿元，计划完成率140%，向大兴集地入市项目发放52亿元。广发银行北京分行新增服务京津冀区域协同发展项目贷款投放36.74亿元。中国民生银行北京分行开展消费扶贫，与河南省滑县老店镇桑寨村党支部、焦虎镇五官村党支部结对子，分别捐赠10万元用于新党建室建设，采购河南省滑县扶贫产品130万元。华夏银行北京分行集中资源对接重点企业和重点项目需求，其中京津冀协同发展重点项目投融资507.05亿元，北京农业担保公司推出“惠农兴商”系列产品，实现投放84户2.12亿元。中国建设银行北京宣武支行河南省汛情期间，协助国家电网公益基金会划转救灾款5000万元；在大量旅客因汛情等待退款时，仅用1小时助力北京南站在非对公营业日支取100万元退票款项。中国建设银行北京西单支行乡村振兴涉农贷款投放9905万元，新增6889万元，完成率1136.8%。中国建设银行北京西四支行发放涉农贷款，为结对帮扶村镇上线智慧村务系统，为老年驿站申请“智荟屏”。交通银行北京市分行围绕粮食和重要农副产品、农业产业链、农村基础建设、农村绿色发展等领域提供融资支持，独家主承销全国首批乡村振兴票据。

（刘宇　张铮　陈悦喆　周含　车喆　马丹阳　卢萌　何华伟）

【保险业公益支援】 2021年，中人保财险西城支公司推动三农保险发展，开展大宗农产品价格保险业务，实现保费收入2690万元。平安人寿北京分公司组织平安志愿者10批100余人次，赴朝阳孙河地区养老院开展养老爱老公益活动；围绕平安集团“快乐少年”年度支教主题，通过微信公众号向社会招募18位支教志愿者，赴房山区浦洼乡平安希望小学教授科技、美术、体育、手工等课程。太平洋产险北京分公司响应服务国家乡村振兴战略，城市型防贫保险项目在顺义区落地，保险服务首都“三农”。

（孟庆芝　戴书敏　李芯妮）

【证券业公益支援】 2021年，东兴

证券贯彻落实乡村振兴战略，投入帮扶资金494.6万元，采购帮扶地区农产品152.21万元；推进“兴源惠民”扶智工程，与中国扶贫基金会联合主办年度兴源惠民基层干部乡村振兴专题培训，培训19个县乡村振兴干部200余人，围绕碳中和、ESG基金、“保险+期货”等资本市场金融工具助力乡村振兴。在内蒙古自治区鄂尔多斯市库布其“绿水青山就是金山银山”实践创新基地承办年度资本市场公益论坛，捐资100万元成立“东兴证券库布其生态公益基金”。协助中国东方发行首单“碳中和”资产支持证券，规模52.53亿元，是上海证券交易所首单“碳中和”资产支持证券，产品认购倍数和利率均创纪录。与中国证券业协会共同启动证券行业促进乡村振兴公益行动，持续推动乡村振兴。（赵祥宇）

【劳务协作对口支援】 2021年，区人力社保局制订支援合作工作方案，制订11个帮扶项目清单，涉及帮扶资金224.22万元。在帮扶地区职业指导群发布12期职业指导微课堂，联合帮扶地区开展线上线下招聘活动4场，提供岗位信息3960个。摸查215名在京就业农村劳动力情况，开展公共就业服务。帮助2554名农村劳动力就业，完成指标134%。组织328名农村劳动力开展8期中式面点技能培训，其中脱贫人口161人。组织145名乡村振兴带头人开展5期创业培训。培育带贫益贫人才队伍，建立4个致富带头人实训基地，吸纳农村劳动力330人，其中脱贫人口67人。

（贾子辰　闫娟娟）

信访工作

【概况】 2021年，西城区信访办公室（简称区信访办）着力推动“集中治理重复信访、化解信访积案”专项工作和“大督查大接访大调研”专项活动，健全完善信访事项复查工作机制，向各街道印发《关于做好依法分类处理信访诉求的通知》。加强信访法治宣传和干部队伍建设，组织律师开展法律讲座培训。落实法治政府建设要求，成立以党政主要领导为组长的领导小组，定期召开专题会议，研究部署信访法治工作。区委常委会会议、区政府常务会研究信访工作4次。区信访办获评“2016—2020北京市法治宣传教育先进集体”。（侯璐璐）

【领导干部接访下访】 2021年，西城区开展“大督查大接访大调研”活动，推动领导干部接访下访。成立西城区“大督查大接访大调研”专项活动领导小组，制订工作方案，明确任务，细化进度安排。6月23日，区委书记孙军民到白纸坊街道平原里南社区、什刹海街道接访，协调解决居民用水难问题；区委副书记、区长孙硕到大栅栏街道、广外街道接待信访群众代表，就老城保护问题及居民房屋漏雨问题听取群众诉求，作出工作部署。

（侯璐璐）

【信访难题和矛盾化解】 2021年，区信访办牵头成立化解疑难复杂信访问题工作专班，完成“集中治理重复信访、化解信访积案”专项工作。上报化解率为100%。区信访联席会议牵头抓总，针对化解任务重、化解率低和倒流率高的重点单位加大督促指导，“以督促化”带动化解工作落地。各街道成立“矛盾调解中心”，推进矛盾化解。开展人民建议征集活动，办理人民建议征集件119件次638人次，印发《关于调整完善特邀建议人队伍的通知》，调整西城区特邀建议人队伍，选评西城区优秀人民建议集体3个、先进个人2名。（侯璐璐）

【信访干部队伍建设】 2021年，区信访办全体干部轮班参与北京市政法队伍教育整顿值班，接听群众来电。以“线上+线下”方式，组织全区信访干部开展《中华人民共和国国家安全法》《防范和处置非法集资条例》等法规学习，对信访系统操作、信访干部心理健康等开展专题培训，提升全区信访干部思想政治和业务能力水平。4个单位、7名信访干部被评为2016—2020年度北京市信访工作先进集体和先进个人。（侯璐璐）

【信访联席会议】 3月18日，西城区召开全区信访联席会议（扩大）会议，部署重点矛盾纠纷排查调处、区领导包案等工作。区联席会议重点围绕“集中治理重复信访，化解信访积案”专项工作统筹协调，推动积案化解。发挥15个街道信访联席会议机制作用，西长安街街道、金融街街道、月坛街道、广外街道在区信访联席办指导下，牵头推动属地信访工作开展，西长安街街道信访联席会议开展拉网式矛盾纠纷大排查，筑牢地区“防火墙”。（侯璐璐）

3月18日，西城区召开重点矛盾纠纷排查调处、区领导包案工作部署会　（区信访办　供图）

区直机关事务管理

【概况】 2021年，北京市西城区机关事务服务中心（简称区机关服务中心）统筹做好机关办公用房、公务用车（除执法执勤用车）、固定资产等管理工作，加强机关后勤服务保障和安全管理，严格落实办公场所出入管控和餐饮防疫措施，确保机关安全稳定运行。完成建党百年庆祝活动、全国两会等重要活动服务保障任务，接待参会人员10万余人次。（邵　晨）

【节约型机关创建】 2021年，西城区落实《北京市西城区节约型机关创建行动方案》，倡导勤俭节约、反对铺张浪费，推行绿色办公，降低机关运行成本，引导干部职工养成简约适度、绿色低碳生活和工作方式。对照《北京市节约型机关创建考核验收评分细则（2021版）》，在机关单位张贴节能宣传标识、配齐分类垃圾桶、更换节能灯具、废物循环再利用、加装节水设备，截至年底，参与第二批节约型机关创建的53家单位通过区级考核，81%的区级党政机关达到节约型机关创建要求。（邵　晨）

【公益性项目对接统筹】 2021年，区机关服务中心按照统筹规划、统筹空间、统筹功能、统筹需求、统筹设计原则，重点跟进“菜园街”“光源里”“百万庄、车公庄”公益性对接项目建设，整合用房功能，合理安排使用需求，配合项目建设单位做好方案设计，加快推进项目建设。三处公益性用房面积约10万平方米。（邵　晨）

【“光盘行动”宣传实施】 2021年，西城区贯彻落实习近平总书记关于“坚决制止餐饮浪费行为”的指示精神，开展多种形式的“光盘行动”宣传活动。机关服务中心从源头抓起，加强食堂内部管控和成本核算，杜绝“刀下”浪费。组织机关干部开展“厉行节约、反对浪费、从我做起”主题签名承诺活动，通过发布倡议书、签订承诺书、设立“文明就餐监督员”、制作宣传片、开展“桶前值守”活动等方式，规劝引导不文明行为，建议就餐者适量取餐、勤拿少取、人走盘光，营造以俭养德、文明用餐良好风气。北京电视台新闻频道、北京日报新媒体平台“北京号”、《北京西城报》、“北京西城”官方微信公众号、“西城机关党建”微信公众号等多家新闻媒体和客户端宣传报道“光盘行动”的经验做法。（邵　晨）

【机关垃圾分类处置】 2021年，西城区落实《西城区机关生活垃圾分类实施方案》，通过建立台账、加强培训、追踪分类处理、严格督导考核，提高机关精细化管理水平。区机关服务中心分别与物业和餐饮公司签订机关垃圾分类工作承诺书，利用宣传画册、展板、公示栏、电子显示屏、文化墙等载体，宣传垃圾分类投放、收集、处理模式，引导树立低碳、环保、绿色生活理念，养成垃圾分类良好生活习惯，机关垃圾分类覆盖率85%以上。机关食堂创建垃圾分类示范点，引进生物降解机，在餐厨垃圾处理过程中，做到过程全封闭，不冒烟、不洒漏、无异味，餐食垃圾减量33%。（邵　晨）

【办公用房及家具管理】 2021年，依据《北京市西城区党政机关办公用房管理实施细则（试行）》，全区开展办公用房专项检查，区机关服务中心对不符合规定标准的20个单位90间办公用房进行整改。落实“过紧日子”要求，将闲置资产和临时活动上交资产纳入周转库管理，建立健全资产统一登记、统一调配机制。全年回收办公家具317件，为建党百年庆祝活动指挥部、冬奥会服务保障指挥部以及其他需求单位配发办公家具共计480件。完成区政务服务大厅周转用房、新址搬迁、资产配置、物业管理、设备维保、消防安保等对接协调和服务保障。（邵　晨）

【公务用车管理】 2021年，西城区修订完善《西城区党政机关公务用车管理办法（试行）》，加强公车管理规范化、科学化、精细化水平。落实市委巡视整改意见，完成199辆公务用车标识粘贴及241辆公务用车北斗定位终端设备安装。利用区机关公务用车综合管理平台加强信息化管理，完成296辆公务用车北斗定位终端设备由2G升级4G工作。纪检监察部门开通区机关公务用车综合管理平台查询端口，加强监督，杜绝管理和使用漏洞。与市机关事务管理局对接，实现资源共享，以“基础数据、综合调度、实时监督、运行管理、统计分析”为主线，完善西城区党政机关公务用车综合管理平台建设。

（邵　晨）

（责任编辑　张立）

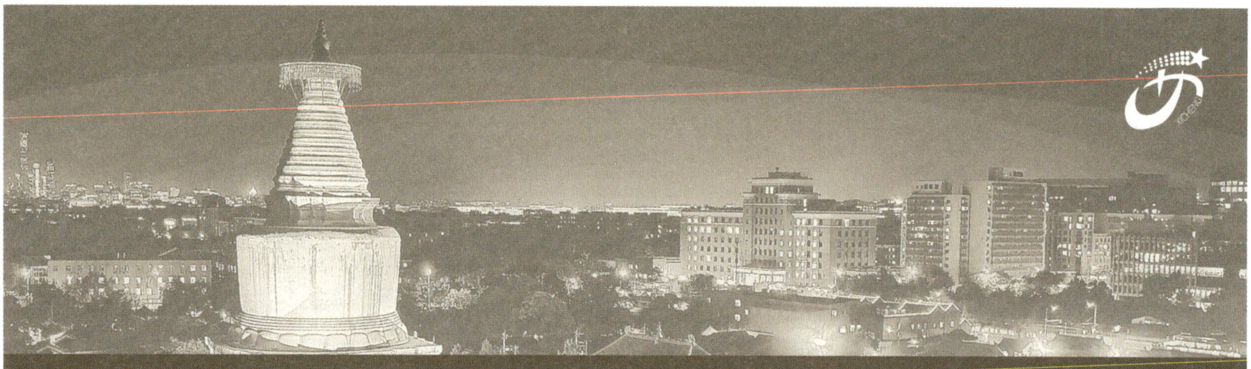

中国人民政治协商会议北京市西城区委员会

综　述

2021年，中国人民政治协商会议北京市西城区委员会（简称区政协）及常务委员会深入学习贯彻习近平新时代中国特色社会主义思想、中共十九大和十九届历次全会精神及习近平总书记关于加强和改进人民政协工作重要思想，团结和依靠各界委员，发挥人民政协协商民主重要渠道和专门协商机构作用，履行政治协商、民主监督、参政议政职能，为西城区经济社会各项事业发展做出贡献。第十四届区政协有委员410人，其中中共党员155人、非中共党员255人；男230人、女180人；汉族369人、11个少数民族41人；常务委员71人。全年召开全体会议2次、常委会会议8次、主席会议4次、秘书长会议2次。

区政协常委会始终坚持以政治建设为统领，不断强化思想政治引领，确保政协工作始终沿着正确政治方向前进。组织推动各界委员深入学习习近平新时代中国特色社会主义思想，系统学习习近平总书记对北京重要讲话精神，开展“习近平总书记关于加强和改进人民政协工作的重要思想”学习大讨论，组织委员研读习近平《论中国共产党历史》等书目，深入学习领会习近平总书记在庆祝中国共产党成立100周年大会上的重要讲话精神，组织“百名委员学党史谈心得”，从中感悟思想伟力、汲取奋进力量，增进对中国共产党和中国特色社会主义的政治认同、思想认同、理论认同、情感认同，夯实团结奋斗的共同思想政治基础。

区政协着眼区域发展大局，聚焦中心任务，深入开展协商议政，为“十四五”发展良好开局凝聚智慧和力量，围绕数字经济发展、智慧社区建设、文物保护利用等议题，深入开展调查研究，助推区委、区政府重大决策部署落实。2021年，组织重要协商15次，调研、通报、视察等活动150次。

区政协注重发挥提案在履职中的重要作用，建立区领导阅批、领办、督办重点提案制度，完善提案工作全过程协商、涉疫提案“特事特办”等机制，推进征集提案选题引导、同类提案集中办理、难点提案会商办理、重点提案跟踪督办、提案落实检查评议等方式，推广线上办理和远程会商等模式，全年175件提案全部办复。

区政协密切同民主党派、工商联和无党派人士的合作共事，坚持定期走访、谈心谈话制度，通过议政会、秘书长会等，为各民主党派、人民团体搭建履职平台。重视发挥少数民族、宗教和港澳台侨界别委员的作用，2021年，组织委员视察西城区侨资、台资企业，听取对台及港澳工作情况通报，开展《北京市宗教事务条例》落实情况等视察，组织春节、教师节、开斋节等重大节日慰问和庆“三八”女委员联谊等活动，在团结联谊中增进共识。支持鼓励委员深入界别群众，发挥桥梁纽带作用，在联系群众服务群众中增进共识。

区政协把关注民生、改善民生作为履职的着力点，注重搭建平台、完善机制，引导委员深入基层，贴近社情民意履职尽责。按照属地就近原则，将所有委员划分到15个街道，每名委员至少联系1个社区、全区所有社区都有委员联系，建成独具西城特色的街道政协委员联组。2021年，区政协开展“走街串巷访民情”活动，委员们围绕街区规划、重点项目和民生事项等建言献策，评议监督街道重要工作，参与社区书记述职评议、社区“两委”换届等工作，聚焦物业管理、垃圾分类、养老服务等群众关心的问题开展微协商。区政协按照“不建机构建机制”的原则，依托街道政协委员联组，在每个街道建立委员工作站。鼓励政协委员发挥专业优势，创建委员工作室，“海馨健康小屋”“书香驿站”“老窑瓷博物馆”等委员工作室，提供健康咨询、开展微协商等活动。新冠肺炎疫情防控期间，区政协组织机关干部和委员志愿者下沉社区，医卫界委员坚守防控一线，教育界委员助力线上教学，文艺界委员宣传抗疫精神，以实际行动诠释社会责任担当。（朱　珊）

重要会议

【第十四届委员会第五次会议】1月11日至13日，区政协第十四届委员会第五次会议召开，247名委员出席开幕会。主席章冬梅作常委会工作报告，副主席王志忠作提案工作报告。会议听取《中国人民政治协商会议北京市西城区第十四届委员会提案委员会关于第五次会议期间提案审查情况的报告》，审议通过《中国人民政治协商会议北京市西城区第十四届委员会第五次会议决议》。与会委员听取并讨论区政协常委会工作报告和提案工作报告，列席北京市西城区第十六届人民代表大会第八次会议，听取并讨论《政府工作报告》等报告。会议选举海峰为政协西城区第十四届委员会副主席、李高霞为政协西城区第十四届委员会秘书长、章卫为政协西城区第十四届委员会常务委员。

（朱　珊）

【第三十一次常委会会议】1月11日，第十四届区政协常务委员会召开第三十一次会议，副主席刘学增主持会议。会议听取秘书长王申恒对第十四届委员会第五次会议日程调整情况的说明、对小组召集人调整情况的说明。会议讨论副主席、秘书长请辞事项，会议原则通过，决定提交全体会议讨论。

（朱　珊）

【第三十二次常委会会议】1月12日，第十四届区政协常务委员会召开第三十二次会议，副主席李建国主持会议。会议听取小组讨论《中国人民政治协商会议北京市西城区第十四届委员会常务委员会工作报告》和《中国人民政治协商会议北京市西城区第十四届委员会常务委员会提案工作报告》情况的汇报；会议审议《政协北京市西城区第十四届委员会第五次会议选举办法（草案）》、区政协第十四届委员会副主席、秘书长、常务委员候选人建议人选名单和《中国人民政治协商会议北京市西城区第十四届委员会第五次会议总监票人、监票人建议名单（草案）》，决定提交全体委员讨论。

（朱　珊）

【第三十三次常委会会议】1月13日，第十四届区政协常务委员会召开第三十三次会议。副主席张培彤主持会议。会议听取区政协第十四届委员会第五次会议期间小组讨论《政府工作报告》《北京市西城区2020年国民经济、社会发展计划执行情况和2021年国民经济、社会发展计划草案的报告》《北京市西城区2020年财政预算执行情况和2021年财政预算草案的报告》《北京市西城区人民法院工作报告》和《北京市西城区人民检察院工作报告》情况的汇报。会议听取小组讨论《中国人民政治协商会议北京市西城区第十四届委员会第五次会议选举办法（草案）》和酝酿副主席、秘书长、常务委员候选人建议人选及讨论《中国人民政治协商会议北京市西城区第十四届委员会第五次会议总监票人、监票人建议名单（草案）》情况的汇报。会议审议《中国人民政治协商会议北京市西城区第十四届委员会第五次会议选举办法（草案）》《中国人民政治协商会议北京市西城区第十四届委员会第五次会议总监票人、监票人建议名单（草案）》，审议政协西城区第十四届委员会副主席、秘书长、常务委员候选人建议人选名单（草案），决定提交政协西城区第十四届委员会第五次会议选举大会审议通过。区委副书记、区长孙硕出席会议并听取各小组讨论政府工作报告的汇报。

（朱　珊）

【第三十四次常委会会议】1月13日，第十四届区政协常务委员会召开第三十四次会议。副主席荣洋主持会议。会议讨论《中国人民政治协商会议北京市西城区第十四届委员会第五次会议期间提案审查情况的报告（草案）》，审议《中国人民政治协商会议北京市西城区第十四届委员会第五次会议决议（草案）》，通报区政协第十四届委员会第五次会议选举大会计票结果，决定提交闭幕会，向全体委员报告。章冬梅、程军、王志忠、李建国、刘学增、张培彤出席会议。

（朱　珊）

1月11日至13日，区政协第十四届委员会第五次会议召开

（区融媒体中心　供图）

1月11日至13日，区政协十四届五次会议上政协委员投票选举

（区政协　供图）

【第三十五次常委会会议】 3月18日，第十四届区政协常务委员会召开第三十五次会议，章冬梅主持并讲话。会议听取荣洋介绍参加全国两会体会；审议通过《政协北京市西城区第十四届委员会常务委员会2021年工作要点》和《西城区政协庆祝中国共产党建党100周年“坚定不移跟党走、携手奋进新征程”主题学习教育方案》；通报《中共北京市西城区委办公室关于印发〈西城区政协2021年协商工作计划〉的通知》和《政协北京市西城区第十四届委员会主席、副主席、秘书长工作分工》；安少雄、刘学俊、王广发、李海潮4名常委述职。

（朱　珊）

【第三十六次常委会会议】 6月17日，第十四届区政协常务委员会召开第三十六次会议，章冬梅主持并讲话。会前集体学习，中央社会主义学院统战理论教研部主任、教授王小鸿讲授《中国共产党统一战线工作条例》。会议就《政协北京市西城区委员会关于加强委员工作站（室）建设的意见（试行）》说明。审议通过《政协北京市西城区委员会委员履职工作规则》《政协北京市西城区委员会委员履职评价办法（试行）》《政协北京市西城区委员会关于加强委员联系群众工作的意见》。曾加顺、刘世春、杨秋、刘克杰、赵娇阳5名常委述职。

（朱　珊）

【第三十七次常委会会议】 10月12日，第十四届区政协常务委员会召开第三十七次会议，王志忠主持会议。会议听取区委办公室常务副主任李松山关于2021年党派团体提案办理情况通报；审议通过《政协北京市西城区第十四届委员会常务委员会关于“依托西城特有资源优势，加快推进数字经济发展——关于西城区建设‘产业数字化赋能示范区和数字应用场景引领示范区’的思考”的建议案》；审议通过《政协北京市西城区第十四届委员会常务委员会关于表彰2021年度优秀提案的决定》《政协北京市西城区第十四届委员会常务委员会关于表彰2021年度社情民意信息工作先进单位、优秀信息员的决定》《政协北京市西城区第十四届委员会常务委员会关于撤销张鹏委员资格的决定》《政协北京市西城区第十四届委员会常务委员会关于接受郎艳霞辞去委员的决定》。陶水龙、褚海燕、戴卫红、孟至岭4名常委述职。（朱　珊）

【第三十八次常委会会议】 11月24日，第十四届区政协常务委员会召开第三十八次会议，王志忠主持会议。会议听取区政府办公室关于区政协十四届五次会议以来委员提案办理情况通报；听取区纪委关于2021年西城区纪检监察工作情况通报。听取区委统战部常务副部长刘琪关于区政协十五届委员会委员联合建议书、一次会议主席团成员的联合建议书、一次会议秘书长人选的联合建议书的通报；协商决定《政协北京市西城区第十五届委员会委员建议名单》；审议《政协北京市西城区第十五届委员会第一次会议主席团成员建议人选名单（草案）》《政协北京市西城区第十五届委员会第一次会议秘书长建议人选名单（草案）》，决定提交区政协十五届一次会议预备会议审议通过。审议通过《关于召开中国人民政治协商会议北京市西城区第十五届委员会第一次会议的决定》。审议《政协北京市西城区第十五届委员会第一次会议议程（草案）》《政协北京市西城区第十五届委员会第一次会议日程（草案）》《政协北京市西城区第十五届委员会第一次会议界别联组召集人建议名单（草案）》《政协北京市西城区第十五届委员会第一次会议决议起草委员会建议名单（草案）》《政协北京市西城区第十五届委员会第一次会议提案审查委员会建议名单（草案）》，决定提交区政协十五届一次会议预备会议审议通过；审议《政协北京市西城区委员会常务委员会工作报告（讨论稿）》《政协北京市西城区委员会常务委员会提案工作报告（讨论稿）》，决定提交区政协十五届一次会议审议。

（朱　珊）

【第十四届委员会总结会议】 11月24日，区政协根据新冠肺炎疫情防控要求，区政协以视频会议形式召开政协北京市西城区第十四届委员会总结会议。区委常委、区委组织部部长、区委统战部部长、区政协党组副书记程昌宏致辞，王志忠作第十四届区政协工作总结，对年度优秀提案和社情民意信息工作先进单位、优秀信息员表彰。区委书记孙军民讲话。（朱　珊）

【第十五届委员会第一次会议】 12月12日至16日，第十五届委员会第一次会议召开，397名委员出席开幕会。十五届一次会议常务主席王志忠作政协常委会工作报告和提案工作报告。听取《中国人民政治协商会议北京市西城区第十五届委员会提案委员会关于第一次会议期间提案审查情况的报告》，审议通过《中国人民政治协商会议北京市西城区第十五届委员会第一次会议决议》。与会委员们听取并讨论区政协常委会工作报告和提案工作报告，列席西城区第十七届人民代表大会第一次会议，听取并讨论西城区《政府工作报告》等报告。选举政协北京市西城区第十五届委员会主席1名、副主席7名，秘书长1名和常务委员79名。程昌宏当选十五届西城区政协主席，王志忠、彭秀颖、王毅、杨秋、戚畅、关振鹏、王景兰当选十五届西城区政协副主席，李高霞当选十五届西城区政协秘书长。（朱　珊）

协商议政

【概况】 2021年，区政协围绕加快国家级金融科技示范区建设、推动西城全国文化中心建设、推进历史文化街区风貌保护与更新，开展专题协商；围绕完善社会治理机制、提升“接诉即办”规范性和实效性，召开双月座谈会协商议政；组织召开“落实核心区控规、推进西城区高质量发展”主题议政会，为区委、区政府科学决策提供参考。全年形成协商报告4篇，报送区委建议案1项，提供《领导参阅》4篇。（朱 珊）

【专题协商】5月27日，区政协召开“推进历史文化街区风貌保护与更新”专题协商座谈会，副主席海峰主持，章冬梅出席会议并讲话。区住房城市建设委通报“推进历史文化街区风貌保护与更新”情况，区政协委员刘井坤等8名委员发言。有关部门负责人、政协委员、北京建筑大学师生代表、有关街道社区居民代表40人参加座谈。6月10日，区政协召开“加快国家级金融科技示范区建设”专题协商会。王志忠主持，章冬梅出席并讲话。副区长聂杰英通报中关村科技园区西城园管委会关于金科新区建设情况，曲宏等7名委员发言。程军、李琳光、李高霞出席，区政协机关各室主任、30余名政协委员及党派人士参加，西城园管委会、区科信局负责人听取意见建议。7月8日，区政协召开“推动西城全国文化中心建设新发展”专题协商座谈会。王志忠主持，副区长王波出席。区委宣传部通报落实北京市推进全国文化中心建设总体情况。委员刘志江、许宁春、刘燕军、余博、黄和平、樊星发言，提出意见建议。区发展改革委、区文化和旅游局、区金融街服务局、西城园管委会、大栅栏琉璃厂指挥部、天桥演艺区指挥部、区文促中心、15个街道相关负责人和部分委员单位代表参加会议。（朱 珊）

【双月协商】6月22日，区政协与区委统战部召开“深化‘接诉即办’改革，提高基层社会治理能力”双月协商座谈会，海峰主持。副区长王波通报深化“接诉即办”改革情况。民盟、民进、致公党、台盟的4名党派成员代表和李小波、郭昊、刘卫东3名政协委员发言。柳荫街社区、半步桥社区、樱桃园社区3名社区书记表达意见建议。王志忠、刘琪、李高霞出席。区政协机关各室主任、60余名政协委员及民主党派人士参加会议，区城市管理监督指挥中心负责人听取意见建议。（朱 珊）

12月12日至16日，中国人民政治协商会议北京市西城区第十五届委员会第一次会议召开（刘鹜 摄）

【凝聚共识主题研讨会】9月15日至17日，区政协举办“发挥人民政协凝聚共识职能作用”主题研讨会。研讨会邀请中央党校《学习时报》社总编辑丁茂战、原中国人民政协理论研究会原秘书长原冬平、北京市城市规划设计研究院高级工程师王亮，围绕习近平总书记“七一”重要讲话精神、落实中央对政协工作划时代新要求、首都功能核心区控制性详细规划作专题讲座。李小波、赵文胜、郝明虹、蔺炜、吴江、古波、陈锐军、王景兰8名委员围绕研讨主题作交流发言。章冬梅、王志忠、李琳光、李高霞出席会议，区政协常委、部分政协委员、各街道政协办主任及政协机关工作人员150余人参加。（朱 珊）

【议政会】9月28日，区政协、区委统战部联合召开以“落实核心区控规，推进西城区高质量发展”为主题的议政会。程昌宏主持会议，孙硕出席并讲话。各民主党派、工商联和无党派人士围绕主题，聚焦推进智慧养老、发展数字经济、整治老旧小区、优化交通出行、打造智慧商圈、建设韧性城市、培养拔尖创新人才等方面提出意见建议。（朱 珊）

民主监督

【概况】2021年，区政协坚持把区委、区政府的中心工作和重点任务的贯彻落实作为民主监督主要内容，发挥财政预算、社会治理、城市管理3个民主监督组作用，强化问题导向，围绕“接诉即办”落实情况、区财政预决算、水污染防治情况，开展协商式民主监督，形成专项民主监督报告2篇，为区委、区政府提供决策参考。（朱 珊）

【财政预算民主监督】2021年，区政协财政预算民主监督组对《西城区2020年决算的报告》《西城区2021年上半年财政收支预算执行情况的报告》评议，完成《西城区政协财政预算民主监督组对西城区2020年财政决算和2021年上半年预算执行情况的监督工作报告》。（朱 珊）

【水污染防治民主监督】2021年，区政协落实《北京城市总体规划

（2016年—2035年）》《北京市水污染防治条例》和《北京市深入打好污染防治攻坚战2021年行动计划》，组织委员围绕“核心区要营造一流政务环境、服务保障首都功能”开展水污染防治专项民主监督活动，形成《关于“水污染防治”的专项民主监督工作报告》。（朱 珊）

【水污染防治情况通报会】 4月21日，区政协召开水污染防治专项民主监督情况通报会，听取区生态环境局和水务局通报全区水污染防治情况，海峰出席会议并讲话。区政协城建环保委常务副主任、五室主任何绪明主持会议。15名区政协委员参加会议。（朱 珊）

【街道联组工作会】 6月24日，区政协举行街道政协委员联组工作交流会暨政协委员工作站授牌仪式。会议部署加强委员工作站（室）建设工作，向15个政协委员工作站授牌，大栅栏、天桥、展览路、广内街道联组交流发言。章冬梅主持会议并讲话，指出建立委员工作站（室），是“不建机构建机制”的创新实践，是委员履职实践的新平台。15个街道工委、办事处主要负责人及街道政协办负责人参加会议。（朱 珊）

提案工作

【概况】 2021年，区政协收到政协委员提案194件，立案175件，立案率为90.21%。其中党派团体提案19件，占立案总数的10.86%；界别提案22件，占立案总数的12.57%；街道联组提案3件，占立案总数的1.71%；委员提案131件，占立案总数的74.86%。在立案提案中，经济科技类提案37件，占21.14%；城建环保类提案48件，占27.43%；教文卫体类提案52件，占29.72%；社会法制类提案32件，占18.29%；统战、民族宗教及其他类提案6件，占3.42%。围绕经济高质量发展提案36件，占20.57%；围绕社会治理体系现代化的提案32件，占18.28%；围绕文化事业发展、城市魅力提升的提案42件，占24%；围绕民生保障、公共服务的提案47件，占26.86%；围绕城市建设绿色科学发展的提案18件，占10.29%。按照归口交办原则，提案送交87个部门办理，年底提案全部办复。（朱 珊）

【提案办理协商方式改进】 2021年，适应新冠肺炎疫情防控要求，区政协倡导提案线上办理协商和远程会商。提案办理截止时间由6月20日调整至7月10日。建立涉及新冠肺炎疫情提案特事特办机制，关于加强春节期间新冠肺炎疫情防控的1件提案在政协全会闭幕14天后的1月27日办结。（朱 珊）

【区政协十四届五次会议优秀提案摘要】《关于加强西城区老旧小区物业管理的提案》提出，政府主导梳理产权人或受益人，明确物业管理委托方；制定物业管理扶持或奖励政策，建立“先尝后买”模式；制定物业公司入围标准及服务标准；建立物业管理长效机制，从市场化对标、业主满意度考核与物业费缴纳基数调整等方面，建立老旧小区物业管理长效机制。

《关于加大对外卖监管的提案》提出，加大绿色发展理念和建设两型社会的宣传，引导消费者强化环保意识，引导和鼓励餐具制造企业创新并加大对环保型餐具的生产；完善体制机制，落实源头管控责任，市场监管部门把外卖餐饮食品安全列入餐饮食品安全监管机制中，建立外卖餐饮食品安全管理制度等，保障外卖“舌尖上的安全”；交管部门把外卖配送车辆纳入重点交通管理工作中，采取有力措施督促引导配送车辆安全行车的责任意识，强化路面查处力度，对外卖配送车辆的交通违法行为形成严管重处的常态化；强化宣传教育，形成社会共治氛围，市场监管、交通和第三方平台等相关部门通过媒体加强对外卖行业的正面舆论引导。

《关于加强新时代西城区青少年爱国主义教育的提案》提出，学校和家庭应加强对青少年人生观和价值观的正向教育，加大对青少年爱国主义行动的宣传力度，通过喜闻乐见的文娱活动宣扬民族文化和民族精神；开展有特色的青少年爱国主义宣传活动，将社会发展过程中涌现出的一批可歌可赞的爱国事迹纳入青少年爱国主义教育题材范畴，体现时代特色，唤起青少年的共鸣，激发接受爱国主义教育的兴趣与积极性；创新青少年爱国主义教育模式，教学体系规划应进一步细化，建立学校、家庭、社会三位一体的教育机制，借力西城区党组织、政协组织和民主党派的力量成立西城区青少年模拟政协社团，丰富爱国主义教育渠道，组织开展青少年学生爱国教育活动；打造西城区专业化的爱国主义教师队伍，培养面向青少年、尤其是小学生的党课老师，充分发挥社区党员力量，打造社区青少年爱国主义教导员队伍，鼓励地方政协委员进校园；建立青少年爱国主义教育横向交流机制，加强与北京其他区或其他城市地区的横向交流，开展跨区域的爱国主义交流活动，加大爱国主义教育对青少年实际生活的融入度和渗透力。（朱 珊）

【优秀提案评审】 9月2日，区政协召开优秀提案评审会。提案委员会委员听取审议《政协北京市西城区第十四届委员会常务委员会关于表彰2021年度优秀提案的决定（草案）》，王志忠出席并讲话。委员就优秀提案评选提出意见建议。通过《政协北京市西城区第十四届委员会常务委员会关于表彰2021年度优秀提案的决定（草案）》，决定提交主席会议审议。（朱 珊）

【优秀提案表彰】 10月12日，政协北京市西城区第十四届委员会常务委员会第三十七次会议审议通过，决定对民革西城区委提出《关于加强西城区老旧小区物业管理的提案》等7件党派团体提案，工会界委员提出《关于加大对外卖监管的提案》等4件界别提案，陶然亭街道政协委员联组提出《关于老旧小区改造项目实施的提案》，政协委员刘学增提出《关于加强新时代西城区青少年爱国主义教育的提案》等23件委员提案予以表彰。（朱　珊）

【提案审查立案】12月12日至16日，政协北京市西城区第十五届委员会第一次会议期间，提案审查委员会严格审查立案，探索试行提案工作领导小组、立案审查组、立案工作组融合工作模式，健全完善提案“三审”机制。根据区政协提案工作办法和提案审查办法，对304件提案逐一审查，立案233件，对71件不符合立案标准提案，及时退回修改完善，或征求提案者意见，以信息、委员来信、邀请市政协委员代提等方式转换。（朱　珊）

调研与视察

【概况】2021年，区政协组织政协委员依据西城区国民经济和社会发展第十四个五年规划和2035年远景目标纲要，围绕图书馆与“书香西城”建设，发挥法律服务作用、推进治理能力和治理体系现代化，加快推进数字产业化发展，文物保护及综合利用等课题开展视察与调研活动。（朱　珊）

【街区保护和修缮情况视察】5月13日，区政协组织30名政协委员对鼓楼西大街、大栅栏护国观音寺及法源寺片区保护和修缮情况视察。章冬梅等区政协领导参加视察，区住房城市建设委（区城工委办）等部门负责人参加视察。（朱　珊）

【全响应街区治理视察】5月18日，区政协组织委员对政府热线管理中心、什刹海街道全响应街区治理中心视察并座谈，听取街道12345市民热线办理情况汇报，交流街道和社区层面热线办理的难点。（朱　珊）

【赴铁路文工团考察学习】5月25日，区政协组织委员赴中国铁路文工团考察学习并交流座谈，中国铁路文工团有限公司党委书记、执行董事、区政协委员刘志江介绍铁路文工团及二七剧场的发展经历及成绩，结合全国文化中心建设工作提出建议。政协委员许宁春结合金融科技聚集区文化品牌建设提出建议。章冬梅等政协领导出席活动。北京开放大学影视艺术学院部分师生参加活动。（朱　珊）

【中轴线申遗情况调研】6月2日，区政协开展北京中轴线申遗情况调研暨“醉美中轴线”摄影采风活动，组织委员视察记录鼓楼西大街、钟鼓楼、地安门外大街、烟袋斜街及周边代表性胡同。阜景指挥部和区文化和旅游局负责人介绍鼓楼西大街综合整治和中轴线申遗情况，委员们用镜头记录中轴线沿线景观。（朱　珊）

5月25日，区政协组织委员赴中国铁路文工团考察学习（区政协　供图）

专门委员会

【概况】2021年，专门委员会根据区政协常委会年度工作计划，组织各界政协委员撰写提案，围绕智慧养老、发展数字经济、整治老旧小区、优化交通出行、打造智慧商圈、建设韧性城市、培养拔尖创新人才等方面建言献策。召开主题议政会1次；形成工作报告3份、分报告1份。（朱　珊）

【提案委员会】2021年，区政协提案委员会完善提案工作全过程协商、涉及新冠肺炎疫情提案“特事特办”机制，推进征集提案选题引导、同类提案集中办理、难点提案会商办理、重点提案跟踪督办、提案落实检查评议等工作，推广线上办理和远程会商等模式，提高提案办理协商成效。全年收到提案194件，经审查立案的提案175件，其中党派、团体提案19件，界别提案22件，街道联组提案3件，委员提案131件。提案按照归口交办的原则分别送交全区87个部门办理，年底全部办复。（朱　珊）

【学习指导和文史资料委员会】2021年，区政协学习指导和文史资料委员会结合党史学习教育，组织开展“坚定不移跟党走、携手奋进新征程”主题学习教育，依托界别成立10个读书小组，研读习近平《论中国共产党历史》等书目，组织“百名委员学党史谈心得”活动。4月12日，组织“从阅读看世界看未来”专题辅导报告会暨“史书阅读季”启动大会，邀请北京外国语大学教授刘琛作专题辅导报告。4月20日，区政协与区委统战部举办中共党史学习专题辅导报告会，邀请中央党校（国家行政学院）教授董亚炜，就“中国共产党‘思想建党理论强党’史”作专题辅导。5月13日，举办“十四五”规划专题辅导报告会，邀请区发展改革委负责人宣讲西城区国民经济和社会发展第十四个五年规划和2035年远景目标。学习指导和文史资料委员会注重文史资料挖掘利用，依托15个街道政协委员联组，完成“西城区街巷胡同文化丛书”编撰出版。

（朱　珊）

【教文卫体委员会】 2021年，区政协教文卫体委员会采取召开会议、调研视察、走访座谈、界别活动等形式，为委员搭建建言平台。组织委员学习关于教育、文化、卫生、体育等领域政策方针，向委员通报相关领域2021年重点工作。6月22日，组织专题协商和专题调研课题组部分成员前往尚8文化园区西什库项目参观交流。委员们参观入住园区的科技和文化企业，听取企业负责人情况介绍，了解企业与园区共同发展过程。政协委员余博从理念、模式、特色等角度介绍尚8文化创意产业园区发展历程。（朱　珊）

【社会和法制委员会】 2021年，区政协社会和法制委员会组织“深化‘接诉即办’改革，提高基层社会治理能力”双月协商。配合市政协开展立法协商，组织委员开展学习视察和座谈研讨，完成《西城区政协立法协商工作情况汇报》（主报告）和《西城区政协委员立法协商建议报告》（分报告）。（朱　珊）

【经济科技委员会】 2021年，区政协经济科技委员会组织委员开展专题调研、协商议政、通报、视察、参观、座谈、财政预算民主监督等活动。围绕“加快国家级金融科技示范区建设”协商议题，组织考察、通报及座谈。5月20日，组织委员视察奇安信科技集团股份有限公司和新动力金融科技中心。6月10日，召开专题协商座谈会，7位委员发言，从金融科技企业和专业服务机构的入驻和发展、自主创新、金融监管实验、人才引进、国际合作、多渠道融资、信息交流、数据共享、营商环境等方面提出意见建议。围绕“依托西城区特有资源优势、加快推进数字产业化发展”调查研究，形成调研报告以建议案形式报送区委、区政府。（朱　珊）

【城建环保委员会】 2021年，区政协城建环保委员会围绕“推进历史文化街区风貌保护与更新”协商议题，组织委员调研、视察、座谈、研讨。5月，组织委员对鼓楼西大街、大栅栏护国观音寺及法源寺片区的烂缦胡同“竖胡同”肌理保护和修缮情况视察。召开协商座谈会，听取住建委等部门情况介绍，6名委员发言提出意见建议，形成协商报告报送区委。6月8日，召开调研报告研讨会，形成调研报告报送区政府。6月17日，组织20名委员视察陶然亭湖水污染防治情况，区水务局和区生态环境局负责人陪同视察。相关负责人介绍陶然亭历史变迁、湖水保护和污染防治情况，介绍如何利用5G进行水质监测，委员与环保和水务人员就相关水污染防治问题交流。（朱　珊）

【民族和宗教委员会】 4月22日，区政协民族和宗教委员会组织委员视察法源寺，听取区民宗办关于贯彻新修订《北京市宗教事务条例》（简称《条例》）情况汇报，法源寺知客、专委会委员智勇法师介绍《条例》贯彻情况，与委员交流法源寺宗教场所管理情况。12月22日，程昌宏、王志忠、李高霞到天主教宣武门教堂、西什库教堂、基督教缸瓦市教堂，走访慰问政协新老委员，向广大宗教界人士和信教群众祝贺节日。（朱　珊）

【港澳台侨委员会】 6月15日，区政协港澳台侨委员会组织委员视察台资企业恒丰集团紫玉绿色生态产业项目，区委统战部副部长、区台办主任赵玲通报西城区落实中央及北京市对台工作精神，克服新冠肺炎疫情影响，通过线上方式深化京台基层文化交流等情况。市政协委员、恒丰集团执行董事江蓝介绍企业情况，邀请委员参观体验。10月14日，与区侨联共同组织委员视察侨资企业北京赛微电子股份有限公司，听取区委统战部副部长、区侨联党组书记、主席付新宇情况通报，听取企业发展情况，开展座谈交流。发挥界别优势，开展凝心活动，与区台办举办庆“三八”港澳台侨界别女委员联谊活动。（朱　珊）

（**责任编辑**　师帅　晏畅　华大友）

中共北京市西城区纪律检查委员会
西城区监察委员会

综　述

2021 年，中共北京市西城区纪律检查委员会、北京市西城区监察委员会（简称区纪委区监委）履行党章和宪法赋予的职责，发挥监督保障执行、促进完善发展作用，贯彻落实中央纪委、市纪委全会精神，统筹做好新冠肺炎疫情防控和纪检监察各项工作。进一步规范区委机关纪检监察规范性文件的审核与备案，制订《西城区纪委区监委纪检监察文件审核备案管理制度》，制订规范性文件 1 件，废止 1985 年以来纪检监察规范性文件 54 件。

增强政治意识，强化监督执纪能力。区纪委区监委把学习习近平新时代中国特色社会主义思想作为最根本的政治任务，全年组织 39 次理论学习中心组专题学习。开设学党史、悟初心学习教育专栏，编写党史学习教育简报 36 期。完成主要调研报告 5 篇，区纪检系统完成调研报告 35 篇。其中《关于基层政治生态分析研判的调研与思考》获 2021 年度市纪检监察系统调研成果二等奖。

区纪委区监委以高度政治责任感严格落实市委巡视整改监督责任，对市委巡视组巡视期间转来的 155 件问题线索，全部快查快办，定期报告工作进度。强化对腐败的震慑。完善线索管理流程，制订问题线索管理办法及配套文件，提高线索转换立案效率。追逃追赃工作取得重大进展。

紧盯“四风”（形式主义、官僚主义、享乐主义、奢靡之风）问题，加强基层监督。区纪委区监委分析研判可能存在的“四风”问题，梳理违反中央八项规定精神的主要问题并形成分析报告。2021 年，区纪委区监委修订完善各类监督工作清单，破解街道“零自查案件”“一把手”监督等难题。深化国企纪检监察体制改革，围绕区管国企“三转”（转职能、转方式、转作风）执行情况开展自纠自查。聚焦大栅栏观音寺片区老城保护更新项目，成立监督工作小组。加强社区“两委”换届监督，开展现场监督 1810 次。

加强廉洁文化建设。建设机关“清风莲韵”主题展厅，制作《西城纪检监察之歌》宣传片。开展“红墙先锋在社区，我为群众办实事”实践活动，各党支部与 8 个社区党组织结对共建，梳理出的 13 个问题全部解决。“廉洁西城”官方微信累计推送图文 198 期 594 条，订阅读者 34123 人，累计阅读量 24 万次；官方网站累计推送图文 8371 条，累计点击量 1518 万余次；官方微博推送 2835 条，粉丝 14205 人。区纪委区监委在中央纪委国家监委网站、《中国纪检监察报》、人民网、新华网等中央媒体刊发信息 186 条，在北京纪检监察网等市级媒体刊发信息 445 条。（王　翀）

重要会议

【区纪委常委会会议暨区监委委员会议】 2021 年，区纪委区监委召开区纪委常委会会议暨区监察委员会会议 29 次，审议议题 222 个，落实疫情防控监督、党务外包专项治理、全面从严治党（党建）抽查、区纪委区监委机关区委巡察机构巡视整改、全面从严治党主体责任自查、机关政治生态分析研判、意识形态报告、各类专项监督和重大案件审查调查等各项工作。（王　翀）

【区第十二届纪律检查委员会第六次全体会议】 2 月 19 日，区纪委十二届六次全会召开。会议传达学习贯彻十九届中央纪委五次全会精神和市纪委十二届六次全会精神，回顾 2020 年纪检监察工作，部署 2021 年任务。市纪委市监委第五监督检查室副主任刘豪军出席会议。区委书记孙军民、区委副书记、区长孙硕，区人大常委会主任杜灵欣，区政协主席章冬梅等四套班子领导出席会议。区委常委、区纪委书记、区监委主任袁海鹏主持会议并作工作报告。会议要求，要深入学习贯彻习近平总书记重要讲话精神，牢牢把握纵深推进全面从严治党的正确方向；要强化问题导向，把严的主基调长期坚持下去，为实现西城区“十四五”发展稳健起步、良好开局提供坚强保障；要切实担负起管党治党政治责任，把全面从严治党引向深入。（王 翀）

监督检查

【概况】 2021年，区纪委区监委围绕建党百年重大庆祝活动开展专题调研7次，日常监督检查1922次，发现环境整治、疫情防控、安全生产等常规性问题1247个和突出性问题10个，全部解决。（王 翀）

【“一把手”和领导班子监督】 2021年，区纪委区监委印发《西城区关于落实〈北京市关于加强对“一把手”和领导班子监督的若干措施〉的任务分解（试行）》和《任务分解表》，涉及5个方面88条具体措施。（王 翀）

【冬奥会和冬残奥会专项监督】 2021年，区纪委区监委参加与冬奥会和冬残奥会有关的主责单位工作会议191次，组织专题调研7次，专项检查28次，督促履责33次，编制专项监督清单30条。（王 翀）

【新冠肺炎疫情防控专项监督】 2021年，区纪委区监委建立每日重点工作研判会商制度和每日报告工作模式，推动各监督检查室和基层纪检监察组织落实监督责任。针对疫情防控重点点位和重点领域，在监督体系全覆盖的基础上，组建6支专项检查组，采取“四不两直”方式持续监督检查。（王 翀）

【区属医院违规使用医保基金专项整治】 2021年，区纪委区监委全面检查梳理20余家区属医疗机构2019年1月至2020年12月医保基金使用情况，发现存在医保管理问题21类，追回违规发放补贴150余万元。（王 翀）

【侵害群众利益专项监督教育】 2021年，区纪委区监委实地开展相关监督检查30余次，联合约谈无证机构20余次，接待信访40余人，移交涉嫌无证办学案件线索20余起，核实涉及“双减”工作工单150余件，约谈提醒2人。（王 翀）

【换届选举纪律监督】 2021年，在区纪委区监委在区党代会、人代会和政协会换届选举期间，成立纪律监督组，重点围绕执行“十严禁”（一是严禁结党营私，二是严禁拉票贿选，三是严禁买官卖官，四是严禁跑官要官，五是严禁个人说了算，六是严禁说情打招呼，七是严禁违规用人，八是严禁跑风漏气，九是严禁弄虚作假，十是严禁干扰换届）、“四不准”（不准跑官要官、不准找关系打招呼、不准跑风漏气、不准不服从组织决定）换届纪律要求、新冠肺炎疫情防控等，开展监督检查1104次，发现问题第一时间处置整改。（王 翀）

【政治生态分析研判全覆盖】 2021年，区纪委区监委制发《西城区贯彻落实〈北京市政治生态分析研判工作办法〉（试行）》《西城区贯彻落实〈北京市政治生态分析研判工作办法（试行）〉的实施方案》和《2021年西城区政治生态分析研判工作计划》等文件，指导94家单位完成“自画像”和“监督画像”，500余名处级单位领导班子成员完成个人评价材料。（王 翀）

【全面从严治党考核检查】 3月至4月、6月至7月和10月至11月，区纪委区监委完成3轮动态抽查，总计派出8个检查组，按照调查研究、方案制订、现场检查、分析汇总、问题运用等5个阶段，围绕3个方面11个重点内容，对80家区属单位开展检查考核，发现问题260余个，制发双反馈问题单68份。根据考核工作整体安排，对80家区属单位、14家区属一级国企所有在岗人员开展全面从严治党工作考核满意度测评，实现单位、人员测评两个100%全覆盖。（王 翀）

【“接诉即办”专项监督】 5月28日，区纪委区监委制发《关于进一步深化“接诉即办”专项监督工作的实施细则》。主动核查诉求问题件4385件，核查市纪委市监委交办的群众诉求件52件，督促问题整改499件，制发“两书一函”（纪律检查建议书、监察建议书，函询通知书）13封，采取主动约谈、谈话提醒、批评教育、责令检查等处置措施37人，诫勉谈话1人，党内警告1人。（王 翀）

审查调查

【概况】 2021年，区纪委区监委共

1月7日，区纪委区监委召开接诉即办专题监督调度会（区纪委区监委 供图）

受理问题线索1083件，处置问题线索1132件，立案120件，结案103件。给予63人党纪政务处分。经立案审查调查，5人采取组织措施未给予党纪政务处分，23人因涉嫌犯罪被移送检察机关。（王　翀）

【信访举报和检举控告】2021年，全区各级纪检监察组织共接受信访举报652件次，比上年下降57.5%。其中检举控告类530件次，下降48.6%。检举控告类信访举报中，初次举报461件次，占87%；重复举报69件次，占13%。自收389件次（基层上交170件次），下降67%。上级下转263件次，下降25.7%。（王　翀）

【监督执纪"四种形态"】2021年，区纪委区监委依据监督执纪"四种形态"（第一种：党内关系要正常化，批评和自我批评要经常开展，让咬耳扯袖、红脸出汗成为常态。第二种：党纪轻处分和组织处理要成为大多数。第三种：对严重违纪的重处分、做出重大职务调整应当是少数。第四种：因严重违纪涉嫌违法立案审查的只能是极少数）处理664人次。其中第一种形态578人次，占"四种形态"处理总人次的87.0%；第二种形态43人次，占6.5%；第三种形态10人次，占1.5%；第四种形态33人次，占5%。（王　翀）

【追逃追赃工作】2021年，区纪委区监委克服在逃犯罪嫌疑人潜逃时间久，有效信息少等困难，不断夯实案件基础，将潜逃20年的职务犯罪嫌疑人齐某抓获。8月5日，区纪委区监委围绕反腐败国际追逃追赃工作情况，向区十六届人大常委会第四十六次会议报告监察体制改革以来西城区追逃追赃工作的成绩和经验、追逃追赃工作面对的问题和挑战、下一步工作思路和措施等。（王　翀）

【案件质量评查】5月至6月，区纪委区监委对2020年5月至2021年5月结办的42个纪检监察案件进行质量评查。采取逐卷审查、集体讨论等方式自查自纠。督促整改质量评查过程中发现的手续程序、案件管理等问题。（王　翀）

【调研48件职务犯罪案件】6月，区纪委区监委对2019年1月1日至2021年5月31日期间立案调查且移送司法机关的48件案件进行质量评查。梳理分析不常见罪名案件的办理情况和认定过程中的疑难问题，并形成专题报告上报。（王　翀）

【检查处分执行情况】6月，区纪委区监委对31件事业单位人员党纪政务处分执行情况开展检查并形成专题报告，总结处分执行中存在的经验与不足，切实把处分执行工作落实到位，有效维护处分决定的严肃性。并通过参加党组或党（工）委扩大会的方式，向领导班子集体通报相关处分决定。（王　翀）

区委巡察

【概况】2021年，区委巡察机构8次向区委常委会、区委书记专题会汇报巡察工作。区委巡察工作领导小组共组织召开5次领导小组会、3次工作部署会研究部署巡察。开展常规巡察1轮、巡察"回头看"2轮，与市委巡视同步开展对区商务局涉粮问题专项巡察1次。全年共巡察27个单位党组织，50个社区党组织，实现巡察全覆盖。（王　翀）

【巡察与其他监督结合】2021年，区委巡察机构向区纪委区监委移交82件问题线索。与区委组织部、区委宣传部协同开展选人用人、意识形态专项检查，不断提高巡察发现问题的准度和深度。与区审计局对表年度巡察计划和审计计划，合理安排与审计部门同步开展监督，并互通情况。（王　翀）

【巡察成果运用】2021年，区纪委区监委出台《区委巡察整改专题民主生活会实施细则》，指导26家被巡察党组织召开专题高质量民主生活会。建立具有西城特色的巡察成果运用机制，确立巡察组向被巡察单位和区委双向提工作建议的模式，每轮巡察后向全区通报共性问题和整改建议。（王　翀）

【巡察干部培训】2021年，区纪委区监委修订巡察相关制度，以规范促进提升发现问题的能力。全区共抽调90余名干部参加巡察，举办3期巡察干部培训班。学习贯彻市巡察信息化建设工作推进会精神，对全体巡察干部进行专题培训。切实履行意识形态工作主体责任，共刊发巡察工作相关信息62篇，其中市级层面7篇、中央层面2篇。（王　翀）

3月10日，十二届区委第十七轮巡察工作动员部署会召开　（区纪委区监委　供图）

党风廉政建设

【概况】2021年，区纪委区监委聚焦作风建设，持续整治“四风”问题，聚焦群众利益，推进基层正风肃纪。深化以案为鉴，以案促改，教育党员干部筑牢思想防线。各级纪检监察组织切实履行监督首责，坚持挺纪在前，抓早抓小，促进党风政风清正廉明。全年查处违反中央八项规定精神问题8起。（王 翀）

【廉洁文化和警示教育】2021年，区纪委区监委推动建设“一街一品”廉洁文化品牌。制作党史清风路线图，举办“家风扬正气、廉昀润人心”廉洁文化书画作品展。制作《蚁贪——黄友刚腐败案警示录》，用身边事教育身边人。（王 翀）

【办公用房超标专项治理】2021年，区纪委区监委重点核对“571间超标办公用房问题台账”的整改完成情况，对办公用房超标整改进行全面摸底，督促并实现全区各单位办公用房应改尽改、彻底整改，开展监督检查“回头看”。（王 翀）

【公车配备管理使用专项治理】2021年，区纪委区监委围绕公务用车配备、费用支出等问题，开展专项治理“回头看”，共发现17家单位存在未安装北斗定位终端、公车先使用后审批等问题，并督促整改。（王 翀）

【群众身边腐败和作风问题整治】2021年，区纪委区监委精准有效用好问责机制，共问责11起。发挥微信公众号作用，“廉洁西城”通报典型案例5次11人，用身边事教育身边人，形成强有力震慑。（王 翀）

【纠治“四风”】在元旦、春节等重要时间节点，区纪委区监委开展“四风”专项监督检查。全年查处违反中央八项规定精神案件8起，其中形式主义、官僚主义案件6起，私车公养类案件2起。给予3人党纪政务处分。（王 翀）

【编发区管企业纪检监察常用法律汇编】6月，区纪委区监委编发《西城区纪委区监委区管企业纪检监察机构常用法律汇编（第一辑）》，收集整理与国有企业依法合规经营和与廉洁从业有关的政策、法律、制度、纪律和规定，为国企纪检监察机构提供履职依据。（王 翀）

【全区领导干部警示教育大会】11月9日，西城区领导干部警示教育大会召开。孙军民讲话，孙硕主持会议。区四套班子领导（含不驻会领导），区法院院长、区检察院检察长，区人大常委会各处室、区政协各委室正处级领导干部，全区各委办局，双管单位，各街道，人民团体，事业单位（含学校、医院），国有企业领导班子成员；区委委员、候补委员；区法院、区检察院正处级领导干部，区纪委区监委领导班子成员，区委巡察办主任，区纪委委员、区委巡察组组长、派驻纪检监察组组长、街道纪（工）委书记；各街道社区党组织负责人、科站队所负责人参加会议。会议以视频会议形式召开，观看警示教育片并通报了相关情况。会议强调，西城区是首都功能核心区和“红墙意识”发源地、践行地，要始终牢记“看北京首先要从政治上看”的要求，认真贯彻落实好市委决策部署和蔡奇在全市警示教育大会上的重要讲话精神，强化以案为鉴、以案促改，把反面典型案例作为教科书和清醒剂，紧密结合实际，深入查找问题，始终保持警钟长鸣。会议要求，要时刻保持清醒头脑，以自我革命精神，坚持不懈开展党风廉政建设和反腐败斗争；要以案为鉴、入脑入心，深刻汲取违纪违法典型案例的教训；要把“严”的主基调长期坚持下去，持之以恒推动全面从严治党向纵深发展。（徐永吉）

11月4日，西城区召开全区开发区域腐败问题专项整治工作部署会（区纪委区监委 供图）

（责任编辑 张振安 齐田）

民主党派

中国国民党革命委员会北京市西城区委员会

【概况】2021年，中国国民党革命委员会北京市西城区委员会（简称民革西城区委）有支部32个，党员1194人。党员中有全国政协委员2人，民革中央委员3人；市人大代表2人，市政协委员8人，民革市委委员14人（其中主委1人、常委4人、委员9人）；区人大代表3人，区政协委员21人。国家特约工作人员1人，民革中央和民革市委专委会委员71人；市特约工作人员7人，区特约工作人员10人；区新的社会阶层人士联谊会会长1人、副会长1人、理事2人；西城区统战系统专家库成员2人，区街道规划顾问5人。2021年，民革西城区委参加民革中央和民革北京市委示范支部评选，1个支部获得“民革中央示范支部”称号，4个支部获得“民革北京示范支部”称号。参加民革中央“记录身边美好生活——民革短视频大赛”，共提交3件作品，其中1件获一等奖，1件获三等奖。民革西城区委获评民革中央“民革助力脱贫攻坚工作先进集体”，3名党员获评“民革助力脱贫攻坚工作先进个人”。1名党员获评“全国脱贫攻坚先进个人”和“全国科普工作先进工作者”。（魏　威）

【参政议政】2021年，民革西城区委围绕中共西城区委、区政府中心工作和区域发展全局性、战略性问题，组织广大党员参加多种参政议政会议。参加区政协、中共西城区委统战部召开的政党协商会4次、议政会1次。民革西城区委专门委员会撰写《从金融服务业扩大开放角度讲北京市“两区”建设》《关于进一步推动北京“两区”建设，将西城区打造为北京“金科新区”的建议》《〈北京市物业管理条例〉实施情况的调研与建议》《破解首都智慧养老产业发展难题，推进智慧养老服务落地基层社区》《重塑西城区胡同商业，助力建设北京国际消费中心城市》《可持续、向未来——北京的绿色冬奥教育》《关于化解北京噪声污染难题的建议》《关于多种措施对我市生物多样性进行保护、推动北京国家植物园体系建设的调研报告》《加大北京中轴线申遗及宣传力度，优化遗产保护与利用》等9篇调研报告。全年向全国政协、民革中央、民革北京市委、中共西城区委统战部、区政府等部门报送意见和建议363篇，其中3篇被全国政协采用；37篇被民革中央采用；61篇被民革北京市委采用，46篇被市政协采用，1篇被中共北京市委采用，1篇被市政府采用；1篇获市领导批示。编写《西城民革》刊物4期。依照《民革西城区委信息调研表彰办法》，评选信息工作优秀支部10个、信息工作先进个人11名、参政议政先进个人14名。在政协西城区第十四届五次全会上提交《从社区居民需求出发、运用新技术创新社区治理》《关于加强西城区老旧小区物业管理的建议》2篇党派提案。（魏　威）

【社会服务】3月，民革西城区委各支部和党员自发通过河南省慈善总会等向郑州水灾捐款317万余元。9月，向对口的牛街街道一线防疫人员捐赠口罩6000个。11月，发动党员企业与内蒙古自治区呼伦贝尔市鄂伦春自治旗乌鲁布铁镇新兴村签订对口帮扶协议，捐赠一次性医用口罩3000个、免洗洗手液144瓶。（魏　威）

【组织建设】2021年，民革西城区委发展新党员26人，转入党员8人，转出12人，去世13人。1月，召开民革西城区委二届五十九次、六十次、六十一次、六十二次、六十三次、六十四次主委会议；召开二届十三次、十四次全委会议，增补李岩为副主委。2月，召开民革西城区委2020年度工作总结会；召开民革西城区委二届六十五次主委会议和二届十五次全委会议。3月，召开民革西城区委二届六十六次、六十七次主委会议；召开民革西城区委二届十六次、十七次全委会议；召开民革西城区委换届工作领导小组第一次会议。5月，召开民革西城区委换届工作领导小组第二次会议。6月，召开民革西城区委换届工作领导小组第三次会议和区委二届六十八次主委会议。6月，召开民革西城区委三届二次主委会议；成立第十八支部党员之家。7月，组织委员参加民革北京市委新一届区级组织和部分直属组织领导机构成员任职培训，组织新党员参加西城区民主党派新成员培训班，完成达标支部创建和自查整改工作。8月，召开民革西城区委三届三次主委会议。9月，参加民革中央和民革北京市委示范支部评选，第十七支部获得“民革中央示范支部”称号，第十五支部、第十七支部、第十八支部、第三十支部获得“民革北京示范支部”称号。12月，召开民革西城区委三届四次主委会议。民革西城区委获评“民革全国组织工作先进集体”“民革全国机关工作先进集体”。（魏　威）

【学习教育活动】 1月，民革西城区委组织祖国和平统一促进委员会委员参加民革市委台胞台属迎新春联谊会。4月，组织党员参加民革北京市委中共党史学习教育暨庆祝中国共产党成立100周年主题教育实践活动、示范支部创建动员部署会，参加区政协中共党史专题辅导报告会，参加区社会主义学院“学习中国共产党的光辉历史”专题报告会。5月，参加“百年中国梦，风雨同舟情”——民革中央庆祝中国共产党成立100周年网络知识竞赛；参加“百年中国梦，风雨同舟情”——庆祝中国共产党成立100周年征文，提交作品17篇，其中1篇入选政协西城区《知学》特刊，并收录于市政协《献礼建党百年百篇》汇编，1名党员撰写的《刘志丹——群众领袖、民族英雄》被新华社和学习强国转载。7月，组织党员收看庆祝中国共产党成立100周年大会电视直播；参加民革中央网络知识竞赛和民革市委读书分享会。9月，组织党员收看纪念辛亥革命110周年大会电视直播；参加区社会主义学院“习近平总书记‘七一’重要讲话精神”统战大讲堂；参加市政协“纪念中国人民抗日战争暨世界反法西斯战争胜利76周年”醒狮跑活动。11月，参加民革北京市委学习贯彻十九届六中全会精神宣传干部座谈交流会。

（魏　威）

6月10日，民革西城区第三次代表大会召开　（民革西城区委　供图）

【民革西城区第三次代表大会】 6月10日，民革西城区委召开民革西城区第三次代表大会，听取《民革西城区第二届委员会工作报告》，审议通过《中国国民党革命委员会北京市西城区第三次代表大会决议》，与会的119名党员代表选举产生由21名委员组成的民革西城区第三届委员会。随后召开民革西城区委三届一次全委会，选举李岩为主任委员，陈业进、李季名、曾伟、李凤英（女）、张鹏程为副主任委员，任命魏威（女）为秘书长。（魏　威）

中国民主同盟北京市西城区委员会

【概况】 2021年，中国民主同盟北京市西城区委员会（简称民盟西城区委）有盟员2566人，基层委员会2个，支部74个。区盟员中有第十三届全国政协委员3人，其中常委2人；第十二届民盟中央委员7人，其中常委2人，中国工程院院士1人。第十五届市人大代表2人，其中常委1人；第十三届市政协委员3人，其中常委1人；第十二届民盟北京市委委员10人，其中副主委1人、常委1人。第十七届区人大代表6人，其中副主任1人、常委1人；第十五届区政协委员27人，其中常委5人（含副秘书长1人）。2021年，召开民盟西城区第三次代表大会，选举产生民盟西城区第三届委员会。在西城区政协十五届一次全会上提交党派团体提案3件；委员个人提案38件。在西城区政协十四届五次全会上提交的《关于建设西城区物业企业信用评价体系的提案》获评区政协2021年度优秀党派提案。民盟西城区委获评民盟中央“纪念中国民主同盟成立80周年”先进集体，民盟北京市委“北京市民盟组织成立75周年”先进集体，2021年度西城区民主党派调研工作优秀单位。（宋小华）

【参政议政】 2021年，民盟西城区委参加中共西城区委和区政府召开的重大问题协商会2次、双月座谈会2次、议政会1次，列席中共西城区委全会，参加西城区庆祝中国共产党成立100周年党外人士座谈会。在西城区“落实核心区控规，推进西城区高质量发展”议政会上，民盟西城区委作题为《推动数字经济标杆强区建设，助力西城经济高质量发展》的发言。完成《北京中轴线申遗工作的问题及对策研究》《关于推动数字经济标杆强区建设，助力西城经济高质量发展的调研》《关于建设世界级“金科新区”助力首都经济高质量发展的调研》《西城区智慧城市建设研究》《关于生态文明视角下煤电行业碳中和目标实现路径分析的调研》《关于加强西城区居民节能工作助力北京实现碳达峰目标的建议》《关于深化“接诉即办”改革、构建新型治理体系的调研》《关于新技术赋能科技场馆推进教育新基建，构建基础教育高质量发展新生态的调研》《关于古籍应用与传统文化入教材相结合的调研》《关于构建长城文化遗存廊道、推动区域文旅融合发展的调研》《“双减”政策背景下的人本体育实践研究》《关于西城区宗教教职人员社会保障情况的调研》《关于解决老年人“做饭难、吃饭难”“接诉即办”高频难点的调研》等13篇调研报告。其中《推动数字经济标杆强区建设，助力西城经济高质量发展》《关于解决老年人“做饭难、吃饭难”“接诉即办”高频难点的调研》获评2021年度西城区民主党派优秀调研成果一等奖。区盟员报送社情民意信息113篇，多篇建议得到民盟中央、全国政协、市委、市政府、市政协等有关部门的重视和采纳。（宋小华）

【社会服务】 2021年，民盟西城区委组织盟员书画家走进椿树街道举行“同心抗疫、关爱有盟”活动，慰问一线抗疫人员。科技助力对口帮扶的内蒙古自治区呼伦贝尔市鄂伦春自治旗乌鲁布铁镇兴盛村，普及农村科学种植知识。举办“弘扬工匠精神，礼敬时代楷模”——民盟书画家慰问劳动模范活动，走访慰问金融街宏汇园社区2户贫困残疾家庭，为他们送上生活必需品。组织西城盟员捐款5.04万元，捐物价值20余万元，支持河南人民抗洪救灾。（宋小华）

5月29日，民盟西城区第三次代表大会召开（民盟西城区委 供图）

【组织建设】 2021年，第三届盟区委召开6次主委会议，研究议题合计25项。起草区委五年工作规划。研究修订完善10余项工作制度和管理制度。全年召开申请入盟同志座谈会4次，见面谈话46人。研究设立25个内设机构和专委会，搭建平台发挥盟员作用。发展新盟员65名，其中主界别盟员48名，高层代表性人士9名。原国土资源部委员会更名为自然资源部委员会，并完成换届调整。换届调整12个基层支部，基层组织合格率85%。调入盟员20名，调出盟员9名，去世9名。（宋小华）

【学习教育活动】 2021年，民盟西城区委领导班子成员召开主委会议，学习《中共中央关于党的百年奋斗重大成就和历史经验的决议》并交流体会，学习习近平总书记在第十一次文代会上的讲话。领导班子成员赴清华大学开展“学习先进、缅怀先烈”活动，与基层支部主委举行谈心会。组织盟员围绕中共党史和《中共中央关于党的百年奋斗重大成就和历史经验的决议》进行主题学习和交流，召开学习习近平总书记文代会讲话精神视频会。组织盟员参加民盟北京市委和区统战系统举办的党派新成员培训、新盟员培训及信息培训会，参加各类征文、征稿活动3次，报送稿件30余篇。协助举办民盟北京市委第十三届基础教育论坛，盟区委主委钟祖荣作主旨演讲。开展“爱党爱盟、为党送祝福”活动，举办新青年盟员主题学习活动。参加民盟北京市委的先贤肖像作品讲解比赛，两位盟员进入决赛并获得优胜奖。全年编印《西城盟讯》4期，换届专刊1期，开设“民盟80年——我与民盟”“庆祝中国共产党成立百年”“统战研究”“盟员百花”等栏目，刊登稿件30余篇。编写的53篇信息在盟市委网站、中共西城区委统战部公众号刊登。组织区盟员参加民盟市委与中共西城区委统战部组织的专题报告会、讲座及座谈会等活动。（宋小华）

【民盟西城区第三次代表大会】 5月29日，召开民盟西城区第三次代表大会，听取《民盟西城区第二届委员会工作报告》，审议通过《中国民主同盟北京市西城区第三次代表大会决议》，选举产生民盟西城区第三届委员会委员21名。在三届一次全委会上，选举钟祖荣为主任委员，季节（女）、徐娜（女）、冯奎、颜全毅、曾献亮为副主任委员；任命宋小华（女）为秘书长。（宋小华）

中国民主建国会北京市西城区委员会

【概况】2021年，中国民主建国会北京市西城区委员会（简称民建西城区委）共有基层支部21个，其中综合性支部18个、单位支部3个，会员2673人。民建西城区委会员中有第十三届全国政协委员1人；第十五届北京市人大代表3人，其中常委1人；第十三届北京市政协委员7人，其中常委2人；第十七届西城区人大代表9人，其中常委1人；第十五届西城区政协委员46人，其中常委4人。2021年，民建西城区委凝聚会员思想政治共识，做好区级组织换届、乡村振兴、参政议政等工作，团结和带领全区会员巩固和深化“不忘合作初心，继续携手前进”主题教育活动成果，开展“四史”学习教育，全面加强作风建设，各项工作取得新成效。民建西城区第三次代表大会选举产生民建西城区第三届委员会，新一届区委由21人组成，包含7位领导班子成员。（李　娟）

【参政议政】2021年，民建西城区委围绕中共西城区委、区政府中心工作开展调研活动，完成《加快资本市场国际化，助力中美贸易持续发展》《探索西城老旧小区整治的新模式》《提高直接融资和证券公司战略地位，提升资本要素循环效能》《抓住两区发展机遇，加快北京金融升级》调研报告4篇。收集社情民意信息245件，上报民建北京市委、中共西城区委统战部、西城区政协208件，其中50件被民建中央、北京市政协、中共北京市委统战部、民建北京市委等单位采纳，1件获中共北京市委主要领导批示。政治协商方面，紧密围绕落实首都新总规、加强“两区三平台”［“两区”指国家服务业扩大开放综合示范区和中国（北京）自由贸易试验区；“三平台”指中国国际服务贸易交易会、中关村论坛和金融街论坛］建设、老旧小区整治等议题，征集相关专业领域会员意见并整理反馈。参加西城区政协、中共西城区委统战部组织的双月协商座谈会、议政会，并选派代表作主题发言。（李　娟）

【社会服务】2021年，民建西城区委与街道开展合作共建，看望慰问大栅栏街道、什刹海街道社区工作者，赠送新冠肺炎疫情防控物资，组织会员中的医疗专家现场为大栅栏街道石头社区助老服务队“问诊”，为助老队成员提供义诊和心理辅导。与什刹海街道、大栅栏街道合作成立法律援助工作室，每周选派律师到工作室值班，为社区及周边居民提供免费法律服务，其中与什刹海街道合作成立的兴民法律援助工作室是全市首家民主党派与社区合作的法律援助工作室。（李　娟）

【组织建设】2021年，民建西城区委召开10次主委会、3次全委会商讨决定区委各项工作，并多次召开支部主委会、参政议政会、重点课题推进会等，有针对性地研究部署具体工作。为优化工作机制，适应新的工作要求，改青年委员会为青年工作委员会，改宣传部为宣传工作委员会，取消老年工作委员会，成立证券委员会、规划设计委员会、农业委员会。区委累计组织会员百余人次参加民建中央、民建北京市委、北京社会主义学院组织的各类培训。为保障各项工作更好开展，修订完善《经费支部制度》《社情民意信息奖励制度》《调研课题管理和成果奖励办法》《支部工作规程》《会员发展制度》等。发展新会员67人，平均年龄37岁，经济界别会员占69%。从其他地区转入西城24人，从西城转出9人，去世3人，开除3人。（李　娟）

【学习教育活动】2021年，民建西城区委组织各支部开展“四史”学习教育活动，学习中共十九届六中全会精神，贯彻落实《民建市委关于开展中共党史学习教育暨庆祝中国共产党成立100周年主题教育实践活动实施方案》，将“四史”教育和学习中共十九届六中全会精神作为思想政治工作的重要抓手，加强对会员的思想政治引领，创新工作方式方法。组织“学好中共党史要始终做到十个坚持”“始终树立正确中共党史观，坚决反对历史虚无主义”“向着第二个百年奋斗目标奋进的行动指南”“深刻把握百年奋斗成就经验，坚定历史自信更加奋勇前进”4场专题讲座。向民建北京市

6月8日，民建西城区第三次代表大会召开　（民建西城区委　供图）

委网站投稿75篇，被民建中央网站、民建北京市委网站、微信公众号等采用61篇。向中共北京市委统战部、民建北京市委报送庆祝中国共产党成立100周年征文4篇、视频1个。（李　娟）

【民建西城区第三次代表大会】6月8日，中国民主建国会北京市西城区第三次代表大会召开，111名代表参加会议。会议通过《民建西城区第二届委员会工作报告》，选举产生民建西城区第三届委员会，通过《中国民主建国会北京市西城区第三次代表大会决议》。民建西城区第三届委员会第一次全体委员会议选举刘井坤为主任委员，李庆保、朱继东、苏健、徐浩、杜京璇（女）为副主任委员。（李　娟）

中国民主促进会北京市西城区委员会

【概况】2021年，中国民主促进会北京市西城区委员会（简称民进西城区委），有基层支部54个，会员1724人。区会员中有全国人大代表1人，全国政协委员1人；市人大代表1人，市政协委员3人；区人大代表4人，区政协委员23人，区青联委员5人；国家监察委员会特约监察员1人，区纪委监委特约监督员2人；市特约工作人员5人；区法院人民陪审员8人。2021年，民进西城区委获评中央“各民主党派、工商联、无党派人士为全面建成小康社会做贡献先进集体”“民进全国社会服务暨脱贫攻坚工作先进集体”“民进中央反映社情民意信息工作先进集体”“民进北京市委社会服务先进集体”等。1名会员获评“各民主党派、工商联、无党派人士为全面建成小康社会做贡献先进个人”，7名会员获评“民进全国社会服务暨脱贫攻坚工作先进个人”，2名会员获评“民进全国反映社情民意信息工作先进个人”。民进西城区委全年表彰先进支部16个、参政议政先进会员41名、先进会员72名，16名会员获评“民进北京市委社会服务先进个人”。（刘笑岩）

【参政议政】2021年，民进西城区委参加区政党协商会、区政协议政会、双月协商会，做“完善社会治理机制，提升‘接诉即办’规范性和实效性”“发展数字经济，要对中小企业实施滴灌式的数字化改造”等主题发言。向区政协第十四届委员会第五次会议提交《以天桥文化集聚区发展带动西城历史文化名城建设》《新条例颁布背景下加强垃圾分类推进工作》党派集体提案两篇，并在区政协全会作大会发言。3位政协委员参与的联组提案获得优秀奖，3位委员提案获得个人优秀提案奖。专委会组织课题组成员在全面把握区情基础上，有针对性开展调研活动。向民进北京市委报送调研8篇，其中《关于我市基础教育集团化办学发展现状的调查及相关对策建议》获北京市民主党派参政议政优秀调研成果一等奖，《关于建立老年人代理监护制度的建议》获民进北京市委优秀调研成果二等奖。向中共西城区委统战部报送调研10篇，其中《关于西城区中小学集团化办学发展现状的调查及相关对策建议》《关于统筹推进西城区适老化建设的调研与思考》获一等奖，《中轴线曲艺名人故居保护与利用研究报告》《开展老旧小区体检及改造评价工作的调研报告》获二等奖，《抓住战略机遇布局西城数字文化产业发展调研报告》《关于优化社区医疗卫生设施和服务配置的调研》《西城区公共文化场馆社会化运营调研报告》《生态文明背景下北京市民文明、健康、绿色、环保生活方式养成的现状与推进策略》《社区社会组织现状调查与培育探索》获三等奖。民进西城区委向民进北京市委和中共西城区委统战部报送信息278条。其中5条被民进中央采用，70条被民进北京市委采用，18条被北京市政协采用，10条被中共西城区委统战部采用。民进西城区委获评中共西城区委统战部调研先进单位、中共西城区委统战部信息报送先进单位和西城区政协信息报送一等奖。（刘笑岩）

【社会服务】2021年，民进西城区委坚持发挥优势、体现特色、汇聚力量，服务国家和首都中心工作，开创社会服务工作新局面。3月，在门头沟大峪中学启动“8+1”（8个民主党派支持门头沟经济社会发展）行动——英语学科质量提升项目。7月，民进西城区委组织会员助力河南省救灾工作，累计捐赠物资价值500余万元。10月，开展“同心彩虹——教育改变家乡”系列网上评课活动，培训贵州省兴义市和安龙县教师1700余人。分别前往对口的白纸坊街道、西长安街街道，为抗击新冠肺炎疫情的工作人员送去慰问物资。联合西城区律师协会，在西城区对口的内蒙古自治区喀喇沁旗开展“大手拉小手”一对一捐资助学活动，筹集助学金3万余元。（刘笑岩）

【组织建设】2021年，民进西城区委发展新会员36人，其中硕士博士研究生16人，占44.4%；中高级职称职务18人，占50%；教育、文化、出版界19人，占52.8%；医卫界2人，占5.6%；科技、经济、政府机关、新阶层及其他人士15人，占41.7%。平均年龄42岁。调入3人，去世8人。（刘笑岩）

【学习教育活动】2021年，民进西城区委开展庆祝中国共产党成立100周年党史会史教育系列活动。4月，组织“缅怀革命先烈、传承红色精神”活动，参观“一二·九”运动纪念亭。5月，举办“庆祝建党百年华诞，红色革命文物展”，组织“党旗引领、正道笃行——庆祝中国共产党成立100周年”“中国共产党百年党建经验对中国特色社会主义参政党建设的启示”征文活动，征集并向民进市委报送主题征文20余篇。6月，组织参观李大钊故居、民进会史馆。7月，组织召

6月13日，民进西城区第三次代表大会召开 （民进西城区委 供图）

开庆祝中国共产党成立100周年座谈会，民进西城区委委员、支部主委和部分骨干会员70余人参会。8月，组织庆祝中国共产党成立百年演出并录制视频。召开民进西城区委委员扩大会议，组织委员及支部主委近50人集中学习中共十九届六中全会精神。组织会员参加中共党史学习专题辅导报告会和民进学习贯彻全国两会精神座谈会，组织老龄委成员参加民进北京市委“党旗引领，履职尽责”庆祝中国共产党成立百年老会员座谈会。全年出版《西城民进》6期。 （刘笑岩）

【民进西城区第三次代表大会】 6月13日，民进西城区第三次代表大会召开，听取并审议《中国民主促进会北京市西城区第二届委员会工作报告》，选举产生民进北京市西城区第三届委员会，通过《中国民主促进会北京市西城区第三次代表大会决议》。采取无记名投票方式选举产生中国民主促进会北京市西城区第三届委员会委员20名。在三届一次全委会上，选举杨秋（女）为主任委员，杨艳青（女）、赵芙蓉（女）、张毅（女）、刘兆平、程立（女）为副主任委员。 （刘笑岩）

中国农工民主党北京市西城区委员会

【概况】 2021年，中国农工民主党北京市西城区委员会（简称农工党西城区委）有基层支部36个，党员1416人。党员中有全国政协委员1人；北京市人大代表1人，北京市政协委员3人（常委1人）；西城区人大代表2人，西城区政协委员20人（其中副主席1人、常委4人）；西城区特约监察员3人。2021年，农工党西城区委报送农工党北京市委、中共西城区委统战部理论征文7篇，编辑出版《西城农工》4期。农工党西城区委获评农工党中央“脱贫攻坚工作先进集体”、2020年度《前进论坛》发行工作先进单位，8名党员获评“脱贫攻坚工作先进个人”。农工党西城区委及所属综合一支部、综合三支部、经济二支部、文化二支部、友谊医院支部、陶然亭社区卫生服务中心支部，获评农工党北京市委2020年度先进集体。108名党员获评2020年度优秀党员，14名党员获评2020年度参政议政工作先进个人，9名党员获评2020年度宣传思想理论党史工作先进个人，12名党员获评2020年度社会服务工作先进个人，6名党员获评2020年度组织工作先进个人。 （穆瑞华）

【参政议政】 2021年初，农工党西城区委在区政协十五届一次全会上提交党派提案2件，其中的《关于对加强重大突发公共卫生事件危机下社区建设的提案》被区政协评为年度优秀党派团体提案。结合区政协、中共西城区委统战部双月协商会和议政会主题开展调研，区委委员李竹溪在议政会作“西城区应对人口老龄化的社会研究”主题发言。调研报告《金融为本、科技赋能，建设十四五西城区金融科技国家示范区新生态》《关于提升古都风貌进行地安门外大街改造的调研报告》获评中共西城区委统战部2020年调研二等奖。向农工党北京市委、中共西城区委统战部报送党派调研4篇，向农工党北京市委、区政协、中共西城区委统战部报送社情民意信息123件，其中52件社情民意信息被全国政协、农工党中央、中共北京市委、市政府、市政协、市委统战部采纳。 （穆瑞华）

【社会服务】 2021年，农工党西城区委举办2021年“环境与健康宣传周”主题活动，在金融街社区卫生服务中心、陶然亭社区卫生服务中心开展健康知识讲座和义诊咨询活动。抗击新冠肺炎疫情期间，农工党西城区委向对口联系的广外街道办事处捐赠牛奶、饮料等生活物资，慰问社区一线防疫工作者，党员参与进驻隔离观察点、核酸检测、疫苗保障等疫情防控工作。河南水灾期间，组织党员向河南捐款捐物。 （穆瑞华）

【组织建设】 2021年，完成农工党西城区委第三届参政议政、青年、社会服务、妇女、老龄专委会换届工作。贯彻落实民主集中制，定期召开主委会议，修订完善并审议通过《中国农工民主党北京市委西城区委员会工作制度及职责》。举办新任委员履职培训，新老委员从自身建设、参政议政、社会服务、民

6月，农工党西城区委开展2021年环境与健康宣传周主题活动　　（农工党西城区委　供图）

主监督4个方面，讨论如何为首都核心区高质量发展献计出力。举办2021年新党员培训会，介绍农工党西城区委基本情况和西城区统战工作概况，开展社情民意信息培训。做好后备干部的培养考察，补充完善农工党西城区委后备干部人才库。按照农工党北京市委的部署安排，农工党西城区委组织重点人群、相关党员举行座谈会，线上、线下学习《各民主党派中央关于纪律处分工作座谈会纪要》和《中国农工民主党纪律处分办法》(试行)，结合廉洁风险预警提示活动进行讨论。

（穆瑞华）

【学习教育活动】 2021年，农工党西城区委围绕中国共产党成立100周年，坚持在强化引领中凝聚共识，开展“不忘合作初心、继续携手前进”和“学习中国共产党史，讲好多党合作故事”政治共识专题教育。带领区内农工党员学习中共十九届六中全会精神，参观中央党史和文献研究院“思想的历程”马克思主义传播史展览、中国共产党历史展览馆、平北抗日第一枪专题展。组织农工党西城区委第三届二次全委（扩大）会议暨习近平总书记在庆祝中国共产党成立100周年大会上的讲话精神专题学习，组织参观“没有共产党就没有新中国”纪念馆、香山革命纪念馆、首都博物馆“伟大征程——庆祝中国共产党成立100周年特展”等16次主题活动，累计1200人次参与。

（穆瑞华）

【农工党西城区第三次代表大会】 6月4日，农工党北京市西城区第三次代表大会，在北京市民主党派人民团体大楼召开，中共西城区委副书记、区长孙硕，农工党北京市委专职副主委李亚兰，区人大常委会主任杜灵欣，区政协主席章冬梅，农工党北京市委秘书长江欣，中共西城区委统战部常务副部长刘琪，北京市委统战部党派处处长薛晏出席会议。会议选举王庚等21人为农工党西城区第三届委员会委员。在第三届委员会第一次全体会议上，选举戚畅（女）为主任委员，陈楠、向公伟、朱江、王庚、吴晶晶（女）为副主任委员，任命穆瑞华（女）为秘书长。　（穆瑞华）

中国致公党北京市西城区委员会

【概况】 2021年，中国致公党北京市西城区委员会（简称致公党西城区委）有18个综合党支部，1个医疗卫生总支，4个单位支部，有党员790人。党员中有全国人大代表1人；市人大代表2人，市政协委员3人；区人大代表1人（其中常委1人），区政协委员21人（其中副主席1人、常委3人、副秘书长1人）；致公党中央委员3人（其中常委2人），致公党市委委员7人（其中专职副主委1人、常委2人）。2021年，致公党西城区委获评致公党中央脱贫攻坚先进集体。2人获评致公党中央脱贫攻坚优秀组织工作者。6人获评2020年度致公党中央脱贫攻坚先进个人。　（梁训新）

【参政议政】 2021年，致公党西城区委完成7篇调研报告。其中《西城区12345市民热线“接诉即办”工作与依法行政相关问题的调研报告》获中共西城区委统战部2020年度调研成果一等奖，《挖掘新基建应用场景需求助力西城区高质量发展研究》《破解西城区低效用地再利用难题——提升土地全生命周期管理水平》《搭建互联网医疗公共平台助力西城区医疗健康消费升级研究》获调研成果二等奖，《依托西城区文化资源及政策优势，快速推进数字文化业态升级》获调研成果三等奖。组织召开参政议政工作会研究推进调研工作，组织党员申报市区课题，各课题成立调研工作小组，围绕“法源寺文保区考察调研街区更新工作”“加强社区居家养老服务能力建设”“完善业委会推动成立和业主自治功能发挥机制，切实提高北京市基层社会治理能力”等重点难点问题，深入企业和社区了解民生实情，为政府决策的科学化、民主化，建睿智之言、献务实之策。全年报送社情民意信息101篇，被市级以上单位采用75篇。提交政协党派提案2件、大会发言1件、党员个人提案20件。在致公党中央2021年参政议政工作研讨会上，区委9位党员撰写的11篇调研报告和社情民意信息，被评为致公党中央2020年度参政议政优秀成果。　（梁训新）

6月9日，致公党西城区第三次代表大会召开。图为参会代表合影　　（致公党西城区委　供图）

【社会服务】 2021年，致公党西城区委联合石景山工委，走进冬奥组委开展医学专家义诊活动。组织医生党员参与陶然亭街道侨法宣传活动暨志愿服务周，为百姓开展义诊。（梁训新）

【组织建设】 2021年，致公党西城区委按照中共西城区委关于人大、政协换届工作的要求，完成14名党员的考察工作，最终有20名致公党党员当选为西城区第十五届政协委员，另有4名党员担任区人大代表。12月中旬，政协西城区第十五届委员会第一次会议和西城区第十七届人民代表大会第一次会议分别召开。致公党西城区委主委关振鹏当选区政协副主席，副主委勤克、马前、赵蕾（女）当选区政协常委。（梁训新）

【学习教育活动】 2021年，致公党西城区委召开5次主委会，4次全委会。以庆祝中国共产党成立100周年为契机，按照致公党北京市委“学习中国共产党史，讲好多党合作故事”活动部署，开展系列主题教育活动学习中共百年党史，参观《救国报》滦西分社旧址、宋庆龄故居等。组织区委党员到昌平烈士纪念馆参观，组织新党员在八宝山革命公墓为司徒美堂扫墓。参加“他和她的故事”活动，撰写《司徒月桂：讲述我爷爷司徒美堂的故事》一文。通过老党员讲述身边故事，传承“致力为公、侨海报国”精神。11月28日，召开三届三次全体委员会议，通过《致公党西城区委“京致阅读”工作方案》。致公党西城区委领导班子、区委委员和支部主委结合学习贯彻中共十九届六中全会精神，每季度在支部参加读书活动的同时，以致公党西城区委全委会和区委（扩大）会的形式交流读书心得。（梁训新）

【致公党西城区第三次代表大会】 6月9日，召开致公党西城区第三次代表大会，听取并审议致公党西城区第二届委员会工作报告，通过《中国致公党北京市西城区第二届委员会工作报告》《中国致公党北京市西城区第二届委员会工作报告的决议》和《中国致公党北京市西城区第二次代表大会决议》，选举产生由20名委员组成的致公党西城区第三届委员会。关振鹏当选第三届委员会主任委员，勤克、马前、黄磊、赵蕾（女）当选副主任委员，任命梁训新为秘书长。（梁训新）

九三学社北京市西城区委员会

【概况】 2021年，九三学社北京市西城区委员会（简称九三学社西城区委）共有33个支社，社员1667人。区社员中有九三学社中央常委1人、委员2人，全国政协委员2人；九三学社市委常委1人、委员8人；市人大代表3人，市政协常委1人、委员2人，市青联副主席1人、委员1人；区人大常委1人、代表8人，区政协副主席1人、常委4人、委员12人；外区人大常委1人、代表1人，外区政协委员5人。2021年，九三学社西城区委完成换届工作任务，选举产生九三学社西城区第三届委员会。围绕中国共产党成立100周年等主题开展系列思想教育活动，全面加强自身建设。报送社情民意信息292条，向中共西城区委统战部报送调研报告6篇，开展专项民主监督活动2次、乡村振兴帮扶活动2次。发挥优势特色，履行参政党职能，向西城区政协提交提案2篇，其中《关于对金科新区西城区域建设发展的提案》作为区政协第0001号提案获评优秀党派团体提案。九三学社西城区委被中共西城区委统战部评为2021年度信息工作优秀单位，被西城区政协评为2021年度社情民意信息工作先进单位二等奖。社员中3名区政协委员被西城区政协评为2021年度优秀信息员，3人获区政协2021年度优秀委员提案奖。九三学社西城区委被九三学社中央评为“全国机关建设先进集体”，被九三学社中央组织部评为“组织信息系统数据维护工作先进集体”。九三学社西城区委及7个支社被评为“庆祝九三学社北京市委员会成立70周年先进集体”，九三学社西城区委及9个支社被九三学社北京市委评为“抗击新冠肺炎疫情先进集体”。社员中9人被九三学社中央评为“2018—2020年参政议政先进个人”，1人被评为“2021年度优秀信息员”，139人被九三学社北京市委评为“庆祝九三学社北京市委员会成立70周年先进个人”，124人被九三学社北京市委评为“抗击新冠肺炎疫情先进个人”。（宋淙淙）

【参政议政】 2021年，九三学社西城区委向中共西城区委统战部报送调研报告6篇。其中《秉承丰厚文化积淀，推进中轴名筑保护工作》《做好胡同保护更新，提升人民群众幸福感》《提升金融综合服务能力，推动西城区科技创新企业发展》获

12月2日，九三学社西城区委组织律师社员参加德胜街道“国家宪法日”宣传活动

（九三学社西城区委　供图）

调研报告评比一等奖；《智慧升级老旧城区，融入新的发展格局》获二等奖；《提升文化场馆效能、共绘西城文化蓝图》《落实核心区控制性规划，优化西城区交通出行环境》获三等奖。报送信息292篇，被全国政协采用1篇，九三学社中央采用10篇，市政协采用42篇，中共北京市委办公厅采用2篇，获批示3篇。九三学社西城区委被中共西城区委统战部评为2021年度调研工作优秀单位。（宋淙淙）

【社会服务】2021年，九三学社西城区委根据自身特点和优势，开展乡村振兴、医疗服务、社会公益等活动。3月5日，开展“把握节奏，敬悦生命”“三八”国际劳动妇女节主题健康讲座。4月9日、9月3日，开展两场线上《中华人民共和国民法典》系列宣讲活动，普及家庭继承等相关法律知识。5月15日，举办“我是你的眼”国际助残日主题公益活动，为视障人士讲电影；“发枝荟”“海馨小屋”“九三金融汇”等平台组织多场公益活动，为社会大众提供交流咨询平台。12月2日，组织社员中2名律师参加德胜街道“国家宪法日”普法宣传活动，现场为居民免费提供法律咨询。（宋淙淙）

【组织建设】2021年，九三学社西城区委新发展社员99人，转入12人，转出33人，去世9人，退社1人。按照九三学社北京市委部署，九三学社西城区委将所属基层组织“西城环保支社”部分社员转往外区成立新支社，将原“西城环保支社”更名为“西城生态环境资源支社”。按时完成18名区政协委员、1名人大代表的推荐、考察工作；推举36名社员担任九三学社北京市第十四次代表大会代表、28名社员为九三学社北京市第十四届委员会委员候选人。坚持主委会学习制度，主委会成员坚持参加各种研讨会、报告会和培训会。根据工作实际情况和新时期民主党派工作的新要求，逐条修订九三学社西城区委会议、工作等制度，出台《九三学社北京市西城区委工作委员会工作规定》和《九三学社北京市西城区委专门委员会工作规定》，修订后的《九三学社北京市西城区委员会制度汇编》共包含15项制度、规定、办法，内容涵盖九三学社西城区委工作的各个方面，进一步明晰职责定位，明确履职方法。及时完善全区社员资料库。（宋淙淙）

【学习教育活动】2021年，九三学社西城区委根据九三学社中央统一要求，开展“新征程·同心行”系列主题活动，带领全区社员不断加强学习“四史”（中国共产党史、新中国史、改革开放史、社会主义发展史）、多党合作史、社史等。上半年，组织全区社员围绕中国共产党成立100周年主题撰写稿件。4月24日，组织参观市档案馆“播火——李大钊革命活动档案史料展”“破晓——中国共产党北平党组织活动展”等系列展览。6月2日，举办中国共产党党史教育宣讲会，九三学社西城区第二届委员会主委郑实作题为《回首百年路、永远跟党走——多党合作历史启示》的宣讲报告。7月25日，组织参观平谷鱼子山抗日战争纪念馆，录制

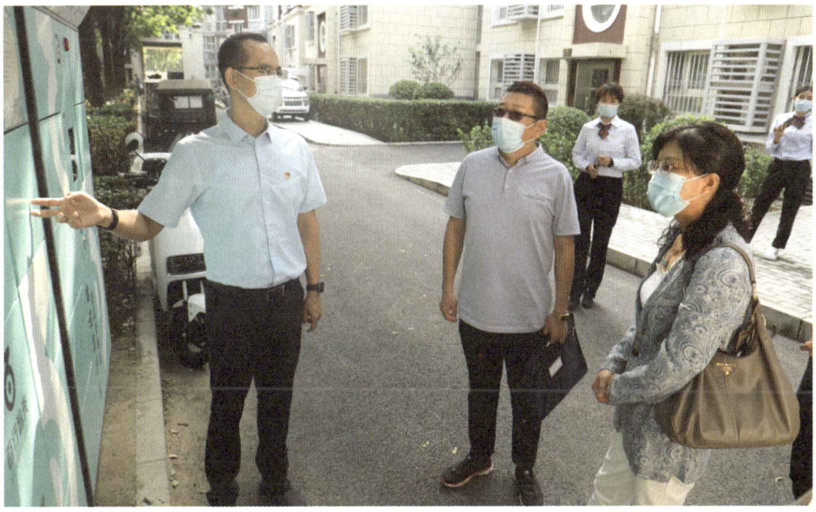
9月8日，九三学社西城区委赴德胜街道调研社区治理情况　（九三学社西城区委　供图）

《没有共产党就没有新中国》微视频。10月1日，组织近400名社员观看主旋律影片《长津湖》。11月30日，组织全区社员学习中共十九届六中全会精神，主委会成员带头撰写学习体会。全年出版4期宣传刊物《西城九三》，同步发布电子版刊物，申请开通并运营官方认证的微信订阅号“西城九三”，为讲好西城九三故事、开展常态化培训搭建平台。（宋淙淙）

【民主监督】 2021年，九三学社西城区委就西城区落实“我为群众办实事”工作情况，对共建的德胜、天桥街道开展专项民主监督。9月8日，实地调研德胜街道新海苑小区垃圾分类、电动车充电、物业管理等情况。9月30日，到天桥街道泰安里疫苗接种点了解新冠病毒疫苗接种情况，在天桥街道全响应街区治理中心现场了解街道“接诉即办”、垃圾分类等重点工作的调度、数据分析及处理等情况；调研后，分别与德胜、天桥街道召开民主监督座谈会，就街道的各项民生工作提出可操作的意见建议，了解街道实际工作中遇到的难点问题，通过民主党派渠道为街道发声，履行民主监督职能。（宋淙淙）

【九三学社西城区第三次代表大会】 6月5日，九三学社北京市西城区第三次代表大会召开，选举产生由21名委员组成的九三学社北京市西城区第三届委员会。在九三学社北京市西城区第三届委员会第一次全体会议上，选举王景兰（女）为九三学社北京市西城区第三届委员会主委，宋坪（女）、葛文彤、赵一新、倪燕欣（女）、安宇为副主委，任命宋淙淙（女）为秘书长。（宋淙淙）

台湾民主自治同盟北京市西城区委员会

【概况】 2021年，台湾民主自治同盟北京市西城区委员会（简称台盟西城区委）有2个支部，盟员112人。盟员中有全国政协委员1人（任副主席）；市人大代表2人（其中常委1人），市政协委员2人；区人大代表1人（任常委），区政协委员7人（其中常委4人）；台盟中央委员2人（其中主席1人）；台盟市委委员9人（其中副主委1人、常委3人）。2021年，台盟西城区委获评台盟中央2021年参政议政先进集体，2位盟员被评为台盟北京市委2021年度参政议政先进个人，2位盟员分获台盟北京市委2021年度信息先进个人二等奖、三等奖。台盟西城区委获得2021年度区政协反映社情民意信息工作先进单位三等奖。3位盟员获评区政协2021年度优秀信息员。台盟西城区委获评台盟中央全盟脱贫攻坚先进集体。（丁　冬）

8月25日，台盟西城区委慰问广内街道防疫志愿者（台盟西城区委　供图）

【参政议政】 2021年，台盟西城区委完成《推动社区社会组织助力基层内生治理的调研》和《关于利用北京冬奥会资源促进消费升级的调研》2篇调研报告，其中前者获台盟北京市委2021年度优秀调研报告二等奖。在区政协第十四届委员会第五次会议上，付建新代表台盟作题为“妥善加强百万庄小区历史建筑群修缮保护”的大会发言；台盟提交的《关于提升教育信息化服务水平的建议》党派提案，被评为2021年度优秀提案；台盟的4位区政协委员提交8件个人提案，其中3件获得优秀委员提案。在区政协和中共西城区委统战部联合召开的“落实核心区控规，推进西城区高质量发展”议政会上，台盟作题为“建设韧性城市的思考与建议”的大会发言。在西城区“完善社会治理机制，提升‘接诉即办’规范性和实效性”双月专题协商会上，台盟作题为“多措并举深化‘接诉即办’改革，助力提高西城区基层社会治理能力”的发言。全年参加4次西城区政党协商会，对中共北京市西城区第十三次代表大会工作报告和组织人事工作等提出意见和建议。台盟西城区委主委庄文静列席中共西城区委十二届十六次全体会议、中共西城区第十三次代表大会。全年报送社情民意信息120余条，其中陈维平撰写的《关于疫情期间网约车管理的建议》等8条信息被北京市政协等部门采用，并被市政协快报刊载。在区政协第十五届委员会第一次会议上，提交《关于推动社区社会组织助力基层社会治理的建议》党派提案，5位委员提交6件个人提案。（丁　冬）

【社会服务】 2021年，59名盟员参加台盟北京市委“助梦启航”活动，捐款7430元。盟员和驻会干部为河南水灾捐款12830元。1名盟员利用自身资源，联络空气动力船生产厂家派出救援船只和专业人员奔赴河南省卫辉市，在救助人员和运送物资过程中发挥作用。将盟员捐助的饮用水送到共建的广内街道支援基层疫情防控工作，台盟西城区委获评台盟中央全盟脱贫攻坚先进集体，4位盟员获评台盟中央全盟脱贫攻坚先进个人。（丁 冬）

【组织建设】2021年，台盟西城区委召开10次主委会议、4次全委（扩大）会议。新发展盟员2名，推荐盟员参加台盟中央“共话同心圆——2021台盟中青年骨干培训班”，组织新入盟盟员和中青年骨干盟员参加北京市和西城区民主党派培训班。以台盟中央“三抓两促一提升”（抓好理论学习，抓好队伍建设，抓好制度保障；促进参政党履职能力进一步增强，促进参政党履职特色进一步彰显；提升台盟新时代中国特色社会主义参政党建设水平）工作思路为指导，推出“同心筑梦讲堂”并开办第一讲，由1位区委委员讲授“如何做好临场发言”。1月，以电话和邮寄慰问品等方式慰问70岁以上老盟员。组织参加台盟北京市委第十三届“同心杯”党史、盟史知识答题活动，获得团体三等奖。台盟西城区委主委庄文静当选西城区人大第十七届常委，7位区委委员经推荐担任区政协第十五届委员会委员，其中4人当选常委。2位盟员担任北京市第十二届青联委员，2位盟员当选西城区第三次妇女代表大会代表。2位盟员受聘担任西城区海外联谊会第二届常务理事和理事。（丁 冬）

【学习教育活动】2021年，盟员以现场参会和收看电视直播的方式，第一时间学习习近平总书记在庆祝中国共产党成立100周年大会上的讲话精神，台盟西城区委主委庄文静参加西城区庆祝中国共产党成立100周年党外人士座谈会，组织盟员参观中国共产党历史展览馆。组织台盟西城区委委员、专委会负责人、支部负责人和盟员骨干参观京报馆旧址。组织盟员赴门头沟区马栏村参观冀热察挺进军司令部旧址，举办“走进盟员工作单位，助力双岗尽职有为”观影活动和“博学明政，书香台盟”读书活动。组织盟员参加台盟北京市委举办的“学习中国共产党史·讲好多党合作故事”政治共识主题教育活动和“学中共党史·忆台盟前辈”座谈研讨会，收看台盟中央“阅·思源”中共党史学习教育红色系列讲堂，参观“大道同行——台盟盟史回顾展”。参加台盟北京市委学习总书记在庆祝中国共产党成立100周年大会上的讲话精神座谈会和学习习近平在纪念辛亥革命110周年大会上的讲话精神座谈会。参加全国两会精神报告会和十九届六中全会辅导报告，召集台盟西城区委全委会集中学习中共十九届六中全会精神。组织新盟员及待入盟台胞参加第十一届“走近台盟、认知台盟”主题活动。编印纸质版《西城台盟简报》2021年1—2期合刊，完成宣传报道90余篇。同期制作全彩色在线电子版杂志，微信推送给盟员、其他区级组织和统战群体等。通过西城统战和北京台盟微信公众号发送报道20余篇，通过北京西城公众号和《北京西城报》报道台盟西城区第三次代表大会情况。编印《良弓无改，奋楫前行》画册，展示第二届台盟西城区委五年工作成果。（丁 冬）

【涉台工作】2021年，台盟西城区委组织盟员参加“与经典同行——京台青年读书会”，与台湾青年畅谈心得体会。在台盟北京市委第十四届“交流与共享”研讨会上，盟员们与来自台湾的政党、社团、文教领域专家学者等坦诚交流。（丁 冬）

【台盟西城区第三次代表大会】5月30日，召开台盟北京市西城区第三次代表大会，听取《台盟北京市西城区第二届委员会工作报告》，审议通过《台盟北京市西城区第三次代表大会决议》，选举产生台盟西城区第三届委员会委员9名。在三届一次全委会上，选举庄文静（女）为主任委员，胡悦、付建新、王蕾（女）、蔡昱（女）为副主任委员；任命胡悦兼任秘书长。（丁 冬）

（责任编辑 张振安 齐田）

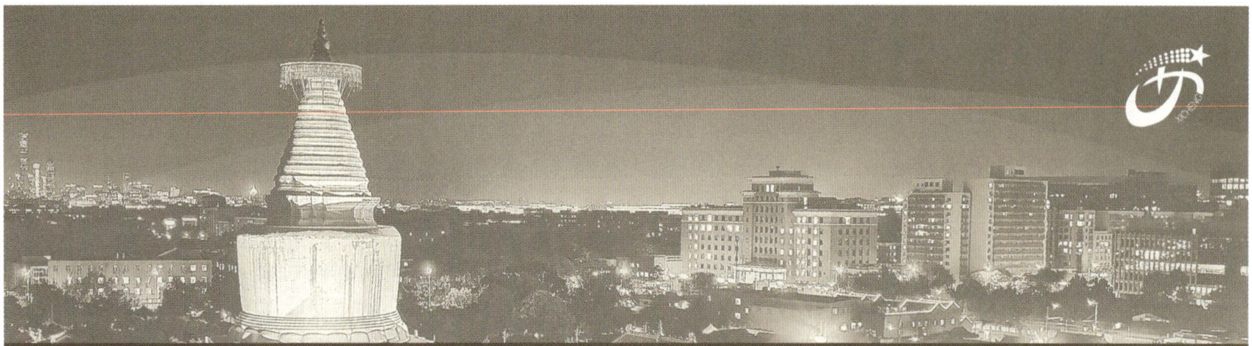

人民团体

西城区总工会

【概况】 2021年，北京市西城区总工会（简称区总工会）有基层工会组织1801家，涵盖机关事业单位、国有企业、外商投资企业、私营企业、个体经济、社会团体等。2021年，区总工会推进“我为职工办实事”实践活动，做好思想引领、建功立业、维权服务、基层组织建设等工作。全年累计采集合格会员信息277911人，工会会员互助服务卡办理227044张，发展并标识新就业形态群体会员32026人。新建服务阵地覆盖党群服务中心11家。组建职工志愿服务队，协助属地街道和社区开展政策宣传、秩序引导和环境消杀。投入1800余万元，购买物资慰问医疗机构、核酸检测点、集中隔离点、新冠病毒疫苗接种点和社区等新冠肺炎疫情防控工作人员。 （刘　鹏）

【工会组织建设】 2021年，区总工会落实全面组织覆盖、规范企业建会“两步走”（先工作全覆盖、再依法规范建会）要求，全区工会组织覆盖单位率98.98%，建会率64.24%，百人以上单位建会率98.61%。落实区委新业态、新就业群体党建试点工作部署和市总工会相关任务，建立党建带工建、工建促党建、党工共建机制，推进新业态、新就业群体工会工作。区总工会采取班子成员带队赴街道蹲点调研方式，解决基层工会组建和新就业形态群体维权服务问题。全区召开1438场企业沟通会、863场职工沟通会，实现区内党群服务中心工会阵地共享覆盖率100%。区总工会指导全区1429家工会阵地开展职工服务，完善607个户外劳动者公共服务阵地项目设施、标识标牌。全区获评北京市模范职工之家6个、北京市模范职工小家4个、北京市优秀工会工作者19人，获评全国最美工会户外劳动者服务站点12个，北京市最美工会户外劳动者服务站点16个。为845名新就业形态劳动者提供免费体检，组织500名快递员心理测评。开展线上线下职工文化课堂、阵地服务等特色会员服务，惠及新就业形态劳动者5万余人次。 （张　艳）

【劳模工匠管理】 2021年，西城区获评全国工人先锋号2个、全国五一劳动奖章2名、首都劳动奖状3个、北京市工人先锋号5个、首都劳动奖章12名。开展文物古建修缮展览，制作西城“大都工匠”之文物古建修缮匠人技艺展示册，举办“职工畅读党史经典、共享亲情美好时光”——百名职工共读劳模匠人故事活动，将匠人技艺发扬光大。做好劳模服务，“两节”期间慰问劳模、先进人物883人次，发放两节慰问金、差额补贴养老金、专项补助金269.8万元。“工会进万家”调研走访慰问劳模154人，发放实物与慰问金7.6万元。 （臧　璐）

【职工权益维护】 2021年，区总工会落实劳动关系“和谐同行”能力提升3年行动计划，选树培育6家非公企业，助推企业和谐健康发展。健全劳动关系风险监测预警体系，实现市、区、街三级协调劳动关系三方互联互动，及时化解劳动纠纷隐患。坚持“保企业保就业保稳定”的集体协商，建会企业集体协商建制率动态保持90%以上，百人以上建会企业集体协商建制率保持95%以上。代表北京市参加全国城市集体协商竞赛，获第三名。推进职工代表素质提升工程，组织职工代表参与“促发展”职工代表提案征集和民主管理微视频大赛。抓好区劳动争议调解中心律师团队聘管用，成功调解劳动争议案件503件。开展“尊法守法、携手筑梦”普法宣传活动，发放《权益维护微手册》《民法典知识问答》《农民工工资权益微手册》等宣传材料7000余份，举办普法讲座12场。开通法律知识网上答题，参与职工14万人次。以“量体裁衣”和“按需定制”方式，为企业开展10场“法治体检”。与区应急局、区卫生健康委等部门联合开展“大家来参与、安康伴我行”隐患随手拍、职业健康示范企业和健康达人选树等活动，维护职工劳动安全和职业健康。 （任震宇）

【职工文体活动】 2021年，区总工会为职工提供“订单式”文化服务，开展瑜伽、舞蹈、合唱、太极、健美等公益培训73场，惠及职工1526人次。制作“职工云课堂”线上培训课程35节，观看量10460人次。坚持用优秀作品鼓舞职工，开展“以舞传情学党史、红歌起舞献给党”党建宣传活动，原创建党百年职工文艺作品5个。组织职工参加北京市第十三届职工文化节，获市级奖项6项，多个参赛作品在市总工会官网展播。（王怀起）

【工会会员服务】 2021年，区总工会开展服务项目137个，服务会员139961人次，为教师、医护人员、社工和新就业形态劳动者等群体提供精准化服务项目。开展“留京过年”系列活动，投入150万元慰问春节期间留守岗位的一线劳动者。落实困难帮扶工程，开展“工会进万家”调研走访慰问，走访慰问困难职工24人。“一元捐”专项温暖基金帮助13人，支出金额10万元。全区互助保险投续保110171人，理赔1940人次，给付理赔金578万元；暖·互助“二次报销”受益职工47498人次，报销1267万元。开通“促就业、暖人心”线上就业服务，利用“西城区总工会职介”微信群、电话登记等途径摸清需求，发布求职、招聘信息600余条。面向职工发放小额贷款116万元。建设“职工心灵驿站”，提供心理健康讲座、心理测试、心理咨询、心理和行为训练等服务。办理“12351”职工热线派单629件，办结率100%。11月19日，中国职工之家“月坛小哥”服务驿站投入使用。（任震宇　朱莉）

【群众性经济技术创新工程】 2021年，区总工会组织推进技术革新、技术协作、发明创造等群众性技术创新活动，召开创新工作室申报推进会，评选区级职工创新工作室19家，推荐上报市级职工创新工作室助推项目9个。探索校企交流合作，联合首都师范大学专家团队为创新工作室辅导提升，实现校企资源有机结合和优化配置。搭建职工网上学习平台，根据职工需求，组织烹饪、应急救护、小视频制作和心理减压等线上线下培训60余场，职工观看超过50万人次。（李　伟）

【区总工会二届十三次委员会议】 1月7日，区总工会第二届委员会第十三次全体会议召开。区人大常委会副主任、区总工会主席李会增出席并讲话，区总工会党组书记、常务副主席马光明主持会议，区总工会副主席林育才、许畅、刘方振，兼职副主席赵海及区总工会第二届委员会委员、经费审查委员会委员，经验交流单位工会主席、副主席等40余人参加会议。李会增作题为《当标杆、做表率、团结带领广大职工，为率先探索构建首都核心功能区新发展格局建功立业》的报告。会议审议通过《西城区总工会2020年工作报告》和《西城区区总工会经费审查委员会2020年工作报告》，4家单位作经验交流发言。（刘　鹏）

【区总工会二届十四次委员会议】 3月2日，区总工会第二届委员会第十四次会议召开，启动西城区工会第三次代表大会筹备。李会增出席并讲话，马光明主持会议，区总工会有关领导及区总工会二届委员会委员参加会议。区总工会党组成员、副主席人选林立列席会议。会议审议通过《关于召开北京市西城区工会第三次代表大会的决议（草案）》《中共北京市西城区总工会党组关于北京市西城区工会第三次代表大会筹备工作实施方案》《北京市西城区工会第三次代表大会代表组成和产生办法（草案）》等9项方案。（刘　鹏）

【古建文物修缮技能技艺大赛】 3月，由区总工会、区文化和旅游局联合举办的2021年“大都工匠”文物古建修缮技能技艺大赛启动。大赛以中轴线申遗为主线，以传承非遗技艺为重点，相继举办匠人文化展、文物修复、文物古建修缮技能大赛。在文物修缮技能大赛中，百余名职工围绕木工、瓦工、彩绘、制图4个项目进行初赛，最终经专家评审，12名参赛者进入决赛。4月28日，决赛在景山后街的庆云寺举办，12名匠人根据统一命题，在规定时间内完成墨线苏式彩画、房屋明间剖面图绘制、墩接木柱、五扒皮砖加工等比赛内容，经评委专业评分，评选出4名西城“大都工匠”。区人大常委会副主任、区总工会主席李会增宣布西城“大都工

11月19日，中国职工之家“月坛小哥”服务驿站投入使用　（区总工会　供图）

4 月 28 日，2021 年“大都工匠”文物古建修缮技能技艺大赛决赛在西城区庆云寺举办（区总工会　供图）

匠”名单和西城区获评 2021 年劳动奖和工人先锋号名单。区领导孙军民、杜灵欣、孙硕、章冬梅、张立新等为获奖队伍和职工颁奖。市文物局党组书记、局长陈名杰，北京市规划和自然资源委员会党组成员、市规划设计研究院院长、西城区总责任规划师石晓东出席比赛现场。（臧　璐）

【区总工会第三次代表大会】5 月 19 日，区总工会第三次代表大会召开。市总工会党组书记、副主席郑默杰，区领导孙硕、杜灵欣、章冬梅、张立新、李会增等出席会议。马光明主持开幕式。区委、区政府相关部门、共青团妇联等区级群团负责人及大会正式代表、列席代表、特邀嘉宾等 300 余人参加开幕式。李会增作西城区总工会第二届委员会工作报告，郑默杰和孙硕讲话。5 月 20 日，大会选举产生区总工会第三届委员会和经费审查委员会委员，李会增当选区总工会主席，马光明、林育才、许畅、刘方振、林立当选区总工会副主席，赵海当选区总工会兼职副主席。（臧　璐）

共青团西城区委

【概况】2021 年，中国共产主义青年团北京市西城区委员会（简称团区委），下设北京市西城区志愿服务指导中心（直属事业单位），西城区青年联合会秘书处、西城区未成年人保护委员会办公室、西城区青年工作联席会议办公室设在团区委。全区有团组织 2166 个、社区青年汇 24 家、专兼职团干部 2647 人、青少年事务社工 14 人、青年汇社工 24 人、团员 18854 人。完成 1248 个团支部对标定级工作，完成率 100%。新增社会领域团组织 402 个，新发展团员 2668 人，北京共青团系统录入率和电子档案上传率均为 100%。发动 10884 名团员社区报到。团区委在北京县域共青团基层组织改革中期评估中获评“优秀”；获 2016—2020 北京市法治宣传教育先进集体；“青春西城”微信公众号在 16 区共青团微信公众号中影响力排名第一。德胜街道办事处公共服务大厅等 4 个集体被认定为一星级全国青年文明号；德胜街道团工委获评 2020 年“全国五四红旗团委”，先智创科（北京）科技有限公司团总支获评 2020 年“全国五四红旗团支部”，复兴医院团委等 4 家单位团委获评“北京市五四红旗团委”，广外医院团总支等 4 个团总支（团支部）获评“北京市五四红旗团支部”，马超等 5 人获评“北京市优秀共青团干部”，孙雪娇等 5 人获评“北京市优秀共青团员”，北京小学少先队大队等 8 个集体获评“北京市优秀少先队集体”，王菲等 8 人获评“北京市优秀少先队辅导员”，张仲泽等 16 人获评“北京市优秀少先队员”。（雷俊成　陈晓蕊）

【青少年思想引领】2021 年，团区委组织党史学习教育 2 万余场，覆盖青年 50 万人次。组织召开“青春建功新时代、百年奋斗新征程”青年代表座谈会。开展“请党放心、强国有我”系列主题教育实践和宣讲活动，微博在线观看总量超过 150 万次。开展“青年先锋讲堂”“书香满西城”活动 17 次。组织各级团组织开展“西有青年‘艺’心向党”“西有青年对党告白”等主题活动 50 余场，发布百年党史·深学“西”悟、西青诵读、“艺”心向党等云产品 600 余条，粉丝 10 万余人，阅读量 740 余万次。印发《西城区“十四五”时期青少年事业发展规划》。（朱嘉瑜）

【志愿者组织管理】2021 年，全区实名注册志愿者 268334 人，占全区常住人口的 24%，其中有时长实名注册志愿者 146987 人，占全部实名志愿者的 54.77%；开展志愿服务项目 5553 个，记录时长 459 万小时；注册志愿团体 5318 个。认定北京市星级志愿者 15356 名，其中一星志愿者 6937 名、二星志愿者 3495 名、三星志愿者 3050 名、四星志愿者 1603 名、五星志愿者 271 名。2021 年首都志愿服务项目大赛中，获评金奖 3 个、银奖 3 个、铜奖 7 个、创新奖 3 个、提名奖 3 个。2021 年宣传推选首都学雷锋志愿服务“五个 100”先进典型活动中，7 人获“首都最美志愿者”，6 个组织获“首都最佳志愿服务组织”，11 个项目获“首都最佳志愿服务项目”，7 个社区获“首都最美志愿服务社区”，10 个家庭获“首都最美志愿家庭”。（李彬彬）

【建党百年庆祝活动服务保障】2021 年，在区委组织部、区委宣传部的带领下，团区委承担建党百年庆祝活动服务保障和广场活动指挥部、志愿者指挥部工作，高标准完成广场合唱献词、和平鸽征集、集结疏

散、场地协调保障等各项服务保障任务，组织1333人参与志愿服务，累计服务时长21475小时。（李彬彬）

【疫情防控青年志愿服务】2021年，团区委组织动员中国人民公安大学、中国核工业集团有限公司、北京市应急志愿服务总队等20余家单位和志愿服务团队800余人参与核酸检测志愿服务；在1月和10月区域大规模核酸检测中，提供志愿服务1453人次，服务时长10082小时。春节期间落实“在京过大年、非必要不出京”号召，组织招募志愿者203名，协助社区开展新冠病毒疫苗接种宣传、日常消杀、卡口防控、巡岗检查等志愿服务，服务600余小时。（李彬彬）

【社区青年汇项目】2021年，团区委制订《关于进一步加强西城社区青年汇政府购买服务项目执行监督工作的方案》，24家社区青年汇开展“党史微展览”系列活动、社区青年汇云课堂之青少年“爱自己、爱世界”安全教育项目及社区青年汇“喊你回家过节”等各类活动1707场次、社会服务项目65个，服务青少年66091人次。1家市级店和4家区级店获全市优秀社区青年汇，4个群体活动和4个社会服务项目获市级优秀活动项目。（陈晓蕊）

【“青桥计划”实施】2021年，团区委实施“青桥计划”，以项目化运作方式，支持各级团组织聚焦助力“接诉即办”“我为青年办实事”等开展服务。年初征集到47个申报项目，经专家组评审，确定对26个项目予以经费支持。入选项目中引领类项目5个、服务类项目16个、社会参与类项目5个，涵盖青少年权益维护、青少年心理疏导、青年交友联谊、文化传承、文体活动（助力2022年冬季奥运会）、我为社区献一策、服务联系“城市活力群体”、投身“五大青年行动”志愿服务等主题。截至11月15日结项，“青桥计划”开展活动153场，服务青年5355人次。（陈晓蕊）

【新业态新就业青年群体服务】2021年，团区委统筹各级团组织开展93次调研、发放458份问卷，对全区64个快递、外卖站点走访，摸排35周岁以下青年1324人、团员33人（其中流动团员25名），建立区级“小哥”团员联络群1个，街道级别新业态、新就业群体青年沟通联络群15个。设立“小哥加油站”167处。在“双十一”等派件高峰时间依托“小哥加油站”开展暖心助力行动，发放1500副手套、3000杯热饮。全年开展活动117场，服务新业态、新就业群体青年7000余人次。（陈晓蕊）

【青年马克思主义者培养工程】2021年，团区委制发《西城区青年骨干“红墙意识”培育提升工程暨青年马克思主义者培养工程实施方案》，科学设置理论学习、红色教育、实践调研等培养模块，面向直属团组织、区域化团建单位、西城区青年委员和西城区各领域的青年骨干进行成员公开招募，经资格审查和比选择优后选录54人并开展首期集中理论培训。推荐2人入选北京市青年马克思主义者培养工程2021年市级社区（农村）班，并参加专项培训。（陈晓蕊）

【“聚力·金融街”党群服务中心建设】2021年，团区委指导“聚力·金融街”党群服务中心，围绕“聚·活力”“聚·心艺”“聚·匠心”“聚·文化”“聚·金融”“聚·乐学”“聚·公益”7大主题，开展志愿服务、交友联谊、亲子、绘画、瑜伽等各类活动1202场，服务青年10.9万余人次。其中线上活动754场，线下活动448场；含党建元素活动736场，就业指导类活动12场；组织动员500余名青年参与志愿服务、社区治理。先后成立篮球、读书、金融、话剧等25个社团组织，比上年增长25%；拥有固定社团成员1131人，比上年增长25.6%。（陈晓蕊）

【全团带队】2021年，团区委将少先队工作纳入中小学教育督导评估和党建工作规范化建设，选配少先队总辅导员，将少先队辅导员培训与团干部培训项目一体规划。组织54名少先队员参与庆祝中国共产党成立100周年大会“千人献词团”，其中1名担任领诵员。开展“红领巾心向党”主题教育活动，以队课、队会形式，组织读书学史、故事宣讲等活动。全面建设学校少工委，开展“分批入队”“红领巾奖章”评选等工作，构建少先队社会化体系，15个街道全面建立校外少先队组织。（王　迪）

【困境青少年精准帮扶】2021年，团区委开展区级帮扶项目6个，街道级帮扶项目30余个，为556名帮扶对象提供至少2项服务。发放8.7万元慰问金，物资258份，覆盖390余名困境青少年。联合区红十字会、府右街宾馆，为5名困境青少年提供“寒窗助学金”1.2万元；依托市青基会，为18名困境青少年发放“希望之星1+1助学金”2.05万元。以“穿越时空、玩转故宫”“科技筑梦、创新未来”为主题，组织51名困境青少年走进故宫、宋庆龄科技文化交流中心；持续推进“青春助跑·学习伙伴”帮扶计划，链接大学生志愿者为50名困境青少年提供学业辅导和成长陪伴，服务1023次3366小时；推出“家有儿女”亲职教育项目，为100户困境家庭提供教养技巧与能力提升服务。（王　迪）

【“面对面”倾听活动】2021年，团区委以“完善青年生育政策配套措施”为主题，开展“面对面”倾听活动4次，发放问卷591份，调研形成《西城区青年生育意愿与完善配套生育措施报告》，并邀请区人大代表、政协委员、区委社工委区民政局、区卫生健康委等职能部门10

余名代表参加座谈征求意见。将团中央下拨的“面对面”调研经费补助用于支持陶然亭街道“青少年爱国主义教育与实践育人”调研，开展“面对面”倾听活动2次，个案访谈18次。（王　迪）

【“阳光地带”服务项目】2021年，团区委组织“阳光助成长”普法自护项目活动24场；“阳光筑心桥”心理疏导项目个案服务90余次，团体辅导1次，覆盖12个困境家庭；“阳光驻希望”未成年人司法保护项目为3个未成年被害人，1个涉诉未成年提供疏导、训诫服务20次。自主开展“阳光地带”服务项目，在各中小学开展“阳光进校园”青少年法治及自护教育40场，覆盖青少年3.2万余名；开展“阳光护航、我是小小普法员”创意征集活动，征集青少年绘画作品457幅、创意视频作品65部，获奖作品浏览量超10万次。（王　迪）

【青少年法治教育】2021年，团区委为全区中小学配备法治副校长124名，配备率100%，督促法治副校长开展宣传活动或法律相关服务不少于2次，全年开展法治宣传活动671次，青少年参与5.2万余人次。举办青少年法治教育工作线上培训会，全区法治副校长、中小学德育干部等150余人参加。与区人民检察院、区委教工委、区教委共同举办第二十二届“西检杯”西城区中学生思想道德法律知识竞赛。围绕宪法、民法典、未成年人保护法、预防未成年人犯罪法，策划制作《团小西历险记》系列普法动漫。依托24家社区青年汇，以“健康人生、绿色无毒”为主题，开展线上宣传27场，参与青年4160余人次。（王　迪）

【《中长期青年发展规划（2016—2025年）》国家级试点】2021年，西城区作为北京市两个试点区之一，开展为期一年的《中长期青年发展规划（2016—2025年）》国家级试点工作。试点期间，西城区制订《关于开展〈中长期青年发展规划〉试点工作的实施方案》，创新建立区、街两级青年工作联席会议机制，实施“中央政务青年联动发展服务工程”“城市活力青年群体服务引领工程”“青少年发展护航工程”“青年文化滋养工程”等重点工程，完成100件“为青少年办实事项目”。西城区的典型经验和做法得到团中央和团市委肯定。（王　迪）

5月24日至26日，中国共产主义青年团北京市西城区第三次代表大会召开（团区委　供图）

【“云端陪你过大年”主题活动】2月10日，团区委、区青联与区委宣传部、区融媒体中心共同举办“乡情连西城——‘西有青年’云端陪你过大年”主题活动，以新春送福和文艺表演为主体内容，在新浪微博平台“青春西城”官方账号全程直播。新春送福环节，组织青年代表前往新冠肺炎防疫值守点、外卖站点、民警岗亭、施工工地等地，向坚守岗位的“西有青年”送上新春祝福和年货礼包；文艺表演环节，为全体“西有青年”送上一台包括朗诵、相声、京剧、昆曲、合唱、街舞等节目的线上文艺汇演。通过看表演、收祝福、频互动、抽奖品等形式，激发各界青年参与热情，线上参与者达300万人次，发放奖品103个。（杨　超）

【团区委第三次代表大会】5月24至26日，共青团北京市西城区第三次代表大会在中国职工之家召开。大会听取审议共青团北京市西城区第二届委员会工作报告，确定未来5年工作方向和奋斗目标；选举产生共青团北京市西城区第三届委员会委员43人、候补委员17人。第三届委员会第一次全体会议选举产生团区委第三届委员会常务委员会委员、书记、副书记。高健当选团区委书记，周冠南、曹阳、袁帅当选团区委副书记，吴迪当选团区委挂职副书记，宁嘉瑜、屈੩当选团区委兼职副书记。中央和国家机关团工委副书记李莞瑾，团市委书记李军会，区领导孙军民、孙硕、杜灵欣、章冬梅、张立新等出席。区域化团建单位代表、各区团组织负责人、团区委历任书记、西城区相关委办局、各街道、各群众团体主要负责人、第四届西城青年之星代表应邀参加。全区各行业、各系统青年代表300余人参加大会。（陈晓蕊）

【主题教育实践活动】7月起，区委教育工委、团区委、区少工委响应“红墙先锋在社区、我为群众办实事”实践活动，以助力“双减”政策实施、丰富课后生活为目标，面向全区青少年组织开展“请党放心、强国有我——红墙先锋在我身边、从小学先锋、长大做先锋”主题教育实践活动，通过寻访身边的“红墙先锋”和主题宣讲，引导全区青少年学先锋、做先锋，将“请党放心、强国有我”的青春宣言根植内心。10月13日（中国少年先锋队建队日），10名少先队员代表在北京市第十四中学礼堂现场讲述身边红墙先锋的故事，200余人在现场聆听，全区中小学通过直播收看宣讲，直播点阅量超50万人次。

（王　迪）

【“青春红游记”红色文化学习体验项目】 10月13日，西城区发布“青春红游记”第二季，21处红色点位共同形成“播火之路”等5条探访路线，以时空对话、智慧拼图、闯关问答、视频导览和VR实景等形式，引导广大青少年“游览红色西城、学习红墙先锋、践行‘红墙意识’、赓续红色血脉”。“青春红游记”第一季、第二季线上累计参与人次突破100万次。（王　迪）

西城区妇女联合会

【概况】 2021年，北京市西城区妇女联合会（简称区妇联）有15个街道妇联、263个社区妇联，72个党政机关、事业单位妇委会（妇工委），6个非公经济、新业态新就业群体、社会组织妇委会（妇工委），24个企业、商务楼宇和产业园区妇委会（妇工委）。社区妇联完成换届，选举出社区妇联主席263人，兼职副主席526人。社区妇联主席100%进入社区“两委”。15个街道妇联完成换届，选举出街道妇联主席15名，街道妇联兼职副主席40名。全年向街道和社区征集妇女之家项目28个，涵盖权益、创业就业、家庭建设、困难帮扶等6大类，经评审确定立项25个，年底全部结项。推荐评选全国“巾帼建功标兵”1名，全国“三八”红旗手标兵1名，首都最美巾帼奋斗者2名，全国巾帼文明岗2个。开展寻找“最美家庭”活动，全区评选出2户“全国最美家庭”、12户“首都最美家庭”、148户“西城最美家庭”。（谢　军）

【家庭教育服务】 2021年，区妇联以主题活动、亲子课堂、公益童书馆3个主线开展各类家庭亲子活动23场，覆盖全区15个街道，惠及700组家庭1400余人次。通过网络直播开展“书香·家·春秋”家庭阅读主题活动2次。举办“幸福女性系列课堂”系列培训活动，涵盖红色教育、传统手作、茶艺体验、形体雕塑、读书分享、艺术赏析等内容，举办各类活动16次，服务570余人次。（胡艳萍　谢军）

【失独家庭关爱】 2021年，区妇联为失独老人开展关爱系列项目活动，包括声乐、手工编织、中秋联欢、郊游等活动。组织失独家庭成员活动38次，服务499人次。（胡艳萍）

【青年交友联谊活动】 2021年，区妇联组织“爱在一起、缘聚西城”交友联谊活动12场，400余人参与活动，19对单身青年牵手成功。

（胡艳萍）

【送温暖活动】 1月4日，区妇联组织元旦春节期间走访慰问活动，慰问老妇救会主任、“两癌”特困妇女、大病特困妇女及特殊困难妇女等350人，慰问金额20万元。5月25日，区妇联开展恒爱温暖行动，为新疆和田地区寄去编织毛衣198件。（邱兴玉）

【“三八”主题活动】 3月8日，西城区以“辉煌百年、奋进巾帼”为主题开展线上“三八”风采展示活动，来自不同领域的优秀妇女代表8人分享她们的奋斗经历。区领导孙军民、孙硕，杜灵欣、章冬梅、张立新等以视频形式为全区女性送上节日祝福。同日，西城区各委办局、民主党派妇委会及各街道、社区开展一系列庆祝“三八”妇女节活动。以“辉煌，百年！奋进，巾帼！”为主题，以“学党史”“颂党恩”“办实事”为主要内容，举办“探访中轴文化、助力传承保护”“春风行动”、送岗位线上招聘、“三八维权服务月”法制宣传、反家庭暴力宣传、“巾帼维权、送法到家”女律师讲座等活动，持续至3月底结束。（申骏　刘洪娟）

【国际家庭日主题活动】 5月15日，区妇联在北京“最美书苑”椿树书苑举办“颂百年风华、传红色基因”国际家庭日主题活动。推荐漂流图书80本，推出“写给1921”征文活动，分享经典名篇和红色家书，30余个家庭90余人参加活动。

（周惠娟）

【巾帼宣讲团】 5月，区妇联以“巾帼心向党、奋进新征程”为主题，围绕“建党百年”“最美家庭”“红墙故事”“巾帼建功”“志愿服务”等内容，通过线上线下“双通道”宣讲，开展10场次，录制宣讲视频12条，31人参加宣讲，点击量百余万人次。（谢　军）

【“六一”主题活动】 5月29日，区妇联在天桥印象博物馆举办“童心向党、红色基因有传承”庆六一国际儿童节主题活动，全区45户家庭90人参加活动。“六一”国际儿童节前夕，区妇联走访慰问25户孤残、大病、单亲困难儿童家庭，慰问款项2.5万元。（胡艳萍）

【红色家风故事接力宣讲】 6月19日，区妇联在李大钊故居举办“颂党恩、传家风”红色家风故事接力宣讲活动。全国人大常委会副委员长、全国妇联主席沈跃跃、市妇联党组书记、主席张雅君，区委书记孙军民等领导参加活动。西城区“最美家庭”代表、少年儿童代表等50人参加活动。（周惠娟）

【西城区第三次妇女代表大会】 7月12日至14日，西城区第三次妇女代表大会在中国职工之家召开。市妇联党组副书记、副主席韦江，区领导孙军民、孙硕、杜灵欣、李会增等出席开幕式。区妇联历任主席代表、各街道工委书记、区群团组织负责人和来自全区各行各业的330名妇女代表参加开幕式。区妇联主席王丹代表区妇联第二届执行委员会作报告，韦江代表北京市妇联发言，孙军民代表区四套班子提要求。大会通过投票选举产生第三届执行委员会委员63名。第三届执委会第一次全体会议，王丹当选第三届区妇联主席，产生妇联常务委员15名、副主席7名。

（刘洪娟）

【新业态新就业群体妇工委建立】9月8日，区妇联在新街口快递分捡中心建立妇女工作委员会，挂牌“妇女之家”。建立“驿姐”微信群7个，建立“驿”家微信群1个。开展走访慰问、喜迎中秋、急救知识讲座、权益保障等关心关爱活动，200余人次受益。（刘洪娟）

【妇女干部培训】10月25日至29日，区委组织部、区妇联联合中国人民大学，依托“汇贤学堂”云课堂，举办女干部领导力提升线上直播专题培训班，围绕形势与政策、女性领导力、性别平等、文化、国学与女性修养6个维度展开，近千人参加课程学习。11月1日至5日，区妇联依托“汇贤学堂”云课堂，举办基层妇女干部线上直播培训班，围绕形势与政策、女性维权、心理健康、家庭建设、女干部执行力、国学等设置课程内容，基层妇女干部近千人参加学习培训。（刘洪娟）

【“春蕾计划”捐款活动】11月4日，区妇联启动“情系春蕾——爱心帮扶”捐款活动，向全区各界妇女群体、企事业单位、社会组织等群体、个人发出倡议。募捐额116.3万元。（邱兴玉）

【“志愿家庭服务冬奥”项目】12月6日，区妇联在展览路街道阜外西社区举办“志愿家庭服务冬奥”项目启动仪式，为展览路街道阜外西社区“志愿家庭服务队”授旗，社区志愿家庭服务队代表、家庭志愿者代表及志愿者代表发言。

（邱兴玉）

西城区科学技术协会

【概况】2021年，北京市西城区科学技术协会（简称区科协）直属有西城区科技协会的事业单位，基层组织有8个企业科协、7个学协会、15个街道科协。西城区落实《中华人民共和国科学技术普及法》《全民科学素质行动规划纲要（2021—2035年）》，召开区科协第三次代表大会，选举产生新一届科协领导机构。区科协获评中国科协“全国科普日”优秀组织单位，第二十二届北京青年学术演讲比赛、第十六届北京青年优秀科技论文征集优秀组织单位和2021年北京市公民科学素质大赛组织奖。（樊士广）

【全国科普示范区创建】2021年，区科协牵头组织全区相关单位40余家，完成对3个一级指标、12个二级指标、38项具体指标完成情况的材料收集、分类、汇总、上报。9月1日，中国科协印发《关于命名2021—2025年度第一批全国科普示范县（市、区）的决定》，命名西城区为2021—2025年度第一批全国科普示范县（市、区），示范期为5年。（樊士广）

【科技创新服务】2021年，区科协贯彻落实市科协“创新驱动”工程要求，履行科技服务职责，邀请市科协科技咨询中心主任许炜作“科协系统服务企业创新政策”主题讲座，组织6家企业科协的31家会员单位申报“企业创新簇”，北京诺亦腾科技有限公司等4家企业获市科协“企业创新簇”认证。推荐区疾病预防控制中心王巍等人的4篇论文获第十六届北京青年优秀科技论文。（樊士广）

【基层科普活动】2021年，区科协组织实施新时代文明实践基层科普行动计划，开展人工智能社区科普宣传讲座10场，展览活动4场，制作科普动画15集。北京市第十五中学的“陶然智联—社区人工智能科普宣传活动”获评市科协2021年基层科普品牌活动支持计划资助项目。区科协支持学（协）会发挥专业优势，开展科普协作项目4项。区医学会组织“与科普同行、建设健康西城”主题活动，开展系列讲座、培训、咨询等33次，5000余人受益。编发健康科普知识宣传读本和中医四季养生宣传折页5000册；区老医药卫生工作者协会组织“传播科普知识、共享健康生活”主题活动，开展健康科普系列讲座10余场；区文化产业协会组织“网络科普夕阳红、跨越‘数字鸿沟’助民生”数字技能培训，900余名中老年人受益。区图书馆管理协会组织“小微科普—科普迷你书屋”建立科普迷你书屋3个，举办科普阅读进社区、进阅读空间和科普讲座等活动4场次。（樊士广）

【新冠病毒疫苗接种科普】2021年，区科协号召区全民科学素质领导小组成员单位开展新冠病毒疫苗接种应急科普宣传。为区应急专班提供“科普中国”疫苗接种专家论述。组织编印新冠肺炎疫苗接种科普宣传折页3万册，从权威机构解答、特定人群接种指引、老年接种者“聊”接种方面编辑科普资料，赠送15个街道等单位，向市民发放。利用“科普进行时”微信公众号，发布新冠病毒疫苗接种信息150余条。

（樊士广）

【“简约生活·创意无限”资源再设计大赛】2021年，区科协组织“传承红色基因、共谋绿色生活”为主题的第十届“简约生活·创意无限”资源再设计大赛，收到作品450余件，初评入围作品151件。评出以“多彩花园”和“我爱我的地球”等为代表的一等奖作品20件；以“小鸟之家”“花海”“海底世界”为代表的二等奖作品48件；以“回忆相框”“环保号帆船”“神舟飞天”为代表的三等奖作品83件；广外街道、金融街街道、展览路街道、广内街道、陶然亭街道和白纸坊街道6家单位获优秀组织奖。（樊士广）

【科技创新项目培育】2021年，区科协组织开展“金桥工程种子资金”及“中小企业优秀技术成果转化培育”项目申报，向市科协推选23家单位38个项目，北京国信宏大科技有限公司“国信大数据助手RPA政务机器人流程自动化研究”、中检科（北京）健康管理有限公司“胃癌早期诊断模型的研究”、首都医科大学附属复兴医院“延长子宫球囊支架放置时间在预防重度宫腔粘连术后粘连复发中的应用研究”和北京市肛肠医院“括约肌间沟切口开放在括约肌间瘘管结扎术治疗经括约肌肛瘘的疗效分析”4个项目获资金支持。（樊士广）

【科普干部培训】2021年，区科协实施《关于推动西城区科普工作高质量发展的意见》，从“科学谋划，自觉把科普融入发展战略规划”等18个方面，明确新形势下区域科普发展重点，加强科普设计和组织领导。组织“红墙先锋奋进有我、科素提升助力民生”主题科普干部培训班，采用线上培训方式，对街道科协、社区科普协会、企业科协科技类学协会专兼职科普干部、科普工作者、基层科协组织干部约300人培训。（樊士广）

【科技活动周】5月22日至28日，区科协会同区科信局、区委宣传部主办科技活动周活动。通过展板展览、科技成果展示、科普专项活动等形式展示科技创新最新成果。邀请中科院计算机所“龙芯团队”杨昆作“我的中国芯”主题演讲。命名育才中学为“西城区青少年信息技术创新基地”，启动龙芯青少年人工智能信息技术创新人才培养计划。区科协、区科信局和北京大观园管委会协作，挖掘“红楼文化＋西城科普”主题内涵，更新66块科普展板，大观园公园科普园地升级为科普基地。（樊士广）

【科技工作者日活动】5月28日，西城区举办以“众心向党、自立自强”“百年辉煌、奋进有我”为主题全国科技工作者日活动，组织企业科协科技工作者代表、区域中小学青少年科技教师、街道、学协会科普工作者代表、科协委员代表等近百人参观首钢园。区科协领导走访慰问科协委员、青少年科技教师、企业科协代表等，听取完善地区科普资源联盟、打通馆校结合“最后一公里”，提高区域科普服务精准度等方面意见建议。（樊士广）

【“科普之夏”活动】7月15日，西城区“科普之夏”启动仪式在北京大观园举行。活动以“百年奋斗，科学先行”为主题，由区科协牵头举办。开展科普互动问答、科普展览展示、科普剧展演等，街道科协、科普资源单位代表和社区居民200余人参加。设科普宣传展台，发放中医保健、养生宣传手册等资料，展演科学与魔术相融合的科普剧《魔幻科学变变变》。7月至9月，区科协组织5家科普资源单位进社区，开展全民科学素质建设科普活动55场，2000余人受益。

（樊士广　赵斐斐）

【全国科普日活动】9月15日至17日，西城区科协组织“百年再出发，迈向高水平科技自立自强——数字科技@你”为主题的全国科普日系列活动。主场活动由北京普天德胜孵化器楼宇联合科协承办，市科协副主席田伟、副区长聂杰英出席活动，500人次参与。活动主要有：以科技手段和科普方式呈现全区数字经济“新引擎”功能战略定位；各类数字科技企业的最新创新研究成果和项目体验；科技助力反金融犯罪、他山之石——以色列的科技创新、深空探秘——航天科普知识讲座、走进社区——智慧支付、反诈防赌、安全支付等专题讲座。

（樊士广）

【区科协第三次代表大会】9月23日，区科协第三次代表大会在中国职工之家召开。市科协党组成员、副主席陈维成，区领导孙军民、孙硕、杜灵欣、章冬梅等出席，221名代表参加会议。区科协主席屠海令代表区科协第二届委员会作《大力践行“红墙意识”，立足“四服务”职责定位，在核心区高质量发展的新征程中彰显科协担当》的报告。大会选举产生区科协第三届委员会委员92人，常务委员31人，屠海令当选主席，12人当选副主席。（樊士广）

【青少年科技教育】9月至12月，区科协组织第四十二届“创新实践、快乐成长”学生科技节，开展“西城区青少年科技创新大赛”“西城区青少年机器人大赛”“西城区中小学生金鹏科技论坛”等科技竞赛活动26项，全区约10万人次学生参加。组织第十七届西城区少年科学奖评审，评出“少年科学奖”210名。举办“建党百年、智绘未来——西城区青少年科普展评活动”，收集展示青少年作品2600余幅。区代表队参加第二十一届北京市青少年机器人大赛和第六届北京市青少年创意编程与智能设计大赛，获一等奖19项、二等奖20项；组队参加第四届北京市中小学生创客国际展示活动，获一等奖3项、二等奖2项，最佳教师创意奖1项。（樊士广）

西城区归国华侨联合会

【概况】2021年，西城区归国华侨联合会（简称区侨联）有16家基层侨联组织 “侨之家”17个，“留学人员之家”3个。召开第三次归侨侨眷代表大会，选举产生区侨联第三届委员会委员41名，其中常委13名，聘请海外委员22名。区侨联获第十届首都新侨乡文化节“最佳组织奖”。（闫丽霞）

【思想建设】2021年，区侨联开展时代楷模——李桓英先进事迹学习宣传活动，编印西城侨讯“侨心向党——庆祝建党百年专刊”，弘扬侨界爱国精神。参与北京市《侨心向党》书籍、视频征集活动，推荐3名侨界优秀共产党员事迹入选市侨联编印《侨心向党》一书。开展红色教育，组织“永远跟党走”百姓宣讲团进社区活动，以侨界群众身边故事，激励侨界人士创新奋斗。组织侨界群众参加社区党课，重温入党誓词，传承革命基因。（闫丽霞）

【参政议政】 2021年，区侨联发现培养侨界新生力量，发挥侨界人才资源优势，完成侨界政协委员推荐考察，向区妇联、区科协等单位推荐侨界优秀代表，与区政协港澳台侨专委会共同组织政协委员、侨联委员和归国留学人员代表调研考察侨资企业。组织侨联委员围绕地区发展建设专题调研。《新时期海外汉语言文化传播的研究》获北京市统战理论研究与调查研究优秀成果三等奖；《关于打破老年人数字鸿沟的调研与思考》《2022年北京冬奥会宣传策略的研究》等8篇调研获市侨联优秀调研成果奖。《关于在西城区开展科技助力体教融合试点》等提案获区政协优秀奖。（闫丽霞）

【归侨侨眷群众性文化活动】 2021年，区侨联在区图书馆举办“侨心向党、我与祖（籍）国”图片摄影展——第十届首都新侨乡文化节西城专场暨侨界庆祝建党100周年纪念活动。组织区侨界群众参加中国侨联举办的“亲情中华·诵读英雄”情境朗诵会、“侨心向党、同心逐梦”首都侨界庆祝活动、“首都侨界大合唱——侨心向党、永远跟党走”、“亲情中华、百年变迁——庆祝中国共产党成立100周年书画名家作品邀请展”等活动。（闫丽霞）

【“我为群众办实事”实践活动】 2021年，区侨联整合侨界资源，为侨资企业、什刹海旧鼓楼社区和后海社区举办2场应急救护培训，参加培训企业员工、居民群众80余人，帮助企业和居民提高应急自救能力。举办爱眼日——眼健康公益活动，面向陶然亭街道老年群体眼科义诊，向街道80岁以上老人赠送老花镜；启动第二批侨界空巢老人陪伴计划，为6户侨界空巢家庭申请“小度在家”智能陪伴产品。举办“爱在深秋、情暖重阳”活动，看望慰问百岁老侨，为地区高龄归侨送上生日祝福。（闫丽霞）

【护侨为侨维权服务】 2021年，区侨联依托侨界法律顾问团，接待侨界群众法律和政策咨询30余次，协调解决子女上学、归侨补贴及养老等问题。开展走访慰问、扶贫济困，为15名困难归侨侨眷申领发放市侨联、区红十字会困难补助金1.7万元。（闫丽霞）

【“侨之家”建设】 2021年，区侨联推进“侨之家”示范品牌和为侨特色服务项目。金融街街道侨联“侨之家”联合为侨服务志愿基地，完成中国侨联“侨胞之家”建设项目，开展庆祝建党百年党史讲座、喜迎冬奥、便民理发等活动。9月27日，德胜、月坛和陶然亭街道侨联“侨之家”获评北京市第二批“示范侨之家”。（闫丽霞）

【区侨联二届七次全委会议】 3月2日，区侨联以通讯方式召开区侨联二届七次全委会议。会议审议《勇担新使命，展现新作为，以优异成绩迎接中国共产党成立100周年》主题报告，部署重点任务，通报区侨联信息调研获奖情况。（闫丽霞）

【西城区第三次归侨侨眷代表大会】 7月15日，西城区侨联第三次归侨侨眷代表大会召开，市侨联主席荣洋、区委书记孙军民等出席并讲话。市侨联社会工作部、区相关委办局、各人民团体主要领导应邀参加。来自全区金融、科技、教育、卫生等领域120名归侨侨眷代表出席。大会审议通过《凝聚侨心汇侨力，砥砺奋进新时代，为全面建设首都功能核心区而不懈努力》报告，选举产生区侨联第三届委员会委员41名，通过《关于聘请西城区侨联海外委员的决定》。大会期间召开区侨联第三届委员会第一次全体会议，选举产生常务委员会委员主席付新宇，副主席赵娇阳、薛亚明、王小雨，秘书长王璐，其他8名常委冯博、刘昊扬、何雷、林义相、林剑浩、娄瑞表、曾昭日、潘兵。（闫丽霞）

【“亲情中华、为你讲故事”夏令营】 7月16日至30日，区侨联举办亲情中华海外华裔青少年夏令营西城营活动，来自捷克布拉格中华国际学校50余名华裔青少年参加。区侨联党组书记、主席，区委统战部副部长（兼）付新宇出席夏令营开

9月27日，北京市归国华侨联合会授予德胜、月坛、陶然亭街道侨联“示范侨之家”奖牌

（区侨联 供图）

7月15日，西城区第三次归侨侨眷代表大会召开　　（区侨联　供图）

营式并致辞，网上夏令营全程直播授课。（闫丽霞）

【市侨联调研“侨之家”】7月28日，市侨联党组副书记、副主席李冬娟到德胜、月坛和陶然亭街道，调研基层侨联工作，实地考察“侨之家”阵地建设，参观为侨服务设施、查阅工作手册，询问“侨之家”组织建设、制度建设、党史学习教育及联情联谊活动情况。听取各街道侨联发挥“侨之家”作用、参与社区建设情况汇报，付新宇等陪同调研。（闫丽霞）

【侨界中秋主题活动】9月，区侨联通过“线上＋线下”的方式，举办“遥寄相思情、天涯共此时”主题活动，海内外侨胞共度中秋、共话团圆。线上征集归国多年的老侨、奋战在不同行业领域的新侨，学成归来的留学人员及在异国他乡的侨团代表祝福，做成短视频，将思念、祝福和关心传递海内外的家人朋友。线下将30份“材料包”送达侨界群众，带去侨联组织祝福，传递惦念温暖。（闫丽霞）

【侨法宣传月暨志愿服务周】10月18日，区侨联在陶然亭街道举办“侨法宣传月暨志愿服务周”启动仪式，中国侨联权益保障部部长张岩为区侨法宣传志愿服务队授旗，中国侨联基层建设部、市侨联社会工作部和区侨联、区侨办、致公党西城区委、陶然亭街道主管领导参加侨法宣传和志愿服务，现场设置法律咨询、养老咨询、网络安全、义诊、垃圾分类宣传、免费理发等14个服务展台，为地区居民志愿服务。区侨联印发侨法知识宣传手册1000份、制作侨法宣传活动展板，在街道、社区、区民主党派办公楼巡回宣传。各基层侨联组织依托侨界志愿服务队开展便民志愿服务。（闫丽霞）

【侨联工作培训】12月20日至24日，区侨联与区社会主义学院共同举办西城区2021年侨联工作培训班。依托北京大学政府管理学院线上平台“政道学堂”在线学习，邀请5名专家学者以大道蕴于历史、伟业成于奋进——党的十九届六中全会精神解读、海内外国际关系、华侨华人与民族复兴、参政议政能力建设和冬奥知识课堂等主题授课，区、街道侨联委员、各街道主管领导等130人参加学习。（闫丽霞）

西城区青年联合会

【概况】2021年，北京市西城区青年联合会（简称区青联）有委员350名，其中常务委员会委员64名，设主席1名、副主席12名。青联委员1人获评第二十五届“中国青年五四奖章”，1人获评2020年度全国优秀共青团干部，1人获评“北京市脱贫攻坚先进个人”，1人获“北京市人民教师提名奖”，6人获评2021年“北京青年榜样”，4人获评区“百名英才优秀青年人才”。推荐31人为市青联第十二届委员会委员，推荐10人为区政协委员。区青联组织动员青联委员向对口支援地区、疫情防控一线累计捐款捐物200余万元。（杨　超）

【青联界别慰问服务活动】1月，区青联政法界别在首个“中国人民警察节”前开展走访慰问活动，为执勤民警送上节日祝福和暖冬慰问。3月，区青联在“三八”国际劳动妇女节开展“汇聚女性力量、展现女性风姿”职业写真拍摄活动。7月，区青联开展“夏日送清凉——慰问一线青年工作者”活动。8月，区青联邀请书法家委员为医药卫生界别每一位委员手书节日祝福，并制作电子贺卡。9月，区青联开展走访慰问，为教育界别委员送上鲜花祝福。（杨　超）

【公益服务活动】10月30日，区青联组织动员4名委员在8小时内迅速响应，及时为西城区街道一线新冠肺炎防疫人员送上1400余件、价值28万余元的冲锋衣、多功能服等御寒物资。12月，内蒙古自治区满洲里市发生本土聚集性新冠肺炎疫情后，区青联组织动员2名委员捐款20万元，购买医用防护服1000套、医用N95口罩5万个、暖宝宝5万片驰援当地。区青联与内蒙古自治区喀喇沁旗和青海省囊谦县开展“青联希望小屋”“希望之星1+1一家亲——我在北京有个家青少年助学帮扶项目”“青联组织服务千村计划”等项目。（杨　超）

西城区工商业联合会（商会）

【概况】2021年，北京市西城区工商业联合会（商会）（简称区工商联）有会员3291户，其中企业会员2735户，团体会员、个人会员556个。基层组织18个，其中包括15个街道商会、1个牛街清真食品商会和2个联谊会（女企业家联谊会、青年企业家联谊会）。有常委61人，执委121人。会员中有市人大代表4人、市政协委员8人；区人大代表26人、区政协委员44人。发展新会员59户，区工商联获评

2020—2021年度全国“五好”县级工商联、调查点工作先进基层单位。
（屈佳雯）

【公益光彩项目】 2021年，区工商联引导民营企业参加“万企兴万村”行动和公益光彩事业。组织北京兰格电子商务有限公司等3家企业分别与内蒙古自治区鄂伦春旗宜里镇乃木河村、东升村、都柿沟村签订帮扶协议，慰问当地贫困户80户，送去慰问金4万元。唐杰公司为河北省阜平县史家寨村捐建环保公厕。政城物业公司为河北省张北县代家村53名老人送去生活物资。
（屈佳雯）

【非公企业党建】 3月31日，区工商联非公企业党委召开直属党组织书记抓基层党建述职评议考核会议，4名非公企业基层党组织书记现场述职。6月2日，区委常委、区委组织部部长、区委统战部部长程昌宏，区工商联党组书记郭君瑛，20名民营企业党组织负责人参加市工商联系统民营经济党建工作会，区工商联、商协会、商务楼宇、民营企业等4个单位代表发言，交流党建经验。9月17日，区工商联非公企业党委中共北京国基伟业科技有限公司党支部成立。12月27日，区工商联非公党委认领，由区工商联、什刹海街道、什刹海街道商会、动信通公司援建的“红墙先锋在社区，我为群众办实事”实践项目“启明书屋”揭牌启用。年内，区工商联非公党委新成立支部2个，新发展党员25名，11家基层党组织和5个党员驿站被评为北京市工商联非公党建示范单位和党员驿站示范点。
（屈佳雯）

【会员企业服务活动】 4月13日，区工商联组织会员企业参加区检察院“开放日”活动暨政法队伍教育整顿征求意见座谈会。6月22日，区工商联与区税务局组织召开“春雨润苗”税企座谈会，解读小微企业所得税、增值税方面优惠政策。8月12日，区工商联以视频会议形式召开经济服务专项工作推进会，了解新冠肺炎疫情对企业影响，研究推进落实微改革事项和研讨企业数字化转型。10月15日，区工商联与区文化和旅游局共同举办文物建筑活化利用推介座谈会，解读文物建筑活化利用政策。2021年，区工商联、区金融服务办、建设银行共同组织召开2次金融机构服务民营企业对接座谈会。联合区法院、区司法局为民营企业提供“法制体检”“法律三进服务”。
（屈佳雯）

【主席、会长会及执委会】 5月13日，区工商联召开十届十三次主席、会长会议，讨论通过《有关人事事项和西城区工商联十届六次执委会会议议程（草案）》，通报“西城百名英才”评选、北京市百强民营企业调研、商会建设、新冠病毒疫苗接种、安全生产等情况。5月13日，区工商联召开十届六次执委会议，审议通过有关人事事项，邀请市委党校教授刘汉峰作题为《学习中国共产党的光辉历史》辅导报告。7月22日，区工商联召开十届十四次主席、会长会暨民营企业家学习贯彻习近平总书记“七一”重要讲话精神座谈交流会。10月20日，区工商联召开十届十五次主席、会长会，传达学习市工商联党组书记赵玉金在区级工商联换届工作部署会议讲话精神；通报北京市西城区工商业联合会（商会）第十一次代表大会换届方案，通过《关于召开北京市西城区工商业联合会（商会）第十一次代表大会的决议（草案）》。
（屈佳雯）

【参政议政】 6月2日，北京市工商联召开调查研究与参政议政工作会议。会上，区工商联获北京市工商联系统参政议政调研工作组织奖，德胜商会《关于加强基层商会建设的实践与思考》调研报告获二等奖，新增德胜商会为市工商联参政议政智库基地。6月11日，区工商联召开团体提案答复座谈会，区发展改革委、区政务服务局等相关部门负责人及工商联界别政协委员参加座谈会，委员们听取区发展改革委对工商联团体提案《关于持续深化“放管服”改革，助力打造市场化法治化国际化营商环境》答复意见。
（屈佳雯）

12月18日，西城区工商业联合会（商会）第十一次代表大会召开　（区工商联　供图）

【区工商联第十一次代表大会】 12月18日，区工商联召开第十一次代表大会，204名会员代表参加会议。市工商联党组成员、副主席宋永健，区委书记孙军民出席并讲话，区领导孙硕、张立新、程昌宏、袁海鹏、宋玫、王景兰出席开幕式。大会听取审议通过区工商联党组书记谢静代表十届执委会所作的《勤勉奋斗务实效、昂首阔步再出发》报告，根据章程选举产生由121名委员组成区工商联第十一届执行委员会。召开十一届一次执委会，选举产生由61名常务委员、25人组成区工商联第十一届领导班子和由25人组成商会领导班子。副区长宋玫当选区工商联第十一届执行委员会主席、商会会长。
（屈佳雯）

（责任编辑　师帅　晏畅　华大友）

法 治

政法委与综治

【概况】 2021年，中共北京市西城区委政法委员会（简称区委政法委）坚持把维护核心区绝对安全作为重大政治责任，深入推进政治中心区一体化防控，严密防范打击渗透破坏活动，严格落实反恐防暴各项措施，有效处置群体性聚集风险，维护社会安全稳定，促进社会公平正义，推进社会治理现代化。协调组织全区力量维护辖区安全稳定、推进平安建设。践行“红墙意识”，围绕建党百年安保维稳和政法队伍教育整顿，推进“长安计划”，完善常态化安保维稳体系，抓好安保措施落实，确保建党百年庆祝活动、服贸会、党的十九届六中全会等重大会议及活动安全。围绕冬奥会安保，推进专项安保任务、专项攻坚行动，为冬奥会冬残奥会营造和谐稳定政治、社会环境。（田瑞鑫）

【社会矛盾防范化解】 2021年，区委政法委健全一体化防控体系，稳妥应对敏感案事件，解决多起涉访涉诉问题，确保有关案事件处置“零失误”、非法活动“零发生”。守牢反恐维稳底线，加大人员密集场所、危险物品管控力度，有效应对非法集访情况，稳妥处置各类群体集体访活动。关注中高风险地区新冠肺炎疫情防控变化，落实中高风险地区进京人员排查管理。召开区新冠肺炎疫情防控社会稳定组专班会6次，与有关地区统筹协作新冠肺炎疫情防控和维护社会稳定。召开工作经验交流会1次，发布相关通知40个，报材料264篇，向区档案馆移交文书档案、声像档案673件。（田瑞鑫）

【疫情防控期社会稳定工作】 2021年，区委政法委按照北京西站联防联控前方指挥部，市、区新冠肺炎疫情防控工作领导小组等部门要求，梳理社会稳定组疫情防控工作方案、任务落实情况，中高风险地区疫情防控工作情况等，及时收集、整理、分析、总结相关信息、上报市、区疫情防控指挥部门。制订《西城区社会稳定组疫情防控常态化工作方案》《关于北京北站应对河北省等重点人员进京接转工作方案》。向区场站转运调度中心、北京北站联防联控分指挥部及成员单位转发相关文件20余个。落实入境进京人员接转、健康管理。（田瑞鑫）

【平安西城建设】 2021年，西城区深化“平安西城”建设，推进社会治理现代化试点工作，发挥平安西城建设领导机制作用，建立平安建设考评专项组，增强平安西城建设系统性、整体性和协同性。落实意识形态工作责任制，着力健全完善立体化社会治安防控体系，充分发挥“西城大妈”等群防群治力量，形成“秒级响应”“风险隐患、实名管控、职责清单”叠图管理等防控机制，社会治安秩序持续巩固。群众安全感满意度保持在98.5%以上。西城区第四次获平安中国建设协调小组颁发的全国治安综合治理“长安杯”奖，获评2017—2020年度平安中国建设示范区。（田瑞鑫）

【扫黑除恶专项斗争】 2021年，西城区开展扫黑除恶专项斗争，严厉打击各类突出违法犯罪，打击八类严重暴力犯罪。深化信息网络、交通运输、工程建设等行业领域专项整治，破获多起九类涉恶案件。针对各类电信诈骗、网络犯罪、“套路贷”等新型犯罪形式，开展“净网”“护网”“涉疫数据检查”等6个专项行动，营造无诈无骗社会环境。全区刑事、治安、秩序类警情比上年下降29%、37%和33%。政法系统获评市级扫黑除恶专项斗争先进集体4个、先进个人11个。（田瑞鑫）

【社会治理现代化试点】 2021年，区委政法委推进社会治理现代化试点，确定“区工作指引”122项任务，完成116项，占95%。深化安全稳定智能化建设，有关项目通过国家级验收，建设完成智慧平安小区。推动综治中心规范运行，开展平安社区、平安医院、平安校园等基层平安创建活动，推进医疗卫生系统安全防范标准化建设。（田瑞鑫）

【法治建设领域改革】 2021年，推进民事诉讼程序繁简分流改革，全年累计办结司法确认案件3037件。完善金融案件一站式司法确认机制，金融案件数量持续下降。健全“多元调解＋速裁”机制，多元调解和速裁结案2.4万余件。（田瑞鑫）

【法治保障服务】 2021年，区委政法委发挥法治保障作用，服务全区经济社会发展，助力“两区”建设、中轴线申遗等重点任务，执结7件涉菜园街及枣林南里棚改案件，审结文物腾退案件26件，发出行政公益诉讼诉前检察建议15件。健全法治化营商环境司法保障机制，加大知识产权保护力度。推进公共法律服务体系建设，规范化推进三大平台（区、街、社区三级公共法律服务实体平台）全面融合。（田瑞鑫）

【政法队伍教育整顿】 2021年，区委政法委加强党史学习教育及政法队伍教育整顿，抓牢政治教育，开展党史学习教育、习近平法治思想、党的十九届六中全会精神等专题讲座、辅导报告会、革命传统教育参观学习等130余场次，引导干警夯实理论基础，坚定理想信念。开展警示教育，促进全区政法干警明是非、知敬畏、存戒惧、守底线。选树7名政法英模、99名政法楷模，营造宣传、学习、崇尚英模氛围。深化查纠整改，促进长效常治，梳理顽瘴痼疾43项，出台制度机制67项，全部办结接转去重后线索379件，开展“我为群众办实事”实践活动。（田瑞鑫）

【英模事迹报告会】 4月2日，西城区举办“继承革命传统、传承红色基因、补足精神之钙”主题英模事迹报告会。市第一指导组副组长徐世辉，区委常委、政法委书记、区政法队伍教育整顿领导小组副组长兼办公室主任姜立光，区人大常委会副主任田巨德、区政协副主席海峰、区检察院党组书记、检察长李卫国，市公安局西城分局党委副书记、政委陈龙波出席会议，区委政法委机关全体干部、区公安分局、区检察院、区法院、区司法局干警代表，社会群众代表，人大代表、政协委员、党代表、人民监督员、律师等各界代表参加。宣讲人有全国十佳公诉人、北京市先进工作者、西城区人民检察院第一检察部副部长魏雪，市公安局西城分局“红墙卫士”称号获得者、德外派出所民警李强，北京市政府特邀建议人、西城区人民法院三级高级法官赵海，市公安局西城分局“红墙卫士”获得者刘建新，市“人民满意的公务员集体”、区法律援助中心成员高鑫，市公安局“十佳女民警”获得者渠立萌，北京榜样、市公安局西城分局“红墙卫士”获得者张卫东。（田瑞鑫）

法治政府建设

【概况】 2021年，西城区坚持以人民为中心，推进法治政府建设。编制《西城区法治建设规划（2021—2025年）》《西城区法治政府建设规划（2021—2025年）》和“八五”普法规划，持续开展法治政府建设示范项目创建评审活动。加强行政执法规范化建设，深化行政执法体制改革，将行政执法专项编制重点用于执法一线；完善行政执法与刑事司法相衔接工作机制，规范案件移送管理；优化行政执法考评监测指标体系，强化对人均执法量、违法行为纳入检查率等指标的实时监督；优化法治化营商环境，建立健全以信用为基础的新型监管机制，开展失信专项治理行动，打造便捷、高效、规范的法治化营商环境；推进政务服务移动端办理，设立企业服务专窗，做好小微企业登记费清退，全区24个政务服务大厅全面落实延时服务；构建多元化矛盾纠纷化解机制，推进行政复议体制改革；践行新时代“枫桥经验”，持续构建大调解工作格局；提升社会治理水平，推进社区服务站转型升级；构建独具特色、功能完备的公共法律服务实体平台。（仲　欣）

【合法性审核】 2021年，区司法局加强合法性审核工作，审核各类文件115件，政府协议17件。接受部门备案的行政规范性文件6件，向市政府及区人大备案区级规范性文件3件。组织区委区政府法律顾问团参与区政府重大决策、文件、合同审核等事项25件次。加强重大行政决策评审，在全区各委、办、局，各街道办事处开展首次重大行政决策评审活动。强化信息化手段运用，实现网上报送重大决策事项及规范性文件审查材料及部门规范性文件报备工作。（仲　欣）

【行政复议】 2021年，西城区推动行政复议体制改革，制订西城区《行政复议体制改革实施方案》。强化复议监督作用，依法开展调解和解工作，14件行政复议案件经调解或和解终止。严格规范办案，共受理行政复议申请322件，审结280件。（仲　欣）

【行政应诉】 2021年，区司法局做好行政应诉工作，代理以西城区政府为被告的行政诉讼案件307件，区政府为被申请人的行政复议案件11件，审查违法建设强制执行申请案件19件，代理检察监督案件8件。（仲　欣）

【行政执法监管】 2021年，区司法局贯彻落实《中华人民共和国行政处罚法》、行政执法“三项制度”，加强执法规范化建设，加强执法衔接，推进相对集中行使执法权和执法权下沉。围绕新冠肺炎疫情防控，下发《关于加强今冬明春新冠肺炎疫情防控行政执法工作的意见》，代拟新冠肺炎疫情防控期间单位承诺书范本，供相关部门参考。开展行政执法案卷评查，自查自评582卷，督查案卷91卷，规范行政执法资格证件管理工作，完成2021年度四次行政执法资格考试工作，完成全区执法人员集中换证工作，累计换证

2062人次。（仲　欣）

【依法行政培训】 6月21日，西城区举办2021年度习近平法治思想专题研讨班暨处级干部依法行政培训班，开班式上，副区长李异要求参加培训人员认真学习，严格落实第一责任人职责，强化法治意识，严格落实考核机制，加大法治督察力度，确保各项工作全面落实。培训共4期，采用在线模式、网络授课、在线打卡方式。全区各部、委、办、局、街道处级干部、法治部门工作人员、行政执法机构工作人员及各相关科室工作人员等5000余人次参加培训。（仲　欣）

公　安

【概况】 2021年，市公安局西城分局坚持强基导向，发展新时代“枫桥经验”，提升驾驭社会治安局势能力。加强科技信息化手段创新研发和转化应用，支撑基层实战。围绕核心区控规和“两区”建设，落实“长安计划”，践行“红墙意识”，当好红墙卫士，运用大数据构建层级网络管理框架、织密重点地区监测体系，“数据红墙”机制得到进一步完善拓展。创新科技应用、完善监控建设、研发新型装备，多个新系统、新装备落地投入实战。推进出入境智慧大厅和外国人签证大厅建设。做好防风险、保安全、护稳定工作，确保建党百年庆祝活动安全，确保政治中心区和社会大局安定有序。全区刑事、治安、秩序类警情分别比上年下降29%、37%和33%。强化“主场、主力、主责”政治担当，确保安保效果与政治效果、社会效果高度统一，市公安局西城分局获国家集体一等功，多个集体和个人获战时表彰奖励，40人获二等功以上奖励。市公安局西城分局法制支队连续第五次获评全国公安机关执法示范单位。（张　龙）

【社会平安建设】 2021年，市公安局西城分局推动全区204所中小幼学校实现人物技防“四个100%”，29家二级以上医院实现警务室全覆盖、专职院警全进驻。深化派出所“两队一室”改革，提出“多元化化解矛盾、全时空守护平安、零距离服务群众”理念，将社区警务融入街道平安建设，在鼓楼西大街41号建成什刹海地区社区警务工作站。开展平安社区创建，224个社区实现零发案，提升安全防范系数。市公安局西城分局西长安街派出所获评枫桥式公安派出所，府右街派出所获评平安中国建设先进集体。（张　龙）

9月1日，民警守护学生安全进校园　（市公安局西城分局　供图）

【社区安全防范】 2021年，市公安局西城分局开展基础摸排和社区防范宣传，指导派出所以社区网格为单位开展防范入室盗窃、反诈、消防安全宣传，结合“平安行动”等专项工作，加大入户走访检查力度，摸清人、地、物、事、组织等基础信息。整合社区专职、志愿者力量，加强社区防控和看门护院，确保街巷有人巡、重点部位有人看、邻里之间有人守。针对电信网络诈骗开展常态化防范宣传，印制《全民反诈宣传提示》22万张，出动警力9043人次，辅助力量18676人次，入户走访80575户167451人，走访各类场所15803家，橱窗宣传5731处，LED显示屏宣传1390处，网上宣传5565条。设立社区民警反诈微信群，建立反电诈宣传志愿者队伍，选树“无诈社区”“无诈小区”“无诈单位”，营造无诈无骗社会环境。全区有专（兼）职宣传员2836人。（张　龙）

【网络安全治理】 2021年，市公安局西城分局开展“净网”“护网”“涉疫数据检查”等6个专项行动，坚持“专项牵动”和“固本强基”相结合，推进网络空间综合治理，督促区互联网企业清理有害信息、关停违法账号、下架问题APP程序。通过法治教育、行政处罚推动文明办网、依法管网，压实联网单位主体责任，净化西城网络空间。开展网络安全宣传，拍摄5部反诈宣传片，在红墙卫士微信公众号、北京西城微博、公共电子屏宣传提示。会同区委网信办开展网络安全进校园活动，围绕用网安全、有害信息辨别，结合真实案例，教育引导学生安全上网。（张　龙）

【警种融合执法】 2021年，市公安局西城分局与辖区交通大队协调配合，在重点地区、重点路段、学校周边，组织对外埠车、货车、危化车等禁限车种及违规行驶的电动三、四轮车盘查检查，形成交警拦车、民警查人相融合机制。开展街面违停清理整治，参与交通处罚3000余起。交警参与盘查核录治安管理，盘查核录100万余人次。制订警种融合执法培训方案和培训计划，构建执法培训“三种模式”（一是专班协调、工作组牵动、业务部门和交通支队推进、基层落实；二是立项上账、倒排工期、节点跟进；三是每日监测提示、每周例会调度、每月通报点评），把握“四个重点”（加强指挥调度、社区执法、社会面执法、敏感与重大案事件现场处置），成立融合执法培训教官团，制作《交警从事路面执勤执法工作指引》微课程。组织市公安局西城分局和西城交通支队教官开展二级集中培训4次，二级实战练兵8场次，3000余名公安民警、400名余交通民警参加培训，推进警种间联勤、联动、联处。（张　龙）

【执法办案管理中心建设】 2021年，市公安局西城分局将执法办案管理中心建设作为深化执法规范化建设的牵引性项目，打造信息全链条共享、办案资源相对集中、警种部门协作的一站式办案运行模式。8月18日，市局领导到执法办案管理中心检查。12月9日，公安部领导到执法办案管理中心调研，了解深化办案中心建设、解决基层急难愁盼问题并给予高度评价。（张　龙）

【反恐防暴培训演练】 2021年，市公安局西城分局组织179所中小学幼儿园教师职工、保卫干部3200余人开展校园反恐防暴系列培训及演练。围绕处置流程、警械具的使用、技战术的配合规范设置演练科目，检验校园安保力量及员工应对突发事件和疏散人员能力，对发现突发情况处置流程和注意事项作说明及技战术示范。4月29日，组织全区经营性加油站开展反恐演练培训，教授反恐器材使用方法、注意事项和多人处置站位配合等内容，实景模拟暴徒冲闯加油站应急处突全流程，检验加油站反恐防暴应急能力。（张　龙）

【打击违法扰序行为】 2021年，市公安局西城分局组建公安、区市场监管、文旅、交通、城管、交管及属地街道办事处参与故宫北门、什刹海地区联勤指挥部，联勤联动集中执法50轮，查处无照游商29人；查处出租车业内违章226起、查扣黑网约车1696辆，依法拘留各类扰序人员32人，连续十一个月实现该地区秩序类警情零接报、零投诉。建立重点医院“网格化”机制，推进打、整、控等措施，指导属地派出所按照“内外一体、医警一体”思路，整合警力和医院保卫力量落实“网格化、实名制、全时空、无盲区”标准，零容忍打击各类扰序行为。全年接报处置110医院号贩子警情36件。（张　龙）

【打击违法经营行为】 2021年，市公安局西城分局依托治安管理平台智能警务系统，实现从业信息全采集、日常检查全覆盖、问题隐患全消除。开展社会面清查整治等专项行动，关停一批违规经营单位，处罚一批制度不落实企业，取缔一批黑开场所，拘留一批违法经营人员，规范企业经营。全年检查各类行业场所企业21763家次，发现整改问题180件次，依法取缔黑开旅馆54家次，行政拘留55人次。（张　龙）

【住宿业整治提升】 2021年，市公安局西城分局落实一体化防控标准和反恐维稳要求，制订《西城分局住宿业整治提升工作方案》，建立“5项工作机制”（情报搜集机制、会商研判机制、法制先期介入机制、流转核查机制、市场准入机制），提升核心区住宿业“管、控、建”能力，实现5个100%：房源信息100%掌握，人员登记100%实名，落实规范100%到位，禁住措施100%落实，非法开设群租房100%取缔。（张　龙）

【建党百年庆祝活动安保】 2021年，市公安局西城分局强化远端集散点协同配合机制，确保参加建党百年庆祝活动人员安全集散。针对文艺演出，制订疏导环线，强化基础摸排，实现平稳有序。针对和平鸽监管，部署警力24小时不间断看护，确保10万羽和平鸽安全收集。针对重点区域基础设施，完成清理安检、封闭看护措施。中国人民公安大学、中国人民警察大学、铁道警察学院、北京警察学院4所院校共计3600余名师生援助分局完成安保任务。（张　龙）

【警营开放日活动】 4月14日，市公安局西城分局以“展形象、听民意、促提升、保平安”为主题举办警营开放日活动，搭建警民交流沟通平台，邀请西城区“两代表一委员”、辖区企事业单位代表、志愿者、群众代表等120余人到分局二龙路办公区参观。现场开展系列主题宣传活动，安排警务装备、警犬2个展示区域，设置7个主题展台，由各警种专业民警围绕禁毒、反恐、反电诈、户政服务、文明养犬、法律常识等宣传展示。（张　龙）

【全市环食药旅系统比武夺冠】 10月14日至15日，市公安局西城分局代表队4名队员参加在北京市环食药旅总队举办的全市环食药旅系统全警实战大比武活动。比武设基础能力测试、综合能力测试、现场勘验、精品案件评选4个项目，市公安局西城分局以团体总分第一名成绩获团体一等奖，4名参赛选手均获个人奖项。（张　龙）

【冬奥安保服务倡议活动】 12月16日，市公安局西城分局陶然亭派出所举办“‘冰锋·2022平安冬奥’倒计时50天暨陶然小哥助力冬奥安保”启动仪式。市公安局西城分局、陶然亭街道工委、黑窑厂社区领导、民警代表及40名“陶然小哥”（陶然亭地区外卖、快递员）代表参加。陶然亭派出所传达“冰锋·2022平安冬奥”社会面专项攻坚行动第三次推进会精神，介绍陶然亭地区冬奥安保倒计时50天社会面防控措

4月14日，市公安局西城分局举办“展形象、听民意、促提升、保平安”主题警营开放日活动

（市公安局西城分局 供图）

施，黑窑厂社区民警向全体“陶然小哥”发出倡议，授予“陶然小哥”队伍“冰锋·2022陶然小哥助力冬奥安保”红旗。（张 龙）

检 察

【概况】2021年，北京市西城区人民检察院（简称区检察院）依法全面履行检察职责，为首都核心区高质量发展提供司法保障。严厉打击制假售假、非法经营等涉新冠肺炎疫情犯罪，建立涉疫案件引导侦查全覆盖制度，提前介入引导侦查，服务保障新冠肺炎疫情防控大局。制订《西城区人民检察院检察官联席会议工作办法》《北京市西城区人民检察院刑事案件自行补充侦查工作办法》《刑检办案手册》。《刑检办案手册》涉及批捕、起诉、出庭三环节，囊括类案要旨、文书制作、案卡填录等内容，以问答形式细化认罪认罚从宽制度的适用难点，明确不捕、不诉的类案参考标准，强调补查文书的说理性。全年受理各类案件3976件，办结3938件，办结率99.04%。批准逮捕各类犯罪嫌疑人636人、提起公诉814人。认罪认罚适用率提高到90.48%，比上年上升13.21%，认罪认罚案件全部提出确定性量刑建议，采纳率98.76%，上诉率低于全市平均水平。向区纪检监察机关移送问题线索12件。探索私产和其他非区属产权危房修缮的检察方案，以检察履职提升治理效能。开展“检察为民办实事”实践活动，制订检察为民办实事12项，全部按期完成。（张 擎）

【经济犯罪案办理】2021年，区检察院审慎办理聚爱财、中联硅谷、中华企业等一批涉众型、跨区域重大经济犯罪案件，涉案金额160亿余元，涉及投资参与人1.5万余人。在“车融资”非法吸收公众存款案中追回近5000万元的现金，占全部损失的80%。（张 擎）

【公益诉讼案办理】2021年，区检察院受理公益诉讼案件线索54件，立案50件，发出行政公益诉讼诉前检察建议15件，均收到整改回函。办理全市首例中轴线文物保护行政公益诉讼案，推动修缮国家重点文物保护单位谦祥益文物建筑。办理无障碍设施建设行政公益诉讼系列案，督促各行政主管单位提升辖区无障碍设施管理水平。办理窨井盖安全隐患行政公益诉讼案，推动辖区井盖隐患治理。办理全市首例二次供水安全行政公益诉讼案，推动全区供水安全排查整改。办理全市首例野生动物保护刑事附带民事公益诉讼案，对涉野生动物犯罪的5件15人提起公诉。（张 擎）

【专业化检察办公室设立】2021年，区检察院设立金融检察、知识产权、网络信息3个专业化检察办公室，

2021年，区检察院办理全市首例中轴线文物保护行政公益诉讼案。图为工作人员指导谦祥益文物建筑修缮依法开展

（区检察院 供图）

12 月 30 日，区检察院工作人员到大栅栏街道知识产权保护检察联络室为民族品牌企业提供法律咨询
（区检察院　供图）

整合刑事、民事、行政、公益诉讼检察职能，集中一体化优势，提升专业水平，服务保障区域经济发展。加强辖区老字号司法保护，在大栅栏设立老字号知识产权保护检察联络室，推出“西检知识产权保护六条”新举措。（张　擎）

【未成年人检察】 2021 年，区检察院加强及时干预和保护前置，与市公安局西城分局、区教委建立《侵害未成年人案件强制报告联席会议工作办法》，对全区 200 余名中小学德育教师开展专题培训，形成司法保护与学校保护合力。开展未成年人使用网络情况专项行动，对全区 97 家中小学 16 万余名学生家长进行网络安全宣传教育并开展 APP 专项排查，针对发现的“非接触式猥亵”性侵害未成年人犯罪线索，依法以涉嫌猥亵儿童罪对牛某某提起公诉。开展一站式询问、专业心理疏导、异地帮教等，帮助未成年被害人及其家庭回归正常生活。开展“双减”专项工作及爱国主义教育基地未免费开放行政公益诉讼监督，依法维护未成年人权益。加强法治副校长团队建设，对 20 余所学校开展法治讲座，受众学生 1000 余人。依托青少年法治教育基地、新起点未成年人检察工作区、多功能听证室，开展公众开放日 5 次，接待师生 100 余人。对未成年嫌疑人冯某做出附条件不起诉的同时，首次向未成年嫌疑人齐某、冯某的父母分别发出“督促监护令”，助力家长切实、有效履行监护职责，推动形成以司法保护牵动家庭保护、学校保护等齐头并进的局面，打造未成年人综合保护大格局。（张　擎）

【金融普法宣传片获奖】 2021 年，区检察院根据真实案件改编、本院干警出演、拍摄的金融普法视频《“馅饼”还是“陷阱”？》，获全国检察机关“金融检察微课堂”大赛一等奖。《“馅饼”还是“陷阱”？》《一个好汉“三个”帮》等普法视频被最高人民检察院转发，播放 10 万余次。区检察院连续第十年获评全国检察宣传先进单位。（张　擎）

【典型涉“官骗”专案办理】 2021 年，区检察院办理“1·22”“5·27”“9·09”“11·06”等市委政法委交办、市检察院督办的涉“官骗”专案，共 5 件 7 人。在市委政法委统一组织领导下，区检察院提前介入引导侦查，明确取证方向和证据标准，在案件办理过程中及时向市检察院请示汇报、与区法院沟通研究，完善证据体系，提升办理质量，将绝对忠诚、责任担当的“红墙意识”转化为司法办案效能，维护党和国家领导人的形象。（张　擎）

【检察建议制发】 2021 年，区检察院向中央电视台、北京京城保安服务有限公司、中国移动有限责任公司、物业公司等多家企业制发检察建议，均收到回函并认可。中央电视台在人员管理方面存在疏漏，且对员工法制教育较为松懈，建议该单位定期开展预防犯罪教育、完善人员管理机制、发挥内部监察职能，及时查处员工可能存在的违法犯罪问题。北京京城保安服务有限公司存在法律宣传教育不强、人员管理漏洞，建议该单位进行必要的法律知识宣传、培训，规范招人、录用程序，联合被派驻单位，预防违法犯罪行为发生。中国移动有限责任公司在员工管理、党员教育、法治教育方面存在不足，在与相关公司业务往来中存在交往不规范、往来不透明、监督管理不到位等问题。物业公司存在对小区地下储藏室区域监管不严、对小区外来人员管控缺失等问题。分别向区法院、市公安局西城分局发出检察建议书并收到回函。建议区法院完善被告人上诉书告知、送达机制，特别对适用认罪认罚从宽处理制度的案件，建议畅通告知、送达渠道，及时将被告人上诉的情况告知区检察院，以确保区检察院依法进行监督。就市公安局西城分局在案件办理中存在的治安行政案件处理超期及未妥善保管原卷宗材料等问题向其发出检察建议。11 月 16 日，区检察院为解决基本民生问题，保障群众公平良好的就医环境，就一起利用计算机软件抢挂、通过下游号贩子贩卖就诊号，严重扰乱就医秩序的网络犯罪案件与被害单位首都医科大学附属北京儿童医院沟通，依法向该单位制发检察建议并进行普法宣

传，从预防的角度提出完善挂号系统等建议。建议内容获该单位回函认可。（张 擎）

【餐厅爆燃事故案引导侦查】2021年，区检察院应市公安局西城分局邀请，提前介入西城分局“2·23”德峰餐厅爆燃事故一案，与市公安局西城分局治安支队、法制支队、刑侦支队、西长安街派出所办案人员一同召开联席会听取案件侦查进展情况，并通过口头及书面引导侦查，针对可能涉及的罪名列明详细的引导侦查意见书，依法进行引导侦查。对相关犯罪嫌疑人涉嫌买卖燃气从业人员必需的“中华人民共和国道路运输从业人员从业资格证”的犯罪依法提起公诉，在审查过程中发现犯罪线索，依法追捕6人、追诉2人。（张 擎）

【职务犯罪侦查】2021年，区检察院以涉嫌滥用职权罪对市公安局西城分局某民警立案侦查。通过创新“一体化三衔接”（侦捕诉一体化，与区纪委区监委违法违纪监督的衔接，与公安纪委执纪执法监督的衔接，内部衔接）侦查办案模式，办理政法队伍教育整顿专项活动中查处的相关人员职务犯罪12件，其中部分案件为中央督导组重点关注的案件，推动政法队伍教育整顿落地见效。（张 擎）

【支持起诉讨薪】2021年，区检察院为落实全市、全区冬季根治欠薪专项工作要求，保障弱势群体诉讼权利，启动“温暖回家的路”专项工作，对辖区内拖欠农民工劳务报酬的线索开展核实调查，灵活运用公开听证、组织和解等方式多元化解矛盾纠纷，帮助数名农民工追索劳务报酬，并就王某、耿某支持起诉案向法院发出支持起诉意见书，促成当事人被拖欠薪酬在春节前结清，共为农民工讨薪2万余元，取得以案普法的良好社会效果。为推进支持起诉工作，检察官到在建工地开展宣讲活动，引导建筑工人与用工方知法、守法、用法，维护自身合法权益，扩大检察机关民事支持起诉影响力。（张 擎）

【民事检察】2021年，区检察院发挥民事检察职能优势，办案中注重对非公经济保护等国家中心工作中的要求和部署，对北京圆益泰科技有限公司解散纠纷案、天津银行股份有限公司金融借款合同纠纷案提出再审检察建议，对茶马古韵（北京）茶文化有限公司执行案提出32件类案检察建议，围绕金融借款纠纷提出58件审判人员违法检察建议，保护民营企业的合法权益。参与金融领域综合治理，结合案件审查中发现的金融风险，向有关金融监管部门、金融机构制发检察建议，与中国工商银行、民生银行等金融机构沟通，重点关注涉金融领域民事诉讼中审判人员违法行为、执行活动监督线索。坚持检察一体化，参加知识产权检察联络室首批民族品牌企业法律咨询，为知识产权保护提供法律服务。（张 擎）

【司法救助】2021年，区检察院办理四川省凉山州越西县村民阿某被他人冒用身份信息导致背负犯罪前科的刑事申诉案件。办案组克服新冠疫情影响，在保证办案安全的情况下通过远程视频连线的方式对申诉人及相关人员展开详细的谈话，最终确认该案确系因认定被告人身份有误导致的错案并及时纠正，消除阿某的犯罪记录。为缓解阿某作为特殊被害人因案致贫的窘迫境况，办案组通过公开听证的方式，邀请市人大代表参加评议阿某申请国家司法救助一案的相关问题，以司法救助的形式向阿某发放救助金5万元。12月8日，该案被最高检评为检察机关对农村地区生活困难当事人等重点救助对象开展司法救助典型案例。（张 擎）

【跟庭观摩考察】3月1日，区检察院组织观摩区法院依法公开开庭审理由区检察院提起公诉的宋某故意伤害案，部分检察官及检察官助理到庭观摩考察庭审过程。庭后，从法庭讯问、举证质证、法庭辩论等多个环节提出意见建议，提高公诉人出庭办案水平。（张 擎）

【不起诉案件公开审查听证会】3月26日，区检察院对吴某盗窃案举行不起诉公开审查听证会。犯罪嫌疑人吴某先后5次在超市自助结账时以不扫码的方式盗窃超市商品，价值1100余元，后被民警查获。案发后，吴某如实供述、退赔超市损失并获得谅解。在审查起诉期间，吴某向检察官提交其报考研究生的相关材料，并书写悔过书，表达悔罪的意愿。贯彻高检院办案件中要体现“天理国法人情”的要求，经细致审查，结合全案情况，拟对吴某作相对不起诉处理。不起诉案件公开审查听证会邀请区人大代表、侦查机关代表、检务督察干部等参加，犯罪嫌疑人吴某到会作陈述。经过公开听证，与会人员一致同意对吴某作出不起诉处理。听证员、区人大代表肯定检察机关对该案的处理，并对吴某进行现场教育帮助。（张 擎）

【依法抗诉“恶意上诉”】3月26日，市二中院就区检察院抗诉的高某岭信用卡诈骗一案做出二审判决，判决采纳区检察院提出的原审被告人恶意上诉，应当取消因认罪认罚给予的从宽量刑，建议依法改判的抗诉意见。12月29日，该案抗诉书被评为市检察机关认罪认罚案件优秀法律文书。（张 擎）

【全流程结案速裁机制】8月24日，区检察院组织召开西城区公检法司联席会，共同研讨“48小时全流程结案速裁模式”工作机制，各单位相关部门负责人及检察官参加会议。会议形成对速裁案件进行繁简二次分流、线上线下卷宗同步移送、在执法办案中心设立检法援办公室，利用犯罪嫌疑人在执法办案中心临

时羁押、转至看守所前的48小时完成侦、诉、审全部诉讼流程的初步意见。（张 擎）

【“西检杯”法律知识竞赛】 12月25日，区检察院举办第二十二届“西检杯”法律知识竞赛颁奖活动。预赛以演讲视频的形式，以学宪法为主线，结合建党百年谈自身经历、感受和认识。决赛以2021年实施的《中华人民共和国未成年人保护法》《中华人民共和国预防未成年人犯罪法》为背景，以法治短剧的形式反映身边的法律案事例。各参赛队出演制作《解封》《酸甜》《小雨说法》等法治短剧，从树立正确的择友观、对校园欺凌说不、加强网络安全、增强父母监护责任、新冠肺炎疫情防控下不造谣不传谣等多个角度展现新时代中学生的价值观及法律素养。全区共26个中学代表队、近300名师生参与，北京育才学校代表队拍摄的短视频《向冷漠说不》夺冠。（张 擎）

法 院

【概况】 2021年，北京市西城区人民法院（简称区法院）围绕“努力让人民群众在每一个司法案件中感受到公平正义”目标，坚持服务大局、司法为民、公正司法，履行宪法法律赋予的职责，推动各项工作取得新成效。全年案件总量70949件，比上年下降1.76%；审（执）结案件63510件，比上年下降11.31%；法官年人均结案450.69件，审判综合质效考核指标位居全市法院前列。区法院获评2016—2020北京市法治宣传教育先进集体、首都文明单位、2021年度司法宣传与通联工作先进单位、2020年度北京法院诉讼服务工作先进法院，区法院团委获评2020年度北京市五四红旗团委，区法院立案庭获评北京法院党建工作先进集体、工人先锋号，区法院民一庭获评北京法院党建工作先进集体，区法院立案庭2个调解速裁团队分别获评北京市法院十佳调解速裁团队、先进调解速裁团队，1人获评优秀特邀调解员，1人获评2020年度诉讼服务先进个人，1人获评2020年度诉讼服务之星。区法院2人3篇论文分获全国法院第三十二届学术讨论会二等奖、三等奖、优秀奖。在全国法院系统2021年度优秀案例分析评比中，区法院获评1个二等奖、1个三等奖、2个优秀奖。区法院金融街人民法庭获评北京法院人民法庭工作先进集体，1人获评北京法院人民法庭工作先进个人，1人获评全国法院人民法庭工作先进个人。区法院立案庭（诉讼服务中心）获评北京法院2020年度重大敏感案件处置先进单位、2020年度多元调解与速裁工作先进单位，1人获评2020年度立案工作先进个人。刑庭3人获评北京法院扫黑除恶专项斗争先进个人。区法院5人撰写的裁判文书获评2021年北京法院优秀裁判文书网上互评活动三等奖，1人撰写的裁判文书获评优秀奖。（郑 杨）

【刑事审判】 2021年，区法院审结刑事案件704件，受理涉外案件3件、自诉案件39件，涉新冠肺炎疫情防控犯罪案件3件，涉邪教组织犯罪案件6件，决定或解除强制医疗犯罪案件6件，决定暂予监外执行案件13件，收押人犯30人次。受理涉众型经济犯罪案件46件，涉案金额达471亿余元，涉及2万余名投资人，审结12件。常态化推进扫黑除恶专项斗争，制订3项63条工作指引，区法院刑庭获评北京市扫黑除恶专项斗争先进集体。区法院调研课题“‘套路贷’案件由民入刑的司法规制”获北京市2020年度北京法院扫黑除恶重点调研课题评选一等奖。（马方涵）

【民商事审判】 2021年，区法院推进“诉源治理直通车”机制与西城区“接诉即办”工作深度对接。在辖区4个街道试点开展委派调解，审结确认调解协议案件4241件，数量位居全市法院第一。审结涉教育、医疗、住房等民生领域案件4887件，审结劳动争议案件1347件，审结家事案件3182件，审结涉知识产权案件2693件，开展西城区老字号企业品牌与知识产权保护座谈会，助力老字号企业传承创新。审结信用卡纠纷、金融借款、委托理财、股权众筹等各类金融案件13830件，审理“原油宝”“相互宝”等新类型案件，依法判决涉比特币交易合同无效，积极提示金融风险。持续金融案件一站式司法确认机制，诉前化解银行贷款类纠纷4042件，金融案件数量持续下降。发布弘扬社会主义核心价值观典型案例，审结号贩子摔伤索赔案、女子服药轻生未果案、见义勇为受伤案等。（马方涵）

【行政审判】 2021年，区法院审结行政案件1170件（其中诉讼案件1032件，非诉执行案件137件，行政审判监督案件1件），审结全国首例涉驾校领域反垄断处罚案、全市首例外汇管理领域非诉执行案。与中国证监会、工信部及市区机关开展座谈会20余次，开展基层执法问题调研，发送并回收调查问卷385份，形成《执法权下沉背景下基层执法困境及风险应对调研报告》。开展“行走基层”定制式精准普法宣传，与辖区内各街道座谈交流、开展行政普法讲座16次，辐射干部群众600余人。（马方涵）

【案件执行】 2021年，区法院执结案件27623件，发放案款26.8亿元。稳妥执结涉及地铁19号线项目、菜园街棚户区改造项目、福绥境大楼项目、杨椒山祠、云南新馆文保腾退项目、广安联合储备项目案件18件。特别是执结“菜园街及枣林南里棚户区改造项目”最后一户，推动历时6年、全区最大的棚户区改造项目实质性落地。系统梳理执行廉政风险点、职业风险点60个，提出针对性防范措施140余项。与区公安分局签署《关于配合做好联动查控被执行人、打击拒执犯罪工作的工作意见》，进一步压缩逃避执行被执行人的生存空间。

（马方涵）

【严惩失信人员规避乘车限制】2月25日，区法院依法对通过非法途径购买高铁票的失信被执行人赵某采取司法拘留，属全市首例。被纳入失信被执行人名单的赵某在明知自己被采取限制措施的情况下，借助中介平台通过非法途径规避乘车限制，区法院通过对违法人员依法采取拘留措施，维护失信惩戒制度的威信。（郑　杨）

【“云调解”解决跨三国纠纷】3月10日，区法院在线上成功调解一起跨中、日、美三国的继承纠纷。由于疫情影响，该案的2名外籍当事人无法回国应诉，加之购房人再三催促。为解决这一难题，调解员指导当事人下载北京法院云法庭APP，迅速组织3名当事人进行线上“云调解”，3天后3名当事人在线上签署遗产继承调解协议，这起跨三国的继承案件顺利办结。区法院充分利用信息化科技平台，通过线上“云调解”的方式发挥多元解纷的作用。（郑　杨）

【典型案例新闻通报会】3月25日，“涉‘网红品牌’加盟特许经营合同纠纷典型案例”新闻通报会，通报近2年审理的特许经营合同纠纷案件的审理情况、案件特点、多发原因、认识误区以及法官建议。4月28日，“弘扬社会主义核心价值观民事典型案例”新闻通报会，发布“硬闯哨卡导致志愿者受伤赔偿案”等5起弘扬社会主义核心价值观的民事典型案例，鼓励提倡见义勇为、遵守公共秩序等良好社会风尚。5月27日，“涉未成年人网络犯罪典型案例”新闻通报会，介绍未成年人犯罪案件中未成年人利益保护工作开展情况，结合典型案例提示家长、学校、网络产品和服务提供者共同保障未成年人在网络空间的合法权益。9月16日，“涉劳动者带薪年休假纠纷典型案例”新闻通报会，通报相关典型案件的类型特点、审理情况、法官建议。10月14日，“多元调解护航老年人权益典型案例”新闻通报会，通报老年人家事纠纷典型案例类案特点、审理情况及区法院特色机制。12月1日，“道路交通行政处罚典型案例”新闻通报会，通报道路交通行政处罚案件的基本情况、成诉原因、特色机制。（郑　杨）

【“法院开放日”活动】4月13日，按照区委政法委统一部署，区法院5个办公区同步开展“法院开放日”活动。人大代表、政协委员、特邀监督员、人民陪审员、群众代表、媒体记者、干警家属等60余人参加。在主活动区西外办公区，区法院组织参观多元解纷诉调对接中心的诉讼服务区、社会力量综合服务区、自助诉服区、文化长廊及党建园地等。在随后的座谈会上，区法院重点汇报队伍教育整顿及“我为群众办实事”开展情况，与会的各界代表围绕一站式诉讼服务体系建设等提出意见建议。（郑　杨）

【涉濒危野生动物制品案宣判】5月11日，党组成员、副院长汪琦担任审判长，组成7人合议庭公开开庭宣判一起非法收购、出售珍贵、濒危野生动物制品案。最终以非法收购、出售珍贵、濒危野生动物制品罪判处被告单位北京某药业公司罚金200万元，判处被告人陈某等7人有期徒刑2年至12年不等，并处罚金2万元至12万元不等。（郑　杨）

【少年家事法庭授牌】5月19日，在北京法院新时代少年工作部署会上，最高法院院长周强、副院长杨万明等有关领导为全市基层法院少年法庭授牌，区法院民二庭被授予少年家事法庭牌匾。设立少年家事法庭利于强化少年审判的政治职能、法律职能和社会职能，也利于延伸和拓展少年法庭工作的领域和空间。（郑　杨）

【“西法青年榜样”颁奖活动】5月28日，区法院举办“歌声嘹亮、颂唱百年”庆祝建党100周年主题歌会暨“西法青年榜样”颁奖活动，全院14个部门，近500名干警参加活动。北京高院和区法院共同创作的歌曲《我在意的》、区法院原创歌曲《为你》展示了法院人的职业品格和精神风貌。市教育整顿第一指导组副组长，区委常委、政法委书

5月28日，区法院举办“歌声嘹亮、颂唱百年”庆祝建党100周年主题歌会暨“西法青年榜样”颁奖活动

（区法院　供图）

记等与会领导为10位西法青年榜样颁奖。（郑 杨）

司法行政

【概况】2021年，西城区司法局（简称区司法局）统筹推进全面依法治区，进一步完善公共法律服务体系。抓好防止干预司法“三个规定”（《领导干部干预司法活动、插手具体案件处理的记录、通报和责任追究规定》《司法机关内部人员过问案件的记录和责任追究规定》《关于进一步规范司法人员与当事人、律师、特殊关系人、中介组织接触交往行为的若干规定》）落实。办结市人大建议3件、政协提案4件。主动公开信息96条，受理依申请公开信息6件。承办市折子工程2项、区折子工程2项、区委折子工程1项、全面高效履职工作任务2项。全年收到“接诉即办”357件，以办结形式退单246件，办结111件。（仲 欣）

【公共法律服务】2021年，区司法局升级改造公共法律服务热线平台，进一步畅通公共法律服务渠道，打通法律服务最后一公里。通过开设“您身边的社区法律顾问”专栏，在全区开展“社区法律行”活动周、公共法律服务专项维权系列活动等方式，为百姓提供点对点式的精准法律服务。结合党史学习教育、政法队伍教育整顿工作，完成“我为群众办实事”措施16项。扩大“最多跑一次”公证事项清单，利用信息化手段实现网上申请审核办理23项。开展公证处周末办公。（仲 欣）

【法律援助服务】2021年，区司法局强化法律援助兜底功能，巩固“七有”“五性”成果，延长12348法律服务热线接听时间，实现周六日全天在岗值守。举办“法援助力讨薪，农民工安心过年”案款集中发放活动。开展“法援惠民生、助力农民工”专题活动，现场宣传相关法律知识。落实认罪认罚从宽制度，与公检法部门开展刑拘直诉制度及相关文件的制订执行，维护犯罪嫌疑人的合法权益。共受理各类型法律援助案件1688件，其中民事1064件、刑事620件、行政4件。向公众提供法律咨询81464件，其中12348热线咨询36241件、法律援助机构现场咨询45223件。（仲 欣）

【人民调解工作】2021年，区司法局深入排查和化解矛盾，共开展排查14500次，调解成功4649件；开展行政调解28268件，调解成功23539件。推进“大调解”工作模式向基层延伸，试点建立广安门内街道调解中心。1月12日，西城区第一批115名、第二批74名“四级人员调解员”产生。区人民调解员协会根据市、区关于《人民调解员等级评定工作》的有关规定，组建19人的等级评定工作委员会、8人的评委会办公室及由45人组成的15个街道评定小组，完成对全区15个街道、263个社区、4个区级及行专人民调解委员会总计1241名人民调解员的材料采集、初审、分拣、建立电子档案等工作。（仲 欣）

【重点行业监管】2021年，加强律师行业管理，共办理律师类投诉案件69件，行政处罚10件，办理相关的行政复议、行政诉讼7件，办理12345“接诉即办”案件108件。加大对律师代理“双减”案件的指导力度。强化公证行业管理，加强对公证处党建、财务、人事、业务、资产管理等方面的监督指导力度，完善制度机制。开展价格检查，清查公证收费问题。制定应对疫情服务中小微企业落实情况和工作举措，开通公证法律服务绿色通道。加强司法鉴定行业管理，制定《北京市西城区司法鉴定执业活动日常鉴定管理办法（试行）》，在全区范围内组织开展司法鉴定行业突出问题专项治理工作，推动司法鉴定行业健康发展。（仲 欣）

【集中“开放日”活动】4月13日，区司法局开展集中“开放日”活动，推进队伍教育整顿工作，增进人民群众对司法行政工作的了解，征求人民群众的意见建议。主开放点设在区公共法律服务中心，各街道司法所、北京市中信公证处、北京市精诚公证处、北京市国立公证处设分开放点。区司法局局长李程介绍区司法局开展政法队伍教育整顿的

4月13日，西城区在公共法律服务大厅举办司法行政开放日活动（区司法局 供图）

情况以及开展集中“开放日”活动的意义，群众实地参观公共法律服务中心，律师、公证员、调解员现场为群众提供法律咨询、法治宣传和公证服务。（仲 欣）

【民法典普法宣传】5月27日，区司法局在马连道党群服务中心举办西城区“美好生活·民法典相伴”双百行动系列普法宣传活动启动仪式暨首场民法典宣传活动。区司法局和广外街道司法所工作人员、广外街道各社区民调主任等近50人参加活动。2021年，组织100场民法典宣传活动，将民法典知识送到社区、校园、企业、机关、单位、交通枢纽、楼宇等地，其中重点面向社区居民、驻地单位干部职工开展普法宣传，接待解答群众的法律咨询，为人民群众的日常生活排忧解难。制作100部民法典主题普法短视频，线上开展“典”亮西城民法典普法短视频“云展播”行动，运用新媒体手段进行民法典普法宣传。（仲 欣）

【“法治体检”咨询会】6月11日，西城区律师协会联合什刹海街道，动员10名律师集中在护国寺大街64号什刹海街道党群活动中心举办“法治体检”咨询会。由党员律师李娟、张楠、马颖秋等组成的志愿律师团队为西城41家企业代表就企业经营中遇到的法律问题“分诊把脉”，针对企业在管理和经营中遇到的困惑和难题，律师现场给出对策。对企业代表提出的88个问题，现场提供解决方案，及时为企业答疑解惑；对于不能现场一次性解决的7个问题，律师与企业代表充分交换意见，拟定后续解决方案。活动共完成91人次的公益法律咨询，驻区企业代表对这种针对性的“法治体检”服务形式表示认可与感谢。活动帮助区内民营企业分析内部管理机制建设情况、合规经营情况，帮助其查找问题，分析原因，堵塞漏洞，完善公司治理，将存在的法律问题消除在初始阶段，促进企业健康发展。（仲 欣）

【“八五”普法规划论证会】8月30日，西城区召开“八五”普法规划编制专家论证会。区委依法治区委员会守法普法协调小组组长张际主持，司法部普法与依法治理局副局长杨金宇、韩大元等法学专家和部分人大代表政协委员等参加。课题组负责人、中国政法大学法治政府研究院教授曹鎏汇报西城区“八五”普法规划编制情况，区司法局局长李程介绍编制的思路。与会专家论证研讨西城区“八五”普法规划编制情况，肯定编制成果，并提出修改意见建议。张际强调，要深入学习宣传贯彻习近平法治思想，牢记初心使命，提高政治站位，结合西城区法治建设，紧紧抓住“关键少数”，加强普法针对性实效性，以生动法治实践提升法治宣传教育。（仲 欣）

【金融法律服务论坛承办】10月20日，以“经济韧性与金融作为”为主题的2021金融街论坛年会开幕，来自国际经济金融组织、中外金融监管部门、宏观经济管理部门、头部金融机构、行业协会、实体企业以及高校、国家级智库等的400余位嘉宾探讨全球经济热点问题。区司法局承办“治理体系与金融安全”平行论坛中“创新金融法律服务，促进金融法治发展”“法律服务助力金融风险防范与化解”2个议题。司法部立法二局局长刘长春、市司法局局长李富莹出席论坛并致辞，区司法局局长李程主持。中国期货业协会会长洪磊、北京融商一带一路法律与商事服务中心理事长王丽作主题演讲。论坛举行金融街创新服务智库启动仪式，该智库联络全球金融、法律行业服务机构及其风控专家、知名学者、仲裁员、调解员、律师等，形成为金融法律风险防范与化解提供公益性智库意见的联络机制。（仲 欣）

【第三届调解专家团聘任大会】12月3日，区司法局、区人民调解员协会组织召开西城区第三届调解专家聘任大会。区司法局有关部门、区人民调解委员会、区人民调解员协会全体人员，专家团成员参加会议。区人民调解员协会会长刘跃新总结汇报上一届专家团的工作情况，介绍该届调解专家团的工作背景、专业及擅长领域，明确新一届专家团工作职能与要求。大会聘任27人为专家团成员，包括法官、律师、公证员、心理咨询师、教授、调解员等多领域人才。专家团代表、椿树街道人民调解委员会专职调解员连立山作表态发言。（仲 欣）

（责任编辑 叶婷）

军 事

人民武装部

【概况】 2021年，北京市西城区人民武装部（简称区人武部）贯彻习近平强军思想和习近平视察卫戍区重要讲话精神，落实军委、陆军、卫戍区党委和区委、区政府决策部署，贯彻新时代军事战略方针，坚定初心使命，铸牢政治忠诚，聚力备战打仗，完成年度各项任务。区人武部获中共北京卫戍区委员会“先进旅团级单位党委”荣誉。（王红光）

【平安西城建设】 2021年，区人武部学习区委平安西城建设领导小组2021年第一次全体（扩大）会议精神，学习《关于加快推进社会治理现代化开创平安西城建设新局面的实施办法》《2021年平安西城建设工作要点》文件，成立平安西城建设工作领导小组，健全制度和措施，落实责任人，按照职责分工抓工作落实。每月召开安全形势分析会，根据形势任务变化、季节变换、敏感时期、重大节日等要求，抓好教育，查找隐患，研究对策措施；每月底对安全管理情况检查整治，做好安全防范。配齐民兵常备应急力量体系，做好重大会议和敏感时期民兵看桥护桥执勤维稳任务和防汛抢险应急处置，完善行动预案，加强训练演练。（王红光）

【安保维稳】 2021年，全国两会、建党百年庆祝活动期间，区人武部每天组织民兵在辖区立交桥、过街天桥、地下通道等重要点位设置岗哨，实行24小时看护。安排全岗位查勤，确保民兵执勤规范安全。组建1000人防汛抢险队伍，完善防汛物资储备，落实区防汛防灾备勤，确保汛期安全。落实《平安西城建设宣传工作制度》要求，加强信息收集掌握、分析研判、预警核查。掌握平安建设情况，做好信息报送，处置相关问题。（王红光）

【兵员征集】 2021年，区人武部贯彻兵役制度改革，探索“两征两退”（一年两次征兵两次退役）特点规律，巩固大学生征兵主阵地作用，组织相关单位召开征兵工作推进会，在征兵宣传、提高报名率、固化制度机制上下功夫。区委宣传部组织指导在线上媒体、户外大屏播放征兵宣传片。区城市管理委与街道在重点区域、重点部位悬挂征兵宣传条幅标语，各社区登门宣传、精准发动。市公安局西城分局、区教委、区卫生健康委、区退役军人事务局安排骨干力量落实区征兵办集中办公，严把体格检查关、政治考核关、学历审查关、新冠肺炎疫情防控关。9月10日，组织新兵体格复查。组织2批次为期7天的新兵役前教育。区领导带队参加送兵活动，组织召开定兵会、交接送站和入伍新兵回访，完成春季和秋季兵员征集任务，大学生新兵比率达98.7%，兵员质量提高。完成兵役登记，登记率100%。完成春秋两季新老兵转运，确保安全。（王红光）

【练兵备战】 1月，区人武部参加卫

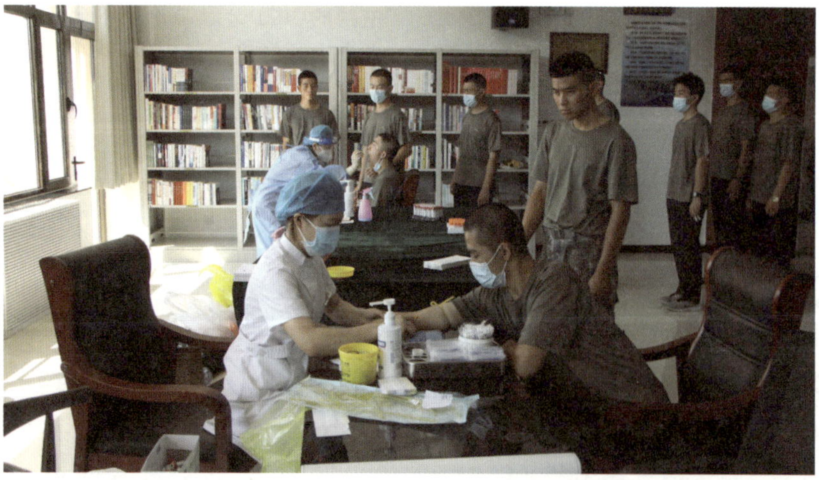

9月10日，区人武部组织新兵体格复查　　（区人武部　供图）

成区冬季适应性训练，磨炼官兵战斗意志。4月，现役军官参加首次官兵等级考评定级，坚持实战出发，完成首次定级。10月，组织街道人武部部长参加卫戍区专武干部集训和资格认证，均取得优秀成绩。12月，组织多批次实弹射击和考核。2021年，组织体能技能训练，指导街道民兵应急分队组织岗位自训、挂钩帮训、军民联训，落实训练任务。（王红光）

【党管武装】3月2日，区人武部党委全体（扩大）会议暨党管武装工作会议召开，区委书记孙军民出席并讲话，各街道工委书记、专武干部和区国防动员委员会成员单位主要领导参加。会议总结部署工作，表彰先进。落实《关于落实新时代党管武装要求的实施意见》《西城区贯彻落实党管武装要求考评办法（试行）》，将2个文件纳入区人武部年度重点任务，全面加强党管武装，督导落实双向兼职、党委议军、武委会例会、现场办公和工作述职等制度。履行牵头协调职能，围绕国防动员、后备力量建设、兵役征集系列法规文件，对军地相关部门在国防建设中的具体职责，督导落实基本制度，研究解决重大事项，确保党管武装各项工作在全区规范和落实。（王红光）

【民兵队伍训练】3月，区人武部下发《关于紧前做好2021年民兵整组工作的通知》，制订《2021年度西城区民兵组织整顿工作实施方案》，采取“一对一、点对点”方式召开民兵整组视频会、任务部署会、工作推进会和业务培训会。完成基干民兵分队整组任务，优化队伍结构，与区应急管理体系衔接，在区建应急营、街道建应急连，扩大在医疗卫生、信息通信、网络等新质力量编兵比例。坚持与“大情报”体系建设相结合，依托社区、企业设置民兵情报信息点，形成全域网格化情报信息网。民兵队伍与地区经济社会发展状况契合，与“平时应急、战时应战”衔接紧密。9月，组织教练员和民兵参加卫戍区民兵教练员集训和民兵分队轮训，参加卫戍区民兵比武竞赛暨建设成果展示，2个比武科目获第6名。（王红光）

【专武干部管理】10月，区人武部部长刘峙带领5名街道武装部部长参加卫戍区专武干部集训和交流研讨，天桥街道武装部部长就抓好首都功能核心区基层武装部建设发言。2021年，区委组织部选配有部队经历干部，调整任命8个街道武装部部长，各街道工委调整配齐专武干部，落实专武干部选拔任命程序，抓好教育管理。（王红光）

驻区武警部队

【概况】中国人民武装警察部队北京总队执勤第三支队（简称武警北京总队执勤第三支队）、中国人民武装警察部队北京总队执勤第四支队（简称武警北京总队执勤第四支队）肩负维护首都政治中心区安全稳定使命。2021年，武警北京总队执勤第三支队贯彻习近平“七一”重要讲话和党的十九届六中全会精神，落实武警部队、总队党委扩大会议精神，加强党的领导和建设，围绕“一条主线”，突出“四个重点”，实现“一个确保”，部队建设稳中向好、稳中有进。武警北京总队执勤第四支队着眼“三个过硬”，坚持“四个扭住”，按照“政治第一、精锐标准、使命为重、打牢基础”工作要求，突出“建精锐、担使命、防风险、打基础”工作重点，聚力抓引领铸军魂、抓备战谋打赢、抓基层打基础、抓党建强组织、抓作风纯生态，实现“任务完成好、疫情零感染、安全无事故、全面打基础”目标。武警北京总队执勤第四支队获评武警部队安全工作“六无”先进单位，获评武警北京总队先进支队、安全工作“六无”先进单位、优秀执勤支队、新兵教育训练先进单位、暑期百日安全竞赛优胜单位。（来雨霄　周婷）

【思想政治建设】2021年，武警北京总队执勤第三支队围绕建党百年安全稳定主线，用习近平强军思想武装头脑，采取党委领学、问题研学、交流互学、以考促学等形式，开展“红墙卫士讲武堂”、理论服务走基层等活动，组织参观首都博物馆、中国共产党历史展览馆、中国人民抗日战争纪念馆等，推进党史教育、主题教育、基础教育和经常性教育。8月25日，支队代表武警部队接受军委党史学习教育检查督导。筹划强军系列文化活动，在北京总队“强军杯”篮球赛中获季军；支队政治工作部获总队先进政治工作部，执勤12中队曹家兴获总队“十佳”政治教员。武警北京总队执勤第四支队坚持用习近平强军思想建队育人，落实党委中心组理论学习和党委常委讲党课，组织部队系统学训词、学嘱托、学“三卷”，推动理论武装。贯彻“三个法规性文件”，推进党史学习教育、主题教育、基础教育和经常性思想教育，推行“三化三统三分”教育模式，建好智能政工平台，筹划“荣耀军旅、致敬老兵”颁奖典礼。开展向新时代卫国戍边英雄群体和“反恐尖刀中队”学习活动，组织职能使命、战斗精神和“四反”教育，安排预防骨干培训和政治考核，落实网络舆情监测。1人获武警部队政治教员比武一等奖、3人获武警北京总队“十佳”优秀政治教员。（来雨霄　周婷）

【基层建设】2021年，武警北京总队执勤第三支队突出基层组织建设，深化大队党委书记培训成果，开展“学党史、建精锐、争四好、创六无”活动，增强组织功能。通过专家授课、难题会诊、研讨交流等途径，组织《军队基层建设纲要》暨基层党组织书记培训，解决基层建设难点问题，提升按纲抓建能力。完善《做实建强大队措施》，强化具体协调、跟踪问效、现场帮带、信息反馈职能。提升精准帮建，制订《职责任务清单》，落实“三包”挂

7月30日，武警北京总队执勤第三支队组织官兵参观中国共产党历史展览馆

（武警北京总队执勤第三支队　供图）

钩责任，开展“三帮”和“随队一日”活动。安排5批次数十名机关干部深入基层蹲点帮建，帮助基层梳理建设思路、破解发展难题、为官兵做好事办实事。执勤一、四大队获总队“四铁”先进大队，特战中队朱国鹏获总队“十大精锐标兵”。武警北京总队执勤第四支队巩固基层基础，开展“学纲要、用纲要”活动，推广“争在平时、比在平时”载体，抓实大队、中队主官《纲要》培训，制订《日周月季工作规范》，强化各级按纲抓建基本功。制订《党委机关帮建基层十条措施》，开展“大下基层、蹲点住班”和“群策群力解兵忧、真心尽力办实事”活动，组织双向讲评会、蹲点分析会、官兵恳谈会，落实随军家属落户、子女入学入托、转业干部就业、官兵特困救济等政策，解决好基层49项“急难愁盼”问题，办好47件实事。（来雨霄　周婷）

【执勤训练】2021年，武警北京总队执勤第三支队着眼首都维稳形势，聚焦建党百年安保任务，开展“五勤五个基本”执勤实践，紧盯“四类勤务”调研问题整改，形成“3规范2措施”。完成全国两会、中国共产党成立100周年、党的十九届六中全会安保任务、全国政协临时现场和重要节日重点地区维护秩序等勤务。贯彻军事训练会议精神，狠抓“三教”队伍能力，构建百人抓训格局，推进军事职业教育和训练场地建设，推动执勤分队集中训练和探索实践“两征两退”新训模式。组织年度开训动员，提升军事训练效果。特战中队参加总队侦察骨干集训获执勤支队第一名，作训科参谋薛彪获总队比武优胜个人，执勤7中队排长唐巨龙获评武警部队“武教头—2021”教练员比武“标兵教练员”。武警北京总队执勤第三支队获总队执勤先进单位、军事训练先进单位、新兵训练先进单位。武警北京总队执勤第四支队制订《新时代聚焦备战打仗十条措施》，抓实“五个基本”、深化“五勤”落实，开展“查找定保”“听闻看报”“学查补保”和“修学推”方案等执勤教育、整顿、实践活动，组织勤训轮换、专勤专训等极限训练，开展“五大技术”训练、网上观摩和覆盖式方案讲解考核，规范“五率六量”和编携配装，完成建党百年庆祝活动安保等任务。支队半年军事训练考核总评良好，9个科目取得优秀，3人获武警北京总队“优秀教练员”，特战中队战士张龙获武警北京总队第六届“十大精锐标兵”。（来雨霄　周婷）

【后勤保障】2021年，武警北京总队执勤第三支队按照“抓备战保打赢、抓建设补短板、抓基层打基础、抓规范严法纪”要求，完善支队《军事行动部署后装保障方案》，提高精确保障能力。在总队半年后装比武考核获总评第二。成立规划建设专班，确保“十三五”规划延续项目完成。协调老旧营房改造搬迁，实现官兵营房及配套设施全部更新；清退分配公寓住房，解决干部长期住房困难。抓好整肃治理，坚持内挖资源，纠查7类27条问题，固化13条措施机制。武警北京总队执勤第三支队保障部获总队表彰暨推荐参加武警部队后装训练先进单位评比。武警北京总队执勤第四支队落实安防设施配置，组织培训考核，做好车辆检修等工作。做好新冠肺炎防疫物资配发、新冠病毒疫苗接种和核酸检测，推进营房改造，“三个服务”效能提升。开展“后装法规学习月”活动，重点问题整治率100%，连续四年实现车辆事故“零报告”。（来雨霄　周婷）

【党风廉政建设】2021年，武警北京总队执勤第三支队落实习近平关于深化政治整训、整肃政治纲纪的重大决策部署，开展民主生活会，自省自警。紧盯敏感热点问题，制订日周月季工作规范，明确“五个一”和“四个必须”硬性措施，组织专项作风督查，开展作风纪律警示教育，探索“4321”办法遴选48名风气监督员并组织培训，形成的经验被总队推广。确保干部推荐提升、士官转改、提干考学公平公开、阳光透明，总队组织党委班子民主测评满意率100%。武警北京总队执勤第四支队学习贯彻14部党建法规，修订党委常委会《议事决策规则》，细化“两个措施”，召开专题民主生活会、组织生活会，结合武警部队党建法规和总队大队党委书记培训同步组织党支部书记培训；展开基层党组织考核鉴定，规范党委、支部设置和专责委员职能。开展政治整训，组织基层风气监督员培训、评残人员复查复核，支队党委班子民主测评满意率100%。

（来雨霄　周婷）

【部队管理】2021年，武警北京总队执勤第四支队争创“六无”目标，开展《条令》“学用考训”和“用小

措、抓点滴、促养成”活动，狠抓2个“行为手册”贯彻，落实“十联”“两委一组”措施，推广2个正规化试点成果，规范库室管理，部队正规化建设水平提升。结合暑期“百日安全竞赛”“七个专项整治”和保密“三清”专项行动，开展专项整治和“隐患大排查大整治”，组织安全形势分析会和辅导授课，支队连续27年实现安全无事故。

（周　婷）

退役军人事务

【概况】 2021年，北京市西城区退役军人事务局（简称区退役军人事务局）完成退役军人移交安置、全国示范型服务站创建、军休事业单位改革等目标任务，全区社区退役军人服务站全部通过区级交叉考评、市级验收和复核。开展建党百年庆祝系列活动，组织“老兵永远跟党走，让退役军人成为全社会尊重的人”主题演讲比赛，邀请抗美援朝老兵为武警北京市总队执勤第三支队全体新兵及训新干部骨干进行教育讲座，举办“与党同庆一百载、共启辉煌新征程”文艺汇演，举办“唱支山歌给党听——弘扬雷锋精神”主题展。编印《光荣在党五十年、退役军人展风采》画册，展现退役军人事迹。

（钱　蔚）

【军休事业单位改革】 2021年，区退役军人事务局召开区军休安置事务中心改革工作动员会，推进军休事业单位改革，组建北京市首个区政府直属西城区军休安置事务中心，由正科级事业单位升格为在退役军人事务局归口管理下正处级事业单位。

（钱　蔚）

【法律政策落实年活动】 2021年，区退役军人事务局制订《“法律政策落实年”活动计划方案》和《学习宣传贯彻〈退役军人保障法〉实施方案》。6月，开展《退役军人保障法》宣传月系列活动，举办“学史明德、普法崇军”主题活动、《退役军人保障法》专题辅导报告会、组织集中学习、观看专题讲座，依托微信公众号、服务大厅电子屏、宣传展板等形式做好法律法规宣传普及。

（钱　蔚）

【抚恤优待政策落实】 2021年，区退役军人事务局完成全区优抚对象年度确认工作，完成伤残优抚对象新版伤残证件换发，发放因公牺牲和病故人员死亡一次性抚恤金。1月，开展“两节送温暖”活动，走访慰问各类优抚对象。7月，走访慰问全区烈士遗属家庭。8月，慰问在乡老复员军人、立功受奖军人家庭等重点优抚对象。

（钱　蔚）

【烈士褒扬纪念】 2021年，区退役军人事务局开展英名录编撰，核对并完善全区烈士信息。完成西城区2处不可移动革命文物设施、零散烈士纪念设施申报工作。开展“清明祭英烈”活动，为西城区5处零散纪念设施敬献花篮，引导社会各界开展网上祭扫活动。推出“百年功庆日、不忘播火人”英烈事迹栏目，由少先队员、志愿者诵读英烈事迹，在微信平台、喜马拉雅平台同步推出。配合烈士纪念日活动，在西城区二龙路办公区举办“热血映红墙”烈士事迹展览。9月30日，区退役军人事务局在陶然亭公园高君宇烈士墓举行西城区烈士纪念日公祭活动，区四套班子领导、烈属代表、老战士代表、学校师生代表、解放军和武警官兵代表、公安干警代表及各界干部群众代表等160余人参加活动，缅怀革命烈士并敬献花篮。

（钱　蔚）

【退役军人就业安置】 2021年，区退役军人事务局统筹各类资源服务退役军人就业安置，建立台账882份，提供服务1464人次。开展适应性培训、技能培训，送政策进军营、进社区活动，全年举办4场招聘会，72家企业提供677个招聘岗位。完成符合政府安排政策退役士兵安置任务，完成政策性安置随军家属任务。4月21日，举办西城区退役军人就业创业服务联盟启动仪式暨退役军人专场招聘会。7月29日，西城区退役军人就业创业专场招聘会上引入“直播带岗”形式。

（钱　蔚）

【退役军人服务】 2021年，区退役军人事务局为待安置期退役士兵发放生活补助，协调区人力社保局、区医保局为符合条件退役士兵补缴保险。汇集安置、优抚、自主择业军队转业干部35项一般性业务办事指南，制作西城区“退役军人服务包”，在微信公众号上线，方便办事人员随时查阅。开展1次重点优抚对象短期疗养活动。完成军休二所、

4月21日，西城区退役军人就业创业服务联盟启动仪式暨退役军人专场招聘会举行

（区退役军人事务局　供图）

7月29日，西城区新时代退役军人就业创业专场招聘会上引入“直播带岗”形式

（区退役军人事务局 供图）

军休七所2处老旧活动场所装修改造工程。（钱 蔚）

【先进典型评选】 2021年，区退役军人事务局组织评选“红墙卫士”30人、“好军嫂”20人、优秀退役军人196人和优秀基层退役军人工作者37人。西长安街街道退役军人服务站、金融街街道退役军人服务站入选全国“建强百年红色退役军人服务站”。什刹海街道柳荫街社区退役军人服务站获评全国“退役军人服务保障先进单位”，西城区军队离退休干部第八休养所获评全国“军休工作先进单位”，军休干部李仲海、李培义获评全国“先进军休干部”。军休干部翟万臣获全国“老兵永远跟党走，让退役军人成为全社会尊重的人”主题演讲比赛一等奖。（钱 蔚）

双拥工作

【概况】 2021年，西城区以创建双拥模范城为抓手，加强双拥工作组织领导，搭建沟通协调平台，推动双拥共建各项任务完成。根据区机构改革情况，调整完善双拥工作领导小组成员单位，修订工作职责。区委常委会2次听取双拥工作汇报，区四套班子领导带头慰问部队、参加国防教育、参加重大双拥活动。西城区获全国双拥模范城（区）“十连冠”。（李章开）

【双拥模范城创建部署】 3月，西城区2021年军政座谈会暨全国双拥模范城创建总结部署会召开，全国双拥办、市双拥办、区委、区政府、区人大、区政协领导和驻区部队代表参加会议。会议总结创建工作，明确方向，部署任务。7月，区委常委会审议通过区政府主管双拥工作的副区长担任区双拥办主任、区退役军人事务局局长担任常务副主任，加强双拥工作组织领导。10月21日，召开《北京市西城区创建新一届全国双拥模范城工作实施方案》推进调度会，推进双拥创建工作。11月30日，组织新一届全国双拥模范城创建工作推进（视频）会，全区双拥工作成员单位和部分驻区部队双拥负责人参加会议暨工作交流。会议传达《北京市开展新一届全国双拥模范城创建活动实施意见》，部署《西城区助推社会化拥军工作实施方案》。（李章开）

【拥军优属】 2021年，区退役军人事务局制订为部队服务“十件实事”清单，明确服务内容、项目及完成时限。开展对驻区部队困难军人家庭救助，首次实施为238名军属免费体检。联合区委统战部、区民政局、区国资委、区工商联4个部门推动社会化拥军。10月，组织社会化拥军工作协调会、街道交流会，号召全区各企业和社团组织开展拥军惠军活动等。春节和“八一”期间，区四套班子领导走访慰问部队，赠送价值700余万元慰问品。做好“三后”服务保障，完成军转干部、退役士兵和随军家属接收安置。深化军嫂就业服务，组织专场招聘，搭建线上服务平台，开展“温暖军嫂”活动，帮助随军家属实现就业愿望。975名军休干部得到妥善安置和服务。开展“喜报送家门”活动，为西城区52名立功受奖现役军人家属送喜报，其中二等功3名。在新冠肺炎疫情防控期间，军地开展全方位合作，为部队接种新冠病毒疫苗681人次，紧急核酸检测49人次。（李章开）

3月，西城区2021年军政座谈会暨全国双拥模范城创建总结部署会召开（区退役军人事务局 供图）

【拥政爱民】2021年，驻区部队支持西城区各项建设事业，完成党和国家重要会议、重大活动安全维稳与服务保障任务。“两节”期间开展“帮困助残送温暖”活动，筹资37.5万元，慰问750户困难居民。开展爱老助老、帮困助学活动，近千名空巢老人和贫困学生得到官兵照顾和资助。部队坚持开展便民义诊、免费理发等学雷锋活动。有关部队选派优秀官兵，完成学生军训任务。新冠肺炎疫情防控期间，军委某机关部队为地方提供500余平方米新冠病毒疫苗接种点。协调3支部队免费提供新冠病毒疫苗接种点4处。（李章开）

【文化双拥】2021年，区退役军人事务局调整文化进军营等拥军项目。5月和10月，分别邀请军休老干部到武警新兵训练基地开展党和军队光荣传统讲座。9月，协调区党史办到武警某部6中队开展党史教育活动。各街道结合重大节日和纪念活动，开展军地联谊、非遗进军营等文化双拥活动。什刹海、西长安街、展览路、广外等街道开展双拥“五好”、最美士兵、最美军嫂评选表彰活动。（李章开）

人民防空

【概况】2021年，北京市西城区人民防空办公室（简称区人防办）依法对使用人防工程单位开展行政执法检查，对人防工程使用单位违法、违规行为实施行政处罚。认真办理“接诉即办”件，对群众关注的热点、难点问题，主要负责人亲自督办，确保办件质量。人防工程使用许可做到应办尽办，全年办理人防工程改造、拆除等17件。完成人防工程易地建设审批、人防工程竣工验收备案、早期人防工程口部房使用审批等相关工作。（郑　亮）

【专项治理】2021年，西城区开展人防工程安全隐患检查，依法清退违规使用的人防工程。建立“防风险、除隐患、保平安”消防安全隐患集中排查专项行动台账，出动检查人员1000余人次，对全区人防工程进行安全风险隐患检查，对存在安全风险隐患的人防工程使用单位依法开展约谈并限期整改，共计排查和消除隐患7处。全年人防工程使用单位检查覆盖率119.43%（含整改复查），全力保障地下空间安全。完成疏解整治促提升专项行动任务，保持人防工程相关指标“动态清零”。（郑　亮）

【人防工程综合整治】2021年，西城区成立人防工程治理工作领导小组，制订《西城区早期人防工程治理工作方案》，完成早期口部房清查、回填任务，完成率100%。对全区人防工程设备设施及安全生产情况开展检查，排查人防工程设备、设施隐患问题，整改完成率100%。在全国两会及建党百年庆祝活动期间，组织专门力量，处级干部带队，分片包干，下沉全区15个街道，对重点场所周边200米以内人防工程加大检查力度，发现和消除隐患，确保活动期间人防工程安全。（郑　亮）

【人防工程维护】2021年，区人防办按照战时功能完好率标准开展防空地下室评估普查，全区防空地下室设备设施评估普查完成率100%。根据普查结果拟定维护维修项目和造价，初步建立不具备防空效能工程台账。区人防办会同监理单位、街道人防办现场确认有关人防工程的完好率，验收完成设备设施维护维修的人防工程。（郑　亮）

【人防工程防汛】2021年，区人防办制订《西城区防汛抢险演练方案》，组织5支抢险队开展防汛演练，维修防汛物资库，采购补充防汛储备物资。安排5支40人的人防应急抢险队布控全区15个街道，实行24小时值班制，在全区范围内开展人防工程抢排险26处。（郑　亮）

【人民防空训练】2021年，区人防办召开人民防空人口疏散工作会，明确疏散人口统计规则，下达疏散人口统计任务。与相关地区联合开展人口疏散培训，15个街道办事处和有疏散接收任务的地区相关人员参加。完成京津冀人防无线通信协同训练及通信业务日常训练。参加全市车载电台培训、全市防空警报业务培训、全市应急指挥车驻训各1次。完成指挥所间视频会议设备联调、人防应急物资储备库设备设施维护保养工作。出库应急物资1200余件（个），完成全区防空警报器巡检、维护及保养工作。9月15日至16日，区人防办组织社区人防志愿者救援暨演练。（郑　亮）

【应急指挥体系】2021年，区人防办完成人民防空警报试鸣任务，全区相关街道、委办局68人参加保障活动。更新全区各点位警报扬声器和警报器电池，对所有警报器加电测试和安全巡检及设备检修，组织高点监控大场景建设调研，协调高点监控建设项目审批。（郑　亮）

【人防宣传教育】2021年，区人防办组织街道开展“3·1”国际民防日、“5·12”防灾减灾日宣传活动。全年发放宣传资料和宣传品7000余册（件），发放警报试鸣通告2.98万张。在21个社区布置应急亭、宣传栏、疏散掩蔽线路图、引导标识，组织21个社区开展人防疏散应急演练培训活动，开展20场演练，1000余人参加。按照建设标准在21个社区组建社区人防志愿者队伍，登记志愿者信息，分两批次组织140名人防志愿者开展应急技能培训。（郑　亮）

（**责任编辑**　师帅　晏畅　华大友）

功能街区建设

大栅栏琉璃厂

【概况】 2021年，北京大栅栏琉璃厂建设指挥部（简称大栅栏琉璃厂指挥部）紧扣首都功能核心区战略定位，统筹协调大栅栏、椿树、广内、牛街区域内重大任务和重大项目实施、疏解整治、环境提升工作，推进实施街区更新，推动老城保护与复兴，加快提升城市品质。强化与市区相关单位衔接，系统推进核心区科学规划建设管理，巩固完善首都城市科学管理体系新机制。在区各委办局和街道支持配合下，前置公司坚持规划引导、重点带动、产业优化、环境提升，完成全年目标任务，推动北京坊签约商户49家。（刘　杰）

【观音寺片区业态准入导则】 2021年，结合《北京城市总体规划（2016年—2035年）》《首都功能核心区控制性详细规划（街区层面）（2018年—2035年）》，制订片区业态准入导则。确立在业态提升整体定位下，补足公共服务功能，推进文化复兴，增强街区活力；改善民生、保护老城历史文化与传统风貌；最大限度留住历史印记，讲述老北京故事。通过业态提升导则、布局与运营管控，结合杨梅竹斜街业态成功经验，完善业态综合管理体系，促进资产可持续运营。（刘　杰）

【杨梅竹斜街小巷微更新项目】 2021年，大栅栏琉璃厂指挥部启动杨梅竹斜街小巷微更新项目，开展"智慧胡同"中心试运营，形成"胡同花草堂"等试点院落，推动纵深街巷城市更新和民生改善工作。项目位于大栅栏历史文化街区，属于大栅栏地区更新计划，是市政府主导、市场化运作的渐进式"微更新"创新实践项目。项目实施过程中，参与更新实践的社会机构及设计师在不改变老胡同建筑肌理的前提下，厘清并保护胡同街区中固有的文化基因，塑造优质的文化空间及体验空间，带动街区文化氛围；通过引领、微创与介入式手段，调动辖区居民、商户参与到胡同更新工作中。（刘　杰）

【菜西片区老城保护和城市更新项目】 2021年，菜市口西片区改造项目完成6户居民申请式改善签约工作，修缮房屋2000余平方米。以培育胡同16号院落为试点，引入中国建设银行等社会资本，将院落剩余居民通过房屋租赁置换方式迁至改造好的空间居住，腾出完整院落进行整体修建，探索出老城区"促整院"合作新模式和腾退空间市场化利用新途径。莲花胡同停车设施投入使用95个；启动法源寺后街、醋章胡同等基础设施提升改造，完成主体工程。（刘　杰）

【宣西风貌区项目】 2021年，大栅栏琉璃厂指挥部完成宣武门西文化精华区环境整治提升项目、上斜街及金井胡同城市公共空间改造提升项目，实现达智桥胡同—金井胡同—上斜街—宣外大街一线亮相。完成上斜街48号简易楼保护修缮项目。（刘　杰）

【牛街三号地项目】 2021年，牛街市民文化休闲中心（牛街三号地项目）取得市发展改革委项目建议书批复、市规划和自然资源委西城分局用地预审与选址意见书、交评批复。考古发掘工作完成80%。（刘　杰）

【文物腾退修缮项目】 2021年，大栅栏琉璃厂指挥部统筹调度9个征收项目（5个文物征收项目）、7个文物腾退项目和12个保护修缮项目。戊戌会馆征收项目和梅兰芳祖居腾退项目实现清零，西单饭店旧址、五道庙、京报馆旧址完成保护修缮。（刘　杰）

【观音寺片区老城保护更新项目】 2021年，西城区发放观音寺片区老城保护更新项目申请式退租签约1067户居民补偿款29.49亿元。完成项目一期立面修缮设计方案，一期铁树斜街、堂子街及五道街西侧施工图设计。完成大栅栏西街牌匾店招及导览方案设计。选定6处保护性修缮试点院落开始施工。招商拓展签约商户11家。推动观音寺片区市政基础设施建设，启动大栅栏西街市政基础设施改造提升工程，铁树斜街、樱桃斜街等5条胡同完成测绘、

5月8日，西城区召开“城·视”——历史文化街区保护与更新暨大栅栏观音寺片区项目视觉形象设计邀约赛评审会（大栅栏琉璃厂指挥部 供图）

勘察、管线综合及道路方案设计工作。观音寺小广场、五道庙小广场设计方案通过专家论证会。（刘　杰）

【观音寺片区视觉形象设计赛】3月18日，“城·视”——历史文化街区保护与更新暨大栅栏观音寺片区视觉形象设计邀约赛启动，以公开、定向邀约方式进行，活动历时2个月，数十家专业设计公司参与。5月8日，“城·视”——历史文化街区保护与更新暨大栅栏观音寺片区视觉形象设计邀约赛评审会召开，来自规划、视觉设计、责任规划、运营方等领域专家组成评审团，评选出一、二、三等奖及优秀奖项，在大栅栏社区生活体验馆展出大赛获奖作品。大赛通过视觉形象设计充分展现古都风貌的历史韵味及区域的独特性、历史性和文化性，促进老城保护。（刘　杰）

【法源寺文保区保护提升项目】4月，烂缦胡同131号花韵丁香酒店（原粟海酒店）完成改造提升，5月运营。启动法源寺后街东段改造提升，完成烂缦胡同北口至南半截胡同北口拆违增绿。法源寺后街东段停车设施竣工，提供30个车位。（刘　杰）

【魏染胡同环境整治提升项目】6月，魏染胡同整治提升工程全部完工，“七一”前大栅栏琉璃厂指挥部配合京报馆实现整体亮相。魏染胡同获北京日报社等市相关部门联合发起的年度北京最美街巷评选活动十大最美街巷称号。该工程于2020年12月开工建设，整治内容包括清除墙面彩绘和部分墙面砖雕，恢复传统墙面形式；原貌修复有历史价值的院落外墙及门楼；修补破损台阶、台明；恢复传统油饰；沿街门、窗户更换；胡同南口设置口袋公园等内容，架空线入地及路灯工程同步竣工。（刘　杰）

【椿树地区街区保护更新】7月，大栅栏琉璃厂指挥部会同椿树街道及项目实施主体宣房大德公司，启动后孙公园胡同规划方案编制工作，制订有机更新综合实施方案。12月，通过市规划和自然资源委西城分局组织的专家评审验收并形成街区更新项目库，为椿树街道平房区进一步城市更新工作奠定规划基础。（刘　杰）

【前门大栅栏商圈调研】8月17日，市委书记蔡奇以“四不两直”方式到前门大栅栏地区调研新冠肺炎疫情防控和商圈改造提升工作。蔡奇提出要成立市级工作专班，定期调度前门大栅栏商圈改造提升有关工作，制订前门大栅栏地区专项规划；制订前门大栅栏商圈改造提升5年行动计划，明确业态清单、重点项目清单、政策清单；制订前门大栅栏交通组织方案；加快推进前门大栅栏地区在途项目的规划审批；研究推动前门大栅栏地区旅游集散中心外迁；研究前三门护城河正阳桥段水系恢复；研究天安门地区游客流线引导；发挥商圈商会作用，加强商户自律。9月13日，常务副市长崔述强主持召开前门大栅栏商圈改造提升市级工作专班第一次会议，研究落实蔡奇指示精神。（刘　杰）

【C3、H地块项目】9月7日，大栅栏C3、H地块取得市委、市政府关于项目设计方案的批复和市规划和自然资源委关于项目规划意见复函。C3地块地上主要功能为商业，地下建筑为商业、设备用房、自行车库等；H地块地上为办公，地下建筑为办公、车库、设备用房等。（刘　杰）

【参与2021北京国际设计周活动】9月23日至10月9日，大栅栏琉璃厂指挥部组织协调法源寺、大栅栏、菜市口西区、北京坊等4个分会场举办多种文化创意活动。法源寺站持续打造“烂缦法源”品牌，齐聚城市管理者、研究者、城市品牌专家、领先企业、媒体，共论历史街区与品牌共赢之道。大栅栏站从百年新声、文化新声、科技新声、品牌新声等4个维度，以多元赋能、品牌发声为主线，作为设计社区线索，从不同的功能分区带给大众不同的体验层次。菜西站活动以“复兴·焕新”为主题，推出第一届“胡同生活季”，通过沉浸式设计展览，融入式胡同体验，派对式打卡活动，推广菜西IP设计成果落地。北京坊开展“北京坊生活方式艺术节”活动，把传统非遗音乐元素与现代潮流音乐元素项目融合，打造“非音未来”音乐IP的社会认知度及品牌形象。（刘　杰）

天桥演艺区

【概况】2021年，北京天桥演艺区建设指挥部（简称天桥演艺区指挥部）贯彻落实首都城市战略定位和北京市城市总体规划，统筹协调白纸坊、陶然亭、天桥地区重大任务和重大项目实施，推进中轴线申遗保护、城市街区更新、疏解整治促提升、区域功能优化等各项工作。统筹推进区域落实核心区控规三年行动计划47项重点工作任务，涉及街区更新、文物腾退及修缮、简易楼腾退、道路建设等项目。编制完成天桥北部平房区重点区域更新提升方案。完成天桥北部平房区景观立面、市政基础设施改造项目设计，留学路北100米景观立面修缮完工。完成天桥综合文体中心、天桥艺术广场项目初步方案，项目用地范围内建筑风貌质量评估。推进先农坛内坛历史格局及祭祀道路恢复中轴线申遗项目，包括搬迁腾退并拆除先农坛内坛北京育才学校、搬迁腾退西城区教育学院、搬迁腾退并拆除先农坛内坛北京育才学校教工宿舍区，协调耕天下小区改造其北院墙，让出地祇坛南棂星门。完成泰安里文物本体腾退及修缮，启动泰安里文物社会化利用相关前期工作。（白玉　高安琪）

【平房区重点区域更新提升方案】2月5日，《南中轴西侧天桥北部平房区重点区域更新提升方案研究》通过专家评审。项目分为：重点空间资源利用提升研究设计、文化探访路径落实方案、重点点位城市设计，重点区域市政基础设施整治提升规划2个子项目。2月，完成项目评审形成最终成果。在前期研究成果基础上，完成文化专题研究、文化探访路径落实方案、建筑方案和景观方案相关设计文本、铺陈市胡同城市设计，制订完成3年计划、10年规划项目清单和分期实施计划。6月30日，天桥北片区街区更新规划设计展在储子营胡同36号院（天桥北部片区腾退再利用空间）举办揭幕仪式。展览由天桥演艺区指挥部、天桥衡融公司主办，重点展示在北京市新总规、新控规要求下，天桥地区历史文化街区在城市更新、老城复兴方面的主要规划成果及下一阶段具体落实计划和策略。（欧昕雨）

【天桥地区街区保护更新项目】2021年，天桥演艺区指挥部统筹推进天桥地区街区保护更新项目。天桥演艺区文化探访路街巷景观及立面改造提升项目，总投资约2607万元，围绕文化探访路重点打造，加强文化精华的全面系统展示，优化空间营造与步行体验，落实街区风貌环境特色塑造，进行留学路、铺陈市胡同、校尉营胡同景观及立面改造提升；完成全部设计及项目施工招投标等前期工作，完成留学路北段100米改造施工，含21户沿街外立面整治更新约800平方米、更新门窗约200平方米、修缮屋顶约300平方米。天桥演艺区文化探访路市政基础设施改造提升项目，总投资约3471万元，围绕文化探访路的打造，在重点胡同实施雨污分流改造、老旧管线更新等，含留学路、铺陈市胡同、校尉营胡同、鹞儿胡同市政基础设施改造提升实施；配合项目实施，开展区域重点业态调整，通过转租、合作、鼓励自主提升等方式，推进区域业态提升。鹞儿胡同建筑风貌修补和景观整治提升项目，采取“最小干预”修缮方法，恢复胡同肌理，展现建筑特色，弘扬天桥独有的市井乡土文化，打造集中体现北京地区特别是宣南地区建筑历史与建筑文化活的博物馆；8月完工，修缮59个院落，完成胡同景观设置。天桥北部平房区（留学路社区）部分院落地下管线更新项目，利用地下管线物理探测成果更新北部平房区留学路社区留学路、校尉营胡同、九湾胡同、铺陈市胡同、赵锥子胡同、四胜胡同、达圆镜胡同等7条街巷胡同的院内地下管线，从源头解决平房院雨污合流及因地下管线老化、堵塞，汛期院内积水严重等问题；11月完工，更新167个院落地下管线。（欧昕雨）

6月30日，天桥北片区街区更新规划设计展揭幕　（天桥演艺区指挥部　供图）

【北纬路市政道路拓宽征收项目】2021年，北纬路市政道路拓宽征收项目完成2户居民征收工作。截至年底，累计与77户居民、14个单位签订征补协议，剩余3户居民、3个单位。该征收项目于2014年7月3日启动，涉及80户居民、17个单位。（薛　堃）

【永安路市政道路拓宽征收项目】2021年，永安路市政道路拓宽征收项目完成8户居民征收工作。截至年底，累计完成188户居民、1个单位的征收，剩余4户居民、2个单位。该征收项目于2016年4月6日启动，涉及道路红线内192户居民、3个单位。（薛　堃）

【泰安里文物社会化利用项目】2021年，推进仁寿路泰安里文物社会化利用项目，建设面积3120平方米。文物本体腾退及修缮工作完成后，启动社会化利用工作，完成社会化利用招商及夜景灯光设计工作，推进工程招标，确定区域功能定位、内部设计方案等前期工作。功能定位为：文化与科技融合发展的沉浸式文化体验空间、向社区及文化游客人群提供符合首都功能核心区要求的特定文化艺术产品和内容，展示区域和本身的文化历史内涵，打造城市文化会客厅。 （薛　堃）

中关村科技园区西城园

【概况】2021年，中关村科技园区西城园（简称西城园）有高新技术企业总数968家，从业人员14.1万人，工业总产值1340.7亿元，总收入3834.1亿元，进出口总额128.3亿美元，实缴税费121亿元，利润总额685亿元，资产总计25480.4亿元，科技活动经费支出总额206.2亿元，专利申请5965件，专利授权3538件。金科广场亮相，新动力金融科技中心投入使用，中糖大厦完成改造，首创·新大都金融科技产业园开业运营，举办首届数字经济论坛。服务首批6个“监管沙箱”项目完成测试。引进国家金融标准化研究院等25家重点金融科技企业和专业机构落户金科新区，注册资金70亿元。截至年底，金科新区累计引进重点金融科技企业和专业服务机构149家，注册资本金1092亿元。服务企业发展，举办政策发布会，1000余家企业66万人线上直播观看。兑现产业政策资金近1.6亿元，惠及231家高新技术企业、17家金融科技企业、10家科技孵化平台。创建“西城园E贷”线上融资场景，帮助50余家企业获得贷款近5亿元。服务国源科技首批登陆北京证券交易所，走访企业500余家（次），收集、办结企业需求364项。支持企业加强自主创新。培育引进“专精特新”企业51家。引进数字经济、资产管理等领域的重点企业47家，注册资本金101亿元。受理273家企业申报国高新、725家企业申报村高新，园区高新技术企业1096家。开展知识产权服务，3家企业获北京市知识产权优秀工作站称号，10家企业被认定为知识产权试点单位和示范单位。

（曾庆艳）

【园区企业创新成果】2021年，西城区通过政策激励，进一步改善创新发展环境，鼓励企业自主创新，园区有研稀土新材料股份有限公司、奇安信科技集团股份有限公司、中国建筑设计研究院有限公司等企业独立完成或参与的项目获多项发明专利和科技进步等奖项（见下表）。

（曾庆艳）

中关村科技园区西城园部分企业获奖一览表

表4

获奖时间	单位名称	项目	所获奖项
4月15日	中国航空规划设计研究总院有限公司	一种基于承载全过程研究的索穹顶结构设计指标确定方法	北京市发明专利三等奖
	至玥腾风科技集团有限公司	一种发动机中置的增程式电动汽车	北京市发明专利三等奖、北京市知识产权示范单位
	北京金丰和科技企业孵化器有限责任公司金丰和孵化器工作站	市知识产权公共服务工作	北京市知识产权优秀工作站第一名
	北京康华伟业孵化器有限责任公司康华伟业孵化器工作站	市知识产权公共服务工作	北京市知识产权优秀工作站第二名
	北京普天德胜科技孵化器有限公司普天德胜孵化器工作站	市知识产权公共服务工作	北京市知识产权优秀工作站第三名
6月24日	有研稀土新材料股份有限公司	一种氮化物荧光粉、其制备方法及包括其的发光装置	第二十二届中国专利银奖
	中国航空规划设计研究总院有限公司	一种基于承载全过程开口式整体张拉结构多阶段设计方法	第二十二届中国专利优秀奖
	中国建筑设计研究院有限公司	一种用于卫生间的侧立式中水储水及处理回用系统	第二十二届中国专利优秀奖

续表 4

获奖时间	单位名称	项目	所获奖项
9 月 16 日	奇安信科技集团股份有限公司	北京民营企业百强	第 86 位
		北京民营企业科技创新百强	第 9 位
		北京民营企业社会责任百强	第 4 位
	北京柠檬微趣科技股份有限公司	北京民营企业科技创新百强	第 72 位
	北京星际荣耀空间科技股份有限公司	北京民营企业科技创新百强	第 93 位
	北京恒华伟业科技股份有限公司	北京民营企业科技创新百强	第 96 位
	北京元隆雅图文化传播股份有限公司	北京民营企业文化产业百强	第 36 位
	北京天域北斗文化科技集团有限公司	北京民营企业文化产业百强	第 42 位
	北京恒华伟业科技股份有限公司	北京民营企业社会责任百强	第 34 位
9 月 25 日	人民网股份有限公司	开放环境下数字伪造内容检测关键技术与服务平台建设（参与）	北京市科学技术进步奖一等奖
	北京城市排水集团有限责任公司、北京北排科技有限公司、北京北排水务设计研究院有限公司	污水厌氧氨氧化高效脱氮技术体系创建与产业化应用（参与）	北京市科学技术进步奖一等奖
	北京市市政四建设工程有限责任公司	大型复杂污染场地精准修复与风险管控关键技术研究及应用（参与）	北京市科学技术进步奖二等奖
	中国建筑设计研究院有限公司	养老设施和老年人居住建筑规划设计技术与应用示范（参与）	北京市科学技术进步奖二等奖
		全生命周期建筑信息物理融合系统关键技术研究及应用（参与）	北京市科学技术进步奖二等奖
	北京城建设计发展集团股份有限公司	地铁车站 PBA 法暗挖建造技术与应用（参与）	北京市科学技术进步奖二等奖
		《轻轨交通设计标准》编制研究（参与）	北京市科学技术进步奖二等奖
		基于大客流的城市轨道交通运营安全保障与效能提升关键技术及应用（参与）	北京市科学技术进步奖二等奖
11 月 3 日	中国建筑设计研究院有限公司	中国城镇建筑遗产多尺度保护理论、关键技术及应用（参与）	2020 年度国家科学技术进步奖一等奖
	中国建筑设计研究院有限公司	复杂受力钢—混凝土组合结构基础理论及高性能结构体系关键技术（参与）	2020 年度国家科学技术进步奖二等奖
	中国建筑设计研究院有限公司 北京城建设计发展集团股份有限公司	建筑热环境理论及其绿色营造关键技术（参与）	2020 年度国家科学技术进步奖二等奖

（郝慧芳　曾庆艳）

【金融科技法治研究中心成立】 7月22日，金融科技法治研究中心共建协议签署暨揭牌成立仪式在北京金融法院举行，中心由中国社会科学院法学研究所、中国社会科学院国际法研究所、北京金融法院、北京金融街服务局、中关村科技园区西城园管理委员会等部门合作设立，旨在加强司法机关、行政机关和科研单位的交流合作，围绕开展金融科技合规标准研究、推广金融合规科技应用、举办金融科技法治论坛、传播金融科技法治知识、探索金融监管模式创新等9个方面开展深度合作，深化金融科技法治研究，推动金融科技法治进步，服务国家和首都金融发展，建设金融法治理论与实践创新的研究高地，培养金融法律专家、司法实践骨干的人才基地，推动国际金融法治合作交流。 （曾庆艳）

7月22日，金融科技法治研究中心共建协议签署暨揭牌成立仪式在北京金融法院举行

（西城园管委会　供图）

【参与全球金融科技应用场景大赛】 9月29日，由市科委、中关村管委会、市地方金融监管局、西城区人民政府、海淀区人民政府、北京金融街服务局指导，清华大学五道口金融学院、中国互联网金融协会、北京金融科技产业联盟、北京前沿金融监管科技研究院提供学术支持，北京清芬新金融研究院承办的2021全球金融科技应用场景大赛总路演在金科新区核心区新动力金融科技中心举办。发布大赛“十大优秀项目”和“最具创新力奖”获奖企业名单。大赛于7月启动，采取“揭榜挂帅”的形式，面向金融机构公开征集金融科技应用场景。共有8家机构的18个应用场景形成榜单对外公布，40余家科技企业及金融科技企业作为揭榜方参与大赛，专家从商务和技术两大维度对项目进行评审打分，评选出“十大优秀项目”和“最具创新力奖”。 （常晓宇　曾庆艳）

【首创·新大都金融科技产业园区开业】 8月31日，金科新区首创·新大都金融科技产业园区举行开放典礼，正式对外运营。园区位于西城区车公庄大街21号，占地3万平方米，地上建筑面积7.7万平方米，由13栋建筑组成，服务于金融科技创新行业，是集多类型高端办公、商务交往、品质生活、休闲消费体验于一体的新型街区式城市广场，由珠海横琴创元大都资产管理有限公司负责运营。园区原为北京新大都饭店，2017年逐步停业并实施改造工程，项目涉及4栋楼宇改造、基础管线改造及景观工程等。 （曾庆艳　尚荫南）

8月31日，金科新区首创·新大都金融科技产业园区开业运营　（西城园管委会　供图）

【“科创十条”发布】 10月12日，西城区举办以“科创西城、共促发展”为主题的《北京市西城区支持中关村科技园区西城园自主创新若干规定》（简称“科创十条”）政策发布会。新政策包括1个主政策和2个实施细则，将2016年版3个政策文件、52条规定优化到1个文件、10条规定，重点突出对高新技术企业发展的全周期政策支持，着重支持企业的创新行为和创新成果，鼓励人工智能、5G、区块链等在城市管理、民生改善、文物保护利用、重点产业功能区建设等方面的应用。支持额度大幅提升，对有重大影响力的创新企业最高奖励1000万元。 （李翘秀　曾庆艳）

【举办首届全球金融科技峰会】 10月20日至22日，由西城园牵头承办，市政府、中国人民银行、新华社、中国银保监会、中国证监会、国家外汇管理局共同主办的首届全球金融科技峰会，聚焦金融科技数

字化转型、金融科技赋能乡村振兴、个人金融信息保护等方面设置12个议题，设有1场金融科技成果发布、2场创新大赛、3项展览、4场专场活动、5场主题论坛等15项活动。活动期间，对外发布《金融标准化“十四五”发展规划》《金融国家标准发布》《金融科技创新监管工具运行报告》等金融科技政策标准、创新成果、研究成果。（曾庆艳）

【“十四五”国家级金融科技示范区发展规划发布】10月21日，《西城区“十四五”时期国家级金融科技示范区发展规划》发布。规划提出，西城区力争到2025年将“金科新区”发展成为全球金融科技领军企业集聚地、全球技术研发和应用场景新高地、全球金融科技监管体系和制度标准策源地、全球顶尖创新人才首选地，成为引领国际金融科技与专业服务创新的核心引擎；在空间布局上打造“一核两翼多点”，以北展地区为核心，重点布局金融监管科技、金融科技核心业态以及支撑金融科技的创新型专业服务，以德胜地区和广安地区为拓展区，承接金融科技的创新业态和创新平台，以多个以金融科技产业为主导的特色园区及主题楼宇，为示范区发展提供丰富多样的业态和空间支撑。（曾庆艳）

【园区企业专家入选中国工程院院士】11月18日，西城园区企业矿冶科技集团有限公司沈政昌入选中国工程院化工、冶金与材料工程学部院士。沈政昌为矿冶科技集团有限公司首席科学家。（曾庆艳）

【金丰和入选创业创新示范基地】12月2日，西城园区企业北京金丰和科技企业孵化器有限责任公司双创基地入选工业和信息化部2021年度国家小型微型企业创业创新示范基地。

▲延伸阅读：北京金丰和科技企业孵化器有限责任公司长期坚持培育科技型中小企业创新发展，打造“4+8+D”的孵化服务新模式（建设孵化中心、体验中心、路演活动中心、商务服务中心四位一体的硬件配套服务空间；构建创业辅导、创新支持、信息服务、投融资服务、专业服务、人员培训、市场营销、管理咨询八类双创服务职能；“D”代表以数字经济产业为核心着力引进和培育金融科技、物联网、智慧媒体等高精尖企业），持续完善创业辅导、创新支持、投融资服务、知识产权等服务体系，提升专业服务能力。截至年底，北京金丰和科技企业孵化器有限责任公司孵化190家企业，10家企业在三板挂牌，7家企业登陆四板市场，8家企业获“高成长企业”称号，11家企业获“专精特新”称号，企业获知识产权数量4583项。（曾庆艳）

什刹海阜景街

【概况】2021年，北京什刹海阜景街建设指挥部（简称什刹海阜景街指挥部）统筹协调推进什刹海和新街口区域规划、建设、管理、发展工作，落实控规抓好惠民生工程项目落实，组织协调推进重点大街及胡同街巷环境整治、腾退房屋再利用等项工作；钟鼓楼西北侧申请式退租工作结束，完成直管公房退租74%；地安门外大街复兴计划完成外立面空间品质提升工作；地安门派出所旧址降层改造项目完成降层拆除工作；旧鼓楼大街环境品质提升项目、西安门大街环境整治提升项目、白塔寺宫门口东西岔保护更新项目完工；贤良祠腾退项目完成签约腾退工作。（石　鹏）

【钟鼓楼西北侧申请式退租】3月15日，什刹海阜景街指挥部组织协调启动钟鼓楼西北侧申请式退租工作，5月14日结束。片区居民185户（其中直管公房89户），完成申请式退租签约72户（其中直管公房66户），直管公房退租比例74%。参与退租的14个院落中，实现整院退租3处、退租比例80%以上院落2处。（石　鹏）

【白塔寺宫门口东西岔保护更新】6月，什刹海阜景街指挥部组织协调完成东西岔胡同公共空间景观及市政改造工程实施。7月6日，东西岔胡同实现开街。拆除违建22处870余平方米，更新立面143处，架空线入地3800米，排水系统改造1443米，道路景观改造提升6552平方米，改造完善基础设施。（石　鹏）

【贤良祠腾退项目】8月22日，什刹海阜景街指挥部召开项目启动仪式。区文化和旅游局牵头制订、协调签署《贤良祠腾退四方协议》。腾

4月底，地安门外大街复兴计划启动　　（什刹海阜景街指挥部　供图）

退实施单位德源集团牵头制订《贤良祠腾退项目工作实施方案》。成立5个工作组，9月26日，正式进驻腾退项目现场。11月26日，贤良祠腾退现场张贴腾退公告，进入签约期。12月10日，8户居民全部在奖励期内签订腾退协议。12月20日，完成腾退签约工作。

▲延伸阅读：贤良祠为市级文物保护单位，位于西城区地安门西大街甲103号，产权单位为全国妇联，使用管理单位为中华女子学院。院内有居民8户，户籍户9户，房屋13间，建筑面积372.75平方米。（石　鹏）

【旧鼓楼大街环境品质提升项目】8月22日，什刹海阜景街指挥部组织协调启动旧鼓楼大街环境品质提升项目，实行“街道＋指挥部＋部门协同”工作模式，坚持专题调度机制，协调解决疑难重点，推进工程进度。发挥“吹哨报到”机制，组织设计单位、防火办、卫生监督所、平安办、房管所、派出所、城管执法队等相关单位负责人共同研讨推进重难点位解决方案，累计入户、约谈200余次，协调解决居民提出的各类需求和推进门窗样式同意书签订等工作。立面施工分三段依次开展外立面环境品质提升工作，开工57处全部按时完工，达到施工提升效果。辅路施工坚持“过紧日子”思想，利用旧物料。园林绿化以“林荫佳境、邻里共享”为主题，营造老街悠闲慢生活场景。12月13日项目完工。（石　鹏）

【西安门大街环境整治提升项目】2021年，什刹海阜景街指挥部组织协调拆除西安门大街违建129处3800余平方米，通过“环境整治＋交通治理＋业态调整”，实现一家一设计、一户一方案。改善交通拥堵，针对东段机动车流量大的“动态堵”和西段缺少停车资源的“静态堵”，拆除大街两侧挡车桩183个，重新划分出机动车和非机动车界限，设置共享单车电子围栏。亮出历史建筑底色，保留历史痕迹，修复红楼公共藏书楼、西安门大街141号清末风格小院等建筑。推进整体业态提升，确定40处经营点位的业态调整方案，其中保留21户、转型12户、调整7户。合理利用整治实施后公共空间见缝插绿，增加7处绿地面积约406平方米。11月19日，西安门大街开街亮相。（石　鹏）

【腾退资源改造利用】2021年，什刹海阜景街指挥部组织协调推进腾退房屋再利用，引入社区办公、便民服务、文创工作室等特色经营业态。白塔寺片区腾退院落资源91处、利用70处，利用率77%；按照面积计算，院落资源15558.34平方米，利用13190.94平方米，利用率85%。什刹海片区腾退院落资源268处，利用124处，利用率46.27%；按照面积计算，院落资源21400.15平方米，利用9736.84平方米，利用率45.5%。（周　婧）

北展地区

【概况】2021年，北京北展地区建设指挥部（简称北展指挥部）统筹推进以动物园服装批发市场（简称动批）为重点的展览路地区低端业态和小商品批发市场疏解、改造、业态调整升级工作，以及德胜街道、展览路街道街区整理、重点项目建设，落实“指挥部＋前端公司”有关制度，在前期调研、实地踏勘、入户调查、召开意见征询会等基础上，推动街区更新重点项目，完成展览路街道车公庄街区道路空间综合整治项目方案，完成事前绩效评估、项目预算评审、设计单位招标等工作，施工许可办理中，启动施工招标；德胜街道六铺炕片区公共空间改造项目完成方案设计和事前绩效评估资料准备，启动评估工作。（尚荫南）

【中糖大厦改造完成】9月27日，中糖大厦完成楼宇改造竣工备案，投入使用。中糖大厦位于西城区西直门外大街南侧，原用途以中粮糖业酒类集团有限公司自用为主，有粮食协会、华孚、中勤等企业入驻。产权方为中粮糖业委托大悦城控股负责整体改造与运营。项目改造范围涉及外立面翻新、机电更新、大堂精装等。改造后的中糖大厦地上14层、地下3层，地下1层为员工食堂、艺术展示区与水吧，2层为精装样本间与共享办公区，3至14层写字楼面积约8700平方米。（尚荫南）

【“金科新区”西外南路品质提升】2021年，北展指挥部完成西外南路街区景观提升，其中西外南路人行步道两侧铺设石材4590平方米、铺设塑胶跑道1930平方米，改善“金科新区”周边区域交通微循环，优化街区慢行系统，打造安全连续高品质的慢行空间。砌筑连通树池1300米、种植绿化1350平方米，通过调整道路空间布局，扩宽人行步道重新激活街道“边角料”空间。全面落实“金科新区”核心区域交通组织规划，完成西外南路“三变二”“单变双”改造和周边交通组织调整，实施西外南路东段和文兴街、文兴东街、文兴西街道路改造方案，推进西外南路周边道路改造。（尚荫南）

【西外南路多杆合一改造】2021年，西外南路多杆合一路灯综合改造完成基础设施建设，预埋管线1300米，新建路灯检查井47座。按照多杆合一改造工作方案，西外南路改造前线杆数为104根，改造后线杆数为72根，合杆率为30.8%。改造后降低安全隐患、根绝视觉污染、美化城市环境。（尚荫南）

【“动批”楼宇转型升级】2021年，北展指挥部结合原“动批”及周边区域疏解成果，推进楼宇改造升级进度，严守市区禁限目录，用足用好腾退空间，加速区域产业升级。原世纪天乐大厦转型为北京金融科技中心，实施楼宇装修改造工作，其中A座楼宇外立面改造基本完成，拆除B座原有外立面装饰。原聚龙市场转型为新科广场，定位为“金科新区”配套商业与服务，满足周边办公和居住人群休闲、商业、健身、停车、餐饮等工作生活需要。完成场地交接，开展招投标，施工前期工作有序推进。实施原官园批发市场改造项目，完成项目立项和方案设计，同步推进停车场改造。（尚荫南）

【车公庄街区道路综合整治项目】2021年，北展指挥部完成车公庄街区道路空间综合整治项目方案及事前绩效评估、项目预算评审、设计单位招标等前期工作。车公庄街区道路空间综合整治项目，其中交通组织梳理范围设计面积约21.3万平方米，空间综合整治设计面积约7.36万平方米。根据车公庄街区道路空间实际问题，通过明确道路管控权、设置高清摄像头，改善交通拥堵；通过施划停车位、引入停车管理，实现智慧管理、优化交通空间；通过清理人行道、改造坍塌围墙与道路破损、增加适老设施，提升慢行系统舒适性；通过改造将闲置空地打造为社区口袋公园，满足社区居民休闲需求。（尚荫南）

【六铺炕片区公共空间改造项目】2021年，北展指挥部完成六铺炕片区公共空间改造项目策划、现场走访调研、方案制订、可研报告、专家评审、事前评估等工作。六铺炕片区位于德胜街道，北二环与中轴线交点的西北角，北起安德里北街、南至安德路、东起旧鼓楼外大街、西至大井胡同及六铺炕二巷北段。改造项目包括：修复挡墙、装饰井盖、增设休憩座椅、补植景观绿化、更换垃圾箱、完善适老化设备等景观空间改造，打造慢行系统、疏通排水通道等道路铺装提升，屋顶防水修补、更换广告牌匾、室外机梳理等沿街建筑外立面优化，增设多功能灯杆、增设电子围栏及蓝牙道钉、拔除多余电杆等公共配套设施优化。（尚荫南）

5月20日，北展指挥部协调解决楼宇外墙保温事宜（北展指挥部 供图）

【北京冬奥会保障及环境整治】2021年，北展指挥部配合区冬奥会指挥部，对北京北站周边19个点位展开环境整治，通过实地踏勘、细致调查，对19个点位逐一明确产权单位、落实主责部门、实施整治施工，配合北京铁路局、重点站区管委会北站办、展览路街道、蓟城山水公司等相关单位完成全部区属主责点位改造。（尚荫南）

【民居环境改造协作】2021年，北展指挥部协助德胜街道解决德胜佳苑小区环境改造和新外大街34号院外墙保温改造问题。召开协调会，向居民代表和社区物业部门解答问题，解释政策法规，为社区物业部门和小区物管会提供支持。（尚荫南）

马连道地区

【概况】2021年，北京马连道建设指挥部（简称马连道指挥部）围绕落实总规和控规，推进街区更新和产业提升，制订工作计划，统筹项目实施，组织立项申报，指导责任规划师团队以及参与城市体检和评估等工作。坚持重点项目带动、重大活动推动、核心街区引领，举办“以茶会友、茗香世界”茶文化交流分享会，推进马连道路公共空间品质提升项目实施和红莲北里项目与手帕口南街综合项目联动实施，完成第三区绿地及茶马北街西段改造工程，完成广外大街、马中街居民腾退后续手续工作。（耿爱华）

【参与茶产业发展主题论坛】6月16日，由国务院食品安全委员会办公室指导，中国贸促会、丝路规划研究中心、国际食品法典委员会共同主办，马连道建设指挥部为支持单位的“创新茶业发展模式、助中国茶走出国门”主题论坛，在第十四届“一带一路”生态农业与食品安全论坛上举办，宣传推广茶产业信用体系为基础的马连道公共品牌建设，提升信用体系的认同度和专业度。（赵新芳）

【承办茶文化国际交流活动】7月15日，“以茶会友、茗香世界”茶文化交流分享会举办。活动由市人民对外友协、西城区人民政府、东京青年会议所茶道同好会、斯里兰卡中国社会文化合作协会、毛里求斯福尔肯公民联盟、爱尔兰中国科学技术交流协会联合主办，区政府外事办、马连道建设指挥部承办。来自中国、日本、斯里兰卡、毛里求斯、爱尔兰等5个国家的友好组织、茶企业代表、茶文化爱好者通过网络共聚一堂，在线分享茶文化，接洽

茶商务。（赵新芳）

【马连道文化创意街区项目】2021年，马连道指挥部完成马连道文化创意街区项目市级资金投资计划、项目设计、监理及施工单位招标、定标工作，道路托管协议延期以及渣土消纳手续及项目现场勘探、设备设施拆改移摸排及项目外电源设备安装施工。（刘继红）

【马连道路公共空间品质提升项目】2021年，马连道指挥部推进马连道路公共空间品质提升项目实施。制订《马连道路公共空间品质提升项目设计方案》，将马连道智慧街区项目并入新方案，全面提升马连道公共空间品质。统筹推进项目分段实施，牵头成立工作专班，定期调度，高标准推进马连道路品质提升，一期工程按照年度计划完成。

（刘继红）

【手帕口南街综合项目与红莲北里联动项目】2021年，马连道指挥部统筹推进红莲北里项目与手帕口南街综合项目联动实施，完成红莲北里在途项目设计方案，推进手帕口南街综合项目相关地块多规合一报审。（刘继红）

【广外地区综合整治】2021年，马连道指挥部协调推进马东二号路道路规划红线内房屋的征收及华润医药公司配电室改移等相关工作，会同区房屋征收中心调研道路红线内外房屋分布，多次走访市公安交管局，充分宣传、反复商榷房屋征收实施方式及方案，争取将市公安交管局红线外房屋一并征收安置，完善道路微循环系统；协调推进茶马北街西口道路剩余房屋征收工作；协调推进红居北街东段道路规划红线内剩余3间历史遗留房屋征收工作。统筹谋划广外地区街区更新项目关联地块，解决单个街区难以实现的问题，完成街区项目库更新。完成第三区绿地及茶马北街西段改造工程并对外开放，完成自来水公司绿地项目前期研究工作。完成广外大街355号楼及马中街居民腾退后续手续工作。协调推进广外大街359、367号两栋楼及楼下自建房腾退工作。（刘继红）

【茶产业信用体系建设】2021年，马连道指挥部总结梳理首批录入茶企、优质茶品推广运营情况，试点范围扩至黄山茶城、京华茶业大世界，上线企业120余家，带动茶企参与“马连道公共标识”认证、完善自身资质，激发茶企自主转型升级决心，形成产业升级合力。

（赵新芳）

7月15日，马连道指挥部承办“以茶会友、茗香世界”茶文化交流分享会（马连道指挥部 供图）

和谐宜居示范区

【概况】2021年，北京西城区和谐宜居示范区建设指挥部（简称和谐宜居指挥部，原北京金融街指挥部）统筹“三金海”（三里河—金融街—中南海）和谐宜居示范区建设的相关工作，协调推进和谐宜居示范区项目建设及搬迁等工作。配合相关部门和属地街道做好“七小门店”“地下空间”等环境整治和疏解提升工作。配合中关村科技园区西城园管委会推进西城园广安街区建设。实施灵境胡同拆迁院落恢复性修建方案，完成真武庙五里3号老旧小区“租赁置换”及小区改造。协调相关部门统筹推进李大钊故居、京师女子师范学堂、平民通讯社（福佑寺）、国立蒙藏学校周边环境提升，谋划长安街（西城段）南北纵深一公里环境提升城市设计方案，完成西单地区外立面整治方案规划设计研究工作、织女桥东河沿环境提升项目、西单文化广场升级改造工程、西单至积水潭传统特色街区8个点位的环境整治项目和月坛体育场基础设施升级改造、滑冰场建设工作。推进南北长街征收项目、南北长街社区文化驿站建设项目、国家大剧院西项目改善和利用项目。（孙　悦）

【老旧小区“租赁置换”改造】2021年，西城区在全市首创“租赁置换”老旧小区改造模式，完成真武庙五里小区3号院老旧小区改造项目。该项目引导社会资本（北京愿景集团）接管小区物业管理工作，以房屋市场化租赁为基础，将置换方案与老旧小区改造有机融合。小区改造聚焦小区无物业管理、硬件设施老化等问题，系统整改小区室内外环境，包括小区安防设施完善、楼道线缆规整、屋顶防水重新铺装、公共区域功能合理规划等。对愿意签订房屋租赁置换的居民，投资方为其装修房屋后，租赁给附近金融企业员工。

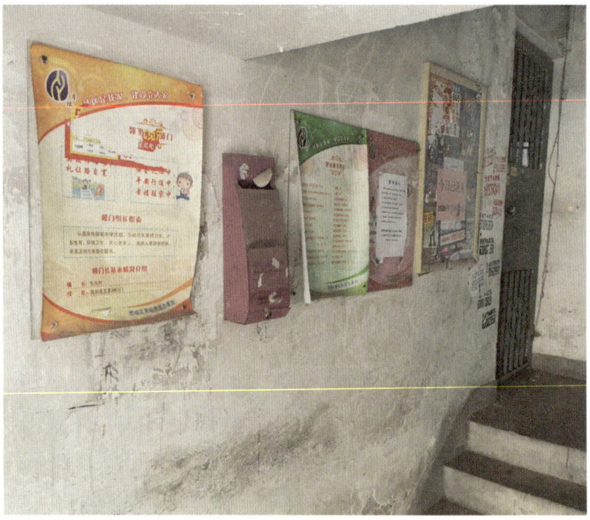

7月23日，月坛街道打造真武庙老旧小区有机更新项目前　（于志强　摄）

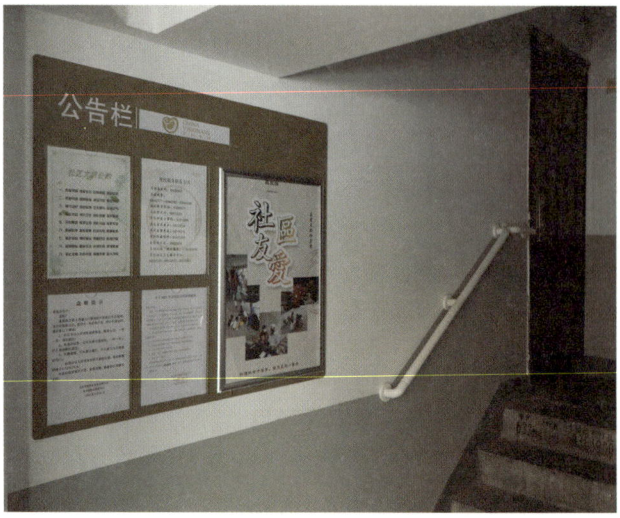

8月2日，月坛街道打造真武庙老旧小区有机更新项目后　（于志强　摄）

▲**延伸阅读**：真武庙五里3号院是央产老旧小区，位于西城区月坛街道，建成于1981年，楼体外立面老化破损、基础配套设施老化、公共空间缺失、无专业物业管理，自住率为49%。所在小区紧邻金融街、西单商圈，周边金融、教育、医疗、文化资源丰富，大量高收入就业人群有租房需求，而小区基础条件难以满足。根据北京市关于引入社会资本参与老旧小区改造的相关文件精神，西城区创新实践，首创“租赁置换”模式，引入愿景集团投资参与真武庙五里3号院改造。项目实施中，街道、社区、愿景集团组成三方入户小组，全面摸底居民需求，为项目打下坚实群众基础。改造过程通过广泛民意调查、公示规划，征求意见、民主协商等方式，引导居民全程参与，充分尊重居民意愿，吸纳居民意见，完善优化改造方案。改造完成后有将近四成住户与愿景集团签约租赁置换，房屋经设计装修后，变成“白领人才公寓”，实现了让居民获益、产权单位减负、政府放心的共赢。

（孙悦　袁晓慧）

【灵境胡同拆迁院落恢复性修建项目】 2021年，和谐宜居指挥部根据区城市管理委《关于灵境项目已拆迁院落恢复性修建工程相关事宜的会议纪要》，实施灵境胡同拆迁院落恢复性修建方案，启动复建工作。复建工程由区属华融基础公司负责。项目主体建筑为砖木结构，地上一层，设计使用年限50年，耐火等级为四级，总建筑面积1406.75平方米，占地面积2204.78平方米。采用传统仿古建筑工艺工法，卯榫结构，丝缝工艺，面层油漆彩画，古建类构件采用场外加工现场安装模式。

（孙　悦）

（责任编辑　孙凤霞）

经济管理

宏观经济调控

【概况】2021年，西城区优化调整金融业、金融科技、资产管理、数字经济和现代服务业“4+N”产业布局，提升产业国际化层级，探索减量、创新、转型的高质量发展之路。西城区地区生产总值5408.1亿元，比上年增长8.1%；地方级一般公共预算收入完成953.6亿元，比上年增长3.1%。区级一般公共预算收入完成428.1亿元，比上年增长3.4%。居民人均可支配收入达96949元，比上年增长7.4%。城镇登记失业率1.85%。在全区大型综合商业面积减少15万平方米的情况下，社会消费品零售总额实现1089.4亿元，比上年增长9.7%。规模以上工业企业累计完成工业总产值592.5亿元，比上年增长8.8%，累计完成工业销售产值596.6亿元，比上年增长6.2%，产销率为99.9%，产销衔接良好。中关村科技园西城园实现总收入3834.1亿元，比上年增长10.1%。辖区内上市公司增至50家，贡献了A股市场超过1/5的净利润。金融业资产规模达128.7万亿元，比上年增长4.9%，地均产出保持全市最高。全年能源消费总量373.41万吨标煤、万元地区生产总值能源消费量0.0690吨标煤，比上年下降3.67%。能源利用效率保持在全市领先水平。北京市西城区发展和改革委员会（简称区发展改革委）发挥综合协调职能，促进全区经济向更高质量发展，实施投资项目、招投标、节能、价格监测等领域的行政执法检查829项。

（张惠霖　刘淑蕊　高佳莉）

【京津冀协同合作】2021年，西城区支持雄安新区和北京城市副中心建设，增强与津冀两地联动，推动京津冀协同发展。教育协作领域，北海幼儿园雄安校区工程基本完成，北京四中雄安校区建设工作有序推进。民生协作领域，西城户籍的老年人赴津冀异地康养100人次。医疗协作领域，22家二、三级医院检验结果京津冀互认，32家二、三级定点医疗机构和137家一级及以下定点医疗机构实现异地门诊直接结算。文旅协作领域，延续并拓展2016年《京津冀九市（区）文化发展联盟合作协议》，签订《京津冀“八区三市”推进文化旅游一体化发展合作协议》，整合八区三市（北京市西城区、房山区、大兴区、丰台区，天津市西青区、东丽区、静海区，河北省石家庄市、保定市、张家口市，河北雄安新区）文化旅游资源优势，加快推进京津冀文旅一体化发展。产业协作领域，区属企业天桥盛世集团与河北省阜平县政府共同出资成立阜平北京文创园运营平台公司；华天集团在河北省张家口市挂牌设立庆丰餐饮公司肉牛养殖基地；蓟城山水集团推进天津清河农场农业生产，完成200万平方米基本农田盐碱地土壤改良。

（吕　玲）

【疏解腾退空间再利用】2021年，西城区推出新版《西城区疏解腾退空间资源再利用指导意见》，聚焦问题难点，改革创新再利用工作模式，注重正向引导和难题破解，引入市场化机制，拓宽渠道形成多元化的再利用模式；明确疏解腾退空间再利用方向注重公共优先原则，优先用于保障中央政务功能、服务中央单位、完善地区公共服务设施、补足城市服务功能短板、增加停车设施、文化活动场所、留白增绿、增加便民服务、改善居民生活条件，可用于传统文化传承展示、体验及特色服务、补充区内办公用房和应急避难场所，创办众创空间或发展租赁住房，鼓励发展金融科技、数字经济和文化创意等产业；兼顾产权方意愿和市场业态需求的匹配，推进腾退空间再利用工作。截至年底，西城区疏解腾退空间总面积151.2万平方米，已利用面积116.9万平方米，利用率77%。（吕　玲）

【低效楼宇改造提升】2021年，西城区发挥政府资金引导作用，给予首创·新大都等5个重点低效楼宇改造投资补助2815万元，带动社会投资2.6亿元。推动楼宇高质量发展，鼓励引导5栋楼宇从酒店、老旧写字楼、医院住院楼、低端商业、空置厂房等用途，转型为高品质商务办公楼宇，产业提升方向以金融科技、文化创意及配套服务设施为主，增加产业发展空间7.5万平方米。突出绿色低碳、开放共享理念，楼宇改造后综合节能率均20%及以上，注重城市功能织补，为周边居民提供停车、休闲等开放式共享空间。（韩　洁）

【“疏解整治促提升”专项行动】2021年，区发展改革委按照任务项目化、项目清单化要求，与全区40余家单位沟通对接，梳理47项具体工作纳入年度“疏整促”任务。制订《西城区2021年“疏整促”专项行动工作方案》，对接市发展改革委，跟进各项任务落实，协助解决专项行动开展中的问题。做好市级平台动态上账，统筹相关部门做好任务上账、销账、落点落图，12345热线市民诉求等核实点位纳入台账。配合市发展改革委完成察访核验和绩效考核工作。全年区专项行动涉及人口变化46428人次，“疏整促”民意调查显示，98.4%的被访居民表示满意，91.1%的被访居民认为出行、购物、餐饮、停车等生活便利度总体向好。（王　红）

【中央单位和街道社区双向需求事项梳理】2021年，区发展改革委会同相关部门及属地街道、社区，收集整理辖区中央单位和街道社区双向需求事项，形成《服务中央单位及央企事项清单》《需中央单位及央企帮办问题清单》。推动解决帮办清单涉及的南半截胡同26号路面修缮事项等。（王　红）

【碳达峰碳中和基础研究】2021年，区发展改革委对能源消费、可再生能源利用、碳排放等情况进行分析，对未来能源消费及碳排放进行预测，探索提出推进能源系统低碳转型等6方面任务及公共建筑节能低碳专项等15个重点工作方向。（刘淑蕊）

【“十四五”节能降耗规划】2021年，西城区编制完成《北京市西城区“十四五”时期节能降耗规划》，梳理总结“十三五”时期西城区节能降耗工作，分析挑战和机遇，确立指导思想，制订发展目标，提出“提升重点领域能效，实现深度促降”等5方面重点任务，明确“建立推进节能降耗工作部门协作机制”等6方面保障措施。（刘淑蕊）

【“十四五”基本公共服务规划】2021年，西城区编制完成《北京市西城区“十四五”时期基本公共服务发展规划》，研究提出基本公共服务领域总体思路、关键指标和重点任务，针对教育、医疗卫生、文化体育、社会保障、公共安全与社区服务6个领域，制订基本公共服务主要发展指标11项，其中约束性指标5项、预期性指标6项。提出发展优质均衡的现代化教育、建设更高质量的“健康西城”、高标准构建公共文化服务体系等10项重点任务，力争到2025年实现基本公共服务短板有效补齐，基本需求高质量满足，多元需求高标准保障，设施体系更加完善，公共供给更加精准、更具特色。（韩　洁）

【“十四五”产业发展规划】2021年，西城区编制完成《北京市西城区“十四五”时期产业发展规划》，明确产业发展思路与目标、重点产业发展方向、空间布局及提升思路。优化以功能为核心的产业发展体系，巩固扩大金融业核心竞争力，大力培育数字经济新增长点。激发以街区为单元的优质产业空间活力，塑造中轴线特色文化融合展示轴，强化金融街、“金科新区”双核创新驱动引领，梯度拓展德胜数字科技创新引领区、广安新兴金融服务集聚区、马连道文化商务融合示范区，建设若干高品质特色活力街区。营造以生态为导向的产业创新发展环境，紧扣产业链打造人才链，深化对外开放。（王　红）

【“十四五”人口发展与调控规划】2021年，西城区在总结分析西城区人口数量变化趋势及近几年“疏整促”工作经验的基础上，结合第七次人口普查数据结果，聚焦区域功能落实、基础设施建设、公共服务提升等重点领域，研究提出“十四五”时期人口优化和均衡发展的对策思路及任务措施，形成《西城区“十四五”时期人口发展与调控规划》，总结“十三五”时期人口发展与调控取得的成就，分析“十四五”时期人口发展与调控面临的机遇与挑战，从实现人口综合素质跨越、应对人口老龄化、优化人口就业结构等方面提出未来5年的主要任务。（王　红）

【“十四五”规划落实长效机制】2021年，西城区建立健全“十四五”时期国民经济和社会发展规划落地落实长效机制，分解规划纲要主要目标和重点任务162项，全部纳入政府绩效管理。实施重大政策、重大项目、重大改革清单化管理，38个规划前期研究重大课题全面完成并有效转化，专项规划发布工作有序推进。区发展改革委推进规划宣传解读，完成“十四五”规划纲要专题宣讲活动7场次。（史明鑫）

【驻区企业服务】2021年，区发展改革委制订并落实年度区领导走访服务重点企业方案，统筹全区各部门加大重点企业走访力度，走访回访重点企业700余家。建立市、区、街道三级“服务包”制度，形成总管家、行业管家、服务管家的重点企业服务体系，根据“一企一策”原则为企业量身定制“服务包”，及时回应企业诉求。加大融资支持力度，建立政府财政贷款风险补偿机制，区政府设立中小微企业担保风险补偿资金，资金规模5000万元，风险代偿率容忍度为6%，入库、备案、审核241户中小微企业项目，共311笔、涉及金额8.3亿元。（赵真　陈娟）

【激励政策兑现】 2021年，区发展改革委发挥财政激励效应，成立政策兑现协调工作小组，研究制订工作方案及申报指南，细化评分标准及奖励标准，积极组织申报、评审。涉及金融街专业服务团组建、高端品牌奖、发展贡献奖3个奖项，针对专业服务优秀企业45家次，兑现奖励资金570万元。（王　红）

【行政执法检查】 2021年，区发展改革委制订年度行政执法检查计划，按照“谁审批谁监管、谁主管谁监管”的原则，实施投资项目、招投标、节能、价格监测等领域行政执法检查，完成行政执法检查829项。（姜　倩）

【价格监测与调控】 2021年，区发展改革委重点加大生活必需品市场价格监测力度，开展蔬菜、副食品、日用消费品、成品油、黄金饰品、居民服务收费等重要商品及服务的价格监测工作，常规重要商品和服务价格监测184项130696个数据；冬奥酒店价格监测22户13376个数据；冬奥餐饮监测21户2212道菜品76585个数据。全年蔬菜、猪肉零售均价分别为每500克3.44、28.02元，比上年分别下降2.27%、14%。落实《中华人民共和国未成年人保护法》，推动辖区内旅游景区景点对未成年人免费或者优惠开放。（兰明宇）

【价格认定】 2021年，区发展改革委开展案件财物价格认定，全年完成价格认定事项992件，均属于刑事案件，标的金额817.74万元。其中盗窃类案件559件，认定金额178.42万元；故意损害财物类案件339件，认定金额101.87万元；寻衅滋事类案件41件，认定金额7.86万元；诈骗类案件15件，认定金额467.54万元。按照“存量案卷数字化、增量案件电子化”要求，完成2015—2020年度已结案案件数据信息全部入库。（李纪军）

【公共资源交易平台服务】 2021年，区政府采购中心实现一站式服务、区域物理隔离、全流程电子监控及多形式监督等一体化平台的既定功能，以科技手段体现人性化服务。落实“放管服”改革及优化营商环境4.0的要求，实现交易事项受理不跑腿、交易进场零门槛、交易过程零拖延、交易环节零障碍、交易服务零距离。全部建筑工程及大部分政府采购项目入场交易。推进公共资源交易数字化转型，全年平台服务各领域交易项目804项（政府采购项目756宗、建筑工程项目48项），服务区属预算单位131家，采购代理机构123家，各领域供应商527家，评标专家累计抽取548次，累计交易金额约61.12亿元。10月，北京市公共资源交易西城区分平台从西直门迁至宣武门外大街。（时　祎）

【专业服务业高端品牌奖励项目评选】 2021年，区发展改革委开展专业服务业高端品牌奖励项目评选工作，高端品牌奖励是2021年专业服务业支持政策奖励项目之一，以品牌性、标杆性为初衷表彰先进、促进进步，打造西城区高端专业服务业机构品牌，涵养行业生态。北京市律师协会、西城区律师协会、产业发展研究领域专家，区司法局、金融街服务局负责人参与评审，通过择优遴选方式对法律服务行业评选出集体及个人奖项，评选出的示范性律师事务所和律师个人被分别授予“金融街金牌律师事务所”“金融街金牌大律师”，推动优秀律师事务所及律师在业内发挥典型示范作用。（高　原）

【大数据应用平台通过验收】 8月4日，西城区宏观经济大数据应用平台完成项目终验，完成宏观经济数据分析系统、固定资产投资监控管理系统、人口调控分析系统、移动应用系统4大应用和1个数据支撑平台（数据采集系统、数据处理系统、数据分析系统、数据治理系统和数据运营系统）建设。该平台涵盖互联网数据、区发展改革委数据、商业采购数据、科信局数据、统计局数据超过136万余条。为提升平台对宏观经济领域各项业务指标数据分析的支撑能力，平台24个模块年底前完成设计、调整，实现对现有有效数据的充分利用。（张　冉）

国有资产监督管理

【概况】 2021年，西城区区属企业资产总额5576.56亿元，比上年增长2.69%；所有者权益1619.11亿元，比上年增长11.03%；其中归属于母公司所有者权益1078.93亿元，比上年增长9.37%；累计实现营业总收入866.29亿元，比上年增长52.43%；累计实现利润总额55.61亿元，比上年下降16%；交纳税金91.48亿元，比上年增长22.63%。北京市西城区人民政府国有资产监督管理委员会（简称区国资委）受区政府委托履行出资人代表职责，办理信访诉求131件次，现场接待群众来访33人次。转派热线案件9693件，组织“接诉即办”主任调度会、主要领导协调会、交流培训会等26次。（杨志刚）

【核心区功能服务】 2021年，区国资委走访企业1239户次，完成任务量的210%，支持区政府引入税源企业70户，为“两区”“三平台”（服务贸易展会平台、高层级科技创新交流合作平台、高水平金融街论坛）和“金科新区”建设提供优质服务。金融街集团、金融街资本、天恒集团、华远集团等依托自身资源，发挥示范引领和空间支撑作用，吸引金融、科技企业及要素集聚，提升区域品质，服务保障多项重要会议举办。金融街资本深化投资驱动，引导产业发展，以政府引导基金为抓手，出资100亿元，放大财政资金21倍。华方公司孵化器服务园区70余家企业完成高新技术企业认定。天桥盛世集团提升文化供给效能，推进文化示范园区建设，天

桥演艺区入选国家音乐产业基地、服务业扩大开放综合试点示范园区、市级文创园区。（杨志刚）

【国有资本结构调整】2021年，区国资系统创新商业模式，优化国有资本布局结构，形成高质量发展新动能。天恒置业类REITs（房地产信托投资基金）项目以运营+金融理念创新运营管理模式，实现注册规模13亿元，开拓智慧物业市场，作为全市试点探索“物业+养老”服务。华远集团加快发展数字经济，携手金融街资本与华为公司合作开发河图项目，重组整合科技板块，加大自主核心技术研发与生产。华天集团再度跻身年度中国餐饮企业百强，大数据精准营销培养客群，外卖比上年增长近40%。金融街资本以股权直投为抓手，布局新能源、半导体等战略新兴产业，联合环雅丽都公司、蓟城山水集团投资中芯熙诚数字科技基金、熙诚致远数字动力精选基金，多家已投项目上市，实现较大浮盈收益。金融街物业竞标首个军队物业项目，新增签约面积超900万平方米。长城人寿开展互联网保险业务，重庆分公司、保险代理公司正式开业。金融街投资公司强化名院名医体系建设，引入央企所属企业战略投资，北京嘉宝诊所正式运营，与常春藤联盟合作设立儿童综合发展共建基地。设计之都研发天工界设计产业互联网平台项目，助力产业数字化。金融街集团、金融街资本持续推动科技管理及商业模式创新，申报的19项成果获评市级企业管理现代化创新成果一、二等奖。房地产业资产占比比上年下降3.29%；投资与资产管理业、金融保险业和都市服务业的资产占比比上年分别上升0.76%、0.75%、1.42%，国有资本逐步向优势产业集聚，调结构成效显现。（杨志刚）

【企业合作促进】2021年，区国资系统加强与央市区三级企业联络，长城人寿出资45亿元支持首开、天恒集团等企业完成募资。发挥国企“西城队”作用，金融街资本打造综合性融资平台，为区属企业提供100余亿元担保支持，天恒集团与金融街教育集团合作，将科影厂纳入西城区低效楼宇改造提升储备项目。主动融入京津冀协同发展大局，金融街控股计划总投资125亿元开工建设6个京津冀项目；张一元累计在津冀开店86家；华远好天地物业成立石家庄、涿州分公司，天桥盛世集团推动河北省阜平文创园项目落地。参与成渝地区双城经济圈建设，天恒集团落地乐山、阆中文旅项目，与成都市青羊区合作金融科技大厦项目。响应乡村振兴战略，华远集团三农助力西城区完成消费扶贫任务3702万元，惠及脱贫人口近2000人。区国资系统1个集体、2名个人在北京市扶贫协作总结大会获表彰。（杨志刚）

【城市更新改建项目实施】2021年，区国资系统推动棚改项目，百万庄楼盘降层工作在19天内完成116户居民重新安置签约；光源里项目C1地块完成主体结构封顶；菜园街项目实现全面净地，推进E地块、B地块施工。高立庄项目三期、二期居民签约入住率90%；旧宫项目签约456户。钟鼓楼西北侧申请式退租工作完成，观音寺项目稳步收尾，福绥境大楼腾退工作、砖塔胡同恢复性重建等项目稳步推进。平安大街、旧鼓楼大街、地安门外大街、西安门大街全部落架，法源寺历史文化街区首个人才公寓共生院落完成交付。助力推进中轴申遗重点工作、文物保护修缮工作。（杨志刚）

【民生工程推进】2021年，宣房集团做好供暖、老旧小区综合整治等民生工程，翻建修缮平房2000余间，抢险急修2万余件，连续36年保障直管公房、代管老旧物业小区安全度汛。德源集团完成7个街道122个社区房屋建设灾害普查，创新老旧小区物业服务模式，德源翔隆供暖运行一部获评全国工人先锋号。国资集团、金工公司落实离退休人员管理，做好关怀、慰问、服务。环雅丽都公司依托“物联网+环卫作业”和“互联网+环卫监督”创新智慧环卫管理模式，在市环卫作业综合考评中名列第一。蓟城山水集团完成“金科新区”中心广场、什刹海后海绿道景观提升等工程，连续第五年在北京市绿化养护评比中名列第一。落实“疏整促”专项行动实施方案，规范化用工454人。退管中心接收事转企单位离退休职工和提前离岗人员2880人。（杨志刚）

【区属企业监管督查】2021年，区国资委加强区属企业发展战略和规划的编制与管理，印发《西城区属企业发展战略和规划管理暂行办法》。强化国有资本经营预算管理，动态跟踪资金使用和项目实施情况。强化企业投、融资管理，加强财务成本控制，优化负债结构。坚持分类监管，完善激励约束机制与薪酬管理制度，强化工资总额管理。督查851家次企业及生产经营单位，覆盖率100%，关停转型电动车售卖点15处。（杨志刚）

【区属企业风险防控】2021年，区国资委探索建立企业日常监督与专项监督相结合的工作机制。坚持列席企业董事会工作会议，了解企业董事会工作运行情况；选聘外部董事，开展对企业董事会、董事年度履职的综合评价工作，及时掌握各企业董事会建设情况。研究制订《西城区国有企业违规经营投资责任追究暂行办法》，督促区属一级企业及重要子企业建立违规经营投资责任追究制度。规范国有企业经营行为，印发《关于受党纪政务处分的西城区属国有企业负责人薪酬扣减实施办法》，严肃追究受到党纪政务处分的企业负责人经济责任。做好债券融资风险防控，梳理历年企业债券发行与偿还情况，动态分析债券风险。（杨志刚）

【区属企业改革】2021年，区国资委推动莱百公司登陆上交所，成为西城区首家主板独立IPO（Initial Public Offering首次公开募股）区属企业，为已改制企业继续深化改革、传统行业焕发新活力提供案例。组织开展全区全民所有制企业公司制改革工作，召开20余次推进会，协调市国资委、市一中院等30余家单位，完成全区改制及注销企业134家，其中系统内改制及注销企业106家，涉及资产总额700余亿元、职工近6000人。清理僵尸企业13家，压缩企业层级及减少法人企业户数10家。完成社保关系转移23949人，为国有企业公平参与市场竞争创造条件。（杨志刚）

【平安国企创建】2021年，区国资委坚持统筹安全与发展，以创建“平安国企”活动为载体，落实区属企业维护社会稳定、社会治安综合治理、安全生产、消防、地下空间整治、危险化学品管理等各项工作职责，落实平安国企创建的各项措施，解决长期制约企业发展的历史遗留问题，为区属企业创造更加安全、稳定、优化的营商环境。（杨志刚）

【历史遗留问题办理】2021年，金融街资本协调多个部门，为石景山区鲁谷六合园140户居民办理产权证，开辟北京市历史遗留拆迁安置房屋产权办理的解决路径。金融街集团、广安集团完成大兴区枣园小区、清源西里小区拆迁居民房产证的办理工作，为132户居民发放不动产权证。天恒集团解决龙泽苑东区社区中心多年闲置问题，实现营业。（杨志刚）

民营经济

【中小微企业首贷贴息方案】3月1日，区财政局、金融街服务局联合印发《西城区中小微企业首次贷款贴息资金申报实施方案》，包括贴息范围、贴息标准和期限、企业申报条件等内容。贴息范围包括2020年4月1日至6月9日，在北京市首贷服务中心22家入驻银行中获得“首次贷款”审批并签订贷款合同的中小微企业；2020年6月9日（含）至2021年12月31日，在首贷服务中心获得贷款审批且为“现场办理”并签订贷款合同的中小微企业。贴息标准和期限为：企业获得贷款金额在2000万元（含）以内；企业贷款利率低于企业首次提款时一年期贷款市场报价利率（LPR利率）的，按企业实际利率的20%给予贴息补助；企业贷款利率高于企业首次提款时一年期贷款市场报价利率（LPR利率）的，按照当时LPR利率的20%给予贴息补助；贴息期限最长不超过1年。（王　欣）

【入选国家民营和小微企业金融服务综合改革试点城市】6月22日，西城区按照财政部、科技部、工业和信息化部、中国人民银行、中国银行保险监督管理委员会等5部门《关于开展财政支持深化民营和小微企业金融服务综合改革试点城市工作的通知》要求，通过方案申报、竞争性答辩、专家评审等工作程序，入选国家级财政支持深化民营和小微企业金融服务综合改革试点城市，获得奖励资金3000万元。奖励资金用于政府性融资担保机构北京金正光彩融资担保有限公司的资本补充，支持民营和小微企业开发金融创新产品服务。（王　欣）

财　政

【概况】2021年，西城区区级一般公共预算收入428.1亿元，比上年增长3.4%。地方级一般公共预算收入完成953.6亿元，比上年增长3.05%；区级一般公共预算支出414.4亿元，比上年下降0.85%，完成全年重要时点支出进度和存量资金消化任务。北京市西城区财政局（简称区财政局）立足首都功能核心区定位，围绕财政职能，统筹推进各项工作。区财政局获评首都绿化美化先进单位。（王　欣）

【税源建设】2021年，西城区适应北京市整体减量发展形势要求，应对严峻的财政收支形势，实现“稳存量、育增量、保增长”的整体目标。优化税源服务，走访企业8315户次，加强企业迁移预警联动，成功挽留29户企业；强化税源引进，新增注册企业4970户，引进一批优质企业和衍生机构落户；深化税源培育，加强财政支持政策精准兑现，累计兑现产业政策资金18.9亿元，助力企业稳定健康发展。（王　欣）

7月8日，国资公司与金工公司沟通重组改制工作（金工公司　供图）

【预算绩效管理】2021年，区财政局发挥绩效管理前端控制作用，紧抓绩效目标管理，实现源头治理，推动预算管理和绩效管理在预算编制环节的融合，印发绩效目标管理办法、绩效目标管理操作规程、区级财政支出事前绩效评估管理办法，指导和帮助预算单位建立健全单位内部预算绩效管理机制，以绩效目标管理提升单位内部管理效能。扩大事前绩效评估范围，开展年事前绩效评估工作，涉及66个项目，预算规模23617万元。（王　欣）

【直达资金监督评价】2021年，西城区研究分析财政监督和绩效评价工作的关注重点、流程交叉点及差异，制订工作流程和指标体系，选取跨部门的同类项目以点带面，归集共性问题，提升预算单位整体治理能力，形成严把财经纪律和保障高质量发展的财政监督新模式。监督检查单位7家，涉及资金6.62亿元。（王　欣）

【非税收入收缴制度改革】2021年，西城区推行非税收入收缴电子化管理，与网上支付渠道代收服务商、系统运维服务商签订服务协议，约定双方责权利，明确资金安全和信息保密要求。根据《北京市城市管理综合执法大数据平台建设方案》要求，在全市各区率先试点实现城管综合执法非税收缴与罚没电子财政票据对接管理，实现金融街、什刹海、牛街、陶然亭、大栅栏5个街道综合执法大数据平台简易处罚应用试点。区各相关参与部门完成执法平台与非税收入收缴系统对接，实现处罚信息和收缴信息双向交互。（王　欣）

【街道财政运行（成本专项）绩效评价】2021年，西城区开展街道财政运行（成本专项）绩效评价工作。落实“十四五”规划关于“深化预算管理制度改革，强化预算约束和绩效管理”重点改革任务。以市财政局成本节约指标体系为基础，结合审计中发现的问题、预算管理关注重点，研究建立适合西城区特点的“地均”“人均”等多维度指标体系及评分标准，开展全区15个街道2019、2020年财政运行（成本专项）绩效评价工作，综合反映各街道成本可不可控、管得好不好等问题。（王　欣）

【政府债券首次发行】2021年，区财政局向市财政局申报年度政府新增一般债券需求，通过市财政局对新增债券发行评审，市政府、市人大常委会审议，西城区首次发行政府新增一般债券。债券项目为疏解非首都功能收购长阳对接西城定向安置房源项目，发行规模16亿元，发行期限10年，票面利率3.34%。（王　欣）

【参与国民养老保险公司组建】2021年，西城区政府投资引导基金出资5亿元，参与筹备组建国民养老保险股份有限公司。国民养老保险公司是由市地方金融监督管理局牵头筹备，中国工商银行等17家股东联合发起的第三支柱养老保险专营机构，落户西城区有助于推动第三支柱养老保险建设，强化西城区全国金融管理中心的功能定位。（王　欣）

【电子票据推广使用】2021年，区财政局推广电子票据使用，完成财政电子票据会计专业技术资格考试费电子票据开具、功能测试，在初、中、高级会计技术资格考试报名中推广使用。（王　欣）

【无障碍设施改造项目奖励金设立】2021年，区财政局印发《社会单位无障碍设施改造项目奖励资金管理办法（试行）》。设立专项财政奖励资金115万元，采取以奖代补方式鼓励社会单位开展无障碍设施建设改造。发挥财政资金引导作用，提升社会各界参与无障碍环境建设积极性和主动性，为广大残障人士提供便捷公共环境。（闫　宽）

12月27日，区财政局组织专家对项目直达资金责任主体单位进行财政监督和绩效评价

（区财政局　供图）

税　务

【概况】2021年，西城区统筹推进新冠肺炎疫情防控和服务经济社会发展，完成各项税费收入5331.4亿元，比上年增长12.2%；完成税收收入4514.5亿元，比上年下降0.7%。其中，中央级收入3602亿元，比上年下降1.8%；地方级收入912.5亿元，比上年增长4.2%。共有纳税人84335户，其中单位登记纳税人67085户、个体纳税人17250户。国家税务总局北京市西城区税务局（简称区税务局）获评全国文明单位，区税务系统15个单位获评首都文明

单位、1 个单位获评全国巾帼文明岗。区税务局党委书记、局长吴玉琦获评全国税务系统百佳县税务局长（书记）。（徐　驰）

【减税降费】 2021 年，西城区落实减税降费，释放税收红利，落实新冠肺炎疫情期间针对小微企业、个体工商户和先进制造业的优惠政策，落实企业所得税研发费用加计扣除新政。对小微企业实行简易退税，将退税业务平均办结时长从 7.6 天缩短至 3 天，将汇算清缴结算多缴退抵税业务平均办结时长从 8.06 天缩短至 2.39 天，为受新冠肺炎疫情影响较大的企业提供税费延期申报和缓缴的政策帮扶。截至年底，为中石油集团等 20 户企业办理延期申报，为 715 户次煤电及制造业中小微企业办理税款缓缴业务，缓缴税款 6894.07 万元。（徐　驰）

【非税收入】 2021 年，西城区组织非税收入合计 228.7 亿元，比上年增长 157.1%。其中，教育费附加 20.4 亿元，比上年增长 3%；地方教育附加 13.6 亿元，比上年增长 3%；残疾人就业保障金 9.7 亿元，比上年增长 8%。（徐　驰）

【依法治税】 2021 年，区税务局落实深化征管改革意见，精准执法，解决《京津冀税务行政处罚裁量基准》执行衔接过程中的疑点问题，探索运用说服教育、约谈提醒等非强制性方式化解行政纠纷。对接依法治区，公示区税务局年度法治政府建设报告，征求对《西城区法治建设规划（2021—2025 年）》等 4 项重要制度文件的意见。推进扫黑除恶工作常态化，做好线索核查和清理整治。推动法制工作规范化，针对合同审查建立《法律文书审核意见单》，针对法律咨询建立《咨询事项管理台账》，多角度强化内部合法性审查。落实行政复议、行政应诉工作，以区税务局为被告的 3 件行政诉讼均已办结，一、二审均驳回原告起诉，以区税务局为被申请人的 7 件行政复议案件均维持原行政行为。区税务局《爱不要留遗憾》在北京市法治动漫微视频作品征集活动中获评宪法主题类作品一等奖。（徐　驰）

【纳税服务】 2021 年，区税务局保障北交所开市，建立政策服务团队，保障用票需求，打造个性服务模式。持续优化营商环境，拓展非接触式办税缴费服务，实现全部涉税政务服务事项“网上办”，主要涉税政务服务事项“掌上办”。开展便民春风行动，通过系列培训推进落实各项便民措施。联合区市场监管局助力小微企业成长，细化“春雨润苗”工作实施方案，支持“专精特新”中小企业高质量发展。开展多维度测评，梳理北京市税务局《办税事项“最多跑一次”清单》《办税事项全程网上办清单》《自然人异议申诉应对工作指引》相关业务流程，关注纳税人诉求，保护纳税人权益，提升纳税人满意度。立足非接触式办税，推进电子税务局“在线导办”服务，融合“小呼中心”咨询渠道，以语音图文相结合的方式，为纳税人缴费人打造个性化服务。抓实“接诉即办”，制订《西城区税务局关于加强“接诉即办”工作的实施方案》，落实日回访、周分析、月通报、重大突发事件及时报告机制，建立受理、派单、反馈回访、考核通报工作制度，启用 7×24 小时不间断快速响应机制，12366 咨询业务工单按时办结率和“接诉即办”响应率均实现 100%。（徐　驰）

【税费管理及优惠政策落实】 2021 年，区税务局深化增值税改革，开展增值税专用发票电子化扩围工作，持续做好增值税发票全链条风险防控；有序推进增值税、消费税与附加税费整合申报；对各类增值税优惠政策开展分析应对并严格落实，打通政策落地的“最后一公里”；落实增值税政策退税工作，部署、宣传、辅导符合条件的纳税人积极享受政策红利，做到应退进退，全年增值税退税金额为全市首位。聚焦复工复产及减税降费优惠政策落实，落实企业所得税研发费用加计扣除新政，精准定位可能享受研发加计扣除的企业，通过组建专业团队开展“线上＋线下”专题培训、一对一辅导等形式提升企业获得感。推进区税务局车辆购置税征收业务开展，制订《国家税务总局北京市西城区税务局关于开展车辆购置税征收工作实施方案》，全年完成车辆购置税申报 225 户次。落实水资源税收优惠，助力北京冬奥会，完成北京 2022 年冬奥会场馆建设、运维等过程中相关水资源税优惠减免工作。落实不动产登记改革，优化企业不动产交易“一窗办理”流程，设立

4 月 28 日，区税务局开展金融业税收宣传辅导　（区税务局　供图）

“绿色通道”专窗应对特殊情况、服务特殊人群。落实教育费附加、地方教育附加、文化事业建设费、残疾人就业保障金、国家重大水利工程建设基金等非税收入降费政策及阶段性降低工伤保险费率政策。做实做细企业、机关事业单位和自然人社保缴费服务，全年西城局企业社保费征缴率连续三次全市排名第一。（徐　驰）

【社会保险费征收】2021年，区税务局推进社保费征收，做实做细企业、机关事业单位和自然人社保缴费服务，聚焦学生、残疾人群体和自然人咨询平台，梳理业务流程和答复口径，确保应缴尽缴，西城局企业社保费征缴率连续三次全市排名第一。征收社会保险费合计588.3亿元，其中基本养老保险基金364.7亿元，基本医疗保险198.3亿元，工伤保险5亿元，失业保险14.8亿元，其他社会保险5.5亿元。（徐　驰）

【征收管理】2021年，区税务局推进电子税务局建设，运用大数据筛查功能提升服务精准性，提高线上办税受理率。助力企业复产复工，累计为企业办理延期缴纳税款6户次，税款合计338.9万元。落实深化征管各项改革，夯实税源管理基础，测算辖区内税源，优化税源分类分级管理。把握核心区定位和税源特点，应对跨区税源调整新政策下的税源外流。持续落实减税降费政策，严格企业开办指标检查工作，规范企业税务注销办理程序。优化营商环境，与区属相关委办局合作，成立税源迁移预警专班，推动优质税源企业落户西城。专项检查区域内48家委托代征单位的代开发票事项，保障委托代征单位工作合规合法。做好征管质量5C监控评价系统指标验证工作，完成个人股权转让“先税后证”试点运行工作，立足“以数治税”识别疑点，核查虚开发票风险。（徐　驰）

【国际税收】2021年，区税务局抓实非居民企业直接股权转让后续管理，完成非居民企业所得税汇算清缴，入库税款128.3亿元。清册核实企业数据，围绕“一带一路”专题开展线上宣传辅导，服务保障“走出去”企业。核查对外付汇风险，通过数据比对分析，对214户居民企业推送风险提示2587条，补缴各项税款总计387.9万元。开展金融机构境外发债相关情况调查，关注企业境内外资金流动模式和使用情况，建立跟踪管理，金融机构境外发债利息所得收入相关税费入库13.9亿元。做好国际情报交换，提高跨境管理水平，完成有效关联申报1288户次，有效国别报告申报45户次。汇总分析加强税收协定执行，完善协定待遇后续管理工作流程与机制，确保纳税人享受政策红利，助推“两区”建设。（徐　驰）

【执法督察与内部审计】2021年，区税务局推进督察审计程序化建设，建立事前风险提示机制，通过内部风险定期上报制度、联络员制度、内部风险定期提示制度，形成内控风险提示报告。建立事中部门联动机制，提升风险防控任务、督察督导任务应对的专业性和针对性，开展市区两级层级督审涵盖执法督察审计和专项督察审计4类，开展“一案双查”，对涉案企业开展专案执法督察。建立事后抽查工作机制和责任追究工作机制，对风险任务应对情况开展抽查，开展政策落实风险应对抽查4次，个税汇算事后抽查1次。规范税收执法责任制，开展3批次执法过错责任追究。（徐　驰）

【税务宣传】2021年，区税务局依托喜马拉雅APP，打造西税青年之声电台，全年更新内容19期，收听量突破1200次；绘制西城税务青年卡通形象“西小税”和“税小西”，建设税务党建文化阵地。开展税法宣传，通过举办《中华人民共和国行政处罚法》讲座、组织《中华人民共和国民法典》自学自测等方式营造学法知法守法用法氛围。（徐　驰）

审　计

【概况】2021年，西城区加强对重点领域、重点部门、重点资金的审计监督，稳步推进审计监督全覆盖。北京市西城区审计局（简称区审计局）全年完成审计项目38个，查出主要问题金额25712万元，其中违规金额4604万元、管理不规范金额21097万元；审计发现非金额计量问题248个；审计处理处罚金额4722万元，其中应上缴财政2475万元、应减少财政拨款或补贴2104万元、应调账处理金额143万元；审计促进整改落实有关问题资金3034万元；核减投资额2104万元。审计提出建议135条，被采纳135条；向社会公告审计结果12篇。（赵　曦）

【重大政策措施落实跟踪审计】2021年，区审计局按季度开展国家重大政策措施落实情况跟踪审计，落实“过紧日子”要求，聚焦“六稳”（稳就业、稳金融、稳外贸、稳外资、稳投资、稳预期）“六保”（保居民就业、保基本民生、保市场主体、保粮食能源安全、保产业链供应链稳定、保基层运转）工作任务。关注非重点保障项目支出压减、盘活财政存量资金情况，关注减税降费、优化营商环境、就业扶持等重大项目落实情况，促进财政资金惠企利民。配合开展市区联动审计，关注上级政策在西城区贯彻执行情况。（赵　曦）

【预算执行审计】2021年，区审计局连续第三年对区属一级预算单位预算执行情况审计全覆盖。加强对财政支出预算、政策以及绩效管理的审计力度，通过监督推动压缩行政运行成本、加大结余资金收回力度，完善预算管理。针对民政、统计、医保等部门开展部门预算执行

1月11日，区审计局财政金融审计科到广外街道市民服务中心开展重大政策措施落实情况审计

（区审计局 供图）

审计，重点关注收支预算与部门职能及年度工作内容匹配、国有资产管理及配置、重大项目支出绩效评价结果与预算安排及政策调整衔接、政府购买服务等事项。梳理研判预算执行审计中发现问题的成因，从预算编制、绩效目标设置、预算执行过程后续监管，以及国有资本经营预算编审等方面，提出针对性建议。（赵　曦）

【经济责任审计】 2021年，区审计局对12名处级主要领导干部开展离任经济责任审计。出台《西城区经济责任审计和自然资源资产离任审计规划（2021年—2025年）》，细化经济责任审计对象分类，完善分类审计模式和配套管理机制，有计划、有步骤、有重点地推进领导干部离任经济责任审计全覆盖。制发《北京市西城区处级领导干部离任经济事项交接工作制度》，做好离任经济事项交接的业务指导和协调配合。（赵　曦）

【民生资金审计】 2021年，区审计局开展与人民群众切身利益紧密相关事项审计，揭示民生资金在政策落实、资金使用、项目运营等方面存在的突出问题。审计区属校外教育机构运行及管理情况，反映校外教育相关资金在筹集、管理、分配、使用中存在的突出问题；审计街巷物业管理专项资金，规范背街小巷环境精细化治理水平；开展法律援助、新冠肺炎疫情防控补贴、文化扶持等重点民生资金审计调查，强化资金绩效意识，客观评价财政资金效益。（赵　曦）

【固定资产投资审计】 2021年，区审计局推进旧城保护定向安置房及市政配套工程项目审计，推动保障和改善群众居住条件，促进形成保障性住房良性发展的可持续性运营模式。完成西长安街及其延长线市容环境景观提升资金审计和妇幼保健院修缮改造工程竣工决算审计，共核减投资额2104万元。参与各类联席会议和工作专班平台，针对道路工程房屋征收、老旧小区综合整治等事关财政资金规范使用和百姓切身利益的问题，建言献策。（赵　曦）

【国有企业审计】 2021年，区审计局关注国有资本经营预算收支整体情况，反映总体规模及变动趋势，围绕收入利润、资本性和费用性支出等关键指标，分析西城区产业结构特点，揭示全区国有经济高质量发展过程中存在的风险隐患。审计华远集团董事长经济责任，围绕贯彻重大经济方针政策和决策部署、完善法人治理和管控体系、落实自身战略发展任务和绩效目标等内容，稳步推进国有资本市场化经营机制改革和国有资产保值增值。首次开展区属国有金融企业金融资产专项审计调查，涉及区属金融企业10家，为持续探索审计监督新路径积累经验。（赵　曦）

【内部审计】 2021年，区审计局制订《2021年内部审计工作的指导意见》，指导辖区各单位内部审计工作，完善相关制度、确定内审项目、提升人员素质。推进政府审计和内部审计“两张网”建设，配合区相关部门、单位，完成政务外包专项检查，整治事业单位违规发放津补贴等问题，推进内部审计规范化，促进提高审计效能。落实社区“两委”干部资格联审机制，确认和报告19批次5421名社区“两委”各类人选是否侵占社区集体资产资源资金。（赵　曦）

【大数据审计应用】 2021年，区审计局坚持科技强审，推进大数据在审计中的应用。查出5类共111个疑点问题，数据分析审计模式进一步完善。在预算执行审计数据分析运用基础上，研究大数据审计和经济责任审计、预算执行审计的具体结合，首次在街道审计项目中推进运用大数据审计分析，提高审计效率，构建数据分析新的应用场景，运用编程语言抓取非结构数据，在一定范围内推广使用。《大数据信息化背景下重大项目稽察路径探究》获西城区2020年度优秀调研成果二等奖。（赵　曦）

【审计整改】 2021年，西城区修订并发布《关于进一步加强西城区审计整改工作的意见》，加强对审计查出问题整改的跟踪督促检查。结合被审计单位整改情况，梳理全区审计整改工作特点，通过审计整改疏通被审计单位堵点、痛点，推动将审计整改成果转化为治理效能，发挥审计揭示问题、规范管理、防范

风险的作用。（赵　曦）

统　计

【概况】2021年，西城区优化统计服务，扩宽统计服务半径，践行为民调查宗旨，数解施政实效、数读发展脉络、数说急难愁盼，服务区域高质量发展，助力区域精细化治理。北京市西城区统计局（简称区统计局）、北京市西城区经济社会调查队（简称西城经济社会调查队）共同开展统计工作，编发各类统计分析、统计资料、统计专报200余篇，编发经济信息400余篇，按照计划公开统计数据103笔，统计信息68条，为区服务提供查询数据25万余笔。完成“十三五”期间人口、产业发展等主要领域的统计监测分析工作，结合区域经济社会发展重点、难点开展统计课题研究8项。建立商用楼宇评估分析体系，调查楼宇1000余栋，涉及入驻企业4.4万余家。对全区1000余家企业进行统计执法检查。完成西城区第四次全国经济普查年鉴和第七次全国人口普查资料开发全年答复依申请3件；办理“接诉即办”14件，办件结果均得到诉求人认可，2件案件被评为优秀工单。北京市西城区第七次全国人口普查领导小组办公室获得第七次全国人口普查国家级先进集体。（刘　艳）

【统计研究】2021年，区统计局提升重点领域统计研究服务，以数字经济、金融科技、金融业产业转型升级等各项统计课题研究，服务国家金融管理中心和金融科技示范区建设；发挥区建设国际消费中心城市示范区专班成员作用，助推商业老字号发展研究；开展知识产权服务企业、旅游服务业发展情况调研。（刘　艳）

【统计分析评价】2021年，区统计局以月度“疏整促”点评材料服务区减量发展任务；落实“吹哨报到”专班职责，加强“七有”“五性”民生监测分析解读；协助区纪委区监委完成全区违法占地、违法建设情况调查分析。（刘　艳）

【“数字统计”信息化】2021年，区统计局建立商用楼宇评估分析体系，完成相关指数和趋势测算，完成区经济社会发展数据监测平台二期建设，实现行业发展、重点税源、楼宇经济等实时查询。以“数说西城”方式解读政府工作报告，服务两会代表委员。编发统计资料243篇，获区主要领导批示22次，提供数据查询近127万笔。（刘　艳）

【民生领域统计】2021年，区统计局组织开展垃圾分类、医养结合、小微企业生产经营情况等专项调查；以全面从严治党满意度调查、群众安全感调查等，准确把握社情民意，为民发声，获区主要领导批示；落实北京市季度人口抽样调查、劳动力调查改革任务；开展妇女儿童监测工作，区统计局获评北京市妇女儿童工作先进集体。（刘　艳）

【新冠病毒疫苗接种调研】2021年，区统计局服务新冠肺炎防疫工作，走进321栋楼宇、263个社区，随机选取拦访10万余人进行新冠病毒疫苗接种摸排，为全市准确计算接种率提供借鉴方法；开展老年人、3至11岁人群接种调研，参与人数5558人次；多篇专报获区主要领导批示。（刘　艳）

【人口动态监测】2021年，区统计局推动“疏解整治促提升”监测相关工作。报出台账，以图加表形式呈现，快速读懂全区人口变动趋势，为相关部门提供数据依托。完成19篇专报，其中4篇受到区主要领导批示，为区人口调控工作的整体布局调度提供数据支撑。发挥大数据价值，做好人口监测参谋。结合居民生活指标、三网夜间用户、户籍、流动人口等相关大数据综合对比、评价、分析，引入百度慧眼、腾云天下等数据丰富监测内容，增强可视化效果，持续监测西城区人口数据，做好监测预警服务。完成12篇人口大数据监测通报、1篇大数据专报，其中3篇受到区领导批示。（刘　艳）

【统计执法检查】2021年，区统计局印发《西城区关于防范和惩治统计造假弄虚作假责任制规定（试行）》《西城区统计巡查工作办法》。聘请法律顾问参与重要合同、依申请公开文件等审核工作，防范法律风险。完成各类统计执法检查1097家，比上年增长62.3%，普通程序立案处罚29家，当场简易处罚79家，及时公示抽取检查名单、检查结果名单、行政处罚名单、发布新政策文件等。执法全过程记录，全程留痕。强化“诚信统计”品牌建设，推行统计单位信用评级，新授予中国移动通信有限公司等3家单位诚信统计称号，诚信统计单位总数达到24家。获评2016—2020北京市法治宣传教育先进集体。（刘　艳）

【统计宣传】2021年，区统计局加强舆情前瞻预判，拓宽宣传工作思路，延展宣传服务半径。以“数瞰百年、统计为民”为主题，开展第八届政府统计开放日，向公众展示西城特色统计，全程通过北京统计抖音号和《北京日报》等媒体平台同步直播，吸引29.2万人次观看，微博话题浏览量超600万人次。整合新媒体宣传平台，提升宣传服务效能。整合西城统计微信公众号、北京西城统计抖音号、统计有意思音频栏目等宣传平台，推进新媒体宣传精品化、高效化建设。微信公众号推送文章279篇，阅读量86403次，其中阅读量在500次至1000次的23篇、阅读量超过1000次的22篇，西城统计公众号在全国市级统计调查系统综合影响力TOP50榜单中居前30名；抖音推送年定报、年度统计数据、“学党史、颂百年”等内容共57个，阅读

9月27日，北京政府统计开放日暨第八届西城区政府统计开放日活动在区新动力金融科技中心举办
（闻昭　摄）

量62156次，点赞674次，其中阅读量超500次的共37个；统计有意思音频栏目用声音讲述民生调查、党史故事等内容，收听量约4700人次。加强宣传职能性，促进部门交流转换，向《中国信息报》《北京西城》、国家统计局、北京市统计网站及新闻媒体等报送信息，其中《中国信息报》刊登9篇、《北京西城》刊登10篇、《数据》杂志刊登3篇。为实现社会各界人士关注统计、受益诚信统计的目标，开展统计进社区系列活动，走进13个社区以讲座、答题、访谈等形式宣讲统计法律法规，介绍与百姓生活息息相关的大型普查、专项调查和相关统计知识。（刘　艳）

【防惩统计造假】 2021年，区统计局结合国家统计局督察整改工作要求，先行先试制订《西城区关于防范和惩治统计造假弄虚作假责任制规定（试行）》，进一步压实防范和惩治统计造假、弄虚作假责任。联合区委组织部、区委党校共同建立《中华人民共和国统计法》进党校常态化工作机制。推动统计工作纳入区委巡察内容和区政府绩效考核体系。（李竞男）

市场监督管理

【概况】 2021年，西城区实施质量强区战略，将“打造西城标准、铸就西城品牌、创造西城质量”作为质量工作重点，深入推进标准引领、品牌驱动、质量提升“三位一体”建设，把质量建设渗透到经济社会发展的全过程。西城区市场监督管理局（简称区市场监管局）牵头推进西城区质量工作成效突出，西城区首次获国务院“真抓实干”质量创新领域督查激励奖。区市场监管局运用12331模式，建立一支专业化保障队伍，制订两套保障工作手册和规范细则，形成区食药安委、区市场监管局、街道所三级保障体系，保障全国两会、建党百年庆祝活动、冬奥会相约北京系列测试赛等重大活动22次，保障15万余人次用餐675次，检查特种设备40户次，做到零事故。（王俊生）

【市场新冠肺炎疫情防控监管】 2021年，区市场监管局牵头区商品供应与市场防疫组，检查繁华商圈、七小门店（小餐馆、小网吧、小旅馆、小浴室、小歌舞厅、小理发店、小便民店）19万户次，整改9611户次，通过媒体通报新冠肺炎疫情防疫不到位主体316家。创新疫情防控模式，发挥七小门店防疫网格、五户联保自律小组作用，群防群控筑牢疫情防线。排查进口冷链涉疫产品10余种、从业人员1134人，组织风险人物环境核酸检测226.9万件，主动发现处置异常结果2件。督促全区线上线下在营药店落实退热、止咳、抗感染、治疗咽干咽痛类等四类药品实名制登记要求，做好风险信息闭环管理，检查四类药品实名购药信息70余万条，处理异常情况19起，组织新冠病毒疫苗接种32.6万剂次，协调10家企业做好药械能力储备。（王俊生）

【市场监管“接诉即办”】 2021年，区市场监管局落实《北京市接诉即办工作条例》，形成主要领导调度、主管领导牵头、队所一把手负

8月31日，区市场监管局检查市场经营主体新冠肺炎疫情防控工作落实情况　（区市场监管局　供图）

责的办理体系，建立中心调度、队所承办、科室指导、领导问效联动机制，推动“未诉先办”“易诉快办”“难诉专办”“重诉严办”工作模式。受理诉求案件23598件，办理总量约占全区热线诉求总量的15%，约占全区委办局办理总量的30%。据区有效回访统计，有效回访15372件，解决率64.55%，满意率69.08%，综合得分73.45。获评2019—2020“接诉即办”改革工作先进集体、市民服务热线12345西城区最美办件集体。（王俊生）

【“两区”建设服务】 2021年，区市场监管局发挥专班作用，完善高精尖企业绿色通道建设，主动为符合西城高质量发展的企业提供定制化服务，服务145家优质企业落户“金科新区”，145家全民所有制企业完成改制。服务2807户企业完成上市、增发股票、企业重组等事项信用核查。深化告知承诺制、证照分离等政策，办理登记24661件，全程电子化率97.3%，最快10分钟取照。服务北京证券交易所与北京产权交易所规避商标侵权风险。新设“北广·金融科技中心”知识产权公共服务工作站。金丰和孵化器工作站获北京市中小企业知识产权集聚发展示范区，金丰和、康华伟业、普天德胜3家孵化器工作站获评优秀工作站。（王俊生）

【市场准入流程优化】 2021年，区市场监管局推出“微信办照”模式，将全程电子化登记注册从PC端延伸至手机端。深化“不见面审批”，实现更多政务服务事项网上办、掌上办。实施“先税后照”试点工作，与税务部门密切协同配合，建立联合办公机制，完成全市第一笔个人股权转让“先税后照”全流程业务办理，为该项政策在全市范围实施提供范例。探索“证照联办”审批模式，将食品经营许可、小餐饮店许可、小食杂店备案、冷藏冷冻食品贮存服务提供者备案等四项食品审批高频事项纳入首批改革范围，由登记和许可机关并联办理，一次办结。首创“照户同办”服务项目，联合金融机构建立内部流转和衔接机制，新开企业2小时内即可获取银行账号。（王俊生）

【产品质量监管】 2021年，西城区加强对涉及人身财产安全、公共安全产品的专项整治，完成880家非居民液化气使用单位整改，实现非居民液化气罐“清零”。查处电动自行车违法行为22件。排查供暖季锅炉、电梯、大型游乐设施、机械式停车设备等特种设备安全隐患。加大计量监管力度，检测强检计量器具30296台件，特种设备8932台，承担市区两级定量包装抽检任务2935件。强化成品油和VOCs（挥发性有机物）监管力度，落实污染防治攻坚战2021年行动计划。（王俊生）

【网络平台监管】 2021年，区市场监管局围绕依法管网、以网管网、信用管网、协同管网基本布局做好网络监管。成立西城区规范互联网平台经济工作领导小组，组织区发展改革委、区委宣传部、区网信办等成员单位开展四期行业领域政策法规联合培训。开展“网剑行动”“清风行动”，查处网上借庆祝建党百年名义非法牟利等网络违法行为。加强网络售药监管，对美团、饿了么网络餐饮平台“线上线下双巡查”“一案双查”。（王俊生）

【教育机构监管】 2021年，区市场监管局与区教委完成教育领域31项行政处罚权交接。开展“双减”检查，打击无证办学、违法校外培训等行为，撤销教师资格1件，对优胜融锡教育咨询有限公司罚款416万余元，净化校外培训机构经营环境。（王俊生）

【百姓消费安全保障】 2021年，西城区着力保障“6·18”消费节期间百姓消费安全。以电商平台为“关键点”，区市场监管局提前约谈寺库、工行融易购等6家大型平台，要求做好消费季促销信息公示、保存工作，妥善处理消费纠纷。对供销总社下属“脱贫地区农副产品网络销售平台”反映商户产品包装标识不清、产品良莠不齐等情况进行上门指导，帮助把好准入关。以大型商超为“立足点”，全覆盖巡查区44家大型商超，禁止商家张贴违法告示、发布虚假广告等误导消费行为。做好冷链食品重点检查，严查追溯管理、索证索票等食品安全制度落实情况。以产品质量为“切入点”，加大线上线下抽样检测力度，抽取学生用品9组、儿童玩具11组、服装19组等产品，严把质量关。以消费教育为“根本点”，深入社区开展“李智消费维权大讲堂”，讲解“免费承诺别轻信、虚假广告要辨别、专家忽悠不上当”等案例，倡导科学理性消费，惠及群众300余人。（毛　铮）

【预付费专项整治】 2021年，区市场监管局牵头区预付费专项整治工作专班、区“接诉即办”预付式消费专班，构建“四个一”（一个专班统筹、一个数据模型支撑、一套协同机制解纷、一系列“未诉先办”措施降诉）长效治理体制，推动预付费问题治理，预付费诉求总量3357件。引导教育培训、房屋中介、体育健身等行业经营者签订《西城区预付费企业信用承诺书》，多渠道公示预付式消费经营主体投诉信息，探索社会力量参与的体育健身预付卡“保险+合同+平台”社会共治模式。（王俊生）

【行政处罚】 2021年，区市场监管局行使教育、盐业、民族等11个领域行政处罚权，牵头全区公平竞争、“双打”（打击侵犯知识产权、打击假冒伪劣商品）、事中事后监管。常态化开展扫黑除恶斗争和无传销社区建设。严查涉企收费和民生领域价格收费，对7家转供电主体企业立案调查，责令退还多收价款298万余元。持续开展侵权假冒、食品违法犯罪、销售长江流域非法捕捞渔获物、含兴奋剂药品、民生领域案件、粮食市场秩序等专项执法。办结案件1503件，罚没2245.86万元。（王俊生）

【市场疏解整治】2021年，区市场监管局清退天安门广场照相摊点，整治故宫周边秩序，整治无证无照经营10户，消减不规范餐饮经营单位43户，吊注销营业执照1500户、涉及1.2万余人。采取“清理虚数、消减存量”“核定总量、一出一入”方法升级2家农贸市场。区市场监管局对网络交易、食品安全等行业问题开展专项治理，持续深入治理网络消费环境，打造事前、事中、事后监管闭环。针对重点企业，采取“一企一策”，根据不同主体采取不同监管重点，合理分配人力物力，及时调整监管举措，做到指导一批治理一批，其中寺库和爱家营等集中被诉单位主动迁址到外区。

（王俊生）

【校园安全质量检查】2021年，区市场监管局、区教委开展跨部门双随机检查守护校园安全。守护穿戴安全，抽取学生校服样品10组，重点检查甲醛、pH值和色牢度等项目，检查学生校服的出厂检测报告、学生装生产合同、中小学校学生装验收表、采购征订各环节的相应材料等。守护学具安全，在育才中学举办“开学质量第一课”，提示学生们购买文具以实用为主，尽量选择正规商场、超市购买学生用品，不购买“三无”产品。守护设备安全，抽查10所学校使用的文体教育产品、教学仪器等设备，重点检查产品的购置合同、检测报告、授权证书，电子产品是否具有强制性认证、厂家资质是否在有效期及第三方出具的检验报告是否具有相关资质，对于个别标识不清等问题现场告知并责令改正。

（吴一凡　毛铮）

【“小鹏易办事”服务团队】2021年，区市场监管局推出以业务骨干李鹏为代表的“小鹏易办事”服务团队，以企业和群众需求为导向，提供便利快捷的服务，提出永远不说“不”字的工作理念。材料齐全的即时办结，存在问题的一次性告知、当天办结，不符合法律法规的耐心讲解政策，引导企业、群众依法依规办理登记业务。“小鹏易办事”服务团队得到市市场监管局、区政府领导的认可，相关工作被市发展改革委作为典型案例在公众号“发展北京”微信公众号推广。

（王俊生）

【巡视探访标准化试点项目申报】2021年，西城区以区政府为主体，申报北京市西城区巡视探访基本公共服务标准化专项试点项目，成为全国第一批以地方政府为申报主体的国家级标准化试点。区市场监管局作为试点牵头单位，完成试点领导小组成立、试点工作方案制订、基本公共服务相关事项梳理、综合调研、标准体系搭建、体系中所需标准的编制等工作。（王俊生）

【老字号标准化建设促进】2021年，区市场监管局牵头的基层民主协商国家级社会管理和公共服务标准化试点通过中期评估。每万人口有效发明专利拥有量全市第二。召开老字号企业知识产权保护培训会，推动“老字号、新商业”战略。新增13家市级知识产权试点示范单位、200家品质餐饮示范店、1条餐饮服务示范街，帮扶西单—金融街、大栅栏—北京坊等重点街区、老字号、连锁品牌、规模企业等提升硬件设施和服务规范，服务国际消费中心城市示范区建设。（王俊生）

【养老服务标准化试点建设】3月，北京牛街民族敬老院以97.2分通过国家标准委的终期验收，在同期北京市5个国家级服务业标准化试点建设中取得第一名，是全市首个具有民族特色的养老院服务标准化试点。通过试点建设，北京牛街民族敬老院形成一套“岗位有职责、服务有标准、操作有流程、管理有依据、过程有监督、工作有评价”的科学管理体系，降低运行成本和服务风险，提高养老服务质量和管理水平，顾客满意度持续提高，为民族特色养老机构建设及养老机构行业发展提供西城经验。（王俊生）

【市场法治宣传】2021年，区市场监管局制订《2021年普法依法治理工作计划》和各部门普法责任清单，成立西城区市场监管局法治宣传教育工作领导小组，明确普法责任，确保各项任务落实到位。结合“3·15”国际消费者权益日、“4·26”世界知识产权日、“5·20”世界计量日、“6·9”世界认可日、价格法周年纪念日、化妆品安全科普宣传周、药品科技周、安全用药月、质量月、全国食品安全宣传周、“12·4”国家宪法日等重要节点，开展系列宣传活动，营造办事依法、遇事找法、解决问题用法、化解矛盾靠法的法治环境。开展药品科技活动周、化妆品安全科普宣传周、实验室开放日等活动。7月1日起，区市场监管局独立运营“西城市场监管”微信公众号、微博账号，设计防疫进行时、我为群众办实事、优化营商环境、创城故事、守好百姓日子等品牌栏目，策划全国优秀共产党员、“接诉即办”最美办件集体、最美办件人等榜样力量专题，全年共推送稿件621篇，点击量25.1万次，订阅粉丝5.5万人。（王俊生）

【“小颖话营商”品牌打造】9月，区市场监管局登记注册科工作人员撰写、拍摄优化营商环境相关的宣传文案，通过诙谐幽默、简单易懂的方式，讲解登记政策，由北京西城官方账号通过抖音、快手、腾讯微视、央视频等短视频平台发布，打造“小颖话营商”宣传品牌，被市发展改革委作为典型案例在“发展北京”微信公众号推广。

（王俊生）

食品药品监督管理

【概况】 2021年，区市场监管局推进实施食品行政许可和监督管理，严格药品零售经营、保健品经营、医疗器械经营准入许可，加强药品经营质量管理规范认证，落实食品药品监督稽查制度。进一步完善食品药品检验检测体系、电子监管追溯体系、诚信体系建设。全年发放机关食堂食品经营许可证492户，办理食品经营许可证2379户。全年经济社会发展20项主要年度计划指标19项达到或者超额完成年初计划目标。1项难以完成指标为“药品抽检合格率”，原由为抽检药品330批次，发现1例不合格，药品抽检合格率为99.7%。该不合格药品是在销售前被发现，未对全区药品安全产生影响。 （王俊生）

【药品安全监管】 2021年，区市场监管局开展药品抽检336批次，合格率99.7%；医疗器械抽检64批次，包括医用口罩、医用手套、医用防护服、注射器、采血管等，合格率94.9%；化妆品抽检150批次，涉及防晒、祛斑美白、儿童化妆品、染发、祛痘、护肤、洗发、防脱发等产品，合格率100%。对药店、防疫医疗器械出口企业、医疗机构、美容机构、新冠病毒疫苗定点接种单位等主体开展全覆盖线上线下检查，加强新冠病毒疫苗、中药饮片、进口医疗器械、化妆品等检查力度。 （王俊生）

【儿童化妆品专项检查】 2021年，区市场监管局开展儿童化妆品专项检查工作。对完成备案3个月内的国产儿童普通化妆品，查看产品标签是否存在违法宣称功效行为，产品配方是否符合安全性相关要求。对母婴用品专卖店、商场超市、集中交易市场内商户，重点检查显著位置是否按要求建立并执行进货查验记录制度，是否定期检查儿童化妆品变质和过期等情况。引导化妆品经营者设立儿童化妆品专区或专柜，严格区分儿童化妆品与“消”字号产品、药品等其他产品。对备案人、境内责任人、母婴用品专卖店等单位开展监督抽检，加大《化妆品监督管理条例》等法规的宣传培训，强化企业自律，抓好规范落实。 （毛 铮）

【食品餐饮监管】 2021年，区市场监管局针对西城区食品风险输入型特点，加大抽检力度，抽检4946批次，食品34大类，抽检合格率99.21%。深化与天津、河北等地食品保供对接机制，服务京津冀协同发展。持续开展餐饮安全大检查，保障学校食堂、老年餐桌、网红餐厅、美食城等食品安全。新培育200家品质餐饮示范店和1条餐饮服务示范街。截至年底，西城区有1092家餐饮商户获评市级“品质餐厅”。 （王俊生）

【农贸市场畜禽产品监管】 2021年，区市场监管局印发《关于加强经营环节畜禽产品监督管理工作的通知》，对全区55家农贸市场开展全面风险排查，摸清产品进货来源，构建食品安全快检、监督抽检、风险检测三位一体的风险预警网络。开展畜禽产品快检40批次，市区两级畜禽产品监督抽检49批次，风险监测3批次。督促农贸市场做好经营场所通风、清洁、消毒记录，要求从业人员佩戴口罩，做好个人防护。定期开展常态化核酸检测及从业人员健康检查工作，确保疫情风险早发现、早预警。 （局罗剑）

【冰上项目测试活动食品安全服务保障】 2021年，区市场监管局服务保障“相约北京”冰上项目测试活动食品安全，提升冬奥会食品安全服务能力。建立供应点位保障监管台账，对食品定点供应企业，围绕原料管控、留样检验等关键控制点开展重点监控。逐批次对存储、运输食品开展检验，实施密闭、铅封配送、无接触交接，做到全程可追溯。组建西城区监管保障人员团队，为4家签约酒店派驻保障人员8人。加强与市市场监管局和各街道主动对接，提供食品安全业务指导和服务，做好定点供应企业及签约酒店食品安全、疫情防控以及周边200米内区域的监督检查。 （毛 铮）

【夏季餐饮服务食品安全监管】 夏季，区市场监管局抓好“三个重点”保障夏季餐饮服务食品安全。将西单商圈、北京西站、北站等交通枢纽、什刹海旅游景区等人群聚集就餐地区作为监督检查重点区域。针对网红奶茶店后厨乱象等食品安全问题，出动执法人员104人次，检查奶茶店50家。针对个别操作人员不戴手套、操作区垃圾桶无盖、消杀记录不全等问题要求当场整改，发现问题企业3户，立案3起。开展网红餐厅、韩式炸鸡、麻辣烫等门店专项监督检查，严格查处违法违规行为。督促餐饮服务单位严格落实测温、扫码、通风、消杀等常态化疫情防控措施；查看后厨环境卫生、索证索票、进货查验、进口冷链食品追溯等落实情况；严格送餐过程管理，查看送餐人员健康证明、佩戴口罩、体温检测、配送容器定期消毒等情况，严控食品安全风险。 （毛 铮）

【食品安全事故应急演练】 11月26日，区市场监管局依据《食品安全事故调查规范》，组织食品安全事故应急处置培训和应急演练，包括职责分工，接报、报告和通报，现场调查，撰写报告等。应急演练采取桌面推演的方式，模拟某活动期间西城体育馆23人发生疑似食物中毒，设立综合协调组、事件调查组、危害控制组、检测评估组、新闻宣传组，模拟事故的发生与报告、启动与响应、调查与处置、舆情监测与引导、总结与反思等食品安全事故应急处置全流程。通过演练活动，进一步明确工作流程，提升应急管理水平。 （王俊生）

【国家食品安全示范城市创建】 年底，西城区完成国家验收“示范引领”项目的集中答辩，通过“国家食品安全示范城市”验收，群众满意度高于创城指标8.28分，成为国务院食安办确定的第二批国家食品安全示范城市创建城市。

▲延伸阅读：2017年，西城区创建成为全市首批食品安全示范区，区委、区政府主要领导部署创建工作，制订区政府、区市场监管局两级工作方案，组建工作专班，全区32个成员单位、全局37个部门明确职责分工，合力推进创城指标落实。加大宣传营造创城氛围，提升居民创城知晓率，现场明查暗访督查力度，压实企业主体责任，深挖食品安全工作内涵，打造西城示范引领品牌。（王俊生）

信用管理

【概况】2021年，西城区推进公共信用信息归集共享，推行信用承诺制度，持续加强“双公示”（行政许可、行政处罚结果公示）工作，持续做好信用修复工作，加大信用信息修复协同力度，通过网站、报刊、微信公众号等媒介开展信用宣传工作。（李雪凝）

【信用信息归集共享】2021年，西城区加快公共信用信息归集共享步伐，建设和完善全区统一的信用信息服务系统，以落实公共信用信息归集、处理、共享、展示、应用为目标，汇集全区信用数据，打通数据链路，推送信用数据至区政务服务大厅，与“信用北京”实现互联互通。（李　刚）

【信用承诺制度】2021年，西城区推进信用承诺制度，实施告知承诺制的行政审批事项为31项，占法定可承诺事项总量的100%，收集各类主体信用承诺书1253份，信用承诺在企业经营、居民办事和政府施政等领域实现应用。（李　刚）

【“双公示”工作】2021年，西城区持续加强“双公示”工作，强化任务落实，多次开展数据核查及整改，确保报送数据的质量高、全覆盖、无遗漏。依托区公共信用信息服务系统，协调各单位每月报送双公示台账，发现问题及时沟通。截至年底，西城区在北京市区域信用环境状况监测中的“双公示”指标6个月得满分。全年发布行政许可信息8173条、行政处罚信息7679条。（李　刚）

【信用修复工作】2021年，西城区持续做好信用修复工作，加大信用信息修复协同力度，做好信用修复“日监测、日协同、日汇报”相关工作，全年完成信用修复记录769条。（夏月杰）

【信用宣传活动】2021年，西城区开展信用宣传工作，通过网站、报刊、微信公众号等媒介，深入挖掘各行业领域诚信人物、优秀案例，区科技和信息化局联合陶然亭街道、展览路街道、天桥街道、月坛街道等街道开展信用宣传工作，累计开展信用宣传活动1000余次。（夏月杰）

【信用监管】2021年，区市场监管局加强失信单位及个人惩治，构建“一中心、三平台”（北京市市场监督管理局数据中心、西城区企业监管信息共享平台、西城区12315数据分析研判平台、北京冷链平台）智慧监管体系，开展67批次双随机抽查，惩戒8175户失信企业，公示8户违法销售电动自行车及三轮车企业。协助区法院向失信企业追回1.32亿元执行款。办结“涉嫌违反告知承诺制，隐瞒住所证明重要事实”案件71件，办理信息被冒用案件52件，办理外国（地区）企业常驻代表机构年报逾期案件3件，共计罚款5.2万元。因通过住所无法取得联系，未按时申报年报、年报数据弄虚作假等，列入经常异常名录7648户次，移出异常经营名录3279户次。因列入异常经营名录满3年未改正违法行为，列入严重违法失信企业名单527户次，移出34户次。对于短期多次提交虚假材料办理登记业务的人员，重点核实其提交的材料，同时函告税务等5部门，对其重点关注，发挥联合惩戒作用。（王俊生）

【经营者准入前诚信教育培训会】12月2日，区科学技术和信息化局与区政务服务管理局共同召开经营者准入前诚信教育工作线上培训会，围绕社会信用工作的内涵、建立诚信教育对象名录库、明确诚信教育内容、搭建线上线下宣传渠道、强化双公示工作等内容讲解。各部门、各街道的政务服务中心负责人近50人参加培训。（夏月杰）

（**责任编辑**　叶婷　郝慧芳）

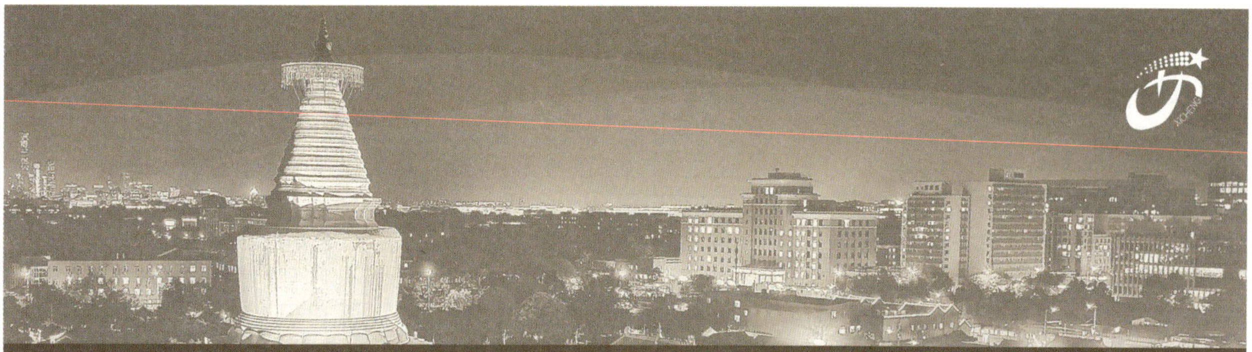

工业　信息化

工　业

【概况】2021年，西城区有工业单位318个，其中规模以上工业企业有35个。按国民经济行业划分，涉及农副食品加工业，纺织服装、服饰业，印刷业和记录媒介复制业，文教、工美、体育和娱乐用品制造业，橡胶和塑料制品业，非金属矿物制造业，有色金属冶炼及压延加工业，金属制造业，通用设备制造业，专用设备制造业，电气机械及器材制造业，仪器仪表制造业，电力、热力的生产和供应业，燃气生产和供应业，水的生产和供应业。全区规模以上工业呈现良好发展态势，累计完成工业总产值592.5亿元，比上年增长8.8%；累计完成工业销售产值596.6亿元，比上年增长6.2%；产销率为99.9%，产销衔接良好。能源供应业稳居首位，规模以上工业企业中，7家能源供应业企业累计完成产值501.2亿元，比上年增长7.4%，占西城区规模以上工业企业的84.6%。在工业总产值排名前十的企业中能源供应业企业为5家，累计完成产值497.6亿元，成为拉动区域工业增长的主要因素。大中型企业支撑作用明显，12家西城区大中型工业企业累计完成工业总产值538.9亿元，占规模以上工业企业的90.2%，比上年增长4.8%；累计完成工业销售产值541.3亿元，比上年增长4.9%。工业总产值排名稳定，西城区规模以上工业企业完成工业总产值居城六区第三位，占北京市的2.4%。　（郝慧芳　胡良春）

【华方公司工业企业重组改制】2021年，华方公司股权企业北京贯通经贸集团（简称贯通集团）、华方子企业北京市地毯五厂和贯通子企业北京市凤凰时装装饰品公司（简称凤凰公司）完成企业重组事宜。完成华方公司所属全民所有制企业改制工作。华方公司统一落实改制企业安全维稳评估工作，拟订《公司制改革方案》和《公司章程》模板，协助改制企业对接相关单位，攻克天外天、北海出租车公司在改制中遇到的难点问题，完成改制工作。　（窦鲁鑫）

【科通公司发展成果】3月22日，由国家行业协会、重点高校、航天用户及会计事务所5家单位的研究员、教授、高级工程师组成的专家评价组，评审北京世纪金工投资有限公司下属科通公司某项目科技成果。专家评价组通过听取项目报告、审核资料、考察生产现场，认为科通公司这项系列产品综合技术指标达到国际先进水平。实现产品批量生产，成功实现工程应用。7月16日，“麒麟聚亦、同心筑城”北京经济技术开发区“亦麒麟”人才评选发布会举行，评选出166名“亦麒麟”人才。科通公司总经理助理、设计中心主任赖耀康获“亦麒麟”人才荣誉，成为科通公司第一个获此荣誉的科技研发类人才。2021年，北京市科通电子继电器总厂有限公司凭借先进的技术水平和科技创新能力等综合实力，入选北京民营企业中小百强榜单第三十一位；获评北京市“专精特新”中小企业。　（刘祎祎）

【上饶京工工业基地建成】10月18日，北京世纪金工投资有限公司上饶京工工业基地项目通过消防验收；12月17日，项目通过竣工验收。上饶京工工业基地位于上饶市信州区朝阳产业园内，拥有3栋厂房和1栋综合办公楼，厂区土地面积2万平方米，其中建筑物占地面积7069平方米，建筑物总建筑面积2.8万平方米。　（刘祎祎）

信息化

【概况】2021年，西城区发挥信息化和大数据在经济社会发展，新冠肺炎疫情防控、社会治理等方面支撑作用。西城区5G网络信号实现全覆盖，5G基站建设密度位居全市前列，政务网站建设全市排名第一；服务5G产业互联网、云网融合等重点项目备案和落地实施；优化产业生态，搭建全国网信联盟平台，央企电商联盟大数据交易中心正式上线；实施信息化“筑基”工程，确立“五横两纵”（“五横”指一张网，一体云，一中心，三中台：区块链基础平台、数据中台、业务中台，三宗旨：优政、惠民、兴业，“两纵”指“标准规范”和“安全保障”）大数据体系架构；西城区区块链应用被中国计算机用户协会政务信息分会和中国电子政务年鉴编辑部评为年度电子政务典型案例。完善区块链基础服务平台，加快大气污染防治、垃圾分类等“城市大脑”应用场景建设。采用“有线+无线”同步传送方式，保障西城区两会视频直播；完成区政务外网升级改造、西城区一站式智慧政务协同办公平台搭建、新政务云平台建设。打造智慧城市数据底座，支撑“两区”建设和数字经济发展。全年备案企业投资信息化项目41项，项目总投资额767.03亿元。持续推进数据共享开放，共享市区数据4521万条，面向社会开放政务数据17822条。完善区块链基础服务平台，为10余个区块链应用提供9类56项4700余万条数据。（李雪凝）

【信息化建设统筹会商】2021年，西城区信息化建设坚持区领导统筹会商制度，区领导主持召开信息化统筹会商会议3次，听取项目建设需求情况汇报，研究城市运行、安全稳定、民生服务等领域信息化建设需求，对涉及多领域、多部门的重大信息化项目进行决策部署，重点支持西城区“城市大脑”、公共安全视频图像等信息化项目实施，审议通过《西城区关于加强视频图像系统建设统筹推进工作机制》。

（赵红漫）

【区政务网络升级改造】2021年，区科技和信息化局完成西城区政务外网升级改造。进行带宽扩容，为全区29个办公场所及办事大厅提供无线互联网服务，优化营商环境，提高市民办事满意度。（宋 涛）

【新政务云平台建设】2021年，西城区新政务云平台建设完成，全面提升计算、存储、网络、安全防护等云服务能力，持续推动政务系统入云。在全区政务云平台顶层设计基础上，聚焦数字政务领域优化，提升云平台技术赋能水平；通过分期规划建设区级专题云、行业云、混合云和融合云，实现云平台对数字+智能+重点领域业务新应用的保障支撑目标。政务云平台初步建成“三域、四池、两平台”的架构（三域：政务外网域、互联网域和测试域，四池：北区二龙路办公区资源池、区卫生健康委办公区资源池、南区2号楼测试域资源池和人力社保大厦测试域资源池，两平台：全区统一的云平台安全监管一体化平台和云备份迁移管理平台）。（宋 涛）

【区政府网站建设】2021年，区政府网站打造“漫步西城”专题，整理出7条西城特色文化游览路线，突出展现优秀历史文化与现代街景相融合，丰富群众“就地过年”文化生活。围绕生活、出行、工作、文化4个主题推出汇集多个便民功能的政务地图。上线“北京金融街”专题，聚焦创新金融服务，发布金融发展数据、“双管家”服务信息等，助力招商引资，获市政务服务管理局通报表扬。第一、二、三季度，区政府网站在全市政府网站与政务新媒体检查中，评分排名全市第一。（刘 岩）

【5G网络实现全覆盖】2021年，西城区按照北京市《首都功能核心区控制性详细规划三年行动计划（2020年—2022年）》和深入推进5G基础设施建设工作要求，推动5G基站及网络建设，西城辖区5G信号实现全覆盖。根据需求，同步对长安街、金融街等重点街区进行织密覆盖，对公园、地铁站等地下空间实施补点专项覆盖，基站建设密度位居全市前列。（王立民）

【软件和信息服务业发展】2021年，西城区全年实现软件信息技术服务业营业收入922亿元，比上年增长9.3%；实现增加值222.7亿元，比上年增长8.0%，实现利润总额1143.5亿元。其中电信、广播电视和卫星传输服务收入515.2亿元，比上年增长0.3%；互联网和相关服务收入107.45亿元，比上年增长29.7%；软件和信息技术服务业收入299.3亿元，比上年增长21.1%。

（郝卓 仇启宇）

【企业投资信息化项目备案】2021年，区科技和信息化局为36家企业办理企业投资信息化项目备案，备案项目共37个，项目计划投资金额总计767.03亿元。（仇启宇）

【区块链应用】2021年，西城区完善区块链基础服务平台，为医疗救助、婚姻登记、养老保险等10余个区块链应用提供9类56项4700余万条数据，支撑全区医疗健康、政务服务区块链应用，实现审批事项“减材料、减跑动、减时限、减环节”。7月，“西城区区块链应用”被中国计算机用户协会政务信息分会和中国电子政务年鉴编辑部评为年度电子政务典型案例。（李 刚）

【建党百年庆祝活动信息化保障】2021年，区科技和信息化局加强值班值守，完成区政务网站、政务云平台、区政务网络系统、西城区VPN（虚拟专用网络）等重要业务系统的24小时值守等保障任务。完成建党百年庆祝活动保障任务，未发生系统事故。（宋 涛）

【新冠肺炎疫情防控政务网络保障】1月起，按照西城区疫苗专班部署要求，区科技和信息化局全程负责全区15个街道新冠病毒疫苗接种点政务网络运行安全保障，为确保新冠肺炎疫情防控期间网络系统安全管理和可靠运行，指定专人现场值守、加强巡检，及时处理现场突发网络事件，完成疫情防控政务网络保障任务。（丁 琳）

【网络信息系统防汛保障】6月1日，按照市、区防汛抗旱指挥部指示要求正式开展上汛通信保障。成立领

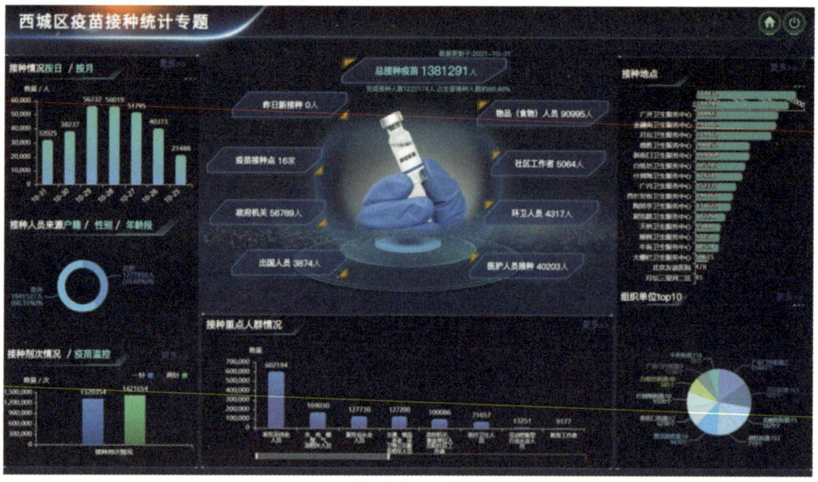

2021年，区科技和信息化局负责疫苗接种点政务网络运行安全保障，图为西城区疫苗接种专题统计
（区科技和信息化局　供图）

导小组、完善方案预案，抓实全区政务外网及关键信息基础设施保障，重点加强对南北区政务外网机房、UPS电源（不间断电源）、防雷接地系统及承载的区政务门户、视频会议系统、云平台和街道协同平台、数据备份平台、蓝信等重要网络系统隐患排查及运维管理，调配骨干力量，安排全时值守，持续关注雨前、雨中设备运行状况，及时分析检测数据，增加日常巡查巡检频次，随时处理问题。结合区域新冠肺炎疫情防控数据安全检查和年度网络信息系统安全自查，开展安全宣传，切实保障发挥电视电话会议、蓝信等通信手段作用，保证情况任务及时上传下达和信息收发报送，完成汛期通信保障任务。（彭育韬）

【信息化项目需求申报培训】 8月4日，区科技和信息化局采用腾讯会议方式组织召开2022年度信息化项目需求申报培训会，区财政局、区司法局、市规划自然资源委西城分局等47个单位96人参会。区科技和信息化局对2022年度信息化项目建设需求及信息化运维项目申报要求及注意事项做培训讲解，区信息中心介绍西城区云平台综合管控一体化和运营服务管理平台情况，邀请区应急局和区卫生健康委交流区安全生产双预防平台和健康西城信息化建设经验。（赵红漫）

【与国投创合签订战略合作协议】 9月3日，区科技和信息化局与国投创合基金签订战略合作协议，搭建全国网络信息安全创业投资服务联盟平台，在西城区举办网安高峰论坛、路演、展会、沙龙、竞赛、孵化等系列活动，推动相关政策、服务体系和发展模式创新，赋能创业企业成长，促进网络与信息安全企业健康快速发展。（仇启宇）

【数字经济若干措施实施细则发布】 12月1日，西城区发布《落实〈北京市西城区加快推进数字经济发展若干措施〉的实施细则（试行）》，细则从企业入驻发展、创新能力提升、重点项目落地、产业空间承载以及数字经济人才发展5方面设置15个奖励条款，对数字经济企业和机构给予资金支持，并明确支持对象、奖补标准、申报条件、申报及评审流程等。（仇启宇）

【区两会视频直播保障】 12月12日，针对新冠肺炎疫情防控严峻形势，2022年西城区两会政府工作报告、政协常务委员会工作报告、政协常务委员会提案工作报告以视频直播方式组织实施。按照任务要求，在驻地各会场无政务网络，且需与区机关会场联通条件下，采用“有线+无线”同步传送方式，应用通道加密、云端存储、5G传输等技术手段进行视频直播保障。区科技和信息化局牵头并会同有关部门多次组织全程联调联试，明确实施程序和行动指令，统一步调，精细指挥，确保视频直播安全有序、稳定顺畅。至12月18日，完成西城区VPN（虚拟专用网络）系统、西城区CA（数字证书统一认证管理）系统、会议视频转播、网络值守等保障任务。（彭育韬）

【软件正版化考核检查】 12月16日，市委宣传部牵头对西城区2021年度软件正版化工作组织现场考核检查，重点集中听取汇报，并现场随机抽取7家单位接受工作组实地上机考核和材料审查。按照区使用正版软件工作领导小组职责分工，由区科技和信息化局统筹保障的正版化办公软件，抽检的7家单位正版率100%。（丁　琳）

（责任编辑　郝慧芳）

商贸服务业

商贸管理

【概况】2021年，西城区应对减量发展形势和新冠肺炎疫情挑战，多措并举惠民兴商，推动商贸流通、消费促进、生活性服务业稳步发展。完成西单更新场、百盛北楼改造，累计减少商业面积4.2万平方米。按照商圈“国际化、高端化、品牌化”要求，在西单商圈、大栅栏商圈引进曼联梦剧场等全球首店、亚洲首店及国内首店40余家，出现20余家网红新打卡地标。制订《西城区建设国际消费中心城市示范区实施方案》。“西城消费”平台直接拉动消费4.7亿元。实现社会消费品零售总额1089.4亿元，比上年增长9.7%，增速高于市平均1.3%。“两区”建设（两区：国家服务业扩大开放综合示范区和自由贸易试验区）招商引资项目数量和实际利用外资两个指标提前完成。新建生活性服务业网点24个，提升改造百姓生活服务中心4个。生活必需品价稳供足，市级粮食安全区长责任考核工作获“全优”等级。全区规模以上商业营业面积253万平方米，年销售额超1亿元的商场16家。年内，北京市西城区商务局（简称区商务局）协调整顿和规范市场经济秩序，参与推动商务领域信用建设，开展诚信兴商典型案例征集；按有关规定对拍卖、成品油等特殊流通行业进行监督管理；做好单用途商业预付卡的备案管理；推进商业无障碍环境建设；组织开展具有行业特点的宣传教育和培训，指导、督促商务领域重点单位的安全生产工作。紧抓商务行业疫情防控管理，累计出动检查力量7000余人次，检查规模以上商场、超市及百姓生活服务中心、社区菜市场、快递、家政等，组织行业从业人员做好新冠病毒疫苗接种和核酸检测工作。受理12345市民热线投诉举报3302件，比上年增长26.03%。预付式退费2763件，占比83.68%，比上年增长51.23%；新冠肺炎疫情防控案件131件，占比3.9%；便民服务案件118件，占比3.5%；民事纠纷案件196件，占比5.9%。区分中心有效回访1340件，比上年增长38%，单否248件，双否298件。满意率77.54%，比上年增长1.24%；解决率59.25%，比上年增长13.55%。全年累计为诉求者维护经济利益600余万元。

（柴晓虹　杜颖　赵杰平　丁宁）

【商务行业安全生产管理】2021年，节假日和重大活动期间，西城区开展商务行业安全生产、反恐防暴等工作动员部署和安全生产巡查，督促企业进行隐患排查整改。检查单位1240家次，出动2350人次。其中商业零售716家次、餐饮单位524家次。发现一般性隐患1910个，均已整改。利用线上线下多形式、多频次组织240余家企业开展“新安法”、“285号令”、用火、用电、电动自行车、危化品使用安全、燃气安全、有限空间作业、应急演练等方面培训。安全生产月期间，制订方案，组织开展隐患自查自纠、应急演练等活动。在老舍茶馆、国华商场、鸿宾楼等企业单位举行应急处置演练，相关部门人员现场指导，90余家企业安全生产负责人现场观摩。完成39家规模以上餐饮和零售企业三级安全生产标准化达标创建工作。配合市、区应急管理

4月27日，原77街历经6年改造提升更名为西单更新场　（区商务局　供图）

局对年度标准化三级达标企业抽样核查。（杨尚宗）

【商业无障碍环境建设】2021年，区商务局组织商场、超市、百姓生活服务中心负责人员无障碍工作培训，指导企业对照标准进行无障碍自查。根据摸排检查情况上帐管理，督促上账点位企业进行问题整改。统一制作无障碍陡坡标识、低位服务台标识、软性服务标识等8类标识，推进、帮助整改困难企业按要求按时限完成建设任务，完成销账点位37个。（史　倩）

【诚信兴商典型案例征集】2021年，区商务局开展诚信兴商典型案例征集活动，通过评选京华茶叶、白塔寺药店、和合谷、戴月轩、二友居、居仁堂、瑞蚨祥、六必居、万方西单店、西单购物中心等企业获评“诚信兴商十大典型案例”，发挥行业诚信榜样示范引领作用，加强案例宣传，让诚信经营理念深入人心，推动企业形成人人知诚信、人人讲诚信的良好风尚。（赵杰平）

【拍卖企业初审及年度核查】2021年，区商务局完成辖区38家拍卖企业新设初审工作和变更、延续、注销拍卖经营许可批准证书工作及58家拍卖企业2020年度核查初审工作。（张晓燕）

【单用途商业预付卡备案管理】2021年，区商务局要求备案企业从资金管理制度、实名登记制、限额发行制、非现金购卡制、单用途卡章程和购卡协议等方面进行单用途商业预付卡自查。做好每季度系统审核，完成8家企业备案。（赵杰平）

【成品油流通行业管理】2021年，西城区组织辖区16家加油站完成2020年度成品油零售经营资质年检；完成法人及企业名称变更1家，做好信息“双公示”（行政许可、行政处罚等信用信息作出决定后网上公示）；完成涉奥场所周边加油站梳理及安全隐患排查报告。（柴卫红）

【经济形势与企业发展专题讲座】12月16日，区商务局举办“2021年经济形势与企业创新发展”线上专题讲座，100余家商业企业负责人及业务骨干参加。讲座从新发展格局下的商业重构及“云消费”时代的产业革命两个方面，讲解商务服务业发展方向，帮助企业在国内大循环为主体、国内国际双循环相互促进新发展格局下，明晰商业发展路径、创新模式。（赵杰平）

粮油经销

【粮食流通监管】2021年，区商务局落实北京市《关于印发〈北京市粮食流通“亮剑2021”专项执法行动方案〉的通知》要求，严格粮食流通事中事后监管，严肃查处违法违规行为，对辖区内11家重点涉粮企业粮食流通监督检查覆盖率100%。经检查，企业均能认真执行国家粮食流通统计制度，设专人负责粮食购销存活动统计、报送、保管等工作，统计台账记录普遍全面详细、数字准确，账账相符，未出现囤积居奇、哄抬粮价、计量作弊等扰乱粮食市场秩序违法违规行为。针对检查中发现的个别企业数字错处修改不及时、登记不规范等问题，检查人员现场培训企业工作人员，指导企业及时整改问题。（柴晓虹）

【社会粮油供需平衡调查】6月，西城区完成2021年度社会粮油供需平衡调查。调查选取辖区城镇居民100户、餐饮企业70家（含有关单位食堂）作为调查样本，数据显示年内全区居民口粮消费折合原粮149967.36吨，居民粮食消费主要以面粉、大米为主，折合原粮消费小麦和稻谷分别占粮食消费总量的54.9%和40.17%；全区城镇居民的全年消费食用油19430.4吨，以葵花油为主，占比为29.55%，其次为花生油占比23.86%；平均每个被调查餐饮企业年度用油6.61吨，主要为豆油占比85.15%。（柴晓虹）

【粮食安全宣传】10月16日（第41个世界粮食日），区商务局在天虹商场广场开展“2021年世界粮食日和全国粮食安全宣传周活动”。宣传推广年度世界粮食日主题“行动造就未来、更好生产、更好营养、更好环境、更好生活”和粮食安全宣传周主题“发展粮食产业、助力乡村振兴”。宣传科学储粮、健康饮食、节粮减损等科学常识，引导涉粮企业和百姓共同关注国家粮食安全，维护全球粮食安全。活动现场发放宣传手册和宣传品等300余份。

（柴晓虹）

生活性服务业

【便民服务网点建设】2021年，西城区新建基本便民服务网点24家，其中百姓生活服务中心2家、蔬菜零售网点6家、便利店5家、便民早餐店2家、“第三空间”（居民在家庭第一空间、工作单位第二空间之外的街区生活服务与公共交流空间）1处、便民理发店1家、末端配送网点（快递柜）7家。截至年底，全区有八类基本便民服务网点4110个，连锁化率53.8%，基本便民商业服务功能社区覆盖率100%。通过对全区八类基本便民网点实地调查，利用北京生活性服务业公共服务平台系统，科学分析区域内百姓生活服务业网点布局，按照群众需求精准配置服务网点。完成对全区所有街道八类生活性服务业网点数据采集和大数据管理功能等相关配套软件系统上线运行，形成数据分析报告，指导全区生活性服务业科学布点。（戚秀艳　丁宁）

【百姓生活服务中心提质升级】2021年，按照北京市《标准化菜市场设置与管理规范》工作要求，区商务局重点推进椿树西草场百姓中心、广外天陶红莲菜市场、陶然亭龙泉百姓生活服务中心和西长安街西绒线百姓生活服务中心完成场内环境和布局更新、建筑内外装修、售卖设施设备更新、排水供电通风消防等设备更新提质升级工作。

（戚秀艳　丁宁）

【社区生活服务融合发展】 2021年，西城区结合核心区实际，坚持“集约化、融合化”理念，引导企业因地制宜在百姓生活服务中心和“第三空间”增设为老服务、幼儿托管、文化空间、微仓储等多样化可定制服务，依托线上线下融合的社区生活服务，为社会治理赋能，倡导社区共享经济新方式。累计建成百姓生活服务中心55个和“第三空间”16个。（李小丽）

【生活服务业特色小店建设】 2021年，西城区根据《北京市便民店建设提升三年行动计划》工作要求，结合居民实际需求与属地街道实际情况，鼓励发展生活服务业特色小店，支持小店开发自有品牌商品，搭载便民早餐、小物超市、便民维修、洗衣家政、快递收发等便民生活服务项目。搭建特色小店与品牌连锁企业合作平台，促进线上线下融合，满足居民便利消费需求。金融街温家街胡同便民小店充分利用160平方米空间，实现便民洗衣、便民理发、便民维修、家政咨询等4种实体基本便民服务。

（戚秀艳　丁宁）

【生活必需品应急储备】 2021年，西城区着眼提升重大突发应急事件保障能力，结合区域特点，合理布局，利用辖区腾退空间实施实物储存，完善区级生活必需品储备库，确保储备充足、质量安全，备而不用、用而有备，快速响应需求，及时组织发放。储备帐篷（单帐篷、棉帐篷）、采暖设备（电暖器）、民用口罩、民用防护服等防疫物资；储备方便面、火腿肠、矿泉水、榨菜等方便即食食品；储备胡萝卜、萝卜、白菜、红薯、洋葱、土豆等蔬菜。（柴晓虹）

【《社区商业生活服务业建设导则》实施】 4月，区商务局结合网点监测与核验相关工作，统筹推进《社区商业生活服务业建设导则》实施，编制15个街道导则，包括街道基本情况、配置标准、提升路径、发展建议、工作举措、扶持政策和保障措施等主要内容，为各街道提供个性多元、动态更新的“一街一则”支持，深入对接百姓需求，实施“民生工程民意立项”机制，打造生活性服务业精细化便民商业服务圈。（戚秀艳　丁宁）

【地铁车站首批便利店试营业】 12月26日，地铁公司完成北京市重要民生实事项目，134处地铁车站便民服务设施全部开业经营（西城境内有12个地铁站设立便民服务设施）。地铁车站便民设施满足乘客多样化出行需求，打造“轨道上的都市生活”，提升乘客出行体验感。（张　强）

国际消费中心城市示范区建设

【“西城消费”平台服务】 2021年，区商务局发挥“西城消费”平台数字赋能作用，组织5个版块、14个系列、40轮线上线下主题活动。平台注册用户63.8万人、商户822家、门店3600余家。优化数字化服务功能，相继上线视频号、“小西嗨逛”探店推广、百年传承金牌菜等栏目，助力区域老字号餐饮文化和商业品牌宣传。开展“西城惠民消费季”活动，500余家企业通过“西城消费”公众号发放让利消费券368.8万张，累计核销2415.6万元，直接拉动消费4.7亿元。（杜　颖）

【“一店一策”改造】 2021年，西城区完成对原西单文化广场及77街升级改造，更名为西单更新场，商业面积由原4.2万平方米减少到3.5万平方米。地上空间改造为公园式休闲空间，改善广场绿化及周边交通状况。完成百盛购物中心北楼商改办改造，减少商业面积约2万平方米，降低长安街沿线商业密度。

（邵自军）

【商圈品质提升】 2021年，区商务局组建专家团队，确定西单商圈“四至”范围，形成《西单商圈品质提升总体方案》《西单商圈业态管控导则》《西单商圈楼宇外立面管控导则》《街区景观规划方案》《后街提升实施方案》《商圈交通优化方案》等初稿。确定大栅栏商圈“四至”范围，起草《大栅栏改造提升五年行动计划》修订稿和《大栅栏商圈业态导则》。牵头摸排地安门街区127家企业，建立经营台账，分类定位。制订《地安门街区业态调整提升实施方案》，结合中轴线保护和地外大街复兴工程完成《地安门商业区业态发展指导细则》。推动中粮集团与天恒集团合作，推进建立地外大街各类商户资产运营平台。完成地安门百货商场亮相实施方案。配合什刹海街道、什刹海指挥部对西安门大街实施综合整治提升。牵头完成街区100家企业门店摸排调查工作，研究确定保留31家门店；制订《西安门大街业态调整提升实施方案》，明确“文化休闲、品质餐饮、精品生活服务”提质方向。

（邵自军　刘畅　沈荔丹　党文君）

【北京坊运营】 2021年，北京坊签约商户49家，签约面积40247.91平方米，占全场面积的81%，开业及亮相商户42家，面积37613.28平方米，占全场面积的75%。北京坊等一批新店开业。5月1日，曼联梦剧场全球首店在北京坊正式开业。9月19日，竹间溪舍、文福记中国首店在北京坊正式开业，分别为禅意特色私享餐厅、文创产品平台。9月19日，国棉壹厂北京首店在北京坊正式开业。12月19日，Alooooha Vintage北京首店在北京坊正式开业，是全国中古奢侈品集合店之一，致力于Vintage精品售卖及中古文化推广。全年持续推进自主IP文化活动，举办“北京数字经济体验周”启动仪式、“服贸会走进西城”专题推介会、NGART次世代潮流艺术季、东邻西坊艺术节等科技文化商业活动8场。
（刘杰　王晓曼）

【曼联梦剧场开业】5月1日，曼联梦剧场全球首店在北京坊开业。这是曼联足球俱乐部与中国的华锐娱乐共同打造的全球首座曼联足球文化体验中心。曼联梦剧场共3层，总面积3800平方米，涵盖中国大陆第一家曼联官方专卖店、餐厅、互动博物馆和混合现实足球游戏在内的四大特色产品。通过顶尖科技应用和不同业态引入，曼联梦剧场为用户提供体育与足球的全新体验，以前沿互动设施和丰富体验，打造全新的体育主题线下消费场景。全年曼联梦剧场依托自身特点举办上百场活动。（刘杰　王晓曼　杜颖）

【北京西单时尚节】7月29日，以“构建高品质发展新生态，打造国际消费中心城市示范区”为主题的北京西单时尚节在北京西单更新场开幕。时尚节为期3个月，围绕“时尚、文化、品质、生活”，对标西城区构建“双核两带、七区五街”空间新布局，设计开展时尚西城、国潮澎湃、时尚美食、漫游新场景畅享新生态——河图体验打卡秀4个系列30余场专题活动。依托“西城消费”平台，线上线下同步发力。开展第四届西城时尚美食节，全区近60家餐饮企业推荐经典菜品，参加年度西城时尚人气美食评选。同步开展“时尚云逛街”等平台活动，实现线上引流、双线融合、全行业共振，扩大“时尚节”品牌影响力。
（杜　颖）

【示范区项目宣传推介】10月27日，西城区发布《西城区建设国际消费中心城市示范区实施方案》，以建设北京国际消费中心城市示范区为目标，构建“东西双核”引领、“南北两带”加持、“七区五街”驱动、全域品质化生活性服务消费“一网托底”消费新布局，拓展“八大消费行动”，全面提升西城消费供给与服务品质。《西城区建设国际消费中心城市示范区实施方案》作为“西城样板”在全市推广。12月5日，区委副书记、区长孙硕在BRTV北京时间新闻栏目，以“高起点谋划西城消费新生态，全力迈上国际消费中心城市示范区建设新征程”为主题，向社会大众解读西城区建设国际消费中心城市示范区相关工作，详细说明“双核两带”“七区五街”“一网托底”空间布局和“八大消费行动”内容。
（耿嘉俊）

老字号振兴发展

【首届西城区老字号餐饮文化节】10月22日，首届西城区老字号餐饮文化节开幕，区商务局主办、区餐饮行业协会组织区内老字号餐饮企业参加。活动以老字号品牌美食传承为主线，以线上线下相结合方式持续到年底结束。活动包括拍摄《百年味道、吃在西城》老字号餐饮纪录短片、编制《百年味道、吃在西城》老字号餐饮传承菜谱、老字号餐饮文化社区巡展、举办老字号餐饮文化展及传承拜师活动、开辟“西城消费”平台线上活动专区等系列内容。

▲延伸阅读：截至年底，西城区共有90余家中华老字号和北京老字号，其中50余家属于餐饮和食品加工行业。2017年开始，区商务局推出老字号振兴发展计划，持续引导和扶持老字号餐饮传承创新发展、高品质发展，创办老字号餐饮文化节，旨在推动老字号餐饮品牌数字化转型提质，提升品牌影响力，扩大消费认同，增强市场竞争力。
（赵杰平　史倩）

【老字号时尚创意大赛】11月12日，区商务局联合中国商业联合会中华老字号工作委员会举办“2021年老字号时尚创意大赛”。大赛内容以“传承经典，引领时尚”为主题，展示老字号企业创新产品和产品包装。设置时尚创意大赛产品奖、时尚创意大赛产品包装奖、时尚创意大赛科技创新作品奖。来自全国24家企业的80件作品参赛，其中产品组59件、包装组21件。线上评选出产品组获一等奖7件、二等奖16件、三等奖29件、优秀奖7件；产品组获科技奖1件；包装组获一等奖4件、二等奖8件、三等奖9件。
（赵杰平　史倩）

【老字号企业红色基因与发展历程展】12月，区商务局联合中国商业联合会中华老字号工作委员会，在西西友谊酒店举办“赓续红色基因、弘扬工匠精神、赋能匠心企业”主题老字号企业红色基因与发展历程展。40余家老字号展示企业自中国共产党成立以来的红色故事与创新发展历程。
（赵杰平　史倩）

对外及对港澳台经济贸易

【概况】2021年，西城区利用外资（包括港澳台）结构稳定。新设外商投资企业42家，比上年增长27.27%；吸收合同外资9.3亿美元，比上年下降5.26%；实际利用外商直接投资3.1亿美元，比上年增长39.15%。从合同外资看，投资规模排名前三位的是金融业、科学研究和技术服务及地质勘探业、租赁和商业服务业。西城区进出口总额4935.9亿元，比上年增长20%，占全市比重16.2%，位居第二。其中出口额918.9亿元，比上年下降3.7%，占全市比重15%；进口额4017亿元，比上年增长27.2%，占全市比重16.5%。办理对外贸易经营者备案登记141件，比上年下降30.54%。其中新办70家，比上年下降44.88%；变更67家次，比上年下降1.47%；注销4家，下降50%。
（郝家莹　贾明达　郭文志）

【服务外包】2021年，服务外包新增合同签约金额1.05亿美元，服务外包执行金额0.49亿美元。完成驻区5家企业申报市服务外包奖励材料初审工作，其中办理北京市服务外包企业新录用人员类补助1家；办理优化服务进出口结构中一般服务出口项目类1家；优化服务进出口结构中技术出口贴息项目类2家；优化服务进出口结构中离岸外包项目类1家。（贾明达）

【市营商环境评价迎考】2021年，按照市商务局、市发展改革委关于开展2020年北京市各区营商环境评价工作安排，梳理报送企业信息库信息3750条，各部门沟通市级部门打分情况35项；梳理形成区营商环境特色亮点“加分项”99项，其中全国表彰获奖类10个、市级推广或市领导表扬类21个、区级特色创新做法案例68个，涵盖国务院通报表彰“真抓实干”质量创新、全市首发“金开十条”、率先落地政务服务区块链应用、“两区”建设首创标志性项目落地等内容。综合评价总成绩为92.4分，全市排名第八，较上年度提升一个名次。（郝家莹　马岩）

【外资外贸企业服务】2021年，区商务局注重从服务企业向服务企业人才延伸，协助22家（次）企业28人办理邀请来华申请，从9个国家和地区来京；为驻区机构办理外籍高层次人才永久居留权申请3件、外籍人才永久居留积分评估申请2件。抓好大项目跟踪服务，走访重点外资外贸企业。强化服务管家机制，按企业需求“定制”，组织各相关部门开展“一对一”“多对一”等各种形式的服务交流。组织外资外贸企业参加RCEP政策线上培训会、中小企业及“双自主”企业国际市场开拓资金培训、外贸企业“成本上涨”专项调查统计等活动，及时与市商务局沟通反映企业诉求，为企业答疑解惑。利用外资外贸直报平台，组织驻区企业完成月度填报任务，做好外资外贸发展动态监测分析。组织近20家外资企业参加市人大优化营商环境条例专题调研外资企业专场座谈会，扩大驻区外资企业发展诉求表达渠道，为市优化营商环境建言献策。（马　岩）

电子商务

【央企电商联盟大数据交易中心上线】4月1日，由国务院国资委科创局指导、中央企业电子商务联盟主办的中央企业电子商务联盟年度工作会在西城区召开。国务院国资委科创局副局长方磊，西城区人民政府党组成员、副区长聂杰英致辞，中央企业、地方国有企业、合作伙伴及媒体代表480余人通过线上线下结合的方式参加会议，共话中央企业电子商务发展新方向。《中央企业电子商务联盟产业数字化发展三年行动计划（2021—2023）》和央企电商联盟电子商务标准体系正式发布，央企电商乡村振兴帮扶计划启动，构建以国内大循环为主体、国内国际双循环相互促进的新发展格局，为中央企业数字经济高质量发展提供新动能。

▲延伸阅读：交易中心由驻区企业国网征信有限公司与国家能源集团物资公司等12家单位发起，应用区块链底层技术建立“可信、互通、安全”的数据交易机制，多元化、多渠道汇聚数据资源，打通数据链条，建立评估机制，线上确权交易，打破企业间数据孤岛，促进央企电商各平台、各单位间数据资源要素的快捷交互，依托数据融合推动产业链各环节及各行业间的融合，实现数据资源向数据资产转变。通过共建数据交易中心、共享数据融合成果，实现从“数字时代”到“数智时代”的转型跨越。（马　岩）

【中国国际进口博览会推介活动】11月5日至6日，西城区分别参加由市投资促进服务中心在第四届上海进博会上举办的两场主题推介会：新发展格局下北京机遇——跨国公司闭门交流会和“五子联动”发展战略下的北京机遇——长三角科技创新企业座谈会。130余家跨国公司总部、国内外科创上市公司及行业领军企业负责人参会。聂杰英以视频连线形式作两场主题推介，以“以开放共促发展、以合作共创未来”为主题，同跨国公司和科创企业代表交流对话，从区位赋能、产业赋能、开放赋能、环境赋能等角度全面推介区域投资环境与营商环境优势，介绍国家金融管理中心和国家级金科新区建设成果、北京证券交易所落地新机遇，展示“产业+园区”开放取得的系列突破性成果，介绍高品质公共服务环境等综合优势；与企业代表进行交流问答，欢迎全球更多优质企业和机构走进西城、投资西城。进博会期间，区内2家企业签约共计1000万美元，其中菜百股份公司与比利时塔斯钻石（上海）有限公司签订钻石采购意向合同，采购额300万美元；高视远望科技公司与美国丹纳赫（上海）企业管理有限公司签订医疗器械采购意向合同，采购额700万美元。（贾明达）

【“两展一节”线上茶业博览会】11月24日至12月23日，由中国茶叶流通协会与区政府共同主办2021北京国际茶叶展、马连道国际茶文化展、线上惠民消费节（简称2021“两展一节”线上茶业博览会）。西城区落实国务院关于支持企业网上洽谈、网上办展、推出创新展会服务的政策，首次以茶业线上展览方式，通过“中国茶叶流通协会”小程序、“西城消费”公众号、抖音直播、快手直播等网络新媒体，为消费者和茶企搭建合作、交流、销售、洽谈新平台。线上茶博会通过直播周、线上9大展馆、主题空间等活动与载体，推动茶农、茶企、茶友“屏对屏”连线交流，600余种品牌、719家展商参与线上茶博会，涉及产品2300余种。线上展会发布视频252个，上传照片110组，总访问量达79.08万人次，新增独立粉丝98050个，成交金额22万余元。（章建平　洪娟）

烟草专卖

【概况】2021年，北京市西城区烟

草专卖局（公司）开展卷烟营销和烟草专卖管理工作。全区烟草经营有效户1413户，正常经营户1340户。累计销售卷烟30928箱，比上年下降2.06%；单箱销售金额3.62万元，比上年每箱增加880元；实现利税20392.89万元，比上年增加2.34%。查办各类涉烟违法案件65起，其中大要案件18起。查获违法卷烟270.57万支，完成全年卷烟查获目标值104.07%，总案值291.29万元。其中真烟查获185.4万支，完成全年真烟目标值的132%；假、私卷烟查获85.17万支，完成全年假、私卷烟目标值的71%；公安系统刑拘4人。（王　宣）

【烟草市场监管】2021年，区烟草专卖局运用APCD（市场监管工作法，A是分析、P是计划、C是检查、D是处理）工作法和“双随机”（随机抽取检查对象、随机选派执法检查人员）检查模式，科学设置检查模型，提升市场监管效率。调整执法队伍结构，增强稽查办案力量，对违法违规重点户和卷烟异常流动户实行动态管控，增强打击力度。落实市烟草专卖局“红剑100”专项行动精神，制订“红墙”行动方案，与多家区属职能单位开展联合执法，强化行动效果。与市公安局西城分局和区环食药旅大队联合开展旅游景区治理无证户6户，净化市场环境，稳定市场状态；与西区邮政管理局启动联合执法工作机制，打击物流和寄递环节涉烟违法犯罪案件10起，总案值36.73万元。明确监管重点，加强宣传引导，杜绝违法违规寄递卷烟行为。（王　宣）

【校园周边治理】2021年，西城区加强校园周边综合治理，落实“守护成长”专项行动精神，区烟草专卖局与区市场监管局配合，联合打击校园周边无证经营行为，检查商户26家，查处无证经营行为9起。妥善处理举报投诉，查办西城区首起向未成年人售烟案件。（王　宣）

【行政许可服务】2021年，区烟草专卖局落实“放管服”改革，精简申请材料60%以上，保持“大提速”办理时限，加快推进网上办理。按照程序推进烟草制品零售点合理布局规定的实施，关注社会反响及实施效果。做好行政服务大厅搬迁期间的客户服务，提升服务水平和办事效率。开展“我为群众办实事”实践活动，了解烟草行政许可业务受理情况、业务办理中遇到的问题和群众对烟草行政许可业务的意见及建议，现场答疑解惑，掌握群众诉求，帮助企业、群众解决问题，打通“最后一公里”。办理各类行政许可1307件，其中新办行政许可327件、延续行政许可745件；停业10件；歇业100件；审批注销124件；收回1件。（王　宣）

2月4日，区烟草专卖局联合市公安局西城分局、区市场监管局查办辖区首起向未成年人售烟案件
（区烟草专卖局　供图）

【电子烟监管模式创新】2021年，区烟草专卖局创新电子烟监管模式，建立“双台账”，基础台账和监管约谈记录台账；压实“双责任”，分管领导带领专卖部门主动约谈有反弹行为的品牌连锁企业主要负责人，告知其电子烟销售中存在的法律、安全、健康等风险隐患，了解连锁便利店的经营困难并最大限度帮助其改善，为辖区所有持证连锁便利店、学校周边零售户及电子烟售卖持证户在其经营场所显著位置张贴警示标语；落实“双监管”，实时监控掌握辖区品牌连锁便利店数量变化及新开店情况，持续监管中小学校周边200米范围内持证户不得出现售卖电子烟行为，对存量持证户售卖电子烟情况加大走访频次及检查力度。开展辖区连锁便利店电子烟“清零”行动，全面掌握经营情况，主动约谈连锁企业主要负责人，辖区87家售卖电子烟便利店全部下架产品。（王　宣）

【规范执法管理】2021年，区烟草专卖局开展罚没卷烟管理、三项制度执行（《北京市烟草专卖局行政执法公示办法》《北京市烟草专卖局行政执法全过程记录办法》《北京市烟草专卖局重大行政执法决定法制审核办法》）、举报费管理等自查工作，建立健全队伍管理、案件审理、执法规范等方面配套制度14项。梳理举报投诉处理流程，模拟现场处置，提升处理规范与效率。细化执法视频管理，严格拍摄标准，定期开展考评，强化规范意识。建立案件审理室和执法器材室，强化操作规范，提高器材管理水平。开展专卖“基础管理提升月”活动，梳理管理项

目，开展技能竞赛，促进水平提升。推进“专卖执法规范模拟仿真训练”项目实施，创新培训理念、探索培训内容、提高教材质量，完成日常监管、案件举报处理、突发情况处置、综合对抗演练四个模块的研发，通过市烟草专卖局科技项目成果验收。（王　宣）

【烟草法规宣传教育】2021年，区烟草专卖局以“西烟普法”微信公众号为抓手，针对社会关注的热点、焦点，发布普法文章和精品视频。开展新法新规专题培训，增强领导干部知法、守法意识，解决专卖执法难点疑点。开展“控烟宣传”“消费者权益保障”等系列普法宣教活动。围绕中国消费者协会提出的“守护安全、畅通消费”主题，结合新冠肺炎疫情防控，开展线上线下宣传活动。邀请专卖、销售、内管、法制4部门教员以“诚信、守法、体验”为主题，培训新办卷烟零售许可证零售户。（王　宣）

【烟草制品零售点合理布局规定听证会】10月28日，区烟草专卖局为加强西城区烟草制品零售点布局管理、合理配置市场资源、规范烟草制品零售市场经营秩序，维护烟草制品经营者、消费者及未成年人的合法权益，召开烟草制品零售点合理布局规定听证会，区司法局、区市场监管局、区政务服务管理局及卷烟零售户、消费者等代表参加会议。区烟草专卖局吸收与会代表的意见和建议，修改完善《西城区烟草制品零售点合理布局规定》（征求意见稿）并按法定程序向社会公示后实施，确保烟草制品零售点布局科学合理。（王　宣）

“两区”建设

【概况】2021年，区商务局统筹推动实施《西城区建设国家服务业扩大开放综合示范区工作方案》和《西城区建设国家服务业扩大开放综合示范区工作领导小组组建方案》，构建“金融街+‘金科新区’+多产业”的区域开放布局和“四+N”产业开放体系（“四”：打造金融业开放合作新高地、增强金融科技发展新优势、强化金融街资产管理中心功能、大力促进数字经济新发展；“N”指在生活服务业、专业服务业、商贸、文化等N个现代服务业领域寻求新突破），实施“清单化管理+项目化推进”，推动“项目+企业”落地发展，以高水平开放赋能高质量发展，实现一系列成果落地。实现“两区”建设3个排名全市首位：纳入市“两区”招商项目147个，总金额1679亿元；项目平均金额11.43亿元；北京证券交易所、中国银河资产、大和证券、金融网关等13个项目入选全市“两区”标志性项目，占比26.5%。推动《“政府+企业”双管家服务金融业发展新模式》入选北京市“两区”建设第一批改革创新实践案例。（马岩　郭映辰）

【“两区”建设推介活动】1月7日，西城区参加北京市“两区”建设高端产业和金融领域专场新闻发布会，聂杰英以“西城区多点开花，建设世界金融新坐标”为主题，全面介绍西城区服务业扩大开放示范区建设方案，重点解读金融街基础优势和“金科新区”“一区”机遇优势。西城方案在市“两区”门户网站（开放北京）及各主要媒体上进行重点推介。1月13日，西城区两会新闻中心召开“紧抓‘两区’‘三平台’战略机遇，推动区域高质量发展”专场发布会。区商务局全面解读建设国家服务业扩大开放综合示范区的西城方案、重要政策举措和近期亮点项目落地情况。3月10日，区委书记孙军民做客北京电视台直播间，参加《“两区”建设一把手访谈》节目录制，重点介绍西城区落实和推动“两区”建设进展情况、“两区”建设优势与特色、年度金融街论坛新亮点及下一步“两区”建设新举措等。（马　岩）

【“金科新区”重点企业与政策推介】3月30日，在北京市“两区”建设香港地区线上推介会上，聂杰英重点介绍北京金融科技与专业服务创新示范区（“金科新区”）基本情况、在“两区”建设过程中的优势，以及取得的新进展。向香港企业介绍“金科十条”“金服十条”“金开十条”和促进专业服务业发展、支持低效楼宇改造、加强数字经济发展若干措施等一揽子支持政策。（马　岩）

【服贸会参展】9月3日至7日，区商务局牵头组团参加中国（北京）国际服务贸易交易会。组织区内269家企业线上参展参会，达成协

9月3日，2021年服贸会走进西城推介会在北京坊举办　（区商务局　供图）

议类、投资类、首发创新类等项目成果45个，金额2.08亿美元。区长孙硕在“北京日”上代表区政府与“两区”建设重点项目签约，带领各产业部门与参展商调研对接；区领导在多个重量级论坛上作推介西城主旨演讲。在首钢园区搭建金融服务展、文旅服务特色主题展区。区政府与市商务局、市投资促进服务中心联合举办2021年服贸会“走进西城”推介会，发布“两区”建设一周年高质量发展成绩单，向10余个驻华使馆和10个国内外知名企业代表作招商主题推介。 （贾明达）

【“一带一路”法律商事创新服务平台落地金融街】 9月5日，2021年服贸会重要配套活动——“一带一路”与北京“两区”建设法治环境保障暨第六届“一带一路”综合服务建设能力论坛在金融街举办。市发展改革委、市推进“一带一路”建设工作领导小组办公室正式授牌启动“一带一路”法律商事创新服务平台，成为首家以“一带一路”命名的国际合作平台。平台成立后，进一步强化商事调解服务、项目融资服务、法律智库服务、科技法律服务、法律查明服务等功能，深化国际合作，打造国际商事纠纷解决中心和国际一流的法律商事环境。论坛现场举行首批平台项目签约仪式，亚太投资银行碳中和海外债项目、豪顿新闻传媒控股集团（意大利）中欧文旅交流促进项目、北语金融街共建海内外汉语交流培训等项目进行线上线下签约；金融街国际教育品牌“金融街汉语”签约入驻平台，为金融街与“一带一路”沿线国家交流搭建文化桥梁。 （马　岩）

商贸企业选介

北京市西城区国有资产经营（集团）有限责任公司

【概况】 2021年，北京市西城区国有资产经营（集团）有限责任公司（简称区国资集团公司）完成西城区国有资产经营公司及所属子企业重组制改制工作，名称由北京市西城区国有资产经营公司变更为北京市西城区国有资产经营（集团）有限责任公司。全年实现经营收入总额108.41万元，比上年增长55.36%。其中房租收入55.54万元，汽车租赁收入52.87万元。实现投资收益总额2402.19万元，比上年减少1.23%。 （刘　玮）

【企业重组改制】 6月，区国资公司按照《北京市西城区人民政府国有资产监督管理委员会关于对国资公司和金工公司重组及整体公司制改制请示的批复》要求，金工公司作为二级公司并入国资公司，启动公司制重组改制工作。7月，北京市金工投资管理公司完成国有资产产权变动登记，作为国资公司的二级公司并入国资公司。8月，国资公司下属三级企业北京调压器厂、北京市大华陶瓷厂完成公司制改制。12月，北京市金工投资管理公司完成公司制改制工作，名称变更为北京市金工投资管理有限责任公司。北京市西城区国有资产经营公司完成公司制改制工作，更名为北京市西城区国有资产经营（集团）有限责任公司。截至年底，国资集团公司及所属子企业重组改制工作全部完成。 （刘　玮）

北京菜市口百货股份有限公司

【概况】 2021年，北京菜市口百货股份有限公司（简称菜百公司）获中国商业联合会颁发AAA企业信用等级证书，中国质量检验协会颁发的全国产品和服务质量诚信示范企业、全国质量检验稳定合格产品、全国消费者质量信得过产品、全国产品和服务质量诚信领先品牌、全国质量诚信标杆企业，中国品牌影响力评价成果发布活动组委会颁发的中国年度影响力品牌、中国品牌影响力（行业）十大消费优选品牌。举办“菜百与大师同行——精饰之作、匠业乃成”设计师展、非遗传承系列活动等。全年实现营业收入104.06亿元，比上年增长47.23%。9月9日，菜百公司正式在上海证券交易所主板上市交易。股票简称“菜百股份”，股票代码605599。 （龚　磊）

【企业公益活动】 3月20日，由菜百公司主办，自然资源部珠宝玉石首饰管理中心（NGTC）、中国地质大学（北京）珠宝学院、心飞扬青

5月1日，菜百公司总店售货员为顾客提供专业服务 （菜百公司　供图）

少年志愿者联盟协办的“珠宝小能手”“地球科学体验官”青少年志愿者训练营在菜百公司启动，60余名中小学生参与。活动内容有“海蓝宝石”主题讲座，矿晶观察互动和“地球科学体验官”讲解员公益活动。7月17日，首都博物馆与北京菜百黄金珠宝博物馆暑期公开课启动仪式暨中国结艺非遗文化百人编织活动在首都博物馆开启。活动中展出绳结编织作品及“京城喜饰”“首伯牛”等系列珠宝文创产品。12月29日，由北京菜市口百货股份有限公司与希望工程北京发展中心，北京青少年发展基金会，中国地质大学（北京）联合举办的菜百股份学子阳光项目捐赠仪式暨青基会“公益合作伙伴”揭牌仪式在菜百公司总店举行。菜百公司向青基会“学子阳光”公益项目捐助善款10万元。希望工程北京发展中心、北京青少年发展基金会授予菜百公司“公益合作伙伴”牌匾。菜百公司全年举办非遗传承系列活动13场，其中公司总店举办5场，涉及剪纸、折扇与结艺、香包、昆曲、团扇等非遗内容；对外合作8场，合作单位涉及广发银行、新华书店及西单图书大厦、亚运村图书大厦、中关村图书大厦。（龚　磊）

【博览会、服贸会参展】 5月7日，菜百公司参加在海南国际会展中心举办的首届中国国际消费品博览会。展出文创联名系列首饰、艺术展品系列、黄金古法饰品、珐琅工艺饰品、贺岁系列饰品、设计师款饰品、投资黄金产品、镶嵌首饰等275件商品。9月2日，菜百公司参展中国（北京）国际服务贸易交易会。菜百公司与世界黄金协会签订推广合作协议，双方达成黄金行业推广合作共识，引导行业可持续发展，通过上游生产体系的广大市场涵盖，引导零售终端部署针对年轻人对古法黄金饰品提升销售服务。9月20日，菜百公司参加西城区“白塔妙会”，展出公司子品牌“菜百传世”古法黄金系列饰品、故宫“宫匠黄金”、颐和园“一生颐饰”、天坛“承启元吉”、首都博物馆等联名文创产品。11月5日，菜百公司参加第四届中国国际进口博览会。博览会期间，与比利时塔斯（TACHE）钻石公司达成钻石合作协议，向塔斯钻石采购价值约300万美元的天然钻石。（龚　磊）

【虎年贺岁金银条菜百首发】 9月17日，由中国金币总公司发行、上海金币投资有限公司总经销的2022壬寅（虎）年贺岁银条在菜百公司全国首发。壬寅（虎）年发行的贺岁银条规格有1000克、500克、200克、100克和50克，最大发行量分别为1300条、2200条、6000条、4万条和7.8万条，成色均为99.9%。11月22日，由中国金币总公司发行、上海金币投资有限公司总经销的2022壬寅（虎）年贺岁金条在菜百公司全国首发，北京独发。2022壬寅（虎）年生肖贺岁金条是第二十组贺岁生肖金条。金条规格有：30克、50克、100克、200克、500克、1000克，最大发行总量为3吨。（龚　磊）

北京汉光百货有限责任公司

【概况】 2021年，北京汉光百货有限责任公司（简称汉光百货）从细节入手升级改造商场内部设施，为顾客购物提供更多选择与舒适、便利的购物环境，引进国内外知名品牌增加货物品种。汉光百货连续19年获评北京市纳税信用A级企业。（张　冉）

【汉光百货大厦升级】 2021年，汉光百货对大厦分区域进行改造升级。3、8、9层东侧卫生间和8层西侧卫生间改造为无障碍卫生间，内设折叠母婴换洗台、洗手台阶梯踩凳、置物桌等。洗手台两侧设有扶手，感应出水。4月，升级改造大厦1层东门外立面及东门厅，商场入口更加宽敞。8月，垃圾处理中心投入使用，购置厨余垃圾处理专业设备及空气净化装置，实现厨余垃圾3项分离。改造升级自营的女装店、文具店、家居店、咖啡店、药店店铺形象。7月，3层自营女装店重装亮相，新专柜形象以粉色为主色调，配合明亮鲜艳的服饰，为顾客选衣试装提供方便。7层文具店新专柜亮相，墙面选用绿色护眼漆，配以木质柜台，产品能够满足各年龄段学习、办公需求。11月，2层自营家具店升级亮相，咖啡店置于其中。引进Tom Dixon熔岩灯、ICHENDORF玻璃杯等产品，400余平方米的空间利用展柜、隔断分隔为不同的功能区，分区域还原不同生活场景，增加户外露营区、设计灯具/座椅区，既有产品的陈列展示也有沉浸式体验及味觉的享受。12月，1层自营药店升级亮相，整体以暖色为主，打造温馨舒适的购物环境。（张　冉）

【品牌引进】 2021年，汉光百货引进德国高端护肤品牌Augustinus Bader奥古斯汀·巴德全国首店、瑞士抗衰老护肤品牌VALMONT法儿曼。丰富餐饮经营品种，引进陈香贵兰州牛肉面北京首店、争鲜寿司、秦门西安小馆、井格重庆火锅。（张　冉）

【线上线下消费融合】 2021年，汉光百货线上购物小程序上线新版购物车，增加立即购买功能，购物车内使用优惠券，按照优化的方式自动勾选。线上购物小程序增加积分兑换商城功能，顾客的购物积分可以兑换礼金、化妆品试用体验装等，开车的顾客可以在线上购物小程序内缴纳停车费。线上购物预付定金功能，顾客能够提前锁定心仪商品。（张　冉）

【企业公益捐赠】 1月，汉光百货向顺义区防疫志愿者捐赠200件羽绒服，支持新冠肺炎疫情防控工作。9月，汉光公益基金拨款10万元建设5个青联希望小屋；向自忠小学捐赠图书230套；向西长安街街道

办事处捐赠AED（自动体外除颤器）2台。（张 冉）

北京华方投资有限公司

【概况】2021年，北京华方投资有限公司（简称华方公司）拥有北京华方文化发展有限公司、北京金象复星医药股份有限公司、北京贯通经贸集团、北京华方养老投资有限公司等20余家所属企业的全部或部分国有产（股）权，对其履行“投资、监督、调控、服务”等出资人职能。截至年底，华方公司总资产18.62亿元，归属母公司净资产12.06亿元，实现营业收入12.94亿元，增加35.5%；利润总额3099.28万元。华方公司完善公司治理体系，董事会成立战略规划与投资委员会、审计与风险管理委员会、董事会薪酬与考核委员会等专业委员会。向内蒙古自治区赤峰市喀喇沁旗乃林镇兴隆庄村“爱心超市”捐赠生活必需品，向喀喇沁旗河北街道桥头湾子村捐赠文体活动用品。受理接诉即办件110件，其中主责件44件、协同件10件、因超出公司管辖范围或历史遗留问题难以解决等原因退回件56件。（窦鲁鑫）

【房产评估整顿】2021年，华方公司聘请第三方机构评估华方公司所属145处房屋，确定租金市场价格，出台公司房屋租金市场化方案；开展70处无证房产测绘工作，梳理华方系统房产出租信息，为房屋租赁业务精细化管理奠定基础；清理整顿“二房东”、非首都功能业态，回收房屋11处面积3882.56平方米，推进房屋合同纠纷案诉讼4起。（窦鲁鑫）

【科技企业孵化】2021年，华方公司所属企业北京金丰和科技企业孵化器有限责任公司（简称金丰和孵化器）、北京康华伟业孵化器有限责任公司（简称康华伟业孵化器）服务多措并举助力“高精尖”。康华伟业孵化器开展13次知识产权培训，提供咨询服务80余次，采用座谈交流等方式服务企业150余次。有6家入驻企业获得北京市知识产权资助金，11家企业获得中关村西城园知识产权补贴，1家企业被认定为北京市知识产权示范单位，16家企业被认定为北京市知识产权试点单位。金丰和孵化器获得各级政府支持资金380.33万元，协助园区46家高新企业获得支持资金270万元，帮助21家在孵企业获得投融资2.06亿元。协助10家企业首获高新资质、75家企业完成高新企业复审；组织线上线下双创活动188次，推送各类通知、政策、项目申报等信息594条。（窦鲁鑫）

【非遗文创开发】2021年，华方公司持续探索非遗文化板块市场化运作路径。华方艺术中心打造1500平方米的党建红色文化教育基地，分“党史区、互动区、体验区、红军餐、光影区”；华方地毯公司新题材作品《敦煌》完成定稿和上经工序，《钟馗》《岁朝图》等特色作品投产；华方雕漆公司完成剔红条案1件、《墨竹图》挂屏1件、《随心守静》剔红壁灯1件，《瑞鹤图》三扇中堂完成3/4雕刻；非遗文化与区人防办达成展区管理服务合作意向，打造人防历史教育、历史成就展览、人防文化宣传等多位一体的展示教育平台。与月坛街道合作完成“我们的课堂”非遗课程体验项目，推进传统手工技艺传承互动；举办“赋景添色”专场拍卖会，拍卖成交雕漆作品6件、宫毯作品5件，成交额340.86万元；考察“大栅栏·北京坊”项目，与中国尊、国贸商城、燕莎等单位建立联系，为项目运营打好基础；与天津泥人彩塑、河北石影雕、布糊画等非遗匠人交流，深入了解延庆区、房山区等地优质民宿，在拓展优质合作伙伴过程中挖掘艺术收藏品新场景、新方式。（窦鲁鑫）

【酒店餐饮业发展】2021年，华方餐饮持续开展门店拓展工作，考察城乡贸易中心、枫蓝国际等多处商圈，新开门店4家。华方餐饮共开设13家门店，其中清真品牌门店8家、非清真3家、居家养老配餐中心2家。完成与月坛税务所等7家单位续约工作，与区食品药品接诉中心等3家单位签订服务合同，为月坛街道白云观核酸检测站等单位提供送餐约4000份。白纸坊街道华方居家养老配餐中心日均服务百余人次，市委书记蔡奇7月到中心调研。与互联网行业线上渠道合作，满足客户在不同时间、不同空间下单消费需求，通过“美团外卖”“饿了么”平台实现销售额359万元。（窦鲁鑫）

【养老服务标准化建设】2021年，华方养老以正觉小院（乐老汇项目）为标杆，组成标准化工作小组，以5星级服务为标准，结合民政部门115项管理要求，梳理形成华方养老公司标准化体系，加快护理人才队伍建设，开展一线护理人员专业技能培训和年度护理员星级评定，参加全国养老护理职业技能大赛。制订招投标制度、工程管理制度、投资建设标准。（窦鲁鑫）

【企业管理整改】2021年，华方公司完成新5年战略规划编制工作，11月向区国资委报送正式方案。制订《华方公司外派董事监事管理暂行办法》《华方公司干部职务职级调整实施办法（试行）》。统筹落实审计整改工作，对区审计局提出的48项问题清单细化分工，压实责任主体。审核单位、部门上交的134份整改材料完成整改报告。完成整改45项（完成率94%）和经济责任审计工作、8项离任经济责任审计项目。加强工程项目决算审计。开展工程审计项目23项，完成工程审计19项，送审金额1558.7万元，核减13.3万元；帕米尔专项审计发现问题5项，完成整改3项。通过发欠款催收函、股东告知函、欠款催告函、律师函等方式催收御茗苑公司3400万元欠款。与御茗苑公司股东专题研究御茗苑借款清理问题，达成通过银行贷款清偿借款的方案，督促御茗苑推进清欠方案执行。

（窦鲁鑫）

北京华天饮食控股集团有限公司

【概况】 2021年，北京华天饮食集团公司完成公司制改革，更名为北京华天饮食控股集团有限公司（简称华天控股集团），直属二级子企业公司制改制同时完成。华天控股集团有老字号品牌23个，其中中华老字号20个；有北京老字号23个，非遗主体16个。华天凯丰等品牌获北京餐饮百强称号。同和居饭店月坛店、马凯餐厅鼓楼店、华天延吉餐厅西四总店、惠丰饺子楼等10余个门店入选上年度餐饮五百强门店。同和居饭店武根深、庆丰包子铺刘晓冬当选年度北京餐饮十大工匠。华天控股集团系统（含重要子公司）直营企业实现收入20.43亿元，实现利润2.33亿元。其中子公司聚德华天公司实现收入4.49亿元，实现利润0.77亿元；子公司万方有限公司实现收入8.56亿元，实现利润1.03亿元。

（李娅然）

【万方西单商场股权收购】 2021年，华天控股集团完成万方西单商场股权公开受让项目，总计投资、注资5000万元，万方西单商场更名为京饮华天商厦。北京首商集团股份有限公司将持有的北京万方西单商场有限公司52%股权转让给北京华天饮食集团公司，商厦由北京华天百分百控股，定位为集超市、餐饮、娱乐、服务四位一体的社区型迷你MALL，打造一站式、品质化的新型社区商业综合体。

（李娅然　翁笑芸）

【品牌连锁发展】 2021年，华天控股集团旗下子公司新开店15家，庆丰包子铺在通州店进行小型门店经营模式试点。庆丰品牌平谷区熟食品加工厂营建项目完成施工。餐饮新零售业务与知名OEM厂商合作，预包装时令特色产品销售实现正收益，华天延吉、同春园等老字号10余种预包装特色产品销售逐步铺开。

（李娅然）

【营销活动开展】 2021年，华天控股集团围绕热点精准营销。从满足消费者高品质饮食需求出发，传统媒体与新媒体相结合，重点跟进节日节气营销、新冠肺炎疫情防控、锁价保供、收购万方西单商场股权、老字号进社区、二友居百年店庆等热点开展宣传。根据市场需求加大成品、半成品研发力度。策划华天自营品牌外卖节，通过折扣菜引流、免配送费、为外卖小哥赠送暖心饮品、朋友圈、海报等方式，促进自营外卖销售额提升。直营门店全年外卖收入比上年增长39.42%，占企业总收入17.62%。首次尝试以“口碑团购”“私域中央直播带货”等方式进行品牌文化推广及销售。华天全新品牌形象融合国潮风和传统审美理念，华宝、天宝IP形象面世，两批文创衍生品相继推出。华天控股集团获北京餐饮十大品牌称号。

（李娅然）

7月6日，华天旗下品牌入选区级非物质文化遗产　（华天控股集团　供图）

【“智慧华天”建设】 2021年，华天控股集团优化升级大数据系统应用。开通运行食品安全智慧系统，应用互联网+大数据分析、图像自动识别等技术，构建起可在线监控、可责任溯源的食品安全综合管理平台。通过“互联网+明厨亮灶”智慧监管模式主动查找识别各门店食品安全问题及风险隐患，企业安全生产隐患排查治理网格化项目落地，实现“以智维安”。引入应用第三方信息化系统，搭建人力资源信息化管理体系，推动办公软件采购正版化工作。

（李娅然）

【技艺传承与发展】 2021年，华天控股集团加快老字号技艺人才队伍建设，保障技艺传承与发展。实施老字号技艺集体传承新型学徒模式，同和居、二友居、同春园、鼓楼马凯餐厅、华天延吉餐厅第一批传承班68名学员结业。直属企业35名一线员工参加北京市第十一届技能大赛中烹、中面、服务、外卖运营师4个工种比赛，1人获中式面点项目金奖，5人获银奖；3人获中式烹调项目金奖，5人获银奖；3人获外卖运营师项目金奖，2人获银奖。

（李娅然）

【西四包子铺商标保护】 2021年，华天控股集团针对多家企业攀附使用“西四包子铺”字号商标侵权行为，向各级市场监管局、知识产权部门、主流行业协会多次反映，向法院提出申诉，委托专业律师团队开展诉讼，最终获生效胜诉判决，老字号

1月8日，庆丰技艺传承人收徒拜师仪式举行　（华天控股集团　供图）

品牌得到保护。（李娅然）

【企业安全管理】 2021年，华天控股集团落实企业综合安全管理工作高质量发展要求，完善食品安全制度，更新完善集团公司内部食品安全管理控制体系。在所属子公司设立安全总监，投入240余万元用于安全生产、安全设施更新改造、安责险等。多方协调，投入资金170余万元，直属门店燃气改造项目竣工。配合区政府做好西安门大街、地外大街整治升级工作，完成西安门大街93号危房加固改造工程。（李娅然）

北京京能房产租赁经营有限责任公司西城分公司

【概况】 2021年，北京金泰集团有限公司西城分公司更名为北京京能房产租赁经营有限责任公司西城分公司（简称京能房产西城分公司），隶属于北京能源投资（集团）有限公司二级平台公司京煤集团。有下属单位8家。京能房产西城分公司资产总额42.31亿元，营业总收入2.4亿元，利润总额1.3亿元。（钟　响）

【内控评价和风险评估】 3月30日，京能房产西城分公司完成年度内控评价和风险评估工作。梳理检查流程控制点593个，评价风险点51个，经过数据分析，明确3项中等风险，提出具体应对措施和策略，有效防控经营风险。（钟　响）

【项目验收】 10月29日，京能房产西城分公司所属灵光东巷庭院式办公项目通过联合验收。东城区住房和城市建设委员会出具联合验收意见通知书，灵光东巷庭院式办公项目消防备案。灵光东巷庭院式办公项目位于东城区灵光东巷35号。（钟　响）

北京金源投资管理有限公司

【概况】 2021年，北京金源投资管理有限公司（简称金源公司）下辖北京金源千业超市有限公司、北京牛街清真食品超市有限公司、北京正兴德茶叶有限公司、北京永安茶叶有限公司，拥有实体门店18个，线上店铺7个。控股企业1家，参股企业2家，回收站点38个。金源公司所属企业北京正兴德茶叶有限公司、北京牛街清真超市有限公司、北京金源千业超市有限公司陶然亭店获首都文明单位称号。金源千业超市红莲店获北京市第十一届商业服务业技能大赛陈列项目第九名。正兴德茶庄的“正兴德飘雪芙蓉”获中国茶叶流通协会年度全国茉莉花茶推荐单品、“正兴德牌茉莉花茶王”获13届国际名茶评比组委会金奖。全年实现营业收入44762.87万元，利润总额4652.87万元，纳税总额2893.59万元。（高　雅）

【企业营销活动】 4月17日至5月6日，正兴德所属各茶庄、永安茶庄举办“品天下茗茶、享健康生活”春茶节。春茶节期间正兴德推出2021年款西湖龙井、庭山碧螺春、黄山雀舌等名优绿茶，乌龙茶、特色茉莉花茶、名优红茶等展卖。“双十一”期间，金源公司电商资讯部与茶叶事业部合作，实现单日销售额突破100万元，创历年单日最好业绩，销售额较同期增长32.77%。茶叶事业部和配送中心保证备货充足，正兴德茶庄两次直播在线人数、互动率创新高。采取抢购大额券、买即送、商品预售等形式促进销售，做好售前、售中、售后顾客体验，保障发货时效与准确率。电商资讯部从3个方面制订节日销售准备方案，重建场地规划，保证备货充足。重新布局发货场地，满足发货小组、拣货小组及支援小组工作场地需求。5月13日，穆斯林开斋节牛街清真食品超市和正兴德牛街店迎接顾客7068人次。节前，金源公司负责人前往牛街民族敬老院、回民中学和回民小学，为穆斯林老人和学生送去节日祝福和慰问品；针对节日特点，在员工中开展民族知识、民族政策和服务技能培训。超市事业部选出百余种民生商品参加开斋节期间营销活动。茶叶事业部推出“祝贺开斋节，情系穆斯林”主题活动，设名优绿茶鉴赏区和传统包装茶展示区，增添顾客免费品尝茶种类。2021年，牛街清真超市、金源千业超市抖音官方号正式开通，宣传民族传统文化、习俗、商品采购技巧等，发布短视频50条。（高　雅）

【正兴德参展服贸会】 9月2日，老字号正兴德茶庄携清真茉莉花茶及制作技艺应北京老字号协会邀

9月2日，正兴德作为市级非物质文化遗产企业代表参加2021年服贸会　　（金源公司　供图）

请参加中国（北京）国际服务贸易交易会。6天展期，正兴德茶叶展台接待2000余人次参观、品尝名茶。正兴德茶庄专门设立视频展区滚动播放茶叶品牌短片，将最具传统特色的茉莉毛尖传统包、网红款“桂花乌龙”、明星产品“正兴飘雪”等多款“拳头”产品进行陈列呈现。现场展示清真茉莉花茶制作技艺，茶艺师表演茶品冲泡技能，吸引观众驻足闻茶、品茶，亲身感受正兴德清真茉莉花茶的独特魅力。　（高　雅）

北京金座投资管理有限责任公司

【概况】 2021年，北京金座投资管理有限责任公司（简称金座公司）拥有所属企业志同达劳务服务有限公司、大栅栏自行车有限责任公司、北京奥霓裳制衣有限公司、北京金桥贸易有限公司4家子公司和劳务服务分公司，公司控股、参股企业8家。应对新冠肺炎疫情，产业政策调控，金座公司调整经营思路，扩大资本运作规模。公司及所属全资企业实现主营收入8724万元，比上年增加4.1%，实现利润5136万元，比上年增加0.5%，上缴税金2230万元，比上年减少34.3%。　（王继红）

【内联升品牌宣传】 2021年，金座公司所属投资企业内联升与王者荣耀联名款产品入围“2021北京文化消费品牌榜十大文化创意产品”；参加中国（北京）国际服务贸易交易会，与第二外国语学院中国服务贸易研究院签订战略合作协议；参加2021北京网络直播大赛，获北京市商务局老字号杰出贡献奖；为撰写长篇小说《内联升传奇》作者提供素材。内联升全年实现销售收入7159.2万元，比上年增加5.4%；实现利润1403.2万元，比上年增加111.2%；上缴税金1030万元，比上年增加19.2%。　（王继红）

【老字号进博会参展】 11月5日至10日，金座公司所属2家北京老字号企业携百余款产品参加第四届中国国际进口博览会。瑞蚨祥以互动体验手工盘扣制作展示非遗技艺的活态传承，内联升代表北京老字号企业作论坛主旨演讲。　（王继红）

北京世纪金工投资有限公司

【概况】 2021年，北京世纪金工投资有限公司（简称世纪金工）子公司北京市科通电子继电器总厂有限公司（简称科通公司），被认定为北京市第一批“专精特新”中小企业，获市级企业科技研究开发机构、北京民营企业中小百强（2020年度）第三十一位。北京第三纺织机械有限公司出资与江西省索密特实业股份有限公司共同成立上饶三纺机公司。世纪金工宏洋物业通过ISO 9001质量管理体系认证。悠米幼儿园（世纪金工跨领域投资的全资子公司），打造硬件设施，改善园所环境，提升保教质量。居仁堂京瓷（北京）文化有限公司注重艺人培养锻炼，传承非遗文化。世纪金工全年实现主营业务收入20099万元，比上年增长25.62%；营业利润10418万元，增长123.56%。　（刘祎祎）

【幼儿园公益主题活动】 4月22日，公司所属悠米幼儿园开展地球日主题活动。孩子们一起捡拾垃圾、熄灯节电、认识濒危物种等，家长们和孩子们一起用废旧材料制作濒危物种肖像画。引导孩子们从生活中的小事做起，节约水电、爱惜粮食、爱护花草、不乱扔垃圾等。

▲延伸阅读：世纪金工投资的悠米幼儿园创立于2014年，拥有悠米幼儿园牛街园、悠米幼儿园广外园（旗舰园）、悠米幼儿园陶然亭园3所标准化高品质幼儿园。悠米幼儿园以“美育心灵、爱育未来”为办园理念，服务幼儿、服务家长、服务西城、回报社会。　（刘祎祎）

【京彩瓷创新发展】 8月27日，北京工艺美术行业负责人到京彩瓷博物馆考察调研。听取京彩瓷博物馆馆长史琴介绍京彩瓷（北京仿古瓷）发展历史、京彩瓷传统技艺，参观京彩瓷创意车间，近距离感受京彩瓷（北京仿古瓷）技艺，观看粉彩、新彩龙凤壶绘画和绘瓷操作技艺。12月，居仁堂京瓷（北京）文化有限公司的京彩瓷技艺创新工作室被评为西城区级职工创新工作室。京彩瓷技艺创新工作室曾研发出不同彩别的釉料相结合使用的创新项目，应用于京彩瓷制作，传承发展京瓷技艺。2021年，京彩瓷第五代传承人王春艳以灯笼为原型、结合北京冬奥会吉祥物元素设计创作出龙凤壶作品——冰墩墩与雪融融。京彩瓷传承人以作品《粉彩雪景长征诗意图》《新彩乘风破浪绿釉套壶》，纪念中国人民解放军建军94周年，

6月21日，京彩瓷作品《粉彩雪景长征诗意图》获北京2021年创新工艺美术大赛银奖

（世纪金工　供图）

悼念在长征途中牺牲的先烈。《粉彩雪景长征诗意图》获北京年度创新工艺美术大赛银奖，《新彩乘风破浪绿釉套壶》获北京年度创新工艺美术大赛优秀作品奖。

（刘祎祎）

北京市金工投资管理有限责任公司

【概况】 2021年，根据《北京市西城区人民政府国有资产监督管理委员会关于企业重组及公司制改制的通知》精神，北京市金工投资管理有限责任公司（简称金工公司）完成重组改制工作，出资人由西城区国资委变更为北京市西城区国有资产经营（集团）有限责任公司，企业级次由1级变更为2级。改制后名称变更为北京市金工投资管理有限责任公司。金工公司接待12345市民服务热线派件12件，退回4件，剩余8件全部办结。实现响应率、办结率、满意率均100%。其中涉及房屋改造类诉求4件、咨询类诉求1件、求助类诉求2件、房产类诉求1件。完成营业收入2329.39万元，比上年增加185.1%。主要收入包括：房租收入1650.06万元，北京银行股票分红111.6万元，委贷利息收入650.94万元，水电其他杂费收入28.32万元。利润总额、净利润比上年增加1143.96%、1093.79%。累计缴纳税金232.8万元，比上年增长213.87%。

（任　媛）

【房产登记证办理】 2021年，西城区房屋管理中心、金工公司协同解决广安门北街20号楼房产纠纷。广安门北街20号楼为中央广播电视总台和北京调压器厂1994年联建的宿舍楼，由于多种历史原因，居民产权证一直未能办理。20年前收缴的个人信息也发生很大变化，给产权办理工作带来一定难度。经过调查、走访，与相关部门协调最终为81户居民办理房屋产权证。

（任　媛）

【退休人员社会化管理】 2021年，金工公司为153名退休职工查找因历史遗留问题缺失的人事档案，涉及7个区、84个派出所，取回人事档案74份。摸排查找与企业失去联系的351名退休职工，与49名退休职工取得联系。上年度以来累计完成2815名退休职工社会化办理、移交工作。

（任　媛）

【下属国有企业改制】 8月，按照区委区政府有关进一步深化国资国企改革精神和要求，金工公司完成对下属北京调压器厂、北京市大华陶瓷厂公司制改制。截至年底，金工公司完成对全部下属全民所有制企业公司制改制工作，进行工商备案。

（任　媛）

北京金正资产投资经营有限公司

【概况】 2021年，北京金正资产投资经营有限公司（简称金正公司）下设4家子公司，投资企业18家。北京菜市口百货股份有限公司、北京张一元茶叶有限责任公司为西城区国资委认定的重要子企业。金正公司及重要子企业合并资产总额112.89亿元（其中金正公司资产总额25.57亿元），净资产69.37亿元。全年实现营业收入701.45万元，净利润3464.39万元。

（李　靖）

【企业改制】 2021年，金正公司按照北京市西城区国资委和北京金融街资本运营中心审批的北京市金正资产投资经营公司公司制改制方案，推进国有企业公司制改革工作。金正公司由全民所有制企业变更为有限责任公司，10月28日完成工商变更登记。

（李　靖）

【融资贷款业务】 2021年，金正公司下属子公司北京金正光彩融资担保有限公司扩大担保力度，支持小微型企业、个体工商户等创业主体，实现区内担保额度16819万元49户；提供创业担保贷款17笔，担保余额513万元。截至年底，贷款担保额33959万元。金正公司下属子公司北京金正融通小额贷款有限公司发放贷款21笔4145万元，有效缓解小微企业经营困难和流动资金缺乏的情况。

（李　靖）

【餐饮零售业务】 2021年，金正公司下属子公司北京聚宝源饮食文化科技有限公司利用网络销售平台、大数据分析、仓储物流精细化管理等手段实现销售收入6150万元，各类门店增加到22家，餐饮服务、零售食品、销售清真食品等业务辐射至北京、河北、内蒙古、陕西、杭州、新疆等地，服务顾客超过150万人次。在成都世界中餐业联合会举办的2021世界中华火锅宴大赛中聚宝源获中华十强火锅宴称号。

（李　靖）

王府井集团北京长安商场有限责任公司

【概况】 2021年，王府井集团北京长安商场有限责任公司（简称长安商场）围绕周边1.5千米为核心、3千米为半径，满足其消费、社交、亲子、娱乐、文化、健康需求，打造新的商业体。获首都文明单位标兵、诚信兴商倡议企业称号。通过市应急管理局大型商业综合体消防安全管理达标建设考评。全年日均客流比上年增长35%，实现规模销售4.6亿元，比上年增长10%。

（李东莹）

【经营品牌调整】 2021年，长安商场分析、研究顾客从“购买商品”到“购买生活方式”，从“购买产品”到“购买服务”的转变，调整经营品牌46个，调整率25%。引进小米之家、归位瑜伽、嗨特购、奈贝儿童乐园、云尚峨嵋、白塔寺药店等品牌。（李东莹）

【会员小程序上线】 2021年，长安商场在王府井体系内率先启动会员小程序，开通积分商城减积分换购，雨伞、轮椅、婴儿车等物品租借服务，线上自助发票立开服务及楼层导航、消费订单、卡券查询、意见反馈等服务功能，开通会员积分停车缴费功能。（李东莹）

【商场营销活动】 2021年，长安商场运营线上商城、社区团购、超市到家服务，打通与支付宝及美团平台合作。围绕不同渠道顾客特点，打造特色专属营销。搭建有赞商城“微页面”“线上快闪”等特色活动，线上商城开展场级活动6场、主题类营销活动17场，品类品牌营销活动40余场。围绕“1+2”（三口之家）“1+6”（祖孙三代之家）家庭客群需求，组织不同主题、不同场景、不同客层的互动体验集客活动。组织“新享市城”市集、丛林市集、“欢乐嘉年华”生活市集、长安咖啡节、首届社区雀神争霸赛等80余场次，带动日均客流最高达1.9万人次。（李东莹）

【服贸会参展】 2021年，长安商场以线上参展形式参加中国（北京）国际服务贸易交易会，搭建线上展台及3D展台，通过图片及视频向众人展现长安商场新风采。

（李东莹）

【进社区服务活动】 2021年，长安商场组织进社区活动6次，涉及品牌19个，服务居民2000余人次。开展暑期养成记、读书会、香薰蜡烛DIY、厨艺达人赛等系列互动活动83场，1500人次参与。（李东莹）

6月25日，长安商场举办首届咖啡节　　（长安商场　供图）

北京翔达投资管理有限公司

【概况】 2021年，北京翔达投资管理有限公司（简称翔达公司）经营范围涉及餐饮业、饭店业、洗浴业、摄影业、旅游文化业、物业管理业等多种经营业态，经营网点59处。旗下拥有晋阳饭庄（虎坊桥店、白广路店）、吐鲁番餐厅、美味斋饭庄、致美斋饭庄、清华池、清华池诊所、清华池会所、首都照相馆、翔达翔鲜生、恒兆分公司11个分公司制企业；翔达国际商务酒店、中兴世纪物业公司、晋雅信达文化公司、翔达安康商贸公司、翔达国旅公司5家全资子公司；翔达南来顺饭庄1家控股子公司及翔达信诚物业公司1家代管企业。翔达公司下属企业致美斋饭庄、首都照相馆经北京市老字号协会审核，被认定为北京市第六批北京老字号企业。截至年底，翔达公司账面资产总额约5.12亿元。

（张莉洁）

【春歌京点小吃文化节】 3月30日，年度春歌京点小吃文化节在翔达南来顺饭庄举行，60余家餐饮品牌的百余种小吃和春季美食参与，翔达南来顺饭庄携10余种特色小吃亮相小吃节。京点小吃文化节展示特色小吃和小吃技艺，联动各类菜肴销售，让消费者品尝、体验到北京饮食文化和小吃文化的魅力和精髓，促进餐饮全业态消费发展。

（张莉洁）

【非遗体验活动】 7月20日，由西城区非物质文化遗产保护中心举办的年度西城区第七届“传统文化体验之旅·非遗体验DIY夏令营”开幕仪式在子公司晋雅信达文化公司（纪晓岚故居）举行。活动设置红色文化线路、中轴线技艺线路、传统技艺线路及16个具有代表性的非物质文化遗产项目展示场馆。截至8月31日，举办北京彩塑、木版水

3月30日，春歌京点小吃文化节在翔达南来顺饭店开幕 （翔达公司 供图）

印、北京琴书3个非遗项目共11场次活动，汇集非遗文化、非遗体验、非遗表演等主题活动和互动体验项目，近500名学生及家长参与。（张莉洁）

【金秋回馈季活动开展】 9月1日至10月31日，翔达公司开展“金秋回馈季”活动，向到店消费顾客发放消费抵扣券3000张，消费抵扣券回收率14%，活动期间带动各基层门店销售均增长10万余元。（张莉洁）

【清华池业务发展】 9月3日，清华池参加中国（北京）国际服务贸易交易会——首钢园展区。现场展示非遗项目产品、护足用品，如脚气膏、护理膏、老艾汤、神针贴等十几种，网上商城、网上预约服务，接待咨询及服务3000余人。9月23日至25日，清华池参加在济南市举办的第五届中华老字号博览会，携带18种自主文创产品在博览会亮相。现场接待近千人咨询与服务。11月，清华池推出“宫廷药浴百草固命汤”“祖传骨伤调理”两种新调理项目，“宫廷药浴百草固命汤”由108味中药制成，具有通经活络、活血化瘀、软坚散结、祛风除湿寒等功效。“祖传骨伤调理”对腰椎间盘突出、膨出、滑脱、椎管狭窄、股骨头坏死、膝关节损伤、退行性病变、各类型颈椎病、颈肩综合症、腕、踝关节、脊柱侧弯病症都有独到而快速有效的调理。12月20日，清华池召开年度修脚师技能等级认定颁证大会，37名修脚师分获清华池技师级、高级工、中级工3个级别等级证书，其中9人获修脚师二级证书、13人获三级证书、15人获五级证书，证书由北京市职业技能鉴定管理中心颁发。（张莉洁）

【便利蜂（翔达大厦店）开张】 9月3日，翔达公司下属子公司中兴世纪物业公司与24小时便利店“便利蜂”合作，首家“便利蜂”（翔达大厦店）零售门店正式开门纳客，为写字楼内工作人员提供便利服务，丰富写字楼的业态布局。（张莉洁）

【“阅微云集”非遗传承空间开业】 9月11日，“阅微云集”开门接待顾客。翔达公司从文化传承角度出发，利用前门西河沿大街97号一栋旧老楼，经过改造装修，将其打造成为集手工技艺制作、折扇文化展示、体验、培训、书吧、文创产品、休闲会客等多功能于一体的“阅微云集”非遗传承空间。“阅微云集”由翔达公司下属子公司晋雅信达文化公司与北京天彩科技有限公司共同经营管理，可承接小型活动、会客茶歇等。（张莉洁）

【致美斋饭庄升级改造】 10月，致美斋饭庄改造内部环境，更换包间壁纸、迭代包间餐具、利用绿植做衬景、增加景观隔断，改变餐厅整体环境面貌。外卖窗口新增山东酱肉包、茴香包子、菜团子、粗粮窝头等品种。请鲁菜大师黄凯为技术顾问，研发具有山东特色菜品。（张莉洁）

【翔鲜生超市开业】 12月31日，位于虎坊路1号楼底商的翔达翔鲜生生活超市正式营业，营业面积320

9月3日，清华池参加服贸会 （翔达公司 供图）

平方米，营业区内划分为生鲜、服务、百货食品、熟食等区域，商品每日进货，确保安全。（张莉洁）

【社区物业管理】2021年，翔达信诚物业公司与六里桥社区居委携手为六里桥北里13号楼住户安装电动自行车充电桩30个，清理废旧自行车及楼道内堆料、堆物，解决2家住户下水管道堵塞问题，获锦旗2面。（张莉洁）

北京新月联合汽车有限公司

【概况】2021年，北京新月联合汽车有限公司（简称新月公司）有32家公司（分公司），其中有13家小车分公司、2家旅游公司、1家修理分公司和6家控股公司。北京新月联合交通版块有各种车辆1.21万部，经营范围涉及出租客运、旅游班车、租赁商务、救援物流、驾驶培训、汽车修理等领域。新月公司全年实现营业收入4.83亿元，上缴利税4416万元；资产规模43.3亿元。新月公司获中国道路运输百强诚信企业、全国出租租赁汽车行业抗击新冠肺炎疫情工作先进企业等。（沈　军）

【重大活动交通服务】1月8日至18日，新月公司执行北京市十五届人大三次会议和北京市政协十三届三次会议交通运输保障工作。派出大小车辆49部、管理人员和驾驶员56名，发车791车次。1月20日至28日，新月公司执行北京市十五届人大四次会议和北京市政协十三届四次会议交通运输保障工作。派出大小车辆91部、管理人员和驾驶员94名，发车854车次，接送人员9876人次。2月28日至3月12日新月公司执行中国人民政治协商会议第十三届全国委员会第四次会议交通运输保障工作，派出管理人员和驾驶员40名，参与车辆37部，出车1432车次、接送1.05万人次、安全行驶近3万千米。5月9日至7月2日，新月公司承担国家机关工委、市卫生健康委、中科院、全国总工会、国家乡村振兴局、市教委、市政协、全国政协等9个单位参加庆祝中国共产党成立100周年活动期间人员交通保障工作，派出318辆车，出车1524车次、运送人员8万余人次，安全行驶17万余千米。8月17日至9月9日，新月公司派出249辆车，参加人员297人，担负中国（北京）国际服务贸易交易会在北京举办期间的交通运输保障服务。出车1766车次、接送2.4万人次，安全行驶1.8万千米。10月7日，新月公司参加辛亥革命110周年纪念活动交通服务，派出17辆车、19名人员参与交通保障，出车39车次、运送人员1200余人次，安全行驶1950千米。（沈　军）

【疫情防控专车服务】2月至8月，新月公司派出81名驾驶员、78辆宇通大巴和考斯特等保障车，担负西城区新冠肺炎患者定点收治的北京回民医院医护人员医院与住宿酒店间轮换休息、人民医院与白塔寺院区间透析患者接送和首都机场相关入境隔离人员、北京西客站返京人员转运及北京务工人员返京“点对点”专车接送任务，出动1970余车次，转运1.15万余人次。（沈　军）

北京张一元茶叶有限责任公司

【概况】2021年，北京张一元茶叶有限责任公司（简称张一元）有近400家品牌连锁店，31家名优茶生产基地，2家全资子公司，拥有国际认可的CNAS理化试验室，茉莉花茶标准化产业园及生产仓储物流中心。全年售额超过10亿元，蝉联全国茶叶内销榜首。张一元被中国茶叶流通协会评为中国茶业百强企业，被金融街资本党委授予先进基层党组织。（刘姒千）

【节庆促销活动】2021年，张一元开展4次促销活动。分别是以“过大年，喝龙毫”为主题的年茶节。1月15日，张一元年茶节开幕，为期36天。名优绿茶展卖季4月15日开幕，为期21天，其间新绿茶全面上市。以“新茶上，龙毫香”为主题的花茶节8月13日开幕，为期10天，新花茶全面上市，开启会员回馈活动，积分兑换茶礼。“过佳节、喝龙毫”为主题的迎中秋庆国庆活动9月6日开幕，为期33天。4次重要促销活动各连锁店及天猫、京东张一元旗舰店同期开展购茶送好礼活动，在抖音、快手、小红书、微信朋友圈等平台开展网上直播、发起相关话题，直接带动销售提升，实现品牌曝光带动线上消费转化。张一元官方微信在元宵节、“三八”妇女节、世界读书日、国际茶日、端午节、七夕等节庆开展线上参与互动话题抽奖活动。推出庆祝中国共产党成立100周年茉莉花茶礼品，配一对景德镇定制正红陶瓷罐，内含造型茶150克，每套售价1000元。（刘姒千）

【茶叶展销活动】2021年，张一元应邀参加多项活动。3月，参加第三十届上海国际酒店及餐饮业博览会，张一元时尚茶饮获年度“觅乐”TOP10酒店餐饮产品创新奖。4月，参加“黄山杯”首届全国传统名茶产品质量推选活动，张一元西湖龙井获特别金奖。同月，参加华茗杯2021绿茶、红茶产品质量推选活动，张一元雨前龙井茶获特别金奖。8月25日，参加第三届世界茉莉花大会暨第十二届全国茉莉花交易博览会、中国（横州）茉莉花文化节，获全国茉莉花茶十大经典品牌。10月27日，参加第十七届中国茶业经济年会，连续第十五年获年度茶业百强企业称号，获年度茶业领军企业、年度茶叶畅销品牌、年度茶叶电商十强。11月24日，参加“两展一节”线上茶业博览会，张一元龙毫、洞庭碧螺春获“两展一节”茶叶产品推选活动特别金奖。（刘姒千）

【头茬西湖龙井茶上市】3月16日，首批头茬西湖龙井空运抵达张一元，

6月20日，张一元总店年销售额突破1亿元　（张一元　供图）

采用官方指定包装、加贴新版西湖龙井证明标识，经国家标准检测实验室73项理化指标、8项感官因子全部检测合格，严把质量关，确保“尊重时令、产地正宗、品质可靠”。特级明前精品西湖龙井茶（狮峰）每斤售价9800元，上市半日售罄。（刘姒千）

【销售纪录创新高】 6月20日，张一元大栅栏总店用170天实现年销售额突破1亿元，连续十年实现销售过亿元。11月，总店购茶小程序即张一元官方微商城启动运营。12月25日，总店年销售额首次突破2亿元。（刘姒千）

【张一元茉莉花茶旗舰店开业】 7月17日，位于西城区广安门内大街的张一元茉莉花茶北京首家线下旗舰店开业。12月25日，位于天津市和平区福安大街，天津首家线下茉莉花茶旗舰店开业。（刘姒千）

王府井集团股份有限公司北京西单商场

【概况】 9月，首旅集团部署王府井集团股份有限公司吸收合并北京首商集团股份有限公司，西单商场成为王府井集团股份有限公司下属品牌企业。西单商场旗下汇集5家门店，分布于北京、甘肃、四川、新疆等省市自治区，涵盖百货、超市、名品折扣、商业地产等多种业态。12月9日，西单商场万方店举行更名仪式，原首商集团万方西单商场正式更名为北京京饮华天商厦。西单商场参加北京市背街小巷环境精细化整治提升工作交流推进会，受邀代表158家首都文明商户以《做好“诚信经营、服务至上、质量过硬”的首都文明商户》为题发言。西单店在北京市第十届商业服务业技能大赛活动中获优秀组织奖，员工刘云鹤获收银项目第十九名；员工张林萍在美陈师竞赛项目中获“美陈之星”称号。全年实现销售规模12亿元。（翁笑芸）

【商品促销活动】 1月至2月，西单商场“选吉祥年货、品国潮味道”统一营销季以最具年味儿的国潮元素为主线，突出吉祥（象）寓意，春节7天实现销售3223万元。“三八”妇女节期间实现销售1089万元。4月至6月，借助传统节日开展“为爱加冕、云逛西单”活动。5月1日，“聚十三”烤肉博物馆在西单店地下一层开业，新店酬宾活动期间日均销售额超2.8万元。7月至8月，根据节气、节日营销热点进行场景营销和淡季商品促销。9月至10月，“乐享金秋”统一营销季实现含税销售3319万元，其中西单店实现销售1473万元。11月，借助电商大促消费热度开展营销活动。12月，西单商场91周年店庆以“冬日温暖消费场景”为主线，实现销售4899万元。（翁笑芸）

【商场消防安全】 1月11日，西城区消防救援支队检查西单店消防安全工作，抽查消防微站拉动演练，重点检查高位水箱运转、地下食街消防设施情况，进行现场培训和示范指导。3月1日，市市场监督管理局、市安监局、工商执法支队对西单店防疫管理规范、食品安全报告、经营合同、消防预案、监控值守、特种设备设施质检报告和维修

12月1日起，西单商场举办91周年店庆活动　（西单商场　供图）

保养记录等情况开展联合检查。检查结果西单店疫情防控和安全防范工作符合要求。8月20日，西单店联合西城区消防救援支队开展“一警六员”消防基本技能实操实训，突出“真灭火、真出水、真动作”，参训人员演练手提灭火器、消火栓灭火等项目。60名员工参加。

（翁笑芸）

【服贸会参展】 9月6日，西单商场在中国（北京）国际服务贸易交易会现场，通过微商城直播平台，以“精选文旅优品限时特惠”为主题开展直播宣传销售活动，实现在线观看7899人次、订单成交额1.29万元。现场以展板、企业宣传手册、直播互动和云上展厅形式，从辉煌初心、厚积传承、实铸商魂和腾飞发展4个方面展示企业文化和经营特色。 （翁笑芸）

北京国华商场有限责任公司

【概况】 2021年，北京国华商场有限责任公司（简称国华商场）经营黄金、铂金、K金、钻石镶嵌、翡翠、玉石、珍珠、珊瑚、银饰和纪念收藏等几十个品类。连续保持北京市著名商标、北京市优质服务商店、中国珠宝玉石行业放心示范店、AAA级企业信用等级。国华商场黄金部经理李秀玲被推选为北京市青联第十二届委员会委员。因新冠肺炎疫情影响，上半年经营受限，下半年逐步回温，基本达到疫情前的80%。 （张 伟）

【新业态引入】 2021年，国华商场为丰富商场业态，增加周边社区服务及便民形式，在商场二楼引入木北造型。入驻后加入国华商场社区服务项目，参与社区服务，定期为社区老人免费理发。 （张 伟）

【企业新型学徒制培训】 2021年，国华商场根据《北京市全面推行企业新型学徒制实施方案》通知，联合北京市工艺美术高级技工学校开展为期1年的企业新型学徒制培训。77名在职员工报名贵金属首饰与珠宝玉石检测员专业。培训包含线上和线下两部分27门课程。通过培训学习，员工基本掌握珠宝玉石和贵金属的相关知识及鉴定方法。 （张 伟）

北京金象复星医药股份有限公司

【概况】 2021年，北京金象复星医药股份有限公司（简称金象复星公司）成立全资子公司北京白塔寺药店连锁有限公司。承担全区新冠肺炎防疫物资接收及配送任务，全年接收新冠肺炎防疫物资63201件，配送防疫物资18999件，涵盖消毒酒精、防护服、乳胶手套、口罩、疫苗冷藏柜等26个种类的产品，合计派发281车次，配送总里程5万余千米。新建两座中药饮片调剂代煎中心，整体拥有智能煎药设备200套，日产达2万付，做好“送药到家”服务。坚持药学服务走出去，组成药学服务志愿团，开展中医专家义诊、中医传统文化传播、用药安全常识等健康知识宣传讲座20场。实现销售收入17.97亿元、净利润1175万元，白塔寺药店再次突破亿元销售大关，获评首都文明标兵单位。 （崔国荣 窦鲁鑫）

【五年规划编制】 3月，金象复星公司完成2021—2025年战略规划编制工作。规划立足医药流通领域，通过创新经营拓展医药大健康事业空间，延伸服务内涵，以信息化、平台化、系统化推动公司转型升级，发展医药批发、医药零售、药品三方物流、互联网营销4大核心业务，以中药饮片配送、医疗器械拓展、社区卫生合作搭建服务平台，打造保障百姓用药可及性和安全性的药品供应企业。 （崔国荣）

【中药配方颗粒业务启动】 3月19日，金象复星公司启动中药配方颗粒业务。业务部门对接供货商和医疗机构客户，根据不同业务需求提出解决方案。使用中药配方颗粒智能化调剂设备，实时语音提示，导向式操作提示，方剂调剂分配精准，逐盒分药，自动封装。拓展中药配方颗粒市场，开发医疗客户销售份额。截至年底，累计调配药剂近3万付，价值金额25.66万元。其中为企事业单位调配新冠肺炎预防处方5268付。 （崔国荣）

【白塔寺药店连锁公司成立】 9月10日，经金象复星公司股东大会审议通过，同意金象复星公司出资500万元成立全资子公司北京白塔寺药店连锁有限公司，设立董事会，实行法人治理结构。同意金象复星公司将所属白塔寺药店、复兴门金象大药房、北京市宣内药品有限责任公司真武庙金象大药房、北京白塔寺琪卉堂药店有限公司、北京北达白塔寺药店有限公司、北京白塔寺药店东单医药有限公司等6家零售药店以加盟或股权转让方式，并入北京白塔寺药店连锁有限公司。 （崔国荣）

【饮片批发业务整合】 10月12日，金象复星公司召开饮片批发业务整合启动会。批发业务人员办公地点迁移，合并到阜成门内大街295号办公。统一使用运营中心业务系统开展业务操作和管理所有品种的质量基础数据并升级改造，确保中药材分公司业务系统运行。拓展饮片批发与25家医疗机构合作业务，配送金额比上年增长45.15%。

（崔国荣 窦鲁鑫）

（**责任编辑** 孙凤霞 叶婷）

金融业

金融服务管理

【概况】2021年，西城区金融业实现增加值2872.5亿元，比上年增长10.9%，占区GDP比重为53.1%，占全市金融业增加值比重为37.8%。驻区金融机构资产规模达到129.2万亿元，比上年增长4.8%，占全国金融资产规模三分之一，实现收入14082.6亿元，比上年增长16.9%，实现利润总额6664.7亿元，比上年增长24.6%。金融业收入、利润占西城区第三产业的比重分别为60.7%和66.1%，占全市金融业的比重分别为42.3%和36.3%。辖区内上市企业48家，贡献A股市场超过1/5的净利润。金融街以不足全区7.5%的面积和38.3%的从业人员，创造全区53.5%的区收贡献。以全市0.02%的面积创造全市50.4%的金融业地方级税收贡献，以及全市近70%的金融业三级税收贡献。北京金融街服务局（简称金融街服务局）做好金融街的规划、建设、服务等组织协调和为国家金融管理中心服务工作，推动西城区金融业发展、金融服务和金融市场建设。编制《西城区“十四五”时期金融业规划》，成立金融街合作发展理事会资产管理专委会，举办金融街论坛年会、第三届西城区企业上市主题交流活动、“完善投资者保护制度、建设资本市场良性生态”、“促进创新型中小企业高质量发展”、“金融支持高质量发展、促进共同富裕”等5场主题研讨会活动。落实地方金融机构监管职责，开展现场检查和非现场监管等。金融街服务局印发《金融街观察》内刊12期。新华财经“金融街发布”频道线上发布信息3000余条。发挥“金融街i客厅”信息发布、沟通交流、展览展示、专业服务等服务功能，承办226场会议和活动。收到“接诉即办”件1188件，其中退回案件897件、办理案件291件，全部按要求流转，在规定时限前完成系统上报。接收信访件227件，均按要求在规定时限内完成信件寄出、系统回复录入工作。（张　磊）

【金融业规划研究制订】2021年，金融街服务局逐季完成区金融业发展形势分析报告，编制《西城区“十四五”时期金融业规划》，内容含发展回顾，机遇与挑战，“十四五”时期指导思想与目标任务，强化国家金融管理中心功能、助力现代金融体系建设，依托北京证券交易所服务企业主阵地、引领创新发展，全力推进“两区”建设、引领开放发展，坚持服务实体经济本分、引领融合发展、强化金融街辐射带动作用、引领联动发展、优化金融街软环境、营造良好金融生态，铸就金融街硬实力、展现品牌文化窗口，保障措施。编制《金融街发展报告（2021）》《金融街发展指数报告（2021）》，在金融街论坛年会上正式发布。（张　磊）

【金融业服务“两区”建设】2021年，西城区全面推进“两区”建设，承接国家金融改革开放任务，鼓励驻区金融机构争取金融业扩大开放政策试点。在全市梳理的“两区”建设49个突破性、标志性落地项目中，西城占比27%；新增北京证券交易所、中国银河资产、北京金融法院、金融科技法治研究中心、金融网关、国能保理等7个标志性项目。支持高盛高华证券有限责任公司获批成为北京首家外商独资券商，服务锋裕汇理参与合格境内有限合伙人境外投资（QDLP）试点，中化集团参与跨国公司本外币一体化资金池试点，办理全国首笔境内企业外债引入美元并结汇人民币使用的首发试点业务。《“政府＋企业”双管家服务金融业发展新模式》入选北京市“两区”建设第一批改革创新实践案例。（张　磊）

【金融机构引进】2021年，西城区引进各类金融机构63家，新增注册资本324.16亿元。服务资本市场改革，引进我国第一家公司制证券交易所——北京证券交易所有限责任公司。支持金融业扩大开放，服务由中国人民银行相关机构联合环球银行金融电信协会（SWIFT）共同发起设立的国际合作重要基础设施——金融网关信息服务有限公司落地发展。聚焦资产管理行业发展，引进全国首家保险资管公募业务部转制公募基金公司——泰康基金管理有限公司，引进西城区首家另类保险资管持牌机构——太平资本保险资产管理有限公司。服务大型国企金融板块衍生发展，引进北京市注册规模最大的商业保理公司——国能（北京）商业保理有限公司。（张　磊）

【企业上市服务】 2021年，金融街服务局服务中国电信、中国移动、中铁特货物流、龙源电力、菜市口百货、国源科技6家公司成功上市。截至年底，西城区有44家境内上市公司，23家境外上市公司，绝对数量50家，资产总额近135万亿元，市值超13万亿元；新三板挂牌企业47家，总股本166.1亿股，总资产436.2亿元，净利润10亿元，总市值143亿元，其中创新层企业5家。9月6日，金融街服务局举办第三届西城区企业上市主题交流活动，以"聚势成峰、驭梦未来——借势'两区'建设契机，提高上市公司质量"为主题，促进监管机构、证券交易所、上市公司和市场机构沟通合作，共享发展机遇。证券交易所、资本市场服务机构的代表，辖区上市公司、拟上市公司、部分挂牌企业负责人、相关机构学者专家等出席交流会。（张　磊）

【区域营商环境优化】 2021年，西城区落实各项政策兑现，兑现政策资金超9亿元。完成10名"金融人才"遴选工作。区领导走访对接机构60家次。金融街服务局与金融街服务中心有限公司创新升级"双管家"服务模式，拓展服务链条，局领导带队走访200余家，双管家团队走访覆盖所有重点机构。组建选址、政策落实、人才、业务发展等专项服务团队，为重点机构提供全生命周期、全业务流程的专业服务。整合区域内公共资源，为优秀金融人才提供就医、子女入学、居住、户口、工作证办理等服务。持续整合优质市场化资源，与72家供应商建立合作关系，为服务对象提供教育培训、健康保障、出行服务、空间资源、会议及商务、文化休闲、人力资源、特色党建、咨询服务、综合服务等10个领域的服务。（张　磊）

【金融服务区域发展】 2021年，金融街服务局健全完善融资服务工作联系机制，引导驻区大型金融机构为实体经济发展不断注入"源头活水"，支持区域金融、科技、文化融合发展。完善小微金融服务平台功能，新增"政策惠企"功能模块，签约授信机构18家，上线金融产品25款，为42家小微企业授信1.6亿元。促进政府、金融机构与企业间合作对接，配合举办西城区中小企业专场融资对接活动、西城区金融服务民营企业对接会等融资线下活动3次。（张　磊）

【金融机构监管】 2021年，金融街服务局依据《北京市地方金融监督管理条例》要求，落实对辖内地方金融组织监管职责，开展现场检查和非现场监管，通过开展定期或非定期的现场检查工作，全面了解企业经营情况；召开行业工作会，通过行业工作会集中通报监管中发现的问题，做到有问题及时沟通、及时解决；借助大数据公司、报表系统等方式，动态监管地方金融组织业务开展情况，建立非现场监管常态化工作机制，做到非现场监管的数据化。截至年底，西城区有小额贷款公司8家、融资担保公司及分公司6家、典当行32家。（张　磊）

【金融风险防范】 2021年，金融街服务局开展《防范和处置非法集资条例》解读宣教和投资者教育，打造集中宣传日、金融伴我成长、"蜜蜂计划"、金融知识宣教长漫画、防范非法集资微视频等品牌活动。线上线下覆盖宣传群众超过500万人。印发《西城区落实〈防范和处置非法集资条例〉工作方案》。综合运用大数据监测等手段，建立完善"冒烟指数"、大数据舆情监测和企业商事登记变动的监测预警机制，定期监测辖内1.1万家类金融企业、重点主动监测2716家企业。针对中高风险企业，持续开展现场排查、约谈工作，向行业管理部门发送辖内外企业风险提示1500余家次，联合相关单位现场排查风险企业140余家。增强网络敏感信息收集、监控力度，做好投资人属地信访稳控工作，化解涉众风险。做好互联网金融风险整治，完成2家网贷平台退出工作。（张　磊）

【金融街区域软环境建设】 2021年，北京金融街投资（集团）有限公司服务国家金融管理中心，助力优化营商环境，打造区域软环境建设。集团所属威斯汀酒店、丽思酒店、金融街商会等单位服务保障2021金融街论坛年会召开。举办首届全国金融科技行业高级人才洽谈会，13家金融机构参与，提供金融科技人才岗位近600个，收到高素质人才简历近6000份。金融街商会新入会单位24家，会员总数294家。"Life金融街"企业互动平台完成产品功能开发与试用。开设6个实体"金融街爱心驿站"。金融街慈善基金会收到捐款2171万元。金融街商会开展各类系列活动60余场，参与人数4万余人。全年举办10场青年联谊活动，500余名单身青年参与。举办16期一对一相亲服务活动，68人参加。"金融街全诚热恋"公众号粉丝量近4000人，近80位单身青年幸福牵手。（郭岩松）

【合作发展平台建设】 7月15日，北京金融街合作发展理事会资产管理专委会成立。资产管理专委会是为资产管理行业发展提供咨询与建议的协调议事平台，中国工商银行为首届专委会召集人，60余家业界机构参与。10月22日，北京金融街合作发展理事会金融科技专委会成立，金融科技专委会为金融科技行业信息交流与沟通合作的平台，中国建设银行作为首届专委会召集人，主任单位、成员单位50余家机构参与。（张　磊）

【服贸会参展】 9月3日至7日，金融街服务局组织企业参加中国（北京）国际服务贸易交易会，举办金融服务专题展，主题为“开放发展中的金融街”，通过互动体验、触摸屏、视频等展示金融街“十三五”发展成果、亮点项目和“十四五”发展前景，全面呈现国家金融管理中心建设发展成就。（张 磊）

【金融街论坛年会】 10月20日至22日，以“经济韧性与金融作为”为主题2021金融街论坛年会举行，设置“实体经济与金融服务”“绿色发展与金融担当”“双向开放与金融合作”“数字经济与金融科技”“治理体系与金融安全”5个平行论坛，共35个议题。举办50余场议题讨论及专场活动、5个专题展览。中央政治局委员、国务院副总理刘鹤发表书面致辞，国际清算银行总裁卡斯滕斯视频致辞，市委书记蔡奇致辞并宣布开幕。全球400余位嘉宾围绕构建“双循环”新发展格局热点议题开展交流讨论，其中来自32个国家和地区的140余名境外嘉宾通过连线或录播视频方式参会。年会上提出1项国际性倡议（《气候友好银行北京倡议》），签署1项金融科技类合作备忘录（《关于在粤港澳大湾区开展金融科技创新监管合作的谅解备忘录》），发布17项研究报告（新华·国际金融中心发展指数等）、47项最新金融国家及行业标准（《金融街发展报告（2021）》《金融街发展指数报告（2021）》等）。网上阅读量达14.4亿人次。2021年，金融街服务局举办金融街论坛系列活动20余场，涵盖宏观经济分析、“一带一路”建设、双向开放、金融科技、绿色金融、数字货币、国际仲裁与调解、金融支持乡村振兴等重点热点议题。10月19日，金融街服务局举办“双向开放下的金融合作新机遇”——中外资交流专场活动。作为金融街论坛系列活动的重要组成部分，向外资企业集中推介首都金融业发展环境和政策。市委常委、副市长殷勇和“一行两会一局”（中国人民银行、中国银行保险监督管理委员会、中国证券监督管理委员会、国家外汇管理局）有关部门负责人出席并发表主题演讲，与来自银行、保险、资产管理业的100余家中外资金融机构代表一起，解读在经济复苏大背景下，如何从全球视角把握新机遇、迎接新挑战，实现资产管理行业的开放合作及可持续发展。（张 磊）

2021年驻西城区部分金融机构一览表

表5

序号	单位	职能职责	注册地址
	一、金融管理部门		
1	中国人民银行	国务院组成部门。在国务院领导下，制定和执行货币政策，防范和化解金融风险，维护金融稳定	成方街32号
2	中国银行保险监督管理委员会	统一监管银行业和保险业机构，维护行业合法稳健运行。银行业和保险业及其他相关类型机构有关法律法规和制度办法制定银行业和保险业机构及业务范围准入管理银行业和保险业机构高管任职资格审查银行业和保险业机构现场检查、非现场监管、违法违规行业查处非法金融活动打击全国银行业和保险业监管数据报表统一编制与发布国有重点银行业金融机构监事会日常管理所属派出机构垂直领导相关国际合作及国务院交办事项	金融大街甲15号
3	中国证券监督管理委员会	统一监管全国证券期货市场，保障证券期货市场合法运行。证券期货市场方针政策、发展规划拟订相关法律法规研究起草监管规章、规则和办法制定股票等证券发行、上市、交易、托管和结算监管上市公司及其股东证券市场行为监管境内期货合约上市、交易和结算监管境内机构从事境外期货业务监管证券期货经营机构、证券投资基金管理公司、证券期货投资咨询机构、证券资信评级机构监管律师事务所、会计师事务所、资产评估机构及其成员从事证券期货相关业务活动监管证券期货违法违规行为依法调查、处罚证券期货行业的对外交往和国际合作事务归口管理	金融大街19号

续表 5

序号	单位	职能职责	注册地址
4	国家外汇管理局	研究提出外汇管理体制改革和防范国际收支风险、促进国际收支平衡的政策建议，研究逐步推进人民币资本项目可兑换、培育和发展外汇市场的政策措施，向中国人民银行提供制订人民币汇率政策的建议和依据；参与起草外汇管理有关法律法规和部门规章草案，发布与履行职责有关的规范性文件；负责国际收支、对外债权债务的统计和监测，按规定发布相关信息，承担跨境资金流动监测的有关工作；负责全国外汇市场的监督管理工作；承担结售汇业务监督管理的责任；培育和发展外汇市场；负责依法监督检查经常项目外汇收支的真实性、合法性；负责依法实施资本项目外汇管理，并根据人民币资本项目可兑换进程不断完善管理工作；规范境内外外汇账户管理；负责依法实施外汇监督检查，对违反外汇管理的行为进行处罚；承担国家外汇储备、黄金储备和其他外汇资产经营管理的责任；拟订外汇管理信息化发展规划和标准、规范并组织实施，依法与相关管理部门实施监管信息共享；参与有关国际金融活动；承办国务院及中国人民银行交办的其他事宜	金融大街 30 号
5	中国人民银行营业管理部	中国人民银行总行在北京的派驻机构，在辖区履行贯彻执行国家货币信贷政策、维护金融稳定、提供金融服务、外汇管理等各项工作职责	月坛南街 79 号
6	中国银行保险监督管理委员会北京监管局	统一监管辖内银行业和保险业金融机构，维护行业合法稳健运行。银行业和保险业监管实施细则制定银行业和保险业机构及业务范围准入管理银行业和保险业机构高管任职资格审查银行业和保险业机构现场检查、非现场监管、违法违规行为查处金融消费者合法权益保护银行业和保险业统计监测地方金融监管部门相关业务工作指导监督	金融大街 15 号鑫茂大厦北楼 10 层
7	中国证券监督管理委员会北京监管局	经授权监管辖区内证券期货市场，保障证券期货市场合法运行。辖区内上市公司、证券、期货经营机构、证券期货投资咨询机构监管辖区内律师事务所、会计师事务所、资产评估机构相关证券期货业务活动监管违法违规案件查处相关市场风险防范和处置证券期货投资者教育和保护	金融大街 26 号
8	北京市地方金融监督管理局	北京市政府直属机构，为正局级，加挂北京市金融工作局（简称市金融局）牌子。北京市地方金融监督管理局（市金融局）贯彻落实党中央关于金融工作的方针政策、决策部署和市委有关工作要求，在履行职责过程中坚持和加强党对金融工作的集中统一领导	槐柏树街 2 号院 2 号楼 3 层

二、货币金融服务业

1	国家开发银行	吸收对公存款；发放短期、中期和长期贷款；委托贷款；依托中小金融机构发放转贷款；办理国内外结算；办理票据承兑与贴现；发行金融债券和其他有价证券；代理发行、代理兑付、承销政府债券、金融债券和信用债券；买卖政府债券、金融债券、信用债券；从事同业拆借；买卖、代理买卖外汇；办理结汇、售汇业务；开展自营和代客衍生品业务；提供信用证服务及担保；代理收付款项及代理保险业务；提供保管箱服务；资产管理业务；资产证券化业务；顾问咨询；海外分支机构在开发银行授权范围内经营当地法律许可的银行业务；子行（子公司）依法开展投资和投资管理、证券、金融租赁、银行、资产管理等业务；经国务院银行业监督管理机构批准的其他业务	复兴门内大街 18 号

续表 5

序号	单位	职能职责	注册地址
2	中国农业发展银行	办理粮食、棉花、油料、食糖、猪肉、化肥等重要农产品收购、储备、调控和调销贷款；办理农业农村基础设施和水利建设、流通体系建设贷款；办理农业综合开发、生产资料和农业科技贷款；办理棚户区改造和农民集中住房建设贷款；办理易地扶贫搬迁、贫困地区基础设施、特色产业发展及专项扶贫贷款；办理县域城镇建设、土地收储类贷款；办理农业小企业、产业化龙头企业贷款；组织或参加银团贷款；办理票据承兑和贴现等信贷业务；吸收业务范围内开户企事业单位的存款，吸收居民储蓄存款以外的县域公众存款，吸收财政存款；发行金融债券；办理结算、结售汇和代客外汇买卖业务，按规定设立财政支农资金专户并代理拨付有关财政支农资金；买卖、代理买卖和承销债券；从事同业拆借、存放；代理收付款项及代理保险；资产证券化；企业财务顾问服务；经批准后可与租赁公司、涉农担保公司和涉农股权投资公司合作等方式开展涉农业务；经国务院银行业监督管理机构批准的其他业务	月坛北街甲 2 号
3	中国进出口银行	经批准办理配合国家对外贸易和“走出去”领域的短期、中期和长期贷款，含出口信贷、进口信贷、对外承包工程贷款、境外投资贷款、中国政府援外优惠贷款和优惠出口买方信贷等；办理国务院指定的特种贷款；办理外国政府和国际金融机构转贷款（转赠款）业务中的三类项目及人民币配套贷款；吸收授信客户项下存款；发行金融债券；办理国内外结算和结售汇业务；办理保函、信用证、福费廷等其他方式的贸易融资业务；办理与对外贸易相关的委托贷款业务；办理与对外贸易相关的担保业务；办理经批准的外汇业务；买卖、代理买卖和承销债券；从事同业拆借、存放业务；办理与金融业务相关的资信调查、咨询、评估、见证业务；办理票据承兑与贴现；代理收付款项及代理保险业务；买卖、代理买卖金融衍生产品；资产证券化业务；企业财务顾问服务；组织或参加银团贷款；海外分支机构在进出口银行授权范围内经营当地法律许可的银行业务；按程序经批准后以子公司形式开展股权投资及租赁业务；经国务院银行业监督管理机构批准的其他业务	复兴门内大街 30 号
4	中国工商银行股份有限公司	办理人民币存款、贷款；同业拆借业务；国内外结算；办理票据承兑、贴现、转贴现；各类汇兑业务；代理资金清算；提供信用证服务及担保；代理销售业务；代理发行、代理承销、代理兑付政府债券；代收代付业务；代理证券资金清算业务（银证转账）；保险兼业代理业务；代理政策性银行、外国政府和国际金融机构贷款业务；保管箱服务；发行金融债券；买卖政府债券、金融债券；证券投资基金、企业年金托管业务；企业年金受托管理服务、年金账户管理服务；开放式基金的注册登记、认购、申购和赎回业务；资信调查、咨询、见证业务；贷款承诺；企业、个人财务顾问服务；组织或参加银团贷款；外汇存款；外汇贷款；外币兑换；出口托收及进口代收；外汇票据承兑和贴现；外汇借款；外汇担保；发行、代理发行、买卖或代理买卖股票以外的外币有价证券；自营、代客外汇买卖；外汇金融衍生业务；银行卡业务；电话银行、网上银行、手机银行业务；办理结汇、售汇业务；经国务院银行业监督管理机构批准的其他业务	复兴门内大街 55 号
5	中国银行股份有限公司	吸收人民币存款；发放短期、中期和长期贷款；办理结算；办理票据贴现；发行金融债券；代理发行、代理兑付、承销政府债券；买卖政府债券；从事同业拆借；提供信用证服务及担保；代理收付款项；提供保管箱服务；外汇存款；外汇贷款；外汇汇款；外币兑换；国际结算；同业外汇拆借；外汇票据的承兑和贴现；外汇借款；外汇担保；结汇、售汇；发行和代理发行股票以外的外币有价证券；买卖和代理买卖股票以外的外币有价证券；自营外汇买卖；代客外汇买卖；外汇信用卡的发行和代理国外信用卡的发行及付款；资信调查、咨询、见证业务；组织或参加银团贷款；国际贵金属买卖；海外分支机构经营当地法律许可的一切银行业务；在港澳地区的分行依据当地法令可发行或参与代理发行当地货币；经中国银行业监督管理委员会等监管部门批准的其他业务	复兴门内大街 1 号

续表 5

序号	单位	职能职责	注册地址
6	中国建设银行股份有限公司	吸收公众存款；发放短期、中期、长期贷款；办理国内外结算；办理票据承兑与贴现；发行金融债券；代理发行、代理兑付、承销政府债券；买卖政府债券、金融债券；从事同业拆借；买卖、代理买卖外汇；从事银行卡业务；提供信用证服务及担保；代理收付款项及代理保险业务；提供保管箱服务；经中国银行业监督管理机构等监管部门批准的其他业务	金融大街 25 号
7	中国邮政储蓄银行股份有限公司	吸收公众存款；发放短期、中期、长期贷款；办理国内外结算；办理票据承兑和贴现；发行金融债券；代理发行、代理兑付、承销政府债券；买卖政府债券、金融债券；从事同业拆借；买卖、代理买卖外汇；从事银行卡业务；提供信用证服务及担保；代理收付款项及代理保险业务；提供保险箱服务；经中国银行业监督管理机构等监管部门批准的其他业务	金融大街 3 号
8	中国光大银行股份有限公司	吸收公众存款；发放短期、中期和长期贷款；办理国内外结算；办理票据贴现；发行金融债券；代理发行、代理兑付、承销政府债券；买卖政府债券；从事同业拆借；买卖、代理买卖外汇；提供信用证服务及担保；代理收付款项及代理保险业务；提供保管箱服务；经中国人民银行和国家外汇管理局批准的其他业务	太平桥大街 25 号、甲 25 号中国光大中心
9	中国民生银行股份有限公司	吸收公众存款；发放短期、中期和长期贷款；办理国内外结算；办理票据承兑与贴现、发行金融债券；代理发行、代理兑付、承销政府债券；买卖政府债券、金融债券；从事同业拆借；买卖、代理买卖外汇；从事结汇、售汇业务；从事银行卡业务；提供信用证服务及担保；代理收付款项；提供保管箱服务；经国务院银行业监督管理机构批准的其他业务；保险兼业代理业务；证券投资基金销售、证券投资基金托管	复兴门内大街 2 号
10	北京银行股份有限公司	吸收公众存款；发放短期、中期和长期贷款；办理国内结算；办理票据贴现；发行金融债券；代理发行、代理兑付、承销政府债券；买卖政府债券；从事同业拆借；提供担保；代理收付款项及代理保险业务；提供保管箱业务；办理地方财政信用周转使用资金的委托贷款业务；外汇存款；外汇贷款；外汇汇款；外币兑换；同业外汇拆借；国际结算；结汇、售汇；外汇票据的承兑和贴现；外汇担保；资信调查、咨询、见证业务；买卖和代理买卖股票以外的外币有价证券；自营和代客外汇买卖；证券结算业务；开放式证券投资基金代销业务；债券结算代理业务；短期融资券主承销业务；经中国银行业监督管理委员会批准的其他业务	金融大街甲 17 号首层
11	北京农村商业银行股份有限公司	吸收公众存款；发放短期、中期和长期贷款；办理国内结算；办理票据承兑与贴现；代理发行、代理兑付、承销政府债券；买卖政府债券、金融债券；从事同业拆借；从事银行卡业务；代理收付款项及代理保险业务；提供保管箱服务；开办外汇业务、结售汇业务；经中国银行业监督管理委员会批准的其他业务	月坛南街 1 号院 2 号楼
12	摩根大通银行（中国）有限公司	在下列范围内经营全部外汇业务以及对除中国境内公民以外客户的人民币业务：吸收公众存款；发放短期、中期和长期贷款；办理票据承兑与贴现；买卖政府债券、金融债券，买卖股票以外的其他外币有价证券；提供信用证服务及担保；办理国内外结算；买卖、代理买卖外汇；代理保险；从事同业拆借；从事银行卡业务；提供保管箱服务；提供资信调查和咨询服务；基金销售；经中国银行业监督管理委员会批准的其他业务	金融大街 7 号英蓝国际金融中心 F1905-F1912，F2012B-F2019A 单元
13	瑞士银行（中国）有限公司	在下列范围内经营对各类客户的外汇业务和人民币业务：吸收公众存款；发放短期、中期和长期贷款；办理票据承兑与贴现；买卖政府债券、金融债券、买卖股票以外的其他外币有价证券；提供信用证服务及担保；办理国内外结算；买卖、代理买卖外汇；从事同业拆借；从事银行卡业务；提供保管箱服务；提供资信调查和咨询服务；经中国银行业监督管理委员会批准的其他业务；保险兼业代理业务；基金销售	金融大街 7 号英蓝国际金融中心 1220B-1230 单元

续表 5

序号	单位	职能职责	注册地址
14	花旗银行（中国）有限公司北京分行	在下列范围内经营部分或者全部外汇业务和人民币业务：吸收公众存款；发放短期、中期和长期贷款；办理票据承兑与贴现；买卖政府债券、金融债券，买卖股票以外的其他外币有价证券；提供信用证服务及担保；办理国内外结算；买卖、代理买卖外汇；代理保险；从事同业拆借；从事银行卡业务；提供保管箱服务；提供资信调查和咨询服务；经中国银行业监督管理委员会批准的其他业务（涉及许可证的凭许可证经营）	武定侯街6号卓著中心地下1层B102、B103、1层101单元、16层S1610单元、17层、18层、1800、1806-1808单元及S1810单元
15	美国富国银行有限公司北京分行	吸收公众存款；发放短期、中期和长期贷款；办理票据承兑与贴现；买卖政府债券、金融债券，买卖股票以外的其他外币有价证券；提供信用证服务及担保；办理国内外结算；买卖、代理买卖外汇；从事同业拆借；提供保管箱服务；提供资信调查和咨询服务；经中国银行业监督管理委员会批准的其他业务	金融大街7号英蓝国际金融中心7层F721-F723单元
16	工银理财有限责任公司	面向不特定社会公众公开发行理财产品，对受托的投资者财产进行投资和管理；面向合格投资者非公开发行理财产品，对受托的投资者财产进行投资和管理；理财顾问和咨询服务；经银保监会批准的其他业务	金融大街6号楼2层202、3层302、4层402、5层502、6层602、7层702、8层802、9层902
17	中银理财有限责任公司	面向不特定社会公众公开发行理财产品，对受托的投资者财产进行投资和管理；面向合格投资者非公开发行理财产品，对受托的投资者财产进行投资和管理；理财顾问和咨询服务；经银保监会批准的其他业务	金融大街6号楼7层701、10层1001、11层1101
18	中邮理财有限责任公司	面向不特定社会公众公开发行理财产品，对受托的投资者财产进行投资和管理；面向合格投资者非公开发行理财产品，对受托的投资者财产进行投资和管理；理财顾问和咨询服务；经银保监会批准的其他业务	金融大街6号楼6层601
19	中国移动通信集团财务有限公司	对成员单位办理财务和融资顾问、信用鉴证及相关的咨询、代理业务；协助成员单位实现交易款项的收付；对成员单位提供担保；办理成员单位之间的委托贷款及委托投资；对成员单位办理票据承兑与贴现；办理成员单位之间的内部转账结算及相应的结算、清算方案设计；吸收成员单位的存款；对成员单位办理贷款及融资租赁；从事同业拆借；承销成员单位的企业债券；有价证券投资（股票二级市场投资除外）；成员单位产品的消费信贷和买方信贷	月坛南街1号院3号楼第19、20层
20	联通集团财务有限公司	对成员单位办理财务和融资顾问、信用鉴证及相关的咨询、代理业务；协助成员单位实现交易款项的收付；经批准的保险代理业务；对成员单位提供担保；办理成员单位之间的委托贷款及委托投资；对成员单位办理票据承兑与贴现；办理成员单位之间的内部转账结算及相应的结算、清算方案设计；吸收成员单位的存款；对成员单位办理贷款及融资租赁；从事同业拆借；承销成员单位的企业债券；固定收益类有价证券投资	金融大街21号10层、7层708房间
21	中国电信集团财务有限公司	对成员单位办理财务和融资顾问、信用鉴证及相关的咨询、代理业务；协助成员单位实现交易款项的收付；经批准的保险代理业务；对成员单位提供担保；办理成员单位之间的委托贷款；对成员单位办理票据承兑与贴现；办理成员单位之间的内部转账结算及相应的结算、清算方案设计；吸收成员单位的存款；对成员单位办理贷款及融资租赁；从事同业拆借。	西直门内大街118号8层
22	国家能源集团财务有限公司	对成员单位办理财务和融资顾问、信用鉴证及相关的咨询、代理业务；协助成员单位实现交易款项的收付；经批准的保险代理业务；对成员单位提供担保；办理成员单位之间的委托贷款及委托投资；对成员单位办理票据承兑与贴现；办理成员单位之间的内部转帐结算及相应的结算、清算方案的设计；吸收成员单位的存款；对成员单位办理贷款及融资租赁；从事同业拆借；经批准发行财务公司债券；承销成员单位的企业债券；对金融机构的股权投资；有价证券投资；成员单位产品的消费信贷、买方信贷及融资租赁	西直门外大街18号楼2层7单元201、202

续表 5

序号	单位	职能职责	注册地址
23	航天科技财务有限责任公司	对成员单位办理财务和融资顾问、信用鉴证及相关的咨询、代理业务；协助成员单位实现交易款项的收付；经批准的保险代理业务；对成员单位提供担保；办理成员单位之间的委托贷款及委托投资；对成员单位办理票据承兑与贴现；办理成员单位之间的内部转账结算及相应的结算、清算方案设计；吸收成员单位的存款；对成员单位办理贷款及融资租赁；从事同业拆借；经批准发行财务公司债券；承销成员单位的企业债券；对金融机构的股权投资；有价证券投资；成员单位产品买方信贷及融资租赁	平安里西大街 31 号 -01 至 03 层，07 至 09 层
	三、资本市场服务业		
1	东兴证券股份有限公司	证券经纪；证券投资咨询；与证券交易、证券投资活动有关的财务顾问；证券承销与保荐；证券自营；证券资产管理；融资融券；证券投资基金销售；代销金融产品；保险兼业代理	金融大街 5 号（新盛大厦）12、15 层
2	国开证券股份有限公司	证券经纪；证券投资咨询；与证券交易、证券投资活动有关的财务顾问；证券承销与保荐；证券自营；证券资产管理；融资融券；证券投资基金销售；代销金融产品	阜成门外大街 29 号 1-9 层
3	华融证券股份有限公司	证券经纪；证券投资咨询；与证券交易、证券投资活动有关的财务顾问；证券承销与保荐；证券自营业务、证券资产管理；融资融券；代销金融产品业务；证券投资基金销售业务	金融大街 8 号
4	信达证券股份有限公司	证券经纪；证券投资咨询；与证券交易、证券投资活动有关的财务顾问；证券承销与保荐；证券自营；证券资产管理；融资融券；代销金融产品；证券投资基金销售；证券公司为期货公司提供中间介绍业务	闹市口大街 9 号院 1 号楼
5	瑞银证券有限责任公司	证券经纪；证券投资咨询；与证券交易、证券投资活动有关的财务顾问；证券承销与保荐；证券自营；证券资产管理；代销金融产品；融资融券；证券投资基金代销	金融大街 7 号英蓝国际金融中心 12 层、15 层
6	高盛高华证券有限责任公司	股票（包括人民币普通股、外资股）和债券（包括政府债券、公司债券）的承销与保荐；外资股的经纪；债券（包括政府债券、公司债券）的经纪和自营；证券经纪；证券投资咨询；证券自营；代销金融产品业务；中国证监会批准的其他业务	金融大街 7 号北京英蓝国际金融中心 18 层 1807-1819 室
7	大和证券（中国）有限责任公司	证券经纪；证券承销与保荐；证券自营	锦什坊街 35 号院 1 号楼 11 层 1109
8	东方基金管理股份有限责任公司	基金募集；基金销售；资产管理；从事境外证券投资管理业务；中国证监会许可的其他业务	锦什坊街 28 号 1-4 层
9	建信基金管理有限责任公司	基金募集、基金销售、资产管理和中国证监会许可的其他业务	金融大街 7 号英蓝国际金融中心 16 层
10	工银瑞信基金管理有限公司	基金募集、基金销售、资产管理、中国证监会许可的其他业务	金融大街 5 号、甲 5 号 9 层甲 5 号 901
11	泰康基金管理有限公司	公开募集证券投资基金管理、基金销售和中国证监会许可的其他业务	复兴门内大街 156 号 3 层 1-10 内 302
12	华商基金管理有限公司	基金募集；基金销售；资产管理和中国证监会许可的其他业务	平安里西大街 28 号楼 19 层
13	国开金融有限责任公司	投资业务；投资管理业务；投资咨询、顾问服务	金融大街 7 号英蓝国际金融中心 10 层

续表 5

序号	单位	职能职责	注册地址
14	北京金融资产交易所有限公司	金融资产交易服务；计算机系统服务；数据处理（数据处理中的银行卡中心、PUE 值在 1.5 以上的云计算数据中心除外）；计算机维修；基础软件服务；应用软件服务；经济贸易咨询；技术咨询；经营电信业务	金融大街乙 17 号楼 2 层 0201、3 层 0301、4 层 0401
15	北京产权交易所有限公司	提供产权交易服务；经济信息咨询；技术咨询；计算机系统服务；基础软件服务	金融大街甲 17 号
	四、保险业		
1	中国人民保险集团股份有限公司	投资并持有上市公司、保险机构和其他金融机构的股份；监督管理控股投资企业的各种国内、国际业务；国家授权或委托的政策性保险业务；经中国保监会和国家有关部门批准的其他业务	西长安街 88 号 1 至 13 层
2	中国人寿保险（集团）公司	已承保的人寿保险、健康保险、意外伤害保险等各类人身保险业务的续期收费和给付保险金等保险服务以及再保险业务；控股或参股境内外保险公司或其他金融保险机构；国家法律法规允许或国务院批准的资金运用业务；保险监督管理机构批准的其他业务	金融大街 17 号
3	泰康保险集团股份有限公司	投资设立保险企业；管理投资控股企业；国家法律法规允许的投资业务；经中国保监会批准的保险业务；经中国保监会批准的其他业务	复兴门内大街 156 号泰康人寿大厦 3 层 301
4	华泰保险集团股份有限公司	投资设立保险企业；监督管理控股投资企业的各种国内国际业务；国家法律法规允许的投资业务；国家法律法规允许的保险业务；经中国保监会批准的其他业务	金融大街 35 号
5	中国太平保险集团有限责任公司	对保险业的投资；对投资企业的监督管理；法律、法规允许的资金运用	骡马市大街 16 号楼 1 层 103
6	中国出口信用保险公司	中长期出口信用保险业务；海外投资保险业务；短期出口信用保险业务；国内信用保险业务；与出口信用保险相关的信用担保业务和再保险业务；应收账款管理、商账追收等出口信用保险服务及信息咨询业务；保险资金运用业务；经批准的其他业务	丰汇园 11 号丰汇时代大厦
7	中国再保险（集团）股份有限公司	投资设立保险企业；监督管理控股投资企业的各种国内国际业务；国家法律法规允许的投资业务；国家法律法规允许的国内、国际再保险业务；经中国保监会批准的其他业务（有效期以许可证为准）	金融大街 11 号
8	人保再保险股份有限公司	财产保险的商业再保险业务，人身保险的商业再保险业务，短期健康保险和意外伤害保险的商业再保险业务；上述再保险业务的服务、咨询业务；国家法律、法规允许的保险资金运用业务；中国保监会批准的其他业务	西长安街 88 号 7 层西区
9	中国人寿再保险有限责任公司	人身保险的商业再保险业务；上述再保险业务的服务、咨询业务；经中国保监会批准的其他业务	金融大街 11 号
10	太平再保险（中国）有限公司	财产保险的商业再保险业务，人身保险的商业再保险业务，短期健康保险和意外伤害保险的商业再保险业务；上述再保险业务的服务、咨询业务；国家法律、法规允许的保险资金运用业务；中国保监会批准的其他业务	骡马市大街 16 号 5 层 08、09、11−19 单元
11	中国财产再保险有限责任公司	财产保险的商业再保险业务；短期健康保险和意外伤害保险的商业再保险业务；上述再保险业务的服务、咨询业务；经中国保监会批准的其他业务	金融大街 11 号
12	中邮人寿保险股份有限公司	人身保险、健康保险、意外伤害保险等各类人身保险业务；上述业务的再保险业务；国家法律、法规允许的保险资金运用业务；经中国保监会批准的其他业务	金融大街甲 3 号 B 座 6 层、7 层、8 层

续表 5

序号	单位	职能职责	注册地址
13	中国平安财产保险股份有限公司北京分公司	企业财产损失保险、家庭财产损失保险、短期健康保险、意外伤害保险、建筑工程保险、安装工程保险、货物运输保险、机动车辆保险、船舶保险、能源保险、法定责任保险、一般责任保险、保证保险、信用保险、种植保险、养殖保险，代理国内外保险机构检验、理赔、追偿及其委托的其他有关事宜，经保险监督管理机构批准的其他保险业务	金融大街 23 号 15 层
14	中国平安人寿保险股份有限公司北京分公司	承保人民币和外币的各种人身保险业务，包括各类人寿保险、健康保险（不包括“团体长期健康保险”）、意外伤害保险等保险业务；办理各种法定人身保险业务；代理国内外保险机构检验、理赔、及其委托的其他有关事宜；证券投资基金销售业务；经中国保监会批准的其他业务	金融大街 23 号平安大厦 13、14 层
15	中国太平洋财产保险股份有限公司北京分公司	承保人民币和外币的各种财产保险，包括财产损失保险、责任保险、信用保险等保险业务；办理各种法定财产保险业务；与国内外保险公司及有关机构建立代理关系和业务往来关系，代理外国保险机构办理对损失的鉴定和理赔业务及其委托的有关事宜，与太保寿险公司分支机构建立代理关系和业务往来关系；经批准参加国际保险活动；经中国保监会批准的其他业务；承保人民币和外币的短期健康保险业务和意外伤害保险业务	复兴门内大街 158 号远洋大厦 F6 层
16	中国太平洋人寿保险股份有限公司北京分公司	承保人民币和外币的各种人身保险业务；包括人寿保险、健康保险、意外伤害保险等保险业务；办理各种法定人身保险业务；与国内外保险及有关机构建立代理关系和业务往来关系；代理外国保险机构办理对损失的鉴定和理赔业务及其委托的其他有关事宜；经批准参加国际保险活动；与中国太平洋财产保险股份有限公司建立代理关系和业务往来关系；经中国保监会批准的其他业务	复兴门内大街 158 号 F6 层东区
17	中国人寿资产管理有限公司	管理运用自有资金；受托或委托资产管理业务；与以上业务相关的咨询业务；国家法律法规允许的其他资产管理业务	金融大街 17 号中国人寿中心 14 至 18 层
18	大家资产管理有限责任公司	受托管理委托人委托的人民币、外币资金；管理运用自有人民币、外币资金；开展保险资产管理产品业务；与资产管理业务相关的咨询业务；中国银保监会批准的其他业务；国务院其他部门批准的业务	金融大街甲 9 号楼 10 层 1001-63
	五、其他金融业		
1	中国华融资产管理股份有限公司	收购、受托经营金融机构和非金融机构不良资产，对不良资产进行管理、投资和处置；债权转股权，对股权资产进行管理、投资和处置；对外投资；买卖有价证券；发行金融债券、同业拆借和向其他金融机构进行商业融资；破产管理；财务、投资、法律及风险管理咨询和顾问业务；资产及项目评估；经批准的资产证券化业务、金融机构托管和关闭清算业务；国务院银行业监督管理机构批准的其他业务	金融大街 8 号
2	中国东方资产管理股份有限公司	收购、受托经营金融机构不良资产，对不良资产进行管理、投资和处置；债权转股权，对股权资产进行管理、投资和处置；对外投资；买卖有价证券；发行金融债券、同业拆借和向其他金融机构进行商业融资；破产管理；财务、投资、法律及风险管理咨询和顾问；资产及项目评估；经批准的资产证券化业务、金融机构托管和关闭清算业务；非金融机构不良资产业务；国务院银行业监督管理机构批准的其他业务	阜成门内大街 410 号
3	中国银河资产管理有限责任公司	收购、受托经营金融机构不良资产，对不良资产进行管理、投资和处置；债权转股权，对股权资产进行投资、管理和处置；固定收益类有价证券投资；发行金融债券、同业拆借和向其他金融机构商业融资；破产管理；财务、投资、法律及风险管理咨询和顾问；资产及项目评估；经批准的资产证券化业务、金融机构托管和关闭清算业务；非金融机构不良资产业务；国务院银行业监督管理机构批准的其他业务	金融大街 35 号国际企业大厦 C 座 11 层、15 层

续表 5

序号	单位	职能职责	注册地址
4	中国对外经济贸易信托有限公司	本外币业务：资金信托；动产信托；不动产信托；有价证券信托；其他财产或财产权信托；作为投资基金或者基金管理公司的发起人从事投资基金业务；经营企业资产的重组、购并及项目融资、公司理财、财务顾问等业务；受托经营国务院有关部门批准的证券承销业务；办理居间、咨询、资信调查等业务；代保管及保管箱业务；以存放同业、拆放同业、贷款、租赁、投资方式运用固有财产；以固有财产为他人提供担保；从事同业拆借；法律法规规定或中国银行业监督管理委员会批准的其他业务	复兴门内大街 28 号凯晨世贸中心中座 F6 层
5	中国金谷国际信托有限责任公司	资金信托；动产信托；不动产信托；有价证券信托；其他财产或财产权信托；作为投资基金或基金管理公司发起人从事投资基金业务；经营企业资产重组、购并及项目融资、公司理财、财务顾问业务；受托经营国务院有关部门批准的证券承销业务；办理居间、咨询、资信调查业务；代保管及保管箱业务；存放同业、拆放同业、贷款、租赁、投资方式运用固有财产；以固有财产为他人提供担保；从事同业拆借	金融大街 33 号通泰大厦 C 座 10 层
6	华鑫国际信托有限公司	资金信托；动产信托；不动产信托；有价证券信托；其他财产或财产权信托；作为投资基金或基金管理公司发起人从事投资基金业务；经营企业资产重组、并购及项目融资、公司理财、财务顾问等业务；受托经营国务院有关部门批准的证券承销业务；办理居间、咨询、资信调查等业务；代保管及保管箱业务；以存放同业、拆放同业、贷款、租赁、投资方式运用固有资产；以固有财产为他人提供担保；从事同业拆借	新华里 16 号院 2 号楼 102、202、302 号
7	国投泰康信托有限公司	资金信托；动产信托；不动产信托；有价证券信托；其他财产或财产权信托；作为投资基金或者基金管理公司的发起人从事投资基金业务；经营企业资产的重组、购并及项目融资、公司理财、财务顾问等业务；受托经营国务院有关部门批准的证券承销业务；办理居间、咨询、资信调查等业务；代保管及保管箱业务；以存放同业、拆放同业、贷款、租赁、投资方式运用固有财产；以固有资产为他人提供担保；从事同业拆借；法律法规规定或中国银行业监督管理委员会批准的其他业务	阜成门北大街 2 号楼 16 层、17 层
8	丝路基金有限责任公司	进行股权、债权、基金贷款等投资；与国际开发机构、金融机构等发起设立共同投资基金；进行资产受托管理、对外委托投资等；国务院批准的其他业务	金融大街 7 号英蓝国际金融中心 F210-F211 室
9	诚通基金管理有限公司	非证券业务的投资管理、咨询；投资管理；资产管理；项目投资	金融大街 7 号英蓝国际金融中心 7 层 F709
10	国新资本有限公司	股权投资；项目投资；投资管理、资产管理；投资咨询	南礼士路 66 号 1 号楼 18 层
11	中国一比利时直接股权投资基金	对未上市企业进行股权投资；在一级市场认购中国政府发行的债券及其他固定收益债券；向被投资企业提供管理咨询；主管机关批准的其他业务	金融街 35 号国际企业大厦 C 座 10 层
12	中国建银投资有限责任公司	投资与投资管理；资产管理与处置；企业管理；房地产租赁；咨询	闹市口大街 1 号院 2 号楼 7-14 层
13	国家电投集团资本控股有限公司	股权投资与资产管理；资产受托管理；投、融资业务的研发与创新；委托与受托投资；为企业重组、并购、创业投资提供服务；投资顾问、投资咨询；有色金属产品销售；组织展览、会议服务	金融大街 28 号院 3 号楼
14	北京朗姿韩亚资产管理有限公司	资产管理	后半壁街 56 号 9 号楼 1 层 121 号

续表 5

序号	单位	职能职责	注册地址
15	锋裕汇理投资咨询（北京）有限公司	投资咨询；投资管理；资产管理；经济贸易咨询；企业管理咨询；技术服务、技术咨询	武定侯街 6 号 11 层 F2-1（A）1101-1202R
	六、金融基础设施		
1	中国人民银行金融基础数据中心	中国人民银行直属正司局级事业单位，负责建设运行国家金融基础数据库，为国家宏观调控和金融监管提供核心数据支撑，为金融机构和社会提供高价值数据信息服务	平安里西大街 28 号中海国际中心 21 层
2	中央国债登记结算有限责任公司	国债、金融债券、企业债券和其他固定收益证券的登记、托管、结算、代理还本付息；为中国人民银行公开市场业务系统和债券发行系统提供技术支持；担任债券基金与货币市场基金资产的托管人并办理基金单位的登记、托管、结算；债券市场与货币市场中介服务及信息服务；债券市场及货币市场的研究、咨询、培训与宣传；办理外币固定收益证券的托管、跨境结算并组织办理相关的资金结算和国际业务；根据管理部门授权对债券次级托管进行监督；经中国人民银行、财政部批准的其他业务；互联网信息服务业务	金融大街 10 号楼
3	北京证券交易所有限责任公司	依法为证券集中交易提供场所和设施、组织和监督证券交易以及证券市场管理服务等业务	金融大街丁 26 号
4	全国中小企业股份转让系统有限责任公司	组织安排非上市股份公司股份的公开转让；为非上市股份公司融资、并购相关业务提供服务；为市场参与组织安排非上市股份公司股份的公开转让；为非上市股份公司融资、并购相关业务提供服务；为市场参与者提供信息、技术服务	金融大街丁 26 号
5	中国证券登记结算有限责任公司	证券帐户和结算帐户的设立和管理；证券登记与过户；证券托管与转托管；证券和资金的结算与交收；受发行人委托办理证券权益分配代理人服务；数据技术服务；信息服务业务（仅限互联网信息服务）不含信息搜索查询服务、信息社区服务、信息即时交互服务和信息保护和加工处理服务	太平桥大街 17 号
6	中国期货市场监控中心有限责任公司	对期货市场保证金的管理进行监控、为期货市场提供信息咨询及相关服务；按规定管理、运用、发放期货投资者保障基金；参与期货公司风险处置；管理和处分受偿资产；申请或参加期货公司清算	金融大街 5 号新盛大厦 B 座 17 层
7	网联清算有限公司	建设和运营全国统一的清算系统；提供非银行支付机构网络支付业务资金清算；协调和仲裁业务纠纷；提供其他配套服务；软件开发；数据处理；计算机系统服务；计算机技术培训；技术开发、技术服务、技术转让、技术推广；市场调查；会议服务；承办展览展示活动；组织文化艺术交流活动（不含演出）；销售计算机、软件及辅助设备	北三环中路甲 29 号院 3 号楼 101 号内 101 室
8	万事网联信息技术（北京）有限公司	技术咨询、技术开发、技术服务；软件开发；数据处理；销售计算机软硬件及辅助设备	北三环中路 29 号院 3 号楼 101 号内 111 室
9	威士信息技术（北京）有限公司	提供网络系统的设计、安装、维护和相关技术支持服务；提供市场营销咨询和产品宣传推广咨询	西直门外大街 112 号 4 层 403 室和 405 室
10	全国社会保障基金理事会	管理运营社会保障基金，促进社会保障事业发展。全国社会保障基金管理运营划转的中央企业国有股权受委托集中持有与管理基本养老保险基金受委托管理运营基金收支、管理和投资运营情况定期公开	丰汇园 11 号楼丰汇时代大厦南座
11	中国保险保障基金有限责任公司	筹集、管理和运作保险保障基金；监测、评估保险业风险；参与保险业风险处置；管理和处分受偿资产；国务院批准的其他业务	太平桥大街 18 号 17 层、1501-05 至 08 单元

续表 5

序号	单位	职能职责	注册地址
12	存款保险基金管理有限责任公司	进行股权、债权、基金等投资；依法管理存款保险基金有关资产；直接或者委托收购、经营、管理和处置资产；依法办理存款保险有关业务；资产评估；国家有关部门批准的其他业务	小红庙南里 3 号
13	中国信托业保障基金有限责任公司	受托管理保障基金；参与托管和关闭清算信托公司；通过融资、注资等方式向信托公司提供流动性支持；收购、受托经营信托公司的固有财产和信托财产，并进行管理、投资和处置；同业拆借、同业借款和向其他金融机构融资，经批准发行金融债券；买卖政府债券、中央银行债券（票据）、金融债券和货币市场基金	月坛南街 1 号院 5 号楼 20 层 –23 层
14	中国证券投资者保护基金有限责任公司	筹集、管理和运作基金；监测证券公司风险，参与证券公司风险处置工作；证券公司被撤消、关闭和破产或被证监会采取行政接管、托管经营等强制性监管措施时，按照国家有关政策规定对债权人予以偿付；组织、参与被撤消、关闭或破产证券公司的清算工作；管理和处分受偿资产，维护基金权益；发现证券公司经营管理中出现可能危及投资者利益和证券市场安全的重大风险时，向证监会提出监管、处置建议；对证券公司运营中存在的风险隐患会同有关部门建立纠正机制	金融大街 5 号新盛大厦 B 座 20 层
	七、国际组织、行业协会		
1	亚洲金融合作协会	金融分析、国际合作、学术交流、业务培训、咨询服务	金融街 20 号 B 座 12 层
2	中国银行业协会	加强自律、规范经营、协调争议、维护权益、专业培训、咨询服务	金融大街 20 号 B 座 11—12 层
3	中国证券业协会	行业管理、信息交流、业务培训、书刊编辑、国际合作、专业展览、咨询服务	金融大街 19 号富凯大厦 B 座 2 层
4	中国银行间市场交易商协会	行业自律、业务培训、国际合作、书刊编辑、信息服务、组织产品研发	月坛南街 1 号院 6 号楼 22 层
5	中国保险资产管理业协会	信息交流、专业培训、举办展览、国际合作、咨询服务	武定侯街 2 号泰康国际大厦 19 层

（张　磊）

银　行

国家开发银行北京市分行

【概况】 2021 年，国家开发银行北京市分行（简称国开行北京市分行）信贷资产总额 4718 亿元（不含转贷款），比上年下降 12.82%，其中表内人民币贷款余额 2990 亿元（不含转贷款），比上年下降 13.21%，外汇贷款余额 150 亿美元，比上年下降 11.43%；当年本息回收率 99.41%，累计本息回收率 97.52%，不良贷款率 1.19%，比上年上升 0.11 个百分点；拨备后利润 26.7 亿元，比上年下降 24.23%，拨备后 ROA0.53%，比上年下降 0.17 个百分点。（刘　宇）

【重点领域发展支持】 2021 年，国开行北京市分行聚焦国际科技创新中心建设，助力制造业高质量发展。围绕京东方、北汽、首钢等重点企业，发放制造业贷款 251 亿元，发放科技创新和基础研究专项贷款 47 亿元。支持中关村先行先试改革，累计实现合作机制发放 5.95 亿元，助力 22 家科技型中小微企业成长。加强项目储备，向 35 个项目承诺 577 亿元人民币、18.66 亿美元。聚焦城市更新行动，与首开集团、北京建工集团签署战略合作协议，实现城市更新项目累计承诺 310 亿元，向观音寺、钟鼓楼、景山二期、西总布项目发放贷款 29 亿元。支持绿色北京战略，发放绿色产业贷款 108 亿元、垃圾污水治理专项贷款 39 亿元。聚焦京津冀协同发展战略，助力交通一体化和副中心建设。实现轨道交通、机场、铁路项目承诺 347 亿元、发放 176 亿元。向副中心地下综合管廊等项目发放贷款 20 亿元。聚焦保障和改善民生，向马泉营公租房等 11 个保障房项目承诺 195 亿元、发放 68 亿元。支持康养事业发展，与北京康养集团签署战略合作协议，实现养老余额新增 7.6 亿元。支持乡村振兴，发放乡村振兴贷款 119 亿元，计划完成率 140%，累计向大兴集地入市项目发放 52 亿元。助力“六稳”“六保”，支持煤炭煤电保供，发放专项贷款5亿元，独立主承销京能集团永续中票30亿元。发放春耕备耕及复工复产接续贷款84亿元。发放转贷款63亿元，助力约2000户小微企业解决融资难题。推动稳外贸专项贷款，实现外汇贷款发放5.5亿美元。（刘 宇）

【风险防控和化解】2021年，国开行北京市分行推进风险化解处置工作，制定针对性方案，实现风险化解处置14.9亿元。实现观察名单压减13.72亿元，牵头化解紫光集团重大债务风险，服务保障国家战略，实现金港汽车项目全额回收。国能新兴项目核销出清，稳妥推进中广传播、张家口国储项目化解。加大核后追索力度。实现北大方正、准兴、百荣项目核后回收3.61亿元。坚持合规经营，推进精细化管理见实效，持续完善分行业务操作指引，加强反洗钱工作，建立常态化后督管理机制。（刘 宇）

【综合金融服务能力提升】2021年，国开行北京市分行配合北京市完成436亿元再融资债券定向承销工作，有效维护资产稳定、优化资产结构、提升资产收益。全年债券承销量110亿元，债券协同承销量240亿元。发行全国首批、北京市属企业首单乡村振兴票据，协同国开证券成功发行全国首单公共租赁住房类REITs（房地产信托投资基金）产品。开展存款专项行动，实现本外币存款余额430亿元，存款开源取得突破性进展，吸收信达资产存款70亿元、大基金增资款70亿元。（刘 宇）

【为群众办实事】2021年，国开行北京市分行完成“我为群众办实事”实践活动4张清单26项任务，发放贷款1547亿元，深入北京各区、重点客户调研111次，推动重点民生项目落地。（刘 宇）

【清廉金融文化建设】2021年，国开行北京市分行开展以案为鉴的廉政警示教育活动，打造廉洁家风品牌，启动与北京银保监局、对外经贸大学“银行业清廉金融文化建设研究”课题合作。日常监督中，注重信贷业务领域监督，开展“人财物”重要事项监督，物业、礼品等专项监督检查。（刘 宇）

中国工商银行股份有限公司北京市分行

【概况】2021年，中国工商银行股份有限公司北京市分行（简称工行北京分行）下设37家二级分行（含分行营业部），551家营业网点。截至年底，本外币资产总额5.11万亿元。实现本外币账面拨备前利润655.87亿元、净利润409.7亿元。本外币全部存款余额5.04万亿元，较年初增加561亿元。本外币各项贷款余额1.17万亿元，较年初增加977.5亿元。实现中间业务收入127.45亿元，比上年增加4.26亿元，增幅3.46%。西城辖区内设8家支行。（王 戈）

【融资业务】2021年，工行北京分行人民币各项贷款余额1.12万亿元，较年初增加1001.7亿元。其中公司贷款余额8560亿元、个人贷款余额2341亿元。累计投放非信贷融资近6000亿元，余额1.54万亿元。服务实体经济，其中制造业、战略性新兴产业、科技贷款分别增加263亿元、733亿元、116亿元；绿色金融、民营企业、普惠贷款分别增加460亿元、163亿元、126亿元。（王 戈）

【存款业务】2021年，工行北京分行人民币全部存款余额4.8万亿元，较年初增加688亿元。其中人民币储蓄、公司和同业存款分别较年初增加799亿元、283亿元和1630亿元。外币全部存款余额376亿美元，较年初增加35亿美元。（王 戈）

【其他金融业务】2021年，工行北京分行个人金融资产规模1.84万亿元，较年初净增1126亿元。承销非金融企业债2640亿元。国际结算量、跨境人民币结算量分别达到6700亿美元、3.55万亿元。投行收入实现6.62亿元。资产托管规模5.34万亿元。投融资业务余额3639亿元。（王 戈）

【渠道服务】2021年，工行北京分行围绕“优化渠道布局、做好功能定位、深入完善机制、强化考核问效、注重场景打造、推进协同联动”6大行动，通过打造数字厅堂、构建减负闭环、线上线下运维等措

4月24日，“小小金融家”财商教育系列活动在中国工商银行北京金融街智慧网点启动
（工商银行北京分行 供图）

施，推动网点减负、数字赋能、科技赋能和运维赋能。4月24日，“小小金融家”财商教育系列活动在中国工商银行北京金融街智慧网点启动。（王 戈）

【资产风险管理】2021年，工行北京分行累计清收处置不良贷款14亿元，年末不良率0.24%，资产质量整体稳定。保持零案件、零风险事件、零监管处罚、零安全责任事故，连续十二年获外汇局A类评价。（王 戈）

【分行营业部】2021年，工行北京分行营业部下设1个营业室、1个网点支行。截至年底，实现拨备前利润43.87亿元；本外币各项存款时点余额3279.12亿元，比上年减少14.38%；本外币各项贷款余额427.86亿元，比上年减少20.27%；实现中间业务收入6.93亿元，比上年减少6.08%。（郑 嘉）

【境内支行】2021年，长安支行下设1个营业室、11个网点支行。截至年底，实现拨备前利润34.97亿元；本外币各项存款时点余额2222.89亿元，比上年增长0.58%；本外币各项贷款余额1573.98亿元，比上年增长13.62%；实现中间业务收入6.58亿元，比上年增长11.15%。新街口支行下设1个营业室、12个网点支行。截至年底，实现拨备前利润59.58亿元；本外币各项存款时点余额2588.08亿元，比上年增长6.31%；本外币各项贷款余额551.99亿元，比上年增长19.19%；实现中间业务收入5.01亿元，比上年增长5.95%。南礼士路支行下设1个营业室、13个网点支行。截至年底，实现拨备前利润28.19亿元；本外币各项存款余额2207.75亿元，比上年增长12.9%；本外币各项贷款余额464.21亿元，比上年增长6.7%；实现中间业务收入5.03亿元，比上年增长3.7%。金融街支行下设1个营业室、5个网点支行。截至年底，实现拨备前利润5.7亿元；本外币各项存款时点余额662.13亿元，比上年减少3.1%；本外币各项贷款时点余额308.5亿元，比上年减少2.47%；实现中间业务收入1.84亿元，比上年减少13.57%。广安门支行下设1个营业室、10个网点支行。截至年底，实现拨备前利润11.47亿元；本外币各项存款时点余额698.58亿元，比上年增长12.06%；本外币各项贷款余额449.13亿元，比上年增长8.09%；实现中间业务收入3.83亿元，比上年增长5.63%。12月9日，广安门支行与北京市金融局联合举办“普及金融知识、爱老敬老活动”进社区活动。宣武支行下设8个网点支行、1个储蓄所。截至年底，实现拨备前利润45.36亿元；本外币各项存款时点余额4282.09亿元，比上年增长9.93%；本外币各项贷款余额313.18亿元，比上年增长30.92%；实现中间业务收入2.29亿元，比上年增长15.88%。地安门支行下设1个营业室、7个网点支行。截至年底，实现拨备前利润13.92亿元；本外币各项存款时点余额1482.28亿元，比上年增加33.15%；本外币各项贷款余额309.11亿元，比上年增加4.92%；实现中间业务收入3.11亿元，比上年下降19.47%。7月29日，地安门支行代表工行北京分行与水电水利规划设计总院有限公司签订战略合作协议。

（袁绪博 吕刘萍 刘杨 常方媛 王丰 穆晓烨 何军）

中国农业银行股份有限公司北京西城支行

【概况】2021年，中国农业银行股份有限公司北京西城支行（简称农行西城支行）有基层网点14个，其中12个二级支行、1个分理处、1个营业部。农行西城支行持续固优补短、加快转型步伐、提升服务水平、业务经营稳质提速；抓好“平安农行”建设，做好常态化疫情防控、安全生产、金融服务、消费者权益保护等工作，确保全行平稳健康运行。全年各项存款比上年增长1%，各项贷款、中间业务收入及营业利润较上年基本持平。（王 娟）

【企业发展扶持】2021年，农行西城支行抓服务“稳”经济增长。支持企业复工复产，主动对接受新冠肺炎疫情影响的企业，为企业复产复工提供金融资金需求支持。支持脱贫攻坚，营销国家部委、央企等机构入驻农行掌银扶贫商城，以掌银营销带动经营发展。（王 娟）

【重点信贷业务】2021年，农行西城支行进一步深化科创企业、独角兽、专精特新“小巨人”等重点客群服务，持续为战略新兴产业重点客群提供优质服务。发展普惠金融，普惠贷款完成比例58.04%；推动制造业培育增长新动能，制造业贷款完成比例219.13%；持续完善绿色金融服务体系，绿色信贷完成比例192.85%。（王 娟）

中国银行股份有限公司北京西城支行

【概况】2021年，中国银行股份有限公司北京西城支行（简称中行西城支行）服务实体经济，助力北京市“两区”建设，维护好消费者权益，加强对投诉处理结果的跟踪，实现支行高质量发展。（娄 静）

【支行业务】2021年，中行西城支行紧跟“两区”建设，聚焦“八大金融”，推介政府融资平台，服务实体经济。落地外管新政下首笔“本外币一体化”资金池外币汇出业务，为客户资金跨境流动提供便利，助力北京市“两区”建设。银政、银企方面，推介政府融资平台（西城区小微企业金融服务平台），通过公私板块联动、板块内联动、支网联动及时为小微企业提供融资支持；拓展符合绿色金融、战略性新兴产业以及供应链等领域的重点项目，服务实体经济。（娄 静）

【个人金融业务】2021年，中行西城支行通过中行数字人民币先发优势开展数字人民币业务分享与探讨，举办冬奥展示中心“体验数币·共迎冬奥”主题活动。开展“冬奥主题网红打卡地”和“青年携手央企行·同心共筑冬奥梦”冬奥主题宣传活动，加强与凯德MALL等商企合作的场景营销，利用冰上运动体验、冬奥场地打卡等活动，引导观展人亲身体验冬奥数字化金融服务。（娄 静）

【消费者权益保护】2021年，中行西城支行健全支行消费者权益保护工作组织流程架构，多举措维护好消费者权益，加强对投诉处理结果的跟踪，及时回应客户关注的问题，构建和谐共赢的金融消费关系。加强运营管理，落实内控监管，坚持定期审计、检查，落实量化管理，坚守全面风险管理底线，实现支行高质量发展。（娄 静）

中国银行股份有限公司北京宣武支行

【概况】2021年，中国银行股份有限公司北京宣武支行（简称中行宣武支行）下设14家经营性支行（含支行营业部）。实现拨备前利润9.53亿元，中间业务收入3.78亿元。本外币本外币日均存款规模606.7亿元，本外币日均贷款规模（不含金融机构）475.6亿元。辖内支行营业部、风险内控部获评北京市分行先进基层党组织。（张齐笑）

【区域发展支持】2021年，中行宣武支行响应西城区的各项发展战略，发挥金融支持作用，为西城区域经济、社会发展做好服务，获区发展改革委综合贡献奖励40万元。（张齐笑）

【科技金融业务】2021年，中行宣武支行加快推动数字化转型，结合数字化转型打造一体化融合营销发展理念，重点通过数字人民币、民生卡等特色业务，结合场景融合发展代发薪、借记卡、手机银行等基础业务，实现客户基础持续增长。（张齐笑）

【绿色金融业务】2021年，中行宣武支行为多个重点客户发行市场首批“碳中和”债及ABCP（资产证券化），累计金额130亿元。助力“碳达峰、碳中和”，帮助客户拓宽低碳项目融资渠道。响应国家“3060”碳目标，支持新冠肺炎疫情后绿色复苏和低碳转型。（张齐笑）

【普惠金融业务】2021年，中行宣武支行支持民营经济，完善小微企业服务体系，设立普惠金融服务中心，专业、专职、高效服务小微企业，普惠金融业务规模达到16.51亿元。（张齐笑）

【跨境金融业务】2021年，中行宣武支行与外部银团共同为某重点客户在“一带一路”建设项目发放境外结构化融资贷款；响应国务院和人民银行《关于支持外贸稳定增长和进一步完善人民币跨境业务政策促进贸易投资便利化的通知》要求，为3家企业以便利化形式叙做跨境人民币业务24亿元。为某科技公司叙做跨境人民币分红业务61.75亿元。（张齐笑）

【消费者权益保护】2021年，中行宣武支行持续推进消费者权益保护宣传工作，通过开展丰富多彩的宣传活动，践行社会责任。组织开展“普及金融知识 守住钱袋子”、“3·15”国际消费者权益日等系列主题活动，深入社区、学校、建筑工地，将金融知识、防范电信诈骗、防假货币方法送到社区居民、学校师生、建筑工人身边。（张齐笑）

中国建设银行股份有限公司北京宣武支行

【概况】2021年，中国建设银行股份有限公司北京宣武支行（简称建行宣武支行）在西城境内有营业网点14家。宣武支行全年实现支行企业客户综合筹资日均余额613.85亿元，本外币企业存款时点余额374.11亿元，本外币各项贷款时点余额895.48亿元，中间业务收入预计3.99亿元，拨备前利润11.65亿元，不良贷款余额0.14亿元，不良率0.02%。（马丹阳）

【重点项目发展支持】2021年，建行宣武支行助力国家能源保供，与南水北调集团签订战略合作协议，为国电电力发展股份有限公司发行总行首笔能源保供超短期融资券，为多家电力公司办理能源保供保理。助推新兴金融；代理发行分行首笔华鑫信托·鑫溢稳健1号集合资金信托计划（TOF）；发行分行首笔类REITs（房地产信托投资基金）；办理分行首笔私募基金类受托外包业务。母子公司联动，拓维“城市更新”，成功中标海淀科技创新园保险债权计划项目。发扬龙头行作用，利用“叮咚”系统，同兄弟省分行联动营销客户数达到71户。私行业务创新，办理分行首笔单一家族基金。（马丹阳）

【数字经济业务】2021年，建行宣武支行推广数字人民币，对公客户签约4221户，个人客户签约50560户。携手苏宁易购北京56家分店、北京首农商业连锁有限公司等，完成多项数币商业场景落地；为国家电网、国能投等重点客户开立对公数字钱包，搭建国家电网电e宝线上充值场景；为西城区多家停车场开通数币缴费功能，为大成广场停车场开通数字人民币缴费功能，安装建行首台云音箱设备。（马丹阳）

【普惠金融业务】2021年，建行宣武支行普惠贷款余额32.11亿元，较年初新增9.77亿元，全年任务完成率102.84%，“惠懂你”授信客户数量564户，较年初新增203户，发放分行首笔3年期供应链融资贷款。（马丹阳）

【金融科技业务】2021年，建行宣

武支行实现金融科技G端连接。为北京多家企业、工会、学校等上线“悦生活”缴费功能，签约北京分行首个网银版招标通。（马丹阳）

【绿色金融业务】 2021年，建行宣武支行运用“技术流”为国电投氢能公司授信并签署战略合作协议，投贷联动助力氢能大巴为北京冬奥会提供公交接驳服务。参与承销央企碳中和债、可持续发展挂钩债、权益出资性票据合计金额83亿元。其中为国电电力发展股份有限公司发放国内首批、建行首单可持续发展挂钩债券/碳中和债10亿元；承销北京市分行首笔银行间市场权益出资型绿色中期票据，发行总规模23亿元；为国家能源投资集团承销银行间规模最大的绿色债券，金额50亿元。为北京国能绿色低碳发展投资基金开立基本结算账户和托管账户。促成建信投资与国电投集团旗下清洁能源基金公司成立绿色基金。办理分行首笔绿色供应链可再生能源补贴融资业务。与北京泊士联汽车销售中心达成战略合作，推出新能源汽车绿色分期业务。（马丹阳）

【住房租赁业务】 2021年，建行宣武支行为宣房集团上线房屋超2.7万套。实现存房371套，住房租赁平台线上交易3220笔，交易金额1075万元。实现6000余笔租金线上支付。（马丹阳）

【惠民服务】 2021年，建行宣武支行助力防汛抗灾。河南汛情期间，协助国家电网公益基金会划转救灾款5000万元；在大量旅客因汛情等待退款时，仅用1小时助力北京南站在非对公营业日支取100万元退票款项。服务客户、关爱员工，响应团区委号召，在支行11家位于西城区网点设立“小哥加油站”；打造菜市口南街支行成为分行首批适老服务示范网点、支行营业部成为无障碍网点；在支行本部大楼停车场安装充电桩，可同时满足16台电动车充电需求；通过“线上+线下”形式开展新金融普及活动，向重点对公客户单位、辖内街道社区、区工商联下辖各单位、对私客户及社区居民群体全面开放建行研修中心平台，支行新金融行动覆盖9600人次。支行创立的“金融惠志愿”项目获首都志愿服务项目大赛铜奖、首都学雷锋志愿服务“五个100”先进典型。（马丹阳）

中国建设银行股份有限公司北京西四支行

【概况】 2021年，中国建设银行股份有限公司北京西四支行（简称建行西四支行）在西城境内有6个经营机构。金融总量时点余额1091.34亿元，其中对公金融总量时点余额779.07亿元，个人金融总量时点余额312.27亿元。全口径存款时点余额660.99亿元，较年初新增129.52亿元；一般性存款时点余额541.25亿元，较年初新增106.11亿元，其中对公存款新增97.18亿元，个人存款新增8.93亿元。各项贷款余额269.82亿元，较年初新增31.22亿元，其中对公贷款新增34.82亿元。（张　铮）

【支行业务】 2021年，建行西四支行参与西城区全国文明城区创建工作，开展“驿站公益捐赠”，推动“心灵建设”同心温暖工程落地，打造“亲子公益”品牌，制发“我为群众办实事实践活动方案”19项63条为群众办实事项目清单。服务西城区发展建设，为西城区落实核心区控规实施意见和3年行动计划提供金融服务保障，西城“两区”建设重点项目中3个企业落户支行。支持乡村振兴，发放涉农贷款，为结对帮扶村镇上线智慧村务系统，为老年驿站申请“智荟屏”。开放共享网点服务资源，创建“暖阳驿站”，支行营业部、所辖真武庙支行升级为老年客户特色服务专属网点。（张　铮）

【普惠金融业务】 2021年，建行西四支行为西城区工商联及所属商会、会员企业、民营企业及企业家提供金融支持，推荐国家级专精特新企业与建行子公司签署投贷联动协议，为高质量成长型科创企业输送金融“活水”。为中小微企业主、涉农群体、政府委办局人员等客群提供8600余人次新金融普及行动培训服务。（张　铮）

【老城区保护更新信贷支持】 2021年，建行西四支行依托“住房租赁+”金融服务模式支持城市更新重点项目，为观音寺片区老城保护更新项目、什刹海地区旧城保护示范项目发放城市升级贷款，信贷支持百万庄北里、菜园街棚户区改造项目，实现全市首个银企合作“促整院”菜西项目在西城区落地。（张　铮）

【区域发展服务】 2021年，建行西四支行助力西城“金科新区”建设，为金融科技提供经济发展新动能，在金融科技、风险管理、金融安全和创新型专业服务等方面深化合作。为试点养老驿站搭建数币场景，通过硬件钱包集成“一键呼叫”功能。在支持实体经济、服务社会民生、为政府纾困解难等方面利用新金融工具为区域发展提供支持。（张　铮）

中国建设银行股份有限公司北京西单支行

【概况】 2021年，中国建设银行股份有限公司北京西单支行（简称建行西单支行）下设5个营业中心。实现本外币账面利润3.93亿元。中间业务收入1.96亿元。本外币全口径存款时点余额326.3亿元；一般性存款余额294.5亿元。本外币各项贷款时点余额77.6亿元；五级分类不良贷款余额0.09亿元，不良率0.22%。（卢　萌）

【服务国家建设】 2021年，建行西单支行实现制造业贷款投放2.22亿元，新增1.56亿元，完成率155.7%；战略新兴产业贷款投放10.7亿元，新增9.92亿元，完成率992%；基础设施贷款投放16.44亿元，新增11.68亿元，完成率1488.12%；绿色金融贷款投放16.8亿元，新增11.62亿元，完成率500%；乡村振兴涉农贷款投放9905万元，新增6889万元，完成率1136.8%。信贷结构不断优化。（卢　萌）

【普惠金融业务】2021年，建行西单支行实现普惠金融贷款余额13.63亿元，新增5.2亿元，完成率104%；普惠贷款授信客户新增298户，完成率191%；“惠懂你”授信客户新增168户，完成率138%。打开与北京市工商联企业商会合作局面，创新推出“工商联+党建引领、金融科技、乡村振兴、科创金融”等合作模式，激发普惠金融业务新动能。有效助力“六稳”“六保”，助力首都民营经济发展。（卢　萌）

【新兴金融业务】2021年，建行西单支行实现同业存款时点余额31.95亿元，新增14.77亿元；企业（保险公司）存款日均余额118.97亿元，新增28.29亿元；理财日均余额16.05亿元，新增13.64亿元；实现对公转型中收1.13亿元，其中托管中收9300万元；数字化经营成功对接线上商户30户，出具合作方案10份，新增网络特约核心商户4户；成功为某央企客户搭建线上直销银行出海项目场景，拓宽线上获客渠道；营销对公数字人民币钱包1794个、个人数字人民币钱包6353个。（卢　萌）

【个人金融业务】2021年，建行西单支行营销“建行生活”APP注册9240户，营销商户门店44户；实现私人银行客户新增、私人银行客户金融资产新增。（卢　萌）

9月7日，交通银行北京市分行与北京市地方金融监督管理局共同成立北京市“两区”金融创新联合实验室

（交行北京市分行　供图）

【金融风险防范】2021年，建行西单支行严格落实账户反赌反诈工作要求，实现个人涉案账户数量保持北京分行低位水平；成功化解某央企客户信用风险，提前6个月结清贷款；加强贷后管理、强化日常监测，化解12笔小企业贷款预警风险；加强内控合规管理，打造“红色引擎 京规护航”党建合规品牌。（卢　萌）

交通银行股份有限公司北京市分行

【概况】2021年，交通银行股份有限公司北京市分行（简称交行北京市分行）机构网点总量130家，其中二级分行1家、分行营业部1家、一级支行39家、二级支行81家、普惠支行8家。截至年底，本外币资产总规模10564.36亿元，比上年增加935.69亿元，增长率9.72%；本外币各项存款余额8869.92亿元，比上年增加798.12亿元，增长率9.89%；本外币各项贷款余额4496.13亿元，比上年增加630.62亿元，增长率16.31%；利润134.79亿元，比上年增长28.42亿元，增长率26.71%。9月7日，交通银行北京市分行与北京市地方金融监督管理局共同成立北京市“两区”金融创新联合实验室。（何华伟）

【公司金融业务】2021年，交行北京市分行瞄准财政、军队等客户争揽源头资金，做好银医、银校、银政等场景建设。人民币对公存款时点余额6418亿元，比年初增加638亿元。针对市区重点项目清单及战略性新兴产业、制造业、绿色发展、科技创新、新基建等领域，加大信贷支持力度。围绕粮食和重要农副产品、农业产业链、农村基础建设、农村绿色发展等领域提供融资支持，独家主承销全国首批乡村振兴票据。加大与第三方供应链融资平台合作，将核心企业信用延展至产业链各级供应商，满足平台客户应收账款确权、转让及保理融资等需求。推出“专精特新”信用贷、“交银科创”“新三板优创贷”等产品，为科创企业提供普惠金融服务。（何华伟）

【个人金融业务】2021年，交行北京市分行人民币储蓄存款增量首次突破200亿元。聚焦财富管理，发挥基金保险智囊团优势，为客户提供市场分析、策略指导、产品筛选、售后追踪等全方位服务，全年销售重点基金455亿元。聚焦投资类信托、TOF新形态专户、明星阳光私募等重点产品，拉动私人银行客户及资产提升。推进数字人民币营销，参与组织“数字王府井”“京彩惠民

生”等活动，联动头部合作机构打通C端产品及应用。加大买单吧商圈活动力度，精选大牌美食连锁商户开展特惠让利，促进餐饮类信用卡消费增长。利用免息券、贴金券等方式，促进代发工资、重点优质单位、存量房贷客户等优质客群提款，形成惠民贷投放突破点。

（何华伟）

【国际业务】 2021年，交行北京市分行压降高成本负债2.8亿美元，实现外币高负清零。与海外分支机构联动，推动境外双边贷款、境外银团、跨境担保项目落地，其中埃及新首都中央商务区第三批项目跨境银团获评中国信保年度唯一主权项目银保合作案例。响应市场主体跨境支付需求，筛选以央企财务公司为主要目标的跨境人民币业务重点客户，上线北京地区首个CIPS标准收发器。抓住本外币资金池便利化政策推出时机，率先为全国首批一体化资金池试点企业通用集团财务公司办理试点业务，为其成员单位落地全国首发交易，助力企业高效管理集团资金。（何华伟）

【同业业务】 2021年，交行北京市分行人民币活期同业存款日均余额1375.37亿元，在同业存款中的占比提升至63.39%。以利率走势和资金面变动为研究核心，关注客户资金配置特点，拓展多家央企财务公司、银行资管、中型券商和基金类客户，同业存单实现稳健增长。证券PB业务北京地区市场占有率保持70%。建立代销基金托管户的综合收益分配机制，托管规模比上年净增457.12亿元，实现首单基础设施公募REITs（房地产信托投资基金）托管业务落地。（何华伟）

【内控管理改进】 2021年，交行北京市分行推进战略客户营销管理体制改革，优化资管业务、零售信贷、集中采购、服务乡村振兴、责任认定和追究等模块职能架构，强化前中后台协同。加强内控案防机制建设，确立内控决策体系、完善责任认定管理体系、理顺监管问题整改管理体系、优化内控考核评价体系。借助智慧案防系统和数字化内控系统，提升内控案防工作科学化水平。针对帮信罪、高风险投资、信用卡诈骗和违法放贷重点领域，开展集中警示教育，提高风险合规意识。

（何华伟）

【境内支行】 2021年，阜外支行下设1个营业室和3个支行。截至年底，人民币存款时点余额236.72亿元，比上年增加0.79亿元，其中储蓄存款76.67亿元，对公存款160.05亿元；人民币贷款余额109.83亿元，其中普惠两增贷款25164万元，普惠两增户数172户；实现各类中间业务收入13160万元；实现本外币利润46885万元，人均创利391万元。西单支行下设1个营业室和1个支行。截至年底，人民币存款日均余额572.31亿元，比上年增加303.89亿元，其中储蓄存款40.63亿元，对公存款531.68亿元；人民币贷款余额909.39亿元，比上年增加257.91亿元；普惠“两增”贷款余额8.5亿元，比上年增加4.16亿元；实现各类中间业务收入18859万元；实现本外币利润76331万元，人均创利979万元。宣武支行下设1个营业室和3个支行。截至年底，人民币存款日均余额81亿元，比上年增加4亿元，其中储蓄存款日均余额64亿元，对公存款日均余额17亿元；人民币贷款余额6.6亿元；实现各类中间业务收入7000万元；实现本外币利润13670万元，人均创利133万元。北三环中路支行下设1个营业室和3个支行。截至年底，人民币存款时点余额187.11亿元，比上年增加3.47亿元，其中储蓄存款62.8亿元，对公存款124.31亿元；人民币贷款余额97.04亿元，其中普惠两增贷款余额11.74亿元，两增客户380户；实现各类中间业务收入16136万元，实现本外币利润46247万元，人均创利520万元。

（赵欣　陈肖肖　曹岩秋　安睿娟）

招商银行股份有限公司北京分行

【概况】 2021年，招商银行股份有限公司北京分行（简称招商银行北京分行）表内总资产11603亿元，比上年增幅14.1%；全折自营存款余额10174亿元，比上年增加1720亿元，增幅20.3%；全折自营贷款余额3951亿元，比上年增加407亿元，增幅11.5%；全年实现利润总额140亿元，比上年增加12亿元，增幅9.4%。不良贷款率0.4%。有营业机构118家。招商银行作为金融行业代表之一参加2021年中国

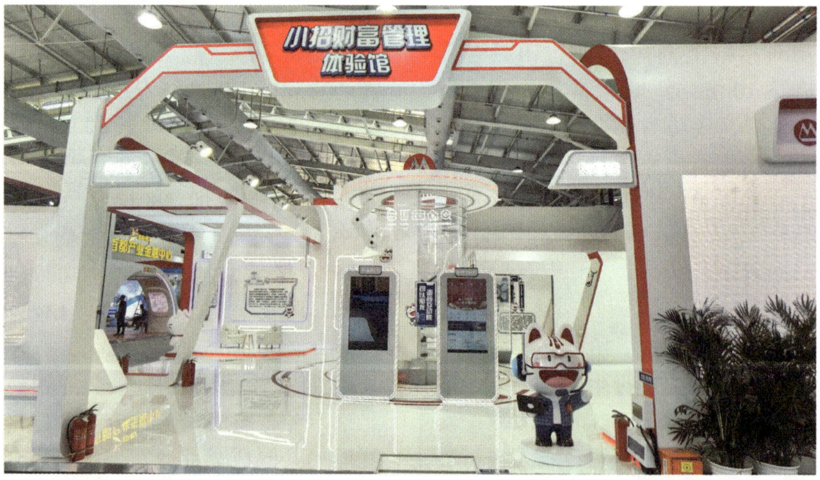

9月3日至7日，招商银行作为金融行业代表之一参加2021年服贸会——金融专题展

（招行北京分行　供图）

（北京）国际服务贸易交易会——金融专题展。（董　月）

【公司金融业务】2021年，招商银行北京分行人民币对公自营存款年日均余额6595亿元，比上年增加1192亿元；人行口径下北京地区市场份额5%，比上年提升0.58%。对公资产业务实现人民币对公信贷规模2348亿元。对公群基础日均50万元以上价值客户较年初净增3575户。交易银行"多级现金池+GCM+银企直联"现金管理方案获年度《亚洲银行家》最佳现金管理解决方案奖。跨境金融业务在国家外汇管理局年度银行外汇业务合规与审慎经营评估中获A类银行。票据业务为9453户企业用户提供各类票据服务，为2653户企业用户提供融资支持，累计贴现金额达到424亿元，其中商票贴现143亿元。（董　月）

【零售金融业务】2021年，招商银行北京分行加快零售3.0转型，零售营业净收入159.6亿元，管理总资产突破1.8万亿元，人民币储蓄存款余额突破3500亿元，零售客户存量超越1100万户，其中非零客群975万户、资产5万元以上客群数量达到190万户。年末零售信贷资产余额近1700亿元，较年初增长209.5亿元，小微贷款余额613.4亿元，较年初增长92.5亿元。（董　月）

【投行资管业务】2021年，招商银行北京分行实现投行资管业务总收入17.7亿元，其中非息收入14.59亿元。落地春华收购美赞臣、京东收购中国物流等超大型并购项目和8笔员工激励业务，派生存款近百亿元，新增代发超过1600人，新增开户46户，衍生托管及零售高端客户。债券承销业务实现规模1285亿元，衍生对公存款近1400亿元；并购业务实现非息收入3.84亿元，比上年增长43.2%；市场交易业务实现投放规模325.99亿元、收入3484万元，成为招商系统内首个规模突破300亿元大关的分行；对公财富管理业务实现中收4.82亿元，比上年增长25.8%，公司理财产品日均余额1544亿元，对公财富管理客户数合并口径11482户。（董　月）

【分行营业部】2021年，招商银行北京分行营业部（中心支行）下设7个网点。对公客群数22171户，比上年增长1478户；自营存款年日均376.9亿元，比上年增长24.53%；核心存款年日均322.93亿元，比上年增长29.07%；表内信贷余额116.18亿元，比上年增长57.85%。零售非零客户总数88.1万户，比上年增长7.7%；零售客户核心总资产1324.1亿元，比上年增长20.1%；储蓄存款余额304亿元，比上年增长11.3%。分行营业部（网点）零售非零客户总数41.1万户，比上年增长9%；零售客户核心总资产624.2亿元，比上年增长19.1%；储蓄存款余额138.6亿元，比上年增长11.8%。（董　月）

【境内支行】2021年，金融街中心支行零售非零客户总数3.3万户，比上年增长5.9%；零售客户核心总资产108.8亿元，比上年增长23.8%；储蓄存款余额20.8亿元，比上年增长8.6%。月坛支行零售非零客户总数1.4万户，比上年增长28%；零售客户核心总资产27.2亿元，比上年增长59.5%；储蓄存款余额7.8亿元，比上年增长91.8%。金融街支行零售非零客户总数10.2万户，比上年增长8.8%；零售客户核心总资产236.2亿元，比上年增长19%；储蓄存款余额54.2亿元，比上年增长6.5%。陶然亭支行零售非零客户总数5.3万户，比上年增长8%；零售客户核心总资产74.5亿元，比上年增长22.1%；储蓄存款余额18.2亿元，比上年增长9.7%。广安门支行零售非零客户总数1.6万户，比上年增长20.9%；零售客户核心总资产26.4亿元，比上年增长51.1%；储蓄存款余额6.2亿元，比上年增长44.5%。宣武门支行零售非零客户总数25.2万户，比上年增长3.8%；零售客户核心总资产226.8亿元，比上年增长15.5%；储蓄存款余额58.2亿元，比上年增长7.3%。甘家口支行零售非零客户总数11.5万户，比上年增长4.6%；客户核心总资产151亿元，比上年增长17.1%；储蓄存款余额39.2亿元，比上年增长8.1%。阜外大街支行零售非零客户总数3.9万户，比上年增长9.4%；零售客户核心总资产63.9亿元，比上年增长24.4%；储蓄存款余额15.9亿元，比上年增长10.6%。德胜门支行零售非零客户总数7.7万户，比上年增长5%；零售客户核心总资产115.1亿元，比上年增长20.3%；储蓄存款余额28.1亿元，比上年增长9.1%。（董　月）

广发银行股份有限公司北京分行

【概况】2021年，广发银行股份有限公司北京分行（简称广发北京分行）北京市有营业网点54家，其中西城区8家。截至年底，总资产达到3726.72亿元，实现全年报表营业收入32.83亿元，实现净利润15.89亿元，整体不良率0.45%，比上年下降0.33个百分点。（陈悦喆）

【国家重点建设支持】2021年，广发北京分行投放制造业中长期贷款67.75亿元，比上年增长68.32%，投放先进制造业贷款107.42亿元，比上年增长49.67%；落地服务实体经济及区域战略的托管项目规模超80亿元；为34家在京央国企配置发债额度，为各大优质企业通过发债募集资金274亿元；累计批复绿色信贷18笔101.37亿元。实现绿色信贷余额42.52亿元，其中清洁能源产业贷款总额4.06亿元；落实"碳中和"重大战略决策落地托管业务312.87亿元；上报京绿通专项再贴现业务408笔4.67亿元，占人民银行该项业务总额12.53亿元的

37.3%；新增服务京津冀区域协同发展项目贷款投放36.74亿元；为4家银行搭建CIPS（人民币跨境支付系统）间参系统，结算总量15830笔，结算总金额突破286亿元。（陈悦喆）

【存款业务】2021年，广发北京分行人民币基础日均存款规模2317亿元，较年初增加204.8亿元，比上年增长9.7%，其中常规日均存款规模达到1992.9亿元，较年初增加643.2亿元，比上年增长47.66%。公司板块逐步降低结构性存款的集中度；拓展政府机构业务；加强过程管理，出台督导政策，调整资源配置和考核导向；通过现金管理、供应链金融带动低成本存款稳定增长。公司基础日均存款规模1986.6亿元，比上年增长7.05%；公司常规日均存款规模1701.1亿元，比上年增长50.75%。零售板块重点依托定期存款、结构性存款产品销售、回款转化等方式实现储蓄规模快速增长。个人基础日均存款330.4亿元，较年初增加73.9亿元，比上年增长7.05%；个人常规日均存款291.9亿元，较年初增加70.6亿元，比上年增长31.9%。（陈悦喆）

【贷款业务】2021年，广发北京分行加大贷款投放力度，支持实体经济发展。人民币贷款年日均820.7亿元，较年初增长160.3亿元，增幅24.3%，其中公司贷款日均643亿元，较年初增长139.6亿元，增幅27.7%；个人贷款日均177.7亿元，较年初增长20.8亿元，增幅13.2%。赴某医院向医护人员发放“医护贷”个人贷款。（陈悦喆）

【信用卡业务】2021年，广发北京分行信用卡业务持续推广“广发饭票”业务，与北京市餐饮企业联合推出优惠活动，支持餐饮类小微企业发展，促进消费市场繁荣。广发卡全年新增激活客户11.7万户，北京地区累计总发卡量672.5万张、客户数388.4万人，北京地区市场占有率较上年末6.5%提升至7%。（陈悦喆）

【北京普惠健康保业务】2021年，广发北京分行在“北京普惠健康保”销售中负责保险代销工作，动员全体员工多措并举开展宣导及销售，实现销售7.3万件。（陈悦喆）

【金融创新实验】2021年，广发北京分行通过设立“创新实验室”开展金融创新工作。落地优质央国企供应链融资业务创新方案出账28.32亿元，实现普惠金融贷款3.33亿元；落地优质担保公司分离式保函创新方案出账1.59亿元，带动手续费收入75.53万元；落地普惠金融信融E贷创新方案出账868.41万元。加强科技赋能支持作用，投产自研科技项目49项。（张悦喆）

【境内支行】2021年，广发银行北京分行有8家网点位于西城区内，分别为分行营业部、月坛支行、西客站支行、金融街支行、黄寺支行、宣武门支行、西单支行、宣武门支行。经营效益良好，8家营业网点平均营业收入1.57亿元，平均创利7787万元，高于广发银行北京分行各营业网点平均水平，支行网点KPI考核得分处于分行各营业网点中上水平。（张悦喆）

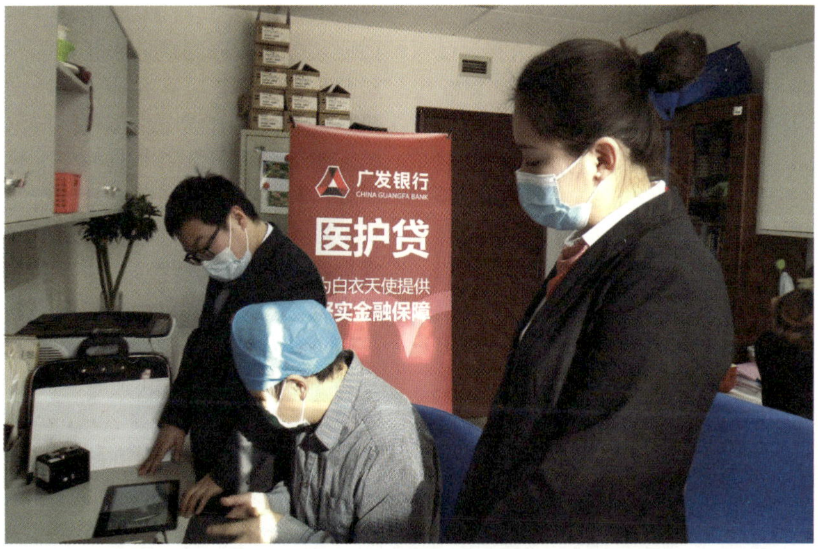

1月8日，广发银行北京分行向医护人员发放“医护贷”个人贷款　（广发北京分行　供图）

中国光大银行股份有限公司北京分行

【概况】2021年，中国光大银行股份有限公司北京分行（简称光大银行北京分行）资产总额为6645亿元，比上年增加798亿元。一般存款时点余额5758亿元，比上年增加487亿元，增长9%，其中核心存款时点余额5106亿元，比上年增加466亿元，增长10%；一般存款日均余额5564亿元，比上年增加320亿元，增长6%，其中核心存款日均余额4797亿元，比上年增加752亿元，增长19%。实现营业收入123.1亿元，比上年增加11.01亿元，其中中间业务净收入32.16亿元，比上年增加5.24亿元。风险调整后利润60.46亿元，不良贷款率0.85%；关注类贷款余额比上年减少9.55亿元；关注类贷款率0.63%。截至年底，光大银行北京分行设有营业网点88家，其中一级支行（含分行营业部）63家、二级支行5家、社区支行20家。光大银行北京分行获全国金融系统文化建设先进单位、全国工人先锋号、首都文明单位标兵、北京金融五一巾帼标兵岗等称号。（潘远发）

【公司金融业务】2021年，光大银行北京分行公司业务条线服务国家和区域重大发展战略和重点工程建设。公司金融FPA（Financial Product Aggregate）余额4541亿元，增量超千亿元。债券承销1474亿元，连续两年超千亿元；资产管理业务余额1017亿元，较年初增长超两倍；托管业务规模2.28万亿元。同业资产规模771亿元，较年初增长43%；国际结算量105亿美元。公司客户6万户，有效户增长7.5%。拓展财政、烟草、社保、专项债及土地储备等领域，机构客户增长21%。为北京地铁3号线融资12亿元。支持先进制造业、战略性新兴产业，制造业中长期贷款增长25%。服务北京证券交易所专户，支持“专精特新”中小企业发展。（潘远发）

【零售金融业务】2021年，光大银行北京分行零售业务条线以消费市场发展为重点，聚焦规模、客群和场景三大维度，提升存款质量，扩大存款规模。公私联动，拓展企业代发业务，提升代发额和留存率。拓展场景金融，重点融入健康、民生、社区、出行、文教旅游等消费场景，提升市场占比。零售AUM（客户资产规模）3107亿元，增长11%；零售信贷余额572亿元，较年初增长26%；零售营收占比37.3%、存款占比21%，零售贷款占比39%，提升3.5个百分点。零售客户1333万户，增长22%；信用卡客户273万户，有效户203万户，新增22万户；数字金融渠道引入零售有效户140.19万户，手机银行、云缴费、阳光惠生活三大APP月活263.77万户。（潘远发）

【金融科技创新】2021年，光大银行北京分行打造“数字孪生”建设，审批重点项目79项，累计新立项618项，投产538项，金融科技全口径投入0.46亿元。创新推出脱贫地区农副产品网络销售“832平台”（国家贫困地区农副产品网络销售平台）、城市建设及园区运营综合管理及金融服务系统、停简单（北京停简单信息技术有限公司）线上综合金融服务项目等一批金融创新成果。推进公司客群统一视图、零售智能营销平台、零售管理系统等重点项目建设。银联代付交易5.2万亿元。云缴费收入0.52亿元，成为光大银行系统内首家“钻石级分行”。（潘远发）

【集团协同联动】2021年，光大银行北京分行依托集团E-SBU协同优势，推动北京区域协同发展，业务规模7800亿元，收入3.8亿元。制订《北京区域协同工作方案》《北京分行落实集团“协议长”制度协同工作方案》，明确战略合作协议落实柔性团队，累计向光大证券股份有限公司推荐项目20个，合作规模80亿元；与光大永明人寿保险有限公司合作成立ABS及债券专户，余额30亿元；为集团成功发行40亿元超短融、50亿元中票；为集团企业托管产品7200亿元。光大银行北京分行获光大集团“光大超市003”号牌匾。（潘远发）

【风险防控】2021年，光大银行北京分行严守合规底线，强化操作风险和案件风险防控。抓“关键少数”，落实“三线合一”（经办行、风险管控部门、审计监察组织合为一体）案防机制和“五位一体”（体制、机制、内部管理、人员素质、长效机制）内控监督机制。推进风险管理体制机制改革，做到“有法可依、有法必依、执法必严、违法必究”。处置核销不良资产6.63亿元，现金清收2.4亿元，直接创造利润近2亿元。不良和关注总量、增量、增速低于同业平均水平。（潘远发）

【渠道管理】2021年，光大银行北京分行塑造“阳光消保、阳光服务”品牌形象，保护消费者合法权益，推进拥军银行建设，在人民银行营业管理部评级中位列A档。围绕监管部门工作部署，开展各类金融知识宣教活动，在主流媒体、网络媒体、公交、地铁、影院、商圈开展宣传，提升品牌形象和社会认知度、美誉度，获评“3·15”教育宣传周活动优秀组织单位、金融联合宣教活动表现突出组织单位。举办第十届理财师大赛。参与北京银保监局《金融知识伴我成长》小学生版和大学生版图书编撰工作。装修改造新建、迁址和新减面积续租的14家支行网点，完成分行营业部5G网点建设。（潘远发）

【境内支行】2021年，光大银行北京分行在西城区设有14家支行，其中一级支行13家（含分行营业部）、

10月14日，光大银行北京分行举办第十届理财师大赛（光大银行北京分行 供图）

二级支行1家（陶然亭支行）。各支行围绕首都经济建设大局，遵循分行“坚持四个依靠求发展”（坚持依靠严格管理、市场竞争、创新思维、同舟共济）战略执行路径，重点在客户基础、规模增长、盈利能力、财富管理和风险防控等方面开展工作。分行营业部公司业务存款时点余额461亿元，3年内存款规模翻一翻，负债各项业务均在一季度完成全年预算指标，获光大集团“光大超市003”号牌匾。德胜门支行零售AUM余额46亿元，较年初增长5.1亿元，创造支行历史新高。金融街丰盛支行财富管理中收0.26亿元，财富私人客户基金覆盖率较年初增长2.75%，获中华全国总工会“全国工人先锋号”。礼士路支行零售AUM余额39.12亿元，较年初增长2.8亿元；私人银行客户较年初增长27户。西直门支行普惠业务贷款余额1.72亿元，全年投放0.57亿元，较年初增长0.32亿元。三里河支行零售业务营收1.6亿元；信用卡营收1.2亿元。长安支行公司业务FPA余额21.34亿元，较年初增长1.34亿元，其中对公贷款5.19亿元。（潘远发）

中国民生银行股份有限公司北京分行

【概况】2021年，中国民生银行股份有限公司北京分行（简称民生银行北京分行）本外币总资产余额8747.93亿元，比上年增长7.29%。各项存款余额8255.12亿元，比上年增长10.48%，其中人民币存款余额7427.25亿元，比上年增长9.37%。各项贷款余额2766.18亿元。全年营业收入128.67亿元，营业支出95.85亿元，实现营业利润32.82亿元。下设分行营业部1家、二级分行1家、支行91家、便利型网点67家（社区支行64家、小微支行3家）。12月16日，在“科技冬奥、智慧支付”北京市金融业职工迎冬奥支付环境建设技能竞赛中，民生银行北京分行获团体赛冠军。（周　含）

【公司业务】2021年，民生银行北京分行为民企提供金融支持，加大绿色信贷、普惠金融、制造业、供应链融资的支持力度。加大制造业信贷投放，贷款较年初增长62亿元。涉农贷款余额较年初新增近10亿元。支持国家战略实施和重大工程建设，聚焦大基建、保障房等项目贷款。全年债券承销规模突破188亿元、企业资产证券化业务投放303亿元。支持复工复产，对受新冠肺炎疫情影响较大的企业提供差异化金融服务，合理支持企业授信延续、应贷尽贷。推出科创企业服务工具包，提供开户费减免、网银汇划手续费优惠、结售汇手续费优惠等政策，利用现金管理产品提高企业结算效率，推出科创贷、易创贷等标准化融资产品及投贷联动服务。通过自助贴现、电票签约等线上服务产品，为中小企业提供便捷的结算服务，推出“园区万里行”优质产业集群服务项目，终审中小信贷业务173笔65.9亿元，出账57笔12.1亿元。（周　含）

12月16日，在“科技冬奥、智慧支付”北京市金融业职工迎冬奥支付环境建设技能竞赛中，民生银行北京分行夺得团体赛冠军（民生银行北京分行　供图）

【零售业务】2021年，民生银行北京分行储蓄余额1327.9亿元，新增147.3亿元，金融资产余额3041.9亿元，新增312.7亿元；贵宾客户数37.14万户，新增2.9万户，私银客户突破6600户，新增806户。零售网金平台用户数446.38万户，比上年增加35.9万户。普惠金融组建20个专业小微企业金融中心，创新产品、优化流程，为小微企业提供更便捷、高效的融资服务。发放首笔创业贷，创业贷累计申报上报42笔7870万元。降低小微企业经营成本，为小微企业减免开户手续费398万元，账户服务费1305万元。办理小微企业延期还本付息2.88亿元，通过无还本续贷发放小微贷款332.21亿元，无还本续贷率72.47%。年末小微贷款余额420.7亿元，小微有贷客户达到1.11万户。（周　含）

【金融市场业务】2021年，民生银行北京分行同业资产业务余额902亿元，同业负债业务余额3435亿元。支持属地上市公司业务，全年资本市场业务投放9笔22亿元。支持属地优质企业融资投放债券167亿元。净值型理财销售余额达到255.54亿元。销售规模达到363.88亿元。托管规模维持在2.03万亿元，新上线产品规模达到3949亿元。信托类产品净增规模超过900亿元、公募基金增长超过550亿元、客户资金监管规模新增约400亿元。获评金融消费权益保护

A档。（周　含）

【惠民便民服务】2021年，民生银行北京分行完善惠民惠老体系，在团购、公益、防诈宣传等方面提供更多的非金服务。社区支行67家，覆盖11个行政区，专职服务团队208人。（周　含）

【境内支行】2021年，德胜门支行各项存款余额172.27亿元，存款日均210.35亿元，储蓄存款余额15.48亿元。各项贷款余额8.77亿元。阜成门支行各项存款余额118.67亿元，存款日均124.65亿元，储蓄存款余额27.26亿元。各项贷款余额19.32亿元。西长安街支行各项存款余额154.77亿元，存款日均144.34亿元，储蓄存款余额34.34亿元，储蓄存款日均32.07亿元。各项贷款余额34.76亿元。西二环支行各项存款余额83.32亿元，存款日均73.11亿元，储蓄存款余额14.7亿元。各项贷款余额11.15亿元。金融街支行各项存款余额100.39亿元，存款日均103.22亿元，储蓄存款余额29.41亿元。各项贷款余额19.37亿元。首体支行各项存款余额51.59亿元，存款日均38.71亿元，储蓄存款余额21.34亿元。各项贷款余额27.93亿元。北太平庄支行各项存款余额44.59亿元，存款日均47.81亿元，储蓄存款余额16.34亿元。各项贷款余额57.91亿元。复兴门支行各项存款余额8.82亿元，存款日均7.55亿元，储蓄存款余额1.3亿元。各项贷款余额0.02亿元。新街口支行各项存款余额21.23亿元，存款日均13.96亿元，储蓄存款余额2.33亿元。各项贷款余额3.9亿元。西单支行各项存款余额27.16亿元，存款日均21.81亿元，储蓄存款余额13.36亿元。各项贷款余额24.2亿元。长椿街支行各项存款余额15.13亿元，存款日均31.18亿元，储蓄存款余额5.76亿元，各项贷款余额43.34亿元。（周　含）

华夏银行股份有限公司北京分行

【概况】2021年，华夏银行股份有限公司北京分行（简称华夏银行北京分行）资产总额3507.98亿元，比年初增加315.02亿元，增幅9.87%；负债总额3460.35亿元，比年初增加314.89亿元，增幅10.01%；所有者权益47.63亿元，比年初增加0.13亿元，增幅0.26%。全年累计实现营业收入91.42亿元，比上年增加8.81亿元，增幅10.67%，实现利润总额66.83亿元，比上年增加2.06亿元，增幅3.18%。截至年底，华夏银行北京分行有综合性支行63家。北京京广支行、国贸支行获年度银行业营业网点文明规范服务千佳示范单位。北京城市副中心分行获首都劳动奖状。建国门支行获国家文化与金融合作示范区文化金融专营组织机构称号。华夏银行北京分行石景山“图书馆银行”开业。（车　喆）

【公司金融业务】2021年，华夏银行北京分行支持北京地区发展，坚持“北京的银行”战略定位，在北京地区各类投融资服务达到2619.49亿元。区域攻坚实现跨越式发展，开展业务合作的区属、乡域及农工商企业165户，一般性存款日均达到112.49亿元；用信余额达到169.18亿元，信贷投放超过100亿元。机构业务持续增长，机构存款年日均达到465.31亿元，比上年增加126.7亿元；机构客户达到311户，较年初净增44户。集中资源对接重点企业和重点项目需求，其中京津冀协同发展重点项目投融资共计507.05亿元。践行绿色发展理念，绿色信贷余额180.18亿元，绿色贷款占比12.53%。（车　喆）

【个人金融业务】2021年，华夏银行北京分行个人存款日均525.57亿元，较年初增长55.67亿元；个人存款余额576.66亿元，较年初增长81.85亿元。个人线下贷款余额较年初增长45.13亿元，达到258.2亿元；个人线上贷款业务在贷余额85.28亿元，较年初增幅达到122.43%。个人金融资产总量较年初增长174.33亿元，达到1519.06亿元。公募基金销售创下单日21亿元的同业银行销售纪录。（车　喆）

【科技金融业务】2021年，华夏银行北京分行依托辖内中关村管理部服务科技型企业126户，比上年增加87户，科技用信户再次突破200户达到225户。科技户用信余额占比51.97%。中关村管理部推出面向种子期科技企业的专属信贷产品“科创易贷”，6月落地首笔业务，累计服务科技企业14家投放金额1210万元。其中超50%的客户是“零信贷”企业。中关村管理部在与融资性担保公司、保险公司合作基础上，加大与政府机构、中关村地区投融资平台的合作，组织经营单位参加北京畅融工程18场，参加深交所举办的投融资路演活动2场，对接科技企业超过30家。（车　喆）

【文化金融业务】2021年，华夏银行北京分行辖内文创产业管理部落地北京市首单专利许可知识产权资产证券化项目的10亿元托管及投资项目，募集系统首只银行代销私募管理人管理的公募REITs（房地产信托投资基金）主题信托产品；落地系统首单北金所债权融资计划的资产流转业务、系统首单会展中心类CMBS监管项目支持北京雁栖湖会展中心建设、分行首笔发起式证券投资基金托管项目。为北京冬奥会配套交通兴延高速公路提供融资支持30亿元，支持慕田峪长城规划建设及老旧厂房转型的首钢、竞园等文化产业园区建设，共计投放近2亿元；为环球影城主题公园建设提供授信3.69亿元。（车　喆）

【金市投行业务】2021年，华夏银行北京分行坚持“商行+投行”综合化经营管理，多措并举提高多元化收入。债券承销业务规模682.08

亿元，创2005年北京分行开展债券承销业务以来的最大规模，实现税后中间业务收入7815.05万元。抓住证券公司短期融资券承销产品政策机会，实现承销规模达到181.38亿元。落地境外美元债承销、全行首笔碳中和票据等创新产品。撮合业务规模235.23亿元。同业借款累计投放627.65亿元，实现利差收入1.8亿元。企业理财销售规模1173.54亿元，余额251亿元，较年初增长81.22%。同业存款、同业存单新增规模突破3000亿元大关，达到3027亿元，利润突破1.8亿元；票据业务累计发生额112.43亿元，比上年增长85.22%；全年资产托管业务余额5448.23亿元，托管费收入8125.23万元。（车 喆）

【普惠金融业务】 2021年，华夏银行北京分行普惠条线贷款规模324亿元，较年初增加42亿元，成为系统内首个普惠贷款规模突破300亿元的分行。“两增”贷款余额139.5亿元，较年初增加35亿元。贷款客户数达到3.2万户，较年初增加2.2万户。“普惠助农贷”新增2.1万户15.6亿元；上线小微系统内上线的首个微信公众号B类产品企业银担贷和市场贷；推出科创小微企业专属融资产品服务包，为790家科创企业提供资金支持近47亿元；联合北京农担推出“惠农兴商”系列产品，实现投放84户2.12亿元。（车 喆）

【消费者权益保护】 11月23日，华夏银行北京分行成立消费者权益保护二级部。举办“跃动服务心·闪耀华夏红”消保服务能力提升大赛活动，33.4万人次参与，线上投票达到6.3万人次。通过设立分行投诉监督电话、开展投诉专题培训、加强与监管单位沟通汇报、加大指导督办等措施，全渠道投诉数量比上年大幅下降。（车 喆）

【境内支行】 2021年，北京分行营业部各项存款余额486.61亿元，存款日均420.14亿元。和平门支行各项存款余额32亿元，存款日均30.52亿元。长安支行各项存款余额31.66亿元，存款日均31.08亿元。德外支行各项存款余额63.19亿元，存款日均63.29亿元。车公庄支行各项存款余额118.23亿元，存款日均74.31亿元。广外支行各项存款余额37.45亿元，存款日均39.3亿元。北三环支行各项存款余额48.67亿元，存款日均55.74亿元。陶然支行各项存款余额12.28亿元，存款日均13.3亿元。（车 喆）

北京银行股份有限公司

【概况】 2021年，北京银行股份有限公司（简称北京银行）资产总额3.06万亿元。全年实现营业收入662.75亿元，较上年同期增长3.07%；实现归属于母公司股东净利润222.26亿元，较上年同期增长3.45%。不良贷款率1.44%，较年初下降0.13个百分点。在世界品牌实验室品牌价值排行榜中品牌价值升至654亿元，在英国《银行家》杂志千家大银行排名第六十二位，连续八年跻身全球百强银行。被人民银行、银保监会正式纳入国内系统重要性银行名单，成为19家系统重要性银行之一。全行总分支机构655家，北京地区259家，西城境内34家。“接诉即办”从制度、流程层面提出6大项20个处理方案，全年办理12345热线市民诉求851件，满意度98.7%。（王钰娜）

【区域重点项目建设服务】 2021年，北京银行为西城区企业（注册地在西城）提供贷款近400亿元，为百万庄地区棚改项目、动物园地区非首都功能疏解项目、白塔寺历史风貌保护区项目等重点建设项目提供资金支持。与市委宣传部、区政府、中国版保中心共建北京版权资产管理与金融服务中心。揭牌西城区首家文创专营支行——前门文创支行，服务西城区文化金融事业。以复兴支行为试点，打造“长者驿站”适老化金融服务特色网点，将传统与现代相融合，温馨环境中展现文化气息，为老年人量身定制功能区域。（王钰娜）

【零售业务】 2021年，北京银行零售客户突破2500万户，资金量规模超过8800亿元，增量突破1000亿元，个人线上贷款突破1000亿元。推出智慧医保2.0服务，医保关联客户突破700万户，发布“万院计划”支持乡村振兴，个人普惠贷款突破600亿元。加快数字化转型，手机银行客户数突破1100万户。较年初增长34%，MAU突破400万户。上线“掌上银行家”APP，完成理财净值化转型，公募基金销量超过400亿元，私募余额突破百亿元。（王钰娜）

【金融市场业务】 2021年，北京银行实现北京地区信贷投放规模增长40.38%，资产结构向轻资本、多元

10月29日，北京银行举行助力乡村振兴暨万院计划启动仪式（北京银行 供图）

化转型，公募基金托管规模较年初增长203%，证券投资基金规模比上年增长12.24%，票据价差收入比上年增长22.73%，实现非息净收入比上年增长53.15%。构建总分两级托管运营模式，落地首笔“风险共担”外贸专项转贷款，开创同业合作支持普惠发展新模式，参与全国首批外币同业存单投资业务、全国首批以托管债券为抵押品的外币融资业务，开办首笔外汇中央对手方清算业务，托管首只上海清算所利率债指数基金、全市场首批基金中基金（FOF-LOF）、券商结算模式公募基金、公募FOF、理财子理财产品、碳中和ABS等创新产品，获得银行间外汇市场远掉期尝试做市商资格，开办银行间外汇市场远掉期做市业务。获得全国银行间同业拆借中心、中央国债登记结算有限公司、上海黄金交易所、上海清算所等机构颁发的10余项市场交易类奖项。（王钰娜）

【风险管理】2021年，北京银行优化信贷投向策略，发布重点行业研究报告；制订审批“3+7”时效性管理要求，启动标准化审查要点建设工作，开发授信后管理差异化模板；建立大额授信会商、审批业务实时抽查重点、贷款真实性回访、经营单位派驻督导等工作机制，加大风险处置化解力度；完成财务智能分析工具、疑似关联关系识别项目、全面风险预警平台、智慧风控APP上线，探索新技术在风险防控领域的创新应用；建立关键人员风险履职档案，开展清廉从业教育，筑牢依法合规底线。（王钰娜）

【北京分行业务】2021年，北京银行分行下辖26家管辖行、2家直属行，有87家综合网点。截至年底，北京分行资产总额4004.55亿元，负债总额3985.04亿元，贷款时点总额2299.35亿元，存款时点总额3768.21亿元。（王钰娜）

【境内管辖行】2021年，德外管辖行下辖德外支行、慧园支行、北三环支行3家网点。获年度小微特色支行和文创特色支行称号。截至年底，贷款规模67.25亿元，实现利润1.96亿元。复兴管辖行下辖复兴支行、三里河支行、金融街支行3家综合性网点。其中复兴支行成为北京银行首家长者驿站，获年度“双优评选”优质服务单位称号。截至年底，人民币存款时点规模108.5亿元，人民币贷款规模68.3亿元。官园管辖行下辖官园、车公庄2家网点。截至年底，存款规模106.92亿元，辖行贷款规模56.13亿元，实现利润2.26亿元。广安管辖行下辖广安支行、白云支行、广源支行和马连道支行4家网点。截至年底，存款规模124.89亿元，贷款规模82.51亿元，实现利润1.05亿元。华安管辖行是一家服务西城企事业单位的特色支行。截至年底，公司存款规模29亿元，零售规模193亿元，零售客户19万人，全年代发81亿元，营业室全年业务量426万笔。获年度首都精神文明建设委员会首都文明单位和市国资委先进基层组织称号。琉璃厂管辖行下辖琉璃厂支行、宣武门支行和陶然亭路支行3家综合网点。截至年底，存款规模135亿元、贷款规模136亿元。其中琉璃厂支行为北京银行北京分行第一家信贷工厂，扶持中小企业300余户；宣武门支行是原宣武区第一家财富中心，全国首家文化创意产业金融服务特色机构。南纬路管辖行下辖南纬路支行及陶然支行2家网点。截至年底，总存款规模64.46亿元，总贷款规模29.58亿元。月坛管辖行下辖月坛支行、阜成支行及展览路支行3家支行。截至年底，本外币存款余额268.22亿元，本外币贷款余额200.96亿元。（王钰娜）

【境内支行】2021年，前门文创支行为北京银行西城区首家文创专营支行，为西城区提供服务。截至年底，向25户文创类客户提供贷款支持，金额总计1.9亿元；个人客户4万户，资金量29亿元。西单支行下辖网点政务中心支行。截至年底，存款规模达到111亿元，贷款规模68亿元。燕京支行下辖长安街支行、天宁支行、滨河路支行3家网点。截至年底，存款规模300亿元，贷款规模337亿元。右安门支行下辖报国寺支行。截至年底，实现存款规模76.18亿元，贷款规模67.56亿元。（王钰娜）

保　险

中国人民财产保险股份有限公司北京市西城支公司

【概况】2021年，中国人民财产保险股份有限公司北京市西城支公司（简称中人保财险西城支公司）贯彻集团“卓越保险战略”、践行六大战略服务和总分公司各项工作部署，开展“我为群众办实事”实践活动、推进“温暖工程”，调结构、控成本、优管理，打造充满活力、富有实力、独具魅力的西城支公司。实现保费收入5.49亿元，全年直接赔款3.77亿元，上缴税金725万元。承担机动车辆保险风险保障金额1705.2亿元，企业财产保险风险保障金额893.79亿元，责任保险风险保障金额67694.64亿元，意外健康保险风险保障金额3152.83亿元，货运保险风险保障金额66.72亿元，工程保险风险保障金额25.46亿元，信用保证保险风险保障金额17.19亿元。中人保财险西城支公司推动三农保险发展，开展大宗农产品价格保险业务，实现保费收入2690万元。（孟庆芝）

【智慧交通承保服务】2021年，中人保财险西城支公司推进车险转型升级，创新车险客户服务，推进警保联动，协助北京快递协会制订《北京市快递专用电动三轮车规范工作流程》，承保北京邮政系统和快递协会部分成员单位非机动车第三者责任保险，实现保费收入224万元。（孟庆芝）

9 月 30 日，中人保财险西城支公司举办北京市知识产权保险试点宣讲（中人保财险西城支公司　供图）

【绿色环保承保服务】 2021 年，中人保财险西城支公司上线新能源汽车商业保险专属条款，升级保险保障，承保新能源车 16317 辆，比上年增长 25.7%。（孟庆芝）

【科技创新专利承保】 2021 年，中人保财险西城支公司升级科技保险供给，承保北京市知识产权保险试点项目工作，申报 215 家企业 2634 件专利（203 家中小微企业的 2494 件专利、12 家单项冠军企业的 140 件专利）。组织专家评审通过 201 家企业，完成试点保险服务工作。（孟庆芝）

【安责险服务】 2021 年，中人保财险西城支公司承保西城区安全生产责任险项目，为 15 个街道 1760 家企业提供安责险服务，责任限额 177.02 亿元。推动北京住宅工程质量潜在缺陷风险项目，承保 7 个 IDI 项目，为西城区住宅工程提供保障。建立“服务 + 保险”保障机制，承保西城区“公共管理综合保险”项目。9 月 30 日，举办北京市知识产权保险试点宣讲。（孟庆芝）

【军人保险服务】 2021 年，中人保财险西城支公司承接某部队商业医疗保险服务落地，优化服务方案，慰问部队官兵，了解就医不便等问题。针对承保人员“小、远、散”特点，通过配备扫描仪、开发小程序等新理赔方式，加快理赔速度。处理案件 5710 笔。（孟庆芝）

中国人民财产保险股份有限公司北京市宣武支公司

【概况】 2021 年，中国人民财产保险股份有限公司北京市宣武支公司（简称中人保财险宣武支公司）实现保费收入 55904.55 万元，实现净利润 3040 万元。其中机动车保险收入 45990.47 万元，意外险保费收入 7084.72 万元，责任险保费收入 1014.93 万元，企业财产险收入 1495.25 万元，货物运输保险收入 273.21 万元，船货保险保费收入 273.21 万元，特险保费收入 45.97 万元。（李荣慧）

【车险业务】 2021 年，中人保财险宣武支公司车险实现保费收入 6420 万元，比上年增长 15.8%。新签渠道 31 个，新增保费超 2000 万元，比上年提升 35 个百分点。车险盈利性险种投保比上年增长 12%。最大一单保费规模达 130 万元。制订个性化管控政策，成立降赔减损小组，对大额出险车辆进行复检、合理赔付。（刘　莎）

【个非业务】 2021 年，中人保财险宣武支公司推行车险 + 个非产品组合销售策略。通过车险带动驾意险、随车行、家财险等个人非车险产品的销售，助推产品经营向客户经营转化升级。客户转化率提升近 10 个百分点。（刘　莎）

【法人业务】 2021 年，中人保财险宣武支公司组织各部门走访康泰生物集团，发挥业务协同优势；定期与寿险、健康险座谈，交换资源和信息，联合开发法人客户项目；与分公司要客部开展联合党建活动，加深合作密度。（刘　莎）

【手术意外险】 2021 年，中人保财险宣武支公司把手术诊疗医疗意外保险项目（简称手术意外险）作为公司重点推动项目，年度保费规模达到 6750 万元。（刘　莎）

12 月，中人保财险宣武支公司召开年度经营情况分析会（中人保财险宣武支公司　供图）

【普惠健康保】 2021年，中人保财险宣武支公司推广北京普惠健康保项目。与西城区平原里社区、法源寺社区互动，举办普惠保进社区讲座10余场；为北汽鹏元汽车销售服务有限公司、同仁堂四通桥药店等多家企业承担培训任务，覆盖人数超过400人。 （刘　莎）

【风险查勘】 2021年，中人保财险宣武支公司针对企财险高赔付情况，风险查勘小组及三方查勘专家对重点项目进行严格风险查勘评估，查勘次数30余次，有效提高承保质量。 （刘　莎）

中国平安人寿保险股份有限公司北京分公司

【概况】 2021年，中国平安人寿保险股份有限公司北京分公司（简称平安人寿北京分公司）。实现规模保费收入263.88亿元，比上年增长1.91%。其中个险总保费248.18亿元，比上年增长1.17%；银保总保费15.64亿元，比上年增长15.69%；团险总保费694.28万元。截至年底，客户数量超过657万人，累计为北京市民提供人身保障28470亿元。有效保单5208666件，办理个人理赔108459件，赔款、死伤医疗给付16.19亿元，年金及满期给付32.6亿元。消费者权益保护部员工应洁获首都劳动奖章。 （戴书敏）

【个人营销业务】 2021年，平安人寿北京分公司上市多款新重疾产品。平安臻享RUN健康服务计划升级。以专业家庭医生和专业健康档案为基础，提供覆盖健康、亚健康、慢性病和疾病4大健康服务管理方案。依托超2000名的自建医疗团队，为客户提供7×24小时全天候远程诊疗，就医协助可覆盖全国1500余家三甲医院，复杂疾病可提供国内外专家会诊。推出“保险＋养老”“保险＋健康管理”养老服务项目。 （戴书敏）

【银行代理业务】 截至年底，平安人寿北京分公司银行代理业务年度首年期交规模保费达成67540万元，比上年增长51.1%，其中外部渠道年度首年期交规模保费达成3104万元，比上年增长-80.8%。客户经营渠道年度首年期交规模保费达成1345万元，比上年增长29.9%。 （戴书敏）

【重大承保与理赔】 2021年，平安人寿北京分公司个人理赔案件共11万件，赔付金额共计17.5亿元。持续提供“闪赔”服务2.9万件案件，闪赔金额共计4334.7万元，均在30分钟内完成，最快闪赔用时1.7分钟。进一步推进“智能预赔”服务，完成预赔案件138件，预赔金额共计18.2万元。客户M因确诊良性脑肿瘤，获赔重大疾病理赔金422.9万元，为平安人寿北京分公司当年理赔金额最高的案件。客户Z投保“颐享世家”，累计承保保额2亿元，成为平安人寿北京分公司当年累计最高人身险保额承保新契约。客户Z投保“平安六福”，累计承保保额1044.6万元，成为平安人寿北京分公司当年累计最高重疾险保额承保新契约。客户L投保“财富金瑞21”，累计承保保费7000万元，成为平安人寿北京分公司当年累计最高保费承保新契约。 （戴书敏）

【客户服务】 2021年，平安人寿北京分公司发布“平安臻享RUN”健康服务计划，通过“保险保障＋健康管理＋医疗服务”一站式解决方案，满足客户全生命周期健康医疗和风险保障需求。全年有62.3万名客户使用平安臻享RUN、就医绿通、在线问诊、齿科等健康服务。举办客服节开幕式、平安守护者行动、故宫巡游、北京人艺观剧、芭蕾舞剧观赏、环球影城趣味巡游等50余场线下活动，与近万名客户线下互动。推出“公益活动”携手一个地球自然基金会、世界自然基金会，在“7·8”全国保险权益宣传日，开展“1864大熊猫巡展”。持续推进平安守护者行动计划，新增培养113名AHA持证平安守护者，12名种子导师，开展200余场线下公益急救知识宣讲，覆盖5000余名首都群众。空中客服为14万余位客户提供线上服务，客服中心为13万客户提供线下柜面服务。开展面向老年人弱势群体、社区退休党员等群体多角度普及金融、保险知识，引导群众提高警惕，自觉远离非法集资，共同维护社会的稳定和谐。12月，客服中心旗舰店开业，作为全国“五心”服务示范门店，特别关注“一老一小”群体，在门店内设置“老年驿站”“敬老专员”，开辟助老绿色通道、设置儿童休闲区，配备益智玩具及儿童读物。 （戴书敏）

【风险控制】 2021年，平安人寿北京分公司开展保险销售、理赔、财务、保险中介市场乱象及消费者权益保护等方面检查，落实整改、严肃问责处罚，防范外部风险交叉传递。开展多种形式宣导活动和培训，多种方式向保险代理人、员工、客户普及防范非法集资、反洗钱、反欺诈、风险控制、法律合规、扫黑除恶等政策和知识。依托集团和总公司大数据平台，通过开展法律合规评审、制度建设、风险管理、内控自评、操作风险、反洗钱、打击违规代销非平安金融产品等工作，加强对保险代理人和公司各部门工作的预警监测和合规管控，加大对内外勤人员违规行为治理力度，实现风险管控前置。 （戴书敏）

【民生公益服务】 2021年，平安人寿北京分公司组织平安志愿者10批100余人次，赴朝阳区孙河地区养老院开展养老爱老公益活动。与“认知症”老人们共同完成绘画、手工、编织等手脑互动活动。构建老人与平安希望小学之间的线上互动。围绕平安集团“快乐少年”年度支教主题，通过微信公众号社会招募18位支教志愿者，赴浦洼乡平安希

8月5日，平安人寿北京分公司推进平安守护者行动计划，图为工作人员与“认知症”老人一起开展活动

（平安人寿北京分公司　供图）

望小学教授科技、美术、体育、手工等课程。参与平安守护者行动，志愿者现场引导社区居民下载国家反诈中心APP，提高识骗能力和防骗意识。（戴书敏）

中国太平洋财产保险股份有限公司北京分公司

【概况】2021年，中国太平洋财产保险有限公司北京分公司（简称太平洋产险北京分公司）下设19家经营单位。实现全险种保费收入63.88亿元。累计赔付总金额38.26亿元。（李芯妮）

【财产险业务】2021年，太平洋产险北京分公司实现车险保费收入36.14亿元，非车险保费收入27.74亿元，比上年增长5.08%，其中农险保费收入2.31亿元，比上年增长22.3%。个人客户方面，稳固发展基础，深挖业务存量，布局新能源车等新兴业务，补足增长动能；法人客户方面，持续发挥首都区位优势，抓住政策热点，在调整中实现重点领域突破。（李芯妮）

【“三农”保险服务】2021年，太平洋产险北京分公司参与社会治理，服务民生保障。响应服务国家乡村振兴战略，创新服务“三农”。6月，城市型防贫保险项目在顺义区落地，保险服务首都“三农”；以安责险为突破，实施风险前置，主动对接乡镇等基层组织；以IDI推广为契机，积极介入建筑质量缺陷潜在风险管理，建立“保险+风控”新模式。（李芯妮）

【产品创新】2021年，太平洋产险北京分公司参与产品创新。6月，落地全国首例国产汽车芯片车用保险，作为保险业代表出席中国汽车芯片产业创新战略联盟组织的汽车芯片保险签约仪式；9月，落地绿色建筑性能责任保险，助推建筑业绿色转型。在服务创新方面，全面上线客联通平台，实现在线理赔新模式。（李芯妮）

【境内支公司】2021年，太平洋产险北京分公司西城支公司全险种保费收入4.49亿元，比上年增长4.49%，综合赔款支出2.41亿元，综合赔付率68.21%。在车险综改大背景下，西城支公司主动转型商用车领域，全年商用车保费突破亿元。在安责险领域，发挥区域优势，严格品质管控。7月，在西城区开展安责险应急培训系列活动，普及紧急救援知识，提高参训企业应急处置能力、预防能力和重视程度。（李芯妮）

中国太平洋人寿保险股份有限公司北京分公司

【概况】2021年，中国太平洋人寿保险股份有限公司北京分公司（简称中国太保寿险北京分公司）实现保费总收入57.97亿元，比上年增长4%，赔款支出3.53亿元；新单保费收入11.75亿元，比上年增长12.5%；个人业务新单保费收入10.77亿元，比上年增长16.1%；团险业务新单保费收入0.96亿元，比上年减少17.4%。累计13个月继续率90.62%，比上年提升2.76pt。（杨乐多）

【普惠健康保项目】2021年，中国太保寿险北京分公司参与北京市政府指导的城市补充医疗项目——北京普惠健康保项目。组织开展“我为基层办实事，我为一线解难题”调研走访活动。推进“大健康、大养老、大资管”发展战略，为客户提供优质、高效、可信赖的金融保险服务。各营业网点设立针对“一老一少”群体金融知识宣教专区和便老服务专属通道。通过现场播放视频短片、发送服务手册，提高老年人风险防骗意识和自我保护能力。邀请老年客户到场解答保单疑问，针对高龄保险消费者咨询的痛点、难点、盲点进行专项宣导解读。（杨乐多）

【金融知识科普】2021年，中国太保寿险北京分公司与北京电视台合作开展《蜜蜂计划》栏目录制，走进社区宣讲保险养老和健康服务，通过线上线下、大屏小屏互动方式宣传保险功用及保险服务，增进消费者对保险行业的了解，引导消费者正确合理选择金融产品。9月，参与中国（北京）国际服务贸易博览会，设置太保养老社区——太保家园养

老社区及中国太保幸福365服务体系展区，配置专业讲解人员讲解，让参展人员体验保险服务；与北京电视台合作开展“有温度的金融+健康生活服务”直播，通过线上线下金融联合宣讲金融知识。（杨乐多）

【境内支公司】2021年，中国太保寿险北京分公司西城支公司实现总保费收入4.69亿元，比上年增长13.2%。累计13个月继续率93.15%，比上年提升3.38pt。西城支公司在公司转型变革大背景下，优化保险代理人队伍架构，加强业务品质管控，开展应急救援培训，公益健康讲座，保险服务宣讲等多种线下宣讲活动，普及健康急救知识及保险服务理念。（杨乐多）

证　券

中国证券监督管理委员会北京监管局

【概况】2021年，中国证券监督管理委员会北京监管局（简称北京证监局）西城区企业直接融资总额5862.26亿元，占辖区企业直接融资总额的45.6%。其中IPO公司3家（莱百股份、中国黄金、中铁特货），募集资金504.41亿元；上市公司再融资9家次，募集资金443.74亿元；新三板挂牌公司定向增发2家次，募集资金0.1亿元；交易所公司债券发行288只，募集资金4805.56亿元；1家H股上市公司中国信达增发融资108.45亿元。西城区有上市挂牌公司85家，其中沪主板上市公司28家，创业板上市公司3家，科创板上市公司2家，深主板上市公司6家，北交所上市公司1家，新三板挂牌公司45家。注册在西城区的法人证券公司10家，总资产2510.59亿元，净资产831.21亿元，全年实现营业收入127.1亿元，净利润39.52亿元。证券投资咨询公司4家，证券投资咨询分公司2家。基金管理公司7家，总资产477.63亿元，净资产365.27亿元，全年实现管理费收入168.46亿元，净利润63.37亿元。基金公司管理公募基金产品存续874只，公募基金管理规模2.76万亿元。期货公司4家，总资产204.94亿元，净资产25.58亿元，全年营业收入8.97亿元，净利润3.3亿元，期货分支机构21家。私募基金管理人524家，合计管理基金3744只，规模1.59万亿元。从事证券服务业务的会计师事务所7家，从事证券服务业务的资产评估机构21家。（李梦洁）

【上市公司监管】2021年，北京证监局支持辖区企业登陆资本市场，推行《首次公开发行股票并上市辅导监管规定》，平稳实现拟上市公司线上辅导备案，支持西城区注册企业莱百股份、中国黄金、中铁特货等公司发行上市。落实国务院《关于进一步提高上市公司质量的意见》和证监会决策部署，推动提高上市公司质量，开展上市公司治理专项行动，西城区30余家上市公司主动填报，做好“全面体检”，自觉加强公司治理内生动力。联合北京上市公司协会、沪深交易所、全景网等单位，以“完善公司治理　推动上市公司高质量发展”为主题，举办辖区上市公司投资者集体接待日活动，西城区上市公司在线参与互动，回应投资者关切问题。在中国上市公司协会举办的年度上市公司业绩说明会上，金融街、邮储银行、中国交建、光大银行、中国银行5家西城注册上市公司获评优秀案例奖，中国联通、国投电力、中国人保和工商银行4家公司获评最佳实践奖。北京证监局参与北交所建设，设立公司监管三处，为证监会系统内首家成立北交所专职监管处室的派出机构；做好北交所与精选层辅导监管衔接，证监会系统内首家发布相关辅导监管通知。（李梦洁）

【新三板挂牌公司监管】2021年，北京证监局分层分类监管新三板挂牌公司，利用科技手段提高监管精准度，通过多维数据分析，发现创新层挂牌公司存在异常指标，开展针对性现场检查，有效提升监管精准度和靶向性。西城区新三板挂牌公司45家，其中创新层公司5家、基础层公司40家。（李梦洁）

【公司债券监管】2021年，北京证监局分类施策做好债券违约风险防控。发挥多维度债券信用风险监测体系优势，监测高风险公司信用风险状况，综合运用现场督导、约谈、提示函等方式跟踪督促中介机构履职、发行人自救。提高日常监测频次，采取双周报形式排查到期债券兑付资金，做到信用风险早预警、早化解。对风险及违约主体分类施策，综合运用纾困救助、债务重组、破产清偿等措施，坚持市场化、法治化原则持续推进违约主体风险处置工作。注册地在西城区的企业发行交易所公司债券（含ABS）288只，募资金额4805.56亿元；存续交易所公司债券（含ABS）694只，债券余额10450.2亿元。（李梦洁）

【证券公司监管】2021年，北京证监局提升证券公司监管效能，为全面实行注册制创造条件。鼓励金融科技创新，推动证券公司数字化转型和资本市场金融科技创新试点工作，西城区信达证券入选第一批试点项目。监管与服务并重，推进金融业对外开放。西城区1家新设外资控股证券公司落地开业。探索外资控股证券公司监管方式，引导外资证券公司运用公司股东优势资源，实现差异化发展。推动证券公司不断提升投行业务能力，督促中介机构归位尽责，形成具备与注册制相匹配的执业理念和专业能力。支持辖区证券公司高质量发展，打牢资本市场改革基础，对2家西城区证券公司首次公开发行A股股票并上市事项出具监管意见，批准3家西城区证券公司增加业务。防范化解重点领域风险，做好涉系公司接管工作。证券公司规范整改取得明显成效，推动辖区证券公司组织架构规范整改、境外业务规范整改和大集合产品对标公募基金整改年底有序收官，私募资管业务规范整改见成效。（李梦洁）

【基金公司监管】2021年，北京证监局围绕建机制、强监管、严执法、防风险、促发展工作思路，推动西城区基金经营机构不断提升合规服务能力。在派出机构层面探索构建基金产品债券风险统计监测体系。从多个维度筛查风险，锁定现场及非现场检查目标，聚集关注重点，提早采取措施，扑灭隐患，防范风险外溢。持续优化基金公司分类评价监管机制。以问题和风险为导向，每季度从内控管理、风险管理、业务规范和投资者保护等4个方面进行定性和定量的综合考核，根据评价结果分类实施现场检查、约谈、问讯等方面的频次和力度。不断优化评价体系，风险画像更加精准，合理配置监管资源，提升监管效率。督导基金公司率先完成应用级灾备建设，提升应对各种突发事件能力。（李梦洁）

【期货公司监管】2021年，北京证监局统筹推进辖区期货机构监管、风险防范、新冠肺炎疫情防控和创新发展各项工作。督促引导辖区期货机构加强风险防范，聚焦公司治理、资管业务、居间人管理三大风险点，妥善做好风险化解工作。加强监管协作，支持《期货法》立法及多项法规办法制订修订工作，联系各期货交易所开展相关活动，与其他派出机构及会管单位加强交流协作。推动辖区机构开展“保险+期货”项目，推进精准扶贫。助力期货市场“双向开放”，推进全国首例境外期货交易所（美国芝加哥商品交易所集团下属期货交易所）驻华代表处备案管理工作。（李梦洁）

【私募基金监管】2021年，北京证监局推进私募基金风险摸排整治工作。以非现场监测、投诉举报、风险通报线索为切入点，对注册地或办公地在西城区的95家风险机构开展现场检查及专项摸排，持续动态管理注册地在西城区的105家私募机构风险台账，压实私募机构主体责任。优化前置管理工作流程，完成西城区56家企业前置审核意见，实行监管局前置审阅、市场监管部门注册、基金业协会登记备案、地方金融办日常排查的四方监测模式，实现增量私募机构闭环管理，力求从源头防范金融风险。2月3日，举办私募基金监管新规解读培训会并发布《私募基金投资者保护手册》。（李梦洁）

2月3日，北京证监局等联合举办私募基金监管新规解读培训会，发布《私募基金投资者保护手册》
（北京证监局　供图）

【证券服务机构监管】2021年，北京证监局督促引导审计、评估机构归位尽责。持续贯彻落实新《证券法》下中介机构监管改为备案制要求，完成10家西城区注册的资产评估机构首次从事证券服务业务备案信息核验，占全国新增评估机构比例8%。强化新从业机构监管工作，讲好资本市场第一课，约谈10家评估机构，下发告知书，提示监管要求；对中瑞诚会计师事务所（特殊普通合伙）开展“新所”专项监管工作，要求梳理质量管理流程，查找风险防控薄弱环节。督导北京兴华会计师事务所（特殊普通合伙）就行政处罚事项从质控层面整改。开展北京国融兴华资产评估有限责任公司全面检查，以加强内部管理、完善质控为核心，全方位检查总部及广州分公司，对7个评估项目进行执业质量检查。压实中介机构责任，依法依规及时处理，对北京北方亚事资产评估事务所（特殊普通合伙）下发行政监管措施7份，对中兴财光华会计师事务所（特殊普通合伙）下发行政监管措施1份。（李梦洁）

北京证券交易所

【概况】9月3日，北京证券交易所（简称北交所）注册成立，是经国务院批准设立的我国第一家公司制证券交易所，受中国证监会监督管理。经营范围为依法为证券集中交易提供场所和设施、组织和监督证券交易以及证券市场管理服务等业务。截至年底，北交所上市公司82家，战略新兴产业、先进制造业、现代服务业等占比87%，经营业绩突出、创新能力较强；新三板挂牌公司6932家，符合北交所上市财务条件的挂牌公司超过千家。全市场累计783家公司获评专精特新“小巨人”，59家成长为“单项冠军”，2017年至2021年，65家公司获国家科学技术奖，市场服务创新型中小企业的聚集效应初步形成，服务创新驱动发展、经济转型升级等国家战略的功能更加凸显。

（王汉林）

【北交所官方网站上线试运行】9月10日，北交所官方网站（网址：www.bse.cn）上线试运行，旨在及时回应市场关切，便利市场各方获取北京证券交易所相关信息。官网上线试运行初期，包含3个内容模块：业务规则模块，主要作为北交所各项业务规则公开征求意见的平台，是各类市场主体参与规则制定的重要渠道；投资者教育模块，解读北交所相关业务规则，是广大投资者理解业务规则核心要义的学习平台；本所简介和要闻板块，介绍北交所基本情况，及时展示市场重要新闻和发展动态，是各类用户迅速获取北交所资讯的有效途径。

（王汉林）

【北交所基本业务规则发布】9月17日，北交所发布《北京证券交易所投资者适当性管理办法（试行）》及配套业务指南。10月30日，发布上市与审核4件基本业务规则及6件配套细则和指引。11月2日，发布《北京证券交易所交易规则（试行）》《北京证券交易所会员管理规则（试行）》2件基本业务规则及31件细则指引指南，上述业务规则自11月15日起施行。北京证券交易所7件基本业务规则全部发布。（王汉林）

【签署战略合作协议】11月5日，全国股转公司、北交所与中国工商银行签署战略合作协议。中国工商银行董事长陈四清，全国股转公司、北交所董事长徐明出席活动并讲话。全国股转公司、北交所总经理隋强，中国工商银行高级业务总监熊燕分别代表三方签署协议。根据战略合作协议，全国股转公司、北交所与中国工商银行将进一步加强沟通交流，在综合金融服务、挂牌上市培育、企业信贷融资、产品投资、创新研究、科技金融、信息共享等多个方面开展合作，并建立常态化双边交流机制，切实将合作内容做深、做细、做实。12月10日，全国股转公司、北交所与中国工商银行进一步加强沟通交流。签约的12家银行是新三板市场的重要支持者，合计为挂牌、上市公司提供授信余额接近1000亿元。各银行特色不同，有的推出面向新三板和北交所的专属信贷产品，有的创建普惠金融特色品牌，有的向纵深推进、强化投贷联动等。（王汉林）

【北交所正式开市】11月15日，北交所揭牌暨开市仪式举行。市委书记蔡奇与中国证监会党委书记、主席易会满共同为北京证券交易所揭牌并敲钟开市。易会满指出，设立北交所，是党中央、国务院立足构建新发展格局、推动高质量发展作出的重大决策部署，对于进一步健全多层次资本市场，加快完善中小企业金融支持体系，推动创新驱动发展和经济转型升级，都具有十分重要的意义。证监会将始终以习近平新时代中国特色社会主义思想为指导，坚持稳中求进，贯彻新发展理念，坚持“建制度、不干预、零容忍”，持续深化新三板改革，努力办好北京证券交易所，打造服务创新型中小企业主阵地。希望北京证券交易所牢记初心使命，坚持错位发展、突出特色，以试点注册制为基础，扎实推进契合中小企业特点的制度创新；推动提高上市公司质量，维护市场“三公”秩序和平稳运行，切实保护投资者合法权益；加强与新三板创新层、基础层的有机联动，深化与沪深交易所、区域性股权市场协调发展，共同营造多层次资本市场发展的良好生态。

（王汉林）

【构建新发展格局讲座】12月23日，北京证券交易所董事长徐明受邀参加市委理论学习中心组学习（扩大）会举办的构建新发展格局讲座，并围绕资本市场发展与深化新三板改革作辅导报告。市领导蔡奇、陈吉宁、李伟、魏小东、张延昆参加学习。蔡奇指出，设立北京证券交易所，是中央对资本市场服务构建新发展格局作出的新的战略部署，对于我国资本市场改革发展和首都金融体系建设具有标志性意义，必将为首都发展注入新动力。要以北交所设立为契机，营造更好的金融生态。支持证券公司参与北交所上市业务，打造一批服务科创企业的精品投行。激活北交所的资本有序退出通道功能，引导更多耐心资本、长期资本布局创新型中小企业。放大北交所外溢效应，推动资金、信息、人才和机构集聚。支持北交所发展金融科技，投放先进技术应用场景。要加强风险防范，引导市场主体依法合规经营，保护投资者合法权益，发挥金融法院作用，促进北交所健康发展。（王汉林）

东兴证券股份有限公司

【概况】东兴证券股份有限公司（简称东兴证券）2008年由中国东方资产管理股份有限公司（简称中国东方）主要发起设立的全国性综合类证券公司，注册地北京市西城区，注册资本32.32亿元。2021年，东兴证券实现营业收入53.76亿元，实现归属于母公司股东的净利润16.52亿元。截至年底，东兴证券总资产989.65亿元，净资产266.93亿元。东兴证券分类评级连续4年保持A类A级，首批进入中国证监会证券公司“白名单”。穆迪投资者服务公司、标准普尔全球公司及惠誉国际信用评级有限公司，对东兴证券的跟踪评级保持投资级，国内主体长期信用等级AAA级。东兴证券被评为2021十大金牛成长证券公司、年度卓越券商品牌，获2021新锐投行、中国证券业沪深主板投行君鼎奖、年度杰出财富管理奖2021最具发展潜力券商资管、杰出成长性基金公司、年度社会责任金融机构、年度最具社会责任感券商等荣誉。东兴证券投资银行业务总部获

中华全国总工会授予工人先锋号称号。东兴证券入选中国企业慈善公益500强。（赵祥宇）

【实体经济服务】2021年，东兴证券主承销股权融资项目20家，为实体企业募集资金108.54亿元，其中IPO项目12个，有效降低企业财务杠杆；主承销发行各类债券135只，融资规模1906.18亿元，承销美元债27笔，融资规模近60亿美元，缓解中小企业融资难问题。参与发行地方政府债券金额163.94亿元。财务顾问业务收入良好。在中国证券业协会公司债券业务执业能力评价中，东兴证券连续2年被评为A类。（赵祥宇）

【金融风险防控】2021年，东兴证券依托控股股东中国东方，通过不良债权收购、市场化债转股等多种方式，协同中国东方完成山东钢铁低效资产盘活、陕西文旅不良债权收购、东阳光药业债转股、浙江天洁企业纾困、中煤三建债转股、秦煤实业主辅剥离等多个重点项目，协助中国东方资金投放规模超100亿元，帮助地方国企、实体企业等优化产业结构、化解经营风险，助力实体企业健康发展。（赵祥宇）

第一创业证券承销保荐有限责任公司

【概况】2021年，第一创业证券承销保荐有限责任公司（简称一创投行）资产总额6亿元，比上年减少4.11%；净资产5.35亿元，比上年减少2.79%。全年实现营业收入1.74亿元，比上年减少50.07%。前身第一创业摩根大通证券有限责任公司（简称一创摩根）。2017年，一创摩根更名为一创投行。截至年底，一创投行有2家分公司，分别为一创投行上海分公司、一创投行深圳分公司。（郑　阅）

【投资银行业务】2021年，一创投行挖掘、培育细分行业优质客户，向资本市场输送一批优质企业，帮助企业通过资本市场发展壮大。在IPO、企业兼并收购、资产重组、公司债、企业债、资产证券化等领域经积累了丰富经验，拥有较强的市场竞争力。报告期内，股权融资业务方面，完成IPO项目2单、定向增发项目3单，总承销金额31.39亿元；债权融资业务方面，完成公司债项目27单、企业债2单，总承销金额119.5亿元；实现财务顾问项目收入57单。（郑　阅）

7月6日，高盛高华举办《女性经济学：新冠疫情对高盛“巾帼圆梦”计划中国毕业学员的影响》报告专题研讨会（高盛高华　供图）

高盛高华证券有限责任公司

【概况】高盛高华证券有限责任公司（简称高盛高华）2004年12月，高盛与北京高华证券有限责任公司共同成立合资公司高盛高华，为企业、金融机构、政府、个人等各领域客户提供金融服务。通过全球网络向客户提供策略顾问服务和广泛的业务支持。2021年，举办《女性经济学：新冠疫情对高盛“巾帼圆梦”计划中国毕业学员的影响》报告专题研讨会。（张瑞瑶）

【股权变更】2021年，高盛在完成监管审批及备案后，完成全资持有高盛高华事项。高盛高华成为外国法人独资证券公司。获得高盛高华的全部股权将为高盛在中国的长期发展和成功提供更佳定位。高盛在中国将持续加强投资银行类业务、交易业务等领域，计划在中长期发展在华资产管理和财富管理业务，持续投资人才和技术。（张瑞瑶）

（责任编辑　孙凤霞）

旅游业

综　述

2021年，西城区深度开发主题文化旅游产品，推出经典文化旅游线路，有效增加文化旅游产品供给，形成“点线结合”的文化旅游产品格局。辖区有国家A级旅游景区21家，其中AAAAA级1家、AAAA级8家、AAA级11家、AA级1家；有以中国地质博物馆、首都博物馆、北京天文馆等为代表的登记注册博物馆30家；有北京纪晓岚故居纪念馆、天桥印象博物馆、雷锋纪念馆等类博物馆53家；有AA以上等级旅游厕所60座；有星级宾馆、饭店54家，其中五星级宾馆、饭店3家，四星级宾馆、饭店14家，三星级宾馆、饭店21家，二星级宾馆、饭店16家；有社会旅馆578家。全区规模以上住宿业法人单位有166家，累计实现营业收入42.56亿元，其中星级饭店实现营业收入21.73亿元。14家纳入区统计的旅游景区累计接待游客2564万人次，累计实现营业收入17.44亿元。纳入区统计的旅行社共接待旅游者16.63万人次。西城区获评第二批国家文化和旅游消费试点城市。

（赵　臣）

旅游管理

【概况】2021年，北京市西城区文化和旅游局（简称区文化和旅游局）落实北京新总规和核心区控规要求，加大旅游降密度提质量工作。按照日最大承载量和瞬间最大承载量双控不超75%的规定及降低旅游密度的要求，严格落实上下午分时网络预约、电话预约及限流措施。14家景区通过官方微信公众号、在线票务系统等方式实现网上预约，占全部等级景区的75%。有序控制接待旅游团数量，合理控制团队人数、旅游线路、规模和出游时间，重点景区周边因旅游大巴车而产生的交通拥堵现象无明显增长。结合区域特点和文化资源特色，线上线下结合开展旅游活动。持续开展旅游市场整治，加强对11类行业1200余家企事业单位，特别是宾馆酒店、娱乐场所、文化馆、博物馆等的监管。完成什刹海地区人力客运三轮车第五期特许经营项目招标，完成旅行社数据库建设和旅行社备案登记工作。旅游厕所、旅游信息、旅游标识、旅游志愿者服务、旅游惠民等工作取得进展，营造文明旅游环境，初步树立开放型全域品质景区形象。

（赵　臣）

【旅游市场整治】2021年，区文化和旅游局贯彻落实“安全第一，预防为主，综合治理”的指导思想，持续专项整治旅游市场非法“一日游”，通过创建“一平台、两责任、三结合、三联动”（依托区旅游市场综合监管平台，落实企业主体责任和行政部门监管责任，采取打击与宣传相结合、打击与阵地控制相结合、打击与预防相结合，开展部门联动、地区联动、市区联动的执法行动）的治理模式，依托区旅游市场综合监管平台，不断加大重点旅游地区人防、物防、技防的力度。以行政执法、行业自律、舆论监督和公众参与相结合的方式，构建权责明确、执法有力、行为规范、保障有效的旅游行业监管体系。落实双公示制度，及时公开执法检查信息、权力清单、旅游违法行为处罚裁量基准表，不断增强行业自律，督促旅游企业诚信经营。7月14日，区文化市场综合执法大队启动为期50天的暑期旅游市场秩序专项整治行动。以交通堵点治理为中心，开展景区周边环境秩序治理，重点检查景区预约售票情况，引导规范旅游团队游览秩序及旅游客车交通秩序，打击“黑车”“黑导游”等违法行为。协调工商、交通执法、公安、城管等部门及属地街道综治力量，对北海、景山周边、什刹海景区周边开展旅游秩序综合整治。区文化和旅游局检查各类单位6564次，发现问题3183处，责成单位进行整改，累计公示违规单位27家次。发挥咨询热线服务功能，24小时热线日均解答各项政策咨询50余次。12345热线涉疫情投诉853件。市级回访结果显示，解决满意率90%。

（赵　臣）

【旅游企业政策支持】2021年，区文化和旅游局依据《北京市人民政府办公厅关于应对新型冠状病毒感染的肺炎疫情影响促进中小微企业持续健康发展的若干措施》《北京市对区旅游发展补助资金管理办法》《关于使用2020年旅游发展补助资金支持旅游企业共渡难关的通知》和《北京市文化和旅游局关于印发〈关于应对新冠肺炎疫情影响促进旅游业健康发展的若干措施〉的通知》，对受疫情影响较大的3家企业性质的A级旅游景区、30家三星级及以上住宿企业、20家非星级住宿企业、13家疫情期间住宿保障企业、16家旅行社总社（含分社）提供扶持资金545万元，助力企业渡难关。（赵　臣）

【旅行社备案登记】 2021年，区文化和旅游局围绕“放管服”改革、优化营商环境等重点工作，持续推进政务服务“一网通办”，推行“互联网+政务”，实现行政审批、备案登记服务全程网办，全面提升网上政务服务质量与实效。完成旅行社分社登记备案23家、旅行社网点登记备案175家。（赵　臣）

【人力客运三轮车特许运营】 5月12日，区文化和旅游局在对什刹海地区人力客运三轮车第四期特许经营政策实施效果进行评估的基础上，通过第五期特许经营实施方案，完成第五期特许经营项目立项备案。什刹海地区人力客运三轮车第五期经营规模控制在180辆，特许经营企业保持5家。（赵　臣）

【住宿业转型升级】 6月30日，区文化和旅游局依据《西城区住宿业转型升级工作方案》，落实《西城区低效楼宇改造提升若干措施》《西城区旅游产业发展引导资金管理办法》，坚持分类施策，全力促进134家社会旅馆“疏整促”“关转提”（“关”是对不符合消防等条件的宾馆进行关停，“转”是鼓励不符合条件的宾馆进行转型，“提”是对不符合条件的宾馆进行提升），关停12家，转型19家，升级9家。（赵　臣）

【国庆旅游假日安全检查】 9月30日，区文化和旅游局会同公安、消防等部门，对辖区内宾馆饭店、等级旅游景区等旅游行业企事业单位开展节前安全检查。出动执法检查人员610人次，检查文化旅游单位305家次，其中宾馆酒店111家次，等级旅游景区28家次，查处隐患38处，按期完成整改。（赵　臣）

【三星级及以下饭店等级复核】 10月1日至11月30日，区文化和旅游局依据《旅游饭店星级的划分与评定》标准，组织专家团队围绕疫情防控、绿色环保、垃圾分类、光盘行动、文明城区建设、文明旅游等，对辖区13家三星级以下饭店开展年度复核工作，进一步促进星级饭店规范执行行业标准和政府相关规定。通过复核检查，星级饭店达标企业8家，限期整改4家，撤销等级1家。（赵　臣）

【A级景区等级复核】 10月1日至11月30日，区文化和旅游局依据《旅游景区质量等级的划分与评定》标准和《旅游景区质量等级管理办法》，组织专家团队围绕疫情防控、绿色环保、垃圾分类、光盘行动、文明城区建设、文明旅游等工作，对辖区12家A级旅游景区开展年度复核工作。通过复核检查，等级景区达标企业10家，延期复核1家，限期整改1家。由市级宾馆酒店评审员组成3个复核检查组，对北京大观园、月坛公园等10家AAA级景区检查复核，完成年度复核任务。（赵　臣）

【旅行社数据库建设】 12月9日，结合西城区文化和旅游大数据平台建设，初步建成辖区旅行社数据库。该数据库打通市、区两级数据并接入社会化数据，汇聚旅行社网点名称、地址、经营状态、许可编号等13类数据，以大数据分析研判和可视化技术为手段，为行业监管提供承载监测服务。（赵　臣）

西城区主要宾馆饭店一览表

表6

名称	地址	星级
北京金融街威斯汀大酒店	金融大街乙9号	五星
北京市金融街里兹置业有限公司北京金融街丽思卡尔顿酒店	金城坊东街1号	五星
北京国宾酒店有限责任公司	阜外大街甲9号	五星
北京首旅酒店集团股份有限公司北京市民族饭店	复内大街51号	四星
深圳大厦有限公司	广安门外大街1号	四星
北京港中旅维景国际大酒店	广内大街338号	四星
北京金融街资本运营中心西单美爵酒店	宣武门内大街6号	四星
北京广州大厦有限公司	西单横二条甲3号	四星

续表 6

名称	地址	星级
北京首旅酒店（集团）股份有限公司前门饭店	永安路 175 号	四星
北京国二招宾馆	西直门南大街 6 号	四星
北京翔达国际商务酒店有限公司	广安门内大街 169 号	四星
北京金色夏日商务酒店有限公司	西便门内大街 85 号	四星
中国职工之家	真武庙路 1 号	四星
北京国宏宾馆有限公司	木樨地北里甲 11 号	四星
北京首创股份有限公司新大都饭店	车公庄大街 21 号	四星
北京德宝饭店	德宝新园 22 号	四星
北京国谊宾馆	文兴东街 1 号	四星
北京气象宾馆	马连道南街 12 号	三星
北京苏源大厦有限责任公司	广外大街 3 号	三星
中国铁道旅行社北京广运宾馆	广安门外大街甲 122 号 2 号楼	三星
北京易尚诺林大酒店有限责任公司	广安门南街甲 12 号	三星
北京竹园宾馆	旧鼓楼大街小石桥胡同 24 号	三星
北京珠穆朗玛宾馆	鼓楼西大街 149 号	三星
北京潇湘大厦	北纬路 42 号	三星
北京东方饭店	万明路 11 号	三星
北京市德胜饭店	北三环中路 14 号	三星
北京中油宾馆有限公司	六铺炕二巷 1 号	三星
北京市圆山大酒店	裕民路 2 号	三星
北京辽宁饭店	德外大街 1 号	三星
北京宣武门商务酒店有限公司	宣武门东大街 24 号	三星
北京深能商务酒店管理有限公司	白纸坊东街甲 29 号	三星
北京中邮苑宾馆有限公司	右安门内大街 17 号	三星
北京金泰通华商贸有限责任公司盛达园饭店	复兴门外大街丁 23 号	三星
北京金泰之家通华苑饭店有限公司	北礼士路 101 号	三星
北京市京滨饭店	阜外大街 24 号	三星
北京展览馆宾馆有限公司	西直门外大街 135 号	三星
北京护国寺宾馆有限公司	护国寺街 125 号	三星
北京府右街宾馆有限公司	太仆寺街 21 号	三星
北京银龙苑宾馆	展览馆路甲 5 号	三星

（赵　臣）

文旅品牌活动

【第六届中国原创话剧邀请展】 3 月 12 日至 9 月 15 日，由区政府与国家话剧院联合主办的第六届中国原创话剧邀请展演举办。12 部大剧场剧目和 10 部小剧场剧目参展，分别在国家话剧院剧场、国话小剧场、首都剧场和“央视频”APP 线上平台上演，共演出 277 场，其中线下演出 54 场，线下参与 10254 人次；线上演出 223 场，线上参与 10 万余人

3月至9月，区政府与国家话剧院联合主办第六届中国原创话剧邀请展演　（区文化和旅游局　供图）

次。邀请展期间举办1次专家研讨论坛、8场“进校园”演出、10场“我与大师零距离”演后谈等系列文化活动。（赵　臣）

【“百姓一家、根在华夏”主题活动】 5月15日，北京历代帝王庙博物馆举办“百姓一家、根在华夏”主题文化活动，30余名学生及家长参加活动。活动依托北京历代帝王庙博物馆馆藏展览“三皇五帝与百家姓”，带领观众梳理姓氏起源及发展的历史脉络，了解姓氏文化的社会功能和丰富内涵，进一步弘扬中华优秀传统文化。（赵　臣）

【北京天桥音乐剧演出季】 5月17日至12月31日，由区文化和旅游局、北京文化艺术基金会、北京天桥演艺区建设指挥部支持，北京天桥演艺联盟主办，北京天桥盛世投资集团有限责任公司协办的第四届北京天桥音乐剧演出季举办。演出季着重关注原创音乐剧的发展，从全国遴选出具有较高思想性、艺术性、观赏性的11部原创剧目：《党章守护人》《家》《体育场的流浪猫王》《熊猫秘境》《梦想不打烊》《醉后赢家》《洗衣服》《龙潭三杰》《花落花开》《我知道你会来，所以我等》《重生》，涵盖红色旋律、青春励志、经典演绎、儿童奇幻等多个题材，惠及观众7000余人次。（赵　臣）

【第二十届什刹海文化旅游节】 7月22日至10月31日，由区文化和旅游局、区旅游行业协会联合主办的第二十届什刹海文化旅游节举行。本届文化旅游节以“畅游魅力西城·浸享古今文化”为主题，通过构建“魅力西城，品阅古今文化”“名人荟萃，共颂建党百年”“全民互动，文旅经典荟萃”三大板块内容，结合建党百年红色旅游文化宣传，采用线上线下相结合的形式，打造具融合性、带入感、特色化的活动内容，在腾讯视频、优酷、爱奇艺、西瓜视频等平台投放特色活动视频，央视频及西城融媒体平台视频报道特色活动。其中“云上启幕”视频总播放量12197人次，文化学者互动访谈节目《师云·家国中轴》视频播放量6880人次、“西城晨昏线”视频总播放量18873人次，5个主题短视频总播放量4700人次，累计受众42650人次。

▲**延伸阅读**：9月，区文化和旅游局、西城区旅游行业协会联合推出两条“西城晨昏线”。市民可以线下打卡，也可通过线上vlog形式领略西城的多面魅力。首条晨昏线以“游古色西城，赏今日风采”为主题，景点包括鼓楼西大街、“天宁1号”文化科技创新园、1901咖啡馆、杨梅竹斜街、北京坊、大栅栏商业街与西单更新场。第二条西城晨昏线以“游红色景点，寻百年印迹”为主题，包括李大钊故居、林白水故居（椿树书苑）、京报馆（邵飘萍故居）、鲁迅故居（鲁迅博物馆）、中国书店（雁翅楼）与德胜门。（赵　臣）

【第五届PAS打击乐艺术周】 8月3日至6日，由西城区文化馆、北京金帆音乐厅、PAS（中国）打击乐艺术协会共同主办的“2021第五届PAS打击乐艺术周”在西城区第一文化馆举办。艺术周集开幕式、展演、大师班、专场音乐会、闭幕式为一体，主打“国潮”风，将传统与现代相结合，让中国与世界牵手，为各国喜爱打击乐艺术的人们打造广泛参与性、文化多样性、专业互补性的世界级打击乐艺术盛会。艺术周演出6场，线上49万人次观看。（赵　臣）

【第五届老舍戏剧节】 8月20日至10月31日，由区文化和旅游局、北京市演出有限责任公司、北京天桥艺术中心管理有限公司共同主办，北京人民艺术剧院、中央戏剧学院、天津北方演艺集团有限公司、老舍纪念馆协办的第五届老舍戏剧节举办。戏剧节以“与时代同频，与人民同心”为主题，分三大板块：剧目展演、主题论坛、戏剧茶馆文化活动。展演分“文学剧场”“佳作剧场”“百花剧场”“高清放映”“沉浸剧场”“高校剧场”六大单元，集中呈现22部剧目35场演出，观众1.8万余人次，平均上座率85%以上。（赵　臣）

【第八届当代小剧场戏曲艺术季】 10月1日至12月5日，由北京市戏剧家协会、区文化和旅游局、北京天艺同歌国际文化艺术有限公司共同主办，繁星戏剧村承办的第八届当代小剧场戏曲艺术季在西城举行。艺术季采取线上线下相结合的方式，共呈现70场演出、12场公益活动，观众2500人次。通过传播推广京剧艺术，让更多的学龄前儿童更加喜爱京剧。多剧种展演的形式，丰富戏曲市场的演出内容，在全国

小剧场戏曲推广中起到引领和示范作用。（赵 臣）

【第五届中国国际芭蕾演出季】11月19日至12月31日，由中央芭蕾舞团主办，北京天桥剧场有限公司、北京中芭演出有限公司承办，区文化和旅游局支持的第五届中国国际芭蕾演出季举办。演出季采取线上线下相结合的模式，围绕中轴线主题，开展“中轴线上的国际芭蕾盛会——芭蕾经典作品展演”“中轴线上话芭蕾，芭蕾艺术讲座”“中轴线上的芭蕾摄影展”“来中轴线，把芭蕾文化带回家——芭蕾创意空间”等活动，助力中轴线申遗，增强西城区天桥演艺区的核心竞争优势及西城区文化品牌的锻造。演出季期间上演9台剧目14场演出，线上3000余万、线下1万余观众观看。（赵 臣）

景区景点建设

【概况】2021年，西城区有国家A级旅游景区21家，其中AAAAA级旅游景区1家，AAAA级旅游景区8家，AAA级旅游景区11家，AA级旅游景区1家。有什刹海风景区管理处和北京大观园管理委员会两个事业建制单位。（赵 臣）

【北京历代帝王庙对未成年人免费开放】6月1日，根据《中华人民共和国未成年人保护法》，北京历代帝王庙博物馆调整票务优惠政策，对未成年人（未满18周岁）实行免费开放。全年6782名未成年人免票参观。（赵 臣）

【北京历代帝王庙院落铺装修缮】9月13日，北京历代帝王庙院落铺装修缮工程竣工。工程于5月20日开工，更换院落地面砖6000余块。有效解决院落地面铺装酥碱、碎裂积水等问题，保证文物历史风貌的延续，进一步完善文物建筑群的可观性、实用性。工程设计单位北京华宇星园林古建设计有限公司，施工单位北京房地集团有限公司，监理单位北京英诺威建设工程管理有限公司。（赵 臣）

【北京李大钊故居恢复开放】6月1日，北京李大钊故居正式恢复对公众开放。恢复开放后，故居展览陈列由“故居复原陈列”和“播火者——李大钊革命思想与实践”专题展两个部分组成，采取实名制网络预约方式免费参观。6月1日至12月31日，北京李大钊故居接待参观人数40822人次。（赵 臣）

【白塔寺公园恢复对外开放】6月，经过两年多整修，白塔寺公园恢复对外开放，实行预约和限流参观，观众需提前在支付宝APP搜索“北京白塔寺”预约购票。参观人数不超过常态化参观容量3000人的75%，参观容量根据新冠肺炎疫情防控情况适时调整。（赵 臣）

6月1日，重修后的李大钊故居对外开放　（区文化和旅游局　供图）

西城区主要旅游景区一览表

表7

名称	地址	开放时间（年）	等级	评定时间（年）
恭王府博物馆	前海西街17号	2008	AAAAA	2012
北海公园	文津街1号	1925	AAAA	2001
景山公园	景山西街44号	1928	AAAA	2001
北京天文馆	西直门外大街138号	1957	AAAA	2012
北京海洋馆	高梁桥斜街乙18号	1999	AAAA	2001

续表 7

名称	地址	开放时间（年）	等级	评定时间（年）
北京动物园	西外大街 137 号	1908	AAAA	2001
首都博物馆	复兴门外大街 16 号	2005	AAAA	2008
陶然亭公园	太平街 19 号	1955	AAAA	2002
北京大观园	南菜园街 12 号	1985	AAA	2009
北京市宣武艺园	槐柏树街 12 号	1953	AAA	2010
大栅栏商业街区	廊房二条	—	AAA	2010
湖广会馆大戏楼	虎坊路 3 号	1996	AAA	2008
月坛公园	月坛北街甲 6 号	1955	AAA	2007
中国地质博物馆	西四羊肉胡同 15 号	1959	AAA	2004
中国古代钱币展览馆	德胜门东大街 9 号	1993	AAA	2010
老舍茶馆	前门西大街正阳市场 3 号楼	1988	AAA	2008
宋庆龄故居	后海北沿 46 号	1982	AAA	2013
宣南文化博物馆	长椿街 9 号	2005	AAA	2010
金中都公园	广安门南滨河路辅路	2013	AAA	2013
北京历代帝王庙	阜成门内大街路北	2004	AA	2006

（赵　臣）

什刹海风景区

【概况】 2021 年，什刹海风景区管理处贯彻市、区、街疫情防控要求，做好节假日大客流安全保障；集中治理野泳、野钓等景区痼疾顽症；完成 4A 级景区复核；完成什刹海地区人力客运三轮车胡同游第五期特许经营招标；继续推进景区疏解整治工作；年底，申请并获批退出国家 A 级旅游景区等级序列。贯彻落实新冠肺炎疫情防控及疫苗接种各项工作部署，保障荷花市场核酸检测点正常运转，发动组织居民、商户接种疫苗，共筑安全免疫屏障。聚焦群众关注的高频问题，加强共性问题研究，结合疫情防控对景区开展有针对性整治工作，努力实现主动治理、“未诉先办”。全年接待游客 1577.75 万人次，比上年增长 86%。（高　莹）

【景区安全体系建设】 2021 年，什刹海风景区管理处为确保景区安全稳定，按照市、区、街有关工作部署和要求，重要活动和重要节日前联合检查景区内商户、船台、文保单位等，重点检查餐饮经营单位的燃气管线、灭火器材、消防通道，文保单位施工物料、消防器材、应急处置预案等。全年累计检查经营单位 1680 余家，施工现场 29 家，检查中发现隐患 130 处，均及时上报相关部门并妥善处置。为确保居民和游客的人身安全，做好反恐防暴任务，管理处根据区反恐办要求，对景区分布在 18 个点位的 62 根反恐防暴挡车桩进行日常检查。建立巡查机制，注重检查维护，发现问题及时组织专业力量维修。3 月，更换景区周边主要路口的 21 根反恐防暴挡车桩，并升级防护锁，提升景区反恐防暴能力。发挥客流监控预警与应急广播联动系统优势，实时动态监测景区客流。配合街道平安建设办公室、街道综合执法队、公安等职能科室及部门，开展景区环湖及特色街经营单位液化石油气罐清零工作，收缴液化石油气罐 11 个，实现景区内经营单位液化石油气罐全部清零。重大节日前对重点部位进行安全检查，落实街道和管理处各项部署安排，严格执行节假日值班值守制度，确保疫情防控落实有力、景区旅游安全有序。（高　莹）

【景区违法建设整治】 2021 年，什刹海风景区管理处继续推进疏解整治工作。共整治景区及周边点位 57 处，拆除违建 3 处 60 余平方米，拆除护栏 17 平方米、违建台阶 9 处，治理开墙打洞 10 处，拆除违规设施设备 17 处。协助开展恭王府周边环境整治工作，环境整治 37 处，拆除违法建设 1 处 30 余平方米、设备设施 7 处、违规占道台阶 7 处，封堵开墙打洞 9 处。（高　莹）

【景区环境秩序整治】 2021 年，由市公安局西城分局牵头成立什刹海周边环境秩序整治专班，专项治理景区吧托揽客、噪声扰民、黑三轮运营、占道停车等。治理噪声扰民 296 次，流浪乞讨 118 人次，卖艺卖唱 84 人次，拆除违规广告牌匾

83块，制止违规施工15次，拆除违法地锁20个。违章停车贴条160张，锁车25次，查扣黑电动三轮车非法运营56辆，清理僵尸车13辆。什刹海风景区管理处组织专业管理公司，调动非机动车停车引导员约1.3万余人次，引导地安门外大街非机动车停放，累计规范引导、摆放非机动车30万余辆次。集中治理地外大街、什刹海地铁站、后门桥等点位附近非机动车停放问题3次，清理废旧非机动车700余辆、废弃家具杂物80余件。协调各共享单车公司累计清运10万余辆次，有效缓解景区道路通行压力。（高　莹）

【什刹海水环境维护】2021年，按照河长制相关要求，什刹海风景区管理处配合街道处理雨箅子排污问题48件，更新维护湖长制公示牌10处，修缮社区级湖长制公示牌7处。完成对前、后海种荷花，雨水调蓄池，护坡，安装水下净化毯等的前期实地勘察选址工作。全年清运水草664车、清理水草2665.63吨。保洁队每日出动62人次清理日常垃圾，全年出动18848人次，清理日常垃圾4843吨、大件堆物堆料1700吨，清掏雨水篦子593处，冲刷雨水口2560次。（高　莹）

【景区活动备案与管控】2021年，什刹海风景区管理处在做好新冠肺炎疫情防控的同时，严格各类活动的审核登记备案和管控，开展咨询活动项目共43项，参加活动人数累计达1527人次，叫停和不予登记备案9场次。重点保障北京电视台节目《最北京》《我是规划师》及中央广播电视总台英语环球节目《小屏看中国》等活动。（高　莹）

【什刹海文化研究】4月，什刹海风景区管理处完成“北京历史文化绘本丛书”第二集《水韵悠长什刹海》设计绘制工作，采用章节回目形式，以什刹海水系发展的历史文化元素、图文影像资料为基础，加入什刹海吉祥物镇水兽什小海形象，提炼北京水系文化和什刹海区域特色，宣传北京城、什刹海水系变迁史，扩大什刹海的文化影响力。完成编纂什刹海水文研究方面的书籍，专项挖掘整理什刹海水文化，从地理、人文等多角度入手编纂成研究文集《什刹海水域文化及衍生文化概要》，全书20余万字。（高　莹）

【景区文化活动】1月，在春节来临之际，什刹海风景区管理处对护国寺街及烟袋斜街两条特色街进行节日装扮，共装点灯笼244个、中国结66个、爆竹挂件30余个、烫金福字100个。9月27日，正式发布什刹海文化探访路项目，什刹海文化探访营创周@北京国际设计周设计之旅同期开幕，当日发布什刹海文化探访魅力体验路线、全新视觉形象、线上和线下文化旅游体验产品。（高　莹）

【胡同游规范管理】1月，什刹海风景区管理处完成什刹海地区人力客运三轮车胡同游第五期特许经营开标评标工作，确定5家投标企业中标。1月18日，公告发布第五期特许经营招标结果。5月10日举行第五期特许经营及三轮车使用协议签约仪式，为特许经营中标企业颁发特许经营许可证。5月12日第五期特许经营胡同游实施，特许经营运营车辆由第四期的240辆减至180辆，实现特许经营平稳过渡。全年组织特许经营企业召开总结例会47次，检查台账1250份，保障人力客运三轮车胡同游规范行驶，秩序良好。全年胡同游接待游客约9.2万人次，比上年上涨192%。（高　莹）

【什刹海退出国家A级旅游景区】12月31日，为营造什刹海地区优良的政务环境和人居环境、强化老城和文物保护、促进什刹海区域业态完善和提升，什刹海风景区管理处申请，区文化和旅游局报请区委、区政府和市委、市政府同意，经市文化和旅游局批准，原开放式AAAA级什刹海旅游景区退出国家A级旅游景区等级序列。什刹海风景区管理处工作重心主要围绕新总规和核心区控规提出的目标，围绕中轴线申遗和大运河文化挖掘，加强整体保护和阐释，彰显文化魅力和时代价值；推进街区保护更新，加强空间管控和综合整治，营造安全、整洁、有序的人居环境。（赵　臣）

北京大观园

【概况】2021年，北京大观园管理委员会（简称大观园管委会）着力打造红楼文化品牌、红楼文化教育基地，开展“我为群众办实事”实践活动。北京大观园获携程口碑榜2021年最佳战略合作伙伴奖牌。全年接待游客92万人次。（赵斐斐）

【智慧景区建设】2021年，大观园管委会以互联网+旅游的形式为游客提供更具参与感的服务，推动实现智慧导游、电子讲解、在线预订门票、信息推送、娱乐互动、游戏参与、场景体验、游客数据收集分析等。向中国移动营业厅申请开通5G专线，将交换机引入公园。探索“文化+科技”在文化园区的融合实践，制订大观园数字化建设发展方案，实现移动网络全覆盖。（赵斐斐）

【基础设施修缮维护】2021年，大观园管委会完成缀锦楼无障碍坡道改造、园内路灯整体维修改造、太虚幻境维修、缀锦楼爬山廊维修、缀锦楼南侧粉刷、凹晶溪馆藤萝架粉刷、西门内绿地玉簪改造等工程。种植鸢尾、马莲等花卉1100平方米。“五一”、国庆期间，在南门、西门摆放小型花坛各2座，种植花卉7500盆。注重节水工作，用中水做人工景观，加大节水投入，绿地喷灌覆盖率75%。全园湖水二次喷灌利用率65%，中水直喷10%，绿化喷灌设备631个。制订绿化养护及卫生保洁管理招投标工作方案，推进景点环境容貌提档升级，提升园林绿化管理和养护

水平。（赵斐斐）

【中小学红楼梦研学基地】2021年，为传承以红学为核心的中华优秀传统文化，发挥大观园在古典文学名著《红楼梦》研究方面的阵地作用，大观园管委会整合红楼文化资源，组织红学专家和西城区语文教育学科带头人，共同推进微课程研发，根据不同课程要求，组织编写讲解词，编制完成研学手册，举办红学大课堂、研学夏令营等活动。接待学生4000余人次。（赵斐斐）

【线上红楼云庙会】2月11日至17日，结合新冠肺炎疫情防控形势，大观园管委会与央视频、腾讯微视频等联合举办“红楼趣游园，云上寻年味”线上红楼云庙会活动，以线下从简、线上融合的方式，弘扬春节传统节庆文化习俗，在庙会不同景点与观众互动，让受众全方位直观了解红楼文化。红楼云庙会吸引1.6万名粉丝关注，点赞量8.4万次。（赵斐斐）

【“春来·万物生”——诗意生活节活动】3月至5月，大观园管委会以“春来·万物生”为主题举办富有时尚元素和时代风貌的系列文化主题活动，包括古筝古琴演奏、花艺体验、非遗制作、汉服传统游艺运动会、汉服妆造摄影等，4800人次参与相关活动。（赵斐斐）

【“花朝节”汉服十二花神大赛】3月27日，由博创盛世公司联合“汉服北京”和“九花亭”社团主办的“花朝节”汉服十二花神大赛在北京大观园蘅芜苑景点开幕。“十二花神”身着汉服与传统文化爱好者共同参与活动。活动包含“云想衣裳花想容”——汉服妆造摄影体验、“万紫千红总是春”——中华花道公益活动、“离骚课罢便投壶”——传统体育活动、“花魂酿造桃花酒”——可以品尝的春天、“帽落宫花，衣惹御香”——手工非遗宫廷绒花、“满园春色关不住”——全园联动共赏春光等6大主题。参与人数达3500余人。（赵斐斐）

【清明节活动】4月4日，大观园管委会在藕香榭景点举办“共迎春色、琴筝意切、琴埙合鸣”演出，用古琴演奏《葬花吟》《高山流水》等曲目。4月5日，在嘉荫堂景点举办以复兴传统文化为主题的活动，弘扬中华传统节日文化。4月5日至6日，在栊翠庵东侧广场推出传统游艺体验。参与人数达950余人次。（赵斐斐）

3月至5月，大观园举办“春来·万物生——诗意生活节”系列文化主题活动（大观园管委会　供图）

【蘅芜苑展厅提升】5月，为深度挖掘北京大观园中蘅芜苑景点（薛宝钗住所）的特色文化，大观园管委会与中国管理科学研究院香文化研究所联合，提升改造蘅芜苑展厅。展厅以香事、茶事、花事等文化体验为主，以文化展示、文创品开发与销售、课程开发等形式，打造红楼传统文化的美学空间。（赵斐斐）

【百姓周末大舞台】5月下旬至12月上旬，在区文化和旅游局的协调下，大观园管委会继续推动“北京百姓周末大舞台”惠民文化工程，北京歌舞剧院、北京杂技团、西城区百花深处艺术团、北京市河北梆子剧团、北京一九九八国际青年艺术剧团等15个演出团体轮番登台演出50场。观众达7600人次。（赵斐斐）

【端午节活动】6月，大观园管委会与央视频、新浪视频合作开展《端阳雅集漫步红楼》视频直播系列活动。邀请专业人士在非遗老师的指导下展示端午民俗知识，表演传统舞蹈。游客们现场体验点朱砂、射五毒、制作香包等端午习俗。活动直播量达58万人次。（赵斐斐）

【红楼主题书房】7月，大观园管委会与更读书社签署合作协议，在园内栊翠庵景点的后院建成红楼主题书房——更读书社，提供图书借阅、文化沙龙、餐饮等服务。9月底，项目一期进入试运营，更读书社以古香古色的红楼主题书店和独特的阅读体验，吸引众多读者游客领略经典名著的艺术魅力。12月，由市文旅局、市商务局、市委网信办、北京广播电视台共同指导，北京市旅游行业协会、北京演出行业协会、北京动漫游戏产业协会联合主办的2021年北京网红打卡地推荐榜单正式发布，红楼主题书房——更读书社获评网红打卡地（阅读空间类）。（赵斐斐）

（责任编辑　张振安　齐田）

建筑业 房地产业

行业管理

【概况】 2021年，西城区有建筑企业245家，施工总承包企业92家，其中一级8家、二级21家、三级63家。专业承包企业213家，其中一级39家、二级132家、三级42家。特种作业34家。全区实现商品房销售面积1.5万平方米，比上年下降2.1%；实现商品房销售额2.9亿元，比上年下降10.5%。全区房地产开发经营业法人单位98家。北京市西城区住房和城市建设委员会（简称区住房城市建设委）办理施工许可260项，其中市政基础设施工程施工许可证核发4项、房屋建筑工程施工许可证核发15项、装饰装修工程施工许可证核发241项（其中简易低风险工程8项）。变更告知171项。办理建筑企业资质101项，其中首次申请资质9项、资质增项7项、资质简单变更60项、主动申请注销资质23项、升级资质2项。受理建筑起重机械登记备案129起。向14家建筑工程发放夜间施工证明321件。受理建设工程竣工验收备案98件。拆除备案5项。办理二级建造师注册937人次、变更169人次、注销100人次。完成招标51项，合同金额20.23亿元。监督机构出动9554人次，检查工地3674个次，发出责令整改通知书118份。约谈245家企业，对243家责任单位和13名个人做出经济处罚，处罚金额105.63万元。对75家责任单位做出行政处理108份。对89名责任人做出行政处理143份。（丁　莉）

【招标投标管理】 2021年，区住房城市建设委受理建设工程招投标项目入场48项，其中政府投资29项、国有投资19项。服务资格预审评审20次，开评标100次。完成中标50项，中标金额44.67亿元，均为公开委托招标。（丁　莉）

【工程质量检查】 2021年，西城区注册监督项目238项，比上年增长50.6%；面积214.15万平方米，比上年增长76.8%。质量监督执法检查685次，出动人员1803人次。现场同步监督竣工工程198项，面积约104.59万平方米。依据《建设工程质量管理条例》《北京市建设工程质量条例》发出行政处罚决定书24份，罚款16.33万元。依据北京市企业资质和人员资格动态监管有关规定，对相关企业计分15分、个人计分40分。区住房城市建设委牵头与其他部门完成16个项目联合验收。（丁　莉）

【防汛应急管理】 2021年，区住房城市建设委召开防汛动员部署会2次，全区各项目签订防汛责任书。下发防汛工作方案及应急预案175份，发放防汛宣传海报、手册500份。聘请北京城建科技促进会专家专项检查23个深基坑工程和9个地铁项目，发出雷电或暴雨预警51次、强降雨通知6次、通知类短信22.4万条。备勤人员24小时在岗值守。检查施工工地457个次，出动人员964人次。（丁　莉）

【施工现场扬尘治理】 2021年，区住房城市建设委印发《关于2021年严管房屋建筑和市政基础工程施工扬尘十条工作措施的通知》《关于立即开展查覆盖、查湿化、查角落、查浮土、查洗轮、查车辆、查遗撒、查管控八查工作的紧急通知》。会同区生态环境局制定《西城区小微工地扬尘治理管理办法》。加强小微工地施工扬尘管控，实现《绿色施工西城标准》全面落地。现场检查工地1050项次，非现场方式检查工地7600项次。施工现场扬尘视频监控设备安装率100%。对存在扬尘管控违法违规问题42家责任单位，移送属地街道办事处依法处罚，形成监管合力。推广房建工地防尘天幕等新技术应用，8个工程项目安装5米和零米两种高度防尘天幕，总占地面积约7.55万平方米。西城区6个工地获“北京市扬尘治理绿牌工地”称号，其中百万

3月24日，西城区百万庄A地块项目获全市首个“北京市扬尘治理绿牌工地”称号

（区住房城市建设委　供图）

庄北里居民住房改善项目A地块项目为全市首个“北京市扬尘治理绿牌工地”。（丁　莉）

【消防抽查验收】 2021年，区住房城市建设委完成消防备案及抽查42件，出动抽查人员930人次，受理消防验收案件222件，其中建设工程144个，合格92个，合格率63.9%。（丁　莉）

【重要活动服务保障】 全国两会期间，区住房城市建设委制订全国两会服务保障工作方案及应急预案，建立23个服务保障工地工作台账，组织召开3次工作动员部署会，安排执法力量加大执法检查力度，出动366人次，检查施工工地138个次。中高考期间，排查17个高考考点周边工地47个，21个中考考点周边工地51个。严控夜间施工审批，所有在施工程全天不得进行产生噪声施工作业。考试期间增派执法检查人员，重点检查考点周边工地，营造良好考试环境。国庆期间，按照监督检查计划和应急值守值班表，组织开展检查、巡查。对建筑工地消防安全、安全生产、新冠肺炎疫情防控、封闭式管理、塔吊防攀爬、食品安全、应急值守、领导带班和生活垃圾分类等开展全面检查，督促各施工项目做好安全隐患排查和整改。节日期间出动执法检查人员156人次，检查工地78个次。（丁　莉）

【安全管理培训】 2021年，区住房城市建设委坚持“以会代训”“会训结合”方式，根据不同阶段安全生产形势和季节性特点，随机组织开展基坑工程安全管理专题培训。各项目适时进行施工安全宣传教育，防火、防汛应急演练，对施工现场隐患排查治理。各工地开展安全管理教育培训295次，受教育人数约3100人。张贴宣传海报2020张、发放宣传材料5760份。（丁　莉）

【施工许可证变更办理】 1月起，区住房城市建设委对取得施工许可证工程，除建设单位或建设规模发生变更需重新申请领取施工许可证外，其他条件发生变更时，按照《北京市建筑工程施工许可办法》第十二条相关规定，建设单位只需在变更后10日内通过施工许可系统告知发证机关即可，无需发证机关进行审批。建设单位登录施工许可系统进行变更告知后，可直接打印变更告知回执单，凭回执单办理相关手续。（丁　莉）

企业选介

北京金融街投资（集团）有限公司

【概况】 2021年，北京金融街投资（集团）有限公司（简称金融街集团）推进房地产、金融保险、民办教育、医疗健康等业务，承办月坛体育场迎冬奥冰雪场项目等政府重点工程。集团资产总额2627.39亿元，实现营业收入381.48亿元，比上年增加91.09亿元，增长31.37%。投资收益30.31亿元，比上年增加11.05亿元，增长57.37%。金融街集团长城人寿保险股份有限公司全年主要经营指标良好，总保费114.5亿元，总资产突破600亿元，连续3年持续盈利。集团所属金融街润泽学校获大兴区教委高中招生资质审批，学校法人证书由9年一贯制变更为12年一贯制；金融街国际教育与北京青年政治学院联合申报的“金融街慧爱儿童早期发展学院”项目获市教委立项。集团所属北京睿宝嘉宝门诊部对外营业，入选“福布斯中国妇幼民营医疗机构十强”，获丁香园·丁香医生“优质合作伙伴奖”、金树盛典2021年度“专业品质奖”等奖项。全年受理12345热线案件809件，其中主办772件、协办37件，解决率83.97%，满意率96.95%。金融街集团获中共北京市委办公厅、北京市人民政府办公厅联合颁发的“北京市脱贫攻坚先进集体”称号，系统内5家单位获“首都文明单位及标兵”称号。（郭岩松）

【房地产业务】 2021年，金融街集团房地产坚持“双轮提效、结构优化、减负达标、恢复增长”总体经营思路，把握市场需求，调整销售策略，加大回款与资产处置力度，控支出、降负债，全年实现表回款280亿元，比上年增长30%。金融街集团与中国平安保险公司签署协议，以公司股权转让形式，将丰科中心项目以37.1亿元售予平安人

寿，8月收回股权转让款。9月在北京产权交易所挂牌，以股权转让形式，将北京德胜投资有限责任公司100%股权转让给凯龙股权投资管理（上海）有限公司，实现回款15.75亿元，净利润5亿元。旅游地产业务稳步推进，6月29日，磁器口后街开业仪式暨礼乐巴渝·重庆磁器口首届华服文化节举行。集团所属北京市慕田峪长城旅游服务有限公司获评首批国家级文明旅游示范单位。商业项目销售额创历史新高，北京金融街购物中心有限公司2021年实现销售额27.7亿元，比上年增长33%。金树街销售额比上年增长37%。美晟项目销售额比上年增长约36%。中国房地产TOP10研究组评定，金融街控股股份有限公司获2021中国上市公司商业运营TOP10、2021中国房地产上市公司治理TOP10、2021沪深上市房地产公司综合实力TOP10、2021沪深上市房地产公司财富创造能力TOP10、2021沪深上市房地产公司财务稳健性TOP10。（郭岩松）

【政府重点工程承办】2021年，金融街集团承办月坛体育场迎冬奥冰雪场项目，年底完工。项目总建筑面积近3万平方米，通过大空间采用预应力空心楼板结构体系方案，解决建筑主体总埋深与空间净高之间的矛盾，提前实现主体结构封顶。聚龙批发市场转型升级项目正式签约，区政府审议同意利用国有资本经营预算结余资金追加该项目6000万元，12月22日举行场地交接仪式，首笔交接资金3.56亿元。华嘉人才公寓改造出租，提前两个月完成质量验收，12月底，首次面向驻区机构配租。架空线入地工程取得进展。（郭岩松）

【疏解整治提升项目】2021年，金融街集团华利佳合公司配合市区政府推进重点街区及中轴线沿线环境整治与业态提升，完成烟袋斜街21号降层改造及五立面修复方案编制上报、租赁解约清退等项目动工准备。同步“一店一策”推进西安门大街、地外大街立面整治与业态选型，17处租赁点位转型提升按期达标。（郭岩松）

【物业管理业务】2021年，金融街集团物业公司制定《金融街物业股份有限公司2021—2025年战略规划》，明确未来五年发展目标任务。完成营业收入13.20亿元，比上年上升11.85%；利润总额2.02亿元，比上年上升28.53%；净利润1.5亿元，比上年上升29.82%；归母净利润1.38亿元，比上年上升31.28%。新增管理面积1014.76万平方米。截至年底，总管理面积达3619.46万平方米，服务项目覆盖14个省24个市。通过合资合作模式新成立6家合资公司。怡己品牌新增门店14家，全国完成布局62家。养老机构“金悦颐养中心”、怡己三矢堂国贸旗舰店、怡己巷子精酿啤酒餐厅金融街店开业。北京永泰恒卫生服务有限公司完成工商变更，成为金融街物业全资子公司，业务拓展至卫生服务行业。金融街物业新增“酒店管理、医院管理、建设工程项目管理、体育场馆管理、城市生活垃圾管理、绿化管理、出租商业用房、承办展览展示活动、集中养老服务、居家养老服务”经营范围，完成工商变更。客户满意度测评中，金融街物业满意度91.3分，其中写字楼满意度99分，住宅满意度88.8分。金融街物业获中国物业服务专业化运营领先品牌企业、中国物业服务特色品牌企业——商务物业管理、中国写字楼物业服务优秀品牌等奖项。（郭岩松）

北京市华远集团有限公司

【概况】2021年，北京市华远集团有限公司（简称华远集团）应对外部环境变化和挑战，推进企业改革创新发展，优化企业内部管理能力，服务区域经济转型升级。华远集团科技实业技术研发持续增强，深圳科技企业重组整合有序推进。承办西城消费扶贫产品展，整合商贸业务上下游资源，打造“华浓”品牌自有服务体系。截至年底，华远集团资产总额688.30亿元，净资产146.87亿元。全年实现营业收入139.76亿元，上缴国有资本经营收益0.22亿元。（李南南 王芳媛）

【“十四五”期间战略性重组】2021年，华远集团根据国企改革重大战略部署及西城区规划要求，启动“十四五”规划制订工作，调整优化产业结构。开展华远深圳科技板块企业整合，实现业务整合、优势互补、协同共享，构建具有“自我造血”和外部融资能力的市场化主体。（张 婧）

【房地产业务】2021年，华远集团房地产落实“去库存、降负债、增

9月3日，华远地产与北京信托签署战略合作协议（华远地产 供图）

利润”九字方针，债务结构持续优化。遵循“以销定投、精准投资”策略，再度落子空港新城，新增货值41.2亿元。提升运营效率，回款业绩突破历史新高。落实“客户服务年”，打造新服务品牌“华远Hi平台”。9月3日，华远地产与金科集团、北京国际信托有限公司等企业达成战略合作，为项目开发、资本运作拓展更多专业支持。以“数字科技赋能，美好生活服务”为战略定位，深耕产业链下游物业服务市场，集团出资设立北京华远好天地智慧物业服务有限公司，力促核心竞争力提升和培育新业务增长点。（张　婧）

【服务区域金融科技产业】2021年，华远集团围绕国家级“金科新区”建设，推进世纪天乐市场产业提升项目，以北京金融科技中心为核心载体，将产业升级与城市更新、低效楼宇改造相结合，推进西城区国家级金融科技示范区建设。提供金融科技办公空间，引入各类专业服务机构，完善全生态综合配套服务，促进北京市金融科技产业发展。（张　婧）

【经营性房屋专项清查】2021年，华远集团对公司及6家所属企业开展经营性房屋专项清查工作，梳理分布在北京、上海等7地22处房产基本信息，设立经营性房屋出租台账，审阅租赁合同约150份，形成自查报告，对发现问题及时整改。清理处置“僵尸企业”、空壳公司和低效无效投资4户。

（李南南　王芳媛）

北京天恒置业集团有限公司

【概况】2021年，北京天恒置业集团有限公司（简称天恒集团）持续抓好新冠肺炎疫情防控，提升经营业绩，推进棚改项目和各项工作。天恒集团二级子公司海南天恒燕泰房地产开发有限公司、北京翔德房地产开发有限公司，三级子公司北京市地安门商场、北京天恒幽岚文化旅游发展有限公司完成工商注销；海南海垦恒名文旅发展有限公司由五级子公司升为四级子公司。天恒集团商业老字号复兴商业城、新街口百货利用网络渠道宣传及销售，建立完善网上商城，开启直播、抖音等线上“带货”模式，拓宽销售渠道。天恒文化旅游产业有限公司更名为天恒文旅集团有限公司，构建文化旅游、商务旅游、科技旅游三大业务体系。天恒文旅集团与浙江阿里商旅旅行社有限公司建立合作，设立天恒自有商旅平台——天恒（北京）商务旅游有限公司。截至年底，天恒集团总资产814.96亿元，净资产189.94亿元，资产负债率下降0.46个百分点至76.71%。营业收入132.06亿元，比上年增长89.82%，利润总额4.5亿元，比上年增长约13%，成本费用利润率3.47%，上缴税金7.48亿元。（王　丹）

【百万庄棚改项目】2021年，天恒集团百万庄棚改项目取得A、C、D地块国有建设用地批复、建设工程规划许可证与施工许可证。A地块进入结构施工新阶段，C、D地块完成全部楼座结构封顶。按照核心区新总规要求，百万庄楼盘降层20米，124户居民重新安置到车公庄3号。区委、区政府主要领导多次召开会议研究，区领导牵头，天恒集团抽调125名骨干组成5个专项工作组、25个居民服务小组，电话联系居民528次，面对面讲解327次，上门服务137次，现场接待204次，重新安置居民签约116户，签约比例94%，收到居民赠送锦旗41面。（王　丹）

【光源里棚改项目】2021年，天恒集团光源里棚改项目C1地块1号楼完成结构封顶。C2地块完成土方开挖约80%，出土16万方。C4地块完成土方开挖工作。AB地块完成文物发掘工作，取得施工登记意见函，具备开工条件。C3地块取得施工登记意见函，具备开工条件。9月26日，天恒集团与区政府签订公益性对接协议，协议总金额约20亿元，根据协议约定9月底开工地块（AB、C1、C2、C4地块）阶段性拨款约4.04亿元。11月30日，光源里项目C1地块全部楼座完成结构封顶，在项目官网上举办首次网上开放日活动，回迁居民通过官网同步见证楼体结构封顶。项目5G智慧系统对现场环保、安全生产等全面智能监测，利用AI技术向居民直观展示项目进展。（王　丹）

【债务融资】1月27日，天恒集团簿记发行2021年度第一期定向债务融资工具，发行类型为私募发行，主体及债项信用评级为AA+，发行规模6亿元，期限3+3年，票面利率4.68%。8月11日，天恒集团获得“类REITs”项目无异议函，注册规模13亿元，期限不超过18年，为集团第一单“类REITs”项目。12月7日，天恒集团注册50亿永续中票，根据年底实际可归还用途发行13亿元，期限2+N年，利率4.5%。（王　丹）

【土地储备】5月8日，天恒集团联合广州越秀地产，以45.7亿元获得北京市怀柔区刘各长村棚户区改造土地开发项目HR00-0101-6049等地块，建设用地约11.55万平方米，用地性质包含R2二类居住用地、B4综合性商业金融服务业用地、A33基础教育用地。9月15日，天恒集团获得成都市高新区5.91万平方米住宅用地，建设用地面积5.91万平方米。12月7日，天恒集团通过挂牌交易，以3.08亿元获得成都市成华区1.45万平方米住宅用地。12月8日，天恒集团获得成都市成华区龙潭街道1.39万平方米住宅用地。（王　丹）

北京华康欣和建筑工程有限责任公司

【概况】2021年，北京华康欣和建筑工程有限责任公司（简称华欣公司）企业注册资金3000万元，资产总额1.9亿元。从业人员近200名，拥有同企业资质要求相适应的工程技术、经济管理人员。2021年，华欣公司完成营业收入7341万元，实现利润2.6万元，上缴国家税金131万元。工程合格率100%，合同履约率100%，实现安全生产文明施工，通过认证部门对质量、环境、职业健康、安全管理体系年审。

（李珊珊）

【重点工程项目】 2021年，华欣公司承接宣西文化精华区示范区环境整治提升项目承包合同额380余万元，工程内容为图纸范围内拆除、建筑外立面改造、园建、绿化、室外家具、标识、牌匾、基础设施改造、智慧设施工程、电气专业采购及施工、安装、测试、维护、保修及竣工前清洁，6月3日开工，12月2日竣工。新生违法建设拆除项目承包合同额93.8万元，工程内容为西城区新街口辖区违法建设拆除、渣土运输和消纳及拆后恢复等，8月12日开工，9月30日竣工。陶然亭街道无障碍环境建设项目承包合同额53.77万元，工程内容为室外坡道、地面、楼道无障碍扶手施工，8月13日开工，10月11日竣工。黄寺大街25号院6号楼前环境景观提升项目承包合同额66.35万元，工程内容为道路、建筑物、外立面等施工，9月1日开工，9月30日竣工。新街口街道小广告清理服务项目承包合同额149.98万元，工程内容为新街口街道西里三区社区、西里四区社区、西里二区社区、西里一区社区、半壁街社区、官园社区、安平巷社区、西四北三条社区、西四北六条社区清除油印广告、广告纸清理、墙面粉刷，11月26日开工，12月2日竣工。新生违法建设拆除项目承包合同额93.8万元，工程内容为新街口辖区违法建设拆除、渣土运输和消纳及拆后简易修复，12月3日开工。（李珊珊）

【“三标”认证】 8月28日至9月4日，华欣公司进行为期8天的质量管理体系、环境管理体系、职业健康管理体系“三标”认证并顺利通过。认证机构北京恒标质量认证有限公司。认证级别为国家级。

（李珊珊）

北京广安控股集团有限公司

【概况】 2021年，北京广安控股集团有限公司（简称北京广安集团）推进历史文化街区运营、棚户区改造、保障房建设、市政道路建设、房地产开发、文化商业运营、养老及社区服务等多领域工作，协助“北京坊”一批新商户入驻和新店开业，资产规模不断扩大，实现快速健康发展。截至年底，公司注册资本金172.62亿元，集团资产总额619.95亿元，营业收入56.08亿元，参控股企业42家。截至年底，集团共有房屋类资产32.9万余平方米。

（王晓曼）

【与区属企业项目合作】 2021年，北京广安集团落实西城区国企改革三年行动方案，实施集团“十四五”战略规划及重点区域布局，加强与区属企业开展项目开发合作，加强集团市场化运作能力，提升集团品牌影响力。10月28日，集团下属北京广安置地投资有限公司与金融街重庆融拓置业有限公司正式签署合作开发协议，开发无锡项目。无锡市梁溪区模具厂地块（金融街·广安控股·融御）项目位于无锡市梁溪区内环核心位置，规划总建筑面积54978平方米；无锡市锡山区谈村东地块（金融街·广安控股·融府）项目位于无锡市锡山区锡东新城板块，规划总建筑面积137326平方米。（王晓曼）

【康璟家园项目】 4月23日，北京广安集团广安融通公司康璟家园项目取得北京市住建委批准虚拟预售证号。6月29日，康璟家园项目收到西城区住房城市建设委《西城区定向安置房使用审批表》，康璟家园项目具备正式预售条件。（王晓曼）

【棚户区改造项目开工】 8月13日，北京广安集团菜园街及枣林南里棚户区改造项目二期工程（B地块）举行开工奠基仪式。项目位于白纸坊地区，占地16.52万平方米，规划新建总建筑面积约64.8万平方米。12月10日，菜园街及枣林南里棚户区改造项目实现净地。

（王晓曼）

北京陶然建筑有限公司

【概况】 2021年，北京陶然建筑有限公司（简称陶建公司）继续推进樱桃园开发项目后续工作，加强小区物业管理，改善和提升小区居民居住环境，完成对下属企业清产核

12月10日，西城区菜园街及枣林南里棚户区改造项目实现净地　（区住房城市建设委　供图）

资，完成施工总承包二级资质备案，取得建筑工程施工总承包二级、建筑装修装饰工程专业承包二级资质。全年经营收入40万元。（王 芳）

【樱桃园开发项目后续工作】2021年，陶建公司樱桃园开发项目后续工作继续推进。开展樱桃二条8号院项目北部地块土地证申办拆迁备案工作，整理457户拆迁协议、安置协议等资料，全部资料移交区房管局审核备案。（王 芳）

【槐柏树后街和樱桃园小区物业管理】2021年，陶建公司物业部配合社区更新改造槐柏树后街小区，协调设计方与施工方，更换小区外墙保暖、上下水管线、楼梯扶手、窗户和护栏等；物业部开展对小区绿化规划、停车场规划、西院平整工作，更换新型信报箱、维护小区供暖管线。10月，陶建公司更换樱桃园小区内消防监控设备，全面调试检测小区消防监控灵敏性，保证消防设施设备安全有效；更换室外公共区域照明，将耗电高、照明范围小的灯泡全部换成LED节能灯；物业部对樱桃园小区业主汽车、电动车、自行车统一规划管理，在避免用电及火灾等安全隐患发生基础上，合理使用小区资源，保障小区居民出行需求；安排专人定期检修、维护及保养小区内公共设施，小区绿地重新移植花卉树木，做好垃圾分类清运及日常防疫消杀，提升小区居住环境。（王 芳）

【企业清产核资】截至9月底，陶建公司完成对下属企业清产核资工作，盘点商品84775件，原值约340万元，为下一步进行企业全面评估，推进企业改制做准备。（王 芳）

北京房开置业股份有限公司

【概况】2021年，北京房开置业股份有限公司（简称房开置业公司）推进房地产开发、商品房销售、城市危旧房改造和开发建设等项目，完成平原里3号楼定向安置房项目建设任务，做好汛期值守检查，确保施工安全。全年未开工新项目。（闫 欣）

【平原里3号楼定向安置房施工建设】2021年，房开置业公司克服新冠肺炎疫情带来的材料价格上涨、物资紧缺、工人紧缺等不利因素，调整工作方案，采取有效督促指导措施，保质保量完成平原里3号楼定向安置房项目建设任务，6月18日启动申报竣工验收工作。（闫 欣）

【施工安全保障】2021年，房开置业公司应对汛期给施工带来的安全隐患，由项目部、施工及监理单位组成汛期安全施工领导小组，对平原里3号楼定向安置房项目划拨专项资金用于防汛，指派专人24小时值守，处理应急突发情况，做到加强日常检查，及时发现问题，采取措施将隐患消灭在萌芽状态，确保无人员和财产损失。（闫 欣）

北京宣兴房地产开发股份有限公司

【概况】北京宣兴房地产开发股份有限公司（简称宣兴公司）是综合性房地产开发企业，房地产行业等级为二级。2021年，宣兴公司落实宣兴商厦拆迁项目补偿安置工作，做好房屋修缮、电梯检修等物业管理工作，为居民生活便利提供保障。全年未开工新项目。（高 莉）

【宣兴商厦拆迁】2021年，宣兴公司以政府为主导，多渠道解决历史遗留问题，筹划和设计方案，落实宣兴商厦拆迁项目补偿安置工作。（高 莉）

【物业管理】2021年，宣兴公司组织调研所属物业公司直管居民楼小区，听取居民意见，研究制订工作计划，解决多项房屋修缮、供暖维修、道路停车、电动车充电桩等实际问题。5月，集中检查所辖小区运行电梯，进行养护维修，保障居民生活便利。（高 莉）

（责任编辑 张立）

交通 邮电

交 通

交通行政执法

【概况】 2021年，北京市交通运输综合执法总队（简称市交通运输执法总队）开展交通运输执法领域突出问题专项整治，严格规范合法、打击非法，完成建党100周年庆祝活动、世界交通大会、春运、全国两会、节假日等重要时期交通运输秩序保障工作。全年实施执法检查95万件，查处违法违章6.6万件。北京市交通运输综合执法总队四支队（简称市交通运输执法总队四支队）出动执法车辆1600余车次、执法人员4000余人次，检查各类车辆1.8万余辆次，检查运输、汽修业户110余家次、水域游船业户12家次。查处各类违法违章行为4578起。

（余志红　周新竹　王艺博）

【节假日与重点活动交通秩序保障】 春运期间，市交通运输执法总队出动执法人员3.65万余人次，检查运输车辆10.7万辆次，巡视道路5.9万千米，巡视检查轨道交通车站9041座次，劝阻乘客不规范佩戴口罩行为329起，查处交通运输行业内违章1351起。春节期间出动执法人员4784人次，值守巡查轨道交通车站1070站次，巡查道路8931千米，检查运输车辆19217辆，查处各类违法违章案件180件，消除路政安全隐患16件。全国两会期间，加强场站地区、政治核心区、社会面地区执法监管，出动执法人员6570余人次，检查运输车辆1.55万辆次，查处业内违章302件。清明节期间，加强全市重点地区、陵园墓地周边巡查监管，出动执法人员1.4万余人次，值守巡查轨道交通车站6900余站次，检查运输车辆3.8万余辆；查获各类违法违章案件3370件。五一期间，加强机场场站、旅游景区、繁华街区、轨道交通车站、公路道路等重点地区交通运输环境秩序巡查监管，出动执法人员2567人次，值守巡查轨道交通车站1041站次，巡查高速公路5407千米，检查运输车辆4944辆，查扣各类违法违章案件239件。端午节期间，出动执法人员2097人次，值守巡查轨道交通车站876站次，巡查高速公路1.46万千米，检查运输车辆3397辆，查扣各类违法违章案件205件。十一期间，出动执法人员5926人次，执法车辆507辆次，值守巡查轨道交通车站1006站次、巡查轨道交通保护区599区段，巡查公路1.1万余千米，检查运输车辆5700余辆，查获各类违法违章案件322件。中国（北京）国际服务贸易交易会期间，加强会议地区、场站地区、社会面地区执法监管，出动执法人员9000余人次，检查运输车辆1.5万辆次，巡视检查轨道交通车站1800余座次，巡查公路2.2万千米。查获交通运输行业各类违法违章1380件，消除各类风险隐患。北京冬（残）奥会前，市交通运输综合执法总队四支队与张家口市交通局联合开展跨省联勤联动交通执法行动，打击两市之间跨省非法运输客运行为，开展京张联动省际客运源头治理工作。10月，签署北京城区、延庆区、张家口市3个奥运赛区交通运输秩序监管合作框架协议，为冬（残）奥会交通运输市场秩序监管提供保障。

（余志红　周新竹　王艺博）

【安全生产月活动】 2021年，市交通运输执法总队以安全生产月和安全生产万里行为主题，开展执法宣传活动。在重点行业开展集中整治、公路交通安全严查超限运输、破坏公路设施等违法行为，轨道交通安全开展保护区安全、新冠肺炎疫情防控、消防汛期安全等专项执法检查。查处行业违法违章2102件。

（余志红）

【交通综合治理】 2021年，西城区制订《2021年西城区交通综合治理行动计划》，完成宏庙小学、雷锋小学、棉花幼儿园3所学校和阜外医院、积水潭医院、儿童医院、宣武医院、北大人民医院5家医院周边的交通综合治理。启动鼓楼西大街“稳静街区”交通综合整治项目。配合市交通委完成动物园公交枢纽周边的交通整治，完成金融街智能交通的升级改造，开展大栅栏商业区交通组织规划研究。加强科技赋能，实现金融街、“金科新区”、鼓楼西大街等2个片区1条街道“人栏结算”全覆盖。研发共享单车调度小程序，建立淤积预警模型，结合“三网融合”监控平台，实现对中南海周边、什刹海、天安门、金融街中心区等40余个重点区域车辆淤积预测预警，实现区域内共享单车“总量不超过6万，淤积半小时清空”的目标。（杨梦婕）

【重点地区综合整治】2021年，市交通运输综合执法总队四支队在西华门、南北长街、景山前街等重点点位开展整顿，打击各类非法营运行为。在游客高峰时段和周末设立检查岗，会同属地公安、城管、交管、文旅等相关执法部门联合执法。依照职权分工协作，重点整治非法营运车辆、业内车辆违章现象，开展案件移交工作，形成闭环执法链条。8月，针对少数巡游出租车司机以介绍乘坐人力三轮车、观演、就餐等名义揽客，收取高额回扣的不法行为，联合文旅部门约谈演出场所负责人，指出、制止不法经营行为。（周新竹　王艺博）

【交通运输执法领域专项整治】2021年，市交通运输综合执法总队四支队按照交通运输部、交通委、总队要求，开展交通运输执法领域突出问题专项整治，完成运政、海事领域41个问题清单的全部整改工作。通过为民办实事、大调研大走访、执法站所开放日、行业企业及从业人员座谈会等形式，形成调研报告2份。（周新竹　王艺博）

【水域游船监管】2021年，市交通运输综合执法总队四支队加强辖区内水域游船安全管理和水域游船行业监管。坚持每月对辖区游船企业安全检查，完成大风预警及重大节假日期间的安全监管工作。为防止在海事执法过程中走过场，成立攻关小组，查找问题、学习法规。处罚水域游船违章行为5起。（周新竹　王艺博）

【综合执法】2021年，市交通运输综合执法总队四支队联系西长安街、什刹海、德胜等属地街道办事处，与辖区公安、交管、城管、旅游等执法部门合作，规范重点地区周边道路的旅游市场运输秩序，打击非法营运车辆，维护正常交通运输行业秩序。参与“街道吹哨，部门报到”综合执法平台建设，针对辖区出租旅游客运市场监管需求，推进部门吹哨、街道组织配合执法模式。（周新竹　王艺博）

【旅游车整治】2021年，市交通运输综合执法总队四支队联合辖区属地各执法部门在前门、天安门、故宫、什刹海等旅游景区整治旅游客运市场违法违章行为，查处旅游车业内违章30余起。（周新竹　王艺博）

【冷链运输车辆专项执法检查】截至2月26日，市交通运输执法总队开展区域冷链运输车辆专项执法检查百余次，检查冷链运输车辆千余辆，查获冷链运输车辆违法违章案件134件。市交通运输综合执法总队四支队打击非法经营跨省巡游车行为，对冷链运输车辆开展专项整治。（余志红　周新竹　王艺博）

【疫情防控执法检查】第一季度，市交通运输执法总队以出租汽车、冷链货运、道路客运、轨道交通落实新冠肺炎疫情防控工作为检查重点，检查出租汽车11.68万余辆，查处驾驶员未落实防疫措施案件93件，查获冷链运输车辆违章152件，检查1.4万座轨道交通车站、4.05万名站务人员、1149.69万名乘客落实防疫措施情况，对402名未佩戴和未规范佩戴口罩的乘客进行劝导。第四季度，在重点场站、繁华商业街区等强化巡游、网约出租汽车新冠肺炎防疫执法检查，检查出租汽车驾驶员疫情防控措施落实情况12万余次；在省际客运站、进出京主要道路、城市环线等地区强化省际客运行业防疫执法检查，查扣跨省载客“黑车”17辆；强化轨道交通行业防疫执法检查，巡查轨道交通车站1.6万座次，检查车站工作人员4.8万人次、乘客1046万余人次，纠正未规范佩戴口罩行为238件。市交通运输综合执法总队四支队每日在辖区重点点位设立固定岗及巡查岗实施监管。针对巡游出租汽车开展新冠肺炎

10月25日，市交通运输执法总队执法人员在西华门地区开展执法巡查（市交通运输执法总队　供图）

疫情防控专项检查，专题研究出租车新冠肺炎疫情防范措施落实情况及违章查处工作，确定对乘客不扫码登记等行为的检查方法。

（余志红　周新竹　王艺博）

【瓶装液化气运输行业专项整治】 第二季度，市交通运输执法总队开展瓶装液化气运输行业安全生产执法检查，重点检查瓶装液化气运输车辆通行集中地区，排查151辆危险货物运输车辆，查处危险品运输车辆违章44件。第四季度，组织各支队开展每周不少于2次辖区集中整治行动，查处危险货物运输车辆违章59件。（余志红）

【冬奥会前期专项整治】 10月，市交通运输执法总队以北京冬奥会倒计时100天为契机，制订《北京2022年冬奥会和冬残奥会前轨道交通运营安全专项整治工作方案》，成立2022冬奥轨道交通运营安全专项保障领导小组，自10月起开展全路网轨道交通运营安全专项整治行动，检查企业、保护区3.64万次，查处自然人案件2300余件、保护区案件1件。（余志红）

【冬奥会和冬残奥会志愿者招募】 12月29日至30日，市交通运输执法总队面向全体执法人员及督察员招募500名北京冬奥会和冬残奥会志愿者，在公交枢纽场站、比赛场馆等为保障冬奥会交通运输环境秩序、赛场赛事服务。（余志红）

交通运输行业管理

【概况】 2021年，北京市交通委员会西城运输管理分局（简称西城运输管理分局）开展交通运输监督检查4480人次、2035户次、4193车（船）次。采取行政措施158件次。受理审批事项8625件，换发旅游、省际包车证6119件及省际临时班车证56张，审核承运人责任险保单2360余车次、包车业务订单1492车次，换发新版客运标志牌59块，完成36家筹办期零车汽车租赁企业经营备案证公示注销工作，接待电话（现场）咨询7000余次。完成春节、清明节、五一、十一、全国两会等重大活动及重点时期和重污染、雨雪、汛期等极端天气的运输服务保障和巡查任务，出动检查人员1700人次，处置极端天气预警228次。举行西城区交通运输行业文明驾车礼让行人宣传活动启动仪式。（张睿桐）

【公共交通行业监管】 2021年，西城辖区所属公交企业5户，涉及运营线路103条，配备运力3253部，公交场站26个。西城运输管理分局出动检查人员252人次，检查地面公交企业126户次，采取整改措施1件次。在春运、法定假日、重大活动等重点时期，检查北京西站、北京北站等公交场站及3条扫墓临时专线发车站点等重点地区的运输服务保障巡查和新冠肺炎疫情防控措施落实情况。（张睿桐）

9月3日，西城运输管理分局举行西城区交通运输行业“文明驾车　礼让行人”宣传活动启动仪式

（西城运输管理分局　供图）

【出租汽车行业监管】 2021年，西城辖区所属出租汽车企业30户（含个体出租汽车管理站1个），指标车数15796辆，出租驾驶员13680人。西城运输管理分局出动检查人员1606人次，检查出租企业803户次、车辆1856辆次，行政约谈39次、整改34件、移送1件。在春运、国庆节等重大节假日、汛期及京广线突发停运事故期间，及时启动应急保障预案，开展北京西站、北京北站地区出租车运力保障10次，调派出租运力8000余车次，运送旅客2万余人次。采取协调公交、地铁延时运营等措施，建议地铁7号线、9号线延时运营7次，运送旅客1.5万余人次，缓解站区夜间客流疏运压力。完成纯电动出租汽车推广应用任务1036辆。审核发放出租汽车行业燃油补贴9481万元。处理出租行业信访投诉671件。

（张睿桐）

【旅游客运行业监管】 2021年，西城辖区所属旅游客运企业7户，车辆2302辆，从业人员2532人。西城运输管理分局出动检查人员650人次，检查旅游客运企业262户次、车辆1323辆次，整改4件、现场约谈9次、移送11件。6户企业参加质量信誉考核，其中AAA级企业5户。完成西城辖区包车客运运力指标投放工作，全年新增新能源包车运力指标50辆。（张睿桐）

【省际客运行业监管】 2021年，西城辖区所属省际客运企业1户，营运车辆50辆，班线57条，从业人员128人。西城运输管理分局出动检查人员100人次，检查省际客运企业49户次、车辆192辆次，整改4件、约谈3次、移送1件。完成72辆省际客运班线车辆转为包车运力手续，注销36条省际客运班线经营权，其中800千米以上客运班线办理退出6条，退出卧铺客车15辆。完成800千米以上省际班线、卧铺客车全部退出运营的总目标。1户企业参加质量信誉考核，被评为AAA级企业。（张睿桐）

【普通货运行业监管】2021年，西城辖区所属普通货物运输企业79户，营运车辆400辆（主车304辆、挂车96辆），总吨位8662.6吨，从业人员537人。西城运输管理分局出动检查人员204人次，检查普通货物运输企业102户次、普通货运车辆223辆次，现场整改8次、约谈4件。77户企业参加质量信誉考核，其中AAA级企业41户。完成新能源轻型货车运营激励方案宣贯工作，推广更新（新增）电动货车60辆。定期开展辖区冷链运输企业从业人员、车辆外环境等新冠肺炎病毒核酸检测筛查，冷链运输企业核酸检测17轮，检测人员600余人，车辆外环境检测36轮，检测点位900处。（张睿桐）

【化学危险品运输行业监管】2021年，西城辖区所属危险化学品运输企业5户，车辆21辆（主车13辆、挂车8辆），从业人员14人。西城运输管理分局出动检查人员46人次，检查化学危险品运输企业23户次、化危车辆36辆次，约谈1件。坚持对辖区化危运输车辆每日动态监控，与电子运单系统进行数据比对，纠正行驶路线与系统数据不一致行为。5户企业参加年度质量信誉考核，均为AAA级。（张睿桐）

【机动车维修行业监管】2021年，西城辖区所属机动车维修企业29户（一类5户、二类10户、三类14户），在用喷烤漆房企业6户（7台），从业人员467人。西城运输管理分局出动检查人员650人次，检查机动车维修企业281户次，整改26件、移送3件、约谈2次。25户企业参加年度质量信誉考核，其中AAA级企业7户。督促企业使用《机动车维修管理服务系统》上报尾气超标车辆治理信息1160条。督促6家喷烤漆房企业整治，5家企业完成烤漆房改造、1家停用。（张睿桐）

【汽车租赁行业监管】2021年，西城辖区所属汽车租赁备案企业61户，车辆3800辆。西城运输管理分局出动检查人员126人次，检查汽车租赁企业63户次、车辆757辆次，整改3件。57户企业参加质量信誉考核，优秀企业1户、合格企业56户。（张睿桐）

【水域游船行业监管】2021年，西城辖区所属游船企业3户，运营游船885条（艘），从业人员192人。西城运输管理分局出动检查人员200人次，检查水运游船企业82户次、游船820艘，整改4件。开航前，联合市交通运输综合执法四支队召开水域游船行业安全工作部署会，对北海公园、陶然亭公园、什刹海水域进行开航检验和安全检查。对什刹海水域非自航游船、码头设施进行夜航适航检验，加强夜航巡视巡查。组织水上安全演练2次、水污染防治演练1次、水上消防救援演练1次、安全月宣传活动1次。（张睿桐）

【行业安全监管】2021年，西城运输管理分局开展安全生产学习12次、安全专题培训4次、实战化应急演练5场。加强双重预防控制体系建设，开展安全生产事故隐患全面排查和交通行业安全风险评估工作，发现一般隐患53个，全部完成整改，属地经营企业评估率100%。组织安全生产月、禁毒、反恐、国家安全、世界环境日等宣传活动5项，发放宣传手册8000余册、宣传品5000余份。妥善应对降雪、大风、降雨、空气污染、高温等预警228次。（张睿桐）

公安交通管理

【概况】2021年，北京市公安局公安交通管理局西城交通支队（简称西城交通支队）围绕全区各类交通热点、难点问题，采取各项整治措施。行政执法处罚867人，追究刑事责任123人；查外埠车进入核心区违法15401起，货车违法1.3万起；查处非机动车通行违法118722起，比上年增长179.2%；查处行人通行违法23046起，比上年增长191.2%；查处电动三四轮车闯灯、逆行、乱停违法行为6016起；查处机动车违法停车481201起。缓解交通拥堵，复划交通标线21765.9平方米，新增、整改交通标志470面，新增信号灯27处，优化信号灯配时140处323次，新增交通技术监控设备678处；完成20处交通堵点乱点治理，7个街区环境品质提升，推动完成26所学校、医院治理工作。特勤服务保障全国两会、金融街论坛等重大活动77场，执行交通警卫任务4622起，出动警力46035人次。接处警方面，接报122警情84976起，其中事故报警38237起、拥堵报警1537起、反应报警45202起；组建122人铁骑队伍，常态部署巡逻岗位28处，处理18508起交通事故、186件突发事件，重复报警率下降1.49%。“接诉即办”受理复议案件503件，受理核查案件326件，代理出庭应诉27件行政诉讼案件（含双被告案件8件），国家赔偿262件；办理危险驾驶案件84件，处理各类交通舆情案件148件、各类举报随手拍案件2643件，秩序整顿涉牌案件协查1416件。车管业务办理车驾管业务364111笔、驾驶证业务150989笔、非机动车业务182326笔、机动车业务30796笔。承办局转派单12720件，比上年增长138.4%，月均达1060件；承办区转派单251件（2件主办，其余为

2月5日，西城交通支队开展警种融合执法培训　　（西城交通支队　供图）

协同件），比上年下降75.9%；办理重点社情294件。全年平均解决率90.5%，满意率94%。（杨　阳）

【突发事件处置】2021年，西城交通支队制订完善《重点敏感交通事故案件处置流程》《执勤大队指挥室工作职责》。强化专门视频巡检力量投入，细化视频巡检科技支撑，增加交管局、西城分局视频点位及视频回放功能。与京畅安达、一路平安、易泊通畅3家清障救援公司及西城区城市运行13家相关单位对接，处置各类突发情况202起。（杨　阳）

【122警务效能规范管理】2021年，西城交通支队从数据研判、实时牵动检查、预警提示、督导考核4个方面开展工作，制订《122处警专项整治督导工作实施方案》，完善《122交通事故接处警管理工作规范》等4项方案，建立健全专班督导机制、周例会、检查考核、责任追究4项机制，强化月度分析与研判。（杨　阳）

【警种融合执法】2021年，西城交通支队与公安分局融合，制订以交通大队为主体的“1+X”派出所—交通队对接机制，确保一线对接运行稳定。向分局申请7B–11L信道，辖区派出所、执勤大队指挥室、指挥大厅各处共同值守专用信道，遇有融合执法事件，指挥室直接通报，提高工作效率。警种融合办案2次，举办警种融合培训4次，破获、处置“4·25”“8·06”等车辆闯卡案件。（杨　阳）

【重点地区管控】2021年，西城交通支队依托警种融合机制，加强与邻近支队、分局等相关警种沟通对接。以“层圈过滤”为原则，做实远端防控，在重点道路口、胡同口加强人车核查核录、卡控检查和执法力度，实时查控过滤风险隐患，及时消除中心区外围安全隐患。查处酒后驾车、涉牌、机动车不礼让行人、违法停车、非机动车行人闯灯逆行等各类违法行为，其中查获涉酒违法801笔、涉牌3012笔、不礼让行人11.6万笔、违法停车44万余笔、非机动车行人闯灯逆行11.8万笔、拘留206人。处罚电动三四轮车1.1万笔、扣车372辆。（杨　阳）

【交通道路改造】2021年，西城交通支队推动慢行系统品质提升，完成二环路辅路23千米慢行系统设计、改造工作，非机动车道平均宽度增加0.5米，通行能力提升25%。在宣武门、月坛北桥等6个路口新增非机动车一次左转管理措施，通行延误平均减少25秒。调整优化交通组织，优化改造灵境胡同西口、赵平口等7个路口。会同属地街道在五路居、白塔寺街区、白纸坊片区等25条道路实行机动车单、禁向行驶交通组织，打造区域交通微循环。针对核心区内胡同密集、连通性差、易发生拥堵等特点，推进背街小巷微循环建设，通过调整机动车单行、禁行等措施，提升道路通行能力，减少区域拥堵。对五路居、双旗杆胡同、宫门口东岔等22条道路实施机动车单行、禁行措施。（杨　阳）

【道路设施监管】2021年，西城交通支队结合“双下放”工作，对管界内470条道路设施摸排检查，发现问题599处。其中标线类200处、标志类325处、施工类23处、路树遮挡51处。完善施划标线类48处、新增整改标志类65处，复划标线14940.6平方米，增设完善交通标志121面。在重大安保期间临时增设机非隔离护栏127扇、护栏墩132个、反光贴130个、非机动车道桩头标5面，各执勤大队配发小锥桶300个、滕道牌90个、红锥桶外套150个。（杨　阳）

【信号灯隐患排查】2021年，西城交通支队在区境范围内开展信号灯设置不合理、灯具使用不规范、配时不科学3个方面的隐患问题排查。排查出问题21处。制订措施加大配时维护单位管理力度，提高巡检频率，配合交通组织调整及新建信号灯项目优化配时，优化调整信号配时294余次。（杨　阳）

【社会面交通秩序管控】2021年，西城交通支队结合辖区实际，加大酒后驾车、涉牌、货车、电动三四轮车、非机动车行人、乘车人不系安全带、不礼让行人等违法行为执法力度，以严管街、示范路口、景区景点、商业区为重点区域，依托早晚高峰勤务岗、专项整顿岗、文明示范路口等实施管控。采用警种融合、环保联合执法等工作模式，联合公安分局、环保、住建、城管等部门检查货车、尾气超标等违法行为，处罚货车1.2万笔，环保尾气超标7353笔。（杨　阳）

【文明示范路口创建】 2021年，西城交通支队将11个文明示范路口创建和文明城区创建工作融合，围绕路段机动车乱停放、路口“不礼让斑马线”开展多波次专项整治行动。现场处罚“不礼让斑马线”违法行为2789笔，非现场处罚“不礼让斑马线”违法行为9238笔，审核录入2178笔。处罚非机动车违法行为3.2万笔，处罚行人违法行为0.5万笔。在煤市街路口、平安里路口、灵境西口北进口、南礼士路南段实施优化措施，调整赵登禹、和平门路口2处信号灯配时，提升路口通行能力。（杨　阳）

【交通事故侦办】 2021年，西城交通支队制订《西城支队交通事故现场处理工作规范》《西城支队事故大队事故处理工作流程》，处置27837起简易程序交通事故案件、一般程序交通事故案件165起。其中重大交通事故21起、死亡21人，涉嫌危险驾驶罪案件28起，涉嫌交通肇事罪案件4起，一般程序立案数比上年上升58%。解决赵某信访案件、米某信访案件、王某行政诉讼案件。（杨　阳）

【交通安全监管执法】 2021年，西城交通支队完善建立对隐患单位“限期整改、约谈曝光、停车整顿、罚款处罚、挂牌整改”一体化执法措施，走访单位8327家；对存在交通安全隐患的1472家单位发放《责令限期改正通知书》，其中社会单位1245家、专业运输单位227家；对929家逾期未改正单位禁止其机动车上道路行驶，其中社会单位704家、专业运输单位225家；对60家单位采取罚款处罚，其中社会单位53家、专业运输单位7家。（杨　阳）

【社区停车秩序管理】 2021年，西城交通支队推进20名社区交警进社区，解决牛街街道枫桦社区莲花胡同违法停车问题、陶然亭地铁周边电动三四轮车违法停放问题、友谊医院周边共享单车乱停乱放问题、粉房琉璃街快递站点门前秩序混乱问题。（杨　阳）

【交管便民服务改革】 2021年，全面推行驾驶证电子化、交通事故证据材料网上查阅等4项便民利民措施。优化办事流程，39万起交管服务事项实现即时办理。推行车管业务“一窗综办”，单位小时受理量提升28%。服务窗口增配科技设备，推广使用二维扫码枪，实现证照信息高效录入。加大车管业务窗口视频巡查力度，发现问题立查立改。（杨　阳）

【交通安全宣传教育】 2021年，西城交通支队围绕“一盔一带”“减量控大”“零酒驾”等主题组织驻区民警，深入2133家单位、204个社区、48所学校开展宣传教育活动。发放各类宣传品5万份，张贴宣传海报2万余张，在交管局微信、微博、抖音、快手等官方账号，央视频道、《北京日报》等20家媒体刊（播）发251篇报道。（杨　阳）

交通枢纽管理

【概况】 2021年，北京市重点站区管理委员会北京北站地区管理办公室（简称重点站区管委会北站办）组织协调北京北站地区平安北京建设、交通秩序、市场秩序、安全秩序、公共卫生、思想文化、精神文明、新闻宣传等管理和服务工作。围绕庆祝建党百年和服务保障北京冬奥会，整治站区通行环境，突出安全稳定和应急处置，完成北站地区各项服务保障工作。市城管执法局重点站区分局北京北站地区执法大队、市重点站区综合事务中心北站地区分中心均由北站办统一管理和指挥调度。（蒋　捍）

【交通枢纽疫情防控】 2021年，重点站区管委会北站办压实“四方责任”，实现常态化防控新冠肺炎疫情“零报告”。联合展览路市场监管所等职能单位，督促检查和巡视辖区商户落实常态化疫情防控情况，做到每周1次联合检查、每天2次抽查。加强对北站候车大厅、出租车调度站和“三类场所”（超市、餐饮、商务楼宇）等部位常态化疫情防控检查，检查“三类场所”2442家次、出租车1481辆次，纠正各类防疫不到位问题78起，约谈企业负责人96人次，执法提示单14份，责令整改29起，张贴执法公示11张，停业整顿2家，责令整改6家，责令离岗4人。（蒋　捍）

【北站站区建设】 2021年，重点站区管委会北站办加速站区服务保障功能建设。落实市委主要领导及督查室关于“统筹做好京张高铁、京礼高速全线环境整治工作”要求，办理市政协委员“加强北京北站周边环境改造，提升群众出行体验和首都窗口形象”提案，成立专班协调市属部门、西城区属相关部门和北京北站，研究北京北站及周边环境整治工作，形成《北京北站地区环境提升整治方案》。解决北站地区绿化美化、建筑物立面修缮提升、车辆禁停路段、车辆诱导系统、共享单车停放区及广场周边交通秩序整治等问题。建成具备旅客及车辆应急疏散场地、冬奥礼宾保障车辆停车场和市民休闲等功能场所。服务北京冬奥，启动环境升级改造工程。围绕“以首善标准打造城市客厅，提升服务首都窗口形象”标准，落实市第二轮火车站综合整治行动，推进站区软硬件建设。完成北站广场东门环境改造和北站广场周边环境升级改造工程，按国际标准翻新改造广场和周边盲道。实施地区消除隐患项目工程，解决出租车调度站进出站坡道路面坑洼、场地照明线路和设备设施严重老化问题。按照标志、标识的权威性和国际化要求，完成北站地区的标志、标识牌升级改造。实施北站广场周边安全防护措施升级改造项目工程，在重要出入口和人车交叉区域建成具有地面发光警示的“智能斑马线”和全自动升降路桩。（蒋 捍）

【应急值守处突】 2021年，重点站区管委会北站办严格落实领导带班与干部24小时值班制度，坚持每日与铁路会商，第一时间上报和处理重大紧急信息。规范指挥中心人员管理和工作流程，完善应急值守制度和信息报送机制。按照重点站区总体要求，修订与完善北站地区处置突发事件综合预案，邀请专家评审论证，组织地区成员单位进行消防、防汛、防灾减灾与大客流模拟应急救援演练6次。制订《重点时期干部在岗、在责、在职工作指南（试行）》，细化工作内容44条。针对年内汛期时间长、雨量大特点，协调重点站区市政设施维保单位对北站站前广场雨水管道进行清淤维护作业，督导辖区商户和施工单位做好强降雨过程的应对准备。汛期组织应急处置8次，出动防汛力量136人次。（蒋 捍）

【北站安全管理】 2021年，重点站区管委会北站办坚持每日巡查制度，在重要时期、法定节日前组织执法单位联合检查。按照重点站区管委会《关于市委市政府安全生产督察反馈意见的整改方案》要求，摸清底数、制订措施、压实责任、消除隐患，按时间节点完成整改验收。总结2018年至2020年安全隐患治理3年行动计划落实情况，协调地区职能单位持续加大巡查整改和执法力度，纠正安全生产违法违规行为。对北站地区有关经营单位进行安全生产风险评估、排查隐患，建立安全风险电子清单库，督导企业主体责任落实，完善地区安全风险分级管控和隐患排查治理“双预防”体系，遏制各类生产安全事故发生。组织开展重大活动和重点节日安全生产服务保障大检查、电动车安全管理消防专项治理行动。开展安全生产月咨询日、“9·19”消防宣传月等活动。制订《重要时期综合保障方案》，召开地区“平安建设”工作会议，组织安全隐患排查，实现平安站区目标。推进《重点站区反恐应急基本预案及北京北站分预案》制订工作，协助编写反恐演练脚本和组织推演，规范和完善组织架构、处置流程、力量保障等细节。定期在北站下沉广场举办全流程反恐演练。组织地区7家成员单位20人应急救援模拟演练及业务培训。围绕净化地区安全环境，与属地10余家部门建立联勤联动工作机制，实现结合部区域共管共治、信息互通共享。（蒋 捍）

9月23日，重点站区管委会北站办组织反恐防暴演练（重点站区管委会北站办 供图）

【北站周边环境治理】 2021年，重点站区管委会北站办推进联勤联动捆绑式执法，抓好“门前三包”管理工作。出动执法人员3589人次、行政处罚42起、罚款45.98万元，其中交通类立案32起、罚款37.56万元；没收违法所得320.67元；城管类立案10起、罚款8.42万元。录入执法检查单4073起人均194条，发放执法提示单14份、张贴执法公示13张。拆除违建5处221.98平方米，调查国铁管内违建3起299平方米。处理接诉即办59件。检查垃圾分类相关企业2318家次，规范各类违法行为1100余起。燃气安全专项执法13次、电力安全检查38次、电动车充电场所检查16次，发现隐患12家，责令及时整改6起。查处非法营运车辆100余辆，规范网约车运营问题2起。落实全国文明城市创建内容和标准，配合区政府做好基础设施完善和环境布置工作。开展爱国卫生活动12次，发动地区成员单位29家，出动人员1000余人次、保洁车辆31辆次。采取张贴公益宣传材料、组织控烟宣传活动、加强巡查督察、建设无烟站区和健康站区等形式开展控烟工作。组织联合执法52次，解决新冠肺炎疫情防控措施落实不严格、安全隐患消除不及时、北站周边占道经营和交通秩序混乱等问题。联合地区执法部门强化站区周边交通运营秩序整治，保持对北站周边“黑车”“黑网约车”等违法行为查处力度。（蒋 捍）

【北站周边宣传环境布置】 2021年，重点站区管委会北站办利用板报、橱窗、广播、LED屏等资源，宣传党的路线方针政策和社会主义核心价值观，城市治理、铁路护路、反恐防恐、服务冬奥等。开展“北京榜样”“首都首先模范”“每月之星”等榜样人物评选、推荐和宣传。利用三角显示屏、宣传栏、广播、微信群等方式，宣传新冠肺炎疫情防控好做法，制作的《健身跳舞别忘防疫》视频被北京日报客户端首页热推。清理站区及周边文化市场，杜绝非法刊物。配合重点站区进行站区文化“一站一品”建设调研。营造高铁首站北京冬奥宣传氛围，北站站房玻璃幕墙张贴冬奥会、冬残奥会会徽，广场LED三角显示屏播放冬奥宣传片，北站站前广场灯杆上悬挂道旗64面，排布大红灯笼330盏，北站南门出租车入口新建灯箱6个，地下换乘大厅新安装灯箱1个，更换下沉广场露天立面冬奥宣传画10面，新建志愿者服务岗亭1个。站前广场设置“绽放2022”冬奥主题景观，更换冬奥画布户外广告7块和大型灯箱1个。五一、十一和暑运客流高峰期间，组织帮扶、指路、咨询、清理垃圾等志愿者服务，开展“文明交通你我同行”“冬奥倒计时100天”等主题宣讲活动。开展铁路护路工作，联合区政法委、展览路街道在北站广场举办“5·26我爱路”主题宣传活动，向过往市民旅客宣讲铁路护路政策法规。（蒋　捍）

【北站安全运行督导】3月19日，市委办公厅、市发改委、市规划自然资源委、市住建委、市城管委、市重点站区管委会、市公交集团、国铁北京局等部门一行20余人，针对市政协委员提案提出的北京北站及周边环境问题，督查整治情况。6月11日，区长孙硕、副区长缪剑虹及有关部门负责人到北站地区调研落实市委市政府领导关于加快解决北站地区周边环境整治问题批示、华腾西西停车场合理使用和公交375路场站拟腾退情况。9月11日，副市长卢映川到北京北站地区调研冬奥会城市运行和环境保障工作，实地察看北站地区出租车调度站隐患消除在建工程、疫情监控哨点内部功能分布情况。9月30日，区委书记孙军民到北站地区调研站区综合保障情况，实地察看站前广场环境整治、西直门地下混合换乘大厅、北站风险人员转运通道及地铁西直门站区运行情况。11月8日，重点站区管委会主任王都伟到北站地区调研，实地检查冬奥会保障路线重点区域、党的十九届六中全会公安武警力量配属到位情况，深入北京北站候车大厅检查铁路疫情防控措施落实情况，听取西直门交通枢纽混合换乘大厅接收进展等工作情况汇报。12月14日，重点站区管委会会同市城管委，组织西城区城市管理委、海淀区城市管理委、中国铁路北京局集团有限公司、国网北京市电力公司、北京公交集团在北站地区召开北京北站贵宾通道改扩建设现场协调会，强调冬奥服务保障，协同配合，确保贵宾通道改扩工作12月底前完成。12月15日，市城管委领导到北京北站地区调研冬奥环境保障情况，实地查看站前广场、站内站外环境整治情况。（蒋　捍）

轨道交通管理

【概况】2021年，北京市地铁运营有限公司（简称地铁公司）致力于保障城市运行安全，提升城市承载能力，打造成为人民满意、保障有力、国际最先进水平的轨道交通运营商。地铁公司与50家“长安链”生态联盟成员单位签订“长安链”生态联盟倡议书。“信用+地铁智慧安检新模式”在天通苑站、天通苑北站、天通苑南站、回龙观东大街站、霍营站5座大客流地铁站开展示范应用。截至年底，地铁公司运营17条城市轨道线路，运营里程538千米，运营车站330座，换乘车站69座。地铁公司对西城区管辖范围内1号线、2号线13座车站电能系统及配套改造升级、车站爬楼车更新及轮椅升降平台更新改造工作。截至年底，地铁公司有6条地铁线路在西城境内通过（1、2、6、7、16、19号线），有车站29个、换乘站10个。（张　强）

【地铁站AED设备全覆盖】2021年，地铁公司完成公司所辖318座地铁车站实现AED（自动体外除颤器，主要是利用脉冲电流作用于心脏，达到消除心律失常的效果）设备全覆盖。所辖西城境内6条线路29座车站安装AED设备。（张　强）

【“城市轨道系统安全保障技术”通过验收】4月27日，地铁公司通过国家重点研发课题“城市轨道系统安全保障技术”验收。课题创新城市轨道交通安全保障体系架构，实现以风险链管控为核心的城市轨道交通安全管理模式变革和列车全息化搭载式监测/检测等安全管控成套技术体系的集成创新，填补国内外城市轨道系统安全保障技术领域空白。（张　强）

【建党百年庆祝活动服务保障】7月1日，地铁公司承担参加建党百年庆祝活动人员集结和疏散任务，地铁1、2、5号线3条线路开行专列110列，运送乘客6.08万人次。其中集结阶段开行专列41列、疏散阶段开行专列69列。（张　强）

【志愿服务示范线建设】10月25日，北京地铁6号线平安地铁志愿服务示范线项目获年度首都志愿服务大赛金奖。6号线累计注册平安地铁志愿者8.47万人，其中西城境内有志愿者3460人。打造车公庄站区中队等5支平安地铁志愿服务精品队伍，在6号线郝家府、车公庄、常营3座车站，建成志愿服务展览馆、文化墙、文化长廊，形成示范线建设成果。（张　强）

铁路交通管理

【概况】2021年，北京北站站台及线路规模为6台11线，中心里程为20.52千米，总建筑面积约2.14万平方米，候车厅分地上、地下两层。地上候车面积4239平方米，最高聚集人数3522人；地下候车面积5962平方米，最高聚集人数3616人。候车室最大聚集人数7138人，设有3个贵宾室、1个商务候车室和母婴室、儿童娱乐区、军人候车区、重点旅客候车区、医疗区，能够为不同出行需求的旅客提供安心舒适的候车环境。地上、地下均设有售票处，支持手机微信、支付宝等支付方式，进出站可持二代居民身份证、护照、港澳通行证、台湾往来大陆通行证、外国人永久居留证、中铁银通卡刷卡进出站或通过12306动态二维码扫码进出站。北京北站下辖42个中间站及3个线路所。北京北站定位于“打造世界一流智能高铁，建设城市一流市郊铁路”。主营铁路客货运输服务及铁路相关增值服务。主要担负京张高铁、京通线旅客列车和S2、S5、S6市郊旅客列车始发终到任务，管辖京张高铁20.01千米至88千米6个高铁站、京包线42.93千米至84.5千米8个中间站、京通线1.25千米至116千米14个中间站、京承线15.6千米至127千米12个中间站和东北环线0千米至1.59千米2个中间站。有货场4个、货物线12条、专用线37条、专用铁道1条，配属调车机1台、区域调车机5台。管辖的京张高铁是世界首条智能高铁，为2022年北京冬奥会及冬残奥会重要交通保障设施。全年实现运输收入100198.2万元，其中客运收入82289万元、货运收入17909.2万元。旅客发送801万人，货运发送97万吨。截至年底，连续安全生产3511天，实现第九个安全生产年。

（赵　威）

【应急处置保障】 2021年，北京北站为及时有效应对列车大面积晚点、列车停运、新冠肺炎疫情防控等突发情况，修订完善各类应急处置预案28项，联合重点站区管委会及属地消防、防疫等部门开展综合应急演练26次。（赵　威）

【冬奥服务保障】 2021年，北京北站围绕高质量高标准服务北京冬奥会及冬残奥会，对接冬奥组委运输需求，按照开（闭）幕式、赛时期间3个场景、运输组织、环境设施等4个层面，制订运输组织保障方案，完成11个大项31个小项冬奥运输服务保障清单任务和冬奥保障适应性改造施工。（赵　威）

【增开重联列车】 4月29日起，京张高铁部分“复兴号”智能动车组由原8辆固定编组改为16辆重联编组运行，进一步扩大运能运力，增开北京北至八达岭长城站、清河站至八达岭长城站间高铁列车，满足八达岭观光旅客出行需求。（赵　威）

【和谐号动车组上线运行】 10月11日，“和谐号”动车组在京张高铁首次上线运行，在原350千米/小时的“复兴号”基础上，提高大同方向、呼和浩特及包头方向运力，通过差异化票价和旅行时间，丰富客运产品品类。（赵　威）

邮　政

【概况】 2021年，中国邮政集团有限公司北京市西城区分公司（简称邮政西城区分公司）为党中央、国务院、全国人大、全国政协等党政机关、企事业单位及金融街众多企业总部、社区百姓提供邮政通信服务。制订《西城区重点服务区域邮政服务方案》，确定6个支局、3个服务范围和48个地区作为重点服务区域，提出西城邮政“三严禁”目标（重点服务区域严禁出现任何服务质量问题、严禁任何服务投诉、严禁任何有损西城邮政品牌形象问题）。组建兼职检查队伍，检查营投网点微整治环境及营业的全过程。邮政西城分公司执行“两清”标准，处理用户来电来信申诉2243件，做到100%落实处理、100%回访确认。接办处理国家局投诉501件、11183投诉工单99520件、12345热线工单94件，服质部建立绿色通道，专人负责督导责任单位回复，做到响应、解决、24小时办结100%。西城区境内13个邮政支局：地安门邮政支局（9支）、中南海邮政支局（17支）、西长安街邮政支局（31支）、西单邮政支局（32支）、西四邮政支局（34支）、百万庄邮政支局（37支）、西外大街邮政支局（44支）、三里河邮政支局（45支）、阜成门邮政支局（47支）、永安路邮政支局（50支）、牛街邮政支局（53支）、马连道邮政支局（55支）、马尾沟邮政支局（464支）。实现年度业务收入7亿元。（杨晓凤）

【重要活动邮政服务】 全国两会期间，邮政西城区分公司5个驻会服务支局以采取邮速邮件合投处理、零接触投递服务“两新”模式，为5个驻会服务网点和2个会议网点13个人大代表团代表和工作人员提供投递服务。前端处理盘运安检中心局和航站处理中心下行的全市所有两会函件26002件、包快类邮件3844件、集邮品190袋。其中2条专投道段为辖区内代表驻地及人大、政协机关投递报刊25952份、函件19785件、包快类邮件2793件、集邮品54袋。地安门支局、西长安街支局、西四支局、百万庄支局、西外大街支局、三里河支局、阜成门支局所属7个投递部担负党的十九届中央第七轮、第八轮21家巡视单位巡视信箱投递服务。投递各类邮件3.08万件，无一差错。

（杨晓凤）

【快递业管理】 2021年，西城辖区内有快递公司9家、网点75处、从业人数3138人。邮政西城区分公司加快代投自提网络建设，举办“京邮驿站”建设培训班，从系统对接、应用操作、功能叠加、重点开发方面进行宣贯与解读。结合所辖区域特殊性制订拓展方案，明确指标建设进度，签订目标责

5 月 11 日，邮政西城区分公司启动关爱快递人员“暖蜂行动” （邮政西城区分公司 供图）

任书。全年开通运行京邮驿站 57 个，完成市分公司任务。5 月 11 日，邮政西城区分公司参加邮政北京分公司“暖蜂驿站”活动，启动西城区邮政关爱快递从业青年“暖蜂行动”。“暖蜂驿站”设置在自有金融网点 VIP 休息区或理财休息区，为全行业快递人员提供休息区、饮用水、手机充电、微波炉加热等服务。

（杨晓凤 郝慧芳）

【特种邮票首发】 1 月 5 日，中国邮政《辛丑年》特种邮票全国发行。该套邮票 1 套 2 枚，全套面值 2.4 元，图案名称分别为“奋发图强”和“牛年大吉”。《辛丑年》特种邮票的设计延续第四轮生肖邮票的“家国”理念，由画家姚钟华创作。3 月 20 日，《五牛图》邮票在北京生肖文化主题邮局首发，邮票 1 套 5 枚、小型张 1 枚，全套面值 5.9 元、小型张面值 6 元。发行与邮票同图案的彩色邮资机宣传戳和同图纪念封、明信片等邮品。邮政西城区分公司所辖服务区域内 13 家邮政窗口全部线下销售。 （杨晓凤）

【“加邮驿站”设立】 1 月 8 日，邮政北京分公司在西城区域内 31 家邮储营业厅设立“加邮驿站”，为环卫工人、快递小哥、防疫志愿者提供休息、热水和充电等服务，营造“爱暖京城”的暖心氛围。

（杨晓凤）

【中国邮票设计师之家主题邮局】 4 月 12 日，邮政北京分公司在马尾沟邮政支局设立中国邮票设计师之家主题邮局，隶属于邮政西城区分公司，位于西城区宣武门东大街 2 号。主题邮局营业期间启用“中国邮票设计师之家”日戳。同日，为期 1 个月的中国邮票设计家邵柏林作品展开幕。 （杨晓凤）

【红色地图纪念封和纪念戳发布】 6 月 11 日，邮政西城区分公司参加西城区“初心之旅”红色地图发布仪式暨“骑寻红色地标”新时代文明实践活动启动仪式，设计推出“初心之旅”红色地图纪念封 1 枚和纪念戳 1 套 6 枚，分别在天桥印象博物馆主会场和京报馆（邵飘萍故居）、李大钊故居、北京市西城区红墙意识教育基地分会场提供纪念邮戳加盖服务。

（杨晓凤）

【协和医院临时邮局设立】 9 月 5 日，邮政北京分公司在地安门邮政支局设立协和医院临时邮局，隶属于邮政西城区分公司，设置期限 1 年。临时邮局营业期间启用“协和医院（临）”日戳。 （杨晓凤）

电　信

中国联合网络通信有限公司北京市分公司

【概况】 2021 年，中国联合网络通信有限公司北京市分公司（简称北京联通）在全市范围内为公众客户、商企客户和政府机构等客户提供包括固定电话、移动电话、数据传输、互联网、宽带接入等基础电信业务、国际业务、创新业务和增值电信业务及与上述业务相关的行业应用、系统集成、技术开发、技术服务、信息咨询、工程设计施工等相关服务。北京联通下设 6 个市区分公司，其中二区、三区、八区分公司为西城区提供服务。分别是二区分公司西直门营销服务中心，三区分公司西单营销服务中心、厂甸营销服务中心、樱桃园营销服务中心、广外营销服务中心，八区分公司展览路营销服务中心。境内其他单位有：北京联通电子商务运营中心，北京联通维护中心，北京联通消费互联网中心，北京联通网运中心，北京联通战略客户部。境内有 12 个营业厅：西单营业厅，长话大楼营业厅，长椿街营业厅，广外营业厅，樱桃园营业厅，西单北大街营业厅，马连道路营业厅，陶然亭营业厅，金融街营业厅，车公庄营业厅，展览路营业厅，西直门营业厅。

（李浩然）

【重要活动通信保障】 2021 年，北京联通完成全国两会、北京冬奥测试赛、建党百年等重要活动通信保障任务，开通专线 2077 条，普话保障 47 部。按照重保要求统一部署，提前做好清网排障、预案及应急方案制订、重保及备用线路开通测试、重保人员安排调度，配合完成应急演练等相关工作。 （李浩然）

【光网络升级建设】 2021 年，北京联通千兆光网络建设开通 10GPON

端口5656个，累计10GPON端口达1.88万个，可满足约868个小区45.12万户千兆网络需求，千兆小区覆盖率97.44%。继续开展宽带无条件受理工程，深度覆盖网络盲区死角，完成各类补点工程909个，解决近千户宽带业务需求。（李浩然）

【5G基站共建共享】2021年，北京联通与中国电信共建共享开工5G站点290个，累计开通站点1873个。持续扩充西城区域5G网络覆盖面，优化5G网络，提升网络使用感知。（李浩然）

【家庭网络检测】4月，北京联通开展“家庭网络检测为民服务行”活动，以上门服务方式完成用户家庭Wi-Fi网络质量检测，解决用户家庭日常网络信号覆盖不均衡、网速慢、掉线等问题。（李浩然）

【助残助老公益服务】6月18日，北京联通和市残联、市聋人协会共同举办“我为群众办实事——畅听无障碍、助残献爱心”活动启动仪式。活动现场，北京联通向市残联捐赠助残通信产品畅听网卡——无障碍通话助手，满足听障人士通信需求。7月，北京联通深入朗琴园、西堤红山、康宁居等社区开展“防范电信诈骗”宣传服务，通过发放宣传手册、播放宣传影片、提供现场咨询等方式，提升居民防范电信诈骗意识。10月14日，北京联通西单营业厅开展“九九重阳节、浓浓敬老情”主题活动，现场讲解5G智能手机使用技巧，邀请老年用户参与画扇面特色活动。活动结束后，为老年用户赠送粮油、雨伞等礼品。（李浩然）

中国电信股份有限公司北京分公司

【概况】2021年，中国电信股份有限公司北京分公司（简称电信北京公司）聚焦建设网络强国和数字中国、维护网信安全，强化精品网络建设，推进“云改数转”战略，以“收入梦、5G梦、云网梦、区县梦、人才梦”为牵引，加快推动企业高质量发展。秉承“低碳电信、绿色发展”理念，节能减排，实现绿色共享。贯彻落实集团公司乡村振兴工作部署，结对帮扶新疆维吾尔自治区喀什地区疏附县，助力脱贫乡村振兴。做好企业新冠肺炎疫情常态化防控，配合属地政府，提供智慧化防疫防控服务参与社会公益事业，关心弱势群体，创新“适老化”服务模式。境内有7个营业厅：德胜营业厅，新街口营业厅，西单营业厅，官园营业厅，右安门营业厅，菜市口营业厅，马连道营业厅。（崔博宇）

7月24日，北京联通在社区开展“防范电信诈骗”公益宣传　（北京联通　供图）

【通信服务】2021年，电信北京公司为公众客户、商企客户和政企机构等客户提供包括固定电话、移动电话、数据传输、互联网、宽带接入等基础电信业务，创新业务和增值电信业务及上述业务相关的行业应用、系统集成、技术开发、技术服务、信息咨询、工程设计施工等相关服务。（宋　昆）

【疫情防控服务保障】2021年，在新冠肺炎疫情防控期间电信北京公司协助区政府1天内完成建立大数据和电子围栏任务，发送防疫通知170万条、涉及58万人次。除夕当日，30小时内完成900余间隔离公寓的宽带接入和Wi-Fi覆盖。重点时期，北京电信10000号7×24小时服务不中断，推广视频客服服务模式，保障用户足不出户“面对面”办理业务。（宋　昆）

【重要活动通信保障】2021年，电信北京公司完成全国两会、冬（残）奥会开幕式及冬奥会场通信等重保工作。提前做好清网排障、预案及应急方案制订、重保及备用线路开通测试、人员安排调度、配合应急演练等。联合北医三院构建“5G+医疗信息共享联动平台系统”，以智慧医疗为提升冬奥医疗救治效率提供保障。（宋　昆）

【适老助残服务】2021年，电信北京公司贯彻“我为群众办实事”服务理念，打造营业厅“爱心翼站”，10000号“尊长专席”，解决老年人、残障人士通信服务方面的困难。（宋　昆）

中国移动通信集团北京有限公司城区二分公司

【概况】2021年，中国移动通信集团北京有限公司城区二分公司（简称北京移动二分公司）服务东城区、西城区、丰台区3个行政区域。完成全国两会、建党百年纪念活动、新冠肺炎疫情防控等重大通信保障任务，对500条重点网络电路进行结构优化及割接整改，打造智慧平安社区60余个，在46个街道176个社区开展普及移动网络知识活动222场。境内有营业厅11家：西单营业厅，金融街营业厅，西直门营业厅，德胜门营业厅，月坛南街营业厅，菜市口营业厅，马连道营业厅，西单图书大厦营业厅，马连道路营业厅，太平桥大街营业厅，黄寺大街营业厅。（祁文婷）

【重要活动通信保障】 2021年，北京移动二分公司完成全国两会、建党百年、新冠肺炎疫情防控等重大通信保障任务，实现全年通信保障“零重大网络事故、零重大安全事件、零重大客户投诉”目标，支撑新形势、新业态、新媒体下的网络需求，在保障工作中进行多项创新，获得内部在岗技术革新获奖7项、创新获奖13项。（祁文婷）

【网络质量优化提升】 2021年，北京移动二分公司深耕网络质量，持续打造高品质等级服务，完成500条重点网络电路的结构优化及割接整改。核心区站址优化一站一方案攻关，因地制宜调整400余个站点，新建24个站点，修复36个重要道路故障站点。开展技能比武及模拟演练，强化一线运维服务能力。（祁文婷）

6月，中国移动通信集团北京有限公司城区二分公司开展社区移动小课堂普及移动网络知识
（北京移动二分公司　供图）

【行业客户拓展】 2021年，北京移动二分公司从客户需求角度出发，形成针对性营销方案，与教育、公检法、文旅、交通等部门深入合作，在智慧城市管理、智慧医疗、智慧文旅、智慧交通等领域打造一批示范级标杆项目。服务区政府智慧社区、智慧环保领域。打造智慧平安社区60余个，提供智慧门磁1.55万个，发布新冠肺炎防控信息百万余条。开展5G+院前急救、5G+区块链、5G+全民健康等创新应用，联合12家医院及合作伙伴申报5G+两部委智慧医疗试点，全部入围。文旅标杆项目，打造公园景区5GMEC（边缘云技术）MR展示、5G中秋赏月，实现沉浸式旅游体验新场景，基于5G+高清视频传输，进行中秋远程赏月。（祁文婷）

【宣传服务进社区】 2021年，北京移动二分公司秉承服务我先行的“心级服务”理念，在营业厅内设置爱心驿站、座椅、专席等服务设施。服务属地客户，提高老年客户手机使用率，在菜市口、马连道2家营业厅开展小课堂活动，拉近和老年客户的距离。深入社区为广大中老年人群讲解反诈防骗知识，以案例让老年客户增强防诈骗意识。通过投屏演示教授智能手机使用技巧、常用软件操作，普及移动网络知识。在46个街道176个社区开展222场活动，覆盖中老年客户万人次以上。（祁文婷）

（责任编辑　孙凤霞）

城市规划与建设

规划和自然资源管理

【概况】 2021年，西城区以保障中央政务功能，推进中南海—天安门地区政务功能优化提升和环境整治；推进核心区控规全面落地，完善责任规划师工作机制，开展核心区控规体检工作；开展街区保护更新，实施“四名汇智”（名城、名业、名人、名景）计划，推进名城保护；优化营商环境，建立简易低风险项目全流程服务专班，提高不动产登记窗口效能，加强综合执法，推动城市精细化治理；查处违法建设，推进“疏整促”工作；开展地理信息调查，完成第三次全国国土调查，提升信息化管理水平。北京市规划和自然资源委员会西城分局（简称市规划自然资源委西城分局）核发许可类及其他审批事项98件；办理“多规合一”协同平台意见函22件；办理城镇私有住宅土地出让364件；规划验收45件。完成2021年度历史遗留问题任务指标4600户，33个历史遗留项目中，解决项目9个，涉及房屋4651套。办理政府信息公开申请219件、行政复议21件、行政诉讼51件。多渠道接收信访件426件，均按期答复。办理“接诉即办”派件2438件。承办市、区两级人大代表建议和政协委员提案17件，内容涉及街区整理更新、历史名城文化保护、社区综合治理、地下空间利用等多项内容，全部按时办结。 （于铭夫　范俊姣　邵巍）

【北京城市总体规划项目落实】 2021年，西城区将落实《北京城市总体规划（2016年—2035年）》专项工作纳入2021年区政府绩效考核。结合2020年工作情况，市规划自然资源委西城分局梳理出涉及20家单位39项落实《北京城市总体规划（2016年—2035年）》任务，经过征求区发展改革委、区住建委、区卫生健康委等19家单位的意见，形成《2021年西城区落实北京城市总体规划绩效考评事项清单》。结合重点任务，专项督查西城区4项重点工作：编制首都功能核心区规划实施要点、控制性详细规划及重点地区详细规划；编制中心城区规划实施要点、控制性详细规划及重点地区详细规则；优化提升金融街发展水平；降低首都功能核心区人口规模，建设规模、商业规模、旅游人口。 （吴婷婷）

【城市体检评估】 2021年，市规划自然资源委西城分局对照《北京城市总体规划（2016年—2035年）》评估要求和涉及的39项指标，组织相关部门多次召开座谈会，与市级相关部门对接，2次征求区各委办局及相关部门意见，修改完善形成《北京城市总体规划（2016年—2035年）实施评估西城区自检报告》《2020年度核心区城市体检西城区自检报告》，报请区政府批准后，报送市规划自然资源委和首都规划建设委员会办公室。 （吴婷婷）

【核心区控规培训】 2021年，市规划自然资源委西城分局组织开展6次《首都功能核心区控制性详细规划》及老城保护“每月一讲”系列培训活动，其中纳入西城区委理论学习中心组学习2次。邀请专家、学者、领导等授课辅导，培训采取主会场与视频分会场相结合、线下线上相结合的形式开展，内容涉及历史文化名城保护、城市规划、城市设计、公共治理、社区建设等领域，参加人员涉及全区50余个单位2000余人次。 （郭　冰）

【不动产登记】 2021年，西城区召开不动产登记历史遗留问题专班会及专题工作会30余次，解决项目9个，房屋4651套。针对西城区老年人办事多的特点，区不动产登记事务中心绿色通道窗口增至4个，实现非涉税业务、涉税业务、线上预审与现场办理业务绿色通道服务全覆盖。综合窗口增至22个，不动产登记业务综合窗口办理率100%。推广“全程网办”，抵押、解押、查封登记超过90%的业务网上办理。撤改土地出让金窗口，深化“一窗办理”，压缩业务办理时限。企业间存量非住宅房屋交易“一网通办”线上审核、公证继承业务办理时限压缩为当日办结。成立“历史数据治理”联合工作组，制订工作方案，全员参与。完成全区楼房历史数据装载约12.54万条，平房历史数据装载约2.87万条。制订《小微企业减免不动产登记费工作方案》，成立专项小组，完成退费106.2万元，涉及456家企业1944笔业务，实现应退尽退。11月，西城区涉企不动产登记事项进驻区政务服务中心，为企业提供高效、优质不动产登记服务。区不动产登记事务中心原3个分散库房管理的120万卷不动产登记档案，全部迁移至中石油档案馆。完成约41.98万宗档案清点，实现档案条码管理。受理不动产登记业务54820件。发放不动产登记证书、证明40057本。收缴土地出让金6000余万元，不动产登记费300余万元。档案查询3.46万卷次，归集档案47544件。受理司法限制1770件。不动产登记行政诉讼、复议、信访、信息公开269件。权籍调查及简化权籍调查受理372件，土地权属审查受理量439件。（张　强）

【土地储备开发及监管】2021年，市规划自然资源委西城分局制订《西城区2021年及2021年—2023年滚动土地储备开发计划》。申报建设项目7个（均为结转项目），约22.33万平方米。其中收购储备项目2个，在施一级开发项目5个。制订《宣西街区规划综合实施方案》，研究广安联储一期项目在内的街区规划实施及规划条件。完成南菜园72号地块土地出库工作。批准和平门危改小区东南部综合楼项目闲置土地处置方案。启动新兴盛危改项目一级开发入市前期准备工作。加强对全区在施土地一级开发月监管，定期梳理项目信息、进展情况及存在的困难。（胡　圆）

【重点项目建设规划许可】2021年，市规划自然资源委西城分局核发菜园街及枣林南里、光源里、百万庄北里、车公庄大街3号等棚户区改造项目，以及西长安街街道社区综合服务中心建设工程、原北京电焊机厂用地改建四合院项目、华岳大厦改造项目、新兴盛危改项目（地下工程）、第十五中学风雨操场工程、第八中学附属小学操场扩建工程等项目的许可证。（逯永光）

【城镇私房出让许可】2021年，市规划自然资源委西城分局受理西城区城镇私有住宅国有建设用地现状出让申请389件，决定行政许可339件，出让土地面积约6765.09平方米，涉及政府土地收益缴纳约10675.89万元。（杨　倩）

【审批事项核发】2021年，市规划自然资源委西城分局核发审批案卷149件。建筑类项目核发114件：建设项目选址意见书与用地预审意见合并办理5件（政府投资房屋建筑工程4件、社会投资房屋建筑工程1件）；建设工程规划许可证83件（社会投资房屋建筑工程12件、政府投资房屋建筑工程4件、城镇私有平房住宅原翻原建23件、城镇居民建房42件、临时建设工程2件）；建设工程规划核验26件（城镇私有平房住宅原翻原建规划核验项目4件、城镇居民建房22件）；总建筑规模约32.19万平方米，线性规模总长372.71米。市政类项目核发33件：建设项目选址意见书及用地预审意见合并办理8件，建设工程规划许可证24件，不予许可1件，总建筑规模约4.84万平方米，线性规模总长6142.67米。国有建设用地使用权划拨批准2件，总宗地面积约1.75万平方米。（逯永光）

【简易低风险项目审批】2021年，市规划自然资源委西城分局办理社会投资低风险项目23个，12个项目形成全流程案例，数量全市排名第三。在市商务委组织的2020年全市优化营商环境评价考核中，市规划自然资源委西城分局“简易低风险项目审批”指标得分全市排名第一。（逯永光）

【高架桥下空间更新利用研究】2021年，市规划自然资源委西城分局按照市、区领导对舆情专报《城市高架桥附属空间景观更新探讨——以北京二环为例》的批示，与中央美术学院合作，研究高架桥下空间更新利用项目。编写《北京市西城区高架桥桥下及附属空间景观更新利用导则》和《北京市西城区高架桥桥下及附属空间景观更新利用试点设计方案》。（吴婷婷）

【代征道路用地移交】2021年，市规划自然资源委西城分局开展西城区代征道路用地移交专项工作，完成代征道路移交24条。自2018年开展代征道路用地移交和接收工作以来，西城区移交代征道路100条。（郑　杰）

【测绘地理信息项目应用推广】2021年，市规划自然资源委西城分局围绕智慧西城时空信息云平台建设和应用推广，完成3个信息化项目：西城区自然资源领域基层治理信息化平台建设、2021年智慧西城时空信息云平台升级改造、2021年智慧西城时空信息云平台运维。开展1次智慧西城时空信息云平台应用推广培训。（刘洪岐）

【违法建设查处】2021年，市规划自然资源委西城分局立案查处违法建设16件、处罚4件，包括西城区首例测绘类执法处罚、首例矿产类执法处罚、首例违建没收执法处罚，以及1例中央环保督察案件执法。针对当事人不配合执法情况，完成西城区首例执法文书公告送达。开展执法检查737件次，发现涉嫌违法建设线索87条。对全区15个公益类项目核查，其中6个项目保留补办手续、6个项目限期整改、2个项目拆除完成整改、1个项目不纳入违法治理。限期整改类项目均明确整改时限。完成历年督察2宗改变用途项目整改。按照市、区疏解整治促提升专项工作部署，完成25处临时建筑拆除治理。出具违法建设协查函578件，涉及违法建设建筑面积约5.29万平方米。（吴　宁）

【法制宣传活动】2021年，市规划自然资源委西城分局组织“4·22”

世界地球日、“6·25”全国土地日等5个法制宣传活动。到核桃园、万寿等社区发放宣传资料和宣传品2000余件，引导居民节约集约利用自然资源。组织市规划自然资源委西城分局法治培训2次247人次。（范俊姣）

【历史文化名城保护】3月，市规划自然资源委西城分局撰写并报送区政府落实《北京市西城区人民代表大会关于加强历史文化名城保护提升城市发展品质的决议》情况审议报告。6月，市规划自然资源委西城分局制订印发《西城区历史文化名城保护委员会2021年工作要点及任务分解》，梳理制作年度西城区历史文化名城保护案例。12月25日，举办“迈向世界遗产城市”为主题的西城区历史文化名城保护委员会成立十周年暨2021年会。（于长艺）

【地热踏勘】3月，市规划自然资源委西城分局完成2020年度非油气矿产资源统计和勘查开采信息公示工作。7月，对区内2口矿区面积约1.31平方千米地热井现场踏勘，收取2个单位缴纳采矿权使用费，督促1个单位注销过期采矿权使用证。（岳　娜）

【责任规划师聘任】3月，市规划自然资源委西城分局聘任北京市城市规划设计研究院核心区控规编制团队为西城区总责任规划师，形成《西城区总责任规划师工作办法（征求意见稿）》。5月，组织主题为“历史文化名城保护背景下的街区有机更新点线面考察”的轮值活动。7月，落实《关于责任规划师参与老旧小区综合整治工作的意见》，组织责任规划师团队参加区人普办（区统计局）第七次全国人口普查资料开发项目。11月，组织责任规划师团队调查和梳理全区低效利用资源，形成《西城区低效利用资源情况报告》。12月，举办一张蓝图绘到底，撸起袖子加油干——2021“西师联盟”工作展。（郭　冰）

【“十四五”时期历史文化名城保护规划编制】4月，市规划自然资源委西城分局编制完成《北京西城区“十四五”时期历史文化名城保护规划》（简称《规划》）及重要项目库，报送区委财经委员会第八次会议审议。《规划》紧扣核心区控规，强调以人为中心的保护方式，聚焦古都历史文脉、高水平改善民生、塑造城市文化精神、完善保障支撑四部分内容，形成16个类别125项重点任务5年时序项目库，明确各项目主要街区、主责部门、配合部门及完成时序。（于长艺）

【市政设施液化石油气三改】4月，西长安街、什刹海、大栅栏、新街口、月坛等街道瓶装液化石油气安全专项整治工作全面完成。12月底，西城区域内非居民用户使用瓶装液化石油气安全专项整治工作全部完成。市规划自然资源委西城分局配合区城市管理委踏勘现场、建立台账，分类制订“改气、改点、改业态”方案，主动服务，做好规划审批，优化营商环境。（韩　浩）

【“四名汇智”计划实施】5月，《名城保护智力众筹——北京“四名汇智”计划实录（2017—2019）》出版。举办“白塔夜话·四名汇智”团队交流活动，并在住建部历史文化保护传承网络培训班上作为优秀案例进行经验分享。

▲延伸阅读：西城区“四名汇智”计划启动于2017年，坚持名城保护与文化传承并重，文脉延续与文化建设并重，募集社会资金，协调各种资源，支持社会组织开展围绕历史文化名城保护主题的各类活动。截至2021年底，西城区“四名汇智”计划理事单位增至28家，累计筹集资金146万元。发布6轮招募，收到申请表399份，汇集318支团队。举办超过500场名城保护主题社会活动，积累形成300余种文创产品、50余段音频、30余部微电影、上百场城市探访、几十万字访谈记录，出版书籍3本、专题纪录片1部。（于长艺）

【自然资源国有资产专项报告编制】8月，市规划自然资源委西城分局会同区园林绿化局、区水务局联合编制完成《2020年度西城区国有自然资源情况报告》。按照第三次全国国土调查地类划分原则，区域范围内全部为国有建设用地、城镇用地，不涉及其他地类。（岳　娜）

【西城区第三次全国国土调查主要数据发布】11月30日，区政府批复同意《西城区第三次全国国土调查主要数据公报》，12月2日对外发布。西城区国土利用状况主要地类数据：城镇村及工矿用地4985.77万平方米，100%为城市用地。交通运输用地47.39万平方米。其中铁路用地33.37万平方米，占70.42%；轨道交通用地12.84万平方米，占27.09%；公路用地1.18万平方米，占2.49%。（王　铮）

【金科22万站与地面公交一体化项目设计】12月，市规划自然资源委西城分局经报区政府同意，正式委托北京市城市规划设计研究院开展金科22万站与地面公交一体化控规落地研究及概念性方案设计。金科22万站与地面公交一体化项目，规划用地性质为交通基础设施用地。地上规划公交场站，地下规划220千伏变电站，变电站采取全地下形式，与地面公交场站一体化建设。（韩　浩）

建设管理

【概况】2021年，西城区创新工作方法，在城市更新可持续经营方面进行探索。在真武庙五里3号院探索实施社会资本投资为主、政府支持的老旧小区综合整治项目“租赁置换”新模式。全市首例平房院落改造“银企合作促整院”模式落地菜西项目。全区房屋施工面积4361.5万平方米，比上年下降0.5%；房屋竣工面积784.1万平方米，比上年增长12.8%；签订合同金额2395亿元，比上年下降6.9%，其中年内新签合同额928.5亿元，比上年下降15.1%。新开工保障性住房2400套，年底前竣工保障性住房385套。五路通小街、燕京北街及半步桥街（东西向）3条道路年底实现建成通车。新腾空5栋简易楼。完成14个老旧小区约25万平方米综合整治，全年审核加装电梯16部。完成钟鼓楼西北侧申请式退租，菜园街及枣林南里棚户区改造项目实现净地，全区棚户区改造项目进入全面施工阶段。（丁　莉）

6月22日，平房院落改造“银企合作促整院”模式在菜西片区落地　（于志强　摄）

【街区保护更新】 2021年，北京市西城区住房和城市建设委员会（简称区住房城市建设委）统筹6个指挥部牵头街区保护更新项目落地。西单文化广场改造项目建设完成。西城区早期革命活动旧址周边、织女桥东河沿环境整治、西单—积水潭桥传统特色街区8个点位环境提升项目完成。旧鼓楼大街、地安门外大街、西安门大街等环境整治提升项目，白塔寺宫门口东西岔胡同保护更新项目完工。完成天桥演艺区文化探访路街巷景观及立面改造提升项目一期（留学路北段100米），裕中西里、人定湖西里、六铺炕二区、黄瓜园小区等老旧小区改造项目。基本完成百万庄社区公共空间再造项目。（丁　莉）

6月30日，五路通小街建成通车　（区住房城市建设委　供图）

【市政道路建设】 2021年，西城区推进全区33条市政道路建设任务，年底实现五路通小街、燕京北街及半步桥街（东西向）3条道路通车，提高西城区次干路、支路道路实现率，缓解重点地区交通拥堵。（丁　莉）

【简易楼腾退】 2021年，西城区委城工委审议通过西城区“十四五”时期区属简易楼腾退计划，通过腾退、征收、申请式退租等3种模式，区分已启动未腾空、未启动两部分，分类推进简易楼腾退工作。（丁　莉）

【直管公房申请式退租】 2021年，区委城工委统筹区房管局及6个指挥部推动区直管公房申请式退租工作。完成钟鼓楼西北侧申请式退租72户签约。力学胡同申请式退租工作年底前正式启动。结合上年结转，全年完成申请式退租708户。在城市更新可持续经营方面探索，推动全市首例平房院落“银企合作促整院”模式在菜西项目正式落地。（丁　莉）

【老旧小区改造】 2021年，西城区市区产权老旧小区改造续建42个，约100万平方米。年底完工14个，约25万平方米，老旧小区改造年度任务完成，其余28个小区全部进场施工。落实市住建委《关于引入社会资本参与老旧小区改造的意见》通知，引入社会资本参与，打造创新型平台，在全市首创“租赁置换”老旧小区改造新模式，真武庙五里老旧小区改造项目成为西城区引入社会资本“租赁置换”首个案例。（丁　莉）

【棚户区改造】 2021年，菜园街项目

E地块实现结构封顶，B地块于8月实现开工建设。百万庄北里居民住房改善项目C、D地块于年内实现结构封顶。车公庄3号地块项目完成居民重新选房签约工作，12月开工建设。光源里项目C1地块实现全面结构封顶。（丁　莉）

【加装电梯审核】 2021年，西城区审核加装电梯16部，其中小马厂南里等小区加装电梯12部完工，新审核加装电梯4部。截至年底，全区累计审核加装电梯超过120部，完工并投入使用87部，为广大居民尤其是老年人和残疾人出行提供便利。（丁　莉）

【北京华文学院阜外校区学生公寓楼修缮】 1月18日，北京华文学院阜外校区学生公寓楼修缮工程竣工。工程位于阜成门外大街39号，总建筑面积12705.27平方米，总投资约2101.96万元，于2019年11月8日开工。工程由北京华文学院建设，北京中和建城建筑工程设计有限公司设计，北京城建八建设发展有限责任公司施工，北京中联环建设工程管理有限公司监理。（丁　莉）

【车公庄大街21号39号楼装修改造】 2月10日，西城区车公庄大街21号39号楼装修改造工程竣工。该工程位于车公庄大街21号39号，总建设规模36766.1平方米，总造价13980.29万元，于2019年1月11日开工。工程由北京创元新都企业管理有限公司建设，北京市建筑设计研究院有限公司设计，中建二局第三建筑工程有限公司施工，北京华建恒工程建设监理有限公司监理。（丁　莉）

【马连道胡同1号项目】 3月13日，首都医科大学附属修缮改造工程竣工。该工程位于马连道胡同1号，总建设规模44550平方米，总造价约27129.42万元，于2017年10月15日开工。工程由北京轻工房地产开发有限公司建设，建研地基基础工程有限责任公司勘察，中外建工程设计与顾问有限公司设计，山西省工业设备安装有限公司施工，北京正方建设监理有限责任公司监理。（丁　莉）

【招行北京分行装修改造】 4月1日，招商银行北京分行装修改造工程竣工。该工程位于复兴门内大街156号，总建筑面积9300平方米，总造价约4947.97万元，于2019年12月18日开工。工程由招商银行股份有限公司建设，中设筑邦（北京）建筑设计研究院有限公司设计，苏州金螳螂建筑装饰股份有限公司施工，北京中建协工程咨询有限公司监理。（丁　莉）

6月20日，广外街道小马厂南里小区加装电梯工程完工　（区住房城市建设委　供图）

【德外西后街住宅楼工程】 6月24日，德外西后街1号、2号、3号住宅楼工程竣工。该工程位于德外西后街1号，工程总建设规模87481.39平方米，总造价14720.66万元，于2007年3月25日开工。工程由中直机关住房服务中心建设，中广国际建筑设计研究院设计，中国建筑第一工程局第三建筑公司施工，泛华建设集团有限公司监理。（丁　莉）

【法源寺保护提升】 7月8日，法源寺保护提升项目竣工。该工程位于烂缦胡同131号1幢1至5层、2幢1至2层、3幢1层，总建设规模1840.3平方米，总造价约377.23万元，于2020年9月10日开工。工程由北京宣房大德置业投资有限公司建设，北京国都筑合建筑设计事务所有限公司设计，北京宣房建筑工程有限责任公司施工，北京国金管理咨询有限公司监理。（丁　莉）

【北京维居潇湘大厦装修改造】 7月13日，北京维居潇湘大厦装修改造工程竣工。该工程位于北纬路42号，总建设规模7000平方米，总造价1379.84万元，于2019年7月13日开工。工程由北京潇湘大厦建设，深圳市建筑装饰（集团）有限公司设计，北京首华建设经营有限公司施工，北京燕京工程管理有限公司监理。（丁　莉）

【鸭子桥路22号楼综合整治】 9月6日，国务院国有资产监督管理委员会商业机关服务中心鸭子桥路22号楼综合整治项目竣工。该工程位于鸭子桥路22号楼，总建设规模13076平方米，总造价1230.57万元，于2017年5月18日开工。工程由商业机关服务中心建设，中国中元国际工程有限公司设计，江苏省建筑工程集团有限公司施工，北京中科国金工程管理咨询有限公司监理。（丁　莉）

【人民大会堂山东厅维修改造】9月26日，人民大会堂山东厅维修改造项目竣工。该工程位于人民大会堂西路，总建设规模1200平方米，总造价约5357.66万元，于2020年8月1日开工。工程由山东省省直机关房产服务中心建设，山东建大建筑规划设计研究院、中国京冶工程技术有限公司设计，山东省装饰集团有限公司施工，山东营特建设项目管理有限公司监理。（丁　莉）

【华电（北京）热电公司住宅配建廉租实物住房修缮】12月21日，华电（北京）热电公司住宅配建廉租实物住房修缮项目工程竣工。该工程位于手帕口北街小马厂东里9号楼，总建设规模1637平方米，总造价约317.88万元，于9月8日开工。工程由北京市西城区保障性住房运营管理有限公司建设，北京炎黄联合国际工程设计有限公司设计，北京百强新兴建设工程有限公司施工，北京市双利工程建设监理有限责任公司监理。（丁　莉）

【首都医科大学附属友谊医院妇泌楼修缮改造】12月21日，首都医科大学附属北京友谊医院妇泌楼修缮改造工程竣工。该工程位于永安路95号，总建设规模7851.5平方米，总造价约2542.63万元，于2019年7月1日开工。工程由首都医科大学附属北京友谊医院建设，北京华巨建筑规划设计院有限公司设计，北京双盈达建设有限公司施工，北京伟泽工程项目管理有限公司监理。（丁　莉）

政府投资项目建设

【概况】2021年，北京市西城区政府投资项目建设中心（简称区建设中心）完成老旧小区综合整治项目32个，老旧小区上下水专项改造61个楼体。完成护国寺中医院装修改造工程。完成在建项目及新项目验收和立项批复等相关手续。完成长椿街甲24号院修缮工程、公共卫生大厦项目决算评审工作。（李丹梅）

【老旧小区综合整治】2021年，区建设中心完成32个老旧小区综合整治，建设规模约50.33万平方米，涉及1.2万余户居民，政府投资总额5.65亿元。（李丹梅）

【老旧小区上下水专项改造】2021年，区建设中心负责老旧小区上下水专项改造任务，项目涉及61个楼体3890户居民，建设规模约33.06万平方米。截至年底，完成施工、监理招投标工作，全部进场施工。（李丹梅）

【立项批复项目】2021年，西城区学位保障项目——北京市第六十六中学（南址）改建工程、北京市西城区教育学院培训中心新建工程，获区发展改革委立项批复。（李丹梅）

【护国寺中医医院门诊部装修改造】3月，区建设中心负责护国寺中医医院门诊部装修改造工程，项目改造面积7433.3平方米，其中地上6148.4平方米、地下1284.9平方米，核定概算投资总额为9039.93万元。4月，区建设中心与区卫生健康委完成该项目补充协议签订工作，变更建设单位，重新细化设计及项目条款。5月进场复工，年底该项目完工进入验收阶段。（李丹梅）

（责任编辑　张立）

城市管理

市政管理

【概况】2021年，西城区以建党百年庆祝活动和冬奥会服务保障为主线，完成51项民生重点工作，7项为民办实事工程；建成37条慢行林荫路和西二环23千米城市慢行系统；拆违10.23万平方米，整治提升背街小巷574条，完成7所学校、医院周边交通综合治理。城市管理精细化水平不断提升，在全市7项评比中名列第一：垃圾分类考核成绩在城六区和城市副中心组排名第一，首环办环境综合检查考评成绩在核心区和城市副中心组排名第一，环卫行业检查考评排名第一，道路尘土残存量排名第一，道路尘负荷排名第一，河长巡河里程排名第一，渣土运输管理排名第一。人定湖等4个河湖入选北京市“优美河湖”，鹞儿胡同、魏染胡同获2021十大“北京最美街巷”称号。全区8000余个电子车位实现非税收入1.3亿元。北京市西城区城市管理委员会（简称区城市管理委）统筹协调西城区城市环境、城市管理、市政基础设施、公用事业、市容环境卫生、能源日常运行和交通、水务管理等工作。加强制度保障，印发《西城区城市管理委员会关于落实“接诉即办”首接负责制暂行办法》，建立处级领导、科室对接街道联络机制，强化街道社区协同，形成区街社区联动共治的良好局面。全年开展行政执法检查1166次，完成提案建议49件，办理12345市民热线4384件，解决率83.68%，满意率94.02%。（杨梦婕）

3月16日，西二环辅路慢行系统优化改造工程启动（蓟城山水集团 供图）

【重大活动城市运行保障】2021年，西城区以“精精益求精，万万无一失”的工作标准，完成建党百年庆祝活动和冬奥会城市运行服务保障工作。区城市管理委牵头组建大气污染防治和环境整治提升指挥部，整治提升8处革命旧址环境，完成44座公厕保障，完成重点区域景观布置、道路清扫保洁、水电气热运行等保障任务。部署市政应急力量300余人、防汛单位20余组，确保问题处置在应急事故发生前。按照重大节日标准开启夜景照明，做好宣传栏、文化墙布置和大屏管控。全力保障交通顺畅，提供14个停车场2400余个停车位，加派1000余名检查人员协助规范停车秩序，依规码放、清运、消毒各类共享单车3万余辆次，确保重点区域井然有序。以首善标准完成北京冬奥会城市运行服务保障，提前制订方案、细化预案，牵头做好市容、交通、旅游、市场等秩序保障，保障“相约北京”雪上项目、冰上项目、系列冬季体育赛事等多项测试赛。完成区挂账的108项环境问题的整改，协调推进北京北站周边环境整治提升，完成31个轨道交通站点142个出入口周边环境整治提升，协调清理取缔4号线沿线地铁站口9台无照餐车。与市属水电气热、交通、环卫等部门建立保障协同机制，确保冬奥保障期间城市供水、供电、供气、供热平稳有序，交通秩序良好，景观布置安全，垃圾清运和环卫保洁及时到位。加强背街小巷、垃圾分类、城管综合执法巡查检查力度，确保重大活动期间城市环境整洁有序。（杨梦婕）

【市政基础设施建设】 2021年，西城区完成23条道路大中修，19条道路计18千米慢行系统改造，5处道路疏堵，21条老旧排水管线改造。建成37条慢行林荫道路，改造4100处无障碍设施。完成1684条652万平方米道路养护任务，开展87条道路地下空洞检测。排查有路无灯道路，为9条无灯路段补建路灯。开展“冬病夏治”，供暖季前更新改造1.9万米供热管线和10个小区供暖设施。供暖12345热线接件量比上年减少40%以上，供热突发事件比上年减少10%以上。

（杨梦婕）

【平安大街西城段环境提升】 2021年，西城区持续推进首都核心区控规落实落细，完成平安大街西城段环境整治提升工作。打造“绿色街道”，拓宽人行步道，建成中央绿化隔离带2815平方米，安装照树灯3500盏。贯通慢行系统，塑造“健康街道”，铺设沥青11.6万平方米，铺装步道4.5万平方米，增加绿地1.21万平方米。建设“城市客厅”，营造“宜居街道”。建成地铁平安里站“城市微门户”系列，增加小微绿地近5000平方米。实施荷花市场前广场“微更新”改造，重塑“荷柳风韵”历史风貌，打造西城特色名片。（杨梦婕）

【架空线入地整治】 2021年，西城区着眼“隐形化、小型化、美观化”要求，推进实施14个片区背街小巷电力路灯架空线入地，完成66条胡同18千米，114条道路23.3千米架空线入地，持续优化提升核心区道路空间环境。（杨梦婕）

【背街小巷整治提升】 2021年，西城区完成574条背街小巷整治提升，其中达标街巷72条、精治街巷502条。围绕老百姓身边环境卫生、堆物堆料、停车秩序等问题，加强主动治理，持续优化环境。全年清理堆物堆料5536吨，整修刷新外立面1.5万平方米，整修地面5993平方米，清理地桩、地锁641处，整治占道经营506处，栽植灌木1.36万株。依托街巷长统领，有效整合街巷管理力量，鼓励居民群众广泛参与基层治理模式，不断提升街巷精细化治理水平。（杨梦婕）

【疏解整治促提升专项治理】 2021年，西城区继续推动疏解整治促提升工作。全年拆违2073处102282.9平方米，完成区级任务的102.28%、市级任务的204.56%。保持“开墙打洞”动态清零。完成34处桥下空间“疏整促”任务。着眼优化城市公共空间环境，组织规范治理户外标语横幅，拆除横幅2400余块。持续开展停车场岗亭专项整治和外立面破损专项整治。（杨梦婕）

【垃圾分类管理】 2021年，西城区坚持系统思维，以“钉钉子”精神抓好垃圾分类“关键小事”。发动1386个小区群众、1.1万个责任主体参加共治共建，7.1万人参与桶前值守，居民知晓率100%、参与率90%、准确投放率85%以上。完善基础设施体系，建成分类驿站265座、投放点443处、可回收物中转站15个。加强示范引领，建成示范小区55个，宣传报道972条。依托科技赋能，做到低值可回收物应收尽收。垃圾分类考核成绩在城六区和城市副中心组排名第一。

（杨梦婕）

【城市管理精细化智慧化】 2021年，西城区不断加强城市管理精细化、智慧化探索。城市管理精细化、智慧化综合巡查系统采集案件9.5万件，完成公共服务设施破损脏污等9个专项普查，完成3批次504条背街小巷区级核验工作。加强汛期应急保障工作，发现并处置苫盖、堵塞问题1000余处。区城市管理委推进建设“城市大脑”可视化场景，完成“垃圾分类数智化综合管理系统”“市容环境大数据分析与处置管理系统”“综合交通治理辅助决策系统”等开发及试运行。推进“市、区、街、居”四级联动，持续优化完善“城市大脑”功能。（杨梦婕）

信息化城市管理

【概况】 2021年，西城区不断推进12345热线系统、网格化城市管理、“智慧平台”建设等工作精细化、智能化，精心打造全方位受理、全智能运营、全要素分析、全视野评价、全联动处置的“五全”运行体系。实施区街联动，条块协同，合力攻坚，有效解决基层治理中的堵点、痛点和难点问题。做好疫情防控工作，结合市《新型冠状病毒感染肺炎疫情热线反映》中涉及西城区的问题，及时跟进涉疫情防控热线案件，通过《督办与反馈》加强督办并反馈办理情况。市民服务热线和城市运行管理工作得到市、区领导充分肯定，区委主要领导在全市《“接诉即办”工作条例》实施动员部署大会上作经验发言。“接诉即办”综合成绩在全市排名第一，城市环境秩序居民满意度提高。年内，北京市西城区全响应服务中心更名为北京市西城区城市管理指挥中心（简称区城指中心）。西城区获评“2021年度网民留言办理活力奋进单位”，区城指中心获“首都劳动奖状”，热线管理中心获“西城青年之星”称号，中心党总支获评西城区“先进基层党组织”。（李文敏）

【“接诉即办”统筹调度】 2021年，

西城区制订《深化“接诉即办”改革实施办法》《西城区“接诉即办”攻坚克难30题+工作方案》《进一步加强和改进“接诉即办”督查督办工作办法》等文件，落实“双预警”（对分管领导、落后单位进行预警提示）机制。区城指中心创刊《督办与反馈》，编刊84期，督办重点诉求320余件。组织“接诉即办”区级专班周调度和区委、街道工委、社区三级书记调度会30次，研究重难点问题125项，全年承办诉求总量17.21万件，市级回访解决率、满意率分别为90.67%、94.41%。制订落实《北京市接诉即办工作条例》任务清单，研究实施“领哨行动”“暖心行动”。开展区委、区政府领导“专项包”街道“接诉即办”工作，推动有效解决拖欠工资、房产证办理、老旧小区改造等难题。全区15个街道按照“压舱石”“稳定器”“不掉队”目标定向发力。在10个社区和19个小区，重点推进“一社区一领导一方案”。精细打造30个最美办件人、10个最美办件集体。全年编发日、周、月报429期，为区委、区政府精准决策提供有力支撑。持续推进城市管理与12345热线系统深度融合，提升首都核心区基层治理水平，与区委研究室协同推出的《践行“红墙意识”，深化“未诉先办”》调研文章被《前线》杂志刊登。以群众诉求驱动基层治理改革创新，着力探索超大城市基层治理规律，从“条、块、时、空”等多维度，探索构建“主动治理、未诉先办”机制，持续提升基层治理效能，提高为群众办实事的质效，为提升首都治理体系和治理能力现代化提供西城经验。（李文敏）

【城市网格管理】2021年，区城指中心围绕市网格办的考核细则，聚焦城市管理重点，依托网格化管理平台，实现多网融合、一体管理，提升办理城市管理案件的数量和质量。落实市城管委《关于全市统一网格划分的实施方案》，于11月完成网格划分，确立责任边界，明确责任主体。在日常管理中，坚持每月“一例会一通报”，细化线上培训，督导检查各部门履职情况。针对城市管理热点高发区域和多发问题，组织网格监督员巡查上报市容环境、违法建设、施工扰民等城市管理问题。中心通过系统评价、专业评价、社会评价、加分项4个内部评价机制，通报全区各单位履职情况。全年处置城市管理问题1388479件，居民满意度94.34%。完成全区网格调整，社区数从259个增至263个，网格数从1272个增至1280个。制定《西城区城市管理网格化信息采集工作专项考核制度》，将考核结果纳入区绩效考核。印发《西城区城市管理监督员工作手册》培训教材，规范各街道监督员信息采集工作流程和标准。继续落实精细化城市管理理念，围绕年度重点任务，开展专项工作。探索监督员下沉后城市环境秩序和运行管理模式，深化“热线+网格”工作，提高网格内监督员主动发现问题的能力。组织全区监督员普查辖区内建筑物外立面破损情况，上报建筑物外立面破损458处，撰写《西城区建筑物外立面破损情况报告》。摸排全区占用充电桩点位问题，各街道监督队按照“充电桩及点位被占用问题情况表”中的问题点位现场核实，摸排核实充电桩186个。10月，完成路灯、景观灯专项普查，查出路灯相关问题251件。完成“围挡摸排核实”专项工作，核查围挡类型及疫情期间有无施工活动的工地89处，新增围挡43处。（李文敏）

【城市管理平台运行】2021年，城市管理平台主要由指挥调度、监测预警、决策支持等分平台组成，为中心业务科室、各街道、40余个委办局及下属科、所、队提供业务支撑。指挥调度分平台负责城市管理案件日常流转、监督考核工作。监测预警分平台负责“西城区城市运行指数”的监测利用。决策支持分平台利用BI（自助式分析）智能分析、GIS（地理信息系统）分析、数据报表、统计图表等技术手段，对城市管理案件、城管部件、城市运行指数、重心指数等数据进行应用分析。监督员巡查全区7大类101小类69万余个城市部件和9大类87小类事件，通过无线数据采集终端将发现的问题上报。全年物联网系统完成雨量计巡检32次，雪量计巡检13次，雨雪系统巡检36次，大型广告牌匾硬件巡检24次，大型广告牌匾系统巡检36次，更换雨量计设备3套，提交降雨报告49份，发送短信5428条。部件更新按计划开展，涉及部

6月23日，区全响应中心平台值守现场　　（区全响应中心　供图）

件35个图层、新增部件2206个、废弃部件7个。做好公共设施二维码管理系统对接城市运行管理平台，完成二维码图层数据更新，涉及1个图层、5326个部件。完成铭牌与部件关联数据4304个。（李文敏）

【“接诉即办”业务培训】2021年，区城指中心结合开展党史学习教育、“我为群众办实事”实践活动要求，成立学习教育领导小组，制订《西城区在“我为群众办实事”实践活动中推进“接诉即办”解决重点民生诉求的工作方案》《西城区2021年央产小区“接诉即办”工作方案》《西城区关于开展“接诉即办”改革“暖心行动”的工作方案》，坚持“每月一题”“每周一议”，突出核心区诉求热点，围绕诉求降量提质、啃难点硬骨头、为基层解难减负3个方面，做好为民解困工作。组织全区处级干部“接诉即办”工作培训，组织全区各单位热线业务承办人员12345热线系统使用培训，组织《北京市接诉即办工作条例》学习培训、城管平台接线员及监督员工作培训、区热线工作平台人员工作业务培训。（李文敏）

【政府热线与城市管理考核】2021年，区城指中心围绕全区城市管理和政府热线工作和市区考评指标，对各街道和部门进行12345热线和城市管理部分的绩效考评。落实接诉即办改革小组工作部署，强化专班推进、点评约谈、三级书记联席调度会议协调复杂案件快速办理等制度，保持“接诉即办”工作高位推动。强化首派负责、科长以上办案、见面办件、内部审核等制度，夯实办件基本功。创新考评机制，精准提高每个案件的解决率和满意率。城市管理履职评价方面，针对监督员下沉街道实际工作情况，制订《西城区城市管理网格化信息采集工作专项考核制度》，每月对各街道进行评价考核，考核结果纳入区绩效考核和接诉即办考核细则的“未诉先办”部分。全年编发履职情况评价报告12期，开展居民满意度抽样调查6次，居民对城市环境秩序满意度达94.32%。（李文敏）

【“接诉即办”系统上线运行】1月19日，区“接诉即办”系统上线运行，覆盖88个区级部门、15个街道、14个区级企业、886个社区/科/所/站/队。区城指中心坚持以民声为治理导向，以“接诉即办”系统数字化转型为契机，打造“全方位诉求受理、全智能辅助运营、全要素大数据分析、全视野考核评价、全联动协同处置”的接诉即办“五全”运行体系，为西城区加强基层社会治理提供有力技术支撑。优化诉求处置流程，对接市级12345热线、网络等诉求来源，形成8个维度145个专题分析，快捷搭建8类BI看板，形成3大智能报告。提供移动办理APP应用，打通电脑端与手机端的同步关联，运用移动端便捷性，形成从快速响应到精准处置，再到全面记录的“接诉即办”完整链条。（李文敏）

房屋管理

【概况】2021年，西城区推进全区房屋行政管理、房屋征收（拆迁）、住房保障工作，围绕新冠肺炎疫情常态化防控等重点工作，切实履行房屋行政管理职责，完成房屋管理的各项工作任务。北京市西城区房屋管理局（简称区房管局）推进重点领域信息公开，主动公开政府信息254条（其中重点领域政府信息94条），受理政府信息公开申请411件，完成区政务服务局公开信息回函76件。接受公民、法人及其他组织和政府信息公开相关方面的咨询1644人次。完成行政诉讼（复议）工作，办理各类案件82件，其中行政复议案件31件，行政诉讼案件43件，民事诉讼案件8件。行政负责人出庭应诉2次。办理人大建议、政协提案18件。（姜夕辉）

【房屋征收（拆迁）】2021年，西城区推进广安联合储备开发项目拆迁工作，完成签约居民95%；宣武医院项目完成99.4%，进入收尾阶段，剩2户居民未签约。区房管局牵头制订《西城区人民政府组织实施房屋征收拆迁强制执行工作规程》及配套实施细则和《关于西城区房屋征收项目衍生工程实施办法》，交区政府审议。（姜夕辉）

【直管公房违规转租转借清理】2021年，西城区持续推进“疏解整治促提升”直管公房清理整治工作，累计出动检查27878人次，完成直管公房违规清理整治68户影响人口234人。（姜夕辉）

【直管公房申请式退租】2021年，大栅栏观音寺项目申请式退租工作累计完成签约1103户，其中直管公房签约完成1024户，私房签约完成79户，累计腾退面积23852.12平方米，涉及腾退人数3419人。12月30日，西城区启动力学胡同申请式退租项目。（姜夕辉）

【房屋安全管理】2021年，区房管局多次组织开展年度房屋安全检查工作。在年度超长汛期中，紧紧围绕“少塌房、不死人”的工作目标，克服麻痹思想，有序有力应对极端天气，确保房屋安全。寻求破解房屋修缮难题的新思路，制订《西城区房屋防汛专项指挥部关于进一步做好防汛工作加强房屋安全检查及修缮的指导意见（试行）》和《关于加强平房安全检查开展解危修缮的工作方案（试行）》。全年出动检查人员9297人次，监督检查事业单位和场所5561家，处罚25个案件，罚款33万元。发放宣传材料2.3万余份。启动西城区第一次全国自然灾害综合风险普查房屋建筑调查工作，调查房屋95041栋，完成比例在全市16个行政区中位列第六名。（姜夕辉）

【物业管理规范化建设】2021年，区房管局推进提高“三率”［业委会（物管会）组建率、物业服务覆盖率、党组织覆盖率］工作。全区业委会（物管会）组建率95.4%，物业服务覆盖率95.9%，业委会（物管会）和物业服务企业党的组织覆盖率100%。指导各街道对辖区居住小区开展物业服务质量评价，房管局官方平台分批次公示评价结果，组织物业专家抽查评估物业企业履职情况，抽查评估物业项目166个，发现问题760个，均督促企业完成整改。完成专项维修资金改革试点工作，制订《西城区住宅专项维修资金补建续筹试点工作方案》，全市首例使用个人住房公积金续筹住宅专项维修资金试点成功。推动西城区居住场所自行车集中充电设施建设，制订《西城区电动自行车集中充电设施建设工作方案》和《西城区居住场所电动自行车集中充电设施建设流程》，组织各街道摸排居住场所电动自行车数量及充电设施情况，建立基础信息台账，并执行动态摸排周报制度。（姜夕辉）

【房地产市场管理】2021年，区房管局制订方案，成立专班，统筹协调全区房地产市场调控工作，加强对房地产经纪机构炒作学区房的监管，严控区域内新建商品房的销售价格。持续规范房地产经纪机构和住房租赁企业经营活动。持续保持群租房和短租房整治高压态势，确保实现“动态清零”的工作目标。高效平稳处置“蛋壳公寓”“日升广安”等长租公寓暴雷事件。对15家房地产经纪机构和住房租赁企业实施行政处罚，罚款21万元。责令3家中介机构门店停业整顿。将8家房地产经纪机构和住房租赁企业上报市住建委公示曝光，3名从业人员被暂停信息卡权限，列入行业黑名单。（姜夕辉）

【新建商品房预售管理】2021年，西城区完成新建商品房签约44套，建筑面积7015.46平方米；完成合同备案注销75起，现房销售备案7起；资金监管11个项目，监管资金33.71亿元。（姜夕辉）

【群租房专项治理】2021年，西城区完成年度群租房专项整治工作。发挥群租房治理牵头单位的作用，加大对群租房及出租房屋，尤其是医院周边小区的检查力度。对新增群租房，发现一起治理一起。完成普通地下空间清理和地下人防工程违规住人清理工作，检查普通地下室2500余处。区房管局制订《西城区普通地下室安全使用综合整治管理方案》，规范管理作为各单位自用性宿舍、小区自我保障性宿舍的普通地下室，配合相关部门做好普通地下室再利用工作，全区普通地下室违规住人实现动态清零。（姜夕辉）

【房改工作】2021年，全区97家房改售房单位累计售出住宅683套，建筑面积5.83万平方米。其中中央单位47家，售出住宅266套2.77万平方米；市属单位20家，售出住宅110套0.75万平方米；区属单位30家，售出住宅307套2.31万平方米。房改调房单位64家，调整住宅259套，建筑面积2.02万平方米。其中中央单位60家，住宅253套1.97万平方米；市属单位2家，住宅2套0.02万平方米；区属单位2家，住宅4套0.03万平方米。使用国有住房出售收入审批5家，支取金额293.98万元，用于电梯更换和其他维修。完成中央和国家机关职工已购公有住房腾退14家，计37套0.3万平方米。住房补贴审核32家，出具住房补贴普查证明43份，共1662人次6656.58万元；受理住宅专项维修资金使用申请26件，涉及13家单位，支取资金703.03万元。工程对应建筑面积21.09万平方米，用于防水维修，电梯改造、更新，消防设施更新等项目。（姜夕辉）

【私房政策落实】2021年，区房管局向法院、公证处出具证明1份，完成评估16份，报送相关请示4份、函7份。出具档案查询结果21份。完成5户标准租私房腾退安置，2户腾退方案报市住建委和区相关部门审批。办理各类信访转办件80件、电话登记单100件、公开申请5件、行政复议1件、行政诉讼2件，均在时限内办结。为申请保障房家庭、入学家庭开具证明9份。（姜夕辉）

【房产测绘成果审核】2021年，区房管局贯彻北京市住房和城乡建设委员会《关于调整房产测绘成果审核有关事项的通知》精神，推进“放管服”改革，优化营商环境。办理楼房房产实测绘成果审核9件，建筑面积53.46万平方米；住宅平房的房产测绘成果审核1015件，其中腾退房屋89件。（姜夕辉）

【矛盾纠纷排查调处】2021年，区房管局开展矛盾纠纷排查化解工作，开展5次矛盾纠纷摸排，排查出119个重点关注人，18件矛盾纠纷。办理中央巡视组转件22件、市委巡视组转件29件。办理市民热线诉求1960件，接待群众来访1271批1715人次，其中群体访11批156人次。办理群众来信682件，接通群众来电9700个，办理复查案件16件。办理区领导包案信访矛盾纠纷15件，区信访办转来重复信访治理案件53件，办结率100%。（姜夕辉）

北京德源兴业投资管理集团有限公司

【概况】2021年，北京德源兴业投资管理集团有限公司（简称德源集团）统筹做好新冠肺炎疫情防控和企业经济发展，推动核心区控规落地落细，解决各类发展问题。完成下属16家二级子公司国有产权登记，完成2452名离退休人员社保关系转移，完成7家事业单位注销、1

家僵尸企业清理、12家全民所有制企业公司制度改革。全年实现营业总收入5.49亿元，利润总额1800万元，净利润1647.2万元，资产总额130.53亿元，上缴税金4381.2万元。办理12345市民服务热线1977件，解决率、满意率较上年均有提升。设计研发自有房产备案系统，实现自有房产基础数据资源整合以及档案电子化，审核自有房产合同316份。执行直管公房管理规定，完成承租人变更手续审批439件。执行“八牌一线全覆盖”的施工现场环保管理要求，提升小微工地绿色施工管理水平。房屋安全鉴定、测绘项目在全市范围内拓展业务。修订完善选人用人制度，推进职工素质教育，分类开展业务培训6期，培训840人次。创建首都精神文明单位2家，制作企业宣传片2部，在各类媒体开展企业宣传30余件次，多角度展现企业新气象、新作为。开展“红墙先锋在社区、我为群众办实事”“新企业、新征程、新作为”等主题实践活动，为群众解难题、办实事400余件。在职党员下沉社区志愿服务1700余人次。（崔　蕊）

【城市保护更新项目】2021年，德源集团启动力学胡同周边城市保护更新项目申请式退租工作，完成砖塔、西板桥一期、钟鼓楼西北侧3个城市保护更新项目申请式退租和试点院落的恢复性修建。（崔　蕊）

【公共空间品质提升】2021年，德源集团完成平安大街、西安门大街、地安门外大街、旧鼓楼大街外立面提升施工。完成织女桥东河沿环境整治提升项目和鼓楼西大街整理与复兴项目。完成钟鼓楼西北侧公共空间品质提升和第五立面整治5处点位施工，有序推进地安门派出所降层改造和砖塔胡同风貌保护与设施提升项目。（崔　蕊）

【文物腾退修缮】2021年，德源集团完成贤良祠文物腾退项目，有序推进文物修缮工程。完成恭俭胡同三官庙、庆云寺、三清观3处文物修缮施工，启动福德庵、真武庙和永泉庵文物修缮项目。（崔　蕊）

【文物修缮技能大赛】2021年，德源集团承办区总工会委托的“大都工匠”暨2021年文物修缮技能技艺比赛。在4月28日的决赛中，德源集团2人获“西城大都工匠”称号。9月初至10月14日，参加市住建委与市总工会举办的北京市职工职业技能大赛古建筑工竞赛，经过初赛、复赛、决赛3个级别，以团体竞赛形式参与古建筑传统木工、古建筑传统瓦工、古建筑传统彩画工3个项目，获集体三等奖。（崔　蕊）

【重点项目建设】2021年，德源集团推进群力胡同防汛配套用房及地下车库工程项目，完成底板混凝土浇筑。推动福绥境大楼项目腾退及合作利用，初步完成改造设计、运营合作等方案。（崔　蕊）

【房屋征收与腾退】2021年，德源集团完成地铁19号线平安里站建设用地范围内的房屋征收，推进南北长街文化驿站征收工作。推动南北长街历史文化名城保护及北京市第四十四中学东侧路建设征收项目的攻坚收尾和履行后续行政司法程序工作。加大简易楼解危排险腾退工作力度，清空简易楼3栋。（崔　蕊）

【民生工程项目】2021年，德源集团完成420间平房翻建、951间平房综合维修及102个院落下水管线综合维修，完成47栋楼房综合维修施工。完成羊肉胡同120号院等涉及6处23栋楼房的老旧小区综合整治。完成桦皮厂胡同8号楼改建试点项目前期准备工作。将弘善胡同6号楼设计改造为人才公寓，完成合同内施工内容。西海南沿17号楼进入施工图设计阶段。完成抄手胡同19号楼基础混凝土浇筑施工。（崔　蕊）

【房屋安全检查和防汛】2021年，德源集团完成对管辖房屋的安全检查，承担30752间私房的查房任务，为政府部门及时掌握私房状况提供依据。汛期外出巡查1400人次，出动抢修人员919人次，成功应对多次极端降雨过程。（崔　蕊）

【疏解整治促提升专项治理】2021年，德源集团整治直管公房违规转租转借行为，巡查直管公房违规使用情况17385次。官园1号楼纳入直管公房管理，逐步推进房改售房工作。对管辖房屋中售卖电动自行车门店实施“一店一策”，逐步关停。（崔　蕊）

【供暖服务】2021年，德源集团不断强化服务意识，提升服务能力，做好辖区内房屋供暖服务。二级子公司北京德源翔隆供暖技术服务有限责任公司供暖运行一部获评中华全国总工会“全国工人先锋号”。（崔　蕊）

【物业管理】2021年，德源集团立足新条例，立足《北京市物业管理条例》，联系属地街道办事处，以居民需求为导向，拓展物业管理市场，根据小区不同情况制订服务方案。接管安德路18–20号滨河小区、爱民里小区、北营房西里小区、阜外北街259号楼4个老旧小区物业管理项目。（崔　蕊）

【平安国企建设】2021年，德源集团召开安全生产部署会18次，确保落实安全生产主体责任，开展安全生产隐患排查296次，消除安全隐患73处。加强火灾防控工作力度，深入开展液化石油气专项整治，强化电动自行车停放及充电管理。连续三年被评为北京市“安康杯”优胜单位。（崔　蕊）

【户厕院落保洁】2021年，德源集团坚持“一挂九净六无”（一挂：在保洁作业时必须悬挂作业提示牌；九净：墙壁、墙裙、隔板、扶手、窗台、窗纱、门、灯具、宣传牌表面不能有灰尘和污垢；六无：蹲坑内部及外部、小便池裙、小便池台、外墙、地面要求无粪迹、尿碱、污物、尘土及无乱写乱画）标准，对辖区1849座户厕实施保洁管理，高质量完成金融街地区254个院落保洁工作，以优质的服务为辖区居民营造舒适生活环境。（崔 蕊）

北京宣房投资管理集团有限公司

【概况】2021年，北京宣房投资管理集团有限公司（简称宣房集团）推进西城区南部直管公房管理、修缮、防汛、供暖、电梯运行等公共服务，从事工程建筑，物业服务以及老旧小区综合整治，房屋解危腾退，文保区房屋保护性修缮、腾退，老城保护和城市更新等政府民生工程，承担政府交办的应急抢险任务。集团管理直管公房180余万平方米、老旧危改小区及其他物业小区近100万平方米，负责房屋供暖面积253.68万平方米，管理锅炉房29处、锅炉73台、电梯85部、高层楼房二次供水22处。截至年底，企业资产总额约40亿元，净资产约17.4亿元，实现营业总收入2.9亿元，利润总额1730万元，上缴税金2600余万元，国有资产保值增值率约113.35%。全年收缴直管公房租金2308万元。接办12345市民服务热线1542件；完成区信访系统来信、来访60件，市长信箱15件，出具复查报告11件；接待群众来访118人、集体访8批63人，接听群众来电1050余次；承办区人大代表会办建议1件。（姜 楠）

【房屋安全检查】2021年，宣房集团完成所辖180余万平方米直管公房安全检查，其中平房46114间65.61万平方米、简易楼83栋9.31万平方米、正规多层楼274栋91.15万平方米、高层楼18栋14.07万平方米。检查私房平房18739间24.98万平方米，对存在安全隐患的房屋采取加固措施。（姜 楠）

【房屋安全度汛】2021年，宣房集团实现“不死人、少伤人、少损失、少影响”安全度汛工作目标，保障180余万平方米直管公房和近100万平方米托代管老旧物业小区的居民生命财产安全。汛期（5月16日至9月30日），制订防汛工作意见和应急预案，签订防汛安全责任书，组建6支140人的抢修抢险队、1支40人的准专业化防汛抢修抢险队、3支25人的高层楼房排险抢修队，落实24小时值班值守，领导带班，坚持雨前、雨中、雨后巡查等制度，及时接报、处置险情。参加防汛值班共9157人次，接报修电话1492件，外出巡查5305人次，出动抢险人员2863人次，苫盖漏雨房屋1219间次，完成辖区防汛任务。（姜 楠）

【房屋修缮改造】2021年，宣房集团所属房屋经营公司完成大栅栏、天桥、牛街、广内等地区平房翻建501间7250.07平方米，涉及居民309户；房屋综合修缮3920间52274.01平方米，涉及居民2852户；平房院落雨污水户线改造76处，上述工程共计投资6396万元。完成虎坊路17号、18号，广外大街197号南，槐柏树街北里7号，天宁寺前街北里2号、5号、7号，天宁寺东里1号、2号、4号、5号，北纬路47号（南、西），白广路东里8号，半步桥13号院8号等46栋直管楼房综合修缮，涉及楼房挑顶、防水、上下水、污水外线、老旧电线改造等，投资1277万元。所属楼宇设备公司完成红莲中里18号、红莲南里10号、红莲南里12号3栋楼的室内采暖系统及部分供热外管线更新改造，涉及居民270户，供热面积14410平方米。完成建功北里4区2号楼室内采暖设施改造，更新供暖管线约2800米、阀门约310个。宣房集团完成四平园小区，万明路18号院1号、2号，永安路北6号，马连道中里三区5号楼综合整治和马连道中里一区2—11号楼本体公共区域墙面粉刷、楼梯间弱电线路规整、扶手修缮、室外雨污水、供暖管线改造、沥青路面道路及步道铺设等整治任务。完成2020—2021年度无障碍专项行动施工任务，为永安路北里1号、2号，广外大街197号北，白纸坊胡同1号等26栋楼27个点位加装无障碍设施。宣房集团抓好向辖区居民公开承诺的房屋维修、水电急修、防汛、锅炉供暖、电梯安全运行5项服务，落实上下水、电、管线、供暖、防汛抢险及房屋零修、急修共23560件。所属房屋经营公司一至四分公司和红义物业管理公司水电急修队、楼宇设备公司供暖电梯急修队24小时坚守岗位，抢修抢险及时率100%，收到表扬信16封、锦旗33面。（姜 楠）

【简易楼解危腾退】2021年，宣房集团开展简易楼排险解危“拔钉子”攻坚行动，完成9户简易楼居民签约，永内西街北里3号、广义里8号、北线阁3号院东、大保吉巷34号4栋简易楼实现清空。（姜 楠）

【疏解整治促提升专项治理】2021年，宣房集团整治直管公房违规转租转借行为，做到发现一起治理一起，实现动态清零，累计开展直管公房违规转租转借治理专项检查10523次，清理58户，涉及161人；企租用房恢复居住功能12户，涉及78人，确保公房管理规范有序。（姜 楠）

【文物腾退修缮】2021年，宣房集团完成华康里文物腾退2户，建筑面积33.73平方米。推进云南新馆、杨椒山祠、晋江会馆、梨园公会、聚顺和栈南货老店、歙县会馆、钱业同业工会、谦祥益等单位的文物修缮。完成京报馆旧址（邵飘萍故居）和五道庙文物修缮工程，审定金额1821.66万元。（姜 楠）

【法源寺文物保护提升】2021年，宣房集团持续推进法源寺文物保护

9月22日，宣房集团所属房屋经营公司到手帕口北街甲7号丁楼工地施工现场检查三级箱用电安全

（宣房集团　供图）

提升项目，促进业态转型提升，将烂缦胡同131号低效楼宇转型升级为花韵·丁香酒店并正式投入运营，被区住宿业工作专班列为街区示范项目。盘活零散房屋资产，引入本地青年承租南半截胡同28号、七井胡同3号院，所实施的烂缦胡同甲130号首个人才公寓通过验收，并交付国家电网公司华北分部职工使用。烂缦胡同北口智慧停车库进入社会化试运营阶段，片区居民使用“U车库”微信小程序远程预约车辆存取，实现无人化管理。5月8日，集团所属北京宣房大德置业投资有限公司组织开展的法源寺街区智慧管理试点研究项目入选2020年度全国智能建筑及居住区数字化标准化技术委员会“标准贡献奖”，获“应用实践奖”。（姜　楠）

【供热管理】 2021年，宣房集团完成2020—2021年度供暖季供热服务保障工作，保证29处锅炉房、73台锅炉设备平稳运行，实现253.68万平方米、35965户居民住宅24小时正常供暖。集团所属楼宇设备公司完成马连道供热厂智慧供热改造，通过锅炉运行监控系统升级、锅炉热负荷预测及群控等方式实现节能降耗，涉及供热面积90余万平方米。截至12月31日，比上年减少燃气47.26万立方米，折合人民币133.28万元，节能15.73%。楼宇设备公司分别以马连道供热厂所辖热力站和永安里锅炉房为热源，将西城区三义里小学、新市区泰安里（二期）并入公司热网，新增供热面积约780平方米，收缴2020—2021年度供暖季采暖费8470.92万元，比上年增长10.14%，其中非现金支付方式收费2676.67万元。（姜　楠）

【直管电梯、高压水泵运行】 2021年，宣房集团封闭管理22处高层楼房二次供水水箱，保障居民生活用水卫生。加强所辖85部电梯维修管理和养护，实行单梯运行、每日交替消毒等措施，更换电梯曳引钢丝绳3120米、绳头组合器12套，加装电梯上行超速保护装置6台，集中清理24部电梯的制动器线圈，更换非导磁材料顶杆2台，更新制动器2台，完成全年设备专项维修施工任务，保证电梯安全运行。（姜　楠）

【新市区泰安里文物活化利用】 2021年，集团所属大厚投资管理公司取得泰安里运营主体资格，与泰州市文化旅游发展集团有限公司共同注资2000万元，组建北京祥泰宣合文化发展有限公司，推进实施泰安里文物活化利用项目。（姜　楠）

【区政务服务中心周转用房装修】 8月30日，宣房集团受区机关事务服务中心委托组织实施的西城区政务服务中心周转用房装修项目通过竣工验收。项目位于宣武门外大街庄胜广场8号写字楼D座，包括拆除、局部结构、装修、给排水等工程建设内容，装修改造面积11748.24平方米，总投资约4300万元。（姜　楠）

【魏染胡同获评最美街巷】 6月11日，宣房集团所属大德置业投资公司代建的魏染胡同街区整理项目竣工亮相，项目以“修复老城胡同传统风貌，提升社区宜居环境品质”为目标，采用“减法”“清净”“突出”三大策略，精细化改造提升胡同沿街立面、绿化景观，获评2021年十大“北京最美街巷”。（姜　楠）

【房屋灾害普查】 8月，受区房管局委托，宣房集团组织开展西城区南区灾害普查工作，普查房屋建筑31306幢，占西城区南区房屋建筑总数的67.5%，为全市自然灾害综合风险与减灾能力评估提供数据支撑。（姜　楠）

【正阳门箭楼南望景观视廊综合整治项目】 9月，经过前期部署、筹备、调研工作，宣房集团取得正阳门箭楼南望景观视廊综合整治项目实施主体资格，完成预算评审，审定金额3250.8万元。（姜　楠）

【参与北京国际设计周】 9月，宣房集团所属大德置业投资公司作为

法源寺历史文化街区保护提升项目实施主体，举办“烂缦·法源——2021法源寺街区更新计划”2021北京国际设计周法源寺街区分会场系列活动，主办“烂缦·花街——墙绘及花艺装置展览”“至美东方国潮·国风主题走秀”“‘守正创新’老城更新中的导向标识系统学术交流论坛”等3个展览、3个论坛、6场活动。（姜　楠）

房屋征收

【概况】2021年，北京市西城区房屋征收事务中心（简称区房屋征收中心）受区房屋征收行政部门委托，推进房屋征收与补偿的具体实施工作，协助编制房屋征收与补偿安置方案并征求意见；协助公布公示房屋征收与补偿相关法规文件；具体实施房屋征收调查登记工作；协助承担房屋征收与补偿过程中专业性服务机构的选定和相关工作；承担征收资金的使用和管理；筹集、使用和管理安置房源和周转房源；管理征收项目档案；完成区委、区政府交办的其他工作。区房屋征收中心机关党支部获区直机关工委系统“先进基层党组织”称号，2人获区直机关工委系统“优秀党员”称号，1人获区直机关工委系统“践行初心使命，争做红墙先锋”党史学习教育征文三等奖。（谢文琳）

【砖塔应急指挥站项目】2021年，区房屋征收中心负责实施砖塔胡同电力架空线入地改造及城市防灾应急指挥站工程房屋征收，项目位于砖塔胡同40号。涉及单位产1户，年底完成签约工作。（谢文琳）

【红居北街东段项目】2021年，区房屋征收中心负责实施红居北街东段（北马连道）微循环道路改造工程房屋征收，项目位于广安门外街道，道路起于南新里三巷，止于手帕口南街。涉及居民27户、单位产2户，年底完成签约工作。（谢文琳）

【六十六中附属设施建设项目】2021年，区房屋征收中心负责实施北京市第六十六中学附属设施建设工程房屋征收。项目位于牛街街道，枣林前街与南线阁街交叉口东北侧，南至北纬路规划路（枣林前街）北红线，北至六十六中学，西至六十六中学，东至水利部规划路西线（学校东墙）。涉及居民21户、1户单位产。截至年底，补充公示的3户居民和1户单位产公厕未签约。（谢文琳）

【官园危改小区集中绿地建设项目】2021年，区房屋征收中心负责实施官园危改小区集中绿地建设工程房屋征收。项目位于新街口街道，征收范围为福绥境22号、26号，涉及居民2户。截至年底，1户进入法院执行阶段，1户协商解决中。（谢文琳）

【德胜里西路及教场口西路道路微循环项目】2021年，区房屋征收中心负责实施德胜街道德胜里西路及教场口西路道路微循环工程房屋征收，项目位于德胜街道，德胜里西路起于德胜里西路（东西段），止于教场口西路；教场口西路起于规划安康西路，止于1号路（西邻新街口外大街，东邻德胜门外大街，南邻冰窖口胡同，北邻新康路）。涉及居民11户（含1户新增）、单位产5户。截至年底，完成11户居民、4户单位产签约，居民签约率100%，总签约率93.75%。（谢文琳）

【茶马东路道路改造项目】2021年，区房屋征收中心负责实施马连道东二号路（茶马东路）道路改造工程房屋征收。项目位于广安门外街道，南起茶马街（马连道东四号路），北至茶马北街。项目涉及单位产2户，其中1户签约并拆除，1户经协商初步达成以产权置换的方式征收，明确项目内1处变电站移改方案。（谢文琳）

【茶马北街西口道路改造项目】2021年，区房屋征收中心负责实施茶马北街西口道路改造工程房屋征收。项目位于广安门外街道，西起北京西站南路（区界），东至茶源路，涉及居民5户、单位产1户。年内完成签约工作，单位产剩余1间房屋未移交。（谢文琳）

【老墙根中段道路改造项目】2021年，区房屋征收中心负责实施老墙根中段道路改造工程房屋征收。项目位于广安门内街道，西起下斜街，东至广安胡同。涉及住宅83户（含2处无关联自建）、非住宅3户，年内完成签约。（谢文琳）

【广安门车站西一号路道路项目】2021年，区房屋征收中心负责实施广安门车站西一号路道路工程房屋征收。项目位于广安门外街道，西起莲花河东侧路，东至广安门车站西街，涉及单位产7户。截至年底，项目处于征收前期调查阶段，暂缓实施。（谢文琳）

【19号线一期牛街站项目】2021年，区房屋征收中心负责实施北京市轨道交通19号线一期工程牛街站房屋征收。项目位于广安门内街道，南至两广大街，北至思源胡同，西至下斜街，东至北段为回民中学西墙，南段为回民中学西侧自然门家常菜西。涉及居民189户、单位产12户。截至年底，182户居民和9户单位产完成签约，居民签约率96.3%，单位产签约率75%。4户居民对征收补偿决定提起行政诉讼，其中1户居民因提出未入户评估等原因该征补决定已撤销，其余3户尚未判决，2户因企租未有产权调换房屋未下发征补决定。单位产未签约3户，其中2户为公厕、1户因是违建已拆除。（谢文琳）

【地铁12号线马甸站项目】2021年，区房屋征收中心负责实施地铁12号线马甸站工程房屋征收。项目位于西城区德胜门外大街与北三环路相交路口东南侧。涉及3户单位产。2020年11月12日张贴项目暂停公告，2021年8月26日张贴项目征收补偿方案征求意见稿。截至年底，项目处于风险评估工作阶段。

（谢文琳）

【十四中初中部建设项目】2021年，区房屋征收中心负责实施北京市第十四中学初中部操场等附属设施建设工程房屋征收。项目南至十四中自有用地北边界，北至荧光胡同，西至十四中自有用地东边界，东至国家发改委住宅小区西侧围墙。涉及约18户居民。年内完成测绘工作，选定评估机构，完成风险评估。（谢文琳）

【椿树馆街道路项目】2021年，区房屋征收中心负责实施椿树馆街（广安门车站东街—广安门南滨河路）道路工程房屋征收。项目西起广安门车站东街，东至广安门南滨河路，涉及37户居民、3户单位产。截至年底，完成前期相关工作。（谢文琳）

【手帕口南街综合项目B地块园林景观项目】2021年，区房屋征收中心负责实施手帕口南街综合项目B地块园林景观工程房屋征收。项目南至小红庙一巷，北至规划红居北街，西至远见名苑南区，东至手帕口南街道路。涉及136户（住宅成套楼居民128户、平房居民4户、非住宅4户），5月17日协商选定评估机构，7月3日投票选定评估机构。截至年底，立项单位改制，前期手续过期，项目暂缓实施。

（谢文琳）

【手帕口南街82号院项目】2021年，区房屋征收中心负责实施手帕口南街82号院房屋征收。项目南至规划加油站，北至小红庙一巷南，西至现状道路，东至广安门车站西街新线，共涉及9户。截至年底，项目处于前期调查阶段。

（谢文琳）

【戊戌维新纪念馆保护利用项目】2021年，区房屋征收中心负责实施戊戌维新纪念馆保护利用工程房屋征收。项目位于南横西街与菜市口大街交叉口西北角，涉及被征收居民57户、单位产2户。截至年底，累计居民签约56户，剩余1户（已强制执行但未签约）；单位产签约1户，剩余1户（无证公厕，不征收）。（谢文琳）

【大栅栏历史文化展览馆项目】2021年，区房屋征收中心负责实施大栅栏历史文化展览馆保护利用工程一期、二期房屋征收。项目位于大栅栏西街最西端，项目一期被征收居民14户，二期涉及征收居民35户、单位产3户。截至年底，累计居民签约28户，剩余7户；单位产累计签约1户，剩余2户。（谢文琳）

【琉璃厂艺术文化馆建设项目】2021年，区房屋征收中心负责实施北京市琉璃厂艺术文化馆建设工程房屋征收。项目位于和平门外琉璃厂西大街与南新华街交汇处。涉及居民19户、单位产5户。累计居民签约17户，剩余2户；单位产累计签约2户，剩余3户。（谢文琳）

【北纬路中学改扩建二期项目】2021年，区房屋征收中心负责实施北纬路中学改扩建二期工程房屋征收。项目位于北纬路46号，总用地面积为13532.68平方米，南至禄长街头条、禄长街二条，北至北纬路（市政代征地），西至学校控规用地西红线，东至禄长街西红线。涉及居民39户、单位产4户。截至年底，累计居民签约38户，剩余1户，签约率97.4%。单位产签约2户，剩余2户，签约率50%。（谢文琳）

【陶然亭路项目】2021年，区房屋征收中心负责实施陶然亭路房屋征收。项目位于陶然亭路，用地总规模约4.4万平方米，西起菜市口大街（规划路名为内环西侧路），东至太平街（规划红线宽40米，全长约1100米）。涉及居民28户、单位产7户。截至年底，累计居民签约23户，剩余5户，签约率82.14%；完成单位产签约1户，自行退线1户，剩余5户，签约率14.29%。（谢文琳）

【白纸坊东街道路项目】2021年，区房屋征收中心负责实施白纸坊东街道路工程房屋征收。项目位于白纸坊东街，总用地规模约3.6万平方米。项目西起右安门内大街，东至菜市口大街，规划道路红线宽40米，长度约900米。项目涉及居民8户、单位产6户，截至年底，累计居民签约8户，签约率100%，剩余单位产6户。（谢文琳）

【传统银钱业博物馆保护利用项目】2021年，区房屋征收中心负责实施钱市胡同传统银钱业博物馆保护利用工程房屋征收。项目位于大栅栏历史文化保护区珠宝市街西侧，南侧东段至钱市胡同以南22米外现有建筑外墙，西段以钱市胡同7号院、廊房三条胡同2号院南侧为边界；北侧以珠宝街35号及旁门为边界；西侧以廊房三条2号院为边界；东侧至珠宝市街。项目涉及居民71户、单位产10户，截至年底，累计居民签约69户，剩余2户，单位产剩余4户。（谢文琳）

【里仁街道路工程项目】2021年，区房屋征收中心负责实施里仁街（右安门内大街—菜市口大街）道路工程房屋征收。项目西起右安门内大街，东至菜市口大街，涉及6户居民，6户单位。1月11日完成对该项目房屋征收补偿方案征求意见。（谢文琳）

【自新路道路工程项目】2021年，区房屋征收中心负责实施自新路（里仁街—白纸坊东街）道路工程房屋征收。项目南起里仁街，北至白纸坊东街。涉及总户数6户（3户居民，3户单位）。1月11日完成对该项目房屋征收补偿方案征求意见。（谢文琳）

【半步桥（南北向）道路工程项目】2021年，区房屋征收中心负责实施半步桥（南北向）道路工程房屋征收。项目北起白纸坊东街，南至半步桥（东西向）。涉及总户数50户，45户居民，5户单位。（谢文琳）

城市管理执法

【概况】2021年，北京市西城区城市管理综合行政执法局（简称区城管执法局）以在系统内“做首都标杆、当全国模范”为目标，结合“疏解整治促提升”和重大活动环境保障，以全区“拆除违法建设、大气污染防治、占道经营整治”三大专项行动为抓手，立足非首都功能疏解，提升首善之区城市管理和环境品质，解决城市痼疾顽症。完成重要节假日、重要活动期间的执法保障工作，遏制环境秩序各类违法行为，推进城市环境常态化、精细化管控，各项工作取得阶段性成效。加强队伍建设，推进城管体制机制改革。局机关严格执行党内政治生活准则和规定，扎实开展党性党风党纪教育和思想道德教育，以支部为单位集中开展以案说法警示教育21次。组织开展“红墙先锋在社区，我为群众办实事”活动，完成环境保障、疫苗接种动员、疫情防控、垃圾分类等工作任务。全年开展执法检查30万余次，实施行政处罚10903起，罚款1396万余元。收到各类表扬1000余次、锦旗32面。（付扬）

【重大活动环境保障】2021年，区城管执法局完成全国两会、五一、建党百年庆祝活动、十一、党的十九届六中全会、金融街论坛等重要时期保障任务，加强对会场、驻地、活动路线、重点旅游景区景点、主要交通枢纽、繁华商业区等区域的执法检查，全时空、全时段严格管控环境秩序。（付扬）

【生活垃圾分类专项执法检查】2021年，区城管执法局持续开展生活垃圾分类专项执法，督促全区行政机关、企事业单位、餐饮行业、居民小区等严格落实《北京市生活垃圾管理条例》，通过开展送法上门、桶前值守、设卡检查等，加强对居民小区、物业、楼宇、单位的执法检查。全年查处垃圾分类问题3127起，罚款211万余元。（付扬）

【违法建设拆除】2021年，区城管执法局加强法制业务指导，严格执法程序，配合区城市管理委，督促指导各街道推进拆除违法建设，区级层面和各街道成立拆违专班，加快工作节奏和进度，提前完成年度拆违任务。严格管控新生违法建设，发现一起，拆除一起，确保违法建设零增长。全年拆除违法建设面积10.2万平方米，其中拆除新生违建38处837平方米，确保新生违建“零增长”。针对违法建设问题，召开涉及拆违的“吹哨报到”会议61次，有效推进区违建拆除工作。（付扬）

【户外牌匾规范治理】2021年，区城管执法局制订《户外广告牌匾标识专项执法工作方案》，调度指导各街道执法队加强广告牌匾治理及执法检查工作。全区城管系统开展广告牌匾类联合执法562次，查处违法行为122起，罚款10万余元。（付扬）

【蓝天保卫战行动】2021年，区城管执法局围绕清洁空气行动计划、大气污染防治“每一天每一微克行动”和秋冬季大气污染防治工作，制订《2021年打赢蓝天保卫战行动工作方案》和《施工工地专项执法工作方案》。6月至8月，开展“扬尘治理百日行动”。坚持每周对各街道、各执法队进行专项通报，加大对施工扬尘及渣土运输的执法检查力度，做到发现1起，处罚1起。全年查处施工现场类、渣土车运输及建筑垃圾类违法行为829起，罚款736余万元。（付扬）

【疫情防控监督执法】2021年，区城管执法局贯彻落实市、区有关常态化疫情防控工作要求，加大对“三类场所”（商务楼宇、商场超市和餐饮单位）监督执法检查力度，督促相关责任主体严格落实“四方”责任及防控措施，对全区235处高风险楼宇实现100%全覆盖、多波次检查。检查“三类场所”136071家次，发现问题2962起，张贴公示1204张，做出行政处罚144起，罚款21万余元。（付扬）

【占道经营整治】2021年，区城管执法局制订《2021年集中整治占道经营违法行为专项工作方案》，协同各街道落实“接诉即办”“吹哨报到”工作机制，推进解决占道经营问题。将辖区划分为“五重点、三周边、一日常”（重点点位、重点景区、重点站点、重点街区、重点商场，校园周边、公园周边、医院周边，日常巡查区域），通过人盯车巡、联合执法、教罚结合等方式，加大执法检查力度，强化精细化常态化管控，确保全区15个街道占道经营问题实现动态清零。全年查处占道经营问题3352起，处罚131万余元。（付扬）

【施工扰民专项执法】2021年，区城管执法局研究制订《关于如何妥善处理施工扰民问题研究及对策》，指导开展施工扰民专项执法。全年办理33起施工现场扰民案件，有效降低施工扰民问题。（付扬）

【燃气安全监管执法】2021年，区城管执法局持续狠抓燃气安全管理，按照“全覆盖、零容忍、严执法、重实效”要求，加强对管道天然气非居民用户的安全检查。宣传安全生产，普及相关知识，宣传相关法律规定及注意事项，提升群众安全生产意识。全年监督检查燃气非居民用户34493家

次，发现隐患921处，责令整改921处。（付　扬）

【冬季供暖执法检查】 11月5日，区城管执法局会同区城市管理委供暖办对区内主要供热单位开展联合执法检查。结合检查情况，向供热单位进行法规宣传和安全提示，确保其在供暖期间按规定供暖，避免出现推迟、中止供热或者提前结束供热等情况。（付　扬）

【城管法规宣传】 2021年，区城管执法局依托“红墙先锋在社区，我为群众办实事”实践教育活动，不定期在社区为群众解答政策方面的问题和困惑，结合《北京市生活垃圾管理条例》实施一周年、燃气安全、环保日等主题，以及占道经营整治、大气污染防控、市容环境卫生责任制等内容，实施专题社会宣传。在执法队员入户过程中，有针对性地宣传与群众关系紧密的城管法律法规，引导其参与城市环境治理，共同提升环境品质。完善官方微信号“西城街巷事”，推送图文消息218条，阅读量超过2.7万次。（付　扬）

11月5日，区城管执法局对辖区内供热单位开展执法检查（姜真　摄）

水务管理

【概况】 2021年，西城区推进全区海绵城市建设，加强再生水监督管理、地下水管理和自备井置换，推广再生水使用；协调街道河长（湖长）开展防汛应急工作，协调排除城市内涝积水；开展水务监察和执法工作。北京市西城区水务管理中心（简称区水务管理中心）接12345热线办理西城区分中心派单32件，协同帮办2件，其中非中心职权退回18件、办结13件、剔除1件。（尤佳　曹松涛）

【国家第一批水利遗产申报认定】 2021年，区水务管理中心同市水科院协作，联合区委宣传部、区生态环境局、什刹海街道等单位，共同推进什刹海和北海申报国家第一批水利遗产认定。10月22日，北海被市文物局、市水务局认定入选北京市第一批7处水利遗产名录，北海与中、南海及什刹海同属海河流域北运河支流通惠河水系，为古代调蓄供水的水库，体现我国古代水利管理的智慧。（褚梦雪）

【水务执法】 2021年，区水务管理中心强化全区用水管理，重点检查监管用水单位、企业落实节约用水责任，细化洗车行业登记备案、用水规范，在施工地水土保持方案编制等，组织街道开展排水专项执法检查。全年完成水务执法检查870件，重点检查餐饮行业、用水大户，实现洗车洗浴行业检查全覆盖。每逢重大节假日对所属河道开展巡查，劝阻垂钓、游野泳等不文明行为，保障辖区内水体质量和安全。开展水务执法培训，由水政综合执法总队、排水集团一分公司、区水务局等线上授课，组织各街道办事处完成12学时的水务职权下放专项执法培训。（曹松涛）

【防汛分指工作】 2021年，区水务管理中心面对超长汛期带来的严峻形势，落实水务防汛专项指挥部各项职责，组织、协调、指导全区水灾防御工作，落实转隶要求，实行双岗保障，快速应对，确保安全度汛。制订《北京市西城区水务防汛分指工作手册》，包括通讯录、值班表、值班规范、防汛工作要点、应急预案、隐患台账等，按照区防汛办通知要求完成责任制和基础资料填报。汛前制订《西城区2021年“清管行动”工作方案》，全年养护雨水管涵干支线385.11千米，养护雨污合流管涵320.1千米，排查雨水口（雨箅子）19053处，检查井28804处、截流井138处、入河口167处。合计清理污染物1295.9立方米，高标准完成全年“清管行动”。落实防汛应急队伍和物资，协调市排水集团第一分公司抽调人员加强西城区分指应急值守，协调西城区消防救援支队、展览路街道办事处共用防汛应急物资。5月15日上汛至9月30日下汛，水务防汛专项分指保持24小时全响应应急值守状态，随时接受区防汛指挥部、市水务局两套防汛体系调度。确保区防汛800兆电台、市水务局防汛800兆电台均时刻有人应答，值班电话24小时通畅。与道路交通、地下管线防汛专项分指联合备勤，做好城市内涝、道路交通、地下管线的应急抢险工作。落实河长防汛责任制、水情监测和河道洪水巡查报告工作，及时传达市里最新指示。动员街道河段长加强雨前、雨中、雨后巡查，协调辖区内所有力量降低城市内涝风险。整个汛期，仅在降雨量较大时期发生短时滞水，未出现积滞水断路险情。（曹松涛）

【汇融大厦安全隐患治理】7月20日至8月10日（主汛期前），区水务管理中心多次组织市区规划与自然资源部门、市水务局、区防汛办、排水集团、重点站管委会等相关单位，召开现场会、专题会，研究解决汇融大厦重大安全隐患治理工作。主汛期间，遇重大暴雨雨情，协调西城区消防救援支队和排水集团第一分公司，保障汇融大厦安全度汛。9月10日，市水务局召开专题会议，协调推进汇融大厦雨水方沟隐患治理工作，原则同意北京排水集团作为实施主体，将隐患纳入2022年排水管线消隐工程，开展项目前期工作。（曹松涛）

节水工作

【概况】2021年，西城区推动节水型单位和节水型居民小区创建，推广应用节水新技术和改换装节水型器具，开展节水宣传教育，监督检查社会单位节水情况。全年北京市水务局下达给西城区年度新水用量目标值为11489万立方米，区新水用量实际值为8977万立方米。北京市西城区人民政府节约用水办公室（简称区节水办）行政许可窗口坚持依法行政，核定用水指标和调整行政许可312件，受理的节水行政许可全部在办理时限内办结，群众满意率100%。应对群众热线诉求，收到的3个热线全部办结。收到“帮办领哨”5个，涉及平房院、老旧楼房水压低、商用与居民水表混用等问题，与自来水市区分公司等相关部门协同街道社区完成热线诉求。（陈艾琳）

【节水型社会创建】2021年，西城区贯彻落实《北京市人民政府关于全面推进节水型社会建设的意见》，区财政投入48万元完成创建节水型机关、公园12户，创建完成率100%。根据市水务局《关于下达2021年度生产生活用水计划用水指标的函》，区节水办编制区2021年计划用水指标，对出现超计划用水的单位依法征收超定额超计划累进加价费。5月，完成全区4899户用水单位的计划指标下达及调整输机工作，全年计划用水指标未超出市水务局下达的计划总量。落实《北京市节约用水管理办法》中“严格实行依法征收双月超指标费用”的精神，对区内用水单位严格执行单月预警、双月加价。全年收取用水单位累进加价计154.29万元，全部上缴区财政。（陈艾琳）

【节水宣传】2021年，区节水办为落实节水宣传进社区、进乡村、进企业、进学校、进机关、进公园、进工地要求，“世界水日”（3月22日）和“中国水周”（3月22日至28日）期间，在户外大屏全天轮播，在企业、学校、园林播放节水宣传视频。在什刹海街道开展“区街联检”行动和“世界水日节水宣传大讲堂进机关”主题讲座，受北京市水科学院邀请举办“北京的水和北京的城”学术讲座。5月全国城市节水宣传周期间，节水大讲堂——“国之大事、南水北调”的专题讲座走进中小学，在黄城根小学官园校区开展“节水中国、你我同行”主题活动。组织15个街道社区干部、创建节水型企业节水骨干102人，到南水北调明渠纪念广场实地参观。7月至10月用水高峰月，区节水办走进企事业单位开展节水宣讲。中国共产党成立100周年之际，组织各街道、区属系统企业参观“庆祝建党100周年北京水务成就展”和通州大运河北京段。暑假期间，组织节水宣传进影院及“光瓶行动”等宣教活动。（陈艾琳）

【节水督查】2021年，区节水办到超计划用水单位帮助查找原因，提出整改意见，于5月12日和12月16日重点约谈用水大户。在创建节水型单位验收工作中和高峰月用水期间进行节水督查，重点巡查施工、环卫等用水大户800余户，处罚6户，有效避免出现浪费用水情况。（陈艾琳）

自来水供应与管理

【概况】2021年，北京市自来水集团有限责任公司（简称市自来水公司）推进北京市区和部分郊区自来水生产和供应，兼营再生水处理，部分郊区污水处理，供水工程设计、施工、安装，管网抢修，管件器材，水表制造，供水材料贸易等业务。截至年底，市自来水公司日供水能力581万立方米，自来水销售量10.91亿立方米，营业收入67.85亿元。水质综合合格率100%，管网压力合格率99.98%，漏损率9.79%，管网修漏及时率100%，实现全年安全生产无事故。（宋可名）

【自来水供给】2021年，市自来水公司实现供水13.13亿立方米。以首善标准完成庆祝中国共产党成立100周年大会、服贸会、冬奥测试赛、党的十九届六中全会等31项重大会议活动供水保障任务，保障时长238天。截至年底，西城区计量水表数量546370支，区内售水量9064.66万立方米，其中居民家庭售水量4379.40万立方米，公共服务售水量4434.84万立方米，生产运营售水量190.42万立方米。区内设收费营业所1处，位于真武庙路四条8号院2号楼三层。（宋可名　刘俊）

【水质管理】2021年，市自来水公司安全取用南水7.7亿立方米。完成郭公庄水厂超滤膜处理设施和长辛店水厂提标改造工程建设，水处理工艺更加完备。推进水质管理与控制标准体系建设，增加17个管网水质监测点。通过加强原水上游各站点水质分析，开展各工艺单元加密监测，实时指导工艺调整，解决南水突发性高浊、密云水库锰超标等原水指标异常问题。处置东花市北里小区水质外源性污染事件。（宋可名）

【管网安全】2021年，市自来水公司新建管网141千米，管网覆盖度扩大。建成通水阜石路供水管线，实现中心城区与石景山区管网互联互通。完成中国佛学院供水管线建设。强化管网安全运行隐患排查，制订工程漏事故防范和处置管理办法，完善挖掘工程供水管线安全防护机制，优化管网突发事故应急响应和处置流程。改造老旧管线178千米，提升管网抗干扰能力。修复管网破损546处，百公里破损下降至5.5处/日。落实市消火栓治理三年行动计划方案，开展消火栓维护复检工作。（宋可名）

【安全生产管理】2021年，市自来水公司深入开展集团安全生产专项整治三年行动，修订完善3项安全管理制度。制订应急预案体系建设三年行动计划。开展7轮隐患排查治理，查改安全隐患420余项。发布防汛预警响应23次，防汛抢险大队完成市级防汛抢险任务9次，妥善应对超长汛期。参加北京市应急宣传进万家、有限空间、交通等安全生产系列专项活动，集团11家基层单位、4名职工和2个安全生产创新项目获市级荣誉。（宋可名）

【便民服务】2021年，市自来水公司优化营商环境，推进优化营商环境4.0建设，开展容缺受理、告知承诺等多项便民措施，完善一体化工程审批平台，实现水、电、气、暖、通信并联报装。处置12345电子派单3万余件。选树9家“金牌服务先进集体”、147名金牌员工。依托智能水表开展空巢老人安全预警、户内用水异常预警等多项延伸试点服务。研发上线“北京自来水APP”，完成微信公众号升级，开展电子发票试点应用，提高服务效率。完成111万支居民、7.4万支非居民智能远传水表更换。（宋可名）

【境内管网维修】2021年，市自来水集团禹通市政工程有限公司长椿街维修所负责西城区境内的自来水管网抢修、维修及大小口径管线安装工作。抢修供水管线发生的明漏103处，比上年增加2处；暗漏207处，暗漏自检207处，占暗漏总数的100%，比上年减少57处。完成零活修理3593户，更换故障水表1017只、井盖19处、消火栓79个，解决居民无水、水微问题4714处；大小在施安装工程345户，安装长度合计16497米。完成集团交办的任务：开消火栓井盖巡检24651处，帕玛劳数据采集43409次，帕玛劳布设504处，排气门维护135座，大闸维护8座，消火栓安装8处。（吴雨霏）

燃气供应与管理

【概况】2021年，北京市燃气集团有限责任公司（简称集团）完成燃气输配、销售、科研、设计、施工和燃气设备制造等各领域业务。注册资金58.8363亿元。截至年底，北京燃气集团合并口径天然气购入量208亿立方米，实现营业收入4797656万元，利润总额431647万元。京内外运行的管线3.6万千米，调压站（箱）36332座。（代伟丽）

【分公司经营范围与项目】2021年，北京市燃气集团有限责任公司第一分公司（简称市燃气第一分公司）经营范围包括燃气供应与销售，销售燃气设备用具、燃气专用设备和施工材料、电气设备、家用电器、日用品、厨房用具、卫生间用具、五金交电、家具、装饰材料，检测、检修、安装燃气设备，燃气热力技术开发、技术转让、技术咨询、技术服务等；市场开发管理，新用户发展管理，用户服务管理，燃气销售管理，区域内管网的运行、维护、带气作业及急抢修作业（中压A级以下压力级别）、外线拆改迁工程以及部分外线技改工程管理等。市燃气第一分公司户内服务二所下设西直门、黄城根、温家街、木樨地、西便门燃气服务中心。承担西城区38.63万户民用户和6471户公共服务用户的燃气设备维报修、巡检、计量仪表管理、新用户发展、收费、增值产品销售等户内服务业务及突发抢修任务。市燃气第一分公司运维工程所（简称工程所）下设运行维护、泄漏检测、带气作业、应急抢修8个班组。西城区管线总长度为1018.87千米，有127座调压站995座调压箱，工程所承担全区燃气管线及设备设施的运行维护、泄漏检测、急抢修及带气作业任务，完成白广路6号院钢院锈蚀管改造，消除阜外甲40号院4号楼1单元、新外大街1号楼、清芷园2号楼的户内公共部位燃气隐患，惠及357户居民。（田　欣）

【非居民天然气销售价格调整】2021年，市发改委根据北京市非居民用天然气门站价格浮动情况，下发《关于阶段性调整本市非居民天然气销售价格的通知》。11月15日至12月31日，管道天然气销售价格上浮0.35元/立方米。城区供暖、制冷用气采暖季2.82元/立方米，采暖季后2.47元/立方米，工商业用气采暖季3.22元/立方米，采暖季后2.87元/立方米。压缩天然气加气母站（供非居民用气）采暖季2.68元/立方米，采暖季后2.33元/立方米。（田　欣）

【燃气服务中心组织机构调整】2021年，按照市燃气集团组织优化工作部署，分公司撤销户内服务所下属民用燃气服务中心和非民用燃气服务中心，成立综合化户内燃气服务中心。调整后的综合化燃气服务中心全年无休，负责辖区内所有类型燃气用户的安全巡检、拆改迁装、户内停复气和竣工通气、查表收费、维报修、急抢修、燃气卡相关业务、终端燃气产品及零配件销售及售后、燃气保险销售、整体厨房设计、燃气业务咨询等，并提供预约巡检、燃气具安装、维报修等预约服务工作。（田　欣）

【用户巡检】2021年，户内服务二所完成全区335231户民用户安全巡检工作，发现问题64561个，发放巡检告知单33167张，更换胶管4884根，完成维修2844处。完成公共服务用户巡检11740块表。民用全年应查335231户，入户270388户，入户率80.66%。（田　欣）

【境内燃气服务中心】2021年，户内服务二所黄城根燃气服务中心管理区域为什刹海、新街口、金融街、西长安街街道。辖区内居民用户55217户，非居民用户1928块表。户内服务二所西直门燃气服务中心管理区域为德胜、展览路、北太平庄街道，辖区内居民用户94544户，非居民用户1330块表。户内服务二所温家街燃气服务中心管理区域为牛街、白纸坊街道，辖区内居民用户56302户，非居民用户586块表。户内服务二所木樨地燃气服务中心管理区域为月坛街道，辖区内居民用户47083户，非居民用户591块表。户内服务二所西便门燃气服务中心管理辖区为广安门外、太平桥街道，辖区内居民用户83523户，非居民用户926块表。（田　欣）

热力供应与管理

【概况】2021年，北京市热力集团有限责任公司西城分公司（简称热力西城分公司）管理热力站及锅炉房791座、供热面积3875万平方米。供热服务范围北至北三环裕民路（街），南至右安门东滨河路（街），东至鼓楼外大街、天安门广场西侧为界，西至三里河路（街）。对全区集中供热热力站、锅炉房及二次线、楼内系统进行运行管理，推动用户服务、节能降耗及热费收缴工作，为供热相关政府机构提供供热服务，为用户提供供热政策宣传、入户维修、入户巡检、散热器推广及热费收缴等便民服务。2021年，热力西城分公司法定代表人罗铮当选西城区人大代表。北京热力西城分公司槐柏树供热服务中心主任马磊获市总工会颁发的2021年度首都劳动奖章。（张春怡）

【供热服务保障】2021年，热力西城分公司本着“安全稳定供热，优质高效服务”的企业宗旨，建立“接诉即办”工作机制，对用户投诉做到1分钟接单，10分钟联系，1小时上门，一次性解决。推出“社区供热服务管家”模式，协同街道社区“未诉先办”。推进户内温度收集工作，安装室温采集点256个。通过在热力站、二次线、楼前井和楼内增加辅助设备的方式，收集运行参数，通过大数据分析，进行后台演算，找到适应各个小区的运行方式。充分利用已采集的数据，兼顾室外气温、户内室温的前提下，深挖节能潜力。11月4日，市城管委负责人检查热力西城分公司检修大队保障工作。12月27日，热力西城分公司与区城管执法局就2021—2022年冬季供热采暖专项执法工作召开座谈会，双方建立点对点联系，推进共享违法信息，减少执法流程，提升执法效率，形成有效机制。（张春怡）

【检修技改项目】2021年，热力西城分公司针对宣西地区、牛街地区、白菜湾等低温区及重点投诉区域，实施热力站及锅炉房供热设备及二次管网、楼底盘管、楼内系统的翻修改造，实施技改项目248项，投入资金5250万元，宣西地区供热初期工单下降50%以上。实施中小修项目3004项，投入资金450万元。（张春怡）

【老旧供热管网改造】2021年，热力西城分公司计划消隐项目涉及2个整站、10个楼底盘、21个二次线项目。实际年内实施33项，完成23项。整治范围涉及供热面积近80万平方米，管线长度8千米。（张春怡）

【供热收费】2021年，热力西城分公司与供热管辖范围内的143个社区居委会对接，完成便民服务进社区1222场次，推广电子支付供暖费回收5258万元。开通掌上热力、热水宝APP方便居民用户供热报修、生活热水查表缴费，2021—2022年采暖季居民入户收费达86.21%。（张春怡）

【境内供热服务中心】2021年，车公庄供热服务中心下设4个服务站、10个一体化供热收费管理片区和6个收费网点。供热范围东至地安门内大街，西至三里河路，北至北三环中路，南至月坛北街，涉及展览路街道、新街口街道、德胜街道、什刹海街道。月坛供热服务中心下设3个供热服务站。供热范围东至西二环，西至三里河路，北至月坛北街，南至莲石路，为月坛街道办事处所辖24个社区居民及非居民用户提供供热、生活热水服务。金融街供热服务中心下设3个服务站，供热范围东起中轴路，西到西二环，北起阜内大街，南到广内大街。供热范围：中南海、人民大会堂、全国政协、金融街等单位用户及前三门、槐柏树地区居民用户。槐柏树供热服务中心下设4个服务站。负责广外、白纸坊、牛街、椿树、大栅栏、天桥、陶然亭7个街道地区的供热、收费与服务。（张春怡）

电力供应与管理

【概况】2021年，国网北京城区供

电公司（简称城区供电公司）作为国网北京市电力公司直属大型重点供电企业，负责首都核心区（东城、西城两个行政区）92.5平方千米32个街道91万户193万人口的供电服务保障。辖区内有6座220千伏变电站容量384万千伏安，32座110千伏变电站容量545.2万千伏安，907座10千伏配电站室，其中开闭站146座、配电室515座、箱站246座。10千伏电缆直配线路901条，电缆线路总长4682千米，10千伏架混线路289条，以多分段多联络为主，架空线路总长205千米，电缆化率95.81%，居于国内领先水平。城区公司作为首都核心区供电窗口单位，供电服务特点鲜明。区域内党中央首脑机关、国企总部、国际金融等重要客户大量汇集，服务二级及以上重要客户303户，其中中南海、人民大会堂等特级客户16户，中纪委、中宣部等一级客户121户，占北京公司近三分之一；常态化客户98户，占北京公司70%，其中常态B+类（首长住地）客户37户，占北京公司100%。负荷密度达2.77万千瓦/平方千米，约是北京市平均水平的18.5倍，负荷趋向饱和。夏季历史最大负荷为256.5万千瓦，约占北京市最大负荷的11.4%；冬季最大负荷213.7千瓦，约占北京市最大负荷的8.7%。公司保持全国文明单位、首都文明单位标兵称号；获评国网公司先进集体、国网公司建党百年庆祝活动保电先进集体；公司党委获评国网北京市电力公司“红旗党委”；天安门政治供电服务中心获评国网公司“电网先锋党支部”。城区公司全年实现售电量101.76亿千瓦时，城市供电可靠性达99.998%。（武英杰）

【境内供电及用电量】2021年，西城区售电量53.73亿千瓦时，其中工业电量1.21亿千瓦时，建筑业0.63亿千瓦时，交通运输、仓储和邮政业2.78亿千瓦时，信息传输、软件和信息技术服务业1.73亿千瓦时，批发和零售业4.26亿千瓦时，住宿和餐饮业3.54亿千瓦时，金融业1.77亿千瓦时，房地产业11.03亿千瓦时，租赁和商务服务业1.77亿千瓦时，公共服务及管理组织12.73亿千瓦时，城乡居民生活用电12.28亿千瓦时。（武英杰）

【电力安全保障】2021年，城区供电公司肩负建党百年庆祝活动保电主战场、最前沿的光荣使命，战胜度夏度汛恶劣天气、中高考保电叠加、疫情防控等多重困难挑战，确保用电万无一失。坚持“冬奥有需要、我们有行动”，以“每天从零开始”的心态，推进五棵松场馆冬奥冰球赛事筹备保障。紧急调配物资支援河南特大暴雨灾情抢险救灾一线，抽调保电专业骨干千里支援西安第十四届全运会。主动对接全国股转公司开展用电安全评估，保障北京证券交易所顺利开市。加大安全巡检力度，全覆盖检查4026个作业现场。严把电网运行关，及时发布各类风险预警64项，比上年增加27%。严守网络安全防线，创新完成10371台环网设备、904台站室设备状态检测，完成电缆试验340路、母线检修65段，实现全口径配网故障下降20.1%。落实冬春电力保供要求，建立健全应急响应机制，制订有序用电方案，做好核心区内5类27.24万供暖重点客户保障。设备运维方面，城区公司创新完成10371台环网设备、904台站室设备状态检测，缺陷检出率0.58%、治理率73.1%，完成电缆试验340路、母线检修65段，发现消除严重隐患21项，实现全口径配网故障压降20.1%。首次成功应用低压发电车并网、中压移动箱变车旁路作业，有效开展不停电作业172项、节省约530时户。平稳应对度夏超长汛期，发现治理渗漏水等问题310项。（武英杰）

【服务客户】2021年，城区供电公司全面提升服务水平。平稳推进电价市场化改革政策落地，完成全部4545户高压工商业客户代购电工作，实现36户市场化客户换签，年电费回收率保持100%。持续优化营商环境，10千伏客户外电源“投资到红线”取得重大突破，完成核心区1149户餐饮企业“液化石油气改电”。拓展线上服务模式，“网上国网”新增注册客户11.59万户。攻坚完成2078具非智能表更换，实现“清零”目标。（武英杰）

（责任编辑　张振安　齐田）

生态建设

综　述

2021年，西城区推进全区生态环境保护工作，落实重点任务，强化生态环境监督执法，深入打好污染防治攻坚战，力求区域生态环境持续改善，基本实现年度生态环境质量持续改善目标，完成三大污染防治（大气污染防治、水污染防治、土壤污染防治）攻坚战各项任务。全部完成市绩效1类6项任务［污染地块安全利用率92%；完成年度二氧化碳总量控制目标；氮氧化物排放量减少2.5%，挥发性有机物排放量减少3%；实施重点行业挥发性有机物治理评估，组织1家重点行业企业开展精细化治理；重污染天数力争继续下降；降尘量控制在5.1吨/千米^2·月以内（扣除沙尘影响）；考核断面消除劣Ⅴ类水体，完成辖区70%以上入河排污口整治任务；生态环境状况指数大于等于41.1］。生态环境保护“十四五”规划开局良好，空气质量实现持续改善，污染防治攻坚战年度任务指标全面完成。优良天数282天，比上年增加14天。重污染天数比上年减少5天，裸地扬尘管控率月排名保持全市前两名。（李　颖）

生态环境保护

【概况】2021年，全区空气中细颗粒物（$PM_{2.5}$）平均浓度为34微克/米^3，比上年下降15%，下降幅度全市排名第一，首次达到国家二级标准；其他三项主要污染物可吸入颗粒物（PM_{10}）浓度为56微克/米^3，比上年分别下降3.4%；二氧化氮（NO_2）浓度为33微克/米^3，比上年上升3.1%；二氧化硫（SO_2）浓度为3微克/米^3，比上年下降25%。全年优良天数282天，比上年增加14天，占比77.5%；重污染天数8天，比上年减少2天，减幅20%。全年降尘量4.1吨/月·千米^2，比上年下降21.6%，连续两年完成市级指标。5个地表水国家和市级考核断面平均水质类别达到考核标准；无疑似污染地块和污染地块，建设用地污染地块安全利用率达100%。（李　颖）

【规范行政许可】2021年，北京市西城区生态环境局（简称区生态环境局）完成建设项目环境影响评价审批3件，辐射安全许可证事项109件，办理放射性同位素备案10件，完成330件行政许可结果的公示。开展西城区生态环境“三线一单”（生态保护红线、环境质量底线、资源利用上线和生态环境准入清单）分区管控工作，以区政府名义印发《北京市西城区生态环境分区管控“三线一单”实施方案》，全面排查全区16家环评单位和80名注册环评工程师诚信档案，加强对报批的建设项目环境影响报告书（表）的编制规范性检查、编制质量检查。深化排污许可证质量核查，抽查审核重点管理的排污单位发证情况，检查13个重点行业的排污单位排污许可证、限期整改通知书、排污登记表，对排污持证单位开展51家次现场核查。对排污登记单位进行数据核查和整改，注销分类降级单位10家，指导排污登记单位完善填报质量300余家。（李　颖）

【生态文明宣传教育】2021年，区生态环境局围绕习近平生态文明思想“人与自然和谐共生”的科学自然观，发布“云课堂”16期，举办为期5个半天的生态环境教育专题培训班，对街道293人次开展线上延伸培训。突出宣传大气污染治理及日常工作，通过电视、报刊、微视频等平台发布67篇文章报道相关工作。微信公众号累计发布文章1046篇，其中原创258篇，转发788篇，总阅读量6.1万人次，总分享量4288次。北京西城环保微博累计发布651条，原创269条，转发362条，阅读量达227.91万次。在“六五”环境日，开展“人与自然和谐共生——绿色健步行，助力碳中和”主题实践活动，倡导居民参与污染防治工作。以线上线下相结合的方式向公众开放西海水质自动监测站。深入15个街道展出展板80块，悬挂条幅35幅，发放宣传材料及宣传品5000余份。（李　颖）

【无煤化成果巩固】2021年，西城区持续推进蓄能式电采暖设备更新，服务居民选购电采暖设备1700余台。持续推进发放电费补贴，全年为4.3万余户拨付5批补贴款项3535万余元。组织各电采暖设备厂家巡检蓄能式电采暖设备，检修3.1万户煤改电居民的4.35万台电采暖设备。实地勘察历年煤改电配电设施腾退空置用房，保障区煤改电配电设施安全运行，巩固无煤化工作成果。（李　颖）

【机动车排放监管】 2021年，区生态环境局联合执法检查辖区重点路段行驶的重型柴油车排放，在重点道路检查重型柴油车60143辆，查处排放超标车8001辆。对辖区注册的用车大户以及车辆集中停放地车辆进行执法检查，共检查重型柴油车24503辆，查处排放超标车1580辆。采取联合检查、日常巡查的方式，对辖区内使用的非道路移动机械进行执法检查，检查非道路移动机械1238台，查处不合格机械145台；每日对辖区经营性加油站油气回收情况和在线监控系统进行执法检查，检查加油站416家次，检测171家次，处罚2家；在重点路段架设遥感监测设备，通过遥感设备筛查机动车5698212辆。（李　颖）

【大气污染防治】 2021年，区生态环境局发挥大气小组统筹调度作用，利用“日通报、周调度、月点评”工作机制，及时通报空气质量数据，调度重点工作。全年召开大气小组例会12次，通报空气质量、尘土残存量、建筑垃圾运输专项整治、大气污染类行政处罚等情况。召开专题会11次，重点调度小微工地管控、燃油锅炉改造等工作。区政府常务会会前通报空气质量数据7次。探索研究小微工地扬尘治理，制订《西城区小微工地扬尘治理管理办法》，成立区小微工地扬尘治理工作小组，明确各部门职责分工，各街道落实属地责任，加大巡查检查和处罚力度。继续推动餐饮行业治理，制订《西城区2021年餐饮行业工作方案》。综合运用各种手段强化餐饮行业油烟监管，全面加强餐饮行业升级改造，扩大在线监控监测平台覆盖范围。（李　颖）

【声污染防治】 2021年，区生态环境局以视频会议方式，对各街道办事处城管办和综合执法队进行噪声污染防治方面的业务培训和生态环境方面的法律和执法培训。完成中高考期间绿色护考工作，开展专项检查，建立噪声污染防治工作联络机制，对学校周边、居民区周边各类工业污染源和餐饮企业噪声扰民情况的排查监管，确保良好的考试环境。开展声环境功能区划调整工作，编制《西城区声环境功能区划实施细则》，绘制声功能区划地图。（李　颖）

【固体废弃物污染防治】 2021年，西城区开展危险废物等专项整治三年行动，健全小微医疗机构医疗废物的收集转运体系，积极推进小型医疗机构医疗废物相对集中处置。区生态环境局严格执行危险废物转移联单管理制度，完成转移联单电子化。开展危险废物风险排查，编制《危险化学品废弃物专项整治实施方案》。全年出动41人次检查实验室20家次，检查辖区内涉及危险废物企业147家次。开展塑料污染治理工作，与区发展改革委共同编写《西城区塑料污染治理工作机制的实施意见》，并联合印发《关于落实北京市塑料污染治理行动计划（2020—2025年）工作方案》。（李　颖）

【碳排放管理】 2021年，西城区加强对碳排放单位的管理，督促开展碳排放报告履约工作。区生态环境局为117家重点碳排放单位和一般报告单位提供相关政策指导、填报咨询、核查咨询，并督促履约。开展碳中和调研工作，撰写碳达峰、碳中和研究文章。撰写的《关于我区碳达峰、碳中和的工作建议》在《西城信息（调研与参阅）》上刊发。向区各相关单位、各碳排放单位征集低碳示范项目，审定筛选后向北京市生态环境局推荐10项典型案例、2项示范项目。（李　颖）

【生态环境安全管理】 2021年，区生态环境局对西城区设置在周边区县的在用、备选隔离点开展22家次现场检查和勘查。持续检查辖区内医疗机构、宠物医院、核酸检测点以及疫苗接种点医疗废物处置、废水消毒等情况，督促医疗机构做好医疗废物分类、包装、消毒等管控，杜绝运输环节出现环境风险；继续开展危险废物等专项整治三年行动，健全小微医疗机构医疗废物的收集转运体系，推进小型医疗机构医疗废物集中处置。印发《危险化学品废弃物专项整治实施方案》，出动41人次，检查20家次实验室。继续开展西城区辐射安全隐患排查三年行动，现场检查140家单位。（李　颖）

【生态损害赔偿制度改革】 2021年，区生态环境局结合污染攻坚战成效考核中对生态损害赔偿工作的相关要求，多次召开生态损害赔偿制度改革工作推进会，讨论梳理相关线索。根据年度职权调整及任务需要，新增区城管执法局、各街道办事处为成员单位，并结合成员单位领导的职务变化，调整改革工作小组成员名单。加强对生态环境损害赔偿的业务指导，提升区生态环境损害赔偿工作能力，根据区内实际需求，多次组织各成员单位参加生态环境部、市生态环境局生态环境损害赔偿的线上培训。（李　颖）

【规范行政执法】 2021年，区生态环境局贯彻落实行政执法“三项制度”（行政执法公示制度、执法全过程记录制度、重大执法决定法制审核制度），推进行政执法信息主动、完整、规范公示，强化行政执法全过程记录，落实重大执法决定法制审核。开展2次行政处罚案卷评查及核查工作，评查案卷53卷。对15个街道开展案卷督查指导，组织执法队员深入各街道边督察边学习；针对新修订《行政处罚法》开展2次培训，讲解处罚过程及案卷需要更新修改的内容；加强各街道办事处综合执法规范化建设，对各街道办事处城管办和综合执法队开展大气、噪声污染防治业务培训及相关执法培训12学时，涉及全区15个街道办事处，培训人员293人次。（李 颖）

【环保督察整改落实】2021年，区生态环境局制订《西城区中央生态环境保护督察整改销号工作细则》。组织各街道再次对生态环境保护督察期间群众举报问题的整改情况进行全面自查自纠。对易反弹及未办结案件实地复核。定期调度第二轮中央环保督察整改工作最新进展。区70件相关群众信访案件，完成销号备案67件。开展“扬尘治理百日行动”“小微工地扬尘治理”“子站责任人制”专项督查，督促落实管控效果。（李 颖）

水环境治理

【概况】2021年，西城区加强水环境治理工作，推进全区海绵城市建设，开展“清河行动”和河湖“清四乱”行动，推行河长制，加强水环境巡查巡视，推广再生水使用，强化水污染治理。在全市评比中，西城区河长巡河里程排名第一。人定湖等4个河湖入选北京市“优美河湖”。（曹松涛）

【海绵城市建设】2021年，区水务管理中心完成北京回民学校海绵城市改造工程设计、施工、监理招标程序。海绵型校园样板工程融合雨水利用、景观提升、海绵示范等理念，着力建设透水铺装、下沉式绿地、雨水花园和蓄水利用工程，最大程度减轻城市开发建设对水循环的影响。梳理现有雨水管线系统，增设铺装地面透水系统，提高校园雨水滞蓄能力，增设雨水调蓄回用设施，充分发挥海绵设施的“渗、滞、蓄、净、用、排”功能。启动33处平房院落海绵化改造工程，完成项目前期可行性研究、方案设计、施工、监理招标工作。完成80余处雨水利用工程，透水铺装改造面积约2万平方米。北京蓟城山水投资管理集团有限公司维修透水步道砖2789.4平方米，路缘石27.7米，混凝土抹面109平方米，树池4套，检查井22座，雨水口2座。依托西城区海绵城市联席会议机制，统筹推进全区海绵城市建设。开展区年度海绵城市自评估，年径流总量控制率60%的区域总面积为14.19平方千米，达标区域面积占比28.58%。（曹松涛 张宇）

【水土保持监督管理】2021年，区水务管理中心根据《北京市水务局关于印发2020年度生产建设项目水土保持监督管理督查意见的通知》，利用水土保持专班工作机制，针对存在的问题，逐一反思、讨论，形成整改方案，落实整改责任，逐步建立健全区级水土保持监督管理工作体系。制订《2021年西城区水土保持工作要点》下发各街道及相关部门，确保工作机制良性运转。完成2019年水利部遥感监管违法违规项目查处工作，按要求完成整改。完成2020年北京市遥感监管违法违规项目（第三、四期）查处工作。完成2021年北京市遥感监管违法违规项目查处、整改相关工作。（尤 佳）

【水和土壤污染防治】2021年，区生态环境局制订落实《西城区水污染防治2021年行动计划》和《土壤污染防治2021年行动计划》，每月收集汇总全区各部门工作情况，了解最新进展，调整工作重心。扎实做好水环境治理，深入落实河湖长制，持续开展“清河行动”和河湖“清四乱”行动。开展水环境巡查、巡视，与区水务局协调机制，商讨工作重点，组织开展联合检查4次；开展入河排口分类分级管控，完成156个排口的排查、监测、溯源工作；继续开展饮用水安全保障工作，巡查10座地下水监测井及周边情况。（李 颖）

【河长制实施】2021年，西城区践行河长制工作要求，区委书记、区总河长孙军民调度什刹海西什库76号院上下水改造工作推进实施，协调市区多家单位短时间内妥善解决居民生活用水基本保障需求；专题调研北护城河松林闸运维和河道管护情况，实地了解5G无人船巡查水环境、监测水质等。坚持河湖巡查，区总河长1号令力推持续开展“清河行动”和河湖“清四乱”。区总河长联合签发《北京市西城区总河长令》，在全区范围持续开展流域“清河行动”。区各级河长在“北京河长”APP记录巡河10428人次41831千米，全市排名第一；开展河湖周边环境卫生检查1507人次，检查14422点位，第一时间督导河湖管护责任单位针对性做好整改治理并持续加强水质改善提升。（褚梦雪）

【多单位联动水岸共治】2021年，区水务管理中心将河长制与社会面综合治理相结合，将河湖综合治理与背街小巷环境整治提升、街区保护更新和老旧小区改造相结合，树立流域概念，坚持水岸共治，提升河湖面源污染防治成效。与排水集团密切合作，汛前完成“清管行动”，推进辖区雨污错接混接管理整治和溢流调蓄项目研究探索。与环卫、市政、生态环境、城管执法等单位联动协作，严查向雨水管线倾倒污水污物等违法行为。（褚梦雪）

【水质监测科技创新】2021年，区水务管理中心利用科技手段助力，全面完成水务集中管理平台二期项目。实现5G智能无人船试航巡河检查和水质监测，编制《机器河长工作手册》，为无人船操作使用提供操作说明，在重点断面和条件适宜河湖段设置13部浮台式水质监测设备，并通过移动端APP随时掌握水质情况，基本实现河湖水质即

时查阅分析、水环境变化及时研判应对。（褚梦雪）

城市环保作业

【概况】2021年，北京环雅丽都投资有限公司（原北京市西城区环境卫生服务中心）（简称环雅丽都公司）承担全区主要大街的清扫与保洁，垃圾清运及密闭式清洁站管理，公厕保洁与管理，化粪池的挖掏与粪便清运，部分街道办事处街巷清扫保洁及各种环卫应急保障任务。完成建党百年庆祝活动环卫服务保障任务，完成北京冬奥会和冬残奥会筹备期间的环卫保障工作。开展“红墙先锋在行动，我为群众办实事”活动，组织210名志愿者参与节日期间社区值守、核酸检测、疫苗接种等，以学雷锋日、周末卫生日等为契机，组织党员参加服务社区大清扫、大整治工作。制作庆祝建党百年环卫宣传片《底色》和主题画册《百年芳华映初心，踔厉奋发环卫人》，拍摄《我们走在大路上》视频宣传片，宣传环卫国企的发展历程、改革创新和未来规划。被《北京日报》、《工人日报》、人民网等媒体转发刊登新闻信息100条。加强微信公众号平台建设与管理，全年推送推文538篇，各类宣传海报、长图57张，剪辑制作短视频77个，阅读总量达277809人次。（尹　健）

【重大活动保障和重点任务落实】2021年，环雅丽都公司完成庆祝中国共产党成立100周年大会期间的道路清扫保洁，疏散点、远端集结点的公厕保洁、垃圾收集清运以及环卫应急保障等工作任务。完成全国两会、文明城区创建等重大活动，元旦、春节、五一、十一等重要节日扫雪铲冰、防汛、大风落叶等极端天气期间各项环卫保障任务。实施为民办实事工程，完成政府投资建设项目，整体改造20座二类公厕、36座代管户厕（原计划38座，已拆除2座），全部交付使用。按照“应上尽上，应建尽建，应改尽改”的要求，全面实现各类公厕无障碍整改任务。（尹　健）

【涉疫垃圾清运】2021年，环雅丽都公司压实防疫工作责任，成立涉疫垃圾清运突击队，配备充足的防护装备器具及消杀工具，加强岗前培训，强化检查督导。严格按照《疫情防控工作手册》，加大环卫设施保洁消杀力度。公厕每日消杀不少于12遍次、清洁站每日消杀不少于8遍次；保质保量完成上级部门交办的各项疫情应急保障任务。主动对接并完成全区15个街道办事处的338处核酸检测点、133处疫苗接种点、19处医学集中观察点、1043户居家隔离户防疫重点点位的涉疫垃圾清运工作；全年累计出动22072人次，运输车辆13005车次，清运医疗废物308.85吨，重点管控生活垃圾555.56吨，其他垃圾276.83吨。（尹　健）

【垃圾分类处理】2021年，环雅丽都公司配合责任属地和相关部门，在源头分类达标情况下，确保垃圾分类运输100%达标。形成分类收集、分类运输、分类处理的垃圾专业收运联动机制。严格分类收运标准，及时收运，确保垃圾日产日清。配合做好分类桶站、分类驿站建设，实现所有分类投放点容器、标识、宣传、公示、配置“五规范”。全面推广“不分类，不进站”倒逼机制，增加晚间垃圾收运作业，完善整体垃圾分类作业流程，提高科学化、精细化管理水平。协调解决在处理垃圾过程中出现的各类问题，保障及时处理后端垃圾。（尹　健）

【环卫作业】2021年，环雅丽都公司高标准完成全区主要道路、背街小巷及过街天桥、地下通道、果皮箱、小广告清理等清扫保洁工作。落实西城区空气重污染应急预案和“扬尘治理百日行动”专项行动方案，完成大气扬尘防控和空气重污染应急保障工作。推行高于市级作业标准的作业工艺，全区主要道路和街巷的尘土残存量控制在6克/平方米以内。加强与街道办事处协作配合，创新“垃圾不落地”作业新模式，提高街巷胡同的干净指数和群众满意度。公厕管理工作持续做到保洁及时、维修到位、严格管理，实现粪便的密闭化抽运和资源化处理。加强密闭式清洁站的管理与服务，努力促进全区生活垃圾实现减量化、资源化、无害化。（尹　健）

【企业绩效管理】2021年，环雅丽都公司树立长期“过紧日子”的思想，坚持把“降成本”作为企业发展战略之一，始终把成本控制作为重头戏，采取措施控成本。通过预算管理降成本。采取上下联动，自上而下的方式层层落实全面预算管理，做到量入为出、综合平衡、专项管理，全部经营活动实现横向到边、纵向到底、部门参与、全员控制，有效降低公司成本费用。通过采购节约降成本。公司实际采购规模11636.44万元，节约资金2194.91万元，节约15.87%。采购规模由上年的2大类30余种物品，丰富到10大类近万种物品，新增7类服务类项目和小微工程类项目，实现采购品类全覆盖。通过合理调整路段、优化作业模式、提升薪酬福利等方式激发人的主观能动性，实现人员“零增长”。与2020年7月合并重组时在岗人数相比，公司正式工减员72人，降幅5%；务工人员减员246人，降幅11%，整体人员降幅9%。合理利用闲置资金，提高资金收益、增加纳税金额。公司缴纳增值税及附加税5354万元，缴纳企业所得税1.51亿元。（尹　健）

园林绿化

【概况】2021年，西城区新增城市绿地1.28万平方米，改造绿地3.29万平方米，新建屋顶绿化5095平方米、垂直绿化1167延长米。全

2021 年，位于展览路街道的市花木公司完成屋顶绿化设计改造　　（区园林绿化局　供图）

区有园林绿地面积 1102.24 万平方米。其中公园绿地 550.59 万平方米，附属绿地 551.65 万平方米。绿化覆盖面积 1608.05 万平方米，绿化覆盖率 31.82%，绿地率 21.98%，人均绿地 10.04 平方米，人均公园绿地 4.98 平方米。公园绿地 500 米服务半径覆盖率 97.73%。屋顶绿化总面积 253760 平方米、垂直绿化 115302 延长米。累计创建花园式单位 455 个、花园式社区 28 个。园林绿化局管辖的古树名木 1661 株，其中一级古树 253 株、二级古树 1407 株、名木 1 株。北京市西城区园林绿化局（简称区园林绿化局），挂北京市西城区绿化委员会办公室（简称区绿化办）牌子，统筹管理全区园林绿化工作。西城区公园管理中心（简称区公园管理中心）为区园林绿化局所属相当于副处级财政补助公益一类事业单位，负责区属登记公园的组织人事、劳动和社会保障、财务管理、审计、安全保卫工作。区园林绿化局联合市场监管、城管执法等部门，重点对药店、餐馆、工艺品店和原官园鸟市等开展执法检查 78 次，有效打击野生动物非法贸易。办理 12345 市民热线诉求 400 余件。接待电话、网络、现场咨询 2000 余人次。受理移伐树行政许可 1271 件。办结人大建议 2 件、政协提案 6 件，承接并督办完成市、区折子工程，实事 21 件。公开信息 1141 条，依申请公开信息 9 条，组织会议开放、政务开放日、政府向公众报告活动。（范慧英）

【绿化建设】 2021 年，全区新增平安大街等绿地 1.28 万平方米，完成西单文化广场等绿地改造 3.29 万平方米。公园绿地 500 米服务半径覆盖率从 97.57% 提升至 97.73%。新建屋顶绿化 9 处 5095 平方米、垂直绿化 7 处 1167 延长米，改善区内园林绿化空间结构层次和城市立体景观艺术效果。（范慧英）

【园艺文化推广】 2021 年，区园艺文化推广中心各驿站开展园艺体验活动 688 场，其中线上活动 185 场。举办“园艺文化推广月”，推出“庆国庆——鲜花水果篮”等多场活动。绿色西城微信公众号线上传播园艺知识 820 条，阅读人数 8.1 万。在首都绿化委员会办公室《关于 2020 年度首都园艺驿站工作通报》中，区绿化办获评园艺驿站优秀组织单位，宣武艺园承艺轩驿站和双秀公园园艺驿站获评优秀园艺驿站，2 名工作人员获评先进工作者。在北京国际花园节市民花园竞赛活动中，西城区获金奖 1 个、铜奖 1 个，区绿化办获优秀组织奖。（范慧英）

【花卉布置】 6 月底，区园林绿化局以“喜迎庆典，共谱乐章”为主题，在西城区中轴路设置 5 处大型立体主题花坛，庆祝中国共产党成立 100 周年。围绕红色点位及核心区域，在北京李大钊故居、北京女子高等师范学校旧址、京报馆旧址（邵飘萍故居）等早期革命活动旧址和月坛北街（钓鱼台区域）、前门西大街等区域进行重点花卉布置。9 月，布置“健康中国”“相约 2022”等主题花坛 5 组，形成点、线、面相结合的花卉布局，全方位、多层次打造立体花卉布置景观，营造隆重、喜庆、祥和、温馨、典雅的氛围。（范慧英）

6 月，区园林绿化局在广安门南街布置庆祝中国共产党成立 100 周年花坛　　（区园林绿化局　供图）

【花园式创建】 2021年，区园林绿化局严格按照创建评比标准，加大宣传和投入力度，通过实地走访、加强业务指导和居民议事协调会等方式，发动社区、单位参与创建工作。创建首都绿化美化花园式单位1个（西城区检察院），花园式社区1个（金融街街道民康社区）。（范慧英）

【园林绿化管理】 2021年，区园林绿化局持续推进园林绿化景观常态化、精细化管理。做好林木有害生物防治，针对年内因受气候因素影响，第三代美国白蛾幼虫危害严重并出现不同程度扰民的情况，发挥街道巡绿员作用，加强巡查宣传，指导市民开展简易防控，累计防治树木5.2万株，有效遏制美国白蛾虫害的蔓延。开展冬季挖蛹工作，最大限度减少来年美国白蛾的发生量。持续开展杨柳飞絮治理，协调相关单位，综合利用喷水、冲洗等措施，将飞絮影响降到最低。全年湿化绿地400万余平方米、道路路面128万余平方米。开展园林绿化环境整治专项行动，提升老旧小区绿化管理水平，排查解决树木修剪、树木病虫害和影响居住安全等问题292个。在全市第一、二季度城镇绿地养护管理及第三季度一级绿地复核工作检查评比中排名第一，在全市第四季度城镇绿地养护管理检查评比中排名第二。（范慧英）

【林长制实施】 2021年，区园林绿化局按照市委、市政府《关于全面建立林长制实施意见》的要求，制订《西城区全面建立林长制实施方案》，并通过区政府常务会及区委常委会审议，由区委办、政府办联合印发全区各单位。制订西城区总林长令发布、调度、巡查、部门协作、督查、考核、信息共享和报送、培训等制度，以西城区总林长令形式下发。组织林长巡林检查5次。按照市林长办要求，加快建立“一长两员”（社区林长、绿管员、护绿员）网格化管理体系，夯实管护责任“最后一千米”的要求，完成试点街道社区网格划分。（范慧英）

【古树名木保护与管理】 2021年，西城区加大对古树名木的保护力度，完成编制全区3315株古树名木（含市属公园）全覆盖体检、古树名木保护规划，建设古树名木综合管理平台。宣传古树历史文化，收集整理100株西城古树故事的资料，利用“绿色西城”微信公众号发表西城古树故事12篇。抢救复壮衰弱、濒危古树42株，做到“一树一策”科学修复。开展古树名木安全隐患大排查，及时邀请古树专家会诊，督促属地街道和养护单位及时整改枝杈劈裂，生长环境差等问题。开展古树保护培训，提高管理人员的专业技能。（范慧英）

【公园综合管理】 2021年，西城区完成人定湖公园和宣武艺园“全龄友好型公园”改造。结合公园资源，充分考虑各年龄段人群的需求，融入智慧、节约、海绵、生物多样性、健康等理念，增设儿童、老人休息活动区，补充完善休憩、无障碍等设施，因地制宜设置健身场地和生物多样性保护示范区，提升公园整体服务功能。结合文明城区创建，开展公园行业检查，强化监督考核，全面提高绿化、服务、卫生、安全等方面管理水平。推进垃圾分类常态化，各公园均设置二分类、四分类垃圾桶和公示牌，做到垃圾日产日清、不积压、不溢满。完成月坛、顺城等18处区属公园无障碍设施改造。推进专项清理整治绿地认建认养及公园配套用房出租中侵害群众利益问题，完成万寿公园配套用房整改工作。（范慧英）

【安全监管和应急处置】 2021年，区园林绿化局对园林绿化建设工程和有限空间作业加强安全监管，检查相关单位756家次，出动检查人员1510余人次，查出并整改隐患573处，整改率100%，保证全年安全生产零事故。协调园林绿化抢险队伍完成极端天气和汛期应急抢险任务，出动抢险人员1300余人次，处理树木倒树、折枝等险情394处，排查处置危险树131株。（范慧英）

【园林绿化行业疫情防控】 2021年，区园林绿化局建立健全园林绿化行业新冠肺炎疫情防控机制，严格落实四方（属地、部门、单位、个人）责任，完成监测报告、宣传教育、应急准备和监督检查等工作。各公园严格执行客流管控、测温、扫码入园、环境消杀等措施，提醒游客科学佩戴口罩，及时劝阻扎堆聚集行为。加大野生动物疫源疫病监测和野生动物保护执法检查力度。（范慧英）

【全民义务植树活动】 4月10日，区绿化委员会举办以“全民植绿四十

8月，区内各公园增加巡视频率，提醒游客戴口罩、不聚集（闻昭 摄）

载，美丽中国谱新篇”为主题的第三十七个首都全民义务植树日活动。区四套班子领导与园林行业先进人物、义务植树先进企业和社区志愿者代表等在西单文化广场城市森林二期现场参与义务植树。各街道、公园、园艺文化推广中心以多种形式开展纪念活动。全区2.6万余人参与植树1700株，设宣传咨询站95个，发放宣传材料6.8万份。2021年，在万寿公园、人定湖公园和双秀公园，开展全民义务植树互联网+尽责活动30余场。对外公布11处公园、17处绿地中的林木、古树供社会单位、家庭、个人认建认养。宣传碳达峰、碳中和，举办“双碳”宣传活动30场，发放宣传材料6000余份。（范慧英）

环境绿化作业

【概况】2021年，北京蓟城山水投资管理集团有限公司（简称蓟城山水集团），完成西城区园林绿化的日常维护，什刹海景区管理，市政设施、道路的新建、养护，西单商业街、金融街物业及设施维护管理，园林及市政道路设施的应急抢险及防汛等工作。下设北京鑫雅市政建设工程有限责任公司、北京蓟城智造科技有限公司、北京绿美园林工程有限责任公司、北京三海投资管理有限责任公司和北京西城园林绿化有限责任公司（下辖德外分公司、什刹海分公司、月坛分公司、广安门分公司、陶然亭分公司）。全年接到市12345热线转派市民诉求3241件，其中受理权属案件1683件，协助其他职能部门办理259件，办理退回1299件（非权属案件）。解决率89.01%，满意率91.86%。（温立虎　张宇）

【绿化工程】2021年，蓟城山水集团完成西单体育游园、道路增绿添彩、北京北站南广场3项绿化工程。西单体育游园是在违建拆除基础上建设的一座体育公园，总面积2300平方米，种植乔木39株，灌木45株，地被花卉71.6平方米，早园竹176.6平方米，爬蔓月季55延长米，崂峪苔草587.67平方米，园内安装座椅12个，垃圾桶2个，建设篮球场1个。道路增绿添彩完成绿地改造面积2865平方米，其中G6京藏高速辅路栽植落叶乔木44株；裕民中路栽植落叶乔木15株、落叶灌木60株；景山前街筒子河栽植落叶乔木15株；闹市口大街栽植落叶乔木114株；天宁寺前街栽植常绿乔木2株、落叶乔木14株、落叶灌木36株、常绿灌木5株；长春街栽植落叶乔木107株；永定门内大街栽植常绿乔木3株、落叶乔木4株、常绿灌木8株。北京北站南广场项目改造提升总面积4610平方米，增加月季花架108延长米，栽植常绿乔木32株、乔木17株、灌木18株、绿篱5500株、草坪51平方米、地被624平方米、攀缘植物900株。（张　宇）

【绿化养护】2021年，蓟城山水集团在辖区计补植乔木182株，灌木763株，绿篱、色带251335株，花卉73028株，草坪19740平方米。通过采取复壮措施，455株银杏行道树中焦叶、黄叶占比不到3%，较往年80%以上的黄化率显著下降。夏季景观效果明显改善。加强对696006平方米滨水绿道特级绿地的养护管理。治理杨柳飞絮9378余株。通过悬挂诱捕器，诱捕各代成虫6098头，处理各代幼虫网幕4600处，释放天敌周氏啮小蜂18800蛹，出动巡查、防治人员4200余人次，打药车、高架车、吊车720余车次，有效抑制美国白蛾蔓延。在辖区内进行空间立体绿化，完成7处屋顶绿化2558.21平方米，新建7处垂直绿化，共计1167延长米。共计种植月季220株、地锦300株、佛甲草522.6平方米，花灌木18株，地被及花卉3000余株。（张　宇）

【道路修复改造】2021年，蓟城山水集团完成南横东街、头发胡同等23条市政道路大中修工程。沥青路面完成68796.45平方米。步道完成22827.54平方米。针对区属交通拥堵严重、社会反映强烈的道路节点和路段，公司采取局部调整、改造和综合管理措施，优化道路，完成百万庄大街东口、百万庄大街西段、北礼士路、鸭子桥路、天宁寺前街5处道路交通疏堵改造。翻建改造沥青路面1531.9平方米，翻建改造人行步道2960.7平方米，翻建缘石782.1米，新增绿化210平方米。掘路修复道路56条，修复沥青6086.1平方米，步道2447.3平方米，替换石材105平方米，铣刨5587平方米。日常养护区属道路，共维修沥青108775平方米，铺装人行步道60419平方米，石材铺装5383平方米，维修更换路缘石3622米，维修检查井1050座。（张　宇）

【慢行系统改造】2021年，蓟城山水集团完成23条胡同20千米慢行系统改造。翻建改造沥青路面5287.3平方米、步道17620.1平方米，翻建路缘石2260米，增设阻车桩798根，安装树池口及树池篦子498套，增设路侧检查井盖板40套，设置自行车停车标示116处。（张　宇）

【市政排水管线改造】2021年，蓟城山水集团通过管道疏通、清洗，紫外光固化技术修复、开槽法、暗井改明井、检查井井周加固等措施，完成油漆作胡同、双寺胡同等21条市政排水管线改造，管线总长度5544.3米。（张　宇）

【平安大街环境整治提升】2021年，蓟城山水集团在平安大街环境整治提升项目西城段改造项目中，铺设路面11.6万平方米、改造步道铺装4.5万平方米，新增中央绿化隔离带2815米；全线原有绿地17950平方米，改造绿地面22156平方米，增加4206平方米。其中绿化栽植乔木1000株、灌木247株、色带及绿篱171910株、各类花卉近49万盆。拆除原有配电箱15座，新建9座，移建墙地箱147座，新建管线

2761米、铺设电缆13260米。“多杆合一”改造新建电车杆146根、拆除原有电车杆153根，更换路灯146盏，新建交通标志杆58根、拆除原有标志杆272根，减少214根，电车、路灯、交通等新建各类管线1.4万米。夜景照明安装中央绿化带照树灯3500盏、设置建筑物景观照明节点12处；修缮86栋建筑外立面11700平方米。（张　宇）

【林荫道路建设】2021年，蓟城山水集团完成建设55条林荫道路。种植国槐199株，千头椿5株，白蜡5株，西府海棠38株，碧桃7株，大叶黄杨球16株，金叶女贞球9株，栾树4株，垂柳3株，木槿6株。绿地提升12549平方米，新增绿地约1745平方米。修复步道28022平方米，新增步道5823平方米。安装交通非现场执法设备38套，减少交通标志杆体280处。继续打造南护城河（天宁寺—永定门）15千米滨水慢行示范路段，压缩机动车道宽度，增加非机动车道、人行步道宽度，建成适宜健步和骑行的示范路段。（张　宇）

【地下空洞检测】2021年，蓟城山水集团为防止发生道路空洞塌陷等次生灾害，避免道路大面积沉陷，运用现代科技手段，检测道路地下空洞，提前处置路面塌陷隐患，对137条区管道路进行空洞检测，检测道路总里程85502.5米。完成雷达测线516117.6米，其中机动车道测线201524.5米、非机动车道测线138120.2米、人行步道测线176472.9米。（张　宇）

【桥梁日常检测养护】2021年，蓟城山水集团负责金锭桥、银锭桥、后海西闸桥、西海东闸桥、德胜东桥、德胜西桥、甘石桥、广外大街桥、红莲北路桥等9座桥梁的日常养护维修。对德胜西桥修复汉白玉报鼓石（120厘米×95厘米×15厘米）2块、汉白玉地伏石（120厘米×38厘米×30厘米）2块、白水泥素灰勾缝4平方米。对后海西闸桥拆换花岗岩石材路缘石（12厘米×25厘米×25厘米）0.5米、修复花岗岩石材步道2平方米、修复汉白玉报鼓石（120厘米×95厘米×15厘米）1块、修复汉白玉地伏石（120厘米×38厘米×30厘米）1块。对德胜门内大街板桥拆换步道砖4平方米。对西海南沿东闸桥修复花岗岩石材步道1平方米、修复汉白玉报鼓石（120厘米×95厘米×15厘米）1块。桥梁清洗保洁：对9座桥面清洁栏杆6次，桥梁主体4次。参与琉璃厂过街桥养护，电梯保养24次，电梯维修4次，桥体漆面修复11.5平方米，完成桥梁安保保洁等各项工作。完成对甘石桥、宣阳桥、琉璃厂过街桥、红莲北路桥、广外大街桥5座桥梁的检测。（张　宇）

【城隍庙养护】2021年，蓟城山水集团在城隍庙养护项目中，粘贴仿古面砖52平方米、维修花岗岩景观石灯（35厘米×35厘米×40厘米）2座、维修仿古青砖（24厘米×12厘米×6厘米）255平方米、修复调整花池石框（40厘米×80厘米×10厘米）16米、维修芝麻黑火烧面花岗岩石材（30厘米×70厘米×5厘米）215平方米，清洗、保洁石材墙面及台阶、浮雕墙4次，共计400平方米。（张　宇）

【金融街地下交通及设施维护】2021年，蓟城山水集团完成设备设施巡检工作2000余次、安排维修工作200余项，完成配电柜导线梳理、老化导线设备更换、排水管理清掏、防汛排水、卷帘门维修等工作。4月、10月，对地下交通配电室高压设备进行2次保养清扫，确保地下交通供电设备安全运行。（张　宇）

【西单商业街养护】2021年，蓟城山水集团维修沥青路面2667.2平方米，铺装人行步道335.4平方米，石材铺装2069.73平方米，维修更换路缘石96.5米。维修透水岩步道86.37平方米，石材挡车桩113根，检查井27座，树池框51套。维修灯具131次共195盏。维修电梯35次，各电梯保养25次。完成西单过街天桥桥柱喷漆修补25.3平方米，完成6座过街桥及一座连廊的荷载检测，灯具保洁和桥梁恶劣天气铺设防滑毯等工作。（张　宇）

【节庆景观花卉布置】2021年，蓟城山水集团在“五一”环境布置上坚持“地栽花卉为主、立体花坛为辅，花卉装饰小品为补充”原则。五一前完成全区二环路、三环路、前门西大街等34条大街或地块主干路网绿地和营城建都滨水绿道（西城段）、莲花河滨水绿道（西城段）、什刹海环湖绿道的花卉栽植。累计栽植面积39432平方米（含补植）。在二环、三环路点缀布置95个花球花卉小品。国庆节前，在五一常态化花卉布置基础上，在前门月亮湾、什刹海荷花市场、鼓楼地铁站、金融街、广安门南街设置具有鲜明主题的大型立体花坛。在宣武艺园、人定湖公园、月坛公园、万寿公园、金中都公园等5处区属重点公园设置中小型立体花坛。在广宁伯街、辟才胡同、金城坊街3条道路沿线55根灯杆布置容器花卉。在前门西大街、月坛北街核心保障区增加40组花塔、30组花蘑菇花卉小品。在北京李大钊故居、京报馆旧址、北京女子高等师范学校旧址等早期革命活动旧址及周边道路，布置花箱228个，点缀花堆2处。国庆期间，公司布置主题花坛5组（包含建党百年庆祝活动延续的1组），栽植33处地栽花卉，面积17598平方米。主题花坛部分使用醉蝶、凤仙、孔雀草、鼠尾草、四季海棠花卉品种达20余种42218盆；使用金叶佛甲草、绿叶粉海棠、绿草等品种穴盘苗329082株。在二、三环路主要桥区等6处绿地内，以86个缀花花球花卉小品形成视觉焦点，结合地面花卉配置，渲染景观效果；在前门西大街绿地内，布置30组缀花蘑菇、20组缀花花塔，丰富彩色景观效果。（张　宇）

（**责任编辑**　张振安　齐田）

应急管理

应急综合管理

【概况】 2021年，西城区制定《西城区安全生产“十四五”规划》《西城区“十四五”时期安全发展城市建设规划》，完善核心区专项规划体系，定期召开公共安全形势分析会，分析研判全区公共安全形势，迎接“国家安全发展示范城市创建”复评检查，完成建党百年庆祝活动服务保障和全国两会安全生产保障工作。开展综合减灾示范社区创建工作，61个社区通过复评，8个社区评为北京市综合减灾示范社区。落实常态化新冠肺炎疫情防控工作，组织开展27轮重点行业大规模核酸检测，检测超200万人次。北京市西城区应急管理局（简称区应急局）获北京市“七五”普法先进集体称号、北京市“应急宣传进万家”最佳公益作品奖和北京市首届应急演练竞赛（防汛专项）三等奖。11月5日，中共中央总书记、国家主席、中央军委主席习近平在北京人民大会堂会见全国应急管理系统先进模范和消防忠诚卫士表彰大会代表，西城区消防救援支队焦云龙、王义、张永、张建伟、范国强等5人作为先进代表参加；西城区应急管理综合执法队获得全国应急管理系统先进集体。全年办结“接诉即办”市民服务热线74件、“12350”案件30件，协同办理案件15件。（刘文阁）

【全国两会安全保障】 2021年，区应急局制订下发《关于印发〈2021年全国两会安全生产保障工作方案〉的通知》，明确工作职责、时间安排和阶段措施，抓好保障任务分解落实。2月19日，区应急局召开辖区9家重点工业企业和16家加油站动员部署会，要求企业做好全国两会安保及防恐防暴工作，全方位检查厂内设备设施，对人员开展三级教育，特别是加油站要做到安保执勤力量在岗、反恐应急装备齐全、反恐应急预案演练到位，及时化解内部矛盾。摸底排查涉及全国两会会场、住地周边200米范围内的生产经营单位，建立台账184家。完成三轮全覆盖执法检查、整改复查，巡查行车路线周边200米范围内的生产经营单位。出动5个执法科室队、15个街道安全生产检查队、16个部门安全生产督查检查队进行安全生产执法检查。全区应急系统检查6730家，出动人员8186人次，发现隐患7733项，消除6011项，下达责令限期整改指令书2044份，处罚2家罚金8000元。（王　蕊）

【建党百年庆祝活动服务保障】 2021年，制订下发《西城区应急管理局关于印发〈重大活动期间局领导带队督查检查方案〉的通知》。6月7日至7月1日，区应急局负责人带队开展安全生产督查检查，做好重大活动期间安全生产保障工作。召开西城区“护航100”安全生产决胜决战阶段动员部署会。统筹调度区、街安全生产执法检查力量，督促落实属地监管职责，发挥街道城市协管员队伍作用，开展“护航”执法检查行动，对庆祝中国共产党成立100周年活动重点场所周边200米范围内及重要路线沿线企业进行全覆盖执法检查和动态巡查，消除安全生产隐患。7月10日前完成两轮全覆盖检查，建立基础台账495家，出动执法力量929人次，检查1870家次，查处并消除隐患15处。（王　蕊）

【应急宣传培训】 2021年，区应急局在“5·12”全国防灾减灾周、“6·16”安全生产月期间，举办宣传活动40余场，发放宣传材料4万余册，向市区两级媒体报送新闻稿件10余篇。开展“应急先锋·北京榜样”“应急宣传进万家”等特色品牌宣传活动。利用“西城应急”微信公众平台推送内容900余条，阅读量124万人次，分享近5万次，粉丝数超2.5万人。区委党校举办2021年处级干部应急管理专题培训班，区相关委办局、街道主管领导参训，区属14家一级企业主管安全生产负责人首次参加培训。11月26日，市应急局赴西城区开展“法律十进”“以案释法”主题普法活动。区应急局负责人和部分街道代表参加活动。市应急局赠送优秀法律宣讲视频、新修订《安全生产法》宣传手册、《北京市生产经营单位安全生产主体责任规定》等普法宣传资料。区应急局专题汇报法治政府建设、案卷审查、案例报送、法治宣贯等情况。街道代表交流讨论辖区安全生产法治宣贯情况及经验做法。（邵俊菖　阮颖斐　刘晓娜）

【应急队伍建设】 2021年，区应急局依托15个街道安全生产检查队成立15支应急志愿服务支队，人员282名。在市应急委组织的2021年度应急志愿服务评比中，西城区众诚聚力社会防灾减灾服务中心、北京志援应急救助促进中心和金融街街道丰汇园社区分别被评为最佳应急志愿服务项目、最佳应急志愿服务组织和最美应急志愿服务社区。11月30日，区应急局发布《2021年北京市西城区职能部门专职安全员招聘公告》，参加笔试人员306名，面试入围87名，最终招聘43名。（刘林婧）

【应急值守例会】 2021年，区应急局每周组织各街道参加全市应急系统视频例会，通报全区突发事件和应急值守情况，传达市领导对西城区突发事件和应急值守工作批示要求。全年组织参加市应急系统例会50余次、区视频例会41次，视频抽查街道115次。（樊　磊）

【公共安全形势季度分析会】 1月18日，区应急局召开第一季度公共安全形势分析会。区委常委、常务副区长喻华峰出席会议并讲话，区应急委各成员单位负责人参加会议。区应急局、区消防救援支队、区城市管理委总结2020年全区公共安全情况，分析研判第一季度公共安全形势，部署全区安全生产和城市消防安全，城市运行安全和冬季扫雪铲冰等重点工作。会议强调，做好重点节日和重大会议应急值守保障工作；落实安全生产与防火各项措施；严防发生外力施工破坏地下管线事故，做好燃气供热安全保障；做好新冠肺炎疫情防控工作，精准防控到位、应急处置迅速。4月1日，区应急局召开第二季度公共安全形势分析会。区委常委、常务副区长朱国栋出席会议并讲话，区应急委各成员单位负责人参加会议。区应急局、区消防救援支队、区城市管理委分析研判全区第二季度公共安全形势，部署安全生产、公共卫生、城市运行、重点时期服务保障、城市消防安全等重点工作。会议强调，深化安全生产专项治理三年行动计划，提升安全生产水平；抓好消防安全管理，紧盯重点领域、重点部位；加强建筑施工现场的安全监管，措施落实到位；做好市政基础设施设备的检查、维护和应急处置；做好重大活动安全服务保障工作，确保建党百年庆祝活动安全保障工作完成。7月21日，区应急局会同区安委会办公室召开第三季度公共安全形势分析会，朱国栋出席会议并讲话，区应急委各成员单位负责人参加会议。区应急局、区消防救援支队、区城市管理委分析研判全区第三季度公共安全形势，部署安全生产、公共卫生、城市运行、重点时期服务保障、城市消防安全等重点工作。会议强调，重大活动后不可放松心态，确保电动车安全防治取得实效；加强对违建隐患治理，排查根除安全隐患；做好极端天气应对的各项准备。9月29日，区应急局召开第四季度公共安全形势分析会议，副区长陈朝晖出席会议并讲话，区应急委各成员单位负责人参加会议。区应急局、区消防救援支队、区城市管理委分析研判全区第四季度公共安全形势，部署安全生产、公共卫生、城市运行、消防安全、十一和十九届六中全会安全保障等重点工作。会议强调，强化应急值守工作，做好重点节假日及重大活动安全保障工作；加大执法力度，务必解决因电动车亡人等问题；与市级专业部门协同配合，做好重点区域的城市基础设施安全巡检和维护；做好常态化疫情防控，定时对重点行业从业人员开展核酸检测工作。（刘晓娜）

【区应急视频会议四级联动系统项目】 2021年，西城区发挥信息化建设支撑作用，完成全区应急视频会议四级联动项目建设工作。3月31日，区应急局召开西城区应急视频会议四级联动系统项目终验专家评审会。项目建设以区政府视频会议系统为基础，实现市—区—街道—社区四级视频会议快速联动体系。为全区125家公办学校建设移动视频会议系统，配置移动单兵会议设备，实现日常应急值守、突发事件现场调度指挥等功能。专家听取建设单位整体情况介绍、承建单位建设情况汇报、监理单位监理意见报告，审阅项目文档，观看现场演示，提出补充完善建议。经质询讨论，认为该项目完成合同约定建设内容，系统经试运行稳定可靠，使用效果良好，同意该项目通过终验。（鄢　微）

【应急管理工作调研】 2月11日，应急管理部书记黄明到西城区应急指挥中心慰问，副市长卢映川、市政府副秘书长韩耕、市应急局局长张树森参加。区应急局领导汇报全区执行24小时值班值守制度，启动社会面一级防控，水、电、气、热城市运行保障，四级联动视频系统、800兆电台、处突应急单兵等信息化系统全天候运行，遇有突发事件迅速启动应急预案等情况。12月20日，副区长王中峰到区应急局调研，了解全年工作任务完成情况和2022年重点工作任务计划安排，分析研究火灾事故、管线事故多发、频发等情况，部署下一步工作任务及措施。（何爱民　张迪）

【安全生产紧急工作会】 2月23日，

区安全生产紧急工作会召开。区委书记孙军民主持会议并讲话。区应急局相关负责人通报西长安街街道爆燃事故相关情况。区四套班子主要负责人、区委区政府分管负责人，区委区政府各部、委、办、局，双管单位、建设指挥部、各街道、事业单位（含学校、医院）、区属国企等主要负责人参加会议。当日，区应急局传达部署市液化石油气安全工作会议精神，通报西城区爆燃事件，要求依法压实燃气供应企业和燃气使用单位安全主体责任，筑牢安全防线，落实西城区液化石油气安全管理11项工作措施，对辖区内使用瓶装液化气生产经营性单位逐一登记造册，全力做好风险防控。2月23日8时14分许，位于西城区西绒线胡同1号北京德峰餐厅发生液化石油气爆炸事故，造成1人死亡、6人受伤，直接经济损失约473.64万元。（徐永吉　孙凯）

【现场督察市挂账隐患】3月31日，区应急局领导带队现场督察市挂账隐患整改情况。实地走访物美超市新街口店、北京华天延吉餐厅和长安商场等单位，现场听取整改进度汇报，查阅隐患整改资料。延吉餐厅液化气瓶改电，隐患问题整改完毕。物美新街口店招标厂家进驻更换消防中控室火灾报警控制器。长安商场检测国家明令淘汰变压器2台设备，确定设备老旧且高耗，申请设备更换。督察组提出要高度重视市挂账隐患整改工作，落实整改责任，细化整改举措，限时整改到位。对查出的隐患问题整改不力、进展迟缓、效果差的要严肃追责问责。（孙　凯）

【国家安全发展示范城市创建复评】9月1日，市安委会办公室组织评价组专家，采取听汇报、查看资料、实地检查等方式，对西城区开展国家安全发展示范城市创建工作进行复评。查验2020年评价中发现问题整改情况、抽查中未覆盖城市安全发展评价指标情况。区应急局、市公安局西城分局、区消防救援支队等进行现场或电话说明。实地查看西长安街街道、月坛街道两个社区，询问社区内电动车充电桩、充电柜安装和使用情况，查看社区内外消火栓（消防水鹤）检查记录、现场出水情况，翻阅社区开展交通安全、消防安全、家居安全、学校安全等方面活动资料。实地走访区应急局、区城市管理委和区市场监管局，查看评价指标中部分平台系统创建和使用情况。通过复评，明确西城区创建国家安全发展示范城市内容和要求，对完善创建工作提供专业指导。（封吹雪）

【大数据平台与业务整合升级项目】9月23日，西城区安全生产大数据可视化分析平台优化改造与业务整合升级项目竣工，区应急局组织信息化专家组召开终验评审会。专家组听取项目建设工作汇报、观看系统演示、审阅项目文档，对项目功能提出补充、完善建议。经质询讨论，认为承建单位按照合同约定，完成控制数据管理系统、控制数据分析系统、控制风险展示系统等升级改造；开发的安全生产监管移动应用系统、应急管理监管门户系统、业务系统整合、液化石油气专项检查系统达到预期目标。试运行期间，系统运行稳定，满足用户需求，项目管理规范，文档齐全，符合验收要求，一致同意此项目通过竣工验收。（郄　徽）

安全生产监督管理

【概况】2021年，西城区编制印发《西城区“十四五”时期安全发展城区建设规划》。开展安全发展示范城市创建工作。组织开展大型储能站专项排查、液化石油气专项整治、有限空间联合执法、校外培训机构和寄宿制学校隐患排查和危险化学品种类、数量、储存、使用、处置专项检查。办理危险化学品经营行政许可、颁证33家，易制毒备案统计4家。组织辖区生产经营单位签订2021年信用承诺书，督促企业落实安全生产诚信制度。区域内8921家企业投保安全生产责任险，保险费1901.6万元。加大安全生产宣传培训和执法检查力度，提升城市安全治理能力和保障能力。

（潘海燕　邵丹丹　颜伟）

【安全生产专项整治】2021年，西城区开展安全生产专项整治三年行动，西城区“三年行动专班”组织区应急局、区生态环境局、区消防救援支队、区住房城市建设委、区城市管理委、区人防办等部门，梳理、建立3个专题7个专项目标任务清单183项。各部门、各街道摸排对本行业、本辖区重点场所，边查边改、立查立改，依托信息系统建立2021年“问题隐患清单”。183项目标任务全部完成，完成率100%。建立“问题隐患清单”1929项，其中一般隐患1907项，重大隐患22项，已全部整改，销账率100%，2项突出问题和5项制度措施均完成落实。（张　峥）

【安全发展示范城市创建】2021年，西城区在安全发展示范城市创建工作中，“北京市城市安全发展能力”评价得分95.5分，全市排名第二。源头治理、基础提升、精细监管、预防双控、防灾减灾、科技文化等方面均高于全市平均水平。在全市率先编制印发《西城区“十四五”时期安全发展城区建设规划》，从科技、管理、文化三个维度统筹谋划安全发展示范城市创建工作，提升城市安全治理能力和保障能力。

（封吹雪）

【企业达标创建】2021年，西城区印发《西城区安委会办公室关于进一步深入推进企业安全生产标准化建设工作的实施意见》，指导区房管局首次开展117家三级住宅物业企业达标创建工作。完成达标创建企业2629家，其中三级达标企业170家、小微达标企业2459家，目标完

成率 146.06%。（宋志娟）

【危险化学品监管】 2021 年，区应急局印发《关于开展全区普通中学实验室危险化学品使用安全标准化创建的工作方案》《2021 年危险化学品安全监管检查工作方案》《西城区区属医院危险化学品安全使用专项检查工作方案》，开展全区 44 所中学实验室危险化学品安全管理检查评估，19 家科研机构实验室安全隐患排查，11 家区属医院氧气（瓶）站及相关危险化学品种类、数量、储存、使用、处置等环节专项检查。与区市场监督管理局、区生态环境局、区体育局等部门，联合开展危化品销售企业、工业企业、游泳场馆等检查 121 家次。

（宋志娟）

【特种作业考核】 2021 年，区应急局组织完成特种作业考试 7 次，理论考试 4067 人，实操考试 4768 人。到考点检查巡考 44 次。接待关于特种作业方面答疑面询 5 人，电话咨询 30 人次。（宋志娟）

【大型储能站（设施）专项排查】 2021 年，区应急局开展大型储能站（设施）专项排查工作，汇总统计成员单位摸排各类储能电站（设施）、充电桩、充电柜运行状态情况，检查老旧平房用电情况和电动自行车使用管理情况，建立台账，形成分析报告。全区出动检查人员 1071 人次，检查大型储能站 2 家，停运评估 1 家，储能设施 727 家，充电桩、站 1550 家，整改各类用电隐患 471 项，现场制止违规充电 23 起。开展大型储能站风险评估，组织相关单位及企业参加风险评估工作会，对全区在账 2 家大型储能电站拆除情况全程跟进，形成风险评估阶段性进展报告和工作总结。跟进新产生大型储能电站和在账储能设施动态监管。（王　蕊）

【校外培训机构和寄宿制学校隐患排查】 2021 年，区应急局制订专项行动工作方案，全面摸排校外培训机构和寄宿制学校安全情况，建立安全管理基础台账，属地摸排校外培训机构和寄宿制学校 419 家，行业摸排校外培训机构和寄宿制学校 801 家。出动执法人员 272 人次，检查校外培训机构及寄宿制学校 177 家次，发现并整改隐患 227 处，下达整改通知书 42 份，罚款 1 万元，查封 4 处。（王　蕊）

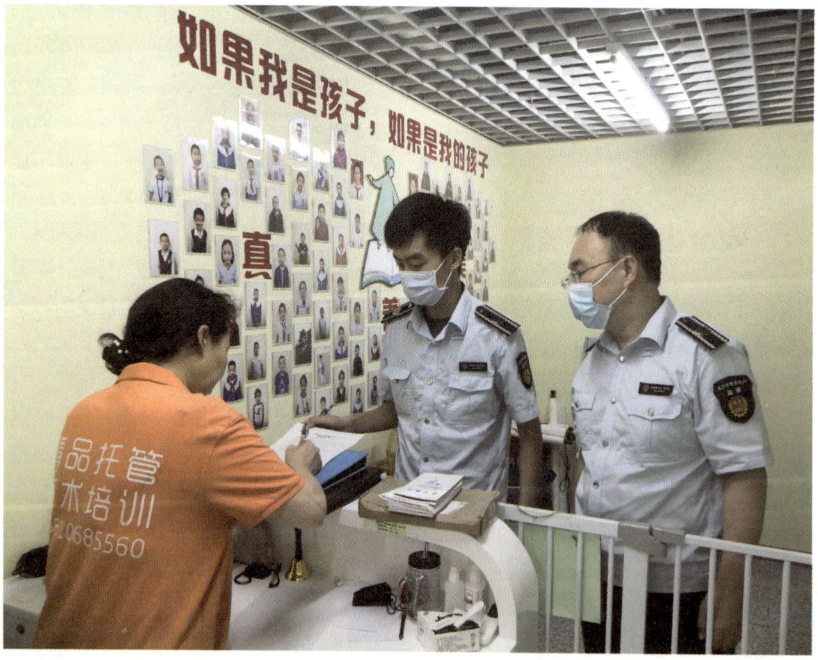

7 月 19 日，区应急局对校外培训机构和寄宿制学校进行安全执法检查（区应急局　供图）

【生产安全事故情况】 2021 年，西城区发生各类生产安全事故 7 起，死亡 4 人，事故起数连续六年下降。其中工矿商贸事故 5 起 4 人，比上年增加 2 起 1 人；生产经营性火灾事故 2 起 0 人，比上年减少 4 起 0 人；未发生生产经营性道路交通死亡事故，与上年持平。（汲言腾）

【安全生产检查与执法】 2 月 9 日，区委常委、常务副区长喻华锋带队，组织大栅栏街道、牛街街道、广内街道、区城市管理委、区城管执法局、区消防救援支队、区市场监管局等部门，联合检查西城区餐饮、超市、在建工程三类场所 6 家生产经营单位。重点检查新冠肺炎疫情防控、液化石油气使用、食品卫生、电气安全、疏散通道、安全生产以及应急工作。要求各生产经营单位落实疫情防控措施，做好人员登记、定期消毒等防疫工作。加大安全检查频次，严格遵守操作规程，重点抓好防火用电安全。做好未离京职工安全、生活保障工作。2021 年，全区参加检查人员 46.82 万人，监督检查企事业单位和场所 29.6 万家，发放宣传材料 46.22 万份，发现隐患数量 14.97 万项，隐患整改数量 13.58 万项，责令改正、限期整改、停止违法行为 4.38 万起，责令停产、停业、停止建设 1521 家，处罚罚款 1625 件 973.20 万元。

（唐文浩　王蕊）

【液化石油气专项整治】 3 月 9 日，区应急局会同区城市管理委员会、区市场监管局、区城管执法局、区消防救援支队等部门组成联合检查组，对牛街街道、陶然亭街道液化石油气非居民用户开展抽查检查。检查组采取聘请专家、“四不两直”方式随机抽查 4 家液化石油气非居民用户，重点检查主体责任、用气场所安全、气瓶使用、安防设施、供气单位、后厨操作间等方面。对发现的燃气隐患，现场督促有关部门、街道采取有效措施立即消除隐患，切实做到措施、责任、资金、时限、预案“五落实”，在改电、改气施工过程中，加强施工安全管理，按照“随检查随录入、随整改随录入”原则，动态更新隐患整改情况。5月底实现全区880家非居民用户液化石油气动态清零。开展京鼎大厦、储能电站等专项整治，落实24小时执法值守及巡查检查。（赵志娜）

【安全生产宣传培训】6月16日，区安全生产委员会办公室在大观园广场举行西城区安全月主题宣传日，相关委办局、街道、企业10余家单位出席活动。各相关单位设立咨询展台，摆放安全生产宣教展板，现场进行应急救护培训，宣讲燃气安全、卫生应急、交通安全等方面知识。发放安全生产、应急管理、防灾减灾等宣传材料1万余份。区消防救援支队科普宣传车现场展示播放消防教育宣传片，消防队员向居民讲解灭火器使用方法。全区各相关部门、街道、企事业单位设置分会场，同步开展安全宣传咨询日活动。7月5日，区安全生产委员会办公室组织全区53家成员单位，参加全市新修订《安全生产法》专题培训。应急管理部政策法规司副司长郇燕云围绕修法总体思路、主要修改内容及地方政府和有关部门安全监管职责等方面解读新修订《安全生产法》。12月1日至7日，区应急局对新修订《安全生产法》组织开展宣传周活动。理论中心组专题学习新修订《安全生产法》。发放新修订《安全生产法》读本7000余本。在部分地铁普法自助站放置读本，利用地铁人流量大特点，拓宽普法受众。落实“谁执法谁普法”责任制，在执法过程中进行新安法宣贯。宣传周期间，执法人员为生产经营单位送“安法大礼包”80余份，包括新修订《安全生产法》宣传手册、《北京市生产经营单位安全生产主体责任规定》《突发事件应对法》《消防法》及宣传海报等普法资料。发放回收《新安法宣贯情况调查问卷》80余份。利用辖区大屏幕播放《安全生产法》宣传视频及宣讲视频。组织行业主管部门、街道办事处和辖区生产经营单位收看宣讲视频。对全区16家被督查单位安全生产宣贯培训情况全面督查，及时查漏补缺。

（邵俊莒　阮颖斐　王蕊）

【“双防一推进”专项行动】7月26日至9月30日，区安全生产委员会办公室组织开展为期两个月的有限空间作业“双防一推进”（防止违规作业、防止盲目施救，推进企业落实主体责任）监督执法和安全检查专项行动，拉网式排查重点单位、重大活动、重要会议驻地及沿线周边等区域涉及有限空间作业。完善基础台账，制作有限空间企业画像，针对作业“全自主、全外包、半外包”3种类型，有区别、有侧重针对性指导。检查企业4043家次，检查项目4622项，现场检查记录1852份，查处隐患3143处，下达限期整改指令书275份，现场处理措施决定书65份，立即整改2252处，限期整改996处。（王　蕊）

【有限空间安全管理】7月13日，区安全生产委员会办公室组织全区41家成员单位、安全生产工作分管领导及相关工作人员，参加全市有限空间作业安全生产工作视频会议。市安全生产委员会办公室通报近期全国事故及本市“7·11”有限空间作业生产安全事故情况，围绕有限空间作业准确风险识辨、严守操作规程、强化警示教育、全面开展排查、强化执法检查、落实监管责任6个方面提出具体要求。8月4日，区应急局带队，联合区房管局、街道、区消防救援支队，开展有限空间联合执法检查行动，检查2家大厦的物业污水井、化粪池等区域，重点检查作业人员安全培训、有限空间作业审批、安全警示、应急措施、特种作业人员持证上岗以及劳动防护用品配备等情况，对发现隐患立即整改，采取防范措施，指定专人盯守，跟踪落实。9月22日至24日，根据市安全生产委员会办公室统一安排，聘请专家对西城区开展有限空间作业调研，选取辖区重点工贸企业和相关行业、企业20家，涉及排水供电、园林绿化、住房建设等重点行业领域。对企业有限空间安全管理责任落实、制度措施、培训档案、过程管理、作业单元设备设施管理、应急救援预案

8月4日，区应急局联合区房管局、街道等开展有限空间作业安全生产专项执法夜查（区应急局　供图）

及演练，部分外包作业安全生产管理等方面全面调研，梳理并现场指导。（刘笑　孙凯　王蕊）

【金融街论坛会场安全检查】10月18日，区委常委、常务副区长朱国栋，区应急局及相关单位负责人对金融街论坛会场进行安全生产检查，现场听取酒店和施工方对临时搭建项目和施工进展情况介绍，重点检查新冠肺炎疫情防控、安全用电、消防安全、特种作业和安全防护等情况。（刘　笑）

【安全生产督察】11月25日至12月10日，西城区开展安全生产延伸督察和驻地督察工作。朱国栋统筹调度，区委组织部选派24名干部成立4个督察组，综合督察全区8个重点行业部门、4个街道及4个区属国有企业，聘请8名专家延伸督察48家生产经营单位。督察期间，督察组查阅资料3100余份，个别谈话53人次，听取工作汇报26次，初步梳理问题清单160项。（孙　凯）

防汛防旱

【汛期保障】2021年，区应急局制订《西城区2021年防汛工作要点》《2021年西城区防汛工作手册》等制度规范及风险图，实现防汛工作手册化。开展防汛业务培训和防汛演练超320场次，覆盖人员超1万人次。落实区、街、社区三级防汛领导指挥体系，严格执行24小时值班和领导在岗带班制度。汛期全区14万余人次值班备勤，处置汛情377处，解决房屋漏雨、倒树、滞水等案件704件，处置涉汛负面舆情3起。7月下旬至8月上旬，做好汛期危险化学品企业安全工作，重点检查储罐、管道、围堰、雨水管路、排水闸阀、防汛器材等设备设施。开展针对性应急处置演练，完善专项应急处置措施，畅通事故信息报送渠道。督促企业开展隐患排查治理，排查安保装置、危险化学品及危废品储存等安全情况，检修防雷设备、电气线路等，对自查中发现的问题隐患，落实专人限时整改。（房子舒　李雅斯）

【防汛工作动员部署会】5月14日，区应急局召开防汛工作动员部署会，明确西城区于5月16日早8时正式上汛。区防汛分指33个成员单位及15个街道办事处防汛主管领导及工作人员参加视频会议。区应急局汇报汛前准备工作情况及安全度汛各项工作要求，区水务局防汛专项分指、区房管局防汛专项分指、陶然亭街道、市排水集团一分公司汇报汛前准备工作。（房子舒）

【市防指检查西城区防汛工作】5月20日、8月6日，市防汛指挥部2次到西城区开展防汛工作检查。区应急局按照防汛“六落实”（抓防汛责任落实、抓隐患排查整改、抓防汛规章制定、抓抢险队伍建设、抓防汛物资准备、抓避险措施落实）汇报工作。重点汇报值班值守、险情处置、信息报送等应对措施和重点隐患排查、整改情况等。检查组查阅防汛工作方案、台账、档案等材料，实地抽查养老院、学校、危旧房屋等重点部位。区防汛办表示贯彻落实市委市政府工作部署，加大检查力度，强化隐患排查治理能力，实现防汛工作总目标。（房子舒）

【防汛综合演练】6月18日，区应急局组织开展2021年防汛综合演练，市应急局救援协调和预案管理处、应急管理事务中心、中国水利水电科学研究院、区应急局有关领导在主会场观摩演练，区各防汛专项分指、街道分指领导在分会场观摩演练。演练以暴雨黄色预警为背景，设指挥决策、道路积水排除、供电线路应急抢修、建党百年庆祝活动防汛应急、地下空间应急排水、危旧房屋人员转移与加固6个科目，确保在暴雨天气条件下高效指挥调度防汛工作，提高快速处置抢险救援能力。（房子舒）

【防汛业务培训】6月25日，区防汛指挥部办公室召开防汛业务培训会，邀请市防汛专家对全区防汛工作人员进行业务培训。区委宣传部、区委网信办、区政府办、区城管指挥中心、武警北京总队执勤第三支队、区人民武装部和15个街道防汛主管领导等参会。市防汛办专

7月12日，西城区组织防汛抢险队伍，及时处置暴雨量级强降雨汛情　（姜真　摄）

7月27日，区应急局在北京市第六十六中学组织开展地震应急综合演练　　（区应急局　供图）

家从防汛基本情况、工作体系、工作要点、值班要求等4个方面内容结合西城区防汛工作实际进行专题授课。（房子舒）

【应对强降雨工作】 7月12日，西城区平均降雨量104.5毫米，达到暴雨量级。朱国栋带队检查德内大街174号深基坑、西什库76号院老旧危房、莲花池东路汇融大厦雨水方沟等隐患点位。全区33个成员单位和15个街道防汛带班领导全部在岗，组建2922人专业救援队伍和3676人防汛抢险队伍，检查、巡查重点隐患点位，部署15类专业防汛物资，各专业部门安排1002人对辖区危旧房屋、低洼院落、建筑工地、深基坑、人防工程、下凹式立交桥、景区、重点树木和道路、排水设施、道路易积滞水点和雨水口等重点隐患部位加大巡查力度，处置各类险情99处。（房子舒）

【防汛救援实战演练】 7月10日，西城区消防救援支队组织开展防汛救援实战演练，对支队所属8支救援站级防汛救援队，30个备防小型站防汛救援力量逐一开展实战拉动。灭火救援指挥部部长在支队指挥大厅全程指导演练工作。演练设置实战拉动、防汛器材装备点验、现场实操等演练科目，通过4G图像传输系统，实时监控各基层单位力量集结、实地操作等现场情况；各参演单位按照演练要求，检查快速响应、快速集结、人员职责分工、防汛器材装备维护保养情况，达到实战化练兵效果。（唐赵凯）

震灾应急救援

【第一次全国自然灾害综合风险普查】 7月，西城区成立第一次全国自然灾害综合风险普查机构，制订下发《西城区第一次全国自然灾害综合风险普查落实方案》、工作规则和普查实施细则。与交界区（东城区、朝阳区、海淀区）沟通，明确责任，更新和确认263个社区行政驻地。组建545人的普查队伍。印制1500张海报和宣传材料，集中开展宣传。完成地震灾害调查、气象灾害调查、应急系统调查、干旱致灾调查工作。（宗茜　高永红）

【地震应急综合演练】 7月27日，在纪念唐山大地震45周年前夕，区应急局、区教委、白纸坊街道在北京市第六十六中学联合开展“2021西城区地震应急综合演练”活动。演练模拟华北某地发生6.0级地震，波及西城区大部分地区为背景，按照加强领导、强化责任、精心组织、确保安全、正面引导、强化宣传要求组织实施，设置应急启动、应急指挥、自救互救、紧急疏散与安置、人员搜救、医疗救治和卫生防疫6个演练科目，7家单位约200人参加。活动期间，进行自救互救演练，对受伤人员进行伤情处理并转移至医疗急救站。（张　立）

【升级气象灾害防御中心工作平台】 11月8日，区应急局与区科信局、区全响应中心沟通，将全区37个实时雨量数据站实时数据，共享链接至西城区气象灾害防御中心工作平台，实现区域内自动气象站观测数据实时展示、全区及15个街道平均降水量等气象数据快速统计、雨情监测和趋势预报及北京地区降水分布情况以降水落区图形化展现，为全区防汛指挥提供数据支撑。（白　鸥）

【轻型地震救援演练】 12月14日，西城区消防救援支队开展轻型地震救援队实兵实装拉动演练，灭火救援指挥部、作战训练处和信息通信处参加演练。演练采取不打招呼方式，利用直接开赴模式进行集结。演练历时7个小时，按照应急响应、力量投送、现场救援3个阶段展开，设置7大类41个实战演练科目，涵盖集结出动、人装点验、徒步行进、行动基地搭建、生命迹象搜索、大面积坍塌人员搜索、车辆事故救援、向上破拆救援、横渡精准破拆救援、水平支撑巷道破拆救援、狭小空间向下破拆斜下救助、黑暗受限空间搜救等实战科目，以及通信保障、战地政工、战勤保障、宣传报道等遂行保障科目。（唐赵凯）

消防安全管理

【概况】 2021年，西城区消防救援支队根据消防队伍转隶改革工作要求，消防队伍完成从部队到地方转变。支队下辖8座消防救援站、36座小型消防站。完成春节、全国两会、建党百年庆祝活动等重点时段

6月8日，区消防救援支队首创平房院落安装消防水喉　　（闻昭　摄）

消防安保任务。完成对1536家单位调研，搭建“消防＋环卫”“消防＋交通”联勤联动体系，进行实战演练384次、联勤联动单位756次。建成消防科普基地53座，总面积10458平方米，科普受众29738人。对占用、堵塞消防车道等违法行为执法处罚37.6万元、清拖占道私家车50辆、拆除违建420平方米、清理擅自加装地锁等违规设施68处。完成全区18家大型商业综合体、181家文博单位、40处快递物流站点联合督查、交叉互查行动，督办整改隐患1132处。组建消防夜间巡逻队，新建西长安街街道西交民巷等6座小型消防站，首创平房院落安装消防水喉。招录专职消防员174人，全区站点总数达36座，平均管辖面积缩小至1.15平方千米。全年平均接警到场时间5分16秒，“五分钟消防”工作目标基本实现。整合精简727余组微型站、3000余人应急处置力量。截至12月31日，全区发生火灾89起，死亡3人，社会面未发生较大以上火灾事故；消防监督执法136587家，发现整改隐患27536处。西城区消防救援支队立应急管理部集体二等功，府右街特勤站获“第20届全国青年文明号”“全国应急管理系统先进集体”称号。（唐赵凯）

【春节期间消防保障】 春节期间，西城区消防救援支队主官带班24小时在位、双指挥长值守，8个消防救援站、28座小型消防站，74部消防车、370名救援人员24小时高度戒备。划分48个执勤网格，48部消防车、240名救援人员靠前驻防、动态巡控。全区1038个微型消防站、社会志愿力量纳入支队自组网电台调度指挥体系，确保遇到突发警情，协同高效处置。开展大型城市综合体专项调研，完成重点单位、重要场所灭火调研、演练及方案修订工作。保养市政消火栓1109座，开展重点单位调研100余次，修订完善灭火救援作战方案500份；开展实战拉动演练65次，其中夜间演练16次。火警高发时段全体消防员战斗服不离身，保证出动快、到场快、灭火快。重点时段部署36个消防站70余名救援人员在重点小区和路段巡逻。在全区26个居民密集区部署临时驻守执勤消防车26部、消防救援人员130名。东经路和什刹海消防救援站开展动态执勤，组织50名精干人员组成灭火救援攻坚突击队，实施24小时备勤，随时做好现场灭火救援和反恐处突工作。春节期间全区接报火警15起，出动消防车90车次，消防救援人员450人次；抢险救援5起14车次70人次；社会救助4起7车次35人次。（唐赵凯）

【消防安全检查】 1月19日，区委常委、区纪委书记、区监委主任袁海鹏带队组织区应急局、区消防救援支队到金融街、西长安街街道对生产经营单位及居民住宅楼等开展消防安全隐患专项督查，重点检查用电设备、液化石油气使用管理、消防设备设施等。金融街街道、西长安街街道随行汇报消防安全管理工作开展情况、针对消防隐患采取的措施等。（何爱民）

【典型火灾扑救战评会】 5月18日，西城区消防救援支队组织召开典型火灾扑救复盘战评视频会议，副支队长王永波和总队作战训练处、支队灭火救援指挥部、火灾调查处负责人，主战、增援队站代表在主会场参加会议，消防站救援人员在分会场参会。复盘战评会按照“现场察看、视频回放、行动复盘、情况介绍、提问答疑、分析研讨、总结讲评”步骤开展，用视频录像、火灾简易平面图、PPT演示、现场提问方法，复盘总结“5·14”北礼士路60号院火灾案例。各参战消防站剖析总结可能存在问题；总队作战训练处点评居民楼火灾特点、扑救措施及亡人火灾灭火行动要求及注意事项等。（唐赵凯）

【建党百年庆祝活动消防保障】 6月11日，西城区消防救援支队党委班子成员带头下沉一线，在7个前沿指挥部临时党支部参加建党百年庆祝活动消防安保出征仪式。支队所属7个片区指挥部网格长宣读《关于成立建党百年消防安保战时党组织的决定》，全体救援人员重温入党誓词，宣读政治动员令。6月23日，组织7名党委班子成员、18个机关党支部书记、8名基层党支部书记以及2021年发展的32名新党员65

人，前往市委党校开展“喜迎建党百年、誓保消防平安”主题活动。安保期间，支队党委成员带领机关120名党员干部下沉安保一线；18名机关党支部书记深入20个网格开展巡视防控，检查单位900余家，发现并整改隐患1586处，发放各类宣传材料3000余份，发动各群防群治力量4.4万余人、清理可燃物700余吨；对873家微型消防站进行拉动演练，提升“秒级响应”力量应急处突能力；组织基层党支部8名书记随同67个前置车组遂行作战，开展调研演练1592队次、执勤7场次，完成建党百年庆祝活动期间各项消防安保任务。（唐赵凯）

2月9日，区消防救援支队举行西长安街街道西交民巷小型消防站揭牌仪式（西长安街街道 供图）

【暑期消防安全知识培训】 7月5日至14日，西城区消防救援支队走进区中小学校开展暑期消防宣传教育和消防安全培训。消防宣传员用真实案例讲解火灾发生时如何正确拨打火警电话，火场中如何正确逃生自救等基本常识，普及日常生活中防范火灾、自查消除家庭火灾隐患、扑灭初期火灾等消防安全知识。设置知识问答、消防战斗服试穿体验环节，帮助师生掌握消防安全知识。在天桥街道新世纪实验小学，消防救援人员为师生讲解意外落水后如何自救与救人，如何进行上岸急救等知识，教育儿童远离有危险水域，提醒老师利用班级微信群对学生进行经常性安全教育，避免发生溺水事故。（唐赵凯）

【夜间大型商业综合体实战演练】 12月15日，西城区消防救援支队联合天安门支队在西单大悦城开展大型城市综合体灭火救援实战演练。演练调集西城支队全勤指挥部，府右街、故宫特勤站、金融街、校场口消防救援站，西单小型消防站等单位50余名救援人员、9部消防车参加演练。全程模拟总队、支队两级指挥调度程序和真火浓烟环境，单位微型消防站、辖区小型消防站、辖区特勤站、增援消防救援站、支队全勤指挥部依次到场顺序协同配合作战。接到火灾报警后，单位微型消防站对着火区域进行初步火情侦察，并利用室内消火栓进行初期火灾扑救，及时向消防中控室反馈情况；辖区小型消防站、特勤站利用消防中控室开展火情侦察，启动固定消防灭火设施，快速打开人员救生通道，第一时间灭火救人，控制火势蔓延；增援力量以最快速度完成现场举高灭火救援车辆支撑架设和供水干线铺设任务。整个演练划分片区贴近实战，车辆停靠井然有序，战术运用得当，进攻、掩护、排烟、疏散、警戒等战斗小组分工明确，单位微型消防站联战配合及时，取得预期演练效果。（唐赵凯）

（责任编辑　张立）

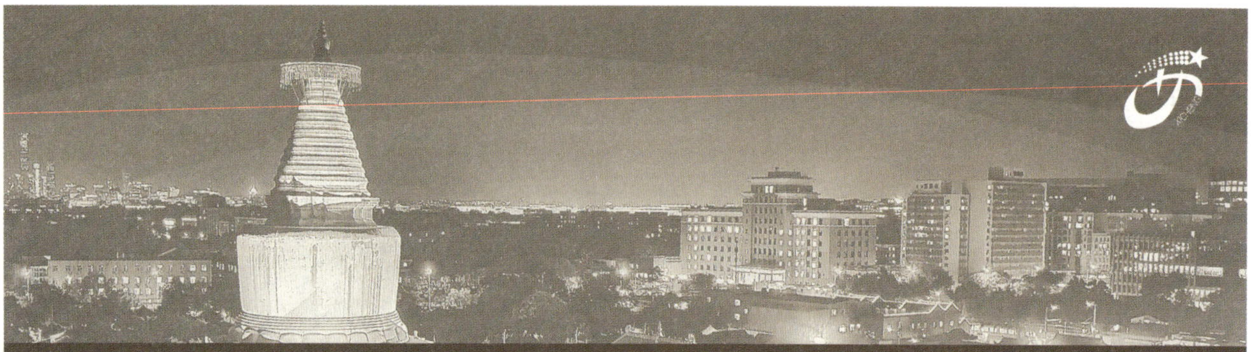

科技

综述

2021年，西城区推进科技创新、信息化和大数据管理工作，编制完成《西城区“十四五”时期科技创新发展规划》《“十四五”时期智慧西城建设规划》，发挥科技、信息化和大数据在经济社会发展，新冠肺炎疫情防控、社会治理等方面支撑作用，推进区委、区政府决策部署落实到位。在全市率先出台数字经济发展若干措施及实施细则，支持数字经济创新发展。软件和信息服务业营业收入比上年增长8.9%，中国电信主板上市。制订西城区实施方案，努力打造全球数字经济标杆城市示范区。发挥科技项目申报、高新技术企业认定辅导、科技人才培养、技术市场服务等创新平台作用，不断提升企业创新能力。全年服务科技企业5200余次。区财政科技专项支持的安博通公司入选国家级专精特新小巨人，奇安信公司入选北京市第一批隐形冠军企业；支持的“冬奥会国家速滑馆国产封闭索首用关键技术研究”项目，打破国外垄断，解决“卡脖子”技术难题，科技助力冬奥。区教委、区科技和信息化局被评为北京市科学技术普及工作先进集体，3人被评为北京市科学技术普及工作先进个人。区科技和信息化局主动接受人大、政协及社会各界监督，办理市、区人大建议、政协提案28件，完成10项市、区重点工作。高标准做好“接诉即办”响应率、满意率均为100%。 （李雪凝）

科技管理

【概况】 2021年，北京市西城区科学技术和信息化局（简称区科技和信息化局）加挂北京市西城区大数据管理局（简称区大数据局）牌子，发布《落实〈北京市西城区加快推进数字经济发展若干措施〉的实施细则（试行）》，推进“城市大脑”建设，辅导115家园区外企业申报国家高新技术企业，其中69家企业获得国家高新技术企业资格。取得科技部全国科技型中小企业入库编号的企业有181家。输出技术合同成交额123.5亿元。吸纳技术合同成交额537.3亿元，比上年增长16%。 （曹荣娍　杨月）

【《西城区“十四五”时期科技创新发展规划》编制】 2021年，区科技和信息化局在完成“西城区‘十四五’时期科技创新发展思路与措施”课题研究的基础上，全面梳理“十三五”期间科技工作成绩及存在的问题，分析未来几年的科技发展形势，研究“十四五”时期科技工作着力点，形成并上报《西城区“十四五”时期科技创新发展规划》审阅稿。规划包括面临形势、发展基础、总体要求、主要任务以及保障措施5部分。明确要加快推进“国家级金融科技创新示范区”建设、打造“全球数字经济标杆城市示范区”、建设全国“先进技术应用示范区”、持续推动“国家可持续发展先进示范区”建设的总体目标。设置区域科技创新能力持续增强、高精尖产业价值更加凸显、应用场景领域全面拓展、文化科技魅力进一步彰显、可持续发展领域更加聚焦5项具体目标。 （李晨　韩阳）

【《“十四五”时期智慧西城建设规划》编制】 2021年，依据《北京市“十四五”时期智慧城市发展行动纲要》《北京市关于加快建设全球数字经济标杆城市的实施方案》《北京市西城区国民经济和社会发展第十四个五年规划和二〇三五年远景目标纲要》等文件，历经调研分析、文本编制和征求意见三个阶段，区科技和信息化局完成《“十四五”时期智慧西城建设规划》编制工作。“十四五”时期，西城区立足核心区功能定位，以“智慧西城”建设为主线，拓展“七有”“五性”智慧支撑，围绕强基础、保安全、提服务、促发展的建设理念和“海绵城市”、韧性城市建设需求，融合打造“数字西城”核心任务，数字经济、数字政府、数字社会、数字生态建设取得新进展、新成果；立足物理和数字两个智慧城市基础支撑，推进全区“一张网、一体云、一中心、一套码、一条链、一张图”和“一站、两端”建设，构建“指尖西城”服务体系，建成新型绿色大数据中心，智慧公共安防、智慧政务、智慧城市管理、智慧公共服务、智慧产业等五大体系建设更加配套完善，助力全球数字经济标杆城市示范区、国际消费中心城市示范区、国家级金融科技创新示范区、国家服务业扩大开放综合示范区、公共文化服务体系示范区创建发展。（徐明三）

【“城市大脑”建设】2021年，西城区“城市大脑”按照专业化、集约化、扁平化工作模式，统筹整合政企资源，以“共建、共治、共享”为牵引，采用联合工作的方式开展建设，打通各类数据壁垒，实施融合计算，形成政府创新合力，从而实现城市动态感知，做到城市闭环管理。5月7日项目启动，西城区“城市大脑”专班工作小组深入业务场景，完成“城市管理领域”及“大气污染防治领域”各场景的调研、设计、沟通、系统开发、测试、部署；通过例会、专题沟通、项目台账等多种形式统筹推进，实现城市运行领域第一批重点场景的应用上线，累计归集54类2000余万条数据，完成10个子系统的开发部署，全年在各委办局开展12次培训并收集反馈意见347条。其中综合交通场景完成全景大屏和人民医院重点场景示范应用，并在国庆期间为全区共享单车的平稳运行提供保障；大气污染防治、垃圾分类和市容环境秩序场景均完成相关功能开发和培训，垃圾分类场景通过数据分析实现预警1062次；“一张图、一条链、一套码”三个基础平台在不断优化设计和功能开发的同时，完成为支撑应用场景所需求的数据对接，并提供数据共享、底图支撑等服务。各场景系统稳定运行，推进街道推广培训工作，持续优化完善。经与市经信局、市大数据中心沟通，西城区“城市大脑”作为全市试点工程开展建设工作。（徐明三）

【技术合同登记】2021年，区科技和信息化局认定登记技术合同661份，比上年增长26.87%，合同总额21.55亿元，比上年增长22.51%，其中技术交易额21.08亿元，比上年增长27.45%，西城区科技企业的创新活力不断增强。区科技和信息化局通过北京技术市场管理办公室的执法检查，检查内容包括2020年度认定登记的技术合同抽查、登记处专项资助经费使用情况、登记处从事与登记工作相关的经营活动行为的自查、登记处对商业信息保密情况的自查、登记处统计信息管理情况、登记专用章保管使用情况等。（冯　帆）

【技术市场执法检查】2021年，针对技术交易中虚假技术或虚假技术信息开展执法检查，区科技和信息化局完成执法检查案件量112件，执法检查中未发现违法案件。（冯　帆）

【《科技政策指引选编》编印】2021年，区科技和信息化局搜集整理现行与科技企业相关的部分政策，编辑印刷《科技政策指引选编（2021）》，汇总更新科技企业相关的政策事项100余项，并在每项政策申报或事项办理后附联系单位和联系电话，推动科技企业支持政策有效落实。（杨　月）

【企业融资促进】2021年，北京中关村科技融资担保公司为西城区69家企业提供117项融资担保，担保金额共计65338万元，其中科技企业34家，融资担保62项，担保金额30580万元。（杨　月）

【《西城区科技统计手册》编制】2021年，为便于各界查阅西城区科技资源，区科技和信息化局继续开展《西城区科技统计手册》编制工作。统计手册涵盖区域内科技单位、科技人员、科技经费、科技活动和科技产出的基本情况。截至上年底，全区有国家工程技术研究中心和北京市工程技术研究中心26个、国家重点实验室和北京市重点实验室56个、市级以上科技企业孵化器和众创空间13个、北京市企业研发机构6个、北京市企业技术中心35个。区科技和信息化局分析西城区技术市场特点、重点产业领域的技术交易状况，以数据监测提供理论依据，继续开展西城区技术市场统计年报工作，增加西城区技术市场“十三五回顾”板块，用详实的数据全方位总结归纳全区技术市场五年来的发展概况和转型升级情况。“十三五”期间，西城区技术市场呈现高质量快速发展，技术合同成交额较“十二五”翻了一番，首次突破1200亿元，达到1212亿元。

（冯帆　杨月）

【区优秀人才项目资助】2021年，区科技和信息化局完成2021年度西城区优秀人才培养资助项目的征集和推荐工作，征集科技人才项目36项，其中9个项目获得支持，支持资金总计101.9万元。（韩　阳）

【区科普工作要点编制】7月，区科技和信息化局制订2021年科普工作要点，征询各成员单位意见，分解年度目标任务，明确责任单位，动员部署各成员单位结合行业特点，利用科技周、科普日、科技节、防灾减灾日、世界环境日等主题宣传日，开展各类科普活动和法律法规宣传，营造区域共建共享的科普工作氛围，合力推进各项工作落实，提升区域公众科学素质。（曹荣娥）

【智慧政务办公平台建设】11月30日，西城区一站式智慧政务协同办公平台搭建完成。在区政务云平台部署搭建数字化新移动政务协同平台，建立全区一站式数字化移动政务办公体系，覆盖全区各类移动政务办公系统；统一管理、统一登录、实现对内业务高效协同，利用平台为全区外出办公人员提供便捷的移动办公业务；实现跨部门的统筹集约化协同办公，提高整体行政办公效能，助力提升数字化、智能化、集约化、高效能数字政务能力。

（宋　涛）

科技活动

【概况】2021年，西城区积极营造科技创新文化氛围，在区政府网站开设科普宣传专栏——“科普之窗”，开展科技政策系列培训、数字经济政策宣讲，举办“百年回望：中国共产党领导科技发展”为主题的科技宣传周，开展大众喜闻乐见的科学普及活动。（曹荣娥）

【科技政策系列培训】2021年，区科技和信息化局举办科技政策培训会3次，分别对研发费用税前加计扣除政策及实务操作、北京市高精尖产业技能提升培训补贴实施办法政策、高新技术企业认定政策宣讲及操作流程、软件企业涉税优惠及会计实操、《安全生产法》和《北京市生产经营单位安全生产主体责任规定》进行培训，320余名相关企业人员参加培训。（杨　月）

【“科普之窗”宣传专栏】2021年，西城区政府网站开设科普宣传专栏——“科普之窗”，设计科普纵览、科普活动、相关法律法规等模块，其中科普纵览板块涵盖卫生健康、消防安全、垃圾分类等领域的科普知识及相关科普活动，对民众关心的热门话题进行科学引导和广泛宣传，全年推送科普文章约70篇。（曹荣娥）

【西城科技活动周】5月22日，2021年西城科技活动周在北京科学中心开幕。活动由区科技和信息化局、区委宣传部、区科协共同主办。以“百年回望：中国共产党领导科技发展”为主题，通过展板展览、科技成果展示、科普专项活动等形式宣传党对科技全面领导和方向指引，展示科技创新成果。活动邀请来自中科院计算机所“龙芯团队”的博士杨昆作“我的中国芯”主题演讲。区委副书记、区长孙硕，副区长聂杰英，中国科协、北京市科委、市科协负责人以及广大科普干部和科普志愿者代表近百人参加活动。区领导和龙芯中科共同为“马背上的摇篮”——北京市育才中学授牌“西城区青少年信息技术创新基地”，并正式启动龙芯青少年人工智能信息技术创新人才培养计划，把创新精神传递到学校。展览分6个展区：百年数字党建、人工智能、科技金融和信息安全、信息技术教育、智慧生活、智慧健康，展示中国芯自主创新和自立自强的发展历程及成果。启动仪式通过北京电视台、北京晚报、百度、北京西城报、西城家园、西城科普进行时公众号等多家媒体宣传报道。活动持续至5月28日。线上线下组织开展近百场各具特色的科普活动，以党史宣传、科技创新、自强自立等内容为主题，组织科技成果进社区、进学校、进企业、进场馆。群众通过互动体验、讲座、比赛、参观、观影等多种形式，了解科技在智慧城市、垃圾分类、卫生健康、科学教育、消防安全等众多领域中发挥的作用。（曹荣娥）

【全国（西城区）科普统计】6月，开展西城区2020年度科普统计工作，区科技和信息化局牵头组织线上培训、数据收集、数据审查、数据分析等阶段，各参统单位积极配合，按时按质完成区2020年度科普统计工作，涉及6大类124个统计指标，包括科普人员、科普场地、科普经费、科普传媒、科普活动以及创新创业中的科普报表，涵盖区域内国家机关、街道、学校、图书馆、医院、公园及科普基地约100家单位，为全国、北京市和西城区制定科普工作政策提供重要数据支撑。（曹荣娥）

【数字经济体验周】7月25日，数乐无限——2021北京数字经济体验周启动仪式在北京坊举办。副市长杨晋柏、市经信局局长杨秀玲、西城区区长孙硕等出席启动仪式。区

5月22日，2021年西城科技活动周开幕（区科技和信息化局　供图）

5月22日，市民参与西城科技活动周体验活动（区科技和信息化局　供图）

科技和信息化局牵头，区有关部门参加，代表区政府作为承办单位承接此次活动。7月26日，区科技和信息化局组织全区18个委办局及街道、19家科技企业共80余人，组成西城参观团参加北京数字经济体验周活动。参观团参观海淀城市大脑展示体验中心、字节跳动、美团展厅等场馆，体验科技发展成果。8月1日，2021北京数字经济体验周落幕。

▲延伸阅读："2021全球数字经济大会"由北京市人民政府、国家发展和改革委员会、工业和信息化部、商务部、国家互联网信息办公室共同主办，于8月2日至3日举办。"北京数字经济体验周"是"2021全球数字经济大会"的预热活动，于大会前一周举办，与大会形成"高峰论坛＋落地普及"双互动。（仇启宇）

7月25日，北京数字经济体验周启动仪式举办　（区科技和信息化局　供图）

科技项目与成果

【概况】2021年，西城区落实创新驱动，成效显著，获国家、北京市科学技术进步奖18项。区域科技资源日益丰富，中国科学院院士18人、中国工程院院士32人；市级重点实验室54个，占全市11.8%；科研院所60家，占全市20.1%。（李雪凝）

【财政科技专项项目】1月25日，区科技政策及财政科技专项立项工作会召开，宣讲《北京市西城区加快推进数字经济发展若干措施》，40余家科技企业参加会议。7月16日，区科技和信息化局发布通知公开征集2022年度西城区财政科技专项项目，旨在以《北京市西城区财政科技专项项目管理办法》为依据，贯彻落实北京市高精尖产业发展系列文件精神，围绕区域经济社会高质量发展，发挥科技对区域发展的支撑作用。9月2日，西城区财政科技专项联席会召开。会议通报2022年区财政科技专项项目征集与评审专家构成情况，介绍2021年科技创新项目结题验收、延期等事项；决定财政科技专项项目成果，并完成《财政科技专项项目管理办法》修订的相关工作。经区政府审议，84个项目列入立项计划，拟支持金额2662万元，其中可持续发展类20项、拟支持金额1041万元科技创新类64项、拟支持金额1621万元。（韩　阳）

【市级科普基地申报和推荐】9月，市科委、市科协发布新《北京市科普基地管理办法》，并组织开展北京市科普基地申报工作，区科技和信息化局组织开展西城区域内科普基地申报和推荐工作，全区有27家单位参加申报，8家单位通过答辩参加踏勘。西城区以此为契机，结合区域实际情况，梳理整合辖区内科普资源，加强规范管理。（曹荣娥）

【获北京市科学技术奖项目】10月18日，市人民政府发布《关于2020年度北京市科学技术奖励的决定》，西城区有15家单位的17个项目获2020年度北京市科学技术奖，其中北京城市排水集团有限责任公司等6家单位获科学技术进步奖一等奖、中国民生银行股份有限公司等8家单位获科学技术进步奖二等奖、中国医学科学院阜外医院获自然科学二等奖。（韩　阳）

2021年西城区获国家级、市级科技奖项一览表

表8

单位名称	项目名称	奖项名称	主要参与人员
北京建筑大学	高性能隔震建筑系列关键技术与工程应用	国家科学技术进步二等奖	李爱群　郭彤　苗启松　曾德民　薛彦涛　解琳琳　陆飞　卫海　张志强　陈曦
北京城市排水集团有限责任公司	污水厌氧氨氧化高效脱氮技术体系创建与产业化应用	北京市科学技术进步一等奖	张树军　蒋勇　张亮　韩晓宇　彭永臻　郑江　曾薇　杜睿　白宇　黄京　张荣兵　郑冰玉　谷鹏超　刘立超　王淑莹
北京积水潭医院	髋膝关节置换诊疗新技术的建立及推广应用	北京市科学技术进步一等奖	周一新　田华　刘昆玺　杨德金　陈虹　王彩梅　赵旻暐　唐浩　李子剑　庞博　邵宏翊　李锋　唐杞衡　张克　黄勇

续表 8

单位名称	项目名称	奖项名称	主要参与人员
首都医科大学附属北京友谊医院	肝纤维化逆转机制、评价体系及应用推广	北京市科学技术进步一等奖	贾继东 尤红 欧晓娟 马红 丛敏 刘天会 王萍 吴晓宁 孙亚朦 孔媛媛 武珊珊 赵新颜 陈巍 王冰琼 周家玲
首都医科大学宣武医院	阿尔茨海默病及相关痴呆的发生与早期诊治	北京市科学技术进步一等奖	贾建平 赫荣乔 贾龙飞 童志前 魏翠柏 唐毅 周爱红 王芬 左秀美 楚长彪 秦伟 王琪 李芳玉 李妍 李欣悦
首都医科大学宣武医院	基于人工智能和机器人技术的神经外科手术体系研究及临床应用	北京市科学技术进步一等奖	赵国光 张建国 单永治 刘达 田增民 杨岸超 赵全军 刘焕光 魏鹏虎 谢永召 王亚明 樊晓彤 赵德朋
中国医学科学院药物研究所	有毒中药活性成分研究与质量安全标准制定及应用	北京市科学技术进步一等奖	庾石山 张东明 张聿梅 陈晓光 李勇 马双刚 刘云宝 屈晶 侯琦 张丹
北京市地铁运营有限公司	基于不同信号制式的轨道交通无感改造成套装备研究与应用	北京市科学技术进步一等奖	谢正光 徐会杰 郜春海 楚柏青 王伟 王晓军 燕飞 岳磊 杨旭文 李宇杰 刘宏杰 吕楠 夏夕盛 高利军 李莉
中国民生银行股份有限公司	银行分布式核心与直销银行云服务研发及应用	北京市科学技术进步二等奖	罗勇 勾侃 王晴 钱海荣 肖雯 周越博 蔡晓明 容毅 马明杰唐申英
北京市环境保护科学研究院	大型复杂污染场地精准修复与风险管控关键技术研究及应用	北京市科学技术进步二等奖	姜林 侯德义 尧一骏 杨勇 钟茂生 刘爽 王世杰 李长利 陶抒远 王森杰
首都医科大学附属北京儿童医院	儿童重大恶性实体肿瘤综合诊疗体系建立	北京市科学技术进步二等奖	倪 鑫 马晓莉 赵军阳 王焕民 郭永丽 曾骐 葛明 王生才 葛文彤 张杰
中国中医科学院广安门医院	针灸临床评价体系创建与应用	北京市科学技术进步二等奖	刘志顺 何丽云 苏同生 闫世艳 赵吉平 孙建华 章薇 周仲瑜 陈跃来 刘佳
中国建筑设计研究院有限公司，国住人居工程顾问有限公司	养老设施和老年人居住建筑规划设计技术与应用示范	北京市科学技术进步二等奖	王羽 余漾 刘燕辉 王贺 魏 维 焦舰 贾巍杨 刘浏 尚婷婷 马哲雪
北京城建设计发展集团股份有限公司	地铁车站 PBA 法暗挖建造技术与应用	北京市科学技术进步二等奖	崔志杰 惠丽萍 曾德光 张晋勋 刘艳 白海卫 何岳 廖秋林 张晋毅 夏瑞萌
北京市建筑设计研究院有限公司	全生命周期建筑信息物理融合系统关键技术研究及应用	北京市科学技术进步二等奖	徐全胜 庄惟敏 张锁全 国 萃 张弘 林卫 李久林 邵韦平 张志艳 卞晓曦
北京城建设计发展集团股份有限公司	《轻轨交通设计标准》编制研究	北京市科学技术进步二等奖	于松伟 毛励良 张海波 梁莉霞 郭泽阔 喻智宏 郝小亮 付义龙 韩连祥 曹国利
北京天文馆	数字球幕影片《天上的宫殿》	北京市科学技术进步二等奖	景海荣 宋宇莹 刘茜 席萌 王燕平 韩叙 李鹏 马骁昆
中国医学科学院阜外医院	PCSK9 的表达调控与药物影响的基础研究	自然科学二等奖	李建军 徐瑞霞 郭远林 吴娜琼 朱成刚 崔传珏 张彦 李 莎 孙静

（责任编辑　郝慧芳）

教 育

综 述

2021年，北京市西城区教育委员会（简称区教委）辖属教育单位224个，其中幼儿园88所、小学58所、初级中学4所、完全中学31所、教育部门办高级中学1所、九年一贯制学校2所（教育部门办校1所、民办校1所）、十二年一贯制学校4所（教育部门办校3所、民办校1所）、特殊教育学校2所、中等职业学校4所、校外教育单位12个、其他直属法人单位18个（含成人学校3所）。招生52949人（幼儿园9579人、小学21357人、初中13595人、普通高中8074人、特殊教育学校66人、专门学校6人、中等职业学校272人），毕业33699人（幼儿园6671人、小学12280人、初中9064人、普通高中5477人、特殊教育学校92人、专门学校2人、中等职业学校113人），在校生194530人（幼儿园25061人、小学108159人、初中38277人、普通高中21991人、特殊教育学校329人、专门学校6人、中等职业学校707人）。教职工总数20970人（幼儿园4562人、小学7152人、中学8351人、中等职业学校637人、特殊教育学校235人、专门学校33人），其中高级职称3557人（中学2459人、小学773人、中等职业学校157人、特殊教育学校35人、幼儿园133人）、中级职称5828人（中学2020人、小学2961人、中等职业学校192人、特殊教育学校75人、幼儿园580人）；市特级教师79人、市学科教学带头人36人、市骨干教师176人、市骨干班主任47人。设立学区11个。全年教育经费总投入99.25亿元，固定资产原值63.66亿元，净值28.09亿元。

西城区坚持德智体美劳“五育并举”，落实立德树人根本任务。组织“开学一课”“拿起纸笔·见字如面”等系列主题教育活动，传承红色基因。贯通学段培养，形成推进一体化德育体系建设框架及学段衔接课程。制订《贯彻落实新时代学校体育工作的实施方案》，启动“跳动校园”系列活动，实现跳绳运动全区中小学全覆盖。组织体育竞赛、艺术展演、科技比赛等系列活动，在科技、艺术比赛中一等奖获奖人数在全市名列前茅。

推进“双减”工作（减轻义务教育阶段学生作业负担和校外培训负担）纵深发展，形成西城教育优质均衡发展新常态。进一步推动教育资源合理配置，稳步推进教师交流轮岗工作。全区校外培训机构治理任务提前完成，校外机构总量下降78%，全部纳入预付费资金监管，无证机构动态清零。推进西城区校内减负提质增效工作，课内课后一体化课程建设、“形成性评价+作业研究+课堂教学”联动推进等实践模式受到业界认同推广。

实现“双新”（普通高中新课程新教材实施）国家级示范区建设项目研究区域全覆盖。聚焦学生多元发展和学校课程体系建设，立项266个。报送教育部6项“双新”经验成果全部入围，在教育部“双新”国家级示范区（校）建设工作年度总结交流会上作经验成果交流，得到与会专家好评，在全国范围内发挥引领辐射作用。2021年高考，西城区本科上线率97.69%，比全市平均高10.31%；一本上线率75%，比全市平均高23%；17所学校（占比58.62%）本科上线率100%。

提升教育治理能力，传递教育温度。聚焦群众关注热点，完善工作机制、优化工作方法、强化分析研判和源头治理，“接诉即办”解决率和满意率均呈同步上升态势。推进依法治校，加强法律服务支持保障，强化内部审计监督服务职能和内部控制制度建设，提升教育治理水平。聚焦群众需求，暑期22个托管服务承办校举办两期托管服务。推进“平安校园”建设全覆盖，“一校一址一策”，加强校园周边环境综合治理，完成绿色学校创建验收工作。推进“互联网+明厨亮灶”智慧管理模式，学校食堂100%实现“明厨亮灶”。

聚焦干部教师队伍建设，制订《优秀人才引进实施方案》，分批次引进教育人才。对新入职教师开展集中培训和跟踪培养。实施名师培养工程，组织“金秋杯”教学活动，推进37个“名师工作室”和32个“导师团”建设，教师队伍结构进一步优化。

构建家庭、学校、社会协同育人环境，完善终身教育体系。聚焦不同年段学生特点，设置“双减”专题，搭建完成西城区家长学校网上课堂课程体系。新认定西城区市民终身学习服务基地4家，西城区2家基地学习项目获评“北京市终身学习品牌项目”。

多措并举着力破解学位供需难题。招生入学工作中，坚决执行“多校划片”政策，破解“学区房”困境。全年新增学前学位2000个，义务教育学位1.3万余个；新增德胜中学等6个校址全区招生，北京八中京西校区寄宿制招生。落实落细防控措施，筑牢校园疫情防控网。坚持“零报告”“日报告”制度，每日对306家单位师生员工22万余人进行健康监测和风险排查。小手拉大手，通过印发《致家长的一封信》、宣传手册等多种形式，家校携手，共同建立免疫防线。实施网格化管理，统筹核酸检测、新冠病毒疫苗接种、疫情处置、疫情防控等各项工作。（杨海蓉）

教育管理

【概况】2021年，西城区围绕“巩固教育高原，打造教育高峰，做‘有温度’的教育”的发展目标，区教委采取有力措施推进西城教育高质量发展，完成疫情防控、重大活动保障、学位保障、“双减”工作、“双新”建设等市区重点任务。在招生入学工作中，严格执行“多校划片”政策，在推进“双减”工作中，有2个微改革项目得到市委书记蔡奇批示表扬；推行点“餐”到校丰富课后服务内容入选教育部10个“双减”典型案例，在全国推广。西城区获批教育部“人工智能助推教师队伍建设”试点区。（杨海蓉）

【区教育系统“接诉即办”】2021年，区教委设立12345热线接听专班，专司热线处理工作，保证专人专用、专班专办。专班人员培训上岗，建立答复口径资源库。对有关政策和沟通方式进行专门培训，梳理总结针对不同诉求内容的答复口径，建立资源库。制订幼儿园回复模板，培训幼儿园热线负责人，保证接访人员在回复时能把准政策尺度。面对入园诉求高峰，设立幼儿园招生咨询专线电话、开通园长热线、明确家长社区接待日、建立招生工作温馨提示栏、开放幼儿园招生咨询接待站、机关科长上一线接待家长来访等6条群众沟通路径；加强研判“未诉先办”，定期梳理复杂疑难和重复诉求案件，及时发现倾向性问题。坚持面对面开展工作，加强和市民、家长的沟通，把工作做在“诉”前，从源头减少信访量；对家长、教师反映集中的问题，加强规律性研究，以点带面，通过一个诉求解决一类问题，通过一个案例带动一片治理，提升幼儿园管理能力和水平。11月5日，西城区教育系统“接诉即办”工作会线上线下同步召开，以“接诉即办”工作撬动提升教育治理能力。全系统2000余人参会。会议解读《北京市接诉即办工作条例》，全面分析前10个考核月数据，6个办件单位进行经验交流和案例分享。区教育系统坚持通过热线办理传递教育温度，通过热线分析提升教育治理能力，加速“接诉即办”向“未诉先办”转变，办人民满意教育。本年度（上年12月19日至年内12月19日）区教委受理热线15595件。（王丽萍　王文威）

【“双新”示范区建设】2021年，西城区有序推进“双新”示范区建设工作，高质量完成年度工作任务。根据示范区建设三年工作规划和第一年度工作方案，区教委推进项目申报，开展全员培训，完成示范区（校）年度总结，在教育部就“双新”建设第一年的工作所开展的经验成果征集活动中，报送的6项经验成果全部入围，完成调研活动2次。3月至8月，协助市教委委托的北师大专家团队开展调研和指导，完成区域“双新”实施总结报告。9月，教育部基础教育课程教材发展中心调研西城区“双新”实施情况，组织各校积极筹备，开展形式多样的研讨交流。11月26日至12月3日，依托区教育科研月，以“双新建设——高质量高中教育区域实践”为主题开展系列学术研讨活动。11月30日，西城区作为代表在教育部“双新”国家级示范区（校）建设工作年度总结交流会上作经验成果交流，在全国范围内发挥引领辐射作用。（孙宇　陈甜甜）

【学校传染病防控】2021年，区教委指导系统内各单位开展新冠肺炎疫情防控，协调各部门开展疫情联防联控，处置系统内疫情突发情况应急处置工作，处置疫情密切接触情况17起，隔离管控师生1800余人，处置次密接情况60余起。指导核酸检测筛查方案并组织实施，组织师生新冠病毒疫苗接种。1月15日始，区教育系统启动新冠病毒疫苗接种工作，分阶段开展重点人群、全体教职员工（1月25日开始）、15至17岁在校生（7月21日开始）、12至14岁在校生（8月4日开始）、12至17岁港澳台籍学生（8月中旬开始）和外籍学生（9月下旬开始）、教职工加强针（10月16日开始）、6至11岁在校生（11月1日开始）、3至5岁在园儿童（11月17日开始）新冠病毒疫苗接种的动员部署和组织落实工作。召开全系统疫苗接种工作动员部署会4次，邀请国家疾控中心专家对新冠病毒疫苗接种工作作专业培训，利用线上、线下多种形式广泛宣传疫苗接种工作的重要性、紧迫性和安全性。区教委处级领导包片，教委派驻联络员，对全系统各单位接种工作进行网格化管理。各单位建立领导小组，明确工作职责，制订工作方案和应急预案。区教育两委领导和驻两委纪检监察组约谈接种率较低的单位主要负责人。区教委疫情防控专班主动与区疫苗专班对接，建立新冠病毒疫苗接种动态清零机制，建立工作台账，做到摸排彻底、底数清晰、数据准确、报送及时，推进全系统按时保质完成工作任务。2月、3月、9月区教委在开展各项大型活动前，组织师生开展核酸检测10余次。制订中小学全员核酸检测方案，开展全系统教职工和学生定期核酸检测工作。建立常态化机制，制订倒排计划，每日更新相关数据，每日按时向上级部门报送工作进展。

全区各幼儿园加强新冠肺炎疫情防控，完善工作机制，做好闭环管理。通过下发工作提示、建立教职工和幼儿健康台账、完善应急预案等方式，要求各园所严格做好封闭管理。入园严格执行“一测温二扫码三消毒四登记”制度。严格出京管理、佩戴口罩和园内活动。建立平、急一体化突发疫情现场应急指挥机制。落实视频监控公共区域全覆盖。严格执行食堂各项管理制度，保证食品安全。以园长热线的方式畅通家校沟通渠道。结合低幼儿童年龄特点，积极引导和组织幼儿园新冠病毒疫苗接种工作。11月17日起，全区启动3至6岁儿童新冠病毒疫苗接种工作。区教委制订《幼儿园新冠病毒疫苗工作方案》，召开视频会议动员部署。各园制订突发情况和舆情应对预案，确定幼儿园联络员，做好人力和后勤保障。精心组织实施，分接种前、接种中、接种后3个阶段全流程精准控制。服务前置，提前对接，在接种点架设设备播放动画片，布置气球门等充满童趣的接种场地，发放《致家长的一封信》《接种温馨提示》《接种知情同意书》。各幼儿园以故事、绘画、体验游戏等形式模拟打针现场，宣传疫苗常识，帮助幼儿熟悉接种过程，消除恐惧心理。接种时，由园长负总责、干部带队、教师和家长陪同，现场做好人数清点、秩序维护、情绪疏导、突发情况处置。

2021年，压实“四方责任”，落实“四早”要求，严格落实晨午检、因病缺课追踪与登记、疫情报告以及日常通风、消毒等传染病防控制度，做好师生员工健康监测和健康宣教。全年召开传染病防控工作会和培训会4次，及时下发工作通知，按时上报工作信息，每日开展学生健康监测和学校诺如病毒疫情监测，开展传染病工作检查和聚集性疫情处置共计80余次。

（毕正勇　刘瑶　麻涛　王丽萍）

【来信来访办理】2021年，区教委累计接待来访2131人次，受理来信465封。问题涉及教育综合改革、中小学教育教学、领导工作作风、教师师德、学校管理、入园难、中小学招生、协调退费、办理房产证、职称评定和退休教师工资待遇等。区教委落实多校划片政策，攻坚克难，最多时每天连续接待家长来访11小时以上，认真解释招生政策，疏解各种矛盾。7月5日，市委主要领导批示表扬西城区严格执行多校划片政策。坚决落实“双减”工作要求，面对部分校外教育机构停课关门，家长到区教委要求退费、追责的情况，认真做好接待群体信访人的工作。针对重点人的多年持续上访、缠访，做到细中求细，密切关注重点人的诉求和动态，化解重复信访、积案11件。区教育两委主要领导接待信访人面谈18次，每次接待平均2小时左右，反复劝解疏导，在政策范围内尽量协商解决其反映的问题。

（汪　辉）

【民办教育管理】1月15日，区教委召开民办学校2020年年度检查和2021年换发办学许可证工作动员部署大会（视频会议），部署2020年度年检和新年度换证工作，全区180余所民办学校校长及财务人员参加会议。3月24日至26日，集中收取年检材料，按照年检文件要求，经初审和复审，164所民办学校（幼儿园）通过年检，并统一换发2021年民办学校办学许可证。全年审批民办培训机构7所：北京前途语言培训学校有限公司、北京优才乐学培训学校有限公司、北京龙之门培训学校有限公司、北京芳华杏坛培训学校有限责任公司、北京日晟培训学校有限公司、北京柏尊之音培训学校有限公司、北京市悦智学培训学校有限公司。截至年底，西城区通过2020年年审的民办学校164所，包括民办幼儿园24所、民办非学历培训机构138所、民办学历学校2所。教职工4350人，年招生人数44万余人次，结业人数29万余人次，年纳税3106余万元。

（王竞艳）

【教育机构增撤及更名】2月26日，经区委编委会研究决定，成立北京市西城区德胜中学，为区教委所属财政补助公益一类事业单位。4月6日，华电（北京）热电有限公司幼儿园撤销。4月29日，成立北京市西城区育翔小学分校，为区教委所属科级财政补助公益一类事业单位，负责小学阶段义务教育；北京市西城区红莲小学更名为北京第一实验小学红莲分校；北京市第十四中学增设小学部，调整后主要负责小学、初中阶段义务教育和高中阶段学历教育。8月12日，北京市铁路第二中学增设幼儿园，调整后主要为学龄前儿童提供保育和教育服务，负责小学、初中的义务教育和高中学历教育。2021年，区教委审批两所普惠幼儿园：西城区嘉泊幼儿园、北京市金融街惠爱幼儿园；将1所非普惠民办园幼儿园——爱知涣幼儿园转为普惠幼儿园。嘉泊幼儿园开设教学班14个，可招收幼儿400名。惠爱幼儿园开设教学班13个（天宁寺园7个、白云桥6个），可招收幼儿420名（天宁寺园220名、白云桥200名）。爱知涣幼儿园可设教学班6个，可招收幼儿150名。北京市人民政府机关事务管理办公室幼儿园更名为市政府机关幼儿园，爱之泉幼儿园更名为爱知涣幼儿园，北京青蛙和蟾蜍幼儿园更名为北京金宝幼儿园，海思幼儿园更名为鱼尾狮幼儿园。

（立昀　术轶楠　王丽萍）

“双减”工作

【概况】2021年，根据中央及市“双减”文件精神要求，区教委围绕“治乱减负防风险、改革转型促提升”开展校外培训机构规范治理工作。一是压减培训机构数量，减少未消课金额。全区培训机构总数从173址减至35址，减少80%。无证机构动态清零。落实区政府关于疏解整治促提升专项行动要求，8月底完成压缩2所校外培训机构、涉及人口60人的全年疏解任务。二是落实市级“双减”专班关于学科类培训机构重新审核登记的要求，严格审核35址机构的办学场地、人员资质、资金监管、场地安全等情况。经审核，35址机构符合要求，重新换发办学许可证。三是丰富校外培训机构风险处置“工具箱”，有效进行风险防范处置工作。通过专班约谈、机构制订善后方案及转型倒排时间表、集体研判、持续跟进监督执行进度、搭建课程资源平台等措施防范解决各类风险。制订《机构退费类投诉办理工作手册》，内容含答件指南、电话沟通要求、回复流程与模板及答件中的10个“怎么办”等。

围绕课堂教学、五项管理和课后服务，密集出台相关指导文件10余项，指导各校制订“一校一案”；建立日报、周报、半月报、月报制度，追踪“双减”相关数据及落实情况；编辑印发《西城区中小学“双减”工作简报》。建立四级督查调研制度，每周深入下校调研，先后开展课后服务整体调研5次。建立资源共享机制，将区内12家少年宫、科技馆等校外资源提供的课程整合成“菜单”，推行点“餐”到校，丰富课后服务内容，此项工作入选教育部首批10个落实“双减”典型案例。规范教育教学秩序，严格课程管理、教材教辅管理、规范教学行为、严格作业管理和考试命题管理，促“双减”政策落地见效。聚焦课程，不断提高课堂教学质量。着力推进作业质量提升工程，优化课堂结构、优化作业统筹、优化作业全流程管理、优化作业匹配，促进校内减负提质增效。加强各初中考试管理，考前对各校提出工作要求，包括规范考试命题管理、制订等级评价方案、严格落实等级评价制度等；考后对学校相关工作的落实情况进行全覆盖检查，对发现问题及时进行指导纠正。研究制订《西城区中小学试卷专项检查工作方案》，健全区级试卷检查的长效机制。问卷调查显示，学生和家长对校内减负提质满意度达94%。

（孙宇　沈璐萍　王竞艳）

【学科类培训机构营转非】2021年，根据教育部及北京市《关于面向义务教育阶段学生的学科类校外培训机构统一登记为非营利性机构相关工作的通知》文件精神要求，区教委牵头会同区民政局、区市场监管局组织6所营利性学科类培训机构召开营转非政策解读会，就非营利法人登记和原有营利性法人注销工作进行政策的宣传指导，帮助现有营利性机构明晰重新登记的标准和路径，促进其完成相关工作。截至11月底，西城区卓越优才学科培训学校、西城区日昇教育学科培训学校和西城区悦智学学科培训学校3所机构完成营转非登记。（王竞艳）

【培训机构违规案件线索移交】2021年，根据市政府印发的《关于进一步相对集中相关领域行政处罚权的决定》，区教委向区市场监管局进行行政处罚职权移交。针对市民12345热线反映、电话举报、日常巡查检查等发现的违规培训行为，区教委与区市场监管局执法部门积极衔接配合，及时移交案件线索，共享监管执法信息，共同甄别研判违法行为，确保违规违法培训行为依法得到有效遏制。全年移交案件线索35件。（王竞艳）

【校外机构联合检查】7月至年底，区“双减”工作专班办公室牵头，联合属地街道、市场、公安、文旅、体育、卫生、网信等部门，对全区校外培训机构在办学资质、办学行为、培训时间、授课人员资质、广告宣传、收费行为、校园安全、疫情防控等方面进行全覆盖、拉网式、高频次检查。对存在问题的培训机构，逐一施策、联合处置，并跟踪落实整改情况。全年开展行政联合检查1269次。（王竞艳）

【“双减”工作检查督导】9月14日，市专项督导组专项督导西城区“双减”工作，听取区政府工作汇报，召开区级专班办公室成员单位及区教育两委相关科室负责人座谈会，查阅“双减”工作档案材料。针对督导组提出的整改意见，区“双减”

9月7日，宣武少年宫开展课后音乐综合坊活动　（区教委　供图）

工作专班责成相关单位认真研究，制订整改方案并落实完成。2021年，区教委多部门联合开展教育教学“双减”工作视导。分别对161附小、华嘉小学、陶然亭小学、13中附小、实验一小前门分校、登莱小学、北师大京师附小、三帆附小、实验二小玉桃园分校和回民中学、15中、14中、实验中学等学校进行视导，以交流助发展，以视导促提升，切实提高学校育人质量。

（谢歆　皮拥军　王竞艳）

【家长学校“双减”专题课程】9月，西城区中小学家长学校网上课堂开设“双减”专题课程，通过北京西城数字学校平台，定期面向义务教育阶段全体家长推送。课程分政策解读、家教指导、学生成长3个模块。截至年底，推送“双减”专题课程7节，内容涵盖政策深度解读、家长关心的热点问题回应、家庭教育理念指导、学生情绪引导等，帮助家长树立正确的教育观、成才观，掌握正确的家庭教育理念和方法，助力“双减”政策有效落实，推动学生健康成长和全面发展。

（王冉冉）

【校外培训机构规范化管理培训】11月17日至19日，通过腾讯会议APP线上培训方式，聘请专家从“双减”政策、民营非企业管理、安全管理、《中华人民共和国民办教育促进法实施条例》、心理健康等方面授课。组织35所学科类、语言类培训机构举办者代表、校长、法人、财务、行政、教师、安全员500余人参加讲座培训。

（王竞艳）

【培训机构预付费资金监管】截至11月底，为进一步依法规范西城区校外培训机构办学行为，加强预付费资金监管，切实维护广大学员的合法权益，区教委制定《西城区校外培训机构资金监管办法》，资金监管模式采取保障金和一课一消模式。全区有35址机构纳入资金监管，监管资金总额为14292万元。

（王竞艳）

【“2+4”“双减”支持体系】下半年，区教委逐步建立“2+4”“双减”工作制度支持体系。“2”指两大标准：《西城区义务教育学校“双减”工作评估要点》《西城区义务教育学校课后服务评估要点》。“4”指四项“双减”工作保障机制：协同联动机制。区域层面相继出台作业、课后服务等系列管理文件，指导学校结合校情完善相应管理办法。典型案例推广机制。全年推出《西城区中小学“双减”工作简报》4期，利用校长论坛、金秋杯、教育科研月等平台，推广学校“双减”典型案例。专业支持机制。依托教研、科研部门，围绕“课堂＋作业＋评价”“课内、课后一体化课程建设”等开展研究，采取打样示例、研制模型、设计工具等策略，探索校内提质增效的有效路径。四级督查调研机制。行政、教研、科研、督导四部门联动，下沉学校，逐一指导支持学校深入开展工作。

（谢　歆）

师资队伍建设

【概况】2021年，西城区稳步推进教师干部队伍建设，不断推动干部队伍年轻化，推进贯通任用干部，从集团校间干部交流任职、中学选派干部到直升校任职，制定《西城区义务教育阶段干部交流轮岗工作管理办法》《西城区深化推进义务教育阶段干部教师交流轮岗工作方案》。招聘应届毕业生884人、社会人员200人，调入人员188人；调整干部96人，提任干部占总数的60.42%。继续提高教师待遇，增设“课后服务”专项绩效，进一步助力“双减”改革落地见效，保证义务教育教师工资收入水平不低于同地区公务员工资收入水平。区教育系统承担“组团式”教育对口援藏工作，派出4名干部教师对口支援拉萨市北京中学。2021年度，843人获区级“优秀教师”称号，314人获区级“优秀教育工作者”称号，206个集体获区级“优秀集体”称号。

（杨海蓉　郝慧芳　李琳）

【职称评审】2021年，根据北京市人社局调整中小学专业技术结构比例的通知要求，将正高级专业技术结构比例下达到各中小学。9月开展职称评审工作，经评审，通过正高级教师37人、高级教师631人、一级教师548人。

（陈　然）

【新入职人员培训】2021年，完成西城区教育系统新入职人员培训工作。7月中旬为区级集中培训阶段，采用网络研修和线下小班课程相结合的方式，进行7大模块80课时的学习，1717人参与培训。

（张捷莹　李琳）

【第七届学前名师工作室】2021年，全区设立第七届学前名师工作室22个，以“师傅带徒弟”的机制，每个工作室带徒10人，其中主持人工作室2个，师傅由学前教育专家担任；骨干教师工作室20个，师傅由北京市特级教师、市级学科带头人和有经验的市级骨干教师、区教育研修学院学前部专职教研员担任。每位师傅将根据徒弟情况制订年度培养计划，通过指导备课、跟踪听课、开展课题研究等方式，发挥骨干教师引领辐射作用，提升区学前教师整体专业素养。

（王丽萍）

【小学校长论坛】2021年，为落实全市基础教育第二次校长大会的精神，区教委以“扎实推进‘双减’构建高质量教育体系”为主题举办两场校长论坛。11月17日，北京小学、实验二小、志成小学、三里河三小4所学校校长作主题发言，交流学校“一体化构建课内、课后课程体系”的思考与实践。12月10日，宣师一附小、康乐里小学、西单小学、北小红山分校4所学校校长作主题发言，交流学校关于整体构建课程体系、教师弹性上下班等方面的理解思考与实践探索。论坛中其他校长围绕主题自由发言，研讨整体建构课程体系，主动求变、挖掘资源，以“双减”撬动学校治理能力提升等方面的思考和实践。（谢　歆）

【职校教师专业能力提升】2021年，西城区教育研修学院通过研训赛结合开展研修，提升教师专业能力。组织开展西城区职校教师教学能力提升比赛、西城区中等职业学校首届骨干教师教学创新能力展评活动、西城区社区教育录播课征集与评选活动、西城区校外教师基本功展评活动等比赛活动。组织区属职校教师参加市中职公共基础课程思政教学设计比赛、北京市教师教学能力大赛。在大赛引领下开展职校教师教学能力提升培训、基于中职公共基础课程标准的教学实践研究、社区教育骨干教师培训、中职校非学历教育教师综合素养提升、基于中药专业开发职业启蒙模块化课程等课程研修项目。与北京开放大学合作举办学习型城市背景下职成院校教师创新发展高级研修班，在区域职成教育转型时期，不断提升教师应对挑战的能力。（张慧明）

【人工智能助推教师队伍建设】2021年，区教育两委筹备申报教育部人工智能助推教师队伍建设试点项目，全面分析和评估区教育系统信息化基础建设、教师队伍发展现状、人工智能技术运用等方面，完成申报书的撰写和上报工作。9月申报成功，成为教育部第二批人工智能助推教师队伍建设试点区。（张捷莹）

【骨干教师队伍建设】2月，区教委对在职特级教师、市级学科带头人、市级骨干教师、导师团成员、中小学校级教学管理干部和全体研修员约500人进行线上培训。8月，继续对区级学科带头人、区级骨干教师4600余人进行培训。完成2021届西城区学科带头人、骨干教师和骨干班主任评选工作，产生区级学科带头人1305人、区级骨干教师3341人、区级骨干班主任198人。调整认定西城区教育系统“名师工作室”，工作室数量由原8个增至37个，覆盖28个学科，工作室成员212人，涉及82所学校。（张捷莹　李琳）

【教师资格认定】4月，受理春季申请初级中学、小学、幼儿园教师资格人员489人，认定合格人数453人。6月，受理春季申请初级中学、小学、幼儿园教师资格人员365人，认定合格人数337人。10月，受理秋季申请初级中学、小学、幼儿园教师资格人员147人，认定合格人数129人。（张捷莹）

【第六届“西城杯”幼儿教师实践评优活动】4月至6月，第六届“西城杯”幼儿教师实践评优活动举办。11月8日，召开第六届“西城杯”幼儿教师实践评优活动表彰会。经自下而上三级评优，评选出特等奖9人、一等奖27人、二等奖27人、三等奖30人、优秀奖74人。评优活动注重教师专业理念与师德、专业知识、专业能力综合评价，每两年举办一次。（王丽萍）

【“紫禁杯”优秀班主任评选】5月，区教委组织全区各小学评选2021年北京市小学“紫禁杯”优秀班主任。收到申报市级“紫禁杯”优秀班主任材料50份，涉及48所学校。经区级、市级评选，最终16人被评为市级“紫禁杯”优秀班主任，其中北京市紫禁杯特等奖1人、一等奖7人、二等奖8人。6月，在各中学推荐的基础上，评选出区级优秀班主任107人，从中推荐19人参评北京市“紫禁杯”班主任并获批准，其中北京市第八中学老师葛小峰获北京市“紫禁杯”班主任特等奖。（赵嫣娜　闫磊）

【校外教师基本功展评】7月，区教委全面启动校外教育机构教师基本功展评活动。展评活动分教育教学活动设计、教育教学活动反思、教育教学活动展示3项内容。7月28日至30日，西城区少年宫承办书法美术组、群众活动组、歌舞体育表演组，宣武少年宫承办器乐组、科技组的教育教学活动展示工作。通过区级比赛，推荐部分获奖教师参加市级评选。全区117人次获奖，其中获教育教学活动设计一等奖7人次、二等奖13人次、三等奖22人次；获教育教学展示一等奖6人次、二等奖12人次、三等奖18人次；教育教学评价一等奖6人次、二等奖11人次、三等奖22人次。获优秀指导教师奖6人，西城区教委获优秀组织奖。（傅晓月）

【小学德育干部培训】9月26日，西城区小学德育干部培训会在区教科院召开，会议围绕“双减”工作中的德育工作开展递进式培训。会议结合学期德育重点工作，带领德育干部深入学习“双减”工作相关文件精神，梳理要点，明确要求。围绕“形成氛围”“建立机制”“抓住重点”3个关键词进行总结，要求各学校全面落实“双减”工作，提升校内教育教学质量，以“三率、三性、一特色”（“三率”指课后服务学生参与率、家长满意率、学生作业完成率，突出学生的中心地位和主体作用，强调学生的参与度和获得感；“三性”指活动的丰富性、作业的个性、作业的弹性，突出教师的主导作用，强调教师的创造和专业能力；“一特色”指学校的特色，突出学校的主动性，强调学校教育的主阵地作用）为着力点，提升学校教育质量。（赵嫣娜）

【“西城杯”小学课堂教学评优】10月21日，西城区第十四届“西城杯”小学课堂教学评优活动在北京第一实验小学召开。活动以“坚持全面育人培养关键能力关注实际获得”为主题，为中青年教师搭建学术研究、专业发展、风采展示的平台。自上年9月至年内10月，活动历时1年。304名教师参加区级评优，涉及13个学科，120人获一等奖、183人获二等奖。（白　洁）

【“金秋杯”课堂教学展示】10月至12月，西城区第十九届“金秋杯”课堂教学展示举行。围绕“聚焦学科核心素养，打造高效学习课堂”主题，以“形成性评价＋作业研究＋课堂教学”三加联动式研究模式，探索“双减”背景下如何进一步提高教育教学质量。本届“金秋杯”以区校联动的方式，组织校级教学开放日活动和区级教学开放周活动。校级教学开放日活动面向本届市级学科带头人、市级骨干教师和区级学科带头人，由学校自主组织，骨干全员参与，共计59个学校，13个学科415节开放课程。区级教学开放周开设教学研讨活动4场，现场教学课7节，说课展示2节，专家点评5人6场次。多元的活动方式，为市、区级学科带头人和骨干教师搭建研究展示平台，加强学术研究氛围，推动“双减”纵深发展。注重物化研究成果，发挥辐射引领作用。区研修学院通过构建三加联动式研究模式，研发“作业研究”示范模型，为教师提供有效学习支架，并印制《以优质研修促区域教育高质量发展，聚焦“双减”的思考与实践》内参，实现区域资源共享。（白　洁）

【新任班主任培训】10月12日，为提升班主任专业素养和育人能力，区教委小教科和区教科院学生生涯指导中心联合开展新任班主任系列培训暨“班主任名师会客室”活动，以新任班主任普遍关注的问题或困惑为切入点，从新任班主任、优秀班主任、德育专家3个角度进行交流，激发新任班主任的工作热情和创造力，挖掘老教师丰富的教育经验，教育专家进行理论升华，帮助新任班主任梳理日常德育工作，提升育人能力。（赵嫣娜）

学前教育

【概况】2021年，西城区有幼儿园88所，其中区教委直属园30所、街道园10所、驻区部门园13所、企事业单位1所、部队园3所、民办园31所；另有3所学校附设幼儿园班。离园幼儿6671人，入园幼儿9579人，在园幼儿25061人。教职工4562人，其中专任教师2838人。全区市级社区早期教育示范基地幼儿园32所。全区所有幼儿园办园质量督导评估结果均为“合格”。区教委围绕学前教育招生规范、师德建设、教学规范、安全管理等重点，推动教育质量和办园水平不断提升，促进学前教育事业普及普惠安全优质发展。（王丽萍）

【新增学位项目推进】2021年，区教委通过挖潜空间，科学整合教育系统内部资源，加快回收出租出借房产，加大社会房屋资源租赁力度，以及与其他单位合作办园等，不断增加教委办园的规模和园址数量。开展试点研究，探索鼓励具备条件的普惠性幼儿园将睡眠室和活动室合并，合理挖潜，适度扩大规模，增加普惠性学前教育学位。北京市第四幼儿园白纸坊分园、教育研修学院附属幼儿园中大班分址、三教寺幼儿园天桥分址、信和幼儿园分址，其他各类型幼儿园通过扩大办园规模、合理增加班级容量等方式扩充学位，完成新增学前教育学位2000个的目标任务。（王丽萍）

【家园共育】2021年，为宣传普及家庭教育知识，提升家长素质，创建良好亲子关系，构建和谐家园共育氛围，按照市教委统一要求，西城区制订《西城区幼儿园家长培训工作方案》，明确培训的指导思想、培训任务、工作要求。面向广大家长宣传党的教育方针、相关法律法规和政策，宣传科学育儿理念、知识和方法，引导家长树立正确的儿童观和育人观，增进亲子之间的沟通和交流，创建和谐的家庭氛围，帮助家长解决家庭教育中的难点问题，帮助幼儿更快更好地适应幼儿园生活。增进家庭与幼儿园的有效沟通，努力构筑良好的家园沟通机制，为幼儿健康成长营造良好环境。（王丽萍）

【幼儿园优秀安全管理案例研究】年初，区教委将部分园长的安全管理经验陆续整理成工作案例，不定期提供给各园供大家分享交流。这些经验做法的共同特点是：坚持以人民为中心、坚持科学民主管理，把幼儿的健康和安全放在首位，敏锐地发现问题、积极地研究问题、妥善地处理问题，做到精细管理、主动治理，妥善解决工作中遇到的各种问题。全年共下发7期。（王丽萍）

【学前招生】5月18日，区教委召开2021年西城区幼儿园招生工作部署会。各幼儿园正、副园长180余人参加。2021年幼儿园招生对象为2018年8月31日前出生，年满3周岁的适龄儿童。经审批的托班试点幼儿园，可招收未满3周岁的西城区户籍婴幼儿。教育部门办园、街道办园、普惠性民办幼儿园要严格按照就近原则，根据幼儿户籍、居住等情况，优先招收西城区户籍、人户一致、落户满3年的适龄幼儿。部队、各级机关及各类企事业单位等举办的幼儿园招生要由区教育行政部门计划统筹，按照就便原则优先招收举办单位在职工作人员子女，并积极创造条件向社会开放，就近优先招收西城区户籍适龄幼儿入园。非普惠性民办幼儿园招生要严格遵守招生纪律，坚持就近就便原则，在优先招收西城区户籍适龄幼儿的基础上，可招收本市户籍适龄幼儿和符合条件的非本市户籍适龄幼儿入园。区内适龄幼儿入园9579人。（王丽萍）

西城区幼儿园一览表

表 9

园　名	地　址
北京市西城区长安幼儿园	西城区前门西大街 139 号
北京市北海幼儿园	西城区地安门西大街 22 号
北京市西城区棉花胡同幼儿园	西城区棉花胡同 78 号
北京市第六幼儿园	西城区旧鼓楼大街大石桥胡同 43 号
北京市西城区曙光幼儿园	西城区后广平胡同 1 号院 1 号楼
北京市西城区西四北幼儿园	西城区西四北三条 11 号
北京洁如幼儿园	西城区什坊小街宏英园 17 号楼
北京市西城区洁民幼儿园	西城区裕中西里 36 号楼
北京市西城区民族团结幼儿园	西城区新明胡同乙 1 号
北京市西城区虎坊路幼儿园	西城区虎坊路甲 14 号
北京市西城区实验幼儿园	西城区南新华街 21 号
北京市西城区名苑幼儿园	西城区广外红居街 16 号
北京市西城区长椿街幼儿园	西城区西便门东里 11 号
北京市西城区槐柏幼儿园	西城区槐柏树街南里 10 号楼
北京市西城区和平门幼儿园	西城区上斜街 66 号
北京市西城区小百合幼儿园	西城区长椿街甲 1 号
北京市宣武回民幼儿园	西城区南横西街 119 号
北京市西城区三教寺幼儿园	西城区里仁街 12 号
北京市第四幼儿园	西城区广外莲花河胡同 3 号
北京市西城区三义里第一幼儿园	西城区广安门外三义东里 9 号
北京市西城区三义里第二幼儿园	西城区三义西里 7-2 号
北京市西城区马连道幼儿园	西城区广安门外红莲中里 10 号
北京市西城区信和幼儿园	西城区马连道路 15 号院 5 号楼
北京市西城区红山幼儿园	西城区广安门外大街 305 号二区 10 号楼
北京市西城区广安幼儿园	西城区广安门车站西街 2 号院 15 号楼
北京市第十五中学附属陶然亭幼儿园	西城区育新街 2 号
北京市西城区育民五一幼儿园	西城区真武庙二里 5 号楼
北京市西城区教育研修学院附属幼儿园	西城区西四北大街 83 号
北京市西城区大栅栏幼儿园	西城区小沙土园 12 号
北京市西城区什刹海街道大拐棒幼儿园	西城区大拐棒胡同 15 号
北京市西城区新街口街道果子市幼儿园	西城区鼓楼西大街 169 号
北京市西城区新街口街道高井幼儿园	西城区西直门内大街高井胡同 16 号
北京市西城区金融街街道新京畿道实验幼儿园	西城区京畿道 12 号
北京市西城区月坛街道办事处第一幼儿园	西城区三里河北街 23 号
北京市西城区展览路街道北营幼儿园	西城区北营房西里小区 10 号楼西侧
北京市西城区大栅栏西柳树井幼儿园	西城区珠市口西大街 111 号

续表 9

园 名	地 址
北京市西城区大栅栏大安澜营幼儿园	西城区大栅栏大安澜营胡同 13 号
北京市西城区南菜园幼儿园	西城区菜园街五层公寓楼 2 号
北京市西城区樱桃园幼儿园	西城区右内大街 53 号
中共中央组织部机关服务中心幼儿园	西城区西单北大街小酱坊胡同 31 号
中共中央办公厅警卫局北长街幼儿园	西城区北长街 89 号
北京市公安局幼儿园	西城区德胜门内松树街 7 号
中国儿童中心实验幼儿园	西城区平安里西大街 43 号
中共中央直属机关事务管理局实验幼儿园	西城区新风街 1 号院甲 2 号楼
公安部幼儿园	西城区木樨地北里 2 号
国家发展和改革委员会三里河幼儿园	西城区三里河一区丙 68 号
物资机关幼儿园	西城区月坛北街 25 号院
中国石油天然气集团公司机关服务中心幼儿园	西城区六铺炕三区甲 15 号
北京市农业农村局幼儿园	西城区裕中西里甲 1 号
市政府机关幼儿园	西城区广安门内长椿里 2 号
国家机关事务管理局花园村幼儿园广源分园	西城区广外大街 305 号三区 8 号楼
机械机关幼儿园	西城区百万庄北街 2 号
北京印钞有限公司幼儿园	西城区白纸坊街 23 号
北京军区空军蓝天宇锋幼儿园	西城区平安里群力胡同 17 号
中国人民解放军北京卫戍区直属机关幼儿园	西城区定阜街 3 号
中国人民解放军解放军报社幼儿园	西城区阜外大街 34 号
北京市西城区幸福泉幼儿园	西城区冠英园西区 8 号
北京市西城区广电银河艺术幼儿园	西城区育德胡同 15 号
北京市西城区幸福时光陶然幼儿园	西城区黑窑厂西里甲 11 号
北京市西城区里仁街幼儿园	西城区宏建北里 13 号
北京中铁信达经贸有限公司幼儿园	西城区广外车站东街甲 5 号
北京市西城区汇佳北欧幼儿园	西城区马连道路 80 号院
北京市西城区蓝色未来幼儿园	西城区小马厂路 1 号院
北京市西城区普林斯顿幼儿园	西城区广安门内大街广安胡同康乐里 12 号
北京市西城区亲育代幼儿园	西城区北礼士路 135 号内 35 号楼
北京市西城区悠米幼儿园	西城区菜市口莲花胡同 11 号
北京市西城区海思幼儿园	西城区育新街 47 号清芷园 12 号楼
北京市西城区威廉和玛丽幼儿园	西城区陶然亭路 2 号 9 号楼 1 层
北京市西城区诺博幼儿园	西城区北露园 2 号楼
北京市西城区红黄蓝幼儿园	西城区南菜园乙一号院 2 号楼、3 号楼
北京市西城区乐百灵幼儿园	西城区红居街远见名苑 10 号楼 C 座
北京市西城区松树阳光幼儿园	西城区百万庄中里 46 号
北京博雅汇英幼儿园	西城区双柳树二条 1 号

续表 9

园 名	地 址
北京市西城区美仁幼儿园	西城区西便门西里 5 号楼
北京市西城区爱知淏幼儿园	西城区广外鸭子桥路 1 号院 5 号楼
北京智慧摇篮幼儿园	西城区老墙根街 101-105 号
北京市金色启蒙幼儿园	西城区虎坊桥魏染胡同 36 号
北京金宝幼儿园	西城区南纬路 31 号西侧
北京永远的孩子幼儿园	西城区马连道南街 16 号院 1 号楼
北京市金融街惠泽幼儿园	西城区西绦胡同甲 26 号
北京德胜盛德艺术幼儿园	西城区德胜门外大街 10 号
北京市西城区嘉泊幼儿园	西城区马连道路 13 号院
北京市金融街惠爱幼儿园	西城区天宁寺东里 4 号

中小学教育

【概况】 2021 年，西城区有小学 58 所，一贯制学校 4 所，民办学校 2 所；在校生 108159 人，学龄儿童入学率为 100%。教职工 7152 人，其中专任教师 7078 人。普通中学共有 42 所。按办别分：教育部门办 40 所（含北师大办 3 所）、民办 2 所。按类别分：初级中学 4 所（教育部门办）；九年一贯制学校 2 所（教育部门办 1 所、民办 1 所）；完全中学 31 所，其中教育部门办 31 所（含北师大办 2 所）；高级中学 1 所（北师大办）；十二年一贯制学校 4 所（教育部门办 3 所，民办 1 所）。在校学生 54470 人（初中 34781 人、高中 19271 人），其中北京市户籍学生 50910 人（初中 31639 人、高中 18383 人），非本市户籍学生 3560 人（初中 3142 人、高中 418 人）。教职工 8061 人（含一贯制学校小学部），专任教师 6147 人（初中 3415 人、高中 2732 人），专任教师中本科以上学历毕业 6136 人（研究生毕业 2131 人、本科毕业 4005 人）。

中小学坚持以立德树人为主线，围绕“双减”“双新”等重点工作，积极完成各项任务。小学以建设高质量教育体系为目标，以队伍建设为重点，不断规范学校教育教学秩序，构建课内课后一体化课程建设，深化学校内涵发展，促进师生综合素养全面提高，构建小学教育优质均衡且可持续发展的生态格局。中学通过完善机制建设、深入开展调研等活动，指导学校扎实落实双减工作。开展项目申报，进行全员培训，完成北京市和教育部两次调研，展开形式多样的研讨交流，推进“双新”建设工作。组织“开学一课”、“四个一”社会大课堂、“拿起纸笔·见字如面”、“为党育人、为国育才”讲述育人故事、“赓续红色基因、传承百年薪火”中学生论坛等系列主题教育活动，落实立德树人根本任务。制订区级实施细则和工作方案，加强干部教师培训，深入推进大中小幼一体化德育体系建设和大中小学思政课一体化建设。加强教学质量监控和优秀生培养工作，持续推进新优质校提升工程、集团校建设等工作，促进区域教育优质均衡发展。坚持“五育并举”，聚焦“教会、勤练、常赛”，深化学校体育、美育教学改革，确保学生学会 1 至 2 项运动技能。

（方光志　王贞荼　毕正勇）

【义务教育阶段入学】 2021 年，西城区采取多校划片为主，单校划片和多校划片相结合的入学方式，严格规范工作程序，确保义务教育阶段入学平稳有序，顺利完成。小学入学采取“寄宿学校、全区招生学校、民办学校入学”“学区派位入学”“片区内登记入学”“多校划片入学”“派位入学”5 种入学方式。小学入学新生 21473 人，其中北京市户籍适龄儿童 20470 人、非本市户籍适龄儿童 1003 人。严格落实北京市教委“公民同招”的统筹规划，继续实行民办学校与公办学校同步报名、同步录取的入学办法，在北京小学、京华实验学校、铁路第二中学、正泽学校、北师大亚太实验学校 5 所小学同步面向适龄儿童开展报名、电脑派位工作的基础上，新增西城区育翔小学分校、西城区黄城根小学分校、第一实验小学红莲分校、北京市育才学校、北京市第十四中学 5 所面向全区招生的学校，为更多适龄儿童提供优质学校的就读机会。首次实施多校划片入学方式，通过家长自愿填报意向，依据学位情况按相对就近原则在学区或相邻学区内派位入学。初中入学采用多种招生方式与计算机派位相结合，按照招生计划要求，采取九年一贯制直升入学、全区派位入学、特色学校入学、寄宿学校入学、民办学校入学、对口直升派位入学、学区登记入学、学区派位入学 8 种入学方式。初中录取新生 13359 人（本市户籍 12484 人，非本市户籍 875 人）。2021 年西城区较大幅度增加全区派位招生计划，新成立 1 所全区派位入学学校：德胜中学（全部通过全区派位方式面向西城区招生)。新增寄宿学校入学:北京市第八中学京西校区(招收寄宿学生,校址位于门头沟区)。新增特色学校:北京师范大学附属中学(教育人才培养)。义务教育阶段转学工作在近年来学位持续紧张的背景下,仅限小学三至五年级可办理转入手续,全年接收转入西城区学生1239人(其中春季394人、秋季845人)。（吴献平）

【中考中招】2021年,西城区中考报名9392人,有升学资格考生9036人,其中京籍考生8781人、非京籍九种情况考生126人、非京籍随迁子女考生115人、非京籍既符合九种情况又符合随迁子女的考生14人。第一次机考报考人数9105人,另有日语考生45人。第二次机考报考人数5753人,另有日语考生34人。初三7科学考参考人数9218;初二地理和生物学考参考人数11975。2021年西城区考生具有升学资格考生8922人,提前招生批次录取918人,占10.3%;校额到校批次录取1389人,占15.6%;统一招生录取6308人,占70.7%。录取总计8716人,总升学率为97.7%。（袁　伟）

【普通高中学业水平合格性考试】2021年,具有本市户籍或本市学籍的普通高中在校学生、职技类学校在校学生以及社会类考生均可参加普通高中学业水平合格性考试。普通高中在校学生参加全市统一组织的9门合格性考试和各区组织的4门合格性考试,全部科目达到合格水平后,可颁发《北京市普通高中学业水平考试合格证》。职技类和社会类考生参加全市统一组织的9门合格性考试达到合格水平后,可颁发《北京市普通高中学业水平考试合格证》,证书上注明“职技类”或“社会类”字样。合格性考试统考9门科目达到合格水平是高中同等学力认定的主要依据。1月13日至15日,第一次普通高中学业水平合格性考试进行,报考情况:语文4207人、数学3516人、英语4286人、物理6119人、化学283人、生物293人、历史242人、地理161人、政治6457人,总计6841人,总计科次25564门。7月7日至9日,第二次普通高中学业水平合格性考试进行。报考情况:语文1629人、数学2114人、英语1643人、物理447人、化学8099人、生物7927人、历史8379人、地理8370人、政治317人,总计11321人,总计科次38925门。（袁　伟）

【普通高等学校招生】7月,区教育考试中心高招办完成秋季招生考试工作,西城区高考报名总人数为5960人。普通高考报名人数为5896人,其中211人参加36所高职自主招生(专科)并被提前录取。全区有5666名考生报名参加普通高考,其中报名参加统考6科考试5632人,实考考生5612人,上本科线人数4923人,本科上线率87.72%;只报统考3科(专科)25人,实考考生4人。中学应届实考人数4029人,上本科线人数3795人,本科上线率94.19%,专科上线率100%;本科录取5206人,本科录取率95.09%。截至9月底,全区普通高考共计录取5831人(含高职自主招生),录取率为98.90%。高职单考单招报名人数为64人,其中50人参加36所高职自主招生并被提前录取;有14名考生报名参加考试,实考人数1人,录取人数1人。（贾　维）

【新优质校提升工程】2021年,区教委指导各结对校(4中—7中,8中—宣外,15中—43中,铁二中—56中,研修学院—教院附中)通过集体备课、青年教师拜师、学生学习资源共享等多种形式,进行质量精准提升,逐步落实“统一教育理念、统一教学规划、统筹教研活动、统筹师资调配”,促进义务教育均衡发展。7月9日召开座谈会,组织各结对校汇报一年来工作开展情况,被帮扶校教师成长迅速,同时促进帮扶校教师自身的发展。（陈甜甜）

【宋庆龄奖学金评选】2021年,区教委落实立德树人根本任务,大力弘扬宋庆龄的崇高精神,发挥宋庆龄奖学金评选活动的辐射带动作用,让学生从身边榜样的感人事迹和优秀品质中受到鼓舞、汲取力量,促进中小学生德智体美劳全面发展。10月至11月,区教委按照通知要求组织学校自主推荐、提交申报材料,收到申报市级宋庆龄奖学金材料6份,涉及5所学校。经区级评选、完成3天公示期等环节,最终推荐北京市西城区师范学校附属小学李奕凝、北京市西城区中古友谊小学韩雨璇参与市级评选。（赵嫣娜）

【奥林匹克主题教育】2021年,区教委以“线上+线下”相结合的方式开展“一起向未来”西城区中小学奥林匹克教育主题活动。项目包括冰雪体验、北京冬奥主题宣讲、艺术作品征集、艺术展演、冬奥知识竞赛等。主题系列活动中,学生制作的冬奥主题作品采用线上展出的方式,浏览量4.5万人次。冬奥主题宣讲、冬奥知识竞赛与央视新媒体平台合作线上直播。2项活动点播率近40万人次。（毕正勇　刘瑶　白羽）

【举办市区级科技竞赛活动】2021年,西城区科技竞赛活动线上线下相结合,上半年承办市级竞赛活动10余项,协调组织西城区第二十届中小学师生电脑作品大赛机器人暨人工智能竞赛、西城区中小学生太空种子种植小能手大赛、青少年未来工程师竞赛、航空航天航海模型竞赛、定向运动等数十项常规赛事。下半年举办西城区科技节,线上完成北京市中小学生环境教育系列活动评审工作、北京“小院士”研究项目展示分享活动、西城区中小学生天文知识竞赛活动、西城区中小学生保护生物多样性海报设计与制作活动、西城区青少年创新大赛评

选工作、西城区青少年创意编程与智能设计大赛等活动。全年开展主题科普活动50余次，参与学生万余人次。（王笑菲）

【校外教育获奖】2021年，西城区学生在生物奥林匹克竞赛、世界机器人大赛、北京市金鹏科技论坛、北京市中小学生观鸟比赛等赛事中成绩优异。全国科技活动周及重大示范活动、北京市中小学生师生电脑作品展示交流活动、北京市中小学生观鸟比赛、北京市中小学生电子与信息创意实践活动等全国及市级青少年科技活动优秀组织奖6项；辅导学生在2021VEX世锦赛、VEX机器人世界锦标赛亚太分区赛、第二十一届北京市中小学生金鹏科技论坛活动、第三十八届北京学生科技节——北京市中小学生观鸟赛鸟类知识竞赛、第二十一届北京市青少年机器人竞赛暨第六届北京青少年创意编程与智能设计大赛、第20期北京青少年科技后备人才早期培养计划等青少年科技竞赛活动中获得各类奖项78项，其中获国际级奖项1项、国家级一等奖3项、北京市级一等奖23项；西城科技馆教师在北京市首届教师“基本功与智慧”教育教学研究成果、北京市教育学会创造教育研究会2020年学术论文评审、2020—2022学年度基础教育科学研究优秀论文、2021年北京市教师“基本功与专业能力”教育教学研究成果、第五届科普场馆科学教育项目展评等各级各类评选活动中获得奖项和荣誉称号72项。（王笑菲）

【“拿起纸笔·见字如面”书信交流活动】1月，区教委组织开展“拿起纸笔·见字如面”书信交流活动，分“见字如面·对话历史”“见字如面·对话时代英雄”“见字如面·对话未来”“见字如面·对话行业模范”“见字如面·对话首都北京”“见字如面·对话红色西城”等6个主题开展书信交流活动。寒假期间，除特教、民办校外，近60所学校9.5万余名学生参与活动。在《小学HuiTan》中展示全区各小学报送的书信交流作品和信息，将此活动纳入学校日常教育全过程，引导学生提笔写信，突出学校育人理念，结合不同教育主题和活动专题开展教育活动，增强文化自信和价值观自信；将书信交流活动与学校主题班（队）会活动、心理健康教育、家校教育有机结合，创新育人模式，打造成为融合育人的工作品牌。（赵嫣娜）

【“讲述我的育人故事”活动】1月，西城区组织全区中小学开展“讲述我的育人故事”活动，围绕“为党育人·为国育才”的主题征稿，历经稿件征集、区域初评、专家评审等阶段，收到事迹材料416份。4月，北京八中校长王俊成代表西城区在全市启动会上分享育人故事。5月，讲述活动市级中学启动仪式在北京八中举行。6月，举办西城区中学讲述育人故事演讲展示活动，《西城区中学优秀故事集》在全区范围内展示交流。9月，北京市第三届大中小幼教师同台讲述育人故事展示交流活动在北师大二附中举行。（赵嫣娜　闫磊）

【“跳动校园”系列活动】4月16日，区教委召开贯彻落实新时代学校体育工作的实施方案发布会，并举办“跳动校园”西城区中小学跳绳系列活动启动仪式。2021年，全区各中小学以跳绳项目为抓手，推动“跳动校园”系列活动开展，破解场地小学生多的运动难题，形成具有西城区特色学校体育项目。在体育课、课间操、课外体育、家庭体育等活动中开展跳绳课程和训练，并举办系列跳绳比赛和展示活动，推动学校体育工作项目式改革，培养学生体育锻炼的兴趣，增强学生身体素质，培养学生健全人格，磨炼学生意志品质。（毕正勇　刘瑶）

【体育、艺术、科技特长生测试】5月14日至6月5日，完成高中阶段招收体育、艺术、科技特长生测试工作，审核各类特长生415人，其中体育106人、艺术143人、科技166人。西城区严格执行市教委有关规定和测试标准，结合新冠肺炎疫情防控要求，规范工作程序，严肃工作纪律，采取学校线下招生，科室线上审核的方式，确保特长生测试工作公平公正有序进行。（刘瑶　白羽　王笑菲）

【德育体系建设】6月，十三中、二附中参加评选并获首批北京市中小学思政课基地。年底，八中老师黄

4月16日，“跳动校园”2021年西城区中小学跳绳系列活动在北京市第十四中学启动（姜真　摄）

6 月，京师附小学生做爱眼体操　　（区教委　供图）

亚庆、三帆中学老师籍颖的班会和教学案例分别入选 2021 年全国中小学班主任基本功和思政课教师教学基本功展示交流活动典型经验。12 月，区教委发布《西城区大中小幼一体化德育体系建设实施细则》《西城区大中小幼一体化德育体系建设工作方案》，学校据此研究制订具有学校育人特色的实施细则和工作方案。（孙宇　闫磊）

【学校体育改革方案出台】 6 月 9 日，落实市委市政府《关于加强和改进新时代学校体育工作的行动方案》要求，区教委制订出台《关于贯彻落实新时代学校体育工作的实施方案》，推动学生文化学习和体育锻炼协调发展，聚焦“教会、勤练、常赛”，建立校园体育新的育人体系，鼓励带动学生积极锻炼，养成体育锻炼的好习惯，重点围绕学生体质和体育教师这两个关键要素，实施体育改革“五项工程”：中小学体育课堂教学质量提升工程、中小学生体质健康提升工程、体育教师专业素质提升工程、学生营养与健康促进工程、学生近视防控与肥胖学生干预工程。（毕正勇）

【建党 100 周年主题书画展】 6 月 10 日至 15 日，由区教委主办、区青少年美术馆承办、区教育研修学院协办的“庆祝建党 100 周年西城区师生书画作品展”在天桥艺术中心举办。展览的主题为“歌颂党、歌颂教育改革、歌颂美好生活”。所有作品均为原创，分教师作品和学生作品两部分，教师作品 30 余幅由西城教育研修学院中、小学美术学科教研室评选推荐参展；学生作品 260 余幅均来自北京市金帆书画院承办单位。此次活动是经上年市级验收、评审工作后，由西城区 7 家金帆书画院的第一次集体展示。（白　羽）

【小学生暑期托管】 7 月 15 日至 8 月 31 日（暑假期间），西城区举办两期小学生托管服务，着力为有需求的一至五年级学生提供良好的服务保障，每期 12 天，22 个托管服务承办校，分布于 15 个街道。第一期 356 名学生参加，第二期 174 名学生参加。（谢　歆）

【点“餐”到校全国推广】 秋季开学后，区教委整合 12 家区属少年宫、科技馆等校外资源，经过专业评估遴选，首批开设 200 余个课后服务活动项目，并在部分义务教育学校试点。所有授课教师均为专业教师，“菜单”里的课程有音乐素养、竹笛、中国舞、人工智能、机器人编程、朗诵、武术、剪纸等。此案例于 9 月入选教育部首批 10 个“双减”典型案例在全国推广。（谢　歆）

【开学一课】 9 月 6 日，区教委以“永远跟党走”为主题，围绕庆祝中国共产党成立 100 周年，邀请党史专家、新冠病毒疫苗研发团队核心成员、载人航天工程空间站系统总指挥、神舟系列航天员、水立方和冰立方的“双奥”建设工匠等 4 人陆续走进北京市第四中学、北京市鲁迅中学、北京市第四十四中学、北京市育才学校、北京市宣武外国语实验学校等 4 所主场校，面向 16 所学校的 2000 余名高中生分享各自领域的成就，从党领导下的社会主义建设事业取得重大成就的视角教育引导师生坚定爱党、信党、跟党走的政治信仰，激发西城区高中学生红心向党、学以报国的热情。（杨志刚）

【戏剧和舞蹈项目展演】 9 月，西

9 月，西城区第二十四届学生艺术节戏剧和舞蹈项目展演举办　　（区教委　供图）

城区第二十四届学生艺术节戏剧和舞蹈项目展演举办。9月11日至20日，戏剧展演由西城区少年宫承办，30个学校参加表演58个节目；9月17日至18日，舞蹈展演由宣武少年宫承办，在宣武少年宫春辉剧场举办，53个学校1776名学生参加展演71个节目。10月18日至22日，北京市艺术节舞蹈项目展演在东城少年宫举行，西城区16个节目参演。（白　羽）

【学生体质健康标准测试】9月至12月，西城区完成2021年国家学生体质健康标准测试和数据上报工作，全区中小学生国家学生体质健康标准测试合格率97.9%。教育部和市教委两级上报系统上报率均达100%。根据市教委集中统一组织测试的要求，12月1日至3日在北京市回民学校统一组织现场测试，学生范围从小学二年级至高三年级，共计6119人。11月30日、12月1日、12月3日，教育部对全区4所学校开展学生体质健康复核测试。（毕正勇）

西城区中学一览表

表10

校　名	地　址
北京市第三中学	西城区富国街3号
北京市第四中学	西城区西黄城根北街甲2号
北京市第七中学	西城区安德路69号
北京市第八中学	西城区学院小街2号
北京市第十三中学	西城区柳荫街27号
北京市第十四中学	西城区莲花河南街2号
北京市第十五中学	西城区育新街2号
北京市第三十一中学	西城区西绒线胡同33号
北京市第三十五中学	西城区赵登禹路8号
北京市第三十九中学	西城区西黄城根北街6号
北京市第四十三中学	西城区后孙公园37号
北京市第四十四中学	西城区三里河南横街1号
北京市第五十六中学	西城区文兴街3号
北京市第六十六中学	西城区枣林前街111号
北京市第一五六中学	西城区太平仓胡同16号
北京市第一五九中学	西城区王府仓胡同23号
北京市第一六一中学	西城区南横西街94号
北京市第一六一中学分校	西城区月坛北街18号
北京市月坛中学	西城区南礼士路二条1号
北京市徐悲鸿中学	西城区右安门内西街甲10号
北京市鲁迅中学	西城区新文化街45号
北京市铁路第二中学	西城区月坛西街5号
北京教育学院附属中学	西城区新街口四条48号
北京市育才学校	西城区东经路21号
北京市回民学校	西城区广内大街225号

续表 10

校 名	地 址
北京市西城外国语学校	西城区西直门外南路 6 号
北京市宣武外国语实验学校	西城区莲花河胡同 4 号
北京师范大学附属中学分校	西城区太平街西巷 4 号
北京师范大学第二附属中学西城实验学校	西城区安德路 116 号
北京师范大学实验二龙路中学	西城区大木仓胡同 39 号
北京师范大学实验华夏女子中学	西城区红莲中里 12 号
北京市第十三中学分校	西城区西绦胡同 59 号
北京师范大学附属实验中学分校	西城区辟才胡同 80 号
北京市三帆中学	西城区德外新风街 7 号
北京市西城区德胜中学	西城区黄寺大街 23 号
北京师范大学附属中学	西城区南新华街 18 号
北京师范大学第二附属中学	西城区新街口外大街 12 号
北京师范大学附属实验中学	西城区二龙路 14 号
北京师范大学亚太实验学校	昌平区北七家镇曹碾村西北
北京市西城区京华实验学校	西城区教育街 1 号
北京市正泽学校	西城区小市口胡同 8 号
北京市和平门中学	西城区南新华街 15 号

西城区小学一览表

表 11

校 名	地 址
北京市西城区育翔小学	西城区马甸南村乙 14 号
北京市西城区师范学校附属小学	西城区六铺炕北小街 3 号
北京市三帆中学附属小学	西城区裕中西里 29 号
北京市西城区五路通小学	西城区什坊街甲 6 号
北京市西城区育翔小学分校	西城区安德路街小市口胡同 8 号
北京市西城区黄城根小学	西城区黄城根北街 3 号
北京市西城区厂桥小学	西城区地安门西大街 167 号
北京市西城区鸦儿胡同小学	西城区鸦儿胡同 25 号
北京雷锋小学	西城区旧鼓楼大街西绦胡同甲 2 号
北京市西城区西什库小学	西城区刘兰塑胡同 14 号
北京市第十三中学附属小学	西城区西煤厂胡同 7 号
北京市西城区什刹海小学	西城区地安门内大街恭俭胡同 41 号
北京市西城区自忠小学	西城区府右街丙 27 号
北京市第一六一中学附属小学	西城区北长街 71 号

续表 11

校名	地址
北京市西城区力学小学	西城区力学胡同 47 号
北京市西城区顺城街第一小学	西城区前门西大街 135 号
北京第一实验小学	西城区南新华街 17 号
北京市西城区炭儿胡同小学	西城区炭儿胡同 11 号
北京市西城区新世纪实验小学	西城区南纬路 2 号
北京市西城区香厂路小学	西城区香厂路 31 号
北京第一实验小学前门分校	西城区和平门外东街甲 5 号
北京第二实验小学玉桃园分校	西城区西直门内大街玉桃园三区 10 号
北京市西城区志成小学	西城区新街口东新开胡同 20 号
北京师范大学京师附小	西城区西四北四条 47 号
北京第二实验小学	西城区新文化街 111 号
北京市西城区奋斗小学	西城区闹市口大街月台胡同 15 号
北京市西城区西单小学	西城区中京畿道 1 号
北京市西城区宏庙小学	西城区西单北大街宏庙胡同 13 号
北京市西城区华嘉小学	西城区西廊下胡同 34 号
北京第二实验小学涭水河分校	西城区受水河胡同 45 号旁门
北京市宣武师范学校附属第一小学	西城区右安门内大街 26 号
北京市西城区白纸坊小学	西城区白广路乙 27 号
北京市第八中学附属小学	西城区福州馆街 3 号
北京市西城区陶然亭小学	西城区龙泉胡同 5 号
北京市第十五中学附属小学	西城区白纸坊东街 27 号
北京市西城区实验小学	西城区南菜园 35 号
北京市西城区阜成门外第一小学	西城区阜成门外大街甲 10 号
北京市西城区展览路第一小学	西城区百万庄中里 7 号
北京市西城区进步小学	西城区榆树馆胡同 1 号
北京市西城外国语学校附属小学	西城区北礼士路 133 号
北京建筑大学附属小学	西城区文兴街 4 号
北京第二实验小学白云路分校	西城区白云路 2 号
北京市西城区育民小学	西城区真武庙头条 8 号
北京市西城区中古友谊小学	西城区三里河一区 39 号
北京市西城区三里河第三小学	西城区三里河三区 36 号
北京市西城区复兴门外第一小学	西城区复兴门外大街地藏庵 23 号
北京小学	西城区槐柏树街 9 号
北京市西城区康乐里小学	西城区储库营康乐里 2 号

续表 11

校 名	地 址
北京小学广内分校	西城区北线阁街 2 号
北京市宣武回民小学	西城区牛街西里一区 5 号
北京市西城区登莱小学	西城区登莱胡同 29 号
北京第二实验小学广外分校	西城区广安门外红居南街 2 号
北京小学天宁寺分校	西城区天宁寺前街 35 号
北京小学红山分校	西城区广安门外大街 305 号二区 12 号楼
北京市西城区青年湖小学	西城区广外街道鸭子桥北里 13 号
北京市西城区椿树馆小学	西城区广安门外南街 43 号
北京市西城区三义里小学	西城区广外三义里 4 号、5 号
北京第一实验小学红莲分校	西城区红莲中里 14 号

西城区特殊教育学校一览表

表 12

校 名	地 址
北京启喑实验学校	西城区西直门内大街东教场胡同 5 号
北京市西城区培智中心学校	西城区西直门外大街德宝新园 23 号
北京市西城区育华中学	昌平区沙河镇七里渠南村 531 号

成人和职业教育

【概况】2021 年，西城区职业教育学校 4 所，教职工 595 人，学生 1232 人。西城区成人教育学校 3 所，教职工 207 人，学生数 2983 人。有 2 所高等教育学校：北京宣武红旗业余大学和北京市西城经济科学大学，除学历教育外，承担着成人教育培训和社区教育学校功能，与各街道社区学校（市民学校）共同构建成为完善的市民终身教育体系。西城区职成教育克服疫情影响，有序推进教育教学工作，深化学习型城区示范区建设。发挥资源优势，积极参与京津冀协同发展及援疆工作。加强学区教育资源的统筹管理，选派 26 名职业学校教师服务学区管理工作。依托社区教育资源，开展线上线下优质规范的社区教育培训课程，组织完成年度市民学习周活动，不断深化学习型城区建设工作。2 名职业学校教师分获紫禁杯优秀班主任一、二等奖。（李同焕）

【常规自考工作】2021 年，高等教育自学考试笔试课程全年报考总人数为 7403 人次，比上年 8115 人次减少 712 人次。报考 19126 科次，比上年 20257 科次减少 1131 科次。新生注册 740 人，比上年 922 人减少 182 人。组织考试 804 场次。查处违纪考生 9 人。（李 飞）

【毕业初审办理】2021 年，区教育考试中心自考办根据“自考考生毕业需要经过网上申请、区自考办初审，市自考办复审，最后由主考院校与市自考办共同签发毕业证书”的程序，为 551 名毕业生办理毕业初审，其中专科 176 人、本科 375 人，与上年 426 人相比毕业生增加 125 人。（李 飞）

【成人高等学校招生】2021 年，成人高等学校招生类型分为高中起点升本科、高中起点升专科和专科起点升本科 3 种，并选用脱产、业余（包括半脱产、夜大学）或函授 3 种形式进行成人高等学历教育。2021 年成人高考的考试科目同上年，报名方式采用网上报名。受新冠肺炎疫情影响，考生不到现场进行确认，改为网上审核。专升本验证工作仍采用网上验证方式，报考专升本的考生进行网上报名时，学历证书的相关信息直接经教育部高等教育学生信息网的数据库进行比对和审验，通过后才能确认报名信息。西城区网上报名总计 1091 人，实际缴费 1091 人，其中高中起点专科为 227 人、高中起点本科为 112 人、专科起点本科为 752 人。设置成人考试考点校 3 所考场 43 个。（李 飞）

【“文明风采”竞赛】4 月至 6 月，为迎接中国共产党成立 100 周年，进一步加强革命传统、爱国主义教育，重温历史记忆，弘扬时代精神，展示职业学校学生良好精神风貌，提高人文素养和职业素养，促进学生的全面发展，组织举办职业学校“文明风采”竞赛活动，收到作品128幅，形式涵盖合唱、独唱、书法、绘画、诗歌朗诵等，评选出一等奖55名、二等奖73名。

（李同焕）

【市民终身学习】 5月至10月，搭建市民学习平台，加强资源共享，在前期101家市民终身学习基地基础上，继续遴选增加4家市民终身学习基地（陶然亭怡得书房、“广艺+”广内市民文化中心、什刹海社会心理服务中心、椿树书苑），总数达105家。10月至12月，为贯彻落实北京市有关要求，进一步营造起全民学习、终身学习的良好氛围，西城区组织第十九届主题为“终身学习赋能美好生活、提质增效服务区域发展”的市民学习周活动，举办200余项活动。11月29日，西城区第十九届市民学习周活动启动仪式线上举行。西城区各街道办事处、市民终身学习服务基地单位和西城区成人学校、职业学校、街道社区教育学校代表等100余人线上参加启动仪式。多项主题鲜明、内容丰富、贴近生活的线上学习活动陆续展开，为市民参与终身学习、展示学习成果搭建平台。2021年，继续依托社区教育学校服务体系，开展线上丰富、优质、规范的社区教育培训；升级改造数字化社区教育网络建设，加强网络学习资源建设。根据市教委工作要求，在全区范围内开展首都学习之星评选推荐工作，有5人获首都市民终身学习之星称号。

（罗克东　李同焕　陈怡）

红旗大学

【概况】 北京宣武红旗业余大学（简称红旗大学）设有5个教学系、2个教学站。开设13个专业，覆盖6个学科。教职工69人，其中专任教师35人（教授1人、副教授13人）。聘请校外教师17人（副教授1人）。专科学历在校生304人，招生75人，毕业91人；北京理工大学继续教育学院红旗大学教学站在校生78人；北京理工大学远程教育学院红旗大学学习中心在校生78人，招生23人，毕业13人；北京交通大学继续教育学院红旗大学教学站在校生134人，毕业117人。2021年，红旗大学秉承“立足地区、服务地区，为地区经济建设和社会发展服务”的办学宗旨，围绕学校中心工作，做好教学科研及社区教育服务；围绕疫情防控、垃圾分类、环境治理等，开展“红墙先锋在社区，我为群众办实事”活动。

（罗克东）

【教学科研】 2021年，红旗大学利用优质在线课程平台及在线课程教学资源，依托现代信息技术手段开展线上教学。制订《北京宣武红旗业余大学大专学历教育学费收退费管理办法》，修订《北京宣武红旗业余大学大专学历教育学籍管理规定》。组织管理系教师开展线上研讨会商，修订2023级13个专业的人才培养方案。与3家企事业单位签订合作协议，打通企业培训和学历教育壁垒。坚持以科研促教研，以学习促发展。完成市规划课题中期、结题2项，区级优秀人才资助项目结题、中期2项，市成教学会课题的开题、中期4项，申报区教育科学“十四五”规划课题1项。申报北京市职业教育教学成果奖2人，完成2020年度高校继续教育发展报告工作。在北京市高等学校教学名师奖评选中，1人获得高等学校青年教学名师奖。组织开展“深化课程思政建设、提升高校立德树人成效”专题网络培训。

（罗克东）

【岗位培训服务】 2021年，红旗大学拓宽培训渠道，提升业务能力。为区教育系统开发培训项目，开展6次专项培训36次课程，培训1400人次；为区教育系统35家单位开设17门课程47场专题讲座，培训1700人次；为区域内机关企事业单位开展岗位培训，开设26门培训课程390学时，培训3850人次。承接西城区人事考试2次10场次，考生1160人次。为保证培训质量，学校采取授课内容试讲方式，通过后方可授课。

（罗克东）

【社区教育服务】 2021年，红旗大学协助区教委编纂完成《北京市民终身学习示范基地学习成果汇编》。开展市民终身学习品牌特色项目申报工作，全区市民终身学习服务基地数量增至105家。在第十九届全民终身学习活动周中开展彩绘葫芦、彩绘兔爷、彩绘团扇、彩绘茶席、软陶饰品制作、玉石枝花制作等体验活动，317人参加。广外社区教育学校以腾讯直播形式，开设声乐、国画山水、书法行草书、民俗剪纸、古代散文鉴赏、话剧导赏、摄影共7门线上课程126课时，培训1644人次。举办3场主题讲座，培训280人次。1场“弘扬传统文化、赋能美好生活”之“彩绘兔爷儿”文化体验活动。参加“永远跟党走”展演活动，承办广外街道社工入职培训。社区家长学校为广外地区12所学校举办线上讲座9场，培训4690人次。结合“双减”政策，举办第二届广外地区家庭教育指导师培训，为6所小学开展6场专题培训，培训2400人次，免费发放家庭教育指导图书《学习治疗手记》。老干部大学开展钢琴初级、篆书初级、旅游英语、绘画、音乐、书法等13个班的线上教学，学员人数达262人。

（罗克东）

【校企合作办学及培训】 7月6日，红旗大学与丰汇物业管理有限公司签订校企合作协议，双方合作举办现代物业管理专业。红旗大学针对企业人才培养需求，为企业定制服务，为丰汇物业管理有限公司员工开设现代物业管理课程，提高企业员工整体业务水平。9月8日，红旗大学与北京金融街国际教育科技有限公司签署合作框架协议，红旗大学与北京金融街国际教育科技有限公司在职业教育培训，主要包括但不限于保育师、消防设施操作员、计算机程序设计员、计算机软件测试员等领域进行项目课程的研发、资源导入以及对外市场化拓展和培训等工作。12月30日，红旗大学与北京市爱莲舞蹈学校签订战略合作协议，双方在艺术职业教育培训、幼儿园、中小学艺术师资培训、老年艺术教育、家庭艺术教育等进行项目课程的研发、资源导入以及培训等工作。（罗克东）

【参加大学生计算机设计应用竞赛】7月至9月，组织计算机系学生参加2021年北京高校继续教育大学生计算机设计应用竞赛，红旗大学获得团体优秀奖，2名学生获微课组二等奖，1名教师获微课组指导教师奖。（罗克东）

西城经济科学大学

【概况】北京市西城经济科学大学暨西城区社区学院（简称西城经济科学大学）有教职工111人，其中高级职称23人、中级职称38人、专任教师40人；开设教学班53个。全年在校生891人，其中传媒本科学生713人，本校专科生178人，传媒本科毕业生161人、本校专科毕业生106人。2021年，学校本着面向社区、服务居民的办学宗旨，制订和完善学校多项规章制度，完成公招、编制核减后的岗位调整。以“红墙先锋在社区，我为群众办实事”为主题，分批走进结对共建社区——新街口街道冠英园社区开展为社区居民办实事做好事活动。开展党史教育系列宣讲，党委书记、校长张建国分4个专题为学校教职员工、社区党员群众讲述中国共产党建党100年的奋斗历程，共1000人次参加。召开以“喜迎建党百年华诞绘初心，笃行致远百姓大学开新篇”为主题的建党100周年优秀共产党员表彰大会，表彰优秀共产党员25名。（陈 怡）

【教学科研】2021年，北京市西城经济科学大学有序开展学校教育教学管理整体工作。推进课程思政建设，修订完善7个专业的人才培养方案，把思政课程开足、开全、开规范。在教师聘任上严把思政教师的政治关，在课程教学设计上加强课程思政教学设计模块的落实，在教学管理中，加强班级管理、落实学生思想引导，切实做到计划中“有痕”、课堂上“有讲”、管理中“有行”，将立德树人理念贯穿于教学管理各环节、全过程。组织全校112名教职人员开展线上公共知识培训。做好专技岗教职员工的继续教育培训，全年发布继续教育培训课程资源74学时。线上和线下继续教育并举，为提升教师综合素质和水平起到积极作用。完成西城区学习型城区研究中心科研项目工作，开发制作《家庭生活小课堂》《探秘北京中轴线》特色微课程20集，完成54门校内微课程的制作。选送优秀微课程参加“第六届NERC杯全国社区教育优秀微课程评选”，获优秀作品奖和推荐作品奖。（陈 怡）

【社区教育服务】2021年，北京市西城经济科学大学以品牌活动为引领，组织开展西城区第十届市民艺术节合唱比赛、纪念建党100周年西城区第二十届市民书画精品展、第十九届市民学习周开幕式等专题活动，为市民参与终身学习、展示学习成果搭建平台。统筹资源丰富市民文化生活，为市民终身学习提供支持服务，开设大专课程班、市民进校单科班课程、送教进社区课程，总计教学服务6468人次1104课时。推广市民终身学习成果认证制度，加强认证单位和认证管理员队伍建设，对149家认证点的117名认证管理员及1670名学员进行积分兑换奖励和补贴工作。全年开设443门认证课程13148课时，完成30门特色课程建设，计900课时，涉及23家认证单位，受益约1000人次。（陈 怡）

【培训服务】2021年，北京市西城经济科学大学采用线上线下并用的方式，为区财政局、区人社局、区基层退役军人服务站、新街口街道、北京环雅丽都公司等单位开展培训项目9个，培训3689人。（陈 怡）

【“智慧班牌”试运行】5月13日，西城区学润西城“三体一化”项目

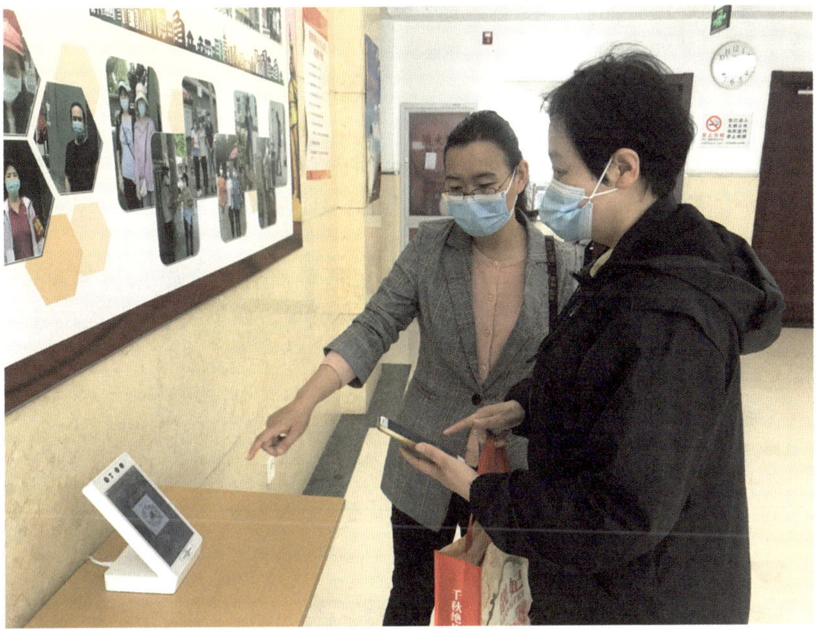

5月13日，西城区学润西城“三体一化”项目终端——“智慧班牌”开始试运行

（西城经济科学大学 供图）

终端——“智慧班牌”在西城经济科学大学暨西城区社区学院正式进入试运行阶段，实现西城区150个学习认证网点数字化学习路线，使市民学习考勤签到、积分兑换等服务功能更方便、直观，成为北京西城市民参与终身学习、展示学习成果、互通学习资源、交流心得体会，不断满足市民多元化学习需求的最佳平台，有效提升西城15个街道文明市民学校中心校和263个社区市民学校的市民学习认证管理效率。（陈　怡）

【第十届市民艺术节合唱比赛】 6月18日至28日，西城区文明市民学校总校暨西城经济科学大学、区文明办、区社区学院以“立足社区、服务居民”为宗旨，联合举办主题为“永远跟党走——礼赞百年路　唱响新西城”的西城区第十届市民艺术节合唱比赛。全区15个街道文明市民学校中心校、12所社区教育学校选送32个合唱曲目，活动以“学润西城”三体一化平台为依托，通过网上视频展示、专家打分与市民在线打分相结合的方式，全面展现西城市民艺术素养不断提升、和谐社区不断发展、文明城区和学习型城区建设成果，进一步巩固文明城区建设成果，参赛人数达1100余人。（陈　怡）

【参加高校学科竞赛】 6月，为进一步提升学历继续教育的实践教学水平能力，以赛促教促学，全面提升学历继续教育人才培养质量，北京市西城经济科学大学组队参加市教委启动的2021年第三届北京市大学生文创设计大赛和2021年北京高等学校继续教育大学生计算机设计应用竞赛。其中4支参赛队伍参加计算机设计应用竞赛，分获一等奖1项、三等奖2项、优秀奖1项；在文创大赛中获一等奖2项、二等奖1项、三等奖5项，4名教师获优秀指导教师奖。（陈　怡）

【组织事业编制初任培训】 10月11日，西城区事业编制初任培训在北京市西城经济科学大学举行开班典礼。参与培训的学员来自区机关事务服务中心、区应急局、区国资委、各街道办等机关事业单位，共98人。培训内容包括基本政治理论、事业单位工作人员必备素质、红船精神、区情教育、“十四五”规划、依法行政等。培训以满足需求为导向，以教师为主导、以学员为主体，综合运用课堂授课、参观学习等教学形式，科学运用理论知识推动实践发展，为推动全区各项工作落实，培养造就思想过硬、能力突出、踏实肯干的基层行政事业工作人员。（陈　怡）

【经科大门户—协同管理平台项目】 10月28日，“经科大门户—协同管理平台项目建设”竣工验收会在北京市西城经济科学大学召开。平台于11月正式上线运行，涉及审批流程50余个，进一步规范学校制度管理，对实现线上办公、增强部门协作、提高工作效率具有促进作用。（陈　怡）

【社区教育专兼职信息稿件评选】 11月9日，西城经济科学大学举办“学习浸润人生、创造精彩生活”为主题的西城区社区教育系统优秀信息稿件征集及评选活动。来自全区15个街道、15所社区教育学校及相关委办局的近百名专兼职信息员参与，围绕本单位线上线下组织开展的党史学习、全民健康、文化艺术、技能培训、智慧助老、好书诵读等学习、培训、主题特色活动进行撰写，全面展现西城区各行各业在喜迎建党百年、不忘初心做好社区服务，把社区教育和规范化、专业化服务有机结合的成效与特色。（陈　怡）

【第二十届市民书画精品展】 11月12日至19日，区教委、区文明市民学校总校暨西城区社区学院举办“共庆华诞　翰墨有情”——纪念建党100周年西城区市民书画精品展。展览以线上展出、线下评选的方式进行，展出精选作品50余件。作者年龄跨度从5岁至80岁，多为西城区离退休居民、在校学生和学龄前儿童。（陈　怡）

【全国社区教育优秀微课程参选】 12月9日，由全国社区教育数字化学习联盟、教育部社区教育研究培训中心共同主办的“第六届NERC杯全国社区教育优秀微课程评选活动”结束。西城经济科学大学选送的微课程作品《礼乐茶香飘四方，百家曲艺群英会》《反季果蔬》获优秀奖，系列微课程《家庭理财小课堂》获推荐作品奖，反映近年来学校在推进信息技术与社区教育教学深度融合、教学改革和优质教学资源共建共享等方面所作出的积极探索与阶段成效。（陈　怡）

西城区境内高等院校一览表

表13

校　名	地　址
北京市行政学院	西城区车公庄大街6号
中央音乐学院	西城区鲍家街43号
中央广播电视大学	西城区复兴门内大街160号

续表 13

校　名	地　址
中国人民公安大学	西城区木樨地南里 1 号
中国道教学院	西城区白云观内
外交学院	西城区展览馆路 24 号
北京建筑大学	西城区展览馆路 1 号
北京军地专修学院	西城区新风街 7 号
公安部高级警官学院	西城区木樨地南里甲 1 号
北京教育学院	西城区德胜门外黄寺大街什坊街 2 号
北京联合大学继续教育学院	西城区丰盛胡同 13 号
北京宣武红旗业余大学	西城区右安门内大街 79 号
北京广播电视大学宣武分校	西城区菜园街 13 号
北京市西城经济科学大学	西城区西直门内南草厂街 22 号

西城区职业学校一览表

表 14

校　名	地　址
北京市外事学校	西城区西直门内永祥胡同 3 号
北京市西城职业学校	西城区百万庄大街 19 号
北京市财会学校	西城区西便门内大街 69 号
北京市实验职业学校	西城区菜园街 13 号

教育科研

【概况】 西城区坚持教研全覆盖，研修与培养同行，以问题为导向“研生、研学、研师、研研”，促进教师在“赛、学、研、修、行”中获得专业成长。北京市西城区教育研修学院（简称区教育研修学院）统领全区幼、中、小教育教学科研。学院占地面积 16477 平方米，建筑面积 19773 平方米。图书馆藏书总数 12.64 万册，订阅杂志 345 种、报纸 26 种。固定资产 3581.66 万元。全年教育经费投入 9843.36 万元。学校信息化经费（包括西城教育研修网）投入 240.2 万元。拥有计算机 1004 台，多媒体教室 24 间。教职工 162 人，正高职称 12 人，副高职称 121 人，中级职称 14 人，专任教师 136 人，特级教师 14 人，本科及以上学历 153 人。 （张慧明）

【小学教育质量监测改革】 2021 年，区教育研修学院小学部按照“成立命题团队—明确考试原则—签订保密协议—确定任务周期—研发测试工具”流程进行评价研究。10 月起，小学部组织三、五年级命题与考试工作，与区教委监测科、考试中心联合组织四、六年级命题与考试工作。在“双减”背景下，调整与改进 2021 年考试工作，其中六年级阅卷工作调整为学校自主阅卷，各年级以等级制给学生呈现考试成绩。加强学术研究与考试的反馈研究为此项改革的重点。 （张慧明）

【“京津冀”国家级示范区联合教研】 2021 年，“京津冀”国家级示范区联合教研活动在教育部基础教育课程教材发展中心的指导下，由西城区教育研修学院，天津市教育科学研究院，河北省教育科学研究院联合组织。在一学期的活动中，得到中国教研网、北京师范大学附属实验中学、北京师范大学第二附属中学、天津市耀华中学、天津市第二十中学、天津市第二南开学校、石家庄市第一中学、石家庄二中实验学校的支持。区教育研修学院作为系列活动的重要组织协调单位，通过多方面调研、多角度探索、多层次研究，高效衔接、实效推进项目工作。10 月至 12 月，区教育研修学院中学部英语、物理、语文、历史等 4 个学科室安排组织联合教研活动，采取课堂教学展示、专题问题研讨、学科讲座分析、空中对话交流、关键问题反思等多种形式，深入贯彻各学科课程标准的理念、践行通过课堂教学提升学生学科核心素养的目标；为京津冀的一线教师搭建学习交流平台、展示教课研成果、推动教学理念更新；为促进学科研究专业发展，激发师生双向多维创造力做出实践性的研究

1月11日，西城区教育研修学院召开主题为“深化教育改革中教研工作的创新实践”的学术年会

（区教育研修学院　供图）

展开奠定基础。7月至8月，西城区能力提升工程2.0领导小组统筹区各中小学、职业高中、特教学校、校外教育及教育研修学院等单位，完成124所参训学校的信息汇总；组建由研修员、骨干教师和试点校领导教师组成的区级指导团队，以及由各学校校长、教学副校长、信息技术负责人、继教负责人等组成的学校管理团队作为关键力量，组织指导全区各学校教师有序高质开展培训。9月1日，区教委下发《西城区中小学教师信息技术应用能力提升工程2.0整校推进工作方案》。9月3日，2021年北京市西城区能力提升工程2.0区级指导团队及学校管理团队培训项目正式启动。培训采用线上方式进行，西城区级指导团队、学校管理团队负责人和教师500余人参加。至12月底，完成第一阶段全员培训工作。（张慧明）

和探讨。（张慧明）

【科研项目管理】2021年，区教育研修学院修改完成学院《“十四五”发展规划》；完成学院“双新”项目工作的组织管理，撰写“双新”项目阶段工作总结和在全国“双新”工作交流会上的交流稿，做好学院“深度学习”项目组织管理，撰写西城区普通高中“深度学习”教学改进项目学年计划，制作《西城区2021年区—校联动“深度学习”学科教学研讨活动》提交教育部课程教材中心；加强学院课题研究引领指导，邀请17位指导专家完成开题24项课题；推进学院“区校教研生态”等区规划重点课题研究工作；《西城研修》公众号刊发文章25篇3万余字；完成学院2020—2021学年度学院教育教学专项奖励的统计初评工作及《西城教育研修学院教育教学优秀成果奖励办法》的起草修订。（张慧明）

【教研学术年会】1月11日，区教育研修学院组织召开主题为“深化教育改革中教研工作的创新实践”的学术年会。本届学术年会是区教育研修学院举办的第十届学术年会，集中展示学院深化教育改革中教研工作的阶段成果，并研讨教研工作中的热点和焦点、难点和重点问题。总论坛聚焦《国家课程统编教材使用中的教学研究》，由中小学部语文、政治和历史3个学科5位研修员基于教研实践展示其理性思考。分论坛一《普通高中新课程新教材的实践与思考》，分《发展学科核心素养的课堂教学实践与思考》《学科学业质量标准的实践与思考——基于中高考视角》两个专题，由中学部分享高中新课程新教材实施中的经验和成果。分论坛二《基于教师学习的培训实践》，由中学部、小学部、学前部、研修管理处及职成校外教育部研修员交流从教师学习出发设计实施培训的收获和体会。分论坛三《基于stem理念的教育实践与体验》由北京势动教育科技有限公司教师以“投石车”竞赛项目为主线，通过活动体验提升研修员对STEM教育理念的理解。分论坛四《西城区中小学教师信息技术应用能力提升工程2.0试点的实践与思考》暨西城区信息技术应用能力提升工程2.0试点工作总结会，交流整校推进信息技术2.0工作的经验和成果。（徐云知）

【中小学教师信息技术应用能力提升工程】1月，区教育研修学院研修管理处总结区信息技术应用能力提升工程2.0试点成果。区级培训团队成员支持试点学校（五路通小学、35中、156中）以终为始，适应“互联网+”时代教育教学模式，探索信息技术与学科深度融合，形成试点成果，为西城区信息技术应用能力提升2.0工程全面

【中学毕业年级教学研讨会】3月，区教委组织各中学分别在三十一中（3月11日）、三中（3月12日）、实验中学（3月15日）、十五中（3月29日），分层分类召开高三和初三毕业年级工作研讨交流会。会议根据各校校情学情分类分主题进行，通过听课调研、现场座谈研讨等方式，与会学校教学干部围绕毕业年级后期提高教学质量的具体措施、分层指导和优秀生培养等主题进行研讨，交流各校的具体做法和工作计划，为全区毕业年级后期教学质量提升提供智慧引领。（皮拥军）

【义务教育科研月】12月6日，区教委举办落实“双减”，推进高质量义务教育科研月专场活动。北京师范大学教授李琼以《“双减”背景下高质量作业设计与实施的理论及实践探索》为题发言。区教育研修学院小学部分享关于“课堂+作业+评价”联动式研究的成果，发布《推进作业质量提升工程的建议》，实验二小、奋斗小学、北京小学分别展示学校英语、数学、语

文学科单元作业设计实践案例。通过视频短片展示北京小学广内分校、育才学校、志成小学、五路通小学在课后服务强化体育、补足劳动教育及开展课业答疑辅导等方面的特色案例。区教育科学研究院课程教材中心分享课后服务课程建设的研究，并发布《西城区课后服务课程建设的建议》。北京师范大学教授朱旭东围绕"'双减'与儿童全面发展和学生学业发展"进行点评。全区各小学书记、校长、副校长、教学干部、德育干部、教研组长、教师代表共1300余人通过直播参加会议。（白　洁）

【幼小衔接教育科研月】12月17日，区教委学前科、区教育研修学院学前部、小学部及育民小学联合举办"协同教研，贯通培养，探索科学的幼小衔接"教育科研月专场论坛。活动分3部分：教育研修学院学前部、育民小学分别代表两个学段介绍研究与实践经验；育民小学、棉花胡同幼儿园、洁如幼儿园的教师、家长代表，西城区教育研修学院学前部和小学部研修员、北师大教育学部学前教育研究所等各方人士，围绕儿童心理及社会适应等突出问题展开圆桌沙龙实践案例分析；部署《西城区幼小衔接项目研究行动方案》。（王丽萍）

教育督导

【概况】2021年，全区有专职督学18人、兼职督学27人。区教委积极落实责任督学挂牌督导制度，结合疫情防控、开学情况、安全工作及"双减"工作等方面对全区所有中小学校、幼儿园开展经常性督导。对2所中学和4所小学开展全面实施素质教育综合督导，对65所（址）幼儿园开展办园质量督导评估。（王锦红）

【素质教育综合督导】2021年，依据《北京市普通中小学校全面实施素质教育评价方案》以及西城区督导评价指标体系与细则，区教委对北京市第三十九中学、北京市第六十六中学、西什库小学、厂桥小学、五路通小学、北京第一实验小学前门分校等6所中小学校进行全面实施素质教育综合督导。督导后汇总分析收集的信息，肯定各单位近三年工作中取得的成绩，指出工作中存在的主要问题，针对问题提出具体建议，形成督导评价意见，并分别召开督导反馈会。督导结果显示：各学校依法办学，全面落实党的教育方针政策、立德树人根本任务、五育并举以及"双减"等重要举措，着力提升教育水平，提高办学质量，办人民满意的教育。（王锦红）

【幼儿园办园质量督导评估】2021年，依据《北京市幼儿园办园质量督导评估标准》《西城区幼儿园办园质量督导评估评分细则（试行）》，在幼儿园自评的基础上，区教委对北海幼儿园、物资机关幼儿园、西城区幸福泉幼儿园等65所幼儿园进行办园质量督导评估，肯定各园在工作中取得的主要成绩与特色，指出工作中存在的主要问题，并有针对性地提出建议，形成督导评估意见和等级，在区教委网站公示评估结果。截至11月底，西城区完成本轮学前评估任务。（王锦红）

【责任督学挂牌督导】2021年，按照市区教委的工作要求，围绕区域教育重点、热点、难点，组织责任督学对全区40所中学（64个校区）、57所小学（101个校区）和108所幼儿园（132个园址，包括办园点和无证园）就春季、秋季开学情况、疫情防控、体育、"五项管理"、"双减"、视频监控管理、安全、食品卫生等工作开展多轮次挂牌督导，并要求相关单位就发现的问题整改。责任督学挂牌督导工作促进教育督导工作常态化、制度化，强化教育督导职能，建立长效的监督、指导与服务工作机制，规范办学行为，增强教育督导的实效性。（王锦红）

（**责任编辑**　郝慧芳）

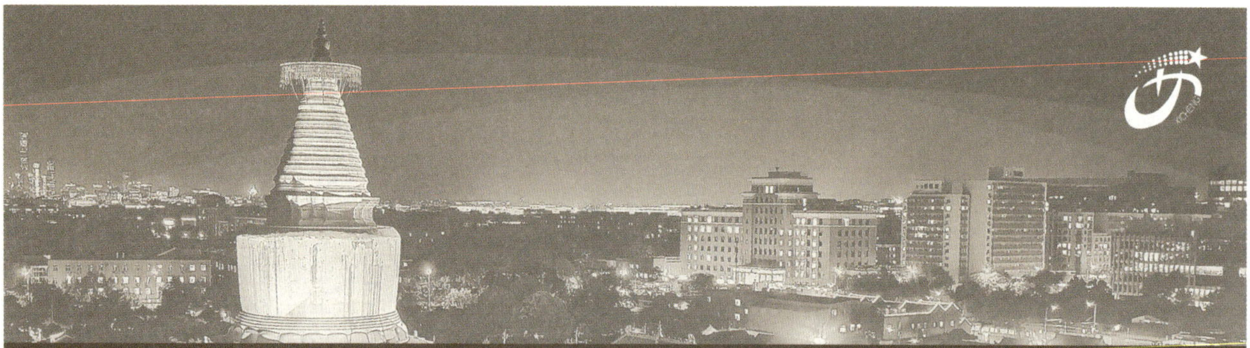

文 化

综 述

2021年，聚焦建党百年庆祝活动、全国文化中心建设、中轴线申遗三年行动计划等重点任务，西城区发挥文化资源优势，推进历史文化传承保护利用，扩大群众性公共文化服务，打造文艺精品力作，优化文化市场环境，促进文化事业繁荣发展。

以中轴线申遗为重点的文物保护利用取得新进展。创新“政府主导、社会参与、专家把关、市场化运作”的文物建筑活化利用“揭榜挂帅”模式，变闭门保文物为开门用文物。首批6个文物建筑活化利用项目通过公开招标、评审签约。向社会发布第二批文物建筑活化利用计划。

创建公共文化服务示范区，助力全国文化中心建设。西城区文化和旅游局（简称区文化和旅游局）与中央戏剧学院、中央音乐学院、北京出版集团等中央、市属文化单位签约战略合作。组织编制完成《北京市西城区公共文化服务目录》及街道、社区级的《北京市西城区公共文化服务体系示范区建设标准》。完成文化馆“总分馆制”改革，实现总馆、分馆联动。建立多种形式的社会文化资源区域共享机制，文化馆、图书馆等公共文化设施全部免费对外开放。西城区公共文化服务设施社会化运营——特色阅读空间运营模式获评第四批国家公共文化服务体系示范项目。

组织开展系列红色文化活动。李大钊故居完成展陈提升，京报馆旧址运营主体完成交接，两处成为建党百年庆祝活动的重要宣传教育点。组织创作4部红色剧目《什刹海畔的电波》《父亲李大钊》《播火者》《旗帜·英雄》在北京展览馆等剧场演出。开展“诵经典学党史”暨“西城诵读月”和“颂读百年路、展阅新征程”等活动，举办“铁肩担道义、妙手著文章”巡展，组织“奋进新时代、颂歌献给党”北京景山合唱节等红色主题文化活动。

保护传承非物质文化遗产。公布第六批区级非物质文化遗产16个项目。深度挖掘厂甸和琉璃厂片区历史文化，开展濒危非遗项目纪实纪录工程，举办春节厂甸云庙会非遗文化主题和非遗演出季系列活动。完成国家级非遗代表性传承人年度核查的组织和区级验收评审，建议推荐等次均为合格以上。泥塑彩绘脸谱、北京鬃人代表性传承人的2个项目获区优秀人才培养资助。

推动文化产业优质发展。落实《西城区文化产业提升发展三年行动计划（2020—2022）》，天宁1号文化园区等项目取得预期进展。引入“新华网”等15家高质量“文化+”企业入驻西城。全区有规模以上文化产业法人单位530家，占全市数量9.6%。

坚持依法治理，促进文化市场安全有序发展。加强综合执法检查，持续推进“放管服”改革，优化行政审批服务，落实安全责任。认真

9月20日，西城区举办第二批文物活化利用名单发布会　（区文化和旅游局　供图）

落实“接诉即办”，全年市级考核总接诉1349件，市级有效回访502件，解决率为99.43%，满意率为99.35%。（赵　臣）

公共文化

【概况】2021年，西城区有701个公共文化服务设施，总面积119.07万平方米，其中市级及以上公共文化服务设施2个、区级图书馆2个、文化馆2个、街道综合文化中心15个、社区综合文化室262个、文化广场55个、社会力量建设的公共文化服务设施273个，其他公共文化服务设施90个。基本形成覆盖均衡、便捷高效的公共文化服务网络。（赵　臣）

【西城区文化馆组建】7月9日，依据《中共北京市西城区委编制委员会关于区文化和旅游局所属事业单位机构职能编制调整的通知》，撤销原西城区第一文化馆和第二文化馆，组建北京市西城区文化馆。新组建的区文化馆为区文化和旅游局所属科级财政补助公益一类事业单位，承担开展公益性群众文化活动，指导群众文艺团队开展文艺创作，承担业余文艺创作团队管理的行政辅助工作，对社区文化站进行业务指导，协助开展群众文化调研、创作等相关工作。（赵　臣）

【宣南书馆落户老舍茶馆】7月10日，宣南书馆正式落户北京老舍茶馆，恢复线下演出，网络同步直播。北京冬奥组委市场开发部、市文化和旅游局、市非遗中心、市曲协、区文化和旅游局、区文联等部门负责人及曲艺界嘉宾出席演出活动。宣南书馆每周六11时至13时，评书艺术家连丽如、王玥波开设评书专场，连丽如讲《三国》，王玥波讲《水浒》《雍正剑侠图》等。

▲延伸阅读：宣南书馆由国家级非物质文化遗产项目北京评书代表性传承人连丽如创办，2007年10月首演，先后在原宣武区文化馆、天桥艺术大厦演出680余场，后因新冠肺炎疫情停演。2020年12月，宣南书馆首次开启线上评书。（王　捷）

【西城图书馆无障碍设施改造】9月16日，西城图书馆无障碍设施标准化建设完成改造升级。无障碍设施升级项目包括无障碍通道、无障碍电梯、无障碍停车位、无障碍席位、无障碍卫生间、低位服务设施等，图书馆改造后凸显便利化、人性化、规范化，读者服务环境品质得到提升。（赵　臣）

【特色阅读空间考评】12月31日，西城区文化和旅游局（简称区文化和旅游局）依据《2021年西城区特色阅读空间考评工作方案》，经过发布考评通知、开展线上考评培训、发布告知书、召开初审会和考评预备会、现场评审、满意度评估、加分评价综合现场评审和满意度评估等环节，形成最终考评意见。27家阅读服务单位通过考评，挂牌“特色阅读空间”。（赵　臣）

【阅读场所扶持资金项目】12月31日，经过初审、踏勘、专家评审、综合评审等环节，84个申报2021年北京市西城区实体书店、阅读空间扶持资金项目中，28个项目获扶持资格。此次扶持项目，加入“三进一特色”（进入校园、进入商场、进入文化园区新开办的实体书店，独具特色的高品质书店）奖励政策。对获人力资源和社会保障部、国家广播电视总局、国家新闻出版署评选的“全国新闻出版广播影视系统先进集体称号”的中国书店有限责任公司，给予10万元特殊贡献奖励。

▲延伸阅读：2020年区文化和旅游局制订发布《北京市西城区实体书店、阅读空间扶持资金暂行管理办法》，对符合条件的新开办实体书店、开展延时服务的实体书店、阅读空间，经第三方审核认定，予以资金支持，对通过上年度考核的阅读空间予以奖励。2021年加大对实体书店扶持力度，对新开办“三进一特色”实体书店、市委宣传部评定的最美书店项目、扶持资金项目和阅读活动扶持项目等入选的西城区实体书店予以市级扶持资金30%的匹配性资金奖励。对在公共文化服务体系建设中作出特殊贡献的实体书店、阅读空间予以5万至10万元的资金奖励。截至2021年底，全区有实体书店152家，其中“一区一书城”5家、商场书店7家、校园书店2家、园区书店5家。实体书店万人拥有数量1.374家，各项指标居全市前列。（赵　臣）

西城区博物馆、文化馆一览表

表15

名　称	地　址
北京鲁迅博物馆	阜成门内大街宫门口二条19号
民族文化宫博物馆	复兴门内大街49号
中国地质博物馆	西四羊肉胡同15号
中国古动物馆	西直门外大街142号
宋庆龄故居	后海北沿46号

续表 15

名 称	地 址
北京天文馆	西直门外大街 138 号
首都博物馆	复兴门外大街 16 号
北京古代建筑博物馆	东经路 21 号
徐悲鸿纪念馆	新街口北大街 53 号
郭沫若纪念馆	前海西街 18 号
梅兰芳纪念馆	护国寺街 9 号
中国佛教图书文物馆	法源寺前街 7 号
北京市古代钱币展览馆	德胜门东大街 9 号德胜门箭楼下
北京市白塔寺管理处	阜内大街 171 号
北京郭守敬纪念馆	德胜门西大街甲 60 号
北京红楼文化艺术博物馆	南菜园街 12 号
古陶文明博物馆	右安门内西街 12 号
中国钱币博物馆	西交民巷 22 号
恭王府及花园	前海西街 17 号
慈悲庵	太平街 19 号
北京戏曲博物馆	虎坊路 3 号
中国印钞造币博物馆	西直门外大街甲 143 号
北京宣南文化博物馆	长椿街 9 号
北京李大钊故居	文华胡同 24 号
北京历代帝王庙博物馆	阜成门内大街 131 号
北京通信电信博物馆	骡马市大街 9 号
北京空竹博物馆	广安门内街道小星胡同 9 号
北京菜百黄金珠宝博物馆	广安门内大街 306 号
中国工艺美术馆	复兴门内大街 101 号
西城区第一文化馆	西直门内大街 147 号
西城区第二文化馆	福长街四条 2 号

（赵　臣）

西城区图书馆一览表

表 16

名 称	地 址
西城区图书馆	后广平胡同 26 号、教子胡同 8 号
西城区青少年儿童图书馆	西直门内大街 69 号
德胜街道图书馆	新明胡同甲 1 号
什刹海街道图书馆	刘海胡同 11 号
西长安街街道图书馆	东斜街 53 号、小六部口胡同 36 号

续表 16

名 称	地 址
大栅栏街道图书馆	杨梅竹斜街甲 125 号、西河沿 228 号
天桥街道图书馆	禄长街头条甲二号地下一层
新街口街道图书馆	西直门内大街 235 号、官门口三条乙 1 号
金融街街道图书馆	太平桥大街 107 号地下 2 层
椿树街道图书馆	骡马市大街 9 号
陶然亭街道图书馆	粉房琉璃街 160–9 号、菜市口大街甲 2 号院 9 号楼
展览路街道图书馆	展览馆路甲 18 号
月坛街道图书馆	月坛南街 19 号院 4 号楼
广内街道图书馆	下斜街一号东楼二层
牛街街道图书馆	牛街东里一区 18 号楼
白纸坊街道图书馆	枣林前街 16 号
广外街道图书馆	广安门车站西街 2 号院 17 号楼二层

（赵　臣）

文艺精品创作

【概况】 2021 年，区文化和旅游局修订《北京市西城区文化艺术创作扶持专项资金项目管理实施细则》，把党史学习教育与艺术创作、文艺演出有机结合，利用区域红色资源，依靠驻区院团力量，以“身边事教育身边人、身边人演绎身边事、身边人学身边事”为创作题材，推出一批原创红色文艺精品，话剧《父亲李大钊》《什刹海畔的电波》、儿童武术剧《鸡毛信》等 6 部红色原创剧目，在建党百年庆祝活动期间公演。电视剧《什刹海》《幸福里的故事》入选广电总局中国电视剧年度选集。西城区支持内蒙古自治区赤峰市喀喇沁旗原创话剧《母亲》在天桥艺术中心演出。

（蒋苏菲　赵臣）

【原创话剧《父亲李大钊》】 4 月 24 日，由西城区第一文化馆推出的献礼建党百年原创话剧《父亲李大钊》（少儿版）在中国国家话剧院上演。讲述了中国共产党主要创始人之一李大钊在北京生活工作直至英勇就义的经历，呈现其领导“五四运动”、建立中国共产主义小组、确定“中国共产党”名称、发表建党主张、帮助青年学子的故事。该剧 2011 年首演，历经 10 年打磨，成为受市民欢迎的剧目之一。

（赵　臣）

【原创沉浸式话剧《播火者》】 5 月 16 日，由西城区第一文化馆创排的沉浸式话剧《播火者》在北京李大钊故居上演。该剧是话剧《父亲李大钊》主创团队为庆祝中国共产党成立 100 周年特意创排，再现李大钊一生的光辉历程。全年演出 14 场，现场观众总计 4700 余人次。

（赵　臣）

【原创话剧《什刹海畔的电波》】 6 月 2 日晚，由西城区第一文化馆打造推出的献礼建党百年原创话剧《什刹海畔的电波》在北京梅兰芳大剧院上演。该剧根据抗日战争、解放战争时期谍报工作者王文、王凤岐夫妇的真实事迹改编。2021 年演出 5 场，现场观众总计 5000 人次，线上观众点击量 17 万

5 月 16 日，沉浸式话剧《播火者》在北京李大钊故居上演　　（区文化和旅游局　供图）

余人次。（赵　臣）

【音舞诗画剧《旗帜·英雄》】6月22日，由西城区第二文化馆创排的原创音舞诗画剧《旗帜·英雄》在北京展览馆剧场上演。该剧将中国共产党百年历程中发生的重大历史事件和英雄人物形象搬上舞台。全剧运用戏剧、朗诵、歌曲、舞蹈、情景独白、多媒体等形式，多视角完成人物塑造。演职人员200余人，年龄跨度从三岁至八九十岁不等，参与者有参加过淮海战役、抗美援朝战争的西城老兵，新时代西城好少年、北京榜样、道德楷模、西城大妈中的代表。（赵　臣）

【文艺创作扶持】9月30日，区文化和旅游局经过项目征集和初筛，提交200个项目供专家评审，最终38个项目入围，核算补贴金额1059万元。补贴资金分为创作阶段和成果转化阶段兑现，其中创作阶段补贴794.25万元。（赵　臣）

文化活动

【概况】2021年，区文化和旅游局坚持“疫情防控不放松、文化惠民不停止、西城故事不停讲”，开展“我们的节日”、百姓周末大舞台、“一街一品”、景山合唱节、欢乐飞飏社区舞蹈大赛等多层级多种类线上线下群众性文化活动，满足群众多样化文化需求。全年组织举办各类公共文化活动4658场次，参与群众4262.77万人次，其中线上活动3194场次，线上参与（观看或点击）群众4161.92万人次；线下活动1464场次，参与群众100.85万人次。（蒋苏菲　赵臣）

【建党百年庆祝文化活动】2021年，区文化和旅游局围绕庆祝中国共产党成立100周年，举办系列文化活动，全年红色剧目演出45场次，受众73万余人次；组织红色主题文化活动194场次，6万余人次参与；开展红色阅读朗读活动100场次，123万余人次参与。北京李大钊故居、京报馆中国共产党早期北京革命活动旧址完成修缮并对外开放，接待1288个团体近7万人次参观学习。（赵　臣）

【百姓戏剧展演】3月15日至12月31日，区文化和旅游局主办2021年北京市西城区百姓戏剧展演，活动以“向中国共产党成立100周年献礼”为主题，面向社会征集红色经典戏剧及戏曲。与国家话剧院合作，从全国范围内遴选出22部优秀原创话剧作品参加展演。活动期间，有31部61场惠民演出。剧目有《红星照我去战斗》《刘胡兰》《江姐》等革命历史题材，有《唱响西城》《北街南院》等现实题材。组织多场戏剧文化体验活动和戏剧普及教育活动。适应新冠肺炎疫情防控要求，群众可以前往剧场欣赏演出，也可通过“西城百姓云剧场”观演。百姓展演所有活动均免费。

▲延伸阅读：西城区百姓戏剧展演活动始于2014年，是西城区群众性特色文化活动品牌，始终坚持“政府搭台、社会参与、院团助力、资源共享”的活动模式，秉承“群众演、免费看、专家帮、明星带”的组织特色，创造性地将讲座、体验和剧目展演等活动融于一体，使戏剧文化扎根群众，丰富百姓业余文化生活。（赵　臣）

【“西城诵读月”活动】4月3日，由区委宣传部、区文化和旅游局主办，区直机关工委、团区委、区教委、区委网信办、区融媒体中心和各街道办事处等参与的纪念建党100周年“诵经典学党史”暨“西城诵读月”活动在李大钊故居举行。活动包括李大钊故居的“祭革命英烈、赞美好生活”诗歌朗诵会，天桥艺术中心的“清明节诗歌朗诵会”和“红色诗与歌”，宋庆龄故居的“第四届海棠诗会”，法源寺的“丁香诗会”等近百场诵读活动。活动通过央视网、中国网、光明网、北京时间、北京西城微博等平台播出，220万余人次收看直播或点击。（赵　臣）

【寒食清明节主题文化活动】4月3日至4日，由区文化和旅游局主办的2021年西城区寒食清明节主题文化活动在北京天桥艺术中心举办。活动依托西城区非遗资源，每天各设8个非物质文化遗产手工技艺展示体验展位，金氏风筝、传统药香、葫芦烙画、核雕、裕氏草编、北京内画鼻烟壶、蜡果制作技艺等西城区非遗手工技艺项目参展。4月4日，由区委宣传部、区文化和旅游局主办的“清明诗歌朗诵会”在天桥艺术中心举办。朗诵会以纪念建党百年为主题，歌颂英雄，缅怀先烈。朗诵艺术家殷之光、瞿弦和、张筠英、杜宁林等参演。（赵　臣）

【党史故事图片展览】5月22日至6月9日，区委宣传部和区文化和旅游局在北京天桥艺术中心联合举办“裸眼3D图片中的党史故事”展览，运用先进的裸眼3D立体技术，展示中国共产党百年发展历程中有代表性的重要历史事件的精选图片。展览分救国、建国、富国和强国四个部分，展示中国共产党从开天辟地到艰苦奋斗，再到乘风破浪、实现伟大复兴的历史进程，为观众呈现了中国共产党百年奋斗的波澜壮阔历史画卷。（赵　臣）

【承办社区舞蹈大赛】6月10日至19日，由市委宣传部、市文旅局指导，北京文化艺术活动中心、北京舞蹈家协会、区文化和旅游局主办，西城区第一文化馆承办、北艺海影杰国际文化传播中心协办的“永远跟党走”第十六届“舞动北京”群众广场舞大赛之“欢乐飞飏”社区舞蹈大赛，在区第一文化馆举办。大赛以献礼建党100周年、弘扬中国民间民族舞蹈文化为主题，来自市区舞协、文化馆、街道、社区舞蹈团和舞蹈工作室的70余个作品参赛。大赛产生金奖1个、银奖2个、铜奖3个和优秀奖8个，最佳风采

奖5个和作品奖5个。（赵　臣）

【承办第七届中国童书博览会】7月28日至8月1日，由中国出版协会、中国宋庆龄基金会、书香中国·北京阅读季领导小组指导，区政府、北京出版发行业协会主办，区委宣传部、区文化和旅游局承办的2021中国童书博览会在北京展览馆举办。博览会以“童阅奇妙时代秀——童阅经典，时代传承”为主题，倡导少年儿童阅读经典，做时代传承人。线下线上销售总额突破1000万码洋，单家展商线下销售达10万码洋。（赵　臣）

7月28日，第七届中国童书博览会开幕（区文化和旅游局　供图）

【“月圆京城·情系中华”活动】9月19日至21日，区文化和旅游局在中秋假期线上举办“月圆京城·情系中华”主题系列文化活动，推出云演出、云讲座、云互动、云直播等活动共14项24场。通过综艺演出、知识讲座、互动体验等形式展示中秋传统文化习俗和当代发展面貌，活动点击量万余人次。（赵　臣）

【白塔夜话系列活动】9月20日至21日，区文化和旅游局主办的“白塔夜话”系列活动在白塔寺内举行。活动采取“1+1+1”（“白塔夜话”主论坛+“四名汇智”分论坛+白塔“妙”会文创市集）的形式，实现规模品质“双提升”，内容形式“双优化”，空间领域“双拓展”。“白塔庙会”文创市集受到市民欢迎，40余家文创展商接待游客近万人，累计销售11.1万余元，有效带动了白塔寺周边的文化体验和消费。120余家媒体参与报道，累计刊发205篇文章，网上阅读量超过2500万次，网络推广覆盖人群超过2亿人次，初显“白塔夜话”品牌多重价值。（赵臣　马一超）

【重阳节专场演出】10月14日，由区文化和旅游局主办，区民政局、区卫生健康委（区老龄办）、广安门外街道办事处协办，北京艺海影杰国际文化传播中心承办的“孝满京城、德润人心”——2021西城区重阳节专场演出活动，在天宁一号文化科技产业园区举办。活动融合建党百年、中华人民共和国成立72周年、2022北京冬奥会的主题内容，弘扬尊老、敬老、孝老传统美德，倡导老年人融入新时代发展潮流。来自广外街道的老年人代表现场观看表演，整场演出活动通过西城文化云以线上直播的形式呈现给全区老年人。（赵　臣）

9月20日，“白塔夜话”系列活动现场（闻昭　摄）

文化遗产保护传承

【概况】2021年，西城区有文物保护单位370处，其中全国重点文物保护单位44处、北京市文物保护单位67处、西城区文物保护单位81处、尚未核定为文物保护单位的不可移动文物178处。完成京报馆、李大钊故居等5处文物建筑修缮，梅兰芳祖居文物建筑腾退清零。整合区、街道、行业博物馆资源，构建博物馆体系。挖掘辖区内红色遗迹，开发红色旅游的文化教育服务功能。打造“白塔夜话”“我在中轴修文物”等老城保护品牌。继续推进确立非物质文化遗产名录体系，公布第六批区级非遗代表性项目16个，4个项目入选第五批国家级非遗代表性项目名录。持续开展“四节一日”（春节、清明节、端午节、中秋节、文化和自然遗产日）传统文化活动。（赵　臣）

【濒危非遗项目纪实纪录】2021年，区文化和旅游局推进西城区濒危非遗项目纪实纪录工程。完成《景泰蓝》《六必居酱菜制作技艺》2部纪实纪录片走访、座谈、拍摄及剪辑制作，成片90分钟。“传承人口述史”项目完成“非遗中的红色故事”的拍摄和第一次剪辑，收录清华池传统修脚术、瑞蚨祥中式服装手工制作技艺等10个非遗项目12位非遗传承人的非遗红色故事。（赵　臣）

【厂甸“云”庙会】2月4日至8日，西城区非遗保护中心组织北京厂甸“云”庙会。其间，H5页面（相对于传统的平面海报，增加交互体验和数据存储，用于进行营销推广和数据信息收集）更新视频21次，官方抖音号发布视频18条，更新32次。近6800万人次参与（抖音超5000万人次），原创“年味儿话题”视频投稿1800余条。北京日报客户端、学习强国、北京电视台经济频道等媒体对这次文化活动做出重点报道。（赵　臣）

【第五批区级文保单位核定】2月26日，区文化和旅游局依据《中华人民共和国文物保护法》《北京市实施〈中华人民共和国文物保护法〉办法》，结合西城区实际情况，在综合评估部分历史建筑资源基础上，申请将具有较高历史、艺术、科学价值的两个项目核定为西城区文物保护单位。经区人民政府常务会审议，呈报市政府备案，正式公布余大亨银号和福州新馆为第五批西城区文物保护单位。（赵　臣）

【不可移动文物认定】5月17日，区文化和旅游局依据《中华人民共和国行政许可法》《中华人民共和国文物保护法》《文物认定管理暂行办法》《北京市〈文物认定管理暂行办法〉实施细则（试行）》等法规，将功德林监狱瞭望楼等建筑遗存、石碑等附属遗存认定为一般不可移动文物，西城区新增“功德林监狱遗存”为一般不可移动文物。（赵　臣）

【非遗传承进校园】6月11日，由区文化和旅游局主办，河北省文安县文化广电和旅游局支持，西城职业学校、西城区世纪传承传统文化协会承办的“2021年西城区非遗进校园”推广活动在西城职业学校举办。活动通过“展＋演＋互动”相融合的形式，展示京、冀两地的21个优秀非遗项目。西城职业学校挂牌“北京市西城区非物质文化遗产传承示范校”。（赵　臣）

【陶然端午节非遗展示】6月14日，由区文化和旅游局、陶然亭公园管理处联合主办的2021年西城区陶然端午文化节非遗展示体验活动在陶然亭公园举办。活动通过非物质文化遗产展示体验的形式，配合公园独特的景观资源，让游客充分感受中华民族传统文化的魅力。在非遗活动体验区，非遗传承人现场展示传拓、风筝、剪纸、彩砂、宫廷团扇等传统技艺，与观众互动。（赵　臣）

【第九批市文保单位核定】8月27日，市文物局公布第九批北京市文物保护单位。位于西城区境内的万寿兴隆寺、护国观音寺、西板桥、醇亲王府马号、钱市胡同炉房银号建筑群、北师大旧址、泰安里民国早期建筑、高君宇烈士墓等8处被核定为市文物保护单位。（赵　臣）

【第二届大运河非遗论坛举办】10月16日，由区委宣传部、区文化和旅游局、北京联合大学艺术学院（北京非物质文化遗产学院）、通州区文化和旅游局等单位共同主办的“继古开今、南北对话——第二届大运河非遗论坛”开幕。论坛是“2021北京（国际）运河文化节”的重点活动之一，来自北京市各区，天津市、河北省、山东省、江苏省、浙江省等大运河沿线省份有关企事业单位和高校的负责人及专家学者50余人出席开幕式。论坛期间发布《融汇贯通——大运河非遗论丛》第一辑和2021年度“触摸时间——24节气国际文创工作坊”成果。故宫博物院故宫学研究所所长、研究馆员章宏伟等专家发表主旨演

6月1日，京报馆旧址（邵飘萍故居）面向社会公众开放　（区文化和旅游局　供图）

讲。开幕式后，传统音乐、戏曲和非遗交流与合作机制三个论坛相继进行。（赵　臣）

中轴线文物保护

【概况】2021年，西城区落实《北京中轴线申遗保护三年行动计划（2020年7月—2023年6月）》，统筹开展文物腾退、保护修缮、风貌整治和活化利用，老城风貌特色进一步展现，历史文化资源得到更好保护利用。推进钟鼓楼、万宁桥周边环境综合整治，完成地安门大街品质提升工程，启动地安门派出所降层改造和商业建筑谦祥益修缮。创新推动文物建筑活化利用，为全国文物保护工作贡献西城方案。首批6个文物建筑活化利用项目成功签约，发布第二批文物建筑活化利用计划。打造"白塔夜话""我在中轴修文物"等老城保护品牌。

（赵臣　郝慧芳）

【中轴线修缮项目】2021年，天桥演艺区指挥部召开10次专班会议研究决策项目推进工作。育才学校项目完成地块实地踏勘及测绘工作，概念设计方案基本确定，对接市体育局、市人力社保局开展相关地块交接及资产处置工作；西城区教育学院项目按照资源置换路径开展与北京教育学院对接工作，跟进对市级行政机关搬迁房产资源的筛选；育才学校教职工宿舍楼项目完成入户调查，摸清户数、人口、产权等基本情况，研究制订《育才学校教职工宿舍楼搬迁工作实施方案》，并报请市文化中心建设领导小组会议审议通过，完成多规预审、项目建议书制订等前期手续办理工作，委托区房屋征收中心准备征收相关工作；耕天下小区南棂星门项目完成项目方案调整完善工作，征求小区部分居民代表意见。

大栅栏琉璃厂指挥部继续推动谦祥益文物保护修缮及相关中轴线申遗项目建设。8月，国家重点文物保护单位谦祥益文物修缮项目完成招投标，并形成市财政、区财政和公司三方提供资金保障的修缮方案。9月，资金全部到账，工程顺利开工。截至年底，谦祥益文物保护修缮项目完成整体工程的75%；正阳门箭楼南望景观视廊环境整治项目实施方案通过区中轴线领导小组审议，完成财政评审相关工作，向首环办申报下年度环境整治资金。

（刘强　刘杰　郝慧芳）

【文物保护利用项目】2021年，天桥盛世集团完成留学路北段100米外立面装修改造。持续探索文物利用市场化运营新模式，优化粤东新馆项目设计方案，完成宜兴会馆、杨椒山祠创意活化利用方案。利用天桥北部平房区3000平方米腾退房屋，完成"天桥艺巢"计划配套空间5处院落改造。通过资源共享，打造安徽会馆、湖广会馆、火神庙联动经营模式。安徽会馆打造京剧发祥地品牌，推动实施"京师第一会馆"计划。湖广会馆落实财政部文物修缮资金，启动修缮。

（于赛赛）

【中轴线申遗文化活动】2021年，西城区以中轴线申遗为主题举办系列文化活动。区总工会、区文化和旅游局联合举办以中轴线申遗为主线，以传承非遗技艺为重点的2021年"大都工匠"文物古建修缮技能技艺大赛；区史志办围绕大运河文化带建设和中轴线申遗主题，录制《中轴线上第一桥》《中轴线上制高点》《沐雨经风银锭桥》等短视频。区社科联编印《西城社会科学》刊登《中轴线申遗应重思想文化内涵》等理论文章；天桥盛世集团开展"南中轴探秘""行走的中轴线"文化探访系列活动。

（齐田　吴艳梅　臧璐　于赛赛）

【文物建筑活化利用项目】4月14日，西城区首批6个文物建筑活化利用项目（歙县会馆、晋江会馆、梨园公会、西单饭店旧址、聚顺和栈南货老店、新市区泰安里）落地。9月20日，"白塔夜话"系列活动在西城区白塔寺内举行，发布西城区第二批文物建筑活化利用计划，10个活化利用文物建筑项目包括杨椒山祠、绍兴会馆、宜兴会馆、护国观音寺（本体）、五道庙、钱业同业公会、梅兰芳祖居、云吉班旧址、朱家胡同45号茶室、京报馆。（赵　臣）

【地安门外大街复兴计划】4月28日，地安门外大街复兴计划启动，以基本稳定的立面提升方案实施为切入点，什刹海阜景街指挥部统筹协调推进外立面改造、第五立面整治、业态提升运营优化、万宁桥周边环境整治、点亮中轴线、林荫计划等6项工作的组织实施。12月19日，外立面空间品质提升工作完工。（石　鹏）

【地安门派出所降层改造项目】12月20日，什刹海阜景街指挥部完成地安门派出所降层项目，该项目为中轴线申遗重要节点项目之一，降层后启动恢复性修建工作。地安门派出所旧址位于旧鼓楼大街南段东侧，占地约600平方米，地上三层房屋建筑面积1252平方米；拆除二、三层房屋，保留地上一层，建筑面积约455平方米。（石　鹏）

西城区全国重点文物保护单位一览表

表17

名称	时代	地址	公布时间（年）
北海及团城	明、清	文津街1号	1961

续表 17

名称	时代	地址	公布时间（年）
妙应寺白塔	元	阜成门内大街 171 号	1961
北京宋庆龄故居	现代	后海北沿 46 号	1982
恭王府及花园	清	前海西街 17 号、柳荫街 14 号	1982
郭沫若故居	现代	前海西街 18 号	1982
天宁寺塔	辽	天宁寺前街甲 3 号	1988
牛街礼拜寺	明、清	牛街 18 号	1988
大高玄殿	明	景山西街 21 号、23 号	1996
历代帝王庙	明、清	阜成门内大街 131 号	1996
南堂	明、清	前门西大街 141 号	1996
景山	明、清	景山西街 44 号、景山后街 11 号	2001
白云观	明、清	西便门外白云观	2001
先农坛	明	东经路 21 号、南纬路 27 号	2001
法源寺	清	法源寺前街 5 号	2001
中南海	明、清	1711 信箱 4 号乙	2006
德胜门箭楼	明、清	北二环中路	2006
北京鲁迅旧居	民国	阜成门内宫门口二条 19 号	2006
清农事试验场旧址	清	西直门外大街 137 号	2006
月坛	明	南礼士路	2006
醇亲王府	清	后海北沿 44 号、鼓楼西大街 156 号	2006
广济寺	明	阜成门内大街 25 号	2006
北平图书馆旧址	民国	文津街 7 号	2006
北京国会旧址	民国	宣武门西大街 57 号	2006
京师女子师范学堂旧址	民国	新文化街 45 号	2006
利玛窦和外国传教士墓地	明、清	车公庄大街 6 号	2006
西什库教堂	清	西什库大街 33 号	2006
国立蒙藏学校旧址	清	小石虎胡同 33 号	2006
关岳庙	民国	鼓楼西大街 149 号	2006
安徽会馆	清	后孙公园 17、19、21、23、25、27 号	2006
报国寺	清	报国寺前街 1 号	2006
国民政府财政部印刷局旧址	清	白纸坊街西街 23 号	2006
大栅栏商业建筑			2006
瑞蚨祥	民国	大栅栏街 5 号	2006
谦祥益	民国	珠宝市街 5 号	2006
劝业场	清	廊房头条 17 号	2006
祥义号门面	民国	大栅栏街 1 号	2006

续表 17

名称	时代	地址	公布时间（年）
李大钊旧居	民国	文华胡同 24 号	2013
梅兰芳旧居	现代	护国寺街 9 号	2013
明北京城城墙遗存（西便门段）	明	复兴门南大街	2013
克勤郡王府	清	新文化街 53 号	2013
辅仁大学本部旧址	民国	定阜街 1 号	2013
盛新中学与佑贞女中旧址	民国	教场胡同 2 号、教场胡同 4 号	2013
万松老人塔	元	西四南大街 43 号旁门	2013
基督教中华圣公会教堂	民国	佟麟阁路 85 号	2013
西交民巷近代银行建筑群	民国	西交民巷 17 号、23 号、50 号	2013
大运河（北京市西城区）	元、明	地安门外大街（含万宁桥）	2013
长椿寺	明	长椿街 9 号、11 号	2019
湖广会馆	清	虎坊路 3 号、5 号	2019

（赵　臣）

西城区北京市文物保护单位一览表

表 18

名称	时代	地址	公布时间（年）
程砚秋故居	现代	西四北三条 39 号	1984
齐白石故居	民国	跨车胡同 13 号	1984
升平署戏楼	清	西长安街 1 号、大宴乐胡同 11 号	1984
郑王府	清	大木仓胡同 35 号	1984
礼王府	清	西黄城根南街 7 号、9 号，颁赏胡同 19 号	1984
庆王府	清	定阜街 3 号、德胜门内大街甲 254 号	1984
福佑寺	清	北长街 20 号	1984
广化寺	元、明	鼓楼西大街鸦儿胡同 31 号	1984
都城隍庙（寝殿）	元、明、清	成方街 33 号	1984
吕祖阁	清	明光胡同 6 号、新壁胡同 41 号	1984
火德真君庙	元、明、清	地安门外大街 77 号	1984
昭显庙	清	北长街 71 号	1984
天主教圣母会法文学校	清末	前门西大街 137 号	1984
西四北三条 11 号四合院	民国	西四北三条 11 号	1984
西四北六条 23 号四合院	民国	西四北六条 23 号	1984
前公用胡同 15 号四合院	民国	前公用胡同 15 号	1984
西四北三条 19 号四合院	民国	西四北三条 19 号	1984

续表 18

名称	时代	地址	公布时间（年）
西交民巷 87 号和北新华街 112 号四合院	民国	西交民巷 87 号、北新华街 112 号	1984
三圣庵	清	黑窑厂胡同 14 号	1984
陶然亭慈悲庵	元	陶然亭公园内	1984
湖南会馆	清	烂漫胡同 101 号、103 号	1984
中山会馆	清	珠朝街 5 号	1984
正乙祠	清	西河沿 220 号	1984
杨椒山祠	明	达智桥胡同 12 号及旁门、校场三条 2 号	1984
康有为故居	清	米市胡同 43 号	1984
朱彝尊故居	清	海柏胡同 16 号	1984
京报馆	民国	魏染胡同 30 号、32 号	1984
涛贝勒府	清	柳荫街 25 号、27 号、乙 27 号	1995
北京水准原点旧址	民国	西安门大街 1 号 （一部南门）	1995
富国街 3 号四合院	清	富国街 3 号	1995
盐业银行旧址	民国	前门西河沿 7 号	1995
交通银行旧址	民国	前门西河沿 9 号	1995
百万庄路 8 号墓园石刻	清末	阜成门外百万庄路 8 号	2001
贤良祠	清	地安门西大街 103 号	2001
旧式铺面房	清末	地安门外大街 50 号、52 号	2001
粮食店第十旅馆	清	粮食店街 73 号	2001
金中都太液池遗址	金	广安门外南街 77 号	2001
云绘楼清音阁	清	陶然亭公园内	2001
会贤堂	清	前海北沿 18 号	2003
拈花寺	明	大石桥胡同 61 号	2003
地安门西大街 153 号四合院	清	地安门西大街 153 号	2003
阜成门内大街 93 号四合院	民国	阜成门内大街 93 号	2003
雪池冰窖	清	雪池胡同 10 号	2003
恭俭冰窖	清	恭俭五巷 5 号	2003
德寿堂药店	民国	珠市口西大街 75 号	2003
纪晓岚故居	清	珠市口西大街 241 号	2003
原京华印书局	民国	南新华街 177 号	2003
醇亲王府（南府）	清	鲍家街 43 号、甲 2 号	2011
广福观	明	烟袋斜街 37 号、大石碑胡同 6 号	2011
清学部遗存	清	教育街 1 号宣内 17 号	2011
清稽查内务府御史衙门	清	陟山门街 5 号	2011

续表 18

名称	时代	地址	公布时间（年）
兆惠府第遗存	清	前井胡同 3 号	2011
中国地质调查所旧址	民国	兵马司胡同 15 号	2011
张自忠旧居	民国	府右街丙 27 号	2011
浏阳会馆（谭嗣同故居）	清	北半截胡同 41 号、南半截胡同 6 号、8 号	2011
绍兴会馆	清	南半截胡同 7 号	2011
万寿兴隆寺	明	北长街 39 号	2021
护国观音寺	清	樱桃斜街 4 号、6 号、6 号旁门、8 号	2021
西板桥	清、民国	景山后街 10 号	2021
醇亲王府马号	清	后海北沿 43 号	2021
钱市胡同炉房银号建筑群	清	珠宝市街 37、39 号，钱市胡同 1—8、10 号	2021
北师大旧址	近代	南新华街 13、15、17 号	2021
泰安里民国早期建筑	民国	仁寿路 6、8、10、12、14、16 号	2021
高君宇烈士墓	近代	太平街 19 号陶然亭公园内	2021
护国寺建筑遗存（并入护国寺金刚殿）	元	护国寺西巷	2021
北京明清皇城墙遗存（西城区）（并入皇城墙遗址）	明、清	西长安街	2021
平绥西直门车站附属建筑群（并入平绥西直门车站旧址）	清末	西直门外北滨河路 1 号	2021

（赵　臣）

西城区级文物保护单位一览表

表 19

名称	时代	地址	公布时间（年）
粤东新馆	清	南横西街 13 号	1986
沈家本故居	清	金井胡同 1 号	1986
荀慧生故居	清	山西街甲 13 号	1986
崇效寺藏经阁	明	崇效胡同 9 号	1986
宝应寺	明	登莱胡同 29 号	1986
东南园四合院	清	东南园胡同 49 号	1986
北师大旧址	近代	南新华街 13 号、15 号、17 号	1986
三官庙	明	北海北沿 29 号	1989
净业寺	明	德胜门内西顺城街 46 号	1989
双寺	明	双寺胡同 11 号、西絛胡同 2 号	1989
普济寺（高庙）	明	西海南沿 48 号	1989
棍贝子府花园	清	新街口东街 31 号	1989
德胜桥	明	德胜门内大街	1989

续表 19

名称	时代	地址	公布时间（年）
摄政王府马号	清	后海北沿 43 号	1989
大藏龙华寺	明	后海北沿 23 号	1989
寿明寺	明	鼓楼西大街 79 号	1989
小石桥胡同 24 号宅园（盛园）	清	小石桥胡同 24 号、后马厂胡同 17 号	1989
银锭桥	明、清	后海北沿东端	1989
鉴　园	清	小翔凤胡同 5 号	1989
正觉寺	明	正觉胡同 9 号、甲 9 号	1989
魁公府	清	宝产胡同甲 23 号、25 号、27 号、29 号，赵登禹路 58、60 号，四根柏胡同 18 号	1989
旌勇祠	清	旌勇里 3 号	1989
保安寺	元	地安门西大街 133 号、135 号	1989
天寿庵	明	龙头井街 42 号	1989
玉皇阁	元	育强胡同甲 22 号	1989
翠花街 5 号四合院	民国	翠花街 5 号	1989
元大都下水道	元	西四路口	1989
清真普寿寺	明	锦什坊街 63 号	1989
永佑庙	清	府右街 1 号、3 号	1989
万寿兴隆寺	明	北长街 39 号	1989
洵贝勒府	清	背阴胡同 37 号	1989
仪亲王府	清	府右街 137 号	1989
霱公府	清	西绒线胡同 51 号	1989
永寿寺	明	三里河前巷 1 号	1989
马尾沟教堂	民国	车公庄大街 6 号	1989
陆谟克堂	民国	西直门外大街 141 号	1989
北师大附小旧址	近代	南新华街 18 号	1990
林白水故居	近代	骡马市大街 9 号	1990
萧长华故居	清	西草厂街 88 号	1990
谭鑫培故居	清	大外廊营 1 号及旁门	1990
护国双关帝庙	元、明、清	西四北大街 167 号、甲 167 号	2007
阿拉善王府	清	毡子胡同 7 号	2007
法源清真寺	清	德胜门外大街 200 号	2007
镶红旗满洲都统衙门	清	新文化街 137 号	2007
吕祖宫	清	复兴门内北顺城街 15 号	2007
西四街楼	清	西四北大街 255 号、阜成门内大街 1 号	2007

续表 19

名称	时代	地址	公布时间（年）
圆广寺大殿	明、清	阜成门外大街 7 号楼 -1 号	2007
清端顺长公主墓碑	清	德胜门外大街冰窖口胡同 75 号	2007
清乾隆汇通祠诗碑	清	德胜门西大街甲 60 号汇通祠内	2007
天主教圣母圣衣堂	清、民国	西直门内大街 130 号	2007
中央医院旧址	民国	阜成门内大街 133 号	2007
平民中学	民国	西四北二条 58 号	2007
为宝书局	民国	地安门外大街 156 号	2007
王瑶卿故居	清	培英胡同 20 号	2009
前门清真礼拜寺	清	扬威胡同 9 号，茶儿胡同 2 号，笤帚胡同甲 1 号	2009
琉璃厂火神庙	清	琉璃厂东街 29 号	2009
五道庙	清	铁树斜街 143—149 号、樱桃斜街 96—104 号	2009
梨园公会	民国	樱桃斜街 65 号	2009
裕兴中银号	民国	施家胡同 11 号	2009
青云阁	民国	大栅栏西街 33 号	2009
护国观音寺	清	樱桃斜街 4 号、6 号、6 号旁门、8 号	2009
泰丰楼饭庄西楼	清	煤市街 33 号、杨梅竹斜街 4 号	2009
晋江会馆（林海音故居）	清	南柳巷 40 号、42 号	2009
北京东方饭店初期建筑	民国	万明路 11 号	2009
宜兴会馆	清	效尉营胡同 44 号	2009
新市区泰安里	民国	天桥仁寿路 6—16 号	2009
圣安寺	金	南横西街 119 号	2009
莲花寺	明	永庆胡同 37 号	2009
商务印书馆	民国	琉璃厂西街 36 号	2009
永兴庵	明	南柳巷 45 号	2009
余叔岩故居	清	异地迁移待复建	2009
尚小云故居	清	异地迁移待复建	2009
圣祚隆长寺	明、清	西四北三条 3 号	2011
什刹海寺	明、清	糖房大院 27 号	2011
福善寺	清	柳荫街 26 号、28 号	2011
双吉寺	清	原双吉胡同 3 号	2011
陈垣故居	民国	兴华胡同 13 号	2011
西板桥	清、民国	景山后街 10 号	2019
嵩云草堂	明、清	达智桥胡同 55 号、57 号	2019

续表 19

名称	时代	地址	公布时间（年）
山左会馆	清、民国	校场头条 17 号	2019
武定侯街 23 号四合院	民国	武定侯街 23 号	2019
砖塔胡同关帝庙	清	砖塔胡同 68 号、敬胜胡同甲 11 号	2019
庆云寺	明、清	景山后街 10 号	2019
恭俭胡同三官庙	明、清	恭俭胡同 43 号、45 号	2019
金井胡同近代建筑	民国	金井胡同 3、5 号、上斜街 42 号	2019

（赵　臣）

文化市场治理

【概况】 2021 年，区文化和旅游局加强对 11 类行业 1200 余家企事业单位，特别是宾馆酒店、娱乐场所、文博图馆的监管，从严从实做好新冠肺炎疫情常态化防控。投入 545 万元扶持 82 家受疫情影响较大的文化和旅游企业，助力企业渡过难关。推进“放管服”改革，办理行政许可及备案类事项 2179 件，经营单位登记注册 1847 家。严格落实企业安全生产责任，发现隐患问题 3633 项，已全部整改。完成综合执法改革，狠抓扫黄打非和市场监管，出动执法人员 12620 人次，检查经营单位 6310 家次，立案 73 件，结案 73 件。（赵　臣）

【行政许可事项】 2021 年，区文化和旅游局办理行政许可及备案类事项共计 2258 件。其中出版物零售企业新设立 97 家，变更 77 家，注销 28 家；出版物连锁分支机构备案 1 家，出版物连锁分支机构备案注销 1 家；歌舞娱乐场所设立 1 家，延续 28 家，变更 4 家；电子游艺娱乐场所（电子游艺厅）延续 5 家；网吧变更 2 家；演出场所经营单位备案 2 家，变更 9 家，补证 1 家；文艺表演团体设立 6 家，变更 11 家，延续 4 家，注销 5 家；有线电视站、共用天线设计、安装单位延续 6 家；电影放映经营单位变更 3 家，注销 1 家；艺术品经营单位备案 10 家，变更 6 家，注销 4 家；有线广播电视网络工程验收 2 家；营业性演出新审批 1550 台、12436 场次（12636 场次，非驻场 4732，驻场 7904）；营业性演出变更 225 台、营业性演出注销 119 台；因疫情撤销之前已审批的演出 119 台、445 场次。截至 12 月 31 日，西城区文化市场经营单位登记注册共计 1579 家。其中演出场所经营单位登记备案 44 家（共有舞台 55 个，观众坐席 34158 个）；出版物零售企业登记注册 789 家；出版物连锁分支机构登记备案 19 家；文艺表演团体登记注册 71 家；电影放映单位登记注册 16 家；艺术品经营活动的单位登记备案 302 家；有线电视站、共用天线设计、安装单位登记注册 23 家；有线广播电视网络工程验收登记注册 7 家；互联网上网服务营业场所（网吧）登记注册 94 家；歌舞娱乐场所（歌厅）登记注册 87 家；电子游艺娱乐场所（电子游艺厅）登记注册 21 家；印刷企业登记注册 103 家；迷你歌咏亭经营企业登记备案 3 家，个体演出经纪人备案 1 家。（赵　臣）

【“绿书签行动”主题宣传】 6 月 1 日，西城区“扫黄打非”办公室联合区教委、区文化市场综合执法大队、中国北京出版创意产业园区，在北京第十四中学畿辅校区举行庆“六一”“绿书签行动”主题宣传活动。进一步促进司法、政府、社会、学校、家庭“护苗”协调一致，提升青少年安全意识和法治素养，倡导绿色阅读、文明上网、健康成长，号召全社会关心少年儿童的健康成长。赠送红色少儿书籍 396 册，发放绿书签 1000 余张。（赵　臣）

【校园周边文化市场专项检查】 6 月 11 日，区文化市场综合执法大队联合街道、区市场监管局，对辖区实验一小、实验幼儿园、四十三中周边及琉璃厂文化企业联合执法。重点检查印刷复制淫秽色情、封建迷信、血腥暴力等影响青少年身心健康的非法出版物，并对艺术品经营企业进行检查，通过检查未发现问题，持续为青少年及幼儿健康成长营造良好的社会文化环境。（赵　臣）

【区文化市场综合执法大队成立】 8 月 12 日，区编办印发《北京市西城区文化市场综合执法大队机构设置方案》。西城区文化市场综合执法大队为中共北京市西城区委宣传部与北京市西城区文化和旅游局（北京市西城区文物局）双重管理的副处级行政执法机构，以区文化和旅游局（区文物局）名义执法。主要职责是，集中行使法律、法规、规章规定的文化、文物、新闻出版、版权、广播电视、电影、旅游市场以及宗教等领域应由区级行政主管部门行使的行政处罚权，以及与之相关的行政检查、行政强制权。承担“扫黄打非”有关工作任务；负责查处相关领域重大疑难复杂案件；承担北京市文化市场综合执法总队交办的有关行政执法工作；完成区委、区政府和区委宣传部、区文化和旅游局（区文物局）交办的其他任务。内设办公室和7个分队。成立专门网络执法队，负责网络文化、网络视听、网络出版等领域的行政执法工作。（赵　臣）

文化创意产业

【概况】3月，北京市西城区发展服务中心（北京市西城区文化创意产业促进中心）更名为北京市西城区文化创意产业促进中心（简称区文促中心），由区文化和旅游局代管。2021年，区文促中心开展文创产业空间资源的调查、分析、整合及利用，落实市、区文化创新发展专项资金项目，协助文创园区基地的建设、管理、服务，组织、参与文创产业重大项目建设、宣传推介和重大活动。10月，西城区成功入选第二批国家文化和旅游消费试点城市。北京天桥演艺区入选文化和旅游部公示的第一批国家级夜间文化和旅游消费集聚区名单。围绕“五个到位”（日常防控措施是否到位、园区企业防控是否到位、应急预案是否到位、人员排查是否到位、活动管控是否到位）加强日常检查。全年检查13家市级文化园区300余次，发现并督促整改问题100余个。（谭凌子　丁艳艳）

【市版权示范单位认定】2021年，区文促中心动员辖区内市级文化园区申报市版权示范单位、园区（基地），会同区委宣传部进行初审把关和申报资料报送。经复审勘验和社会公示，9月，北京设计之都发展有限公司、北京DRC工业设计创意产业基地入选“北京版权保护示范单位”和“北京版权保护示范园区（基地）”。（刘一迪）

【区文化产业三年行动计划评估】2021年，区文促中心完成“《西城区文化产业提升发展三年行动计划（2020—2022）》实施情况评估”课题研究工作。通过调研、收集和梳理行动计划实施的阶段性成果，形成评估报告，围绕全区产业发展现状及疫情的重大影响，结合区文化产业提升发展的实际需求，分析研判区文化产业发展存在的问题和短板，提出适合区文化产业提升发展的对策建议。（吕晓鸥）

【文化产业发展促进】2021年，区文促中心推动“天宁1号”园区二期项目改造等老旧厂房利用工作，支持低效楼宇改造升级。利用新技术、营造新场景、促进新体验、引领新消费，激活文博非遗、传统老字号等优秀文化资源与创意设计、旅游、影视、音乐等产业深度融合，探索文化事业和文化产业贯通发展。与辖区内各市级文化园区加强沟通，通过文化园区座谈会、“学党史、促发展”活动等形式，了解园区在发展过程中存在的问题以及园区建设好的做法和建议，持续促进辖区文化园区之间的交流与合作，助力区域文化产业高品质发展。（杨文璐）

【服贸会文旅服务专题展示】9月2日至7日，西城文旅服务专题展览亮相中国国际服务贸易交易会。展区位于首钢园1号馆，占地206平方米，以“红墙意识，古都典范”为主题，重点展示西城区立足于全国文化中心建设、“两区建设”和数字经济示范区建设的成果。展陈体现了西城区落实核心区控规，推动历史文化名城保护做出的新探索；以数字化为重点，探索推进文化产业和文化事业贯通发展的新路径，通过“文化+”以及倡导的新生活活动，推进新的文化消费，让老百姓享受到数字文化带来的生活改变。展区现场展卖菜百首饰、天桥艺术中心和设计之都的文创产品，发放消费券1.28万张，让利107.3万余元。截至9月7日，服务消费者8440人次，核销38.7万元，直接拉动交易1167.93万元，平台及企业新增用户2509人。（马一超）

【北京国际设计周西城区分会场活动】9月26日，2021北京国际设计周（简称设计周）西城区分会场开幕式在北京设计之都大厦举办。活动由区文促中心主办，北京设计之都发展有限公司承办。西城区各文创园区、文创企业参与活动。活动以“数字创造中国式新生活”为主题，采用“1+1+4”（1个主体活动、1个主题活动、4个分会场）的形式进行。开幕式和主题活动在北京设计之都大厦进行，举办“‘创新共赢’数字设计赋能产业消费双升级”首发活动，发布《消费升级视野下产业互联网赋能制造业升级研究报告》及智慧设计助力产业数字化——“天工界”设计产业互联网平台项目、“驭瓷”品牌、个性化柔性智造激发产业新增量——“开物堂”柔性智造平台项目、重构“人货场”新消费新格局——“全球城市伴手礼”项目、“中国符号全球城市伴手礼”城市产业选品计划等文创项目。北京坊、大栅栏、菜市口西区、法源寺街区等分会场，通过论坛、展览、胡同漫游、快闪剧场、实景剧本杀等形式，举办丰富多元的文化创意活动。活动持续至10月7日。（马一超）

档　案

【概况】11月，经区委机构编制委员会办公室审核，报区委批准印发的《北京市西城区档案馆机构职能编制规定》，明确北京市西城区档案馆（简称区档案馆）为地级国家综合档案馆，是北京市爱国主义教育基地和西城区人民政府信息公开查阅场所，是集中管理全区档案的文化事业机构。区档案馆档案资源丰富，馆藏量居全市各区档案馆前列。2021年，区档案馆学习贯彻习近平总书记对档案工作重要批示精神，落实新修订的《中华人民共和国档案法》。以《北京市“十四五”时期档案事业发展规划》为指引，细化规划要求，梳理目标任务。全面夯实业务基础。强化档案规范管理，提升档案服务水平，筑牢档案安全防线。持续推进两馆建设，档案信息化工作稳步提升。截至年底，馆藏档案全宗233个，纸质档案67万卷（件），照片档案5万余张，音像档案976盘，实物档案2647件。机读目录465.42万条。（陈璐璐）

【档案管理】2021年，区委办公室加强全区档案工作监督指导，采取上门、蓝信群、电话、腾讯会议、小型视频连线等方式，督促各立档单位及临时机构按时完成归档任务，全年举办业务培训5次，200余人参加。抓好重大活动、重点工作档案的监督指导，做好新冠肺炎疫情防控档案管理，与区档案馆组成新冠肺炎疫情防控档案工作指导组联合对区各新冠肺炎疫情防控小组开展档案指导及进馆检查验收；做好中国共产党成立100周年庆祝活动档案管理，下发通知并指导各指挥部完成档案收集、整理及进馆归档；监督指导区第十三次党代会专班对党代会档案收集、整理、归档；推进全区政务服务事项电子文件归档，完成档案系统配置培训及网上审核；围绕中轴线申遗、老城保护更新等重点，探索新的档案管理模式。强化档案行政执法监督，对行政执法基本信息、动态信息、重大行政执法决定事项目录梳理。调整执法岗位设置和人员，检查17家单位，形成74张行政执法检查单，全年无行政复议案。（邢晶晶）

【档案服务民生】2021年，区档案馆全面提升档案利用服务水平，接待机关、企事业单位、团体和公民查阅档案8315人次，利用档案8034（卷）件，出具证明6421份，复印431页，利用数字化成品7452件，打印数字化副本16030页，调阅档案实体2946（卷）件。跨馆利用受理231人次，受理件数268件，协办件数484件。服务机关查阅调取文档761（卷）件，提供利用110人次，复印打印文件1553页，办理外借档案320（卷）件。（陈璐璐）

【档案接收整理】2021年，区档案馆共接收文书档案3364件，会计档案357卷，照片档案26组、141张，印章14枚，实物74件，光盘1张，基建档案24卷，电子版竣工图1套，资料1册，录像21段。征集北京师范学校第二附小毕业师生《我们的二附小——回忆文集》。扎实推进档案开放鉴定，严格落实鉴定细则。制订《西城区档案馆开放鉴定划控指南》，修订《西城区档案开放鉴定工作实施细则》。完成1988年至1990年330512件档案的初审工作和复审工作，开放档案99536件，开放目录上传至北京西城政务外网。延期开放目录和延期审批手续上报市档案局，120436件开放目录（1984—1987年）在北京市档案信息网上公布。开展口述史料素材规范整理工作，完成2018年度西城区老干部口述史料整理工作，对文稿、视频、照片资料进行核实、删选和著录，围绕西城区名城保护任务目标，助力资料留存及开发利用工作。（陈璐璐）

【档案信息化建设】2021年，区档案馆档案数字资源存储备份形成常态机制。定期更新开放档案目录、发布工作动态，完成开放档案数据公布。整合代存代管档案数据库，新增档案目录数据3069条，及时做好增量备份工作。实现民生档案跨馆利用，一馆通办。完成档案馆档案专栏的条目信息更新，丰富《西城追忆》等档案专栏内容7期。做好档案馆档案数字化副本同城、异地备份保存，档案信息安全得到有效保障。数字档案馆建设纳入西城区《“十四五”时期智慧西城建设规划》及西城区《“十四五”档案事业发展规划》。通过开展学习研讨、业务交流、实地考察，提出应用性较强的功能需求，结合工作实际，确定项目建设的实施步骤、时间节点。协同区网络统建部门进行网络建设研究，通过西城区信息化项目专家论证会，完成西城区数字档案馆项目立项工作。（陈璐璐）

【档案编研开发】2021年，区档案馆编印《西城追忆》4期，刊发64篇文章17万余字，发放区人大代表、区政协委员、各委办局、街道社区、社会读者11275册。结合建党百年重点约稿，开设“庆祝中国共产党成立100周年”专栏，刊发专栏文章24篇61397万字，彰显档案在讲好党的故事、传承红色基因方面的独特价值，展示西城区红色文化研究成果。编发10期《档案传真》，根据区中心工作、时事热点，围绕区领导关注问题，查阅馆藏档案，择取奥运会安全保障、志愿服务、公共卫生安全应急等相关专题，为领导决策提供参考。第3、4、6期被区委书记孙军民批阅；第3期被区委常委、区委办原主任徐利批阅；第4期被副区长李异批示。“西城档案”公众号发布原创图文14篇，在喜马拉雅FM平台，推送《创刊于西城区骡马市大街的〈每周评论〉》《少年中国学会的诞生地》《中共历史上在北方创办的第一所高级党校》等文章57篇，收听2628人次。注重横向交流，与区退役军人事务局合作，在“西城追忆”喜马拉雅FM平台上推出以郝清玉、胡友琴等多位西城区烈士档案为题材的红色故事音频节目，丰富档案编研内容。（陈璐璐）

【档案安全】2021年，区档案馆强化档案安全体系建设，档案安全管理更加完善，不断提升突发事件应急反应能力。全方位开展安全检查，对档案库房、档案专业用房、档案利用大厅等重点部位进行巡检，排查安全隐患，做到不留死角，确保档案安全万无一失。严格执行各项安全管理制度，完善《区档案馆档案安全应急预案》，开展消防培训，制订《区档案馆安全应急演练方案》，组织完成安全应急演练。通过

实景模拟演练，全馆人员明确安全应急处置点位，熟悉消防设备的使用，全程推演应急流程，提高档案馆应急处置能力。（陈璐璐）

【档案日活动】6月9日“国际档案日”期间，区档案馆采取“线上＋线下”相结合的方式，紧紧围绕“档案话百年”主题，以开展党史学习教育和贯彻实施新修订的《中华人民共和国档案法》为契机，举办系列宣传活动。推出“档案话党史、兰台忆峥嵘——庆祝中国共产党成立100周年档案史料展览”；举办《中国共产党早期北京革命活动在西城》讲座；在《西城追忆》设立中国共产党成立100周年专栏，制作国际档案日《西城报》专版；开展档案利用便民服务，形成以微信公众号、喜马拉雅FM为宣传平台的档案宣传矩阵，展现西城档案文化内涵，将党史学习教育引向深入。创新档案宣传形式，自主拍摄《档案话党史、兰台忆峥嵘》6集系列微视频，时长46分24秒，外景拍摄时长近20分钟，撰写剧本文稿8636字，选用馆藏文书档案15件、照片档案16张、实物档案4件、口述史料3分50秒，其他史料图片15张，参考纪录片、影视剧29部。（陈璐璐）

【档案馆新馆建设】8月4日，区政府专题会明确菜园街S1项目为区档案馆新馆建设用地，并于当月开工建设。2021年，档案馆新馆建设取得实质进展。明确新馆建设功能定位，不断完善新馆建设需求。西城区档案局、馆沟通联动，组合发力，通过召开局馆联席会、组织专题调研、集中业务研讨等方式，推进新馆建设工作。成立新馆建设专家团队，邀请高校、全国档案系统专家等10余人，为新馆建设出谋划策。建立新馆建设联动机制，与多家设计公司、建设单位及其他档案部门深入交流，听取各方在档案馆建设工作中的经验，为新馆建设提供实践依据。（陈璐璐 邢晶晶）

地方志

【概况】2021年，区委党史办（区志办）编纂出版《北京西城年鉴（2021）》，完成《北京年鉴（2021）》供稿任务，筹划《北京西城年鉴（2022）》申报中国精品年鉴工程，推进《北京市西城区地名志》编纂。收集整理地情资料，做好地方志宣传及开发利用。（齐 田）

【地名志编纂】2021年，区委党史办（区志办）按照“政府主导、部门参与、专家修志”的工作模式，推进区地名志编纂工作。编纂工作主要突出“新、准、实、特”4个特点。地名志政区聚落·陆地水系、文物古迹·风景名胜、公共建筑、交通设施等4部分先后进入复审修改环节，分篇召开相关委办局研讨会、征求意见会，依据市规自委西城分局、区民政局等相关委办局、15个街道反馈的修改意见，反复核实、修改词条内容及表格数据等2000余条。截至年底，完成地名志复审稿修改80余万字，编纂整理大事记300余条。（齐 田）

【地方志宣传转化】2021年，区委党史办（区志办）发挥地方志资源在地方公共文化服务中的重要作用，通过区教委向全区中小学赠送《北京市西城区志（1994.1—2010.6）》《北京市宣武区志（1995.1—2010.6）》1000余本、区志光盘600余张。围绕大运河文化带建设和中轴线申遗主题，挖掘西城区特色文化资源，录制《中轴线上第一桥》《中轴线上制高点》《沐雨经风银锭桥》等短视频，通过网站、微信等媒体平台推送。（齐 田）

【年鉴编纂出版】12月，区地方志编纂委员会办公室编纂的《北京西城年鉴（2021）》由中华书局出版。年鉴设区情概述、特载、专文、大事记、中国共产党西城区委员会、西城区人民代表大会常务委员会、西城区人民政府、中国人民政治协商会议西城区委员会、纪检监察、民主党派、人民团体、法治、军事、功能街区建设、经济管理、工业 信息化、商贸服务业、金融、城市规划与建设、建筑业 房地产业、交通 邮电、城市管理、科技、教育、文化、旅游、卫生、体育、社会生活、街道、人物、统计资料、附录等33个类目，下设167个分目、105个次分目、2302个条目；前插专题图片46张，行政区划图1幅，编前图片155张；共收录44张表格，卷末附索引。全书共92.6万字。《北京西城年鉴（2021）》对类目、分目重新进行了规划整合，调整后的框架更符合区域特点，特别是功能街区建设、城市规划与建设、文化、旅游、体育等类目和下属分目的调整，更符合西城区落实首都城市战略定位的现实。分类优化专题图片、类目前插图片和统计表格，提高了年鉴的资料价值和使用价值。（齐 田）

文联活动

【概况】2021年，北京市西城区文学艺术界联合会（简称区文联）区文联下属区作家协会、区戏剧家协会、区美术家协会、区书法家协会、区摄影家协会、区长城摄影协会、区民间艺术家协会、区音乐家协会、区舞蹈家协会、区曲艺家协会共10个文艺家协会。有理事194人、主席1人、常务副主席1人、副主席22人。区文联坚持以人民为中心的工作导向，弘扬社会主义核心价值观，开展“深入生活，扎根人民”文艺采风和志愿服务，团结引导广大文艺工作者，推动西城区文学艺术事业的繁荣发展。（王 崇）

【“福满京城·春贺神州”春节慰问】春节前夕，区文联、区书协联合开展“福满京城·春贺神州”春节慰问活动，组织近100位书法家居家创作3000余套春联和“福”字。1月19日起，将春联和“福”字赠送至白纸坊、展览路、广外等街道的8个社区和广外医院、中国食品工业协会、浙

江茶叶商会北京分会、区红十字会及驻区部队等 10 余个单位。（王　崇）

【庆祝中国共产党成立 100 周年书法作品展】 5 月 20 日，由北京书法家协会、区委宣传部和区文联联合主办的“永远跟党走——西城区庆祝中国共产党成立 100 周年全国书法作品展”在北京民族文化宫展览馆开幕。展览在全国范围内公开征稿，入展 300 幅作品，并展出与建党 100 周年寓意相吻合的百米长卷。（王　崇）

【红色记忆摄影展】 5 月 27 日，由区委宣传部、区直机关工委、区老干部局、区文联、区融媒体中心共同主办的“永远跟党走——红色记忆摄影作品展”在民族文化宫开幕。展览收到全国各地投送稿件 3000 余幅，评选出 100 幅优秀摄影作品展出。展览围绕“不忘初心、牢记使命”“红色记忆”主题，形象地展示人民群众对党的拥护、对祖国的热爱、对中国梦的向往。（王　崇）

【京冀曲艺名家端午节惠民演出】 6 月 7 日，区文联、河北省白沟新城组织人事局、白沟新城综合文化服务中心主办，西城区曲艺家协会、河北雨生茶社承办“永远跟党走”——庆祝中国共产党成立 100 周年京冀曲艺名家走进白沟新城端午节惠民演出。来自北京的曲艺家应宁、李寅飞、叶蓬、绳宝珍等与河北当地演员参加表演。节目选取传统和新创的红色题材，有群口快板《长征》、单弦《英雄母亲邓玉芬》、西河大鼓《抗日英雄赞》、京韵大鼓《丑末寅初》、相声《成语新编》《笑语欢歌》等。（王　崇）

6 月 22 日，第十届大美西城美术作品展在民族文化宫开幕　（区文联　供图）

【第十届大美西城美术作品展】 6 月 22 日，由区委宣传部、区文联主办，区美协承办，区融媒体中心协办的“永远跟党走——庆祝中国共产党成立 100 周年暨第十届大美西城美术作品展”在北京民族文化宫开幕。展览选出参展美术作品 200 余件，涉及中国画、油画、版画、水粉画、植物科学画、雕塑、模型等类别，以艺术的形式展现中国共产党成立 100 年来的光辉历程和伟大成就。（王　崇）

【北京青年相声节颁奖暨优秀节目展演】 12 月 18 日，由市文联主办，北京曲协、区委宣传部、区文联承办，西城区曲协、嘻哈包袱铺协办的第 12 届北京青年相声节系列活动——相声新作品比赛颁奖暨优秀节目展演在民族文化宫大剧院举办。第十二届北京青年相声节新作品比赛共收到北京、天津等 13 个省、直辖市、自治区报送的 64 个参赛作品，李增瑞、刘颖、李菁 3 位评委评选出 37 个作品入围决赛。12 月 14 日至 16 日在嘻哈包袱铺五棵松剧场举办决赛，评选出一等奖 5 个、二等奖 10 个、三等奖 20 个、优秀组织奖 7 个。（王　崇）

12 月 18 日，北京青年相声节颁奖暨优秀节目展演在民族文化宫大剧院举办　（区文联　供图）

社科联活动

【概况】 2021 年，北京市西城区社会科学界联合会（简称区社科联）围绕全国文化中心、“金科新区”建设、老城保护与复兴、城市治理等主题开展课题研究，完成课题研究4项。围绕社会热点，开展社科普及活动，编辑出版社会科学普及图书8册。扶持社科类社团组织开展社科普及项目12个，社科普及活动183场次。编辑发行《西城社会科学》6期，刊登各类稿件94篇。（吴艳梅）

【课题研究】2021年，区社科联完成课题研究4项。围绕“金科新区”建设，启动“推动国家级金融科技示范区建设发展研究”课题研究。围绕全国文化中心建设，开展“全国文化中心建设的西城路径研究”课题研究工作。围绕老城保护与复兴，开展“北京西城河湖水系保护与生态环境优化研究”课题研究。深入挖掘西城红色文化的内涵价值和功能，推进“北京西城红色文化研究”课题研究。区社科联的部分研究成果转化为出版物和社科普及读物。围绕推进全国文化中心建设，编辑出版《北京西城京剧文化研究》，编印《北京西城京剧史料辑要》。围绕探索城市治理新思路新举措，编辑出版《城市治理典型案例》。围绕首都核心区城市治理，编写完成《元明清及民国北京首都治理研究》《北京西城老城文化研究》专著。出版“城市治理现代化系列丛书”——《治理的工具箱》之《文化篇》《金融篇》《传媒篇》，启动编写《法治篇》《社会篇》。该系列丛书成为全区党员干部群众参与城市治理的重要参考读物。编辑出版的《“红墙意识”理论与实践》，获评北京市第十六届哲学社会科学优秀成果二等奖。（吴艳梅）

【建党百年庆祝活动组织】2021年，围绕庆祝中国共产党成立100周年，区社科联组织专题讲座、座谈会等系列活动。7月7日，举办学讲话、明史鉴、开未来——西城区学习贯彻习近平总书记在庆祝中国共产党成立100周年大会上重要讲话精神专家学者座谈会，邀请6位首都资深专家学者，解读习近平总书记重要讲话精神，区委书记孙军民出席并讲话，专家发言在市属媒体、《北京西城报》和《西城社会科学》等刊发。编辑出版《先声与火种——西城红色故事集萃》，主要内容在“今日头条”、《北京纪事》、《北京西城报》、《西城社会科学》以及“北京西城”“西城机关党建”等微信公众号上刊载120余篇次。组织区民办教育协会等社团举办“忆党史不忘初心、跟党走砥砺前行”教育培训等“西城社科讲堂”活动32场次。（吴艳梅）

【社科刊物管理】2021年，区社科联严格落实《〈西城社会科学〉管理办法》，坚持每期召开编前会，围绕主题讨论研究宣传主题。编印《西城社会科学》6期，围绕庆祝建党百年及党的十九届六中全会精神开展系列宣传，增设纪念建党百年、西城红色故事、老城保护、文化研究等栏目，刊登《西城红色文化的独特禀赋及当代研究》《中轴线申遗应重思想文化内涵》等文章93篇45万余字。（吴艳梅）

【第二十届丁香诗会】4月10日，由区社科联和区委宣传部、区文化和旅游局、北京法源寺、区宣南文化研究会共同主办的第二十届丁香诗会在法源寺举办，著名艺术家及各界群众200余人参加。诗会以“起航南湖畔，追梦新时代”为主题，为书画、诗词朗诵爱好者搭建互相切磋、探讨交流的平台。殷之光、米南阳、阚丽君等人与社区艺术团体共同创作诗画。（吴艳梅）

【社团管理服务】4月15日，区社科联召开社科类社团组织工作会，传达全区宣传思想工作会议精神，部署“全民国家安全教育日”普法宣传教育和社科普及宣传活动。继续以项目支持方式扶持社团发展，鼓励社团组织紧贴群众需求，发挥资源优势，开展讲座、咨询等社科普及活动。全年区图书馆管理协会、区心理健康服务中心等社团组织开展“外交官带你看世界”“心理健康知识进社区”等讲座12个，开展线上线下“西城社科讲堂”社科普及活动183场次，受众5万余人。（吴艳梅）

【第十届社科普及周】9月23日至29日，以“弘扬伟大建党精神，奋进首都发展新征程”为主题的“2021北京市社科普及周暨西城区第十届社科普及周”在线上举办，活动由市委宣传部、市科学技术委员会、市科学技术协会、市社科联、市社科规划办、区委、区政府共同主办，区社科联主要承办。组织“铁肩担道义、妙手著文章”“她们从这里出发——北京革命运动中的女高师”“‘红色经典连环画’展览”等5个线上展览和《诞生中共第一位女党员的百年学府》《消失在什刹海畔的秘密电波》《革命先驱的“北漂”生涯》等6个“足迹”系列短视频展播活动。通过线上教学方式，展示面塑、京绣、药香、彩蛋绘制、刻瓷、大悲拳等西城非遗项目制作技艺和才艺。区社科联常委、区政协委员古波以“绣”出古都新生活为主题，点评胡同改造成果，展现西城区作为首都功能核心区的发展成就。（吴艳梅）

文化企业选介

北京天桥盛世投资集团有限责任公司

【概况】2021年，北京天桥盛世投资集团有限责任公司（简称天桥盛世集团）是西城区国资委所属国有全资企业，承担西城区文化产业发展平台职能。集团总资产46.8亿元，净资产42亿元，拥有全资子公司3家，控股及授权管理企业38家。持有物业18万平方米，商业类资产7万平方米，文化类资产11万平方米。集团致力于打造综合性文化产业投资集团，业务范围涵盖：天桥演艺区建设运营涉及天桥演艺区整体规划、区内文化及配套设施建设、运营、老城改造更新；资产经营涉及文化类资产和商业类资产的空间经营；演艺涉及演出内容制作、天桥艺术中心等剧场运营、3家传统院团传承发展；影视涉及以“首都电影院”为核心品牌的连锁影院经营，并探索影视内容制作业务；文化创意及广告活动涉及文化创意产品开发、传统文化及艺术培训、品牌市集活动、文创园区策划及运营、户外媒体经营、公关活动等。集团践行社会责任，参与属地疫情防控，组织党员、职工参与“红墙先锋在社区，我为群众办实事”工作，增援全员核酸检测工作，帮助社区查短板、补漏洞，共同做好社区疫情防控工作。（于赛赛）

【天桥艺术中心运营】 2021年，天桥艺术中心演出134个剧目共计402场，举办艺术活动250场，接待观众22.5万人次。开展第五届华人春天艺术节、“百年风华耀初心”建党百年百场红色展演、第五届老舍戏剧节等重点演出季活动，推动《第一热线》《尘埃落定》《人世间》《正阳书局》等中国原创舞台艺术剧目的展演与传播。落实市委第二巡视组要求，遴选思想精深、艺术精湛、制作精良的红色剧目，打造庆祝中国共产党成立100周年主题展演，共演出红色题材剧目《五星出东方》《永不消逝的电波》《江姐》等47部130场。第五届诗意生活节、第二届酒旗戏鼓天桥市等艺术活动品牌影响力持续提升，艺术教育板块培训课程规模不断扩大。（于赛赛）

【首都电影院运营】 2021年，首都电影院西单店继续保持全国影院票房排名首位。首都电影院坚持以客户为中心的服务理念，启动西单店升级改造，完成多店设备更新；加大创新力度，深入探索“影院+”项目落地，联合大逗相声社开展跨界演出；积极拓展业务资源，启动通州项目，并推进首都电影院旗下大观楼影城“飞跃中轴线”项目合作。（于赛赛）

【“天桥盛世出品”品牌打造】 2021年，天桥盛世集团推出的“京味儿”话剧《牛天赐》，获评2021上海静安现代戏剧谷“壹戏剧大赏”“年度最佳舞美”“年度最佳新人”“年度大戏”和首届国际戏剧“学院奖”4项大奖，并完成16场全国巡演。投资的电视剧《幸福里的故事》，被评为2021年北京广播电视网络视听发展基金播出奖励项目，并获2021第十七届中美电视节“金天使奖”。集团开展网络影视投资项目可行性研究，与映美传媒达成战略合作协议，拓展线上内容制作新领域。（于赛赛）

3月23日，主题为“寒冬已过、新作迎春”的第五届天桥·华人春天艺术节在北京天桥艺术中心开幕（宿皓 摄）

【三大院团发展】 2021年，风雷京剧团以京剧骨子老戏和跨界融合戏剧为抓手，创作建党主题京话剧《戏悟》，获得2021年北京文化艺术基金资助；京味话剧《胡同里的他俩》分别在国家大剧院、国家话剧院、天桥艺术中心成功演出。北京杂技团推动驻场剧目演出，打造“天桥非凡艺术家”系列品牌，完成403场驻场演出；新编杂技剧《斗水》完成北京、西安、杭州等地60余场巡演；王牌节目《空竹》和《爬杆》，参加中央电视台和湖南卫视春晚演出。北京杂技团成功申报成为北京市级非遗项目“天桥杂耍”传承保护单位。北京皮影剧团依托皮影戏体验基地，创排革命历史题材剧《小英雄雨来》，复排传统剧目《影戏传奇》和《水漫金山》，演出90场，跨界融合影戏舞台剧《人间影》获得2021年度北京文化艺术基金项目资助。（于赛赛）

【文化示范园区建设】 2021年，天桥演艺区被文化和旅游部确定为第一批国家级夜间文化和旅游消费集聚区。园区持续细化客户服务内容，完成信息化运营管理平台建设，开展天桥艺术大厦品质提升二期项目。结合客户需求，优化园区文化特色服务，全年举办5个主题活动共计49场，充分激发园区活力。天桥印象博物馆获“文化旅游体验基地”称号，馆内“中轴红飘带——永恒信仰、文化复兴”特色主题展，作为西城区特色党建品牌活动，接待

党政机关、企事业单位、社会团体等130次，累计5000余人次。（于赛赛）

【文创产品开发经营】2021年，集团坚持推进“文化+”和“互联网+”战略，积极探索文创产品开发与经营模式，拓宽文创产品展示和销售渠道。天桥印象博物馆出品的《非遗文化手工体验套装》文创礼盒产品，获得北京市文化和旅游局主办的“北京礼物”文创大赛“TOP100”奖。天桥印象博物馆印象唯物文创店获得2021年度“北京礼物”认证商店。建立内部文创协同机制，形成诗意生活节、红楼印象、中轴红飘带、电影党课等多元化文创品牌体系。（于赛赛）

【商务空间运营】2021年，集团与中国版权保护中心、北京银行开展战略合作，三方共同推进建设“北京版权资产管理与金融服务平台”，发挥文化金融服务对区域文化产业发展的引领性、规范性、带动性效应。与李盾、方旭、叶小纲、陈铎等名家建立“大师工作室”合作模式，深入对接资源，实现互利共赢。助力中轴线申遗，开展“南中轴探秘”“行走的中轴线”文化探访系列活动，展示首都传统文化精髓和现代文明魅力。（于赛赛）

北京市大碗茶文化发展有限公司

【概况】2021年，北京市大碗茶文化发展有限公司（简称大碗茶公司）下辖北京老舍茶馆有限公司、北京大碗茶茶叶有限公司、北京震云阁工艺品有限公司3家股份制企业，经营茶座、演出、餐饮、茶产品、工艺品销售等项目。实现销售收入2875万元，受新冠肺炎疫情影响，利润-437.5万元，上缴税金120.56万元。公司党支部开展“重温红色记忆、加强党史学习”教育，组织党员、入党积极分子参观《伟大征程——庆祝中国共产党成立100周年特展》、到陶然亭公园开展“踏寻北京红色印记”党史学习教育。5月25日，德胜街道、西长安街街道、牛街街道等40余位社区党委书记，参观老舍茶馆，开展党建互学活动。（王　捷）

【茶文化交流】5月25日至26日，大碗茶公司尹智君董事长赴杭州出席中国国际茶文化研究会2021年度中国茶馆联盟全国经理年会并分享经验。10月21日至22日，“2021第二届世界面食产业发展峰会”在大同市举办。尹智君以世界中餐业联合会国际女企业家委员会委员身份出席，并作“美好生活”主题发言。10月23日，2021中国（京津冀）茶馆业峰会在北京国家会议中心举办。尹智君受邀参加“围炉观察·沙龙对话”活动，并就《茶馆业的转型之路》发表观点。12月29日，尹智君作为中华茶人联谊会常务理事，参加联谊会第六届二次理事会线上视频会议。（王　捷）

【参展交流】9月28日，由北京市商务局主办、北京烹饪协会承办的“北京消费季·京选餐厅玩转京潮推介活动”在世界之花假日广场盒马X会员店举行。老舍茶馆现场展示特色大碗茶、休闲茶点礼盒和京味特色茶礼品。10月15日，2021中国——东盟博览会旅游展在广西壮族自治区桂林举办。展会期间，老舍茶馆以“游茶馆、赏京味、知古今、品香茗”为主题，展示京味儿茶礼品和文创产品，宣传企业演出项目和文化资源。开幕式当天，文旅部副部长张旭莅临北京老舍茶馆展位参观指导。（王　捷）

【A级景区复核检查】11月3日，北京市A级旅游景区质量等级复核专家组到老舍茶馆进行AAA级旅游景区（点）复核检查。专家组实地查看了游客服务中心、旅游基础设施、旅游标识、旅游安全设施等景区主要旅游服务功能设施情况，听取了老舍茶馆对AAA级旅游景区（点）建设工作的汇报。检查组专家认定老舍茶馆达到AAA级旅游景区标准要求。（王　捷）

【连锁经营】11月26日，位于江苏省南京市熙南里的北京老舍茶馆分店开业。南京熙南里店设有经营传统名茶和茶具的茶庄，以及时尚风的小饮茶·酒廊，在传统京味儿文化的基础上融合了当地人的生活文化情趣。（王　捷）

（**责任编辑**　张振安　齐田　徐翊）

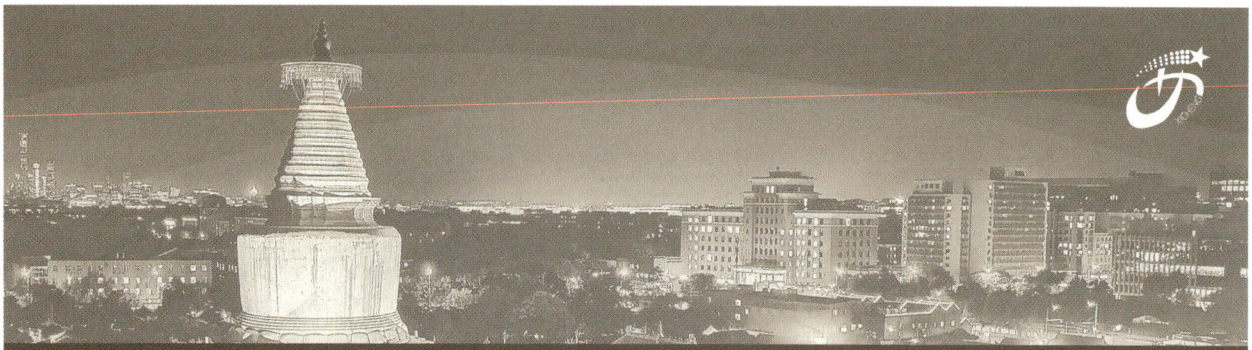

卫生健康

综　述

2021年，西城区有医疗卫生机构700家，其中营利机构331家（社会办医）、非营利机构369家。卫技人员总数40684人（含中央、市属医院，不含部队医院），其中执业（助理）医师总数14476人（包括西医、中医、中西医结合）、注册护士18357人。床位总数17623张。平均每千常住人口拥有卫技人员数36.85人、执业（助理）医师数13.11人、注册护士16.63人、床位数15.9张。全年区计划生育平台统计出生人口9463人，其中一孩出生6314人，占比66.7%；二孩及以上出生3149人，占比为33.3%。全区常住人口110.4万人，常住人口密度每平方千米2.18万人。因病死亡人数11056人，占总死亡人数95.34%。死因顺位前10位心脏病、恶性肿瘤、脑血管病、呼吸系统疾病、损伤和中毒、消化系统疾病、内分泌营养和代谢及免疫疾病、神经系统疾病、精神障碍和泌尿生殖系统疾病。户籍人口期望寿命84.16岁，其中男性81.98岁、女性86.34岁。全区常住人口中60周岁以上老年人287321人，65周岁及以上老年人201032人，80周岁及以上老年人73166人，老年人口占常住人口比率为26%，百岁以上老年人249人。卫生健康系统总收入669268.51万元，其中一般公共预算财政拨款收入227486万元、事业收入433191.19万元、其他收入8591.32万元。总支出641839.49万元，使用非财政拨款结余122.23万元。计划生育财政总投入4686.17万元。

年内，扎实推进“健康西城”建设，落实市卫生健康委及区委、区政府工作部署，统筹新冠肺炎疫情常态化防控和卫生健康事业发展。探索医改、公共卫生体系建设和“健康西城”建设贯通路径，以紧密型医联体为基础，开展月坛、金融街健康联合体建设。丰富家庭医生服务包，完成363支家庭医生队伍组建。北京市肛肠医院试点开展“先诊疗、后付费”信用就医，完成信用就医云缴费平台建设，全部医保定点医疗机构实现跨省异地就医直接结算和医保脱卡结算，提高患者就医便利性。11个中医药项目通过区级科技新星立项评审，“丰盛骨伤”入选第五批北京市非物质文化遗产。西城区获评全国老年健康医养结合远程协同服务试点、年度健康城市建设样板区、北京市健康联合体建设试点，基层卫生市级绩效考核成绩“优秀”。

（马蕊　郝慧芳）

西城区境内三级医院一览表

表20

机构名称	地址
北京大学第一医院	西什库大街8号
北京大学人民医院	西直门南大街11号
中国医学科学院阜外医院	北礼士路167号
北京积水潭医院	新街口东街31号
首都医科大学附属北京安定医院	德胜门外安康胡同5号
首都医科大学附属北京儿童医院	南礼士路56号
首都医科大学附属北京友谊医院	永安路95号

续表 20

机构名称	地址
中国中医科学院广安门医院	北线阁 5 号
首都医科大学宣武医院	长椿街 45 号
中国医学科学院北京协和医院（西院）	大木仓胡同 41 号
北京急救中心	前门西大街 103 号
中国人民解放军第三〇五医院	文津街甲 13 号
火箭军特色医学中心（原火箭军总医院）	新街口外大街 16 号

（陈　钊）

西城区区属卫生机构一览表

表 21

机构名称	地址
首都医科大学附属复兴医院	复兴门外大街甲 20 号
北京中医药大学附属护国寺中医医院	棉花胡同 83 号
北京市宣武中医医院	万明路 13 号
北京市第二医院	宣内大街油坊胡同 36 号
北京市展览路医院	西直门外桃柳园西巷 16 号
北京市丰盛中医骨伤专科医院	阜内大街 306 号
北京市平安医院	赵登禹路 169 号
北京市肛肠医院	德外大街 16 号
北京市西城区广外医院（北京市西城区广外老年医院）	广外三义里甲 2 号、上斜街 61 号
北京市西城区妇幼保健院（北京市西城区妇幼保健计划生育服务中心）	平原里小区 19 号楼、平原里小区 21 号楼
北京市回民医院	右安门内大街 11 号
北京市西城区精神卫生保健所	新街口南大街 119 号
北京市西城区疾病预防控制中心	西直门内大街 275 号
北京市西城区卫生局卫生监督所（机关）	枣林前街 2 号院
北京市西城区动物卫生监督所	白纸坊西街 17 号院 9 号楼底商
北京市西城区椿树社区卫生服务中心	琉璃厂西街 63、64 号
北京市西城区金融街社区卫生服务中心	阜内大街 306 号
北京市西城区广内社区卫生服务中心	校场五条 49 号
北京市西城区德胜社区卫生服务中心	德外大街 34 号
北京市西城区新街口社区卫生服务中心	后半壁街 19 号
北京市西城区大栅栏社区卫生服务中心	煤市街 152 号
北京市西城区展览路社区卫生服务中心	阜外北大街 201 号
北京市西城区什刹海社区卫生服务中心	正觉夹道甲 13 号
北京市西城区陶然亭社区卫生服务中心	陶然亭路 12 号
北京市西城区天桥社区卫生服务中心	北纬路 11 号
北京市西城区牛街社区卫生服务中心	培育胡同 15 号
北京市西城区广外社区卫生服务中心	广外三义里甲 2 号

续表 21

机构名称	地址
北京市西城区首都医科大学附属复兴医院月坛社区卫生服务中心	复兴门外真武庙六里 7 号楼
北京市西城区西长安街社区卫生服务中心	油坊胡同 52 号
北京市西城区白纸坊社区卫生服务中心	新安中里 4 号，枣林前街 70 号中环办公楼 3 楼 333、334 室
北京市西城区社区卫生服务管理中心	枣林前街 2 号
北京市西城区智慧健康研究中心	枣林前街 2 号

（陈　钊）

新冠肺炎疫情防控

【概况】 2021 年，西城区按照中央、市委及西城区委统一部署，坚持“外防输入、内防反弹”总策略，围绕“快速反应、精准防控、动态清零”防控目标，开展监测检测、流调溯源、疫苗接种、隔离管控等各项工作。全年共排查管理密切接触者 514 人、次密接 3356 人，集中隔离管理风险人员 6144 人次；完成新冠病毒疫苗接种 365 万剂次；核酸检测应检尽检和愿检尽检累计完成 1009 万余人次。各项防控措施落实到位，疫情防控整体平稳有序。（张立　陈钊）

【疫情防控组织指挥】 2021 年，北京市西城区卫生健康委员会（简称区卫生健康委）结合新冠肺炎疫情形势变化和防控职责，修订完善西城区健康委员会《新型冠状病毒感染的肺炎防控工作方案（第二版）》《北京市西城区卫生健康委员会新冠肺炎疫情防控应急预案》。西城区成立区卫生健康委新冠肺炎疫情防控领导小组，组建“1 办 12 组”领导指挥体系，各组组长执行 A、B 角制。对接区“1 办 14 组”开展监测检测、流调溯源、疫苗接种、隔离管控等各项工作。多次召开专题研究部署会，确保新冠肺炎疫情防控措施快速有效落地落实。创新方式方法，推动从环境卫生治理向全面社会健康管理转变。配合区相关部门制订《西城区街道（社区）新冠肺炎疫情防控应急处置工作方案》，制发《西城区涉疫热点问题答复口径》《规范穿戴防护服要点》视频和《新冠肺炎疫情社区防控个人防护要点》宣传片至各街道、各行业部门，为从快从严从紧开展新冠肺炎疫情应急分级分类管理提供遵循。（张立　陈钊）

【流调溯源排查】 2021 年，西城区严格执行“早、快、严、实、密”工作要求，区疾控中心等部门精准开展新冠肺炎疫情防控、监测、报告、流调及溯源排查工作。应急流调队员 24 小时在岗值守，接到病例活动轨迹或密切接触者排查任务快速响应，2 小时内准备物资赶赴现场，4 小时内出具核心信息，12 小时内报告采样检测结果，对病例或密接活动轨迹进行详细流调排查，做到边流调、边管控。与区大数据专班配合，精准判定密切接触者及次密人员。第一时间流调排查顺天府超市冷链从业无症状感染者、物美超市西安门店进口食品核酸阳性以及安徽省、南京禄口机场、福建省莆田市、内蒙古自治区等外省市关联西城区风险人群，坚持“人、物、环境”同防，精准锁定风险点，遏制疫情传播，实现零扩散，风险处置科学、精准、可控。（张立　陈钊）

【新冠病毒核酸检测】 2021 年，区卫生健康委统筹调度新冠病毒核酸检测，落实“应检尽检”“愿检尽检”。成立核酸检测工作专班对接区核酸检测专班，统筹核酸采样力量、检测物资、第三方检测机构等资源，完成各项检测任务。提升核酸检测能力，建成辖区核酸检测实验室 29 处，配备核酸检测车，与商业检测机构开展协议合作，日检测能力超 7.4 万管。其中展览路医院和复兴医院开展 24 小时核酸检测门诊。按照 30 天储备量建立两级物资储备体系，满足 24 小时完成辖区全员核酸检测要求。在全市率先提出冷链等高风险岗位人员预防性主动筛查，加强检测频次和健康监测。强化生物实验室及第三方检测机构质量监管，确保检测数据安全性、准确性。全区核酸检测 1009 万余人次。（张立　陈钊）

【新冠病毒疫苗接种】 2021 年，区卫生健康委按照区级统筹调度、街道实施、条块结合、以块为主原则，成立新冠病毒疫苗接种专班，制订全区疫苗接种工作实施方案。加强与街道配合，科学合理启用接种点位 131 个，统筹调配好接种人员、医疗救治等多方力量，保障疫苗和接种物资调配供应。完成 3 至 11 岁、重点从业人员及 60 岁以上人群疫苗接种任务和中央、国家部委上门接种服务。全区完成新冠病毒疫苗接种 365 万剂次。（张立　陈钊）

【新冠病毒疫苗安全管理】 2021 年，区委政法委落实全区新冠病毒疫苗储存点、接种点、转运安全管理，做好接种单位现场秩序维护和突发事件处置，打击非法倒卖、制售假

3月23日起，金融街街道为居民提供新冠病毒疫苗接种咨询服务　　（金融街街道　供图）

疫苗等违法行为。召开疫苗接种安全管理工作专题会2次，发布通知9个。按照《关于进一步做好重点人群疫苗接种工作的通知》要求，会同疫苗接种组、接种点建设组、疫苗供应组研究疫苗储存、转运、接种安全管理，形成《西城区新冠病毒疫苗储存、转运、接种安全管理工作规范》，下发相关单位。每日对全区疫苗储存、转运、接种安全管理督导检查，形成《每日安全管理检查情况》287篇、《阶段性安全管理检查情况》5篇，向各单位通报问题督促整改。　　（田瑞鑫）

【集中隔离点管理】2021年，区卫生健康委统筹抓好集中隔离点工作落实，实现从规范化到精细化管理。制订《西城区集中隔离医学观察工作手册》《关于进一步强化集中隔离医学观察点隔离管理工作的措施》等，动态调整集中隔离点点位，分级分类实现“应隔尽隔”。区卫生健康监督所、区疾控中心指定专人做好酒店评估，建立健全隔离点应急启动机制。做好隔离人员健康监测、心理疏导、基础病用药及特殊人群照护等服务和集中隔离点上下水、消毒通风等环境安全检查，做好隔离点垃圾清运及安全维护工作。全区集中隔离管理风险人员6144人次。　　（张立　陈钊）

【风险人员居家健康监测】2021年，区卫生健康委落实风险人员居家健康监测，组织辖区各社区卫生服务中心（站）落实新冠肺炎疫情防控各项措施及工作要求，负责与各街道办事处及各行业主管部门协调配合，完善社区网格化管理模式，发挥发热筛查哨点探头作用。各社区卫生服务中心加强落位管控、跟踪排查及居家健康监测闭环管理，对封控（管控）区内病情平稳慢性病患者做好延续治疗。累计管理居家健康监测6246人次。协调第三方机构完成高风险人群主动上门核酸检测3737人次。协调配合做好相关人员转运工作。做好居民健康知识宣传普及，教育引导群众树立防范意识，提高防范能力。

（张立　陈钊）

【重点场所疫情防控】2021年，区卫生健康委编制西城区新冠肺炎《医院感染预防与控制工作手册》，实行院感专家组、机关督导组、卫生健康监督所多层次检查模式，加强对公共服务场所以及学校、医院、社区、民办医疗机构等重点场所监督检查，向社会公开曝光涉疫违法医疗机构信息，筑牢医疗机构安全防线，实现医务人员零感染。加强对商场、超市、学校、影院等公共场所、宾馆饭店及“七小”相关场所监督管理和检查，配合区城管执法局督促指导商务楼宇等经营管理者落实主体责任。区动物卫生监督所组织开展动物诊疗机构监督检查，落实各项防控措施，做好重大动物疫情监测和基础调查工作。

（张立　陈钊）

医政管理

【概况】2021年，区卫生健康委成立麻醉、康复质控专业委员会，建立院感防控专家指导工作机制和院感防控驻点工作机制，提升区属医院专业管理能力和技术水平。培训各专业岗位技术人员1万余人次。全区门诊接诊人数2790.76万人次，急诊接诊人数157.29万人次，办理出院人数65.65万人次。平均住院日7.34天（不含精神专科医院），病床使用率83.84%。住院病死率0.50%。住院手术人数35.70万人次。医护人员比0.7886∶1。完成市下达献血任务指标。（张立　马蕊）

【医院感染管理】2021年，区卫生健康委与辖区三级、二级医疗机构签订《医院感染管理与控制责任书》，一级及以下医疗卫生机构签订《医院感染管理与控制承诺书》。建立院感防控专家指导工作机制和院感防控驻点工作机制，帮扶指导院感防控工作开展不力的医疗机构。组建防控监督检查组，对辖区各级各类医院院感防控工作开展拉网式督导检查。针对院感防控措施落实情况开展专项督导检查，发现问题建立台账，提出整改意见，督促医院及时整改到位。　　（马　蕊）

【医护人员管理】2021年，区卫生健康委成立麻醉、康复质控专业委员会。建立13个医疗质量控制专业委员会，包括护理、病案、急诊、血液净化、院感、药事、医学检验、医学影像（放射）、医疗管理、医学影像（超声）、口腔、麻醉、康复13个专业。聘任11名主任委员、22名副主任委员。完成上年度医疗质量实地督导、检查评估，反馈报告下发各区属医院。按照新冠肺炎疫情防控整体要求，上半年以开展线上专题培训为主，下半年以线上线下相结合方式开展活动，线上活动30次、线下活动2次。各专业岗位技术人员参与培训1万余人次，提升区属医院专业领域管理能力和技术水平。（马 蕊）

【血液管理】2021年，西城区献血需求量7561单位，完成献血量7995单位，完成市献血办公室下达任务105.74%。受新冠肺炎疫情影响，全年完成街头献血24356人次，献血量43315.05单位，比上年下降2.49%。开展血费直接减免工作，全年辖区各医院返还血费23人次12960元。（马 蕊）

【公共场所卫生监督】2021年，西城区各类公共场所经营单位1773户，全年卫生监督5869户次，监督覆盖率99.7%，合格率92.11%。对395家单位实施行政处罚，罚款38.33万元。（马 蕊）

【医疗机构监督】2021年，区卫生健康委对医疗机构开展监督检查2430户次，覆盖率99.66%，合格率99.11%。实施行政处罚24户次，其中医疗机构专业处罚16户次，罚款16.38万元；无证行医处罚8户次，罚款13.1万元，取缔1户次。开展多部门协作打击非法行医联合执法行动10次，完成打击非法行医实地宣传8次。（马 蕊）

医疗改革

【健康联合体建设】2021年，区卫生健康委制订印发《健康联合体建设实施方案》，推进月坛健康联合体医疗机构一体化运行和金融街健康联合体重点人群健康干预。研究解决学生小胖墩、小眼镜等问题。举办首届青少年心理健康论坛。推进以宣武中医医院为核心的脾胃病专科医联体，发挥其在健联体全周期健康管理中的积极作用。（马 蕊）

【心理健康服务】2021年，区卫生健康委成立区域心理健康防治中心，建成20个社会心理服务中心（站），初步形成社区心理健康服务网络。开展安宁疗护服务试点，完成国家级居家和社区养老服务改革试点。落实两个允许政策（允许医疗卫生机构突破现行事业单位工资调控水平，允许医疗服务收入扣除成本并按规定提取各项基金后主要用于人员奖励）。（马 蕊）

【社区卫生机构成本测算】2021年，区卫生健康委开展部分社区卫生服务机构成本测算，构建与社区卫生服务机构信息化水平及成本数据特点相适应成本核算方法，为调整和制定社区卫生相关政策提供参考依据。根据成本测算结果，研究月坛社区卫生服务中心运行机制及补偿办法。（马 蕊）

社区卫生

【社区卫生服务机构建设】2021年，西城区建成社区卫生服务中心12家、社区卫生服务站80家。推进广外、天桥和金融街3家社区卫生服务中心无实体中心建设。广外社区卫生服务中心项目完成施工招投标并启动施工。天桥社区卫生服务中心项目和金融街社区卫生服务中心装修项目完成监理和施工招投标。（马 蕊）

【家庭医生服务】2021年，西城区家庭医生上门服务1.15万人次。家庭医生签约总数44.6万人，签约率40.29%，重点人群签约30.9万人，重点人群签约率98.90%。968名二、三级医院专家下社区出门诊，门诊量3416人次。举办健康教育讲座37场次，会诊305人次，上转24077人次，下转5771人次。建立居民个人电子健康档案98.07万份，建档率88.65%，使用率58.46%。培养家庭保健员300人。（马 蕊）

【医养结合养老服务】2021年，西城区探索医养结合新模式，医养结合养老机构8家，实现养老机构和辖区基层卫生机构全面对接，签约率100%。48家养老服务驿站中，39家与附近医疗机构签订医养结合协议。全区23家机构获评友善医疗机构。德胜社区卫生服务中心、广内社区卫生服务中心、牛街社区卫生服务中心、新街口社区卫生服务中心等4家单位获评“北京市老年健康服务示范基地”。德胜街道社区卫生服务中心被评为全国敬老文明号。（马 蕊）

【数字服务系统上线】2021年，西城区所有社区卫生服务机构与区平台联通，按时向市平台上传电子健康档案等数据。完成各疫苗接种点上线登记系统。推进使用检查检验数字化LIS系统。完成社区卫生服务机构为社区老年人免费体检，提高数据准确性。推动智能辅助慢病管理知识库系统上线，医生通过评估报告对患者开展健康教育和指导，促进患者对慢病科学认识，德胜社区卫生服务中心和新街口社区卫生服务中心上线该系统，试点门诊应用。（马 蕊）

中医中药

【中医药健康体验馆建设】2021年，区卫生健康委组织开展北京市中医药健康体验馆申报工作。6家医疗机构参加申报。回民医院、月坛社区卫生服务中心、白纸坊社区卫生服务中心、广内社区卫生服务中心4家医疗机构被评为第二批北京市中医药健康体验馆建设单位。（马 蕊）

【中医药社区卫生服务标兵选树】2021年，区卫生健康委组织15家社区卫生中心参加“北京市中医药社区卫生服务标兵”评选活动，选派8名医师参加，均被评为“北京市中医药社区卫生服务标兵”。（马 蕊）

【中医药服务“三个一”行动】2021年，区卫生健康委组织开展中医药服务“三个一”行动（为患者提供“一站式服务”，建立“一小时”预约诊疗制度，开展中医师“一次义务服务”活动），为患者就医提供方便，提升患者诊疗满意度。（马 蕊）

【中医药特色诊疗服务】7月16日至8月24日，西城区属中医医院、社区卫生服务中心坚持中医药特色诊疗，持续开展冬病夏治“三伏贴、惠民生”行动，119家医疗机构贴敷人数54896人次。推进“放心用中药”行动，开展“中医药进校园”活动。加强中药材质量管控，合理使用中药。（马 蕊）

医学教育科研

【青年科技人才培养】2021年，西城区组织开展青年科技人才培养项目申报工作，征集项目54个。区卫生健康委邀请专家进行评审，评选出资助科技新星项目30个，资助金额88.46万元。修订完善科教工作管理方式，制订“一个措施”（科技新星项目管理、实施、评估和验收结题措施）；修订“两书”（科技新星项目申请书和任务书）；制订“三表”（青年科技新星项目入选专家评议表、结题答辩专家评议表、中期督查专家评议表）；组织“四次培训”（申报科技新星项目人才立项培训、立项后分专业专项培训、开题前统计学培训、未结题人员专题培训）。加强项目管理，开展项目落实情况中期检查并通报所在单位。（马 蕊）

【继续教育项目评审】2021年，区卫生健康委组织开展继续教育项目评审工作，聘请专家评审29家单位申报的1067个（医技760个、护理307个）项目。经专家评审，继续教育项目通过评审899个，提出修改意见162个。开展学分审验工作，聘请专家对44家单位1131名卫生技术人员进行学分审验，达标1131人，达标率100%。（马 蕊）

【名老中医工作室】2021年，区卫生健康委继续开展中医师承工作，组织专家检查15个名老中医传承工作室建设及49个中医药传承工程，名老中医工作室建设及中医药传承工作获专家肯定。（马 蕊）

7月16日至8月24日，西城区属中医医院、社区卫生服务中心开展冬病夏治“三伏贴、惠民生”行动

（区卫生健康委 供图）

疾病预防控制

【传染病管理】2021年，西城区法定传染病发病2842例，发病率256.91/10万。甲乙类传染病发病率76.25/10万。其中甲类传染病无发病和死亡病例；乙类传染病发病1041例，发病率76.25/10万，死亡病例21例，前3位病种肺结核、痢疾和梅毒；丙类传染病发病1801例，发病率162.81/10万，无死亡病例报告。（马 蕊）

【疫苗接种服务】2021年，西城区接种免疫规划疫苗164849人次，非免疫规划疫苗131344人次，免疫规划疫苗接种率99%以上。学龄前本市儿童、外来儿童建卡建证63393人，建卡建证率100%。加强流动儿童免疫规划工作，落实查漏补种，补卡、补证率100%。为外来务工人员麻风病疫苗接种519剂次，流脑疫苗接种393剂次。9月24日至12月31日，全区接种流感疫苗147236支，其中招标疫苗123662支、自费流感疫苗23574支。（马 蕊）

【性病艾滋病防治】2021年，西城区持续开展社区老年男性免费HIV/梅毒快速检测，加强“社会组织参与艾滋病防治基金项目”工作管理与指导。全区医疗机构报告新发HIV阳性病例184例（艾滋病感染者133例、艾滋病患者51例），符合抗病毒治疗条件存活感染者和病人总数为1313人。（马 蕊）

【结核病防治】2021年，西城区肺结核报告人数497人，全年医疗机构病人报告率100%。新登记管理肺结核病人227人，其中本市169人、外地58人，无因肺结核死亡患者。（马 蕊）

【精神疾病防治】2021年，西城区精

神障碍患者5751人，其中严重精神疾病4812人，报告患病率4.232‰。社区管理患者3574人，住院患者951人。社区坚持治疗患者4525人。免费服药患者3243人。全区未发生严重精神障碍患者肇事事件。西城区精神卫生保健所与北京安定医院签署项目服务协议，推广并使用社区严重精神障碍患者服药管理智能工具，使用患者661人。

（马　蕊）

【慢性非传染性疾病防治与管理】2021年，区卫生健康委开展心血管病高危人群随访干预、五癌筛查及脑卒中高危人群随访。组织开展“第六届职业人群健走”大赛，5家单位27个参赛队365名职业人员参加大赛，2000余人参加实地健走活动及拓展赛。开展健康示范食堂、社区、餐厅创建，4家健康食堂、1家健康社区、2家健康餐厅接受市级验收并顺利通过。研究探索“互联网+慢病管理”新模式，开展线上、线下宣传活动。（马　蕊）

【地方病防治】2021年，西城区卫生开展儿童、孕产妇碘营养状况监测。采集学生家庭食盐样本217件，经检测合格碘盐食用率88.94%；采集孕妇家庭食盐样本107件，经检测合格碘盐食用率94.39%。采集食堂及小学供餐企业食盐样本16件，均为合格碘盐。学生人群家庭食用盐检测结果，合格碘盐覆盖率92.63%。抽取月坛、什刹海、广外、大栅栏、白纸坊5个街道大中小型超市各1家，采集货架各个种类加碘食盐97件，经实验室检测，均为合格碘盐。（马　蕊）

【妇女与儿童保健】2021年，西城区孕产妇建册人数7655人，孕产妇死亡人数0人、死亡率0/10万。婚前医学检查人数3096人、疾病检出总数672人次。孕产妇系统管理率99.63%，产后访视率99.73%。区8家助产机构孕产妇住院分娩HIV抗体、梅毒和乙肝检测覆盖率100%。孕期检测率99.90%，未发生孕产妇艾滋病母婴传播，8家助产机构产前筛查率92.57%。户籍人口出生活产数8378例。5岁以下儿童死亡13人，死亡率1.55‰。婴儿死亡9人，死亡率1.07‰。新生儿死亡4人，死亡率0.48‰。围产儿出生缺陷发生率37.26‰，主要出生缺陷病种：先心病、外耳其他畸形、多指趾、其他肾脏异常和隐睾。0至6岁儿童保健覆盖率99.04%。3岁以下儿童系统管理率95.80%。新生儿疾病筛查率99.78%，听力筛查99.43%。（马　蕊）

【职业卫生监测与评价】2021年，西城区接触有毒有害物质作业单位95家，接触职业危害因素职工3298人，实际参加体检4801人。放射诊疗医疗机构147家、放射卫生技术服务机构3家。开展职业卫生和放射卫生监督专项检查，放射诊疗医疗机构监督覆盖率100%。实施行政处罚13起、罚款9.85万元。报告职业病4例，其中水泥尘肺2例、矽肺1例、石棉肺1例。报告疑似职业病2例，均为一氧化碳中毒病例。尘肺新病例回访率100%。对辖区职业病报告单位开展职业病报告工作督导和信息档案核查4次。

（马　蕊）

【职业病防治法宣传】2021年，区卫生健康委组织开展“共创健康中国共享职业健康”职业病防治法宣传，开展主题宣讲活动410次，宣传咨询活动165次，印发宣传材料11898份。开展知识讲座、宣传培训241场，接待咨询15899人次。

（马　蕊）

【健康教育宣传】2021年，区卫生健康委利用社区通、微信群、社区健康宣传栏等开展健康科普知识宣传，宣传“健康西城行动”、《首都市民健康卫生公约》、《北京市文明行为促进条例》、冬春季防疫、社区公共空间防疫小贴士、垃圾分类、《戒烟小常识》等内容，引导居民养成使用公筷、不随地吐痰、戴口罩等文明健康生活习惯。宣传引导全社会形成“讲卫生、改陋习，履公约、要健康，讲文明、见行动”爱国卫生氛围。发挥官方微信、微博等新媒体作用，“西城健康教育”官方微博和微信公众号阅读量223.43万次，制作各类宣传资料8.86万份。各级医疗机构开展线下健康大课堂799场，受众28712人次。线上健康大课堂284场，受众24693071人次。开展《首都市民卫生健康公约》线上学习竞答活动，全区89188人完成答题，答题正确率居全市第二。（马　蕊）

爱国卫生

【概况】2021年，西城区加强爱国卫生组织体系建设，发挥社区公共卫生委员会作用，定期开展群众性爱国卫生运动，倡导文明健康绿色环保的生活方式。启动北京市卫生街道创建工作，指导各街道开展创建活动。开展北京市第四批控烟示范单位创建，发挥控烟示范引领作用。开展以“冬奥有我，爱卫同行”为主题冬季爱国卫生运动。做好冬春季灭鼠、灭蟑和夏季灭蚊蝇等重点病媒生物防制。组织开展健康素养提升和健康宣传周活动，全面落实健康西城行动。组织开展爱国卫生月和周末卫生日活动，巩固国家卫生区建设成果。（薛　云）

【爱国卫生组织体系建设】2021年，西城区推进爱国卫生基层组织建设，要求全区各社区、各机关企事业单位以及非公组织建立爱国卫生组织机构。构建区—街道—社区三级工作网络，印发《关于进一步做实社区公共卫生委员会的通知》，街道、社区明确公共卫生委员会职责，做好信息收集和建立台账工作及时更新数据。各级医疗卫生机构充分发挥医疗卫生人员作用，协助开展工作。截至12月31日，西城区共建立爱国卫生基层组织1.13万余个，其中263个社区实现全覆盖，建立

机关企事业单位爱国卫生组织2273个，建立非公单位爱国卫生组织8863个。（薛　云）

【健康西城规划纲要实施评估】2021年，北京市西城区爱国卫生运动委员会（简称区爱卫会）与多部门联合，通过实地走访调研、电话采访、召开研讨会等方式，收集大量基础资料，编制《“健康西城2030”规划纲要》阶段性评估报告，参照详细的科学数据，全面分析《规划纲要》实施以来取得的成果、存在的问题，提出改进意见和建议。以评估报告为依据，及时调整任务目标，解决实施中出现的问题。（薛　云）

【北京市卫生街道创建】2021年，西城区落实《西城区深入持久开展新时代爱国卫生运动三年行动计划》，制订全区创建工作计划，启动北京市卫生街道创建工作。3月19日区爱卫会组织召开工作部署会，就创建工作内容和评分标准进行培训，12个街道参与创建工作。在西长安街街道召开现场观摩会，组织14个街道听取汇报、实地观摩，对照标准实地检查社区、农贸市场、垃圾楼、社区卫生中心环境卫生、病媒生物防制、健康教育、控烟等工作。8月30日至9月8日对各街道创建工作进行区级评估验收，收集各街道创建工作中的亮点和问题，整理下发《西城区创建北京市卫生街道区级评估验收报告》，督促各街道举一反三，抓紧整改。11月市里组织暗访，西城区12个街道全部通过市级验收，成功创建北京市卫生街道。（薛　云）

【北京市控烟示范单位创建】2021年，西城区明确77个党政机关单位纳入创建“北京市控烟示范单位”范围。区爱卫会组织各申创单位参与市区工作培训会，了解评估标准、学习典型经验。12月3日至17日，区爱卫会召集区疾控中心、街道组成联合督导检查组，在51家申创单位中随机抽选29家，通过明查暗访形式，开展区级复核评估。现场检查各创建单位的组织机构建设、控烟管理制度、无烟环境设置、控烟宣传和提供戒烟服务等情况。针对评估中发现的问题，督促各单位及时整改，49家申创单位通过区级验收。（薛　云）

【周末卫生清洁日】2021年，西城区坚持“周末卫生清洁日”活动机制，调动全区各方力量参与社区环境治理。11月27日，区委书记孙军民带头深入联系点西长安街街道西交民巷社区参与卫生环境整治。全区各机关企事业单位开展内部办公环境清洁工作，区属各医疗机构发动党员、干部参与爱国卫生活动，为患者提供干净整洁就医环境。全年开展“周末卫生清洁日”活动12次，动员263个社区居委会、4521个辖区单位，党员干部、社区居民等11.6万余人次，清理病媒生物孳生地和卫生死角2.35万余处，清理各类垃圾2417吨。（薛　云）

【筒子楼简易楼卫生整治】2021年，西城区针对筒子楼、简易楼等重点地区持续开展爱国卫生运动。动态管理辖区筒子楼、简易楼台账，在前期建立基础信息台账、摸清底数基础上，实行动态管理，全面掌握西城区筒子楼、简易楼存量情况。做好筒子楼、简易楼的日常管理与维护，安排保洁队做好日常保洁。德源兴业集团公司、北京宣房集团公司每周出动人员，对区属直管公房86处筒子楼、简易楼进行环境整治，清除楼内杂物、进行垃圾分类宣传，消除安全隐患。调动社区各方力量参与筒子楼、简易楼环境治理，提升楼内环境卫生。（薛　云）

【病媒生物防制】2021年，西城区实施专群结合工作方式，多次组织开展除“四害”工作。围绕建党百年庆祝活动，组织专业队伍开展工作，实现有鼠区域灭鼠投药覆盖率和到位率100%。6月至9月开展统一灭蚊蝇活动，263个社区2.91万余人次参与，组织消杀队伍245个，清理卫生死角1.19万余处，清理蚊蝇孳生地1.52万余处，使用灭蚊蝇药品7010.13公斤，发放宣传品3.97万余份。全区开展统一灭鼠行动，出动专业队伍45个544人次，设鼠盒鼠站8561个，使用鼠药1209.3公斤。完成蚊、蝇、鼠、蟑螂监测1010次。（薛　云）

【线上学习竞赛活动】2021年，区爱卫会利用新媒体手段搭建线上竞赛系统，组织爱卫会成员单位、街

11月27日，西长安街街道西交民巷社区开展周末卫生日活动　（西长安街街道　供图）

道、医疗机构、中小学校干部、职工、居民学习“首都市民卫生健康公约”并参与答题，号召做自己健康第一责任人。西城区线上注册9.95万余人，其中8.91万余人完成最终答题，答题正确率59.08%。最终答题人数和答题正确率位列全市第二。（薛　云）

【爱国卫生主题月活动】 4月16日，区爱卫会在北京大观园科普园举行以“文明健康、绿色环保”为主题第33个爱国卫生月活动，引导群众培养文明健康、绿色环保生活方式，宣传《首都市民卫生健康公约》，策划“低碳环保践于行”群众实践活动，将爱国卫生月活动落到实处。区城市管理委、区文化和旅游局等成员单位、15个街道、应急管理部消防救援局等150余人参加活动。区委书记孙军民、区长孙硕、区人大常委会主任杜灵欣、区政协主席章冬梅以及区四套班子领导，深入街道、社区参与卫生大扫除活动。爱国卫生月期间全区出动2.54万余人次，清理各类垃圾512.8吨，处理病媒生物孳生地6231处，整治各类市场28个。（薛　云）

【控烟集中专项执法月】 5月，区爱卫会与15个街道、区教委、区市场监督管理局、区文化和旅游局、区烟草专卖局等行业主管部门和卫生监督所建立联动机制，开展无烟环境集中整治。开展以“承诺戒烟、共享无烟环境”为主题现场宣传和咨询义诊活动，接受群众咨询百余人次，发放宣传折页、手册等1000余份。以“吹哨报到”“接诉即办”机制为抓手，热线处置效率和办理效果提升。街道执法队采取错时执法、联合执法等形式，加大公共场所控烟执法力度。对热线投诉频发的写字楼、美食街等开展“回头看”检查。暗访调查区政府机关、医疗机构等六大行业机构公共区域的控烟情况。加强校园周边控烟及涉及烟草广告监督执法力度。出动执法人员149人次，检查商户228家，查获违法卷烟18.3万支，案值16.64万元。（薛　云）

【家庭灭虫害活动】 12月27日至31日，按照市爱卫会统一部署，西城区组织开展以灭蟑为重点家庭灭虫害活动，制订下发《关于开展冬季家庭灭虫害活动的通知》《开展冬季家庭统一灭蟑活动致居民一封信》。街道通过线上线下多种途径加强宣传，发挥楼门长、志愿者、公共卫生专干等作用，组织居民家庭参与全市统一行动，清洁居家环境，清理厨房、卫生间及家中废弃物品，保持室内整洁有序，消除蟑螂赖以孳生条件。与各街道、综合执法队开展联合执法监督，加强食品经营商户尤其是居民楼底商除四害工作，活动取得成效。（薛　云）

4月16日，区爱卫会在北京大观园科普园举行第33个爱国卫生月主题活动（区爱卫会　供图）

（责任编辑　张立）

体育

综述

2021年，西城区有注册裁判员1100人，其中国际级28人、国家级150人、一级499人、二级271人、三级152人。教练员67人，其中高级教练员5人、中级教练员31人、初级教练员31人。注册运动员5510人，其中一级运动员91人、二级运动员133人、三级运动员11人。体育场地1643处总面积223万余平方米，室外健身器材532处5140件。北京市西城区体育局（简称区体育局）下辖9个科级事业单位：西城区少年儿童业余体校、西城区社会体育管理中心、西城区体育训练中心、西城区体育科学研究所、西城区武术和棋类运动管理中心、广安体育馆、月坛综合训练馆、月坛体育馆、广安游泳网球馆。

年内，西城区以满足人民群众不断增长的健身需求为目标，不断推动群众体育、竞技体育、体育产业、体育设施建设持续发展，推进落实《西城区群众身边体育健身设施建设三年行动计划（2020—2022年）》。全年举办各级各类全民健身活动262场次。完成5千米健走步道铺设，每个街道新增至少1处体育健身设施。完成建党百年庆祝活动服务保障任务，配合庆祝活动和平鸽放飞环节，上下联动，密切配合，完成集鸽6500羽任务。开展组织各级各类群众性冰雪活动70场次，营造浓厚冬奥氛围。培训滑雪、滑冰、冰壶等项目社会体育指导员200余人。办理市政府服务热线381件次，其中主办件327件次，协办件54件。办理人大建议1件；政协提案10件，其中主办件6件，单办2件，会办2件。完成督察案件12件。

（冯晓春）

全民健身

【概况】2021年，西城区推进国家全民运动健身模范区创建，聚焦群众多样化体育健身需求，以全民健身体育节、北京西城国际金融体育康乐节和北京西城民族民俗体育文化节为龙头，完善市、区、街道三级赛事活动体系，推动全社会参与全民健身。广泛开展各类群众性赛事活动，推进线上线下赛事活动普遍化、经常化、多样化融合发展，建立“线上+线下”竞赛活动新模式，形成天天有活动、周周有赛事的局面。全年举办各级各类全民健身活动262场次，每周参加1次以上体育锻炼的人数达93.5万人。

（冯晓春）

【群众体育赛事】2021年，西城区继续办好“北京西城国际金融体育康乐节”“西城区民族民俗体育文化节”等群众体育赛事，组织2021年金融街全民健身运动会微型马拉松，风筝、棋类、空竹等比赛。举办西城区创建国家全民运动健身模范区乒乓球、篮球、台球、门球、健身操舞、登山等系列赛事。举办北京市首届社区杯八人制足球赛（西城赛区）和第十五届“和谐杯”乒乓球系列比赛。支持、配合区总工会、区直机关，区妇联、区残联、区老龄委、区委、区民族宗教办、区委统战部等单位，因地制宜开展适合不同人群的全民健身活动。

（冯晓春）

【社会体育指导员培训】2021年，区体育局以线上线下相结合的方式，开办6场培训班，培训滑雪、滑冰、

4月10日，北京市首届社区杯八人制足球赛（西城赛区）中年组决赛及闭幕式举办（区体育局 供图）

5 月 22 日至 23 日，区体育局举办西城区"志成杯"春季围棋段位赛。图为比赛现场（区体育局　供图）

冰壶、武术（健身气功、太极拳）、乒乓球、健身操舞等社会体育指导员。推荐国家级社会体育指导员 13 人、一级社会体育指导员 36 人，培训二级社会体育指导员 73 人、三级社会体育指导员 369 人。（冯晓春）

【全民健身与体育科普】 2021 年，区体育局突显西城特色，推动全民健身运动，广泛开展系列体育科普宣传活动，倡导科学、文明、健康的生活和工作方式，助力提高公众身体素质和健康水平。全年开展体育科普知识讲座 14 次。（冯晓春）

【"志成杯"春季围棋段位赛】 5 月 22 日至 23 日，西城区创建国家全民运动健身模范区系列活动——2021 年北京市西城区"志成杯"春季围棋段位赛，在北京市第三十五中学青少年体育俱乐部举办。比赛由区体育局指导、区武术和棋类运动管理中心主办。依据《围棋竞赛规则》，比赛采用电脑积分编排。竞赛分为 1 级组（持业余 1 级证书）、1 段组（持业余 1 段证书）、2 段组（持业余 2 段证书）。各组进行 7 轮比赛。参赛人数约 900 人。

（冯晓春）

【国际象棋等级赛】 9 月 25 日，2021 年北京市西城区国际象棋等级赛在月坛体育馆举办，比赛是西城区创建国家全民运动健身模范区系列活动之一。持有北京市颁发的有效棋士证书的国际象棋爱好者约 200 人报名参赛，竞赛男女独立成组，采用瑞士制，电脑编排，所有组别进行 7 轮比赛，80 人晋级。（冯晓春）

【国民体质监测】 10 月 18 日至 12 月 24 日，区体育局开展 2021 年西城区国民体质监测。依照疫情防控相关要求，及时消毒测试仪器和场地，对部分测试项目单独安排房间并保持科学的间隔距离，控制测试人数和测试密度，分时分段、错时错峰组织人员进场，保障测试安全有序进行。全区 2000 余人参与测试。受试者在完成所有测试后，现场获得一份有针对性的反馈报告，为客观有效科学健身提供依据。

（冯晓春）

冰雪运动

【概况】 2021 年，西城区加强冬奥知识、冰雪文化、观赛礼仪等宣传，营造浓厚冬奥氛围。不断加大冰雪运动的普及推广力度，继续举办全民健身冰雪季，组织线上数字冬奥体验活动，组织冰蹴球、冰龙舟等系列赛事。深入开展校园冰雪运动，举办青少年冬季项目系列赛事，形成完备的青少年冬季项目赛事体系。加强冬季项目业余训练，建立优秀青少年运动员选拔、训练、输送机制，夯实冰雪运动竞技后备人才基础。（冯晓春）

【群众冰雪运动】 2021 年，区体育局组织开展各项冰雪活动，推动冰雪运动蓬勃发展。严格按照疫情防控指引，克服困难，创新举措，举办全民健身冰雪季。举办 2022 北京冬奥会倒计时 300 天、200 天、100 天庆祝活动。组织各级各类群众性冰雪活动 70 场次，参与人数 30 万人次。开展冰雪知识讲座 14 场，参与人数 1.15 万人次。（冯晓春）

【冬奥主题宣传】 2021 年，区体育局在各项全民健身赛事活动中增加冰雪知识宣传板块。7 月 8 日至 10 日，参加在北京石景山首钢园举办的中国冰雪大会的传统冰雪项目展示，设计"北京西城 · 共享冬奥""助力冬奥 · 有我更精彩""老北京传统冰雪直通车——走进冬奥 · 走向世界"3 个主题，使中国传统冰雪项目获得展示机会，传播中国冰雪文化。（冯晓春）

【冬残奥会火炬传递】 2021 年，根据北京市冬奥会和冬残奥会火炬接力工作要求，区体育局坚持"绿色、共享、开放、廉洁"理念，落实"简约、安全、精彩"要求，制订《西城区冬残奥会火炬接力工作

4 月 9 日，北京冬奥会倒计时"300 天"活动在陶然亭冰雪体验中心举办（区体育局　供图）

方案》。成立工作专班，建立工作联系沟通机制；组织现场踏勘，了解场地情况；制订安全可控、亮点突出、精彩纷呈的冬残奥会火炬接力传递路线，为北京冬残奥会成功举办营造良好氛围。（冯晓春）

【区中小学生冰球联赛】 7月15日至17日，为展示各学校冰球训练成果，培养专业人才，推动区冰雪运动发展，区体育局、区教委主办2021年中国体育彩票杯西城区中小学生冰球联赛，来自全区56所中小学校的330余名运动员参赛。

▲延伸阅读：西城区中小学生冰球联赛是区体育局、区教委着力打造的一项青少年冰球品牌赛事。自2016年创办以来，比赛规模逐年扩大，赛事水平稳步提升，参赛队伍数和人数显著增加，通过比赛促进相互交流学习，不断推动提高区内中小学冰球运动的水平。参赛队伍数由最初的12支球队增长至21支球队，参赛人数由140余人增长至330余人。经多年来在市级、区级青少年冰球联赛赛场上的锻炼，西城区冰球运动员逐步参加全国级别比赛，并入选国家集训队。2019年，西城区组队代表北京参加全国青少年U系列冰球锦标赛U10组比赛。2020—2021赛季，西城区有18名运动员入选北京市青少年冰球队。2021年，西城区球员全悰朗入选2021年国家男子U20冰球集训队，备战2022年国际冰联男子U20世锦赛。（冯晓春）

竞技体育

【概况】 2021年，西城区依据《西城区竞技体育赛事激励办法》，鼓励区内体育管理人员、科研人员、运动员、教练员奋勇拼搏，推动区竞技体育事业不断向前发展。为发现选拔更多优秀后备人才，联合区教委举办全区青少年篮球、体操蹦床、跆拳道等体育比赛。全区各中小学校积极参加全国、市级篮球、排球、游泳等竞赛活动，不断提高学校体育竞技水平。在东京奥运会上，西城区输送的运动员获得2金1银1铜的优异成绩，位居北京市前列。马龙获乒乓球男子单打、团体2枚金牌，刘雨辰获男子羽毛球双打银牌，龚丽获空手道61公斤以上级铜牌。在第十四届全国运动会上，龚丽获空手道61公斤以上级金牌，于乐乐获花样游泳集体自选项目金牌，林彦含获花样游泳团体金牌、花样游泳集体自由自选铜牌，杨钊煊获网球女双金牌、混双铜牌，宋兆祥获跆拳道男子80公斤以上级金牌，张骥、吴锐樊获手球银牌，刘雨辰获羽毛球男双银牌，吴歌获棒球铜牌。冯彦哲获苏迪曼杯冠军。西城区运动员参加北京市比赛共获199枚金牌、177枚银牌和212枚铜牌。在市青少年锦标赛上，西城区在奖牌榜名列第三。区体育局获评北京市后备人才重大贡献单位。（冯晓春）

【反兴奋剂教育】 2021年，区体育局按照国家体育总局反兴奋剂中心的规定，参加《治疗用药豁免国际标准》培训；对2所体校及科研人员进行《运动员安全用药查询系统》专项培训，并通报2020年最新违规处理结果。（冯晓春）

【裁判员培训】 7月24日至25日，由区乒乓球运动协会主办的2021年西城区首期乒乓球裁判员培训班在广安体育中心举办，全区近40名学员参加培训。西城区乒协特邀3位国际级裁判、3位国家级裁判和1位国家一级裁判担任培训主讲老师、实操指导以及辅助教学等工作。经培训，无级别学员完成对三级裁判员知识的学习，已成为三级裁判员的学员完成晋升二级裁判员的全部课程。2021年，区级协会自主培训二级裁判员64人，三级裁判员162人。市级协会代培各类二级裁判员30人，三级裁判员36人。（冯晓春）

武术运动

【概况】 2021年，西城区以“武术六进”为主体的群众性武术运动持续全面普及推广。深入挖掘武术文化，利用现代互联网手段，创新出“网络＋武术”“文化＋产业”的武术网络比赛新型体育科技赛事项目。开展武术和健身气功项目的赛事活动，推进青少年武术项目的普及，做好医武结合工作。（冯晓春）

【健身气功交流活动】 6月10日，由区委政法委、区体育局指导，西城区武术和棋类运动管理中心主办，门头沟区社体服务中心、西城区体育总会武术专业委员会协办的2021年西城区健身气功交流活动在月坛体育馆举办，活动为西城区创建国家全民运动健身模范区系列活动之一。西城区注册的38个健身气功辅导站点成员和门头沟区健身气功协会成员共380人参加。（冯晓春）

【西城区门头沟区中小学武术锦标赛】 6月26日，西城区武术和棋

6月10日，2021西城区健身气功交流活动举办（区体育局 供图）

类运动管理中心举办、北京龙行嘉业体育文化发展有限公司承办西城区门头沟区青少年武术锦标赛，旨在推动开展青少年武术运动，促进提高青少年武术水平。比赛分为中学男、女组；小学男、女甲组（四、五、六年级）；小学男、女乙组（一、二、三年级）；幼儿男、女组（4岁至6岁）3个组别。设初级套路、武术集体健身操、自选项目、传统项目等34项，400余人报名参赛。（冯晓春）

【“熙诚杯”精武夺旗团体邀请赛】8月7日至8日，由西城区武术与棋类管理中心主办，西城区武术专业委员会和北京国人兄弟体育文化有限公司（国人拳道功夫会馆）承办“熙诚杯”精武夺旗团体邀请赛。北京市各武术馆、各拳种专业委员会、武术组织和北京市中小学踊跃报名参赛。比赛引进线上直播模式，观看人数过万，获社会各界好评。精武夺旗将武术、象棋、京剧、兵法等中华传统文化元素融入其中，以太极推手为对抗基础，传统武术身法、步法、手法为技术支撑，高度融合传统文化精粹。（冯晓春）

青少年体育

【概况】2021年，西城区围绕提升青少年体育重点工作，推进体教融合，提升青少年体育素养，普及青少年科学健身运动。持续做好体校疫情防控，创新特殊时期各项目运动队“赛练结合”模式，推进体校软硬件改造升级，鼓励体校与社会、俱乐部联合组队参赛。为发现和选拔优秀人才，在全区58所小学、31所中学开展青少年篮球、体操蹦床、跆拳道等体育比赛，各学校积极参加国家级、市级篮球、排球、游泳等竞赛活动，不断提高青少年体育竞技水平。（冯晓春）

【青少年系列赛事】2021年，在疫情防控背景下，区体育局及时调整全年赛事计划，认真组织区级中小学生系列赛事。5月至10月，举办西城区中小学生“三好杯”篮球、体操蹦床、跆拳道、柔道、棒垒球、乒乓球、冰球、羽毛球，“宏庙杯”篮球，健美操啦啦操等10项比赛，其中首届棒垒球比赛吸引30余支队伍300余名小学生参加。暑期举办的冰球联赛被北京卫视冬奥频道、北京卫视《特别关注》节目报道。下半年，乒乓球、游泳、中学生篮球比赛因突发疫情取消，健美操啦啦操比赛改为线上举办。（冯晓春）

【青少年体能训练与测试】2021年，区体育局组织青少年骨龄测试约100人次，拍摄体能训练视频短片51部；开展2021年西城区青少年业训运动员大纲测暨体校选材测试工作，协助2所体校测试青少年运动员329名。（冯晓春）

【青少年业训】2021年，区体育局坚持疫情防控和训练工作两手抓，线上线下相结合的训练方式，线上要求教练员定期进行网络教学；线下落实训练课检查制度，现场监督训练情况，定期和不定期抽查。组织部分项目进行集训，备战市运会。组织教练员、运动员伤病治疗约30人次，全年科研人员为游泳、足球等11个项目下队服务约100次，内容包括日常训练需求反馈、体能训练方法指导、反兴奋剂及运动营养指导、运动训练辅助测试、比赛现场服务保障等。（冯晓春）

【体育传统项目学校】2021年，西城区有国家级传统校5所、市级传统校22所、区级传统校40所，全区各级传统校覆盖率达学校总数的67%。验收新申报传统项目学校3所，涉及17个项目。继续加强对体育传统项目学校的管理。抓好足球、篮球、排球“三大球”项目的基层网点校、重点示范校建设；结合市体育局青少年体育考评，指导区级传统校评估。（冯晓春）

体育设施

【概况】2021年，西城区不断完善体育公共服务体系，增加全民健身场地设施供给。推进落实《西城区群众身边体育健身设施建设三年行动计划（2020—2022年）》，努力突破体育场地面积限制瓶颈，15分钟健身圈实现全覆盖，群众身边体育场地设施建设顺利推进。高质量完成年度市区体育公共服务领域重要民生实事任务，推动建设月坛滑冰馆和体育场馆智慧升级。完善全民健身基础设施，满足群众就近就便健身需求。全年更换500余件健身器材，新建22处体育健身设施和5处体育活动场所。（冯晓春）

【健走步道建设】2021年，西城区根据2021年重要民生实事任务要求，结合城市优质河湖水系资源，打造滨水健身步道体系，改善百姓健身休闲环境，完善体育设施布局。整体提升南护城河西南二环沿岸滨水步道，新建健走步道5.43千米，其中按照国家标准建设塑胶面层健身步道约4.31千米，结合市政路形成疏导联络线约1.12千米。（冯晓春）

【月坛二期基础设施升级改造】2021年，西城区立足开展全民健身冰上活动和满足青少年冰上项目训练的需要，建设月坛滑冰馆。截至年底，完成地下二次结构、北侧雨水调蓄池、南北侧汽车坡道、屋面保温、电力施工、热力施工等施工，机电施工完成95%，小市政施工完成95%，精装修整体完成90%，足球场油砂沥青铺装完成7000平方米。（冯晓春）

【智慧体育服务管理】2021年，西城区建设智慧体育服务管理平台，含西城全民健身用户系统、西城智慧体育管理系统、西城体育大数据系统、西城大数据指挥中心驾驶舱、标准接口、数据中台和市局统建数据标准体系等6大板块。为月坛体育馆、月坛综合训练馆、广安体育馆、广安游泳网球馆、德胜体育中心5家场馆提升软硬件设施。

（冯晓春）

体育安全管理

【概况】2021年，西城区落实安全生产主体责任，加强体育行业监管，提升体育行业监管质效益。区体育局检查体育经营单位400余家次，调集出动检查人员5000余人次。全区登记备案的体育经营单位共154家，其中从事游泳健身项目12家、游泳健身综合31家、健身项目89家、台球项目14家、瑜伽项目8家。利用地面建筑经营的86家、利用地下空间经营的68家。通过年审且登记备案在册的体育类民办非企业25家，其中隶属体育系统的4家、隶属教育系统的11家、隶属街道社区的4家、个体经营的6家。指导各体育经营单位做好疫情防控和安全生产教育，并在复工复产后落实各项安全防控保障措施。局属各场馆按市防控指南要求阶段性闭馆。广安体育馆、月坛体育馆作为疫苗接种点提供相关保障。

（冯晓春）

【安全执法】5月17日起，区体育局牵头，联合区安监局、市公安局西城分局、区卫生健康委、区教委、西城区消防救援支队、各街道安全生产办组成联合执法检查组，对全区44家游泳场馆进行全覆盖、拉网式联合执法检查。检查中发现12个安全隐患，对1家单位下达整改通知书。全年开展疫情防控、地下空间、危化品等各类专项检查11次，出动执法人员3800余人次，编制和修订经营单位分级台账、危化品台账、体育经营单位地下空间台账等。区体育局抓好全年日常安全检查工作。体育专职安全员和体育安全执法人员组成4个安全检查小组，采取分片负责、横向到边、纵向到底、全覆盖、零容忍、严执法、重实效的方式，不间断地对区内体育经营单位进行安全检查，检查采取每季度轮换责任区的方式，强化安全执法检查工作的细致性、全面性、严格性，保证安全生产监管措施的有效实施。行政处罚3起，执法量260件，安全员执法量2582件，发现并整改隐患数256件次。（冯晓春）

【重点时期安全检查】2021年，区体育局抓实重点时期安全检查。完成冬季冰雪期、夏季游泳高峰期、元旦、春节、全国两会、安全生产月、冬春季火灾易发期、五一、国庆假期的安全检查工作，重点对人员密集场所、高危险性体育经营单位、地下空间体育活动场所，进行全方位全过程的安全检查。出动检查力量1200人次，检查300余家次。

（冯晓春）

【体育安全生产标准化建设】2021年，根据《西城区关于进一步推进企业安全生产标准化工作的实施意见》的要求，成立西城区体育局安全生产标准化建设领导小组。在评审工作的每个阶段都进行任务分工，专人负责督促和改进工作，使企业能对照有关标准排查隐患并整改，在规定时间内达到标准化评审标准。（冯晓春）

体育科研

【概况】2021年，区体育局参与北师大课题“深度融合视域下北京市社区居民健身服务体系内容构建研究”中“北京市社区居民现状调查”问卷部分的工作。参与国家体育总局“中国人群精准运动处方研制与运动处方库建设”之子课题项目“肥胖合并高脂血症人群个体化精准运动处方的研制”工作。受河北省科技厅邀请，参加河北省省级科技计划项目网络评审，参与冬奥创新发展组（线上）对张家口赛区冬奥雪上场馆赛后利用模式、机制和相关产业培育策略研究等15个立项报告给出专家意见和打分。受邀参加丰台区全民健身示范街道、示范乡镇创建和丰台区体育场地设施建设项目的评审工作。全年科研人员为游泳、足球等11个项目下队服务100余次。（冯晓春）

【体医融合】2021年，区体育局深化体医融合，宣传普及科学健身知识和技能，提高全民健康理念和健身意识。推进体医融合工作模式，研发和推广科学有效的体育健身方法。与颐寿轩养老院合作进行护工“椅子操”技能培训，完成该技能培训的教学视频资料，全年技能培训2次约50人次。与广外医院合作研发“坐式毛巾操”，供住院期间老年病人使用，完成教学视频拍摄及成片制作，完成快乐毛巾操、手杖操（防跌倒操）宣传折页的制作印刷。与西城区医学会合作研发“养生保健毛巾操”，3月完成教材的制作印刷，培训社区小教员，全年累计5次约200人次。与平安医院合作研发的“糖尿病患者专用弹力围巾毛巾操”，5月在微信视频号发布。依托与国家体育总局体育科学研究所合作的科技部国家重点研发计划项目“中国人群精准运动处方研制与运动处方库建设”的子课题“肥胖合并高脂血症人群个体化精准运动处方的研制”，推广教授毛巾操，帮助目标人群减肥降脂。全年通过线上与线下教学相结合的方式，在广安体育中心测试大厅累计教授42次约300人次，在万寿路社区文化活动中心累计教授65次约550人次。

（冯晓春）

【体育科研下基层】2021年，西城区体育科学研究所科研人员为游泳、足球、冰球、滑雪、速度滑冰、花样滑冰等夏季和冬季奥运会项目下队服务100余次，内容包括日常训练需求反馈、体能训练方法指导、反兴奋剂及运动营养指导、运动训练辅助测试、比赛现场服务保障等。（冯晓春）

（**责任编辑** 张振安　齐田　徐翊）

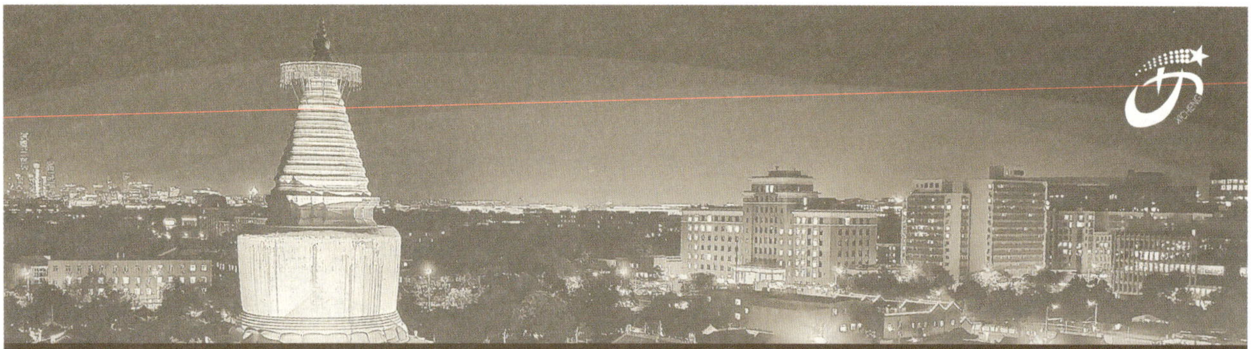

社会生活

人口家庭

【人口监测】 截至年底，全区常住人口110.4万人，比上年减少0.2%，其中男性53.4万人、女性57万人。常住外来人口23.4万人，比上年减少2.9%。常住人口密度为每平方千米2.2万人。全区户籍人口150.2万人，比上年增加1.1%；户籍人口户数49.6万户，比上年增加0.07%。户籍出生人口9739人，死亡人口13222人，人口自然增长率-2.33%。户籍人口迁入50918人，迁出31706人，人口机械增长率12.86%。人口出生率6.52‰，死亡率8.85‰。（李竞男）

【婚姻登记】 2021年，西城区民政部门办理结婚登记12023对，离婚登记4719对，补结婚证2294对，补离婚证702对，办理15645件线上"云颁证"，实现线上线下同步颁证服务。做好纸质档案电子扫描，确保婚姻档案100%电子化。

（陈　阳）

【计划生育服务】 2021年，西城区发放计划生育扶助金4199.06万元。发放独生子女父母一次性经济帮助162人162万元。向计划生育家庭特别扶助（简称特扶）对象发放节日慰问金465.86万元。发放中秋、国庆、生日慰问及活动款420.92万元。区计划生育协会协助街道与中国人寿保险股份有限公司北京分公司联合开展计划生育家庭意外伤害保险，为4131人投保安康保险，其中政府支付16.52万元为全区失独人员投保。（马　蕊）

居民生活

【概况】 2021年，西城区统筹配置便民服务资源，适应居民衣食住行、养老托幼、文体卫健等生活服务需求，分层逐级打造社区便民生活服务圈，增加阅读空间、文创项目、养老托幼等服务元素，实现社区服务多种类融合和功能拓展。便民健身设施实现社区全覆盖，基本便民商业服务功能社区覆盖率、便利性指数达100%。全区居民收入稳定增长、消费结构持续升级，居民收支保持增长。全区居民人均可支配收入位居全市第一，是全市平均水平的1.3倍左右。全区居民人均消费支出位居全市第二，高于全市平均水平31.5%。（李竞男）

【居民收支】 2021年，全区居民人均可支配收入96949元，比上年增长7.4%。人均工资性收入57376元，比上年增长10.3%；经营净收入844元，比上年增长22.1%；财产净收入18615元，比上年增长15.7%；转移净收入20114元，比上年下降6.5%。人均消费支出57396元，比上年增长11.5%，恩格尔系数为19.2%，比上年下降0.5个百分点。居民平均消费倾向为0.6，与上年基本持平，其中食品烟酒支出11035元，比上年增长8.8%；衣着支出2811元，比上年增长24.6%；生活用品及服务支出3110元，比上年增长4.3%；医疗保健支出5109元，比上年增长22.6%；交通通讯支出4833元，与上年持平；教育文化娱乐支出5734元，比上年增长33.1%；居住支出22974元，比上年增长6.7%；其他用品和服务支出1789元，比上年增长43.3%。（顿　洁）

【耐用消费品拥有量】 2021年，全区每百户居民家庭拥有家用汽车59辆，洗衣机101台，电冰箱（柜）102台，微波炉84台，彩色电视机124台，空调189台，热水器99台，洗碗机5台，移动电话262部，计算机124台，照相机44架，中高档乐器24件，健身器材8套。

（李竞男）

劳动就业

【概况】 2021年，西城区稳就业保就业监测评价总指数在全市位列第一。全区实有城镇登记失业人数7826人、城镇登记失业人员就业人数17964人，登记失业率1.85%，登记失业人员就业率67.25%。新增就业参保6.1万人，完成指标119.61%；开发城市公共服务类岗位安置本市农村地区劳动力436人，完成指标的109%；累计认定"零就业家庭"42户，辖区"零就业家庭"保持动态脱零。（闫娟娟）

【充分就业区创建】2021年，为创建充分就业区，出台《西城区进一步加强当前和今后一个时期就业工作的指导意见》，构建“政府内循环+市场外循环”的就业工作新格局，凝聚各方促进就业合力；制定新一轮区级就业促进政策，倡导劳动创造美好生活等理念，从优化高质量就业环境等7个方面推出28项措施；深化“一街一品”，指导广外街道创立“红黄蓝就业创业”服务平台，推广大栅栏街道“D360就业服务体系”，打造就业创业服务品牌；聚焦“七有”“五性”，针对“4050”、残疾和低保等失业人员提供差异化服务与援助，服务失业人员3万余人次。年内，13个街道达到充分街道创建标准，创建率87%；260个社区达到充分就业社区创建标准，创建率99%；全区劳动力就业率达98.98%，其中单位就业率91.57%，被认定的就业困难人员就业率85.01%。西城区达到充分就业区认定标准，充分就业区创建成功。（闫娟娟）

【促进就业政策】6月12日，西城区制发《西城区进一步加强当前和今后一个时期就业工作的指导意见》，系统构建“内循环+外循环”促进就业格局。11月13日，出台新一轮区级就业促进政策，倡导劳动创造美好生活等理念，从鼓励用人单位扩大就业、提高重点群体劳动报酬、鼓励创新创业等方面推出28项措施，强化就业政策供给。增加就业与救助平衡措施，给予低保登记失业人员每月2000元、最长5年的就业奖励，促进低保登记失业人员通过劳动实现家庭增收，勤劳致富。鼓励用人单位稳岗拓岗，吸纳重点群体就业。提高政策的精准度，按照重点群体稳定就业的时间设置奖励标准，稳定就业1至3年，分别给予6000元、9000元、1.2万元就业奖励。坚持“市场+公共”双轮驱动，经营性人力资源机构与公共就业机构携手提供多元化服务。推进人力资源行业拓展高级人才寻访、人才测评等服务，为辖区单位引才融智。（闫娟娟）

【创业带动就业】2021年，全区新增参保创业单位1398户，完成指标127%；带动就业岗位9096个，完成指标165%；创业担保贷款放款4153万元，完成指标755%。（李　剑）

【援企稳岗】2021年，西城区拨付促进就业政策资金3.3亿元，其中拨付企业失业保险费返还21696家企业，拨付资金2.36亿元；拨付技能提升补贴资金20144笔3165.5万元；拨付享受北京市用人单位岗位补贴和社会保险补贴4412.19万元，涉及543家用人单位城乡就业困难人员7178人；拨付普通岗位补贴、限定类岗位补贴、低龄退休岗位补贴、一次性就业奖励、一次性吸纳就业补贴、稳岗补贴1034.1万元，涉及全区登记失业、低龄退休人员1510人；拨付就业奖励、劳务补助788.8万元，涉及1026人。（李　剑）

【“双减”风险化解】2021年，区人力社保局成立“双减”（减轻义务教育阶段学生作业负担和校外培训负担）工作专班。制订“1+1+2”文件（《区人力社保局关于落实“双减”工作的实施方案》《西城区人力资源和社会保障局“双减”风险防范化解处置工作措施》《西城区劳动人事争议仲裁院涉校外培训机构劳动用工群体性纠纷处置预案》和《西城区社保中心稽核科涉校外培训机构稽核案件处置预案》）。对接减员培训机构，了解就业需求，提供职业指导、岗位推荐、跟踪稳岗、社保和档案转移接续等精细化公共就业服务。培训机构累计发生仲裁案件205件，涉案标的额2042万元，结案183件，支持金额409.48万元，办理中22件。发生社保稽核案件7件，涉及培训机构3家，撤诉2件，办结1件，办理中4件。认定北京市西城区巨人文化艺术培训学校30人整体欠费补缴金额59746.8元。（贾子辰）

【社区就业】2021年，区人力社保局推进“灵活就业社会保险补贴人员信息采集”制度，按月汇总灵活就业政策人员申报、停止、招工等数据情况，加强区、街两级信息互通，确保信息比对准确性；推行“承诺、落实”责任制，对街道“疏漏点”实行街道承诺限期整改和区部门落实整改，遇特殊情况形成纸介“情况说明”，单独立档留存，跟踪整改进度，书面汇报整改落实情况。全年审核、审批灵活就业社会保险政策12285人，享受灵活就业社会保险补贴政策人员30886人，累计拨付社会保险补贴资金3.77亿元，帮扶8人自谋职业（自主创业），拨付社会保险补贴和创业奖励资金17.92万元。为385名就业困难人员进行安置人员认定，安置社会公益性就业组织就业。社会公益性就业组织在岗人员1113人，完成指标115.1%，拨付市、区两级岗位补贴6362.45万元。通过社区就业岗位安置城乡就业困难人员12615人，完成指标185.46%。（吴述伟）

【高校毕业生就业】2021年，全区高校毕业生5837人，其中困难家庭未就业毕业生37人。通过实名登记、职业指导、就业见习、岗位推荐等措施，开展困难家庭毕业生一对一精准帮扶，有5709人实现就业，其中有就业意愿的困难家庭毕业生全部实现就业，全区高校毕业生就业率97.8%。（路　丹）

【公共就业服务】2021年，区人力社保局对全区就业困难人员全面摸查，提供一对一职业指导服务，摸查率100%。开展春风行动、就业援助月、民营企业招聘月、高校毕业生就业服务月、金秋招聘月等活动。采集空岗信息62557个，举办各类线上线下招聘会270场，提供岗位7.3万个。组建直播团队，开授职业指导直播课16期。依托市、区两级公众号平台，录制发布“职业指导微课堂”短视频23期。（黄　敏）

【农民工服务保障】2021年，西城区制订《2021年西城区农民工工作联席会议工作要点》，开展农民工职业技能培训、对口帮扶援助、公共服务保障、个人权益维护等工作，帮扶农民实现就业，促进农民增收，维护农民工劳动报酬权益。安置本市农村劳动力436人；组织就业培训指导10余次，为对口帮扶地区来京务工人员电话摸查、跟踪回访444人次，社会保险缴纳查询2.6万人次，慰问企业外来务工人员12人；开展线上、线下就业招聘活动15场，提供就业岗位4329个，微信平台点击浏览量达5万余人次；通过微信平台发布20余期“稳岗留工”职业指导课，指导帮助外来务工人员提升求职能力。做好“互联网+职业技能培训”、以工代训和企业新型学徒制补贴审核拨付工作。拨付10453名本市农村人员职工培训补贴资金1407.92万元，拨付32107名外埠农村人员职工培训补贴资金4767.52万元。优化农民合同制工人养老保险关系转移接续办理，办结时限由45个工作日缩减至15个工作日。成立义务教育阶段学位保障工作专班，确保农民工随迁子女入学。依托“西城家园”“文化西城”平台及微信公众号，组织开展线上春节文化活动，丰富“留京过年”群众文化生活。落实基本公共卫生服务，开展健康宣传，为农民工及其子女提供孕产期和0至6岁儿童健康服务保障。组织建立“暖心驿站”1239个，其中辖区建立1020个，占比82%，区外建设219个，占比18%。（绳　鹤）

【劳动人事争议仲裁】2021年，区人力社保局在大栅栏、展览路、广内、广外街道试点设立4个仲裁派出庭，组织派出庭公开庭审4场，邀请辖区74家企业90余名代表参与现场旁听。发挥联动优势，形成调解矩阵，用好街道力量，柔性化解能力提升。引导2209名劳动者主动选择案前调解，调解成功案件439件，调解成功率19.87%；“互联网+调解”平台收到申请159件，办结110件，调解成功46件，调解成功率41.82%。走进北京公共交通控股（集团）有限公司党校、金融街HR之家等多家单位开展普法宣讲和答疑活动；在西城人社公众号推出“西城仲裁来开麦”板块；赴市工商联组织“劳资汇”平台线上授课，开展普法宣传活动。全年受理劳动人事争议案件5807件，结案率为95.06%，审限内结案率为100%；调解方式结案2960件，调解率为53.62%；终局裁决案件966件，案件终结率为71.12%。（王学聪）

【劳动保障监察】2021年，区人力社保局完成市人力社保局《2021年行政执法考评指标》任务。检查各类单位3800户次，涉及劳动者12.32万人；受理投诉举报案件193件，接收信访件11件，接收12345热线派件2601起，接收国务院欠薪线索平台来件1087件，为2500名劳动者解决工资待遇1600余万元；作出行政处罚案件19件，涉及金额10.5万元；作出不予行政处罚10件。处置各类群体性突发事件46起，为900余名农民工解决工资1150余万元；开展《保障农民工工资支付条例》普法宣传及培训活动，组织走进企业普法活动50余次，服务企业2000余家，专题培训340名建筑企业项目负责人及劳资专管员，发放宣传资料2400余份，张贴宣传标语400幅。做好根治欠薪工作，召开工作调度会，强化区、街两级工作衔接，建立“红黄绿”动态管理机制，推动《条例》五项指标覆盖率达标。（张睿嘉　付国栋）

【劳动关系调整】2021年，全区3577家企业实现劳动合同签订率100%；完成248家企业特殊工时审批，涉及职工17.16万人；受理50家劳务派遣企业的经营许可、延续、变更、转移事项，涉及劳务派遣职工6万余人；签订集体合同用工单位949家，涉及职工25万余人。894家企业通过承诺制完成集体合同备案。355家企业通过承诺制完成集体合同备案。排查辖区198家企业裁员风险，年中发生1起“双减”企业主动经济性裁员报告事项。（寇芸生）

社会保险

【概况】2021年，西城区社会保险征缴做到应收尽收，各项社会保险待遇按时足额支付，养老、失业、工伤3项社会保险费累计收缴337.56亿元，比上年增长76%，3项社会保险基金累计支出281.32亿元，比上年增长2.44%。全区基本医疗保险（含生育保险）参保人数234.8万人，比上年增加21.5万人，养老、工伤、失业保险参保人数分别为195.5万人、150.3万人、145.0万人，其中养老、失业保险参保人数分别比上年增长0.4万人、1.2万人，工伤保险参保人数比上年减少1万人。城市居民最低生活保障人数14018人，城市居民最低生活保障家庭数8916户。（王婉怡　顿洁）

【养老保险】2021年，区人力社保局完成17998名参保人基本养老保险待遇核准。完成177家参保单位企业年金备案，覆盖职工约1.8万人，累计覆盖874家参保单位，职工12万余人。享受养老保险待遇人员42.6万人，调整基本养老金，人均养老金为5098元，比上年增幅6.41%。

（官瑾　郝晓影　马振玺　王婉怡）

【失业保险】2021年，全区失业保险参保单位35840户，参保1449791人，缴费1013218人，基金收入139678万元，基金累计支出105786万元。

（官瑾　郝晓影　马振玺　王婉怡）

【工伤认定】2021年，区人力社保局依法推进工伤认定工作，办结工伤认定1918件。组织1228人参加劳动能力鉴定，鉴定结论连续八年保持零改变，对因抗击新冠肺炎疫情而受工伤者主动服务，开展视频鉴定，优化医疗鉴定专家队伍建设，完成全部历史档案电子化加工。为1.7万人次支付工伤保险待遇。（官瑾　郝晓影　马振玺　王婉怡）

【社会保险基金监督管理】2021年，区人力社保局强化社会保险基金风险管理，维护社保基金安全。开展社会保险基金安全“警示教育月”活动，强化基金风险防控。加强事中监督检查，依托社会保险基金监督系统筛选重点疑似数据，开展对业务和经办人员“双随机”检查12次，推动相关部门制度和流程规范。配合做好审计署和北京市审计局审计。内控监督检查社保业务15.65万笔。社保稽核受理投诉举报案件968件，补缴社保费用1.1亿元。（杨萍　王婉怡）

【社会保险经办服务】2021年，区人力社保局推广“零跑腿”“不见面”服务，方便企业及群众办理业务。落实新冠肺炎疫情防控常态化要求，推出“不见面”服务2.0版本，实现“不见面”方式向网上办理延伸，实现申报、核准一体化，推动政务服务领先发展。公众号加载“前置审核”系统，成为市级申报平台的有效补充；实现用人单位将业务申报材料直接上传，工作人员每日处理业务申请并及时反馈，提升西城社保经办效能。现场窗口办理业务和咨询29.41万笔，“不见面”方式92.18万笔，“不见面”方式办理量约占76%。（王婉怡）

【退休人员档案社会化管理】2021年，西城区社会化管理退休人员人事档案实现区级集中管理，存放社会化管理退休人员档案28.4万份，实现档案管理标准化、规范化、系统化、统一化，确保档案存放安全。15个街道实现通过数字化档案为退休人员提供档案服务。（赵　嘉）

【办事大厅延时服务】2021年，区人力社保局推进法定工作日“早晚弹性办”“午间不间断”和“周末不休息”延时服务制度，破解企业及群众“上班没空办、下班没处办”难题。办事大厅延时办理服务约3万人次。（王婉怡　丁涵）

【社会保障领域安全生产】2021年，区人力社保局开展“大排查、大清理、大整治”“安全生产月”“应急宣传进万家”等专项检查及宣传活动，排查217家单位、检查328家次，发现并整改安全隐患374项。（绳　鹤）

医疗保障

【概况】2021年，北京市西城区医疗保障局（简称区医保局）贯彻实施国家《医疗保障基金使用监督管理条例》，落实以人民健康为中心的要求，强化医疗保障服务。健全监督体制，强化监管措施，维护医保基金安全，构建形成医保基金大数据监管的“西城模式”。全区医保基金收入218.23亿元，比上年增长18.39%，医保基金支出201.27亿元，比上年增长15.76%，其中个人账户支出60.4亿元；医药费报销支出131.19亿元，涉及2176.65万人次；生育津贴支出9.68亿元。跨省异地住院直接结算审核16.85万人次，费用38.35亿元，比上年增长69.86%和54.08%。（张明月）

【公费医疗管理】2021年，区医保局完成本年度享受中央公费医疗人数核定，向192个账户管理单位12.3万人拨付标准经费6.1亿元。支持在京中央单位改革，发挥“服务中央公费医疗单位专业团队”作用，服务精准对接需求，一案一策，为有医保参保需求单位提供政策咨询和业务指导。（张明月）

【医疗救助】2021年，区医保局完成社会救助对象日常救助和补充医疗救助4.37万人次，支付资金4001.64万元；完成对符合城乡居民大病保险费用救助条件567人，拨付救助款899.94万元；完成对符合城镇职工大病保障条件2652人，拨付救助费用2622.1万元。（张明月）

【医保政务服务改革】2021年，区医保局推进政务服务标准化，整合业务内容，统一经办标准，实现综合业务窗口“一窗式受理”。推进网上办、预约办、邮寄办、容缺办、大户受理等措施，优化业务办理期限，在全市率先实现全月业务受理。对接人力社保部门，接手辖区内破产清算参保单位的债权申报。提升信息化水平，上线“预约取号系统”和“综合业务流转系统”，增加“掌上办”服务功能，提升便民服务水平。（张明月）

【医耗联动综合改革】2021年，区医保局完成冠脉支架及冠脉扩张球囊类医用耗材带量联动采购和目录库维护，督促完成第一、二批、第四批国家组织药品集采及京津冀联合集采的144种药品落地实施，其中增加治疗常见病的药品种类，逐步覆盖各系统疾病用药。（张明月）

【异地门诊直接结算】2021年，区医保局推进医院信息系统改造升级。9月底，西城区169家正常开诊定点医疗机构实现异地门诊实时结算，减少患者等待时间，实现27个省市异地患者在西城定点医院门诊就医无需垫资。（张明月）

住房保障

【概况】2021年，西城区加强多元住房保障，继续加大保障性住房项目建设和公共租赁住房房源筹集力度，大兴旧宫保障性住房项目实现居民入住。引导符合市场租房补贴标准的家庭，以补贴方式解决住房困难。百万庄北里、菜园街和光源里三大棚改项目全面完成，基本完成2000年前建成的老旧小区改造任务。引入社会资本参与老旧小区改造，率先探索老旧小区改造“租赁置换”市场化运作模式，在4个央产老旧小区开展试点改造。西城区完成14个老旧小区、25万平方米综合整治项目。全年审核加装电梯16部。人均住房建筑面积为22.6平方米，比上年增长0.4平方米。自有住房占房屋产权的比重为70%，比上年增长3%。（郝慧芳　孙海花）

【保障性住房建设】2021年，西城区保障性住房光源里棚户区改造项目C2地块、B地块及菜园街、枣林南里棚户区改造项目B地块开工建设，累计开工2400套。年底前平原里3号楼385套实现竣工。（丁　莉）

【保障性住房配租配售】2021年，西城区启动金胜嘉园13套房源二次配租，完成再分配家庭入住，推动收购华电产业人才公租房。发挥住房在西城区吸引人才方面的激励作用，筹集6套房源，保障31名新入职选调（培）生的住房周转，筹集25套房源安置90名选调（培）生。通过住房保障疏解2539户7617人，其中通过市场租补贴方式疏解2391户7173人，通过发放廉租租金补贴疏解35户105人，通过配售共有产权住房疏解113户339人。发放保障性住房租金补贴20430.67万元，涉及103006个家庭。（姜夕辉）

【保障性住房管理】2021年，区房管局完成重大活动和节假日期间出租型保障性住房的安全隐患排查工作，发现问题及时整改。全区已入住出租型保障性住房承租家庭2402户，实收租金1031万余元，租金收缴率92.09%。支付年度出租型保障性住房项目物业管理费258万余元，后期管理服务费615万余元，供暖费22万余元。（姜夕辉）

社会救助

【困难群体帮扶救助】2021年，全区享受城市居民最低生活保障家庭8916户、14018人，发放低保金2.34亿元，发放各类救助金3264万元。安排“两节”走访慰问对象8.4万人，发放慰问资金4913.87万元。制订社会救助事项管理、备案、监管、服务措施，推进社会救助事项审批权下放后审核审批规范化。指导街道困难群众救助服务所开展“一户一档一策”，个案帮扶322户，救助家庭核查2.58万户。推进困难服务对象入住养老机构服务，补助1260余万元。承接民政部困难家庭救助帮扶综合评估试点任务，制订基本生活救助制度改革方案、个案帮扶制度改革方案，构建6个维度13个指标贫困指数，创建西城特色“两步综合评估法”，开发家庭贫困程度综合评估系统。（陈　阳）

【困难残疾人救助】2021年，西城区建立“民政部门负责督导、职能部门发挥功能、专门人员具体办理”“两项补贴”（困难残疾人生活补贴、重度残疾人护理补贴）发放机制，发放补贴4100万元，惠及1.22万人。推进残疾人“两项补贴”跨省通办，接收办理40余件。各街道在政务服务大厅设置“两项补贴”跨省通办窗口。（陈　阳）

【公益慈善活动】2021年，西城区参与第八届“慈善北京”成果（图片）展，报送作品394幅。组织“中华慈善日、爱在西城公益文化节”活动，征集100个微心愿。在金融街、新街口、大栅栏及广外街道4个站点开展公益慈善站点试点。推进慈善助学、助医、助困等11个项目，支出金额703.2万元。（陈　阳）

【困境未成年人保护】2021年，西城区为84名困境儿童（散居孤儿、事实无人抚养儿童55名，重残、重病儿童29名）发放补助经费120余万元。推进新街口、西长安街、牛街和德胜4个街道儿童之家建设。强化未成年人保护法宣传，开展困境儿童和留守儿童关爱保护“政策宣讲进社区示范课”活动，组织274名社区儿童主任和街道儿童督导员在线学习《中华人民共和国未成年人保护法》。完成42名成年孤儿安置。探索无户口生活无着儿童合作服务，与顺义区儿童福利院合作，跨区安置生活抚育。与安贞医院及平安医院合作，解决医疗问题。（陈　阳）

【康复辅助器具配置】2021年，西城区开展特困供养、低保、低收入、计划生育特殊家庭中功能障碍人员，包括80周岁以上高龄老年人配置康复辅助器具需求筛查，配置康复辅具36类别4414件产品，惠及2000个困难老年人及高龄老年人家庭。（陈　阳）

残疾人事业

【概况】2021年，西城区残疾人联合会（简称区残联）办理残疾人证43777人，走访慰问残疾人4333人，4867人享受自主创业就业社会保险补贴，52人享受一次性补缴社会保险补贴，607人享受居家助残服务补贴，580人享受城乡居民养老保险补贴，56名困难残疾人家庭享有基本家政服务，13名残疾人入住喘息托养机构。为66名受新冠肺炎疫情影响暂缓残疾评定而无法及时取得残疾人证的残疾人，补发居家助残服务补贴和自主创业就业社会保险补贴。3634名残疾人享有机动轮椅车燃油补贴。实施职业技能提升行动计划，全年开展长短期培训269人次。审核安置残疾职工用人单位2029家，安置残疾人6525人。召开2场线上专场招聘会，全年新安置残疾人就业247人。全区23个帮扶性就业基地，88名签订协议的残疾人实现稳定就业。为辖区18528名残疾人动态做好“七有”“五性”康复服务需求响应，实现服务率100%、满意率99.06%。强化成人康复、儿童康复、辅助器具补贴政策落实，利用温馨家园、职康站等设施为3000余名残疾人、残疾人亲属就近就便开展心理健康知识普及。

线上形式举办全国助残日、国际残疾人日、残疾人文化艺术节等直播活动，残疾人文联、艺术团合唱队、轮椅舞蹈队等培训、训练实现常态化。推广和开展区级残疾人冰雪普及活动，组织百名特校师生和残疾人参与残疾人旱地冰壶、迷你冰壶普及体验。（朱轶琳）

【无障碍环境建设专项行动】1月26日，区无障碍环境建设专项行动工作组以视频会议形式召开2021年工作研讨视频会。市规自委西城分局、区财政局、区住房城市建设委、区政府办汇报进展情况；区教委、区城市管理委、环雅丽都公司、区卫生健康委、展览路街道、德胜街道、广外街道等重点整改任务单位汇报整改计划和进展。4月12日，区人大常委会党组成员、副主任田巨德等11名人大代表调研区无障碍环境建设专项行动3年计划落实情况，对无障碍环境建设专项行动成果给予肯定，对无障碍环境建设提升提出建议。8月23日，区无障碍环境建设专项行动工作组组长、区委副书记、区长孙硕和有关部门负责人到德胜街道调研，走访一刻钟无障碍便民服务圈设施点位，了解全区无障碍环境建设精品示范工程情况。

▲延伸阅读：无障碍建设专项行动2019年底启动，区成立专班，召开工作会议21次，区委、区政府领导多次调度部署。2021年，无障碍专项行动列入区级“攻坚克难30+”事项和市区折子工程。全区投入资金7288万元，整改重点问题点位8439个，涉及城市道路、公共服务场所、信息交流、便民服务场所4大领域近27类设施，整改各类无障碍元素近2万个。全区建成无障碍精品示范街区15个、一刻钟无障碍便民服务圈15个，西长安街街道入选全国无障碍环境市县村镇公示名单。按照“城市无障碍体验五个一”工程战略布局要求，西城区政务、文化、娱乐、生活无障碍服务体验圈基本形成。（朱轶琳）

【“迎残奥、贺新春”走访慰问】1月29日，北京冬奥组委残奥会部部长杨金奎与区残联等部门负责人到新街口街道新街高和党群活动中心，走访慰问新街口街道30余名残疾人。（朱轶琳）

【张北残疾人文创作品展示】4月21日，区“希联圆梦”残疾人双创基地支援合作产品展台设立，来自河北省张北县残联48件残疾人铝丝编制工艺品向游客展示。区残联与张北县残联负责人现场对接，交流支援合作事项。（朱轶琳）

【首届残健融合乒乓球赛】5月7日，由区体育局、区残联共同主办的“百年新征程、迈向新未来”首届残健融合乒乓球赛在区武术和棋类运动管理中心举行，原中国乒乓球队副总教练、中国乒羽中心副主任陆元盛为比赛开球，全区15个街道近百名残疾人运动员参加比赛。比赛分设肢体站立组、肢体轮椅组、听力组、特奥组和残健融合交流组，由区乒协运动员与获得各组别冠亚军残疾人运动员比赛交流。（朱轶琳）

【区残联第二届主席团第六次全体会暨区残工委会】5月14日，区残联召开第二届主席团第六次全体会议暨区残工委工作会。审议通过调整第二届主席团部分委员建议，审议通过区残联执行理事会副理事长人选建议。林波当选第二届主席团委员、执行理事会副理事长。区政府副区长、区残联第二届主席团主席、区残工委主任李异出席会议。区残联执行理事会理事长贾志新向大会作报告。（朱轶琳）

【温馨家园增能培训】6月2日至3日，区残联组织温馨家园园长等50名基层残疾人工作者开展增能培训，采取政策解读、案例分析、互动体验沙龙等形式，培训5门实用课程。（朱轶琳）

【“冬奥进社区”流动大讲堂】7月16日，北京市残疾人“冬奥进社区”流动大讲堂系列活动在区残联举办，全区60余名残疾人参加。活动结合区残联“我为群众办实事”实践活动，设置旱地冰壶、迷你冰壶普及培训班，组织残疾人参与体验。（朱轶琳）

【区残联第三次代表大会召开】11月30日，区残联第三次代表大会召开。市残联理事长吴文彦，区委书记孙军民，区委副书记、区长孙硕，区委副书记、区人大党组书记张立新等领导出席会议，99名代表参加会议。大会设主会场和三个视频分会场。贾志新代表区残联第二届执行理事会作《不忘初心践行使命，奋力拼搏开拓创新，开启新时代西城区残疾人事业高质量发展新篇章》报告。大会推选孙军民、孙硕为西城区残疾人联合会第三届主席团名誉主席；选举宋玫为西城区残疾人联合会第三届主席团主席；选举桑硼飞、贾志新、徐嘉、朱轶琳、王俊友、高彩云、和延京为西城区残疾人联合会第三届主席团副主席。推举贾志新为西城区残疾人联合会第三届执行理事会理事长；推举何明霞、林波为西城区残疾人联合会第三届执行理事会副理事长，王俊友、李晓光为兼职副理事长，张曦、朱轶琳为理事，于文红、和延京为兼职理事。（朱轶琳）

【国际残疾人日主题活动】12月3日，国际残疾人日主题活动在“希联圆梦”残疾人双创基地举办，活动通过线上直播形式，邀请全区残疾人及社会各界爱心人士庆祝第三十个国际残疾人日，相约北京2022年冬奥会和冬残奥会。活动贯穿冬奥会和冬残奥会知识普及、残疾人宣讲、奥运冠军连线等，邀请北京2022年冬奥会和冬残奥会助残专家、残疾人社区体育专家、全国残疾人社会体育指导员、高级讲师冯希杰介绍北京冬奥会和冬残奥会及残疾人冬季健身知识。直播活动吸引7.2万人次浏览观看。（朱轶琳）

红十字事业

【概况】2021年，北京市西城区红十字会（简称区红十字会）下设15个街道红十字会及区直机关、教育、卫生、国资、侨联、志愿者6个系统工作委员会，有基层组织404个，会员93261人，团体会员101个，志愿者3000人，志愿服务队29支，造血干细胞志愿者库容量累计2万余份。（王　荃）

【区红十字会二届五次理事会暨常务理事会】2021年，区红十字会召开二届五次理事会暨常务理事会，审议通过区红十字会工作报告和区红十字会财务支出情况报告，修订通过《西城区红十字会人道救助管理办法》，通过决议适时召开区红十字会第三次会员代表大会。（王　荃）

【为民办实事】2021年，区红十字会把深入开展"人道惠民"、应急救护推进年活动纳入党史学习教育重要内容，主动走访服务单位、共建社区广泛听取意见建议、了解群众需求，着重关注困难群众救助、应急救护培训、社区结对共建等民生实事，研究制订办实事任务清单并全部完成。走访慰问结对社区困难群众30余人次，推动解决困难群体急难愁盼问题，打造群众身边的社区"应急救护培训基地"，受益人群达8万余人次。（王　荃）

【募捐救助】2021年，区红十字会发放救助款186.98万元，救助885户。开展"2021年度两节送温暖"活动，为730户困难群众发放救助金73万元；向13名大病患儿发放救助金22万元；救助困难人员49人，发放救助金43.2万元；向17名贫困学生、困难群众发放定向救助金3.18万元；定向捐助3名贫困大学生1.5万元；向9名贫困艾滋病患者发放"红丝带"定向救助金1.8万元；为区内7名白血病患儿申请中国红基会"中央专项彩票公益金"救助27万元。接收区内爱心企业、爱心人士捐赠款物493.49万元，其中上缴北京市红十字会用于救援河南水灾募集捐款304.91万元。参与腾讯公益"99公益日"活动，上线"博爱基金西城子计划"项目，为全区困难家庭募集救助款35万元；接收爱心企业捐赠口罩及空气净化器等物资11.2万元，按照捐赠企业意愿发放给受捐单位；北京兆泰集团股份有限公司捐款100万元、北京政城物业管理有限责任公司捐款30万元；与府右街宾馆签订定向捐助协议，募集善款3.18万元；爱心人士定向捐助2名困难学生1万元；其他捐款8.2万元。（王　荃）

【应急救护培训与应急救援】2021年，区红十字会推进应急救护培训"六进"（进机关、进企业、进校园、进社区、进军营、进人员密集场所）工作，在西单大悦城举办急救日宣传活动及捐赠AED（自动体外除颤器），带动西长安街街道实现社区和政务服务中心AED安装全覆盖。搭建企业参与公益爱心事业平台，动员社会力量捐赠AED一体机，推进重点公共场所AED普及，提高公共场所现场急救能力。为公安、城管、环卫、园林、公交、地铁、学校、机关、超市、体育馆等人员密集场所工作人员及快递外卖等新就业群体开展应急救护培训，培训取证突破2万人。9月10日，市红十字会与区红十字会联合主办的"人人学急救、你行我也行——北京市红十字公共场所应急救护知识普及活动"启动仪式在西单大悦城举行。区红十字会获中国红十字会总会办公室2021年度红十字应急救护知识竞赛活动单位组织一等奖，刘峥获红十字应急救护知识竞赛个人组织一等奖。（王　荃）

【红十字志愿服务】2021年，区红十字会结合"三献三救"（三献是献血液、献造血干细胞、献人体器官组织；三救是应急救援、应急救护、人道救助）工作，成立5支志愿者服务队，新增志愿者236人。配合市红十字会开展志愿服务重点项目，从牵手希望服务队、机关党员服务队、青少年志愿服务队、希望之光服务队、急救员志愿服务队中，挑选政治过硬、责任心强、服从安排、吃苦耐劳的志愿者75人，完成岗前培训。在西单献血舱上岗宣传服务。（王　荃）

【造血干细胞捐献】2021年，"牵手希望"志愿者服务队在西单联通献血舱宣传无偿献血和造血干细胞捐献意义。招募造血干细胞捐献志愿者535人。3名造血干细胞捐献者完成造血干细胞采集，帮助3名

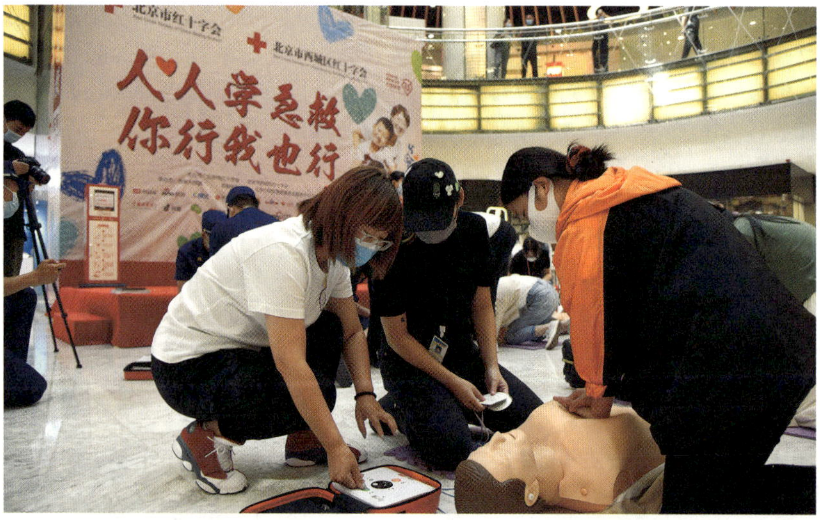

9月10日，市红十字会与区红十字会联合主办红十字公共场所应急救护知识普及活动启动仪式

（闻昭　摄）

患者重获新生。 （王 荃）

【红十字青少年工作】2021年，区红十字会贯彻落实中国红十字会总会、教育部加强和改进新时代学校红十字工作要求，与区卫生健康委、区教委联合举办西城区第六届健康节，开展“救在身边·校园守护”行动。17名中小学生和2个红十字青少年活动项目获市红十字会“十佳百优”表彰。 （王 荃）

【红十字文化传播与宣传】2021年，区红十字会完善红十字会官网、微信公众号、抖音号等自媒体建设，围绕社会热点，结合群众关注，宣传党和政府的政策、志愿者先进事迹，公示接收发放捐赠物资、救助困难群众等内容491条。开设红十字小讲堂，深入街道、社区和单位宣讲红十字文化、应急救护知识和红十字会法。举办“博爱同心迎百年打造百姓身边的红十字”宣传活动，表彰支持区红十字工作，助力新冠肺炎疫情防控的爱心人士、爱心组织、爱心企业；宣传捐献造血干细胞志愿者、基层红十字组织、优秀志愿团体。区红十字会获2021年度中国红十字会总会报刊宣传先进集体三等奖。 （王 荃）

【区红十字会第三次会员代表大会】12月2日，区红十字会第三次会员代表大会召开，全区红十字系统代表、特邀代表约200人参加大会。市红十字会党组书记、常务副会长李宝峰，区领导孙军民、孙硕、杜灵欣、张立新等出席会议。孙硕受邀担任西城区红十字会名誉会长。会议审议通过《西城区红十字会第二理事会工作报告》《西城区红十字事业发展“十四五”规划纲要》和《西城区红十字会监事会工作规则》，选举产生区红十字会第三届理事会、监事会，副区长宋玫当选会长，柴丽敏当选常务副会长，区政协机关党组成员、专委会二室主任刘春春当选监事长。 （王 荃）

基层治理

【概况】2021年，中共北京市西城区委社会工作委员会北京市西城区民政局（简称区委社会工委区民政局）以落实《北京市街道办事处工作条例》为抓手，持续推进街道体制改革。依法做好社会组织监管工作，培育发展社区社会组织。规范社区工作者队伍管理，制定出台《西城区社区工作者管理实施细则》。 （陈 阳）

【街道改革】2021年，区委社会工委区民政局制订《2021年度西城区街道工作和“吹哨报到”改革重点任务清单》。完成《西城区落实〈关于加强新时代街道工作的意见〉情况三年评估工作报告》。制发《2021年西城区街道系统绩效考核体系和专项考评细则》，将满意度评议权重值调整为55%。推进街道为民办实事和向居民通报情况，街道为群众办实事项目完成144件，完成率98.63%，向居民通报情况4.8万余次。 （陈 阳）

【社区治理】2021年，西城区试行《西城区基层民主协商标准体系》，编写《西城区基层民主协商指导手册》，完成15个社区议事厅示范点和30个楼门院治理示范点创建。完成263个社区居委会换届，选举产生社区党组织成员1659人，社区居委会成员1961人。各社区35岁以下年轻干部配备率100%，直接选举和户代表选举比例87%。完成128个社区服务站转型升级，设立2个市级和13个区级社区减负监测点。3900名街道和社区工作者使用“西城家园”微信公众号，29.75万“人房关联”，28.5万用户关注“西城家园”微信公众号。发布通知公告1万余篇，处置社区居民诉求上报242件。制发《“社区之家”工作指导手册》，指导街道开展社区之家规范化建设，三庆园、鲁迅博物馆、宋庆龄故居等3家“社区之家”获评市级示范点。通过配套、租赁、共建、资源共享等方式，推动未达标社区和地下、半地下办公社区用房建设，全区社区用房达标率为91.6%。

▲延伸阅读：“西城家园”治理平台基于数字化手段，依托平台在社区居民和房屋信息的精准归集、实时管理构建“人房关联”，形成“区—街道—社区—小区—楼号”五级应用，落实社区精细化治理，将服务延伸至楼门院落，把服务群众“最后一公里”向“最后一米”靠近，面向社区居民提供各项应用服务。为更好地鼓励社区居民参与需求表达，引导多元参与共治，形成分层民主协商“微

11月26日，西长安街街道11个社区服务站全部完成转型升级 （西长安街街道 供图）

治理”，社区可通过“西城家园”平台设定议事协商的参与范围，落实分层民主议事协商等工作。（陈　阳）

【社会组织监管】2021年，西城区注册登记社会组织573家（社会团体140家、民办非企业单位433家），完成513家机构年检。上账“僵尸型”社会组织136家，完成67家“僵尸型”社会组织整治。排查1000余家社会组织，完成330家社会组织行政检查，行政执法立案15家，行政处罚8家。备案社区社会组织3098家，在社区文化、垃圾分类、便民服务、为老服务、社会心理服务等方面发挥作用。（陈　阳）

【社区工作者队伍建设】2021年，西城区开展社区工作者和专职党务工作者招聘，制定《西城区社区工作者管理实施细则》。对全区15个街道社区工作者体检标准规范，由最低800元/人调整为不低于1200元/人。开展社区“两委”带头人培训、社会工作者职业水平考试考前辅导培训、社区工作者骨干培训。推进“社会工作服务站点”“专业社会工作岗位建设”“优才计划项目试点”“志愿人才”“志愿服务品牌”等项目。制定《西城区街道城市管理协管员队伍管理办法（暂行）》，完成下沉协管员统一标识，开展协管员队伍规范管理示范点创建，将新街口、展览路和广内3个街道推荐为协管员规范管理示范点。（陈　阳）

专项民政事务

【区划管理】2021年，区委社会工委区民政局定期对跨界区域巡查，实地踏勘4条区域界线，现场界线认定5次，提供街道级界线说明8次。（陈　阳）

【养老服务】2021年，全区有48家社区养老服务驿站、230个养老助餐点、84家为老服务商为老年人提供养老服务。开展巡视探访基本公共服务试点工作，明确巡访对象、巡访模式、任务分工、任务清单和实施方案。制订《西城区养老服务部门联席会议制度》《西城区养老服务部门联席会议成员单位年度述职评议办法》。培训581名护理员、8382名家庭照护者，培训养老顾问1000余人。开展养老服务机构汛期安全、新冠肺炎疫情防控等检查，整改问题分类整治、挂账督办。（陈　阳）

【见义勇为权益保护】2021年，区委社会工委区民政局确认见义勇为行为3例4人，开展元旦、春节期间见义勇为人员慰问和见义勇为人员全员体检。建立见义勇为联合评审机制，提高见义勇为行为认定的科学性。（陈　阳）

【社区心理服务】2021年，区委社会工委区民政局完成市折子工程7个站点建设任务和20个站点服务督导。开展团体辅导336场、科普讲座296场，开通社会心理服务热线11条，接待个案咨询1020人次，完成“居民心理档案”3030份，为特殊群体提供心理测评3620人次，开展社会心态监测调研21场次，站点新闻报道40余次。（陈　阳）

【殡葬管理】2021年，区委社会工委区民政局利用线上平台开展网络祭扫、代为祭扫、分时预约祭扫宣传。居民丧葬补贴审批135件。开展联合执法检查11次，出动执法人员170余人次。发现违法销售封建迷信用品商铺12家，使用简易程序处罚10家，立案调查2家，现场没收冥票140公斤。（陈　阳）

消费者权益保护

【概况】2021年，北京市西城区消费者协会（简称区消协）依照区市场监管局党组部署和市消协安排，围绕“守护安全、畅通消费”年主题，加强《中华人民共和国消费者权益保护法》宣传，扩展消费维权机制建设，为消费者与经营者搭建和谐消费平台。全年接待电话、来人咨询1100余人次，受理96315热线投诉工单1230件，调解成功559件，为消费者挽回经济损失171.91万余元。发放宣传材料650余份，受益消费者978人。（王　妍）

【“3·15”宣传咨询】2021年，区消协围绕“守护安全、畅通消费”年主题，结合新冠肺炎疫情防控要求，开展线上线下消费维权和诚信经营活动。利用区市场监管局微信公众号宣传消费者消费维权知识，用典型案例开展提示消费者避免消费风险。向居民群众发放《北京消费者》杂志，倡导科学理性消费，提高消费安全防范意识，维护自身合法权益。利用广播、微博、微信、户外电子显示屏等媒介宣传，增强宣传效果，倡导品质消费理念。针对重点行业经营主体做好约谈指导，针对投诉相对集中的网络交易经营主体，加强教育引导，采取“一企一策”、专题约谈指导等方式，明确问题整改方向，推进网络交易经营者落实主体责任，净化辖区消费环境。（王　妍）

【人民调解员等级评定】3月22日，区消协起草《北京市西城区消费纠纷人民调解员等级评定实施细则（试行）》，经区市场监管局局长办公会审议通过。3月底至4月，区消协组织2020年度消费纠纷人民调解员等级评定，与西城区人民调解员协会聘请专家组成评委会，对24名申报西城区消费纠纷人民调解员等级评定。经过审阅申报材料，对工作年限、书面调解文书件数及表彰证书等评定，评定二级人民调解员5名、三级人民调解员6名、四级人民调解员12名，无级人民调解员1名。经过评委会研究决定向北京人民调解协会推荐李智、芦云为一级人民调解员。（王　妍）

【诚信服务承诺单位管理】4月16日，区消协召开“诚信服务承诺单位”会

3月底至4月，区消协组织2020年度消费纠纷人民调解员等级评定 （区消协 供图）

议，为上年度诚信服务承诺先进单位北京市复兴商业城有限公司和天福号食品销售有限公司2家企业颁发表彰证书，向本年度"诚信服务承诺单位"7家企业颁发标识牌，要求企业公示投诉监督电话，接受消费者和社会各界监督。鼓励企业开展消费教育活动，支持消费维权公益事业，优化服务流程，及时和解消费争议，做好维护消费者权益。区消协将消费纠纷人民调解员等级评定与开展诚信服务承诺单位活动挂钩，鼓励诚信企业参与，完善企业和解机制建设，提高消费纠纷人民调解员在商业服务企业覆盖面。10月15日至18日，区消协回访诚信服务承诺先进单位复兴商业城商场、同和居和淮扬春3家单位，听取诚信经营相关情况，就完善和解机制建设提出意见建议。通过建立定期回访诚信服务承诺单位机制，向企业宣传消费维权要求，探索和构建"商家投诉不出门、就地就近得解决"消费调解激励机制。 （王 妍）

【体育健身机构培训会】 7月28日，区市场监管局联合区体育局、区消协组织西城区规范体育健身服务合同行为培训会。结合《中华人民共和国消费者权益保护法》《中华人民共和国民法典》《侵害消费者权益行为处罚办法》等法律法规，对上半年西城区"接诉即办"体育健身预付式消费涉诉量排名前20位健身机构，讲解典型诉求案件和预付式消费服务合同常见违法问题，强调经营者在保护消费者合法权益方面责任义务。要求企业学习合同法律知识，查改自身问题，落实主体责任，减少消费纠纷，规范体育健身机构服务合同行为，推行《北京市体育健身行业预付费服务合同》示范文本，降低因合同签订不规范引发预付式消费纠纷，实现"未诉先办"源头治理。 （王 妍）

民族宗教事务

【概况】 2021年，西城区有50个少数民族，少数民族人口7.63万人。其中常住少数民族人口8.6万人，少数民族流动人口3.4万余人。常住少数民族人口中，500人以上的有5个民族，分别为回族、满族、蒙古族、土家族、朝鲜族。西城区有佛教、道教、伊斯兰教、天主教、基督教五大宗教信众3.2万余人。有宗教团体16个，其中全国性宗教团体4个、市级宗教团体8个、区级宗教团体4个。有教职人员193人，其中佛教75人、道教75人、伊斯兰教25人、天主教12人、基督教6人。有依法登记的宗教活动场所18处，其中佛教寺院5座、道教庙宇3座、伊斯兰教清真寺6座、天主教教堂3座、基督教教堂1座。北京市西城区民族宗教事务办公室（简称区民族宗教办）审批清真饮副食网点13家、换证114家，更改民族成分12人，殡葬服务419人。推荐并考察民族宗教界人大代表7名、政协委员19名。全区宗教场所根据新冠肺炎疫情防控要求，实施双暂停3次累计145天，921名场所工作人员人完成3针新冠病毒疫苗接种。区民族宗教办组织区宗教界为疫情防控捐款捐物1334.47万元。 （白红雨 钟润）

【民族宗教公共服务】 2021年，区民族宗教办与37所民族团结教育基地校共同推动民族团结教育工程，将民族团结教育融入课堂教学、课外活动和教务管理，培养中华民族共同体意识。完成蒙藏学校综合协调等牵头任务，确保蒙藏学校正常教学活动。协调解决北京道协与天恒置业的宗教房产落政难题。组织完成牛街礼拜寺解危排险、广济寺西围墙、西直门堂东围墙翻建等工程。 （钟润 杨波）

【宗教场所安全管理】 2月24日，区民族宗教办按区委、区政府排查液化石油气整体部署，对全区16个宗教团体、4处宗教院校和18处宗教活动场所及宗教团体自管房产出租房屋开展液化石油气罐全领域系统排查。3月2日，召开"三改一关一过渡"（三改：改电、改气、改业态；一关：无法改造的要关停；一过渡：整改期间的过渡期）推进会，做好广济寺、法源寺2处食堂400余人用餐保障。3月至4月，广济寺、前门清真寺、法源寺及全区宗教场所完成液化石油气罐"三改一关一过渡"全部清零。6月18日，区民族宗教办在西什库教堂举办北京市民族宗教系统综合应急演练。综合应急演练模拟疫情防控、反恐处突和消防安全3项突发情况，开展实地演练和现场教学。（钟 润）

【宗教节日活动】 7月20日古尔邦

节，区民族宗教办按照新冠肺炎疫情防控要求，有序恢复开放牛街礼拜寺、德外法源清真寺等6处清真寺，满足信教群众需求，组织异地宰牲活动。12月24日，市领导到北京教区主教府走访慰问天主教北京教区主教李山，区委书记孙军民、区长孙硕走访4处宗教场所，向广大信众祝贺节日。圣诞节期间2500余人参加活动及参观。（钟　润）

【西城区天主教第五次代表会议】9月4日，区天主教第五次代表会议召开，市民族宗教委副主任孙启，区委常委、区委统战部部长程昌宏，天主教北京教区主教李山出席并讲话，会议审议通过区天主教爱国会《工作报告》《章程（修正案）》和《决议》，大会选举产生新一届天主教爱国会，神甫赵建敏当选为区天主教爱国会主席。（钟　润）

【西城区基督教第六次代表会议】9月5日，区基督教第六次代表会议召开，市民族宗教委副主任孙启、副区长李异出席并讲话，大会选举产生新一届基督教三自爱国运动委员会，牧师杜凤英当选区基督教三自爱国运动委员会主席。（钟　润）

【西城区伊斯兰教第七次代表大会】9月23日，区伊斯兰教第七次代表大会召开，市民族宗教委副主任丁希松，区委常委、区委统战部部长程昌宏，市伊斯兰教协会会长杨冠军出席并讲话，会议审议通过区伊斯兰教协会第六届委员会《工作报告》《财务工作报告》《章程（修正案）》《监事会工作报告》及《决议》。大会选举产生新一届伊协委员会，阿訇刘克杰当选区伊斯兰教协会会长。（钟　润）

精神文明建设

【概况】2021年，西城区培育和弘扬社会主义核心价值观，策划开展各类主题宣传和群众性精神文明创建活动。区级新时代文明实践基地累计建成103家，招募志愿者26万余人。北京李大钊故居、京报馆旧址等一批中国共产党早期北京革命活动旧址修缮完成并对外开放，成为传承红色基因的实景课堂。西城区连续六届获"全国文明城区"称号，获全国双拥模范城（区）"十连冠"，获"2021—2025年度第一批全国科普示范县（市、区）"称号。（郝慧芳）

【文明城区常态创建】2021年，西城区制订《西城区深化文明城区创建三年行动计划（2021—2023年）》，确立创建总目标和阶段性目标，完善6项文明城区创建保障机制，全面部署文明城区创建8大行动30项重点任务，明确46个主责单位，确保创建工作全方位、全要素齐参与，高效完成各项创建任务。编发《西城区2021年文明城区创建指标任务分解表及操作手册》和《西城区2021年文明城区实地考察点位创建标准》，重点明确实地考察点位的建设管理标准。开展联合督查，建立问题台账，细化责任分解，跟踪督办整改。8月23日，区委书记孙军民带队，区委办、区委宣传部、区城市管理委、区商务局、西城交通支队和15个街道的相关负责人参加，以"四不两直"方式开展常态化文明城区创建拉练式调研。调研组结合文明城区创建指标标准，重点察看市场环境、垃圾分类、门前三包、交通秩序等情况。针对发现的问题，召开现场会部署改进落实。（于森　蒋苏菲）

【文明实践活动】2021年，西城区实践中心主办"骑寻西城红色地标"等4场全区性大型文明实践推动日活动，依托三级阵地及实践基地开展线上线下实践活动1.5万场次，受益群众50万余人次。实践中心（总队）建设志愿服务站点370个，理论宣讲、科学普及、文化文艺、医疗卫生、体育健身、管城理市等9支区级文明实践志愿服务总队全年开展活动2158场，服务群众586万余人次。中宣部理论局、中宣部宣教局等10家局级单位与10个街道实践所开展结对共建，时代楷模马善祥走进牛街街道新时代文明实践所与基层工作者交流，全年开展50余场"我为群众办实事"文明实践志愿服务活动。（蒋苏菲）

【公民道德人物评选】2021年，区委宣传部组织开展选树"新时代好少年"，挖掘群众"身边好人"，推荐"北京榜样"、第八届全国道德模范、首都道德模范等活动。西城交通支队广安门大队副大队长李宁获"2021北京榜样"年度人物，北京李大钊故居管理处刘洋、惠佳丰健康产业集团有限公司董事长张磊登"中国好人榜"，十三中分校学生袁铭辰、西师附小学生李奕凝被评为首都新时代好少年。（蒋苏菲）

（**责任编辑**　师帅　晏畅　华大友）

7月28日，区消协与区市场监管局、区体育局联合召开体育健身服务合同行为培训会（区消协　供图）

街 道

德胜街道

【概况】 德胜街道位于西城区东北部，地处东城区、西城区、朝阳区、海淀区四区交界处，东以旧鼓楼外大街为界，西以新街口外大街划线，南至北二环路与新街口街道隔河相望，北至三环路、裕民路。辖区面积4.14平方千米，有社区20个。截至年底，常住人口116338人、户籍人口141442人。有中小学和幼儿园17所。在首都功能核心区控规中，德胜街道被评定为优良政务环境的保障地区、宜业宜居绿色城区、北部重要门户区。有全球500强中交建集团总部、国家电投、工商银行远程银行中心等国企和诺亦腾等知名高新技术企业。德胜街道是北京市13个重点民族街道之一。

（孟 蕾）

【党建工作】 2021年，德胜街道落实党建责任，提高各领域基层党建工作质量，完善党支部规范化建设，提升组织力。建设意识形态阵地，推动社区层面意识形态工作，管好线上线下舆论阵地。推进党史学习教育，开展“我为群众办实事”实践活动和“红墙先锋在社区”系列主题活动，把群众满意作为评判学习教育成效的重要标尺，完成“红墙先锋在社区，我为群众办实事”33件，街道“我为群众办实事”15件。固化工作中形成的好经验、好做法，探索形成长效机制，让“我为群众办实事”实践活动成效真正转化为可持续的工作实效。开展党建业务大练兵。推进区域化党建工作，发挥各级党建协调委员会的作用，形成22项具体项目清单，助力解决地区治理热点问题，探索为民办事的有效路径。组织社区报到在职党员7000余人参与疫情防控、垃圾分类、老旧小区物业管理等重点工作，解决群众急难愁盼问题。推进德胜地区新业态、新就业群体党建工作，完成16人党建指导员队伍的组建和培训，实现两新党建工作覆盖率100%。全年新建“两新”党支部7个，覆盖率提升至30%以上。“两新”党支部依托楼宇自身资源建立服务圈，开展各类学习、活动177次。探索新时代互联网党建模式，推动党建工作与企业发展同频共振、互融共进。打造沉浸式“邮票党课”、互动“科技之旅”，助力党史学习教育和党员培训，为地区基层治理贡献力量。完成社区“两委”换届、区街党代表会议代表、区人大代表换届选举及地区群团组织等换届工作，社区“两委”班子实现年龄、学历“一降一升”。（孟 蕾）

【平安建设】 2021年，德胜街道全面深化平安建设，夯实地区安全稳定基础。完成重大活动服务保障工作，坚持西城标准，做好阵地后方向前沿转变的调整。联合安全检查11次，做好重点人群管控，法定节假日德胜门交通枢纽大人流管控。落实消防安全、安全生产党政同责、一岗双责，全力维护居民生命财产安全。为辖区12896辆电动车配备安装充电柜180组、充电桩376组，安装电动自行车禁入电梯系统120台，配备语音播报器400个、禁止停放提示牌2100个，张贴禁止电动车上楼警示标识，清理整治僵尸电动自行车。在全区率先完成14家经营性瓶装液化气使用单位“三改”工作，率先完成地区全部381户液化气居民用户“新三改”行动。深化安全风险管控和隐患治理，排查企业1027家6399家次，督促整改安全隐患5068处，覆盖率100%。疫情期间加强对普通地下室、施工单位、突出易发生事故行业领域等的监控力度，检查地下室120余处，完成354次施工备案，投保安责险491家，坚决防范各类事故发生。德胜街道作为全市唯一街道代表，获评2021年首都应急管理创新案例二等奖。（孟 蕾）

【城市管理】 2021年，德胜街道推进街区治理，改善老旧小区居住环境，推进城市公共空间改造提升试点工程，完成教场口6号院、六铺炕二区中北片区等5个老旧小区整治项目，整治教场口9号院，配合区住房城市建设委完成德外乙12号院、林业局小区等6个老旧小区改造项目。整体谋划“疏整促”专项行动，中直社区、德外大街东社区2个社区完成无违建社区创建工作。

全年拆除违法建设3475.45平方米。开展“每日一街”街巷巡查整治行动，27条街巷通过市城管委的精治达标验收。双旗杆胡同建成300余平方米的口袋公园和志愿者墙。抓好“每一天每一微克”专项执法行动，抓好餐饮业油烟在线监测。街道级河长巡河908人次6726千米，人定湖公园中心湖、北护城河获评2021年度北京优美河湖。开展“街巷小管家”“绿色出行”新时代文明实践等环境宣传周活动。建设生活垃圾分类驿站20座，规范大件垃圾和建筑垃圾存放点42处，完善更新垃圾桶站340处，完成1处可回收中转站并接入北京市精细化管理系统。开展垃圾分类示范小区创建，德外大街4号院、新海苑、中骏天宸3个小区获评北京市生活垃圾分类示范小区。新风街1号院获评第一批全国生活垃圾分类示范教育基地。（孟　蕾）

【社区建设】2021年，德胜街道深化“双旗杆东里模式”成功经验，探索业委会作用发挥的途径，林业局小区完成西城区首个物管会向业委会转化，推动科技馆小区产权单位管理脱钩、引入市场化物业服务企业，依法依规推动阳光丽景社区商品房小区业委会换届、华尊华龙小区组建首个商住两用转化型小区物管会。以基层党组织为核心、带动业委会发挥作用，引导业主预期，树立花钱买服务意识。成立物业服务企业联合会，明确服务标准，制订落实《德胜街道2021年物业管理工作方案》，建立街道、社区、产权单位、物业企业、业委会（物管会）、业主代表等六方交流平台。抓好德胜学区理事会建设，履行“双减”工作职责。挖掘地区科普资源，与出版创意产业园联合开展红色经典阅读活动，与古代钱币展览馆联合开设德胜传统文化讲座活动等。完善地区文化服务体系建设，结合传统文化节日，组织开展系列文化演出、书画展览、歌舞比赛40余场，组织开展各类文化培训、讲座活动60余场，提升“德邻艺术节”品牌效应，增强地区主流文化影响力。婴幼儿早教平台、“书香德胜”全民阅读空间等公共文体活动场所落实防疫措施并有序开放，新建健身场地3处，更新地区健身设施22件。（孟　蕾）

【民生保障】2021年，德胜街道关注新冠肺炎疫情对老年人、婴幼儿、失业人群等特殊群体的影响，回应群众“七有”“五性”需求。落实各类救助政策，帮扶困难群众，加大就业保障力度，足额发放各种社会保障金、老年补贴和残疾人慰问金等，做好退役军人、少数民族群众、困难青少年等群体的服务保障。配合北京冬奥会、冬残奥会筹办工作，完成无障碍设施整改提升，黄寺大街无障碍精品示范街区建成并投入使用，完成地区全部楼宇、社区居委会、养老驿站、七小门店无障碍设施全覆盖。开展“民族团结惠”系列主题活动，首家“铸牢中华民族共同体意识专家工作室”落地。具有民族特色的德外大街东社区养老驿站建成并使用，完成德胜老年服务一刻钟服务圈布局。巡视探访服务高龄独居空巢老人近900小时，确保疫情期间老龄服务不断档、不留白。做好辖区内3家百姓生活服务中心、6家标准化菜店、3家生鲜超市、2组蔬菜自提柜、3辆便民菜车的物资组织和消杀防控工作，保障居民生活必需品供应。全面优化提升政务服务中心服务环境，配合

6月28日，双旗杆胡同口袋公园升级改造完工　（德胜街道　供图）

9月17日，德外大街东社区养老服务驿站开业　（德胜街道　供图）

完成硬件改造升级，开展人员业务能力培训，打通政务服务工作壁垒，“一窗通办”业务达195项，位列全区第一。回应三环外地区居民政务服务需求，启动裕中东里社区级政务服务站建设。（孟　蕾）

【“接诉即办”事项】2021年，德胜街道坚持问题导向，聚焦民生诉求，深化“主动治理、未诉先办”，从源头破解重点难点问题，万人诉求量长期低位运行。通过“接诉即办”集中需求发掘民生需求热点，整合数据资源、强化工作分析，为基层治理工作提供研判依据，解决大量历史遗留问题和难点问题。制订《德胜街道“接诉即办”案件处理规范》和11项工作制度汇编等，定期召开“接诉即办”务虚会、推进会、复盘会、专项问题调度会、整改专题调度会等，对后进专班督导、领导约谈、绩效考核，提升热线办理的规范化、标准化水平，突出群众“出题”、部门“答题”、“点题”整治，转化“治标”成果为“治本”成效。通过“三个一”（制订一份标准流程、完善一套制度体系、构建一个督责机制）举措，形成责任落实的有效闭环，提升案件办理成效，形成“接诉即办”工作长效机制。全年接办诉求案件8974件，解决率91.94%，总体满意率95.81%。（孟　蕾）

【疫情防控】2021年，德胜街道严格落实疫情防控责任，统筹抓好社区防控、市场防疫、重点人员信息核查及管控等工作，有序组织多轮重点人员、行业从业人员和大规模核酸检测，全年检测超24万人次，切实巩固地区零输入、零感染、零输出的防控成效。严格市场防疫和环境消杀，强化对重点部位重点人群的督促检查和联合执法检查。动态调整“双楼长”“双店长”配置，及时沟通了解企业动态需求，指导落实防疫措施，为地区复工达产奠定基础。推进新冠病毒疫苗接种工作，率先开展行业重点人群接种，统筹布局大规模接种，累计设置4个固定接种点位和18个临时接种点位，率先设立西城区首个楼宇临时接种点、率先启用全区首辆移动接种车、率先建立便民临时接种点，将接种点化整为零深入商务楼宇、社区、公园等工作生活圈，打通接种服务的“最后一公里”。截至年底，街道第一针剂接种126908针次，第二针剂121680针次，加强针剂71105针次，60岁以上人群接种率全区第一。（孟　蕾）

【助力校园环境建设】2021年，德胜街道助力区教委扩建洁民幼儿园，新增办学面积2470平方米，增加学前教育学位150个。建设校园及周边环境，协助德胜中学、育翔分校两所新建校协调解决校址施工、交通等问题，支持石油幼儿园门窗改造、育翔分校照明灯安装、实验二小宣传栏改造等项目。（孟　蕾）

【第八届“亲子嘉年华”活动】2021年，德胜街道为庆祝“六一”国际儿童节，举办第八届“亲子嘉年华”活动。以发扬“爱党、爱国、爱家”为主旨，通过游戏引导父母关切、关心爱国教育，关爱、关注儿童身心及思想健康，辖区1009个婴幼儿家庭参加。以“幸福德胜童心向党”为主题，通过艺术创作、勇往直前等游戏环节，引导家长以身示范做爱国爱家的家庭榜样。组织“街巷小管家”以牵手社区老党员的形式，开展一场红色党史学习课堂，通过观一段红色影片、听一则红色故事、读一首红色诗词、对话社区初心团以及写一份红色笔记等方式，发挥社区老党员的先锋作用和资源优势，传承红色基因，弘扬优良传统。通过小手拉大手的形式，开展垃圾分类、良好卫生习惯、个人防护措施等知识宣讲。依托早教平台，增设“萌宝爬爬赛—不怕困难”“宝贝向前冲—长征胜利”两场小月龄宝宝专场活动，拓展活动覆盖面。（吴　红）

2021年西城区德胜街道社区居委会一览表

表22

序号	名称	地址
1	六铺炕北小街社区居委会	六铺炕二区39号楼1层
2	六铺炕南小街社区居委会	六铺炕二区32号楼前
3	安德路南社区居委会	德胜门东滨河路3号至7号
4	安德路北社区居委会	教场口6号院1号楼1门003室
5	德外大街西社区居委会	冰窖口胡同73号-4
6	人定湖西里社区居委会	塔院胡同丙2号
7	新外大街北社区居委会	新外大街甲4号
8	德胜里社区居委会	德胜里二区3号楼104号
9	新明家园社区居委会	新明胡同2号楼1层

续表 22

序号	名称	地址
10	新康社区居委会	新康街 1 号院 1-1
11	新风中直社区居委会	新风街 1 号院 10 号楼 107
12	北广社区居委会	双旗杆东里甲 7 号
13	马甸社区居委会	马甸南村 2 号楼 2-2
14	双旗杆社区居委会	双旗杆东里 12 号楼 -1
15	裕中西里社区居委会	裕中西里 27 楼甲 1 号
16	裕中东里社区居委会	裕中西里 15 楼 1 层中间
17	黄寺大街西社区居委会	黄寺大街 27 号院南侧 12、13 号
18	黄寺大街 24 号社区居委会	人定湖北巷（敬老院北）
19	阳光丽景社区居委会	黄寺大街 23 号院 3 楼东平房
20	德外大街东社区居委会	教场口 9 号院 5 号楼 1 层

（孟　蕾）

什刹海街道

【概况】 什刹海街道位于西城区东北部，东起旧鼓楼大街，地安门内、外大街，与东城区相邻；西至新街口南、北大街，西四北大街，与新街口街道相连；南起景山前街、文津街、西安门大街，与西长安街街道相接，北至德胜门东、西大街，与德胜街道接壤。辖区面积 5.8 平方千米，有街巷胡同 225 条，社区 22 个。截至年底，辖区常住人口 61292 人、户籍人口 120178 人。有规模以上单位 133 家、规模以下单位 2720 家，中学 6 所、小学 7 所、幼儿园 8 所、1 个社区教育学校。2021 年，什刹海街道工委获评北京市先进基层党组织，街道办事处获评北京市节约用水先进单位，街道司法所获评全国模范司法所。兴华社区获评全国示范性老年友好型社区，柳荫街社区获评全国退役军人服务保障先进单位，柳荫街社区党委书记范丽丽获评北京市优秀基层党组织书记。（宋建翰）

【党建工作】 2021 年，什刹海街道开展党史学习教育，重点抓好“三堂课”（党史微课堂、我为群众办实事实践锻炼课、走千门入万户作风培育课）。街道微信公众号推出党史微课堂 100 讲，举办“学党史、守初心、强党性、办实事”专题读书班，发放书籍 5000 余册，在线讲座 11 次，观看人数 1539 人次。组织各类文明实践活动 870 余场，参与人数 2 万余人次。街道党群服务中心先后成立国画，茶艺、单弦等 12 个团队，授课 300 余课时，参与人数 7000 余人次。建成“镜海雅集·自然书馆文化共享空间”，申报街道市民服务中心为市民终身学习服务基地，把什刹海 inn 和旧鼓楼两个社区青年汇平台建成青年活动驿站。开设党史学习教育精品课“艺术党课”，组织观看原创话剧《什刹海畔的电波》，开展非遗工艺雕漆体验、“青山埋忠骨、丹心与后人”八宝山革命公墓现场教学、“百年峥嵘忆初心、海畔聚力颂党情”建党百年系列庆祝活动，面向青少年开展“从艺术中重温党史、我是小小陶艺人”活动、寒暑假“我的童年”活动、“智慧生活”系列青少年科普活动等。完成“北京历史文化绘本丛书”第二集、第三集的设计出版。完成区人大代表、社区“两委”和群团换届。（宋建翰）

【平安建设】 2021 年，什刹海街道完成庆祝中国共产党成立 100 周年系列活动服务保障，采取“白 + 黑、5+2”模式，加强地区安全监管，加强重点部位和重要点位安全隐患排查、治理，累计出动检查力量 2600 余人次，检查企业 5000 余家次，发现和消除各类安全隐患 2740 处，排查各类矛盾纠纷 86 起、化解 81 起，化解率 94%。开展瓶装液化气专项治理，完成液化石油气非居民“三改”195 户，其中改电 153 家、改天然气 20 家、更改业态 5 家、关停 17 家，完成率 100%；居民“新三改”（改使用人的不安全行为、改正在使用的液化石油气设备的不安全状态、改不符合安全要求的社区液化石油气管理制度）10914 户，入户安全巡查 11821 户，消除隐患 19447 处，免费更换调压器 9752 只、胶管 9695 根。整合各类安保力量，运用“综治中心 + 网格化 + 信息化”，提升地区平安创建质量和水平，检查生产经营单位 9443 家次，下达责令整改书 3744 份，查出安全隐患 14013 处，全部完成整改。安全生产大排查大整治专项行动发现和整改各类隐患 2540 项，“双预防一推进”专项行动检查企业 96 家，发现并整改有限空间作业安全隐患 33 处。深化

"一线执法＋现场审核"模式，行政检查3.8万余次，立案处罚2600余起。司法所提供法律咨询683次，组织维权活动11场，参与市民诉求办理60余次。（宋建翰）

【城市管理】2021年，什刹海街道成立西安门大街提升整治组、旧鼓楼大街环境整治组、鼓楼周边第五立面环境品质提升整治组、西什库76号院断水抢险工作专班。422处施工整治点位开展"环境整治＋交通治理＋业态调整"，完成违法建设拆除、停车位施划、绿化面积增加、市容环境改善、供水管线铺装等任务。完成平安大街什刹海段整治提升任务，平安大街中央绿化带全线建成，搭建居民议事平台，实现传统历史风貌与现代共享空间的相交融合。推进"疏整促"攻坚任务，全年拆除历史遗留、中轴线沿线、卫星图斑提示的及群众反映集中的违法建设1.31万平方米，户外广告治理纳入整治提升范畴。改善市容市貌，开展电动车及非机动车清理、轨道交通出入口周边沿线区域整治提升、地区市容环境整治等专项行动，全年修复破损点位4580处，梳理凌乱架空线及废弃灯杆清理堆物堆料2252处，修缮照明设施、消防箱、破损电箱、断路电线等158处，清理废弃三轮车、自行车303辆，拆除地桩地锁568个，督促整改店外经营293次，解决私占车位问题56处，消除市容环境"盲点死角"。补齐基础设施短板，协调区管委入地办解决电箱占路12处，完成植入式治理提升30平方米以上脏乱点位8处，完成应急抢险综合整治项目23个，涉及34个平房院落；协调环卫、市政疏通下水管线60次，维修损坏路面72次；强化防汛备汛值守应对，落实危旧房屋、低洼院落、地下空间以及在施工地等重点部位防汛责任，督促完善应急措施，汛期巡查1.2万人次、处置房屋漏雨124间、疏通院落积水25处、处置倒伏断枝树木39起。提升停车秩序管理，开展4个社区9条胡同450个车位的自治停车管理工作；组织协调共享单车管理企业参与地区单车管理工作，召开协调会6次，清运重点积存点位单车5000余辆；完成西什库大街、新街口东街、西安门大街221个路侧电子收费停车位的居民认证工作，报送地区635个地块停车信息。提高背街小巷品质，190条背街小巷全部达标，历史遗留小煤棚基本清零，178条实现精细化治理，23条获评市级文明街巷。全年拆除圈占胡同公共空间的违建、私搭乱建175处1860余平方米，护国寺东巷、东煤厂胡同、金奖胡同等老大难问题集中的8条胡同旧貌换新颜，拆除西安大院失管违建30余间，清理生活垃圾60余吨，古都"城市客厅"和视觉走廊成批亮相。盯住两个"关键小事"（物业管理和垃圾分类），德胜世嘉、大石桥29号等5个小区获评北京市垃圾分类示范小区。多产权弃管小区物业管理取得突破，爱民里小区3号、6至13号楼引入专业物业服务。（宋建翰）

【社区建设】2021年，什刹海街道完成12个社区服务站转型升级，编制《社区服务站工作手册》，建立社区任务准入清单，实行"前台受理，后台通办"，探索首都功能核心区基层社会治理之路。5月14日，北京市社工委民政局在街道召开全市社区服务空间开放式建设工作现场会，现场观摩什刹海街道兴华、柳荫街社区。（宋建翰）

【民生保障】2021年，什刹海街道建立以市民服务中心为主阵地的养老服务体系，实现"一环兜底线、二环保基本、三环全覆盖"目标，营建15分钟居家养老宜居圈。优化升级区域性养老联合体，与多家爱心企业合作，为辖区内高龄老人及失能失智老人建立综合信息平台等内容，实现从单一服务到联合服务。参与企业130家，包含养老驿站、医疗机构、便利店等30余个服务业态。加强便民网点建设，满足居民基本生活便利需求。推进地外大街50号百姓生活服务中心、羊房胡同27号便民菜店建设工作。开展公益活动，推进"节日慰问困难家庭""一元理发""困难老人上门理发"公益项目，服务困难老人415人次。传承老城历史文脉，串联140个节点构建文化探访路，建成流园、和园等6个功能区，孔子学堂、共创空间等18个功能室，提升地区文化品质。借助社会组织的专业力量，引导居民参加线上线下建党百年庆祝活动，提升居民文化参与热情。弘扬柳荫精神，举办第二十六届双拥"五好"表彰活动，深入开展军民共建。精准救助服务，街道慈善分会发挥社会救助补充作用，开展慈善救助项目7个，为辖区436名困难群众申请救助金48.75万元，动态管理困难群众181户次，被《中国民政》杂志刊发经验做法。

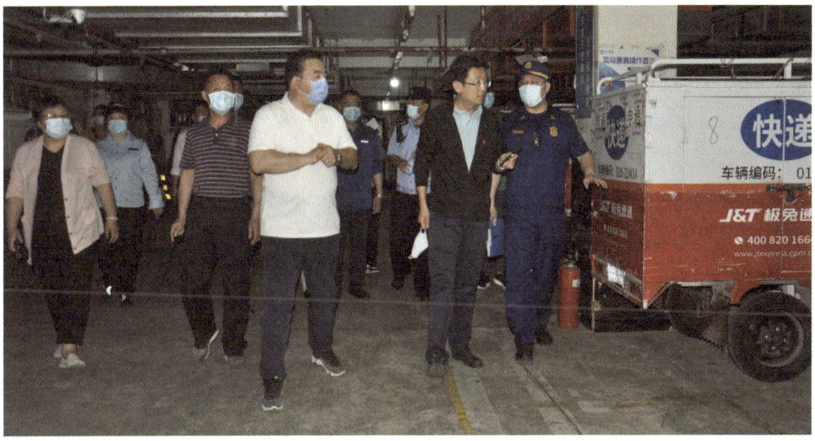

6月23日，什刹海街道对辖区部分快递公司进行安全检查（什刹海街道 供图）

“海益汇”爱心平台探索出“从门店到企业的合作升级、从分散到集中的路径升级、多元力量参与的内容升级、帮扶途径丰富的方式升级”发展思路。落实惠残助残政策，以“一街”（无障碍精品示范街）“一圈”（一刻钟便民服务圈）完成无障碍改造，不断提升温馨家园服务品质。完善全民全周期健康服务体系，发挥“海馨健康小屋”项目作用，向居民开展健康知识普及、急救培训、心理关爱、社区养生、营养保健等五大主题活动，完成线上线下活动133次。持续开展“周末卫生日”、除“四害”、卫生健康宣传等活动。（宋建翰）

8月12日，什刹海街道疫情防控数据专班电话核实大数据排查信息（什刹海街道　供图）

【“接诉即办”事项】 2021年，什刹海街道深化“接诉即办”机制改革，明确主要领导为第一责任人、层层压实责任、传导压力，推动“接诉即办”工作规范化。围绕“科室紧盯解决率、社区狠抓满意度”下功夫，将“人人都是办件员”的思想贯穿始终。全年接办诉求案件10167件，解决5768件，解决率56.73%，单件满意件1567件，总体满意率72.15%。（宋建翰）

【疫情防控】 2021年，什刹海街道落实落细常态化防控举措。完成顺天府超市无症状感染、荷花市场核酸复阳、美廉美进口食品核酸阳性等疫情防控。做好大数据排查，落实“当天派单、当天核实、当天核酸、当天管控”要求，全年核查1300余批次2.5万余人次，居家管控7562人次。全年开展核酸检测230场，累计检测15万人次，接种新冠病毒疫苗18万剂次。做好防控措施宣传，号召居民践行健康生活方式，发放防疫用袖标3000余个、棉马甲500件，形成自我管理与自我监督相结合的防控格局。（宋建翰）

【什刹海文化探访路项目】 2021年，什刹海街道围绕老城核心价值的保护与传承，系统梳理景区内历史文化资源，有序串联散落的文物古迹、特色文化资源、文化设施和现代城市景观等139个景点，整合各方资源建设什刹海文化探访路项目，推出致敬经典必选之旅、世界遗产寻迹之旅、人文遗存游访之旅、魅力新生体验之旅等4条什刹海文化探访体验线路。9月27日，什刹海文化探访路项目发布线上体验小程序与什刹海文化探访双语地图，游客可以在小程序中选取感兴趣的点位，定制自己专属的探访线路。相关工作被媒体报道230次，其中中央国家级29次、市级152次。（宋建翰）

2021年西城区什刹海街道社区居委会一览表

表23

序号	名称	地址
1	西四北社区居委会	中毛家湾55号
2	西什库社区居委会	刘兰塑16号
3	爱民街社区居委会	爱民二巷1号
4	大红罗社区居委会	西安门大街169号
5	西巷社区居委会	护国寺东巷22号
6	护国寺社区居委会	德内大街251号
7	前铁社区居委会	德内大街303号
8	柳荫街社区居委会	柳荫街甲10号
9	兴华社区居委会	厂桥胡同8号

续表23

序号	名称	地址
10	松树街社区居委会	弘善胡同18号
11	前海社区居委会	龙头井32号
12	白米社区居委会	白米北巷10号
13	景山社区居委会	陟山门街21号
14	米粮库社区居委会	油漆作胡同21号
15	旧鼓楼社区居委会	旧鼓楼大街145号
16	双寺社区居委会	西绦胡同甲15号
17	鼓西社区居委会	鼓西大街128号
18	后海社区居委会	后海北沿13号东
19	后海西沿社区居委会	东明胡同16号
20	西海社区居委会	水车胡同9号
21	苇坑社区居委会	苇坑胡同甲53号
22	四环社区居委会	新街口东街22号

（宋建翰）

西长安街街道

【概况】 西长安街街道位于西城区东部，东以天安门广场西侧路、中山公园、故宫西墙为界与东城区毗邻，南以前门西大街、宣武门东大街中心线为界与大栅栏、椿树2个街道交界，西以西四南大街、西单北大街、宣武门内大街西侧便道为界与金融街街道相接，北以西安门大街、文津街南路边缘、故宫北筒子河中心线为界与什刹海街道为邻。辖区面积4.24平方千米，有街巷胡同105条，社区11个。截至年底，常住人口36645人、户籍人口75493人、流动人口11829人、出生人口559人，出租房屋3036户；有中央单位10家、市属单位26家、驻京办4个、区属单位25家；中学1所、小学6所、幼儿园3所、社区教育学校1所。2021年，西长安街街道获评全国无障碍环境示范市县村镇、首都文明单位标兵、北京市信访工作先进集体。（傅瑞钧）

【党建工作】 2021年，西长安街街道开展党史学习教育及中国共产党成立100周年系列活动。制订《关于在西长安街地区开展党史学习教育的实施方案》，细化13项重点工作，开展“红色照片忆党史”“百名书记讲党课”系列活动。与中组部、清华大学等单位开展联学共建，街道四合院党群活动中心挂牌，占地610平方米。开展“红墙先锋在社区、我为群众办实事”活动，完成问题清单16个。完成社区“两委”换届，社区“一肩挑”比例100%，35岁以下年轻干部配备率100%，交叉任职比例58.2%。完成社区居务监督委员会推选及社区居委会下属委员会调整工作。完成11个“两新”党支部换届。制订《西长安街街道宣传设施和宣传品管理办法》。配合区委组织部做好红墙意识党性教育基地展陈更新工作，红墙意识党性教育基地接待调研参观252场5641人次；街道展示馆接待调研参观14场361人次。围绕“接诉即办”、办公用房整治、党务外包等专项监督开展日常检查工作。对接中宣部办公厅开展“中宣部党员干部服务群众文明实践行动”，梳理服务项目清单，赠送志愿服务包。开展“我们的节日”系列活动，弘扬中华优秀传统文化。西城区红墙意识党

7月10日，位于东松树胡同4号的四合院党群服务中心揭牌开放　（西长安街街道　供图）

性教育基地获批市级爱国主义教育基地，通过全国文明单位复查。加强社区新时代文明实践站、主要商业区等 58 个实地点位的值守；在西单商业区开展“光盘行动”宣传、非机动车停放引导；完善“街道—社区—物业”长效机制，解决社区上报的反馈信息 322 条。以庆祝建党百年为主题，在东安福胡同设立党员风采榜。建立“快递小哥”“外卖小哥”文明监督服务队，做好“移动宣传”。加强未成年人思想道德建设，开展“童心向党绘党史”等主题教育实践活动。区属 19 个机关企事业单位 21 个党支部加入 11 个社区党建工作协调委员会。组建综合督导工作专班，优化整合 8 支作业队伍，梳理汇集安全生产、城市运行、宣传与舆情等 13 类检查领域，形成综合督导工作目录清单。联系走访中央单位和驻京部队，全年解决服务事项 57 件。开展服中央事项进大厅专窗、一网、限时办结服务工作。（傅瑞钧）

3 月 31 日，西长安街街道辖区非居民液化气罐清零（西长安街街道　供图）

【平安建设】2021 年，西长安街街道完成全国两会、建党百年庆祝活动、党的十九届六中全会等服务保障任务。深化扫黑除恶治乱工作机制，围绕重点区域开展各类联合整治 35 次，查处车辆 136 辆次，查扣黑车 41 辆。联合公安、工商、文化执法等部门加强校园周边秩序整治。强化街道民防物资库安全隐患排查及物资管理。加强地区防范和处置邪教问题能力，做好禁毒“五进”宣传。健全安全隐患地图台账，实行挂图作业，消除安全隐患。提高消防“秒级响应、分钟处置”能力，建成第四个小型消防站，增设电动车充电桩 53 组、充电孔 530 个，为地区 290 家“六小”单位安装独立式感烟火灾探测报警装置。辖区楼房小区实现技防设施全覆盖。开展易燃易爆危险品清理整治，完成 73 家 145 个非居民液化气罐清零。为 2228 户居民更换液化气阀门和软管。建立处级领导每日带队夜查机制，联合公安、城管、物业等力量排查防火安全隐患，发现隐患立即整改。清理自建房、直管公房违规出租 109 户 113 间 186 人。审核重大行政处罚案件，监督综合执法全程，提升依法行政能力。建设红墙特色普法阵地，打造“一街一室一园”。成立众和调解室，化解西单地区企业劳动争议、消费者权益纠纷。用好“枫桥经验”，以街道调解委员会为主阵地，全年调解案件 300 件，调解成功率 98.5%。（傅瑞钧）

【城市管理】2021 年，西长安街街道推进“疏解减量提质”，落实“双控”“四降”要求，疏解人口 2140 人。落实新一轮“疏整促”三年行动计划，拆除并销账违建 88 处 5293.8 平方米。“开墙打洞”、群租房动态清零。完成胡同电力路灯架空线入地工程。综合行政执法队立案处罚件 357 起、处罚金额 34 万元。落实核心区控规三年行动计划，完成环中南海片区更新，恢复南北长街整体外立面传统风貌，完成福佑寺、织女桥东河沿环境整治，提升中南海周边环境品质。完成 3 处早期革命旧址环境整治。精细化整治提升 46 条背街小巷。完善空气重污染过程应对措施，推行社区监测子站负责人制，开展“扬尘治理百日行动”，环保巡查队每天覆盖式巡查。推动餐饮单位油烟排放提标改造，降低餐饮企业油烟污染排放。压实河湖长制，巡河 765 人次 2187.47 千米。在平房区全域推行“垃圾不落地”，定时定点、巡回收集，撤桶 127 组，从源头推动居民自主分类、垃圾减量。完成 11 处垃圾分类驿站、27 处小区大件垃圾和建筑垃圾投放点建设，完成垃圾楼及可回收物中转站的智能称重系统改造，与市级垃圾分类管理系统完成对接。举办垃圾分类宣传活动 260 场、专业培训活动 59 场。太仆寺街 33 号院、未英 5 号院、灵境 12 号院、西交民巷 62 号院完成示范小区建设并通过市级验收。物业管理在“三率”（物管会组建率、物业管理覆盖率、党的组织工作覆盖率）100% 的基础上，依托物管会摸排问题清单，推进物业管理难题化解。完善停车自治共治模式，推出地区居住停车改革与路侧停车电子收费改革相结合的改革方案。加强对重点税源企业走访联系，5月8日西单文化广场更新场开业。

（傅瑞钧）

【社区建设】2021年，西长安街街道完成全部社区服务站转型升级硬件改造，便民利民事项纳入“全科社工”综窗服务。开展全科社工培养，探索社区服务站工作人员职业化、专业化发展。完善社区议事协商机制，围绕居民关注的难点热点问题开展每月一主题的社区协商议事工作。搭建“西城家园”线上议事平台，注册居民17983人，占常住人口的51.38%。规范社区室内外标识，建立工作事项准入制度，强化社区自治功能。搭建社区和街巷治理团队，街道社区干部、各类协管员、市场服务人员和社会参与力量等通过人员下沉或实名报到的方式充实基层力量。开展爱国卫生月、“周末清洁日”活动18轮次，5000余人次参与，清理卫生死角1100余处，清理垃圾杂物100余吨，发放宣传品1.9万余份。开展夏季灭蚊蝇和冬季灭鼠工作，清理病媒生物孳生地近400处，喷洒灭蚊蝇药物432公斤，投放鼠药22.26公斤。落实“双减”政策，推进校外培训机构专项治理，建立机构台账，开展联合检查50余次。约谈、督促辖区内学科类培训机构关停或转型，街道学科类培训机构清零。开展多项青少年课后活动，惠及辖区青少年5000余人次。

（傅瑞钧）

【民生保障】2021年，西长安街街道实施“一人一策”就业帮扶，811名失业人员再就业。开展劳动专项执法检查30余次，受理投诉举报案件51起，涉及305人46万元，调解争议案件5起。培训1155名养老护理员，提前两年完成指标。构建“2+3+6”（2家养老照料服务中心、3家社区养老服务驿站、6家养老助餐点）为老服务体系，新增西绒线银龄养老照料中心和3家养老助餐点，新增养老床位41张，开展老年助餐数字化服务项目。完成各类保障性住房新申请293户、复核1140户，市场补贴家庭入户检查20户，快速配租意向登记259户。构建“9+1+X”（低保、特困、受灾、医疗、教育、住房、就业、采暖、临时救助9项基本救助，慈善救助1项补充，X个社会组织参与）救助保障体系，完善救助对象主动发现、低保低收入人员医疗救助预警等机制。按照“一户一档一策”原则，开展困境家庭精准扶助服务228次。发放各类救助金1365.35万元。生活无自理能力集中供养人员率提升至91.2%。开展残疾人文体活动、康复训练。加强退役军人服务站建设，北新华街、西交民巷两个社区参加第一批全国示范型退役军人服务站创建工作验收。建立困难帮扶台账和退役军人就业创业一人一策台账，开展专场招聘5次。持续“红墙卫士”“穿军装的居委会主任”双拥品牌。接收社会化退休管理人员2743人，完成1.4万份社会化退休人员档案移交。推进政务服务一对一“全程跟办”“悉心听”模式，开展“小小窗口、满满服务”行动，打造社区政务服务样板，接待居民43250人次，办理业务20494件，其中延时服务期间接待4435人次。打通服务群众“最后一公里”，为各类服务对象免费邮寄“卡证单”300余次。推进无障碍设施改造，投入1260万余元完成393处点位整改。推进社会心理服务体系建设，社会心理服务中心全年接待个体咨询300余人次，开展心理科普讲座25场、团体辅导10余场，受益群众近1000人次。打造“红墙”特色系列文体惠民活动，惠及地区1000余人次；开展“社区邻里节”系列活动100余场，惠及地区居民2万余人次。建成大方胡同仿真冰场及宣内大街临1号综合休闲场地，更新39件室外临期健身器材。统筹利用辖区图书馆资源，提供平时延时、周末不打烊服务，每周服务时长63小时。开展群众文化创意主题活动40余场，日常活动200余场次，受益群众10万余人次。

（傅瑞钧）

【“接诉即办”事项】2021年，西长安街街道坚持12345热线案件主要领导逐件派单、固化每周两次会商调度、难题挂账督办。突出主动治理，根据季节性、重点时期、节日性诉求问题等特点提前预判，推进“未诉先办”。聚焦多元治理，建立“街道+”联动机制，主动吹哨辖区中央单位，解决央产小区问题。全年受理热线诉求4193件，解决率94.46%，满意率96.53%。

（傅瑞钧）

【疫情防控】2021年，西长安街街道落实疫情防控重点人员摸排、隔离、核酸检测等相关管控要求，以“宣传、查人、管控”为重点，组织社区实施常态化群防群治、联防联控。创新核酸检测“远端集结、分时前进、一人一卡、有序检测、快速撤离”工作模式，被市委宣传部刊发推广。定期调度新冠病毒疫苗接种工作，开展“三扫”（扫街、扫楼、扫户），累计接种第一针4.4万人、第二针4.6万人、第三针2.7万人。在西单商业区设置便民接种车，西单14栋楼宇接种率95%，西单更新场员工接种率100%。服务中央单位上门接种1.2万人次。全年街道零事故、零疑似、零感染。

（傅瑞钧）

【政务中心便民服务新举措】2021年，西长安街街道政务服务中心多举措提升便民服务品质。完善“容缺受理”机制，针对前来办理事务的居民忘带材料、少带材料的情况，先收取居民当天所带材料，所缺材料可通过快递、电子邮件、公共微信等多种途径将材料补齐。工作人员向后台业务部门流转办结，避免居民二次跑腿。推出“全程跟办”服务模式，办事人从进门至业务完成，全程有工作人员跟踪进行资格确认、材料“预审”等服务，引领办事人至窗口并协助沟通。群众不再因为不懂政策而犯难，照顾老年人群体的办事需求。推出“卡、证、单”快递到家的服务。

（刘瑾　傅瑞钧）

【入选全国第四批智慧健康养老应用试点示范街道】 2021年，西长安街街道入选全国第四批智慧健康养老应用试点示范街道。西长安街街道打造六部口社区养老服务驿站智慧养老互动体验中心，按照客厅、卧室、卫生间、厨房等日常活动区域，展示不同的居家智慧养老场景，聚焦老人安全、健康、智慧养老需求，打造“互联网＋养老”生态系统。依托智慧设备，实现健康管理。通过睡眠监测带、门磁报警器、老人智能腕表和烟感报警器、燃气泄漏报警器等终端设备，实时采集老人的居家安全信息。终端实时分析，将远程监控发现的异常情况发送至社区养老服务驿站等服务机构及紧急联系人，驿站工作人员24小时值班，迅速锁定老人住址、查阅身体状况记录，开展紧急救援。

（刘怡　傅瑞钧）

2021年西城区西长安街街道社区居委会一览表

表24

序号	名称	地址
1	义达里社区居委会	义达里42号
2	西单北社区居委会	东斜街53号二楼
3	黄南社区居委会	灵境胡同1号楼
4	府南社区居委会	太仆寺街33号院5号楼
5	钟声社区居委会	南安里7号
6	太仆寺街社区居委会	横二条2号303
7	北新华街社区居委会	东安福20号
8	西交民巷社区居委会	东新帘子胡同2号
9	六部口社区居委会	小六部口36号
10	和平门社区居委会	西绒线胡同甲8号
11	未英社区居委会	西绒线26号院2号楼

（傅瑞钧）

大栅栏街道

【概况】 大栅栏街道位于西城区东南部，东起前门大街西侧，西至南新华街，南起珠市口西大街，北至前门西大街。辖区面积1.26平方千米，有街巷胡同113条，社区9个。截至年底，常住人口28985人、户籍人口53874人、流动人口12193人、出生人口227人、死亡人口504人。有法人单位835家，其中中央单位3家、市属单位7家，区属单位13家、其他单位812家；有社区卫生服务中心1个、社区卫生服务站3个；中学1所、小学3所、幼儿园5个。2021年，大栅栏街道获评首都劳动奖状、北京市“接诉即办”改革工作先进集体、北京市扫黑除恶先进单位。（沟溪桥）

【党建工作】 2021年，大栅栏街道围绕“永远跟党走”主题，突出“明理、增信、崇德、力行”关键环节，明确37项具体措施，推动党史学习教育。推进“红墙先锋在社区、我为群众办实事”实践活动，完成重要事项11项，实事清单98条；基层党组织服务群众经费实施项目53个306万余元，惠及地区居民3万余人次。完成建党百年201名老党员“光荣在党50年”授勋工作。深化“一核四力四品牌”（一核：凝心聚力、民生为本、同心守望、传承发展；四力：基层党组织政治领导力、思想引领力、群众组织力、社会号召力；四品牌：机关党建“微系列”、社区党建“党建四合院”、区域化党建“红色坊间”、跨区域党建“流动的红墙卫士”）党建模式，全区率先成立物业管理专门委员会和地区促进专门委员会，完善党建协调委员会工作体系。与北京工业大学、中国政法大学、张家口驻京流动党委共驻共建。完成区党代表、人大代表、政协委员和社区居委会换届选举工作。推进文明街巷和文明商户创建活动，小齐家胡同、同仁夹道获评2020年度首都文明街巷。开展道德模范、身边好人、北京榜样等优秀人物和典型事迹推荐评选活动。指导社区开展“光盘行动”“文明养犬”“低碳出行”等主题活动，组织志愿服务队开展“文明劝导”“文化讲解”“环保行动”“分小萌”垃圾分类志愿服务。建立处级领导包社区，“机关干部＋社工”包网格双责任制，全时段下沉干部开展街巷治理、文明劝导等工作。打造景观小品13处，开展商业街公益宣传。持续推动清洁空气、节水护水、垃圾分类、文明出行、背街小巷整治“五大青年行动”。探索“互联网+政务公开”模式，在微信公众号开设政民互动、政务服务等模块，提供一站式政策查询和办事服务，公开各类政策信息2529条。完成第七次全国人口普查收尾工作、年定报工作、楼宇调查、劳动力调查、人口抽样等各项调查工作及社区统计管理工作。

（沟溪桥）

【平安建设】 2021年，大栅栏街道完成全国两会、建党百年庆祝活动等重点时期服务保障，健全完善“三级联动、一体化防控”体系，启动社会面防控76天，出动地区志愿者、张家口流动党员8万余人次。完成163家餐饮单位、6980户家庭液化气罐巡检整改。采取“建管并举、疏堵结合”的方式，解决辖区居民电动自行车室内充电、飞线充电问题。开展“暖冬”行动，修剪800间房上草，清理各类安全隐患，加强应急宣教演练，统筹微型消防站建设，提升“秒级响应、分钟处置”能力。打击“黑三轮”非法运营乱象，累计查扣“黑三轮”88辆、集中销毁40辆，退还游客费用1.8万余元。推进公共法律服务，全年接待居民630余人次，接待电话咨询370余人次，法律顾问入社区现场解答咨询320余人次、参与12345热线案件协调会及社区调解30余次。完成执法检查单22168次，涵盖街道全部检查单类型36项，违法行为检查率100%，立案处罚1028起，罚款34.66万余元。完成基干民兵和普通民兵整组，兵役登记率100%。

（文　静）

【城市管理】 2021年，大栅栏街道推进“疏整促”专项行动，拆除违法建设5026.93平方米，拆除大型违规户外广告21块，清理直管公房转租转借13户，观音寺片区申请式退租收房1068户2800人。厂甸11号院改造项目（西城区唯一试点）完成，成为2022年北京冬奥会北京市城市形象采访推荐点位。完成低洼院改造4处，在全市率先实现“智慧院落”水泵远程控制。坚持保护与发展同频，实施西单饭店保护性修缮和南货客栈活化利用。推进辖区住宿业转型升级，一对一建档，完善一户一档台账。建设垃圾分类驿站9处，设置厨余垃圾集中收运点2个，实行垃圾不落地街巷45条，完成厂甸小区垃圾分类示范小区创建。在全区率先成立物业管理专门委员会和街道物业党群服务站，成立街巷物业服务中心2处，完成水电类维修1130余次，门窗维修等100余次，煤改电设备应急维修1100户次，供暖设备检查3494户次。新增屋顶绿化面积778平方米，栽植、补植绿植5000余平方米。完成46条精治类街巷、10条提升类街巷验收，85条街巷精治提升，市级“十有十无”验收达标街巷108条，获区2020年度背街小巷环境精细化整治提升一等奖奖励资金。开展地区防汛工作，设立3处紧急避险转移点，累计转移避险人员47户86人；防汛值守27次7500余人次；预备防汛物资，放置沙袋1400余个，水泵20余个；深化“一微克”行动，街道空气质量$PM_{2.5}$、TSP等指标好于区平均水平。

（刘华秋）

【社区建设】 2021年，大栅栏街道完成街道服务站转型工作。聚焦社区工作者队伍建设，完善“选、育、管、用”，社区能力建设培训20课时。完成厂甸11号院“党群共建欢乐之家”、铁树斜街社区乐+生活馆建设，调动居民参与社区事务积极性。整合基层一线力量，规范管理外聘人员47类337人。确定3个社区、6个试点网格，形成网格热线诉求链条式办理模式。建成大栅栏街道心理服务中心。完成大栅栏西街56号基础建设施工。文体活动中心、益民书屋延时服务1418小时13301人次。组织“我们的节日”系列主题宣传，举办街道第六届文化体育节，开展“礼赞百年华诞，同唱梨园欢歌”红色主题京剧文化展演活动。

（沟溪桥）

【民生保障】 2021年，大栅栏街道开展困难群体救助帮扶，慰问各类群体2882人次，发放慰问金155万余元。完成公租房备案轮候家庭、市场租补贴家庭复核共计867户。推动“D360+”（建立宣传服务、公共服务、培训服务3个平台；提供全频道宣传、全维度测评、全要素赋能、全覆盖帮扶、全景别展示、全方位联动服务；达到零距离就业服务效果）就业服务体系升级，23家企业5381个职位招聘；打造无障碍精品街区、便民服务圈。推动煤东社区市级慈善试点相关救助帮扶

1月6日，位于铁树斜街118号的街巷物业综合服务中心揭牌运营　（大栅栏街道　供图）

12 月 7 日，前西社区西河沿街 124 号“星级公厕”落成，居民联名撰写感谢信　（大栅栏街道　供图）

平台建设，大安社区参评全国防灾减灾示范社区；全区试点劳动争议服务站正式运行。补足公共民生短板，解决西河沿街居民如厕难等问题。设立仲裁派出庭，为辖区劳动者及企业提供劳动维权一站式服务。完成大栅栏街道社区残协换届。实施无障碍环境建设三年行动，强化无障碍标识、共享坡道等服务软环境建设。探索京津冀蒙养老服务一体化，满足西城区户籍老年人异地康养多元化服务需求。探索“互联网+政务公开”服务模式，街道公众号开设“政民互动”“政务服务”等模块，实现一站式政策查询和办事服务。（姜晓琳）

【“接诉即办”事项】2021 年，大栅栏街道深化“主动治理、吹哨报到、未诉先办”，编制《大栅栏街道“接诉即办”工作指南》，探索“热线+网格”办件模式，打造“悉心听、院内办、民满意”品牌，共办理诉求 3200 件，市级回访平均响应率 98.26%、解决率 94.51%、满意率 96.4%。梳理总结“圆桌工作法”（以“平等、协商、共建”为核心，以虚拟“圆桌”为载体，各方代表围“桌”而坐，摆事实、讲问题、提建议、定办法，推动难题面对面解决、纠纷心比心化解，共同绘就“治理同心圆”），是西城区唯一纳入北京市党建引领“接诉即办”改革实践的典型案例。（姜晓琳）

【疫情防控】2021 年，大栅栏街道克服地区商业密集、外来人员流量大等因素，落实防疫措施，做好疫情防控常态化工作；健全社区防控力量储备和动员工作机制，科学统筹辖区单位、“双报到”在职党员、志愿者等各方力量参与入户摸排、卡口值守、环境消杀等工作；加大相关生产经营场所检查力度，严格落实“四方责任”；规范组织行业人员开展定期核酸检测，从严开展重点行业、重点人群、重点场景、重点区域核酸筛查；及时流调核查中高风险人员，以最快速度落位核查、隔离管控，坚持“人防”和“技防”相结合，强化居家观察人员服务管理；完善居民健康宣传引导机制，综合运用西城家园、微信公众号、社区宣传栏等线上线下宣传渠道，加大宣传力度；实施“接种十条”（认清形势、明确重点、账清人知、持续发力、强化宣传、专人负责、整体发力、超常保障、上下联动、落实要求），累计完成新冠病毒疫苗接种 7.9 万剂次。（姜晓琳）

【老字号文化宣传】2021 年，大栅栏街道挖掘老字号文化精髓，宣传推广红色印记、老字号和非遗传统文化、北京坊新地标 3 条游览线路，接待参观 363 人次。以北京坊商圈党建服务中心为宣传阵地，通过展板展示、实地走访和宣传讲解，带领大家重温红色历史、了解老字号企业精髓、感受大栅栏文化品牌魅力。（赵恩瑜）

【养老服务体系建设】2021 年，大栅栏街道深化“1512+”养老服务体系建设。以互联网云平台为技术基础的“银鹤零距离”特色品牌统筹调度中心，引进专业养老服务协同进行统筹、调度和服务工作；街道级养老服务驿站、2 个养老照料中心、老年活动中心和老年浴池 5 个硬件服务设施；依托硬件设施基础，开展智慧互联、医养健康、养老床位、养老顾问、志愿服务、品悦文化、老年助餐、亲情服务、咨询转介、应急援助、适老院落助老公益金共 12 大服务模块的服务项目及功能拓展。建设康复理疗服务中心，打造施家、厂甸分餐点，累计服务 4 万余人次。为 205 名高龄、空巢老人提供入户探望、医疗咨询、应急看护等服务，建成家庭养老床位 54 张。2021 年，街道前西社区获评全国示范性老年友好社区。（姜晓琳）

【退役军人特色服务】2021 年，大栅栏街道建立退役军人帮扶机制，构建“1369N”特色服务体系，坚持以退役军人为服务中心，搭建退役军人服务站（统筹协调）、临时党支部（凝心聚力）、“老兵之家”3 个交流服务平台，建立思想政治、就业创业服务、帮扶救助服务、精神文明和文化娱乐服务、心理疏导和医疗康体服务等 6 个联席会机制，依托 9 个社区级退役军人服务站及各具特色的志愿服务队，开展“N”项退役军人服务保障工作，多渠道、多方式开展教育培训、文体活动、关爱帮扶等服务管理工作。（姜晓琳）

【铁树社区乐+生活馆建成】6 月 17 日，大栅栏街道铁树社区乐+

生活馆建成使用。生活馆面积约200平方米，以“爱在铁树，乐+生活”为主题，突出“人居环境、文化氛围、邻里关系、安全意识”等具有社区特点的重点元素，将文化传承与空间利用融为一体，为居民打造一个思想性、艺术性、实用性兼具的“幸福四合院”。包括4个特色空间，分别是以党建为主要内容，以多媒体为主要形式的智慧党建；以弘扬志愿服务精神为主要内容，以展示地区特色志愿服务队女子消防队为重点的志愿传承；以倾心倾听、民主协商议事为主题的暖心对话；以突出信心、耐心、爱心、恒心、责任心主题的阅读空间。社区党委围绕“如何突破有限空间限制尽最大努力满足居民需求”开展广泛调研和意见征集。针对腾退导致的安全隐患等问题，召集居民代表、腾退单位、城管等部门，利用智慧党建室召开“圆桌工作会”，围绕“腾退院落管理”话题说问题、提建议、想办法，通过民事众议让难事共解。（赵恩瑜）

2021年西城区大栅栏街道社区居委会一览表

表25

序号	名称	地址
1	大安澜营社区居委会	藏家桥19号
2	前门西河沿社区居委会	前门西河沿224号
3	大栅栏西街社区居委会	杨梅竹斜街65号
4	铁树斜街社区居委会	樱桃斜街61号
5	煤市街东社区居委会	施家胡同28号
6	延寿街社区居委会	延寿街21号
7	三井社区居委会	炭儿胡同38号
8	百顺社区居委会	百顺胡同8、11号
9	石头社区居委会	培英胡同25号

（赵恩瑜）

天桥街道

【概况】天桥街道位于西城区东南部，东起前门大街、天桥南大街、永内大街与东城区天坛为邻；西至虎坊桥、北纬路、太平街与陶然亭街道接壤；南起永定门护城河为界与永外大街相望；北至珠市口大街与大栅栏街道交界。辖区面积2.07平方千米，有街巷胡同82条，社区9个。截至年底，常住人口31431人、户籍人口53130人、流动人口7493人，死亡销户616人，出生265人。有中央单位11家、辖区企业1538个、个体425个；医院2家、社区卫生服务中心1个、社区卫生服务站2个；中学2所、小学3所（育才学校分中学部和小学部）、幼儿园3所。4月17日，市委书记蔡奇在天桥街道主持召开全市垃圾分类工作现场会。2021年，天桥街道获评北京市生活垃圾分类推进工作先进集体。（周　颖）

【党建工作】2021年，天桥街道开展党史学习教育，制订“1+7”（1份党史学习教育总方案+7项工作实施方案）总—分方案。开展“永远跟党走”实践活动、“诵读红色经典”、“党史知识答题”等100余场群众性文化活动，编纂《百年天桥——红色足迹》画册，覆盖辖区居民8000余人次。与16个结对区级机关、企事业单位党组织开展服务活动57次，服务居民4867人次，解决重点难题10个。14个“重点民生项目”项目全部完成。完成街道党代表、社区“两委”和81个党支部换届选举工作。非公企业和社会组织党组织覆盖率100%、党的工作覆盖率100%。制订《天桥街道开展新业态、新就业群体党建工作试点实施方案》和任务清单，完成全面信息摸排2次，召开座谈会16次，开展调研32次，收集意见建议4条。发挥“131”（1个街道党群服务中心、3个党群楼宇工作站、1个社会治理创新空间）党建阵地作用，接待活动40余场，服务900余人次。（周　颖）

【平安建设】2021年，天桥街道服务保障建党百年庆祝活动，加强重点人员管控，排查矛盾问题11件，组织平安志愿者1256人、街道干部168人及区支援力量30人值守地区46个重点点位；强化净空管理，完成辖区65户养鸽户的登记排查、走访宣传；加大吸毒人员及社区矫正、安置帮教人员服务管控，尿检75人次，在册吸毒人员一人一档，对“两类人员”（社区矫正人员和安置帮教人员）走访排查200

余人次。开展“三改”（电力、业态、燃气）、储能设施隐患、飞线充电问题整治。疫情防控和专项工作检查出动人员5126人次，检查企业2523家次，发现隐患4705项，整改4686项，夜查19次，联合执法78次，约谈企业56家，工地备案48件；街道“三改”台账41家单位全部完成整改，其中22家完成电力整改、3家完成业态整改、16家完成燃气整改；开展可燃物清理36次，出动人员1149人次，清理可燃物154车；完成辖区6家危险化学品使用单位的管理体系及硬件基础专项整治。组织开展平安建设宣传活动60余场，以多种形式推动安全宣传进社区、校园、单位、医院、家庭，组织生产企业、物业单位、社区居民参加安全培训，“天桥消防运动会”成为地区安全推广品牌活动。（周　颖）

【城市管理】2021年，天桥街道通过“疏整促”专项行动，拆除销账违法建设167处6340.6平方米；联合天坛街道严厉打击天桥南大街无照游商，开展执法检查64次，取缔无照经营112起；清理不规范小餐馆3户；接到12345热线举报和检查发现群租房点位19处，完成整改19处。完成北部平房区（留学路社区）部分院落地下管线改造；25条背街小巷通过市级达标验收。背街小巷准物业参与桶前值守31041人次，清理堆物堆料、大件垃圾7042车，清理码放共享单车274648辆次，清理环保子站及周边5454次，清洗雨箅子6780个次，巡河662次，延伸服务156次。完成永内西街北里8号楼，东经路6号院2号楼、4号楼老旧小区改造，万明路18号院2号楼上下水更新、1—2号楼老旧电线（外线）部分改造。开展汛前排查消隐，排查排河口2处，修缮房屋286处。发放防汛物资309件，汛期参与抢险备勤2650人次，雨期外出巡查16290人次，处置树木倒伏4株、树木折枝26株，房屋漏雨132间，院内积水4起，路面塌陷、下沉、日常维修维护594处次。组织开展文明城区实地创建，强化文明引导。清除小广告147595处次，处理大件垃圾690吨，回收再生资源2038.9吨，清运无主渣土340车，弥补市政基础设施短板30余处，整修破损外立面780平方米，绿化养护56429.07平方米。126组桶站“四有三选配”（有宣传栏、公示牌、防雨棚和LOGO，选配监控设备、语音提醒设备、洗手装置）检查100%达标。查处生活垃圾分类投放、分类收集、分类运输、分类处置违法行为，执法检查670余人次，检查单位4200余家次，录入电子检查单4141份，实施行政处罚203起、罚款49820元。建成并启用22处大件垃圾和建筑垃圾投放点、10处垃圾分类驿站，1处大件垃圾回收转运处理站运行平稳。落实“绿色施工西城标准”，开展执法检查670人次，检查施工工地5000余处次，责令整改240余家次，处罚43起、罚款25.45万元。（周　颖）

【社区建设】2021年，天桥街道提升虎坊路社区、福长街社区楼门院示范点、留学路社区议事厅示范点物理空间及文化活动建设，扩大居民知晓率和参与率。街道心理服务站围绕疫情期间居民心态建设、老年人群体心理健康等主题开展心理服务活动，心理健康讲座3场、心理健康活动4场、电话关怀212人次，受益482人次。开展打击非法社会组织专项行动，采用“三扫”（扫楼、扫街、扫户）模式，全面排查辖区36个小区、1049个院落、街巷700余家商户门店、15座楼宇的375家单位，对非法社会组织予以摘牌劝散。开展“周末卫生日”56次，加大地区灭鼠、灭蚊蝇、灭蟑等病媒生物防制，每周全面消杀。编辑《天桥街道爱国卫生简报》36期。（周　颖）

【社会保障】2021年，天桥街道完成保障性住房申请业务274户、变更业务49户、补贴领取业务301户、终止资格业务79户、年度复核业务774户、选房业务8户。走访慰问困难残疾人家庭556户；利用职康站为精神、智力残疾人提供适应性训练；为9个社区265个老旧小区单元配备10台爬楼机。为满足困难群众个性化、多元化需求，确定25个个案对象开展长期服务296次。流量乞讨人员集中救助专项行动11次，非京籍流浪乞讨人员劝导和救助31人次。（周　颖）

【“接诉即办”事项】2021年，天桥街道接收12345热线案件1576件，主办1124件，协办452件，全部办结，满意率81%。有效受理居民诉求2960件，市中心有效回访1217件，解决率95.07%，满

10月19日，天桥街道垃圾分类执法检查进小区　（天桥街道　供图）

意率97.37%。办理涉群租房、施工安全、可燃物清理、电动车违规充电、消防通道占用、防护设施及不稳定诉求等内容案件共442件。（周　颖）

【疫情防控】2021年，天桥街道开展常态化疫情防控，配合开展核酸检测33次，登记工作298人次，秩序维护1480人次。抓好新冠病毒疫苗接种动员、接种场地管控和街道疫情防控检查工作。发动党员、楼门院长、志愿者1589人共同参与接种动员，累计张贴宣传海报3000余份，发放宣传资料2万余份，开展宣讲培训会52场次，通过社区通、微信发布相关宣传信息、视频共计240余次，对未接种人员居住区域消杀114次。街道数据专班完成731批次7448人次区派大数据人员名单核查，编写《工作提示》31期，针对居家观察等管控重点，及时更新社区防控各类人员管控标准一览表。全年指导各社区管控集中隔离121人、居家观察138人、健康监测930人。按照4天、7天、14天等时间节点，严格执行管控后核酸检测，建立上报次日核酸检测计划、每日核酸情况统计表等台账文件。组织开展疫情封控应急演练1次，组织学习新冠肺炎疫情社区防控个人防护要点及相关教学视频。泰安里接种点、流动接种车持续平稳运行，外围保障地区核酸检测12轮次，配合转运境外返京人员4人次。完成三类场所、七小门店疫情防控常态化检查单9673条，当场整改问题100余起，停业整顿多次检查不符合疫情防控要求的商户57家。（周　颖）

6月9日，天桥太极队参加北京市社会体育指导员交流展示系列比赛获武术类团体一等奖

（天桥街道　供图）

【天桥民俗文化活动】2021年，天桥街道依托演艺区资源优势，结合天桥民俗文化特色，组织开展“永远跟党走”群众系列文化活动。以重要传统节日为载体，开展8场“寻味天桥、时令年节”传统文化活动，受益1.1万余人次。组织200余名党员群众开展15场“品天桥文化、树爱国情怀、传红色精神”阅读湾系列读书活动。街道6支文艺团队参加建党百年庆祝活动文艺演出，表演4个具有天桥地域特色的原创作品、2个改编作品；天桥诗社参加“和满京城、奋进九州”2021年西城区端午节文化活动；天桥太极队获2021年北京市社会体育指导员交流展示系列比赛一等奖。组织开展“冰雪系真情、全民迎冬奥”群众冰雪系列活动，通过10场讲座向300余名居民普及冬奥知识，组织270名冰雪运动爱好者参与第二届“天桥杯”冰蹴球友谊赛、第一届“天桥杯”冰壶球体验赛。街道携手北京市育才学校，开展“寻红色足迹、强少年体魄、传时代精神”主题红色教育活动，组织1000余名小学生参与“爬雪山过草地”等100余个寓教于乐的体育活动。开展线上和线下读者活动，民俗图书馆开展活动19次，雷锋图书馆开展活动17次。（周　颖）

【红蜡烛就业驿站启用】6月18日，天桥街道在永安路社区举办红蜡烛就业驿站启动仪式。驿站是集再就业政策宣传、就业指导、职业技能培训、居家就业培训、用工指导、失业人员心理疏导等多功能于一体的促就业平台，聘请北京民俗艺术大师、辖区成功创业代表及职业能力培训机构共同任教，从多维度提升辖区失业人员的就业能力。举办百日千万网络招聘会、“春风行动”等主题专项招聘活动13场，提供岗位职数497个，求职者与企业达成求职意向138人。（周　颖）

2021年西城区天桥街道社区居委会一览表

表26

序号	名称	地址
1	留学路社区居委会	铺陈市胡同35号
2	香厂路社区居委会	仁民路甲8号
3	永安路社区居委会	阡儿胡同71号

续表 26

序号	名称	地址
4	天桥小区社区居委会	福长街 43 号
5	虎坊路社区居委会	永安路丙 104 号
6	禄长街社区居委会	禄长街头条 2 号楼一层底商
7	先农坛社区居委会	南纬路 2 号院 5 号楼北
8	太平街社区居委会	太平街 8 号院朱雀门小区 23 号楼旁
9	福长街社区居委会	东经路 98 号底商

（周　颖）

新街口街道

【概况】 新街口街道位于西城区北部，东起新街口南、北大街，西四北大街与什刹海街道为邻；西至西直门南、北大街，阜成门北大街与展览路街道相接；南起阜成门内大街与金融街街道接壤；北至德胜门西大街与海淀区隔街相望。辖区面积 3.7 平方千米，有社区 21 个，综合服务站 1 个。截至年底，常住人口 82782 人、户籍人口 108464 人、流动人口 30932 人、出生人口 668 人、死亡人口 621 人。有社会单位 3034 家，其中中央单位 127 家、市属单位 100 家、区属单位 140 家、其他 2667 家；中学 4 所、小学 5 所、幼儿园 10 所、特殊教育学校 1 所、职业教育学校 1 所、社区教育学校 2 所、少年宫 3 所；医院 3 家、社区卫生服务中心 1 个、社区卫生服务站 6 个。2021 年，新街口街道侨联“侨之家”获评 2018 至 2020 年度全国侨联系统优秀“侨胞之家”，街道机关团支部获北京市五四红旗团支部，街道获北京市第十五届“和谐杯”乒乓球比赛系列活动优秀组织奖，街道办事处青年突击队获评北京市青年突击队，街道办平安办公室徐大方获评首都劳动奖章，街道党群办王霞获评北京市生活垃圾分类推进工作先进个人。（张　朔）

【党建工作】 2021 年，新街口街道完成街道社区党组织换届选举，21 个社区党委 147 名党员当选各社区党委委员。制订《街道基层党员轮训方案》《培训计划及党务工作大练兵方案》。在北京市“三优一先”表彰中，获北京市优秀共产党员 1 人、北京市先进基层党组织 1 个。完成区街两级党代表选举。开展以“红墙先锋在社区、我为群众办实事”实践活动，街道与全区 48 个机关、企事业单位党组织共同推进解决问题清单 42 项，开展服务 194 场 23847 人次。围绕物业管理、垃圾分类等“关键小事”，聚焦群众身边小事难事征集、更新“三项清单”526 项。2021 年，累计召开党建协调委员会 66 次，解决问题 200 个。创建文明城区，设计制作围挡 1780 余平方米，“核心价值观”主题展板 781 块，更换条幅画面 1145 条。开展“书香绕白塔”活动，邀请读书达人现场分享红色图书读书体会，联合图书馆、书店向社区投放红色图书 100 本。开展建党百年“永远跟党走”系列群众性文化活动，搭建红色文化交流平台，举办红色诗会、阅读分享会、经典戏剧专场演出等红色主题群众特色文化活动 239 场次；举办庆百年芳华、展青年担当——2021 年新街口街道“永远跟党走”主题宣讲活动；编写《百年初心——百名党员访谈录》，记录地区百名党员的初心故事；录制《道德讲堂》线上微课堂。以“新街口冬奥行”为主题，征集奥运记忆物品 109 件，用于支持街道冬奥展示中心建设。北京新街口公众号平台推送信息 400 余条，推出新街口冬奥行、学党史、办实事、创建文明城区等系列报道 20 余篇。（张　朔）

【平安建设】 2021 年，新街口街道完成全国两会、建党百年庆祝活动、服贸会、十九届六中全会、区党代会、区两会等多项重大活动安保服务，街道成立安保维稳及服务保障分指挥部，建立“1+8+21”（1 个总指挥部、8 个工作组，21 个社区分指挥部）组织指挥体系，制订完善各类方案预案，坚持日会商、周调度、专题调度相结合，第一时间发

4 月 29 日，新街口街道举办青年论坛活动　　（新街口街道　供图）

现、上报、处置各类突发事件。划分社区责任区域224处、重点点位876个，排查安全隐患及矛盾纠纷，加大重点人员分级看控力度。启动社会面一级防控等级55天，发动群防群治力量12.5万人次。推进玉桃园社区前桃园1号楼院智慧平安小区建设，安装23樘智能门禁及前端设备。落实地区19套蛋壳公寓稳控，调解100余次，解约率93.3%。推进法治政府建设，公开调整后的执法职责清单、涉企的执法职责清单和行政处罚信息481条，审查讨论重大行政执法决定案卷9卷，审查一般类行政执法案卷36卷，审核综合行政执法队网上录入案件287件；依法化解纠纷，街道各级人民调解组织共受理民间纠纷881件，调解成功873件，司法确认154件，调解成功率99%；推进法律进社区、服务进家门工作，街道公共法律服务站和社区法律顾问共受理法律咨询338人次，举办法治讲座3次；落实"谁执法谁普法"普法责任制，开展普法宣传活动3场，发放普法宣传资料300余份，张贴普法海报、电子挂图500余份；严格疫情常态化下矫正帮教"两类"人员管理，动态管理社区矫正对象33人、刑释解教人员163人。完成16个社区70套电动自行车充电设施安装，7个小区70部电梯阻车系统建设；免费为9个拆迁腾退区381户居民，置换新国标过载断电保护插线板548个；开展居民液化石油气排查整治，累计更换安全阀门6742个、软管6813根；组织指导社区及重点单位微型消防站开展消防安全演练、培训1700余人次。（张　朔）

【城市管理】 2021年，新街口街道开展落实《北京市生活垃圾管理条例》一周年宣传总结活动，建成生活垃圾分类驿站19座，建设大件垃圾投放点和装修垃圾投放点52处，完成非居民单位厨余垃圾称重计量小程序注册293家。创建垃圾分类示范小区20个（市级4个、区级16个）。辖区公共机构基本实现自觉分类，餐厨垃圾规范收运率100%。居民垃圾分类知晓率、参与率100%，正确投放率85%。开展日常绿化养护，完成如意里11号楼前如意花园建设、玉桃园三区9号楼周边绿地提升改造。配合区园林局调研古树18株，研究复壮方案，解危排险4株。为国二招宾馆南门外实施绿化美化工程。制订《新街口街道关于全面建立林长制实施方案》及相关制度，发动1000余名群众参与宣传活动。联合区生态环境局开展餐饮、汽修、医疗机构等各类污染源执法检查1014次，油烟检测27个点位，检测噪声19家。完成69条背街小巷整治提升通过市级验收。更新街巷长公示牌91处182块。建设完成中秀才胡同、永祥西巷和狮子西巷3条示范达标精品街巷。开展环境秩序综合整治，处置首环办脏乱点位49处。完成城市精细化巡查问题整改6944个。完成行政处罚386起，罚款总额1304880元。销账违法建设43处，建设面积10023.38平方米，占地面积8949.8平方米。（张　朔）

【社区建设】 2021年，新街口街道作为国家级基层民主协商标准化试点单位，参与起草实施西城区基层民主协商标准。推进冠英园社区"民智荟萃议事厅"示范点及西四北五条9号楼、冠英园西区24号楼楼门院治理示范点建设；组织开展议事协商385次，形成后桃园胡同9号院加装电梯、玉桃园三区12号楼小微空间改造、垃圾分类桶站优化等议事协商案例；完成鲁迅博物馆"社区之家"市级示范点规范化建设；与中国儿童中心合作开展"家园社共育好儿童"项目，启动小脚丫走胡同活动；指导84家业委会（物管会）签订居民公约80条，梳理问题168条，参与社区活动30余次；购买社会组织服务项目10项；孵化"冠英群英汇"项目，培育社区社会组织，激发社区共商共治活力。（张　朔）

【民生保障】 2021年，新街口街道发布就业信息1296条，新增登记失业人员1805人（其中就业困难1386人），实现就业人员1558人（其中就业困难1236人），空岗信息采集4104个，职业指导466人次。新增参保城乡居民保险725人，2047人报销药费854万余元，办理申领、补换社保卡手续1798人次，社会化管理退休人员23897人。发放清洁能源自采暖补贴1276人。政务大厅接待40723人次，办理事项27531个，窗口咨询12465个，电话咨询15009个。公租房资格家庭1757户，解决542户；领取各类补贴家庭1041户；受理新申请、资格变更867户，签订家庭市场租房补贴合同121户，完成1241户家庭复核。接待群众来电来访3771人

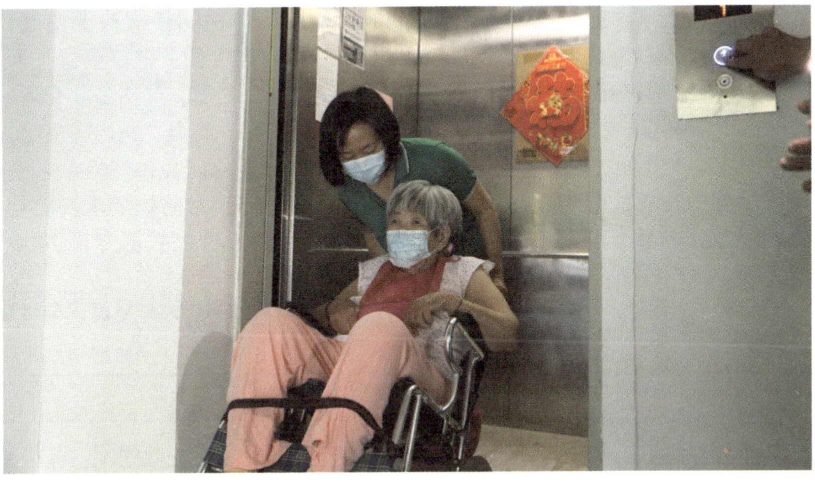

7月2日，后桃园胡同9号院加装电梯工程完工，居民出行更加方便　（新街口街道　供图）

次。发放独生子女父母年老一次性奖励43.3万元403人，为971名个人存档人员发放独生子女父母奖励费56520元，为19位失独家庭人员发放一次性经济帮助款19万元；走访慰问计生特扶家庭和困难家庭964人次，发放慰问金及慰问品62.75万元，为168名特扶人员办理生日卡3.36万元；为18名特扶人员报销住院津贴4.43万元；发放避孕药具61465支。高龄老人失能照护服务942人次；老年人巡视服务签约201户巡视7951人次；助餐服务46365人次；为“三无”老人5人送餐6081人次。民政救助对象7人，发放生活补助33人，发放医疗救助1950人次；临时救助63人次35.1万元。走访慰问困难人员3728户231.48万元。发放爱心卡791户47.46万元；支付特困供养人员保障费用119万元12人。发放残疾人两项补贴321万元848人，困境儿童生活费14万元6人，慈善救助330人73.7万元。广济寺捐资19.68万元帮扶困难群体143人。协助农民工获取合法收益300余万元；调解处理劳资纠纷50起，临时工工龄审查74起。完成一街一圈范围内84个建账无障碍整改点位改造；安装平房区无障碍扶手76个，新建无障碍坡道8处，维修坡道22处；安装小区无障碍标识400余个；建设使用面积140平方米的新街口冬奥行文化中心，完成862人家庭养老照护者第三方评审和培训工作；异地康养63人，享受异地康养床位补贴54人；完成82张家庭养老床位的签约工作。走访慰问辖区6支部队12.97万元；慰问贫困战士2.5万元。为144名优抚对象发放伤残抚恤金171.78万元、护理费16.67万元、报销医药费5.25万元。中央优抚救助慰问4人2万元。为96名伤残军人换发新版残疾军人证。委托北京联合大学口述史团队，制作《抗美援朝出国作战老战士老同志口述史》读物和专题片。 （张　朔）

【“接诉即办”事项】 2021年，新街口街道在完善机制、改进作风、“未诉先办”、提升为民服务水平上下功夫，“四步法”（建机制，夯实工作基础；抓队伍，强化工作能力；强举措，推动任务落地；重治理，推进“未诉先办”）推动解决群众身边的一大批小事、实事和社会治理的难事。街道全年接到市民服务热线派件12622件，实际办理案件9666件，根据市考核结果，案件诉求平均响应率为99.18%、平均解决率为92.14%、平均满意率为94.58%。 （张　朔）

【疫情防控】 2021年，新街口街道坚持党建引领，发挥基层党组织战斗堡垒作用及党员先锋模范作用，全面动员、全员参与。坚持每日制发工作要点，完善常态化疫情防控机制和应急处置流程，制订节假日期间疫情防控工作方案，坚持“三防四早九严格”（防松劲、防漏洞、防反弹；早发现、早报告、早隔离、早治疗；严格入境进京人员医学观察核酸检测、严格中高风险地区来京人员管控措施；严格医疗卫生系统常态化防控和院感控制；严格应检尽检愿检尽检的核酸检测措施；严格落实四方责任，坚持单位个人健康监测报告制度；严格公共交通、公共场所体温、测温、验码等措施；严格社区常态化防控；严格个人卫生管理，遵守日常防疫要求，倡导健康生活方式），大数据专班24小时值守，突出风险人群管理，开展人员摸排，推进社区网格化管理、居家人员观察，以及商务楼宇和七小门店等管控措施，持续宣传动员，织密社区疫情防控网。发动新冠病毒疫苗接种，提升地区接种率，开展政策解答、预约系统维护、数据统计等，指导社区进行数据摸底、预约登记、宣传动员、接种率统计等工作。街道全年组织行业轮检35次，检测17.04万人；中高风险地区返京、境外返京以及去过相关地区重点人群组织专项检测6000余人。全年学生接种28892剂、成人接种286868剂。 （张　朔）

【“街巷小管家”入选健康中国行动典型经验案例】 2021年，新街口街道“街巷小管家”项目，经健康中国行动专家咨询委员会评审，在全国各地推荐的180个案例中脱颖而出，成为北京市唯一入选并在全国推介的典型经验案例。该项目以“家家幸福安康工程”为抓手，立足于文明健康家庭创建，号召6至18岁学生注册“志愿北京”，通过“爱国爱家爱社区”“家庭美德我传承”“社区微治我参与”3大板块、9大主题、26项活动，将家庭教育和社会治理联系起来，动员辖区青少年成为街巷治理的“小主人”，带动整个家庭参与社区治理。通过“四个一”（一次文明宣传、一次家庭行动、一次绿色实践、一次环保课堂）行动，凝聚社区党员志愿者、在职党员、辖区共建单位等各方力量，共同参与社区治理。截至年底，在“志愿北京”平台上实名注册“街巷小管家”353人，参加清扫楼道杂物、家庭垃圾分类、旧物改造、制作健康宣传手抄报等活动达3300余人次。 （张　朔）

2021年西城区新街口街道社区居委会一览表

表27

序号	名称	地址
1	西四北头条社区居委会	小绒线胡同18号
2	西四北三条社区居委会	赵登禹路140号

续表 27

序号	名称	地址
3	西四北六条社区居委会	西四北六条 35 号
4	安平巷社区居委会	大茶叶胡同 30 号东侧
5	宫门口社区居委会	宫门口三条 1 号（福绥境大楼内）
6	北顺社区居委会	青塔胡同 43 号
7	官园社区居委会	育强胡同 69 号
8	富国里社区居委会	玉郎东园 5 号楼
9	前公用社区居委会	西内大街 30 号
10	育德社区居委会	育德胡同 7 号院 1 楼 1 层
11	冠英园社区居委会	冠英园西区 24 号楼 4 门 102
12	大觉社区居委会	大觉胡同 31 号
13	半壁街社区居委会	后半壁街 56 号通信大厦 205 室
14	南小街社区居委会	国英园 7 号楼 1 层 7-4 号
15	中直社区居委会	西直门南大街 10 号 10 号楼 105
16	玉桃园社区居委会	前桃园 1 号楼北侧平房
17	北草厂社区居委会	东桃园 2 号楼 1 层
18	西里一区社区居委会	西里一区 3 号楼西侧底商
19	西里二区社区居委会	西里一区 9 号楼西侧底商
20	西里三区社区居委会	西里三区甲 2 号楼 2、3 层
21	西里四区社区居委会	西里三区 14 号楼 1 层

（张　朔）

金融街街道

【概况】 金融街街道位于西城区中部，东起西四南大街、西单北大街，西至西二环路，南起宣武门西大街，北至阜成门内大街。辖区面积 3.78 平方千米，有街巷胡同 122 条，社区 20 个。截至年底，户籍人口 11.8 万人，从业人员 29.5 万人。有法人单位 2517 个，商务楼宇 89 座；中学 4 所、小学 6 所、幼儿园 4 所、高等院校 1 所；卫生医疗机构 3 个。2021 年，金融街街道获评 2021 年度生活垃圾垃圾分类先进集体，辖区内社区获评北京市先进基层党组织、北京市先进社区党组织、北京市先进居委会、最美应急志愿服务社区。（吴桐瑞）

【党建工作】 2021 年，金融街街道完成社区“两委”换届，实现学历年龄一升一降。党员教育培训近 2 万人次。发挥“双报到”和街道社区两级党建协调委员会作用，发动 2000 余名在职党员回社区参与重大活动保障、卡口志愿服务、街巷巡逻、门店检查、新冠病毒疫苗接种宣传动员等工作。开展非公党建和新业态、新就业群体党建工作，完善信息台账，设置“爱心服务岗”，优化长安兴融、西城晶华党群中心设施，制作服务群众菜单 68 项。为 445 名党龄达 50 年的党员发放纪念章。开展“红墙先锋在社区、我为群众办实事”实践活动，解决民生难点问题 354 件。开展摄影展、红色诗歌诵读等“永远跟党走”群众性主题宣传教育活动 100 余场；举办“永远跟党走、筑梦新时代”文艺演出。创建文明城区，发放一封信、宣传折页各 2.2 万份，发放纪念品 8000 个，制作景观小品 6 个。5 家商户获评首都文明商户，5 条街巷获评首都文明街巷，5 个社区获评首都文明社区。举办《北京市文明行为促进条例》一周年宣传活动，在主街区 102 块商务楼宇 LED 屏及西单商圈老佛爷户外大屏宣传投放主题海报，在辖区显著位置悬挂硬质宣传横幅 30 余条、张贴海报 2000 张，向餐饮企业、超市、小卖店等发放“光盘行动”、“文明就餐”提示牌、“禁止向未成年人出售烟酒”文明提示牌 1000 余个。围绕冬奥主题，开展线上知识宣传系列讲座，组织“我为冬奥加油”健步行，获首届北京市八人制足球比赛西城赛区季军。举办“小年庙会”、“端午节”包粽子大赛、“社区杯”中国共产党建党百年合唱比赛。开展 41 场邻里节活动，5000 余人次参与。（吴桐瑞）

8月12日，金融街街道为居民增设立桩式充电桩　（金融街街道　供图）

【平安建设】 2021年，金融街街道完成全国两会、庆祝中国共产党成立100周年、金融街论坛年会等重大活动和重要会议服务保障。检查储能设备设施128家。集中开展居民电动自行车领域消防安全整治，安装充电桩插口370个。推进液化石油气罐专项整治，35家经营单位中27家改电、8家改天燃气；3438户居民用户更换软管2937根、调压器2943个，整治率100%。深入学习新《中华人民共和国安全生产法》，检查952家生产经营单位、397家施工工地、286家高空作业场所1万余次，发现隐患7600余项，全部完成整改，全年安全生产无事故。成立全区首支消防夜巡队，填补夜间火灾防控力量空白。为老旧小区和平房院落配置消防基础器材，对259户家庭安装、升级改造户宇对讲，为鳏寡孤独家庭安装独立烟感报警器2817个。（吴桐瑞）

【城市管理】 2021年，金融街街道深入宣传垃圾分类，20个社区全部建成生活垃圾分类驿站，丰侨公寓等7个小区通过市级验收。为丰汇园小区新增15组宣传栏，升级改造新中小区垃圾分类驿站。巩固物业管理“三率”成果，广泛征求居民意见，形成51项物业管理问题清单，完成整改36项。发挥物业联盟作用，在丽华苑等3个小区，推行北京业主APP。委托第三方对居住小区物业服务综合评价，对排名前5名的物业公司给予奖励。持续疏解整治提升，疏解人口832人，拆除违法建设5048平方米。文昌胡同、文华胡同、闹市口中街作为街区更新典型案例，在全国城市管理培训班推广。42条精治类、6条提升类、4条维护类街巷，通过市级验收。在辖区7个区域、11条胡同街巷开展居住认证停车管理，施划停车位683个，王府仓胡同、新文化街等街巷品质显著提升。完成新中小区、京畿道小区、羊肉胡同120号院等3个老旧小区改造。完成260户居民468台煤改电电采暖炉更换。监督20个社区范围内$PM_{2.5}$以及TSP数值变化。（吴桐瑞）

【社区建设】 2021年，金融街街道推进民康、大院等9个社区服务站升级，20个社区全部完成改造。探索基层创新治理新思路新方法，与北京大学社区治理研究团队合作，总结形成《金融街街道社区治理评估报告》和《25°宜居宜业街居共同体建设规划报告》。丰汇园、京畿道两处社会心理服务站投入使用，街道社会心理服务中心通过北京市验收，开展线上线下活动48场，有效缓解了居民和工作人员压力。京畿道小区完成特色楼门文化建设项目。持续开展“月末清洁日”活动，清理卫生死角800余处，清理垃圾100余吨。落实爱国卫生三年行动计划，推进北京市卫生街道创建，通过区级踏查。组织300余人次献血，无偿献血量10.06万毫升。（吴桐瑞）

【民生保障】 2021年，金融街街道坚持靶向精准定位，确保社会福利惠及特殊人群。慰问困难党员、退役军人、优抚对象、困难群众等各类人员2415人次148.44万元。发放残疾人“两项”补贴7143人次221.2万余元。为优抚对象发放残疾抚恤金1049人次196.73万余元，慰问金148人次19.24万余元。为3名在乡残疾军人补缴医疗保险35.21万元。办理公租房、公租房补贴、市场租补贴新备案家庭124户，开展公租房轮候家庭、已入住家庭、公租房补贴和市场租补贴复核工作

9月3日，京畿道小区9号楼完成“参与式社区营造”特色楼门文化建设项目　（金融街街道　供图）

21个批次862户。组织地区23户低保、大病、重残困难家庭，参加公租房意向登记和选房工作。全年政务服务大厅迎接市、区及其他兄弟单位调研8次，接待居民3.5万余次，网上办理4000余件，邮政快递办理572件，"延时服务"办理4600余件。完成服务中央单位和驻京部队事项进入政务服务大厅试点。成立税源建设二级专班，建立地方级收入20万元以上的752家企业（动态）服务台账，定期服务联系。实地走访560家，协助区为27家重点企业发放2020年综合贡献奖2610万元。对纳税异常、有外迁意向企业，及时重点关注有效沟通。3条免费专线通勤班车，年承运150万余人次。新增温家街社区、手帕社区2个养老服务驿站。走进北京城建集团燕远物业管理有限公司和百盛购物中心开展劳动关系服务帮帮团活动，在蝴蝶泉宾馆举行劳动法规大讲堂。完成无障碍设施建设三年整改提升任务，打造丽思卡尔顿等精品示范项目。与内蒙古自治区吉文镇，青海省东坝乡尕麦村、热拉村展开对口支援工作，购买扶贫产品45万余元。与河北省阜平县3个乡镇以及张北县大西湾乡移交备忘录。动员辖区爱心企业向对口支援单位捐款11万元。（吴桐瑞）

【"接诉即办"事项】2021年，金融街街道贯彻新颁布的《北京市接诉即办工作条例》，每周至少召开3次热线疑难案件协调会。借鉴市、区"每月一题"经验，多渠道了解辖区居民诉求，由"等诉求"向"找问题"转变，变"被动解决"为"主动作为"，共受理案件5456件。针对复杂疑难问题，"吹哨报到"145次。

（吴桐瑞）

【疫情防控】2021年，金融街街道持续健康宣教，引导广大居民加强自我防护，深入楼宇、社区大力宣传新冠病毒疫苗接种知识。搭建"街道—物业—企业"三级联防联控平台，坚持双楼长制，做好辖区责任内48栋楼宇大厦972家企业单位疫情防控工作，地区金融从业人员零感染。对街道355家七小门店、397个工地、30个菜场商超开展拉网式巡查，做到片不漏户、户不漏人、人不漏数。每月组织一次重点人群核酸检测，全年检测370057人次。坚持固定接种点和移动接种车相结合，全年接种383512剂（第一针159656剂、第二针152576剂、加强针71280剂）。（吴桐瑞）

【区首支"消防夜巡队"成立】3月，金融街街道成立全区首支"消防夜巡队"，预防和遏制火灾事故的发生。依托消防站整体工作标准，配备夜间巡查人员20人，按长安街南北片区划分两队，在18时至次日6时开展不间断消防巡查，重点排查街面乱扔烟头、电线打火、电动车违规充电等各类火灾隐患，提示居民安全用火、用电、用气。配备消防巡逻电动车8辆，配发细水雾、水基、干粉3类灭火器及应急照明灯、对讲机、防烟面具等装备，为第一时间有效处置小型火灾提供保障。加强拉动培训和真火实战演练，提高队员出动速度，提升初期火灾扑救技能。加强电台值守，同区消防中队、南北微型消防站联勤联动。对无法处置的火情，夜巡队通过对讲系统与微型消防站实时沟通、指挥调配、现场反馈，实现灭火救援指挥"一键式"调度，提高控制火灾险情效率。（吴桐瑞）

【金融街论坛服务保障】2021年，金融街街道做好金融街论坛服务保障工作。加大社会面管控力度，在会场、代表驻地周边及途经沿线重点部位、敏感地区设置执勤点，发动地区平安志愿者、楼宇保安等群防群治力量，做好现场秩序维护和人员疏导。针对会场外展板、大屏等硬件设施，每日全覆盖检查，出现突发情况及时响应处置。做好周边环境保障，依法整治论坛场所及周边200米范围内无照游商、店外经营及从事非法营运的车辆。协同蓟城山水、环雅丽都、共享单车企业等，加强"一行两会"等重点区域市政设施、环境卫生排查，加大主次干道非机动车乱停放现象整治力度。加密保洁作业频次，确保会场、驻地周边及途经沿线道路畅通，环境卫生干净、整洁。抓好疫情防控，落实"双楼长"制度，依托"街道—物业—企业"三级联防联控平台，建立问题闭环处置机制，以楼宇为单元，加强源头管控。建立核酸检测备用点，配备专业队伍、隔离场所及医疗物资。（李晶）

2021年西城区金融街街道社区居委会一览表

表28

序号	名称	地址
1	民康社区居委会	民康胡同30号2号楼108室
2	华嘉社区居委会	王府仓胡同10号院金城华庭小区1号楼三单元108室
3	砖塔社区居委会	太平桥大街西城晶华底商8-5
4	丰盛社区居委会	太平桥大街西城晶华底商8-7
5	大院社区居委会	砖塔胡同53号

续表 28

序号	名称	地址
6	丰汇园社区居委会	丰汇园 13 号楼甲 1 号
7	丰融园社区居委会	丰融园小区 15 号楼底商 20 号
8	宏汇园社区居委会	宏英园 13 号楼 13-5 门
9	教育部社区居委会	大木仓胡同 35 号
10	二龙路社区居委会	二龙路甲 41 号
11	京畿道社区居委会	京畿道小区甲 1 号
12	中央音乐学院社区居委会	鲍家街 43 号新 7 楼 1 门 D101 室
13	西太平街社区居委会	鲍家街甲 2 号
14	文昌社区居委会	闹市口中街 33 号
15	东太平街社区居委会	新文化街 127 号楼后院平房
16	新文化街社区居委会	新文化街 36 号
17	手帕社区居委会	东铁匠胡同甲 8 号
18	温家街社区居委会	东智义胡同 3 号
19	新华社社区居委会	佟麟阁路 62 号
20	受水河社区居委会	头发胡同 45 号

（吴桐瑞）

椿树街道

【概况】 椿树街道东起南新华街中心线与大栅栏街道交界，西至宣武门外大街中心线与广安门内街道相邻，南起骡马市大街中心线与陶然亭街道接壤，北至宣武门东大街中心线与西长安街街道隔路相望，南北长约 1250 米，东西宽约 900 米。辖区面积 1.09 平方千米，有街巷 51 条、4 条主干道，社区 7 个。截至年底，常住人口 27417 人、户籍人口 39602 人、流动人口 2556 人。有企业 1296 家；社区卫生服务中心 1 个、社区卫生服务站 2 个；中学 1 所、小学 1 所、幼儿园 1 所。有蒙、满、壮、哈萨克等 11 个少数民族，是全区辖区面积最小、人口密度较大的街道之一。有安徽会馆、原京华印书局等 4 处国家级、市级文物保护单位。2021 年，椿树街道与内蒙古喀喇沁旗牛家营子镇结对帮扶，街道捐赠口罩 1 万只，企业捐款 2.5 万元。街道获评第五批全国“扫黄打非”进基层示范点。（刘 蕾）

【党建工作】 2021 年，椿树街道完成建党百年庆祝活动及演练期间安保维稳工作。完成社区“两委”换届。街道党建工作协调委员会 49 个成员单位党组织，完成居民需求清单 21 个、资源清单 53 个、项目清单 5 个。“两新”党组织 11 个，党组织覆盖率 94.7%。培育华夏保险北京分公司党总支“阳光三助”党建特色品牌。组织机关、社区、“两新”组织党务工作者微课堂培训 3 次，红色教育基地参观学习 5 次。组织实施 3 批次党组织服务群众项目 28 个，包括便民服务、志愿公益、群众活动、关爱帮扶等类别。推进“红墙先锋在社区、我为群众办实事”主题实践活动，完成为民办实事清单 30 项。为 7 名光荣在党 50 年老党员颁发纪念章。开展“永远跟党走”主题宣讲活动，开

2 月 9 日，椿树街道四川营社区党员大会召开 （椿树街道 供图）

展“椿”天的故事、“Ta 改变了我”、“践行初心使命，争做红墙先锋”征文活动，征集文章 120 余篇。“嗨椿树”公众号推送 5 期消息，内容 391 条，总阅读量达 10 万人次。编发街道党史学习教育专题简报，打造微信公众号平台。举办第五届琉璃厂“亮灯祈福·迎春灯谜”活动，开展“永远跟党走”主题宣讲，宣传文明城区创建知识。加强辖区网格化建设，细化 50 个网格，街道和社区干部定点定位，开展常态化网格管理，提升辖区整体环境。（刘 蕾）

【平安建设】 2021 年，椿树街道派出所联合街道开展“奋战 70 天”专项行动，整治各类安全隐患、乱点乱象。完成液化石油气专项整治，7 家非居民液化气使用单位和 1 家液化气供应站非居民液化气罐清零。开展居民用户使用瓶装液化气安全专项整治，完成 1633 户居民燃气设备隐患整改，更换安全新型的液化气连接软管和减压阀 1493 户。6 月 7 日，椿树街道、安平里、京报馆消防站联合粤财金威万豪酒店开展地区 2021 年度安全生产、应急大型综合演练，酒店员工 200 余人，20 余家地区大型物业和酒店现场观摩。（刘 蕾）

【城市管理】 2021 年，椿树街道完成魏染胡同南口口袋公园建设，占地 469.24 平方米。开展“桶前值守”和“垃圾分类不落地”活动，辖区所有小区均达垃圾分类示范小区创建标准。四合上院、富卓花园、国安府、芳芷园及椿树园小区获评北京市 2021 年生活垃圾分类示范小区；北京庄胜写字楼获评 2021 年第一批北京市生活垃圾分类示范商务楼宇。完成辖区 7 个生活垃圾分类驿站和约 500 平方米垃圾中转站的建设工作。针对性改造京报馆周边及梁家园街区相关街巷胡同，共整修、粉饰外立面 700 平方米，增加绿化植被 276.77 平方米，种植乔木 2742 株，魏染胡同获评年度北京市十大最美街巷。完成永光东街、铁鸟胡同等 10 条胡同的精细化整治提升。完成原和外西里 4 号楼西侧自行车棚升级整改，增设护栏、充电桩等设施。建造微型景观，设置慢行系统。根据《西城区非居民厨余垃圾计量收费管理实施方案》，推行使用称重计量小程序，实行厨余垃圾系统化管理，注册使用商户和单位 86 家，注册率 100%。完成 6 条道路认证，对四合上院小区周边代征代建区域设置临时停车场为居民开放，办理“两证合一”优惠停车居民 600 余户。持续保持 $PM_{2.5}$ 及 TSP 年度目标数值达标。完成颗粒物监测网络建设，建立子站环境，做好站点周边环境维护，巡河 362 余次 985 千米，治理雨箅子 56 处，劝阻向雨篦子中倾倒污物 35 次。通过第三方专业检查机构，定时考核评价街巷物业管理工作。（刘 蕾）

【社区建设】 2021 年，椿树街道加强街道社会心理服务站点建设，开展系列心理服务活动。推进“椿议民情坊”“五民体系”向楼门院延伸，打造 2 处楼门院治理示范点，宣武门外东大街社区为议事厅示范点。完成“爱心敲门”暖心服务、增建全民健身广场等惠民办实事项目。开展“幸福小院”创建工作，推进社区自治建设。12 月 24 日，街道年度社区代表会在宣武门商务酒店召开，街道代表、社区居民代表、驻区单位代表及部分人大代表和政协委员作为评议代表通过扫码线上评议的方式对街道各职能部门的工作情况评议打分。94.25% 的公众认为街道各项工作均有提升。（刘 蕾）

【民生保障】 2021 年，椿树街道坚持“以民为本、为民解困、为民服务”的原则，城镇登记失业人员 863 人，实现就业 575 人，就业率 66.63%，零就业家庭动态为零。公益性就业组织安置 30 名困难人员就业。城乡居民基本医疗保险新参 387 人，增员 189 人，减员 197 人，变更信息 645 笔。报销企业、社会化、灵活就业以及城乡居民、退养等各类药费 142 万余元 589 人。申请丧葬金 31 人，遗属补贴 23 人。补支养老金 21 万余元，受理清洁能源自采暖补贴 351 人，支付自采暖补贴 24 万余元。社会化退休人员 6821 人，接收央属、市属企业实行社会化管理人员 1700 余人，组织退休人员活动 10 余场 1400 余人。低保在保 270 户 417 人，低收入家庭 16 户 36 人，发放低保金 622 万余元，低收入生活补贴 3.5 万余元，“两节”慰问金 21 万余元。电价补贴 1.7 万余元 806 人次。特困儿童补助金 3.7 万余元 26 户 31 人。医疗救助 84 万余元 561 人次。供暖救助 51 万余元 293 户。受理无业人员丧葬费 5 万元 10 人。发放特困供养人员救助金 85.32 万元、低保金 628.69 万元、临时救助金 11.19 万元、医疗救助 92.86 万元、两残补贴 117.86 万元、“春雨行动”大病救助 9.31 万元、低保老人医疗救助 1.3 万元、无军籍职工工资 317.57 万元、优抚对象伤残军人抚恤金、生活补助护理费 73.30 万元、“携手慈善送温暖”16 万元、高等教育新生入学救助 1.44 万元、“爱心成就未来”慈善助学 3.2 万元、“金色阳光”低保低收入高中生资助 1.1 万元。受理新申请住房保障业务 257 户，资格复核家庭 301 户。完成资格变更家庭 74 户，资格终止家庭 67 户。为 44 名残疾人申办残疾证、14 名残疾人申报保险补贴和就业保险、117 名残疾人申报燃油补贴。审核办理城乡养老保险 13 人，节日走访慰问困难残疾人 11.66 万元 339 人。慰问病困退返京知青 13.66 万元 330 人次。配合区民政局完成民政部赋予的“困难家庭救助帮扶综合评估”试点工作。完成魏染胡同无障碍环境综合改造。完成椿树书苑爬楼机的购置安装及精品街、一刻钟无障碍服务圈和七小门店 145 个点位的无障碍设施改造。为辖区 4 户残疾人家庭实施居家环境无障碍改造服务。为辖区 92 名 65 岁以下重度和困难残疾人免费体检。成

7 月 29 日，椿树街道举办庆祝中国人民解放军成立 94 周年退役军人座谈会　（椿树街道　供图）

立街道助残志愿者服务队。完成退役军人信息采集 1245 人，颁发光荣牌 19 个。建军节慰问 43 名低保、伤残等困难退役军人，组织退役军人召开座谈会、观看红色电影。政务服务中心增设“好差评”二维码桌签，加强对窗口服务的日常巡视等管理。接待办事群众 1.7 万余人次。受理新增高龄老人津贴 1612 人；受理失能护理补贴申请、派单评估 548 人，受理残疾老年人申请 22 人，享受重度失能、残疾二三级共 837 人，享受区级失能补贴 76 人；新增受理低保、低收入以及计划生育特殊家庭申请困难老人津贴 27 人，享受困难补贴共 213 人。发放三项为老服务券 417 张。为 90 岁以上无保障老年人发放保险退费 6800 元 20 人。完成家庭养老床位建设 32 张。完成家庭照护者 290 人培训，完成基本养老服务对象网格划分。加强老年餐桌建设，完成红线社区养老服务驿站升级改造，提供助餐服务以及文化娱乐等服务。建设“智慧养老金融支付圈”，18 家商户参与，惠及辖区老人 3775 人次，补贴金额 1.88 余万元。开展邻里志愿帮扶，街道组建助老志愿服务队 10 个志愿者 230 余人，设置关爱点 11 个，累计服务时长 7339 小时 9650 人次。提供老人助浴服务 872 次，入户及电话巡视 8324 人次、修脚服务 50 余人。推出“爱心敲门”便民服务，被北京电视台新闻频道和北京西城报宣传报道，累计上门收取药费单据 201 张，报销金额 17 万元。落实教育“双减”责任，开展校外培训机构联合检查 30 余次。增建健身小广场，安装、更换健身器材 19 件。举办“喜迎冬奥全民参与，心系邻里和谐椿树”第三届冰雪邻里节系列活动，1200 人次参与。依托百姓文化之家、椿树书苑、安徽会馆等 7 个文体活动平台，开展活动 287 场。（刘　蕾）

【“接诉即办”事项】 2021 年，椿树街道制订“接诉即办”工作流程、督办考核措施，规范“接诉即办”工作。通过“吹哨报到”“暖心行动”，解决居民急难愁盼问题，累计受理群众诉求 3346 件，市级回访率 100%，解决率 73.77%，满意率 85.48%。（刘　蕾）

【疫情防控】 2021 年，椿树街道以“京心相助”北京市疫情防控系统为抓手，做好全国各地返京人员、境外返京人员的摸排、管控工作，处理和上报防控数据 10 万人次；以人防与技防相结合，做好社区应急值守及卡口力量保障，规范卡口值守和管控；严格执行健康监测人员的核酸检测，为居家观察人员提供生活服务保障，做好重点人员的居家隔离观察；建立街道核酸检测工作应急体系，协调医院、物业等部门提供物资和人员保障，开展街道全员、行业重点人群、境外及中高风险地区返京人员核酸检测，街道 5 个采样点累计检测 10 万人次。截至年底，12 周岁以上居民新冠病毒疫苗接种第一针 3.21 万人（含 60 岁以上 4894 人）、第二针接种 3.2 万人（含 60 岁以上 4717 人）、加强针接种 2.53 万人（含 60 岁以上 3290 人）。（刘　蕾）

【京剧票友大赛】 2021 年，椿树街道举办的第十九届“椿树杯”北京市社区京剧票友大赛优秀作品展演暨中央戏曲学院教学实践基地挂牌仪式在安徽会馆举行。大赛以聚“椿”心共抗疫情、汇“椿”力传承国粹为主题，包括国粹体验、红色经典观摩、传统文化空间论坛、优秀作品展演等内容。9 月初报名至优秀作品展演历时近 1 个月，收到北京各处京剧票友的参赛作品 70 余个，最终评选出五类奖项，给业余京剧爱好者提供交流展示的平台。（刘　蕾）

【红色阵地建设】 6 月 23 日，椿树街道开启“一街一路”红色初心启航线，“一街”是东椿树党史文化一条街，“一路”以林白水故居、京报馆、福州新馆、新京华书局等地区红色资源连点成线，提供追寻红色历史的新视角。开办“聆听四点钟”红色初心课堂，以京报馆（邵飘萍故居）中的魏染书屋为载体，以邵飘萍英勇就义时间（1926 年 4 月 26 日凌晨四点钟）为名，传承红色基因。开设忆红色故事、展党员风采、寄党员心语、学党史知识等“四个专栏”，构建红色初心宣传主阵地。（刘　蕾）

【“百院百人百事”社区治理】 2021 年，椿树街道巩固“幸福小院”试点成果，系统落实“把组织划小、让骨干增多、网格化管理、楼门院自治”理念，发动 100 个楼门院参与“幸福小院”创建，挖掘 100 名“幸福守望者”，收集 100 个创建锦囊，形成“百院百人百事”创建成果。（刘　蕾）

2021年西城区椿树街道社区居委会一览表

表29

序号	名称	地址
1	宣武门外东大街社区居委会	宣武门外东大街16号楼东侧
2	琉璃厂西街社区居委会	前孙公园东夹道4号
3	香炉营社区居委会	香炉营东巷2号院3-5-103
4	椿树园社区居委会	椿树园小区4号楼1层
5	四川营社区居委会	四合上院5号楼底商
6	梁家园社区居委会	前孙公园胡同56号
7	永光社区居委会	椿树园小区2号楼甲1号

（刘　蕾）

陶然亭街道

【概况】 陶然亭街道位于西城区东南部，东起太平街、虎坊路一线，西至菜市口大街中心线，南起护城河中心线，北至骡马市大街中心线。辖区面积2.14平方千米，有街巷胡同51条、社区10个。截至年底，常住人口4.22万人，流动人口1.38万人；单位753家，其中中央单位27家、国有单位46家，建筑面积1.5万平方米以上的商用楼宇27栋；中学4所、小学3所、幼儿园6所、医院2所。2021年，陶然亭街道获评首都城市环境建设管理突出贡献单位，完成全国示范型退役军人服务站、北京市“示范侨之家”创建，龙泉社区获评全国学雷锋志愿服务“四个100”最美志愿服务社区。（甘莅娜）

【党建工作】 2021年，陶然亭街道抓好“吹哨报到”33项任务清单落地落实，吹哨14次，解决房屋加固改造、壹瓶中控室交接等28个问题。推行党建项目认领制，社区好街坊等15个区域化党建项目、中信城商圈商居共治联盟等10个社区党组织服务群众项目广获居民好评。建设核心主义价值观活动广场，打造5处特色主题文化墙，邀请居民自导自演“陶然文明小剧场”。推动新业态、新就业群体党建试点工作，建设11处“蜂巢驿站”，实施“暖蜂行动”计划，推出10条举措关心关爱快递小哥。成立快递行业临时党支部，建成街道快递分拣中心和党员活动室，依托“陶然小哥”群防群治机制和“顺手公益”活动带动快递员有效参与基层治理。推进区级人大代表、党代会代表选举。修订完善《社区党委（党总支）议事规则》，规范议事流程。以“一书一展一赛两会”推动党史学习教育深入开展，编辑《恰是百年风华》，展示地区各条战线百余名共产党员的时代风采；开设3处小微展览，回顾老一辈革命家在陶然亭地区奋斗史，3000余人参观；以“初心百年、聚力陶然”为主题，召开庆祝中国共产党建党百年大会和表彰大会，在74个党支部开展“红墙先锋在社区，我为群众办实事”大讨论暨“陶然实践家”活动，党员干部围绕居民诉求解决、社区治理创新等梳理形成90项问题清单，解决小学生上下学道路安全等老百姓急难愁盼问题，完成老旧小区基础设施改造提升、增设16个新能源汽车充电桩等9项重点民生项目。组建“京华陶然”百姓宣讲团，开展“百年风华、陶然故事”主题宣讲。开展“永远跟党走”群众性主题宣传教育活动。打造“两微多端”，利用微博、微信、抖音等载体广泛培育和弘扬社会主义核心价值观。京华陶然微信公众号全年推送信息713条，粉丝8507人。依托“一七五十”（一个体系、七支志愿队、五大主题、十个实践站）工作体系，开展“光盘行动”打卡等特色实践活动320余场，1万余人次参与。（甘莅娜）

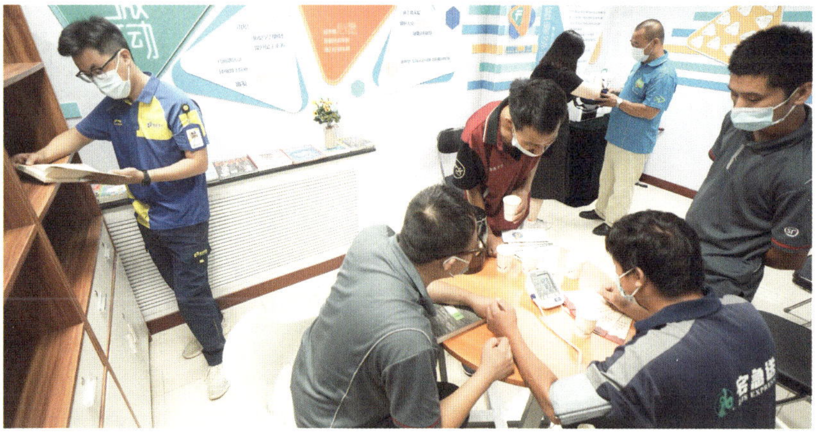

8月27日，陶然亭街道建成11处“蜂巢驿站”　（陶然亭街道　供图）

【平安建设】 2021年，陶然亭街道完善重大活动服务保障指挥体系，绘制地区风险地图，梳理11类338个风险点位，统筹整合基层平安建设力量实名下沉85个网格，深入楼门院落、门店底商开展地毯式排查，做好大吉片B地块车辆物资中转站和陶然亭公园紧急备降点的环境秩序维护工作，完成建党百年庆祝活动服务保障。开展黑龙潭地区专项整治，拆除违建248平方米，防范聚集居住。以畅柳园、陶然北岸、中信城小区为重点，疏堵结合推进整治电动车违规停放充电，每日夜查住宅楼道、背街小巷，集体约谈11家销售商户，重新翻修3处停车棚，新建23组充电柜、11组充电桩，违规停放充电现象得到遏制。压实安全生产责任，全年出动1万余人次开展城市安全隐患排查治理，完成11项消隐任务。加强液化石油气安全管理，33家非居民用户实行“三改”（改气、改电、改业态），2170居民户全部实现入户消隐，为1120户更换减压阀、软管。

（甘莅娜）

【城市管理】 2021年，陶然亭街道拆除违法建设123处5028平方米，影响492人次，保持开墙打洞、占道经营、群租房整治动态清零。合理规划拆违腾退空间，在红土店南里小区新建停车场，改造后有9000余延米非机动车停车位，70余处无障碍设施。推进背街小巷整治，16条街巷通过市级验收，新兴里支路通过空间功能改造和绿植“认养认管”，打造88米的断头胡同为自治精品街巷。坚持“一户一策”完成四平园老旧小区综合改造。新建9个智能垃圾分类驿站、15处大件废弃物存放点，实现智能垃圾分类驿站社区全覆盖，创建中信城、陶然北岸等4个市级垃圾分类示范小区。深化“一微克”行动，定期清理保洁8600余平方米第五立面，完成绿化补植1000余平方米，获评首都城市环境建设管理突出贡献单位。河长巡河累计5304千米，开展“清河行动”和河湖“清四乱”，发挥河湖志愿者力量，加大巡查力度和频次。

（甘莅娜）

【社区建设】 2021年，陶然亭街道完成社区“两委”换届工作，21名35岁以下年轻干部进入“两委”班子，实现年龄、学历“一降一升”。启动“陶然名片”社区书记工作室建设项目，开展社工人才队伍调研，为建立后备人才库、提升基层治理能力奠定基础。完成5个社区服务站转型升级，实现全科社工“菜单式”服务区域全覆盖。以文明志愿服务为纽带培育家园意识，深化畅“留”家园、北岸幸福家等特色项目，依托陶然书苑培育孵化5家内生型社会组织，通过活动共建带动引导社区居民、驻社区机关企事业单位、其他社会力量和市场主体积极参与社区治理。强化共建共治共享提升社区发展治理效能，推广“西城家园”，动员1.3万余名居民实名入驻，建成龙泉社区协商议事厅和2个楼门院治理示范点，引导居民开展议事协商活动86次。在里仁东街打造党建引领自管自治新模式，通过议事协商、志愿服务实现民事民议、民事民管。引导双柳树头条甲一号院物管会转化为业委会，并为小区引入物业，物业费收缴率98%。推动壹瓶新老物业完成交接，诉求量比上年下降95%，物业费收缴率由18%上升至97.5%。

（甘莅娜）

【民生保障】 2021年，陶然亭街道选定50家生活服务业网点开展标准化提升，发放便民服务手册，打造一刻钟便民生活圈；开展特扶人员、困难残疾人、空巢独居老人关心关爱行动，解决平房区群众洗澡难、老人用餐难等居民急难愁盼问题。加大财政支出民生投入，发放低保金1188万元，协助131户居民入住保障房、784名失业人员再就业，实施降坡等无障碍改造70余处、铺装盲道120米，签约家庭养老床位43张，开展居家巡视探访服务1000余次，联合28家生活服务业单位定期将便民敬老服务送进小区，米市社区创建“市级老年友好型示范社区”，大吉巷社区获评“无障碍示范街区”，红土店社区创建“全国示范型退役军人服务站”。坚持以文化育文明，搭建多元共享的“1+7”（街道党群服务中心+陶然书苑、文体中心、图书馆、儿童中心等7处文化空间）文化服务平台，其中冬奥冰雪体验中心吸引体验者万余人次。落实“双减”政策，实施“胡桃仁计划”，引导22家单位57项教育资源开放共享，初步构筑家校社协同育人模式。

（甘莅娜）

【“接诉即办”事项】 2021年，陶然亭街道坚持把12345热线作为与居民沟通的桥梁，全年办理热线诉求4884件，解决率89.36%，满意率92.90%。组织全员学习《北京市接诉即办工

12月16日，陶然亭街道建成冬奥冰雪体验中心 （陶然亭街道 供图）

作条例》，剖析经典案例，开展实务培训。坚持主要领导亲自盯亲自抓，形成“难题系统治理、隐患专项治理、周期问题前瞻治理”思路，重点攻坚脏乱差、停车难等居民关切问题，整治双柳树胡同和南华东街失序环境，打造交通安全绿岛，增设46个路侧停车位，实现胡同“换装”加“瘦身”。探索12345热线高频群体诉求办理经验，邀请降噪工程专业人员实地指导，设置专岗专人加强夜间巡查，完成中信城教育用地渣土清运、文物勘察扰民疏导工作，推动停滞多年的大吉片教育配套项目、B地块商业项目开工建设。建成“接诉即办”指挥调度平台，多维分析高发、周期问题，举一反三，源头治理平房院汛期隐患；推出“陶然兴居五步工作法”（社区物业双把关、相邻业主齐谅解、业主依法巧施工、议事协商解难题、施工结束双检验）巧解邻里装修纠纷，实现“接诉即办”向“未诉先办”延伸。（甘莅娜）

【疫情防控】 2021年，陶然亭街道应对多轮散发疫情风险，累计敲门入户摸排10万余人次，排查重点人员1.2万余人次，不断加大对商超、菜市场、餐馆等人员密集场所的疫情防控检查力度，关停履责不到位的市场主体19个，织牢织密疫情防控防线，实现零感染目标。建成2个新冠病毒疫苗临时接种点，启用移动接种车，落实属地责任，依托敲门入户、“西城家园”、京华陶然微信公众号等多种形式，做好宣传动员、信息登记、点位保障，累计接种13万余剂，地区居民接种率89%，60岁及以上老人接种率83.7%。科学精准开展核酸检测，制订一日全员核酸检测应急方案，强化物资储备、人员调度，完成大规模核酸检测任务，按照行业、重点人群分类持续开展定期检测，累计检测8万余人次，实现应检尽检。（甘莅娜）

【特困人员集中供养服务】 2021年，陶然亭街道推进“住进去、留下来、服务好”特困人员集中供养服务。一对一宣传确保“住进去”，对分散特困供养人员“一户一策”安排实地参观、体验养老机构，按个性化需求开展双向资源链接。面对面沟通确保“留下来”，建立“耆援”志愿服务队伍，定期开展节日慰问、心理疏导、生日看望等活动，持续关注其生活及心理状况。健全供养救助巡视制度，每月对敬老院看护情况探访监督。点对点解难确保“服务好”，在3家养老机构开展质量提升行动，将消防、食品、安全生产、疫情防控等工作纳入街道联防联控体系，推进服务设施改造达标。建立特困人员监护人、入住机构及定点治疗医院多方常态沟通机制，随时响应各类突发情况。累计开展陪同就医、跑腿服务等个性化帮扶12次。（张斯裕）

【街道冬奥冰雪体验中心建成】 2021年，陶然亭街道冬奥冰雪体验中心建成，中心位于陶然亭公园西南侧，集冬奥文化宣传、冬奥知识普及、冰雪项目体验为一体，总面积约503平方米，是西城区最大的室外仿真冰场地，包括2个冰蹴球场和2个冰壶场。配备智能储物柜、太阳能座椅等附属设施，可提供自助存包、语音播报、手机充电等便民服务。（甘莅娜）

【数字非遗特色文化空间打造】 2021年，陶然亭街道利用地下腾退空间打造非遗文化栖息地。统筹整合辖区内中国戏曲学院附属中等戏曲学校、北方昆曲剧院等各类文化资源，在南华里小区1号楼西侧地下一层建成数字非遗特色文化空间。面积约460平方米，划分陈列展示区、互动体验区、文创交流区3个板块，设立云视听工作室、科技科普厅等5个区域，通过线上展览和线下体验面向居民开展活动。（甘莅娜）

2021年西城区陶然亭街道社区居委会一览表

表30

序号	名称	地址
1	福州馆社区居委会	粉房琉璃街160-10号
2	粉房琉璃街社区居委会	粉房琉璃街79号
3	大吉巷社区居委会	果子巷3号院1号楼底商1-1、1-2号
4	米市社区居委会	菜市口大街甲2号院4-8、4-9号
5	新兴里社区居委会	南华东街10号
6	南华里社区居委会	南华里13号
7	黑窑厂社区居委会	黑窑厂西里1号楼平房1号
8	红土店社区居委会	四平园小区9号楼1层
9	壹瓶社区居委会	陶然亭路2号9号楼401
10	龙泉社区居委会	龙泉胡同甲22号

（甘莅娜）

展览路街道

【概况】 展览路街道位于西城区西北部，东起西直门南大街、阜成门南、北大街与新街口和金融街街道相接；西至三里河路、动物园西墙与海淀区甘家口街道相邻；南起月坛北街与月坛街道相连；北至南长河、西直门北大街与海淀区北下关街道相望。辖区面积5.87平方千米，有一、二类大街22条，街巷胡同34条，社区23个。截至年底，常住人口16.66万人、户籍人口16.25万人、流动人口3.5万人、出生人口969人、死亡人口1362人。有法人单位5877家，其中中央单位274家、地方单位280家、其他单位5323家；医院3家、社区卫生服务中心1个、社区卫生服务站8个；大学2所、中学4所、小学7所、幼儿园9所、职业学校1所、培智学校1所、社区教育学校1所、图书馆1所。2021年，展览路街道获评北京市第二次全国污染源普查表现突出集体、北京市先进社区党组织、北京金牌劳动人事争议调解组织、2020年度首都绿化美化先进集体、2020年度街道乡镇劳动保障监察工作先进单位。 （姜　彤）

【党建工作】 2021年，展览路街道组织庆祝中国共产党成立100周年系列活动，集体观看红色影片11场，1100名党员参与；百个支部绣党旗活动报送成品123面；征集建党百年主题征文232篇、百名书记讲党课讲稿239篇，整理汇编成册；征集“向党说句心里话”短视频240条；拍摄基层社工党员为民服务纪实片《微光》，获评北京市党员教育电视片观摩交流活动二等奖。依托街道党群中心，联手市委党校，打造北京市第一家马克思主义实践教育阵地。新建集体育锻炼、应急帮扶、理发义诊等暖心服务于一体的“三心驿站”8个，设立“小哥餐桌”，累计服务200余人次。加强后备人才库及书记工作室建设，以党建引领基层社会创新治理为重点，提升“三项核心动力”，构建中青年骨干书记学习进步共同体。优化“两新”楼宇阵地，每季度走访辖区27家商务楼宇企业，提出“一站一部”“一企一册”“一员一档”商务楼宇精准管理模式。开展“我为群众办实事”实践活动，完成街道重点民生项目清单12项、“红墙先锋在社区、我为群众办实事”社区与区级机关企事业单位党组织结对问题清单30项、“履职践承诺、开门办实事”活动群众需求清单75项、“两新”组织办实事项目清单5项。完成23个社区“两委”换届工作。完成西城区第十三次党代会代表选举、第十七届人大代表换届选举工作，完成文明城区创建迎检，创建申报78项考评指标。完善新时代文明实践站（所）软硬件设施，结合重大节日开展群众性文明实践活动。挖掘培育先进典型，推举中国好人榜提名奖1人，市级绿色生活好市民2人，市级公益环保组织1个。组织党员干部参观中国共产党历史展览馆“不忘初心、牢记使命”大型主题展览。开展“冬奥唱起来，一起向未来”群众性主题活动。召开街道党史学习教育动员部署大会，构建“领导小组＋办公室＋监督组＋指导组”的组织体系，制订《展览路街道工委党史学习教育实施方案》。以“听、观、诵、寻、书、赛”等形式开展庆祝建党百年“十个一”系列主题活动，覆盖街道机关党员干部、离退休党员、社区党员群众、非公支部党员。组建街道“同心向党、薪火相传”百姓宣讲团，开展“诵读宣讲、影片宣讲、音乐宣讲”等宣讲100余场，受众5000余人。制订《展览路街道“我为群众办实事”实践活动实施方案》，对接机关企事业单位党组织176次，开展各类活动181次，参与活动在职党员1640人，志愿者1811人，完成实事清单内容122项。 （姜　彤）

【平安建设】 2021年，展览路街道完成全国两会、建党百年庆祝活动等安保及地区安全稳定工作。完善辖区技防体系，建设智慧小区23个，更换社区大门60个。整治群租房85户5525平方米。地区刑事案件发案47件，比上年下降51%；治安案件发案77件，比上年下降30%。落实安全生产“一岗双责”，加大重点行业检查力度，检查生产经营单位3432家次。继续开展液化石油气瓶动态清零，完成正规气瓶家庭安全配件升级更新，更换燃气软管630户，安装安全自闭式调压阀649个，查没治理不合规设备，消除辖区用气隐患。建设电动自行车充电柜215组，防范充电事故。加强依法行政，办结行政处罚案件763起，罚款金额1576850元。处理行政复议案件16起，处理行政诉讼案件3起，胜诉3起。联合海淀区甘家口街道，开展首都体育馆场馆群1千米范围内区域的3个社区、

10月21日，展览路街道举办2021年社区邻里节文艺汇演暨优秀志愿者表彰大会（展览路街道　供图）

5条主要大街、4个商业片区、3处主要旅游景点的冬奥保障工作。加强对动物园西南门至展览馆西口一线、三里河路至展览馆路一线的定时巡逻检查和各项值守任务，完成冬奥会测试赛等重大赛事期间相关地区的外围保障工作。（姜 彤）

【城市管理】 2021年，展览路街道拆除违法建设277处11855.65平方米。完成黄瓜园中楼西楼、团结大院、新兴中巷4号楼等区域违法建设拆除及恢复。完成百万庄公共空间再造项目及三里河路沿线阜外大街以南区域环境整治和绿化品质提升。整治首环办环境脏乱点147处，完成41条精致类背街小巷环境提升。创建垃圾分类市级示范小区2个，区级示范小区5个。建设地区大件垃圾分拣、可回收利用中心。开展“两桶一袋”宣传活动15场，推进生活垃圾分类和再生资源回收体系“两网融合”，建立可回收物免费上门收运机制，23个社区实现可回收物上门服务全覆盖，注册量5358户，上门回收订单4046单，完成垃圾减量57520公斤。推进中央第二轮环保督察件整改工作，办结案件12个。建立空气监测子站实名制管理网络，分类开展施工工地治理，试点中小微工地管理办法，完善施工工地全流程管控，不断改善空气质量。开展“清河行动”和河湖“清四乱”，通过北京河长APP累计巡河618人次1571.64千米，发现处理问题270个。完成1984至2020年度辖区花园式单位复核。开展古树安全检查和体检工作。（姜 彤）

【社区建设】 2021年，展览路街道社区居民委员会换届选举，产生居民委员会成员171名，其中主任23名、副主任46名。打造百万庄西社区议事厅及百万庄北里、月坛北小街7号院2个楼门院文化治理示范点。完善社区月协商工作机制，对热点难点问题分层议事协商，累计参与8000余人次。落实《北京市物业管理条例》，在北营房西里小区及阜外北街259号楼引进专业化物业管理。统计梳理央产小区物业管理情况。推进党建引领物业管理，提高地区业委会（物管会）效能，为地区居民解决环境杂乱、安防薄弱、楼体老旧、停车难等问题。落实“双减”政策，开展校外培训机构联合检查，对接地区中小学三点半课堂，加强青少年校外教育基地和社会实践基地建设，开展“送科技编程、送冬奥知识、送传统文化”“全民冰雪、喜迎冬奥”、冰雪进校园等各类科普、文化、体育活动70余场，惠及地区青少年3000余人次。开展街道政务服务大厅“政府开放日”活动。完成2021年非京籍儿童入学材料审核工作，审核通过54人。（姜 彤）

【民生保障】 2021年，展览路街道完成老旧小区综合整治、地铁沿线留白增绿等9项为民办实事项目。受理各类保障性住房申请及复核2300余份。通过走访慰问、综合救助、保障最低生活、医疗报销、两癌筛查等多种渠道，帮扶救助低保、老龄、失业、失独、残疾、单亲特困、困难家庭青少年等各类困难人群和弱势群体，“两节”期间发放慰问金、物品折价156.65万元。推进无障碍设施建设，安装扶手1400个4000米，各类无障碍标识300个，台阶拆除及坡道化约30平方米，创建无障碍精品街区和一刻钟生活服务圈。完成4个社区养老服务驿站服务优化升级、星级评定，开展心理慰藉680人次，助餐1250份，助医16人，文化娱乐200人次。重设7个养老助餐点，采取就餐、送餐、领餐相结合的方式，辐射23个社区，解决三无、特困、空巢、独居孤寡及有需求老人的用餐问题。加强社会心理服务体系建设，为辖区居民提供个体服务131人次，人才培养培训50课时，线上服务7场次，惠及辖区居民2600余人次。在南营房社区、阜外西社区和阜外东社区开展“全国示范型服务站”创建工作。开展伤残军人、老八路、老红军、抗美援朝老兵“两节”慰问16人次，发放慰问金1.89万元。“八一”走访慰问伤残军人、一等功臣、二等功臣、困难退役军人、军烈属和军遗属16人次，发放慰问金17.54万元。就业人数1563人，完成23个充分就业社区创建，阜外东社区获评充分就业示范社区，“零就业家庭”动态脱零。完成公益性组织改制工作。政务服务中心累计受理、办结各类服务事项64401件，提前办结率100%。社保服务和政务服务共同纳入综合窗口受理，减少居民跑动次数。设立服务中央单位和驻京部队窗口，为辖区273家中央单位及驻京部队提供各类政务服务。设置悉心听窗口，专人负责接待；设置“一号咨询”综合电话，提供录音留言服务，在非工作时间段为企业群众咨询提供录音

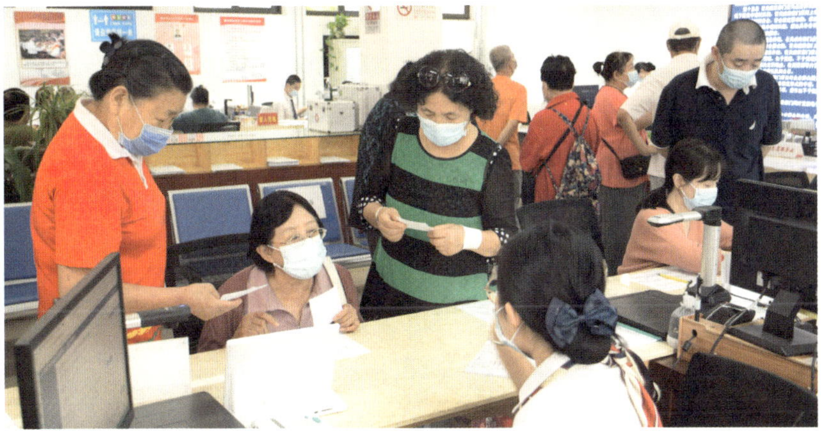

9月18日，展览路街道开展政务服务大厅“政府开放日”活动（展览路街道 供图）

留言。（姜　彤）

【“接诉即办”事项】2021年，展览路街道深化“吹哨报到”改革，明确各方职责，健全完善快速响应、有效解决群众诉求的工作机制，提高“接诉即办”工作效率和质量，及时回应群众需求。理顺热线办理工作流程，整理汇总工作职责、政策法规、业务知识等内容。梳理交叉职能、明确履职界限，修改确认展览路街道政府热线派件分类表，理顺各大办责任事项，明确热线派发办理依据。落实首接负责制，形成一单到底的处置闭环。发挥党员表率作用，党员领导干部直接参与办件。深入实地，面对面沟通，面对面反馈，把老百姓的事当作自己的事来办。坚持指挥调度高位统筹，对于情况特殊、处理难度大、涉及部门多的案件第一时间进行协调，及时跟进督导，确保问题满意解决。全年12345热线平台接收下派大信访案件10792件，响应率100%，按期办结率100%。（姜　彤）

【疫情防控】2021年，展览路街道深化疫情防控成功经验，加强防疫健康宣传，坚持预防为主、预警为先，落实重点场景、重点环节和重点人群管控。坚持境外返京人员闭环管理，常态化抓好风险人员摸排管控，以最快速度完成流调、落位管控和核酸检测。每周开展“七类”重点人群核酸检测，累计71场28万人次，确保应检尽检。完善进口冷链（含非冷链）食品的流通环节监控，检查商务楼宇、七小主体5338家，发现整改问题247个，停业14家。1月28日，启动新冠病毒疫苗接种工作，陆续设置北京展览馆、九和大厦、北营房中街3个固定接种点和2辆移动接种车，周末节假日不断档，特设夜间专场，配备特殊人群接种专用车和绿色通道，累计接种280541剂次，其中完成第一针接种101039人、第二针接种102274人、第三针接种77228人。（姜　彤）

【“金科新区”建设保障】2021年，展览路街道配合北展指挥部围绕区域功能定位和整体规划，推进“金科新区”核心区域综合整治提升。加大对西外南路及周边的综合秩序日常整治工作，保障金科广场对外开放、首创新大都金融科技产业园正式运营、新动力金融科技中心投入使用。强化税源建设，建立服务管家机制，持续开展企业大走访，整合866家纳税企业台账，宣传兑现西城区各项服务优惠政策。（姜　彤）

【奥运场馆外围保障】2021年，展览路街道联合海淀区甘家口街道，开展首都体育馆场馆群1千米范围内区域的3个社区、5条主要大街、4个商业片区、3处主要旅游景点的奥运保障工作。加强对动物园西南门至展览馆西口一线、三里河路至展览馆路一线的定时巡逻检查和各项值守任务，完成重大赛事期间相关地区的外围保障工作。（姜　彤）

2021年展览路街道社区居委会一览表

表31

序号	名称	地址
1	滨河社区居委会	北滨河路2号院9号楼2层
2	德宝社区居委会	德宝新园1甲21号楼1层
3	朝阳庵社区居委会	朝阳庵3号楼前平房
4	文兴街社区居委会	车公庄中里1号楼下平房
5	团结社区居委会	西外团结大院7号楼西侧平房
6	榆树馆社区居委会	车公庄大街北里甲46号永康写字楼南侧
7	新华东社区居委会	北礼士路乙56号楼1层1门011
8	新华里社区居委会	新华里10号院1号楼1门101-102室
9	车公庄社区居委会	车公庄大街北里36号楼101室
10	百万庄西社区居委会	百万庄北里西巷3号院1号楼2层
11	百万庄东社区居委会	百万庄中里甲6号楼东侧平房
12	三塔社区居委会	展览馆路34号东侧平房
13	新华南社区居委会	北礼士路135号23号楼北侧平房
14	黄瓜园社区居委会	阜成门外大街甲41号楼1层甲41-9
15	扣钟社区居委会	扣钟北里2号楼106号

续表 31

序号	名称	地址
16	露园社区居委会	北露园 4 号楼楼下平房
17	北营房西里社区居委会	北营房西里 11 号楼地下室及南侧平房
18	北营房东里社区居委会	北营房东里 11 楼 105 室、109 室
19	阜外西社区居委会	阜外大街甲 40 号院 3 号楼底商 1 层
20	洪茂沟社区居委会	月坛北街 17 号楼北侧平房
21	阜外东社区居委会	月坛北小街 1 号院西门
22	南营房社区居委会	月坛北街 5 号楼 2 门 103 号
23	万明园社区居委会	万明园小区 9 号楼 1 层

（姜 彤）

月坛街道

【概况】 月坛街道位于西城区西部，东起复兴门南、北大街及阜成门南大街西侧，与金融街街道相接；西至三里河路中心线东侧，与海淀区羊坊店街道相邻；南到莲花池东路，与广安门外街道相望；北至月坛北街中心线，与展览路街道比邻。辖区面积4.13平方千米，有一、二类主要大街11条，胡同43条，社区26个。截至年底，辖区常住人口153850人、户籍人口154056人、流动人口27888人、出生人口1080人、死亡人口1300人。有副部级及以上中央单位22个；大学1所、中学5所、小学6所、幼儿园6所；医院2所，大型商场10家，体育场馆2个，文化古迹4处，公园4处。2021年，月坛街道党群工作办公室获评全国老干部工作先进集体，街道综合行政执法队党支部获评北京市先进基层党组织。（袁晓慧）

【党建工作】 2021年，月坛街道开展"七个一"（建好一个阵地、办好一场展览、上好一堂党课、搞好一场竞赛、做好一件实事、讲好一个故事、树好一批典型）系列活动，推动党史学习教育。打造"三里月新"党群服务中心，引入首都博物馆资源，举办党史展览、月末大讲堂等活动66场；组织地区党员1500余人次微信参与党史答题；表彰"两优一先"70人，出版《穿过幸福时差十二》讲好月坛故事。加强舆情引导，网络媒体报道800余次；在月坛政务通微信公众号发布信息300期。新建社区党支部37个，发挥社区党组织作用，通过"社区书记接待日"等方式，调动产权单位、物业企业参与社区治理，提升社区治理水平。将辖区5个快递站点纳入社区党建工作协调委员会，在月坛西街和全国总工会打造2个"月坛小哥E站"，提供一站式综合便利服务。开展创建全国文明城区活动，召开文明城区常态化创建工作部门会议41次，完善工作方案、组织分工和责任体系。"城市清洁日"成为地区干群广泛参与的常态化活动。推进新时代文明实践中心建设，各社区和职能站所以理论政策宣讲、科普普法、教育服务、文化服务、医疗卫生服务、健身体育服务等6方面为主要内容，开展实践活动4500余场。（袁晓慧）

【平安建设】 2021年，月坛街道完成全国两会、建党百年庆祝活动等服务保障任务，发动群防群治力量2万余人次。常态化开展扫黑除恶治乱，推进儿童医院周边和白云观观前街"并肩治乱"整治。强化群租房专项治理，启动反诈APP安装集中行动。强化司法超前调解，助力解决12345热线投诉，调解纠纷245件，达成书面调解协议241份（经法院确认115件）。强化安全保

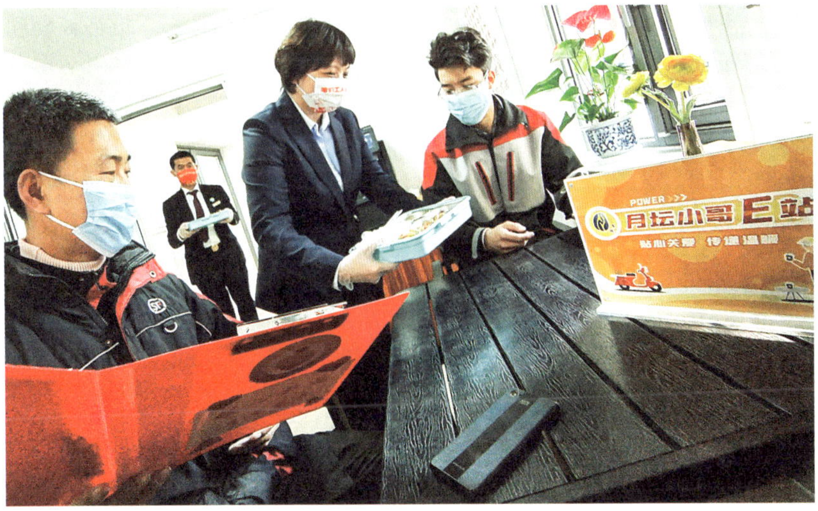

11月19日，"月坛小哥E站"挂牌成立 （闻昭 摄）

障基础设施，安装充电桩185组、充电柜175组，实现电动车集中充电设施小区全覆盖。辖区997户居民实现瓶装液化气用户“新三改”，安装感烟报警器1500个，消防安全提示器3000个。推进“智慧平安社区”基础建设，改造升级视频图像232路，便民门禁系统48处，新装高空抛物监控系统24处。检查生产经营单位8851家次，发现并整改安全隐患10570项，全年安全无事故。开展防疫联合夜查单位400余家次，约谈19家单位落实问题整改。

（袁晓慧）

【城市管理】 2021年，月坛街道加强城市运行和环境综合治理。持续推进背街小巷精细化整治，利用平台管理机制，发挥街巷物业管家和突击队作用，33条背街小巷全部通过市级精治类达标验收，4条街巷获评首都文明街巷。全年处理市区级平台案件5839件，首环办案件85件；组织环境整治399次，整改修复临街楼宇立面、路面破损140余处，修复面积约1916平方米，协调开展清运堆物堆料、清理废旧机动车、规范门前三包、清理地锁地链等综合整治。全年拆违5334.74平方米，疏解人口1142人。完成78处老旧小区点位无障碍化改造。完成地区26处垃圾分类驿站建设，创建北京市生活垃圾示范小区7个。全年街道河长巡河173人次，各河段长巡河1000余人次。完善水污染闭环执法机制，联动整治维护河湖生态功能。

（袁晓慧）

【社区建设】 2021年，月坛街道完成社区“两委”换届，26个社区全部实现书记主任一肩挑，班子成员中具有大专以上文化程度的人数较上届增长10.4%。推进社区综合服务改革，完成13个社区服务站装修改造，设置全科社工综合受理岗，梳理服务站各类事项办理流程。加强社工队伍考核管理和培训，储备社工优秀人才，新招录社工79人。推进社区党委、居委会、物管会、物业公司和居民代表“五位一体”，决策、服务、活动、资源“四维协同”的社区共治工作法，加强社区动员，打造汽南社区协商议事厅和汽南3个楼门院示范点，健全楼院、网格、社区、街道分层民主协商管理模式。运用“社区吹哨、科室报道”机制，“未诉先办”解决社区环境秩序等问题，清理社区安全隐患。开展民生工程民意立项，完成木樨地北里19、20号楼小区垃圾分类驿站、汽北社区自行车棚的改造及便民生活服务网点运营，提升社区服务能力。

（袁晓慧）

【民生保障】 2021年，月坛街道加大精准救助力度，落实好拥军优抚和低保、就业等政策，帮扶救助各类困难群体和低收入人群9000余人次。完成624.38平方米的月坛街道政务服务中心迁址、升级改造，设置专门服务退役军人、中央单位、驻京部队窗口。稳步推进综合窗口“一窗通办”，支持重点就业人群2365人。走访辖区212家税源企业，协调解决企业发展中的难题和困境。完成13家税源重点企业综合贡献奖励发放工作。完成辖区16家“服务包”企业的核实及信息采录。依托5家市级示范温馨家园，为地区2724名残疾人开展系列精准项目服务。完善38个施工单位备案管理，对31家劳动用工密集单位开展督查，确保工人工资发放。完成141户保障性住房、市场补贴和公租补贴工作。加强社区养老服务驿站建设，无围墙敬老院累计服务54678人次，站点服务41611人次，设置家庭养老床位51张。培训家庭照护者920人。开展居家养老巡视工作，巡视老人214人4279人次。开展“乐活相伴”等快乐养老主题活动7场，服务2124人。三里河二区社区入选全国示范性老年友好型社区。开展中小学科普活动，走进中科院等地区科普资源单位，600余名家长参加科普讲座。开展“国图进社区”活动，接受国家图书馆无偿赠书1.5万册，组织文化活动66次。优化便民服务网点布局，梳理已有网点381个，新建和转型便民菜店各1家，新建便民服务综合体1家。组织校外培训机构联合检查21次，对违规办学行为进行约谈和通报，保证“双减”政策有效落实。

（袁晓慧）

【“接诉即办”事项】 2021年，月坛街道建立“党政领导亲自盯、分管领导具体办、负责科长一线干”的三级工作体系，社区党委定期分析、研究、部署，社工包楼包片，加大案件办理力度，压实各级办件责任。完善机制注重统筹，制订完善《月坛街道市民热线“接诉即办”社工分片包户处置工作方案》，印发《街道工委办事处关于进一步加强“接诉即办”工作的具体措施》。落实周调度、月总结的工作机制，定期召开联席会分析研究群众反映的热点难点问题，强化办案指挥调度，务求问题得到解决。全年累计接诉办理9184件，解决率93.80%、满意率96.58%。

（袁晓慧）

【疫情防控】 2021年，月坛街道坚持做好新冠疫情常态化防控，结合辖区特点，每周召开一次各社区、街道科长以上干部参加的疫情防控协调会，解决疫情防控相关问题。加强重点人员和小区卡口管控，排查大数据派单1.5万余人，落实居家观察措施400余人次。严格检查落实卡口查证、验码、测温、登记措施。发动群众织密社区防控网。通过巡回宣讲、开展“三扫”（扫楼、扫街、扫户）行动、配置接种车等，做好新冠病毒疫苗接种动员与服务。在西宫设立接种点，9类重点人群累计接种3.4万剂次；开展大规模接种以来累计接种超过30万剂次，其中60岁以上人员接种超过2.3万人，接种率超过80%；加强针接种累计超过7万人。为国家部委提供接种车上门服务，为60岁以上老人开通绿色通道，为12至18岁在校学生开展专场服务。组织外籍常住居民105人接种。完善大规模核酸检测体系，建立街道、社区两级物资储备调用机制，建立冬季核酸检测物资实物储备库，在街道、社区储备医用防护物资等共计10万余件。开设蓟丘驿站、白云叠翠公园等作为行业核酸采样场所，累计完成31轮20万余人次的行业核酸检测。 （袁晓慧）

【心理健康服务】 2021年，月坛街道加强新冠肺炎疫情常态化下人群的心理干预。通过线上线下结合的方式，开展心理知识宣传活动10场，服务居民1268人次；团体心理辅导活动19场，服务1061人次；个案心理咨询服务31人65人次。创建社工心理健康档案349份，组织开展社工心理服务团体拓展活动，服务社工377人次。 （袁晓慧）

2021年西城区月坛街道社区居委会一览表

表32

序号	名称	地址
1	南沙沟社区居委会	南沙沟小区18号楼西侧1层
2	三里河社区居委会	三里河北街5号院西平房
3	三里河一区社区居委会	三里河一区3号院5号楼半地下1层
4	社会路社区居委会	月坛南街甲49号
5	月坛社区居委会	南礼士路46号院1号楼1层
6	铁三社区居委会	月坛西街西里16-2-1
7	三里河二区社区居委会	三里河二区B区6号楼105室
8	三区一社区居委会	三里河南七巷1号院东门外南50米
9	三区三社区居委会	复外大街23号楼105
10	铁二一社区居委会	二七剧场路东里新19楼205室
11	铁二二社区居委会	二七剧场路东里新9楼2门003号
12	南礼士路社区居委会	南礼士路三条北里14楼3门3号
13	甲7号院社区居委会	复兴门外大街甲7号11-2-1
14	复北社区居委会	复兴门北大街11号楼旁
15	汽南社区居委会	白云路西里28号楼外1层
16	汽北社区居委会	白云路西里3号楼2门
17	木樨地社区居委会	木樨地北里平房甲2号
18	公安社区居委会	木樨地南里29楼地下室
19	白云观社区居委会	白云观南里10-11-103
20	真武庙社区居委会	真武庙五里6栋西配楼
21	广一社区居委会	真武家园1号楼2单元西侧
22	广二社区居委会	西便门外大街四号院4号楼2门地下101室
23	西便门社区居委会	西便门外大街10号院26门2号
24	复外社区居委会	复兴门外大街6号楼202室
25	全总社区居委会	真武庙二里甲10-2
26	铁四社区居委会	西便门外大街7号院11楼2号

（袁晓慧）

广安门内街道

【概况】 广安门内街道（简称广内街道）位于西城区中部偏西，东至宣武门外大街与椿树街道毗邻，西隔广安门北护城河与广外街道相连，南枕广安门内大街，北依金融街，东西最长处2130米，南北最宽处1200米，辖区面积2.43平方千米，有大街11条、胡同66条，社区18个。截至年底，常住人口60318人、户籍人口90023人、流动人口12387人、出生人口463人、死亡人口990人。有法人单位2403个；中、小学校6所，青少年科技馆1所，幼儿园6所；卫生医疗机构3家。2021年，广内街道核桃园社区获评全国示范性老年友好型社区，温馨家园获评北京市残疾人之家，槐南社区获评北京市全民健康生活方式行动健康社区。广内街道代表西城区接受新华社在全国范围"落实习近平总书记七一讲话精神做好基层社会治理"主题采访。

（俞美玲）

【党建工作】2021年，广内街道制订《广内街道工委党务公开目录》，形成规范化、程序化、制度化的党务公开机制。完成社区"两委"换届和党支部换届、社区妇联换届、18个社区联合工会换届和广内地区分会第十七届人大换届选举工作。制订《广内街道社区工作制度汇编》，规范社区"两委一站"工作。制订36项街道基层党建重点任务清单、21项"两新"组织强党建促发展措施清单，依托街道党群服务中心建立新就业群体综合行服务平台。在物管会、广内街道调解中心建立临时党支部，扎实推进基层党组织在专项工作发挥作用。落实党支部工作联系点制度，聚焦居民诉求和群众关切，设立充电设施安装、民用液化气整治、便民设施安装等49个党组织服务群众项目，围绕社区楼门自治、垃圾分类、社区环境等设立38个公益金项目。广内街道心理服务中心投入运营，开展心理辅导活动13场，500余人次受益。搭建"好商量"议事厅，建实1741人的楼门院长队伍，在长椿街社区、核桃园社区开展楼门院党小组示范点创建工作。实施"红墙同心"社会公共责任体系项目，形成清单319条，推出"建强'硬'支部"等10个项目。加强社区党员教育管理和后备队伍培养，优化社区党委书记阶梯培养链条和成长路径。广安门北街20号院物管会、核挑园党群中心和服务站、"广艺+"市民文化中心入选全市基层干部教育培训现场教学点。成立广内卫生健康委员会。创建首批北京市卫生街道。

（俞美玲）

【平安建设】2021年，广内街道完成全国两会、建党百年庆祝活动、十九届六中全会等重大活动服务保障。巩固拓展扫黑除恶专项斗争成果，全年行政拘留黑车违法运营人员1人，涉黄人员17人，涉毒人员11人。完成27处群租房清理整治，共涉及房屋69间，用房面积约1464.8平方米，清退167人，确保地区群租房"动态清零"。开展反恐、非法集资、反邪教警示教育宣传工作。成立街道综合应急救援队，开展应急演练22次。开展"两个严防"（严防小火亡人、严防冒烟起火）、民用液化气安全隐患、电动自行车违规充电等专项整治行动，安装充电设施110余处，安装液化气报警器和紧急切断阀3000余套。开展安全生产60日行动，围绕10项专项任务对辖区重点行业领域全面摸底排查，检查生产经营单位7773家次，查处各类安全生产隐患6044项，下达限期整改通知书3242份，责令停产停工34家次，约谈企业负责人31次，检查覆盖率100%。推进调解体系建设，成立西城区首个多元调解中心，全年接待群众300余人次，接待咨询160余起，调解案件51件，调解成功率88.2%；12345热线投诉纠纷14起，"未诉先办"5起，占调解案件37.2%，成功率78.94%，获居民赠送锦旗10面。开展矛盾纠纷排查，街道处级领导共约访、接访52批次。开展各类普法宣传活动30余场，惠及1万余人次。

（俞美玲）

【城市管理】2021年，广内街道完成辖区160组固定桶站升级改造、18处生活垃圾分类驿站及16处大件、装修垃圾投放点建设，试点引入2处厨余垃圾就地处理设施，完成精细化计量系统项目建设及4处垃圾楼改造工作；研究制订《广内街道桶外固废垃圾管理工作实施方案》及配套管理办法；开展垃圾分类宣传活动80余场。破解老旧小区物业管理难题，组建55个物管会或业委会，组建率100%，52个小区实现物业企业服务，物业管理覆盖率94.5%，业委会、物管会和物业企业均成立党组织。发挥物管会作用，为群众解决产权证办理、更换消防管线等多年物业管理难题，破解央产老旧小区"三供一业"（供水、供电、供热和物业管理）改革不彻底、不完善衍生出的系列难题。开展大气污染防治，清扫"第五立

7月22日，西城区首个多元调解中心在广内街道挂牌启用　　（广内街道　供图）

面”9500平方米，完成扬尘治理百日行动，累计巡河1953千米。完成康乐里小学本部和北京小学分校周边的绿化改造。开展康乐里小学等校园周边交通环境整治。拆除违建385处7440平方米。统筹推进三庙治理类社区拆违整治工作，清理群租、违规出租房屋27处，清退167人。落实“双街巷长”机制，促进文明城区创建。推进背街小巷精细化整治提升，26条街巷通过市级达标验收。推进北线阁3号院等4处简易楼腾退。空竹博物馆微更新项目入选北京市“建党百年百个小微空间”活动，获市级资金支持；三庙社区花园获评2021年亚太地区风景园林专业奖。（俞美玲）

【民生保障】2021年，广内街道推进综合窗口“一窗通办”工作。支持重点群体就业1249人。依托辖区养老服务机构，开展居家养老巡视探访6654人次，养老助餐服务23776人次，生活困难服务保障1006人次。温馨家园推出家园服务进社区“按需上菜”活动，精准服务残疾人1000余人次。全元素整改无障碍设施17个点位。帮扶救助各类困难群体7600余人次，累计发放各类救助金2400余万元。发放公租房补贴和市场租补贴356.87万元，13户家庭完成公租房选房。新增便民服务网点2个、老年餐桌1处，引入洗浴企业缓解居民洗浴难问题。完成三庙街、范家胡同、下斜街、核桃园西街四条支路以下道路路侧电子收费停车，新增车位63个。修缮翻建平房586间。污水改造15处。完成长椿街乙三号楼加装电梯、大街东和核桃园社区8栋居民楼上下水管道改造、槐柏树后街2号楼外墙保温问题，完成校场社区低洼院落排水系统接电启用、三庙小区2号楼加装水泵、广安门北街20号院无障碍坡道改造和消防设施改造工程。发挥学区理事会作用，建立广内地区教育联席会议制度，西城家长学校落户广内。成立老兵之家艺术团，12名退役军人获评西城区优秀退役军人。开展“万名代表下基层”开门立法工作，组织市、区人大代表研读《北京市物业管理条例（草案）》《北京市文明行为促进条例（草案）》，广泛征求意见建议。开展“人大代表联系选民月”活动，组织代表为“十四五”规划建言献策。开展民族团结宣传月活动，组织辖区居民举办体育健身、观影、歌舞会演等各类民族团结宣传月活动20场次，900余人参加。建立地区侨胞侨眷名册、重点户和困难户名册。走访慰问少数民族、归侨、侨眷、黄埔老人等各类统战人士。（俞美玲）

【“接诉即办”事项】2021年，广内街道坚持以人民为中心，聚焦居民诉求和民生问题，落实主要领导签批制度，落实双派发、双反馈、诉求回访、专人包案、挂账案件督办等工作机制，以及“一刻钟响应、两刻钟解决、一小时回访”的“三刻钟”案件响应办理机制。全年受理市民服务热线案件5275件。其中，城市管理类案件3485件，占案件总数的66.07%；平安建设类案件464件，占案件总数的8.8%；民生保障类案件299件，占案件总数的5.67%。部门主办案件75.66%，社区主办案件24.34%。（俞美玲）

【疫情防控】2021年，广内街道疫情防控专班研究、部署防疫措施，常态化坚持核酸检测机制、新冠病毒疫苗接种机制、社区防控机制，建立专班会商、预案演练、现场统筹协调、舆情应对、宣传发动、闭环管理等工作机制，搭建防疫组织体系，提高街道疫情防控处置和应急能力。统筹街道机关、社区力量，实现“应排尽排”“应接尽接”“应检尽检”，完成各类疫情防控任务。18岁以上人口接种率88.8%，其中60岁以上接种率87.5%。（俞美玲）

【“广艺+”文体活动中心】2021年，广内街道利用腾退空间打造“广艺+”市民文化中心，为百姓提供优质的文化活动参与、尝试、体验的机会和平台，打造群众喜闻乐见的优秀文化品牌，举办“飞扬杯”合唱汇演、“和谐杯”乒乓球比赛、“舞韵杯”舞蹈展演、“春乐杯”太极拳展演等文体活动，形成品牌集中，资源共享的运行模式，成为广内的新地标。“广艺+”市民文化中心、富豪大厦2处文化中心全年举办文化惠民活动600余场，接待群众12.59万人次。（俞美玲）

【广内街道调解中心启用】7月22日，广内街道调解中心正式启用，是西城区第一个集合人民调解、行政调解、司法调解为一体的多元调

6月7日，“百年恰是风华正茂，丝路大V感受北京”活动在广内街道“广艺+”市民文化中心举行
（广内街道 供图）

解中心，集中开展社区调解员队伍培训工作，探索解决12345热线诉求中涉及邻里矛盾的相关问题。调解中心的成立，是广内街道坚持和发展新时代“枫桥经验”，建立基层矛盾纠纷化解的长效机制的一项创新探索，是街道畅通居民知法用法渠道的重要举措。（俞美玲）

【第十二届中国广内杯空竹邀请赛】6月11日，由区台办、区文化和旅游局、区体育局、广内街道主办，区非遗中心、广内空竹协会协办的“传承非遗文化　共享美好生活”——中国北京广内空竹文化节暨第十二届中国广内杯空竹邀请赛系列活动举行。分设文化论坛、空竹赛事、非遗嘉年华3个板块。文化论坛在广内“会场+”市民文化活动中心举办，以“非遗文化让市民生活更美好”为主题，来自江苏、四川、河南以及台湾地区的空竹爱好者通过视频连线的方式，与在场的专家学者探讨空竹文化的传承与发展，论坛现场签署抖空竹京津冀非遗传承发展联盟战略合作协议。空竹邀请赛在报国寺举办，设置空竹球比赛和单双轮项目比赛，150余名选手参赛。以“我们的节日”为主题的非遗集市嘉年华在分会场广宁公园开展，邀请国内287名“空竹达人”表演，讲述空竹故事。居民现场参与糖画、面人儿、舞狮、团扇等10余类传统非遗项目。活动吸引3800余人到空竹博物馆参观学习，现场抖空竹VR虚拟体验。2021年，空竹博物馆志愿者参加市社会体育指导员交流展示系列比赛，推广空竹文化。空竹博物馆微更新项目入选北京市“建党百年百个小微空间”活动，获市级资金支持。（俞美玲）

2021年西城区广内街道社区居委会一览表

表33

序号	名称	地址
1	西便门内社区居委会	西便门内大街79号
2	长椿街西社区居委会	槐柏树后街23号
3	槐柏树街北里社区居委会	槐柏树街11号楼底商
4	西便门东里社区居委会	西便门东里9-10号楼之间平房
5	西便门西里社区居委会	西便门西里4号楼旁平房
6	报国寺社区居委会	广义街4号（华星大厦）
7	核桃园社区居委会	广义街10号
8	槐柏树街南里社区居委会	槐柏树南里8号楼1门地下室
9	长椿里社区居委会	长椿里小区甲3号黄楼
10	上斜街社区居委会	达智桥胡同41号、45号、49号
11	校场社区居委会	校场小七条15号
12	宣武门西大街社区居委会	宣西大街4号楼（中门）地下室
13	三庙街社区居委会	长椿街东里24号楼前平房
14	老墙根社区居委会	西城区老墙根街63号
15	长椿街社区居委会	感化胡同3号院北平房
16	广安东里社区居委会	广安东里50号
17	大街东社区居委会	广内大街223号
18	康乐里社区居委会	康乐里小区1号楼地下1层

（俞美玲）

牛街街道

【概况】牛街街道位于西城区南部，东起菜市口大街，西至广安门南街，南起南横西街、枣林前街，北至广安门内大街。辖区面积1.44平方千米，有街巷胡同38条，社区10个。截至年底，常住人口51410人、户籍人口54829人（男性27224、女性27605）、流动人口11007人、少数民族流动人口1230人，出生人口323人、死亡人口260人。有回族、满族、蒙族、维族、朝鲜族等28个少数民族，占街道总人口的22.62%，是北京市重点民族街道之一。有法人单位1717家。社区卫生服务中心1个，社区卫生服务站3个；中学1所、小学2所、特殊教育学校1所、幼儿园2所，敬老院1所。辖区有中国伊斯兰教协会、中国伊斯兰教经学院、中国佛学院，有牛街礼拜寺、法源寺两座千年古寺。2021年，牛街街道获评2020年北京市禁毒工作示范街道、2016—2020北京市法治宣传教育先进集体，牛街西里二区社区获评全国民主法治示范村（社区）、全国示范性老年友好型社区、北京市示范性老年友好型社区，牛街东里社区获评北京市书香社区。（杨志强）

【党建工作】2021年，牛街街道以党史学习教育为主线，利用“一中心两阵地”（牛街街道党群服务中心、红色四合院、红色会客厅）举办建党百年系列大讲堂、邮票中的党史等活动，5000余人次参加。举办“红船接力、共享和合”表彰。组建“百年风华、奋斗有我”百姓宣讲团，开展线上宣讲6期，线下宣讲18期4530人次参加。拍摄“红色火种代代相传、百年百愿奋进牛街”建党百年主题教育片。制订年度为民办实事计划，推进“我为群众办实事”项目154个。与中宣部宣教局联合开展“手拉手”活动，组织“双报到”党员6000余人次参与桶前值守、杂物清理。深化街道工委党校分校“X+1”（“X”为不同培训对象的必修课程天数，“1”为选修课程数量）教学模式，对党务工作者开展理论知识多样化、工作方法创新化、党务实操规范化培训。以“献礼百年”为主题，在牛街东里、西里一区两个民族社区打造“初心楼门”8个，召开居民议事协商会9次，100余人次参与，构建楼门自治“微循环”社区治理格局。北京牛街微信公众号，推出微信288期658篇。全年中央、市、区各类新闻媒体共刊登报道牛街相关新闻156篇次，其中人民网14篇次、市级媒体43篇次。以“逐梦百年·奋斗在牛街”为主题，围绕建党百年、学雷锋、文明实践、健康生活方式等主题，开展百姓宣讲、环境清扫、桶站值守、文明引导、光盘行动等新时代文明实践活动和志愿服务100余场次，4000余人次参与。（杨志强）

【平安建设】2021年，牛街街道启动一级防控59天、三级防控4天。发动群防群治力量9万余人次参与巡逻执勤，完成全国两会、建党百年庆祝活动等服务保障。排查核实流动人口11036人，出租房屋3614处。举办线上线下普法宣传110余场次，受众8万余人次。推进智慧社区建设，为6个社区3800余户安装门禁对讲系统，发放门禁卡7200余张。开展安全生产专项整治三年行动，检查生产经营单位6383家次，处理各类隐患5054处。防范化解电动自行车安全隐患，建成1000余个充电端口。保持使用液化石油气单位“清零”，排查液化石油气居民用户919户。街道安全生产检查队获评北京市四星单位。（杨志强）

【城市管理】2021年，牛街街道破解富明小区历史遗留18年的高层违建问题，全年拆违2086平方米，疏解涉及592人。利用牛街西里二区860余平方米人防工程建成邮政惠民驿站。利用钢院社区600平方米地下车棚，建成便民服务中心配套家政、老年用品、家电维修等15类服务项目。推进背街小巷整治提升，南马道、菜园北里胡同、南线里路等12条胡同通过市级验收。完成南线里小区、广内大街200号院老旧小区综合整治工程，法西3、4、5号楼，白广路8号楼整治工程通过立项。开展输入胡同及周边街区“精细化”治理，施划电动车停车位172处，制订《牛街输入胡同商户环境秩序自治公约》，建立城管、交通、市场管理以及商户共治机制维护环境秩序。实施《街道无障碍设施改造三年计划》，完成349个点位2086个元素的无障碍改造。加大对辖区工地、道路、小区内部的日常降尘管控，立案处罚金额46.9万元。修订污染防治方案、预案和制度措施，全年颗粒物浓度指数下降10%，道路积尘负荷9个月优良。落实河长制工作制度，巡河2332千米，“清管行动”成效显著，代表西城区接受市级检查验收。结合社区“月末清洁日”，发动社区党员、志愿者清理废旧自行车700余辆、堆物堆料约2500吨。完成10处垃圾分类驿站规范化建设，升级改造装修垃圾、大件垃圾投放点20余处，举办垃圾分类宣传活动，西华经典、南线阁9号院等5个小区通过北京市生活垃圾分类示范小区验收，牛街东里、枫桦豪景等7个小区通过市级垃圾分类示范片区验收。强化党建引领物业管理，建立完善物管会制度，指导26个物管会履职83次，制订《牛街街道居住类物业服务企业综合评价奖励补贴工作办法》，激励物业服务企业参与社区治理。（杨志强）

【社区建设】2021年，牛街街道完成第十一届社区居委会换届选举工作，登记选民36940人，居民代表464名，选出新一届社区居委会成员76人，其中少数民族38人，占比50%，社区书记、居委会主任“一肩挑”比例由上一届的60%上升到100%。完成枫桦、法源寺等5个社区的服务站转型，10个社区全部实现集党务服务、公共服务、便民服务、公益志愿服务“四务合一”的通办式、开放式服务。招录新社工12人，设立全科社工岗位，深化“社工阶梯成长计划”，开展88课时社工职业水平培训。常态化推进参与型社区分层协商工作，各社区开展协商活动133次。开展牛街掷子、白猿通背拳健身知识培训讲座等公益体育服务，1000余人次参加。开展冰雪体验、民族团结杯象棋乒乓球赛、太极拳剑、青少年趣味体育等活动，惠及群众6000余人次。街道、社区共吹哨344次，解决居民高频集中反映的物业管理、社区治理、民生保障等问题306项。发挥党建协调委员会“四个双向”机制（双向需求征集、双向提供服务、双向沟通反馈及双向考核评价机制），梳理资源、需求、项目清单33项，回应群众诉求。依托牛街街道社区社会组织联合会平台打造精品队伍，鼓励优秀社区社会组织参与市、区活动及赛事5项。（杨志强）

【民生保障】 2021年，牛街街道开展困难家庭“一户一策”扶助专项行动，建立320户低保困难家庭档案，发放各类社会救助、医疗救助、临时救助金1000万余元，完成低保、大病重残、复转军人6户家庭选房工作。地区失业率1.48%、就业率67.29%。对413名家庭照护者开展技能培训，完成66名重度失能老人家庭养老照护床位签约服务，协助41名老人完成异地康养申请。打造无障碍便民一刻钟生活服务圈，举办20余次无障碍体验活动，300余人参与。对困境儿童分类造册跟踪，组织开展困境儿童和留守儿童关爱保护活动29次，为6名困境儿童提供课业辅导398学时。对地区23家企业80名劳动者进行法律法规、社保缴纳政策培训，检查用工单位128家，保障劳动者权益。开展系列拥军优属活动。更新西里二区、钢院社区健身器械19件，建成泰和佳苑室外健身场地。推进牛街市民文化休闲中心暨公共服务设施项目建设，开展地质勘探、文物勘探、文物发掘等工作。举办年度法源寺丁香诗会、丁香笔会，开展民族特色“书香牛街”文化系列活动，服务群众1.2万余人次。开展企业“大走访、大服务”工作，走访企业177家，完成年度人口抽样、月度劳动力等统计调查等工作。（杨志强）

【“接诉即办”事项】 2021年，牛街街道热线平台共接办居民诉求4210件，解决率92.66%，比上年增长3.31%，满意率96.58，比上年增长3.25%。解决率。有效破解牛羊肉市场周边居民常年反映的噪音扰民、环境脏乱、停车秩序差等问题。持续推动“接诉即办”向“未诉先办”“主动治理”转变，下大力气解决物业管理、停车治理、老旧小区环境等一批百姓“急难愁盼”问题。（杨志强）

【疫情防控】 2021年，牛街街道建立疫情防控常态化运行工作机制，精、准、严、快做实落地核查、隔离管控、健康监测等社区疫情防控工作，运用“大数据”“敲门”行动核查中高风险地区进京人员。全年大数据排查10万余人，第一时间落实防控要求，不断完善防控预案，及时阻断疫情传播链，有效应对教子胡同、春风小区涉疫风险，高效完成区域封控、人员转运、局部全员核酸检测等工作。对重点行业及人群定期进行核酸检测，开展31轮次检测12.93万余人次。线上线下多渠道开展新冠病毒疫苗接种宣传动员，机关干部、社工“结对子”走家入户，完成接种36590人91724剂次，地区常住人口接种比率87.8%；对市场餐饮冷链开展高频次、全方位的常态化监督检查。（杨志强）

【民族工作】 2021年，牛街街道召开牛街街道第十六届民族团结进步表彰会，表彰先进集体63个、先进楼门（层）院30个、先进个人56人、和谐家庭30家。利用北京牛街微信公众号组织特色线上活动，开展“56和合邻里日”活动，举办民族团结杯厨艺大赛。完善辖区少数民族流动人口档案，建立公益服务动员和企社互助机制。在牛街西里二区9号楼2层建成“牛街和合动力空间”，探索“156”民族团结创建进步工作模式（“1”条主线：铸牢中华民族共同体意识；“5”共原则：阵地共享、节日共办、榜样共学、家园共建、意识共振；“6”个特色品牌：和合邻里日、心行动四合院、书香同“学”汇、和合动力“榜”、和合“榴学院”、家园惠客厅）。重要节日以处带居、科带居的形式，结合领导班子与党外人士交朋友机制，走访慰问民族宗教人士、港澳台眷属、少数民族困难群众等950余户。（杨志强）

【牛街天恒敬老院通过验收】 2021年，牛街天恒敬老院优化完善涵盖全院所有服务事项和管理过程的养老服务四大体系181项标准（国家标准23项、行业标准11项、地方标准20项、企业标准127项），结合回族老人需求，编制实施《回族老人养老服务基本规范》《民族活动服务规范》，采用适老化家具、安装呼叫器提升精细化服务水平，设置中西医结合医务室深化医养结合。3月2日，牛街天恒敬老院，以同期最高分通过国家级养老服务标准化试点终期验收，是国家级服务业标准化试点项目——北京牛街民族敬老院养老服务标准化试点单位。（杨志强）

【牛街街道群团服务中心建成】 1月，牛街街道群团服务中心建成使用，是北京市首家以群团组织命名的街道群团服务阵地。群团服务中心位于法源寺西里小区4号楼，总

11月23日，牛街街道召开第十六届民族团结进步表彰会（牛街街道 供图）

1月1日，牛街街道群团服务中心建成使用 （牛街街道 供图）

建筑面积约1630平方米，划分为30个功能区域，全面整合街道工会、共青团、妇联各类资源，实现工会服务站、社区青年汇、妇儿工作站办公服务、学习培训、文化互动、体育健身等多元事项的综合运行一体化、资源配置一体化、统筹服务一体化。2021年，接待中宣部、全国妇联、共青团中央、中国邮政储蓄总行工会、黑龙江省总工会、北京亦庄开发区总工会等30余家单位团体参观学习；举办各类活动80余场次，服务职工群众3.8万余人次。 （杨志强）

【天缘市场重新开业】 3月16日，广安门内大街天缘生活广场营业。作为北京市二环内最早的地下商场，天缘市场经过近两年升级改造，更名为天缘生活广场重新营业。建筑面积5000平方米，营业面积3000平方米，安装有自动扶梯、新风系统，经营内容涵盖办公文具、休闲书吧、电子产品、验光配镜、珠宝首饰、文玩杂项、儿童运动、日用百货、五金维修、美容美发等多种品类，市场主体由原来的220余户缩减为56户，消防安全和购物体验均有提升。 （杨志强）

【民族团结月安全保障】 2021年，牛街街道“三查一加强”做好民族团结月安全保障工作。检查人员密集场所，出动284人次，全面检查法源寺、礼拜寺等重点场所和商场超市的安全出口、疏散通道、消防设施等，排查整改隐患131处，下达执法文书150份，消除安全风险。检查餐饮单位，督促31家餐饮单位及时清理油烟道，加强后厨灶台、配电间等重点区域安全巡视，确保安全用火用电用气。检查建筑施工场地，落实24家施工单位登记备案制度，重点检查特种作业人员资质，现场纠正乱接临电现象、制止无防护作业等不安全行为。加强社区宣传，设立社区服务站，开展民族团结宣传教育，关心关注穆斯林信教居民。 （刘畅 王梦雅）

【少数民族流动人口服务】 2021年，牛街街道开展少数民族流动人口“嵌入式”服务管理。依托牛街少数民族流动人口服务站，搭建资源整合、信息发布、活动组织、成果展示平台。联合社区、职能部门、企业多方走访少数民族流动人口，完善服务管理机制，建立辖区少数民族流动人口档案，编制《牛街街道少数民族流动人口服务站管理制度》，设计制作《少数民族流动人口服务指南汇编》，提升规范化管理水平。增强企业联动，针对少数民族流动人口中70%来自清真餐饮企业的特点，联系牛街清真食品商会，开展服务礼仪培训、党史知识问答、厨艺大赛等活动，帮助少数民族流动人口尽快融入地区社会生活。疫情防控期间，组织少数民族流动人口开展志愿服务活动，建立服务积分机制，打造制度化、常态化的志愿服务体系，促进少数民族流动人口参与地区共建共享。 （仉成艳 李瑾）

2021年西城区牛街街道社区居委会一览表

表34

序号	名称	地址
1	枫桦社区居委会	西砖胡同2号院8-1
2	法源寺社区居委会	南横西街65号后楼
3	牛街东里社区居委会	牛街东里一区18号楼1层
4	春风社区居委会	小寺街6号院
5	牛街西里一区社区居委会	牛街西里一区2号楼北侧小楼
6	牛街西里二区社区居委会	牛街西里二区6号楼东侧平房

续表 34

序号	名称	地址
7	钢院社区居委会	白广路二条 6 号院西侧
8	白广路社区居委会	白广路二条 4 号院西侧
9	南线阁社区居委会	南线里小区 4 号楼
10	菜园北里社区居委会	枣林前街 147 号院

（杨志强）

白纸坊街道

【概况】 白纸坊街道位于西城区南部，东起菜市口南大街与陶然亭街道为邻，西至西护城河与广外街道和丰台区交界，南起南护城河与丰台区相望，北至南横西街、枣林前街与牛街街道接壤。辖区面积 3.11 平方千米，有主要大街 12 条、胡同 76 条，社区居委会 19 个。截至年底，常住人口 106868 人、户籍人口 103789 人、流动人口 17962 人、出生人口 697 人、死亡注销 1062 人。有驻区单位 2773 个，其中中央单位 53 个、市属单位 101 个、区属单位 164 个；成人教育学校 3 所、中学（含职高）6 所、小学 4 所、幼儿园 7 所，医院 5 所。2021 年，白纸坊街道获评全国群众体育先进单位、北京市信访工作先进集体、北京市交通安全先进单位、北京市生活垃圾分类推进工作先进集体、北京市全民艺术普及工作先进集体；白纸坊街道退役军人服务站站长李华被推荐为全国百名优秀服务站站长；创建北京市卫生街道、北京市示范退役军人服务站、北京冬奥会冬残奥会示范温馨家园、北京市示范性老年友好社区。（周　青）

【党建工作】 2021 年，白纸坊街道开创“9 连”（党史书籍连读、党史知识连学、红色电影连看、教育基地连观、红色故事连讲、主题歌曲连唱、党史知识连赛、文化活动连演、惠民实事连办）工作法推进党史学习教育，获市委党史学习教育第二指导组高度评价。开展“红墙先锋在社区、我为群众办实事”主题实践活动，结合处级科级联系社区和党员双报到等党员干部联系群众机制，完成三级为民办实事任务清单区级 28 项、街级 52 项、社区 108 项。以“国家级非物质文化遗产保护项目白纸坊太狮保护与传承”为题，开展政协“微协商”调研；打造党群服务中心侨之家聊天室、法律咨询室和商会工作室。走访调研辖区内新业态、新就业群体，汇总辖区内外卖、快递网点，建立联系机制和“小哥加油站”线上联系群众。探索“三点三化”（抓住党建引领根本点，推进工作常态化；找准基层治理落脚点，实现活动多样化；把握保障机制关键点，促进服务精细化）工作机制，推进党建引领老干部工作向基层延伸。右内西街妇女之家获评市级示范创建优秀妇女之家。完善社区青年汇组织网络，链接到 6 至 35 岁青年 482 人，走访青年组织 12 家，开展活动 47 场，服务 1295 人次。白纸坊街道政务服务中心和白纸坊街道新安中里社区获评 2021 年最美工会户外劳动者服务站点。加强宣传阵地建设，在白纸坊东街、樱桃二条打造垃圾分类特色宣传文化墙，设计制作 19 个社区 333 个宣传栏台账和点位图；利用政务微信开办党史教育云课堂，推送中共党史专题讲座、中央党校公开课、“学党史、知党情”知识答题、北京党史慕课、每日推送“光辉岁月・党史日课”等。举办“奋斗百年路、起航新征程”庆祝中国共产党成立 100 周年文艺汇演、“忆峥嵘岁月、凝坊间精神”建党百年文艺汇演、“建党百年情、曲艺惠民生”曲艺表演等特色活动。机关及社区党委开展党史学习教育培训 292 次、参观红色教育基地 34 次、观看红色电影 63 场、开展各类文化活动 147 场、基层党组织为民办实事 200 件。围绕党的建设、社区治

5 月 31 日，白纸坊街道联合区图书馆开展“我是小小科学家”体验活动　（白纸坊街道　供图）

理、疫情防控、垃圾分类、热线办理、物业管理等重点工作，开展北京榜样、中国好人、道德模范、公德之星等先进人物选树宣传，上报典型事迹27人。以“坊间故事、至臻至诚”为主题，开展道德讲堂活动，举办“童心向党”系列之唱支山歌给党听、我向党旗敬个礼、党的光辉照我心、党的故事我来讲等青少年思想道德教育活动。参与北京市“好少年唱响文明新风尚”新童谣征集推广活动，征集新童谣32篇，在“坊间微动力”微信展示。开展少儿科普体验活动。开展文明引导创建活动。（周　青）

【平安建设】2021年，白纸坊街道摸排液化石油气使用单位，完成非居民使用液化气罐清理，25家单位全部完成“三改”（改天然气、改电、改业态）。完成居民液化石油气安全整改，建立工作台账891户，存在隐患481户，更换灶具4台，更换软管464条，更换调压器475个。推进城市安全隐患治理工作，整改在市级上账的113家单位并销账。开展安全生产执法检查和联合执法，检查各类生产经营单位6859家次，人均检查量403家次，发现整改隐患4205处。完成安全生产责任险推广，投保企业331家，投保金额59.6万元，参保率44.7%。推进智慧平安小区建设，为白广路27号院等8个社区54个楼门安装楼宇对讲系统。新增建设电动车公共充电桩63处、充电柜51处。清理整治违法群租房12处。开展系列普法宣传及专项维权活动，涉及反电信诈骗、防火防盗、防范非法集资、妇女、农民工、残疾人合法权益公共法律服务专项维权、未成年人保护法、依法养犬、“一盔一带”交通安全、安全生产等法律法规知识宣传，推进第一次全国自然灾害综合风险普查活动。联合派出所、辖区学校开展扫黄打非、反恐、禁毒等专项校园安全教育。全年发放各类宣传品、宣传材料10万余份。（周　青）

【城市管理】2021年，白纸坊街道完成背街小巷精细化整治提升精治类街巷19条、达标类街巷1条。完成市级重要民生实事街巷3条。推进印钞文化居住区区域交通环境改善，实现“稳静”街区。拆除违法建设面积7923.45平方米；完成11处违法建设和部分过期施工暂设的拆除工作；清理绿地卫生3724万平方米，清运树枝390余车，处理危险树160余株。完善建功南里“七有”“五性”示范街区建设。完成白广路健身广场改造，修复基础设施，调整体育设施布局；安装高清视频监控设备12组，棚户区改造项目纳入实时监控范围；每周清扫万寿公园周边68栋房屋顶部（第五立面），作业面积约10万平方米，最大限度减少高空扬尘；推行垃圾分类全覆盖，按照桶站规范标准，重新规划桶站位置；完成63处大件垃圾投放点和68处装修垃圾投放点，结合老旧小区空间有限的工作实际，研究临近小区实行共用机制，实现大件和装修垃圾投放点全覆盖；加快分类驿站的建设和使用。4个小区通过示范小区验收。根据疫情防控工作需要，为开放式小区安装封闭围挡918.5平方米，安装人脸识别装置3处，在老旧小区安装铁艺大门31个。（周　青）

【社区建设】2021年，白纸坊街道对物业公司开展各类宣传、培训、监管8场次，约300人次参加，涉及100个项目。加大社区班子和社工队伍的培训、考核力度，围绕社区自治、社区动员等主题开展多种形式培训；利用“社区议事厅”线下平台，以疫情防控、垃圾分类、物业管理、文明行为引导等为重点，运用参与型社区分层协商方法，修订完善居民规定19个。在2个小区开展楼院“微更新”，做好楼门环境提升、楼门文化建设、居民骨干培养，加强楼门院长队伍建设，实现楼院“软硬”环境双更新、双提升。申报北京市成人教育学会新时代老年学习三星级团队1个，上报文明市民学校终身学习特色课程6门；《学润西城》刊登信息13篇，获评区级优秀稿2篇；开展第十九届学习周主题活动10场，560余人次参与。为建功北里、双槐里、新安中里、万博苑、平原里南区5个社区更换51件健身器材，其中智能器材25件，智能化率49%。3月底，白纸坊街道冰雪体验中心完成升级改造并投入使用。利用闲置空间建设白纸坊街道智能体育公园，完成恬心家园地下室的乒乓球馆的招投标和设计工作。（周　青）

【民生保障】2021年，白纸坊街道完善街道、社区两级困难家庭台账，了解困难家庭致困原因和实际需求，全年办理因病、因生活困难临时救助133户188人66.58万元，办理住院周转金26.15万元32人次，发放低保低收入家庭生活补助33.65万元673户。为18名特困供养人员提供救助金121.25万元；9名困境儿童、事实无人抚养儿童发放生活补贴7.24万元；为3名民政对象报销药费1.08万元；为92名低保家庭0岁到初中儿童和大学新生办理教育补助金13.26万元；为困难及重度残疾人发放生活补贴和护理费307万元；156名异地返京知青发放重点节日过节费22.85万元。利用慈善救助基金开展慈善救助项目7个，救助群众310人次49万余元。全年巡视探访265人，入户调查159次，个案帮扶22个。为辖区85名残疾军人、伤残警察及国家机关工作人员换发新版残疾军人证并举办换证仪式；为5名立功受奖现役军人家属送去三等功喜报、牌匾、慰问金及慰问品；为6名义务兵发放家庭优待金36万元；为97名享受定期抚恤人员发放各类补贴218万余元。为29名军休管理人员发放退休金260万余元；全年新申请办理残疾人证162人，走访慰问困难残疾家庭915户，开展康复服务80余次，受益1600人次；为4名残疾人学生与生活困难残疾人子女发放扶残助学补助2万余元；发放养老助残补助58万余元516人；残疾人灵活就业社会保险全额补贴人员333人全部参保；完成371辆残疾人机动轮椅车的燃油补贴审批，金额9万余元。（周　青）

【“接诉即办”事项】2021年，白纸坊街道全响应中心抓住案件派发、督查督办、内审回访、综合研判、考核评比五个关键环节，提升“接诉即办”工作效能。全年受理12345热线8233件，承办诉求2659件，占街道承办总量的32%。聚焦热点、难点问题，妥善处理两大棚改区、应急部保密工程施工扰民案件，专项集中治理平原里、清芷园等违法建设，解决建功北里五区油烟扰民，查处一批疫情防控不到位商户门店。调整单纯“三率”（满意率、解决率、响应率）考核为日常、专项权重综合计分考核，增加快速响应率和见面率两个指标；热线办理工作要求纳入部门、社区热线考核指标。完善街道“接诉即办”信息系统，更新优化52处，完成自动化结构性热线日报生成模块，提升信息化管理效率。规范案件办结信息回复，特别是网络案件公开答复口径，实现快、准、实督办。全年报送典型案件、工作经验信息309篇，被市级、区级平台采纳刊登65篇，办件图片资料入选北京市“接诉即办”改革三周年实践展。开展“一个理念一句话，一段故事一段情”案例收集工作，推选区级最美办件集体2个和最美办件人2人。（周　青）

【疫情防控】2021年，白纸坊街道制订《白纸坊街道新型冠状病毒肺炎疫情防控工作方案》《白纸坊街道社区疫情防控工作大检查工作方案》《白纸坊街道应对秋冬季疫情防控工作预案》及各类工作提示、流程，平稳度过丰台冷库等聚集性疫情阶段；固化社区疫情防控工作，通过敲门行动、社区宣传栏、坊间微动力、西城家园等多种渠道开展重点人群排查，累计完成1.8万余人次大数据派发核查。统筹协调防疫专班各小组和成员单位，完成疫情溯源调查、风险筛查及追踪；指导社区防疫工作，督促落实居家隔离人员管控；完成密接、次密接、入境人员对接转运工作。构建地区疫情数据动态网络，按照风险等级将各类人员分类建账。建立健全疫情防控应急响应机制，制订应急方案。全年完成核酸检测183场，检测各类人员177645人次。（周　青）

7月29日，白纸坊街道举办白纸坊太狮训练基地、白纸坊挎鼓传习基地揭牌仪式　（姜真　摄）

【政务服务模式创新】2021年，白纸坊街道政务服务中心创新推出“主动问、全程陪、痛快办”服务模式。设立服务专员，将老人引导至接待室，提供全程代办服务，源头解决老年人不会操作智能设备、材料准备不全、信息传达有误等常见问题。设置业务事项外勤员专职岗位，帮助办事人做好与各部门之间的沟通、协调工作，必要时陪同到相关部门接续办理业务，实现业务“痛快办”。成立数据筛查监测预警组，在扣款日、档案接转日等特殊节点筛查数据库信息，对符合业务办理条件的人员，通过短信、电话、社区通等形式提醒，告知业务办理流程。推出系列暖心服务，设置热成像体温监测仪和公共消毒智能雾化装置，自助服务区配备政务系统自助咨询打印终端、社保卡自助服务终端、公共电脑等服务设施，提供多媒体导办、数字扫描、网上办件等便民服务。（孙　磊）

【“坊间”文化品牌打造】2021年，白纸坊街道打造“坊间”文化品牌。开展白纸坊街道第四届“坊间杯”系列赛，900余人参与。组建各类健身团队105支1431人，其中居民健身组织78支1049人、单位健身组织27支382人，有竞技体育、中老年健身、有氧运动及棋牌智益等16项健身项目。在北京市全民健身公共平台注册的健身团队，涉及项目乒乓球、篮球、足球、游泳、拔河、广场舞、太极等。（周　青）

【白纸坊非遗训练传习基地落成】7月29日，白纸坊街道在大观园小型消防站举办白纸坊太狮训练基地、白纸坊挎鼓传习基地揭牌仪式。白纸坊街道在区政协搭建的微协商平台上，充分发挥街道政协委员联组平台作用，召开非遗项目传承和保护座谈会和调研会，对接区政协、区文化和旅游局、区委宣传部、消防站、武警部队、大观园管委会等各方资源，促成基地落成。基地用于两项非遗项目的训练和传承，展示白纸坊街道非遗保护成果，激发地区居民非遗传承热情。（周　青）

2021年西城区白纸坊街道社区居委会一览表

表35

序号	名称	地址
1	平原里北区社区居委会	平原里2号楼西侧1层
2	平原里南区社区居委会	白纸坊东街3号楼底商
3	双槐里社区居委会	白纸坊东街甲29号
4	右北大街社区居委会	益民巷益民大楼1层
5	樱桃园社区居委会	樱桃三条新安北里1号楼底商
6	菜园街社区居委会	白纸坊西街17号院7号楼106号
7	崇效寺社区居委会	白纸坊西街17号院7号楼101号
8	建功北里社区居委会	南菜园19-1底商
9	建功南里社区居委会	南菜园乙35号
10	新安中里社区居委会	白纸坊西街20号楼底商-3
11	新安南里社区居委会	白纸坊西街6号院5号楼3门002室、白纸坊东街25号院
12	右内后身社区居委会	右内西街丙1号
13	右内西街社区居委会	右内西街乙1号
14	自新路社区居委会	里仁街3号院5号楼地下室
15	光源里社区居委会	白纸坊东街31号院内西配楼2层
16	半步桥社区居委会	右安门内大街28号院1号楼北区底商120室
17	万博苑社区居委会	半步桥街60号华龙美钰小区底商60-7
18	里仁街社区居委会	里仁街6号院外西侧平房
19	清芷园社区居委会	清芷园小区3号楼B座IJ室

（周 青）

广安门外街道

【概况】 广安门外街道（简称广外街道）位于西城区西南部，东以西护城河为界；西沿马连道北路、湾子街至太平里，与丰台为邻；南起广安门南滨河路向西沿鸭子桥、广安门火车站专用线莲花河故道与太平里相接，亦与丰台区相连；北以北京西客站、莲花池东路为界，与海淀区毗连。有2条过境河流，莲花河由西向南斜穿地区中央，境内流长2570米；西护城河从地区东侧流过，境内流长2640米。辖区面积5.49平方千米，有街巷胡同73条，社区38个。截至年底，常住人口19.87万人、户籍人口16.95万人、流动人口6.89万人、新生儿登记1195人、注销户口1122人。有法人单位8600家，其中中央、市属单位91家、地方单位259家、其他单

6月21日，广外街道举办“以史为鉴守初心、砥砺前行再出发”党史知识竞赛 （广外街道 供图）

位8250家；中学4所、小学9所、幼儿园8所；公办养老服务机构3所，养老服务驿站8家；医院1所、社区卫生服务中心1个、社区卫生服务站9个。“中国茶叶第一街”马连道茶叶街位于辖区西部，有11大茶城、1819家商户。（雷　玥）

【党建工作】 2021年，广外街道举办“以史为鉴守初心、砥砺前行再出发”党史知识竞赛，以答促学，以答验学。聚焦居民急难愁盼问题开展“红墙先锋在社区、我为群众办实事”实践活动，38个社区与62个党组织结对共建，开展服务活动899次，服务居民群众23.8万人次，解决问题368个。聚焦群众身边难点诉求，推动20个重点民生项目落实见效。设立广外骑手暖心驿站，打造“1+100+N”（1个服务驿站、100个服务点、N个快递站点）分层联建服务模式，推动参与社区治理与服务新群体共同发展。落实疫情防控责任和各项常态化防控措施，依托34个疫情防控临时党支部，设立多个“家门口”新冠病毒疫苗接种便民服务点，开通广外“银龄”接种活动中绿色通道、社区陪同和专车服务等便民措施，巩固地区“零输入、零感染、零输出”防控成效。完成区街两级党代表换届、区人大代表换届选举和区政协委员换届推荐。创新“党建+物管会”模式紧贴居民需求，走出基层治理新路径。整治“四风”，严格执纪审查，开展约谈提醒百余人次。围绕“接诉即办”、办公用房整治、党务外包等重点工作开展日常专项监督检查61项2185次。推进法治政府建设，建立并完善主任办公会会前学法及重大执法案例集体讨论制度，依法依规办理行政诉讼3起、行政复议1起。主动接受各方监督，办理区政协提案2件。落实主动向群众报告制度，向居民通报情况3125次，比上年增加1735次。利用新时代文明实践所、站、基地资源，开展以“文明健康迎新春”“诵经典学党史”“永远跟党走”“垃圾分类”为主题的新时代文明实践活动50余场。开展文明城区创建工作，光盘行动宣传督导活动制作桌贴1万张，劝导员袖标1000个。举办科普周系列活动，“凝聚力量、共同发展”社区科普工作者能力提升培训120人次；开展暑期航天科普嘉年华系列活动，120余名中小学生参与；开设线上科普大学，300余人次参与。开展“激情冰雪、喜迎冬奥”系列活动，38个社区1500余人参加。举办广外街道“红莲杯”社区体育节八段锦风采展示活动、“永远跟党走、咏唱颂华章”庆祝中国共产党建党100周年“红莲杯”社区合唱展演、广外街道社区工作者第九套广播体操展示活动、“奋斗百年路、启航新征程”主题摄影比赛等。（雷　玥）

6月10日，“永远跟党走、咏唱颂华章”庆祝中国共产党建党100周年广外街道“红莲杯”社区合唱展演举行

（广外街道　供图）

【平安建设】 2021年，广外街道完成中国共产党成立100周年庆祝活动、十九届六中全会等重大活动、会议服务保障。加快智慧平安小区建设，安装社区监控指挥系统29个，安装视频入户门禁系统1583户，更换门户C级锁芯800户。新增京九铁路沿线降噪隔音防护墙1000余延米。发挥人民调解优势作用，开展矛盾排查1498次，化解矛盾案件71件。开启常态化夜间联合检查模式，街道处级领导包片检查各类场所3万余家次，消除隐患1.9万余处。地区113家生产经营单位的液化石油气罐清零。完成液化石油气罐居民用户“新三改”（改使用人的不安全行为、改正在使用的液化石油气设备的不安全状态、改不符合安全要求的社区液化石油气管理制度）1080户，免费更换软管749根、更换调压器772个。全市规模最大、设施及功能最完善的马连道小型消防站建成使用，9个微型消防站、2个小型消防站均衡布局。依托马连道小型消防站建设消防体验馆，打造沉浸式消防科普基地，开展消防演练进社区活动51次，提升居民消防安全意识和自救技能。解决电动车充电难题，安装充电设施1367处，充电端口5683个。全年街道火警、火灾数量比上年下降17.7%和38.1%。（雷　玥）

【城市管理】 2021年，广外街道坚持疏解提质并举，“开墙打洞”、群租房等治理成效明显，常住人口减少1863人。拆除违法建设245处1.5万余平方米，其中马连道胡同西口违法建设984.25平方米，助推北京金融法院按时落地广外；坚持跨区联动，保护性慢拆茶缘茶城2300余平方米违建，实现20吨钢材再利用。推进灭脏、清障等专项整治工作，清理大件垃圾7000余吨、废旧非机动车2000余辆、僵尸车6辆；拆除地桩地锁439个、违规广告牌匾241块。完成常乐坊口袋公园西扩，新增绿化面积3300平方米。治

理破坏绿化违法行为，处罚27.3万元。深化大气污染防治“一微克”行动，治理各类扬尘问题20余起。完成红莲中里20号楼等10个老旧小区改造，老旧楼房加装电梯7部，推进34栋老旧楼房上下水改造。35条街巷通过市级验收，实现精细化提升。新增老旧小区停车位668个；联动辖区共建单位试点打造“错峰+共享”停车模式；新增5条路侧电子停车道路，为400余户居民办理电子停车优惠认证。（雷　玥）

【社区建设】2021年，广外街道完成社区“两委”换届，38个社区一肩挑比例达100%，实现年龄、学历“一降一升”。建成街道级社会心理服务中心，构建“2+N+38”（2个社会心理服务站点、N个重点工作领域、38个社区）社会心理工作体系，零距离服务居民2000余人次。为居民提供管家式服务，合理调整社区人员分工，设置全科社工综合受理岗，推进服务站流程再造。推进社区议事协商制度化、规范化、程序化，打造茶马南街社区议事厅示范样本，开展议事协商活动1368次，解决停车自治等热点、难点问题500余个。打造“聚民情、集民智、惠民生”的百姓会客厅，38个社区服务站完成转型升级。健全物业管理常态化协商议事机制，推进业主组织积极参与社区治理。完成38处垃圾分类驿站、81处大件垃圾投放点建设。启动社区垃圾分类积分兑换活动，发放“垃圾分类文明行动卡”6000余张，源头分类率、分类正确率均超90%，恒昌花园等4个小区成为全市垃圾分类示范小区。提升物业管理效能，组建业委会12个、物管会95个，业委会、物管会覆盖率88%。妥善处理二热社区物业管理矛盾，破解北京首家“三供一业”（供水、供电、供热和物业管理）移交小区物业项目撤管后重新接管难题，针对物业管理纠纷高发诉求，立恒名苑小区选聘“新管家”。（雷　玥）

【民生保障】2021年，广外街道开展“五送”行动（送平安、送服务、送协调、送指导、送温暖）。提升就业创业政策普及率，一对一指导入驻天宁1号文化科技创新园区的文创、科创企业。提供数字化、个性化、精细化就业服务，助力1152名失业人员再就业。编制街道第七次全国人口普查分析报告，建立广外街道发展快捷查询系统。推动“双减”政策，聚焦智慧发展，建立“家、校、社”三方联动智库，助力家庭教育；建立常态化监管机制，严格规范校外培训机构运营。挖潜学前教育学位700余个。优化“舌尖养老”，构建一刻钟养老助餐服务网络，覆盖老年人群4.05万人。完善“链条式”联动服务机制，服务地区退役军人1000余人次。举办全区劳动人事争议仲裁委员会街道派出庭首次公开庭审活动，规范企业用工行为。街道和广外工商联会员单位助力乡村振兴及生态涵养区建设发展。完成819处无障碍环境建设改造。开启“互联网+健身”新模式，为荣丰小区更新二代智能健身器材。建成春芽少儿图书馆，打造幼、小、青、成人无缝链接的阅读空间。推进微型流动图书馆进学校、进企业，开启图书共享新模式。（雷　玥）

12月11日，广外街道春芽少儿图书馆建成　（广外街道　供图）

【“接诉即办”事项】2021年，广外街道建立“三乘三”工作法，每日“三”件事，强研判，详细梳理待办清单，按办理时限和诉求分类，加强部门沟通协调，做到心中有数；细审核，利用移动APP落实层层审核，盯紧答复四要素与见面沟通情况，严把公开答复内容；抓督办，落实处级领导包片、科级干部包社区，领导到居民家中亲自办件，做到盯人盯事盯件，用心用力用情。每周“三”件事，勤吹哨，每周召开调度会，针对重点疑难和集中性诉求，吹哨各委办局，齐抓共管形成合力，群策群力攻坚克难；重分析，建立重复集中诉求台账与部门、社区诉求三率统计排名，升级“接诉即办”协同处置平台；严约谈，约谈排名靠后与双否诉求突出的部门、社区，追根溯源查找问题，确保整改落实到位。每月“三”件事，添活力，强化正向激励，开展“最美办件人”主题活动，表彰表现突出的部门与个人；夯基础，定期开展业务培训，交流分享工作经验，提升沟通化解问题能力；促提升，定期召开月度推进会，通报月度考核情况，点评部门、社区工作，推进“接诉即办”工作水平不断提高。坚持“系统治理、未诉先办”，万人诉求量年度平均值持续全区最低。（雷　玥）

【疫情防控】2021年，广外街道成立新冠病毒核酸检测、疫苗接种工作专班。制订应急预案、流程图及工作方案。针对冷链、食流、环京通勤、大数据人流等，组织337轮核酸检测工作，累计核酸检测38.5万人次。1月1日，全市、全区首个新冠病毒疫苗接种点在广外养老大厦运行。全年完成接种409502人次。广外地区连锁超市接种率94.05%；大型商场接种率96.3%；生活服务中心接种率97.84%；茶城从业人员接种率94.8%。在乐城小区2号楼建立街道应急物资储备库，储备各类物资106类74681件。在9个社区开阔地建立应急救援亭，安装应急救援配置箱、人防标识识别牌和防空防灾显示屏。与地区商市场建立沟通协调机制，加大货品供应监测，开展生活保障企业防控物资调查，保障居民生活必需品正常供应。制订《广外街道车站西街街区因疫情封控工作方案》，从快、从严、从实做好街道突发疫情社区封闭管控工作。（雷　玥）

【功能街区建设服务】2021年，广外街道做好辖区税源企业走访、交流和服务，宣传西城区惠企政策，协调解决企业发展中的难题和困境。联合市、区相关部门走访辖区中央单位、纳税重点企业、市财源办重点关注企业等260户次，收集企业需求19项，街道帮助企业解决用工及其他需求16项，提交区级部门协调企业办理工作居住证及其他需求3项。完成地区4家税源重点企业综合贡献奖励发放工作。开展写字楼调研工作，走访北京二商京华茶业有限公司、中国文化产业发展集团有限公司、北京金融法院，开展楼宇经济发展调研座谈，围绕广外地区楼宇经济规划和产业定位、商务配套提升改造、商用楼宇及入驻数据采集和后续应用等深入交流。深化马连道街区更新，加快城市路网建设，完善微循环道路系统，推进马连道路品质提升。以建党百年为契机，举办品茶读书等系列文化活动，推进茶为特色多元发展的文化中心建设。创新推动街区产业高质量发展，激发茶企自主转型升级决心，形成街区产业升级合力。（雷　玥）

【特色社区政务服务】2021年，广外街道名苑社区成立西城首家社区政务服务“便利店”，为居民提供广外特色“18+N”全方位服务，在市区下沉的18项服务“规定动作”基础上，围绕百姓关注度高、服务需求量大、解决流程较繁琐等方面，创新推进35项涉及人力社保、社会救助、住房保障的“增值服务”。（雷　玥）

2021年西城区广外街道社区居委会一览表

表36

序号	名称	地址
1	鸭子桥社区居委会	信德园2号楼1层
2	青年湖社区居委会	广外南街57号底商3-4
3	椿树馆社区居委会	车站东街15号院2-1-102
4	白菜湾社区居委会	广安门外南街甲59号楼底商3号
5	车站东街社区居委会	广外大街6号楼1层（北京银行后身）
6	京铁和园社区居委会	广安门车站西街2号院17号楼1层
7	手帕口南街社区居委会	南新里四巷（红居街11号楼西侧平房）
8	朗琴园社区居委会	手帕口南街1号院11号楼1层
9	红居街社区居委会	红居街4号楼A1
10	名苑社区居委会	红居街4号楼裙房2层南1号商铺
11	红居南街社区居委会	红居斜街9号楼
12	车站西街15号院社区居委会	车站西街15号院9号楼西侧平房
13	车站西街社区居委会	车站西街17号院1号楼南侧平房
14	乐城社区居委会	红莲南路6号院2号楼110
15	红莲北里社区居委会	红莲北里12-1

续表 36

序号	名称	地址
16	红莲中里社区居委会	红莲中里 28 号楼东侧平房院
17	茶马北街社区居委会	马连道路甲 10 号（更香茶楼 1 层东）
18	茶马南街社区居委会	茶马街 6 号院 4 号楼西
19	红莲南里社区居委会	红莲南里 8 号
20	三义东里社区居委会	马中街甲 3 号楼楼下北侧
21	三义里社区居委会	三义里 8 号楼南侧
22	马连道中里社区居委会	马中街甲 3 号楼 1 层西侧
23	马连道社区居委会	马连道路 5 号院甲 7 号楼下北侧平房
24	湾子街社区居委会	马连道南街 12 号院内
25	茶源社区居委会	马连道路 15 号院 3-8
26	中新佳园社区居委会	马连道茶北街中新佳园二区 10 号楼 1 层
27	依莲轩社区居委会	马连道南街 1 号院依莲轩小区物业公司旁
28	小马厂东社区居委会	小马厂路 1 号院 1 号楼北侧 1 层
29	小马厂西社区居委会	小马厂南里 7 号楼 1 层南侧
30	手帕口北街社区居委会	广外大街 201 号广华轩会所南侧 2 层
31	天宁寺北里社区居委会	天宁寺前街北里 5-1-103 室
32	二热社区居委会	天宁寺东里 8 号楼西侧
33	天宁寺南里社区居委会	新居东里 3 号楼外西侧平房
34	莲花河社区居委会	莲花河胡同 2 号院 1 号楼 1 单元
35	荣丰北社区社区居委会	广外大街 305 号 8 区 5 号楼 G 层
36	荣丰南社区社区居委会	广外大街 305 号 8 区 12 号楼南侧（麦田地产东侧）
37	蝶翠华庭社区居委会	广外大街 305 号 2 区 1 号楼底商
38	广源社区居委会	广外大街 305 号 3 区 2 号楼 1 单元 103 号

（雷 玥）

（责任编辑 叶婷）

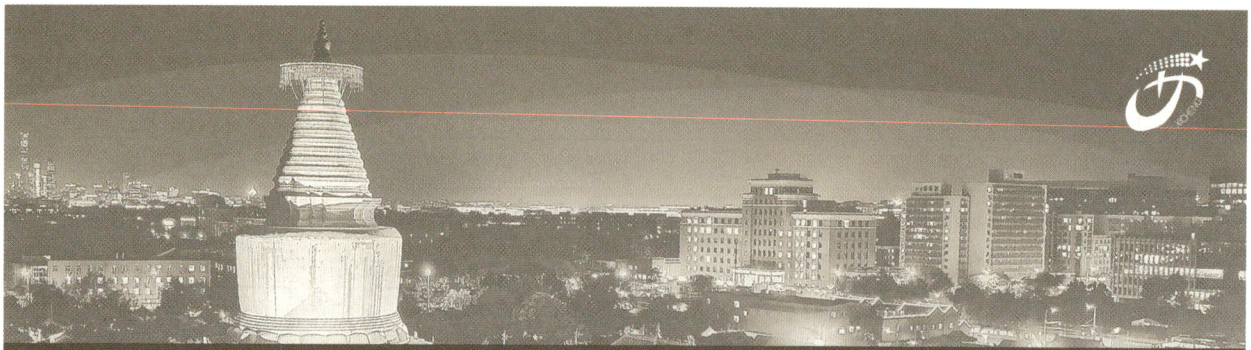

人物 荣誉

先进个人

全国（含系统）先进个人

全国优秀党务工作者

曹国东　北京市西城区展览路街道市场监督管理所党支部书记、所长

全国脱贫攻坚先进个人

胡熳华（女）　中国农村技术开发中心科技扶贫与创业服务处处长（民革西城区委委员、西城区政协委员）

全国五一劳动奖章

李　斌　中国工商银行北京新街口支行大客户组负责人

麦　峰　北京市西城区黄城根小学校长、党委书记

蒋　厂　北京环雅丽都投资有限公司西城第二环卫分公司维修工

赵雁飞（女）北京市地铁运营有限公司　安保部副部长

全国公安系统二级英雄模范

罗　明　北京市公安局西城分局党委书记、局长

刘立群　北京市公安局西城分局治安支队支队长

崔　健　北京市公安局西城分局西长安街派出所所长

林四松　北京市公安局西城分局厂桥派出所所长

全国公安机关扫黑除恶专项斗争成绩突出个人

孙　苡　北京市公安局西城分局法制支队一级高级警长

全国公安机关庆祝建党100周年安保维稳工作成绩突出个人

薛　洋　北京市公安局西城分局府右街派出所所长

赵　亮　北京市公安局西城分局二龙路派出所所长

刘　伟　北京市公安局西城分局丰盛派出所所长

全国公安监管部门抗击新冠肺炎疫情成绩突出个人

于　泳　北京市公安局西城分局看守所警长

全国普法工作先进个人

胡艳萍（女）　北京市西城区妇女儿童发展中心主任

全国税务系统百佳县税务局长（书记）

吴玉琦　国家税务总局北京市西城区税务局党委书记、局长

感动交通年度人物

陈　文　北京市地铁运营有限公司调度指挥中心主任

全国市场监管系统抗击新冠肺炎疫情先进个人

陈生男　北京市西城区市场监管局药械流通监管科长

消费维权先进个人

王　妍（女）　北京市西城区消费者协会副秘书长

全国文化和旅游系统先进工作者

程　然　北京市西城区文化和旅游局行政审批科科长

全国先进军休干部

李培义　北京市西城区军休六所管理的退休干部

李仲海　北京市西城区军休办党委副书记

军功·二等功

程　夏　空军某部军官

刘国庆　火箭军某部中校

张　楠　原八一体工大队乒乓球运动员

北京市（含系统）先进个人

北京市优秀共产党员

张紫薇（女，满族） 北京同和居饭店有限责任公司经理
郭新喜 北京市公安局西城分局大栅栏派出所社区警务三队副队长
张 爽（女） 北京市西城区人民法院民三庭副庭长
孔 燕（女） 北京市第三十五中学党委书记
郑 颖（女） 北京市西城区广外社区卫生服务中心党支部书记、主任
齐 伟 北京柠檬微趣科技股份有限公司党支部书记、董事长、总经理
石 萌 北京市西城区大栅栏街道机关第六党支部书记、综合行政执法队队长
杨 坤 北京市西城区金融街街道城市管理办公室科长
石静慧（女） 北京市西城区椿树街道椿树园社区退休党员
濮存慧（女） 北京市西城区陶然亭街道龙泉社区第一党支部书记
鲍 静（女） 北京市西城区展览路街道洪茂沟社区党委书记、居委会主任
吴广华（女） 北京市西城区白纸坊街道半步桥社区第二党支部书记
姜 放（女） 北京市西城区广安门外街道社会建设办公室科长
王 洁（女） 北京市西城区广安门内街道大街东社区党委书记、居委会主任
林涵瑾（女） 北京市西城区新街口街道西四北三条社区退休党员

北京市优秀党务工作者

吴晓东 北京市西城区国资委党委工作办公室主任
赵晓平（女） 北京市西城区天桥街道党群工作办公室副主任
赵小艳（女） 北京市西城区委卫生健康工委组织部部长
孙晓策（女） 北京市西城区牛街街道党群工作办公室科长
张春霞（女） 北京市西城区委区直机关工委组织部部长

北京市优秀基层党组织书记

谭道亮 北京市西城区西长安街街道西交民巷社区党委书记、居委会主任
范丽丽（女） 北京市西城区什刹海街道柳荫街社区党委书记、居委会主任
周述娜（女） 北京市西城区展览路医院病房党支部书记、康复病房主任

北京市先进工作者

张 爽（女） 北京市西城区人民法院民三庭副庭长
王 君（女） 北京市西城区广安门外街道市民服务中心主任

北京市脱贫攻坚先进个人

王永军 北京市西城区国资委副主任
华 磊 北京市西城区什刹海街道办事处全响应服务办公室主任
刘建文 北京市西城区陶然亭小学原书记兼校长
李 晔 北京市丰盛中医骨伤专科医院创伤科主任
宋 青（女） 北京市西城区委卫生健康工委委员、区卫生健康委副主任
张 伟 北京市财会学校教师
贾子辰 北京市西城区人力资源社会保障局职业能力建设科科长
高兴瑞 北京市唐杰城市节能环保科技发展有限公司总经理
郭宣鉴 北京华远三农科技产业有限公司总经理
郭晓枫（女，满族） 北京市西城区广安门外街道地区协调服务办公室科长
葛文彤 北京儿童医院副院长
霍利凯 北京市西城区服务联络和扶贫协作办公室副主任
覃 力 北京中成康华科技发展股份有限公司党支部书记、总裁

北京市信访工作先进个人

甄 萍（女） 北京市西城区信访办公室党组成员、副主任
方向伟 北京市西城区人力资源社会保障局信访办科长
贾晓军 北京市西城区城市管理综合行政执法局信访科科长
范亚楠 北京市西城区房屋管理局应急与信访科四级主任科员
刘晓芳 北京市西城区广外街道办事处平安建设办公室科长
杨兆杰 北京市西城区天桥街道办事处平安建设办公室科长
赵姝阳 北京市西城区金融街街道办事处平安建设办公室一级科员

北京军休榜样

何文成 北京市西城区军休办军休四所管理的退休干部
陈先义 北京市西城区军休六所正师职退休干部

首都劳动奖章

于学力　北京市地铁运营有限公司通号分公司项目部主管
马　磊　北京市热力集团有限责任公司西城分公司槐柏树供热服务中心党支部书记、主任
王　洁（女）　北京市西城区广安门内街道大街东社区党委书记
刘　洋　北京李大钊故居管理处主任
李　响（女）　中国民生银行股份有限公司北京阜城门支行副行长
李　悦　北京市地铁运营有限公司运营三分公司维修中心主任
杨莲臻（女）　北京市西城区陶然亭街道福州馆社区党委书记、居委会主任
狄崇坤　北京华天凯丰餐饮服务有限公司项目经理
张全旭　北京智博联科技股份有限公司副总经理
郑　颖（女）　北京市西城区广外社区卫生服务中心主任
郎雅娣（女）　北京市西城区生态环境局监测站职员
秦　燕（女）　北京信沃达海洋科技有限公司服务主管
顾燕飞　北京市西城区房屋管理局落实房屋政策办公室主任
徐大方　北京市西城区新街口街道办事处平安建设办公室科长
高　攀　北京宣房楼宇设备公司供暖分公司运行一队副队长
康闳博（满族）　北京义辉联帮物业管理有限公司项目经理

北京市优秀共青团员

孙雪娇　北京市肛肠医院（北京市二龙路医院）护士
左朝榕　北京市西城区什刹海街道办事处一级主任科员
刘泽嘉　北京市第四中学学生
马　帅　北京市西城区志愿服务指导中心九级职员
杨浩琛　北京佳诚物业管理有限公司职员

北京市优秀共青团干部

马　超　北京市西城区疾病预防控制中心团总支书记
高宏彦　北京市西城区展览路街道团工委书记
蔺红霞（女）　北京市西城区西长安街街道团工委书记
宁嘉瑜　北京市西城区团教工委书记
张　冉（女）　北京汉光百货有限责任公司行政专员、团支部书记
刘赟曦　北京市地铁运营有限公司团委主管

北京市优秀少先队员

张仲泽　北京市西城区厂桥小学少先队员
赵艺蓓　北京市西城区鸦儿胡同小学少先队员
张耀元　北京雷锋小学少先队员
侯静好　北京市西城区西单小学少先队员
叶子萌　北京市第八中学附属小学少先队员
王彦哲　北京市西城区陶然亭小学少先队员
黄韵廷　北京市西城区进步小学少先队员
丁妙琦　北京市西城区中古友谊小学少先队员
谭清芳　北京小学广内分校少先队员
郭轩铭　北京小学红山分校少先队员
卫昊宸　北京市第七中学少先队员
陈锴瑞　北京市第十四中学少先队员
杨瑾怀　北京市第十五中学少先队员
李奕宣　北京市第三十五中学少先队员
白　宜　北京市宣武外国语实验学校少先队员
万卓坤　北京师范大学附属实验中学分校少先队员

北京市优秀少先队辅导员

王　菲　北京市三帆中学附属小学少先队大队辅导员
王园园　北京市西城区展览路第一小学少先队大队辅导员
王润翘（女）　北京第二实验小学少先队大队辅导员
孙　颖（女）　北京市西城区阜成门外第一小学少先队大队辅导员
崔广征　北京市教育学院附属中学少先队大队辅导员
王丽霞（女）　北京市宣武回民小学五（1）中队辅导员
刘　颖　北京第二实验小学玉桃园分校三（4）中队辅导员
宿　媛（女）　北京小学天宁寺分校五（6）中队辅导员

北京市扫黑除恶专项斗争先进个人

田　高　北京市公安局西城分局刑侦支队一级警员
唐　杨　北京市公安局西城分局警务支援大队警务技术二级主管
赵德水　北京市公安局西城分局西单大街派出所三级警长
李　鑫　北京市公安局西城分局刑侦支队三级警长
邹海明（纳西族）　北京市西城区人民检察院检察官助理
马　越　北京市西城区人民法院刑事审判庭副庭长
魏　雪（女）　北京市西城区人民检察院第一检察部副主任
喻晓敏　北京市西城区人民法院民二庭副庭长
姜夕辉　北京市西城区房屋管理局办公室副主任
李海涛　北京市西城区展览路街道平安建设办副科长

北京市检察机关先进个人

钟　爽（女）　北京市西城区人民检察院政治部副主任
魏　雪（女）　北京市西城区人民检察院第一检察部

副主任

北京老字号工匠

武根深　北京同和居饭店有限责任公司经理餐饮部经理兼厨师长

北京市交通行业先进个人

冯晓东　北京市西城区住房和城市建设委员会科长
侯东斌　北京市地铁运营有限公司运营三分公司乘务中心主任
李　悦　北京市地铁运营有限公司运营三分公司维修中心主任
曹军民　北京市地铁运营有限公司运营三分公司人力资源部部长
付小强　北京市地铁运营有限公司供电分公司项目部副经理
王卫东　北京市地铁运营有限公司通号分公司维修部主任
孙雪峰　北京市地铁运营有限公司线路分公司维修部主任
王　磊　北京地铁建筑设施维护有限公司通号分公司工区主任
李宇杰　北京市地铁运营有限公司资产维护管理部副部长
张文强　北京市地铁运营有限公司运营服务管理部部长

北京市节约用水先进个人

姚　猛　北京市西城区城市管理委副主任（区水务局副局长）
蔡宪锋　北京市西城区西长安街街道办事处河长办办公室主任
靳一哲　北京市西城区广内街道办事处城市管理办主任科员
赵　彬　北京市西城区聚德华天控股有限公司物业部主管
桑锡胜　北京华天饮食集团公司党委副书记

北京市市场监督管理工作先进个人

赵立忠　北京市西城区市场监督管理局综合执法大队科长
张国顺　北京市西城区市场监督管理局餐饮服务安全监管科科长
赵中正　北京市西城区市场监督管理局政务服务中心副主任

北京市人防系统先进个人

郑　亮　北京市西城区人民防空办公室综合科副科长
时富强　北京市西城区人民防空办公室工程管理（安全生产）科工勤人员

北京市科学技术进步奖二等奖

豆　飞　北京地铁技术创新研究院分公司运营技术研究中心副主任

北京市科学技术普及工作先进个人

毛红星　中共北京市西城区委宣传部新闻科科长
吴　涛　北京市西城区科技协作中心

北京市就业创业工作先进个人

付卫红　北京市西城区人力资源和社会保障局就业促进科二级主任科员
马　智　北京市西城区广安门外街道市民服务中心主管
孟雅思（女）　北京市西城区陶然亭街道市民服务中心就业主管
孟　玥　北京市西城区展览路街道市民服务中心副科长
张　羽（女）　北京华天饮食控股集团有限公司副总经理

北京市生活垃圾分类推进工作先进个人

陈凤娥　北京市西城区月坛街道办事处汽北社区书记
季锡钊　北京市西城区椿树街道办事处琉璃厂社区卫生主任
邢建中　北京市西城区大栅栏街道办事处百顺社区副主任
张宝英　北京市西城区德胜街道办事处垃圾分类志愿者
安会永　北京市西城区金融街街道办事处丰融园社区书记
张德柱　北京市西城区牛街街道办事处垃圾分类志愿者
秦　巍　北京市西城区天桥街道办事处虎坊路社区卫生主任
刘思萌　北京市西城区西长安街街道办事处六部口社区垃圾分类志愿者
张　亮　北京市西城区广内街道办事处京味楼餐饮股份有限公司经理
曲　超　北京市西城区陶然亭街道米市社区书记
王健鑫　北京市西城区广外街道湾子社区卫生主任
刘安涛　北京市西城区什刹海街道办事处垃圾分类志愿者
虞丽萍　北京市西城区展览路街道办事处黄瓜园社区垃圾分类志愿者
陈晓亮　北京市西城区市场监管局四级主任科员
高　宇　北京市西城区城管执法局三级主任科员
张　雷　北京环雅丽都投资有限公司西城第六环卫分公司班长
赵志勇　北京环雅丽都投资有限公司西城第八环卫分

公司副经理
王　杰　北京市西城区城市管理委员会委固废科副科长
孙廷俊　北京市西城区区委社会工委委员、民政局副局长
刘新岩　北京市西城区融媒体中心采编记者
赵　昆　北京市育才学校副校长
路　雯　北京市西城区委组织部组织二科副科长
高延梅　北京市西城区新街口大觉社区书记

首都绿化美化先进个人

钱　军　北京市西城区西长安街街道办事处城管办主任科员
刘　雪（女）　北京市西城区陶然亭街街道办事处城管办科员
吴晓雷　北京市西城区椿树街街道办事处城管办主任
李振东　北京市西城区月坛街街道办事处城管办主任
范丽丽（女）　北京市西城区什刹海街道办事处柳荫街社区主任
王利峰　北京市西城区大栅栏街街道办事处城管办主任
张　雷　北京市西城区牛街街街道办事处副主任
张睿山　北京蓟城山水投资管理集团有限公司职工
杨　勇　北京市西城区金融街街街道办事处城管办绿化员
樊金和　北京市西城区天桥街街道办事处城管办二级主任科员
黄万武　北京市西城区广安门外街街道办事处城管办主任
李树军　北京市西城区新街口街街道办事处城管办副主任
华　松　北京市西城区德胜街道办事处城管办主任
马　克　北京市西城区广安门内街道办事处城管办科员
杜会东　北京市西城区展览路街道办事处城管办四级调研员
陈胜龙　北京市西城区月坛公园管理处主任
范银仓　北京市西城区宣武艺园管理处主任
武秀红（女）　北京市西城区园林绿化局绿化科科长
郭　宇　北京市西城区园林绿化局园林科科长
徐明明　北京市西城区苗木园艺队副队长

北京市优秀城乡社区工作者

宋　梦　北京市西城区德胜街道六铺炕南小街社区党委书记、居委会主任
焦云龙　北京市西城区什刹海街道大红罗厂社区党委书记、居委会主任
田慧琴　北京市西城区西长安街街道府南社区服务站站长
梁　鑫　北京市西城区大栅栏街道煤市街东社区居委会副主任
陈海洋　北京市西城区新街口街道北顺社区党委书记、居委会主任
王　蕾　北京市西城区金融街道受水河社区党委书记、居委会主任
王振玲　北京市西城区展览路街道万明园社区党委书记、居委会主任
唐胜利　北京市西城区月坛街道三区一社区党委书记、居委会主任
荀于华　北京市西城区广内街道长西社区党委书记、居委会主任
李　莉　北京市西城区牛街街道南线阁社区党委书记、居委会主任、服务站站长
孔露英　北京市西城区白纸坊街道樱桃园社区党委书记、居委会主任
李　红　北京市西城区广外街道红莲北里社区党委书记、居委会主任

先进集体

全国（含系统）先进集体

全国脱贫攻坚先进集体

北京市西城区服务联络办扶贫协作科

全国应急管理系统先进集体

北京市西城区应急管理综合执法队

全国退役军人服务保障先进单位

北京市西城区什刹海街道柳荫街社区

全国军休工作先进单位

北京市西城区军队离退休干部第八休养所

全国工人先锋号

北京恒华伟业科技股份有限公司研发中心
北京德源翔隆供暖技术服务有限责任公司运行一部
中国工商银行北京菜市口支行

全国妇联系统先进集体

北京市西城区妇女联合会

集体一等功

北京市公安局西城分局

全国对台工作系统先进集体

中共北京市西城区委台湾工作办公室（北京市西城区台湾事务办公室）

全国节约型机关

北京市西城区妇女联合会

全国老干部工作先进集体

中共北京市西城区委月坛街道工委党群工作办公室

全国青年文明号

交通银行北京市分行西单支行营业室
北京市地铁运营有限公司运营一分公司车公庄站区花园桥站
北京市西城区消防救援支队府右街特勤站
首都医科大学宣武医院急诊科
北京北海公园北岸服务队西门票务班

全国五四红旗团委（团工委）

北京市西城区德胜街道团工委

全国五四红旗团支部（团总支）

北京先智创科科技有限公司团支部

全国巾帼文明岗

国家税务总局北京市西城区税务局金融街税务所

全国侨联系统优秀“侨胞之家”

北京市西城区新街口街道侨联“侨之家”

全国公安机关成绩突出交警大队

北京市西城交通支队西单大队

全国模范司法所

北京市西城区什刹海街道办事处司法所

第七次全国人口普查先进集体

北京市西城区第七次全国人口普查领导小组办公室

全国群众体育先进单位

北京市西城区白纸坊街道

北京市（含系统）先进集体

北京市先进基层党组织

北京市西城区什刹海街道工委
北京金融街威斯汀大酒店党支部
北京小学党委
北京市西城区德胜街道裕中东里社区党委
北京市西城区月坛街道综合行政执法队党支部
北京市西城区金融街街道京畿道社区党委
北京市西城区西长安街街道义达里社区党委
北京市西城区新街口街道大觉社区教师楼第一党支部
北京市西城区广外医院党委

北京市信访工作先进集体

北京市西城区委政法委员会
北京市西城区信访办公室
北京市西城区西长安街街道办事处
北京市西城区白纸坊街道
北京市地铁运营有限公司信访办公室

北京市脱贫攻坚先进集体

中共北京市西城区委统战部
北京市西城区服务联络和扶贫协作办公室
北京市西城区卫生健康委医政医管科
北京市西城区三义里小学
北京金融街投资（集团）有限公司
北京路通企业管理集团有限公司
德胜商会

首都劳动奖状

北京市西城区全响应服务中心
中国电力建设企业协会
北京市地铁运营有限公司运营四分公司
北京市西城区大栅栏街道办事处

北京市工人先锋号

北京市西城区人民法院立案庭（诉讼服务中心）
金融街物业股份有限公司金融街融汇物业服务中心
北京市西城区展览路社区卫生服务中心保健科
北京市西城区劳动人事争议仲裁院
北京市地铁运营有限公司供电分公司第六维修项目部

北京市五四红旗团委

首都医科大学附属复兴医院团委
北京市公安局西城分局团委
北京师范大学附属中学团委
北京市西城区人民法院团委

北京市五四红旗团支部

北京市西城区广外医院团支部
北京市西城区新街口街道机关团支部
国家税务总局北京市西城区税务局第一团总支
北京市北海幼儿园教工团支部

北京市优秀少先队集体

北京小学少先队大队
北京市西城区育翔小学少先队大队
北京市育才学校少先队大队
北京市宣武师范学校附属第一小学少先队大队
北京第一实验小学六（11）中队
北京建筑大学附属小学四（1）中队
北京市第八中学少 25B 中队

北京市第十三中学分校八（8）中队

北京市扫黑除恶专项斗争先进集体

北京市 10・09 专案组
北京市公安局西城分局扫黑除恶专项斗争领导小组办公室
北京市西城区检察院第二检察部"5・15"专案组
北京市西城区什刹海街道平安建设办（综治）

北京市检察机关先进集体（2017—2020 年度）

北京市西城区检察院第二检察部

北京市交通行业（轨道交通）先进集体

北京市地铁运营有限公司运营一分公司 5 号线乘务中心
北京市地铁运营有限公司供电分公司第六维修项目部
北京市地铁运营有限公司线路分公司综合维修二项目部
北京市地铁运营有限公司科技发展公司维修一项目部
北京市地铁运营有限公司调度指挥中心第一行车调度所

北京市节约用水先进集体

北京市西城区什刹海街道办事处
北京市西城区人民政府节约用水办公室
北京师范大学第二附属中学
北京市自来水集团禹通市政工程有限公司

北京市市场监督管理工作先进集体

北京市西城区市场监督管理局市场监督管理一科
北京市西城区牛街街道市场监管所

北京市城管执法系统先进集体

北京市西城区广安门外街道综合行政执法一队

北京市生活垃圾分类推进工作先进集体

北京市西城区金融街街道办事处
北京市西城区月坛街道办事处
北京市西城区白纸坊街道办事处
北京市西城区广内街道办事处
北京市西城区天桥街道办事处
北京市西城区德胜街道德外大街西社区居委会
北京市西城区新街口街道中直社区居委会
北京市西城区大栅栏街道大安澜营社区居委会
北京市西城区是什刹海街道旧鼓楼社区居委会
北京市西城区牛街街道牛街东里社区居委会
北京银达物业管理有限责任公司（椿树街道）
新中物业管理（中国）有限公司第一分公司（西长安街街道）
中央统战部机关服务中心住宅小区管理处（展览路街道）
北京莲花物业管理有限责任公司（广外街道）
北京健宫医院（陶然亭街道）

首都全民义务植树先进单位

北京市西城区月坛公园管理处
北京市西城区万寿公园管理处
北京市西城区和平门绿化队
北京市西城区德外绿化队

首都绿化美化先进单位

北京市西城区财政局
北京市西城区西长安街街道办事处
北京市西城区展览路街道办事处
北京市西城区广安门内街道办事处
北京市西城区广安门外街道办事处

北京市人防系统先进单位

北京市西城区防空防灾宣传教育中心

北京市科学技术进步奖一等奖

北京市地铁运营有限公司

北京市科学技术进步奖二等奖

北京市燃气集团有限责任公司

北京市科学技术普及工作先进集体

北京市西城区教育委员会
北京市西城区科学技术和信息化局

北京市就业创业工作先进集体

北京市西城区人力资源和社会保障局
北京市西城区天桥街道市民服务中心
北京市西城区西长安街街道市民服务中心
北京京仪融科科技孵化器有限公司
北京蓟城山水投资管理集团有限公司
北京市西城区什刹海街道柳荫街社区
北京市西城区牛街街道华林富友社区服务中心
北京市西城区大栅栏街道延寿街社区

北京市先进居委会

北京市西城区什刹海街道兴华社区居委会
北京市西城区金融街街道丰汇园社区居委会
北京市西城区月坛街道南礼士路社区居委会
北京市西城区广内街道核桃园社区居委会
北京市西城区白纸坊街道万博苑社区居委会
北京市西城区广外街道红莲北里社区居委会

逝世人物

赵重清 原北京市西城区政协主席。男，汉族，中共党员，河北省永清县人，1928年5月出生，1949年7月参加工作，1953年1月加入中国共产党。历任西城区教育局社教科副科长、科长，区工会科长、副主席，西城区委街工委副书记，西城区卫生防疫站革委会主任，西城区教育局革委会副主任，西城区委教育部副部长、西城区委常委、街道部部长，西城区委副书记、西城区人民政府区长，西城区政协主席，北京市政协委员。1994年5月退休。于2021年7月因病在北京逝世，享年93岁。

（孙高升）

刘贵岭 原北京市西城区委书记、西城区人大常委会主任。男，汉族，中共党员，北京市人。1933年7月出生，1949年6月参加革命工作，1956年5月加入中国共产党。历任北京公安总队警卫二师战士、副班长、助理员、参谋，北京市化工局生产组干部，北京市化工五厂党委副书记、书记、革委会主任，北京市化工局宣传处处长、政治部主任，北京市化工总公司副经理、党委副书记、书记，中共北京市西城区委书记，中共北京市西城区委书记、西城区人大常委会主任，北京市西城区政协主席。1999年4月离休。于2021年7月因病在北京逝世，享年88岁。

（孙高升）

张延枫 原北京市西城区第十届政协副主席、区委统战部部长。男，汉族，中共党员，湖南省华容县人。1942年9月出生于陕西延安，1966年6月加入中国共产党。历任西城区委教育部副部长，西城区外事办公室主任，西城区第八届政协副主席、区委统战部部长，西城区第九届政协副主席、区委统战部部长、区台湾办公室主任，西城区第十届政协副主席、区委统战部部长，北京市政协委员、中共西城区第二次、第七次、第八次党代会代表、区委委员。2004年2月退休。于2021年8月因病在北京逝世，享年79岁。

（孙高升）

注：①本类目收录国家级和省部级两个层级表彰的先进集体和个人，部委办公厅或司局以及北京市专业部门单独表彰的系统、行业冠名的“全国××先进”“北京市××先进”不在收录之列”。

②本类目收录奖项均为2021年度颁发。

（**责任编辑** 陈艳 齐田）

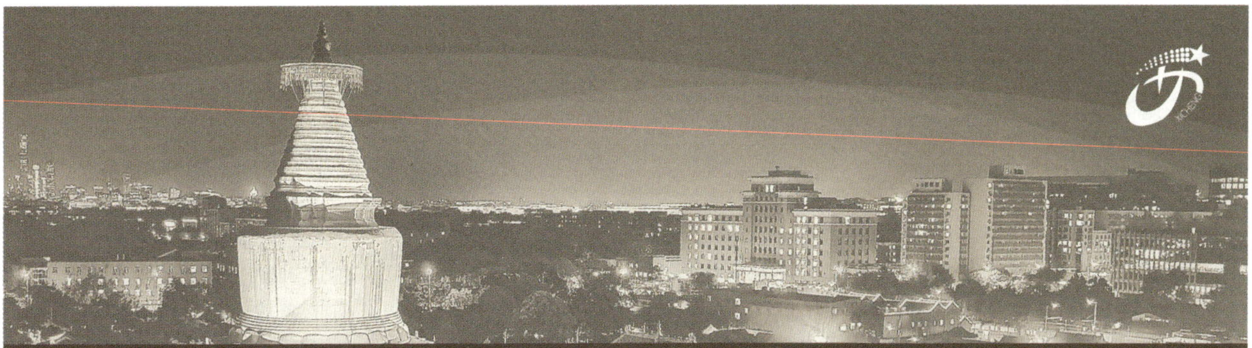

统计资料

说明：

1. 统计资料中“#”表示其中项。
2. “*”表示数据小于等于 2。
3. “—”表示数据不详或没有数据。
4. “…”表示因数据不足最小计算单位而省略。

西城区行政区划与土地面积统计表

表 37

地区	辖区面积（平方公里）
全区	50.7
德胜街道	4.14
什刹海街道	5.80
西长安街街道	4.24
大栅栏街道	1.27
天桥街道	2.07
新街口街道	3.70
金融街街道	3.78
椿树街道	1.09
陶然亭街道	2.14
展览路街道	5.87
月坛街道	4.13
广安门内街道	2.43
牛街街道	1.44
白纸坊街道	3.11
广安门外街道	5.49

资料来源：北京市西城区民政局。

西城区主要经济社会指标统计表

表 38

项目	单位	2021 年	2020 年	2021 年比 2020 年 ±（%）
人口				
常住人口	万人	110.4	110.6	−0.2
户籍人口	万人	150.2	148.6	1.1
地区生产总值	亿元	5408.1	5002.7	8.1
第二产业	亿元	274.7	258.5	4.5
第三产业	亿元	5133.4	4744.2	8.3
人均地区生产总值	美元 / 人	75862	64964	16.8
商业				
社会消费品零售总额	亿元	1089.4	993.5	9.7
投资				
# 固定资产投资（不含农户）	亿元	—	—	−4.5
# 房地产开发投资	亿元	—	—	−21.8
财政				
公共财政预算收入	亿元	428.1	413.8	3.4
区级税收	亿元	407.8	389.2	4.8
公共财政预算支出	亿元	414.4	418.0	−0.8
劳资				
城镇单位在岗职工期末人数	人	943352	753387	25.2
城镇单位从业人员工资总额	万元	22136303	20320280	8.9
城镇单位在岗职工工资总额	万元	20083484	18768831	7.0
城镇单位在岗职工平均工资	元	262874	249126	5.5
西城园				
总收入	亿元	3834.1	3481.0	10.1
工业				
工业总产值（现价）	亿元	592.5	544.5	8.8
建筑业				
建筑业总产值	亿元	842.8	799.6	5.4
人民生活				
居民人均可支配收入	元	96949	90286	7.4
居民人均消费性支出	元	57376	51466	11.5
恩格尔系数	%	19.2	19.7	下降 0.5 个百分点
居民消费价格指数（以上年同期价格为 100 的指数）	%	101.1	101.7	下降 0.6 个百分点
居民人均住房总建筑面积	平方米	22.6	22.2	1.8
基本单位情况				

续表 38

项目	单位	2021 年	2020 年	2021 年比 2020 年 ±（%）
法人单位数	个	47616	42353	12.4
产业活动单位数	个	11258	15679	−28.2
企业基本情况				
资产总计	亿元	1373574.7	1323440.7	3.8
收入合计	亿元	30208.8	28336.7	6.6
利润总额	亿元	10390.6	9430.8	10.2
对外经济贸易				
“三资”企业实际利用外资额	亿美元	3.1	2.2	40.9
城市建设及环境保护				
城市绿化覆盖率	%	31.82	31.80	上升 0.02 个百分点
人均公园绿地面积	米²/人	4.98	4.83	3.1
可吸入颗粒物（PM_{10}）	微克/米³	56	58	−3.4
细颗粒物（$PM_{2.5}$）年均浓度值	微克/米³	34	40	−15.0
降尘量	吨/公里²·月	4.1	5.2	−21.2
就业与社会保障				
城镇登记失业率	%	1.85	0.94	上升 0.91 个百分点
城镇登记失业人员就业率	%	67.25	65.57	上升 1.68 个百分点
养老保险基金征缴率	%	99.87	—	—
基本医疗保险基金征缴率	%	99.17	98.56	上升 0.61 个百分点
失业保险基金征缴率	%	99.90	98.40	上升 1.50 个百分点
工伤保险基金征缴率	%	99.79	98.90	上升 0.89 个百分点
民政				
抚恤、补助优抚对象人数	人	1551	1547	0.3
全区老龄人口数	人	—	—	—
最低生活保障人数	人	14018	13987	0.2
各种收养性单位个数	个	42	46	−8.7
基础教育				
学校个数	个	191	188	1.6
# 小学	个	58	57	1.8
初级中学	个	4	3	33.3
高级中学	个	1	1	0.0
在校生数	人	193823	177544	9.2
# 小学	人	101830	93745	8.6
初级中学	个	6966	6243	11.6
高级中学	人	1841	1726	6.7

续表 38

项目	单位	2021 年	2020 年	2021 年比 2020 年 ±（%）
毕业生数	人	33586	34102	−1.5
# 小学	人	12260	11852	3.4
初级中学	个	1841	1739	5.9
高级中学	人	513	531	−3.4
科技				
输出技术合同成交项数	个	5608	5312	5.6
输出技术合同成交总金额	亿元	123.5	230.0	−46.3
吸纳技术合同成交项数	个	7717	7420	4.0
吸纳技术合同成交总金额	亿元	537.3	462.9	16.1
文化				
公共图书馆	个	26	24	8.3
总藏量	万册	294.1	278.4	5.6
# 图书	万册	282.0	265.5	6.2
文化馆	个	16	17	−5.9
文物保护单位	处	192	191	0.5
# 全国重点文物保护单位	处	44	44	0.0
北京市文物保护单位	处	67	59	13.6
卫生				
卫生机构	个	700	699	0.1
卫生技术人员	人	40789	39832	2.4
# 执业（助理）医师	人	14476	14205	1.9
注册护士	人	18357	17740	3.5
医疗床位	张	17623	17259	2.1
平均每千常住人口医院床位数	张	15.9	15.6	2.0
平均每千常住人口拥有职业（助理）医师	人	13.1	12.84	2.1
平均每千常住人口拥有注册护士	人	16.6	16.04	3.7
体育				
运动员	人	6037	5242	15.2
教练员	人	67	66	1.5
裁判员	人	226	306	−26.1
社会体育指导员	人	442	454	−2.6
文明建设情况				
文明机关个数	个	253	253	0.0
文明社区个数	个	104	104	0.0

西城区地区生产总值统计表

表 39　　　　单位：亿元

年份	地区生产总值	第二产业	工业	第三产业	金融业	人均地区生产总值（美元 / 人）
2011 年	2421.0	184.7	133.8	2236.2	902.2	30167
2012 年	2692.5	203.0	148.8	2489.5	1069.3	33639
2013 年	2966.8	210.4	153.5	2756.4	1202.3	36750
2014 年	3229.1	225.6	159.5	3003.4	1398.6	40051
2015 年	3553.2	217.5	156.6	3335.6	1626.3	43515
2016 年	3881.8	224.3	159.5	3657.4	1820.8	45250
2017 年	4265.7	242.5	166.8	4023.1	1962.2	50422
2018 年	4692.3	277.4	188.0	4414.8	2249.2	58361
2019 年	5007.3	277.0	185.9	4730.3	2505.8	61775
2020 年	5002.7	258.5	175.0	4744.2	2615.5	64214
2021 年	5408.1	274.7	190.6	5133.4	2872.5	75862

西城区法人、产业活动单位统计表

表 40　　　　单位：个

项目	法人单位	产业活动单位
合计	47616	11258
按国民经济产业分		
第二产业	721	349
第三产业	46888	10907
按国民经济行业分		
工业	318	140
建筑业	431	218
批发和零售业	13544	3001
交通运输、仓储和邮政业	391	199
住宿和餐饮业	2107	1444
信息传输、软件和信息技术服务业	2825	455
金融业	1034	2639
房地产业	1738	715
租赁和商务服务业	10223	971
科学研究和技术服务业	6388	610
水利、环境和公共设施管理业	210	46
居民服务、修理和其他服务业	1579	308
教育	1365	114
卫生和社会工作	466	73
文化、体育和娱乐业	3308	201
公共管理、社会保障和社会组织	1679	121
国际组织	—	—

西城区企业基本情况统计表

表 41

项目	单位数（个）	收入总计（万元）
合计	47616	302088155.8
按隶属关系分	47616	302088155.8
中央	1821	208758258.7
地方	2416	42201734.3
其他	43379	51128162.8
按注册类型分	47616	302088155.8
内资	46920	289248993.3
# 国有	2424	15241888.1
集体	719	590135.0
股份合作	791	95462.6
联营	28	11833.5
有限责任公司	4954	150774357.9
股份有限公司	251	114132648.0
私营	36344	8244914.9
其他	1409	157753.3
港澳台商投资	316	8384362.7
与港澳台商合资经营	90	252353.3
与港澳台商合作经营	9	77944.5
港澳台商独资	214	8042421.9
港澳台商投资股份有限公司	*	11643.0
其他港澳台投资	*	—
外商投资	380	4454799.8
中外合资经营	120	1908926.5
中外合作经营	10	11598.4
外资企业	241	2353154.4
外商投资股份有限公司	7	181120.5
其他外商投资	*	—
按国民经济行业分	47616	302088155.8
农、林、牧、渔业	10	—
采矿业	3	—
制造业	277	1259563.0
电力、燃气及水的生产和供应业	38	61908409.4
建筑业	431	9571077.5
批发和零售业	13544	38190131.0
交通运输、仓储和邮政业	391	5235624.2
住宿和餐饮业	2107	1106381.3

续表 41

项目	单位数（个）	收入总计（万元）
信息传输、软件和信息技术服务业	2825	9431142.0
金融业	1034	135820095.5
房地产业	1738	4380648.3
租赁和商务服务业	10223	10844671.1
科学研究和技术服务业	6388	13263744.3
水利、环境和公共设施管理业	210	638984.1
居民服务、修理和其他服务业	1579	190180.0
教育	1365	2073042.1
卫生和社会工作	466	5126419.7
文化、体育和娱乐业	3308	3048042.3
公共管理、社会保障和社会组织	1679	—
国际组织	—	—

西城区企业主要财务指标统计表

表 42　　单位：万元

项目	资产总计	负债总计	利润总额
合计	13735746518.0	11468378230.0	103905799.0
按隶属关系分	13735746518.0	11468378230.0	103905799.0
中央	12032456934.0	10229890331.0	82163298.8
地方	987371957.8	865509515.9	9034027.7
其他	715917626.5	372978383.2	12708472.5
按注册类型分	13735746518.0	11468378230.0	103905799.0
内资	13503122481.0	11374953538.0	96543722.3
国有	2312912707.0	2219195580.0	10688384.1
集体	957851.4	688806.2	2908.3
股份合作	56158.7	40884.3	1815.4
联营	2785.3	3116.2	176.5
有限责任公司	4315113223.0	3404900458.0	37070813.3
股份有限公司	6854453723.0	5740367953.0	48243990.3
私营	19264492.0	9670727.6	501436.8
其他	361540.5	86011.9	34197.6
港澳台商投资	66551015.4	31073248.1	840849.9
与港澳台商合资经营	2821080.0	717633.4	183000.9
与港澳台商合作经营	291107.1	234853.2	8596.0
港澳台商独资	53136758.5	27394102.8	296359.6
港澳台商投资股份有限公司	10302069.8	2726658.7	352893.4
其他港澳台商投资	—	—	—

续表 42

项目	资产总计	负债总计	利润总额
外商投资	166073022.1	62351443.7	6521226.8
中外合资经营	13301345.4	7033811.5	682111.4
中外合作经营	239162.8	177867.3	7627.7
外资企业	129523364.2	46985486.0	5650573.8
外商投资股份有限公司	23009149.7	8154278.9	180913.9
其他外商投资	—	—	—
按国民经济行业分	13735746518.0	11468378230.0	103905799.0
农、林、牧、渔业	—	—	—
采矿业	—	—	—
制造业	1509576.1	734832.5	7150.3
电力、燃气及水的生产和供应业	267158357.2	84276808.2	3744748.2
建筑业	21506011.6	16853202.8	288198.2
批发和零售业	47372703.5	32368486.6	1030143.0
交通运输、仓储和邮政业	9392331.8	6027329.3	−156443.7
住宿和餐饮业	2109880.7	1861839.4	−374544.2
信息传输、软件和信息技术服务业	281361192.1	96632108.7	11452892.0
金融业	12606501923.0	11019001258.0	64592081.2
房地产业	83302129.6	54613138.8	1365199.6
租赁和商务服务业	333034048.6	120115669.4	19682120.0
科学研究和技术服务业	64341589.9	30665975.0	1759884.1
水利、环境和公共设施管理业	1760455.7	683012.9	64946.8
居民服务、修理和其他服务业	191093.9	111731.6	9947.2
教育	2339014.4	216111.6	16323.9
卫生和社会工作	5595483.6	2197106.3	26387.4
文化、体育和娱乐业	8270726.7	2019618.7	396765.0
公共管理、社会保障和社会组织	—	—	—
国际组织	—	—	—

西城区常住人口统计表

表 43

项目	计量单位	2021 年	2020 年
合计	万人	110.4	110.6
常住人口分性别			
男性人口	万人	53.4	53.6
女性人口	万人	57.0	57.0
常住人口分年龄			
0–14 岁人口	万人	16.1	15.8

续表 43

项目	计量单位	2021 年	2020 年
15-64 岁人口	万人	72.3	74.7
65 岁及以上人口	万人	22.0	20.1
#60 岁及以上人口	万人	29.7	28.7
出生人数	人	5979	6986
出生率	‰	5.41	6.19
死亡人数	人	10464	9495
死亡率	‰	9.47	8.41

西城区劳动就业基本情况统计表

表 44

项目	计量单位	2021 年	2020 年
西城区人力资源服务机构数	家	134	121
城镇登记失业率	%	1.85	0.94
期末实有城镇登记失业人数	人	7826	6059
# 女性	人	2854	2241
城镇登记失业人员就业人数	人	17964	13337
# 女性	人	6855	5416
城镇登记失业人员就业率	%	67.25	65.57
# 女性	%	67.99	67.38
城镇登记失业人员参加培训人数	人	0	1839
就业困难人员就业人数	人	13753	9707
职业技能培训人员总量	人	22003	55418
辖区公共职介机构求职登记人数	人	11845	823
辖区公共职介机构职业介绍成功人数	人次	321	265
社区岗位安置就业困难人数	人	12615	9288
用人单位招用就业困难人数	人	1296	889
最低退休金	元	1714	1714

资料来源：北京市西城区人力资源和社会保障局。

西城区社会保障基本情况统计表

表 45

项目	计量单位	2021 年	2020 年
基本养老保险			
参加单位数	个	34775	45530
参加人数	人	1955471	1951735
基金收入	万元	3194680	1826828
基金支出	万元	2670395	2583665
基金征缴率	%	99.87	—

续表 45

项目	计量单位	2021 年	2020 年
基本医疗保险			
参加单位数	个	54474	32055
参加人数	人	2583851	2132238
基金收入（含生育保险）	万元	2182321	1843397
基金支出	万元	1669328	1501040
基金征缴率	%	99.17	98.56
工伤保险			
参加单位数	个	36896	48362
参加人数	人	1503293	1513151
基金收入	万元	41232	17336
基金支出	万元	37014	26173
基金征缴率	%	99.79	98.9
失业保险			
参加单位数	个	35840	47760
参加人数	人	1449791	1437911
基金收入	万元	139678	73764
基金支出	万元	105786	136325
基金征缴率	%	99.9	98.4
生育保险			
参加单位数	个	—	—
参加人数	人	—	—
基金收入	万元	—	—
基金支出	万元	95227	104052
基金征缴率	%	—	—
居民基本医疗养老保险参保人数	万人	272952	260780
居民基本医疗保险报销金额	万元	117135	84598

资料来源：北京市西城区人力资源和社会保障局、北京市西城区医疗保障局。

西城区城镇单位从业人员平均人数统计表

表 46　　单位：人

项目	年平均人数	在岗职工	劳务派遣人员	其他从业人员
合计	947854	763996	69994	113864
农、林、牧、渔业	0	0	0	0
采矿业	0	0	0	0
制造业	7318	6797	357	163
电力、燃气及水的生产和供应业	59709	51690	7371	649
建筑业	31143	26118	4423	603

续表 46

项目	年平均人数	在岗职工	劳务派遣人员	其他从业人员
批发和零售业	35291	32473	1568	1250
交通运输、仓储和邮政业	80959	73502	5670	1787
住宿和餐饮业	22827	14901	1329	6596
信息传输、软件和信息技术服务业	49558	47972	773	814
金融业	250993	157138	12242	81613
房地产业	62078	53642	4491	3945
租赁和商务服务业	58282	54389	2316	1577
科学研究和技术服务业	68600	61362	4167	3071
水利、环境和公共设施管理业	17676	14422	2772	483
居民服务、修理和其他服务业	6717	5807	584	325
教育	34234	30131	2059	2043
卫生和社会工作	49203	41146	5533	2524
文化、体育和娱乐业	32391	29382	1566	1444
公共管理、社会保障和社会组织	80874	63125	12771	4977

西城区固定资产投资统计表（不含农户）

表 47　　单位：亿元

年份	固定资产投资（不含农户）		# 房地产开发投资		# 建安投资	
	绝对量	比上年增长（%）	绝对量	比上年增长（%）	绝对量	比上年增长（%）
2011 年	187.3	8.3	101.2	27.2	69.3	—
2012 年	198.4	6.0	129.9	28.3	62.7	−9.6
2013 年	213.0	7.3	114.8	−11.6	75.3	20.1
2014 年	241.2	13.3	153.8	34.0	86.1	14.4
2015 年	246.0	2.0	109.9	−28.6	71.0	−17.6
2016 年	252.7	2.7	58.9	−46.3	52.4	−26.1
2017 年	228.7	−9.5	132.9	125.5	62.4	19.1
2018 年	—	−20.4	—	−67.0	—	30.7
2019 年	—	−20.1	—	−2.2	—	−14.9
2020 年	—	62.0	—	166.9	—	−19.9
2021 年	—	−4.5	—	−21.8	—	−5.0

西城区房地产开发投资基本情况统计表

表 48　　单位：平方米

项目	2021 年	2020 年
房地产开发投资比上年 ±（%）		
本年完成投资按构成分比上年增减变动（%）		

续表 48

项目	2021 年	2020 年
建筑工程	−2.7	−17.2
安装工程	−80.7	49.8
设备购置	—	—
其他费用	−23.3	237.6
本年完成投资按用途分比上年增减变动（%）		
住宅	−22.4	214.0
办公楼	105.6	−80.4
商业营业用	−80.7	−2.7
其他	−20.9	196.1
土地开发情况		
待开发的土地面积	409671	437269
本年购置土地面积	—	—
商品房销售、出租、待售情况		
商品房期房销售面积	13612	8296
住宅	13612	8296
办公楼	—	—
商业营业用	—	—
其他	—	—
商品房现房销售面积	1445	7088
住宅	951	996
办公楼	—	82
商业营业用	—	—
其他	494	6010
商品房出租面积	215811	59304
住宅	—	—
办公楼	97578	53028
商业营业用	73427	4404
其他	44806	1872
待售面积	169868	186402
住宅	84302	96147
办公楼	7208	7208
商业营业用	58370	46445
其他	19988	36602
竣工房屋住宅套数	734	—

西城区规模以上工业企业基本情况及主要财务指标

表 49

项目	单位数（个）	收入合计（万元）	资产总计（万元）	负债合计（万元）	利润总额（万元）
合计	35	63167972.4	268667933.3	85011640.7	3751898.5
按隶属关系分	35	63167972.4	268667933.3	85011640.7	3751898.5
中央	11	57597778.6	248468790	75980525.4	3361896.1
地方	8	1240314.9	11797942	5859194.6	40212.7
其他	16	4329878.9	8401201.3	3171920.7	349789.7
按登记注册类型分	35	63167972.4	268667933.3	85011640.7	3751898.5
内资	33	59217408.1	260857597.9	82211658.2	3410519
国有	2	17752.4	17425.7	25926.2	253.2
集体	1	7871.5	3659.8	1389.6	−224.9
股份合作	—	—	—	—	—
联营	—	—	—	—	—
有限责任公司	24	58898863.3	260616489.2	82115198	3405910.3
股份有限公司	1	262745.5	177203.2	50989.7	2783.5
私营	5	30175.4	42820	18154.7	1796.9
其他	—	—	—	—	—
港澳台商投资	*	3946935.9	7801289.1	2793329.5	341247.2
外商投资	1	3628.4	9046.3	6653	132.3
按国民经济行业分	35	63167972.4	268667933.3	85011640.7	3751898.5
煤炭开采和洗选业	—	—	—	—	—
石油和天然气开采业	—	—	—	—	—
黑色金属矿采选业	—	—	—	—	—
有色金属矿采选业	—	—	—	—	—
非金属矿采选业	—	—	—	—	—
开采辅助活动	—	—	—	—	—
其他采矿业	—	—	—	—	—
农副食品加工业	*	56312.1	40240	25679.9	−1934.9
食品制造业	—	—	—	—	—
酒、饮料和精制茶制造业	—	—	—	—	—
烟草制品业	—	—	—	—	—
纺织业	—	—	—	—	—
纺织服装、服饰业	—	—	—	—	—
皮革、毛皮、羽毛（绒）及其制品和制鞋业	—	—	—	—	—
木材加工和木、竹、藤、棕、草制品业	—	—	—	—	—
家具制造业	—	—	—	—	—
造纸及纸制品业	—	—	—	—	—

续表 49

项目	单位数（个）	收入合计（万元）	资产总计（万元）	负债合计（万元）	利润总额（万元）
印刷业和记录媒介的复制业	7	436285.1	544354	144033.9	4937.2
文教、工美、体育和娱乐用品制造业	1	133486.5	155965.8	163455.7	−16576.8
石油加工、炼焦和核燃料加工业	—	—	—	—	—
化学原料及化学制品制造业	—	—	—	—	—
医药制造业	—	—	—	—	—
化学纤维制造业	—	—	—	—	—
橡胶和塑料制品业	—	28294.1	57515.5	5279.8	3931.1
非金属矿物制品业	*	154665.5	317457.4	215918.1	2844.3
黑色金属冶炼及压延加工业		—	—	—	—
有色金属冶炼及压延加工业	1	262745.5	177203.2	50989.7	2783.5
金属制品业	1	4298.2	7787.7	2521.9	510.3
通用设备制造业	1	17845.8	61625.2	52584	5246.1
专用设备制造业	2	13744.3	43950.6	21532.1	2291.2
汽车制造业		—	—	—	—
铁路、船舶、航空航天和其他运输设备制造业		—	—	—	—
电气机械及器材制造业	2	15062.2	44473.1	15687.4	1198
计算机、通信和其他电子设备制造业	2	116959.9	34490.2	20447.6	1609.4
仪器仪表制造业	3	19863.8	24513.4	16702.4	310.9
其他制造业	—	—	—	—	—
废弃资源综合利用业	—	—	—	—	—
金属制品、机械和设备修理业			—	—	—
电力、热力的生产和供应业	6	56834566.2	247730985.3	75711422.4	3367634.1
燃气生产和供应业	1	3946935.9	7801289.1	2793329.5	341247.2
水的生产和供应业	3	1126907.3	11626082.8	5772056.3	35866.9

西城区建筑业企业主要生产指标统计表

表 50

项目	建筑业总产值（万元）	建筑工程产值（万元）	劳动生产率（元/人）	竣工产值（万元）	房屋竣工面积（平方米）
合计	8428057.7	8319562.8	689293.3	3576751.4	7841074.0
按隶属关系分					
中央	1097587.7	1079628.8	403599.1	398919.1	2077841.0
地方	5333021.3	5325920.4	801054.6	2626878.2	5457706.0
其他	1997448.7	1914013.6	700834.6	550954.1	305527.0
按登记注册类型分					
内资	8401599.4	8296544.5	68712.9	3554306.5	7841074.0
国有	95309.5	95309.5	1209511.4	17133.9	0.0

续表 50

项目	建筑业总产值（万元）	建筑工程产值（万元）	劳动生产率（元/人）	竣工产值（万元）	房屋竣工面积（平方米）
集体	5783.2	5783.2	741435.9	582.2	0.0
股份合作	14844.9	14248.3	181256.4	7484.6	0.0
有限责任公司	7191572.8	7102081.6	687241.8	3150731.9	7632208.0
股份有限公司	790815.7	790011.8	838350.2	203849.8	0.0
私营	303273.3	289110.1	494494.2	174524.1	208866.0
港澳台商投资	22444.9	22444.9	676051.2	22444.9	0.0
外商投资	4013.4	573.4	912136.4	0.0	0.0
按国民经济行业分					
房屋建筑业	5260345.5	5255017.7	678763.0	2771104.4	7822582.0
土木工程建筑业	2163556.5	2160389.2	811080.2	257084.0	18492.0
建筑安装业	680889.0	597460.8	621022.4	366302.5	0.0
建筑装饰、装修和其他建筑业	323266.7	306695.1	453198.8	182260.5	0.0

西城区规模以上服务业财务状况统计表

表 51

项目	规模以上单位数（个）	从业人员平均人数（人）	资产总计（亿元）	收入合计（亿元）	利润总额（亿元）
合计	1802	470661	73899.12615	5325.8	3418.7
按国民经济行业分					
交通运输、仓储和邮政业	23	73834	939.2	523.6	−15.6
铁路运输业	*	3896	203.0	93.1	5.3
道路运输业	7	31432	74.9	122.5	−3.3
水上运输业	*	98	3.0	3.4	—
航空运输业	*	1471	43.9	25.5	0.1
多式联运和运输代理业	9	165	12.2	14.2	0.5
装卸搬运和仓储业	*	62	217.3	20.3	0.6
邮政业	*	36710	384.9	244.6	−18.9
信息传输、软件和信息技术服务业	171	57679	28136.11921	943.1	1145.3
电信、广播电视和卫星传输服务	23	26585	27073.3804	503.2	1114.3
互联网和相关服务	30	6877	315.6	107.9	12.9
软件和信息技术服务业	118	24217	747.2	332.0	18.0
房地产业	273	69414	3270.5	340.7	93.5
租赁和商务服务业	409	78907	33303.4	1084.5	1968.2
租赁业	6	1743	450.2	63.5	19.2
商务服务业	403	77164	32853.2	1021.0	1949.0
科学研究和技术服务业	351	69767	6434.2	1326.4	176.0
研究和试验发展	76	10038	430.1	235.9	7.8

续表 51

项目	规模以上单位数（个）	从业人员平均人数（人）	资产总计（亿元）	收入合计（亿元）	利润总额（亿元）
专业技术服务业	207	49108	4763.3	967.3	129.3
科技推广和应用服务业	68	10621	1240.8	123.2	38.9
水利、环境和公共设施管理业	43	8365	176.0	63.9	6.5
水利管理业	3	140	3.1	0.6	—
生态保护和环境治理业	7	1230	17.8	6.8	0.1
公共设施管理业	33	6995	155.1	56.5	6.4
土地管理业	—	—	—	—	—
居民服务、修理和其他服务业	42	7448	19.1	19.0	1.0
居民服务业	12	1339	7.7	4.6	0.6
机动车、电子产品和日用产品修理业	9	1011	7.4	6.8	0.2
其他服务业	21	5098	4.0	7.6	0.2
教育	177	28717	233.9	207.3	1.6
卫生和社会工作	79	48070	559.5	512.6	2.6
卫生	68	47723	548.3	509.4	2.4
社会工作	11	347	11.3	3.2	0.2
文化、体育和娱乐业	234	28460	827.1	304.8	39.7
新闻和出版业	133	17874	626.5	230.6	37.7
广播、电视、电影和录音制作业	26	2281	53.4	21.0	0.2
文化艺术业	56	7345	121.5	46.7	1.9
体育	10	338	2.2	1.9	-0.1
娱乐业	9	622	23.4	4.6	—
公共管理、社会保障和社会组织	—	—	—	—	—
中国共产党机关	—	—	—	—	—
国家机构	—	—	—	—	—
人民政协、民主党派	—	—	—	—	—
社会保障	—	—	—	—	—
群众团体、社会团体和其他成员组织	—	—	—	—	—
基层群众自治组织	—	—	—	—	—

西城区批发零售业财务状况统计表

表 52

项目	限上企业单位个数（个）	资产总计（万元）	负债合计（万元）	营业收入（万元）	利润总额（万元）	从事批发和零售业活动的从业人员平均人数（人）
合计	548	46479633	31647387	38328907	1057871	40396
批发业	407	42622988	29158805	34418979	939764	20387
零售业	141	3856645	2488582	3909927	118106	20009
按登记注册类型分	—	—	—	—	—	—

续表 52

项目	限上企业单位个数（个）	资产总计（万元）	负债合计（万元）	营业收入（万元）	利润总额（万元）	从事批发和零售业活动的从业人员平均人数（人）
内资	529	46136364	31329745	37805914	1037998	38616
国有	6	1357507	838932	2299405	113333	647
集体	9	25535	12852	26230	240	209
股份合作	*	1407	873	4764	6	29
联营	*	739	298	8257	28	6
有限责任公司	235	37903366	25440067	27072279	723477	20439
股份有限公司	11	4257690	3112694	4778594	111480	4945
私营	266	2590120	1924029	3616386	89435	12341
其他	—	—	—	—	—	—
港澳台商投资	6	158677	93573	206731	−2898	942
外商投资	13	184592	224070	316262	22771	838

西城区规模以上金融业企业基本情况统计表

表 53

项目	单位数（个）	从业人员平均人数（人）	收入合计（万元）
合计	452	223089	135820096
按隶属关系分	—	—	—
中央	121	105312	98260271
地方	66	88673	21283423
其他	265	29104	16276402
按注册类型分	—	—	—
内资	415	219156	133670167
国有	12	5154	661596
集体	—	—	—
股份合作	—	—	—
联营	—	—	—
有限责任公司	269	46282	34376649
股份有限公司	65	165183	98234701
私营	62	1860	288593
其他	7	677	108628
港澳台商投资	9	264	332808
外商投资	28	3669	1817120
按国民经济行业分	—	—	—
货币金融服务	107	126936	73818829
资本市场服务	195	18490	12174783
保险业	100	70108	48218317
其他金融业	50	7555	1608166

西城区社会消费品零售总额统计表

表 54

年份	社会消费品零售额（亿元）	比上年增长（%）
2011 年	712.3	15.3
2012 年	773.3	8.6
2013 年	828.1	7.1
2014 年	872.6	5.4
2015 年	922.9	5.8
2016 年	977.5	5.9
2017 年	1023.4	4.7
2018 年	1053.7	3.0
2019 年	1095.5	4.0
2020 年	993.5	−9.3
2021 年	1089.4	9.7

西城区地方财政收入统计表

表 55

单位：万元

项目	2021 年	2020 年
财政收入	4338853	4179691
公共财政预算收入	4280656	4138446
税收收入	4077862	3891858
# 增值税	1287790	1141794
企业所得税	1610362	1527554
城市维护建设税	186706	174154
房产税	265255	246967
印花税	415836	401052
城镇土地使用税	108141	89391
土地增值税	15521	15778
车船税	193167	291021
资源税	1193	908
环境保护税	−6109	3239
非税收收入	202794	246588
# 专项收入	115683	152849
行政性收费收入	23665	13500
罚没收入	4835	3381
国有资源有偿使用收入	24842	23023
政府住房基金收入	1100	574
其他收入	32669	53261
政府性基金预算收入	40064	6658

续表 55

项目	2021 年	2020 年
国有资本经营预算收入	18133	24644
社会保险基金预算收入	—	9943

资料来源：北京市西城区财政局。

西城区地方财政支出统计表

表 56　　单位：万元

项目	2021 年	2020 年
财政支出	4219586	4565004
公共财政预算支出	4144461	4179950
一般公共服务支出	385814	404957
国防支出	4114	3641
公共安全支出	202254	214689
教育支出	741286	733840
科学技术支出	44180	42036
文化体育旅游与传媒支出	91594	99139
社会保障和就业支出	837566	828615
卫生健康支出	374958	360474
节能环保支出	23680	26164
城乡社区支出	989051	1059926
农林水支出	20191	16205
交通运输支出	90	1269
资源勘探信息等支出	2095	9983
金融支出	118815	85322
住房保障支出	261760	243075
粮油物资储备支出	2776	2644
灾害防治及应急管理支出	43509	45777
其他支出	728	2194
政府性基金预算支出	58540	359216
国有资本经营预算支出	16585	15207
社会保险基金预算支出	—	10631

资料来源：北京市西城区财政局。

西城区税费收入情况统计表

表 57　　单位：万元

项目	各项税费收入	增值税	房产税	印花税	企业所得税	个人所得税	其他
合计	45144555	6618028	462040	154499	34384804	2374661	1150523
农、林、牧、渔业	2859	145	147	69	414	2044	40
采矿业	108782	3307	551	4900	62682	20790	16552

续表 57

项目	各项税费收入	增值税	房产税	印花税	企业所得税	个人所得税	其他
制造业	314938	105716	11959	1624	159545	19593	16501
电力、热力、燃气及水生产和供应业	754791	52559	24136	21503	406705	47515	202373
建筑业	509684	322903	9549	8526	98501	43193	27012
批发和零售业	969054	357212	16643	28082	424588	73707	68822
交通运输、仓储和邮政业	104478	46477	8021	958	32932	11247	4843
住宿和餐饮业	44971	18440	10115	311	8864	4877	2364
信息传输、软件和信息技术服务业	881356	148696	22404	9027	535140	154513	11576
金融业	36098446	4498928	98730	56980	29700393	1268893	474522
房地产业	886587	214396	185616	3302	180760	71877	230636
租赁和商务服务业	3095294	487804	44331	10865	2238325	256549	57420
居民服务、修理和其他服务业	389797	69499	5637	932	284627	19198	9904
教育	54161	7162	205	102	10398	35644	650
卫生和社会工作	106546	3913	436	160	7079	94470	488
文化、体育和娱乐业	203119	78694	5978	939	49381	61730	6397
其他	619692	202177	17582	6219	184470	188821	20423

资料来源：国家税务总局北京市西城区税务局。

西城区城市园林绿化统计表

表 58

项目	计量单位	2021 年	2020 年
年末园林绿地面积	公顷	1102	1101
人均绿地面积	米^2/ 人	10.04	9.69
绿地率	%	21.98	21.79
年末公园绿地面积	万平方米	550.6	549.5
人均公园绿地面积	米^2/ 人	4.98	4.83
城市绿化覆盖面积	公顷	1608	1607
绿化覆盖率	%	31.82	31.80
道路绿地面积	公顷	112.1	112.3
实有树木	万株	256.3	247.7
# 本年新植	万株	8.63	29.43
实有草坪	万平方米	268.3	264.6
# 本年新植	万平方米	3.75	−72.05
公园个数	个	90	27
# 市级以上公园	个	5	5

资料来源：北京市西城区园林绿化局。

西城区城市环境卫生统计表

表 59

项目	计量单位	2021 年	2020 年
机扫车	台	168	114
洗地车	台	129	95
冲刷车	台	124	87
垃圾车	台	232	276
真空吸粪车	台	17	14
果皮箱	个	3205	3100
公共、公用厕所	座	1089	1091
密闭式清洁站	座	73	74
环卫作业道路	条	274	274
环卫道路作业面积	万平方米 / 日	858	858
# 机扫面积	万平方米 / 日	551.4	553.6
# 冲刷面积	万平方米 / 日	535.2	527.7
生活垃圾产生量	万吨	27.0	29.0
生活垃圾清运量	万吨	27.0	29.0
生活垃圾无害化处理量	万吨	27.0	29.0
生活垃圾无害化处理率	%	100	100
粪便清运量	万吨	17.0	17.0
粪便无害化处理量	万吨	17.0	17.0
粪便无害化处理率	%	100	100

资料来源：北京环雅丽都投资有限公司。

西城区城市环境保护统计表

表 60

项目	计量单位	2021 年	2020 年
水环境			
废水排放总量	万吨	46.8	62.6
# 工业废水排放达标量	万吨	46.8	62.6
工业废水排放达标率	%	100	100
环境污染治理			
环境污染事故次数	次	0	0
环境污染与破坏事故直接经济损失	万元	0	0
环境污染与破坏事故赔罚款总额	万元	0	0
可吸入颗粒物（PM_{10}）	微克 / 米 ^{3}	56	58
细颗粒物（$PM_{2.5}$）年均浓度值	微克 / 米 ^{3}	34	40
二氧化硫（SO_2）年均浓度值	毫克 / 米 ^{3}	3	4
二氧化氮（NO_2）年均浓度值	毫克 / 米 ^{3}	33	32

续表 60

项目	计量单位	2021 年	2020 年
降尘量	吨 / 公里 ^{2}	4.1	5.2
区域噪声平均值	分贝	53.5	53.8
交通干线噪声平均值	分贝	67.2	67.3

资料来源：北京市西城区生态环境局。

西城区基础教育班数、学生数情况统计表

表 61

项目	班数（个）	毕业生数（人）	招生数（人）	在校学生数（人）	# 本市生源（人）
合计	5602	33586	52677	193823	182015
幼儿园	970	6671	9579	25061	23973
义务教育	3899	21344	34952	146436	136482
小学教育	2868	12280	21357	108159	100629
小学	2678	12260	19880	101830	95167
九年一贯制学校（小学部）	43	—	300	1285	1106
十二年一贯制学校(小学部)	147	620	1177	5044	4356
初中	1031	9064	13595	38277	35853
初级中学	178	1841	2647	6966	6751
九年一贯制学校（初中部）	0	0	0	0	0
十二年一贯制学校(初中部)	135	1112	1819	4986	4493
完全中学	715	6093	9124	26279	24588
其他学校附设初中班	3	18	5	46	21
高中	676	5477	8074	21991	21560
完全中学	535	4333	6242	17273	16982
高级中学	48	513	635	1841	1762
十二年一贯制学校（高中部）	75	555	898	2383	2343
其他学校附设高中班	18	76	299	494	473
特殊教育	54	92	66	329	—
专门学校	3	2	6	6	—

资料来源：北京市西城区教育委员会。

（责任编辑　叶婷）

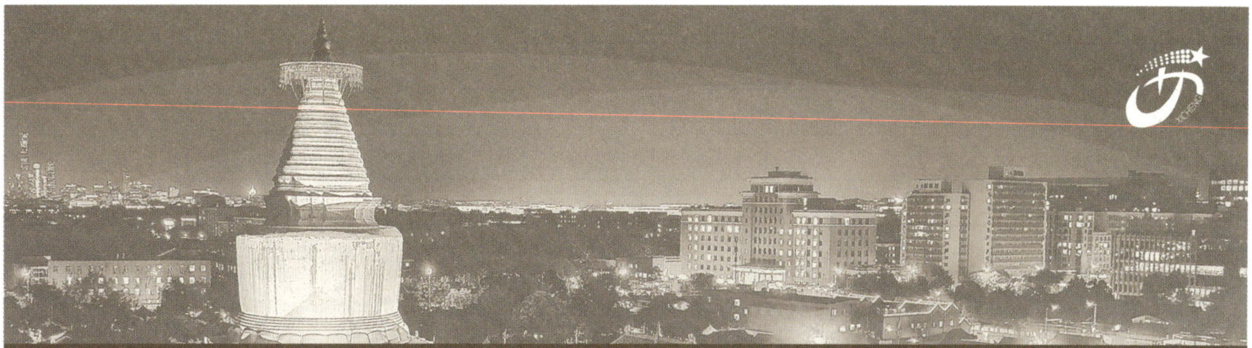

附　录

西城区机关企事业单位和部分驻区单位及负责人名录

中共北京市西城区第十二届常务委员会

书　记　孙军民（女）
副书记　孙　硕　张立新（女，12月免）
常　委　孙军民（女）　孙　硕　张立新（女，12月免）
　　　　喻华锋（2月免）　姜立光（12月免）
　　　　袁海鹏　程昌宏（12月免）　蔺　伟（9月免）
　　　　徐　利（9月免）　郁　治（女，4月免）
　　　　张　际（4月任，9月免）　朱国栋
　　　　翟德罡（9月任）　牟少华（女，10月任）
　　　　唐行安（9月任）　万晓龙（9月任）

中共北京市西城区第十三届常务委员会

书　记　孙军民（女）
副书记　孙　硕　袁海鹏（12月任）
常　委　孙军民（女）　孙　硕　袁海鹏
　　　　朱国栋　翟德罡　牟少华（女）　唐行安　万晓龙
　　　　缪剑虹（12月任）　聂杰英（女，12月任）
　　　　王　波（12月任）

北京市西城区第十六届人民代表大会常务委员会

主　任　杜灵欣（12月免）
副主任　杜黎彬（回族，12月免）　李会增（12月免）
　　　　田巨德（12月免）　张宗禹（12月免）
　　　　魏建明　陈振海　张礼斌（12月免）
委　员（按姓氏笔画排序）
　　　　王玉甫　皮　强　朱建岳　朱　博　刘立新
　　　　刘海涛　安亚荣（女）　许云杰　孙广俊
　　　　孙　静（女）　牟善刚　杨维民　张小来　张晓阳
　　　　陈子云（女）　陈玉芳（女）　陈金富　陈雅欣（女）
　　　　陈　燕（女）　周卫青（女）　郑　实　赵建敏
　　　　赵谊江　胡召海　钟祖荣　贾中华　翁乃彤（女）
　　　　郭启兴　曹立宏　曹淑琴（女）　蒋远菲　韩星桥
　　　　演　觉　穆　静

北京市西城区第十七届人民代表大会常务委员会

主　任　张立新（女，12月任）
副主任　魏建明　陈振海　许晓红（女，12月任）
　　　　李　华（12月任）　王效农（12月任）
　　　　赵蓬欣（12月任）　钟祖荣（12月任）
委　员（按姓氏笔画排序）
　　　　王玉甫　王彦聪（女）　付新宇（女）
　　　　宁　梅（女）　朱建岳　庄文静（女）　刘久泽
　　　　刘开平　刘方振　刘立新　刘春峰　汲旺昌
　　　　许云杰　孙广俊　孙　静（女）　纪　文　李庆保
　　　　李季名　李晓辉　李　新（女）　杨冠军（回族）
　　　　汪　涌　沈红群（女）　陈玉芳（女）
　　　　陈　燕（女）　周卫青（女）　周冠南（女，回族）
　　　　郑　义　赵芙蓉（女）　姚　杰　贾志新
　　　　翁乃彤（女）　高兴春　高俊宏　曹亚欧（女）
　　　　曹淑琴（女）　演　觉

人大常委会工作机构主要负责人

办公室主任	曹立宏（6月免）
	汲旺昌（6月任）
研究室主任	许云杰
教科文卫体办公室主任	宁　梅（女）
城建环保办公室主任	孙广俊
法制办公室主任	张小来（3月免）
	高兴春（7月任）
财政经济办公室主任	郭启兴（6月免）

王彦聪（女，6月任）
预算审查办公室主任　　陈 燕（女）
代表联络室主任　　孙 静（女）

北京市西城区人民政府

区 长　孙 硕
副区长　喻华锋（3月免）朱国栋　李 昇（9月免）
罗 明　缪剑虹（12月免）聂杰英（女）
周金桩（挂职，9月免）鲁 征（女，挂职）
王 波（4月任，12月免）
陈朝晖（女，9月任）宋 玫（女，9月任）
王中峰（9月任）陈大鹏（10月任）
桑硼飞（12月任）

中国人民政治协商会议北京市西城区第十四届委员会

主 席　章冬梅（女，12月免）
副主席　程 军（12月免）王 奇（1月免）
王志忠　海 峰（回族，1月任，12月免）
李建国（12月免）荣 洋（12月免）
刘学增（12月免）张培彤（12月免）
秘书长　李高霞（女）
常 委　（按姓氏笔画排序）
马寅生　马 震　王广发　王明明（女）
王晓敏（女）王景兰（女）甘力鹰（女）
付建新　白 洁（女）向公伟　庄文静（女）
刘井坤　刘世春　刘 冰（女）刘克杰　刘昊扬
刘学俊　刘春春（女）刘爱中（女）关振鹏
安少雄　纪 丽（女）杜凤英（女）李文义
李占文　李庆保　李征帆　李海潮　李 硕
李 新（女）杨 秋（女）吴 江（女）
吴丽光（女）吴 洁（女）何悦明　何绪明
宋 坪（女）张新华　陈光宪　林 耀　孟至岭
赵芙蓉（女）赵 玲（女）赵娇阳（女）
赵蓬欣　柳 林　施 宏　贾旭辉　高 忻
郭君瑛（女）陶水龙　章 卫　章树德
曾小丹（女）曾加顺　曾昭日　谢苗荣　蒋晓晖
靳 真（女）褚海燕（女）戴卫红（女）
魏建新（女）

中国人民政治协商会议北京市西城区第十五届委员会

主 席　程昌宏（12月任）
副主席　王志忠　彭秀颖（女，12月任）
王 毅（12月任）杨 秋（女，12月任）
戚 畅（女，12月任）关振鹏（12月任）
王景兰（女，12月任）
秘书长　李高霞（女）
常 委　（按姓氏笔画排序）
马 前　马 震（回族）王 蕾（女）王建业
孔 勇　田 迪（女）付建新　白 洁（女）
冯 奎　台 峰　朱 江　朱继东（回族）
朱静伟　向公伟　刘 滨（女）刘世春　刘兆平
刘志兵　刘克杰（回族）刘昊扬　刘承光
刘春春（女）刘爱中（女）安 宇　许 畅（女）
苏 健　杜 慧（女）杜京璇（女）
李凤英（女）李海潮　李琳光　杨艳青（女）
吴 炎　吴 洁（女）吴丽光（女，达斡尔族）
吴晶晶（女，满族）宋 坪（女）张 玮（女）
张 毅（女）张鹏程　张新华　陈 楠　陈业进
季 节（女）金 鑫　周爱峰（女）郑宗晖
赵 蕾（女）赵一新　赵志刚　赵庆龙　胡 悦
贾旭辉　柴丽敏（女）徐 娜（女）徐 浩（女）
高聪聪　曹 阳　章 卫　梁 云（女）葛文彤
蒋晓晖（女）程 立（女）曾 伟　曾昭日
曾献亮　谢 静（女）勤 克（蒙古族）
蔡 昱（女）颜全毅

政协西城区委员会工作机构主要负责人

办公室主任　　贾旭辉（6月免）
　　赵志刚（6月任）
副秘书长、研究室主任　　刘春春（女，6月免）
　　周爱峰（女，6月任）
专委会工作一室主任　　李征帆（3月免）
　　白 洁（女，6月任）
专委会工作二室主任　　白 洁（女，6月免）
　　刘春春（女，6月任）
专委会工作三室主任　　李 鲁（3月免）
　　贾旭辉（6月任）
专委会工作四室主任　　李占文（6月免）
　　刘承光（6月任）
专委会工作五室主任　　何绪明（6月免）
　　章 卫（6月任）
专委会工作六室主任　　章 卫（6月免）
　　马 震（6月任）

中共北京市西城区第十二届纪律检查委员会

书 记　袁海鹏（12月免）
副书记　田 迪（女，12月免）闫 彬（12月免）
郝 明（12月免）

中共北京市西城区
第十三届纪律检查委员会

书　记　牟少华（12月任）
副书记　田　迪（女）郝　明　侯　愈（12月任）

北京市西城区监察委员会

主　任　袁海鹏（1月任，12月免）
　　　　牟少华（12月任）
副主任　田　迪（女）闫　彬（6月免）
　　　　郝　明

中共西城区委员会工作机构主要负责人

办公室主任　徐　利（9月免）夏淑敏（9月任）
　常务副主任　李松山
组织部部长　程昌宏（12月免）唐行安（12月任）
　常务副部长　何焕平
宣传部部长　郁　治（女，4月免）
　　翟德罡（9月任）
　常务副部长　梁　云（女）
政法委员会书记　姜立光（12月免）缪剑虹（12月任）
　常务副书记　张晓月
统战部部长　程昌宏（12月免）王　波（12月任）
　常务副部长　刘　琪
研究室主任　侯丙振
互联网信息办公室（网信办）主任
　　王希福
机构编制委员会办公室主任
　　关山红（女，满族）
老干部局局长　焦　扬（女，9月免）
　　刘开平（10月任）
区直机关工委书记
　　徐　利（9月免）
　　袁海鹏（12月任）
　常务副书记　戴卫红（女）
党校校长　张立新（女）
　常务副校长　马维利
党史工作办公室（地方志编纂委员会办公室）
　主任　朱静伟

西城区人民政府工作机构主要负责人

办公室
　党组书记、主任　桑硼飞
发展和改革委员会
　党组书记、主任　王其志（9月免）郦　浩（9月任）
科学技术和信息化局
　党组书记　刘　倩（女，回族）
　局　　长　杨　秋（女）
财政局
　党组书记、局长　聂杰英（女，5月免）
　　马红萍（女，回族，5月任，9月免）
　局　长　刘爱中（9月任）
　党组书记、副局长　侯丙振（11月任）
人力资源和社会保障局
　党组书记　彭随心
　局　　长　王效农
住房和城市建设委员会
　党组书记、主任　刘成东
城市管理委员会
　党组书记、主任　张　丁
民政局（区委社会工委与民政局合署办公）
　区委社会工委书记　李　薇（女）
　区民政局局长　李　薇（女）
审计局
　党组书记、局长　涂云国（女，9月免）
　　吕清波（女，10月任）
北京金融街服务局（区金融办）
　党组书记　孙　硕（4月免）聂杰英（4月任）
　区金融办主任　聂杰英（4月任）
　党组成员、副局长（副主任）卢五星
生态环境局
　党组书记、局长　向　前（土家族）
统计局
　党组书记　孟红伟（女）
　局　　长　刘爱中（女，9月免）
　党组副书记、局长　王海鹏（9月任）
政府外事办公室
　党组书记、主任　杜　慧（女）
信访办公室
　党组书记、主任　邢印良
民族宗教事务办公室
　党组书记、主任　韩俊田
人民防空办公室
　党组书记、局长　周杰臣
应急管理局（党组设置调整）
　党组书记　李　华（4月免）
应急管理局
　党委书记、局长　魏九红（9月免）刘耀雍（9月任）
市场监督管理局
　党组书记、局长　闫学会（女，7月任，11月免）
　　李志诚（11月任）
商务局
　党组书记、局长　袁　利（女）
退役军人事务局
　党组书记、局长　高　翔

国有资产管理委员会
　党委书记　徐　斌
　主　　任　佟丽萍（女，9月免）
　　　　　　涂云国（女，9月任）

档案馆
　馆　　长　吕燕裙（女，3月免）
　　　　　　李华萍（女，4月任）

园林绿化局
　党组书记、局长　吴立军

机关事务服务中心
　党组书记、主任　张字山

城市管理监督指挥中心
　党组书记、主任　夏淑敏（女，蒙古族，5月免）
　　　　　　　　　谭高强（6月任）

对外联络服务办公室（8月12日机构更名）
　党组书记、主任　赵　丽（女，3月免）
　　　　　　　　　霍利凯（4月任）

医疗保障局
　党组书记、局长　尹一新（9月免）
　　　　　　　　　朱静伟（9月任）

政务服务管理局
　党组书记、局长　夏淑敏（女，蒙古族，6月免）
　　　　　　　　　李志诚（6月任，11月免）

中关村科技园区西城园
　工委书记、常务副主任　袁　文（7月任）

政府投资项目建设中心
　主　　任　刘成东

发展服务中心
　主　　任　岑运东

房屋管理局
　党组书记　王连杰
　局　　长　孔　勇

房屋征收中心
　党组书记、主任　施裕忠

融媒体中心
　党组书记、主任　周　翔

区文物保护管理中心
　党组书记、主任　钮　鑫（11月任）

市规划和自然资源委西城分局
　党组书记、局长　倪　锋

烟草专卖局
　党组书记、局长　孟庆伟

税务局
　党组书记、局长　吴玉琦

西城区各民主党派负责人

中国国民党革命委员会北京市西城区委员会
　主任委员　李　岩

中国民主同盟北京市西城区委员会
　主任委员　钟祖荣

中国民主建国会北京市西城区委员会
　主任委员　刘井坤

中国民主促进会北京市西城区委员会
　主任委员　杨　秋（女）

中国农工民主党北京市西城区委员会
　主任委员　戚　畅（女）

中国致公党北京市西城区委员会
　主任委员　关振鹏

九三学社北京市西城区委员会
　主任委员　王景兰（女）

台湾民主自治同盟北京市西城区委员会
　主任委员　庄文静（女）

西城区政法、军事系统主要负责人

北京市公安局西城分局
　党委书记、局长　罗　明
　政　　委　陈龙波

人民检察院
　党组书记　李卫国（9月免）　祁治国（9月任）
　检察长　　李卫国（9月免）　祁治国（12月任）

人民法院
　党组书记、院长　刘双玉（女，4月免）
　　　　　　　　　陈立如（4月任）

司法局
　党组书记、局长　李　程（女）

人民武装部
　部　长　蔺　伟（9月免）　刘　峙（9月任）
　政　委　万晓龙

西城区消防救援支队
　政　委　刘宪文
　支队长　王双喜（12月任）

西城交通支队
　支队长　王世峰
　政　委　李梓牧

西城区人民团体主要负责人

总工会
　党组书记　马光明
　主　　席　李会增

团区委
　书　　记　高　健（4月任）

妇女联合会
　党组书记、主席　王　丹（女）

归国华侨联合会
　党组书记、主席　安亚荣（女，6月免）

付新宇（女，6月任）

科学技术协会

主　席　屠海令（不驻会）

党组书记、常务副主席　张　玮（女）

文学艺术界联合会

党组书记、常务副主席　台　峰

社会科学界联合会

党组书记、常务副主席　张新华

残疾人联合会

党组书记、理事长　贾志新

红十字会

党组书记、常务副会长　柴丽敏（女）

区工商联

主席、区商会会长　司马红（12月免）

宋　玫（12月任）

党组书记　郭君瑛（女，7月免）

谢　静（女，7月任）

副主席、区商会副会长　郭君瑛（女，12月免）

常务副主席、区商会副会长　谢　静（女，12月任）

西城区街道工委、办事处主要负责人

德胜街道工委书记　李健希

办事处主任　左继元（1月任）

什刹海街道工委书记　海　峰（回族，6月免）

毕军东（6月任）

办事处主任　毕军东（6月免）

陈　璐（女，7月任）

西长安街街道工委书记　邴　浩（9月免）

李　婕（女，9月任）

办事处主任　左向遥（1月任）

大栅栏街道工委书记　李　婕（女，9月免）

魏九红（9月任）

办事处主任　苏继洋（1月任）

天桥街道工委书记　郭海龙

办事处主任　董　伟

新街口街道工委书记

王　波（6月免）

夏淑敏（女，蒙古族，6月任，9月免）

焦　扬（女，9月任）

办事处主任　马　达（1月任）

金融街街道工委书记　许晓红（女）

办事处主任　徐建生（7月免）

尹一新（7月任）

椿树街道工委书记　高兴春（7月免）

孙晓临（女，11月任）

办事处主任　孙晓临（女，11月免）

刘军良（11月任）

陶然亭街道工委书记　谢　静（女，7月免）

史　锋（7月任）

办事处主任　吕世及

展览路街道工委书记　张宝生

办事处主任　刘耀雍（9月免）

月坛街道工委书记　宫　浩

办事处主任　王　冰

广安门内街道工委书记　彭秀颖（女）

办事处主任　史　锋（7月免）

牛街街道工委书记　李丽京（女，回族）

办事处主任　梅慧勇

白纸坊街道工委书记　李　华

办事处主任　杜春晓（女）

广安门外街道工委书记　王　毅

办事处主任　杜洪悦（女）

功能街区建设指挥部主要负责人

和谐宜居示范区建设指挥部

总指挥　姜立光

常务副总指挥　左继元（1月免）

天桥演艺区建设指挥部

总指挥　缪剑虹

常务副总指挥　陈国红

大栅栏琉璃厂建设指挥部

总指挥　朱国栋

常务副总指挥　支文广（4月免）　田红领（4月任）

什刹海阜景街建设指挥部

常务副总指挥　刘维岩

马连道建设指挥部

总指挥　李　昇

常务副总指挥　张　东

北展地区建设指挥部

总指挥　喻华锋（2月免）　聂杰英（女，2月任）

常务副总指挥　李云伟（11月免）

西城区文教卫体系统主要负责人

教育工作委员会

书　　记　赵蓬欣

教育委员会

主　　任　王　攀

区委卫生健康工委

书　　记　陈　新

区卫生健康委

主　　任　陈　新

文化和旅游局

党组书记、局长　靳　真（女）

体育局

党组书记、局长　包　川（6月免）

郭家燊（6月任）

西城区国资委系统企业主要负责人

北京金融街投资（集团）有限公司
党委书记、董事长　牛明奇
总经理　刘世春
北京金融街资本运营中心
党委书记　李书兵（11月免）
总经理　　程瑞琦
北京金融街资本运营集团有限公司
党委书记、董事长、总经理（兼）　程瑞琦（12月任）
北京市华远集团有限公司
党委书记、董事长　王乐斌
总经理　张玉魁
北京广安控股集团有限公司
总经理　张晓阳
北京华方投资有限公司
党委书记、董事长　王战荣
总经理　张志强
北京华天饮食集团公司（1月北京华天饮食集团公司改制）
党委书记、董事长　贾飞跃（1月任）
总经理　贾飞跃（1月免）
北京宣房投资管理集团有限公司
总经理　刘志刚
北京德源兴业投资管理集团有限公司
总经理　吴　航
北京天桥盛世投资集团有限责任公司
党委书记、董事长　安朝晖（女）
北京环雅丽都投资有限公司
党委书记、董事长　姚尚贵
总经理　周兴新
北京蓟城山水投资管理集团有限公司
党委书记、董事长　高俊宏
北京市西城区国有资产经营公司
党总支书记、经理　石志刚（9月免）
北京世纪金工投资有限公司
党委书记、董事长、总经理　赵　钢
北京市金正资产投资经营有限公司
党支部书记、董事长　程嫣琳（女）
总经理　程嫣琳（女，10月免）　贾　强（10月任）
金源投资管理有限公司
党委书记、董事长　郑全星
总经理　宣大祥
金座投资管理有限公司
党委书记　张山树
董事长　薛国强
总经理　袁瑞音
北京市金工投资管理公司
总经理　孙　昌
翔达投资管理有限公司
党委书记　董事长　贾　刚
北京金象复星医药股份有限公司
党委书记　李卫东
董事长　文德镛
总经理　李卫东
菜市口百货股份有限公司
党委书记、董事长　赵志良
总经理　王春利（女）
北京国华商场有限责任公司
董事长　邹淑珍（女）
总经理　王　祎（女）
党支部书记　张　伟（女）
张一元茶叶有限责任公司
党支部书记、董事长　杨有成
总经理　霍文斌（女）
北京新月联合汽车有限公司
党委书记　庞有利
董事长　刘长青
总经理　刘长江

部分驻区单位主要负责人

北京金泰集团有限公司西城分公司
党委书记　王　治
总经理　张文亚
北京王府井百货集团长安商场有限责任公司
总经理　李春晖（女）
北京汉光百货有限责任公司
董事长　王小雨（女）
总经理　浦嘉嘉（女）
王府井集团股份有限公司西单商场
党委书记、总经理　高少云
国家开发银行北京市分行
行长　马　红（女，6月免）　刘　进（6月任）
中国工商银行股份有限公司北京市分行
行长　黄　力
农业银行股份有限公司北京西城支行
行长　柴　援（女，4月免）　史永昕（4月任）
中国银行股份有限公司北京西城支行
行长　冯　京（女，7月免）　郭朝晖（7月任）
中国银行股份有限公司北京宣武支行
行长　马　文（女）
中国建设银行股份有限公司北京西四支行
行长　赵　辉（女）
中国建设银行股份有限公司北京西单支行
行长　张　东
中国建设银行股份有限公司北京宣武支行

行长　霍中广

交通银行股份有限公司北京市分行

行长　刘建军

中国光大银行股份有限公司北京分行

行长　曲　亮（8月免）　王　罡（8月任）

华夏银行股份有限公司北京分行

行长　李大营

广发银行股份有限公司北京分行

行长　徐红霞（女）

招商银行股份有限公司北京分行

行长　熊　开（11月免）　张　诚（11月任）

中国民生银行股份有限公司北京分行

行长　杨　毓

北京银行股份有限公司

董事长　张东宁

中国证券监督管理委员会北京监管局

局长　贾文勤（女）

高盛高华证券有限责任公司

董事长　范　翔

中国人民财产保险有限公司北京西城支公司

总经理　王　峰（9月免）　侯长磊（9月任）

中国人民财产保险有限公司北京宣武支公司

党组书记、总经理　刘文新

中国平安人寿保险股份有限公司北京分公司

总经理　徐敏彬

中国太平洋财产保险股份有限公司北京分公司

总经理　武　博

中国太平洋人寿保险股份有限公司北京分公司

总经理　于　赟（8月免）　田　蕊（女，8月任）

北京市交通运输综合执法总队

总队长　黄建军

北京市交通运输综合执法总队四支队

支队长　周新竹

北京市交通委员会西城运输管理分局

局长　张永安

北京市地铁运营有限公司

党委书记、董事长　徐会杰（3月任）

总经理　徐会杰（5月免）　潘秀明（5月任）

北京市重点地区管理委员会北京北站地区管理办公室

党总支书记、办公室主任　袁世良

北京北站

站长　栾学军（6月免）　王朝辉（6月任）

中国邮政集团有限公司北京市西城区分公司

党委书记、经理　彭虎韬

中国联合网络通信有限公司北京市分公司

党委书记、总经理　霍海峰

北京华康欣和建筑工程有限责任公司

董事长　杨玉良

总经理　吴志刚

党委书记　吕玉民

中共北京市西城区委主要文件目录

中共北京市西城区委文件

京西发〔2021〕1号　中共北京市西城区委关于制定北京市西城区国民经济和社会发展第十四个五年规划和二〇三五年远景目标的建议

京西发〔2021〕2号　中共北京市西城区委关于印发《区委常委会2021年工作要点》的通知

京西发〔2021〕5号　中共北京市西城区委北京市西城区人民政府关于印发《西城区完善应急管理体系提升应急能力三年行动计划》的通知

京西发〔2021〕6号　中共北京市西城区委关于印发《2022年冬奥会和冬残奥会北京市西城区运行保障指挥部工作方案》的通知

京西发〔2021〕8号　中共北京市西城区委北京市西城区人民政府关于印发《西城区深化“接诉即办”改革实施办法》的通知

京西发〔2021〕12号　中共北京市西城区委关于中国共产党北京市西城区第十三次代表大会代表选举工作的通知

京西发〔2021〕14号　中共北京市西城区委关于同意召开西城区第十七届人民代表大会第一次会议的批复

京西发〔2021〕15号　中共北京市西城区委关于同意召开政协北京市西城区第十五届委员会第一次会议批复

京西发〔2021〕17号　中共北京市西城区委关于加强区委班子政治建设的决定

京西字〔2021〕2号　中共北京市西城区委关于成立巡视整改落实工作领导小组的通知

京西字〔2021〕3号　中共北京市西城区委关于印发《中国共产党北京市西城区第十三届委员会常务委员会成员分工》的通知

中共北京市西城区委办公室文件

京西办发〔2021〕1号　中共北京市西城区委办公室北京市西城区人民政府办公室关于印发《西城区春节期间留京人员服务保障工作方案》的通知

京西办发〔2021〕2号　中共北京市西城区委办公室印发《2021年西城区政党协商计划》的通知

京西办发〔2021〕3号　中共北京市西城区委办公室关于印发《西城区政协2021年协商工作计划》的通知

京西办发〔2021〕4号　中共北京市西城区委办公室关于印发《西城区关于巩固深化“不忘初心、牢记使命”主题教育成果的实施方案》的通知

京西办发〔2021〕5号　中共北京市西城区委办公室北京市西城区人民政府办公室关于印发《区委区政府2021年重点工作任务目标分解》的通知

京西办发〔2021〕6号 四办关于印发《西城区关于进一步解决形式主义突出问题切实为基层减负的工作措施》的通知

京西办发〔2021〕7号 中共北京市西城区委办公室北京市西城区人民政府办公室印发《关于贯彻落实新时代学校体育工作的实施方案》的通知

京西办发〔2021〕8号 中共北京市西城区委办公室北京市西城区人民政府办公室印发《西城区区管企业领导人员管理实施办法（试行）》的通知

京西办发〔2021〕10号 中共北京市西城区委办公室北京市西城区人民政府办公室关于印发《西城区贯彻落实〈领导干部干预司法活动、插手具体案件处理的记录、通报和责任追究规定〉及北京市贯彻落实实施办法的实施细则（试行）》的通知

京西办发〔2021〕11号 中共北京市西城区委办公室北京市西城区人民政府办公室关于印发《西城区国企改革三年行动实施方案（2020—2022年）》的通知

京西办发〔2021〕12号 中共北京市西城区委办公室北京市西城区人民政府办公室关于印发《西城区建设国际消费中心城市示范区实施方案》的通知

京西办发〔2021〕14号 中共北京市西城区委办公室北京市西城区人民政府办公室转发《区委宣传部、区司法局关于在全区开展法治宣传教育的第八个五年规划（2021—2025年）》的通知

京西办发〔2021〕15号 中共北京市西城区委办公室印发《关于在深化区管国有企业改革中坚持党的领导加强党的建设的实施意见（试行）》的通知

京西办发〔2021〕16号 中共北京市西城区委办公室印发《西城区关于落实〈北京市关于加强对“一把手”和领导班子监督的若干措施〉的任务分解（试行）》的通知

京西办发〔2021〕17号 中共北京市西城区委办公室关于印发《西城区第十三次党代会报告重点任务分解方案》的通知

京西办发〔2021〕18号 中共北京市西城区委办公室北京市西城区人民政府办公室关于印发《〈北京市西城区国民经济和社会发展第十四个五年规划和二〇三五年远景目标纲要〉主要指标和任务分工方案》的通知

京西办字〔2021〕1号 中共北京市西城区委办公室北京市西城区人民政府办公室印发《西城区贯彻落实北京市贯彻落实国家统计局统计督察反馈意见整改方案的整改方案》的通知

京西办字〔2021〕2号 中共北京市西城区委办公室关于开展西城区“两优一先”评选表彰工作的通知

京西办字〔2021〕3号 中共北京市西城区委办公室北京市西城区人民政府办公室印发《北京市西城区处级领导干部离任经济事项交接工作制度》的通知

京西办字〔2021〕4号 中共北京市西城区委办公室北京市西城区人民政府办公室关于印发《北京市西城区军队离休退休干部安置事务中心机构职能编制规定》的通知

京西办字〔2021〕5号 中共北京市西城区委办公室北京市西城区人民政府办公室印发《西城区关于防范和惩治统计造假弄虚作假责任制规定（试行）》的通知

京西办字〔2021〕6号 中共北京市西城区委办公室北京市西城区人民政府办公室关于印发《西城区全面建立林长制实施方案》的通知

京西办字〔2021〕7号 中共北京市西城区委办公室北京市西城区人民政府办公室印发《关于进一步加强西城区审计整改工作的意见》的通知

京西办字〔2021〕8号 中共北京市西城区委办公室北京市西城区人民政府办公室关于印发《西城区贯彻落实第二轮中央生态环境保护督察报告反馈意见整改方案》的通知

京西办字〔2021〕9号 中共北京市西城区委办公室关于印发《中共北京市西城区委党校（北京市西城区行政学院）机构职能编制规定》的通知

京西办字〔2021〕10号 中共北京市西城区委办公室关于印发《中共北京市西城区委党史工作办公室（北京市西城区地方志编纂委员会办公室）机构职能编制规定》的通知

京西办字〔2021〕11号 中共北京市西城区委办公室关于印发《北京市西城区档案馆机构职能编制规定》的通知

京西办字〔2021〕12号 中共北京市西城区委办公室北京市西城区人民政府办公室关于印发《北京市西城区房屋征收事务中心机构职能编制规定》的通知

京西办字〔2021〕13号 中共北京市西城区委办公室北京市西城区人民政府办公室关于印发《北京市西城区文物保护管理中心机构职能编制规定》的通知

京西办字〔2021〕16号 中共北京市西城区委办公室关于深入学习贯彻党的十九届六中全会精神 做好区第十三次党代会精神学习落实的通知

北京市西城区人民政府主要文件目录

西城区人民政府文件

西政任〔2021〕1号 北京市西城区人民政府关于王爱军等同志职务任免的通知

西政任〔2021〕2号 北京市西城区人民政府关于吴灿中等同志职务任免的通知

西政任〔2021〕3号 北京市西城区人民政府关于左继元等同志职务任免的通知

西政任〔2021〕4号 北京市西城区人民政府关于张玉魁等同志职务任免的通知

西政任〔2021〕5号 北京市西城区人民政府关于范长江同志职务任免的通知

西政任〔2021〕6号 北京市西城区人民政府关于王大庆等同志职务任免的通知

西政任〔2021〕7号 北京市西城区人民政府关于尹申等

同志任职的通知

西政任〔2021〕8号　北京市西城区人民政府关于聂杰英等同志职务任免的通知

西政任〔2021〕9号　北京市西城区人民政府关于左伟等同志职务任免的通知

西政任〔2021〕10号　北京市西城区人民政府关于董培同志职务任免的通知

西政任〔2021〕11号　北京市西城区人民政府关于夏淑敏等同志职务任免的通知

西政任〔2021〕12号　北京市西城区人民政府关于李兵等同志职务任免的通知

西政任〔2021〕13号　北京市西城区人民政府关于史锋同志免职的通知

西政任〔2021〕14号　北京市西城区人民政府关于吕丹等同志职务任免的通知

西政任〔2021〕15号　北京市西城区人民政府关于陈璐同志职务任免的通知

西政任〔2021〕16号　北京市西城区人民政府关于尹一新等同志免职的通知

西政任〔2021〕17号　北京市西城区人民政府关于李异等同志免职的通知

西政任〔2021〕18号　北京市西城区人民政府关于刘耀雍等同志职务任免的通知

西政任〔2021〕19号　北京市西城区人民政府关于刘爱中等同志职务任免的通知

西政任〔2021〕20号　北京市西城区人民政府关于吕青波等同志职务任免的通知

西政任〔2021〕21号　北京市西城区人民政府关于桑锡胜等同志免职的通知

西政任〔2021〕22号　北京市西城区人民政府关于侯丙振等同志免职的通知

西政任〔2021〕23号　北京市西城区人民政府关于李志诚等同志职务任免的通知

西政任〔2021〕24号　北京市西城区人民政府关于赵维萍等同志职务任免的通知

西政发〔2021〕1号　北京市西城区人民政府关于印发《北京市西城区人民政府重大行政决策程序暂行规定》的通知

西政发〔2021〕2号　北京市西城区人民政府关于公布北京市西城区第五批区级文物保护单位的通知

西政发〔2021〕3号　北京市西城区人民政府关于公布第六批区级非物质文化遗产代表性项目名录的通知

西政发〔2021〕4号　北京市西城区人民政府关于印发《西城区国有企业违规经营投资责任追究暂行办法》的通知

西政发〔2021〕5号　北京市西城区人民政府关于废止《北京市西城区政府投资管理规定（暂行）》的通知

西行规发〔2021〕1号　北京市西城区人民政府关于印发《北京市西城区支持中关村科技园区西城园自主创新若干规定》的通知

西行规发〔2021〕2号　北京市西城区人民政府关于印发《北京市西城区做好当前和今后一个时期就业工作若干措施》的通知

西城区人民政府办公室文件

西政办发〔2021〕1号　北京市西城区人民政府办公室关于开展第一次全国自然灾害综合风险普查的通知

西政办发〔2021〕2号　北京市西城区人民政府关于印发《北京市西城区深入打好污染防治攻坚战2021年行动计划》的通知

西政办发〔2021〕3号　北京市西城区人民政府办公室关于印发《北京市西城区2021年为群众拟办重要实事》的通知

西政办发〔2021〕4号　北京市西城区人民政府办公室关于印发《北京市西城区进一步优化营商环境更好服务市场主体实施方案》的通知

西政办发〔2021〕5号　北京市西城区人民政府办公室关于印发《西城区健康联合体建设实施方案》的通知

西政办发〔2021〕6号　北京市西城区人民政府办公室关于印发《北京市西城区创建国家食品安全示范城市工作方案》的通知

（**责任编辑**　陈艳　齐田）

索 引

说明：

1. 本索引采取主题索引也称内容分析索引法编纂。主题词（标目）以《北京西城年鉴（2022）》正文中出现的专业名词、名词词组、地名、机构名、人名为主。特载、专文、大事记等栏目内容不在标引范围内。
2. 本索引基本按汉语拼音音序排列，汉字打头的标目按首字的音序音调依次排列，首字相同时，则以第二字排序，依此类推；以阿拉伯数字打头的主题词，排在最前面；以英文字母打头的主题词，列于其后。
3. 本索引的文字部分为标目，标目之后的阿拉伯数字表示该标目所在正文中的页码（地址项），其后的小写英文字母（a、b、c）表示正文（或表格）中的栏别（从左至右）。
4. 部分标目后面有若干个页码或栏别，则表示该标目均在这些地方出现。

数字 / 字母

A

B

C

D

E

F

G

H

J

K

L

M

N

R

S

T

W

X

Z